国家出版基金项目
NATIONAL PUBLICATION FOUNDATION

海上絲綢之路文獻集成

總主编 陳支平 陳春聲

民間譜牒編

33

主编 林楓

海峡出版發行集團
THE STRAITS PUBLISHING & DISTRIBUTING GROUP
福建人民出版社

本册目次

〔福建晉江〕鰲岱許氏族譜不分卷

〔清〕佚名纂修

［福建晋江］《鰲岱許氏族譜》不分卷，清佚名纂修。鰲岱許氏居今福建泉州市晋江英林鎮鰲岱村，又稱埭邊村。开基祖兆麟，「乃浙江温州府管理定平倉」，約於元末明初遷晋江鰲峰（鰲岱）。有子三，次子敬齋分居臺灣。是譜僅載世系、生卒及葬地，於世系下略記族人遷徙情形，如自十三世族人多遷往臺灣，多見葬臺琉球山、葬臺蔴六甲者。另有一批往東南亞謀生者，如十三世有珪乾隆間往安南，葬「安南宅棍地方」；十三世有家，「没在安南順化波」，有毓「往宋不回」。族人往外謀生者甚多，譜中偶見「没於洋」之記載。據清光緒間抄本影印。

一世

兆麟公 同生公長子 即鰲峯始祖乃浙江温州府管理定平倉

妣吴氏

塟在本山西邊月牌龜形内外和向坐辰向戌兼乙辛分金丙辰丙戌

子三

長敏齋

次敬齋 此係子亞一世祖至亞分居臺海城巨富百萬德元國四世丁卯

三致齋 此係莉園續爲三房

二世長房祖

敏齋公 兆麟公長子 主進大宗

妣林氏

墓在本山東邊莿 坐寅向申兼甲庚

子五

長孟溪

次仲溪

三季溪 分派南安石井蔡厝 主未詳不敢妄載

四淑溪

五霞溪

二世二房祖

兆麟公次子 敬齋公

妣李氏

葬薩頭月牌龜形
坐辰向戌兼乾巽

子一 伯溪

二世三房祖

兆麟公三子 致齋公

妣洪氏

子一 倍溪

仲溪公次子
隱實公 主進大宗 卒十二月三十日 葬在本山石碑頂
妣姚氏 卒十月十一日 坐乙向辛兼卯酉
子三 長燒灰伯無成 次純粹 三肖委

長房五敏齋公派譜牒

四世

霞溪公長子
隱仁公 即德仁
附父母葬本山前山坐戌向辰兼辛乙分金丙戌丙辰子晋元全附
妣吴氏
子一 晋元 諱宗孫

霞溪公次子
隱義公即德義
妣吳氏
附霞溪公塋前山坐戌向辰兼辛乙分金丙戌丙辰
子一 贊廷

二房敬齋公派譜牒

四世

伯溪公之子
信溪公
妣呂氏
妣墓在白泉
子一 傍美

三房致齋公派

四世

倍溪公之子
純儒公

妣蘇氏

子二長重曆　次續儒

長房長敏齋公派譜牒

五世

隱喻公長子
樸齋公

妣氏

子二長我祐 次心魯

隱喩公次子

五世祖

五世嬀

此派全欽因水主上牌總書堂上宗親一切神主昰
以盡無可考示知傳有數世出有數支不得已就也
登記僅立五世祖虛位虛支凡屬隱喩公次子派下
名字者不論考妣老幼皆從祀廟中及秋冬配享

長房二敏 介癸公派譜牒

五世

隱茂公之子

海疊公

妣蔡氏 號儉順

燒灰伯　隱賓公長子

無戒

純粹公　隱賓公次子

妣林氏　號淑慈

子二　長東泉　分下后門　次有政　分頂后門

長剛葉　次剛勇　三清

子六

四剛毅　五勤淑

隱實公三子
肖委公 主進大宗
卒二月十七日

妣吳氏
卒六月十八日
附葬在石砌頂

子一 滄海

長房五敏齋公派譜牒

五世

隱仁公之子
晉元公 諱宗孫 主進大宗
附霞溪公隱仁公
仝葬在本山前山

妣吳氏

子三 長惠翁 次惠連 三惠洲

隱義公之子
贊廷公
與子魁賢仝葬本處山
狗空坐乙向辛兼辰戌

妣同氏
子三長進祥　次魁賢
三魁士

二房敬齋公派譜牒

五世

信溪公之子
傍菴公

妣王氏
子二長東山　次石碑

三房致齋公派譜牒

五世

重曆公 純儒公長子

妣蔡氏

繼妣務氏

續儒公 純儒公次子

無傳

子一 少陸

長房長敏齋公至子西溪公派譜牒

六世

我稿公 樸齋公長子

妣柯氏 號勤儉

心魯公 樸齋公次子

妣柯氏 號慎齋

子一 皇義

長房一敏齋公至仲溪公派譜牒

六世

瀞瑩公長子
丙以水公

妣王氏 號貞[illegible]

瀞瑩公次子
有政公

妣 氏

塋十二都禎坑象山
穴坐申向寅兼庚甲

葬本山西邊
地坐東向西

子二長酉安 次仰泉

子一 毓吾

六世

純粹公長子

剛菓公

妣[illegible]氏號[illegible]善

子三長心生

次心明

三心敬

六世

純粹公次子

剛勇公

純粹公三子

清齋公

純粹公四子

剛毅公

六世

勤淑公 純粹公五子

妣丕氏 號 慈

六世

寶齋公 純粹公六子

妣尤氏 號懿德

六世

滄海公 肖委公之子

主進大宗

八月廿七日

妣吳氏　卒十月廿一日

繼妣吳氏　卒七月廿二日

葬在頂東山坐艮向
坤兼丑未體錢爐穴

子三　長揚吾（分后角份）　次聰吾（分后架份）　三靜吾（分東厝份）

長房五敏齋公至霞溪公派譜牒

六世　生戊申年三月初十

晋元公長子
惠翁公　號礪成　卒丁未年六月初九

妣吳氏　號端肅　生庚戌年又六月十五
卒己巳年九月初六士

塋在本山石碑頂
坐辰向戌兼乙辛

子一 軍后

六世

晋元公次子
惠遂公 即晋滞

正月初四忌辰
塋在本山內塘
坐壬丙兼子午

妣吳氏

十二月十二忌辰
塋本山后使墓
坐巳亥兼巽乾

子一 偉吾

六世

晋元公三子
惠洲公 無傳

六世

贊廷公長子

進祿公　無傳

六世

贊廷公次子

魁賢公 五庭士

妣林氏

考附贊廷公

公葬山狗空

坐乙辛辰戌

子一 倉維

六世

贊廷公三子

魁士公

合葬十二部西水山地名常設坐庚向卯兼辛乙分金辛酉辛卯金星

山至本地長八十六步闊二十四步金星左畔墓埔至本地長三十步闊十

右畔墓埔至本地長六十五步闊十四步金星右畔墓埔至合水溝埔地

八步闊六步共合地至入水溝長十三步闊二十七步週圍總共二百六

妣　氏

子二　長德林　次德木

二房敬齋公至伯溪公派譜牒

六世

東山公 傍美公長子

三月初五忌辰

妣顏氏 號孝孺

六月十五忌辰

子一　三吾

六世

傍美公次子
石碑公
妣林氏號[illegible]淑

子三　長西興
次春園
三二吾

三房致齋公至倍溪公派譜牒

六世

重屏公之子
少陸公
妣吳氏號慈懿

子一　翰聖

長房長敏齋公子孟溪公至隱喻公派譜牒

七世

白齋諱義公（我祐公之子）

妣李氏（據神主）

繼妣洪氏

三妣柯氏

子一 奕玖

長房二敏齋公仲溪公至隱茂公派譜牒

七世

東泉公長子

西安公

妣蔡氏

子一　璜員

生嘉靖辛亥年十月廿三巳時

卒天啟辛酉年十二月十七吉時

生嘉靖壬子年九月廿九巳

卒萬曆戊子年五月十四吉

合葬西安橋坐甲向庚兼

七世

東泉公次子　名忠裕

仰泉公　字德泉

妣黃氏　謚勤宜

子二長聯瀛　次祝斗

七世

毓吾公 有政公子

主淮大宗

妣邵氏

合葬本山薩頭

子七長惠吾

次嘉猷　三惕若　四仁衷

五樸直　六敬直　七直軒

長房二敏齋公仲溪公至隱實公派譜牒

七世

心佳公 剛菓公長子

妣孫氏 號豹舍

子二 長振德　次振道

七世

心明公 剛菓公次子

七世

心啟公 剛菓公三子

妣林氏

繼妣洪氏
三妣蘇氏

子一　振興

六世

揚吾公　滄海公長子　主進大宗

辛正月十九日

附滄海公仝塋　頂東山錢爐穴

妣吳氏

卒十月十五日

塋東鄉面前　土名狗背頂

子二長直齋　次振樂

七世

滄海公次子
聰吾公　主進大宗
妣王氏

七世

滄海公三子
靜吾公
妣吳氏　東埔人
繼妣柯氏　柯村人

生十月初八日
卒七月十八日
生三月十五日
卒三月廿七日
葬在東山石路頂
子三　長彌恩　號振業
次彌順　主號
三彌真　號振秀

生萬曆乙丑年正月初十吉時
卒順治己丑年九月初五吉時
生萬曆　年正月十七吉時
卒崇禎　年三月廿一吉時
生天啟丁丑年十二月初九吉
卒順治乙未年二月十一吉
二妣仝葬山內坐丑向未兼癸丁
考葬下東山坐甲向庚

長房五敏齋公霞溪公至隱仁公派譜牒

子五 長澄泉 即天璀 次樸齋 即天瓚 三艮〻 即天〻 四清泉 即天珉 五明泉

七世

軍后公 惠翁公之子

妣林氏

全葬本山石碑頂

坐辰向戌兼乙辛

子四 長道忝 次道興 號厚泉 三道三 四道寅

七世

偉吾公 惠連公之子 諱乾選

生四月初三日 附惠連公 塟在內塘

妣蘇氏

五月十八忌辰塟后使墓

子二長三台 次四台

長房五敏齋公霞溪公至隱義公派譜牒

七世

倉維公 魁照公之子

考與子建惧孫廷翁全塟本山東邊溝口坐乾向巽

妣念氏

妣與婦傅氏孫婦蔡氏全塟在本后使墓坐辰向戌兼巽乾共三口

子一 建惧

七世

德栫公 雛士公長子

妣洪氏

生五月十七日葬在東邊

子二長道奏　次道迎

七世

德栫公 雛士公次子

妣栫氏 號慈韵

十二月廿九忌辰

十一月十五忌辰

合葬在山狗空坐東向西

子一乞飼

二房數齋公伯溪公至信溪公派譜牒

九世

東山公之子
三吾公
生十一月初六日
卒於正月十二日

妣吳氏
生十一月三十日
卒於六月二十日

子二　長繼扶　次繼署

石硐公長子
西安公

妣王氏

子四　長繼歷　次繼歸
三繼芬　四繼新

七世

石碌公次子 春園公 无進入宗

妣吳氏

子二 長繼雲 次繼福 二吾長子入承

七世

石碌公三子 二吾公

妣 氏

生十一月廿八午時

卒於十月二十日

子三 長繼福 出承春園 次繼沸 三繼萃

三房致齋公倍溪公至純儒公派譜牒

七世

少陸公之子

翰聖公

妣張氏 號勤慎

繼妣吳氏

子一　宗禹

長房長敏齋公孟溪公至隱喻公樸齋公派譜

七世

八世

皇義公之子

奕玖公

妣謝氏

子一 復初

長房二敏齋公仲溪公至隱茂公海疊公派譜牒

八世

西安公之子

璜員公　八月初八忌辰

妣姚氏　號惠慈　九月初十忌辰

八世

仰泉公長子
聯瀛公 名秉登 字[illegible]宗

妣王氏 號勤慎

仰泉公次子
祝斗公

妣蔡氏

子四 長肇階 次肇環
三肇機 四肇檕

生萬曆癸酉年三月十八丑時
卒順治丙申年九月十八辰時
生萬曆己卯年正月十三吉時
卒崇禎壬午年二月初八酉時
合塋在柯厝頭

子三長聚五 次喬橫
三喬珵

子三長喬旭　次喬光府　三得惠

妣孫氏　不知配何人並不知生卒寄此牒尾候查

生　壬戌年正月十五酉時

卒　甲戌年十二月廿七未時

惠吾公　琥吾公長子

妣吳氏

子一　拙然

八世
毓吾公次子
嘉猷公
妣陳氏
妣蔡氏

子一　朝崇

八世
毓吾公三子
惕若公
妣郭氏

八世
毓吾公四子
仁衷公
妣蔡氏

子三長奇豪
次敬恬
三樸誠

八世
毓吾公五子
樸直公
妣蔡氏號慈慎

八世
敬直公 毓吾公六子
妣李氏 號恬默

八世
直軒公 毓吾公七子
妣蘇氏 號勤棠

子三長志遠
次永源
三肇祉

隱實公至純粹公派譜牒

八世
振德公 心生公長子
妣唐氏

子一 茂山

八世
振道公 心生公次子
妣吳氏

心齋公之子 [illegible]

次擘美　三擘開

子五長秀山

四大荣　五大節

隱賓公至肖委公派譜牒

八世

直齋公 揚吾公長子

生十一月初一亥時

卒五月初二亥時

妣王氏　生十二月十二日　辛四月十九日
子一　吉當

八世

振樂公　揚吾公次子　諱彌進
生十月初二日
葬在本山菴下

妣王氏
葬在本山薩頭

繼妣全氏
子二長道盛　次八叔　出外湖廣

八世
聰吾公長子
彌恩公 號振業 主進大宗
妣吳氏

八世
聰吾公次子
彌順公
妣吳氏

卒十月十二日
葬在本山薩頭一堆土
卒十二月廿四日
葬在本處東山
子二長肇闢　次肇孚

卒三月十三日
卒二月廿四日
葬在赤脚賴内
子一肇愷

八世

聽吾公三子 亡進大宗

彌真公號振秀

妣王氏

繼妣李氏

生萬曆辛卯年十二月初六辰時

卒順治辛丑年七月廿一酉時

辛四月初六日

附塟東山石路上

生萬曆辛丑年七月廿三吉時

卒康熙壬寅年五月十六吉時

考與繼妣仝塟在本山庄尾

坐庚向甲兼辛寅亦云夘酉

子四 長肇梅王氏出 次肇尊王氏出

三肇式李氏出 四肇顯李氏出

八世

静吾公長子

澄泉公即天璀

生十二月初一日

卒四月廿四日

長房長三世祖

敏齋公長子

孟溪公

妣莊氏

子一 隱齋

長房二 三世祖

敏齋公次子

仲溪公 主進大宗

妣陳氏

公卒九月十五日

妣卒三月廿二日

子二 長隱茂 分后門份 次隱實

葬在九都青石塔西新店前面大埔坐丁向癸兼午子墓體石邑背月牌墓后分水至棚山后長四十八丈棚山內至式庭五丈六式庭外至埔墘十五丈三墓口地八丈四共七十七丈三金星左畔至分水溝二十七丈六金星右畔至分水

妣楊氏

八世

樸齋公 都岳公次子 即天瓚

妣蔡氏 號勿慎

八世

生十二月十六日塟在本

卒十二月廿七日山溝口

子三長仰騰　次仰斗

三仰庭

生萬曆壬辰年十二月初九吉時

卒順治　年十月廿六吉時

生崇禎甲子年二月十一吉時

卒順治已丑年三月初五吉時

附塟在下東山草墓

子一仰波

靜吾公三子
良泉公　卒八月初八日

妣　氏　子一　仰浪 無出

八世

靜吾公四子
清泉公　卒九月十九日

妣　氏　子一　仰淮 無出

八世

靜吾公五子
明泉公 諱名伍　生萬曆庚戌年十二月初三吉時
卒康熙己巳年五月初八卯時

妣吳氏 名英娘 號順懿 本鄉人　生萬曆乙卯年三月初八亥時
卒康熙辛未年二月十二巳時

合葬鶴頭宮后坐艮向坤兼丑未

子二長仰江　次仰詠

長房五敏齋公霞溪公至隱仁公晉元公派譜牒

八世

道泰公　軍后公長子　諱應道　號心熙

生萬曆庚午年十一月初六寅時

卒順治戊子年十月初四寅時

妣吳氏　號懿肅　東埔人

生萬曆乙亥年十一月廿二吉時

卒天啟甲子年七月初七亥時

子一　魁持

八世

道興公　軍后公次子　諱應商　主進大宗　號一孚泉

生萬曆丁丑年十月初十五時

卒崇禎丁丑年六月廿九辰時

妣陳氏

生二月十五日　葬本山山
卒四月初三日　狗空之左
考葬臺閣山獅毬下坐乾向巽

子一　魁時

八世

軍后公三子
道三公

五月初八忌辰

八世

軍后公四子
道寅公

三月廿二忌辰

八世

三台公 偉吾公長子 諱應錄 字道欽

卒二月初十日

附葬本山內塘

生五月十七日

卒十二月初四日 附葬在后使墓

妣唐氏 埭頭人

子四 長華初 次秉初

三燭初 四冬初

四台公 偉吾公次子

葬在泉口之源

隱義公至贊廷公派譜牒

八世

建悞公 倉維公之子

孝附父仝葬在東皇邊溝子廷翁仝附

妣附姑念氏仝葬后使墓婦蔡氏仝附

妣傅氏

子一 廷翁

八世

德林公長子
道奏公
生萬曆癸丑年六月初一吉時
卒康熙甲辰年六月十三吉時

妣張氏
生天啟庚申年八月十六吉時
卒順治壬辰年八月廿六吉時

繼妣孫氏
生卒俱鈌合道奏公塋在十二
都鶴頭山坐乙向辛兼卯酉子
婦劉氏孫婦傅氏仝附塋馬
先妣張氏塋在本山東邊潭墘

子一 錫初

德林公次子
道迎公
生三月十五日

妣姚氏

子一 立初

八世

德森公之子
乞飼公號乞宗　生泰昌庚申年六月初二吉時

卒四月二十日丑時葬在西安橋

妣施氏　生卒葬處俱缺

繼妣柯氏　生　癸亥年十月初十吉時

卒　癸卯年二月初七吉時

子三長偹初　次純初　三緯初

二房敬齋公伯溪公至信溪公傍美公派譜牒

八世

三吾公長子
繼扶公　七月十九忌辰

妣蔡氏號柔惠　五月初一忌辰

八世　生　乙巳年正月初六戌時

三吾公次子　繼署公　卒　辛丑年二月十九吉時

妣顏氏　生　丁丑年十月十三子時

卒　丙申年六月初七吉時

子一　仰端

八世

西安公長子　繼歷公

妣黃氏

八世

繼疑公 西安公次子

妣王氏

繼芬公 西安公三子

妣蔡氏

繼新公 西安公四子 主進大宗

妣洪氏

繼妣王氏

八世

繼福公 春圃公承長子 二吾長子入承

妣楊氏

子六

長芳仲　次芳挺　三芳裕

四芳首　五芳双　六芳茂 出承繼苹

繼雲公 春圃公次子

溝十八丈週圍總共壹百弍拾弍丈玖尺是也

長房三　三世祖

季溪公　敏齋公三子

分派南安石井蔡有

主未詳不敢妄載也

妣孫氏

長房四　三世祖

淑溪公　敏齋公四子

妣張氏

妣蔡氏

維福公（二吾公長子）

八世

維沸公（二吾公次子）

妣蔡氏

維萃公（二吾公三子）

妣柯氏

子二長維玉　次維新（出承維萃）

生　丁未年四月二十吉時

卒　丁酉年十月十八吉時

子一　澤潤

卒　甲辰年六月初四吉時

承子二長維新（維雲次子入承）　次芳茂（維福六子入承）

三房致齋公倍溪公至純儒公重暦公派譜牒

八世

翰聖公之子
裕賢公 名宗禹
生萬曆丙辰年五月初四午時
卒康熙丁丑年二月廿五巳時

妣林氏 號勤儉
生萬曆丁巳年七月初七子時
卒順治壬辰年五月初十子時

繼妣丘氏 號勤順
生萬曆丙辰年正月十五吉時
卒康熙戊辰年六月初七申時
考附翰聖媽張氏吴氏並繼妣丘氏仝塟本山芸頭　先妣林氏塟在安平鳳山穴坐坤向艮

子二長宗鼎　次宗鳳

長房長子孟溪公隱翁公至樸齋公我祐公派譜牒

九世

復初公（奕玖公之子）

妣　氏　　子一　日富

長房二仲溪公隱茂公至海疊公東泉公派譜牒

九世

肇階公（璜貞公長子）　卒八月廿九日

妣王氏（號菊順）　生十二月初七日　卒八月十七日

九世

肇環公 璜員公次子　子一 廷招

妣蔡氏

肇璣公 璜員公三子　子一 自修

妣周氏

九世

璜員公四子
肇粲公

妣孫氏

十月十三忌辰

聯瀛公長子
聚五公　主進大宗

子二長呈講　次呈常

妣出焉

卒十二月初四日戌時
葬在古塘頂坐西向東

子一德輝

九世

喬橫公 聯瀛公次子 字肇夏 號禹侯 主進大宗

妣莊氏 號勤靜 福全人

繼妣洪氏 號勤德 本鄉人

喬瑆公 聯瀛公三子 字崑在

妣 氏

生萬曆乙未年十月廿八丑時

卒崇禎己卯年正月十二辰時

生萬曆乙未年五月十二吉時

卒崇禎庚辰年八月廿五吉時

生萬曆癸卯年四月初二吉時

卒崇禎丁丑年又四月廿八丑時

合葬在本鄉內塘坐壬向丙兼

子二長廷伯 次廷普

生萬曆己亥年七月十一吉時

卒崇禎癸酉年六月廿一辰時

子三長廷俊 次廷儲 三廷仁

九世

祝斗公長子
喬旭公

祝斗公次子
喬光府 號毅誠 主進大宗

妣徐氏 號端静

繼妣吳氏 號克勤

子三 長可亭 次廷達 三實德

祝斗公三子
得衷公

妣　氏

子二 長廷卿 次廷問

妣陸氏 號欽荣 未知所配何人寄此牒尾候查 生 壬戌年八月廿八丑時
卒 己丑年九月初四戌時
葬西湖山前仙郎脚跡工面坐壬向丙兼亥巳

海疊公至有政公派譜牒

九世

惠吾公之子 拙然公 主進大宗
妣黃氏
子一 廷佐

嘉猷公之子 朝崇公 號端靜
妣蔡氏

九世

奇豪公 仁東公長子

妣陳氏

子一 敬齋

敬恬公 仁東公次子

妣王氏 號懿慈

子二長直順 次中義

九世

志遠公 敬直公長子

妣吳氏 號儉順

永源公 敬直公次子

妣劉氏 號慈愛

肇祉公 敬直公三子 主進大宗

妣蔡氏

生正月初十日

卒五月十一日

卒四月廿六日

子一 羅山

長房五三世祖

敏齋公五子
霞溪公

二月十二忌辰 合葬在本山坐戌向辰兼

妣吳氏

五月十七忌辰 分金丙戌丙辰
德仁德義全附

子二 長隱仁 即德仁 次隱義 即德義

二房三世祖

敬齋公之子
伯溪公

妣王氏

子一 信溪

隱賓公至純粹公剛菓公派譜牒

九世

茂山公 振德公之子

妣孫氏 號懿謹

秀山公 振興公長子

妣孫氏

肇美公 振興公次子

妣　氏

子三長呈鳳

次政齋 肇開五子入承

三齊道

九世

振興公三子
肇開公
妣李氏

子五長呈伯
次呈碧
三呈祥
四呈聰
五政齋出承肇美

振興公四子
大榮公

振興公五子
大節公
妣林氏

隱齋公至肖委公滄海公派譜牒

九世

直齋公之子
吉當公
生　辛酉年十一月廿四吉時
卒　乙巳年吉月吉日吉時

妣王氏
生　壬子年二月初七吉時
卒　乙酉年吉月吉日吉時
葬本山芸頭

振欒公長子
道盛公
子一　廷申
生十一月初二亥時　葬在本山
卒五月初一亥時　西埈樹仔

妣吳氏
生十二月三十日　脚坐壬向
卒七月初四巳時　丙兼子午
子三長廷京　次廷这
三廷崇

九世

捌叔公 振樂公次子 出外湖廣

大梁公 此公不知來歷寄此候查

肇闢公 彌思公長子

卒十一月初二日

母子全葬東山

妣王氏

卒五月十三日

葬眠床墓西畔

子三長呈燧

次呈瑠 無出

三呈瑞 無出

肇孚公 彌思公次子 主進大宗

生十一月十一日

卒九月初三日

妣吳氏

卒七月廿五日

九世

肇愷公 彌順公之子

妣吳氏

肇梅公 彌真公長子

肇尊公 彌真公次子 諱大椿 號達三 主進大宗

妣吳氏 號勤慈

子一 呈箴 號榮增

卒十三月初七日

卒六月廿九日

子二長呈秀 次呈華 俱無成

生萬曆己未年十二月十七戌時

卒康熙丁卯年三月十六巳時

生天啟壬戌年二月十三吉時

卒順治辛丑年六月十二巳時

繼妣唐氏號資慈

九世

大式公彌直公三子 諱名香 號仰河 主進大宗

妣楊氏號懿慈

生　乙卯年三月初七戌時
卒　甲申年九月三十日卯時
考與繼妣唐氏仝葬在古塘頂
先妣葬薩頭坐艮向坤兼寅申

子二長呈錡　次呈錦

生崇禎甲戌年四月三十日戌時
卒康熙戊寅年三月十二辰時
生崇禎丁丑年正月初七吉時
卒康熙庚寅年十月十四巳時

承曾孫　子賜孫昭四子入承

九世

肇顯公 彌真公四子 號仰明

生崇禎乙亥年十一月初九子時

卒康熙丙辰年三月初八吉時

妣洪氏

生崇禎己卯年九月十九吉時

卒康熙癸丑年六月廿七寅時

子一 呈銳

仰騰公 潑泉公長子

生萬曆辛亥年二月三十日亥時

卒康熙甲辰年七月廿五酉時

妣吳氏

生萬曆乙卯年三月初七亥時

卒康熙庚辰年十月初六未時

葬三都后溪嶺仔口坐艮坤兼寅申考葬

承子呈選 仰斗長子入承　子二名字俱缺

未知傳有數世因神主損壞盡無所考父老傳聞有和伯金伯者

凡係仰騰公派下和伯金伯能肉主位者俱從廟中秋冬二祭各配享祀

九世

仰斗公 澄泉公次子

妣李氏 九都浯改節仰埭鄉人

仰庭公 澄泉公三子 名大會

妣吳氏 號勤節 西谷人

九世

生三月廿二日

卒十月廿四日 附塋溝口

子二長呈選 出承仰騰 次榮平

生 壬戌年十一月廿九吉時

卒 乙未年十一月二十吉時

生 戊辰年二月廿九吉時

卒 壬寅年二月廿二吉時

塋在后使墓南泉

子一 呈德

樸齋公長子
仰波公 名大發
妣柯氏 名愛娘 號慈敬

九世

良泉公之子
仰浪公 無傳

清泉公長子
仰淮公 無傳

九世

生順治丁丑年十月十四卯時
卒康熙丙申年九月廿七未時
生順治己丑年十二月初六辰時
卒雍正乙卯年十月十九午時
合葬十二都西坑南
山坐巽向乾兼巳亥
子三 長伯庭 邑呈都 次榮良 邑呈騶 三呈參

卒十二月廿四日
葬在后田一堆土

明泉公長子
仰江公 諱名穰 字大謨
妣林氏 名惜娘 號慈慎 工山人

生崇禎甲戌年八月廿七戌時
卒康熙壬辰年八月廿六未時
生崇禎甲戌年十一月初八巳時
卒康熙丙申年三月十八酉時
合葬本山官路墘内坐甲向庚兼寅申
外坐乙向辛兼辰戌磚仔墓婦柯氏附焉

子一 伯愷 即呈祖

九世

明泉公次子
仰詠公 諱名榮 業儒
妣洪氏 英林人
繼妣孫氏 改節

生 乙卯年六月初一吉時
卒 丙辰年二月廿七吉時
考葬粤省灣門因山海未平業儒不能祖技逃出
卒三月十八日

子一 呈進 即伯悌 孫氏出

三房三世祖

倍溪公 致齋公之子

妣陳氏

繼妣黄氏

子一 純儒

長房長敏齋公派譜牒

四世

隱喻公 孟溪公之子

長房五霞溪公隱仁公至晉元公惠忩翁公派譜牒

九世

魁持公 道忝公之子

生萬曆辛亥年七月廿五丑時
卒康熙甲辰年三月廿二吉時

妣　氏

生萬曆癸丑年五月十四酉時
卒康熙甲辰年七月十六申時
合葬后使墓坐乙向辛兼卯酉

子一　銘珪

魁時公 道與公之子 諱名伍 主進大宗 號輝璧

生萬曆乙卯年五月廿三子時
卒順治甲午年五月初四辰時

妣黃氏

生萬曆戊午年二月初一子時
卒康熙丙午年十一月廿九辰時
妣與銘舉妣張氏仝葬謝厝街東門

子一　銘舉 號元賢

晋元公至惠連公派譜牒

九世

華初公 三台公長子

與継妣王氏

仝塟在泉口

妣洪氏

継妣王氏

三妣蔡氏

四妣同氏

五妣安氏

子一 銘棟

九世

東初公 三台公次子 號性德

妣王氏 號柔順 泗洲人

生天啟丁卯年七月初五丑時
卒康熙辛卯年四月十一酉時
生崇禎乙亥年八月廿六酉時
卒康熙甲戌年五月初六未時
仝葬后使墓坐巽向乾兼巳亥
子二長銘發　次銘福

燗初公 三台公三子

配王氏 改節

冬初公 三台公四子

葬在漳郡海澄縣觀音山

隱義公賛廷公至魁賢公派譜牒

九世

愈初公 建愼公之子 號廷翁

妣蔡氏

公卒四月十四日公附倉維公建愼公仝葬東邊溝口坐乾向巽共三壙
妣附倉維媽念氏建愼媽蔡氏仝葬在后使墓坐辰戌兼巽乾

子一 銘紀 號元振

賛廷公至魁士公派譜牒

九世

錫初公 道奏公之子 字𤍠蓮 號達毅

生順治丁亥年五月廿七卯時
卒康熙乙酉年十月初二酉時

妣劉氏

繼妣王氏 號慎儉

九世

立初公 道迎公之子 號建業 主進大宗

妣柯氏 號儉素

生順治己亥年十一月廿九寅時
卒康熙丙寅年六月廿七亥時
生康熙丁未年八月十八寅時
卒乾隆己巳年正月初二丑時
考塟在仙山下埔坐壬向丙先
妣合道奏公塟十二都鸛頭山
子二長銘正 劉氏出 次銘惇

卒三月十七日
合塟本山東蓁
邊穴坐北向南
卒四月廿六日
子一 銘釜

九世

乞飼公長子
俻初公 號莊毅 主進大宗
妣黃氏 號儉慎

乞飼公次子
純初公 號端毅 主進大宗
妣施氏 號柔德 錢江人

生崇禎癸未年十一月初六寅時
卒康熙丙戌年二月十六亥時
生順治丙申年八月廿三申時
卒康熙癸酉年四月十五未時
考葬仙山下埔坐戌辰兼乾巽
妣葬后使墓南坐壬丙兼亥巳
長銘達　次銘月　三銘衷
子六
四銘掟　五銘湯　六銘賜

生順治乙酉年十月初七亥時
卒康熙癸未年九月初四戌時
生順治辛卯年七月初二吉時
卒雍正壬子年五月初四吉時

九世

緯初公 乞飼公三子

妣氏

合塟東埔員潭坐庚甲兼酉卯

子五 長銘愷 即呈輿　次銘悌 即呈秀　三銘恍 即呈祐

四銘性 即呈滿　五銘怡 即呈周

子一 銘盤

二房敬齋公伯溪公至儔美公派譜牒

九世

繼署公之子 仰端公 諱用聰
生崇禎丙子年九月初二酉時
卒康熙辛巳年十月初九亥時
考塋本山内塘坐壬丙兼亥巳

妣蘇氏
生卒名號塋處俱缺

繼妣柯氏 號勤德
生崇禎丁丑年九月十六丑時
卒康熙壬辰年正月十七戌時

子一 國志

繼福公長子 芳仲公

妣姚氏

九世

芳挺公 維福公次子

妣顏氏

芳裕公 維福公三子

芳首公 維福公四子

妣洪氏

芳雙公 維福公五子

妣柯氏

九世

芳茇公 継福公六子

出承継萃

維玉公 継雲公長子

生崇禎丁丑年七月初七未時

卒康熙丙戌年三月廿四子時

妣戴氏 號慈敏

生崇禎己卯年四月二十戌時

卒康熙辛卯年二月三十日巳時

合葬仙山下埔坐艮坤兼丑未

子三長國章 次國柱 三國樑

維新公 継雲公次子

出承継萃

妣氏

子二長樸齋

長房二敏齋公派譜牒

四世

仲溪公長子

隱茂公

九月十四正忌辰

合葬在本山

東溪水蛇穴

妣王氏西湖人

子一 海疊

九世

繼沛公之子
澤潤公　諱用喜
主進大宗

妣唐氏

生崇禎庚辰年十二月十四申時
卒康熙丁酉年七月初二未時

生順治丁亥年五月十三戌時
卒康熙癸未年十一月初六申時

子三長國贊　次國富無成
三國成

維萃公承長子
維新公
維雲公次子入承

維萃公承次子
芳茂公
維福公次子入承

妣呂氏

子三長國棟　次國極
三國機

三房致齋公倍溪公至重曆公少陸公派譜牒

九世

裕賢公長子
宗禹公

妣李氏 號孝慈

裕賢公次子
宗鳳公

妣蔡氏 號慈慎

生順治庚寅年四月初七辰時
卒康熙己亥年八月初九巳時
生順治甲午年六月十六酉時
卒雍正辛亥年二月初一亥時
葬晋江八都石城山坐乾向巽兼戌辰
妣葬晋江八都鯉魚山坐艮向坤兼未丑
子一 榮祖

生康熙癸卯年八月十九申時
卒乾隆庚申年二月十八巳時
生康熙己酉年三月十六寅時
卒雍正　年三月十一卯時

繼妣蘇氏號慈儉

生康熙庚申年十月十八申時
卒乾隆丙辰年五月初九午時

子四　長國好　次國捷
　　　三國丑　四國幸

長房長孟溪公隱俞公至我祐公皇義公派譜牒

十世

日富公 復初公之子 處士主進大宗

妣林氏號慈德

生天啟丁卯年十一月廿三酉時
卒康熙己丑年五月十三卯時

生崇禎戊辰年十月十一辰時
卒康熙己丑年八月初七巳時
合葬在本山內塘

子一　孫晃

長房二仲溪公隱茂公至海疊公東泉公派譜牒

十世

廷招公 肇階公之子

生　巳未年三月廿三吉時
卒康熙乙巳年四月廿四吉時

妣蔡氏

生　年十二月廿五吉時
卒　年六月初七吉時

子一　孫超

自修公 肇環公之子 名七叔

九月初九忌辰

妣王氏 名定娘 號勤慈

六月初二忌辰

子一　孫長老

呈講公 肇粲公長子

呈常公　肇粲公次子

十世

德輝公　聚五公之子　名越伯　字愧士　主進大宗　號貞淑

妣蔡氏　又號貞誠

繼妣王氏

生順治丙申年二月十九未時

卒康熙辛丑年三月廿八卯時

生康熙甲辰年十一月廿九寅時

卒康熙乙亥年正月廿一寅時

生康熙乙巳年十一月廿八吉時

卒雍正丁未年十二月十三吉時

先妣葬本山西安橋坐乾（巽）向巽（乾）兼亥（巳）巳

考與繼妣合葬本山內塘坐壬向丙兼亥巳所謂青山墓是焉者也

子二長孫高　號峻軒　次孫達　號尊三

十世

廷伯公 喬橫公長子

無主

廷普公 喬橫公次子

生 戊辰年二月十二吉時

卒 戊戌年七月初六吉時

妣氏

子四 長孫統 次孫老 三孫斗 四孫拔

廷俊公 喬理公長子

廷儲公 喬理公次子

廷仁公 喬理公三子

十世

可亭公 喬光府長子

妣呂氏 號妙泰

繼

妣黄氏 號端靜

十世

廷達公 喬光府次子 號帝寵

妣蔡氏 號儉德 廣東潮州城人

庶

妣陳氏 號勤慎

生康熙丙午年五月初一申時

卒乾隆甲子年正月初八辰時

生康熙丙辰年十月十三吉時

卒乾隆癸酉年四月初一巳時

生康熙癸丑年正月初六丑時

卒雍正甲寅年九月十二未時

考塋仙山頂埔坐坤向艮兼申寅

先妣塋侍姑右 坐壬丙兼亥巳

十世

實德公 壽光府三子

妣吳氏 號勤儉

妣孫氏 號勤德 候查

二番未知配何人不敢妄載

妣黃氏 號[illegible]卻志 候查

庶妣合葬本山洋坑坐酉向卯兼辛乙

子四 長孫琮 次孫琳 西瑞授

三孫志 四孫芳

子一 孫偶

十世

廷卿公 得衷公長子

妣　氏

廷問公 得衷公次子 號樸實

妣　氏

生崇禎甲戌年十月十六亥時

卒　丁亥年十月廿八申時

塟在西邊

子一德悌

生崇禎丁丑年十月十五未時

卒康熙丁酉年二月初九戌時

生順治辛卯年二月廿三吉時

卒康熙壬寅年十二月十八戌時

塟本山宮仔邊坐壬丙兼亥巳

子三長孫尚 即瑞應　次孫煇 即瑞耀　三孫武 即瑞文

海疊公至有政公派譜牒

十世

廷佐公 拙然公之子

主進大宗

妣曾氏

子三 長孫仍

次孫名缺

三孫名缺

敬齋公 奇豪公之子

直順公 樸誠公長子

妣蘇氏

繼妣吳氏
三妣洪氏

十世

中義公 樸誠公次子
妣洪氏 號柔靜
生順治丙戌年十月初四未時
卒雍正乙巳年十月初五戌時

羅山公 肇祉公之子 主進大宗
妣林氏 號柔靜
生順治戊戌年七月初二申時
卒雍正辛亥年九月三十日申時
子二長孫禎　次孫愷

隱實公純粹公至剛菓公派譜牒

十世

呈鳳公 肇美公長子

政齋公 肇美公承次子 肇閣五子入承

妣林氏 號慈順

齋道公 肇美公三子

妣陳氏

繼妣陳氏

十世

肇開公長子
呈伯公

肇開公次子
呈碧公

肇開公三子
呈祥公

妣李氏

肇開公四子
呈聰公

肇開公五子
政齋公

出承肇美

子三
長孫生
次孫珍
三孫珠

肖委公滄海公至揚吾公派譜牒

十世

廷申公 吉當公之子

廷京公 道盛公長子 無傳

廷越公 道盛公次子 號荊玉

妣吳氏 陳村人

四世孫 有質

生順治丁亥年正月廿二辰時

卒乾隆辛卯年十二月初一辰時

生三月廿九亥時葬西安橋坐

卒二月十七巳時艮坤兼寅申

子三 長孫即 次孫按 三孫智

十世

廷崇公 道盛公三子

滄海公六三聰吾公派譜牒

十世

呈燧公 肇閩公長子

呈璫公 肇閩公次子

呈瓀公 肇閩公三子

乞伯

賜伯 此二公舊忌辰簿所載未明不敢妄起圖牒

十世

呈箴公 肇孚公之子 諱甫吾 號榮增 主進大宗

妣吳氏 名靜娘 號勤息 坑園人

呈錡公 肇爵公長子 號珍偉 主進大宗

妣吳氏 號慈慈

生順治乙酉年正月十七吉時
卒康熙丁丑年正月初三吉時
生順治乙酉年九月廿六寅時
卒康熙庚子年十二月十九戌時
考葬本山石路頂坐卯酉兼甲
庚子敬宗附焉　妣葬在西安橋

子一　孫明 號瑞洛 又號敬宗

生順治甲申年八月初八酉時
卒康熙戊子年七月廿五未時
生順治庚寅年正月初九寅時
卒康熙丁亥年八月三十日未時
附九世先媽仝葬在
薩頸坐艮坤兼寅申

[illegible]

十世

星錦公 肇尊公次子 諱甸星 生進大言 號於華

妣丁氏

子四　長孫清　次孫泓復　三孫准集　四孫泂枝

生順治甲午年九月廿六巳時

卒雍正乙卯年十月初五子時

生順治己亥年二月十一寅時

卒康熙庚寅年十二月廿二寅時

俱葬在本山白泉面考坐丑向未兼艮坤妣坐寅向申兼坤艮

子三　長孫會 又名瑞南　次孫貢 又名瑞海　三孫監 又名瑞江

承曾孫　子賜 孫招四子入承

呈 肇式公之次子

十世

呈銳公 肇顯公長子 號文山 主進大宗

妣郭氏 號勤慈

生康熙丙午年九月廿七吉時
卒康熙辛夘年二月廿五吉時
生康熙甲寅年二月廿八巳時
卒康熙辛夘年二月初七戌時
葬在赤埔山坐艮向坤兼丑未

子一 孫昭 又名瑞湖

滄海公至靜吾公派譜牒

十世

呈 仰騰公之長子

呈 仰騰公之次子

十世

仰騰公承三子
仰斗長子入承
呈選公
無主

仰斗公次子
呈薦公 號榮平
妣馬氏 坑園人 改節

仰庭公之子
呈德公 號榮文
妣王氏 名論娘 號勤慈 徐州人

生正月十六日葬在赤坻頂坐
卒二月初一日癸向丁兼丑未
子一 弘桐
生順治壬辰年八月初五辰時
卒雍正丁未年六月十四戌時
生康熙甲辰年八月初六辰時
卒乾隆乙丑年二月初五亥時
考葬在凹内坐丙向壬兼午子
子二長孫鵬　次孫燕

十世

仰波公長子
伯廷公 名呈都
妣林氏 號淑慎

仰波公次子
榮良公 名呈騧
妣洪氏 號儉素
繼妣蘇氏 號順愛

生康熙庚戌年五月十七辰時
卒康熙辛丑年五月十二申時
生康熙癸丑年五月十五卯時
卒雍正癸卯年四月初八午時
考葬在后田
子四 長孫鸞 次孫變
三孫崑 四孫崙

生康熙庚申年二月初三辰時
卒乾隆庚申年七月二十未時
生康熙丁卯年四月十五未時
卒康熙丙戌年十月廿三辰時
生康熙庚午年十一月十五辰時
卒乾隆庚辰年正月十四丑時

仰波公三子 榮輿公 名呈參

妣柯氏 號勤淑

十世

仰江公之子 伯愷公 名呈祖

妣柯氏 號貞淑 柯坑人

考與繼妣各葬薩頭厝後考坐

艮向坤兼寅申　先妣葬仙山坐北向南

子一　孫美

生康熙丁卯年十月初八丑時

卒乾隆壬戌年二月十七申時

生乾隆辛未年正月廿二丑時

卒乾隆壬申年十月十一戌時

合葬在仙山坐乾向巽兼戌辰

子二長孫鯨 即瑞經　次孫緣 即瑞纓

生康熙庚戌年五月初七申時

卒康熙戊子年六月初四吉時

生康熙庚戌年六月初二申時

卒乾隆庚申年六月十二申時

考葬在高州　妣附父母
葬官路墘土名磚仔墓也
子五長名缺　次孫登即瑞新　三名缺殤
四孫榜即瑞轍　五孫哲即瑞格

十世

伯悌公 仰詠公之子 名呈進
妣吴氏 號懿德 本鄉人

生康熙乙卯年十月十七亥時
卒康熙壬寅年三月廿六寅時
生康熙壬戌年十月廿八亥時
卒乾隆癸酉年八月廿一巳時
葬在仙山埔坐艮向坤兼寅申
子二長孫振號東宜　次孫果出居臺郡漳化縣東螺碑頭庄

長房五霞溪公隱仁公至惠思翁公軍后公派譜牒

十世

銘珪公 魁時公之子 號興昂

生順治乙酉年又六月初八巳時
卒康熙壬申年四月廿七巳時
考附祖合塟赤埔北坐艮向坤艮兼未丑

妣林氏

林氏生卒塟處俱缺焉

繼妣曾氏 號孝慈

生順治丙戌年十一月廿一子時
卒康熙癸酉年八月初三巳時

子四　長孫琛　次孫豸
　　三孫香　四孫信

銘舉公 魁時公之子 名廷選 主進大宗 號元賢

生順治丁亥年正月初九丑時
卒康熙丙子年八月十四卯時

妣張氏 號禎勤 南安縣鵝溪人

生康熙癸卯年七朔十七酉時
卒乾隆丁卯年四月廿九戌時

考葬洪界介盧厝山坐卯向酉兼甲庚分金丁卯丁酉　妣附魁時媽黃氏合葬在謝厝街東門坐申向寅兼庚甲也

子三長孫為字瑞璣　次孫曉字瑞璇　三孫衡

隱仁公至惠連公偉吾公派譜牒

十世

銘發公秉初公長子號元度

生順治己亥年九月十一午時

卒雍正庚戌年正月十三辰時

妣蔡氏前埔人

生　甲辰年七月初七吉時

卒　丁丑年正月初七酉時

合葬在本山后使墓附性德公墓之右坐巽向乾兼巳亥是也

長孫瑁　次孫瑒　三孫
子六
四孫璿　五孫璞　六孫

卒葬廣東碣石灣玄武山

十世

銘福公 秉初公次子

配林氏 改節

隱義公贊廷公至魁賢公倉維公派譜牒

十世

欽翁公 [illegible]

妣 [illegible] 氏 [illegible]

生崇禎庚辰 [illegible] 八吉時

卒康熙 [illegible] 時

生順治 [illegible] 三月廿二日 [illegible] 時

卒康熙辛 [illegible] 時

合葬厦門東邊鄉崎仔腳後來

有坊墓在東門外坐壬向丙兼亥巳

子 [illegible] 發

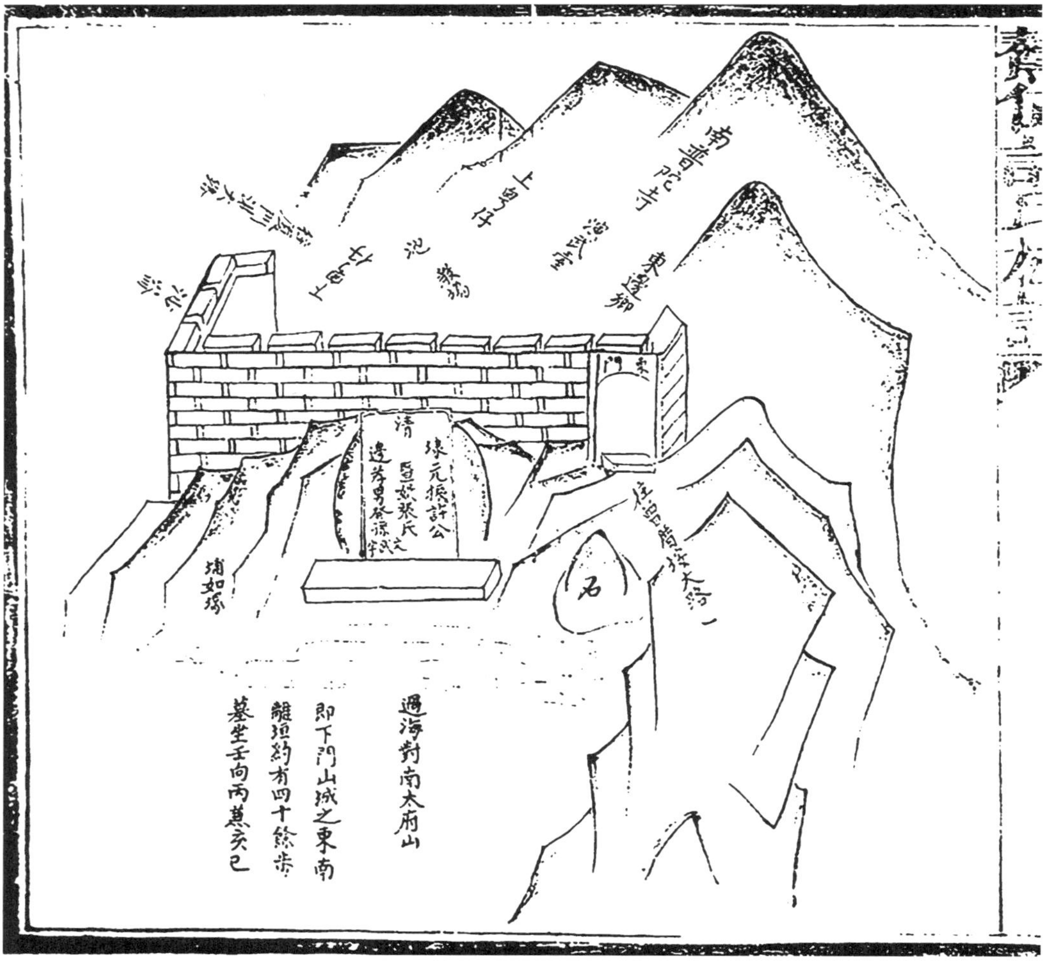
南普陀寺
東邊鄉
東門
清
張元振許公
暨妣張氏
石
過海對南太府山
即下門山城之東南
離垣約有四十餘步
墓坐壬向丙兼亥巳

贊廷公至魁士公德林公派譜牒

十世

錫初公長子 銘正公 號元端 主進大宗

妣傅氏

繼妣邵氏 號婉慎

三妣周氏 號慎勤

生康熙庚申年十一月廿五申時
卒乾隆己未年二月初三辰時
生康熙壬申年正月十一巳時
卒康熙乙未年六月初一卯時
生康熙丙子年八月初九午時
卒雍正庚戌年二月十八亥時
生康熙癸酉年吉月吉日吉時
卒乾隆己卯年十月十三辰時
考與周氏各葬仙山下埔考坐子午兼癸
丁周氏坐壬丙兼亥巳傅氏附道奏公媽孫
氏妣劉氏葬十二都鶴頭山合共四壙
繼妣邵氏葬在赤埔坐西向東

十世

銘惇公　錫初公次子

銘釜公　亦初公之子　號元誠

妣解氏　號慈淑　安溪人

子二長孫旭　次孫遜

生順治己丑年十二月廿二酉時

卒康熙辛卯年十二月初二巳時

生康熙壬寅年十二月初五卯時

卒乾隆丙辰年七月廿三巳時

塟考在本山東邊坐乾巽兼戌辰

妣塟本山鳴鳳墓南坐巽向乾兼辰戌

子一　孫興

魁士公至德森公派譜牒

十世

偕初公長子
銘達公
生康熙丙辰年四月廿一巳時
卒康熙庚寅年又七月初八吉時

妣　氏
葬在臺灣
子一　孫操

偕初公次子
銘月公
生康熙癸亥年正月十五亥時
卒雍正乙未年八月初三未時

妣　氏
子一　孫日

偕初公三子
銘衷公
生康熙甲子年九月十七吉時
卒康熙丁酉年十一月十四吉時

妣洪氏
生康熙丙寅年正月廿八吉時
卒康熙丙子年正月十九辰時

十世

銘提公 偕初公四子 號元叅 未進大宗

妣凌氏 號俗柔

生康熙辛未年七月初四酉時

卒雍正乙卯年十二月初二戌時

生康熙庚辰年十月廿六丑時

卒乾隆庚午年正月初三巳時

考葬在臺灣府南路山　妣葬

在東蔡地坑坐戌向辰兼乾巽

子二長孫麟　次孫名缺

銘湯公 偕初公五子 號元尚 未進大宗

妣王氏 名法娘 號儉慈

生康熙甲戌年正月廿八子時

卒乾隆癸酉年十月初七未時

生康熙癸未年十二月吉日吉時

卒雍正癸丑年十月初八戌時

俱葬在仙山坐北向南

子二長孫綽　次孫君

十世

銘賜公 俗初公六子

妣　氏

名成治

名未仔

二者與銘賜公同主
未知來歷世系姑載
主彙之以俟後參考

銘愷公 縂初公長子名呈興 號元宅 主進大宗

妣蔡氏 號貞俭

生康熙丁酉年十月廿七酉時
卒乾隆壬寅年四月二十吉時
生康熙辛丑年正月三十日未時
卒乾隆己巳年八月初十吉時
生　癸酉年三月初二戌時
卒缺
生　辛巳年二月廿四未時
卒　壬申年八月初十吉時
生康熙甲寅年九月廿七辰時
卒康熙戊子年五月初四辰時
生康熙乙卯年十一月初十吉時
卒乾隆丁卯年正月十一辰時
子二長孫快　次孫享

十世

銘悌公　紌初公次子　名呈秀　號元順　主進大宗

生康熙戊午年二月十八吉時
卒乾隆　年十一月十三吉時

妣吳氏　號參漢　上𡒄頭人

生康熙戊午年八月初七吉時
卒康熙辛卯年九月廿四吉時

繼妣蔡氏　前埔人

生康熙壬戌年五月廿七吉時
卒乾隆　年九月十四吉時

考葬凹內坐丙向壬兼午子次子孫芸
附　二妣各葬仙山埔吳氏坐壬丙兼亥巳

子三　長孫崇　次孫芸　三孫諤

銘忱公　紌初公子　名呈祐

生康熙癸亥年六月廿二辰時
卒康熙丁酉年六月初九丑時

十世

銘性公 純初公四子 名呈蔄 主進大宗 號質直

妣吳氏 名叚娘 號勤懿

生康熙壬申年正月初六辰時
卒乾隆丙戌年六月初五未時
生康熙丁丑年十二月廿四丑時
卒雍正乙卯年十二月初六戌時
考塋在西安橋坐甲庚兼寅申
妣塋在本山后田坐北向南也

子一 孫璞

銘怡公 純初公五子 名呈周

無神主

孫四 長子任 次子静
三子駿 四子緬

十世

緯初公之子 銘盤公 號日新 圭進大宗

妣蔡氏 號孝慈

繼妣尤氏

生崇禎癸酉年七月初一酉時

卒雍正甲辰年十二月初十子時

卒　乙巳年五月廿九吉時

生崇禎乙亥年七月十八寅時

卒康熙辛卯年四月廿六未時

合葬本山東邊坐乾巽兼戌辰

子三長孫璋　次孫珩　三孫戎

二房伯溪公信溪公至東山公三吾公派譜牒

十世

國志公 仰端公之子 號雪心

生康熙戊申年五月初五寅時

卒康熙戊子年四月廿五巳時

妣傅氏 號禎勤

生康熙丙辰年十月初二午時

卒乾隆辛未年四月初六巳時

考葬大溝墘

妣葬赤埔北

承子三長孫光 次孫羣 三孫萃

信溪公至石碑公春園公派譜牒

十世

國章公 維玉公長子

國柱公 維玉公次子 號元卿

生康熙壬子年三月十四辰時

卒康熙辛卯年二月十八午時

妣戴氏 號勤慎

生康熙戊辰年正月十二戌時
卒康熙辛卯年二月初九申時
考葬在后使墓北坐東南向西北　妣葬在本山白泉坐東向西
子一　孫仁

十世

國樑公 維玉公三子 號元貞

生康熙丁巳年十二月廿五辰時
卒乾隆丁卯年十月十四子時

妣王氏 號順則

生康熙丙寅年十一月十七卯時
卒乾隆乙酉年十一月廿七亥時
合葬在赤埔坐亥向巳兼乾巽
子一　孫臨

石碑公至三吾公派譜牒

十世

國賛公 澤潤公長子 號端志

生康熙庚申年八月十七戌時
卒康熙戊子年三月二十未時
考塟在本山下埔祖墓三房邊

妣吳氏

生缺卒康熙丙申年四月廿三日

子一 孫亮

國富公 澤潤公次子

無成

國成公 澤潤公三子 號守善

生康熙戊辰年八月初三辰時
卒乾隆丁巳年九月初八戌時

妣蔡氏 號志節

生康熙癸未年十一月初八未時
卒乾隆己卯年三月廿八未時

[illegible]

[illegible]

十世

芳茂公長子
國楝公　名呈寬　號元裕

妣蔡氏　谷秦

繼
妣曾氏

合葬在洋坑内坐未丑兼丁癸

子一　孫廣

生康熙丙寅年十二月初四未時
卒乾隆乙亥年十一月初六寅時
生康熙庚午年二月初十卯時
卒康熙辛卯年三月廿八辰時
生　戊寅年七月初三卯時
卒雍正乙卯年三月初三辰時
蔡氏葬在本山墩下坐丑向未
兼艮坤　曾氏葬在赤埔北也

子二長孫賽　次孫來

十世

國樞公 芳茂公次子 名白生 號罘春

國機公 芳茂公三子 號元正

妣王氏 號懿惠

繼妣尤氏 號懿慈

生康熙癸酉年二月初二寅時
卒乾隆癸亥年八月十九午時
葬在臺灣府朱羅縣
十八重溪內之山也

子一 孫寶

生康熙丙子年五月廿八丑時
卒乾隆癸巳年十月二十辰時

生康熙乙酉年十二月廿四未時
卒乾隆戊辰年五月初三未時

生康熙甲午年十一月初三辰時
卒乾隆丙午年二月廿五戌時

考葬在白泉坐巳向亥兼巽乾尤氏葬
仙山坐西向東王氏葬在石碑坐乙向辛媽呂氏余穴

朝辰公

妣陳氏

公名號俱缺

此二公來歷世系俱不明暫寄在此候查

媽王氏號勤慈

子三長孫澤　次孫宏　三孫美

生康熙甲午年七月廿七子時

卒乾隆庚子年八月十一辰時也

生雍正壬寅年三月二十戌時

卒乾隆癸卯年十月廿三午時

生十二月十九日

卒八月二十日

生於乙巳年間

卒六月十三巳時

三房倍溪公重曆公至少陸公翰聖公派譜牒

十世

榮祖公宗禹公之子　無子

十世

國好公 宗鳳公長子 字因元 號善長

妣陳氏 號勤儉

國提公 宗鳳公次子 號明軒

妣孫氏 號慎勤

生康熙甲子年八月十一寅時
卒乾隆乙亥年五月初四亥時
生康熙乙亥年九月廿二吉時
卒乾隆庚辰年二月廿三寅時
考葬后使墓北坐丙壬兼巳亥分金丁
巳丁亥 妣葬仙山下埔坐戌向辰兼乾巽
子四 長孫顯 次孫添
三孫聰 四孫耨
生康熙庚午年八月十八未時
卒乾隆戊辰年三月廿七申時
生康熙庚辰年九月廿九戌時
卒乾隆己丑年二月初七巳時
考葬在本山洋坑內 妣葬
在本嶺頂坐艮坤兼未丑

十世

宗鳳公三子
國丑公　號裕寬
子二長孫保　次孫佑
生康熙癸酉年三月初五丑時
卒乾隆己卯年十二月廿一午時

妣蔡氏　號儉謹
生康熙辛巳年正月初三巳時
卒雍正已酉年十二月十二辰時

繼妣王氏　號慎勤
生康熙丁亥年三月初二辰時
卒乾隆乙未年十月初四丑時
子二長孫科　次孫國

宗鳳公四子
國幸公
無主候查

長房長孟溪公隱翁公至皇義公奕玖公派譜牒

十一世

孫見公 日尚公之子 字尚明 諱世大宗 號日景熙

生康熙乙卯年六月二十辰時

卒乾隆己未年十一月初五寅時

妣柯氏 號儉淑

生康熙癸亥年十一月二十亥時

卒乾隆戊辰年六月廿一未時

葬考在本山巷下衙墘地內坐未丑兼丁癸分金丁未丁丑

妣葬巷下父墓西坐甲庚兼寅申

子二長子印 次子宰

長房二仲溪公隱茂公至西安公猫員公派譜牒

十一世

廷招公之子

孫超公 號挾山 即瑞超

生順治丙戌年八月初六午時

卒康熙壬辰年四月廿三未時

妣張氏 號勤禮

生順治庚子年八月十三辰時

卒雍正己酉年十一月十三寅時

合葬下邊潭坐甲向庚兼寅申

子一 子立

自修公之子

孫長老

仰泉公至聯瀛公派譜牒

十一世

德揮公長子

孫高公 字子峯 號峻軒 主進大宗

生康熙壬申年四月十二卯時

卒乾隆甲申年九月十三丑時

妣柯氏 名尾娘 號孝勤 本鄉人

生康熙癸酉年七月廿五申時
卒乾隆甲午年五月十七辰時
考塋本山狗背坐卯酉兼甲庚
妣塋柯厝頭坐甲向庚兼卯酉
子四 長子磐 次子前 三子啟 四子奏

孫達公 德輝公次子 號尊三 主進大宗

生康熙戊寅年七月初六吉時
卒嘉慶丁酉年十月廿九戌時

妣　氏

子二 名俱缺

仰泉公至祝斗公派譜牒

十一世

孫統公 廷普公長子

生康熙甲申年十二月廿五吉時
卒雍正壬子年四月廿一戌時

十一世

孫老公 廷普公次子

孫斗公 廷普公三子

孫拔公 廷普公四子

孫琮公 廷達公長子

孫琳公 廷達公次子 字瑞璒 庶出

以上俱無神主

孫志公 廷達公三子

生康熙癸巳年五月廿四吉時

卒乾隆乙亥年七月初三吉時

妣氏

子一 子諸

十一世

廷達公四子 孫芳公 號元成
生康熙丙申年八月初九辰時
卒乾隆丁酉年二月二十子時

妣王氏 名恕娘 號節儉
生雍正甲辰年八月初二戌時
卒乾隆壬寅年四月初三子時

子二長子時 次子浪

寳德公之子 孫偶公 字國珍 號實厚
生康熙庚申年八月初四吉時
卒乾隆戊午年九月廿一吉時

妣吳氏 號孝勤
生康熙己巳年九月初十吉時
卒乾隆丁亥年六月廿四申時

子二長子威 次子成

十一世

廷卿公之子　德悌公
生康熙甲戌年九月十三吉時
卒雍正辛亥年八月十一吉時

妣　氏
子一　子及

十一世

廷問公長子　孫崙公　字瑞應　號斗拱
生康熙己未年八月廿九辰時
卒雍正戊申年六月廿八巳時

妣蔡氏　號勤慈
生康熙甲子年三月十三未時
卒乾隆癸酉年七月廿八未時

子一　子安

廷問公次子　孫輝公　字瑞耀　號仁仕
生康熙己巳年九月初六巳時
卒乾隆辛酉年十二月十九巳時

妣張氏　名靜娘
生康熙辛巳年八月廿二未時
卒乾隆丙午年二月廿二亥時

考葬赤埔頂　妣葬在本
山白泉頂　坐巽乾兼辰戌

子一　子秋

十一世

孫武公 廷問公三子 字瑞文 號德章

妣蔡氏 號儉慈

生康熙壬申年六月二十戌時
卒乾隆己丑年五月初二亥時
生康熙甲申年十一月廿九亥時
卒乾隆癸酉年五月十六申時
葬本山赤埔北　坐坤艮兼未丑

子五　長子申　次子取　三子豹
四子寅　五子向

有政公毓吾公至惠吾派譜牒

十一世

孫仍公 廷佐公長子 號祥雲 主進大宗

妣陳氏 號儉順

孫　公 廷佐公次子

妣張氏 號慈慎

塋在本山西溪頭

塋在洋坑子林

妣陳素娘全附

子二長子我　次子林

生　已亥年十一月十一吉時

卒　丙午年五月初五吉時

生　癸卯年十二月十五吉時

卒　丙午年五月十一吉時

子三長子添　次子乳　三子尾

十一世
廷佐公三子
孫公
妣氏
子四 長子岳 次子嚴 三子聳 四子寺

毓吾公至敬直公派譜牒

十一世
羅山公長子
孫禎公 號奈會
生康熙乙丑年二月三十日卯時
卒乾隆己卯年二月初六辰時
妣吳氏 名合娘 東埔人
生康熙甲戌年八月廿九未時
卒乾隆辛丑年正月十三巳時

十一世

孫愷伯 羅山公次子 號翊鎬 主進大宗

妣吳氏 名蔦娘

繼妣歐氏

考與子慶仝塋在本山薩頭

子二長敬愛 主號　次子慶 即孔成

生康熙辛未年八月廿七卯時

卒乾隆己巳年二月初九卯時

生康熙乙亥年十二月廿七未時

卒雍正甲寅年八月廿七酉時

生康熙丙子年八月廿四戌時

卒乾隆壬辰年三月廿二未時

子一 植怪

隱實公純粹公至心敬公振興公派譜牒

十一世

孫生公 呈祥公長子 號志清
生康熙己酉年十月二十亥時
卒乾隆丙子年十月初八寅時

妣吳氏 號柔順
生康熙戊申年八月二十子時
卒雍正丁未年八月初十丑時
合葬西安橋坐壬向丙兼亥巳
子三 長子璉 次子珪 子瑾 行三

孫珍公 呈祥公次子 號輝琮
生康熙丁卯年十二月初六未時
卒乾隆庚辰年八月初四酉時

妣洪氏 名却娘 號懿慎
生康熙壬申年四月廿六寅時
卒乾隆壬午年十月廿九巳時

考葬坐寅申兼艮坤

子五　長子桂　次子悌　三子良

四子辰　五子枣

生康熙壬申年十月初八丑時

卒康熙己亥年八月十三子時

呈祥公諱

穆溪公

賢溪公　滄溪公至揚吾公直齋公譜牒

玄曾孫　者

揚吾公至派之樂公派譜牒

十一世

廷選公長子
[illegible]號瑞受

[illegible]八

廷選公[illegible]字瑞元
[illegible]號瑞本
[illegible]大宗
[illegible]
[illegible]號貞叔

生　乙未年六月初一吉時
卒缺
子四長子儲　次子殿
三子能　四子奕
生康熙壬戌年十月初七巳時
卒雍正壬子年正月二十未時
生康熙庚午年六月廿七亥時
卒乾隆壬午年二月初三卯時
合葬本山后使墓坐壬
丙寅亥巳與達文仝穴
妣與次媳仝葬后使墓
子三長子京　次子曾
三子老

十一世

孫智公 廷迭公三子 號策士

生康熙戊辰年十二月十五戌時

卒乾隆庚申年五月十六酉時

妣蘇氏 名月娘 號懿德 湖尾人

生康熙辛未年十月十三午時

卒乾隆乙酉年十二月十九午時

子三長子聚　次子乙　三子午

滄海公聰吾公至彌恩公派譜牒

十一世

孫明公 呈箴公之子 號瑞洛 又號澂宗 主進大宗

生康熙乙卯年十月初十巳時

卒乾隆己巳年二月初九未時

妣林氏 名報娘 號勤敏 馬坪人

生康熙丁巳年十月初二寅時

卒康熙乙亥年十二月初十卯時

繼妣歐氏 名逆娘

聰吾公至彌真公派譜牒

十一世

孫清公 呈錡公長子 號時宗 主進大宗

妣蔡氏 號勤柔 大嵛人

生五月初一日 葬赤脚

卒三月初八日 賴路壠

考附父葬石路頂坐卯酉兼甲庚

先妣葬赤脚賴路坐乙辛兼辰戌

子四 長子佐 林氏出 次子朝 歐氏出

三子佁 四子添

生康熙癸丑年七月初三未時

卒乾隆丙寅年五月廿二未時

生康熙辛亥年十二月十一巳時

卒康熙辛卯年二月初三未時

考葬本山內溝壠坐辰戌兼巽乾

妣葬嶺后地坐坤向艮兼申寅

十一世

孫泓復　呈錡公次子　號維宗　主進大宗

妣柯氏　號惠愛

孫淮集　呈錡公三子　號安宗　主進大宗

妣吳氏　號恭順　本鄉人

子四　長子開　次子建
三子宖　四子元

生康熙庚申年十一月十九未時

卒乾隆庚午年四月廿六丑時

生康熙乙丑年六月初八酉時

卒乾隆丁卯年九月二十午時

考塟本山官路墘坐申寅兼庚甲

妣塟赤脚頼內坐卯酉兼甲庚

子二　長子談　次子告

生康熙壬戌年十二月初五丑時

卒乾隆癸亥年四月初一未時

生康熙乙丑年十月初五申時

卒雍正丁未年八月十三丑時

十一世

孫洄枝 呈錡公四子 號善知 主進大宗

妣蔡氏 號孝儉 梅林人 主進大宗

考葬本山洋坑內坐壬丙兼亥巳次子

子陸附 妣葬本山遼邊坐壬丙兼亥巳

子三 長子郡 次子陸 三子還

生康熙甲子年十一月十三丑時

卒雍正壬子年十一月初二丑時

生康熙乙丑年二月三十日午時

卒乾隆癸酉年五月廿九丑時

考葬本山山狗空坐乙辛兼辰戌

妣葬在巷下坐亥向巳兼壬丙

子四 長子增 次子普 三子胡 四子讓

十一世

呈錦公長子

孫會公 號定宗 名瑞渤 主進大宗

妣張氏 號慈勤 潘徑人

呈錦公次子

孫貢公 號棠宗 名瑞海 主進大宗

妣呂氏 號恭惜 浯洲人

生康熙壬戌年七月三十日丑時

卒雍正丙午年七月十五午時

生康熙癸亥年二月十七辰時

卒乾隆甲申年正月廿一丑時

考葬本山巷下坐戌辰兼辛乙

妣葬本山赤埔東墩坐戌向辰

子三長子賓 次子煙 三子攺出承孫監

生康熙辛未年九月初五亥時

卒乾隆庚午年十一月十五亥時

生康熙壬申年十一月十二辰時

卒乾隆癸巳年二月初六寅時

孫監公 呈錦公三子 號源宗 名瑞江 主進大宗

妣郭氏 號柔順

孫 肇式公之支派

考葬白泉頂祖墓側之下坐艮坤兼寅申妣葬仙山下埔坐亥巳兼壬丙

子二長子析 次子庇

生康熙甲戌年九月廿四寅時

卒雍正乙卯年五月十六日辰時

生康熙丁丑年十二月十一丑時

卒雍正乙卯年六月初十巳時

合葬在仙山坐癸向丁

子二 潤 英 圭寫

孔文 不上圖

承子 子改 孫會三子入承

孫 子賜 孫招四子入承

十一世

孫昭公 呈鋭公長子 號興宗 主進大宗 名瑞湖

生康熙辛巳年十一月廿八戌時

卒乾隆甲戌年十一月廿四未時

妣林氏 號勤節

生康熙丁亥年二月廿二辰時

卒乾隆壬寅年九月初七戌時

葬在官路頂土名柄古墓坐北向南

子五長子貴 出承肇弍為曽孫　次子漢　三子柳

四子賜　五子菊

滄海公靜吾公至澄泉公派譜牒

十一世

弘桐公 呈嵩公之子

無生莫考

十一世

呈德公長子 孫鵬公 號宏述
生康熙壬申年十二月廿四丑時
卒乾隆乙酉年十二月廿七子時

妣柯氏 名招娘 號淑懿
生康熙丁丑年四月十七丑時
卒康熙丁酉年十二月廿四酉時

繼妣柯氏 名香娘 號淑靜
生康熙壬申年五月十五亥時
卒乾隆甲申年十二月十七寅時
考附塟仰庭公

子二長子焘 次子安

呈德公次子 孫燕公
生康熙乙亥年六月十一巳時
卒康熙戊戌年五月十八吉時

十一世

呈都公長子
孫鸞公 號直軒
妣林氏 號端靜
繼妣洪氏 號儉素

生康熙辛未年八月廿五辰時
卒乾隆己卯年二月初十丑時
生康熙壬申年六月十八申時
卒康熙　年又六月初十申時
生康熙丙子年十月初一吉時
卒乾隆戊辰年十二月十二辰時
考葬本山凹内坐丑未兼艮坤
林氏葬西坑洪氏葬山狗窓坐巽乾
子四　長子創即子業　次子鄒
三子畧即子輪　四子與

呈都公次子
孫變公

生康熙甲戌年六月十六卯時
卒康熙辛丑年四月初一戌時
附葬在后田

十一世

孫崑公 呈都公三子 號玉軒

妣吴氏 號端成

繼妣郭氏 號慈勤

二妣同年去逝相去僅五十日疑有错

生康熙癸未年四月廿八辰時
卒乾隆乙未年十月三十日丑時
生康熙壬辰年十一月三十日子時
卒乾隆已未年三月初一卯時
生康熙庚辰年十月十六吉時
卒乾隆已未年四月二十卯時
考葬仙山下埔坐癸丁兼丑未
妣葬在赤埔坐乾向巽兼亥巳
子二長子倡即子垂 次子尊即子君

孫崙公 呈都公四子

無主莫考

十一世

孫蒞公 呈騶公之子 字瑞美 號順德

妣吳氏 號貞勤

孫勇公 呈叅公長子 字瑞鯨 又名經 號德武

妣蔡氏 號勤慎

生康熙丙申年十一月初七午時
卒乾隆癸酉年八月初四亥時
生雍正甲辰年正月十五吉時
卒乾隆甲辰年正月廿一酉時
妣塟在赤埔　考塟在
仙山坐壬向丙兼子午
子二長子藝　次子黌

生康熙庚子年四月初六丑時
卒乾隆辛卯年二月廿三酉時
生雍正己酉年十月廿八丑時
卒乾隆甲寅年五月十五戌時
子二長子舍承繼　次子謀

十一世

孫綵公 呈參公次子 名瑞縷 無主莫考

靜吾公至明泉公派譜牒

十一世

孫 呈祖公長子 名鈇

孫登公 呈祖公次子 字瑞軒 號台山

妣吳氏 名慨娘 號淑慎 本鄉人

生康熙癸酉年十二月十一午時

卒乾隆庚午年七月廿三丑時

生康熙乙亥年四月十五戌時

卒乾隆己亥年十月十二辰時

合葬本山莿抱外坐甲庚兼寅申

子二長子周又名魚 次子符

十一世

孫 呈祖公三子 名缺

孫榜公 呈祖公四子 字瑞轍 號直山

妣柯氏 名珠娘 號淑儉 泗厝坐人

繼妣王氏 號淑慈 泗洲人

生康熙戊寅年八月廿五吉時

卒乾隆壬午年六月十二午時

生康熙戊戌年七月廿六巳時

卒乾隆丙辰年四月十八辰時

生康熙癸巳年十月廿四戌時

卒乾隆己酉年正月初一卯時

考與柯氏合塟東山坐甲向

庚兼卯酉　王氏塟在巷下

三子成 即子養良　四子圭 即子東　五子珍 即子茄往番沒

子八 長子華殤　次子倡殤

六子度 往番沒　七子鰲殤　八子佔

十一世

孫哲公 星祖公五子 字緝軺 號德山

妣洪氏 號淑莊 葉林巷前分人

孫扳公 星進公長子 號東岡

妣童氏 伍堡人

生康熙庚辰年七月廿四丑時
卒嘉慶丙辰年七月十三未時
生康熙甲申年十月十六戌時
卒乾隆癸巳年正月十八丑時
合葬鶴頭鄉宮前直下東埔路
百餘步南畔右側坐寅申艮坤
子四 長子國 次子級中殤 三子冬 四子竇

生康熙辛巳年
卒乾隆餘俱缺
生康熙壬寅年
卒乾隆俱缺焉
子二 長子琴無出 次子宴 住東都

十一世

呈進公次子

孫果公

卒臺

生康熙辛丑年

住臺郡漳化縣

東螺碑頭庄馬

妣王氏 名姜娘 漳浦人

繼妣　氏 臺灣人

子二 長子意　次子印

長房五霞溪公隱仁公至軍后公道奏公派譜牒

十一世

銘珪公長子

孫琛公 號方佐

生康熙庚申年七月十七辰時

卒乾隆庚申年六月十八巳時

妣王氏 號勤儉

生康熙己巳年二月廿二卯時

卒乾隆戊辰年二月初八亥時

合葬赤埔北祖墓西坐庚向甲兼申寅也

子三長子準 次子規 三子矩

十一世

銘珪公次子

孫務公號中和

生康熙丙午年十月十三申時

卒康熙甲午年八月廿九戌時

妣洪氏號慈儉

生康熙癸丑年二月廿六辰時

卒雍正戊申年七月十七戌時

合葬山狗空坐卯向酉兼乙辛

子一 子曖

銘珪公三子

孫香公

無主莫考

十一世

孫信公　銘珪公四子　號敬亭

生康熙乙酉年十月十六辰時

卒雍正乙卯年又四月二十酉時

妣洪氏

生康熙己卯年正月廿八丑時

卒雍正戊申年四月二十未時

合葬仙山項坐卯向酉兼乙辛

軍后公至道與公派譜牒

十一世

孫為公　銘舉公長子　字瑞璣　表進六宗　號維岳

生康熙己巳年八月初八丑時

卒雍正辛亥年五月初九午時

妣柯氏　本鄉人

生康熙庚午年十二月十九未時

卒乾隆己卯年又六月廿二巳時

十一世

孫晚公 銘舉公次子字瑞璇 主進大宗 號維輿

妣王氏 名春娘

繼妣王氏 名迎娘

合葬在本山凹内之
左坐卯向酉兼乙辛

子四 長子園 次子麗 三子懷 四子庚

生康熙丙子年八月十七未時
卒乾隆戊戌年二月初二辰時
生康熙癸未年五月初六辰時
卒乾隆壬辰年八月初九未時
生康熙戊寅年又三月三十日巳時
卒雍正癸丑年十二月初七丑時
考葬在山狗空坐辰戌兼巽乾

子四 長子首 次子合 三子得 四子官

十一世

孫衡公 銘舉公三子 字瑞玖 號淮玉

妣柯氏 名益意 號淑媛

生康熙丁丑年十月廿九亥時

卒乾隆丙辰年八月初一子時

生康熙乙酉年九月十五卯時

卒乾隆丙辰年七月初九未時

考葬鳴鳳墓　妣葬在

后使墓坐巽乾兼辰戌

子二　長子安　次子悦

偉吾公三台公派譜牒

十一世

孫琄公 銘發公長子

生康熙癸亥年八月十二日戌時

卒康熙辛卯年七月廿四丑時

配吳氏 無神主

孫瑒公 銘癸公次子 號維沛

妣黃氏 改節

孫瑗公 銘癸公三子 號維文

妣柯氏 號慎謹 泸厝垵人

繼妣施氏 錢江人

考葬在泉口 坐寅向申兼艮坤

子二 長子書 次招東 主號

生康熙乙丑年十二月十七戌時

卒乾隆戊午年八月十二巳時

葬薩頭宮仔邊坐戌辰兼乾巽

子二 長子敬 次子紀 俱早逝

生康熙乙亥年二月初三戌時

卒乾隆甲申年八月初七未時

生康熙己卯年四月廿五未時

卒雍正乙巳年九月初二未時

生康熙戊寅年四月廿七卯時

卒乾隆丙戌年四月初二戌時

考與繼妣仝葬薩頭宮仔口坐乾巽

十一世

孫璿公 銘發公四子

妣柯氏 村坑人

孫璞公 銘發公五子 名瑞衛 號維寶

妣蔡氏 名妹娘 前埔人

無戊辰　先妣附銘發媽蔡氏合塋宮仔邊

子二　長子羨　次子夷早逝

生　丁丑年十月廿九吉時

卒　丙辰年七月廿九戌時

生　乙酉年九月十五吉時

卒　丙辰年七月初九吉時

考塋在鳴鳳墓

子一　子歲早逝

生康熙辛巳年六月廿二子時

卒乾隆癸卯年四月廿二申時

生康熙丁亥年五月十一巳時

卒乾隆己亥年七月廿八巳時

子二　長子菓早逝　次子元

十一世

孫琢公 銘發公六子 號珍器

妣施氏 名盡娘 號貞淑 龍囝人

生康熙甲申年四月十九亥時
卒乾隆壬戌年六月廿八未時
生康熙辛卯年七月廿三亥時
卒乾隆辛丑年十月二十巳時
仝葬在東邊坐乾向巽兼亥巳

子二長子協 次子力

隱義公魁賢公至倉維公建惧公派譜牒

十一世

孫發公 元振公之子 號應長 主進大宗 卒在廣東

生康熙戊申年五月十七丑時
卒康熙戊子年四月十九吉時

妣曾氏 號節儉

生康熙辛亥年十二月廿九寅時
卒乾隆丁卯年正月三十日丑時
妣葬本山后使墓坐乙向辛兼
卯酉長子文次子武仝附葬焉
子三長子文　次子武
三子宇

魁士公德林公至道奏公派譜牒

十一世

孫旭公 銘正公長子

孫暹公 銘正公次子 號篤遜 承進大宗

妣張氏 號懿儉

生康熙戊戌年三月初二申時
卒乾隆戊申年四月廿五巳時
生康熙戊戌年九月十六子時
卒乾隆癸丑年七月廿一亥時

合葬在洋坑内坐壬丙兼子午

子二長子煥　次子聲

德林公至道迎公派譜牒

十一世

孫興公銘金公之子號志高

生康熙丁亥年三月初四亥時

卒乾隆辛卯年六月廿八申時

妣黄氏號慈儉

生康熙戊子年八月廿三寅時

卒乾隆己卯年三月十六巳時

子五長子岱　次子房　三子塔

四子築　五子粟

德森公至乞飼公派譜牒

十一世

銘達公之子 孫操公 名瑞烈 主進大宗 號順直

妣蔡氏 名忍娘 號慈愛

考妣同名 未知是否

生雍正己酉年六月十六巳時
卒乾隆己酉年九月廿四吉時
生乾隆戊午年二月十三酉時
卒嘉慶丙辰年三月初三未時
考葬仙山頂埔墘坐艮坤兼寅申
妣葬仙山下埔墘坐辛乙兼戌辰
子四 長子覲 次子賤
三子寬 四子攘

銘月公之子 孫日公

生康熙戊戌年十二月廿四辰時
卒乾隆丁丑年八月初二辰時
葬在仙山

十一世

銘提公長子
孫麟公號瑞珍
妣蘇氏號節義

銘湯公長子
孫綽公號創業 圭進大宗
妣張氏號勤慎
繼妣蔡氏號儉勤

生乾隆丁亥年五月初三酉時
卒乾隆戊申年四月廿四午時
生乾隆戊子年七月廿五未時
卒乾隆戊申年五月廿一未時
合葬在本山赤埔頂
承子 子魯殤

生雍正丁未年三月初十丑時
卒乾隆甲辰年三月初四丑時
生乾隆丙辰年正月廿七辰時
卒乾隆壬辰年九月十四巳時
生乾隆丁巳年三月十八吉時
卒乾隆辛亥年七月初三吉時
考葬東山穴坐艮向坤兼寅申

張氏葬赤埔頂坐乙辛兼辰戌
蔡氏塟仙山埔坐壬丙兼亥巳
子二長子扶　次子岩

十一世

孫君公 銘湯公次子

孫快公 銘愷公長子

無神主莫考

孫亨公 銘愷公次子 字瑞昌 號榮康

生康熙甲申年九月十一辰時
卒乾隆辛卯年正月初九辰時

妣劉氏 號勤儉

生康熙丁亥年四月十八酉時
卒乾隆丙子年又九月廿三未時

子二長子念　次子田 俱往臺

媽 孤身女主一不知所配何人寄此候查

生康熙丁未年十一月十三辰時
卒乾隆戊申年四月廿八巳時
子二長子彥 次子輕

十一世

孫崇公 銘悌公長子

妣 氏

子二 子繼 次子熂
生康熙甲申年十二月廿二吉時
卒乾隆丙辰年十二月初四吉時

孫芸公 銘悌公次子 號樹中 主進大宗

妣王氏 號恭節

生康熙乙酉年四月廿九吉時
卒乾隆乙未年四月十二吉時
考附元順公塋本山四内坐丙壬兼子午
妣塋洋宅南坐酉卯兼辛乙子道全附

十一世

銘悌公三子
孫諤公 號弘直 主進大宗

妣王氏 號節義

銘性公之子
孫璞公 號戟岳

妣黃氏 號恭順

子二長子道　次子両

生康熙丙申年十一月廿七辰時

卒乾隆己卯年正月十二卯時

生康熙戊戌年五月初二午時

卒乾隆戊申年七月廿四未時

子三長子皓　次子煖　三子象

生康熙辛丑年三月初二丑時

卒乾隆丙申年九月廿三卯時

生卒塟處俱缺

子一　子桃

十一世

孫 銘怡公支派 名缺

孫璋公 銘藍公長子 號省真 主進大宗

妣李氏 號孝順

孫珩公 銘藍公次子 號丙宜 主進大宗

妣孫氏 號和儉

子四 長子任 次子靜
三子駿 四子絤

生康熙戊申年九月初五辰時
卒乾隆乙丑年九月廿一子時
生康熙壬子年八月十七戌時
卒康熙乙未年十月十八酉時
考葬本山嶺頂凹內左右隔壙
坐壬丙兼午子分金庚午庚子

子二 長子遠 佳瑩 次子達

生康熙壬戌年十月初四辰時
卒乾隆己卯年五月十四戌時
考葬仙山頂坐北向南
生卒葬處俱缺

十一世

銘盤公三子

孫戎公　號智存

次子昭　三子明

子五長子曄　四子時　五子暄

生乾隆庚寅年十二月廿三丑時

卒嘉慶丁巳年四月廿四吉時

葬在臺灣漳化縣麥仔藔

以下二者厥乃女主未知所配何人寄此候查　以下四者五房園内神主

妣林氏

生乾隆庚辰年十一月廿六吉時

卒乾隆戊戌年十一月廿七辰時

妣王氏　號端慈

生康熙丁丑年又三月三十日酉時

卒雍正癸丑年十一月初七子時

葬本處山狗空坐巽乾兼巳亥

未知公媽

生雍正甲寅年五月十九酉時

卒乾隆己卯年四月初二未時

公 名字俱缺

十二月廿三日亥時 未知生卒

甲寅年三月廿四巳時 所属月日

以上二者世系来歷不明寄此候查

二房敬齋公信溪公至三吾公派譜牒

十一世

國志公承長子

孫先公 號德三 主進大宗

生康熙丁丑年四月初四辰時

卒乾隆己丑年二月十一戌時

妣張氏 號懿慈

生康熙庚辰年正月十一酉時

卒乾隆戊寅年六月二十巳時

合塟山内清溝墘坐午向子兼丁亥

子四 長子傳 次子瑞 即子品

三子雅 四子佳

十一世

孫羣公 國志公承次子 號德超

妣王氏 號勤慎

繼妣楊氏 號儉素

生康熙已卯年十月初五卯時

卒乾隆已丑年四月廿三午時

生康熙丁亥年五月廿六卯時

卒乾隆戊辰年十二月十五辰時

生康熙乙酉年二月十二戌時

卒乾隆乙亥年十月十二巳時

考葬在赤埔坐丑向未兼艮坤

王氏葬赤脚瀨坐巽向乾兼巳亥

楊氏葬后使慈東南角坐壬丙兼亥巳

子五長子鎮　次子璉　三子坦

四子玉　五子等

十一世

閏志公次子 孫嵩公 字瑞萃 號德直

生康熙癸未年二月初六丑時
卒乾隆己丑年二月初六巳時

妣劉氏 號恭淑

生康熙庚寅年四月初六巳時
卒乾隆丁未年五月初三午時
合葬柯坑山淡墘東坐東向西

子三長子這 次子逞 三子治

春閏公派譜牒

十一世

閏桂公之子 孫仁公 無神主莫考 子一 子慶

閏棕公之子 孫臨公 無油主莫考

二吾公派譜牒

十一世

國贊公之子

孫亮公 號德禮

妣曾氏 名盼娘

國成公之子

孫廣公 號德陽

妣王氏 名旋娘 號勤懿

生康熙丁亥年二月初五辰時

卒乾隆丁亥年九月廿七辰時

生　癸酉年十二月初十寅時

卒乾隆甲辰年三月十三未時

考葬在赤埔頂

子二長子永　次子興

生雍正丙午年十月廿七辰時

卒乾隆壬辰年十二月三十日丑時

生雍正甲寅年二月廿七戌時

卒嘉慶丁卯年四月廿九未時

考葬赤埔頂　妣葬洋坑内坐坤艮兼未丑

子一　子沛

十一世

國棟公長子
孫騫公 號孫鍬
妣張氏 號瑞明

國棟公次子
孫來公 無神主莫考

國椒公之子
孫寶公

生康熙辛丑年十一月廿六巳時
卒乾隆丙午年四月廿四午時
生雍正乙卯年二月二十辰時
卒乾隆丙午年四月廿四午時
考葬在石碑頂　妣
葬赤埔頂坐東向西

子一　子語

生雍正辛亥年九月廿九吉時
卒乾隆壬辰年十一月二十吉時
承子二長子谿 孫澤四子入承　次子班

十一世

國機公長子
孫澤公 字世青 號宗賢

妣孫氏 名覲娘 號慈儉 塔頭人

國機公次子
孫宏公

國機公三子
孫美公

俱無神主莫考

生雍正庚戌年七月廿七亥時
卒乾隆庚子年四月廿八午時
生雍正壬子年八月初二未時
卒乾隆丙午年三月十五寅時
合葬下石碑坐乙辛兼卯酉與茂嫣
呂氏生母王氏全穴合共四壙一堆
子四 長子軒 次子緝
三子湛 四子谿 出承孫賢

三房致齋公純儒公至翰聖公派譜牒

十一世

孫顕公 國好公長子 號隱山

生康熙庚子年正月初四亥時
卒乾隆癸酉年四月初十酉時
葬在仙山頂埔坐壬丙兼亥巳
承嗣孫 有見 于卯長子入承

孫添公 國好公次子 號德福

生雍正戊申年七月初三申時
卒嘉慶戊辰年四月十七午時

妣田氏 呂邊娘 號[illegible]

生乾隆庚午年五月廿七吉時
卒道光壬辰年三月二十酉時
考葬在仙山坐乾向巽兼戌辰

子一 子燦

十一世

孫聰公 國好公三子 名瑞禄 號熙靖 字孫福

生雍正庚戌年十一月初四戌時
卒嘉慶己巳年四月初八戌時

妣徐氏 安南人

考卒在安南鹿瀨地方

承子 孫國四子入承 子夘

孫耨公 國好公四子

孫保公 國提公長子

俱與神主莫考

孫佑公 國提公次子 號德軒

生雍正辛亥年九月十一丑時
卒乾隆丁未年四月初六申時

妣陳氏 號慈儉

生雍正乙夘年五月廿九巳時
卒乾隆戊申年四月初九辰時

十一世

孫科公 國丑公長子 號勇明

妣王氏 號純恬

繼妣楊氏 號孝儉

子四 長子裕 次子吳 三子保 四子禮

生雍正癸卯年十二月廿九申時

卒乾隆己亥年十二月廿七巳時

生雍正丙午年正月廿五未時

卒乾隆辛巳年十二月三十日丑時

生雍正己酉年正月廿九未時

卒乾隆乙未年五月十六申時

考塋在仙山

子三 長子捷 次子堅 三子綢

十一世

孫國公（國丑公次子）號武倫

妣林氏 號貞勤

生雍正丙午年二月十三辰時

卒乾隆癸巳年八月廿三戌時

生雍正癸丑年十二月廿一未時

卒乾隆戊申年六月廿五酉時

合塟在本山芸頭

子四 長子禎（即子祥） 次子遂（即子亢）

三子成（即子攢） 四子卯（出承孫福）

長房長子孟溪公樸齋公至皇義公奕玖公派譜牒

十一世

子印公 孫昇九公長子 號則合
妣張氏 號素和
子宰公 孫昇九公次子 號則治 主進大宗
妣王氏 名猛娘 號恭勤

生雍正戊申年四月十六酉時
卒乾隆丁未年七月廿五寅時
生雍正乙卯年十二月十九辰時
卒乾隆丙戌年七月十三申時
考塟宮仔邊坐亥向巳兼乾巽
妣塟巷下左畔坐辛乙兼酉卯
承子 有默 子宰三子入承
生雍正辛亥年正月十三子時
卒乾隆丁未年八月十一子時
生雍正辛亥年十一月十九辰時
卒嘉慶辛酉年二月初五巳時

墓在內塘山坐壬向丙兼亥巳

子五長有真　次有魏　三有默出家子印

四有勸　五有敵

妣吳氏號宜依　張肖女主未知所配何人待几條查

生乾隆丙午年十二月二十卯時

卒嘉慶庚午年四月十四戌時

子一　面英

長房二仲溪公隱茂公至西安公璜員公派譜牒

十二世

子立公孫超公之子　字達禮　號東甫

妣謝氏號爵德

生康熙己未年十二月廿三午時

卒乾隆辛酉年八月十三辰時

生康熙乙丑年三月初四辰時

卒乾隆己卯年三月初十辰時

子一　有尊即仁貴

仰泉公至聯瀛公派譜牒

十二世

孫高公長子字元哲
子磐石公又號文峯號宣亭主進大宗
妣曾氏名潛娘
庶妣洪氏名在娣號恭敦

生康熙壬辰年十月廿四子時
卒乾隆辛丑年正月十四吉時
生康熙乙未年十一月廿八午時
卒嘉慶辛酉年九月廿五子時
生乾隆庚午年七月廿一戌時
卒嘉慶丙寅年四月十三酉時
考塋在本山古塘坐乾巽兼戌辰

子六
長有樓即有騰　次有降即有岳　三有睿即有智
四有旭即有旦　五有頌即有禱　六有勉即有力

十二世

子前公 孫高公次子 字元超 號純直
生康熙乙未年十二月廿七亥時
卒嘉慶壬戌年八月廿四戌時

妣蔡氏 名佳娘 主進大宗 號勤靜
生康熙壬寅年四月廿一子時
卒嘉慶丙辰年十月十六亥時
仝塋在西邊坐乙向辛兼卯酉

子二長有讓 次有香字有桂

子啟公 孫高公三子 名元明 號誠齋 字文庚 主進大宗
成均學士兼授登仕郎侍贈修職郎
生雍正乙巳年六月十四卯時
卒嘉慶丁巳年七月廿一子時

妣傅氏 名益娘 號貞惠 湖尾人
生雍正戊申年正月初四辰時
卒嘉慶壬戌年七月初五吉時

庶妣洪氏 名蓮娣
生乾隆戊辰年十二月初九午時
卒嘉慶庚午年二月廿六巳時
仝塋本山內塘坐壬向丙兼子午

子二長有董 次有意

十二世

孫高公四子

子奏公 字元美 號碩膺 主進大宗

妣吳氏 名豫娘 號恭順

生雍正甲寅年七月十七未時

卒嘉慶丁巳年正月十六寅時

生雍正丁巳年二月廿六丑時

卒嘉慶乙丑年又六月初五子時

子五長有尋 次有繹 三有冉 四有雕 五有甲

仰泉公至祝斗公派譜牒

十二世

孫志公之子

子諸公 號惟直

妣蔡氏 名位娘 號淑勤

生乾隆乙丑年十二月十一子時

卒嘉慶戊辰年三月十一午時

生乾隆庚辰年十一月十一子時

卒嘉慶庚辰年三月十三酉時

十二世

子時公 孫芳公長子

無神主奠考

子浪公 孫芳公次子 名孔華 號豐盈

妣林氏 號儉素

子威公 孫偶公長子 號成智

妣　氏

子二長有傲　次有昷

生雍正甲辰年十一月十八寅時

卒乾隆戊申年二月廿八午時

生乾隆庚申年十一月十六吉時

卒嘉慶癸亥年十月初二午時

考塟本山后坂坐西向東　妣塟本處

東山 思肯長子 祖瑶　每歲年冬月節世世奉敬

生乾隆丙子年十月廿六寅時

卒乾隆丙辰年五月十八巳時

子一　有他

十二世

子成公 孫偶公次子 無神主莫考

子及公 德悌公之子 號敦毅 主進大宗

生雍正丁未年正月廿九寅時

卒嘉慶丙辰年十二月廿三午時

妣柯氏 號孝勤

生乾隆己未年五月三十日酉時

卒乾隆丙午年十一月廿一戌時

繼妣柯氏 名為娘 號慈慎

生乾隆丁巳年四月廿九子時

卒嘉慶庚申年二月廿八申時

子一 有捷

子安公 孫尚公之子

子秋公 孫煇公之子

十二世

子申公 孫武公長子 字子安 號元意

妣蘇氏 號勤順

子取公 孫武公次子 號謙德

妣王氏 號勤慎

生雍正甲辰年十一月十八寅時
卒乾隆癸卯年十二月廿九辰時
生雍正癸丑年正月初三巳時
卒乾隆甲辰年十二月廿二申時
子三長有燦　次有宣　三有名缺
生雍正戊申年正月三十日巳時
卒乾隆癸酉年五月廿八巳時
生雍正辛亥年三月十二吉時
卒乾隆戊戌年七月初一未時
考葬赤埔頂
妣葬在仙山
子一　有心

十二世

子豹公 孫武公三子 號謙如
生雍正辛亥年二月十三未時
卒乾隆癸酉年四月廿一辰時
葬在赤埔頂坐北向南
子一 有雪

妣 氏
生雍正癸丑年九月初四寅時
卒乾隆乙卯年五月廿九亥時

子寅公 孫武公四子 號誠意
生乾隆辛酉年六月初二巳時
卒嘉慶庚申年正月十四酉時
子二長有孚 次有燁

妣蔡氏 名器娘 號慈慎
生乾隆己未年二月廿九吉時
卒塋乾隆年間八月廿二吉時

子向公 孫武公五子 號星拱
生乾隆戊辰年五月初六午時
卒嘉慶甲戌年十二月廿七巳時

妣林氏 名佘娘

子二長有梭　次有感

有政公至毓吾公惠吾公派譜牒

十二世

子我公 孫仍公長子 號志勉 圭進大宗

生雍正甲寅年九月初八亥時

卒乾隆丁亥年九月廿七午時

妣蔡氏 名報娘 號儉素

生雍正乙卯年六月廿二巳時

卒嘉慶庚辰年七月十四亥時

考塋在臺

子二長有變　次有蘭 出承子林

子林公 孫仍公次子 號忠義 圭進大宗

生乾隆乙亥年正月十一亥時

卒乾隆甲辰年四月二十辰時

妣陳氏 名素娘

生乾隆癸亥年十一月初五吉時

卒嘉慶壬申年七月廿一午時

十二世

以下七者不知父名

子添公

子乳公 號端正 圭進大宗

妣蔡氏 名坤娘

子尾公 無神主莫考

附祥雲媽合塟在洋坑

子三長有蘭（子我次子入承） 次有全 三有世

生雍正乙巳年八月十五卯時

卒乾隆癸丑年八月廿一未時

生雍正癸丑年十月初三亥時

卒乾隆丙辰年七月初五午時

子二長有為 次有顏

十二世

子岳公

妣吳氏

九月初九忌辰

子二長有所　次有蓄

子巖公

妣　氏

子聳公

子一　有瓦

妣　氏

子寺公

妣　氏

以上七者不知父名

毓吾公至敬直公派譜牒

十二世

孫禎公長子
敬愛公

妣黃氏　名梅娘　號温柔　內厝人

孫禎公次子
子慶公　號敬誠　字孔成　主進大宗

妣吳氏　名彰娘　號節儉

生康熙丁丑年六月初一巳時
卒乾隆丙午年四月二十未時
生乾隆戊午年三月廿九吉時
卒嘉慶丁巳年十二月廿五酉時
子二長有桃　次有善
生康熙丙申年二月廿八亥時
卒乾隆癸酉年六月十四巳時
生康熙己亥年五月十一寅時
卒乾隆丙午年五月廿一午時

十二世

植怪公 孫愷公之子

妣蔡氏 號勤儉

惟直公 以下四者未歷不明姑就主祀牌記之俟查明補入

孝德公

考葬本山隆頭坐辛乙兼戌辰

子三長有琰　次有珪
三有送

生康熙乙未年十一月十四亥時
卒乾隆甲辰年正月初三酉時

生康熙庚子年十一月廿七子時
卒乾隆丙申年正月初四酉時

子四長有琛　次有夏
三有執　四有對

生乾隆己亥年十二月廿三酉時
卒嘉慶戊辰年又五月初四寅時

純直公
妣蘇氏
志明公
妣柯氏
以上四者來歷不明寄此候查

隱實公純粹公至心敬公振興公派譜牒

十二世

孫生公長子
子璉公 號植德
生康熙辛未年又七月初六巳時
卒乾隆癸未年十月二十辰時

妣孫氏 號勤慈
生康熙乙亥年十月初三酉時
卒乾隆戊子年四月十九未時

承子 長有拱 次有華

十二世

子珪公 孫生公次子 號植正

妣李氏 號勤慎

子瑾公 孫生公三子 號樞章

妣孫氏 名恬娘 號慈節

生康熙丙子年十月初八寅時
卒乾隆戊子年五月初八卯時
生康熙癸未年十二月十二辰時
卒乾隆辛酉年四月廿三卯時
考塟在赤埔坐乙向辛兼卯酉
妣塟在凹內 坐癸向丁兼丑未

子一 有喜

生康熙己卯年四月初十辰時
卒雍正丁未年七月廿四辰時
生康熙癸未年七月廿七酉時
卒雍正己亥年六月十二卯時
俱塟在凹內

子一 有賢

十二世

子柱公 孫珍公長子 號愧世

生康熙辛丑年二月十三寅時
卒乾隆壬午年八月十七巳時
承子 有夏 子良三子入承

子悌公 孫珍公次子 號逸樂

生雍正丙午年三月廿五辰時
卒乾隆丁未年十一月二十辰時

妣陳氏 號恭肅

生缺卒乾隆年間二月初一日

繼妣王氏 號端肅

生雍正乙巳年二月廿四丑時
卒嘉慶辛酉年二月初九午時

子一 有載

十二世

孫珍公三子 子良公 號逸和

妣王氏 名轉娘 號慈慎

孫珍公四子 子寶公 即孔辰 號守誠

妣張氏 名遂娘 號柔慎

繼妣黃氏 名轉娘 號惠慎

生雍正己酉年三月廿三戌時

卒乾隆戊申年五月初三未時

生雍正癸丑年五月初五未時

卒乾隆戊申年五月十九巳時

考塟大溝墘附曾祖母

右畔妣塟四內自己地

子三長有表 次有順 三有夏 出承子柱

生康熙辛卯年十二月初四卯時

卒乾隆乙亥年正月初六吉時

生康熙乙未年十月十五酉時

卒乾隆壬戌年十月廿五午時

生康熙丁酉年九月廿三未時

卒乾隆癸丑年六月初二辰時

十二世

子東公 孫珍公五子 號克峻

妣黃氏 號慎淑慎

子速公 不知父名寄此候查一 號質魯

考葬在東都張氏埜仙
山中埔黃氏葬在仙山
子一 有論

生康熙癸巳年五月初六巳時
卒乾隆丙申年八月初九酉時
生雍正甲戌年八月初七申時
卒乾隆丙午年十二月廿六申時
考葬在仙山坐乾向巽兼戌辰
妣葬西安橋坐癸向丁兼子午
子三長有悅 次有講 三有唱 出嗣李家入承
生乾隆丙辰年吉月吉日吉時
卒嘉慶丁卯年九月廿三卯時
子一 有固

妣李氏既頊慎派自女未知配何人寄此候查

生康熙已巳年十月十一巳時

卒康熙壬寅年八月廿四未時

子一　暹瑛

肖委公滄海公至揚吾公直齋公派譜牒

十二世

子一　有質

子廷申公之支派

揚吾公至振樂公派譜牒

十二世

卒正月十四日生與葬俱缺

子儲公孫卯公長子

生康熙丙戌年十月廿三戌時

妣　氏

卒乾隆已卯年正月初五巳時

十二世

子殷公 孫郎公次子

妣氏

子能公 孫郎公三子

妣氏

子奕公 孫郎公四子

子四 長有延 次有雙 三有暴 四有知

子一 有由

子一 有旋

十二世

子京公 孫拔公長子 號直義 主進大宗

妣柯氏 名腰娘 周宅人

子曾公 孫拔公次子 號達文

妣王氏 號貞敏

生康熙庚子年三月十三亥時
卒乾隆丙申年三月十二辰時
生雍正丁未年五月初四酉時
卒乾隆戊申年四月初四未時
塋在本山后使墓坐南向北（壬丙兼亥巳）子
（有金附爲妣塋後股就坐西向東）
子二長有金　次有勉
生雍正癸卯年七月十一未時
卒乾隆乙亥年九月十六戌時
生雍正癸丑年二月十二丑時
卒乾隆己卯年又六月十五亥時
與端本公全塋后使墓坐壬向丙
（妣附姑全塋后使墓坐壬向丙）
子一　有在

十二世

子老公 孫按公三子 號孔栄

妣改節

子聚公 孫智公長子 號敦厚 主進大宗

妣蔡氏 名炎娘 塔頭人

生雍正戊申年五月初七未時

卒乾隆己卯年又六月廿九辰時

葬在本山后使墓

子二 長有夷 次有兒殤

生康熙壬寅年八月初四吉時

卒乾隆乙未年二月廿五吉時

生雍正丙午年十月初三未時

卒乾隆戊申年六月廿三申時

合附策士公葬在仙山頂埔

子四 長有篇 次有友

三有娘 四有信

十二世

子乙公 孫智公次子 號仰榮

妣劉氏 名惠娘 號勤慈 塔頭人

子午公 孫智公三子 號中丁

妣柯氏 名南娘 號柔慈 本鄉人

生雍正戊申年正月初一午時

卒乾隆辛丑年又五月廿五戌時

生乾隆乙卯年二月十九申時

卒嘉慶丁丑年八月三十日巳時

考塋在衝頭　妣塋在石碑

子二長有誇　次有全

生乾隆戊午年四月初六辰時

卒嘉慶己巳年十月初三酉時

生乾隆辛酉年十一月初四吉時

卒嘉慶乙丑年八月廿三戌時

子六

長有恭　次有賞蕩　三有等

四有戶　五有滾　六有生蕩

滄海公聰吾公至彌恩公派譜牒

十二世

孫明公長子
子佐公 字孔道 號覺山 主進大宗

妣蔡氏 名勸娘 號順慎 洋宅人

孫明公次子
子朝公 號覺波 主進大宗

妣歐氏 名陣娘 號德勤 塘邊新厝

生康熙庚辰年十月廿六未時
卒乾隆壬申年十二月初五酉時
生康熙壬午年六月初九未時
卒乾隆庚寅年九月初十亥時
考葬本山石路頂坐卯酉兼甲庚公孫
父子仝葬妣葬本山土地宮坐壬丙兼子午
子四 長有銳 次有梅
三有拔 四有瑜

生康熙辛卯年十月廿三丑時
卒乾隆丁酉年四月十二未時
生康熙癸巳年六月廿五戌時 同治[illegible]年[illegible]月廿五
卒乾隆癸巳年十二月十七吉時

十二世

孫明公三子
子皆公　號覺源　主進大宗

妣王氏　名定娘　下庄人

孫明公四子
子添公

聰吾公至彌真公派譜牒

十二世

合葬本山凹内坐癸丁兼子午

子三　長有列　次有乾　三有孔

生十月十五日

卒十二月初九日　葬在山狗窝内

生正月初七日

卒三月十一日

子四　長有亨　次有讀　三有怡　四有璽

十二世

子開公 孫清公長子 字孔文義 號純德

妣楊氏

子建公 孫清公次子 號端容 又號孔儀

妣吳氏 號儉素

生康熙丁丑年三月十八丑時
卒乾隆辛巳年五月初六戌時
考塟仙山下埔坐壬丙兼亥巳
生卒塟處名號與鄉里俱缺
子二長有斗 次有罔 止

生康熙庚辰年十二月廿五未時
卒乾隆戊寅年四月廿六巳時
生康熙乙酉年十二月初四未時
卒乾隆庚午年十一月十三寅時
仝塟在仙山頂埔中坐艮向
坤兼寅申考在左妣在右也
子三長有南 次有助 三有使 俱出外邦

十二世

孫清公三子
子寧公　號敬惠　主進大宗
妣王氏　名坤娘　號慈懿　山后人

孫清公四子
子元公　號得成　往臺不返
妣林氏

生康熙壬午年七月十七未時
卒乾隆戊申年四月初五巳時
生康熙己丑年四月初八子時
卒嘉慶壬戌年正月十七辰時
考葬仙山頂埔坐亥向巳兼乾巽長子
有猷全附一堆土妣葬西門溝垅坐辰戌乾巽
子三長有猷　次有扶往臺　三有美止

生康熙丁亥年九月十七子時
卒乾隆癸酉年七月廿一午時
生康熙甲午年四月廿七吉時
卒乾隆丁卯年四月廿二申時
葬仙山下埔坐亥向巳兼壬丙
子二長有才　次有笑

十二世

孫泓復長子
子淡公 號孔思

孫泓復次子
子告公 號誠衷

妣蔡氏 號勤素

繼妣蔡氏 號淑儉

生康熙丁亥年八月初七吉時
卒乾隆丁巳年五月廿一吉時
葬在赤埔頂坐北向南

子一 有仲

生雍正甲辰年九月初十寅時
卒乾隆丁卯年八月初二申時
考葬仙山下埔坐寅巳兼壬丙
生卒葬俱缺繼妣與考仝葬處
生雍正甲辰年七月初五亥時
卒乾隆癸卯年五月初四吉時

子一 有黨 往臺

十二世

孫淮集長子

子郡公 字孔詩 主進大宗

號京軒

妣王氏 號敬肅

孫淮集次子

子陞公 字孔輔 主進大宗

號經文

妣劉氏 號儉肅

生康熙乙酉年四月廿五辰時

卒乾隆甲申年八月初三巳時

生康熙乙酉年七月初四酉時

卒乾隆己巳年二月十七午時

仝塟西安山坐寅向申兼艮坤

子二長有御 号光椿 次有賓

生康熙丙申年四月十五亥時

卒乾隆辛丑年十月初五丑時

生康熙戊戌年八月初九辰時

卒乾隆甲戌年五月初一戌時

考附父安宗公塟在洋坑

山坐壬向丙兼亥巳妣塟

西安山坐寅向申兼艮坤

十二世

子還公 孫淮集三子 字孔論 號寬廣 主進大宗

妣吳氏 名巧娘 號靜正 坑周人

子增公 孫洄枝長子 號意誠

妣洪氏 號賢德

子四 長有科 次有仲 三有盖 四有只

生雍正癸卯年十月十一辰時
卒乾隆辛丑年十二月十五亥時
生雍正庚戌年七月廿八卯時
卒嘉慶壬申年五月初三辰時
考卒在安南順化妣塟仙山埔
尾坐壬丙兼亥巳長婦楊氏附

子二長有商 次有緩

生康熙丁亥年二月初八亥時
卒乾隆丙午年十一月十七未時
生康熙辛卯年七月十一申時
卒乾隆癸卯年六月初八未時

十二世

孫洄枝次子
子普公 名孔喜 號意亭

妣蔡氏 號端靜

孫洄枝三子
子胡公 字孔珪 號意實

妣 氏

各葬仙山下埔妣坐亥向巳兼乾巽

子一 有家 圭寫光祿

生康熙壬辰年五月十六戌時

卒乾隆癸酉年七月廿二午時

生康熙丁酉年七月初七未時

卒乾隆壬戌年五月十三卯時

考葬在臺鳳山縣内妣葬在

仙山下埔坐乾向巽兼戌辰

養子 有麟 無成

生雍正庚戌年八月廿三辰時

卒乾隆壬午年六月廿五未時

葬在臺鳳山縣

子一 有瑞 無成

十二世

孫泂枝四子
子讓公 號意遜 主進大宗
生雍正丙午年正月廿三申時
卒乾隆丙午年十一月初二亥時

妣孫氏 名聘娘 號慧敏
生雍正辛亥年十二月十五戌時
卒乾隆戊申年七月廿一午時
考塟本山赤脚瀨內坐乙
向辛兼卯酉 妣附塟仙山
子四 長有深 次有醋 三有暹 四有應

孫命公長子
子竇公 號商穗 又號孔嶽
生康熙丁亥年六月廿三巳時
卒雍正己酉年十月初九戌時

妣改節
子一 有醉 無成 又主上寫一名光直不上圖

十二世

孫會公次子
子煙公 號商在 又名孔華
妣蔡氏 號儉素

孫會公三子
子改公 出承孫監

孫貢公長子
子祈公 號孔祐 又號商邊 主進大宗
妣王氏 號順則

生康熙庚寅年十一月廿一戌時
卒乾隆壬辰年十月十八巳時
生康熙甲午年八月初十戌時
卒乾隆癸酉年五月廿九丑時
塟本山后田坐巽向乾兼辰戌
子四 長有直 次有攝
三有竭 四有葵

生雍正乙巳年七月初八辰時
卒乾隆癸巳年正月初五戌時
生雍正戊申年三月十五酉時
卒乾隆戊申年十二月初十子時

十二世

子庇公 孫貢公次子 號商力

妣姚氏 號恭順 位堡人

子改公 孫監公之承子 孫會三子入承 號純美善 主進大宗

妣王氏 名推娘 號柔順

俱葬在赤埔坐乾向巽兼戌辰

子三 長有恩 次有持 往番没海 三有已 殤

生缺

卒塋

生乾隆丙辰年四月十一吉時

卒乾隆丙午年十一月廿七吉時

妣葬白泉内坐艮向坤兼寅申

子一 有趨 父子俱往臺没

生雍正癸卯年二月初六亥時

卒乾隆丁未年二月十八未時

合葬赤埔㘵仔脚坐戌辰兼辛乙子有泰附

生雍正庚戌年正月十四午時

卒乾隆丁未年三月十二辰時

十二世

子賜公 肇式公承曾孫 孫昭四子入承 號義廣 主進大宗

妣林氏 名銀娘 號恭慈 鮑厝人

子貴公 孫昭公長子 號修武 主進大宗

妣柯氏 號謹儉

子三 長有泰 次有閏 無成 三有特

生乾隆甲子年六月二十亥時

卒嘉慶乙丑年二月初二未時

生乾隆丙子年九月廿九辰時

卒道光辛巳年四月廿九午時

考塋在赤埔頂

子四 長有瞈 次有都 三有鴛 四有鶩

生雍正甲寅年五月廿二未時

卒乾隆乙卯年六月十六寅時

生乾隆壬戌年十月廿三未時

卒乾隆丁酉年十二月二十巳時

並塋在后使墓坐巳向亥兼乾巽

孫昭公次子
子漢公號心學 主進大宗
妣李氏名盼娘 號慈敏 柯村人

十二世

孫昭公三子
子柳公號心廣 主進大宗
妣劉氏名金娘 號慈惠 塔頭人

子三長有茂 次有齊 三有却
生乾隆戊午年九月廿五酉時
卒嘉慶癸酉年正月初五午時
生乾隆戊辰年七月十六寅時
卒嘉慶乙丑年十月十三辰時
妣葬在本山清兜
子二長有托 次有臣
生乾隆辛酉年十二月二十亥時
卒嘉慶丙子年三月廿九辰時
生乾隆己巳年十月十六戌時
卒嘉慶乙亥年九月十三戌時
子五長有陶 次有塔 三有鐵殤 四有箕殤 五有徹

十二世

孫昭公四子　子賜公　出承肇式為曾孫

孫昭公五子　子菊公

靜吾公至澄泉公派譜牒

十二世

弘桐公之支派　子　無神主莫考

妣　氏

孫鵬公長子　子炁公　號庭賢

子一　有中

生康熙己巳年吉月吉日吉時

卒乾隆丙戌年九月初一吉時

妣蔡氏 名早娘 號端靜

生雍正壬子年十二月十九吉時
卒乾隆戊申年三月初八吉時

子二長有愛 次有佳

十二世

子安公 孫鵬公次子 字孔定 號善和

生雍正戊申年六月廿二戌時
卒乾隆乙酉年十一月廿九亥時

妣楊氏 名焕娘 號勤章 鈥厝人

生雍正辛亥年十二月廿六戌時
卒嘉慶庚午年八月十六巳時

考葬在后使墓 妣葬在白泉

子一有糾

靜吾公至樸齋公派譜牒

十二世

孫鸞公長子
子業公 即孔創 號況平
妣洪氏 名銀娘 號慈惠 西安人

生雍正庚戌年八月初二吉時
卒嘉慶庚申年二月廿三辰時
生乾隆己未年三月十六吉時
卒道光庚寅年三月十六申時
子二長有來　次有接

十二世

孫鸞公次子
子鄮公 號廷魯
妣曾氏 名三娘 號貞慎

生雍正乙卯年二月十三辰時
卒乾隆壬寅年九月十七巳時
生乾隆戊辰年八月廿五吉時
卒乾隆戊申年五月十六戌時
子二長有屋　次有大

孫鸞公三子
子韜公 字孔器 號廷堅

生乾隆丙辰年五月初三巳時
卒乾隆壬午年又五月廿三午時

妣楊氏 名快娘 號淑靜

此公媽生卒年歲大不合適疑有差錯

生康熙（雍正）癸卯年九月十一戌時

卒乾隆戊戌年六月初三吉時

子二長有言　次有溪

十二世

子與公 孫纘禹公四子

無神主莫考

生雍正癸丑年六月初一酉時

卒嘉慶己未年九月十二吉時

子垂公 孫岂公長子 字孔倡 號子意

生乾隆己未年四月廿六酉時

卒嘉慶庚申年又四月廿六辰時

妣洪氏 號勤慈

子二長有吉　次有恐

子君公 孫岂公次子 字孔尊 號善德

生乾隆丙辰年二月初二吉時

卒乾隆丙申年七月十四午時

妣張氏 名雪娘

生乾隆癸亥年七月廿九酉時

卒乾隆丙午年六月廿五巳時

子一 有巨

十三世

子藝公 孫蓋公長子

生康熙丁酉年正月廿二吉時

卒乾隆　年正月廿二吉時

子纍公 孫蓋公次子

無主

子賀公

生康熙丁酉年正月廿二吉時

卒乾隆　年正月廿二吉時

此名圭內無載父名而生卒年月日與子藝相同或子藝即子賀抑或子賀即子纍推之一胎而生兩子蓋亦有之矣未可知也暫寄此以備參考

十二世

孫勇公承長子

子舍公 未知誰子入承

妣楊氏 名詢娘 號淑靜

住壂

生乾隆丁酉年二月十二辰時

卒嘉慶壬申年二月初九辰時

子二長有七 次有若

孫勇公次子

子謀公

無神主莫考

靜吾公至明泉公派譜牒

十二世

孫登公長子

子兼公 字孔固 號素拙

生康熙乙未年七月初五午時

卒乾隆癸酉年四月十七午時

妣林氏 名省娘 號節義

十二世

子碧公 孫登公次子 字孔符 號惠直

妣孫氏 號肅孝

子華 孫榜公長子

子倡 孫榜公次子

俱殤

生康熙庚子年九月二十吉時

卒嘉慶辛未年五月初二午時

考葬在仙山

承子　有賢 字光招

生康熙辛丑年十月初一戌時

卒乾隆丙午年二月初九未時

生雍正甲辰年六月初二辰時

卒嘉慶庚申年正月初五戌時

考葬在四內坐巽向乾兼辰戌

子二長有馳　次有韜 可慕庄本宗入承

十二世

子養公 孫榜公三子 字孔成 號敬宗

妣王氏 號恬靜 汭洲人

繼妣洪氏 號夙靜 溪后人

三妣蔡氏 彭田人

生乾隆丙辰年四月初三戌時
卒嘉慶乙丑年五月廿九酉時
生乾隆丙辰年七月初三吉時
卒乾隆丙子年十二月十四寅時
生乾隆戊午年三月初十巳時
卒乾隆壬辰年八月初二巳時
生乾隆辛酉年二月初一卯時
卒嘉慶乙丑年四月十五巳時
考妣四位合葬在仙
山埔坐艮坤兼丑未

子二長有昷 次有水

十二世

子裒公 孫榜公四子 字孔珪 號純直

生乾隆丁巳年十一月十四戌時

卒乾隆丙午年六月廿二子時

配蔡氏 碭 坑口人

妣蔡氏 蘇 名為娘 號勤節 湖尾人

生乾隆壬戌年二月初四未時

卒嘉慶戊寅年十二月二十辰時

子三 長有運 次有呼 三有尾

子珍公 孫榜公五子 字孔茹

子節公 孫榜公六子 字孔度

俱往暹羅金塔

子鰲 孫榜公七子 碭

十二世

孫榜公八子
子佔公 號宜便
生乾隆甲戌年六月初九戌時
卒乾隆己酉年往番邦沉亡也

妣張氏 名滿娘 號淑慎
生乾隆甲申年十二月廿五未時
卒嘉慶庚辰年四月廿七戌時
妣葬在巷下

子一 有錯

孫哲公長子
子國公 字文種 號一愚
生雍正丁未年七月初九子時
卒嘉慶丙寅年九月初二酉時

妣蔡氏 號恭順 坑口人
生雍正戊申年十月初二未時
卒乾隆乙酉年七月十一午時

子五 長有恰 次有亞 三有參
四有奕 五有萬

十二世

子級　孫哲公次子　殤

子冬公　孫哲公三子　號亮直　圭進大宗

妣洪氏　名賢娘　號貞慎　鈔井人

子簪公　孫哲公四子　號義勇

妣楊氏　名叚娘　號端誨　伍堡人

生乾隆癸亥年八月十三巳時

卒乾隆丙午年七月十三戌時

生乾隆乙丑年五月十八午時

卒嘉慶庚辰年五月十七午時

考葬在后田坐巽向乾兼辰戌

長有坤殤　次有台　三有位

子六

四有勅　五有濟　六有楓

生乾隆丙寅年八月十六寅時

卒嘉慶戊午年八月二十戌時

生乾隆己巳年九月廿五寅時

卒嘉慶庚辰年三月廿六戌時

考葬頂東山六世祖東南
過分水坐艮向坤兼寅申
子三長有沃 次有田
三有皎

十二世

子琴公 孫扳公長子

子宴公 孫扳公次子 居東部

妣王氏 九都垵頭鄉人

子意公 孫果公長子

子印公 孫果公次子

俱住臺

長房五霞溪公隱仁公至軍后公道泰公派譜牒

十二世

孫璟公長子

子準公

無神主莫考

孫璟公次子

子規公 字子嘉 號定平

妣王氏 號勤肅

繼妣吳氏 號懋惠

生康熙丙戌年十月初四戌時

卒乾隆辛巳年九月廿五午時

生康熙癸巳年七月十五丑時

卒乾隆戊午年五月廿八酉時

生康熙庚子年十二月十九午時

卒乾隆丙申年五月初九申時

考卒基合葬后使墓坐巽乾兼辰戌

子五長有愿 次有德 三有迎

四有劍 五有大

十二世

孫琛公三子

子矩公字子漢號雲亭

生康熙甲午年五月十三戌時

卒乾隆戊辰年三月初四辰時

妣　氏

葬在仙山下埔

子一　有曉

孫芴公之子

子曖公字子參號吾道

生雍正庚戌年五月廿三午時

卒乾隆己亥年五月初五寅時

妣柯氏號勤儉

生康熙戊戌年六月廿九酉時

卒乾隆癸　年四月初二丑時

考葬在本山金獅內

子四　長有雄　次有雲　三有名缺　四有劇出承子協

軍后公至道與公派譜牒

十三世

子圍公 孫為公長子 號直勇 主進大宗

妣劉氏 名靜娘

子麗公 孫為公次子 號招福

妣王氏

生康熙乙未年二月十八未時

卒乾隆乙巳年正月廿四午時

生康熙庚子年十月十七酉時

卒嘉慶辛酉年十月三十日未時

考葬在四内之中　妣葬在

赤埔頂坐乾向巽兼巳亥

子二長有所　次有宗

生康熙丁酉年八月十二辰時

卒乾隆辛卯年十月十四午時

生雍正丁未年三月十五子時

卒乾隆丁未年正月初二未時

仝葬在赤埔頂坐乾向

巽兼巳亥長子有素附

十二世

子懷公 孫為公三子 號孟懷

妣柯氏 名益娘

子庚公 孫為公四子

子首公 孫晚公長子 字孔晴 號本原

子三長有素 次有捌 三有岺 俱往臺

生康熙庚子年十二月十七未時

卒乾隆甲辰年十一月十八午時

生雍正癸丑年二月二十吉時

卒乾隆乙卯年七月十一卯時

考葬本山巷下坐辛向

乙兼戌辰 妣葬仙山頂

子二長有茅 次有轀

七月十六忌辰葬在凹内之右

生雍正庚子年十月廿三丑時

卒乾隆庚戌年十月十一巳時

妣王氏 名傳娘

十二世

子合公 孫晚公次子 號聯珠 圭進大宗

妣楊氏 名娥娘 號慈惠 伍堡人

繼妣莊氏 名益娘

十二世

生雍正庚戌年十二月十六戌時
卒嘉慶辛酉年八月二十戌時

子一 有江

生雍正壬寅年四月十五未時
卒乾隆甲辰年四月廿一寅時

生雍正己酉年八月十四丑時
卒乾隆丁未年八月初九巳時

生雍正壬子年八月十四酉時
卒嘉慶庚午年三月十六辰時

子四 長有富 次有進 三有鄉 四有麭

孫晚公三子
子得公
無神主莫考

妣氏
子一 有勸

孫晚公四子
子官公
無神主莫考

妣氏
子二長有拴 次有貢 俱在臺頂碑頭

孫衡公長子
子安公 字永安 號懷珍
生康熙癸巳年九月初一吉時
卒乾隆戊申年六月初八未時

妣姚氏 號慈順
生雍正丁未年正月十六辰時
卒乾隆己卯年七月初八未時

孫衡公次子
子悦公 號康心
子二長有屯 次有典
生雍正乙巳年七月十一辰時
卒乾隆癸酉年十二月廿二辰時

偉吾公三台公派譜牒

十二世

子書公 號芳俊（孫琄公長子）
生康熙戊子年八月十六辰時
卒乾隆辛未年三月廿一酉時

妣孫氏 名好娘 號勤節
生康熙辛卯年六月十六戌時
卒乾隆戊申年三月十一酉時
考塋在后使墓
子三　長有仁　次有錫　三有政

招東公（孫琄公次子）
生康熙庚寅年正月十九寅時
卒乾隆甲申年九月十三丑時
塋在仙山坐乾向巽兼戌辰

妣　氏
子一　有乞

子敬公（孫瑒公長子）
早逝卒九月十九日

十二世

子紀公　孫瑒公次子　早逝

子羨公　孫瑗公長子　名子欣　號戭緝

妣蘇氏　名萄娘　湖尾人

子衷公　孫瑗公六子　早逝

子嵗公　孫璿公之子　早逝

生康熙辛丑年八月廿九辰時

卒乾隆戊申年九月初七巳時

生雍正丙午年九月廿五辰時

卒嘉慶己未年四月廿五午時

仝葬本山嶺頂坐寅申兼艮坤

子六

長有聯　次有璋　三有遠

四有絺　五有綏　六有藟

生七月十一日

卒十二月廿二日

十二世

子菓公 孫璞公長子 早逝

子元公 孫璞公次子 名孔標 號德準

妣陳氏 名皆娘

繼妣章氏

三妣吳氏 山兜人

生乾隆己未年十月廿二辰時

卒嘉慶甲戌年八月二十酉時

生乾隆丁丑年九月十九午時

卒道光己丑年五月廿三辰時

生乾隆戊辰年二月廿九丑時

卒乾隆戊戌年又六月廿四丑時

生乾隆丙寅年三月初九巳時

卒乾隆戊子年七月初一酉時

陳氏葬赤埔頂坐乾巽兼巳亥

繼妣三妣先卒而先妣猶在疑有錯

子四 長有善 次有閭 三有自 四有最

十二世

孫琢公長子
子協公 號洵和
妣柯氏 名吉娘 號勤慎 本鄉人

孫琢公次子
子力公 號洵武
妣柯氏 名緞娘 號勤慈 沪厝垵人

生雍正甲寅年七月廿四寅時
卒乾隆丙午年二月十二午時
生乾隆辛酉年二月廿五寅時
卒道光壬午年十二月十五申時
子二長有窓 次有剡 予參四子入承

生乾隆己未年四月初九未時
卒乾隆丙午年二月十二午時
生乾隆乙丑年九月二十午時
卒嘉慶乙亥年八月十五未時
考塋在仙山坐戌向辰
子三長有盾 次有霞 三有 名缺

隱義公魁賢公至倉維公建惧公派譜牒

十二世

子文公 孫發公長子 號定山 字孔卓

妣蔡氏 號儉素

子武公 孫發公次子 字孔榮 表進大宗 號英山

妣姚氏 號謹儉

生康熙壬申年八月初六卯時

卒康熙甲子年三月初八卯時

生康熙辛巳年八月初二吉時

卒乾隆壬寅年正月初十吉時

考附母曾氏弟子武仝塋

在后使墓坐乙辛兼卯酉

子四長有全 三名缺 子武次子入承 有鸞

生康熙庚辰年五月初八寅時

卒乾隆壬戌年十月二十酉時

生康熙丙戌年十二月廿六戌時

卒乾隆戊戌年十一月三十日丑時

考附母曾氏仝兄子文仝塋后使墓

十二世

孫發公三子

子宇公 號岂山 主進大宗 又名容

妣蔡氏 名住娘 號可憐

繼妣吳氏 號謹慈 東埔人

魁士公至德林公道奏公派譜牒

子三長有石 次有鸞 出承子文 三有萬 殤

生康熙乙酉年十二月十五辰時

卒乾隆己卯年五月初九戌時

生康熙丁酉年十月廿六卯時

卒乾隆壬戌年六月十六酉時

生康熙壬辰年二月十一辰時

卒乾隆丁亥年十一月廿二辰時

考卒在港口二妣俱葬在后使墓

坐辰戌兼巽乾蔡氏在祖墓北吳氏在祖墓前

子二長有紫 蔡氏出 次有月 吳氏出

十二世

孫遜公長子
子煥公 號順安
生乾隆甲子年九月廿九吉時
卒乾隆戊申年四月初三巳時

妣楊氏 號順德 伍堡人
生乾隆八月廿二日俱葬在赤埔
卒嘉慶己卯年四月十一吉時

子二長有溪　次有樣

孫遜公次子
子聲公 號孔起
生乾隆辛未年十一月初六亥時
卒乾隆丁亥年十二月初一巳時

德林公至道迎公派譜牒

十二世

孫興公長子
子岱公
無神主莫考

十二世

子房公 孫興公次子 號東序

生乾隆甲寅年十二月十六吉時

卒乾隆丁未年四月十六酉時

妣陳氏 號順德

生乾隆壬戌年五月初九巳時

卒乾隆辛亥年九月初一吉時

妣塟在仙山坐壬向丙兼寅巳

子二長有回 次有長

子塔公 孫興公三子

子築公 孫興公四子

子粟公 孫興公五子

三者俱莫考

德森公至巳飼公派譜牒

十二世

孫 採公長子
子覲公

孫 採公次子
子賤公

孫 採公三子
子寬公

孫 採公四子
子攘公

孫 麟公[illegible]子
子[illegible]魚[illegible]

[illegible]

孫 綽公長子
子扶公

往臺

妣 氏

十二世

子岩公 孫綽公次子

子念公 孫享公長子

往臺一不回

承子 有護 子丙四子入承

子田公 孫享公次子

往臺不回

子彦公 不知父名 寄此候查

生乾隆丁卯年七月十七巳時

子輕公 不知父名 寄此候查

卒乾隆癸卯年五月初四巳時

妣蘇氏

生乾隆辛未年又五月十二巳時

卒乾隆乙未年十月十三未時

子一 有强

十二世

子繼公 孫崇公長子 號侃直 主進大宗

妣蔡氏 名賤娘 型厝人

繼妣王氏 名賞娘 洒洲人

子煖公 孫崇公次子 號順直

妣改節

生乾隆癸未年四月廿五午時

卒嘉慶庚午年十二月廿九亥時

生乾隆辛卯年正月十九卯時

卒嘉慶戊申年十月十三巳時

生乾隆壬午年四月十七吉時

卒道光壬辰年二月廿一午時

合葬西安橋坐寅向申兼艮坤

子一 有銳

生乾隆壬辰年十二月初八戌時

卒嘉慶己卯年二月十八辰時

子一 有堅

十二世

子道公 孫英公長子 號簾理 圭進大宗

妣洪氏 名文娘 號勤慎 英林人

繼妣謝氏 名坤娘 號勤懿

子丙公 孫英公次子 號簾定 圭進大宗

生雍正辛亥年三月初五吉時

卒乾隆壬寅年四月二十吉時

生雍正癸丑年六月廿五吉時

卒乾隆戊子年七月初六吉時

生雍正己未年八月十五巳時

卒嘉慶丙辰年正月廿二丑時

考附持中公妣王氏仝葬洋宅南

坐酉卯兼辛乙分金丁酉丁卯 洪氏

並葬本山凹內坐丙壬兼午子分金辛巳

辛亥 謝氏與有寵有請仝葬在赤埔

子五長有寵 次有請 三有三

四有胡 五有毓

生雍正乙卯年十一月廿七吉時

卒乾隆戊申年六月初五吉時

妣王氏 號懿慈

十三世

子皓公 孫謨公長子 號潔然 主進大宗

妣王氏 名黙娘 號靜順

子熀公 孫謨公次子 號寬慎

生乾隆庚申年八月初三卯時
卒嘉慶癸酉年四月初三辰時
仝塟在洋宅鄉之南
子六
長有望　次有兒　三有孫
四有護（出承子念）　五有伍　六有訓

生乾隆己巳年三月十八午時
卒乾隆戊申年四月初三丑時

生乾隆庚午年六月廿一寅時
卒嘉慶乙亥年七月初三戌時
子三長有衆（出承子熀）　次有河　三有早

生乾隆辛未年十二月廿八酉時
卒乾隆戊戌年五月十四巳時
承子　有衆（子皓長子入承）

十二世

子豙公 孫諤公三子

子桃公 孫璞公之子 外出

妣 氏 號慈德

生乾隆丙戌年四月十四辰時
卒乾隆戊申年四月十五巳時

子一 有求

子任公 銘怡公長孫

無神主莫考

妣柯氏

子二長有妙 次有格

十二世

子靜公 銘怡公次孫

生缺卒道光辛　年二月廿二辰時

妣　氏 名省娘 號靜淑

生七月初四日葬與考俱缺

卒道光戊戌年四月初七亥時

子一　有鎗

子駿公 銘怡公三子

無神主莫考

妣　氏

子二長有讚　次有鏡

子緬公 銘怡公四子

無神主莫考

妣　氏

子二長有蜂　次有謹

十二世

子遠公 孫璋公長子 號仰高 主進大宗

妣洪氏 號懿慈

子達公 孫璋公次子

妣洪氏 名招娘 號靜淑 石苗人

生康熙戊寅年五月初三辰時
卒乾隆甲戌年七月初二亥時
生康熙辛巳年十月初九寅時
卒乾隆辛卯年十二月廿四亥時
考葬本山東邊地祖墓右坐乾向巽兼戌辰　妣葬在赤埔頂
子四　長有濤　次有敏
三有越　四有南

住臺麻六甲
生乾隆丙申年十二月十八辰時
卒嘉慶甲戌年五月初八午時
子一　有愛

十二世

孫珩公長子
子曄公 號仰榮
妣黃氏 號順則

孫珩公次子
子昭公

孫珩公三子
子明公

孫珩公四子
子時公

孫珩公五子
子暄公

四者俱莫考

生康熙癸未年六月十九寅時
卒乾隆癸未年十二月十二戌時
生康熙庚寅年二月十七子時
卒乾隆庚辰年三月十七酉時
考葬本山凹内坐壬（丙）向丙（壬）兼巳亥
妣葬仙山下埔坐戌向辰兼辛乙
子二 長有嚴　次有 名缺

孤身女主未知所配何人暫寄在此候查

妣蘇氏 名最娘 號懿慈

生乾隆壬申年正月十五卯時
卒乾隆乙巳年二月廿六戌時
葬在赤埔頂坐乾向巽兼亥巳

子一 有依

二房敬齋公東山公至三吾公繼署公派譜牒

十二世

孫光公長子
子傳公 號質樸

生雍正甲辰年九月初四酉時
卒乾隆壬寅年四月廿一酉時

妣柯氏 名三娘

生雍正丙午年三月初五卯時
卒乾隆甲辰年九月十六戌時

子一 有均

十二世

子瑞公 孫光公次子 號悒成

妣王氏 名美娘 號順慈

子雅公 孫光公三子 號質樸

妣王氏 名註娘

生雍正丁未年十一月廿九巳時

卒乾隆己丑年五月初八巳時

生雍正甲寅年八月廿六未時

卒嘉慶乙丑年五月初十酉時

考葬赤埔坐南向北

妣葬后使茶埜坐北向南

子一 有顕

生雍正庚戌年五月廿七卯時

卒乾隆己丑年四月初七午時

生乾隆癸亥年十月廿七亥時

卒乾隆癸卯年五月十三未時

考葬四內 妣葬仙山下埔坐乾巽兼亥巳

子一 有譪

十二世

子佳公 孫乇公四子 即子品分居在其安瀉府城

子鎮公 孫犖公長子 號珍協

妣王氏 名釣娘 號順節

子璉公 孫犖公次子

子坦公 孫犖公三子 號珍厚

生雍正壬子年二月十七辰時
卒乾隆壬寅年三月初四午時
生乾隆辛酉年三月初十亥時
卒嘉慶壬戌年六月十四戌時
考葬在仙山 妣葬赤
埔墩仔後 坐東向西

子二長有頂 次有培

生乾隆戊午年十月十七巳時
卒乾隆丁未年二月初七吉時

妣姚氏 名變娘 號儉順

十二世

子玉公 孫犀公四子

子等公 孫犀公五子

子這公 孫嵩公長子 號愧彬

妣孫氏 號節似

生乾隆辛未年八月初九戌時
卒乾隆丙午年四月廿五巳時
考塟本山赤脚瀨

承子 有蒲

生雍正壬子年四月廿一戌時
卒乾隆己丑年二月廿三戌時
生乾隆丙辰年九月初七子時
卒乾隆丙申年十月廿八寅時
考塟赤埔頂 妣塟本山東山

子一 有然

十二世

子逞公 孫嵩公次子
生乾隆乙丑年八月二十戌時
卒乾隆己丑年正月十七辰時
葬在仙山下埔

子治公 孫嵩公三子 號逞弼
生乾隆戊辰年二月初四巳時
卒嘉慶丁卯年正月廿二卯時

妣吳氏 號勤慎
生乾隆辛巳年六月十八未時
卒乾隆庚戌年二月初三酉時

繼妣張氏 名肯娘 號勤順
生乾隆乙酉年十一月十一午時
卒嘉慶己卯年五月十四未時
考葬本山清溝墘 張氏葬田狗內
子一 有驕

石碑公春園公至繼雲公派譜牒

十二世

子慶公 孫仁公之子 字慶瑞 號孔嘉

生乾隆乙丑年正月廿六卯時

卒乾隆乙酉年九月初六酉時

塋在臺灣山

二吾公至繼沸公派譜牒

十二世

子永公 孫亮公長子 號德盛 主進大宗

生乾隆己未年十二月三十日丑時

卒乾隆甲寅年六月廿七戌時

妣柯氏 名大娘 號恭慈

生乾隆癸亥年十一月初六巳時

卒道光甲申年十月初八酉時

考塋在赤埔北 妣塋在后使墓

子三長有外

次有詩 出承子興

三有覇

十二世

子興公 孫亮公次子 號德賢

妣陳氏

子沛公 孫廣公之子 號敦厚

妣李氏 名棗娘 號謹恬

生乾隆辛未年正月初六辰時

卒乾隆戊申年三月十三丑時

生乾隆丁亥年吉月吉日吉時

卒乾隆乙巳年五月初一吉時

考塋在仙山

承子 有詩 子永次子入承

生乾隆丙子年七月廿五酉時

卒嘉慶庚辰年正月十八未時

生乾隆己未年十二月初六吉時

卒道光乙未年九月廿八酉時

子六

長有策 次有畝 三有行

四有釵 五有偏 往臺 六有營 出承子語

十二世

子曹公 號敦美 不知父名寄此候查

生乾隆癸未年十二月廿六戌時

卒嘉慶丁巳年三月初八戌時

妣　氏

子一　有正

二五公至繼萃公派譜牒

十二世

子語公 號敦厚 孫寨爲公之子

生乾隆甲申年六月廿三寅時

卒道光丁酉年九月十一吉時

妣蔡氏 號儉順

繼妣吳氏

二妣主內無載生卒莫考

承子　有營 子沛六子入承

十二世

孫穿貝公承子
子豁公
孫澤次子入承

妣吳氏

繼
妣蔡氏

孫穿貝公承次子
子班公

孫澤公長子
子軒公
號瑞裕

妣洪氏
名盡娘
號順慈
陳山人

繼
妣陳氏
名善娘
號順懿
周宅人

生乾隆庚寅年又五月廿三辰時
卒乾隆丙午年五月初七酉時

生乾隆丁亥年十二月十六吉時
卒乾隆己酉年五月十五午時

生缺　考塋在赤埔下墩仔后
卒嘉慶戊午年十二月十六辰時

無神主莫考

生乾隆壬申年八月廿四寅時
卒嘉慶己卯年五月十二巳時

生乾隆己卯年十一月十九巳時
卒乾隆辛丑年十二月初五戌時

生乾隆乙酉年五月十五卯時
卒乾隆癸丑年十二月初五辰時

三
妣曾氏 名賞娘 漳州人

十二世
子緝公 孫澤公次子
子湛公 孫澤公三子 字子琛 號宏德
妣粘氏 名信娘 號懿慈 玉管人

生乾隆己卯年二月廿三未時
卒道光丁酉年十二月廿六寅時
考與洪氏合葬在赤埔頂坐乾巽兼戌辰
子一 有騰

生乾隆丙子年五月初七亥時
卒乾隆丙午年六月初四酉時
葬在仙山項埔
生乾隆戊寅年六月廿八酉時
卒道光丙申年六月初三吉時
生乾隆丙戌年正月十三巳時
卒道光辛巳年七月十六巳時
子一 有璣

子豁公 孫澤公四子

三房致齋公純儒公至裕賢公宗鳳公派譜牒

出承孫寶

十二世

子 孫顯公之支派

承嗣孫 有見 子卯長子入承

子燦公 孫添公之子 號章美

生乾隆庚寅年十二月十九卯時

卒嘉慶庚午年五月廿五巳時

葬在赤埔坐東向西

妣改節

子二長有冷 次有愁

子卯公 孫祿公承子 孫岡四子入承 號惟參

生乾隆辛卯年正月廿四戌時

卒道光癸巳年六月初一巳時

妣邵氏 名旺娘 號懿慈

生乾隆庚子年六月十六卯時

卒咸豐乙卯年正月十六寅時

十二世

子裕公　孫佑公長子

子吳公　孫佑公次子　號惟福

妣曾氏　名蓤娘　號儉勤

繼妣王氏　名粉娘　號成勤

子保公　孫佑公三子

子五長有見　出承孫顯為孫　次有廷　三有兜　四有面　在臺　五有駝

無神主莫考

生乾隆己卯年八月廿四午時

卒道光乙酉年五月初四戌時

生乾隆己丑年正月初三酉時

卒乾隆戊申年五月十六未時

生乾隆乙亥年十一月初九寅時

卒道光乙酉年八月廿六丑時

子一　有聖

無神主莫考

十二世

子禮公 孫佑公四子
無神主莫考

子捷公 孫科公長子 號遠誠
生乾隆丁卯年三月初七酉時
卒嘉慶乙丑年六月廿五辰時

妣張氏 號懋順
生乾隆庚午年九月十六寅時
卒乾隆癸卯年八月廿三卯時
子一 有堯

子堅公 孫科公次子
無神主莫考

子綱公 孫科公三子 號惟順
生乾隆己亥年七月十六辰時
卒乾隆庚戌年十二月廿五戌時
承子 有麗 子光次子入承

十二世

孫國公長子
子祥公 字孔禎 號肇瑞
生乾隆丙子年七月廿三戌時
卒道光壬辰年五月十九子時

妣柯氏 號孝勤
生乾隆庚辰年十二月初八辰時
卒嘉慶戊辰年九月廿三未時
俱塋在芸頭坐東向西
子三長有令　次有歲　三有札

孫國公次子
子亢公 字孔遂 號聚遠
生乾隆壬午年九月廿七巳時
卒嘉慶庚辰年三月十七未時

妣柯氏 號勤順
生乾隆丁亥年五月三十日巳時
卒嘉慶癸亥年五月三十日巳時
考塋在本山　妣塋仙山頂坐丑未兼癸丁
子三長有京　次有麗出承子綱　三有掌出承子攢

十二世

子攢公 孫図公三子 字兆成 號維緒

生乾隆丙戌年八月十九戌時
卒道光辛卯年二月廿四丑時
塋在赤埔坐乾向巽兼亥巳

承子 有掌 子允三子入承

子夘公 孫図公四子

出承孫禄

妣劉氏 孫身女主未知所配何人寄此候查

生乾隆辛巳年十一月廿四午時
卒乾隆戊申年六月初一辰時

子一 獭英

長房長孟溪公至奕玖公復初公派譜牒

十三世

有默公 子印公承子 號安恬 主進大宗 子宰三子入承
生乾隆乙亥年十二月初五酉時
卒道光戊戌年四月十一卯時

妣蔡氏 名綢娘 號淑慎
生乾隆丙戌年正月十八子時
卒道光丁未年十月三十日午時
全葬本山巷下坐戌向辰兼辛乙與母張氏全塋共三壙
子二長志則　次志問

有真公 子宰公長子 號樸實
生乾隆己巳年正月初三子時
卒嘉慶辛未年正月十四巳時

妣楊氏 名僅娘 號慎勤
生乾隆甲戌年正月十八子時
卒乾隆丁未年六月十七巳時

十三世

有魏公 子宰公次子

有默公 子宰公三子 出承子印

有勸公 子宰公四子 號敦善

妣童氏 名嬿娘 號勤淑 伍堡人

妣葬本山巷下衝坑

子二長志猜 次志揖 俱往臺 出承有畝

往臺卒三月十五日

生乾隆戊寅年六月初十酉時

卒道光庚寅年二月十六巳時

生乾隆庚寅年八月十二丑時

卒道光戊戌年正月十一辰時

仝葬仙山坐亥向巳兼壬丙

子志瓶附葬左畔丁字坐也

子六長志題 次志齊 三志瓶

四志研 五志田 六志高 出承伍堡本宗

十三世

有畝公 子寧公五子 號致懷

生乾隆辛巳年九月十四辰時

卒乾隆癸卯年六月十三巳時

塟在庵下

承子 志揖 有真次子入承 往臺

長房二仲溪公隱茂公至璠員公肇階公派譜牒

十三世

有尊公 子立公之子 字仁貴 號光富 主進大宗

生康熙丁亥年正月廿三寅時

卒乾隆戊申年十二月廿四巳時

妣謝氏 號勤慎

生康熙壬辰年二月十一子時

卒乾隆己未年十月十九亥時

繼妣黃氏 號勤儉

生康熙辛丑年五月廿五亥時

卒乾隆癸卯年十一月初六酉時

合葬在仙山坐乾向巽兼亥巳

子三　長志長

次志祖 名成美

三志初 名成鎔

聯瀛公至聚五公派譜牒

十三世

有樓公 子飛若公長子 字朝龍 號方烈 辛進六宗

生乾隆丁巳年八月十九辰時

卒嘉慶丁巳年正月十八戌時

配曾氏 名三娘

生乾隆丁巳年十二月廿三亥時

卒嘉慶庚申年十二月廿五戌時

庶范氏 名悅娘 號連慈

生乾隆乙亥年八月十五吉時

卒嘉慶戊寅年正月十四亥時

庶妣張氏 名桂娘 無神主

考妣在后使墓坐甲庚兼寅申

子六

長志準 蛟蛉

次志蔭

三志純

四志芬

五志茂 張氏出

六志翁 范氏出

十三世

有隆公 子斐若公次子 號光岳

妣鄭氏 號懿儉

有睿公 子斐若公三子 字剑照 號明穀 又號光智

妣吳氏 名謹娘

庶妣張氏 名冬娣

無神主

生乾隆乙丑年四月十二巳時

卒乾隆戊申年六月初一卯時

次志串　三志元

子五長志覲　四志續即天保　五志捷

生乾隆庚午年五月初九子時

卒乾隆丙午年四月初十卯時

生乾隆辛未年十二月廿七吉時

卒嘉慶癸酉年五月初七巳時

生乾隆辛巳年二月初八吉時

卒道光癸巳年四月廿三午時

考與吳氏合葬在柯厝頭坐東

向西張氏與長子婦合葬在赤埔

十三世

有旭公 子磐公四子 即有旦 號忠信 又號有文 業儒

妣施氏 名衍娘

有禱公 子磐公五子 即光頌 號怡懷 主進大宗

妣蔡氏

子四 長志晃 即志昌 次志禧 即志迎 庶出 三志權 即志衡 四志謨 即志階

生乾隆癸酉年九月十二亥時

卒道光辛巳年六月十五未時

生乾隆癸酉年正月初七丑時

卒道光壬辰年四月廿二戌時

子四 長志貫 即志通 次志強 即志豪 三志出 四志學

生乾隆丙子年九月十八戌時

卒乾隆庚子年八月初九午時

生乾隆戊寅年正月廿二寅時

卒乾隆癸丑年十一月十六卯時

考葬在本山古塘頂 妣葬在塔

十三世

有勉公 子磐石公六子 字光力

妣　氏

有謙公 子前公長子 號維讓

妣蘇氏

頭山石路頂坐丙向壬兼巳亥

子二長志遇　次志至

生乾隆壬辰年十月十七酉時

卒嘉慶戊午年五月十八申時

子一志義

生乾隆甲子年七月初五吉時

卒在番邦地方四月十二寅時

生乾隆丙寅年二月十八酉時

卒嘉慶丙子年冬六月初十戌時

妣葬在赤埔坐東向西

子二長志實　次志慈 殊

十三世

有香公 子前公次子 字有桂 號莊重
生乾隆戊辰年七月三十日丑子時
卒嘉慶甲戌年十月十八戌亥時

妣王氏 主進大宗 名氣娘 號儉淑
生乾隆戊辰年八月初一寅時
卒道光壬午年四月廿五丑時
考葬在仙山
子三 長志江 次志總 三志談

有董公 子敢公長子 字爾建 號繩武 別號光振 主進大宗 成均學生 待贈修職郎
生乾隆辛未年七月初十巳時
卒乾隆壬子年九月廿四戌時

妣吳氏 名絕娘 號貞如
生乾隆壬申年九月初五午時
卒嘉慶戊辰年正月十四卯時

庶妣林氏 名儉娘 號柔德
生乾隆庚辰年二月十二亥時
卒嘉慶己巳年九月十九辰時

庶妣陳氏 名順好 號貞義 陳埭人
生乾隆丁亥年二月初三亥時
卒道光丁酉年九月廿六寅時

十三世

有意公 子啟公次子 字[illegible] 號恆恕

妣傅氏 名巧娘 主進大宗 無神主

有尋公 子奏公長子

妣改節

二庶妣塋在仙山下埔

子四 長志麟 字鳳書 吴氏出 次志碩 繼承子

三志註 林氏出 四志服 陳氏出

[illegible]

卒乾隆戊申年二月初六戌時

並塋在后使墓坐辰向戌兼巽乾

子二 長志羨 次志祝

無神主莫考

子一 志追

十三世

有繹公 子奏公次子 外出

有冉公 子奏公三子 號寬柔 生乾隆己丑年七月廿七吉時 卒乾隆乙巳年四月初十未時

妣氏 子一 志堯

有雕公 子奏公四子 外出

有甲公 子奏公五子 生乾隆乙未年六月十五辰時 卒乾隆戊申年四月十九酉時

祝斗公至喬光府公派譜牒

十三世

有儆公 子諸公長子 號有山 生乾隆辛卯年十月十三戌時 卒嘉慶辛未年三月十四巳時

十三世

有𡵆公 子諸公次子 號建富

生嘉慶癸亥年二月初五巳時

卒同治戊辰年十二月初一未時

思晴次子祖篇

思投三子祖針

思銀四子祖相

祖庚次子宗鋸

四人世世仝奉祀

有他公 成智公之子

無神主莫考

祝斗公至得衷公派譜牒

十三世

有提公 子及公之子 號敦厚

生乾隆甲申年九月廿五寅時

卒嘉慶戊寅年二月廿六寅時

妣洪氏 名耳娘 號勤信

生乾隆辛卯年正月廿九吉時

卒乾隆己酉年九月十一酉時

繼妣洪氏名宜娘號懿德
生乾隆丙申年五月廿七巳時
卒道光壬午年四月十六卯時
子二長志轄　次志螺

十三世

有燦公子申公長子號愧受
生乾隆甲戌年吉月吉日吉時
卒道光辛卯年六月廿七丑時

有宣公子申公次子
無神主莫考

有心公子取公之子號有誠
生乾隆
卒道光　往臺不返

妣柯氏名位娘號靜素
生乾隆己卯年七月初二巳時
卒道光己亥年五月廿一申時
子一志贊往臺尋父沉沒海中

[illegible]

十三世

有雪公 子礿公之子　號義直
生乾隆辛巳年八月廿八巳時
卒嘉慶庚午年五月初二巳時

妣蔡氏 號□德
生乾隆丁酉年十月初五卯時
卒乾隆戊申年九月初十寅時
葬本山赤埔坐東向西妣塋缺

繼妣黄氏 號柔順
生乾隆甲申年八月廿五午時
卒嘉慶乙丑年五月十七未時

子一 志挖 出承東晋份

有孚公 子寅公長子　號有豆
生乾隆丙申年七月初一巳時
卒嘉慶壬戌年八月二十戌時

妣柯氏 名京娘　號孝德
生缺　卒乾隆間五月二十戌時

有燁公 子寅公次子
無神主莫考

十三世

有梭公 子向公長子 號有厚

生乾隆壬辰年正月廿二巳時

卒嘉慶乙亥年正月初七午時

妣李氏 名玦娘 號懿受

生乾隆戊子年十二月初八亥時

卒嘉慶庚午年十二月初九巳時

有咸公 子向公次子 號宗頌

生乾隆辛丑年六月廿四酉時

卒道光癸巳年五月初九戌時

妣傅氏 名賓娘 號節受

生嘉慶戊辰年吉月吉日吉時

卒道光丁酉年十月三十日巳時

子二 長志蚋 次志水

十三世

有變公 子我公長子 號宏通 主進大宗

妣張氏 名専娘 號淑勤 埕邊人

繼妣張氏 名巧娘 號淑慎 柯坑人

有蘭公 子林公承長子 子我次子入承 號國正 主進大宗

妣劉氏 名笱娘 號勤慈 塔頭人

生乾隆丁丑年十一月初四卯時

卒嘉慶庚辰年五月初二戌時

生乾隆乙酉年八月廿八吉時

卒乾隆戊申年七月十八寅時

生乾隆壬午年四月廿五吉時

卒道光癸卯年七月初七午時

子三 長志沙 次志菌 三志吝

生乾隆乙酉年九月初八午時

卒嘉慶壬申年八月十二巳時

生乾隆庚寅年三月十一吉時

卒道光庚戌年五月初三巳時

考塟本山赤埔

十三世

有全公 子林公次子

妣蔡氏 名嫌娘 埕邊人

有世公 子林公三子 號有継

妣蔡氏 名招娘 洋宅人

有為公 子乳公長子

子四 長志杼 次志洪
三志蚶 出承有世 四志妹

往埜十月初九忌辰

子二 長志買 次志持 俱往壘

生乾隆庚寅年六月二十吉時

卒道光丁未年三月初六巳時

生乾隆庚子年八月初八寅時

卒道光丙午年八月二十酉時

承子 志蚶 有蘭三子入承

生乾隆己卯年十二月十九卯時

卒嘉慶庚申年八月廿八寅時

妣王氏 名換娘 石箇人

繼妣謝氏 名玉娘 山頭人

十三世

有顏公 子孔公次子 號剛勇

妣王氏 名允娘

生乾隆丙戌年五月廿三寅時

卒乾隆庚戌年四月初五巳時

生乾隆辛巳年正月廿七吉時

卒道光癸巳年四月廿八戌時

子二長志問　次志悔

生乾隆乙酉年二月初八辰時

卒嘉慶庚辰年二月廿五吉時

生乾隆甲午年正月廿九吉時

卒道光壬午年二月初二亥時

考葬在臺琉球山

子三長志垵　次志設 三志棕 出承有譜

十三世

有所公 子岳公長子 號維德

生乾隆戊子年八月廿五吉時

卒道光乙未年十二月初二未時

有蓄公 子岳公次子 號維積

生乾隆辛卯年七月廿五吉時

卒道光丙申年六月初十巳時

承子 志椋 有顏三子入承

有瓦公 子聳公之子

無神主莫考

毓吾公敬直公至肇祉公派譜牒

十三世

有桃公 敬愛公長子

無神主莫考

十三世

有善公 敬愛公次子

有琰公 子慶公長子 號敬順

妣蘇氏 名綢娘 號孝儉

有珪公 子慶公次子 號澤璋 主進大宗

妣柯氏 名朕娘 號寬惠 沪厝垵人

無神主莫考

生乾隆丁巳年八月初四丑時
卒乾隆　年五月初二寅時

生乾隆己巳年二月初一辰時
卒乾隆庚子年四月初七卯時

子二長志起　次志居

生乾隆甲子年四月廿四酉時
卒嘉慶乙丑年又六月十六寅時

生乾隆乙亥年五月初六未時
卒道光丙申年四月十五午時
考卒葬安南宅棍地方其墓坐乾向巽兼亥巳

子一　志强

十三世

有送公 子廢公三子

無神主莫考

有琛公 植怪公長子 字有來 號淳厚

生乾隆乙丑年六月十九子時
卒嘉慶丙寅年八月初一酉時

妣蔡氏 名珠娘 號儉慎

生乾隆丙寅年六月十五巳時
卒乾隆己酉年五月十六酉時

繼妣蔡氏 號柔順

生缺 卒乾隆丁巳年八月廿二日

子二 長志兵 出承有執 次志劍

有夏公 植怪公次子 即光夏

生乾隆壬申年三月廿六未時
卒乾隆甲午年八月廿五午時

承子 志默 即志悼 未知何人之子入承

十三世

有執公　植怪公三子　號敦固

生乾隆丙子年六月初六未時

卒乾隆庚子年六月廿九辰時

承子　志兵　有琛長子入承　即懋兵

有對公　植怪公四子　號南山

生乾隆壬午年五月十六吉時

卒葬俱在安南宅棍地方是也

妣　氏

子二長志瓊　次志花　俱往臺

有汝公

有惱公

有與公

有痛公

此四者世系來歷俱莫考

隱賓公純粹公至振興公肇開公派譜牒

十三世

有拱公 子連公承長子 號北向
生康熙壬寅年十月初十丑時
卒乾隆己卯年六月廿四寅時

妣王氏 號貞信
生缺卒乾隆年間四月初七日

繼妣蔡氏 號慈祥
生雍正戊申年六月廿五酉時
卒嘉慶丙辰年七月廿二午時
考葬在壟 蔡氏葬在凹內
子二長志逢春 次志東海

有華公 子連公承次子 字維章 號明軒
生康熙己亥年四月十二亥時
卒乾隆壬申年十一月二十辰時

妣吳氏 號貞淑
生雍正癸卯年四月廿二巳時
卒乾隆癸未年正月十六寅時

十三世

有喜公 子珪公之子

有賢公 子瑾公之子

有夏公 號有時 子柱公承子 子良三子入承

有載公 號純質 子悌公之子

妣楊氏 名外娘

俱葬在赤埔考坐辛向乙兼酉卯妣坐乾向巽兼亥巳

子一 志德 禄

二者俱無神主莫考

生乾隆乙未年十月初二亥時

卒乾隆甲寅年九月三十日未時

承子 志緼 有順四子入承

生乾隆己巳年九月廿一戌時

卒嘉慶壬戌年七月初三午時

生乾隆甲申年七月廿五戌時

卒道光丙戌年七月十二酉時

十三世

有表公 子良公長子 號安邦

妣王氏 名好娘 號勤順

有順公 子良公次子 號柔則

妣王氏 號端淑

子二長志看 次志店

生乾隆戊寅年五月廿七辰時

卒道光丁丑年十二月初一辰時

生乾隆乙酉年五月初八吉時

卒道光丁酉年十月三十日卯時

子一 志酙

生乾隆辛卯年七月初六辰時

卒道光乙未年十二月廿九戌時

生乾隆丙申年二月初十寅時

卒嘉慶己卯年正月十一午時

子四 長志重 次志到 往臺 三志屈 往臺 四志縕 出承有夏

十三世

有夏公 子良公三子 出承于柱

有論公 子寶公之子

無神主莫考

有悅公 克峻公長子 號敬存

生乾隆丙寅年八月十六丑時

卒乾隆庚子年四月初四巳時

妣楊氏 號孝勤

生乾隆丁丑年吉月吉日吉時

卒乾隆乙未年七月廿九辰時

子一 志洸 有講長子入承

有講公 克峻公次子 號敬明

生乾隆己卯年六月十九寅時

卒乾隆戊申年六月初七戌時

妣吴氏 號勤順

生乾隆己丑年八月十八卯時

卒乾隆丙午年十一月十七卯時

繼妣楊氏號勤孝

生乾隆戊寅年十二月廿八吉時
卒道光癸卯年二月十五卯時
考塟赤埔頂　吳氏塟在赤埔

子三長志洸出承有悅　次志堤養長子出承有唱
三志番養長子出承有奕

有唱公號勤篤　克峻公承三子尚李家入承

生乾隆壬午年正月十二卯時
卒道光丙辰年正月十一戌時
承子志堤有講養次子入承

有固公子速公之子

無神主莫考

肖委公揚吾公至吉當公派譜牒

十三世

廷申公四世孫
有質公　無神主莫考

妣　氏　山内人復往山内不回也

揚吾公至道盛公派譜牒

十三世

子儲公長子
有延公　號慎樸　生雍正丙辰年十月十八丑時　卒乾隆戊申年三月十六吉時

妣陳氏　生乾隆壬申年十二月十二戌時　卒乾隆戊申年正月二十子時

繼妣柯氏　生乾隆辛酉年十月初八吉時　卒乾隆癸卯年九月初六吉時

陳氏葬仙山下埔　柯氏葬仙山埔

子一　志劉

十三世

有雙公 子儲公次子

有暴公 子儲公三子

有知公 子儲公四子

三者俱無神主莫考

有由公 子殿公之子

生乾隆辛丑年九月初四丑時

卒乾隆乙巳年九月初七酉時

妣謝氏 名丑娘 謝厝街人

無神主莫考

子一 志懇

有旋公 子能公之子

無神主莫考

十三世

有金公 子京公長子字爾嚴 業儒 主進大宗 號毅生
妣陳氏 名卻娘 伍堡人

有勉公 子京公次子 號隱定

有在公 子曾公之子 號厚直 主進大宗
妣歐陽氏 名妹娘 號柔德

生乾隆壬申年九月廿八申時
卒乾隆丁酉年九月三十日未時
生乾隆乙亥年十月初五吉時
卒道光壬寅年十二月廿八未時
考附父塋右后徙塟坐壬向丙兼癸巳
妣塟在仙山坐壬向丙當高附焉
子四 長志熙 次志臣 出承有奭
三志燕 養長子出承有勉 四志纇 養長子出承有勉

生乾隆癸酉年四月十三吉時
卒嘉慶乙亥年十二月初九未時
塟在后使墓 俱有金養
承子二長志燕 次志纇 二子入承

生乾隆甲戌年五月十九戌時
卒道光丙戌年六月十六寅時
生乾隆壬午年正月十八巳時
卒嘉慶己卯年五月初七巳時

考葬在后使墓埔墘坐乙辛兼卯酉
妣葬在后使墓地内坐壬丙兼子午
子五 長志看 次志乖 三志粉
四志溥 五志作

十三世

有夷公 子老公長子 號敦樸
生乾隆壬申年七月十六寅時
卒乾隆丁酉年五月廿七卯時
葬在后使墓
承子 志臣 有金次子入承

有兒 子老公次子
殤

有篇公 子塚公長子 號成中 青邊之宗
生乾隆丙寅年又三月廿七辰時
卒乾隆戊申年五月廿四酉時

妣蘇氏 名初娘 號勤慤

生乾隆丙寅年二月十六未時

卒嘉慶甲戌年正月初二巳時

子四 長志頼　次志丁

三志磚殤　四志緘

子聚公次子

有友公 號詒謀 圭進大宗

生乾隆戊辰年十二月十八巳時

卒嘉慶己未年四月十七辰時

妣周氏 名愷娘 號柔德 白沙人

生乾隆丙子年十月初七吉時

卒道光丁未年五月廿四丑時

合葬在本山清溝墘

次志棖　三志髻

子五 長志寑

四志蓮　五志井

子聚公三子

有娘公 號質厚

生乾隆丁丑年四月十三酉時

卒乾隆丁酉年十月廿一未時

葬在赤埔頂

十三世

有信公 子聚公四子 號維忠 主進士宗

生乾隆辛巳年三月初八未時

卒道光丙申年六月初五巳時

妣劉氏 名朕娘 號柔順 塔頂人

生乾隆丙戌年十月廿七吉時

卒道光甲辰年五月廿三未時

妣葬在仙山頂

子四 長志泉 次志桃 三志輿 四志錠

有誇公 子乙公長子 號光大

生乾隆壬午年正月廿五辰時

卒道光戊戌年十月十八亥時

妣劉氏 名蕋娘 號惠和 塔頂人

生乾隆癸未年正月初七吉時

卒嘉慶己巳年八月廿二卯時

考葬在仙山中埔妣葬在

石碑頂坐巽向乾兼巳亥

子四 長志的 次志竹 三志贊 四志出

十二世

子乙公次子
有全公　號端泰
生乾隆丙申年八月十四卯時
卒道光丁未年六月廿六未時

妣吳氏　名雪娘　號貞慎　本鄉人
未過門生乾隆丁酉年月日時
卒乾隆己酉年六月初十吉時

繼妣吳氏　名看娘　號儉素　東埔人
生乾隆庚子年五月廿五子時
卒道光癸巳年五月初九酉時
考與繼妣合葬仙山
頂埔坐艮坤兼寅申
子三　長志辦　次志鴒　三志餅殤

子午公長子
有恭公　號敦賀
生乾隆辛巳年三月十七酉時
卒乾隆戊申年四月廿九辰時
與有滚合葬仙山下埔

子午公次子
有賞　殤

十三世

有等公 子午公三子 號敦純

妣蘇氏 名廿娘 號柔順 湖尾人

有戶公 子午公四子 號秉端

妣洪氏 名益娘 號恬順 英內人

生乾隆壬午年十二月初一酉時
卒道光戊戌年二月廿一寅時
生乾隆乙酉年七月十二巳時
卒道光戊戌年二月廿三卯時
各葬在赤埔
子三長志耳 次志勤 三志江殤

生乾隆戊子年六月十六酉時
卒道光丁酉年八月廿五未時
生乾隆甲辰年七月初三酉時
卒咸豐丁巳年五月廿九未時
考葬在埔頂
子三長志辭 次志體出承英內母舅 三志霽

十三世

有滚公　子午公五子　號質山
生乾隆庚寅年十二月十三酉時
卒嘉慶己卯年十月初五申時
與有恭仝葬仙山下埔

有生　子午公六子　殤

聰吾公彌恩公至肇孚公派譜牒

十三世

有鋭公　子佐公長子　止
無神主莫考

有梅公　子佐公次子　字光魁　號時占
生雍正庚戌年九月廿九酉時
卒乾隆丙戌年十一月二十午時

妣吴氏　名清娘　號貞淑　東埔人
生乾隆丁巳年二月十五午時
卒乾隆戊申年四月廿五丑時
各葬赤埔頂路西生乾向巽兼巛戌辰

十三世

有振公 子佐公三子 號知節 又號時萃 主進大宗

妣王氏 名知娘 號儉素 中舍人

有瑜公 子佐公四子 號榮壽 又號時陞 主進大宗

妣張氏 名求娘 號純則 村坑人

子一 志戴

生雍正癸丑年四月廿九酉時

卒嘉慶辛酉年三月初九亥時

生乾隆庚申年十月廿六申時

卒道光癸未年六月十四丑時

妣葬本山土地宫

子四 長志喜 次志庚

三志輝出承有瑜 四志碓

生乾隆戊午年六月初十戌時

卒嘉慶丁丑年十月初一卯時

生乾隆丁卯年七月廿四亥時

卒乾隆乙卯年正月初六未時

考葬在赤埔墩仔后 妣葬

西安橋坐辛向乙兼戌辰

十三世

有列公 子朝公長子 號時直

妣張氏 改節 柯坑人

有乾公 子朝公次子 號時高

妣蘇氏 號勤愛

有孔公 子乾公三子 號時當

承子 志輝 有振三子入承

生正月十六日

卒四月十四日

承子 志潭 有乾三子入承

生乾隆庚申年三月廿七吉時

卒嘉慶甲子年正月廿三吉時

生卒俱鋏

次志禄 出承有孔 三志潭 出承有列

子五長志福

四志溝 五志凝

生正月十五日

卒十二月十六日 住安南不返

十三世

有亨公 子晳公長子 號時猷

妣曾氏 改節 新市人

有讀公 子晳公次子 號時望

妣孫氏 名沂娘 塔頭人

有怡公 子晳公三子

有璽公 子晳公四子

承子 志祿 有乾次子入房

生十月初二日

卒五月二十日

子二 長志任 螟 次志藝 承子

生九月廿六日

卒十一月十三日

生卒葬處俱缺

承子 志配

俱無神主莫考

聰吾公至彌真公肇尊公派譜牒

十三世

有斗公 子聞公長子 號越度

生雍正癸卯年三月廿一吉時

卒乾隆乙卯年八月十一酉時

妣李氏 號儉素

生乾隆丙辰年十二月初八戌時

卒乾隆乙巳年正月初二酉時

考塟仙山下埔坐亥巳兼壬丙

子三 長志眼 次志發 三志杉

有閎公 子聞公次子

無傳並無神主莫考

有南公 子建公長子

生正月十九日

卒葬與妣俱缺

妣蘇氏 號儉慈

繼承孫 貞英

十三世

有助公 建公次子

有使公 建公三子

兄弟三人皆出外邦

有敵公 盃公長子 號光琛 主進大宗

生雍正甲寅年九月初九子時
卒道光辛巳年十一月初一酉時

妣林氏 名軫娘 號勤慈 林厝人

生乾隆壬戌年十二月十七戌時
卒道光戊子年十月十六酉時
考附父墓仙山頂埔坐亥巳兼乾巽
妣墓仙山大埔坐乙辛兼卯酉

子三 長志耬 次志賀 三志芽

有扶公 盃公次子

往臺

十三世

有美公 子寅公三子　止

有才公 子元公長子 號光珍

妣陳氏 名道娘 號儉節

有笑公 子元公次子 號光理

妣改節

生雍正辛亥年十二月廿三巳時

卒乾隆丙午年十月廿七寅時

生乾隆丁卯年四月十六吉時

卒道光辛卯年六月二十申時

考葬仙山頂　妣葬赤埔頂

子二長志長　次志重 入養為子

生乾隆庚申年九月十一亥時

卒乾隆乙巳年十二月廿八吉時

考葬仙山下埔

子三長志擬　次志預　三志 名癸

十三世

有仲公 子浚公之子

有黨公 子芳公之子

妣楊氏

有御公 子郡公長子 號元斌

妣柯氏 號慈順

住塋

生乾隆壬午年正月初四丑時

卒嘉慶丙辰年十二月初九巳時

子二長志當 住塋 次志慶

生雍正庚戌年十二月初八子時

卒乾隆丙午年十月十一巳時

生雍正癸丑年五月廿九吉時

卒嘉慶癸亥年正月初八子時

考葬仙山下埔坐乙向辛兼辰

戌　妣葬在赤埔坐西向東也

子二長志卓 出家有實 次志盛

十三世

有賓公 子郡公次子 號光樸
生乾隆庚申年四月十六酉時
卒乾隆丁酉年五月初九吉時
承子 志卓 有御長子入承

有科公 子陵公長子 號光節
生乾隆戊午年十月廿三巳時
卒乾隆癸巳年十月十六吉時

妣　氏
子二長志雲　次志陰

有仲公 子陵公次子 號毅莊 無生卒

妣洪氏 號淑德
生乾隆庚午年正月初三丑時
卒乾隆甲辰年十二月初一戌時

繼妣黃氏 名合娘 號淑慎 東石人
生乾隆庚辰年八月十八酉時
卒嘉慶辛丑年十二月初四子時

庶妣丁氏 名畓娣

生乾隆甲申年四月吉日吉時
卒嘉慶辛未年七月廿八戌時

子九 長志宙 次志安 三志嗟 出承有只 四志幸 五志挺 六志留 七志篆 八志拈 九志夜 出承可蒸

十三世

有盞公 子陵公三子 號光取

生乾隆丙寅年三月廿九亥時
卒乾隆甲午年十一月初七子時

養子 志探

有只公 子陵公四子 號光福

生乾隆壬申年四月十四亥時
卒乾隆庚寅年十月廿八戌時

承子 志嗟 有仲三子入承

十三世

有商公 子還公長子 號和義 主進大宗

妣楊氏 名情娘 號順德 伍堡人

有緩公 子還公次子 號和順 主進大宗

妣洪氏 名次娘 號慈惠 欽埭人

生乾隆壬午年正月廿一吉時

往安南没年月日時葬處俱缺

生乾隆癸未年四月十五卯時

卒乾隆丙午年又七月初七申時

妣葬仙山埔尾坐壬

丙兼寅巳與姑子還妣仝穴

子一 志簡

生乾隆癸未年六月初六辰時

卒嘉慶戊寅年五月二十未時

生乾隆癸未年正月初七吉時

卒道光丙午年三月十七巳時

合葬大溝墘坐寅向申兼甲庚

養子一 志簡

十二世

有家公 子增公之子 號光浪

生乾隆癸亥年十一月初七卯時

卒乾隆丙申年五月廿八巳時

妣劉氏 名大娘

生乾隆癸亥年正月初八吉時

卒嘉慶己卯年又四月廿五未時

考沒在安南順化波

子一 志賢

有麟公 子普公之子

有瑞公 子胡公之子

俱無成

有深公 子讓公之子 號進業

生乾隆戊寅年二月十九丑時

卒道光辛巳年三月廿四寅時

妣林氏 名卯娘 號守義

生乾隆甲午年十月二十吉時

卒道光癸巳年四月十六申時

有皓公 子讓公六子

十三世

有暹公 子讓公三子 號進城

妣柯氏 名傳娘 號恭惠 本[illegible]人

有[illegible]公 子讓公四子 號[illegible]慎

考卒在臺竹塹

子一 志蛙

卒臺

生乾隆癸未年五月二十辰時

卒道光辛巳年二月十六亥時

生乾隆戊子年八月初八巳時

卒道光辛巳年六月初九丑時

子四 長志仍 次志別出承有暹

三志捲 四志濂承子

生乾隆癸巳年六月廿七亥時

卒嘉慶戊午年十月十六午時

葬[illegible]山坐辛向乙兼戌辰

承子 志別 有暹次子入承

十三世

有醉公 子賓公之子

無成

有直公 子煙公長子 號光直

生乾隆丙辰年十二月十五吉時
卒在港口年月日時與葬俱缺

有撮公 煙公次子

生乾隆己未年十一月廿三吉時
卒嘉慶丁巳年二月初九丑時

有竭公 子煙公三子 號應勤

妣林氏 名士娘 港塔人

生乾隆丁卯年四月初一吉時
卒嘉慶己巳年十二月初三吉時
考葬仙山頂　妣葬赤埔后
子三 長志錐 次志帖 三志章

有葵公 子煙公四子

與有撮公出外邦

十三世

有恩公 子祈公長子 號敦魯 主進大宗
生乾隆庚午年六月廿九辰時
卒乾隆辛亥年四月二十亥時

妣鮑氏 名卯娘 鮑厝人
生乾隆乙亥年六月廿二卯時
卒嘉慶己巳年十二月二十丑時
吉葬在赤埔后 坐乾向巽
子二 長志專 出承有持 次志裁

有持公 子祈公次子 號光扶
生乾隆癸酉年正月二十午時
卒乾隆癸巳年十月初八吉時
承子 志專 有恩長子入承

有己公 子祈公三子 殤

有趨公 子庇公之子
父子俱往甚三五千

十三世

有泰公 子改公長子 號應山

生乾隆壬申年六月廿一丑時
卒乾隆丙午年十二月初十巳時

妣王氏 名嚴娘 號循厚 泗洲人

生乾隆丙子年十一月初七未時
卒嘉慶庚午年十二月初五寅時
附父母合葬赤埔墩仔
脚坐戌向辰兼乾巽也

子一 志頠

有潤公 子改公次子 號應澤

生乾隆癸未年七月廿一辰時
卒乾隆丁未年二月廿七巳時

妣蔡氏 改節 坂頭人

子一 志洸 殤 承孫當滴

有特公 子改公三子 號應望 來進大宗

生乾隆丁亥年三月十三亥時
卒嘉慶己巳年六月廿二辰時

妣王氏 名受娘 號懿順 號德賢 欽厝人

生乾隆庚寅年五月初三吉時
卒嘉慶丁卯年十月初五吉時

彌真公至肇式公派譜牒

十三世

有腧公 子賜公長子 號進望 主進大宗

妣蘇氏 名粉娘 湖尾人

十三世

有都公 子賜公次子 號維三

合葬赤埔頂坐乾向巽兼亥巳

養子 志樵

生乾隆己亥年十二月十六辰時

卒道光辛卯年八月初三戌時

生乾隆壬寅年九月廿四吉時

卒同治癸亥年七月初七申時

子四 長志主 次志浮 出承有都

三志杯 出承有鶯 四志擶 殤

生乾隆乙巳年十一月初五吉時

卒嘉慶甲戌年八月初五辰時

承子 志浮 有腧次子入承

十三世

有鴛公 子賜公三子 號君鳳

生乾隆甲寅年十一月廿二子時

卒嘉慶甲戌年十一月二十巳時

承子 志杯 有瞈三子入承

有鶖公 子賜公四子 號直儉 主進大宗

生嘉慶戊午年十月廿七吉時

卒同治癸亥年五月廿八巳時

妣蔡氏 名質娘 號順則 梅林人

生嘉慶丁卯年三月十四吉時

卒咸豐癸丑年七月廿一午時

仝葬仙山頂埔，坐西向東

子三 長志穎 次志買 三志蔭

彌真公至肇顯公派譜牒

十三世

有茂公（子貴公長子）號純德　未進大宗

妣楊氏　號勤慈

有齋公（子貴公次子）

有卻公（子貴公三子）

生乾隆癸未年五月初一辰時
卒嘉慶丁丑年五月初一午時
生乾隆甲申年七月廿八吉時
卒道光戊戌年四月廿六子時
俱葬在赤埔坐壬向丙兼寅巳
子三　長志炮
次志珠（出承有卻往臺）
三志箒（往臺不返）

生乾隆甲午年十二月廿四卯時
卒乾隆壬子年五月初四午時
承子　志珠（有茂次子入承）

十三世

有托公 子漢公長子

往臺不返

有臣公 子漢公次子 號君明 主進大宗

子四 長志濟 次志離 三志川 四志登

生乾隆壬寅年十二月廿四寅時

卒嘉慶壬申年七月廿二未時

妣陳氏 改節

子一 志要 往臺不返

有陶公 子柳公長子 號德謀 主進大宗

生乾隆戊子年十二月十七吉時

卒道光癸卯年又七月十六午時

妣曾氏 名逆娘 號懿儉 湖尾人

生乾隆丁酉年二月初八辰時

卒道光戊戌年五月廿五巳時

子四 長志粒 出承有鐵 次志舵 三志平 四志寺

十三世

有塔公 子柳公次子 號真義 主進大宗

妣李氏 名旦娘 號勤順 柯村人

有鐵公 子柳公三子

有質 子柳公四子 殤

有徹 子柳公五子

生乾隆庚戌年四月初五吉時

卒道光丙午年正月廿一寅時

生乾隆甲寅年七月十七吉時

卒道光甲午年七月二十午時

合葬在仙山坐子向午

兼癸丁長子志生附焉

子三長志生　次志造殤　三志抱

生乾隆壬子年十二月廿三辰時

卒嘉慶戊辰年七月初十未時

承子　志粒 有閣長子入承

靜吾公澄泉公至仰斗公派譜牒

十三世

有中公 弘桐公之孫　　無神主莫考

妣　氏　　子二長志乎　次志日

澄泉公至仰庭公派譜牒

十三世

有愛公 子焘公長子 號紹興　卒葬　生乾隆庚午年吉月吉日吉時　卒道光甲申年正月初九吉時

妣柯氏 號惠懿　卒葬　生缺卒道光甲申年三月初六日

子二長志奎　次志掛 有斜長子入承

十三世

有佳公 子熹公次子 號仁智

生乾隆丙子年十一月廿五辰時

卒乾隆丙午年十一月廿七辰時

養子 志貌

有糾公 子安公之子 號紹存

生乾隆庚辰年六月廿七卯時

卒嘉慶戊午年七月十八未時

妣林氏 名可娘 號簡淑 下店人

生乾隆乙酉年十一月十七亥時

卒道光己亥年正月十五卯時

子二 長志掛 出承有愛 次志砥

樸齋公至仰波公派譜牒

十三世

有来公 子榮公長子 號發春

生乾隆丙戌年八月初八吉時

卒道光戊戌年正月廿五巳時

妣施氏 名庭娘 號勤順

生乾隆癸巳年十二月廿五吉時
卒道光丙午年十二月十六午時

子四 長志聽 次志草（出承湖厝） 三志禁 四志約

十三世

有接公 子业業公次子 號執信

生乾隆癸巳年十一月十五巳時
卒道光庚戌年七月初七午時

妣張氏 名外娘 號慈順 溏邊人

生乾隆甲辰年九月初二酉時
卒嘉慶庚申年六月初二子時

繼妣張氏 名姜娘 號慈孝 惠安人

生乾隆辛亥年正月初九巳時
卒道光庚戌年三月十三戌時

子二 長志找 次志吰

有屋公 子鄧公長子 號毅果

生乾隆甲午年六月十五吉時
卒嘉慶庚午年八月初二吉時

十三世

有大公　子鄒公次子　號慎忠

妣王氏　名挖娘　號惠德　中舍人

有言公　子楯公長子

有溪公　子楯公次子

有吉公　子世公長子

承子　志寸　有大次子入承

生乾隆丙申年八月初九辰時

卒道光戊戌年五月廿四戌時

生乾隆壬子年九月廿五辰時

卒同治癸亥年四月二十辰時

考葬赤埔內坐北向南

子五　長志雅　次志鍊絕　三志寸出繼有屋　四志承　五志浚

三者俱無神主莫考

十三世

有恐公 子垂公次子 號懷德

妣蘇氏 名罕娘 號貞慎

有巨公 子君公之子 號貞烈

妣勞氏 名愛娘

有七公 子舍公長子

有若公 子舍公次子

生乾隆丁酉年八月十九吉時
卒道光丁亥年四月十八寅時

生乾隆壬寅年八月初四巳時
卒嘉慶丁卯年二月十一午時

子四 長志朗 次志美
三志歡 四志擾

卒缺生乾隆辛卯年九月三十日

生乾隆丁酉年吉月吉日吉時
卒嘉慶壬申年三月十四巳時

子一 志厝

無神主莫考

明泉公至仰江公派譜牒

十三世

有招公 子兼公承子 字光賢 號守善
生乾隆丙寅年三月初七卯時
卒道光壬午年八月初六巳時

妣孫氏 名双娘 號克儉 塔頭人
生乾隆癸酉年七月初四酉時
卒嘉慶庚辰年六月初四戌時

子五長志取 殤　次志富　三志旺 殤
四志入　五志挖 下后門入承

有馳公 子碧石公長子 號光縱
生乾隆辛未年五月初二酉時
卒乾隆己亥年五月初三辰時

妣傅氏 名月娘 號衷順 湖兜人
生乾隆庚辰年七月廿八酉時
卒道光甲午年三月初二巳時

子三長志老 殤　次志千 出承有招　三志勳 出承有招

十三世

有韜公 子碧石公承次子 號武畧 可卷庄本宗入承

生乾隆戊辰年九月初五申時
卒道光癸巳年九月初三酉時
承子 長志千 次志勳 俱有馳養次三子入承

有昷公 子養公長子 號何速

生乾隆甲申年八月初五未時
卒乾隆己酉年十一月十五午時
葬在臺東港

有水公 子養公次子 號榮業

生乾隆丁亥年五月十一巳時
卒嘉慶己卯年九月初六丑時

媽蘇氏 名罍娘 號勤慕 湖尾人

生乾隆丁酉年十一月廿五卯時
卒嘉慶己卯年八月十五卯時
子二 長志佃 次志摺

十三世

有運公 子衷公長子 號有會

妣蔡氏 名龍娘 號賢順 六口人

有吁公 子衷公次子 號忠信

有尾公 子衷公三子

生乾隆丙戌年九月十四卯時

卒嘉慶丁丑年六月十三未時

生乾隆丁亥年二月廿二吉時

卒道光癸卯年七月十六巳時

子三長志勞 次志牛 三志套 出承有吁

生乾隆丁酉年九月廿二辰時

卒嘉慶癸酉年九月十四戌時

承子 志套 有運三子入承

無神主莫考

十三世

有錯公 子佑公之子 號翁喜

妣柯氏 名對娘 號順德 本鄉人

生乾隆丁未年六月初九子時

卒道光戊戌年二月廿四卯時

生嘉慶丙辰年六月二十丑時

卒咸豐壬子年四月初四吉時

子三長志奮 次志南 三志垃

有恰公 子圓公長子 字有保 號承蹈

妣林氏 名淑娘 號淑究 馬鞍人

生乾隆戊辰年又七月十八卯時

卒道光丙戌年正月十九未時

生乾隆戊辰年八月十一戌時

卒嘉慶己卯年九月初六午時

子二長志全 次志疊

十三世

有亞公 子岡公次子 號承仲
生乾隆乙亥年正月十三子時
卒嘉慶庚辰年六月廿六吉時

妣蔡氏 名安娘 號溫德 下沂人
生乾隆丁亥年六月十六吉時
卒道光戊戌年六月廿七戌時

子二長志蔡　次志禀

有參公 子岡公三子 字有貫 號參魯
生乾隆丁丑年正月廿六午時
卒道光乙酉年十一月廿四巳時

妣林氏 名儉娘 號惠淑 瀾頭人
生乾隆辛巳年八月十五辰時
卒道光己亥年九月十七酉時

子三長志培　次志閩　三志本

十三世

有奕公 子同公四子 諱治洪

妣張氏 名珍娘 諡勤慎 松柏山人

有萬公 子同公五子

妣蔡氏 名羊娘 諡純慈 [illegible]浦人

生乾隆辛巳年六月廿八巳時
卒道光戊子年正月十六寅時
生乾隆己丑年八月初十吉時
卒道光丁酉年五月初七卯時

子五長志豫 次志腆 三志紅
四志聘 五志番

往臺

生乾隆乙未年七月初十酉時
卒嘉慶甲子年五月十九辰時

子三長志堅 次志梗 三志白

十三世

有坤公 子冬公長子 號光順

有台公 子冬公次子

有位公 子冬公三子

妣蘇氏

繼妣蘇氏 名燒娘 湖尾人

生乾隆甲申年三月初九寅時

卒乾隆丙午年六月廿一未時

承子志剌 有楓長子入承

往臺

承子志軋 有濟四子入承

生乾隆庚寅年十二月廿九巳時

卒道光壬午年九月廿七酉時

生乾隆壬寅年九月初七午時

卒嘉慶庚申年十月廿四未時

生乾隆辛卯年正月廿五吉時

卒道光癸卯年四月初七巳時

十三世

有勅公 子冬公四子 號勤勞

妣吳氏 號早杏 南安下蔡鄉人

繼妣洪氏 號早豪

三妣王氏 號節 洪厝人

有濟公 子冬公五子 號勤慎 主進大宗

妣洪氏 名守娘 號守靜 東山人

子一志牒

生乾隆癸巳年九月初九酉時

卒嘉慶癸酉年九月十三未時

生乾隆乙巳年五月十一寅時

卒嘉慶己未年七月初四辰時

生乾隆戊戌年四月廿六辰時

卒嘉慶庚午年二月初十巳時

子二長志怚 次志侃

生乾隆辛丑年六月廿四子時

卒咸豐辛酉年三月十八辰時

生乾隆辛亥年七月初八巳時

卒嘉慶庚午年六月十四戌時

繼妣洪氏 名近娘 號守志 陳山人

三妣楊氏 名乳娘 號柔順

十三世

有楓公 子冬公六子 號維誠

妣柯氏 名梅娘 號順淑 沪厝炎人

生乾隆辛丑年十月二十卯時

卒道光乙酉年十月初五巳時

生乾隆丙午年六月十八寅時

卒道光己丑年四月十三丑時

子四 長志掌 次志候 出承有台 三志澚 四志軋

生乾隆丙午年正月十六辰時

卒道光丁未年二月廿九寅時

生乾隆甲寅年十二月初十亥時

卒同治甲戌年四月十六丑時

子五 長志剌 出承有坤 次志弍 三志亮 四志呣 出承東埔 五志愣

十三世

有沃公 子朔公長子 字光澗 號榮宗

妣柯氏 名烟娘 號慈愛 柯厝人

生乾隆甲午年十二月初五辰時

卒嘉慶庚辰年三月廿七未時

生乾隆乙未年十一月廿六卯時

卒咸豐甲寅年又七月十六丑時

子四 長志文 次志到（出承有田）

三志闊 四志宣

有田公 子朔公次子 號助宗

生乾隆丁酉年十二月初九午時

卒嘉慶己巳年三月初七未時

承子 長志到（有沃次子入承） 次志亘（有斂長子入承）

有斂公 子朔公三子 號潤宗

生乾隆癸卯年正月初四亥時

卒道光丁未年四月初二巳時

妣林氏 名恩娘 號慎靜 港塔人

生乾隆癸丑年五月廿五辰時

卒咸豐癸丑年八月初二未時

次志枰　三志興　四志漸
子七長志亜出承有田
五志僅　六志定殤　七志稍

長房五霞溪公德仁公至道泰公魁持公派譜牒

十三世

有愿公子加公長子號宏直
生乾隆癸酉年七月廿六亥時
卒嘉慶癸亥年正月十三午時

妣溫氏名潘娘號順德
生乾隆丁亥年七月廿八吉時
卒道光癸卯年七月初五巳時
妣葬在本山内塘

子二長志仕　次志任

十三世

有德公 子加公次子 號達尊

生乾隆己丑年四月初二子時

卒乾隆乙巳年十一月廿七酉時

無神主莫考

有迎公 子加公三子

有劍公 子加公四子

有大公 子加公五子

有曉公 子漢公之子

有雄公 子參公長子

十三世

有雲公 子參公次子 號昭理
生乾隆丁亥年二月十四巳時
卒道光癸未年正月廿五辰時

妣蘇氏 名貴娘 號順淑
生乾隆辛丑年七月廿三吉時
卒道光丙午年七月二十辰時
妣葬仙山頂坐艮向坤兼丑未

子一 志趙

有剡公 子參公三子
出承子協

道與公至魁時公派譜牒

十三世

有所公 子閏公長子 號惟得 遷進大宗
生乾隆壬戌年七月廿八卯時
卒嘉慶丁丑年七月十三午時
考與志教仝葬在本山墩仔脚

妣孫氏 塔頭人

繼妣張氏 名卿娘 清兜人

子圓公次子
有宗公 號雲德 主進大宗 號從德雲

妣張氏 伍堡人

生乾隆丙寅年三月十八丑時
卒乾隆丙戌年七月初六午時
生乾隆癸酉年十二月初七寅時
卒嘉慶庚辰年七月二十未時
合孫當柏塋本山赤
埔頂本宅地共三壙
子三長志秋 次志郎 三志道

生乾隆戊辰年正月初七亥時
卒嘉慶丁巳年九月十二酉時
生乾隆丙子年十二月十七亥時
卒乾隆庚戌年九月十四酉時
考塋在仙山 妣塋本山
巷下與婦張寶娘仝穴
子二長志教 次志邊

十三世

有素公 子麗公長子 號瑞原 主進大宗

妣王氏 往臺 洒洲人

有捌公 子麗公次子

有岑公 子麗公三子 俱往臺

有茅公 子懷公長子

有韞公 子懷公次子

生乾隆庚午年十一月初一巳時
卒乾隆乙卯年正月廿四申時
附子麗公媽葬在赤埔頂
子六
長志脫 殀　次志燒 往臺　三志翁 往臺
四志顯　五志灶 往臺　六志作 往臺

無神主莫考

生乾隆甲申年二月初四午時
卒乾隆壬子年又四月廿七亥時

十三世

有江公 子首公之子 號維明

妣林氏 名益娘 號俭泰

有富公 子合公長子 號基業

妣王氏 名柔娘 號懿順

生乾隆辛未年十二月十五丑時

卒嘉慶乙丑年二月十四巳時

生乾隆乙亥年二月十五辰時

卒道光癸巳年十二月廿七子時

妣葬在赤埔頂

子一 志魑

生乾隆壬申年三月二十申時

卒嘉慶辛酉年三月初八卯時

生乾隆丙子年十二月十六子時

卒嘉慶庚辰年七月廿九巳時

子四 長志審 次志頍 出承有朔

三志潑 四志淸

十三世

有進公 子合公次子 號明達

妣張氏 號慈德

有弼公 子合公三子 號裕懷

有匏公 子合公四子 號純存 主進大宗

生乾隆乙亥年三月廿三辰時
卒嘉慶壬戌年八月十一酉時

生乾隆庚辰年十月初三午時
卒乾隆丁未年五月初九戌時

考葬在仙山埔坐乾向巽兼戌辰
妣葬本山石碑頂坐巽向乾兼巳亥

承子 志榜 有匏次子入承

生乾隆辛巳年五月初三卯時
卒乾隆戊申年十一月廿九亥時
葬在本山鳴鳳墓

承子 志頻 有富次子入承

生乾隆丁亥年八月十八戌時
卒道光丙戌年八月十九巳時

妣王氏 名伍娘 號慈順

生乾隆甲午年十月初五辰時
卒道光戊戌年六月初六酉時
合葬墩仔西北角
子五 長志揪 次志榜 出承有進 三志褥
四志屯 出承有詩 五志坾

十三世

有勸公 子得公之子
無神主沉没海中

妣 氏
子一 志場

有拴公 子官公長子
往臺石碑頭

有貢公 子官公次子
往臺頂碑頭

十三世

有屯公 子安公長子 字光招 號芳靈

妣黃氏 號勤慎

有典公 子安公次子 主進大宗

妣蔡氏

繼妣柯氏 名裕娘 號勤直

生康熙丙戌年正月初一丑時

卒乾隆庚午年三月廿三酉時

生乾隆乙未年七月初五酉時

卒乾隆癸酉年二月廿六巳時

考葬仙山頂埔坐艮坤兼寅申

妣葬仙山東頂埔坐壬丙兼亥巳

承子　志熲 有富次子入承兼承有爲

生乾隆壬申年二月十八丑時

卒嘉慶丙辰年十一月初五丑時

生乾隆庚辰年四月十八辰時

卒乾隆戊申年五月初四巳時

生乾隆甲戌年六月初六吉時

卒道光戊戌年五月十七午時

蔡氏葬赤埔頂

子三長志排　次志禀　三志曾

偉吾公三台公至秉初公派譜牒

十三世

有仁公 子書公長子

有錫公 子書公次子

俱無神主莫考

妣林氏 坑口人

十二月廿七忌辰

子一 志送

有政公 子書公三子 號季德

生乾隆庚午年八月初五吉時

卒乾隆丙午年五月十五吉時

妣蘇氏 名婉娘 號勤儉

生乾隆庚辰年二月十八卯時

卒道光戊戌年十月廿八辰時

子二長志看 次志晏

十三世

有聯公 子羨公長子 號恢翼 圭進大宗

妣柯氏 名勸娘 泸厝安人

有璋公 子羨公次子 名有昴 號恢望 圭進大宗

妣曾氏 名邦娘 渊尾人

生乾隆乙丑年十二月初二寅時

卒乾隆丁未年四月廿四午時

生乾隆丁卯年十一月廿九酉時

卒道光壬午年七月初七午時

仝葬在内塘

子二 長志僩 字志意 次志共 字志學 出承有爵

生乾隆己巳年二月廿二亥時

卒乾隆戊申年六月廿四亥時

生乾隆甲戌年四月初八卯時

卒道光癸巳年二月十八未時

仝葬在東邊

子四 長志約 次志京 三志斗 四志尚

十三世

有遠公 子美公三子 字宣大 號亨俗業儒 又號文清 三進大宗

妣蘇氏 名八娘 號勤慈

有葛公 子美公四子 字有綸 主進大宗 號紹聰

妣柯氏 名念娘 柯村人

生乾隆乙亥年五月廿一申時

卒嘉慶庚　年十月十六未時

生乾隆丁丑年六月十一辰時

卒道光癸巳年四月十七午時

子四 長志存 次志謨 三志覺 四志齊

生乾隆戊寅年十二月十四子時

卒嘉慶辛未年三月二十午時

生乾隆乙酉年九月二十酉時

卒咸豐甲寅年正月初九卯時

合葬柯厝墓坐癸向丁兼丑未

子三 長志授 次志抱 三志川

十三世

有綏公 子羨公五子 字有悲 號崧安 表淮大宗

妣張氏 名三娘 洪塘人

有疇公 子羨公六子 號恢齋 表淮大宗

有萬公 子元公長子 字光琢 號信業

生乾隆辛巳年七月初一辰時

卒道光癸巳年八月初九卯時

生乾隆甲申年十一月十五午時

卒嘉慶丁卯年十月初八午時

仝葬在仙山中埔

子二長志府　次志顕

生乾隆戊子年正月初九寅時

卒乾隆戊申年六月十五午時

有聯次子入承

承子　志共

生乾隆辛酉年七月初十寅時

卒乾隆己卯年五月十九未時

葬在仙山下埔坐壬向丙兼亥巳

十三世

有閏公 子元公次子

生乾隆己酉年八月廿九吉時

卒咸豐丙辰年五月廿一吉時

有自公 子元公三子 號有儀

承嗣孫 思晟 當悲之子入承

有最公 子元公四子 號惟善

生乾隆甲寅年九月十二吉時

卒咸豐壬子年三月廿七丑時

有忞公 子協公長子

生乾隆辛卯年五月十三巳時

卒道光丁酉年四月廿一申時

有灼公 子協公次子 號德業 予參之子入承

生乾隆戊戌年六月十九酉時

卒道光丁酉年五月初十申時

妣粘氏 名對娘 號慈慎

葬在赤埔后坐南向北

十三世

有盾公子力公長子號直山

妣洪氏名鳳娘號慈惠

有霞公子力公次子號自通

子四　長志園往臺卒　次志泰殤

三志超　四志免

生乾隆庚子年六月初一吉時

卒咸豐庚申年二月初六亥時

生嘉慶丙辰年八月十五辰時

卒嘉慶己卯年六月廿六丑時

考葬赤埔塚　妣葬本山坐西向東

子一　志平出贅貝柯坑張家

生乾隆丁酉年五月初一丑時

卒嘉慶戊辰年二月初三辰時

倉維公建悞公至廷翁公派譜牒

十三世

有全公 子文公長子

有鸞公 子文公承次子 子武次子入承 號宜和 贅進大宗

妣王氏 名晏娘 號勤慈

無神主莫考

生雍正己酉年又七月十九辰時

卒乾隆戊申年四月初一辰時

生乾隆己未年十一月廿九子時

卒嘉慶庚申年正月十二辰時

子五 長志昌 出承有萬 次志鳳 出承有萬 三志鶴

四志双 五志蚊 出承有萬

十三世

有石公　子武公長子　號質陞　主進大宗

生乾隆丙辰年十二月初二亥時
卒乾隆丁未年六月廿一未時

妣張氏　名寬娘　號勤順　伍堡人

生乾隆甲子年十月初一亥時
卒道光壬午年七月廿四巳時
妣塋在本山仙山下埔

子二　長志理　次志座

有鸞公　子武公次子

出承子文

有萬公　子武公三子

無神主莫考

承子三　長志昌（有鸞長子入承）　次志鳳（有鸞次子入承）　三志蚊（有鸞五子入承）

十三世

有紫公 有仔公長子 號敦樸 [illegible]山大宗

妣歐氏 名寬娘 號慎儉 [illegible]邊人

繼妣周氏 名施娘 號節儉 白沙人

有月公 有仔公次子 號悟昭 [illegible]山大宗

妣林氏 名仔娘 號[illegible] 小浮人

生乾隆丁巳年十一月廿一午時
卒乾隆癸丑年十一月十二酉時
生乾隆辛酉年四月廿二寅時
卒乾隆癸巳年四月初十丑時
生乾隆甲戌年三月初九巳時
卒道光乙未年六月初七亥時
合葬仙山頂埔坐癸丁兼子午
子二 長志祭 次志池

生乾隆丙寅年十月十九酉時
卒嘉慶己卯年八月初八未時
生乾隆丙子年正月廿九子時
卒道光己丑年六月廿六未時
仝葬本山園狗内坐壬向
丙兼子午分金辛亥辛巳

德林公道奏公至錫初公派譜牒

十三世

有溪公 子煥公長子 號詒泉 主進大宗

妣謝氏 名勉娘 號勤懿 伍堡人

繼妣黃氏 名七娘 號勤慎

子三 長志壇 次志砌 三志外

生乾隆戊戌年六月十三吉時

卒道光癸卯年又七月初四卯時

生乾隆己酉年正月十六吉時

卒道光乙未年七月初十未時

生乾隆庚戌年吉月吉日吉時

卒道光丁酉年七月初四吉時

考葬在赤埔坐北向南

子四 長志奧 出承有樣 次志查 殤 三志稽 有長公長子入承 四志精 出承有樣 不知去向

十三世

有樣公 子煥公次子 號義直

妣陳氏 名截娘 山內人 號勤淑

生乾隆庚子年九月廿四吉時

卒道光丁酉年六月十八吉時

生乾隆戊寅年八月初四酉時

卒嘉慶戊寅年七月三十日巳時

考葬在赤埔坐北向南

承子二 長志輿 次志精 俱有溪暱子入承

德林公道迎公至立初公派譜牒

十三世

有回公 子房公長子 號裕春 主進大宗

妣黃氏 名福娘 號柔順

生乾隆乙酉年四月初二吉時

卒道光己酉年十二月初六戌時

生乾隆甲申年八月十七卯時

卒嘉慶辛未年又三月廿六巳時

黃氏葬在洋坑內

繼妣黃氏

生六月十三日

卒葬名號俱缺

子四　長志熊　次志乞 有長公次子入承

三志揪　四志著

十三世

有長公 子彥公次子 號諮成

妣劉氏 名足娘 號慈儉 塔頭人

生乾隆癸巳年七月初六吉時

卒道光乙未年六月廿一吉時

生乾隆辛亥年十二月十八吉時

卒道光乙未年八月初三未時

考葬在臺蘇六甲

子四　長志稽 出承有溪　次志菁 出承有回

三志甚　四志野 出承塔頭劉

德森公乞飼公至純初公派譜牒

十三世

有護公 子念公承子 子丙四子入承 號毅勇 主進大宗

妣柯氏 名淑娘 號貞順 沪厝垵人

有強公 子瓔公之子

有鋭公 子繼公之子 號心省 主進大宗

妣吳氏 名好娘 本鄉人

繼妣洪氏 名詎娘 西安人

生乾隆戊戌年六月廿一卯時
卒嘉慶乙亥年五月初六未時
生乾隆辛丑年十月十三吉時
卒咸豐辛酉年正月初三巳時
俱葬在本山

子四 長志聽 次志箕
三志鳥 四志東

生嘉慶甲子年九月初九未時
卒道光甲辰年四月廿四巳時
生嘉慶乙丑年十一月初十酉時
卒道光戊戌年三月廿六丑時
生嘉慶庚申年四月廿三吉時
卒咸豐辛亥年十二月初六卯時

十三世

有堅公 子㥽公之子

有宪公 子道公長子 號執義

妣　氏 名鋰娘 號貞慎

有請公 子道公次子 號裕賢

考與先妣附父仝塟在田内坐寅申兼艮坤
妣與三子仝塟在田内坐寅申兼艮坤共四塚

子三 長志課 次志詁 三志定

生乾隆乙亥年十月廿六寅時

卒乾隆庚子年八月廿四午時

生乾隆己卯年六月廿八吉時

卒道光癸巳年七月初二巳時

考附母謝氏仝塟在赤埔

子一 志邦 出承有請

生乾隆庚寅年正月廿二子時

卒乾隆戊申年四月十八戌時

妣林氏 名劉娘 白坑人

有三公 子道公三子 業儒 號裕學

妣施氏 名吳日娘 號勤懿 石營人

有胡公 子道公四子 號宗恭 壽進士宗

十三世

生乾隆壬午年九月十三吉時
卒道光壬寅年九月廿四寅時
考附葬謝氏仝墓在赤埔
承子二長志邦 有完之子入承 次志琴 有胡次子入承

生乾隆辛巳年正月廿一亥時
卒嘉慶丁巳年四月廿四戌時

生乾隆乙酉年二月初一申時
卒嘉慶甲子年十一月初九戌時
考卒葬蘇六甲 妣葬在
磘邊坐辰向戌兼巽乾
子三長志建 次志咸 三志圓

生乾隆甲申年二月初四卯時
卒道光甲申年八月廿三辰時

[illegible]

妣歐氏 [illegible]

十三世

有毓公 [illegible]

有[illegible]公 [illegible]

妣王氏 [illegible]

生乾隆丙戌年七月初七亥時
卒嘉慶庚辰年十二月十五酉時
考葬在仙山埔妣葬在本
山紫坑坐乙向辛兼卯酉
次志瑤 [illegible] 三志玉 四志粘
子七長志笛
五志帰 六志妣 七志記

往宋不回

生乾隆己丑年三月十五子時
卒嘉慶庚辰年五月初九午時

生乾隆戊子年十二月十七戌時
卒嘉慶庚辰年十月廿五辰時
考葬洋尾西坐西向東妣葬[illegible]埔頂

十三世

有兒公 子丙公次子 號寬裕

妣楊氏 名富娘 號慈悲 伍堡人

有孫公 子丙公三子 號汝夔

妣王氏 名浙娘 號節義 高岳人

子四 長志閣 次志寫
三志且 四志卜

生乾隆辛卯年十月初十巳時
卒咸豐辛亥年十二月廿四午時

生乾隆甲午年六月廿九吉時
卒嘉慶壬戌年七月二十巳時
俱葬在仙山埔

子二 長志蘇 次志荐

生乾隆乙未年八月初五辰時
卒嘉慶戊寅年二月廿六未時

生乾隆己亥年三月初六未時
卒嘉慶己卯年九月初一酉時
俱葬在仙山埔

子三 長志顏 次志抱 三志森

十三世

有護公　子丙公四子　出承子念

生乾隆庚子年十月初七吉時
卒咸豐乙卯年六月廿五吉時

有伍公　子丙公五子　號清直

生乾隆癸卯年七月廿一巳時
卒道光丙午年五月初五辰時

妣王氏　名眼娘　號情順

生乾隆癸　年六月十三吉時
卒道光庚戌年九月廿二申時

繼妣洪氏　號慈慈

考與繼妣各葬在赤埔

子四　長志柿　次志引　三志醋　四志晔

有訓公　子丙公六子　號襄范　主進大宗

生乾隆壬寅年九月十七吉時
卒道光癸卯年七月廿九午時
考葬在本山內塘

妣吳氏 名寶娘 號淑慎 本鄉人 未過門

繼妣施氏 名閨娘 號勤順 龍園埔人

三妣陳氏 名益娘 號淑德 安溪人

十三世

有衆公 子皓公長子 出承子燧

有河公 子皓公次子 號清水 產進大宗

生乾隆丙午年 月廿五吉時

卒嘉慶辛酉年正月廿一寅時

生乾隆己酉年正月十三子時

卒道光癸巳年五月初九寅時

生乾隆己酉年四月十二寅時

卒同治戊辰年九月廿七酉時

子七長志謀

次志簪 三志火 四志赤

五志廸 六志陸 七志柒

生乾隆癸卯年四月十七巳時

卒咸豐壬子年六月初二寅時

讚[illegible]

妣洪氏 名錠娘 號賢儉 后坑人

十三世

有早公 子皓公三子

有衆公 子煖公承子 號恒德 壽進大宗

子皓長子入承

妣高氏 名金娘 號慈儉 山內人

生乾隆丙寅年六月廿六吉時

卒咸豐乙卯年八月初七丑時

子四 長志佩 次志魚 三志巻 四志怎

生乾隆庚寅年十二月十五未時

卒道光丁酉年十二月初四子時

生乾隆辛丑年九月十四吉時

卒咸豐癸丑年六月十一申時

子四 長志咨 次志帆 三志揀 四志繒

十三世

有永公 子桃公之子 號順德
生嘉慶丙辰年吉月吉日吉時
卒嘉慶己卯年七月廿九吉時

有妙公 子任公長子

妣　氏

有格公 子任公次子

妣　氏

有銓公 子份公之子

妣　氏

十三世

有讚公 子駿公之子

妣　氏

有鏡公 子駿公次子

妣　氏

有蜂公 子緬公長子

妣　氏

有謹公 子緬公次子

妣　氏

自銘怡公至有妙公有謹公蓋因神主損壞就其知名者載在主牌是以配妣及子生卒塟處盡無可考不得已就牌登記凡銘怡公以下有謹公以上未知所缺多少不論男婦老幼者秋冬二祭俱入配享

乞飼公至緯初公派譜牒

十三世

有濤公 子秉一公長子

有敏公 子秉一公次子

有越公 子秉一公三子

有南公 子秉一公四子

有愛公 子壽一公長子

四者俱無神主莫考

往臺

承子 志朶 有釗之子入承

十三世

子曄公長子
有嚴公

不知父名
有依公

俱無神主莫考

二房敬齋公至三吾公繼署公仰端公派譜牒

十三世

子傳公之子
有均公

子瑞公之子
有顯榮

俱無神主莫考

妣王氏號節順

生乾隆已丑年六月初六吉時
卒嘉慶己巳年四月十三酉時

子二長志仁　次志樹

十三世

有謫公 子雅公之子

有頂公 子鎮公長子

有培公 子鎮〃公次子 號光植

生乾隆辛卯年三月初六寅時
卒乾隆丁未年正月十七酉時
塋在赤埔頂

有蒲公 子坦公之子

有然公 子這公之子 號純厚

生乾隆甲辰年五月廿三寅時
卒乾隆己酉年五月廿一午時

有驕公 子沿公之子 號有樂

生乾隆癸丑年二月十六酉時
卒道光丙午年五月廿九巳時

妣謝氏 名睃娘 號柔貞 東村人

繼妣劉氏 名蜂娘 號含順 塔頭人

生嘉慶戊午年六月初一吉時

卒道光庚寅年正月廿七巳時

生嘉慶庚午年六月廿七酉時

卒咸豐壬子年五月十九午時

合葬在柯坑山土名白泉

子五長志取 次志虞 三志炎

四志喝 五志監

二吾公繼沸公至澤閏公派譜牒

十三世

有外公 子承公長子

生乾隆戊子年七月十五吉時

卒乾隆壬子年九月廿七吉時

葬在赤埔北坐東向西

承子志嫣文 有嫡長子入承

十三世

有詩公 子永公次子 出承子興

有覇公 子永公三子

妣黃氏 名逆娘

有詩公 子興公承子 子永次子入承 號創垂

妣吳氏 名美娘 號柔順 本鄉人

生乾隆乙未年八月十三吉時
卒嘉慶丙子年八月初六吉時
生乾隆辛亥年二月廿九吉時
卒道光戊戌年十二月初五寅時
子三長志嫣文 出承有外 次志盛賢 三志天助
生乾隆辛卯年七月十五寅時
卒道光壬辰年五月十三未時
生乾隆庚子年十二月初三辰時
卒嘉慶庚子年正月二十午時
合塟在赤埔志嫣嬹附
坐辰向戌兼乙辛是也
承子 志嫣嬹 有兒四子入承

十三世

有策公　子沛公長子　號[illegible]宣貞
生乾隆己酉年八月初三戌時
卒嘉慶己卯年又四月廿三辰時

妣李氏　名[illegible]娘　號[illegible]勤慎
生嘉慶庚午年十二月廿四未時
卒道光癸巳年九月初三酉時
養子二長志潤　次志頬　出承有畝

有畝公　子沛公次子　號[illegible]真奴
生乾隆癸丑年十一月十七亥時
卒道光丙午年正月十一巳時
承子　志頬　有策養次子入承

有行公　子沛公三子　號[illegible]德崇
生嘉慶丙寅年十一月初八酉時
卒道光丙午年正月十八巳時
葬赤浦頂坐東向西

妣張氏　名時娘　村坑人　[illegible]節
子一　志悄

十三世

有釵公 子沛公四子 號有文 生嘉慶辛酉年七月初二戌時

卒道光丁未年九月十八丑時

妣張氏 名夜娘 改節

有偏公 子沛公五子 往臺

二吾公繼萃公至芳茂公派譜牒

十三世

有營公 子沛公六子 出家于浯 神主在臺

有騰公 子軒公之子

子一 志擀 往臺府城

十三世

有璣公 子湛公之子 號璇珠

生乾隆丁未年八月初四戌時
卒道光壬午年三月初六午時
附母粘氏合葬赤埔墩仔后

子一 志捶

有正公 子晉公之子

有[illegible]公 子[illegible]公承子 子沛公之子入承

無神主莫考

有[illegible]公 不知父名 號[illegible]成

生乾隆丙午年十二月十一酉時
卒嘉慶癸酉年七月廿九午時

三房致齋公至裕賢公宗鳳公派譜牒

十三世

孫顯公承嗣孫
子卯長子入承
有見公 號執齋
生嘉慶己未年十月初三未時
卒道光丙申年九月初一申時

妣洪氏 名旅娘 改節
養子 志續

子燦公長子
有泠公
生嘉慶癸亥年吉月吉日吉時
卒咸豐己未年二月十四吉時

子燦公次子
有愁公 號德熙
生嘉慶丙寅年八月三十日卯時
卒道光乙酉年五月十四未時

子卯公長子
有見公
出承孫顯為孫

十三世

有廷公 子卯公次子 號隱成

生嘉慶壬戌年八月十二戌時
卒道光丙申年十二月初六寅時

妣邵氏 名爽娘 號勤慈

生嘉慶丁卯年三月廿三吉時
卒道光戊申年八月十一子時

子二 長志智殤 次志他 出承有兜

有兜公 子卯公三子 號執武

生嘉慶癸酉年九月廿八丑時
卒道光辛丑年七月十二巳時

承子 志他 有廷養食次子入承

有面公 子卯公四子

往臺

有駝公 子卯公五子

生道光壬午年正月廿一吉時
卒咸豐己丑未年五月十九亥時

妣呂氏 名六娘 號[illegible]良

十三世

有性公 子吳公之子 號至情

妣朱氏 名貴娘 號勤業 上嶺人

有堯公 子捷公之子 號允恭

妣徐氏 號恭謹

生道光辛卯年正月初九子時
卒咸豐庚申年四月廿五午時

生嘉慶戊午年十月十九申時
卒咸豐壬子年七月二十辰時

生嘉慶己巳年十二月廿四亥時
卒道光庚子年正月十二酉時

承子 志株 有箴次子入承

生乾隆丁酉年五月二十亥時
卒同治壬戌年十二月十五卯時

生乾隆丁酉年五月十八吉時
卒嘉慶辛未年又三月十七吉時
考葬洋坑內坐辛乙兼酉卯志音志竹
與長婦蘇氏仝附葬馬妣墓后便某

十三世

子綱公承子 有寵公號恒德
子允次子入承

妣洪氏名悧娘 號貞順 西湖人

子祥公長子 有令公號維端

子二長志音　次志竹

生嘉慶丙辰年九月廿一巳時
卒道光戊申年八月廿二子時
生嘉慶辛未年正月初六吉時
卒光緒辛巳年七月初七巳時
合葬在仙山

子三長志时　次志閑出承有掌
三志婿殤

生乾隆己亥年四月十一辰時
卒嘉慶甲子年十月初二亥時
葬在赤埔頂坐寅向申兼甲庚

承子　志株有歲次子入承后承志牲

十三世

有歲公 子祥公次子 號令岳

妣傅氏 名春娘 號淑儉

有札公 子祥公三子 號禎烈

有淙公 子允公長子 號建業 主過大宗

妣柯氏 名葵娘 號節義

生乾隆乙巳年八月初四酉時
卒咸豐壬子年七月初二寅時
生乾隆乙卯年六月初二吉時
卒同治癸酉年七月初一卯時
考葬東山坐西向東 妣葬仙山
子四 長志張殤 次志株先出承有令后出承有性 出承有札
三志𥨐 四志山
生嘉慶己未年十一月十六申時
卒道光丙午年十一月廿三亥時
承子 志山有歲四子入承
生乾隆庚戌年六月初三丑時
卒道光癸巳年五月十九子時
生嘉慶己未年八月廿九吉時
卒嘉慶 年八月廿七吉時

繼妣蔡氏　名慶娘　號勤慈

三妣王氏　名佑娘　號勤真

有麗公　子允公次子

有掌公　子允公三子入承　子掛公承子

出承于炯

妣吳氏　名理娘　號勤慈

繼妣張氏　名敢娘　號□德

生嘉慶乙丑年七月十三亥時

卒道光甲申年七月十五戌時

生乾隆乙卯年十二月廿二巳時

卒道光己亥年四月廿二未時

考葬在赤埔　三妣王氏葬在仙山

子三長志曇　次志癸　出承有掌　三志閒

生嘉慶辛酉年八月十五丑時

卒道光庚戌年二月十六戌時

生嘉慶辛未年三月廿九酉時

卒道光庚子年六月十九吉時

生嘉慶甲子年六月十九吉時

卒光緒甲申年七月十九巳時

考與吳氏合葬仙山　張氏葬在赤埔

子五長志纓　次志閒　有掌承　三志閒　有麗承　四志江　五志掬

長房長子盂溪公至復初公日富公派譜牒

十四世

志則公 有默公長子 號德渲 主進大宗

妣張氏 名命娘 號儉淑 洪塘人

志問公 有默公六子 號志安

妣蔡氏 名彩娘 號儉淑

生乾隆壬子年三月廿九丑時
卒道光戊戌年十月十一寅時
生嘉慶己未年正月廿五卯時
卒咸豐壬子年二月初七辰時
合葬在本山巷下右畔坐戌
向辰兼辛乙弟志問仝附焉
次當簇殤　三當造住臺
子五長當布
四當虧　五當判殤
生嘉慶己巳年四月二十子時
卒咸豐戊午年三月十四丑時
生嘉慶壬申年十月廿一酉時
卒道光辛丑年正月十四酉時

繼
妣劉氏 名官娘 號儉靜 塔頭人

十四世

志倩公 有真公長子

妣柯氏 名滔娘 號勤慎 樹坑人

生嘉慶癸酉年七月初八吉時
卒同治壬戌年十月廿七巳時
考附兄志則嫂張命娘仝塟本山
巷下右畔 蔡氏塟赤埔坐乾向巽
兼戌辰 劉氏塟仙山頂埔塚坐艮坤兼寅申
巷下右畔墓坐戌向辰兼辛乙
子二長當葱殤 次當鈔

往臺

生乾隆癸卯年九月十八酉時
卒道光壬午年六月廿七寅時
塟仙山中埔坐亥巳兼壬丙志題妻柯和
娘志齋妻王緞娘仝附塟馬品字坐
子二長當從 次當欺 俱往臺

十四世

志掛公 有真公次子 出承有欽

志題公 有物公長子 號秉節

妣柯氏 名和娘 諡懿順 柯坑人

志齋公 有物公次子 號維谷

妣王氏 名紋娘 諡[illegible]德 流[illegible]人

生乾隆辛亥年十月初七寅時
卒道光甲辰年七月廿五未時
生嘉慶乙丑年九月初八寅時
卒道光辛丑年三月十四未時
妣與志掛嫂柯洒娘志齋妻王
紋娘仝葬在仙山中埔品字坐
子二長當寄 次當蹺 殤
生乾隆乙卯年五月十七寅時
卒道光戊戌年二月廿四吉時
生嘉慶丙寅年四月廿四子時
卒道光丙申年二月十二午時
考葬在福州府墓在吉祥山

十四世

育勤公三子
志瓶公 號容北

娶林氏 名頒娘 泉城石頭街人

育勤公四子
志研 殤

妣附志猜嫂柯洒娘志題嫂柯
和娘仝塟在仙山中埔品字坐

子二長當秤 次當甘殤

生嘉慶戊午年七月十一吉時
卒咸豐癸丑年三月廿四酉時
生嘉慶癸酉年十月十一吉時

考附父母仝塟仙山中埔
坐亥向巳兼壬丙丁字坐

子三長當恬殤 次當璹 三當烈

十四世

志田公 有勸公五子 號重水
生嘉慶癸酉年七月十九吉時
卒光緒乙亥年三月初六卯時

妣邵氏 名悔娘 號勤淑 邵厝人
生嘉慶戊寅年正月廿三辰時
卒道光辛丑年三月廿二寅時
考葬仙山頂埔

子一 當皀

志高公 有勸公六子
出承伍堡本宗

志揖公 有畝公承子 有貞公次子入承
往臺

長房二仲溪公隱茂公至肇階公廷招公派譜牒

十四世

志長公 有尊公長子 號長生

生雍正庚戌年五月十七寅時

卒乾隆辛未年十月二十戌時

志祖公 有尊公次子 字成美 號誠智

生乾隆乙亥年七月初二寅時

卒乾隆乙卯年十月初八巳時

妣　氏

子一 當俗

志初公 有尊公三子 字成錦 號誠篤

生乾隆甲申年三月初五酉時

卒道光壬辰年五月廿三未時

妣蔡氏 系進士大宗呂[illegible]娘 號[illegible]惠

生乾隆甲午年五月初八巳時

卒道光戊子年三月廿八未時

子五 長當造 次當騰 三當比 出承浮居安 四當快 五當紹

聚五公至德輝公派譜牒

十四世

有樸公長子 志準公 號爲平 螟蛉子

生乾隆戊寅年正月初四吉時

卒嘉慶庚午年四月廿七丑時

妣王氏 號心快

生乾隆庚辰年七月十三酉時

卒道光丙申年四月廿五酉時

俱葬在本山赤埔坐西向東

子二長當波 次當樸

有樸公次子 志蔭公 號心楷 字明卮

生乾隆癸未年五月初五午時

卒乾隆乙巳年三月初二丑時

妣張氏 名又娘

生乾隆甲申年九月十二午時

卒嘉慶丁丑年十二月廿二辰時

印奕能

十四世

志純公 有樸公三子 諱宣敦

妣改節

生乾隆乙酉年五月廿一吉時

卒乾隆癸丑年十一月十二酉時

承子二長當歐 志茂長子入承 次當欽 志芬長子入承

志芬公 有樸公四子 諱精明

妣洪氏 名盼娘

生乾隆癸巳年十一月十八辰時

卒道光癸卯年十一月三十日午時

生乾隆戊戌年四月二十戌時

卒道光癸卯年又七月初七酉時

子二長當欽 出承志純 次當旺

俱往臺

志茂公 有樸公五子

妣　氏

子二長當歐 出承志純 次當泰 往臺

十四世

有樓公六子 志翕公 號和耽
妣孫氏 名勤娘 塔頭人

生乾隆丁未年四月十三未時
卒道光丙申年正月二十卯時
生嘉慶丙辰年十月廿一吉時
卒道光庚子年十二月初七寅時
考葬在赤埔坐乾向巽兼戌辰
子二長當星 次當甸

有降公長子 志觀公
妣薛氏 名旅娘 號勤順

往臺
生乾隆癸巳年三月初七辰時
卒嘉慶丙寅年五月廿六午時
葬泉城東門外東岳山土名金厝園坐乙辛兼卯酉
子二長當法 次當裕

十四世

志串公　有降公次子

志元公　有降公三子

俱往臺

志續公　有降公四子　字昭定　號佑仲　又號天保　主進大宗

生乾隆癸未年四月十八丑時

卒乾隆辛丑年八月初七子時

妣　氏

子一　當鍔

志捷公　有降公五子

往臺

志光公　有容公長子　字志昌　號天德　又號成機　主進大宗

生乾隆甲午年九月初六寅時

卒道光丁酉年五月十七戌時

妣吳氏　名延娘　東埔人

生乾隆丙申年十一月十四申時

卒咸豐辛亥年四月廿三寅時

十四世

志禧公 有睿公次子 守志迎 庶出 號奮迅

子三 長當彩 次當奚 三當概

生乾隆戊戌年七月初一巳時

卒嘉慶甲子年八月廿一寅時

卒葬在南安港口

志權公 有睿公三子 守志衡 號威德

生乾隆辛丑年十月廿七巳時

卒嘉慶丁丑年十月廿五戌時

葬在赤埔頂

妣氏

子一 當持

志談公 有睿公四子 守志階 號心思

生乾隆壬寅年八月十六巳時

卒道光己丑年二月初六未時

妣氏

子三 長當烏 次當庭 出往臺 三當恁

十四世

志貫公 有旭公長子 號宏通

妣蘇氏 改節 湖尾人

志强公 有旭公次子 號志豪

志出公 有旭公三子

妣林氏 名居娘 號慈淑 西坑人

生乾隆庚子年五月廿二寅時

卒嘉慶己卯年七月十五亥時

承子 當汀 志出長子入承 往臺

生乾隆甲辰年七月十二辰時

卒道光丙辰年七月廿八巳時

往臺

生嘉慶乙丑年九月廿七巳時

卒道光辛卯年七月十四亥時

子二長當汀 出承志貫 次當郜

十四世

有旭公四子 志學公 號慎思
生乾隆壬子年八月十二吉時
卒咸豐辛酉年十月廿七丑時

妣劉氏 名盡娘 號順德
生嘉慶戊辰年十二月十八吉時
卒同治癸亥年七月十八子時
子三長當福殤 次當培 三當佐

有禱公長子 志遇公 字昭會 號儀型
生乾隆壬辰年三月廿四丑時
卒乾隆乙卯年九月廿一辰時
葬在本山古塘坐坤向艮兼未丑

妣 氏
子一 當秀

有禱公次子 志至公 號克讓
生乾隆庚子年九月廿四寅時
卒嘉慶戊寅年四月廿八子時

妣吳氏 名程娘 號儉約
生乾隆庚子年十一月十八吉時
卒咸豐甲寅年九月初十午時

十四世

志義公 有勉公長子

志賓公 有譙公長子 號宗懋

妣柯氏

繼
妣王氏

志慈公 有譙公次子 號昭愛

子一 當竅

無神主莫考

生乾隆乙酉年八月初一午時
卒嘉慶辛未年冬三月十四巳時

生乾隆戊子年五月廿七吉時
卒乾隆己酉年八月初四吉時

生乾隆己丑年八月十八吉時
卒乾隆壬子年五月廿九辰時
考往臺沒海二妣俱葬在仙山

子一 當賞 王氏出

生乾隆己丑年十月十六辰時
卒乾隆己酉年八月初六寅時

十四世

志江公 有香公長子 諱昭漢

妣吳氏 名司娘 東埔人

生乾隆丁亥年五月十三戌時

卒乾隆癸卯年九月廿六戌時

生乾隆己丑年五月初七寅時

卒乾隆甲辰年五月廿六巳時

考葬在仙山 妣葬外家東埔山

承子 當居 志設長子入承

志總公 有香公次子 諱昭浬

妣吳氏 名錦娘 改節

生乾隆戊子年五月初四午時

卒嘉慶辛未年又三月十四巳時

往臺沒海

子四 長當紀 往臺 次當荔 三當仰 四當著 俱往臺

十四世

志談公　有香公三子　字志惠　號宗和　主進大宗

生乾隆庚寅年五月初二未時

卒道光丙戌年四月廿八辰時

妣王氏　名教娘

生乾隆甲午年九月廿七卯時

卒咸豐癸丑年十二月十五戌時

子三　長當居　出嗣志江　次當泡　三當拚

志麟公　有蓮公長子　字慶候　官名鳳吉　號述涯　主進大宗　勅授修職郎候州同

生乾隆庚寅年六月初七戌時

卒道光甲午年三月廿五辰時

妣施氏　名慈娘　潯海人

生乾隆庚寅年九月初九子時

卒嘉慶丁丑年正月二十午時

繼妣黃氏　名錦娘　安海人

生乾隆戊戌年十月初十未時

卒道光辛丑年二月廿一申時

十四世

志碩公 有董公次子 號詒裕

妣陳氏 名柔娘 號溫恭 汥亭人

志註公 有董公三子 號怡仁

妣王氏 名雪娘 西安人

子六 長當炳 字伯亮 次當羆 三當邁 殤 四當熊 五當彬 六當敏 殤

生乾隆辛卯年二月初二巳時

卒道光壬辰年八月初九未時

生乾隆癸巳年六月初九午時

卒咸豐庚申年十一月廿八辰時

考葬赤埔塚墘坐乾巽兼戌辰

妣葬前山古塘坐庚甲兼申寅

子一 當然 業儒字伯超

生乾隆己亥年十月廿四丑時

卒嘉慶癸酉年四月廿一午時

生乾隆壬寅年五月十八午時

卒嘉慶己卯年又四月初四申時

十四世

志服公 有萓公四子 字修侯 業儒 號古直

妣蘇氏 名洒娘 湖尾人

繼妣陳氏 名職娘 城内人

志羨公 有意公長子

妣王氏 名鸞娘 往台卒海

子二 長當論 次當因

生乾隆庚戌年十月廿五卯時

卒咸豐戊午年十月廿六戌時

生乾隆壬子年十二月十四未時

卒道光癸未年八月初九丑時

生嘉慶辛未年十一月廿二辰時

卒光緒辛卯年十月初七酉時

子四 長當瑞 次當起 三當成 四當與

往臺

子三 長當象 次當新 三當媢 俱往臺卒海

十四世

志祝公 有意公次子 俱往臺

妣蔡氏 名恁娘 子一 當壽 往臺

志追公 有昇公之子 往臺

志堯公 有冉公之子 莫考

得良公至廷卿公派譜牒

十四世

志轄公 有遠公長子 號允明 生嘉慶己未年八月十八巳時 卒道光丙申年又三月廿七吉時

十四世

志螺公　有捷公次子　號允直　殉難有功　主進大宗

生嘉慶庚午年八月初一辰時

卒道光壬寅年八月初八寅時

思坦　當秉公三子　世世奉祀　葬在游西坑

得衷公至廷問公派譜

十四世

志贊公　有忠公之子　號懷襄

生乾隆丁酉年四月十七巳時

卒嘉慶辛未年三月十四巳時

往臺灣尋父沉没海中

志挖公　有雪公之子　出承東厝份

志蠟公　有咸公長子

志水公　有咸公次子

拙然公至廷佐公派譜牒

十四世

志沙公 有燮公長子 號加石 主進大宗

生乾隆癸丑年正月廿八酉時
卒道光癸巳年七月十四未時

娶王氏 名好娘 顧坑人

生嘉慶庚午年十二月廿三吉時

子二 長當鈐 次當鉛 出承志茵

志茵公 有燮公次子 號如高 主進大宗

生嘉慶丙辰年五月廿八巳時
卒道光辛丑年八月廿七卯時

承子 當鉛 志沙次子入承

十四世

有燦公三子
志呑公 號志恣 進大宗
娶張氏 改節

有蘭公長子
志杼公 號勁勞
妣蔡氏 名尚娘 柳林人 號淑貞

有蘭公次子
志洪公 號厚毅 進大宗

生嘉慶壬戌年二月十四卯時
卒道光丙午年正月初二吉時
戰鬭斃命在東埔鄉
承子 當緞 志蚶三子入承 往臺

生乾隆辛亥年九月初二丑時
卒道光癸卯年九月廿九午時
生嘉慶庚申年十月十二吉時
卒同治壬申年八月廿一巳時
子三長當寬殤 次當畐 三當燓 出嗣

生乾隆癸丑年九月十二午時
卒道光辛丑年正月廿一寅時

妣陳氏 名吉娘 號慈順 漳州人

生嘉慶丁卯年 葬赤埔坐南向北

卒光緒丁亥年正月廿三寅時

子一 當卜

十四世

志蚶公 有蘭公三子

出承有世

志妹公 有蘭公四子 號志和

生嘉慶丁卯年十二月初五丑時

卒道光戊戌年又四月初五午時

聘蔡氏 未過門 窰厝人

承子 當[illegible] 志桴次子入承

志買公 有全公長子

住臺

妣　氏

子一 當等 隨父母往臺

十四世

志持公 有全公次子

志蚶公 有世公承子 號順正 有蘭三子入承大宗 主進

妣林氏 名認娘 號勤儉

志問公 有為公長子 號質順

妣洪氏 名嗹娘 西埔人

住塋

生嘉慶辛酉年二月十八吉時

卒咸豐丙辰年十二月初四巳時

生嘉慶戊辰年六月初六吉時

卒咸豐壬子年六月初二巳時

子三 長當見 次當崙 俱住塋 三當綴 出承志吝

生嘉慶乙丑年二月十五吉時

卒咸豐壬子年四月十三午時

生嘉慶乙亥年七月初六卯時

卒道光壬寅年十月二十酉時

合葬仙山埔坐壬丙兼子午

子一 當鏡

十四世

志悔公 有為公次子 號質直

生嘉慶丁巳年四月十四寅時
卒道光戊戌年四月廿八丑時
附母仝塋仙山

志垵公 有顏公長子 號順厚

生嘉慶丙寅年二月十二卯時
卒嘉慶庚申年五月初十戌時

志設公 有顏公次子 號志修

生嘉慶癸亥年七月十五吉時
卒塋俱在臺月日時與年俱缺

志棕 有蓄公承子 有顏三子入承

生嘉慶乙亥年六月廿九酉時

妣劉氏 名偉娘 號勤儉 塔頭人

生道光壬午年三月廿七卯時
卒咸豐癸丑年三月廿四申時

子二長當梳 次當着

肇祉公至羅山公派譜牒

十四世

有琰公長子
志起公

有琰公次子
志居公

有珪公之子
志强公 號心憔 主進大宗
生乾隆己丑年九月十一未時
卒道光辛卯年七月初一辰時

妣王氏 名水娘 號柔謟 泗洲人
生乾隆癸巳年三月廿三酉時
卒嘉慶壬申年十月廿九未時
子三長當學 次當破 三當飽

有璨公長子
志兵公
出承有執

十四世

志劍公 有琛公次子

生乾隆甲午年九月初二未時

卒嘉慶壬戌年十一月初九吉時

志點公 有夏公承子

生乾隆庚子年九月初十巳時

卒嘉慶　年四月初七未時

妣孫氏 號節烈

子一 當謀

志兵公 有執公承子 有琛長子今承

志瓊公 有對公長子

志花公 有對公次子

隱實公純粹公至肇開公呈祥公派譜牒

十四世

志逢春 有拱公長子

無神主莫考

志東海 有拱公次子 號篤滇

生乾隆甲戌年十二月初五亥時

卒嘉慶辛酉年五月廿四寅時

妣柯氏 名憶娘 號順素

生乾隆丙戌年九月初三吉時

卒道光丁未年正月十九酉時

子六

長當切　次當磚　三當岸

四當低　五當蛲　六當宅

志德祿 有華公之子

無神主莫考

十四世

有夏公承子 有順四子入承
志緼公
十餘歲殤

有載公長子
志看公
無神主莫考

有載公次子
志店公 號明直
生乾隆壬子年吉月吉日吉時
卒咸豐辛亥年三月十九吉時

妣黃氏 名曲娘 號忠愛
生乾隆辛亥年六月十五卯時
卒道光乙未年十月初十子時

子一 當酒

有表公之子
志酧公
生乾隆庚戌年七月十一辰時
卒道光丁酉年十月初六戌時

妣蘇氏 號俻靜
生乾隆辛亥年十二月廿八酉時
卒嘉慶乙卯年四月十七戌時

繼妣陳氏 名腰娘 號侑淑

生嘉慶戊午年九月初十吉時
卒光緒壬午年九月三十日午時
子三 長當擬 外出 次當辣 往臺 三當監

十四世

志重公 有順公長子 號盡義

生嘉慶丙辰年三月十八子時
卒道光壬寅年十月十八卯時

妣王氏 名妬娘 號慈順 洒洲人

生嘉慶辛酉年九月初二吉時
卒同治癸亥年五月十七巳時
妣塋在赤埔

志到公 有順公次子

往臺

志屘公 有順公三子

往臺

十四世

志綰公 [illegible]

志浣公 [illegible]

志堤公 [illegible]

志濟公 [illegible]

志浣公 [illegible]

志堤公 [illegible]

無嗣主崇祀

生乾隆壬子年八月初四吉時
卒同治癸酉年十月初四午時

承子 志眼養子入承 當棟

十四世

志昆公 不知文名 號慎山

妣蔡氏 號修素

生乾隆甲午年六月廿五丑時

卒嘉慶辛未年六月十三巳時

生乾隆戊辰年九月廿三吉時

卒嘉慶戊寅年十二月廿九巳時

考塋在赤埔

子四 長當連 次當等 三當明 四當厚

肖委公揚吾公至道盛公廷逑公派譜牒

十四世

志劉公 有廷公之子 號卓孚

妣　氏 名鳳娘 號慈德

生乾隆丁酉年四月十六寅時

卒道光丁丑年十一月廿六巳時

生乾隆甲寅年七月廿三吉時

卒同治壬戌年九月初八酉時

子二 長當花 出承志耳 次當蚕 往臺

十四世

志懇公 有由公之子 號開言

妣洪氏 名坪娘 號慈德 項柯坑人

志熙公 有金公長子 號敦和 主進七宗

妣柯氏 名論娘 號勤信

生乾隆庚子年六月初三吉時
卒道光丁未年六月二十辰時
生乾隆乙巳年塟在本山赤埔
卒同治丙寅年二月廿六未時
子三長當要往臺 次當必 三當甜

生乾隆甲午年三月十一未時
卒道光戊戌年五月初四子時
生乾隆壬寅年三月十七吉時
卒咸豐壬子年六月廿七酉時
俱塟在后使墓坐壬向丙
子五長當直 次當崎 三當高出承志燕 四當砌 五當曆殤

十四世

志臣公 有金公次子 出承有夷

志燕公 有勉公承長子 有金三子入承 號貞義

妣改節 湖尾人

志顯公 有勉公承次子 有金四子入承 號成德

志看公 有在公長子 字志精 業儒 號悃厚

妣吳氏 改節

生乾隆壬寅年十一月初十辰時
卒道光辛卯年三月二十子時
葬在本山浚股墘頂首
與隱定公寬厚公全穴

承子　當高 志熙三子入承

生乾隆辛亥年十一月十七亥時
卒嘉慶丙寅年二月十三辰時
葬在赤埔坐西向東

生乾隆丁未年九月廿八申時
卒嘉慶己巳年五月初二未時
葬在本山后使墓

子五　長當優 志翰長子入承 殤　次當田 志秦長子入承　三當綿 志溥次子入承
四當賞 殤　五當推 志作長子入承

十四世

志乖公 有在公次子 號和衷 主進大宗

妣蔡氏 名本娘 號慈順 洋宅人

繼妣洪氏 名粉娘 號慈柔 汴林人

志粉公 有在公三子 號純直

妣劉氏 名華娘 號平順 垵頭人

繼妣李氏 名勤娘 號恬慎 惠安人

生乾隆辛亥年五月十八卯時
卒同治壬戌年十二月廿九巳時
生乾隆辛亥年四月初五午時
卒嘉慶甲戌年七月十四寅時
生嘉慶戊午年九月二十吉時
卒同治丁卯年四月廿三寅時
考與蔡氏合葬仙山頂 洪氏葬仙嶺頂
考坐乾巽兼亥巳 妣坐壬向丙
子二長當丸出承志肴 次當棹

生乾隆甲寅年八月十九丑時
卒道光戊戌年五月初十子時
生乾隆甲寅年二月十五亥時
卒道光乙酉年五月初五巳時
生嘉慶辛酉年正月二十吉時
卒道光癸巳年五月十七午時

十四世

志溥公 有在公四子 號滋德

妣王氏 名倫娘 號淑儉 張厝人

志作公 有在公五子 號仁德 主祀大宗

妣吳氏 名静娘 號節義 東埔人

全塋在仙山共三壙

子二 長當賞 出承志看 殤 次當員 石菌黃家入承 螟蛉

生嘉慶己巳年十二月十五戌時

卒咸豐壬子年六月初六卯時

生嘉慶辛酉年正月十五辰時

卒道光甲午年七月十五巳時

塋在仙山下埔其穴居左

子當求當綿仝附妣塋缺

子三 長當求 次當苧 出承思志丈 三當綿 出承志看

生嘉慶壬戌年六月十三亥時

卒道光己亥年正月初八巳時

生嘉慶甲子年三月十三午時

卒光緒辛巳年二月初八酉時

十四世

志臣公 有𤆵公承子 有叙次子入承　殤

志賴公 有炳公長子 號鳳員

妣顏氏 名柔娘 號勤儉 劉厝人

志丁公 有炳公次子 號德才

考葬仙山中埔次子當柱附　妣葬仙山下埔

子四 長當推 出承志臣　次當柱

三當端　四當弄

生乾隆戊子年四月初八寅時

卒嘉慶丁卯年十二月十六巳時

生乾隆乙未年四月初八吉時

卒道光癸巳年正月十六未時

合葬在仙山中埔四子當庭附

子四 長當炭 出承劉厝蔡　次當呈

三當鉗　四當庭 出承志賊

生乾隆辛卯年八月十七巳時

卒嘉慶庚辰年四月初七寅時

[illegible]

妣吳氏 名[illegible]娘 諡[illegible]勤[illegible] 東浦人

生乾隆庚子年九月廿八卯時
卒嘉慶丙子年三月廿二午時
俱葬在洋坑內
子二長當剚 次當扱往臺

十四世

志磚 有篤公三子
娶馮

生乾隆癸卯年八月廿九未時
卒嘉慶丁卯年七月廿六酉時
葬在洋坑內
承子當鉗出承型厝 次當庭俱志禎四子入承

志緎公 有篤公四子 諱[illegible]顯達

生乾隆乙未年八月廿九酉時
卒道光壬午年六月初四辰時

志寢公 有廷公次子 諱志安 字[illegible]大宗

妣張氏 名[illegible]娘 諡[illegible] 柯坑人

生乾隆庚子年正月廿四子時
卒嘉慶丁卯年十一月初五寅時

有友公次子
志棖公 號剛直
妣柯氏 名罕娘 號倹静 沪厝坡人

十四世

合葬在山山頂埔
長當係 次當好 三當歡 志肯長子入承
子六
四當捧 志棖次子入承 五當波 志蓮三子入承 六當搁 志磐三子入承
生乾隆甲辰年十二月初十辰時
卒同治癸亥年七月初一子時
生乾隆壬子年四月初十巳時
卒同治辛未年二月初八巳時
考葬仙山頂埔子當捧當葉
仝附葬焉妣葬在仙山頂埔
次當捧 出承志寢 三當葉
子五長當雜
四當壓 殤 五當柒

十四世

有友公三子
志馨公 號心程 主進之宗
妣劉氏 [illegible]人
繼妣張氏 [illegible] 洪塘人

有友公四子
志蓮公 號[illegible] 主進之宗
妣蔡氏 [illegible]

生乾隆庚戌年二月十八巳時
卒咸豐壬子年四月廿九辰時
生嘉慶丁巳年 與考合葬仙山頂埔
卒嘉慶辛未年八月十四吉時
生嘉慶丙辰年十二月初一吉時
卒同治癸亥年五月廿九丑時
合葬仙山頂埔

子三 長當寬 殤 次當玖 出承志寢 三當捌

生乾隆癸丑年三月初十未時
卒道光丙午年九月二十巳時
生嘉慶辛酉年十月初五吉時
卒咸豐乙卯年二月廿七子時
皆葬仙山頂埔等處 媳婦附焉

十四世

志井公 有友公五子 號長水

妣蔡氏 名妹娘 改飭節 前埔人

志泉公 有信公長子 號秉性 主進大宗

妣柯氏 名瑾娘 柯坑人

繼妣林氏 名奪娘 號慈德 馬坪人

次當粕 往臺 三當波 出承志寢

子五 長當委 四當悶 五當線

生嘉慶丙辰年八月初三巳時

卒道光癸未年五月初八辰時

葬仙山下埔與當好仝穴

子二 長當徽 出承志寢 次當往

生乾隆庚戌年四月十六亥時

卒道光辛丑年八月初七亥時

生乾隆庚戌年四月十六未時

卒嘉慶戊寅年五月初十午時

生嘉慶壬戌年九月十二吉時

卒同治己巳年九月十六吉時

考與柯氏仝葬后使墓本地志錠

附馬林氏葬在赤埔土名鳳爐穴

十四世

志桃公 有信公次子 號若示德 主進七大宗

志輿公 有信公三子 號其文熹 主進大宗

妣林氏 名碕娘 號溫良 丙厝人

子二長當賽往臺卒 次當馬出承志桃

生乾隆甲午年四月廿八午時

卒道光己亥年六月初五酉時

葬在仙山下埔

承子二長當冉志輿次子入承 次當馬志泉次子入承

生嘉慶戊午年四月十五吉時

卒道光乙巳年十二月十九巳時

生嘉慶癸亥年十一月廿七巳時

卒光緒辛巳年七月初三子時

考附父仝葬在仙山 妣葬仙

山下埔尾　考與父在頂埔

子二長當續 次當冉出承志桃

十四世

有信公四子
志錠公 圭進大宗
妣孫氏 名葉娘 塔後坑頭人

有誇公長子
志的公
妣孜節 名勸娘

有誇公次子
志竹公 號松茂
妣陳氏 名丕娘 號貞和 周宅人
繼妣林氏 名棗娘 號貞順 馬坪人

生嘉慶丙寅年四月廿四酉時
卒道光丁酉年五月廿六亥時
葬在后使墓
子一 當助 往臺

生乾隆辛丑年九月初八亥時
卒嘉慶壬戌年正月十五未時
葬在仙山中埔

生乾隆己酉年十月初三吉時
卒咸豐壬子年四月初九吉時
生嘉慶丁巳年十月十八酉時
卒道光辛丑年七月廿六丑時
生嘉慶乙丑年九月廿八吉時
卒咸豐癸丑年七月初五辰時

十四世

志贊公 有誇公三子 號美義

妣柯氏 名佘娘 改節

志出公 有誇公四子 號弟義

妣柯氏 名田娘 號瑞懿 沪曆安人

林氏葬在仙山中埔

子二長當甲　次當硯

生乾隆甲寅年七月十三吉時

卒道光丁酉年五月十五吉時

葬在仙山中埔

子三長當省　次當樟 保程堂　三當鐵 殤

生嘉慶丁巳年正月廿三酉時

卒道光丙申年九月十五未時

生道光丁卯年八月廿二戌時

卒道光丁酉年十月初六辰時

葬在仙山中埔柯氏墓

子二長當通　次當嗹

十四世

有全公長子
志辨公號言和
匕蘇氏名險娘
號柔順

有全公次子
志鴟公號守業
主進大宗
妣劉氏名好娘
號勤慎
塔頭人

生嘉慶乙丑年十一月十一巳時
卒咸豐壬子年五月廿五未時
生嘉慶丙寅年七月十九辰時
卒道光丁未年二月十三寅時
全葬仙山中埔坐艮坤兼寅申
子三長當格　次當順
三當吉

生嘉慶乙亥年正月初六子時
卒光緒辛卯年七月廿九巳時
生嘉慶丙子年正月十一吉時
卒光緒丙戌年正月廿三卯時
妣葬在金獅內
子三長當交　次當順
三當用

十四世

有金公三子
志餅　殤

有等公長子
志耳公　號順心

生乾隆甲寅年二月十二吉時
卒咸豐癸丑年七月十五巳時
承子二　長當非　志淵之長子入承　次當揺　志勤之子入承后出承流灣

有等公次子
志勤公　號順德

生辛未年
卒在臺灣

妣柯氏　名盞娘

生嘉慶癸酉年十一月七一酉時
卒道光丙午年十二月初一辰時
子一　當揺　出承志耳后出承流灣

有户公長子
志辭公

外出

十四世

有戶公次子

志體公 出承英內母舅

生嘉慶己卯年七月初三酉時

有戶公三子

志壽

承嗣孫 思魏 當塚六子入承為孫

聰吾公至肇孚公呈箴公派譜牒

十四世

有梅公養子

志戴公

外出不返

有挺公長子

志喜公 號德庵

生乾隆乙酉年三月廿八申時

卒乾隆丁未年七月十六未時

葬在仙山下埔坐巽乾兼巳亥

承子 當曾 志確長子入承

十四世

有拔公次子
志庚 殤

有拔公三子
志輝公 出承有瑜公進大宗

有拔公四子
志確公 號寶興
生乾隆癸卯年十月初六子時
卒道光癸巳年四月十二辰時

妣蔡氏 名鑽娘 號順德 洋宅人
生乾隆甲辰年二月十七吉時
卒嘉慶壬申年七月初十酉時

繼妣吳氏 名箴娘 號順和 鈔厝人
生乾隆己酉年五月十九吉時
卒同治壬申年四月廿三酉時

考塋本山

子三 長當晉 出承志喜 次當行 三當泗 出賣謝厝街

詠身女王未知所配何人並不知世系因龕内主録之寄此牒尾候查補入

妣柯氏 名愠娘 號節儉

生乾隆壬辰年正月初六卯時
卒嘉慶丙辰年八月初十子時
葬在本山赤埔后

十四世

志輝公 有瑜公承子 有拔三子入承 號德直 主進大宗

生乾隆辛卯年九月廿四亥時
卒道光戊戌年四月初九午時

妣劉氏 名便娘 號慈和 塔頭人

生乾隆甲午年六月十九巳時
卒道光戊戌年又四月初二未時
合葬在赤埔墩仔后

子三 長當敦 次當晥 三當泳

志潭公 有列公承子 有乾三子入承

志福公 有乾公長子

十四世

志祿公 有乾公次子 出承有孔

志潭公 有乾公三子 出承有列

志溝公 有乾公四子

志凝公 有乾公五子

妣姚氏 名銅娘 號柔順 伍堡人

生乾隆丙辰年十一月廿七寅時
卒道光癸未年五月初五辰時
生乾隆丁卯年十一月十五卯時
卒道光乙巳年三月廿六戌時
考塟本山赤埔頂 妣塟西湖狗背山

子一 當鑾

志祿公 有孔公承子 有乾次子入承

十四世

志任 有亨公長子 殀

志配公 有讀公之子

聰吾公至肇尊公呈鏑公派譜牒

十四世

志眼公 有斗公長子 號德魯

生乾隆丙子年四月十一亥時

卒嘉慶庚午年正月十六酉時

妣蔡氏 名勤娘 號儉素

生乾隆甲申年七月廿八巳時

卒道光戊子年十二月廿五寅時

考葬在赤埔后

子一 當兄

志發公 有斗公次子

外出

十四世

志杉公　有斗公三子　號元順

妣　氏

志矱公　有猷公長子　號仁德　主進大宗

妣蔡氏　名伍娘　號儉淑

生乾隆辛丑年六月十八寅時
卒嘉慶辛未年二月初五巳時

子一　當欺　不知去向

生乾隆戊子年四月廿九亥時
卒道光甲申年七月廿五巳時
生乾隆丁酉年八月十三吉時
卒道光乙巳年九月初五寅時
考塟仙山頂埔坐西向東妣塟本山赤埔

子四　長當諒　次當旦殤
三當盆　四當甲殤

十四世

志賀公 有猷公次子 號[illegible] 未進大宗

妣蔡氏 名揆娘 號惠和 深滬人

志芽公 有猷公三子 號詒寶 未進大宗

妣孫氏 名氣娘 號燕發 塔頭人

生乾隆庚寅年十二月初九巳時
卒道光丁未年十一月初三卯時
生乾隆癸卯年十月十八吉時
卒同治甲子年七月十六丑時
考葬本山內坂頭右畔坐癸向丁兼丑未
妣葬田內溝墘坐辰向戌兼巽乾
子一 當題

生乾隆丙申年十二月十三寅時
卒道光戊戌年又四月廿五未時
生乾隆辛亥年八月廿四吉時
卒咸豐戊午年十月十五巳時
子四 長當盒 次當打
三當呆 四當蚕

十四世

志長公 有才公長子 號元興

生乾隆戊子年葬在仙山頂

卒嘉慶辛酉年十一月初九辰時

妣　氏 隨志重外出不返

子一 當魯

志重公 有才公承次子 外方入贅為子

外出不返

志擬公 有癸公長子

志預公 有癸公次子

志尚公 有樂公長子

往北坐十 [illegible]

志遂公 有樂公次子

十四世

志盞公 有御公次子

志卓公 有實公承子 有御長子入承 往小南不返

志雲公 有科公長子

志陰公 有科公次子

志宙公 有仲公長子

往臺卒

妣王氏 名衛娘 洒洲人

生乾隆己丑年八月十二亥時

卒嘉慶乙亥年五月初五巳時

子一 當久

十四世

志亥公 有仲公次子 往臺

志嗟公 有仲公三子 出承有趾 号順與

志幸公 有仲公四子 號歸原

妣蔡氏 名妟娘 號靜淑

志挺公 有仲公五子 號歸德

妣吳氏 名鳳娘 號勤慈

生乾隆己酉年五月初五吉時

卒道光　年六月十六吉時

生乾隆庚戌年九月廿八午時

卒嘉慶戊寅年十二月初七午時

承子當沓 志嗟長子入承

生乾隆乙巳年八月廿六吉時

卒道光　年五月廿五吉時

生乾隆庚戌年五月廿五未時

卒嘉慶丙子年十二月初八午時

妣塋在仙山下埔壠

十四世

志留公 有仲公六子

志篆公 有仲公七子 號順原

志拈公 有仲公八子

志夜 有仲公九子 出贅可慕

志搽公 有蓋公之子承 號達長

妣張氏 名法娘 號坤順 安海人

子一 當保 往臺

生嘉慶戊午年七月十七吉時

卒在臺

生嘉慶己未年四月十四辰時

卒道光丁亥年正月初四申時

生乾隆甲午年十二月十四吉時

卒道光壬寅年三月初三卯時

生乾隆丁酉年四月初四吉時

卒道光壬辰年四月廿九辰時

考葬赤埔埕西向東妣葬土崖恩彭乾

十四世

志噠公 有趾公承子 有仲三子入承 號順興

妣柯氏 名草娘 號貞淑 本鄉人

志閒公 有商公長子 號義山

妣王氏 名叔娘 號儉素 泗洲人

子二長當粟　次當染

生乾隆丙午年七月十九辰時

卒道光丁丑年四月十九亥時

生乾隆辛亥年二月初八吉時

卒同治丁卯年九月初八未時

考葬在赤埔頂　妣葬在仙山頂

子二長當杳 出承志幸　次當研 志炮三子入承

生乾隆乙巳年十一月十七巳時

卒道光庚子年二月十四酉時

生乾隆辛亥年八月廿六戌時

卒道光癸巳年八月廿七午時

合葬仙山中埔坐癸丁兼子午

十四世

有緩公養子
志箭公 號惠原
妣劉氏 名素娘 塔頭人

子四 長當企 次當秋 殀
三當居 四當梅 殤
生乾隆壬子年三月廿二寅時
卒道光丙申年九月廿三丑時
生嘉慶己未年正月初九吉時
卒光緒癸未年七月十四申時
考附父母仝塟大溝墘

有家公之子
志賢公
妣 氏

子三 長當寬 殤
次當鞋 五房志座次子入承
三當芊 殤
仝往臺不返

十四世

有深公之子 志蛙公 號志瑞

生嘉慶己未年二月十七寅時
卒道光甲申年九月初十酉時

有進公長子 志仍公 號進成

生乾隆甲寅年九月十九吉時
卒嘉慶辛未年又三月十四吉時
在洋沉亡

有進公次子 志別公 出承有應

有進公承三子 志捲公 號承得

生嘉慶辛酉年三月廿八午時
卒道光癸卯年又七月十四辰時
承子 當蟳 志別養三子入承

有進公第四子 志遮公 號繼續

生嘉慶乙丑年六月十七吉時
卒咸豐壬子年四月廿九吉時

十四世

志別公 有應公承子 有進三子入承 號智力

妣吳氏 名垂娘

生乾隆丁巳年十月十九丑時

卒道光癸巳年五月初七巳時

生嘉慶丁卯年七月十三酉時

卒同治戊辰年十二月初四午時

子三 長當罕 殤 次當念 養子 三當蟳 養子泉志潜

肇尊公至呈錦公派譜牒

十四世

志錐公 有鴉公長子 號德金

生乾隆乙未年六月廿六未時

卒嘉慶丁卯年五月廿八戌時

葬在赤埔

承子 當閬 志怗長子入承

十四世

志帖公 有嵋公次子 號德齋

妣王氏 名片娘 號賢儉

志章公 有嵋公三子 號直勇

妣柯氏 名等娘 號慈愛

生乾隆壬寅年十一月初九辰時

卒嘉慶己卯年十一月十二吉時

生乾隆戊申年五月廿七吉時

卒咸豐丙辰年四月二十戌時

考卒臺鹿港

子二長當閫 出承志錐 次當謹

生乾隆戊申年三月十二戌時

卒道光丁酉年十一月十四巳時

生嘉慶庚申年四月初九申時

卒道光癸卯年又七月初九巳時

子二長當長 次當文 俱往臺

十四世

志專公 有恩公長子 號志誠 主進大宗
生乾隆丁酉年十一月廿五寅時
卒道光戊申年十二月十九子時

妣柯氏 名腰娘 號勤慎 本鄉人
生乾隆己酉年十一月二十吉時
卒咸豐壬子年五月廿九未時
全塋在仙山頂埔

子四 長當潛 次當振 三當雁 四當窓

志栽公 有恩公次子 號德誠
生乾隆庚子年十二月十八巳時
卒嘉慶辛未年九月十九午時

妣改節

子一 當磐

志鋪公 有恭公之子 號東正
生乾隆壬寅年七月十三酉時
卒同治己巳年六月初四寅時

妣劉氏 名鵲娘 號淑慎
生乾隆乙巳年十二月廿九辰時
卒同治庚午年正月初七午時

十四世

志洸 有閼公之子

[illegible]

子三 長當程 次當騫 出承志樵 三當摘 出承志洸

承子 當摘 志鋪三子入承

志樵公 有持公之子 號樸[illegible]

生嘉慶庚申年七月十一辰時

卒道光丁酉年八月廿八子時

承子 當騫 志鋪次子入承

肇式公派譜牒

十四世

志主公 有暚公長子 號持中

妣張氏 名發旅 號勤素 柯坑人

志浮公 有暚公次子 出承有都

志杯公 有暚公三子 出承有篤

志播 有暚公四子 殤

生嘉慶壬戌年二月十八酉時
卒咸豐壬子年六月十四卯時
生嘉慶辛未年二月廿三吉時
卒道光癸卯年九月初四丑時
合附母仝塋在仙山頂埔
子四 長當滷 次當爀 出承志浮
三當邁 四當港 殤

十四世

志浮公 有都公承子 有瞈次子入承 號志清

妣改節

志杯公 有鷯公承子 有瞈三子入承

妣王氏 名軫娘 張厝人

志獺 有鶖公長子

妣柯氏 名纘娘 號勤意 本鄉人

生嘉慶己巳年六月廿二亥時

卒道光乙未年又六月廿九巳時

承子 當㵒 志主次子入承

生嘉慶壬申年四月廿二酉時

卒光緒壬午年六月初六申時

生道光癸未年吉月吉日吉時

卒光緒甲申年五月十八吉時

子二長當泄 次當巧

生道光戊子年八月十八寅時

生道光壬辰年九月初五亥時

卒同治甲戌年六月廿四卯時

十四世

志買 有鶖公次子

子四 長當蘊 次當嚴殤
三當恩殤 四當芒

生道光己亥年四月二十辰時

娶吴氏 名蒲娘 東埔人

生道光癸卯年十二月十一酉時

志蔭 有鶖公三子 殤

子一 當駞

肇顯公至呈鋭公派譜牒

十四世

志炮公 有淀公長子 號殖德

妣蘇氏 名贖娘 號賢順

生乾隆癸卯年十月十一子時

卒道光戊戌年正月十九申時

生乾隆壬子年十月十四寅時

卒咸豐乙卯年九月十九卯時

子三 長當銅 次當克 三當研 出承志達

志珠公 有淀公次子 出承有和 往臺不返

志等公 有淀公三子 往臺不返

志珠公 有知公長子 有淀公次子入承 往臺不返

志奔公 有化公長子 [illegible]六甲

十四世

志離公 有托公次子

志川公 有托公三子

志登公 有托公四子

志要公 有臣公之子

妣張氏 名研娘 柯坑人

以上四者俱在臺麻六甲

志粒公 有閣公長子 出番有錢 主進大六

子一 當執 住臺麻六甲

十四世

志乾公 [illegible]

妣柯氏 [illegible]

志平公 自潮公三子 [illegible]

妣柯氏 [illegible]

生嘉慶乙丑年十二月廿七辰時

卒光緒丁亥年二月十五未時

生道光辛巳年八月初四吉時

卒咸豐庚申年十月廿七酉時

葬在仙山頂埔

子二長當銓（出承志平）　次當守

生嘉慶壬申年正月廿八吉時

卒咸豐丙辰年七月十二未時

生道光丙戌年十二月初九酉時

卒道光庚子年八月十二巳時

承子　當銓（志乾長子入承）

十四世

有陶公四子
志寺公

有塔公長子
志生公 號志宗

妣蘇氏 名剉娘 湖尾人

有塔公次子
志造 殤

有塔公三子
志抱

生嘉慶丙子年四月廿六戌時
卒道光戊戌年五月初七卯時
承子 當魯 志粒次子入承

生嘉慶壬申年七月十五吉時
卒咸豐庚申年九月廿一吉時

生嘉慶戊寅年六月初二巳時
卒光緒乙酉年六月十六巳時
考附父仝塋在仙山

子四 長當周 次當嶺
三當干 寺貴出 四當滾

十四世

志粒公 有鐵公承子 有陶長子入承

妣王氏 名洒娘 山前人

生嘉慶丙辰年十二月初八未時

卒道光癸卯年又七月初三巳時

生嘉慶壬戌年正月廿九戌時

卒光緒辛巳年八月初三寅時

考塋在赤埔

子四 長當狼 次當魯 出承志寺

三當從 四當秀 賣出

靜吾公至仰斗公呈薦公派譜牒

十四世

志平公 有中公長子

妣洪氏 西安人

神主損壞生卒莫考

子二 長當漏 次當樹

十四世

志日公 有中公次子 號質直

妣孫氏 號順意 塔頭人

生乾隆辛卯年八月十五吉時

卒道光丁酉年七月初一未時

生乾隆庚子年四月十八酉時

卒道光壬午年七月初十午時

子四 長當陳 次當串 三當族 四當飭

志双公 不知父名

妣 氏

子一 當舉 父子俱往臺

仰庭公至呈德公派譜牒

十四世

志奎公 [illegible]

生乾隆庚戌年九月十一午時

卒嘉慶癸酉年十一月初七巳時

志掛公 [illegible]

生乾隆己酉年十二月廿一酉時

卒同治乙丑年二月初七午時

妣吳氏 [illegible]

生嘉慶丙辰年七月廿一吉時

卒嘉慶己卯年三月十四巳時

妣洪氏 [illegible]

生嘉慶辛酉年五月初八卯時

卒同治甲戌年三月初二申時

[illegible]坐東向西

[illegible]坐南向北

子九　長子尚汝　次子尚儒　三子尚城

四子尚珍　五子尚文　六子尚臧

七子尚彩　八子尚王　九子尚唐

十四世

志貌公 有佳公長子 號良才
妣劉氏 名禾娘 改節

志掛公 有糾公長子 出承有愛

志砥公 有糾公次子 號寬平
妣張氏 名夜娘 號勤儉 洪塘人

生嘉慶丁卯年四月初七寅時
卒道光庚子年七月初八吉時
子三 長當行 志掛次子入承 即當佛
次當吽 殤
三當唐 志掛九子入承

生乾隆癸丑年十月初三未時
卒咸豐甲寅年七月廿六巳時
生嘉慶戊午年三月廿八酉時
卒咸豐己未年十二月十一辰時
子六
長當認 次當抛 三當鷄
四當坑 五當兵 殤 六當為 殤

仰波公至伯庭公派譜牒

十四世

志廳公 有來公長子 號廣廈
生乾隆甲寅年十二月二十吉時
卒咸豐辛亥年十二月初六丑時

妣姚氏 名寅娘 號勤儉 伍堡人
生嘉慶丙寅年八月廿一申時
卒道光癸卯年正月三十日辰時

子三 長當嗽 次當石 出承志雅 三當讀

志草公 有來公次子
生嘉慶丙寅年十月初一午時

志楚公 有來公三子 號成蓉
卒咸豐辛亥年九月初四吉時

妣張氏 名有娘 伍堡人
生嘉慶戊寅年八月廿九卯時

十四世

志約公 有來公四子 出承湖厝本宗

志找公 有接公長子 號志順

志吆公 有接公次子 號良祥 卒塋

子四 長當消 養子出承志找 次當桃 出承伍堡柯

三當墙 四當文 養子出承志吆

生嘉慶壬申年正月廿一辰時

卒同治壬申年三月十六吉時

卒在番邦大香山

承子 當墙 志禁養三子入承

生嘉慶庚辰年五月初一丑時

卒光緒壬午年五月初七戌時

承子 當文 志禁養四子入承 后承志湲

十四世

志寸公 有屋公承子 有大次子入承 號志心
生道光辛巳年四月十四酉時
卒同治癸亥年八月初五巳時

妣張氏 名約娘 儉慈靜 柯坑人
生道光丙申年四月廿九酉時
卒光緒甲申年又五月十七未時

考葬在赤埔頂

子四 長當岳 次當羅 三當田 四當璧 出嗣

志雅公 有大公長子 號正誼
生嘉慶壬申年八月廿一亥時
卒同治戊辰年十月十六酉時

妣傅氏 名儀娘 號儉順 湖尾人
生道光戊子年五月十一辰時
卒咸豐癸丑年十月廿八巳時

繼妣王氏 名蜂娘 泗洲人
生道光丁亥年三月廿九丑時

承子長當讀 志聰三子入承 次當殿 出嗣

十四世

志錸 有大公次子 殤

志寸公 有大公三子 出承有屋

生道光癸未年八月廿六日

志柔 有大公四子 住在漳州衙州

娶洪氏 名寶娘 璧水蔡人

生道光己亥年

子五 長當拈殤 次當老殤 三當條殤 四當爽殤 五當平出承志擾

志淩 有大公承五子 侄從入承

生道光癸巳年四月廿七酉時

卒光緒壬辰年十月十一酉時

十四世

志朗公 有恐公長子 號似玉
生嘉慶辛酉年三月十七吉時
卒葬俱缺

志美公 有恐公次子
往臺

志歡公 有恐公三子 號敬愛
生嘉慶甲戌年十二月初六寅時
卒道光乙巳年八月初七寅時
葬在赤埔
承子　當項 五房志顯之子入承

志擾公 有恐公四子 號志成
生道光壬午年十月初九吉時
卒光緒甲申年三月十六未時
承子二長當文 志榮養四子入承　次當平 志榮五子入承

志㬅公 有[illegible]公之子
生嘉慶乙丑年四月初四吉時
卒嘉慶壬申年三月十四巳時

仰江公至伯愷公派譜牒

十四世

志取公 有招公長子
生乾隆壬辰年九月十四子時
卒乾隆庚申年四月廿五巳時

志富公 有招公次子
生乾隆戊戌年七月十一辰時
卒嘉慶癸亥年十二月十五巳時

志旺 有招公三子 殤

志入公 有招公四子 號紹慎
生乾隆己酉年八月廿七酉時
卒嘉慶庚辰年四月廿一酉時

妣柯氏 名店娘 謚淑德
生嘉慶丁巳年十一月初二吉時
卒咸豐丁巳年又五月廿七未時
妣葬在赤埔

子二長當約 次當鉗 出承志挖

十四世

志挖公 有招公家五子 後門份入承 號其旋

志老公 有馳公長子 號榮漢

志仟公 有稍公家長子 有馳公次子入承 號百御

妣陳氏 名會旅 號德音 別江人

生乾隆戊申年八月廿五吉時
卒道光己酉年六月十六午時
承子 當鉗 志入次子入承

生乾隆己亥年十月二十戌時
卒嘉慶戊辰年又五月廿五辰時
承子 當善 志仟長子入承

生乾隆辛亥年三月十四吉時
卒道光乙巳年二月廿七卯時

生嘉慶辛酉年十一月廿五寅時
卒光緒癸未年八月初九未時 北山坐在赤滴
子六
長當善 出承志老 次當斯 三當照
四當匏 五當產 往臺 六當鐵

十四世

志勳公號心業
有輸公承次子
有馳三子入承

志佃公號秉直
有水公長子

妣王氏名密娘
號淑慈
張厝人

繼妣蔡氏名潭娘
號意慈
塋灣人

生嘉慶甲子年三月十九巳時
卒道光乙酉年八月初十酉時

生嘉慶壬戌年九月初四子時
卒咸豐己未年八月十一巳時

生嘉慶丙寅年十一月十三申時
卒道光庚寅年三月初十未時

生嘉慶丁卯年五月十三辰時
卒道光壬寅年七月十二申時
合葬在赤埔頂燕子
墓口坐亥巳兼乾巽

子一 當縣

十四世

有水公次子 志摺公 號存厚

妣柯氏 名妹娘 號順意 柯厝人

繼娶謝氏 名花娘 伍塋人

有運公長子 志勞公 號毅直

妣王氏 名倹娘 號勤爾 張厝人

生嘉慶辛未年四月初七亥時

卒光緒乙酉年五月廿八戌時

生道光丙戌年八月十六子時

卒道光丁未年十月十九巳時

生道光甲申年十一月初四戌時

考葬在仙山柯氏塋仙

山埔坐艮向坤兼丑未

子四 長當選 次當托出承志南

三當綻 四當火

生乾隆甲寅年十二月初十寅時

卒道光癸未年十月廿九巳時

生嘉慶庚午年九月十七丑時

卒同治丙寅年十月十三辰時

十四世

志牛公 有徑公次子 號剛任

志套公 有斈公承子 有徑三子入承 號純志

妣 氏 名水娘

志奮公 有錯公長子

子一 當建

生嘉慶丙寅年八月初六酉時

卒道光丁亥年六月十九卯時

承子 當爽 志套長子入承

生嘉慶癸亥年九月十四吉時

卒道光庚戌年十一月初六酉時

生缺 卒咸豐壬子年三月廿三日

子二 長當爽 出承志牛 次當舉 出承高后鄉

往臺

十四世

志南公 有錯公次子

往臺

志垣公 有錯公三子 出承伍塋

承子 當托 志摺次子入承

志全公 有恰公長子 字志善 號宏周

生乾隆巳亥年十一月初十午時

卒道光壬辰年五月廿七酉時

妣洪氏 名睦娘 號順懿

生乾隆丙午年九月初九寅時

卒道光辛卯年三月三十日子時

志叠公 有恰公次子

子一 當近

十四世

志蔡公 有亟公長子

生乾隆庚戌年七月十九子時
卒道光乙酉年四月初十寅時

志禀公 有亟公次子

生乾隆乙卯年七月廿七午時
卒嘉慶己卯年五月十四午時

志培公 有參公長子 號斷義

生乾隆己酉年八月十三戌時
卒嘉慶辛未年二月十六辰時

志閩公 有參公次子 號志書

生乾隆乙卯年六月二十子時
卒咸豐壬子年二月廿二申時

妣蔡氏 名過娘 號淑齋 前埔人

生嘉慶戊午年正月十七巳時
卒光緒丁丑年十二月十六酉時

子二長當送 次當發

十四世

志本公 有參公三子

志豫公 有必公長子 號文良

妣柯氏 名看娘 號勤儉

志腆公 有必公次子 號恆泰

妣曾氏 名嫦娘 號勤順 湖尾人

往塋

生乾隆壬子年三月十三巳時

卒咸豐辛亥年五月廿九未時

生嘉慶丙寅年十二月廿一吉時

卒咸豐癸丑年五月十二未時

子五 長當敏 殤 次當潘 三當悄 出承志聘 四當跳 出承泸晋安 五當遥 出承龍湖亭

生乾隆甲寅年十二月十二酉時

卒道光丁酉年五月十九丑時

生嘉慶甲午年四月廿三午時

卒咸豐癸丑年五月十七酉時

十四世

志紅公 有奕公三子 號恒裕

妣劉氏 名執娘 改節 塔頭人

志聘公 有奕公四子 號文定

志番公 有奕公承五子 號康樂

妣吳氏 名稱娘

子三 長當沁 次當瓊 養子出承志番 三當棟 養子出承志湜

生嘉慶戊辰年四月十二巳時

卒道光丁酉年五月二十申時

子一 當清

生嘉慶壬申年十月初八巳時

卒道光戊戌年三月十二申時

承子 當悄 志豫三子入承

生嘉慶戊午年四月十五吉時

卒同治己巳年七月廿三未時

生缺卒五月初一日

十四世

志堅公 有萬公長子

志梗公 有萬公次子

志白公 有萬公三子

志莿公 有坤公承子 有楓長子入承 號守儉

聘吳氏 未過門 東埔人

繼妣吳氏 名痛娘 諡成素 東埔人

承子 當棟 志腴養子入承 后改出承志堤　當瓊 志腴養子入承

生嘉慶己卯年四月十一寅時

卒光緒庚寅年三月廿五寅時

考塟在赤埔頂

生道光戊子年七月初八吉時

卒道光戊申年四月廿八申時

三
娶紀氏 名鎮娘 城內人

十四世

志軋 有台公承子 有濟四子入承 進祿位 號應和
娶吳氏 東埔人 改節

志牒公 有位公長子 號追學
妣蔡氏 名嶺娘 洋北人

生道光乙未年正月十五吉時
子三 長當情 次當還 殤 三當墻 出承漳州

生嘉慶庚辰年正月十五酉時
承子 當串 志候四子入承

生乾隆庚戌年九月廿六吉時
卒道光丁未年五月初四酉時
生嘉慶戊午年六月十三吉時
卒咸豐癸丑年六月初二酉時
子二 長當竊 次當梢 出承志卜

十四世

志卜公 有位公承次子 隨母來入承

志忸公 有勅公長子 號秉直

妣蘇氏 名尾娘 號順儉 湖尾人

繼妣施氏 名月娘 井尾人

卒八月初八日

承子 當梢 志牒次子入承

生嘉慶癸亥年四月廿六戌時

卒光緒丙子年七月初八未時

生嘉慶丙寅年正月初九卯時

卒道光戊戌年九月初四卯時

生嘉慶己未年六月廿六吉時

卒咸豐己未年四月十二吉時

子五 長當分 嶋 次當權 三當旋

四當正 志侃三子入承 五當湖 吳方入承

十四世

志侃公 有勅公次子 號九如

妣黃氏 名綢娘 號端淑 槃谷人

志掌公 有濟公長子 號嘉善 主進大宗

妣吳氏 名痛娘 號慈順 本鄉人

生嘉慶乙丑年三月初五吉時
卒咸豐甲寅年正月初二巳時
生嘉慶丁卯年五月廿五辰時
卒道光庚戌年十一月十一巳時
子五長當学殤 次當楚殤 三當喜 四當于 五當正出承志坦

生嘉慶庚午年四月十四戌時
卒咸豐庚申年七月十二丑時
生嘉慶癸酉年十二月二十吉時
卒光緒甲申年又五月廿一辰時
子七長當槁殤 次當踏 三當曈 四當閂 五當靴 六當攔殤 七當謬殤

十四世

志候公 有濟公次子 號應時 圭進大宗

妣柯氏 名玲娘 號順德 柯坑人

繼妣劉氏 名招娘 塔頭人

生嘉慶癸酉年五月二十午時

卒同治癸酉年八月初一卯時

生嘉慶丁丑年十月初十辰時

卒道光戊戌年五月十八酉時

生嘉慶乙亥年十月廿一酉時

卒光緒辛卯年七月初八酉時

子四 長當並 次當掀 出承志軋 三當撾 四當串

十四世

志潤公 [illegible]

妣洪氏 [illegible]

志東 [illegible]

志蔚 [illegible]

志太 [illegible]

生嘉慶甲戌年十月十二午時

卒道光丙午年九月初八辰時

生嘉慶戊寅年六月廿一吉時

卒光緒辛卯年十月廿六辰時

[illegible]

[illegible]

子三長志苗[illegible]

次苗傳 [illegible]

三苗丁 [illegible]

生道光甲申年七月十六日時

承子 苗丁 [illegible]

十四世

志亮 有桓公三子
生道光丁亥年七月十五卯時

娶王氏 名赴娘 高厝人
生道光丁酉年九月初十酉時

子一 當鈺

志卿 有鳳公四子 出承東埔
生道光戊戌年四月初一巳時

志[illegible] 有桓公五子
生道光庚戌年三月初十午時

娶劉氏 名石娘 塔頭人

子五 長當迎 次當大 出承深沪 三當降 四當借 出承石泼 五當社

十四世

志文公 有沃公長子 號述聖

妣洪氏 名娥娘 號慈德 欽井人

生嘉慶戊午年九月十二寅時
卒道光戊戌年八月廿三未時
生嘉慶壬戌年十二月初二辰時
卒咸豐壬子年五月十一申時
子二 長當圈 次當圓 出承志到

志到公 有沃公次子 出承有田

志闊公 有沃公三子 號惟仁

妣劉氏 名兜娘 號順儉 塔頭人

生嘉慶乙丑年六月廿七酉時
卒同治癸亥年七月初二巳時
生道光辛巳年十二月二十吉時
卒咸豐辛酉年六月初八巳時
子四 長當查 殤 次當濕 出承漳州 三當樸 出承志宣 四當丑

十四世

有沃公嗣子
志宣公 號忠直
生嘉慶庚午年十一月廿五辰時
卒咸豐壬子年五月初六巳時

妣劉氏 塔頭人 改節
承子 當樸 志閫三子入承

有田公承長子
志到公 字志歸 號心安
有沃次子入承
生嘉慶辛酉年八月廿二巳時
卒嘉慶庚辰年四月初四巳時
承子 當圜 志文次子入承

有田公承次子
志亜公 號敬發
有餘次子入承
生嘉慶壬申年四月廿四吉時
卒光緒甲申年又五月廿一卯時

妣吳氏 名足娘 號淑德 伍堡人
生道光丁亥年三月初五吉時
卒咸豐甲寅年十月十二卯時

繼妣蔡氏 名咄娘 號淑順 伍堡人
生道光丁亥年吉月吉日吉時
卒光緒癸未年五月初七未時

十四世

志枰公 有皎公次子 號情別

志興公 有皎公三子 號振發

妣柯氏 名旅娘 號勤順 柯坑人

志漸 有皎公四子

承子 當鏗 志興次子入承

生嘉慶癸酉年十二月十四戌時

卒道光丙戌年六月十二未時

生嘉慶丙子年九月十六酉時

卒光緒庚辰年七月初一巳時

生道光丙戌年八月初三巳時

卒咸豐庚申年九月初九酉時

子四 長當帝 次當鏗 出承志枰

三當尊 出承志漸 四當相

生嘉慶己卯年十一月初七戌時

卒光緒壬辰年七月廿七卯時

承子 當尊 志興三子入承

十四世

志僅公　有皎公五子　號情盤

生道光乙酉年八月廿七子時
卒道光甲午年四月十五戌時

志定　有皎公六子　殤

志稍　有皎公七子

生道光癸巳年十月十五酉時

娶王氏　名柳娘　石菌人

生咸豐甲寅年三月初五丑時

長房五霞溪公隱仁公至魁持公銘珵公派譜牒

十四世

志仕公 有愿公長子

生乾隆戊戌年六月二十丑時

卒嘉慶己巳年十月十八戌時

葬在赤埔頂墩仔后

志壬公 有愿公次子 號端順

生嘉慶癸巳年五月二十吉時

卒咸豐辛亥年十一月十一申時

配吳氏 名扶娘 未過門

妣伍氏 名柔娘 號勤順 石井人

生嘉慶丙戌年十一月初八吉時

卒咸豐壬子年五月廿六未時

子二長當坦　次當紳

十四世

志趙公 有雲公之子 號志直

生嘉慶壬申年二月廿二巳時

卒道光甲午年八月廿七戌時

葬在赤埔頂

承嗣孫　祖酬 思怕次子入承

魁時公至銘舉公派譜牒

十四世

志秋公 有所公長子

六月十三忌辰

與孫婦洪里娘

仝葬在赤埔頂

承子　當救 志道長子入承

十四世

志郎公 有所公次子 號順正 進大宗

妣洪氏 名梅娘 號恭儉 斗林人

志道公 有所公三子 號明誼 進大宗

妣洪氏 名沃娘 號懿慈 陳山人

生乾隆癸卯年十二月廿三酉時
卒咸豐辛亥年七月二十未時
生乾隆乙巳年七月十八巳時
卒同治壬戌年四月廿二子時
仝葬在仙山下埔
子二長當柏 次當坪

生乾隆丁未年二月十一寅時
卒咸豐丙辰年十一月初六戌時
生乾隆辛亥年六月初二亥時
卒咸豐乙卯年九月廿七午時
仝葬在仙山頂之左
子二長當救 出承志秋 次當述

十四世

有宗公長子
志教公 號遜成
妣張氏 名寶娘 洪塘人

有宗公次子
志邊公 號瑞勇
妣楊氏 名申娘 伍堡人

生乾隆乙未年十二月十二酉時
卒道光丁酉年五月三十日午時
生乾隆庚子年六月十七巳時
卒咸豐壬子年三月十三酉時
考葬壕仔脚與有所公仝穴妣附
翁姑德雲媽仝葬本山巷下之左
子四長當灘　次當象
三當芽　四當盼

生乾隆乙卯年八月初一巳時
卒道光丙午年二月初七吉時
生嘉慶丙寅年三月廿八吉時
卒咸豐壬子年四月初四吉時
子三長當酒　次當菓 出承潮層
三當巢 出承圓頭

十四世

志脱公 有秦公長子
生乾隆庚寅年十二月十八未時
卒乾隆己酉年六月廿一卯時
葬在仙山埔
承子 當箴 志顯長子入承 往臺

志燒公 有秦公次子
往臺

志翁公 有秦公三子
往臺

志顯公 有秦公四子 號令望
生乾隆癸巳年七月廿一吉時
卒道光戊子年十月廿三未時

妣王氏 名卯娘 泗洲人
生乾隆丁酉年十一月初十吉時
卒咸豐壬子年三月廿四卯時
各葬在囷狗内考
坐乾向巽兼戌辰

十四世

志灶公 有泰公五子

志作公 有泰公六子

志雕公 有江公之子 號喬貴

妣林氏 名閏娘 號淑德

子五 長當戲 出承志脫　次當改　三當瑞 住堂
四當沥 殤　五當梅 殤

俱住堂

生乾隆　年六月十七丑時

卒道光　年十二月廿二未時

生乾隆　年六月初二丑時

卒嘉慶　年九月廿九子時

子一 當勃

十四世

志審公 有富公長子

妣洪氏 名寶娘 英內人

志頻公 有富公次子 出承 月漸

志潑公 有富公三子 號德機

志洧公 有富公四子 號惟靜

妣蘇氏 名勸娘 號恭順

繼妣葉氏 名潘娘 號勤閒

子一 當因

主隨當因入山去矣

生乾隆己丑年七月廿九未時

卒嘉慶甲子年五月初五辰時

生乾隆乙卯年正月十五吉時

卒光緒甲申年又五月十二丑時

生嘉慶甲子年八月初五未時

卒道光甲申年十一月廿六辰時

生嘉慶庚午年十二月初三亥時

卒道光戊戌年又四月初二戌時

考葬仙山下埔　蘇氏葬在赤埔

十四世

有進公承子
志榜公號文華
有欽次子入承

娶劉氏名□娘
塔頭人

有弼公承子
志頫公號允便
有當次子入承

子三長當科殤　次當鈿出家志排　三當恙

生嘉慶庚申年正月初五辰時

卒咸豐甲寅年七月十五戌時

生嘉慶癸酉年十月廿三子時

考葬本山衛頭坐西向東

次當鍊殀　三當帕殤　四當餕

子七長當舛殤

五當旋出承鰻頭　六當撻出承塔頭　七當尊

生乾隆己亥年九月初九酉時

卒道光丙申年四月廿四巳時

妣劉氏 名洒娘 號慈慎

十四世

志抄公 有匏公長子 號剛盛 主進大宗

妣張氏 名要娘 號賢順 洪塘人

志榜公 有匏公次子 出承有進

生乾隆己亥年九月十三辰時
卒嘉慶庚辰年六月十九卯時

子二長當愚 次當愷

生嘉慶癸丑年六月廿二辰時
卒道光丙申年三月廿二辰時
生嘉慶乙丑年五月十一子時
卒道光庚戌年四月初五辰時
考葬赤埔頂 妣葬本山金獅內

子三長當坂 次當硃 三當塡殤

十四世

志褥公 有匏公三子 號志衣 住塋

妣洪氏 改節

志屯公 有匏公四子 出承有詩

志坾公 有匏公五子 號德銘 主進大宗

娶王氏 名錠娘 中舍人

生嘉慶癸亥年八月十九吉時
卒道光戊申年六月初六亥時
子四 長當戩 殀 次當明 殀
三當益 殀 四當凜 志坾六子入承

生嘉慶壬申年十月十八丑時
卒光緒甲申年又五月廿五丑時

生嘉慶丁丑年十月廿二吉時
子八 長當楆 次當[illegible] 殤
三當韮 四當静 五當璽
六當凜 出承志褥 七當名 八當影 殤

十四世

有勸公之子
志場公 號志居

妣蘇氏 名片娘 號慈愛

有與公長子
志排公 號勇分

有與公次子
志漂公 號志勇

生乾隆丁亥年吉月吉日吉時
卒嘉慶辛未年三月十四吉時

生乾隆壬辰年吉月吉日吉時
卒嘉慶辛未年三月十四吉時
扶主二位子三俱往臺全日沉沒海中
子三長當佇 次當砵 三當版

生乾隆癸亥年九月廿三吉時
卒嘉慶丁卯年三月十四吉時
承子 當差 志清三子入承

生乾隆辛巳年十一月三十日巳時
卒乾隆辛亥年七月廿四未時
葬在赤埔頂 坐乾向巽兼戌辰

十四世

志魯公（有興公三子）號志仲

生乾隆己丑年七月初六吉時
卒乾隆丁未年十月十八未時
葬臺灣府漳化縣
塗仔保詹厝塚埔

秉初公至銘發公派譜牒

十四世

志送公（有錫公之子）號志迎

妣柯氏名賀娘號由德

生乾隆壬寅年正月十七辰時
卒道光丁酉年八月初九午時
生嘉慶戊午年三月初十吉時
卒同治甲子年三月初八巳時

志看公（有炎公長子）

子二長當旦　次當口

十四世

有秋公次子
志晏公 號和直
生乾隆癸卯年七月初四卯時
卒道光庚子年二月十五午時

妣吳氏
生缺
卒咸豐壬子年四月十八午時
子二 長當詡 詡字從太 次當塗

有與公長子
志偁公 字志竟 號崇德
生乾隆庚寅年八月廿二寅時
卒道光丙申年二月廿三丑時

妣吳氏 名時娘 號孝慈
生乾隆辛卯年九月初五午時
卒嘉慶壬申年八月廿二辰時
仝葬在本山內塘坐艮向坤
子四 長當辨 次當普
三當笈 四當吉

有咸公次子
志共公 出嗣有篇

十四世

志約公 有璋公長子 號何速

生乾隆癸巳年三月初十巳時

卒乾隆戊申年七月初七酉時

承子當斜 志尚三子入承

志京公 有璋公次子 號敬忠

生乾隆戊戌年八月初二巳時

卒道光癸巳年五月初五巳時

妣童氏 名腰娘 號勤淑

生乾隆丙午年四月十八酉時

卒嘉慶甲戌年七月十七戌時

葬赤埔后坐北向南

子三長當傳

次當捷 志尚次子入承

三當賞 志尚三子入承

志斗公 有璋公三子 號星文

生乾隆乙未年十月十九酉時

卒道光己亥年十一月十三寅時

十四世

志尚公 有璋公四子 號德芳 主進大宗

妣張氏 名珠娘 伍堡人

志存公 有滾公長子 號惟仁 主進大宗

妣洪氏 名歎娘 號善德 陳山人

生乾隆辛丑年五月十四申時
卒同治壬戌年三月十三亥時

生乾隆己酉年十二月廿五寅時
卒咸豐甲寅年正月初四辰時

考葬仙山中埔坐甲向庚兼寅申 妣葬在本山東邊

子四 長當玩 次當捷 出承志京 三當賞 出承志京 四當斜 出承志約

生乾隆丁酉年九月三十日酉時
卒道光丙午年六月二十辰時

生乾隆甲辰年七月初七寅時
卒同治辛未年七月廿六未時

子五 長當占 出承志覺 次當天 三當旺 四當坪 五當鐸

十四世

有達公次子
志讃公 號詒謀 出繼大宗

妣洪氏 名険娘 號勤慈 鈔堤人

有達公三子
志覺公 字志知 號克賢 出繼大宗

妣歐氏 名節娘 號貞義 塘邊人

生乾隆庚子年二月廿一子時
卒道光辛丑年九月初六午時
生乾隆庚戌年六月初三辰時
卒咸豐庚子年四月十二未時
子四 長當以 次當庫在臺
三當積 四當孔

生乾隆甲辰年四月十二酉時
卒嘉慶己卯年三月初五未時
生乾隆己酉年十一月十三午時
卒道光丙戌年三月初九寅時
葬在仙山中埔
承子 當坪 志存四子入承

十四世

志齊公 有遠公四子 字志將 號德善

妣蘇氏 名旦娘 三進大宗 湖美人

志投公 有當公長子 號志統

妣洪氏 名柔娘 後港頂 溪后人

生乾隆丁未年十月廿二卯時
卒嘉慶庚辰年八月初三巳時
生乾隆甲寅年四月廿三寅時
卒道光戊戌年六月十一午時
考塋在本山囷狗內坐西向東
妣塋在本山赤埔頂坐西向東
子一 當統

生乾隆己酉年十一月十九酉時
卒咸豐辛亥年十月初六未時
生乾隆辛亥年十二月廿九吉時
卒同治癸亥年十月初八亥時
考與志川全塋燕仔穴前坐西向東
妣塋赤埔頂燕仔穴坐西向東
子二 長當愬 次當景

十四世

志抱公 有葛公次子 號客保 主進天宗

妣柯氏 名魁娘 號慈德 柯坑人

志川 有葛公三子 想陵

志府公 有欽公長子 號其山

生乾隆乙卯年九月十六亥時
卒同治壬戌年六月廿九酉時

生乾隆乙卯年十一月廿四吉時
卒同治癸亥年七月初七巳時
考葬在仙山中埔西坐乙向
辛兼辰戌 妣葬仙山中埔東

次當市殤 三當桁 四當遮
子七長當定殤
五當垵 六當是 七當柳

生八月十九日
卒三月初三日 附志报仝葬燕子窝

生乾隆丁未年四月十一戌時
卒道光丁未年七月十八寅時

妣張氏名順娘號恬靜潘徑人

十四世

志顕公次子號志明字進大宗

妣蔡氏名片娘梅林人

生乾隆丁未年十二月初二申時
卒嘉慶壬申年五月廿二巳時
仝塟在赤埔中埔

子一　當宣

生乾隆辛亥年十一月十三酉時
卒咸豐乙卯年十二月十六子時
生乾隆乙卯年十月初十未時
卒咸豐壬子年六月十一未時
仝塟在仙山中埔

子五長當胆　次當袍　三當卓出家梅林母舅
四當頊　五當貨

十四世

志共公　有矞公承子　有聯次子入承　字志學　號克敏

妣張氏　名祝娘　洪塘人

生乾隆乙未年十一月十九未時
卒嘉慶丙寅年十月初二寅時
生乾隆己亥年三月十三巳時
卒道光庚寅年六月初十巳時
合葬在仙山中埔

子三　長當恐　次當潘早逝　三當栽

承嗣孫　思晟　當恐之子入承

志　有自公之支派

志園公　有炯公長子

志秦　有炯公次子　中殤　往臺卒

志超　有炯公三子

十四世

志兔公 有剡公四子 號怡玉

妣柯氏 名靈娘 號何惠 柯坑人

繼妣呂氏 名香娘 曾厝人

生嘉慶丙子年四月廿三吉時
卒同治辛未年七月初一丑時
生嘉慶己卯年十一月十八戌時
卒道光癸卯年四月十六未時
生嘉慶己卯年八月十五酉時
卒光緒庚寅年十二月十六辰時
考葬赤埔頂坐西向東柯氏葬
在赤埔頂呂氏葬在仙山中埔

子三長當宙 次當柴 三當問

隱義公至廷翁公元振公派譜牒

十四世

志昌公 有[illegible]公長子 出承有萬

十四世

志鳳公　有鸞公次子　出繼有[illegible]

志鶴公　有鸞公三子　號鳴皋

妣改節

志双公　有鸞公四子　號成美　主進大宗

妣吳氏　名粉娘　號柔順　東埔人

生乾隆戊子年十月十四酉時
卒嘉慶庚午年五月廿八辰時
子二　長當錢　志鳳四子入承　次當清
生乾隆壬寅年七月初八酉時
卒咸豐辛亥年六月二十酉時
生乾隆戊申年九月十五卯時
卒咸豐癸丑年四月廿九午時
子七　長當分殤
次當貨殤　三當八殤　四當研
五當滴　六當彪　七當悖

十四世

志蚊公 有鵉公五子 出家有萬

生乾隆己丑年六月廿八辰時

卒道光丙申年七月廿八巳時

志理公 有石公長子 號表正

妣王氏 名程娘 號勤慎 泗洲人

生乾隆癸巳年七月初四吉時

卒咸豐乙卯年四月十九申時

子三 長當羅 次當菊 三當于

志座公 有石公次子 號志保

生乾隆甲辰年八月十六寅時

卒道光己丑年六月初七戌時

妣曾氏 名香娘 號柔淑

生乾隆辛亥年十二月廿四酉時

卒嘉慶壬申年六月初三巳時

繼妣林氏 名笑娘 號德淑 鶴頸人

生嘉慶辛酉年吉月吉日吉時

卒道光癸卯年七月廿六午時

十四世

志昌公號元直　有萬承長子　有鸞長子入承

妣曾氏名笑娘號靜節湖尾人

志鳳公號恒泰　有萬承次子　有鸞次子入承

妣陳氏號頃德

分塋在頂赤埔坐壬丙兼子午

子二長當剖　次當鞋出承后架志答前

生乾隆乙酉年八月廿九寅時

卒乾隆甲寅年十月廿五巳時

生乾隆己丑年四月廿五丑時

卒乾隆乙卯年九月廿三午時

子二長當挺　次當　名缺

生乾隆丙申年五月廿六午時

卒道光丙申年十月廿八吉時

生乾隆　年八月十六吉時

卒嘉慶己卯年正月初六吉時

十四世

志蚊公 育萬承三子 有繼乃五子入承 號庭泉 主進大宗

妣蔡氏 號勤儉

志察公 育兆察公之子 號思明 住卅壟

子四 長當籃 次當極 住壟
三當美 住壟 四當錢 出承志鶴

生乾隆己亥年正月廿一酉時
卒道光乙未年五月十二寅時
生嘉慶丙午年七月十一吉時
卒嘉慶甲戌年五月初二吉時
仝葬在仙山頂埔坐壬向
丙煞子午子當禮仝附焉

子一 當禮
生乾隆辛巳年正月初九申時
卒乾隆癸卯年十一月初一辰時

承子 當揖 志沈長子入承

十四世

有紫公次子 志池公 號訒深 主進大宗

妣謝氏 名雪娘 號慈淑 謝厝街人

有月公長子 志壇公 號尊賢 主進大宗

妣傅氏 名軍娘 號恭儉 湖尾人

繼妣陳氏 名乖娘 號勤儉 深滬人

生乾隆丁未年三月初十巳時

卒道光戊戌年三月廿六子時

生乾隆辛亥年正月初六辰時

卒咸豐甲寅年正月廿八寅時

仝葬在仙山石頂坐艮向

坤兼寅申長孫思追附焉

子二長當揖 出承志察 次當盛

生乾隆戊戌年六月廿六辰時

卒嘉慶己卯年十二月十七酉時

生乾隆癸卯年十月初一吉時

卒嘉慶庚申年五月廿九未時

生乾隆庚子年十月十五吉時

卒道光癸卯年七月初四辰時

考與先妣仝葬仙山下埔坐北向南

十四世

志卯公 有月公次子 號景高 主進大宗

妣吳氏 名遠娘 號貞靜 東埔人

繼妣葬仙山頂埔西畔坐東向西長婦蔡時娘附焉

子三長當班 次當元 三當水

生乾隆壬寅年十一月廿二未時

卒咸豐壬子年十二月十二丑時

生乾隆乙巳年三月初六吉時

卒光緒丙子年又五月廿八巳時

全葬在本山凹內坐辛向乙兼酉卯孫思東附焉共三壙

子六

長當畔 次當傚 三當盤

四當側 五當知 六當望

十四世

志外公 有月公三子 號恪守 圭進七宗

妣柯氏 名髻娘 號惠愛 本鄉人

生乾隆己酉年六月廿八吉時

卒咸豐戊午年三月廿一巳時

生乾隆丙辰年十月十三寅時

卒道光戊戌年五月二十吉時

合葬仙山石項坐艮向坤

兼寅申次子當天仝附焉

子五長當興　次當天　三當買

四當坎　五當內

德林公至錫初公銘正公派譜牒

十四世

志興公 有溪公長子 出外有據

十四世

志查 有溪公次子 殤

志稽公 有溪公第三子 有長公長子入承 號志古

妣陳氏 名梅娘 號惠愛 陳林人

繼妣洪氏 名輕娘 號思廸 丙安人

三妣洪氏 名鴛娘 新溪前人

志精公 有溪公四子 出承有樣 不知去向

生嘉慶丙子年五月初七丑時

卒光緒辛巳年十月十三巳時

生嘉慶庚辰年九月初七吉時

卒道光癸卯年三月廿五辰時

考葬本山洋坑內陳氏葬赤埔坐北向南

生缺卒六月廿四日繼妣葬在赤埔

生道光甲申年七月十一吉時

子四 長當鴛殤 次當罩抱養

三當貢 四當規

十四世

志輿公（有樣公承長子　有溪長子入承）號德宜

生嘉慶壬申年五月初六戌時

卒道光丁酉年五月廿三午時

葬在赤埔坐北向南

志精公（有樣公承次子　有溪次子入承）外出不知去向

立初公至銘釜公派譜牒

十四世

志能公（有田公長子）號吉熙

生嘉慶丙辰年十月廿七巳時

卒嘉慶庚辰年五月二十酉時

志乞公（有田公次子）號志轉

生嘉慶辛酉年八月三十日巳時

卒嘉慶庚辰年五月初一辰時

十四世

志擨公 有固公三子 號志戩

生嘉慶癸酉年三月初四吉時
卒道光壬寅年九月初八酉時

妣姚氏 名微娘 改節 伍堡人

志肯公 有固公承四子 有長次子入承

生缺
卒塋

志稽公 有長公長子 出承有溪

志甚公 有長公三子 號意然

生道光癸未年七月初一吉時
卒光緒己卯年十月初九寅時
葬在本都岑張鄉東沙內

承子 當姜 志德三子入承

志野 有長公四子 出承塔頭劉

德森公至純初公銘愷公派譜牒

十四世

志聽公 有護公長子 號信行

生嘉慶壬戌年四月初十午時

卒同治癸亥年六月初二子時

妣柯氏 名穗娘 號順儉 沪頭坡人

生嘉慶乙丑年六月十五午時

卒咸豐戊午年二月十八巳時

子五 長當沙 出承志鳥 次當弄 殤 三當言 四當細 出承柯居張 柯坑張家 五當姜 出承志甚

志質公 有護公次子 號明法

生嘉慶癸亥年十月廿七吉時

卒光緒壬午年七月二十酉時

妣洪氏 名雪娘 號慈順 蕭妃人

生嘉慶甲戌年八月初五卯時

卒同治乙丑年正月三十日戌時

俱葬在仙山埔

十四世

有護公三子
志烏公 號順直
妣孫氏 名意娘 塔頭人
繼妣周氏 名箱娘 山内人
有護公四子
志東公

子三 長當酺 殤 次當敞 出承志烏 三當勤
生嘉慶戊辰年三月廿二吉時
卒咸豐壬子年五月初六辰時
生道光壬午年十月初一吉時
卒道光壬寅年正月廿四吉時
生道光丙戌年十二月初十吉時
卒咸豐壬子年五月初七午時
承子二 長當汐 志聰長子入承 次當敞 志賓次子入承
生嘉慶庚午年六月廿二申時
卒咸豐癸丑年二月初四寅時
葬在赤埔坐北向南

純初公至銘悌公派譜牒

十四世

志課公 育銳公長子 號直堂 奉道大宗
娶劉氏 名佯娘 塔頭人 號淑慎
志詁公 育銳公次子 號善謀 双胎生
妣曾氏 名帕娘 石箇人

生道光乙酉年七月初四吉時
卒同治辛未年五月二十未時
生道光己丑年九月廿七酉時
卒光緒壬辰年九月十八酉時
紀塟西埈橋坐甲向庚兼寅申
子四　長當勇 殤　次當梅
三當設　四當㸚 殤
生道光壬辰年三月初三吉時
卒光緒乙酉年七月十八戌時
生道光戊戌年三月十一吉時
卒光緒丙子年八月初八巳時
子三　長當頁 出承志卜　次當鋧 出承志定
三當昆 殤

十四世

志定公 有銳公三子 號志金 双胎生

生道光壬辰年五月初三吉時

卒光緒甲申年六月十三丑時

葬在西安橋

承子 當鋧 志詁次子入承

志邦公 有請公承長子 有寵之子入承 號志明

生乾隆戊戌年八月廿六吉時

卒道光丁酉年十月初二巳時

妣王氏 名花娘 謚柔順

生嘉慶壬子年七月廿三吉時

卒道光己丑年十月十八巳時

考葬在赤埔坐丁向癸兼未丑

子一 當靄 志琴三子入承

十四世

志琴公 有清公第次子 公號敦和 有胡次子入承

生乾隆己酉年八月廿一寅時
卒咸豐辛亥年二月初十未時

妣張氏 名蔚娘 號依順 清化人

生嘉慶己未年八月十九寅時
卒同治甲子年三月十七丑時

考葬在赤埔　妣葬在仙山

子七長當瑞殤　次當台　三當靄出承志邦　四當保
五當明殤出承志叱　六當鋤殤　七當敬

志建公 有三公長子

志成公 有三公次子

志圓公 有三公三子

三者俱住基

海上絲綢之路文獻集成

總主編　陳支平　陳春聲

民間譜牒編 34

主編　林　楓

海峽出版發行集團
THE STRAITS PUBLISHING & DISTRIBUTING GROUP
福建人民出版社

国家出版基金项目
NATIONAL PUBLICATION FOUNDATION

本册目次

〔福建晋江〕西偏引西房份龔氏族譜一卷

〔清〕佚名纂修

［福建晉江］《西偏引西房份龔氏族譜》一卷，清佚名纂修。譜載世系、傳記、婚配、生卒年月、葬地等。龔氏西峰派下始祖希國，康熙末年至乾隆中期人。其族人多有前往南洋吕宋、小吕宋者，如二十世承從、承斯、承匾，二十一世志攝「殁於小吕宋」；二十世承科、二十三世丕德「殁葬吕宋」。亦多前往臺灣各地者，如二十一世志貫、志亢，二十二世大德「殁於臺灣府」，十七世希部、二十二世大票「殁於臺灣府阿里港」，二十一世志鳳「往臺灣府彰化縣」，二十一世志吉「往臺灣鹿港」。據民國二十五年（一九三六）一善齋重修本影印。

西偏引西房份族譜

舊譜第一卷

西編

引西房份族譜（舊譜第一卷）

右古氏家乘

西峯公派下

十七世 十八世 十九世 二十世 廿一世

善祿公長子

希國

號泰人生康熙五十六年丁酉十二月初二日辰時卒乾隆卅七年壬辰二月十五日亥時妣沙尾郭氏生康熙五十九庚子年十月廿一

志石

號養士字泰士生乾隆十八癸酉十一月十七日辰時卒嘉慶十五年庚午七月初七日丑時葬在風磨山穴坐　向兼　妣郎

大鋻

字　生乾隆三十九甲午六月初一日巳時卒道光十七年丁酉四月十七日未時葬

承從（嗣子）

字　係大肩公次子入承生於嘉慶廿一年丙子十一月十三日酉時卒同治十一年壬申十月初二日卯時殁於小呂宋葬莫詳元聘

丕榜

亥時卒嘉慶元年丙辰十月廿三辰時合塟在山仔邉穴坐　向
兼　生子二

氏生於乾隆十九年甲戌十月十八日吉時卒嘉慶　申年二月初三日午時塟永寧東祀壇宫口穴坐　兼向　生子有二

大盾
出承志記嗣

邱氏生卒莫詳繼妣盧氏名卜娘生於道光二十年庚子　月　日　時卒光緒元年乙亥十月十六日辰時生子一

志記

字
生乾隆廿年
乙亥九月廿
九日申時卒
乾隆四十六
年辛丑
月　日吉
時紹長兄次
子入承

嗣子**大盾**

字
係志石公次
子入承生於
乾隆四十四
年己亥十月
廿二日辰時
卒道廿五年
乙巳五月十
五日亥時妣
永寧干氏名
攪娘謚慈貞
生乾隆五十
九甲寅十一
月初三亥時

承浚

字
生道光元年
辛巳十一月
初十日戌時
卒莫詳

承從

咸豐二年壬子七月初九日巳時生

卒

出承大鑒嗣

子二

善祿公次子

布卿

號莘夫
生雍正元年癸卯九月十四日辰時卒乾隆廿一年丙子六月十八日申時塟在風磨山前穴坐艮向坤兼寅申娶　氏改適生子三
公早逝氏欲守節碍長子脚疾次子早

志情

字
生乾隆十六年辛未又五月廿二日申時卒於嘉慶元年丙辰五月初九戌時塟風磨山穴坐甲向庚兼寅申
公脚力不足學醫謀生遇叔姪有事央託遉行平生無與人爭鬥

亡不得已而
出矣

善哉公之爲
人亦我族罕
有矣

志兌
字
生卒塋無考

嗣子志商
字
係希懿次子
入承生乾隆
廿八年癸未
九月十八日

吉時辛
年九月
十八日亥時
歿於台灣塋

善祿公三子

布豫

號南豐
生雍正六年
戊申六月廿
九日巳時卒
乾隆五十四
己酉十二月
十五日申時
妣西岑王氏
名左娘生於

志貫

字
生乾隆廿一
年丙子六月
初五日丑時
卒乾隆四十
七壬寅十月
初九日巳時
歿于台湾府

雍正九年辛亥二月廿日吉時卒嘉慶二年丁巳十二月三十日酉時生子三

志亢

字生乾隆廿七年壬午四月十一日吉時卒嘉慶十五年庚午二月廿六日吉時歿于台湾府塋未詳妣氏生卒無攷生子一

大宗

字生卒塋莫詳

志取

大紅

號義士
生乾隆廿九
年甲申九月
廿七日戌時
卒嘉慶二年
丁巳又六月
初六日辰時
妣台湾曾氏
名勤娘生於
乾隆二十年
乙亥九月廿
六日巳時卒
嘉慶十八年
癸酉七月十
六日未時塟
在風磨山獅
棕坐南向北
生子三

字
生乾隆四十
四年己亥
月　　日
時卒無孜

大虔
字
生乾隆五十
一年丙午十
一月初九日
寅時卒道光
十五年乙未
十一月初一
酉時妣英厝

承樟
字
生道光九年
己丑八月十
六日辰時卒
無孜

莊氏名看娘生嘉慶十五年庚午正月初九日辰時卒道光十四年甲午五月廿五日未時生子二

承箕

字

生道光十二年壬辰十月廿八日巳時卒咸豐六年丙辰四月廿二日卯時

嗣子大服

字

係志毫四子

嗣子承水

字

係大鈴次子

生道光十八年戊戌八月廿四日酉時卒光緒七年辛巳七月廿八日午時元妣徐氏名呃娘生於道光廿八年戊申二月十四日亥時卒同治十二年癸酉六月初十日戌時繼妣蔡氏名謹娘生於咸豐八年戊午三月初二日寅時卒

入承生光緒辛巳七年六月十五寅時卒光緒廿三年丁酉四月初九日酉時

光緒十三年丁亥六月十七日戌時嗣子一

善祿公四子

希懿

號純八生雍正九年辛亥十月廿二日未時卒嘉慶 年二月初四日

志騰

號雲士生乾隆廿三年戊寅九月二十日亥時卒嘉慶丙子二十一年八

大票

養子字生乾隆五十九甲寅八月十五日丑時卒嘉慶廿二年丁丑六月

酉時妣後溪郭氏名慶娘生乾隆三年戊午十一月十二日吉時卒道光二年壬午三月廿九日酉時合葬在山仔邊穴坐　向　兼　子三

月廿九未時葬在西路塘大灰墓西穴坐　向　兼　妣錦上邱氏生乾隆四十八癸卯十二月初七亥時卒道光十四年甲午三月初二日吉時葬在風磨山後穴坐　向　兼　養子三

大勞
字　生嘉慶十年乙丑正月十四日卯時卒道光二十年庚子五月廿七日寅時妣邱氏生嘉慶十九年甲戌

二十日吉時歿于台湾阿里港

承拗
殤　夯

承扁
字　生道光二十年庚子七月廿八日巳時卒同治六年

正月初二日子時辛咸豐二年壬子五月廿三卯時生子有四

丁卯正月廿三日午時娶李氏改適

承埩

字

生道光廿一年辛丑十一月初十日戌時卒塋莫詳

承斯

字
生道光廿五
年乙巳四月
廿四日申時
辛同治四年
乙丑五月初
一日吉歿葬
小呂宋莫詳

大轉
字
生嘉慶十八
年癸酉二月
廿七日吉時
卒咸豐九年

螟子承素
字
生道光廿三
年癸卯八月
十五日未時
卒同治十年

乙未四月廿六日未時妣鄭氏名繩娘謚淑惠生於嘉慶廿一年丙子十一月廿八日酉時卒光緒十七年辛卯五月廿四日午時養子一子一

辛未二月初三日巳時

承永

字

生道光廿七年丁未七月初一日酉時卒光緒八年壬午十月十六日辰時妣塔石李氏名法娘生同治

三年甲子八月廿四巳時卒光緒廿五年己亥四月廿八日酉時

志攝
字
生乾隆廿五年庚寅五月初四日辰時卒乾隆五十九年甲寅十

十七日巳時
殁于小呂宋

善祿公五子

布簫
號義成
生乾隆五年
庚申八月初
八日酉時卒
乾隆卅八年
癸巳八月初
十日午時塟
在山仔邊穴

志猜
號思誠
生乾隆卅七
年壬辰十一
月廿九吉時
卒道光廿九
年己酉三月
十一日午時
妣西岑施氏

大德
號惠澤
生嘉慶十四
年己巳五月
初五日吉時
卒道光十六
年丙申七月
十七日吉時
殁于台湾

坐向兼
娶李氏
改節繼妣陳
氏生於乾隆
十二年丁卯
八月初二日
戌時卒乾隆
卅三年戊子
正月廿一日
未時生子一

名愿娘生於
乾隆四十四
年己亥九月
初五日午時
卒道光二年
壬午五月廿
七日辰時生
子一

善寔公長子

布部

號禮人
生雍正二年

志店

字
生卒莫詳歿

甲辰五月初
九日子時卒
乾隆廿五年
庚辰五月十
八日未時歿
於台灣阿里
港莫詳姚錦
工郎氏名代
娘生於雍正
二年甲辰十
二月初一日
吉時卒嘉慶
元年丙辰十
二月十九日
辰時生子二

於前坡小路

志員

字
生辛塋莫詳
歿于北山

善譽公次子

布穩

字

生乾隆四年己未八月廿八日酉時卒嘉慶二十年乙亥正月廿九日丑時塟在賣油潭穴坐　向　兼

妣五堡王氏名專娘生乾隆二年丁巳　月　日吉時卒嘉慶十九

嗣子志曾

字

係　之子入承

生乾隆廿九年甲申九月廿四日巳時卒乾隆五十五庚戌十月初四日申時塟在賣油潭穴坐　向　兼

甲戌十二月十八日未時嗣子一

善奇公長子

布訓

號藏器生雍正十三年乙卯二月初四日未時卒乾隆四十六辛丑四月初九日戌時妣塘邊蔡氏名員娘生於

志香

字

生乾隆三十年乙酉七月十五日戌時卒道光二十年庚子正月廿一日巳時元妣浯村楊氏生於乾隆

螟子**大絨**

字

生卒塋莫詳

乾隆六年辛
酉正月廿四
亥時卒乾隆
四十四己亥
五月初三日
辰時考妣合
塟虎岫口穴
坐　向　兼
繼妣金
埭黃氏生於
乾隆十八年
癸酉十月初
七日酉時卒
乾隆五十一
丙午三月廿
二日巳時塟
在山後穴坐
向　兼

四十二丁酉
辛乾隆五十
七壬子八月
廿七日寅時
繼妣梅林蔡
氏名皆娘生
乾隆四十年
乙未　月
日　時
辛道光二十
年庚子正月
廿二日未時
養子一

一善齋重修

生子二長蔡氏出次黃氏出

志語

出承希魁嗣

善語公長子

希魁

字生乾隆三年戊午正月十五日申時卒乾隆卅三年戊子正月初八日寅時嗣子一

嗣子志語

號言士係希訓次子入承生乾隆卅九年甲午十一月初十申時卒道光三年癸未九月初二辰時

字生嘉慶十九年甲戌十月廿九日丑時卒咸豐二年壬子四月初十日未時嗣孫一

大頂

承

嗣孫丕鉞

係後壁角入承

元妣董氏名
瑛娘生乾隆
四十七壬寅
六月廿五日
午時卒嘉慶
十三年戊辰
又五月初一
午時塟在山
後穴坐　向
兼　　繼
妣涪沙謝氏
名惜娘生於
乾隆四十二
年丁酉三月
廿七日巳時
卒道光十七
年丁酉三月
初五日戌時

生子

善倫公長子

希輝

字先人
生乾隆十三
年戊辰十二
月初八戌時
卒嘉慶十五
年庚午五月
廿一日午時
葬在內頭山
沄尾穴坐南
拱北娶　氏

志闓

字
生乾隆五十
九甲寅十一
月廿六寅時
卒道光十一
年辛卯五月
十八日寅時

攺生子一

善華公長子
布虎
字
生乾隆三年
戊午三月十
八日辰時卒
乾隆四十五
年庚子四月
十六日戌時
妣張氏名賽
娘生於乾隆
五年庚申九
月初三吉時

志款
字盛德
生乾隆廿九
年甲申十二
月十三寅時
卒嘉慶十四
年己巳十月
初五日巳時
葬在內頭山
坐向兼
妣頂下
陳氏名蛤娘

大井
字
生嘉慶八年
癸亥十月十
九日丑時卒
咸豐二年壬
子四月初十
未時嗣子一

嗣子承科
字
係大罕次子
入承生道光
二十年庚子
十月初一日
酉時卒同治
九年庚午十
月初九吉時
殁葬呂宗妣
氏攺嗣子一

嗣子丕嶢
字
係承全三子
入承生同治
八年己巳六
月初九辰時
卒民國十八
年己巳三月
廿三日酉時
妣沙堤董氏
名早娘生於
同治九年庚

第　頁　民國丙子年

辛嘉慶十五
年庚午六月
十三日卯時
與子合塋內
頭山依北畔
子一

生乾隆四十
六年辛丑四
月十六吉時
卒道光十七
年丁酉三月
初二日巳時
塋內頭山穴
坐　向　兼
生子一

善同公次子

布種——志晟

號允侯
生乾隆四年
乙未十一月
十九日酉時

字
生莫詳卒二
月十二日吉

午五月十九
辰時卒光緒
廿九年癸卯
九月三十日
寅時

卒乾隆
年三月十二
卯時塟內頭
山穴坐坤揖
艮兼未丑妣
杆頭張氏名
隨娘號順懿
生乾隆三年
戊午五月十
四日吉時卒
莫詳塟內頭
山穴坐癸向
丁兼子午生
子一

善妙公長子

布董

號達人
生乾隆二十
年乙亥正月
十九日吉時
卒嘉慶廿三
年戊寅四月
初四日申時
塟在山後塚
地內穴坐卯
向酉兼甲庚
妣梅林尤氏
名救娘生於
乾隆廿八年
癸未四月初
四日吉時卒

志膽

字
生乾隆四十
六辛丑十一
月廿八亥時
卒道光廿六
年丙午四月
初十日午時

志棖

字
生乾隆五十
六辛亥七月

道光八年戊子八月廿八吉時塟在西路塘穴坐向　兼子四

初二日午時卒咸豐三年癸丑三月十六日吉時

志曾

字

生嘉慶五年庚申九月廿七日寅時卒同治十一年壬申正月初六日吉時

志朊
字
生卒塋莫詳

布嘆
善標公長子
字
生乾隆十一年丙寅三月十一日辰時卒乾隆卅八年癸巳七月初七日寅時塟大厌墓西穴坐丁向癸兼未丑嗣子

嗣子志豪
字
係志椅長子入承生乾隆五十三戊申八月廿七日寅時卒道光廿四年甲辰十二月廿七辰時妣沙堤董氏名熟娘

大鈴
字
生道光五年乙酉五月廿三日酉時卒光緒六年庚辰十月初九未時妣李氏名婆娘生於道光十五年乙未十一月

承匾
字
生同治六年丁卯十一月初四日酉時卒民國　年　時歿塟小呂宋娶溪前蔡氏名綢娘生於光緒

丕派
字
往菲

一

生嘉慶八年癸亥十一月初四日亥時卒同治七年戊辰四月二十日卯時生子四

十一日吉時卒光緒廿三年丁酉四月廿八日午時生子二

大耍
出承志萬嗣

十六年庚寅十一月十一亥時卒民國九年庚申十月廿三巳時子一

承水
出承大服嗣

第　頁

民國丙子年

螟子大貓
字
號
生道光九年己丑五月十八日寅時卒光緒十七年辛卯十一月廿八日丑時

大服
出承志取嗣

善標嗣四子

布椅

字

係善華三子入承生乾隆十五年庚午七月廿八日戌時卒道光十三年癸巳二月十三日巳時塟大厌墓邊穴坐向　兼

妣沙堤黃氏名痛娘生於乾隆三十年乙酉五月初

志豪

出承布嘆嗣

志萬

字

生嘉慶五年庚申七月初二日寅時卒道光廿五年乙巳二月初一日辰時妣林氏名士娘生嘉慶十七壬申十一月十一日吉時

嗣子**大要**

字

係志豪次子入承生道光八年戊子九月十五丑時卒同治八年己巳十一月廿二日辰時妣王氏名影娘生於道光廿四年甲辰

二日巳時卒　卒莫詳嗣子
道光十七年　一
丁酉四月初
三日申時塟
在山後穴坐
向　兼
生子有二
善報公嗣子

布前——志門

號功人　字
係善同四子　生卒塟莫詳
入永生乾隆
十四年己巳
十一月十五
吉時卒嘉慶
二十年乙亥
七月廿五日

十月廿一日
卯時卒光緒
廿五年己亥
五月十四日
酉時

巳時娶 氏
改節生子一

布祥
善生公長子
號誠慎
生雍正九年
辛亥五月十
四日辰時卒
嘉慶七年壬
戌六月二十
午時葬在風
磨山埔內與
蔡氏連堆穴
生 向 兼
元妣蔡

志春（螟子）
字
生卒葬莫詳

志送（螟子）
字
生乾隆四十
一丙申二月
十一日巳時
卒道光八年
戊子十一月

大蕽
字
生嘉慶十九
年甲戌六月
初五日辰時
卒道光廿二
年壬寅三月

承棋（嗣子）
字
係大冊次子
入承生咸豐
五年乙卯二
月二十戌時
卒光緒廿九

丕鑾（嗣子）
係承榴之子
入承

第 頁
民國丙子年

氏生於乾隆二年丁巳月　日時辛乾隆卌九年甲午六月廿五日吉時繼妣前坡蔡氏名妹娘生於乾隆十四年己巳六月初十日午時辛道光七年丁亥十月初九寅時螟子二

初三日卯時改塟在虎岫口坐子向午兼癸丁妣後杆柄楊氏名欺娘生乾隆五十四己酉八月初六日午時卒咸豐十年庚申十二月初四日寅時生子三

十六日午時塟虎頭山穴坐　向　兼嗣子一

年癸卯閏五月廿四午時妣施氏名信娘生於同治三年甲子十二月十一日酉時辛光緒十一年乙酉十二月廿二未時嗣子一

大冊

字以書
號以忠
生嘉慶廿四

承棋

出承大郎嗣

年己卯十二月廿三亥時卒同治九年庚午十二月初十日辰時塟虎岫口穴坐癸向丁兼子午妣路塘施氏名三娘生道光七年丁亥五月廿四日未時卒光緒三十年甲辰五月廿四日午時生子四女一貴治適尙口施

承榴—丕鑾

出承承棋嗣

字生咸豐八年戊午七月廿五日戌時卒光緒廿九年癸卯閏五月廿三日未時妣錦上卯氏名甜娘生於同治十二年癸酉三月廿五日丑時卒光緒十六年庚子十二月十三日卯時生子一

承棟

字

生同治二年癸亥五月十六日戌時卒光緒廿一年乙未二月廿七日亥時妣蘇坑施氏名娘生卒均未詳螟子一

螟子 **丕炭**

字

係衙口外甥孫入承

承攀

字

生同治六年丁卯正月初八日戌時卒同治十三年甲戌二月廿一日未時

大溥

字

生道光三年癸未正月十三日午時卒道光廿五年

乙巳正月廿三日酉時

布麗
善生公次子
號寬敎
生乾隆六年辛酉二月十二日戌時卒嘉慶九年甲子十月廿六日午時葬土香頭深路頂穴坐　向兼
妣石亀許氏名梴

志要
字
生卒葬莫詳

志藏
字
生乾隆四十一年丙申十二月廿五日卯時卒道光十八年戊戌

大淡
字以忠
生嘉慶七年壬戌十二月廿五日卯時卒同治二年癸亥六月廿

承掬
號文財
生道光六年丙戌七月初二日亥時卒光緒廿四年戊戌四月廿

丕尚

丕緣

丕火

娘生於乾隆十六年辛未五月初九日午時辛嘉慶廿三年戊寅十月初二日酉時塟在風磨山前祖墓邊穴坐　向兼　生子五

六月十四日寅時妣錦上卯氏名牽娘生乾隆四十六辛丑年十二月初四日戌時卒嘉慶二十年乙亥五月初五日酉時合改塟西崙厝面前穴坐戌向辰兼辛乙與必球公同壙繼妣施氏名情娘生於乾隆四十二年丁酉十二月十

七日申時妣施氏名惜娘生嘉慶十年乙丑二月廿三日辰時卒光緒元年乙亥七月十三巳時塟西崙厝前坐亥向巳生子有二

七日戌時妣吳氏名滿娘生道光七年丁亥二月初四日戌時卒光緒十年甲申八月初二寅時塟在塔山下坐乾拱巽兼戌辰生子三

字
生同治四年乙丑十一月初九日吉時卒光緒廿五己亥十一月初七日午時

承荷

字
生道光十年庚寅八月十四日亥時卒

二日子時卒
道光三十年
庚戌四月十
四日寅時生
子二

莫詳娶　氏
改適

大溪
出承志翰嗣

志執
生卒塋莫詳

志養
生卒塋莫詳

志翰

嗣子大溪

承鳳

字
生乾隆六十
年乙卯正月
廿六日丑時
卒嘉慶廿四
年己卯正月
十七日未時
葬附父母墳
在風磨山坐
艮向坤兼寅
申嗣子一

字以淵
係志藏次子
入承生嘉慶
廿二年丁丑
四月十六日
午時卒同治
七年戊辰
月
時妣施氏
名郝娘生於
嘉慶廿四年
己卯十月廿
七日未時卒
光緒四年戊
寅八月十二
日卯時葬在
山仔尾穴坐
艮向坤兼寅

字
生道光十七
年丁酉十二
月十五吉時
卒同治二年
癸亥十一月
初四日亥時

承鑽

字
生咸豐二年
壬子　月

申生子有二

善乞公長子

布嚴

號師人
生乾隆十五
年庚午四月
初四日亥時
辛嘉慶二十
乙亥八月十
六日卯時塟
西崙溪頂穴
坐坤向艮兼
未丑妣李氏
名譁娘內坑
人生於乾隆

志好

生辛塟無攷

志閏

號荊士
生乾隆四十
八年癸卯正
月廿四寅時
辛嘉慶十四
年己巳十月
初十日午時
塟在西路塘

廿七年壬午十一月十六寅時卒嘉慶十四年己巳十月初六日酉時塟在土扛頭穴坐向　兼　子七

庫脚内穴坐向　兼

志泉

字

生乾隆五十二丁未八月初八日吉時卒道光六年丙戌二月廿五日吉時妣謝厝張氏名梅娘生乾隆五十七壬子年二月十三未時卒道光

大坪

字

生嘉慶十九年甲戌五月初二日吉時卒莫詳

元年辛巳十二月初五日酉時咸豐戊午年以衣棺改合塟風磨山後大灰墓西志西公左壙穴坐未向丑兼丁癸生子一

志燒——大問

字

生乾隆五十四己酉九月廿九日寅時辛莫詳妣惠

字

生道光十四年甲午六月廿二日辰時辛莫詳

安陳氏生卒
塋莫詳子一

志烟
生卒塋莫詳

志塘
生卒塋莫詳

志番
字
生嘉慶三年
戊午三月十
二日酉時卒

嘉慶廿二年
丁丑十二月
廿九日吉時

善乙公次子
希益
字賞仁
號謙受
生乾隆廿八
年癸未七月
二十日吉時
卒嘉慶廿五
年庚辰八月
初十日申時

志根
字
號
生乾隆五十
八癸丑八月
廿七日巳時
卒咸豐十年
庚申十二月
初五日申時

大湍
字
號
生道光十三
年癸巳十月
三十日巳時
卒咸豐三年
癸丑三月十
九日午時

塋風磨山後大厌墓西穴生南向北妣港前傅氏名双娘生乾隆卅九年甲午十二月廿七吉時卒道光十八年戊戌四月十四日酉時生子五

妣港前傅氏名蔚娘生於嘉慶三年戊午正月初四午時卒光緒五年己卯十月十六辰時子三

大撥

出承希扶為嗣孫

大桃

字

號

生道光十九年己亥時

卒光緒廿四年戊戌十月廿八日子時

志水
生嘉慶
年六月辛鈌

志怡
字
號
生嘉慶七年
壬戌十二月
廿八日戌時
卒道光三十
年庚戌七月
初六日子時
妣蘇坑施氏
生嘉慶十一

大梭
字
號
生道光十年
庚寅正月十
三日吉時卒
道光十二年
壬辰五月廿
六日吉時

年丙寅四月十一日卯時卒咸豐九年己未七月廿一日巳時生子三

大貞

字

生道光十五年乙未九月十五日吉時卒光緒十年甲申八月初九日辰時葬山後

大傑 往台

字

生卒葬莫詳

娶台湾　氏

生卒塋莫詳

志坑

字

生嘉慶十三年戊辰六月十八日亥時卒同治七年戊辰二月廿七日未時塋西路塘潸穴坐西東姚厝仔許氏名蜂娘生於道光

大丢

字

生道光廿七年丁未正月初九日申時卒光緒廿三年丁酉四月十四日午時姚外高髙氏名素娘又名硯娘生同治三年甲子正

承板

字

生光緒九年癸未三月初八日亥時卒民國廿一年壬申七月初九日午時塋在内頭山坐西向東婁西岑王氏名市娘生於光緒

丕棲

丕東

丕川

二年壬午十
一月十二日
午時卒光緒
廿三年丁酉
五月初二日
丑時塟在過
溪穴南坐北
向生子有三

月十七巳時

生子二

廿六年庚子
五月十一日
午時

子三女四長
松治殤次配
治殤三秀環
殤四蓮子

承地 鄧

丕宣

字

生光緒十二
年丙戌二月

二十日卯時

允娶曾坑陳氏名郝娘生光緒廿六年庚子八月廿六日吉時卒民國廿一年壬申十月初一日子時繼娶石厦施氏名忖娘生於光緒廿七年辛丑九月廿四日辰時

大恩

字

號

生咸豐九年乙未七月廿二日吉時辛民國十七年

承

承岞

螟子

字

生光緒十九年癸巳七月

殇

子一女二長報治次笑治

戊辰四月初三日　時葬在西路塘過溪穴坐南向北元娶錦上卯氏名英娘生同治十二年癸酉十月廿二日巳時卒

年四月廿六日　時繼娶溪前蔡氏名正娘生光緒五年己卯六月十四日　時

廿五日吉時卒光緒廿三年丁未四月廿七日吉時

承瑤

字

生光緒廿三年丁酉二月初四日亥時卒民國六年丁巳十月廿三日　時葬內頭塚坐北向南

承
殤 务

承熙
字
號
生光緒廿六年庚子十月初十日辰時
娶林坡内施氏名廪娘生

丕容
丕共

第　頁
民國丙子年

光緒廿七年辛丑八月廿二日寅時

子二女三

承塗

生光緒廿九年癸夘月　時

辛宣統三年辛亥八月十

六日 時

大場
字廣園
號種德
生同治六年丁卯八月初四日辰時
卒民國丙戌年七月二十日巳時

承栖
字
號
生光緒廿年甲午十一月廿三日寅時
卒光緒三十年甲辰七月十九日卯時

第 頁 民國丙子年

元娶橋頭施氏名秋娘生於光緒三年丁丑十一月十九日寅時卒光緒廿八年壬寅六月廿六日戌時繼娶東園林氏名墜娘生光緒乙亥年三月廿七日卯時卒光緒卅三年丁未六月初九日亥時三娶深埕邱

承櫟—通盛

字

號

生光緒廿四年戊戌七月廿五日巳時

卒　七月二十日時

娶埭頭李氏名棗娘生於光緒

氏名姿娘生於光緒十年甲申閏五月十三日巳時卒民國庚辰三月初二日辰時

女一適永寧南門高

承聰　殤

承地——丕炕

字

號

生光緒廿九年癸卯九月二十日時

娶沙美盧氏

名蝦娘生於
宣統二年庚
戌十月廿四
時

承煌　金錠

字

號

生光緒卅四

年戊申十月

初九日巳時　天欣

娶永寧林氏

名鑄娘生於

宣統三年辛

亥六月十五

時

承黨 殇

承培
字天培
號
生民國五年
丙辰四月十
七日巳時

娶永寧西門外林氏名偨娘生於民國九年庚申五月廿一夘時

承林

字桂林號

生民國十年辛酉四月十三日巳時

善申公之子

布科

字

號

生康熙四十四乙酉九月初九日午時卒乾隆十三年戊辰六月十八日戌時

妣深滄陳氏生康熙四十六年丁亥十月廿八日吉卒莫詳生子二

志車

字

號

往新埔歿爲

生卒塋莫詳

子一

大正

字

號

生卒塋莫詳

志盛

字

號

生卒塋無攷

第　頁

民國丙子年

善戌公次子

布裕

字
號
生雍正二年甲辰六月廿三日巳時卒乾隆六十年乙卯八月初四日辰時妣埔頂王氏名素娘生乾隆元年丙辰三月初九酉時卒乾隆五十六辛亥二月十四日未時

志鸞

字
號
生乾隆二十年乙亥四月初一日吉時卒乾隆　年四月廿八吉時嗣子一

嗣子 **大洸**

字
號
係志西長子入承生卒塋莫詳

志鳳

往台灣府彰化縣生乾隆癸　年二月

大杢

生卒塋莫詳

塟在井頭穴
坐　向　兼
生子五

卒莫詳妣
氏生卒亦莫
攷生子有一

志西
字
號習齋
生乾隆卅一
年丙戌七月
十七日未時
卒道光二十
年庚子二月
十八日丑時
塟在西路塘
坐北向南妣

大洗
出承志鸞嗣

大措
字以銀
號
生嘉慶七年
壬戌五月廿
九日吉時卒
光緒七年辛

承務
殤

承削
字
號
生道光十九

丕極
嗣子
係承元四子
入承

下企莊氏名留娘生乾隆四十一丙申六月廿六日寅時卒道光十二年壬辰十一月十五卯時咸豐戊午以瓦棺合塟風磨山後穴坐　向兼　子三

巳十一月初十日未時塟在塔山下水流吼穴坐西向東妣李氏名片娘生於嘉慶廿三年戊寅十月初二日吉時卒光緒十一年乙酉八月十二日午時子有四

年己亥五月十五日吉時卒光緒十七年辛卯十月十四日申時塟在前山尾石盤脚坐壬向丙兼子午嗣子一

承田

字

號

生道光廿一年辛丑十一

丕宗

旁殤

丕德

出承承元嗣

第 頁

民國丙子年

月廿一辰時卒光緒廿五年己亥四月十三日辰時塟前山尾穴坐北向南妣港前李氏名契娘生道光廿八年戊申四月廿二日午時卒光緒十一年乙酉十月初二日丑時生子五

丕炮 出承承棋嗣

丕蟳

丕漢 出承外祖嗣

承元

字

號

生道光廿八年戊申六月十七日辰時卒同治十三年甲戌十二月十二午時葬在西路塘坐北向南妣塔石李氏名帕娘生咸豐元年辛亥十月廿四辰時

嗣子丕德

字

號

係承回次子入承生同治九年庚午十二月初七日吉時卒光緒二十年甲午七月十三日亥時葬殁呂宋

丕勞

殤

丕草

字
號
生光緒十年
甲申三月廿
五日子時卒
光緒廿五年
己亥四月十
四日卯時塟
附承削伯坟
穴坐壬向丙
兼子午

丕極

出承承削嗣

第　頁
民國丙子年

大滾
出承志降嗣

志降
字
號
生乾隆四十五年庚子四月三十丑時卒嘉慶十八年癸酉六月二十日巳時歿葬台灣嗣子一

嗣子大滾
字
號
生嘉慶十二年丁卯七月初四日卯時卒同治三年甲子十二月廿二日戌時
娶　氏改適
生子一

承丙
隨母出嫁

志貴 出承布愛嗣

善壬公次子
布發
字
號
生雍正七年己酉四月十九日午時卒乾隆五十四己酉年七月初六日午時
妣秀茂許氏名京娘生於雍正九年辛

志森
字
號
生乾隆卅一年丙戌七月初四日寅時卒道光十二年壬辰三月初八日吉時
塟後邊土名山後穴坐向兼

大瓶
字
號
生乾隆六十年乙卯九月初七日未時卒同治十一年壬申七月十一日寅時
塟在紗帽耳穴坐辛向乙兼戌辰妣徛

承聯 出承沙堤嗣

承衆
字
生莫詳卒於光緒十四年戊子八月十八日吉時

第　頁　民國丙子年

辛十二月初七日亥時卒乾隆五十年乙巳正月廿三日酉時塟在青石厝後穴坐乾向巽兼亥巳子二

妣陳氏名好娘生乾隆卅八年癸巳二月廿五未時卒道光廿二年壬寅七月十六日吉時生子三

承坂
生卒塟莫詳

口施氏名丑娘生於嘉慶十六年辛未十二月初八丑時卒道光廿七年丁未八月十二日巳時塟在內頭山穴坐向　兼子三

大章
字
生嘉慶八年

癸亥五月十六日卯時卒
莫詳

大審
字
號
生嘉慶十一年丙寅六月初四日寅時
卒莫詳

志吉
字
往台湾鹿港

生卒塟莫詳

善什公之子

布愛

字

號

生乾隆四年乙未十月三十日辰時卒塟台湾莫詳

嗣子一

嗣子志貴

字

號

係布裕五子入承生乾隆　年正月初八日吉時卒塟青石大溪未詳

善佰公之子

布秕

字
號
生乾隆十五年庚午九月十四日巳時卒道光十年庚寅三月廿六日丑時葬青石井兜妣前曾曹氏名好娘號勤德生乾隆卅二年丁亥四月初八日寅時卒嘉慶廿一

志火

字
號
生乾隆年十二月初二日戌時卒道光廿九年乙酉四月廿八日亥時

志切

字
號
生嘉慶二年

年丙子三月十三日酉時
葬在青石四角仔内穴坐乾向巽兼戌辰
生子有二

丁巳十二月初七日亥時
卒道光廿一年辛丑四月初五日巳時
兄弟俱任青石嘉慶間乃遷竿頭

善偕公長子
希扶
字
號
生卒壓莫詳
嗣孫一

志

嗣孫大掞
字
號
生道光五年乙酉廿六巳時
卒莫詳

善畧公嗣子

布民

字

號

係　之子

入承　生乾隆

三十一丙戌

五月廿一日

午時卒道光

十七年丁酉

七月廿一日

午時妣龍合

林氏名丁娘

生乾隆廿五

年庚寅五月

廿四日午時

卒咸豐四年

嗣子

志槌

字

號

係　之子

入承　生嘉慶

年七月

廿八日吉時

卒

年二月初十

吉時

志二

甲寅三月初五日巳時歿在內頭山穴坐　向　兼

出承布謽嗣

嗣子一

子一

善炎公長子

布瀾

又布漇號

生乾隆卅八年癸巳十二月十五酉時卒道光十年庚寅四月十九日吉時葬

螟子

志榜

字

號

生卒葬莫詳

一善齋重修

在沙堤穴坐
向　兼
妣邱氏生
卒塋莫詳螟
子一

善炎公次子

布髻—嗣子志二

字
生乾隆四十
三戊戌十月
二十日丑時
卒嘉慶七年
壬戌九月廿
二日吉時溺
在南紀海中
嗣子一

字
係布民次子
入承生
年十月
廿二日吉時
卒
年二月初一
吉時

善老公長子

布軒

字

號

生乾隆卅三年戊子五月廿九日巳時卒道光九年己丑二月十六日午時嗣子一

嗣子 志少

字

號

係布潋長子入承生嘉慶五年庚申閏四月廿五日酉時卒道光廿七年丁未十二月十七子時嗣子一

嗣子 大腆

字

號

係志瑭次子入承生　八月初七戌時卒光緒七年辛巳九月初三日巳時妣陳氏名水娘生道光廿九年己酉正月廿七日吉時卒光緒廿三年丁酉四月

承抱

字

號

生咸豐四年甲寅十月廿四日酉時卒民國八年己未三月十五酉時妣岑兜李氏名滿娘生同治八年己巳八月廿一日午時卒光緒廿七年辛丑四月十八日辰時嗣

丕

初七日吉時　孫一
生子一

善老公次子
布漱
名布閏
號
生乾隆卅五年庚寅十月廿六日戌時
卒嘉慶十四年己巳十二月廿六未時
改葬在後山頭穴坐　向
兼　妣
山根徐氏名

志步
出承志軒嗣

志愁
字
號
生嘉慶八年癸亥十月初十日亥時
卒咸豐十年庚申正月廿四戌時
葬內頭

大敲
字
號
生道光十五年乙未
月　時
卒光緒十九年癸巳十二月初二丑時

留娘號儉節
生乾隆卅七
年壬辰九月
廿四日巳時
辛道光十五
年乙未二月
初八日巳時
葬本山十二
公墓邊穴坐
乾拱巽兼亥
巳生子有三

穴坐　向
兼　妣蔡
氏名檄娘生
嘉慶十八年
癸酉八月十
五日吉時卒
光緒十五年
己丑八月初
四日未時葬
在內頭穴坐
丑向未兼癸
丁生子有二

娶　氏改適

大烏

字
號
生無改卒於
同治三年甲
子三月十三
午時娶　氏
改節

志糖

字

螟子**大協**

字

號生嘉慶十三戊辰十一月十六日戌時卒咸豐九年己未五月十三日酉時娶氏政適蝢子一生子一

號生道光廿三年癸夘二月初九日申時卒光緒十九年癸巳十二月廿九巳時

大腆

出承志少嗣

善壇公長子

布苧

字
號
生乾隆六十
年乙卯二月
初六日巳時
卒咸豐八年
戊午十一月
廿六日未時
塟歿在台灣
妣柯氏名月
娘生於嘉慶
廿二年丁丑
七月十一日
吉時卒道光
廿五年乙巳

志昆

字
號
生嘉慶十一
年丙寅　時
卒咸豐十年
庚申六月初
八日辰時塟
本山賣油潭
脚穴坐

七月廿一日巳時生子一

善壇公次子

布甜

字
號
生嘉慶三年戊午四月廿三日戊時卒道光廿一年辛丑九月初十日亥時娶
氏生子一

志曾

字
號
生道光八年戊子七月初二日吉時卒光緒十九年癸巳七月十三日吉時

善遜公之子

布鈿

字
號
生乾隆五十七壬子閏四月廿八辰時卒咸豐十一年辛酉二月十三日戌時妣竿頭蔡氏名揄娘生於乾隆五十八癸丑五月初九日亥時卒於同治六年丁卯正月初

志宿

字
號
生嘉慶廿三年戊寅三月初八日丑時卒光緒十三年丁亥九月二十日辰時妣蔡氏名担娘生莫詳卒光緒十一年乙酉十一月十一日巳時
子一

大圓

字
號
生道光廿四年甲辰五月廿一日丑時卒光緒八年壬午七月十三日辰時塟歿呂宋妣洋厝李氏名自娘生於咸豐三年癸丑五月初六子時卒民國八年己未六月廿

承褫 殤

承堅

字
號
生同治十二年癸酉閏六月初五子時卒民國廿二年癸酉十一月十七日吉妣西岑施氏名富娘生於光緒八年壬

丕建

丕帛

四日午時生
子一

八日申時塟
在大砌溪穴
坐北向南生
子三

午四月十三
辰時卒光緒
廿五年己亥
四月十二日
申時生子二
女一適坑東
吳

承户
字
號
生光緒七年
辛巳五月十
七日卯時

丕鍪
丕卿
丕芸

娶沙美盧氏名註娘生光緒十七年辛卯十一月十一時

生子三女六長適石獅大崙蔡次適石獅大崙蔡三適銀江李四適沙美盧六適坑東吳

善祖公長子

布賞

字

號

生雍正二年癸卯七月初八日未時卒乾隆五十年乙巳七月初九日丑時妣顏氏生雍正二年癸卯九月初八日亥時卒於乾隆十八年癸酉六月十一日午時合壟風

志業

字

號

生卒壟莫詳

志乳

字

號

生卒壟莫詳

磨山下穴坐
向　兼
生子有二

善集公長子

布鵠

字
號科人
生康熙五十
三甲午十一
月三十日吉
辛乾隆廿九
年甲申六月
初八日卯時
塟在牛崗墓
坐酉拱東妣
深沪周氏生

志獅

字
號眾士
生乾隆四年
己未三月廿
二日寅時卒
乾隆卅七年
壬辰八月廿
五日子時塟
在下宮穴坐
艮向坤兼寅
申元妣深沪

大張

字
號
生乾隆卅一
年丙戌二月
初六日戌時
卒莫詳娶[illegible]
氏生子一

大森

出承志隼嗣

承包

字
號
生嘉慶六年
辛酉正月初
四日巳時卒

康熙五十三甲午年九月初九日亥時卒乾隆四十六年辛丑又五月廿二日丑時葬在抱砌溪與次子志隼同坟穴坐　向　兼　生子四

李氏生乾隆九年甲子三月十一巳時卒乾隆廿七年壬午八月十四日酉時繼妣西岑王氏名氣娘生於乾隆七年壬戌十一月初七日吉時卒嘉慶十五年庚午五月十八日午時葬上山尾穴坐　向　兼　生子二

志隼

字
號卿士
生乾隆十年
乙丑四月初
七日午時卒
乾隆五十二
年丁未四月
初七日巳時
葬祔抱珈溪
母墳嗣子一

嗣子大森

字
號
係志獅次子
入承生乾隆
卅五年庚寅
十月初五日
巳時卒莫考
元妣港邊余
氏名乖娘號
勤順生乾隆
四十一丙申
時
卒
年十二月廿
四日吉塋坛

頭穴坐　向
兼　繼
妣余氏名心
娘生於乾隆
四十七壬寅
九月初六日
酉時卒道光
八年戊子九
月初十巳時
葬在山後穴
坐

志算

字
號神機
生乾隆十四

大園

字
號
生乾隆四十

年己巳四月初六日辰時卒嘉慶廿二年丁丑三月廿七日申時塟杆頭嶺穴坐壬向丙兼子午娶　氏改適生子一

乜壬寅八月廿一日戌時卒咸豐四年甲寅九月初五日吉時妣吴氏名進娘生嘉慶六年辛酉　時卒道光十八年戊戌二月十五日酉時

志敬—大高

字恭士

字

號寬裕
生乾隆廿年
乙亥六月廿
二日辰時卒
嘉慶十五年
庚午四月三
十日寅時葬
上山尾穴坐
向　兼
妣盧氏名
乖娘生乾隆
三十一丙戌
九月初七日
午時卒嘉慶
二年丁巳六
月初一戌時
葬在拖砌溪
坐北向南生

號
生嘉慶九年
甲子卒葬均
莫詳

子一

善集公次子

布鵲

號確成

生雍正元年癸卯六月初二日巳時卒乾隆四十五年庚子十月初七日戌時妣港邊蔡氏名益娘生於雍正六年戊申三月初一吉時卒嘉慶

志構

號

生乾隆十二年丁卯十二月廿八酉時卒道光十年庚寅正月十七日吉時妣埔頂何氏生乾隆十四年己巳十二月初二日申時卒乾隆五十

大串

號

生乾隆卅五年庚寅四月初八日亥時卒道光廿五年乙巳七月初七日未時娶　氏生子一

承分

號

生嘉慶七年壬戌十一月初七日巳時卒莫詳

二年丁巳正月初九午時生
合葬在後花園穴坐　向　兼
子五

年乙巳二月初七日午時生
葬在山後塚地穴坐　向　兼
子四

公誠實質樸閒非不管理亂不知黜陟不聞以直聞而以直告並無藏機而巧拙善哉叔之爲人通族若是我心無慮矣

大笑
號
生乾隆卅七年壬辰十二月初一辰時
卒道光廿六年丙午正月初三日辰時

大桃
號
生乾隆四十年乙未四月初九日卯時
卒嘉慶十年

乙丑六月廿七日未時塋在山後塚穴坐艮向坤兼丑未

大田
承

字
號
生乾隆四十七壬寅五月廿八日丑時卒道光十七年丁酉四月廿四日申時妣胡氏名絨

嗣孫丕蟯

係承憩四子入承生同治七年戊辰九月初八申時卒光緒十七年辛卯三月初八日申時

一善蘇重修

志樓

號高士生乾隆廿一年丙子三月廿三日辰時卒嘉慶十四年己巳四月十一日午時

娘生於嘉慶十五年庚午六月廿一日酉時卒道光十七年丁酉三月廿一日未時嗣孫一

大厝

字生乾隆四十九甲辰三月廿七日午時卒嘉慶十二年丁卯七月初六日午時

葬內頭山穴
生丶向兼
妣謝厝
張氏名資娘
生乾隆廿六
年辛巳十二
月初六巳時
卒道光九年
己丑九月初
四日未時生
子五

歿於淡水户
尾旅次

大盼
生卒葬莫詳

大坊
生卒葬莫詳

大配
字
生嘉慶四年
己未六月初

一善齋重修

十日未時卒
莫詳

大注
生卒塟莫詳

志炮
號服士
生乾隆廿六
辛巳十二月
廿九日戌時
卒道光三年
癸未八月廿
九日午時塟
上山尾塚地

大揲
號
生乾隆五十
八癸丑三月
十四日酉時
卒莫詳

穴坐　向
葸　妣西
岑王氏名紡
娘生於乾隆
卅七年壬辰
九月廿四日
丑時卒嘉慶
十四年己巳
四月十六日
巳時塟白山
頭穴坐　向
葸　　生
子一

志勉
號文士
生乾隆三十

大賭
字
生嘉慶十一

承戅
號文通
生道光十五

丕榜

年乙酉二月初十日午時卒嘉慶十六年辛未五月十四日戌時葬白山尾穴坐丙向壬兼午子妣施氏生乾隆卌六年辛卯四月廿九日辰時卒道光十八年戊戌正月初九日辰時 子一

年丙寅二月廿六日子時卒咸豐七年丁巳三月初一日巳時妣施氏名娘號儉慈生於嘉慶廿一年丙子十月初一日亥時卒於咸豐七年丁巳三月初一日未時生 子二

年乙未四月廿九日亥時卒光緒廿三年丁酉正月初七日戌時妣楊氏名員娘生於道光十九年己亥八月初九日巳時卒光緒十八年壬辰十月廿六日酉時考葬于拖砌溪穴坐向 兼 生子有六

丕釵

丕評 务殤

丕蹺 出承大田爲嗣孫

丕福 生同治十三年甲戌七月十五日午時卒光緒三十年甲辰四月廿九日戌時

第 頁 民國丙子年

墓在上山尾

丕槽

出承承丁嗣

承丁

號

生道光廿五年乙巳九月十八日巳時卒光緒十四年戊子四月廿二日巳時元妣下宅陳氏名妹娘生

丕沂

號

生光緒五年乙卯三月十一日戌時卒光緒廿六年庚子十月初八日吉時塟歿小呂宗

嗣子丕檜芴殤

同治元年壬戌五月十七午時卒光緒十年甲申六月初四午時繼妣備連文踏生鈇卒於光緒七年辛巳三月初六寅時三妣沙堤董氏生於同治四年乙丑九月廿一酉時卒光緒廿六年庚子又八月廿一戌時子一嗣子一

志降
出承布樞嗣

善協公長子
布鸞
號
生康熙五十五丙申五月十九日酉時卒乾隆廿四年己卯九月二十日巳時允妣浯沙王氏生於康熙

志籐
號
生乾隆五年庚申二月初三日辰時卒乾隆六十年乙卯十月十五日未時葬與母同墳墓在亭後山

五十九庚子三月廿四日午時卒乾隆十九年甲戌又四月初十未時繼娶蔡氏生於雍正七年己酉十二月十六日亥時卒乾隆六十年乙卯十月十五日未時考與二妣合葬在陳後山長子志籐同附穴坐　向　兼

生子有四

志角

生卒葬未詳

志端

生卒葬未詳

志燕 嗣子

號居士

係希鵬長子入承生乾隆十六年辛未十月初五日丑時卒嘉慶

大邑

號

生乾隆四十五年庚子十一月初九日巳時卒道光十年庚寅五

承炭 嗣子

號

係大傀長子入承生道光二年壬午十一月廿二日子時卒咸豐

丕舉 嗣子

號

係承鈿之子入承生同治二年癸亥九月初十戌時卒光緒廿九

廿五年庚辰
七月十七日
午時葬鼓雷
山尾坐寅向
申兼甲庚姚
謝厝張氏名
滿娘生乾隆
廿八年癸未
十二月廿五
酉時卒道光
十三年癸巳
七月廿五日
辰時葬大路
墘穴坐　向
兼　　生
子五

月初三吉時
嗣子一

大俛
號
生乾隆五十
二年丁未八

元年辛亥四
月十二戌時
娶　氏改適
嗣子一

承炭
出承大邑嗣

年癸卯七月
初四日戌時
妣黃氏名于
娘生於光緒
二年丙子十
二月初六日
戌時卒光緒
廿九年癸卯
七月初九日
未時

月初四戌時卒道光廿九年己酉四月初十日酉時元妣永寧章氏名痛娘生嘉慶二年丁巳十一月二十日卯時卒道光廿一年辛丑三月十九日卯時繼妣施氏名垂娘生於乾隆五十八癸丑十二月二十日吉卒同治四年乙丑五

承鈿——丕舉 出承承炭嗣

號
生道光五年乙酉六月廿六日辰時卒光緒十八年壬辰八月廿六日卯時妣施氏名卜娘生道光十六年丙申正月十八日亥時卒光緒廿一年乙巳四月廿七日申時子一

月廿五酉時
生子四

承捴
號
生道光十二年壬辰十一月十四丑時卒光緒五年己卯十一月三十日辰時妣謝氏名好娘生於道光廿九年己酉三月初二日酉時

丕出
名丕不
生同治十一年壬申四月十二日亥時
卒

丕助
號
生光緒四年戊寅十二月十三日辰時

一善齋重修

卒光緒十七年辛卯九月初二日子時

丕疊

號

生光緒十七年辛卯八月初八日丑時

螟子承煎

號

生道光廿八年戊申九月初八日酉時卒

大桶

號生乾隆五十四年己酉十一月十五日酉時卒道光廿六年丙午十月廿四日吉時葬在山後艮坤丑未

大壁
號
生嘉慶九年
甲子七月十
二日酉時卒
咸豐六年丙
辰四月初三
吉時塋本山
于内穴坐申
向寅兼坤艮

大音
出承志教嗣

第　頁

民國丙子年

善協公次子

布鵬

字順人
號程飛
生康熙六十一壬寅九月十九日酉時
卒乾隆五十三戊申三月初八日吉時
妣前坡蔡氏名招娘生於雍正元年癸卯七月初十辰時卒乾隆廿五年庚辰四月十六日

志燕

出承布鸞嗣

志敎

號
生乾隆十三年戊辰三月十五日吉時
卒嘉慶十五年庚午十二月廿八巳時
塟塔山草田尾穴坐　向
蕭　娶
氏生子一

大艾

號
生卒塟莫詳

大音

嗣子
號
係志燕五子入承生嘉慶三年戊午三月初四戌時
卒莫詳

吉時生子二　嗣子一

善協公三子

布鶴

號

生雍正十三年乙卯三月初九日辰時卒乾隆五十三戊申四月初四日酉時

妣前港施氏生乾隆二年丁巳三月十一日酉時卒

志再

號

生乾隆廿六年辛巳六月十四日吉時卒嘉慶十七壬申十二月十二日申時

葬在上山尾塚穴坐　向

兼　妣

陳氏生乾隆

大勒

號

生卒葬莫詳

大稀

號

生卒葬莫詳

嘉慶十一年丙寅二月十二日巳時塟在賣油潭穴坐艮向坤兼丑未生子六

卅三年戊子五月廿九日辰時卒嘉慶三年戊午五月十四丑時塟虎岫口池頭媽宮後穴坐　向　兼　生子三

大助 號　生嘉慶卒八月廿七日吉時

志交 號　生卒塟莫詳

大量 號　徃台生卒塟莫詳

志祖

號

生卒塋莫詳

志怗

號

生卒塋莫詳

志齊

號

生乾隆四十年乙未二月初六日吉時卒嘉慶十七年壬申九月

十四日戌時
㘸在賣油潭
穴坐乾向巽
兼戌辰

志銃
出承布雁嗣

善協公四子
布雁
號
生乾隆三年
戊午正月初
六日戌時卒
乾隆廿四年
己卯十二月

嗣**志銃**
名志稱
係布鶴五子
入承生乾隆
廿九年甲申
二月初八日
吉時卒道光

十二日酉時
葬在山前穴
坐　向　兼
嗣子一

廿六年丙午
四月廿四日
未時妣蔡氏
名埅娘生於
乾隆廿二年
丁丑　時
卒嘉慶十五
年庚午三月
十五日酉時
葬在後溪墘

善槊公長子
希鴒
號

嗣子
志恍
號翰士

大燦
號

生雍正七年己酉三月初八日戌時卒乾隆十九年甲戌五月十二日未時塟在山後穴坐甲向庚兼夘酉嗣子有一

字樸素係希鵬長子入承生乾隆三十年乙酉九月初八日申時卒嘉慶廿四年己夘六月十四日巳時塟在抱砌溪坐北向南妣崇武莊氏生於乾隆四十年乙未　時卒道光八年戊子十一月廿一日吉時塟山前

生嘉慶九年甲子十月廿二日寅時卒道光十年庚寅二月十四日辰時塟在山後穴坐　向　兼　娶　氏

大默

出承志降嗣

善栔公次子

布鶴

號

生雍正十一年癸丑十月初八日辰時卒嘉慶四年己未五月廿一日寅時葬在拖砌溪穴坐　向　兼

妣永寧劉氏名謹娘生乾隆廿一

志院

出承布鶴嗣

志辨

號

生乾隆卅八年癸巳十月廿六日吉時卒道光十七年丁酉五月廿九日酉時葬山根大圍

大蘭

號

生嘉慶十八年癸酉八月十五日吉時卒咸豐十年庚申六月二十日巳時妣李氏名寶娘

承來

號

生咸豐四年甲寅七月廿五日子時卒光緒廿三年丁酉八月初五日巳時

年丙子十月初四日巳時卒乾隆四十九年甲辰閏三月初八日巳時瘞酉口安穴坐　向　兼　生子三

內穴坐　向　兼　娶　氏生子一

生道光二年壬午九月廿八日辰時卒咸豐九年己未十月廿九丑時生子一

志牷

出承希瀛嗣

善槊公三子

布瀛

號

生乾隆二年丁巳五月廿一日亥時卒乾隆廿四年己卯十二月初五日酉時

嗣子一

嗣子**志拴**

號

係布鷸三子入承生乾隆四十三年戊戌二月初八日辰時卒咸豐元年辛亥十一月廿八日酉時妣永寧蔡氏名勸娘號慈順生於乾隆五十七年壬子　時卒道光十二

大做

號

生嘉慶十八年癸酉二月廿六日卯時卒同治十年辛未十一月初一日亥時

大企

號

生嘉慶廿五年庚辰八月

年壬辰六月
十一日吉時
子三

初四日亥時
卒莫詳

大埔
號
生道光六年
丙戌十二月
十八日午時
卒同治元年
壬戌五月廿
二日辰時

善琛公長子

布樞

號

生雍正七年己酉十一月初二日未時卒乾隆卅六年辛卯七月十五日午時妣王氏名居娘生於乾隆三年戊午十一月十九日丑時卒乾隆三十年乙酉十月初十日戌時葬山後

嗣子 **志降**

號圓士

生乾隆廿四年己卯四月十二日午時卒嘉慶廿一年丙子十二月初十酉時葬山後塚地穴坐甲向庚兼寅申元妣杆頭吳氏名質娘生無致卒乾隆四十九甲辰七月初七日吉時

嗣子 **大默**

名大墨

係志院次子入承生嘉慶十二年丁卯十二月廿一酉時卒光緒十八年壬辰八月初三日丑時葬芸頭山坐乾向巽兼亥巳妣埔頂何氏名富娘號賢助生嘉慶廿一年丙子十一月

承愿

號

生道光十五年乙未十二月廿一日吉卒民國元年壬子十二月二十日午時元妣港邊佘氏名枝娘又名梅娘生於道光廿一年辛丑八月初三日卯時卒同治元年壬戌六月初二

丕彬

丕致

务殤

丕扱

生光緒十四年戊子八月十九日戌時卒光緒卅二年丙午四月初九日丑時葬山後塚

穴坐　向

兼　嗣子

一

塋杆頭山土名風帽山頭穴坐北向南繼妣梅林椰氏名棲娘生乾隆卅一年丙戌十月十一日吉時卒於咸豐五年乙卯七月廿一日午時嗣子一

廿五日戌時辛光緒廿二年丙申六月十二日戌時塋抱砌溪穴坐甲向庚兼寅申生子四

午時繼妣山邊吳氏名碟娘生於道光廿一年辛丑十二月初三巳時卒光緒九年癸未二月初七卯時三妣曾坑林氏名勸娘生咸豐元年辛亥五月十四午時卒光緒廿五年己亥五月十八日午時生子三

承成
殤

承林
號
生咸豐二年壬子七月廿九日戌時卒光緒三十年甲辰十一月廿六日巳時
妣梅林柳氏名研娘生於咸豐七年丁巳九月廿三丑時卒光緒廿六年庚子

丕鏡
號
生光緒四年戊寅二月二十日午時卒光緒十三年丁亥二月十八日午時

丕傑

十二月十九申時生子四

丕穴

丕太
生光緒十八年壬辰七月十九日丑時
卒

承水
殤　旁

善僕公長子

布漏

號俠烈
生雍正十一
年癸丑正月
廿五日戌時
卒乾隆五十
二丁未五月
三十日辰時
元妣洋厝李
氏名重娘生
乾隆二年丁
巳十一月十
五日辰時卒
乾隆廿四年
己卯八月初
九日未時塋

志吟

號
生乾隆廿二
年丁丑正月
初九日吉時
卒塋台灣未
詳妣董氏名
棗娘生乾隆
十四年己巳
十二月廿六
午時卒嘉慶
七年壬戌五
月廿二辰時
塋山後穴坐
甲向庚兼卯
酉生子有二

大定

號
生卒塋莫詳

大鶯

號
生卒塋未詳

内頭濕大路
墘穴坐　向
兼　　繼
妣黄氏名悦
娘生於雍正
十二年甲寅
九月初五日
巳時卒乾隆
卌八年癸巳
十月初五日
巳時三妣高
氏生乾隆七
年壬戌九月
初六日戌時
辛嘉慶十八
年癸酉八月
初八日吉時
生子三

志詩
號經士
生乾隆三十
年乙酉二月
初二日未時
辛道光二年
壬午正月十
九日寅時塟
在山後穴坐
向　兼
妣山根徐
氏名欺娘生
乾隆卅五年

大舍
號
生嘉慶八年
癸亥二月初
六日巳時卒
咸豐元年辛
亥三月廿六
未時妣蔡氏
生嘉慶十二
年丁卯六月
廿九日酉時
卒光緒十七
年辛卯八月

承郎
號
生道光六年
丙戌正月初
八日午時卒
光緒十年甲
申正月廿二
酉時

承付
殤殀

一善齋重修

庚寅十一月十七日辰時卒嘉慶十四年己巳七月初二日酉時葬在杆頭嶺穴坐　向兼　子一

初九日辰時生子三

承蕚

出承志鄭為嗣孫

志書

號

生乾隆四十一丙申十一月廿一未時卒乾隆五十七年壬子八

月初八巳時

善傒公次子

布佛

號

生乾隆十二年丁卯四月初七日辰時卒乾隆四十九年甲辰三月廿八卯時

妣　氏子一

志正

號

生卒歷未詳

善煥公之子

布旦

號

生乾隆十七年壬申九月廿五日巳時

卒道光十一年辛夘十一月廿二寅時

塟杆頭嶺穴坐　向　兼

妣釗坑顏氏名丑娘

生乾隆十九年甲戌七月十三日吉時

卒嘉慶十四

志追

號

生乾隆四十二丁酉九月初六日午時

卒道光十六年丙申三月廿八日午時

塟風磨山前西崙路頂坐

志鄭

號

大

嗣孫承薵

號

螟子丕襟

係外甥入承

年己巳五月
十二日辰時
塋上山尾前
石盤坐壬向
丙兼　生
子二

生乾隆五十
五庚戌八月
十三日丑時
卒道光十一
年辛卯五月
初二日丑時
塋在山後穴
坐　向　兼
妣柯厝
施氏名旦娘
生嘉慶四年
己未　　時
卒嘉慶廿二
年丁丑五月
十六日巳時
塋石盤下穴
坐　向　兼

係大舍三子
入承生道光
十一年辛卯
五月初七日
寅時卒同治
二年癸亥五
月初二日吉
螟子一

生卒莫詳

嗣孫一

善基公之子

布代

號質泰

生乾隆十二年丁夘十月初一日亥時卒乾隆五十三戊申四月廿九日未時葬山後塜地内前截穴坐向兼

妣山根胡

志楓

號

生乾隆卅七年壬辰十二月十三丑時卒

妣前坑郭氏名才娘生於乾隆四十八年癸夘六月

氏名娥娘生乾隆十二年丁卯三月十二日亥時卒乾隆五十三年戊申五月初四日未時塟在山後塚地後截近石邊穴生向兼生子三

十五日午時卒

志柯

號

生乾隆四十二丁酉往外不知所終

志杄
號
生乾隆五十
一丙午年
卒

善先公長子
希垂
號時仁
生雍正元年
癸卯八月初
四日未時卒
乾隆卌四年

志卿
號
生乾隆廿一
年丙子正月
廿二日辰時
卒嘉慶二年

嗣子大溪
號
生嘉慶廿五
年庚辰三月
十三日卯時
卒咸豐八年

己丑七月初八日巳時妣杆頭施氏名春娘生雍正十一年癸丑十二月二十辰時卒嘉慶十八年癸酉二月廿四日午時生子二

丁巳六月十二日吉時歿葬台灣嗣子一

戊午正月初三日戌時

志驕

號

生乾隆廿六年辛巳三月初七日子時卒乾隆五十六年辛亥十二月十六日子時歿葬台灣嗣孫一

大

嗣孫 承苑

生卒葬莫詳

善韜公長子

布溥
號
生雍正二年甲辰十二月初七日未時卒乾隆廿三戊寅十一月十二日午時妣長福王氏名閏娘生於雍正七年己酉十二月十八日丑時卒乾隆五十五年庚戌五月廿八日午時

志長
號樸直
生乾隆十五年庚午九月初一日丑時卒嘉慶十五年庚午四月初三日亥時妣卯氏名寅娘生於乾隆十八年癸酉五月十二日丑時卒乾隆五十三戊申五月初十日酉時合塋大

大什
號
生乾隆四十年乙未正月初十日酉時卒道光九年己丑七月初五日巳時妣後山侯氏名罕娘生乾隆四十四己亥時卒道光十三年癸巳十一月十九酉時嗣子一

承懷（嗣子）
號
生嘉慶廿五庚辰年六月初十日午時卒同治八年己巳十二月十三日丑時娶　氏改適子一

丕潭
號
生道光十六丙申十二月初五日酉時卒同治六年丁卯十一月初九日卯時

承添
务殤

第　頁　民國丙子年

歿阿里港合
塟在杆頭嶺
穴坐　向
兼　子二

路墘穴坐
向　兼
子一

子一

志越

號
生卒塟莫詳

善鼒公次子

布臨

號琮人

生雍正六年戊申十月初五日戌時卒嘉慶三年戊午四月初九酉時妣高氏生雍正八年庚戌二月十二日卯時卒嘉慶三年戊午五月初七丑時合塟馬厝墓邊穴坐寅向申兼甲

志藝

號

生乾隆廿一年丙子八月十二日午時卒嘉慶元年丙辰十月廿八日酉時溺海妛 氏敀

螟子一

志盞

號

生乾隆廿七年壬午四月

螟子 **大寵**

號

生卒塟未詳

大皃

字以絲

生嘉慶元年丙辰十二月

承懷

出承大什嗣

庚孫承要曾孫丕乙同祔生子三

初八日吉時辛嘉慶廿二年丁丑四月初六日辰時亢妣杆頭吳氏名謹娘生乾隆卅九年甲午四月十二日吉時卒乾隆五十八年癸丑六月十六日丑時葬在杆頭山土名內坑山穴坐　向兼繼妣蔡氏名惜娘生於乾隆卅八年

初八日巳時卒咸豐元年辛亥四月廿三日子時妣高氏名枣娘生嘉慶四年己未六月初二日吉時卒咸豐元年辛亥八月十二巳時生子五

承世

出承志出為嗣孫

承設

號

生道光九年己丑十月初六日巳時卒同治六年丁卯十一月十四日巳時妣高氏名全娘生道光十九年己亥十二月十九日吉

丕乙

丕省

出承承要嗣

癸巳三月初三日酉時辛嘉慶廿二年丁丑四月廿二日亥時合葬在風磨山穴坐　向兼　子三

辛光緒廿五年己亥五月十六日未時合葬在大路墘穴坐北向南子二

承要　號蜆　子

生道光廿一辛丑十一月十六日戌時卒光緒三年丁丑十一月二十日戌時

嗣子丕省　係承設次子入承

嗣子丕約　殤　夯

塋與長兄同
墳嗣子二

承洗
號
生卒塋俱忘

大板
號
生卒塋莫詳

大淡
出承志朋嗣

志朋 號 生乾隆卅八年癸巳三月初六日戌時卒嘉慶十一丙寅九月初三日申時葬風磨山穴坐 向 兼 娶 氏改 生子一嗣一

大提 號 生卒塟莫詳

大淡 嗣子 號 係志盞三子入承生嘉慶十六年辛未三月廿五日午時卒同治十二年癸酉正月初八日巳時娶高氏改生子一

承末 號 生道光廿一辛丑十一月初一日吉時卒光緒廿三年丁酉正月十八日亥時妣陳氏名氣娘生於咸豐元年辛亥九月十二辰時

丕恩 务殤

卒光緒十六年庚寅閏二月廿七日申時生子有一

善韜公四子

布海

號注八生雍正十一年癸丑七月初六日戌時卒嘉慶十五年庚午三月廿九日寅時元妣埭頭吳

志出

號生乾隆四十一年丙申十一月廿八日子時卒嘉慶二十年乙亥十一月初一吉時歿台灣

大

嗣孫承世

係大兕次子入承生道光二月廿一日子時卒道光廿六年丙午十一月廿九巳時

氏名銀娘生乾隆七年壬戌三月十三未時卒乾隆五十五庚戌六月初五日丑時繼妣金埭王氏名京娘生於乾隆十年乙丑五月廿九未時卒嘉慶十五年庚午三月廿一日未時子二

志半

往台 生卒塋莫攷

善彩公長子

布烈

號

生雍正十二年甲寅十月廿三日酉時卒乾隆廿五年庚辰三月十四日戌時葬馬厝墓側穴坐乙向辛兼辰戌娶董氏改嗣子一

嗣子**志閣**

號

係布岩長子入承生乾隆廿八年癸未二月初一日午時卒乾隆五十六辛亥年五月初一巳時葬上山尾穴坐　向兼　嗣子一

嗣子**大棚**

號

係　公之子入承生於嘉慶十六年辛未十二月廿三日酉時辛

善彩公次子

希巖
號石人
生乾隆二年
丁巳閏九月
十六日寅時
卒嘉慶十五
年庚午八月
初七日申時
妣內坑李氏
名箕娘生於
乾隆九年甲
子九月初一
未時卒嘉慶
十一年丙寅
四月廿四日
未時合壟石

志閤
出承希烈嗣

志掽
號
生乾隆卅九
年甲午六月
十二日亥時
卒道光廿五
年乙巳三月
十六日戌時
妣秀茂許氏
名熟娘生於
乾隆四十年
乙未

大檜
號
生嘉慶五年
庚申八月十
三日戌時卒
道光廿七年
丁未八月廿
二日巳時

大策
出承志然嗣

盤下穴坐坤
向艮兼申寅
子五

時
卒嘉慶六年
辛酉四月二
十日吉時瘞
在山後穴坐
向　兼
繼妣杆頭
施氏名貞娘
生乾隆四十
五庚子三月
廿二日未時
卒道光廿五
年乙巳三月
十七日丑時
子四

大偶
出承志然嗣

大塘——承添
出嗣大什

號
生嘉慶十四
年己巳二月
十五日巳時
卒道光廿五
年乙巳二月
十七日未時
瘞在山後穴
坐　向　兼
妣謝氏
名杉娘生於

道光二年壬午正月廿八戌時卒咸豐二年壬子九月初四日子時葬在山後穴坐　向　兼　子一

志然
字自士生乾隆四十三年戊戌七月十二丑時卒嘉慶十一年丙寅二月　時卒

嗣子大策
字係志擬次子入承生嘉慶八年癸亥

初二日吉時歿在洋面妣衙口粘氏名椒娘號勤謙生乾隆四十六辛丑四月十六日戌時卒同治四年乙丑三月十九日未時嗣子二

嗣子
大偶
字
係志拴三子入承生嘉慶十一年丙寅十月廿一日巳時卒道光廿五年乙巳四月廿九日未時妣西崙顏氏名旦娘生嘉慶二十年乙亥十月初四日巳時

承寬
字
生道光廿年庚子三月初二日戌時卒光緒三年丁丑六月廿七吉時嗣子一

承燈
字
生卒葬莫攷

嗣子
丕串

辛道光廿四
年甲辰正月
二十日吉時
子二

志最
號
生乾隆四十
七壬寅五月
初七日丑時
辛道光廿五
年乙巳四月
初三日戌時
妣西崙顏氏
名痛娘生於

螟子
大答
號
生道光三年
癸未十一月
十四日吉時
辛

乾隆五十二年丁未七月十八日申時卒道光十七年丁酉五月初三日巳時螟子一嗣一

嗣子大三

字係志倉三子入承生道光十一年辛卯四月十四日丑時卒光緒廿六年庚子八月二十日吉時葬本山內頭穴坐艮向坤兼丑未

志倉

號

生乾隆五十三戊申七月十七日酉時卒道光廿八年戊申四月初八日卯時妣塔石李氏名銀娘生於嘉慶二年丁巳四月十二酉時卒光緒廿三年丁酉七月二十日午時生子三

大圖

號

生道光五年乙酉正月初十日吉時卒光緒五年己卯二月廿一未時元娶李氏改適繼妣謝氏名足娘號素儉生於道光十一年辛卯六月廿一日辰時卒光緒廿二年丙申五月廿九日巳時塋

承田

號

生咸豐十一年辛酉

卒

年八月初二日吉時

承此

號

生同治五年丙寅九月初

丕

嗣孫一

善智公四子

希屋

字德人
號潤富
生乾隆九年甲子七月初九日卯時卒嘉慶十七年壬申五月廿二日辰時葬石盤下穴坐庚向甲兼申寅妣潘氏名

志興

號
生乾隆四十五庚子二月十五日未時卒道光三十年庚戌三月十八日巳時
嗣子一

大三

出承志最嗣

嗣子**大赤**

號
生嘉慶十五年庚午三月廿九日亥時卒道光廿九年己酉十月十二日未時葬內頭穴坐向兼
子一

承泉

號
生卒葬無攷

實娘號貞惠生乾隆十九年甲戌五月初二日酉時卒道光廿四年甲辰八月初二日酉時塟石盤下穴坐辛向乙兼戌辰生子二

公建居北山娶後思念父祖隨搬回本鄉誠亦孝道

志蔥 號

生乾隆五十二丁未九月廿二日酉時卒咸豐八年戊午正月十八日辰時塟在內頭穴坐艮向坤兼寅申妣裔口施氏名糧娘生嘉慶十一年丙寅九月日吉時卒同治九年庚午正月初十

嗣子 **大流** 號

生道光十五年乙未十一月廿七卯時卒

妣楊氏名占娘生於道光廿六年丙午十一月廿三午時卒

承篇 號

生同治五年丙寅九月廿八日辰時卒光緒廿一年乙未七月十二日卯時娶郭氏名喜娘又名吉娘生光緒元年乙亥十一月廿九日亥時

丕嬌 號

生光緒十九年癸巳四月十六日寅時卒光緒廿九年癸卯

丕慶 號

生光緒廿三年丁酉十月廿三日申時

丑時葬內頭
山穴坐　向
兼　嗣
子一

子一嗣子一

生子二
辛光緒廿九
年癸卯

螟子號
承知
生同治六年
丁卯七月十
八日巳時辛

第　頁

民國丙子年

善義公長子

布令——

號

生無攷辛八
月廿四日吉
嗣子一

嗣子志餡

號

生嘉慶三年
戊午十二月
初七日酉時
卒道光廿年
庚子九月廿
一日寅時亢
娶王氏攷適
繼娶鄭氏攷

善義公嗣子

布冉

字有人即布仁生乾隆十四年己巳十月十二日酉時卒嘉慶七年壬戌四月二十日子時妣永寧陳氏名閭娘生乾隆廿八年癸未十一月廿七戌時卒嘉慶廿一年丙子閏六月十七

志檄

號生乾隆四十九甲辰五月廿二日未時卒道光七年丁亥八月十六日吉時娶吳氏孜于一

大拈

號忠貞生道光二年壬午五月廿九日辰時卒於咸豐七年丁巳七月廿三日吉時妣高氏名錠娘號勤慈生於道光廿一年辛丑五月廿七日申時卒於光緒五年己卯四月初四日午時生

嗣子**承沂**

號係大樵之子入承生咸豐九年己未三月廿四辰時卒光緒廿五年己亥五月十五日辰時娶施氏名担娘生於同治二年癸亥八月初一巳時

丕璽

出承大喜為嗣孫

丕飯

號生光緒廿三年丁酉六月廿四日戌時卒光緒卅三年丁未十一月廿六未時

巳時塟內頭山穴坐　向　兼　嗣

子二

志逐

子二

子二

承木

號生同治七年戊辰七月廿一日辰時卒光緒廿七年辛丑五月初四日未時妣蔡氏名留娘改節生子一

丕情

號生

號
生乾隆五十五庚戌 時
卒嘉慶七年壬戌

善瑜公長子
布葛
號卧南
生乾隆八年癸亥閏四月初六日酉時
卒嘉慶十四年己巳四月

志主
號
生乾隆四十年乙未六月十七日巳時
卒道光十三年癸巳六月

螟子
大昂
號
生卒塋無攷

十六日巳時
妣沙美頭鄉
郭氏名算娘
生乾隆十六
年辛未九月
十四日戌時
卒乾隆廿二
年丁丑八月
十三日戌時
繼妣錦上卯
氏名雙娘生
乾隆十八年
癸酉十一月
十一日吉時
卒道光十一
年辛卯八月
初四日午時
子二

十九日酉時
妣盧氏名雅
娘生於乾隆
四十四己亥
十二月廿日
巳時卒嘉慶
六年辛酉四
月初七子時
塟内頭山穴
坐　向　兼
子有二

志剡
號
生嘉慶元年
丙辰七月廿

大積
號
生道光二年
壬午三月廿
八日卯時卒

大投
號
生道光六年
丙戌九月廿

三日子時卒
妣沙美盧氏名往娘生於嘉慶十三年戊辰四月廿四日寅時卒道光八年戊子三月十九午時繼妣林氏生卒無考
子三

一日吉時卒於咸豐九年辛亥八月十六日酉時

大笑

號
生道光十三年癸巳六月初三日子時
卒

大壺

號

生道光十三

年癸巳六月

初三日寅時

卒

善瑜公次子

布強
號端人
生乾隆十年乙丑十二月廿六日酉時卒乾隆四十七壬寅四月廿六日申時
妣新埔張氏名賤娘生於乾隆年六月十五日申時卒乾隆廿五年庚辰十月十二日卯時合塋在

志兵
號
生乾隆四十三年戊戌七月十八寅時卒道光十二年壬辰三月十八日吉時
妣王氏名洒娘生於乾隆四十四己亥十一月廿三未時卒道光十七年丁酉五月初四日酉時子二

大杯
螟子號
生嘉慶十二年丁卯五月初十日吉時卒同治九年庚午十月廿六日酉時娶氏生子二

承和
號
生道光廿二年壬寅時卒光緒十七年辛卯正月廿三日辰時

承騶
號
生道光廿七丁未十二月

內頭山穴坐
庚向甲兼
子二

廿九日酉時
卒光緒十八
年壬辰五月
廿六日巳時

大恐
號
生嘉慶十二
年丁夘十月
初三日辰時
卒道光廿一
年辛丑三月
十五日夘時
妣李氏名玉
娘生於嘉慶

承錐
號
生道光十八
年戊戌　時
卒光緒十五
年己丑二月
初九日酉時

十七年壬申十二月廿九酉時卒光緒年二月十三日巳時子一

志䟦
號
生乾隆四十六辛丑二月十二日未時卒道光四年甲申二月初七日吉時被

深滬打死塋
西頭尾

善瑜公四子

布綿
號
生乾隆十八年癸酉十二月初四丑時卒道光十八年戊戌三月十八日卯時
妣高氏名卯娘生於乾隆

志入
號
生乾隆四十八癸卯九月廿一日未時卒咸豐元年辛亥三月廿九日丑時
妣永寧高氏名惜娘生乾隆

大撥
號
生嘉慶十七年壬申十二月廿九午時卒光緒十年甲申九月十四日酉時
娶氏
改子一

承輿
號　子承兼
生光緒二年丙子二月十八日未時卒光緒廿八年壬寅　時
聘厝仔許氏
生光緒十四

三十年乙酉十一月十三夘時卒道光十七年丁酉五月十二日申時生子四

五十九甲寅十一月廿七吉時卒道光廿五年乙巳五月十三日午時生子二

年戊子十月初十日寅時

大螺

一名崑字以玉生道光十一年辛夘正月初八日戌時卒光緒十八年壬辰八月十七日辰時元妣梅林李氏名炎娘生

螟子**承華**

字號生同治十年辛未六月二十日夘時卒歿娶小呂宋元妣蔡氏名研

於咸豐七年
丁巳正月初
三日辰時卒
光緒廿一年
乙未二月初
四日戌時繼
娶番女名嚅
喌生於咸豐
元年辛亥七
月廿八申時
卒

三娶蔡氏名
春娘生咸豐
七年丁巳八
月廿五丑時
卒光緒卅年

娘生於同治
十二年癸酉
二月廿九日
亥時卒光緒
二十年甲午
三月初六日
戌時繼娶番
女名知解娘
生光緒二年
丙子四月廿
六日吉時

一善齋重修

甲辰六月十
五日吉時考
妣合葬風磨
山穴坐癸向
丁兼丑未子
午

承知
字
號
生同治十二
年癸酉正月
十五日辰時
辛
歿葬小吕宋

第　頁
民國丙子年

承盤
號宁
生同治十三
年甲戌十一
月二十辰時
卒
娶永寧蘇氏
名巧娘號莊
慎生於光緒
元年乙亥十
月廿九夘時

丕津
號
生

丕裁
字
號
生
辛宣統元年一
乙酉五月初
三日巳時子
二

承高殤 另
字
號
生殤均未詳

民國丙子年

承燊

字

號

生光緒元年乙亥閏三月初七日申時

元娶永寧盧氏名娥娘生光緒十年甲申三月初五卯時卒光緒廿八年壬寅七月初九日

天才

連登

天平

酉時繼娶前杅柄施氏名萊娘生光緒八年壬午年四月初六寅時卒民國二年癸丑五月十四日未時三娶前杅柄施氏名院娘生於光緒六年庚辰五月廿二日辰時

子三女叱治殤

一善齋重修

承助

字

號

生光緒五年己卯七月廿五日辰時卒於光緒廿七年辛丑九月初九日酉時娶祥芝傅氏名鶯娘生於

螟子丕福

字

號

生光緒廿三年丁酉三月十三日吉時卒民國四年乙卯九月十一日吉時

光緒七年辛巳

螟子一女一
適塘園黄

承基

字
號
生光緒十年

甲申十二月十一日子時卒

承汀

出承大拈嗣

大樵

字

號

生嘉慶廿二年丁丑十二月初八未時卒光緒六年庚辰正月二

志斜

字

號

生乾隆五十一丙午六月廿二日未時卒咸豐二年壬子十二月

丑時
妣永寧蔡氏
名銀娘生於
嘉慶元年丙
辰八月十三
卯時辛咸豐
元年辛亥三
月初三酉時
子四

十日巳時塟
在内頭穴坐
向　兼
妣祁氏名
于娘生道光
十年庚寅
時
辛咸豐二年
壬子六月十
五日吉時子
一

大堄
字
號

第　頁

民國丙子年

生道光九年己丑三月廿七日辰時出承沙堤

大火

字號

生道光十一年辛卯九月廿四日戌時卒

大喜

字

號

生道光十五年乙未四月十四日子時卒咸豐八年戊午九月廿四日戌時嗣孫一

承

嗣孫

王璽

係承汀長子入承

志玢

字益士
號
生嘉慶十一年丙寅正月廿三日卯時辛光緒九年癸未正月二十日吉時妣永寧高氏名妹娘生嘉慶十七年壬申十二月廿七未時卒道光廿九年己酉八月二十日巳時生子三

大魁

字
號
生道光十五年乙未二月十五日戌時卒光緒十二年丙戌九月十一日申時妣張氏名植娘生於道光十八年戊戌十二月初五吉時卒光緒廿五年己亥五月廿三日辰時生子一

承興

兼承大掇嗣
生庚詳在前

大淺
出承西觉嗣

大菴
字
號
生道光廿三
年癸夘正月
二十日酉時
卒光緒卅年
甲辰七月十

第　頁　民國丙子年

一日吉時

志歸

出承布令嗣

善恆公之子

布合

字 號德人
生乾隆五年庚申十一月廿二日巳時卒嘉慶十四年己巳三月廿四日未時妣許坑後蔡氏名好娘生乾隆十七年壬申十一月廿五日酉時卒嘉慶十四年己巳三月

志寵

字 號
生乾隆廿六年辛卯十二月初八日卯時卒道光八年戊子正月初四日丑時葬在山後穴坐乙向辛兼卯酉妣大崙蔡氏名麻娘生乾隆五十年乙巳八月初四日酉時卒

螟子**大滑**

字 號
生嘉慶十八年癸酉六月十九日吉時卒同治四年乙丑十月十六日巳時妣陳氏名錦娘生嘉慶廿五年庚辰九月廿三日午時卒光緒元年乙亥八月十二日子時生

承猫

出承大貓嗣

十六日戌時
塋在山後穴
坐　向　兼
生子四

道光十八年　子一
戊戌十一月
廿一日午時
螟子一

志綴

字
號
生乾隆四十
三戊戌三月
初七日酉時
卒嘉慶十四
年己巳三月
十七日吉時
溺海亡嗣子
係志梗長子

嗣子大杢

字
號
生道光二年
壬午四月初
九日戌時卒

子

入承

志梗
字從士
號
生乾隆五十四己酉三月初三日卯時
卒道光十一辛卯年十月二十日寅時
葬在塔山穴
生向　兼

大杢
出承志綬嗣

大婆
幼殤

大貓
字
號
生

承闕
字
號
生

妣永寧蔡氏名發娘生嘉慶四年己未三月廿八日戌時卒於同治七年戊辰七月初四日申時塟在風磨山穴坐酉卯辛乙子五

承針 出承大鉢嗣

嗣子承揣 字 號 係大滑之子入承 生咸豐

一善齋重修

大墙

字

號

生道光四年

甲申七月廿

二年壬子九

月初八卯時

卒光緒廿三

年丁酉九月

廿一日寅時

娶高氏名褌

娘生於光緒

第　頁

民國丙子年

九日辰時卒
道光十七年
九月廿二日
辰時

嫫子 大鉢
字
號
生道光五年
乙酉十一月
廿六日吉時
卒道光廿九
年己酉六月
初六日申時
嗣子一

嗣子 承針
字
係大貓次子
入承生道光
廿九年己酉
三月十五日
酉時卒光緒
廿五年己亥
五月廿五日
未時娶吳氏
名秧娘生於

子 丕該
字
生光緒廿一
年乙未九月
廿七日酉時
卒

志浸

字

號

生卒塋莫考

咸豐十年庚申三月初一午時卒光緒廿五年己亥五月二十日吉時生子一

第　頁　民國丙子年

善仁公之子

布向

字
號捷人
生雍正八年庚戌十一月十五日戌時
卒乾隆五十五庚戌七月廿五日午時
塟楊二墓側
穴坐　向
兼
妣洋厝李氏名銀娘號慈順生雍正十二年甲寅四月初

志磚

字砥士
號
生乾隆廿一年丙子十月十四日酉時
卒道光廿四年甲辰十一月廿五未時
元妣永寧董氏名春娘生乾隆廿二年丁丑十二月十五日戌時
卒乾隆四十二丁酉年十

大井

字
號
生乾隆五十一丙午十月十七日辰時
卒乾隆六十年乙卯四月廿八日辰時

大碩

字
號

承茂

字
號

四日酉時卒
於嘉慶二年
丁巳六月初
二日酉時塟
在塔石橋穴
向　兼
坐　生于六

二月初一日
亥時繼妣前
園林氏名香
娘生於乾隆
廿三年戊寅
七月廿八日
吉時卒嘉慶
九年甲子十
一月十一日
戌時合塟錦
元塘穴坐
向　兼
三妣岑兜李
氏名煒娘生
乾隆廿五年
庚辰三月廿
七日辰時卒
道光十七年

生乾隆五十
七年壬子九
月廿三酉時
卒咸豐二年
壬子五月十
九日申時妣
高氏名心娘
生嘉慶八年
癸亥三月初
三日子時卒
光緒十三年
丁亥十二月
廿六日丑時
子二

生道光十一
年辛卯九月
十七日酉時
卒同治三年
甲子二月廿
二日丑時

承栁—丕參

字
號
生道光二十
年庚子六月
初九日酉時
卒光緒廿一
年乙未正月

丁酉三月十一日巳時生子二

廿五日未時妣董氏名揖娘生於道光十六年丙申八月初六日辰時卒光緒廿五年己亥五月十三日午時生子一

志全

字玉士

號

大劣

字以采

號其芹

承梗

字

號

丕烱

生乾隆廿六年辛巳二月初七日戌時卒乾隆五十年乙巳十一月初二未時塟風磨山穴坐北向南娶氏改子一

生乾隆四十八癸卯年十二月初七日酉時卒道光廿八年戊申正月廿六日辰時妣盧氏名離娘生於乾隆六十年乙卯十二月十八日辰時卒咸豐元年辛亥八月十四日巳時生子三

生嘉慶廿二年丁丑九月十八日戌時卒咸豐四年甲寅四月十二日未時妣楊氏名鶯娘生道光廿年庚子八月十五日吉時卒光緒三十年甲辰五月初十日吉時生子一

承敦　字　號
生嘉慶廿五年庚辰七月初四日巳時卒光緒廿四年戊戌十一月十五未時
娶　氏子二
丕墻
丕攬

承攀　字
丕咸

號
生道光十四
年甲午十二
月初七寅時
卒同治十三
年甲戌七月
廿三日丑時
殁於小呂宋
妣李氏名晟
娘生於道光
廿四年甲辰
二月十五日
午時卒光緒
廿九年癸卯
閏五月初四
巳時塟風磨
山穴坐北向
南生子有一

志哇　早殀

生卒塋莫詳

志錠

字銀士
號喬俊
生乾隆卅六
年辛卯六月
初四日寅時
卒道光十二
年壬辰五月
廿九日未時
妣錦工邱氏
名毛娘號端
莊生於乾隆

大笨

字
號
生嘉慶三年
戊午八月初
七日辰時卒
道光廿八年
戊申十二月
初八日子時
塟在山後穴
坐甲向庚兼
寅申娶李氏

承土

字
號
生道光十四
年甲午九月
廿九日巳時
卒

承鎮　幼殤

四十六辛丑三月初三日申時卒咸豐元年辛亥十一月十一日卯時生子八

改節生子六

出承大浮嗣

承從
殤
分

承煉
出承大埕嗣

承爲
字
號
生道光廿年庚子十二月十六日丑時

辛咸豐
年八月十二
巳時嗣孫一

承猴
隨母出嫁

大填
出承志鑽嗣

大埕
字以台

承煉
嗣子
殤
乡
係大策四子

生嘉慶十一　入承
年丙寅七月
廿二日吉時
卒光緒元年
乙亥七月初
七日巳時塟
在内頭穴坐
艮向坤兼丑
未妣陳氏名
金娘生嘉慶
廿三年戊寅
年四月初八
辰時卒道光
廿一年辛丑
二月初六日
亥時塟在山
後穴坐　向
兼　嗣

子一

大浮

字

號

生嘉慶十五
年庚午五月
廿九日戌時
卒咸豐八年
戊午八月初
八日吉時元
娶施氏改節
繼娶鄭氏名
様娘生道光
四年甲申九

嗣子承鎮　殤

係大榮次子
入承

承慳

字

號

生道光廿五
年乙巳八月
廿四日巳時
卒宣統三年
辛亥九月廿

丕梅　殤

丕阢

月廿六日吉
時卒於宣統
三年辛亥六
月廿九日吉
時子三

三日吉時妣
許氏名婆娘
生卒均未詳
子二

承柳

字
號
生咸豐七年
丁巳八月初
十日寅時卒
光緒十一年
乙酉十月廿
二日寅時

大監

字

號

生嘉慶十八
年癸酉八月
廿七日寅時
卒道光廿五
年乙巳四月
十七日申時
葬後山頭穴
坐坤向艮兼
未丑妣施氏
名勤娘生於
道光六年丙

承騁 殤

承恩 殤

承內 殤

嗣子 承棋

字

丕乞

字

一善齋重修

戊九月十五辰時辛光緒十七年辛卯五月初六日申時生子四

號孫大子之子入承生道光十九年己亥二月十二日吉時卒光緒十八年壬辰十一月初一酉時妣董氏名哰娘生於道光廿五年乙巳正月廿九日辰時卒光緒廿三年丁酉二月十七日未時合葬在山前穴坐西向東子

號生同治五年丙寅十月十一日丑時卒光緒十八年壬辰四月十六日酉時

丕炮

嗣子

丕壇

係梧園來承

三女二一適内坑李次適許坑後

大塽

字

生嘉慶廿二年丁丑八月十四日巳時卒道光元年辛巳四月廿四日酉時塟後山頭穴坐

向
兼

大于

字
生嘉慶廿五
年庚辰九月
十八日寅時
卒光緒廿五
年己亥七月
廿九日子時
娶施氏子一

承棋
出承大監嗣

大地

字

生道光四年甲申正月廿七日未時卒道光廿五年乙巳四月初二日辰時葬後山頭穴坐向兼

志肴

早逝

字

生卒葬未詳

志鑽

字武士 生乾隆四十三戊戌年又六月初七日戌時卒嘉慶十五年庚午九月十一日戌時葬在風磨山穴坐 向 兼 嗣子一

嗣子 大填

字 係志鍍次子入承生嘉慶六年辛酉七月廿三辰時卒光緒十七年辛卯八月初五日巳時娶永寧鄭氏名甜娘生於嘉慶二十年乙亥四月十六日吉時卒道光十二年壬辰正月十四日吉時繼

承淡

字 生道光五年乙酉十一月廿一日亥時卒光緒十八年壬辰十二月初五辰時妣邱氏名笑娘生於道光十四年甲午五月十四日辰時卒光緒廿三年丁酉三月初四日未時生子一

丕裕

第 頁 民國丙子年

妣鄭氏名戲娘生於嘉慶十年乙丑六月廿二酉時卒光緒十九年癸巳七月廿二日未時葬在山前穴坐　向　兼　生子三

承爵——丕的

字　生道光十五年乙未十月初七日辰時卒光緒廿三年丁酉三月廿七日卯時妣謝氏名卜娘生於道光十九年己亥正月廿八日申時卒光緒廿一年乙未十一月初三

辰時生子一女一適深埕邱

承敘

字號

生道光十九年己亥正月初七日吉時卒光緒年十月廿二申時塟孝女姑後壁塜地

善潮公之子

布誇

字

號掇直

生乾隆五年庚申八月二十日辰時卒乾隆五十三年戊申五月廿五日午時元妣阮東吳氏名服娘生於乾隆九年甲子六月初十日午時卒

嗣子**志粘**

字博士

號

係　之子

入承生莫詳卒乾隆　年五月初六日吉時塟在山後穴生向　兼

子三

嗣子**大秋**

字

號

係　之子

入承生乾隆五十七壬子九月十六日午時卒道光廿九年己酉四月廿五日巳時妣笋頭蔡氏生嘉慶六年辛酉二月初八寅時

承响

出承大楸嗣

承圭

字

號

生道光三年癸未十月十六日寅時卒同治十二年癸酉四月初九日巳時塟在山前穴生

丕两

丕酒

出承承响嗣

丕末

丕瘑

乾隆廿六年辛巳十月廿三日未時葬錦元塘地岸穴坐 向兼

繼妣施氏名勔娘生乾隆十四年己巳五月初三日午時卒乾隆年五月十三酉時與公合葬大路墘穴坐 向 兼

嗣子一

卒咸豐元年辛亥四月廿六日未時生子四

北向南妣洋厝黃氏名畔娘號貞順生道光十五年乙未四月初八日子時卒咸豐五年乙卯十二月初十日丑時繼妣林氏名配娘生道光十二年壬辰八月十一申時卒光緒廿五年己亥四月十六日申時葬前山尾穴坐北向南生

出承承沙嗣

丕春

字生同治十一年壬申正月初一日寅時卒光緒廿二年丙申九月廿一日未時歿外

第 頁 民國丙子年

承沙

字

生道光十年庚寅九月初五日巳時卒咸豐元年辛亥五月廿九丑時嗣子一

嗣子丕癘

字

係承圭四子入承生同治五年丙寅八月十二戌時卒光緒十五年己丑八月十七日吉時

承耀

往台生卒塟無攷

嗣子大縛

字以東

生乾隆五十七壬子九月廿三日申時卒嘉慶十七年壬申十月初三日午時殁塟小呂宋

螟子一

螟子承盒

字

生嘉慶十八年癸酉五月初五日午時卒光緒七年辛巳二月初八日巳時塟錦充塘穴坐向　兼

妣施氏名問娘生道光　月　時

子丕富

字

生咸豐五年乙卯十月初八日未時卒光緒廿五年己亥十一月廿九日未時

娶許氏名明娘生於同治十年辛未七

一善齋重修

十八年戊戌十一月十九子時卒光緒廿七年辛丑正月二十日辰時生子一

卒光緒卅二年丙午四月三十日巳時

嗣子大硯

字

生嘉慶四年己未四月十七日辰時卒道光七年丁亥五月初八午時

善總公長子

布沛

號瀚然生乾隆五年庚申八月十七日午時卒於道光四年甲申四月廿六日巳時葬在賣油潭穴坐東向西元妣港邊蔡氏名栱娘生於乾隆十年乙

志申

字生乾隆卅四年己丑六月初七日巳時卒嘉慶七年壬戌五月廿九日酉時妣沙堤董氏名桴娘生乾隆卅八年癸巳五月十六日午時卒無孩

大楸

字生嘉慶四年己未十一月十六日酉時卒道光八年戊子六月初七日吉時葬上山尾穴坐向熏嗣子一

嗣子承响

字係大秋長子入承生道光二年壬午正月初九巳時卒咸豐元年辛亥五月廿五日午時嗣子一

嗣子丕洒

字係承圭次子入承生咸豐十年庚申九月三十日申時卒於光緒十八年壬辰十一月初十戌時

丑七月十一戌時卒乾隆卅一年丙戌十一月十三午時葬在後花園穴坐　向　兼

繼妣埭頭蔡氏名後娘生於乾隆九年甲子十月初六日吉時卒於道光七年丁亥十一月廿七日吉時葬在塔山穴坐　向　兼

生子四

葬在後花園穴坐巽向乾兼辰戌子一

志奪

字掄士號持己生乾隆四十年乙未二月十七日酉時卒道光廿八年戊申十月廿三日巳時葬在鋪臺穴

大趕

出承志東嗣

大想

字

生嘉慶十六年辛未九月初四日酉時卒道光廿五

生甲向庚蕙寅申妣永寧蔡氏名二娘號懿德生於乾隆四十八年癸卯十月三十日未時卒咸豐九年己未八月廿九日戌時生子五

年乙巳四月初九日辰時妣李氏生於道光五年乙酉六月十八寅時卒道光廿一年辛丑四月廿九日未時

大更

字

號

生嘉慶廿年乙亥九月十

承居

字

號

生道光廿六年丙午八月

丕薯 子螟

係外甥入承

生光緒七年辛巳七月廿三日丑時卒

三日丑時卒
於光緒五年
己卯七月初
五日辰時娶
李氏名臣娘
生道光九年
己丑十月十
六日吉時卒
光緒廿五年
己亥四月十
七日未時生
子一

十六日戌時
卒

妣盧氏名順
娘號貞勤生
咸豐五年乙
卯八月廿四
巳時卒光緒
廿三年丁酉
七月十三日
巳時塟在大
路墘穴坐北
向南螟子一

娶永寧　氏
生光緒十二
年丙戌十月
廿二日午時

大郭

字

號

生嘉慶廿五年庚辰四月十七日子時卒光緒八年壬午十一月十四日子時

妣李氏名升娘生於道光　年六月十四日吉時卒同治十一年壬申五月廿三日吉時

大投
字
號
生道光六年丙戌十月十七日吉時卒

志東
字
號藏士
生乾隆四十

嗣子大趕
字
號
係志奪長子

承藝
字
號
生卒塟無考

志改

六辛丑七月十四日子時卒嘉慶十三年戊辰正月廿四日申時塋西口安穴生辰向戌兼巽乾娶　氏改嗣子一

大拙

入承生嘉慶十三年戊辰九月初五日寅時卒咸豐三年癸丑十月廿二申時妣許氏名糖娘生於嘉慶　年八月初八日申時卒光緒六年庚辰八月十七日亥時生子一

號
生乾隆五十
一丙午二月
初二日巳時
卒道光十七
年丁酉二月
初四日午時
妣前坡蔡氏
號勤儉生於
乾隆五十九
年甲寅十二
月廿五辰時
卒道光十一
年辛卯四月
初九日巳時
生子二

號
生嘉慶廿一
年丙子二月
初七日巳時
卒

大樹

字
生道光九年
己丑八月十
六日午時卒
道光三十年
庚戌七月十

一日辰時

善總公次子

布八

字達士

號

生乾隆十七年壬申九月三十日巳時

卒道光三年癸未八月十三日戌時

葬內頭山穴坐向兼

妣永寧高

志鏡

字

號

生乾隆四月初二吉時

卒嘉慶年八月十三日午時

娶氏

子三

子螟

大進

字

號

生

卒

葬莫考

大盤

字

生嘉慶十三年戊辰

氏名妹娘生
乾隆二十年
乙亥四月廿
九日吉時卒
道光七年丁
亥七月初九
酉時生子四

公和鄉睦族
遇叔姪有事
勸人以和不
論內親外戚
亦皆敬重焉

卒

嗣子
大宣
字
號
生道光四年
甲申十月廿
二日吉時卒
道光十四年
甲午四月初
二日酉時

志迎

字祥士

號

生乾隆五十三戊申三月初三日巳時卒道光十二年壬辰五月初六日辰時妣龍合高氏名鵲娘生於乾隆五十五年庚戌正月初五日酉時卒同治九年庚午十月廿五日酉時生

大煨

出承志日嗣

大編

字

生嘉慶十七年壬申五月廿一日辰時卒咸豐二年壬子十一月十一日吉時娶盧氏改節

子二

承貴

字

生道光廿八年戊申十一月十一巳時卒同治三年甲子五月十八月卯時

承苑

子五

字

生卒塋莫詳

大閭

出承志日嗣

大鈒

字號敬齋

生道光七年丁亥四月廿二日戌時卒光緒十二年

承周

出承大走嗣

承起

出承大焜嗣

丙戌九月十一日未時妣楊氏名灝娘號慈和生於道光十八年戊戌十一月十九日未時卒光緒廿三年丁酉四月初七日未時

子五

承休

字

號

生同治八年己巳十二月十八日寅時卒民國十一年壬戌正月廿四日巳時元妣卯氏名輕娘生光緒八年壬午四月初一日未時卒於光緒廿五年己亥十月十四日寅時塟後花

嗣子丕濯

字跳水

妣繼妣盧氏名位娘生於光緒十一年乙酉十一月十二日寅時卒光緒三十年甲辰十一月初四亥時嗣子一女一名却治適曹坑楊　考塋在本山山根橋邊穴坐艮坤兼寅申

承備——丕準

字

號
生同治十年辛未八月十三日吉時卒光緒卅三年丁未十二月二十日巳時娶許氏名時娘生於光緒七年辛巳五月十八未時

螟子丕強
字
生光緒廿六年庚子七月廿六日辰時卒光緒卅四年戊申七月十六日　時

子二女二長適塔石李次適衙口施

承藩

字

號

生光緒十年甲申二月初六日辰時卒光緒廿一年乙未八月十九日巳時

世端

丕准次子

世端出承承藩嗣

天右出承承藩嗣

宋艺兆承世端嗣

大走

字

生道光十年庚寅正月初八日丑時卒咸豐四年甲寅正月初四酉時嗣子一

嗣子承周

字

係大鈸長子入承生咸豐九年己未十月初八辰時卒光緒廿九年癸卯三月十九日戌時葬在大路墘穴坐北向南娶杆頭吳氏名水娘生於同治八年己巳五月廿二酉時

丕越

出承承起嗣

丕約

丕濯

出承承仆嗣

字 志日

字 嗣子 大煨

字 嗣子 承起

生子三女四
長于治殤次
適杆柄祂三
適楊厝李四
適曾坑楊

係承周長子 嗣子 丕越

生乾隆五十六辛亥九月初一日亥時卒嘉慶十四年己巳八月廿九日午時葬大路頭穴坐　向　兼　嗣子二

係志迎長子入承生嘉慶十三年戊辰十一月廿一戌時卒道光二年壬午十月十五卯時葬在後花園穴坐　向　兼　嗣子一

係大鈒次子入承　入承生同治元年壬戌十月廿六戌時卒光緒十九年癸巳七月十八日辰時娶　氏改嗣子一

嗣子 大潤

字

係志迎三子入承生道光

四年甲申七月初一巳時
卒

志要
字從士
號
生乾隆五十九甲寅九月三十日戌時
卒道光十二年壬辰四月十五日未時
妣胡厝林氏

大遷
字以萬
號
生嘉慶廿四己卯十二月廿五日丑時
卒光緒二十年甲午正月初五日卯時
元妣李氏名

承
幼殤

承樹
字
生道光廿八年戊申十月初七日卯時
卒光緒十年甲申正月初
入泳

丕的

嗣子丕接
係承流長子

名花娘生於嘉慶五年庚申十二月十八日吉時卒道光十四年甲午四月初二日寅時合葬在宮後過溪山穴坐南向北生子二

量娘號儉勤生嘉慶廿五年庚辰正月初一日寅時卒光緒元年乙亥十二月廿三日戌時繼娶邱氏名丑時生道光九年己丑六月廿二巳時卒光緒廿五年己亥五月二十日卯時子五

九日戌時葬宮仔口穴坐西向東娶蔡氏名婆娘生咸豐三年癸丑九月初一卯時卒光緒卅四年戊申十月十九日巳時葬大路墘穴坐北向南生子二女一適西岑施

承

殤 务

承
务
殤

承流
字
號
生咸豐八年戊午七月廿一日午時卒光緒三十年甲辰五月廿六日寅時塟内頭内穴坐北向南妣石亀許氏名漬

丕接
出承承樹嗣

丕枟
字
生光緒十六年庚寅十月初十日卯時卒光緒廿五年己亥五月十三日巳時

娘生咸豐十一年辛酉十二月三十日酉時卒光緒廿七年辛丑二月十一日酉時葬在大路墘穴坐北向南生子四女三長適沙崗施次適坡頂施三適涪坑許

兼承子一

丕皇

丕城

出承母舅嗣

大宣

出承志鏡嗣

善園公嗣子

布灶

字
號莊德
係安侯次子
入承生乾隆
十三年戊辰
六月十五日
午時卒嘉慶
十五年庚午
二月十四日
卯時妣曾坑
楊氏名未娘
生乾隆十五
年庚午八月
二十日辰時
卒嘉慶十五

志欺

字楨士
號穀軒
生乾隆四十
年乙未六月
廿八日寅時
卒道光十七
年丁酉三月
十九日吉時
元妣高氏名
朱娘生乾隆
四十二年丁
酉十月卅日
辰時卒道光
十二年壬辰
六月初十日

大罩

字以存
號
生嘉慶十一
年丙寅三月
十七日丑時
卒道光十四
年甲午五月
初二日午時
葬在坑內穴
生　向　兼
妣永寧
高氏名佃娘
號節儉生於
嘉慶十六年
辛未六月十

承全

一名目
字
生道光十一
年辛卯五月
廿八日卯時
卒光緒二十
五乙亥五月
初五日卯時
元妣李氏名
卜娘生道光
十一年辛卯
五月初六日
未時卒同治
三年甲子十
月廿六酉時

丕南

丕撻 殤

丕蟯 出承承科嗣

年庚午三月
十八日辰時
塟在風磨山
後穴坐坤向
艮兼未丑生
子四

吉時塟在大
路墘穴坐
向　兼
繼妣楊氏名
救娘生乾隆
四十五庚子
七月十四日
寅時卒道光
廿六年丙午
七月初七日
午時塟在山
後穴坐　向
兼　生
子二

二日午時卒
光緒十四年
戊子十二月
十四日吉時
子二

繼妣施氏名
芒娘生道光
二十年庚子
九月廿四日
巳時卒同治
十一年壬申
二月初十日
亥時三妣黃
氏名蒬娘生
道光十五年
乙未九月十
二日吉時卒
光緒二十年
甲午六月廿
三日申時生
子三

承科
出承大井嗣

大貫
出承志欽嗣

志裁
字吉士
號
生乾隆四十三年戊戌十一月廿四日辰時卒嘉慶

大㤿
字
號
生嘉慶元年丙辰八月廿二日丑時卒道光廿六年

承朮
字
號
生道光十年庚寅二月初一日卯時卒光緒十九年

丕極
字
號
生同治八年己巳十月廿七日酉時卒光緒廿三年

十五年庚午三月初八日午時與四弟合塋山根橋內穴坐　向　兼　妣前坡蔡氏名奪娘號孝順生乾隆四十八癸卯十月初一日寅時卒同治三年甲子二月廿八日寅時塋風磨山坐艮向坤兼　子二

丙午五月初一日戌時妣杆頭吳氏名慧娘號懿德生嘉慶十年乙丑五月初八日辰時卒同治七年戊辰三月初十子時生子三

承帛

癸巳十二月二十日午時塋風磨山下穴坐　向　兼　妣盧氏名浼娘生道光廿年庚子七月初八日辰時卒光緒十四年戊子六月十五日未時生子四

丁酉五月初五日寅時

丕炮

丕添　出承承深嗣

丕保　夭殤

公少而腳病長而身故存其二女蔡氏撫養成人甘心守節抱子養育成人實深可憫其治家也儉而約其教子也嚴而篤直以柏舟自比非凡婦之可論爲詩所謂矢志靡他者殆如斯也

字
生道光十三年癸巳十一月廿六丑時
卒

承箸
字
生道光十八年戊戌九月十九日酉時
卒

善齋重修

大参
字
號
生嘉慶十二年丁卯十二月十七年時卒道光廿八戊申十一月十七日辰時娶　氏改生子一

承深
字
號
生道光廿二年壬寅　時卒光緒二十年甲午十二月廿二戌時嗣子一

嗣子
丕添
字
號
生光緒二年丙子八月十九日亥時卒民國十四年乙丑正月初二日辰時娶林氏改

志倫

大達

嗣子
承覲

丕鬱

第　頁　民國丙子年

字鏗士
號樸直
生乾隆五十五庚戌三月初五日辰時卒道光十七年丁酉三月初四日吉時妣浯沙王氏名買娘生於嘉慶二年丁巳八月初七丑時卒道光十七年丁酉二月廿八日吉時生子六
公勤耕力作

字
號
生嘉慶廿二年丁丑十一月廿六辰時卒咸豐元年辛亥五月廿一日未時嗣子四

字
號
係大買五子入承生咸豐六年丙辰八月十二亥時卒民國廿二年癸酉十二月十三吉時殁葬小呂宋娶西厝鄭氏名椒娘生於咸豐十一年辛酉十月廿七日未時卒宣統二年庚戌四月初二戌時生子二
塋在上山尾頂
穴坐壬丙兼子午
墓牌寫龔媽

丕素
出承承熊嗣

老安少懷幼時承順父母長大翁和兄弟允諸鄉中大義無不爭先其平居也睦宗族和鄰里重書香敬祖考少年而子五六此係天之報施善人殆如斯也本年暮春之初會於本房之祖宅與修議論譜事余心愕然意謂吾家三世以

嗣子 承質

字

號

係大閏長子入承生咸豐九年己未正月初一辰時卒光緒三十年甲辰五月初八日吉時妣西岑施氏名緞娘生於同治四年乙

嗣子 丕鵝

係承宅三子入承

来未聞及此今叔欲舉大義祇好紙筆之費奚堪多求邉令邀之通族叔侄共修公譜碍賢愚不一無奈姑就伊房修錄誠亦少可一端也以俻後之有志者採入公譜

丑正月廿一吉時辛光緒廿五年己亥四月廿四日亥時合塟在山前穴坐北向南

承還

字

號

係大寬長子入承生同治四年乙丑十

丕鉗

丕酒

字

生光緒

一月初二日
亥時卒光緒
廿七年辛丑
正月廿八日
亥時葬在山
後穴坐北向
南娶許氏名
瑩娘生光緒
五年己卯三
月廿六酉時
卒民國三十
五年丙戌六
月初四寅時

十一月
三十日卯時
卒民國廿三
年甲戌五月
十九日時

生子二女一
適路塘施

嗣子承艮 殤 旁

大對

字

號

生道光元年辛巳八月十五日子時卒道光年五月初八日子時

大閏
出承志欽嗣

大鐵
字
生道光七年
丁亥三月初
八日未時卒
咸豐年間歿
塟於台未詳

大寬
字

承還
出承大達嗣

生道光九年己丑十月十五日酉時卒光緒三十年甲辰五月初二日未時塟在山前山尾穴坐西北向東南娶李氏名碟娘生於道光廿一年辛丑八月廿二日辰時卒民國十四年乙丑八月廿二日未時塟與考同墳生子五

承宅

字

生同治六年丁卯十月初二日酉時

娶坑院東吳氏名樹娘生於光緒十三年丁亥九月十八日巳時

子三

丕尋

字

生光緒廿七年辛丑五月十七日午時卒民國十四年乙丑六月廿六日酉時

娶　氏改

螟子丕呈

名秀騰

生宣統二年庚戌二月初六日丑時卒

承賤
字
號
生同治九年
庚午五月初
六日戌時卒

民國廿三年
甲戌十月廿
三日酉時

丕鵜
出承承賀嗣

甲午正月初七日吉時歿
塟小呂宋

承升
殤　夯

承欽
殤　夯

大邦
字
生道光十三年癸巳四月廿四日酉時卒

志歛
字
號
生乾隆五十九甲寅八月

嗣子大買
字
號
生嘉慶十八年癸酉十月

承歪
字
號
生道光二十年庚子六月

丕鳴

丕亨

十四日子時
卒嘉慶十八
年癸酉三月
廿七日寅時
嗣子二

十四日丑時
卒光緒十三
年丁亥又四
月廿四未時
享壽七十有
五係志欺次
子入承塋上
山尾穴坐西
向東娶洪氏
名惜娘生於
嘉慶廿四年
己卯八月十
三日卯時卒
十一月初二
時塟拖砌
溪坐北向南
子六

三十日辰時
卒光緒廿四
年戊戌十月
初六日戌時
歿塟小呂宋
娶林氏名蔭
娘生於道光
廿八年戊申
十二月十六
酉時他適繼
娶番女　氏
名嚂囁生於
咸豐七年丁
巳六月廿五
巳時卒
年五月
廿九日午時
子四

丕掌
字
生光緒七年
辛巳八月初
二日申時卒
民國
娶林氏歿

丕朗
字
生光緒十四

年戊子八月十九日未時

承車

字
號
生道光廿七年丁未六月十三日酉時
卒光緒三十年甲辰四月初七日巳時
塟挹砌溪穴坐北向南娶

丕文
兼承外祖嗣

丕升
出承承結嗣

丕泉
出承承賜嗣

高氏名婆娘生咸豐二年壬子三月十一日酉時卒民國廿三年甲戌五月廿三日卯時塟拖坳溪穴坐民向坤兼寅申生子有四

丕隂

承熊

字

號

生道光三十

丕武

嗣子丕素

係承覲次子入承

年庚戌二月廿四日亥時卒光緒廿六庚子十一月初七日未時歿葬小呂宋娶施氏名趕娘生於咸豐五年乙卯十一月初十日寅時卒光緒廿七年辛丑二月初二日寅時葬在山根橋內穴坐東北向西南子二

承賜

字
號

生咸豐三年癸丑二月十八日亥時卒民國二年癸丑五月十一巳時塟在上山尾穴坐西向東妣高氏名罕娘生於咸豐十年庚申十月初八丑時卒光緒

丕岓

字
號

生光緒五年己卯三月初一日酉時卒民國廿三年甲戌八月廿一日申時

嗣子**丕泉**係承車三子入承

四年戊寅四月廿七辰時
子二

承覬
出承大達嗣

承結
字
號
生咸豐九年乙未八月廿九日亥時卒

嗣子丕升
係承車次子入承

丕鎮

光緒八年壬午八月廿九日未時歿塋小呂宋娶許氏名怨娘生同治元年壬戌八月廿五午時

嗣子一子三
女一瞈治殤

丕出

字
號
生光緒十九年癸巳十二月初四卯時
卒光緒卅二年丙午三月廿二日卯時

丕茅

…善齋重修

嗣子大閏

字
號
係志倫三子入承生道光四年甲申七月初一吉時卒光緒廿四年戊戌二月十四日巳時
元妣王氏名順娘生道光十九年己亥六月十六日亥時卒同治三年甲子五月三十日亥

承質
出承大達嗣

承繻
殇
夭

時繼妣董氏
名片娘生於
道光廿三年
癸卯七月初
三日辰時卒
光緒十一年
乙酉十月十
六日戌時子
二

一善齋重修

善素公嗣子

希江

字
號濯人
係善韜三子
入承生雍正
九年辛亥二
月廿六子時
卒嘉慶五年
庚申七月初
九日未時妣
金埭劉氏名
攀娘生乾隆
五年庚申十
二月初九日
吉時卒道光
二年壬午十

志研

字易士
號
生乾隆廿三
年戊寅二月
初六日未時
卒嘉慶廿二
年丁丑九月
初二日未時
葬祔父母墳
妣沙堤董氏
名未娘生於
乾隆卅四年
己丑六月初
十日未時卒
咸豐四年甲

大庠

字以前
號
生乾隆五十
七壬子年十
一月十二日
酉時卒道光
廿七年丁未
三月廿五日
巳時妣吳氏
名瓦娘生於
嘉慶十一年
丙寅三月廿
九日未時卒
道光十七年
丁酉四月初

承盪

字
號
生道光十年
庚寅三月初
三日吉時卒
同治十年辛
未七月廿九
辰時妣董氏
名婆娘生於
道光廿五年
乙巳四月十
九日吉時卒
光緒三年丁
丑七月初四
辰時生子一

丕磨

月廿四未時
合塋在下埕
地內長子志
研附爲生子
五

寅又七月二
十日未時生
子一

一日戌時生
子一

志栝
即志檀
字誠士
生乾隆廿九
年甲申正月
初七日戌時
卒嘉慶七年
壬戌八月廿
六日吉時妣
西岑王氏名

嗣子大鐵
字以璒
號
生嘉慶三年
戊午十月初
八日寅時卒
於光緒三年
丁丑九月廿
四日未時妣
邱氏名玉娘

承塔
字
號
生道光十四
年甲午五月
初六日酉時
卒光緒廿九
年癸卯十月
十四日吉時

乖娘生乾隆卅七年壬辰四月初一日丑時卒嘉慶四年己未十二月十六日巳時塟風磨山穴坐 向 兼 嗣

子一

生嘉慶十六年辛未六月十六日寅時卒同治十一年壬申七月十六日戌時

子一

志們

字龍士

生乾隆卅八年癸巳二月

大籠

字以竹

生嘉慶八年癸亥十二月

承兑

字

生道光十二年壬辰正月

十二日卯時卒道光十七年丁酉四月十九日未時元妣沙堤董氏名綿娘生乾隆四十七年壬寅六月十五日未時卒嘉慶七年壬戌六月初十日午時繼妣東坡邱氏名治娘生於四十七壬寅九月廿六日吉時卒嘉慶十五年庚午

廿三日吉時卒咸豐元年辛亥閏八月初九日丑時妣黃氏名柳娘生於嘉慶十六年辛未四月初八日辰時卒光緒十一年乙酉七月廿七日巳時生子五

十二日丑時卒同治八年己巳九月十五日巳時殁塋於台元妣林氏殁後娶李氏殁

承禁

字

生道光廿三年癸卯四月二十日申時卒同治二年癸亥九月十

六月十二日午時二妣合葬指揮墓南穴坐乾向巽兼戌辰三妣梅林李氏名笑娘生乾隆五十四己酉七月廿二日未時卒嘉慶廿四年己卯四月十八日午時葬本山大路下穴坐　向　兼
四妣岑[illegible]
李氏名京娘生乾隆五十

八日巳時

承梭
夭殤

承椈
字
生道光二十年己酉十一月初六戌時卒光緒二年丙子三月十四日吉時殁葬小吕宋

五庚戌
吉時
卒道光十七年丁酉三月廿六日未時
子四

嗣子承為
字
生咸豐五年乙卯七月初四日酉時卒民國十九年庚午七月十四日未時允
妣蔡氏名金娘生於光緒十二年丙戌六月十七日寅時卒光緒廿八年壬寅

丕椅

丕窗

丕講

五月初一日卯時娶姚沙美盧氏名烟娘生於光緒十六年庚寅八月十三日亥時卒民國十七年戊辰七月廿六日辰時生子三

蟆子
大伯
字
生嘉慶廿三年戊寅三月

十六日丑時辛道光三十年庚戌七月初七日吉時娶　氏改

螟子大續

字

生道光十年庚寅八月二十日吉時辛咸豐四年甲寅七月初十亥時

嗣子大頂

字
係涪園入承
生道光三十
年庚戌十二
月廿二卯時
卒光緒三十
年甲辰六月
十二日卯時
妣蔡氏名月
娘生於咸豐
七年丁巳八
月廿六卯時
卒宣統二年
庚戌二月初
四日寅時生
子五

承行

字
生

嗣子丕浚

係承煥長子
入承

承為

出承大籠嗣

承吹

字

生光緒七年辛巳十二月十四日吉時辛民國三年甲寅十月十八日吉時

承煥

字

生光緒十四年戊子十二

丕浚

出承承行嗣

丕灌

丕柴

月初五申時
卒民國廿三
年甲戌九月
初八日子時
娶西岑施氏
名順娘生於
光緒廿八年
壬寅五月十
九日巳時

生子三女一
名典治

承樞

字

生光緒廿年甲午四月初四日午時

志笑
字
生乾隆四十一丙申
辛　時

志戲
字喜士
號
生乾隆四十四己亥八月初五日未時

大錦
一名赤
字以保
號惟直
法號科文
生嘉慶十九

承爊
出承大莿嗣

承衡

丕雙

卒道光十五乙未十一月初六日巳時與先志俩合葬大路墘本地内穴坐　向　兼　妣高氏名銀娘生於乾隆五十七壬子五月初二日巳時卒同治元年壬戌七月初二巳時子五

年甲戌五月初三日子時卒光緒十一年乙酉七月廿二日子時妣施氏名麪娘號從順生於道光二年壬午六月初六日亥時卒光緒四年戊寅二月廿九午時生子二考妣合葬大路墘穴坐北向南

字　生道光十四年甲午十月初三日戌時卒光緒九年癸未十一月十四日酉時妣許氏名哄娘生於道光廿五年乙巳二月廿八日吉時卒光緒廿五年己亥五月十三日丑時合葬在大路墘穴坐北向南子三

丕脫

丕拎

字　生光緒二年丙子二月廿八日申時卒光緒廿八年壬寅六月初八日巳時娶李氏名堀娘生光緒十三年丁亥　時

卒光緒廿八

大莉
字以茅
生嘉慶廿二
年丁丑八月
初一日子時
卒道光廿七
丁未十一月
十一日辰時
妣高氏名鸞

嗣子承爍
字
係大錦長子
入承生道光
二十年庚子
九月廿四日
寅時卒咸豐
四年甲寅正
月廿五吉時

年壬寅六月
初二日夘時
合塟大路墘
穴坐北向南

娘號靜肅生
於道光六年
丙戌九月廿
三日巳時卒
光緒廿二年
丁丑十二月
廿七日寅時
合塋大路墘
穴坐北向南
子四

承鑑——丕山

字
生道光廿八
年戊申　時
卒光緒八年
壬午九月十
一日辰時妣
董氏名魚娘
生同治二年
癸亥三月十
二日吉時卒
光緒廿八年
壬寅八月初

六日吉時子一

子螟承阜

字

生道光廿七年丁未四月十七日吉時卒光緒卅二年丙午七月廿六日吉時

承枰 务殤

嗣子承嗹

字係大濁三子入承生同治十一年壬申八月廿三日寅時卒民國九年庚申正月廿七酉時娶梅林李氏名招娘生於光緒八年壬午正月十二吉時卒光緒

嗣子丕賞

係承協三子入承

廿六年庚子
六月廿六日
午時塟內頭
山穴坐北向
南繼妣山前
蔡氏名富娘
號慈素生於
光緒八年壬
午二月十七
吉時卒宣統
三年辛亥五
月廿三午時
嗣子一女二
長刊治殀次
笑治殤

大溪

字

號

生嘉慶廿五年庚辰三月十三日卯時卒咸豐八年戊午正月初三日寅時葬在大路墘穴坐北向南嗣子二

嗣子承權

字

號篤敬

係大捲長子入承生同治元年壬戌八月初七亥時卒民國七年戊午五月廿一日巳時葬風磨山穴坐北向南娶高氏名田娘生於同治九年庚午十月初二日酉時

丕篆

字

號

生光緒十三年丁亥八月初七日未時卒光緒廿九年癸卯六月初五日戌時

丕團

字

號

生光緒廿一

子六女三長適永寧小街蔡次適坑東吳三適後溪郭

年乙未正月初三日申時卒光緒廿九年癸卯又五月廿九酉時

丕鑑

字

號

生光緒廿四年戊戌二月十六日寅時卒光緒廿八年壬寅六月廿五日吉時

丕混
字
號
生光緒廿七年辛丑五月初五日吉時
卒光緒三十年甲辰十一月十六吉時

丕天
名沙天
生光緒廿九年癸卯十一

大濁
字以宗
號

承濟
字
號

承淆
务殤

丕蛋
务殤

丕看

月廿五吉時
卒光緒卅一
年乙巳三月
初九日吉時

生道光五年乙酉七月廿二日酉時卒光緒廿三年丁酉九月十四日吉時妣永寧董氏名錢娘生道光十七年丁酉八月初五日酉時卒光緒十年甲申十月初七卯時合塋在塔山石堀後穴生酉向東生子三

嗣子丕打　係承協長子入承

生咸豐十一年辛酉八月十五日酉時卒光緒卅一年乙巳七月廿四日吉時塋內頭山穴坐北向南妣高氏名晏娘生於同治十二年癸酉六月廿日辰時卒光緒三十年甲辰三月十七日卯時塋內頭山穴坐北向南子二女二長適

洋厝李次名
水珍氏

承協

字
號

生同治五年
丙寅十一月
初四日巳時
卒民國二年
癸丑二月二
十六日巳時
葬內[illegible]山穴
坐北向南娶
西岑王氏名
鞋娘生光緒

丕打
出承承濟嗣

丕營

丕賞
出承承嗹嗣

七年辛巳七月廿四巳時

子三女一適洋厝李

承嗹

出承大有司

大捲

字以仲號生道光十年庚寅七月十二日卯時卒於宣統三年辛亥十一月初二日申時娶高氏名勸娘生於道光二十年庚子十二月初四亥時卒民國十二年癸亥十一月初二辰時生子七

承權

出承大溪嗣

承註

字號生同治三年甲子十一月十二日酉時卒光緒十九年癸巳八月廿五日丑時塟大路墘穴坐北向南聘盧氏生卒均無攷

承堅 殤勿

承澤 殤勿

承枰 殤勿

承品 殤勿

承鰍

字
號江祥
生光緒七年
辛巳十二月
廿一日巳時
卒民國三年
甲寅十一月
十一月亥時
允聘顏氏生
卒莫詳繼娶
下宅王氏名
讓娘生光緒
十一年乙酉
五月初四日
卯時

丕池

字
號
生光緒三十
年甲辰十一
月三十日丑
卒民國十八
年己巳十二
月初二巳時
娶梅林李氏
名言娘生於
民國二年癸
丑十一月廿
五日卯時

丕埔

子二女一適塔石李

承燊　次子

連丁

字

生宣統二年

庚戌十二月

初五日申時

無逸公派下

十七世　十八世　十九世　二十世　廿一世

善壯公長子

希蘆
字封人
號安素
生康熙五十八己亥十月十一日丑時
卒乾隆四十六辛丑八月廿九日午時
塋虎岫口東山石盤下穴生艮坤兼丑

志閏
字
號
生卒塋未詳

志贊
字
號
生乾隆廿二年丁丑十二月十三戌時

大區
字
號
生乾隆五十六年辛亥　時

未元妣金球黃氏號淑靜生雍正五年丁未十一月廿七日辰時卒乾隆十五年庚午正月廿八日寅時改葬虎岫山繼妣福清王氏名快娘號勤儉生雍正元年癸卯六月十九戌時卒乾隆五十八癸丑七月

卒道光八年戊子四月初一日吉時葬在邦山穴坐艮向坤兼寅申妣浯沙陳氏名丑娘號勤慎生乾隆廿二年丁丑正月十七日吉時卒道光五年乙酉十月十八未時葬虎岫口穴坐乾向巽兼亥巳生子二

卒

大茶

字

號

生乾隆五十九年甲寅時

卒

穴坐癸向丁兼丑未生子三

志合

字

號

生卒塟莫詳

善壯公次子

布法

字承人

號

生康熙六十年辛丑八月十四日子時卒乾隆五十一丙午三月廿八日午時

志賽

字

號

生乾隆廿四年己卯三月二十日巳時卒乾隆五十四己酉三月十八日寅時

塋在灯火石坑穴坐乾向巽兼辰戌妣荆山吴氏名金娘號淑勤生乾隆二年丁巳十二月十八日吉時卒嘉慶六年辛酉三月初十日酉時子二

塋虎岫頂穴坐亥向巳兼壬丙

志孝

字

號

生乾隆廿九甲申十一月十八日戌時卒嘉慶二年丁巳八月十六日丑時塋虎岫口東山

善壯公三子

希明

字巧人
號
生乾隆三年戊午十二月十六日午時卒乾隆四十九甲辰十一月十一丑時塟虎岫寺池頭媽宮角穴坐　向　兼
妣楊氏名爍娘號勤儉生於乾隆

志鷄

字
號
生乾隆卌六辛丱十一月十二日未時卒嘉慶十年乙丑十二月廿一日丑時
妣山根佘氏名　娘號勤儉生於乾隆四十年乙未十二月廿三吉時卒咸豐六年丙辰九

大楂

字
號
生嘉慶十四年己巳十月廿三日子時卒光緒廿六年庚子閏八月廿二未時塟虎岫口穴生西向東
妣陳氏名佃娘號慈儉生於嘉慶廿一年丙子四月十九日卯時卒

承仡

字
號
生道光十五年乙未四月初十日丑時卒光緒三十年甲辰五月十五日丑時
妣陳氏名栗娘生於道光廿七年丁未六月廿四日未時卒光緒三十年甲辰五月廿一日

丕楓　出承承扁嗣

丕接　出承承諒嗣

丕薏　出承承扁嗣

塟虎岫口穴
坐　向　兼
生子一

光緒十二年
丙戌九月初
八日辰時塟
與孜同坟子
五

子一

寅時合塟虎
岫口穴坐西
向東生子三
女四一適大
坡施次適洋
厝李三適港
邊陳四適前
港施

承程
字
號
生道光十七
年丁酉七月

丕
㓜殤

丕旂

三日未時塟
麻東岍穴坐
向　兼
妣王氏名
笑娘生道光
三十年庚戌
十月十三日
卯時卒光緒
十五年己丑
十一月十四
酉時塟在山
後穴坐壬向
丙兼子午生
子二女一適
前杆柄施

承諒

字號

生道光十九年己亥十月二十日丑時卒光緒六年庚辰五月廿五日丑時葬虎岫後灯大石坑穴坐西向東嗣子一

嗣子丕接

係承乞次子入承

承㢜

嗣子丕楓

字
號
生道光廿二年壬寅四月十三日午時卒同治十三年甲戌四月廿七日午時葬與三兄承諒同壙娶施氏名升娘生於咸豐七年丁巳七月初四日酉時卒光緒廿九年癸卯九月廿八日未時葬在虎岫穴坐

字
號
係承芘長子入承生同治十一年壬申八月廿六日戌時卒民國四年乙卯十月初二巳時葬在內頭穴坐西向東

○嗣子以薏
係承芘三子入承

西向東嗣子

二

承帽

字

號

生咸豐元年辛亥十一月廿九日子時

卒光緒卅三年丁未十月廿二日酉時

娶　氏

螟子丕算

字

號

生光緒十六年庚寅五月十一日卯時

卒宣統三年四月初四日吉時

布

本支原居江洋因人丁式微且居蔡大姓之中受侮不堪擬將另覓棲止苦不得其所適其子孫遠商菲島與鄉人善挈之來居建宅置產而江洋已廢墜矣稽之神主亦無從而可稽矣雖然安居

志遠

字

號

生卒娶塟均無考

大輿

字以進

號

生卒塟無考

妣蘇氏名算娘號節儉生卒均無考

子三

承札

字

號文週

生

卒光緒十四年戊子十二月二十辰時

妣蔡氏名却娘號恬儉生

卒道光十六年丙申九月

丕蔫

丕朝

一善齋重修

樂業失其本
源亦不無厥
憾哉

十四日午時
子二

承埕
生卒未詳

承塗
生卒未詳

［福建南靖］金山新村劉氏族譜不分卷

［清］佚名纂修

〔福建南靖〕《金山新村劉氏族譜》不分卷，清佚名纂修。劉氏居今福建省南靖縣金山新村。始祖韶，河南光州固始人，唐天寶八年（七四九）入閩，爲泉州别駕，其子友後定居莆田沙坂。二十二世大杞，宋嘉熙間鎮守漳州，居月港。南靖開基祖均保，係大杞曾孫，元成宗時由海澄月港徙居南靖岩角珊圖（今南靖縣金山新村）。譜載譜序、譜記、世系、傳記、祠廟、祭祀等，頗詳於源流，記至康熙間止。明萬曆後，族人多遷居臺灣，亦有往東南亞謀生者，如十四世微卿，生於康熙間，譜載「卒於番邦交嵧吧」。據清宣統三年（一九一一）抄本影印。

南靖金山新村

劉氏族譜

宣統鈔本

水有源木有本安得不遡所自出與英公之裔
字喬芬之丕承而永久不忘也哉
皆大明正德癸酉年臘月廣亮係義榮公派
下嗣後
德榮公析居溪墘
禮榮公析居倉墘
榮公析居樹墘

登祖譜原敘

謂國之盛也以史興而家之熾也以譜傳譜也
枋之大端而子孫所自出之緒也國以史興
審大小齊名分定家
親疏非譜莫辨焉

乃
昭穆大小非譜莫定好蚩
吳判譜之於人也大矣哉余也內樓
山江之澤下衍高廊之脉自宋迄今
古
卓歷四百餘載振振繩繩幾十八代於兹矣
宗支世派血脉淵源載在譜誌彰彰可考
也奈時運變遷宗室圮毀生民塗炭譜誌遺〻
及今不講而後世子孫遂湮沒無聞也方將西
遊長邑南越浦界以訪　望成公裔居之所　望
望弼公衍裔之邦而覓其同譜以俟歸參考焉
時方束裝就道既而遇歲試次桂林適逢應舉之
便因得所遺譜於漳之卯金派詳其先世蓋自
其祖容方公景榮公六代孫贅於漳而歸其父

業於昆季兄弟厥後子孫不相聞問者蓋弍百年於斯矣不謂萍踪適合而余復有此遇是豈神使之然耶抑賴祖宗之英靈扶持默佑而使繼往開來者之得以光其家業耶不可謂非族之幸也家之慶也嗣而葺之脩而理之烏容以緩哉然而非予小子所敢獨任其責也姑為之集其廢墜存厥遺俾世世子孫知愛親敬長而識所以尊尊親親之意

欲其咸脩厥德大振家聲長冑祖德於勿替也

登曹亡變譜幾三絕其亦幸而元章公作之於

鄉公繼之於後故今得之以按譜遡源增新錄

所賴以不墜者猶幸有此譜也余

宣統叁年辛亥仲冬月

孫知祖宗一脉之本源也

長泰大宗大門聯對

武德家聲聿齊粤山並峙

彭城世澤同錦水源流

第壹世

韶公字虞樂邁公之子往江南光州固始縣一第進士也生於唐係玄宗甲進士天寶八年(750)己丑入閩仕泉州別駕公為人性耿介無阿曲其待賓僚一以誠

信不以苛禮歲大旱豪民閉糴民不聊生公首
謀賑濟躬自巡視田里召豪民上户告以利害人
人咸悦稍出糴一日聚老稚百人於宇下賑給既去
宇壞無一羅其害歸則禱而祀龍即時天大雨其
有奇玩之物無留意故泉南之寶貝珠璣不入室其
清廉類如此死之日民皆啼哭而相謂曰天何奪我
別駕之速耶出柩之日民有巷哭致祭者至於鄉
里之民有肖像而祀之飲食必先祭焉此別駕劉
公也豈無所感而然歟生於唐玄宗開元元年癸丑
貳月初 日寅時於代宗大曆四年己酉八月十七日午
時享壽五十七歲娶妻盧氏十八娘
月寅十六日戌時卒於惠之

六月十七日亥時享壽七十三歲以元孫丙寅屬德宗貞元二年

卜地有三畝奇單傳

生一子名友

第弍世

友公字仁輔韶公之子也因扶父櫬道經值村兵火阻樂其土俗遂籍於沙坂尾居焉生於唐玄宗開元弍拾叁年乙亥三月十三日辰時卒於德宗貞元三年丁卯九月初九日亥時享壽五十三娶歐陽氏十壹娘生於唐玄宗天寶元年乙酉正月初十日酉時享壽六十四歲葬在別駕坆側

生一子名鎮

第三世

鎮公字邦重乃友公之子公生平志欲繩祖武克覽詩書博搜墳典每遇賢豪輒折節而下榮集賢齋於沙坂之西園恒自期許曰士為庶民之首愧不能蜚聲當世生一子為世名儒足矣後舉一子即名曰儒課以詩書砥以志行儒果於宣宗大中弍年中式登進士第授晋江縣尉公生於唐肅宗上元九年庚子正月十日丑時卒於文宗太和戊申年七月十三日辰時享壽六十九歲娶郭氏生於代宗慶德元年癸卯三月初三日亥時卒於穆宗長慶弍年壬寅十月二十日亥時享壽六十歲合葬其

文遒鎮公之子教以詩書居集賢齋立
苦讀博通文藝唐宣宗大中二年中式進士授晉
縣尉理政事堂一事經史收拾賢才卒謚爲文會逸
人生於唐德宗建中元年庚申六月十六日丑時卒於
武宗會昌六年丙寅四月十玖日酉時享壽六十七
歲娶妻洪氏五卿君生於唐代宗大曆十四年己未
三月初壹日未時卒於文宗開成五年庚申葭月
十七日辰時享壽六十弍歲葬在吳崙東

生一子乳名驥

第五世

驥公字調良儒公之子承父晉江縣尉遺訓惟敦詩

書衘茅自適與弟友愛德行足稱生於唐順宗永楨元年乙酉四月十四日申時卒於僖宗朝符四年丁酉菊月十玖日巳時享壽七三娶妻陳氏生於唐憲宗元和弍年丁亥元月晦日亥時卒於懿宗咸通十四年癸巳蒲月十三日戌時享壽六十歲葬在吳崙

生二子長友直次友諒　稽諒生一子名滂

第六世

友直公字進忠驥公長子生平磊落不羣雅志好脩怡神乎山水之間得趣乎鷗之侶生於唐文宗太和四年庚戌荔月十六日寅時卒於僖宗廣明元年庚子閏

申時享壽五十一歲娶妻鄭氏生於唐文

初五日午時卒於昭宗朝寧元年

未時享壽六十三歲葬在吳崙

二乃次乳名敦肇

第七世

敦公字友直公長子任鳳翔法曹

生一子乳名道敏

第八世

道敏公字以魯敦公之子官觀察節度使生於唐僖宗朝符六年己亥桂月十八日未時卒於後唐明宗長興四年癸巳菊月初一日子時享壽五十五歲娶妻陳氏生於唐僖宗朝符四年丁酉菊月弍玖日寅時卒於後唐天福七年壬寅十月初一日寅時享壽六十六歲葬在敎里福平山之西

生二子長乳名良次綱

道簡公乃滂公之子友直公之孫字以文娶妻翁氏遷居清平里烏石山前其後世次莫考

第玖世

良公字巨俊道敏公長子生於唐昭公天復三年癸亥菊月弍玖日子時卒於後漢隱帝乾佑三年庚戌元月十玖日卯時享年四十八歲娶妻姚氏繼妣黃氏生於梁太祖開平弍年丁卯桐月弍叁日戌時卒於大宗太平元年丙子年菊月十七日戌時享壽七十弍歲葬在孝義里孚應廟前

生二子長乳名達航字仲通官奉直大夫太僕卿生二子長乳名濟世

公次子頼悟絶人强於記覽補内舍

仝申出刺文泉洲征討有功奉勅屯衛將軍生於後

太祖開平弍年戊辰荔月十六日吉時卒於宋太祖開

寶弍年乙巳菊月初一日卯時享壽六十弍歲娶妻梁

氏生於唐哀帝天佑三年丙寅十弍月弍捌日酉時卒

於後周廣順叁年癸丑菊月十弍日寅時享年四

十八歲　　繼妻邱氏　生子乳名彌彌生子長文城

遷永春次文璜遷永春温陵事見勅命

綱公誥封

勅命泉州押軍劉綱漳州司馬劉彌春惟爾祖爾

父奉上輸忠立事造功有功於國典州牧郡有惠於民

爾等生自慶門俱為令器善秉義方之訓彌光勲

府之家延賞推恩宜類爾俾單綸綍穀與官資當
勅欽承勿忝恩德可賜前件　建隆四年四月日准
勅泉州刺史劉綱當罷主符退安衡宇厲無命
之臺聚萑苻而能潛閉其清郡盗行部開達忠
義可嘉既均象魏之朝宜綸綍之命預州閭之優
列兼邦俊之核司徒左監門屯衛將軍兼御史大
夫上柱國彭城郡開國男食邑三百户　太平
興國四年桂月　日中書令奉勅　太平興國
六年臘月授銀青光祿大夫檢核司徒左領
屯衛將軍兼御史大夫上柱國彭城縣開國侯食
二百户　太平興國八年除試　順德翊戴佐
祿大夫上柱國彭城開國公食邑

第拾世

達公字弘義良公之長子官太原令生於後唐明宗天成乙丑年桐月廿八日寅時卒於太宗興國八年癸未荔月初一日卯時享壽五十五歲娶妻翁氏生於唐明宗天成三年戊子辰月初一日巳卒於宋太宗諄化四年癸巳蒲月十五日卯時享壽六十六歲葬在孝義里孚德廟前

生二子長乳名知道 次乳名知禮

第拾壹世

知道公乃達公長子

生一子乳名若虛

第拾弍世

若虛公乃知道公之子

生四子長乳名拯 叁乳名師 古生二子長乳名覺次乳名秘
次乳名譯 肆乳名孝 稽諤

生二子長名景山有傳次名景春無傳登進士生一子名希文

第拾叁世

拯公乃若虛公長子享壽六十六歲葬在具教里東
張山之原

生三子長乳名琦 次乳名範 叁乳名景陽登宋仁宗嘉祐捌
年特魁狀元許將榜第諸科出身官清南軍
永年縣令娶妻蘇氏恭人
一子乳名昱

和公之長子由三禮官臺諫因諫新〻敗處衢監酒稅時上登極召回遷殿上侍御史兼樞密捍禦金寇勳被推密出為淛西置使詔入都堂議事不避權勢劾吏部侍郎章惇官不稱職而革罷所司之職一皆為國為民而慷慨深毅有儒風加增中奉大夫生於宋仁宗天聖九年辛未九月十五日戌時卒於徽宗崇寧弍年癸未年桂月廿六日未時享壽七十三歲娶妻方氏生於宋仁宗景祐元年甲戌年十一月初一日寅時卒於徽宗大觀元年丁亥年十二月初一日卯時享壽七十四歲合葬尊賢里烏齊院邊

生二子長晞次乳名晟

第拾伍世

晞公字明孟 行廿五琦公長子宋辛未進士進階
中奉大夫補福建都轉塩運使司前殿中侍御史
秘省校書郎生於神宗熙寧伍年荔月初六日子
時卒於高宗紹興玖年己未辰月十六日戌時享壽
六十一歲娶妻王氏夫人生於熙寧六年癸丑花月十一
日卯時卒於紹興十四年甲子年端月十一日寅時享壽
七十弍歲合葬鰲崙 公生平力於學問練達古今登
宋元祐六年辛未馬涓榜由特奏召授秘書省校書
郎通判禮州遷宣義郎與于治工奏事後進撫定
賊工嘉其忠授提舉京畿西路塩事復推論塩茶
余補福建轉運使階中奉大夫復論

乍々鳴口治彡炟公次子沙坂高廊房祖登高宗
紹興廿五年應選榜任保義郎武翼將軍生於
徽宗宣和四年癸丑四月初八日午時享壽七十二
歲娶妻鄭氏王氏程氏葬在興教里夫人之中原
原獨側室王氏葬鰲坂湧泉庵左地有幾畝
生三子長乳名泰初次乳名泰誠三乳名
生二子長次乳名仕全泰忠

第拾八世

仕全公字子儀璋公次子生有秀氣識達異常由
三禮授奉議郎監稅台州轉郎加定十三年除河
南少尹兼西京留守陞太府丞階通直大夫孝廠
先捐奉置田八十餘得穀壹佰捌十餘石備祭享
葺祠宇構墓庵於延壽里鰲魚墓湧泉庵左之

母安王氏技在家積龘餘無賴之人亦無不貧死
屍道寡旁無歸者殯之廣積陰德為時愛慕
後果孫支奕葉多有顯要復得仙藏識地葬
於鼇山之讖云燒犬東囊山照見雷電眷有人卜
得是代代出官職是後簪纓蟬聯蓋以此也每
年元旦舉族登拜生於孝宗乾道六年庚寅正月
廿八日寅時卒於理宗紹定六年癸巳十二月廿六日卯時
享壽六十四歲娶妻程氏夫人生於孝宗乾道庚寅
玖月初玖日卯時卒於理宗紹定七年甲午五月初
一日寅時享壽六十五歲葬在鼇山之西原

生四子

長乳名訛 理宗朝進士后無子立兄次子為后嗣
次乳名清 生三子長乳名清次乳名志三乳名孝
三乳名滌 生二子長乳名輛 次乳名佐
四

又珍廿

訦公字興仕全公長子官朝奉大夫生於孝宗淳熙十三年丙午三月十八日寅時卒於理宗寶祐元年癸丑十月十九日卯時享壽八十八歲娶妻陳氏生於孝宗淳熙十五年戊申正月初五日卒於理宗寶祐二年甲寅十月十四日寅時享壽六十七歲墓在望江里碩洋之塘原

生三子長乳名鍾付弟清公為子山科進士生一子名傑　次鋑銓　三鈁

第貳拾世

鈁公字待時訦公第三子宋度宗咸淳中山科進士拜迪功郎勑命授福建清縣尉生於宋理宗

宗寶慶三年丁亥閏六月貳陸日丑時卒於仁宗
皇慶元年壬子菊月初八日酉時享壽八十六歲
娶清寧橋西翁致政之女貌媛而不渡有婚焉
基蕭氏享七十八歲合葬興教里吳鍾朝清公墓
左吳鍾諒必是地名清公即鈁公二叔父
生五子長乳名澌　傳下三子長大桐次大楠叁大棖
次乳名淮　傳下一子名大横
三乳名潮生三子乳名大相大槐
四乳名沅一脉公隱居不仕篤信好學
五乳名岩祖生三子乳名鉄伐大禧

第貳拾壹世

元公即鈁公第四子生平篤信好學隱居不仕一子遷
內樓一子遷澄外樓一子遷長泰一孫遷潮州墓

在吴衕湖公墓左稽澥公即是沆公長兄
生三子長次三乳名大材杞樸

第弍拾弍世
大材公字茂甫沆公次子娶妻方氏一子遷長泰一子遷
潮州生於庚辰卒於庚辰元己卯享壽六十一歲生一子
名大怒乃方氏所生
大樸公沆公三子遷南月港外樓居住

大杞公閑居内樓字興甫號莆陽沆公長子也登
宋理宗甲辰進士拜迪功郎福清縣尉命由三禮
通直大夫加熙四年以軍功授武德將軍鎮守漳

州遷居南漳月港八都内樓娶涵江沙坂姚氏葬於月港祖祠在海澄南門外月港祠名追遠堂坐癸向丁兼丑未至清嘉慶弍年丁巳八月重造至十二月初十日卯時進火

生三子長乳名治字望隆
次崇字望成
三範字望鄉

以上抄自興化府莆田縣古譜以下古譜俱蠹蝕壞爛不復可考俟查續

高廊派下漳郡海澄内樓劉氏族譜序

夫譜者家之史也所以紀源流之由來而支派之所由分也故凡名宦〻族莫不以譜爲重苟或廢而不修則昭穆

不分長幺　矣序其流弊將有不可勝言者然則譜之修也烏容緩哉　嘗稽劉之得姓肇自陶唐之後曰累者歷漢屬至晉時有曰楚公者守光州固始縣傳至唐曰韶公别駕泉州卒於官天寶兵亂子諱友幼不獲扶柩以喬歸居於莆者昭然可考也傳二十世為一派仕全公生高祖　大杞公莆譜中舉作杞以軍功授宋武德將軍來鎮於漳　曾祖一山化望隆公乃其長子也襲父爵未幾適元兵蜂起遂挈其弟二山化望成公三山化望豳公避亂于月港之陽時尚未建澄邑維時地廣人稀公極力開拓居民日以就蕃甫二紀亂離益甚乃與弟析居圖計以延宗祀遂計貲均遺之以資其行　二山化析居於

長泰縣后三山化析居於漳浦之下或以為遷於南潮之南矣今姑闕惟我

曾祖一山化守此度地相居分授五子長曰文榮即我先祖内樓之故居也次曰義榮析居於樹兜三曰德榮析居溪墘四曰禮榮析居倉兜五曰景榮故居内樓之左宗支日熾分移不一為(予)此慮輒以講讀暇日用加搜訪錄其生娶卒葬行蹟字諱立為圖制自高以下上者備(備)載之不得盡紀姑自高以下者詳書世次著衍派以為美刺之觀惟望後人葉葉相承永悠久莫墜庶幾　尊祖敬宗之心無忝焉

至正戊子春三月既望日　玄孫　淑達元璋序　重

修譜記

吾家自

大舉公發源於莆　玉溪公甫五世始一譜以記

之歲在正紀丁卯　叔祖遵性能輯其煨燼而存

之然獨詳其一派餘皆闕焉於是各支遂自為

譜五世而下俱不相統一先考行庵與從兄行役族

兄朝重痛兆一本之義也復輯而同之具草藁未

就歷三載而三公相繼即世遭不肖參互考訂命

介姪赫輩搜訪各房宗支凡生平娶葬無不備文

誌七世而上同為一案重本源也七世成憲所有者点

畫不敢增損而其間不能無消磨失次者安得不參

究而更詳哉　噫祖宗積慶世行於今且日就蕃

昌光照烜赫未艾也顧相與各竭力搜尋敬承先意庶子孫知一本之義而相親相睦俾奕世繼承之無已也而無如遠近不同親疎各别也或居異地或托殊方支窮其分派遡其合既然一年可就又豈終朝立竟倡之匪易修之實難合問伯叔遍及兄弟或損沙塵之費或作指南之引大伸義舉庶可知祖宗源本之所由來也謹書以誌之

旹在嘉靖式柒年戊申孟春月十世支孫勝于

會叔

又吾族自

大舉公至振卿輩已十四世於茲矣生齒漸繁姓不一丁未冬與伯璋姪洪祚璋祚俱府學談

及譜牒伯已有志未逮兼邀具舉焉遂按譜
遡源觀名姓字諱生娶卒葬元璋公輯之五世
志容公錄之七世子會赫介姓輩修之計十二世
門落尚未遺亡宗支次第明白可觀維時　望榮
次公子
義榮公一派以姻戚稱名自為長坐是不登之誌
嗣後土賊獗廟宇煨燼彼房子孫有守其廼祖樹
垗者有回居祖家者有移徙九都廟後者雖上世
支分邈不可追然木水與思亦各為譜訛據近世
科名等輩舉各房合是故牒雖失而脈絡尤甚分
明也　卿　遡觀前代俯察來世奕葉相傳繼體嗣
休至於皇都出色榕城傳芳繩繩振振以大昌

厥後尤幸而未有敢自為私記者

明萬曆弍叁年乙未歲孟秋月十四世孫　振卿募修

族譜序

且夫萬物本乎天而人本乎祖祖之本始於一一而傳傳而再再再而世有倫有序則宗支長垂於不紊為紀為載而祖德亦藉以重光若是乎譜之於人蓋綦重哉吾族自大清以來古譜攸廢工亡其緒下失其傳而覔其所從來者蓋數十世而遥百年於茲矣而余獨心悼之参考益力搜訪並詳不謂祖有功宗有德而皇天復長眷顧也甲午仲冬於漳之桂林處搜得古譜出而摶其舊本以歸至於今又四年矣余懷甚殷余志甚切而余力究未建也丙

申東出丁酉南征戊戌歲人日則清漳之駕長泰之役余亦何嘗一日忘斯舉哉而無如遠近不同親疎各別或居異地或托殊方支窮其分派溯其合既非一年可就又豈終朝立竟倡之匪易修之實難合問伯叔適及兄弟或捐沙塵之貲或作指南之引大伸義舉共襄厥事將見一本星羅萬派雲集藹吉時聞雍睦自多不特十九代之祖宗功德垂之勿替而五百世之血脉淵源亦得藉以永好矣

清康熙五十七年戊戌仲春前三日十四代孫 顯宗

男文鳳敘

海澄長泰同出一源伯祖其忠公登第以歸而豎旗及重新祖宇之建也

大宗廟原日向西及其忠歸謁祖見南方有鹿石
山到澄二峯卓立改坐北朝南
順治六年六爺來澄復有譜之修是支流雖分而昭穆
尤甚分明也戊戌歲人日余自圭江搜訪及泰謁祖
靜菴公廟于彭烟家得世系一帙蠹蝕之餘細而
玩之雅與澄譜印合乃其忠公自澄歸泰之所作也
始知祖德綿長無遠弗屆孝思在念感而遂通諱
字雖失於前譜牒可稽於後遂書其名於版曰
靜菴公二宣化教郎望成公二仙化也當時泰之
伯叔兄弟姪莫不歡欣鼓舞以為千古奇遇於
是錄其譜緒并持蠹蝕一帙越十一日庚申方有
言旋之請叙伯祖道炳泰邑庠生置酒大夫第賦

詩一首以贈歸來云兵燹滄桑後散離多變心
欲溯支分始譜牒失其傳跌涉勤搜訪收入斷
簡編乃知祖澤遠錦水有源泉月港波流達涵
江一派連孝思通帝謂科第日蟬聯

海滄內樓畧叙源流總序

內樓開基二世望隆公字晦溪其父即大杞公也
娶妻許氏生五子大杞公生長莆涵詔公二十二
代孫也其源流亦長且遠矣舊在裔孫詎忍忘
諸試為從
詔公而歷歷序之詔公字虞樂唐玄宗甲辰進士
天寶八年仕泉州别駕卒於官子諱友字仁輔扶
父櫬欲歸道經莆涵值兵火一阻遂於沙坂居

焉仁輔公子名鎮字邦重篤志詩書恨不能蜚
聲當世後生一子名儒々公生子名驥字調良衡
茅自適其子友直字進忠雅志好修怡情山水友
直公子名敷任鳳翔府法曹傳子道敏字以魯官
至觀察節度使有子名良字巨俊子達字宏義
官至太原令子諱知道生若虛虛生拯公拯生子名
琦字重寶官臺諫陛殿上御史兼樞密使又詔出
為江浙兩省制使召入都堂琦公號明孟元祐辛未
進士補福建都轉運入侍御史秘書省校書郎傳
子烜字均著登徽宗寧五年丙戌科狀元蔡嶷榜
授議郎武備寺丞其胞叔祖景陽字重升先於仁
宗嘉祐八年特魁狀元榜故匾云世狀元第烜公子

璋字鳴治登高宗紹興五年應選進士授保義郎武毅將軍璋公子仕全字子儀生有秀氣識達異常由三禮授俸議大夫監稅台州嘉定十三年轉河南少尹兼西京留守陞太府丞階通直大夫德澤覃敷為世愛慕後果孫支奕葉生子名訛官朝奉大夫訛公子鈁公字待時一榜進士迪功郎勅授福清縣尉待時子沆公隱居不仕生三子長大杞次大材叅大樸考大杞公字興甫號莆陽登理宗甲辰科吏部進士迪功郎授福清縣尉命由三禮通直大夫嘉熙四年以武功授武德將軍鎮守漳州生三子長曰治字望隆次曰崇字望成三曰範字望弼望隆公又襲父爵至八十致政適元兵播蕩乃與所生之子文榮義

榮德榮禮榮景榮避亂月港號曰內樓後望成公遷長泰望鄉公遷潮州惟胞叔祖大樸外樓大村又遠寓長泰大槐更遠寓浦邑涵頭至於曾祖巖祖則已遷漳州之漳浦劉坂矣總而計之自韶公迄文榮公等共弍拾四代其間支分派別實難備誌姑就一脉相承之緒撮而錄之俾後人世世奉相勸勉而克承先代之祖武云

大明嘉靖丙午小春丕烈再盥手敬書

大杞祖受封

勅書鎮守福建漳州等處武德將軍劉大杞勅命奉

承運皇帝勅曰朝廷設指揮大將欲其展

雄畧撫邊疆而弼國家之治者也苟非巨才不輕
畀焉爾原福縣尉命由三禮通直大夫劉大杞發
跡登第克奏凱音文德武功為爾能是用進爾
階武德將軍鎮漳州路即賜勅命以作爾榮尚其
矢公矢慎毋怠毋荒欽哉

詳查明朝未建海澄城時有二十四時作亂所以四世
以下至十四世上神主坟基失落難稽迨至清、初又遭
國姓之兵骨月分離不得其詳當時海澄城被困日
久開城逃散甚多無從查考先人每值年節多排
盞箸呼請列親仝來鑒納緣本年族譜前年文侯
伯收存
乾隆不問知何人向泰姆借去至今無從查尋後日

弟姪子孫倘若尋出舊譜便知端的矣余蒙老丈
家長指教不憚煩勞將各房支派抄集一篇以俾後
人觀覽亦以俟後有賢子孫再加增修未必無少益
於祖宗焉耳

昔嘉慶弍年丁巳季冬月十七代孫光明修歷遡源

流譜

勑曰人之大倫始由夫婦故朝廷推恩臣下命必及焉

爾漳州武德將軍劉大杞妻姚氏謙恭柔順婦

道恪修茲相爾夫罔忝臣職特封恭人俾得寵榮

閨閫

制誥

相傳古昔盛時嘗業在洛橋高車亭等處順

治玖年壬辰變亂祠宇折毀骨月分離內樓祖廟大
門上寫 劉氏家廟四字後所几案上追遠堂
元至正間 允璋公始立族譜所謂澤先緒以啟我後
昔皆公之功也是大有功吾族
劉氏著姓於泰舊矣曷從而始肇自始祖靜菴公即
望成公也先生爰及四世泮圯公先生始修譜系
其先世源流及靜菴公諱字皆不及詳至十三
世其忠公澄十三世泰十二世此必其忠伯祖邇大杞
公而言故云十三世
登第邇至澄考宗譜始為實錄始知劉氏出
於陶唐之後昔唐堯嫡長子監明生式封於劉其後
為姓夏之時生孫有文在手曰累因而名之擾龍事

帝孔甲為御龍氏在商為豕韋在周為唐杜之伯以直諫被殺其子温叔奔晉為士師春秋時士會適秦生一子留於秦傳至戰國十七世孫獲仕魏為大夫

徙清 又徙沛生仁号 号生煓 煓季 季即漢高帝也 大封諸侯後又……

后徙梁州又居光州固始縣唐有韶公由光州入閩為泉

敬封中李晉有……其……居光州固始

州别駕卒於官適天寶兵亂子友幼冲弗獲父柩以歸乃居莆之涵江沙坂傳十四世至宋時琦公為江淮浙江制置使二十二世大杞公又以軍功授武德將軍鎮漳之月港生於子望隆望成望弼同居月港元時元兵騷亂兄弟離散望隆龍袞父爵八十致政望弼之潮望成即我始祖静菴公避亂居泰邑之湖坂葛山　宋帝昺居在廣猶望中興及元兵益熾公恥左袵　景炎二年十二月日自縊而死娶蘇氏

亦潔身從之長生允恭次允遜皆逃散德即我二世
祖誠齊公也年甫十三戢被虜之潮中途悦歸依
姒氏歲年二兄亦歸相與復舊業守成交兄允恭
無嗣誠齊公諱　村生於宋卒於元葬邑北門龍源
山墓前有石碑云近故劉公致政墓道娶吳氏卒
於元戊寅十月十四日葬在前山即大林墓面有石碑
生子廷叔即我三世東成公也東成公諱　祖葬在庄
前山頂娶蘇氏生子長穀伯無嗣次孔伯即我四世
洋北公蘇氏洪武丙子正月初八日葬仁和里金鷄
山洋北公諱　昭生於元庚辰十月初八日卒於明永
樂甲申七月十四日葬在庄前山墓面石碑娶　氏
生子長尚貞次尚紀三尚育娶妾楊氏生子尚明北

節望公派下抄撰此處如有結局未知接續如何

清道光七年丁亥仲冬月珊圖開基十五代孫遜宮

重修譜序

相傳古昔盛時營業在洛橋高車亭等處順治九年壬辰變亂祠宇折毀骨月分離今所存者僅有內樓瓦屋五間外樓河溝一条配上會社前小陸門一口又溪石礐伍口林琉坑坟山壹崙而已

祠堂先本是坐東向西及至其忠公登第改坐北朝南

奉祀

始祖考宋武德將軍莆陽劉公

始祖妣太乙恭人儀範姚氏劉媽

二世祖考八十致政晦溪劉公

祖妣十五娘孺人端懿許氏劉媽

望隆公字晦溪襲父爵生五子長文榮次義榮叁德榮四禮榮五景榮每祖考妣配主二位至大清乾隆五十玖年甲寅洪水為災祖祠後傾圮至嘉慶弍年丁巳平基架造長房玄孫集卿公派下樂充銀壹仟壹佰餘員配享集卿公考妣神主壹對晋附中龕龕内神主壹拾捌位

景榮公諱玖乃望隆公第五子娶妻陳氏謚貞淑

生四子

長乳名均保字明真

次乳名均源字國昌　妣錢氏謚貞孝

叁乳名均玉字明韞　妣李氏諱旺娘

四乳名均輔　遷廣東省居住

建壹祠在澄邑南門外月港尾第弍座名

崇本堂坐丑兼艮用辛丑辛未分金　祠因傾毀公
公議更新設立神主除蔭外每位充銀肆拾大員
神牌每位充銀四大員計共銀叁仟餘員嘉慶乙
丑年秋季興工架築十二月落成計共用去費銀弍
仟叁佰餘員後尚存銀柒佰餘員以為粒積生放以
建祀田以光俎豆云
遡我
肇基鼻祖均保公自元朝成宗時由海澄徙居巖
角珊圖越至大清順治年間四佰餘年未有人任修
譜之職者　唯以
九公有詒謀燕翼之志與水源木本之思凡有關
於族人之舉莫不苦心經營出而任焉不憚其煩而

曰瑚公稱為吾家領袖非溢美也而其所修之譜遡述
源流亦云詳且悉矣第查支派圖上半歷敘不差淮下
半至十三世祖　拯公生三子長琦次範三景陽不識
長房琦公為一脉誤承範公為本脈派以致均保祖
承接祖禰有
大杞祖似續祖父亦錯茲自清嘉慶弍年丁巳海澄
認祖後往海澄內樓向房家長請出始祖舊譜抄錄
支派源流分別詳悉分明而祖廟之甲第簪纓德
行道述亦歷歷可稽今將所歷原委謹書於上
俾後世子孫便於觀覽無闕疑焉再稽
瑚園開基鼻祖均保劉公諱賢字明真乃景榮公
之長子位三十九郎生於元朝成宗八年壬寅五月

乃景崇公之長子位三十九郎生於元朝成宗八年
壬寅五月二十日辰時卒於洪武廿玖年丙子十一月
初三日吉時享壽玖十五歲 謚 質樸葬在內村
金星孟墳坐巽兼辰周圍左砂尾崩壠承歷蔭林
至坟脚石墩并明買林家山畬帶杉松竹木
祖妣陳氏五娘生於元朝成宗十一年山巳臘月初七日巳
時卒於明朝洪武廿七年甲戌六月十八日吉時享壽
九十歲 謚 莊慎葬在大寨尾金星孟因崩山失之
至清嘉慶己卯年鳩集族長公議立銀牌以為我
祖骨殖葬在內村鼻 祖坟側石墩憑舊譜載均
保祖遷居巖角山頭后廳娶陳長者之女
生下八子

興元　　興亮生子榮德正統遷平和新安里地硿兜和溪居住

興隆　　興福

興進　　興載二公遷清寕里翠微東鋪居住

興盛二公全遷居潮州新縣　　尾興

祠壹座址在高山老厝坪係隆慶三年十二月第八侄伯敬伯安伯强神養政仔賣與族衆建祠祀祖議盡價銀壹拾兩內伯敬等出銀肆兩自辦應當役族衆出銀陸兩交伯敬等收當世文一股戶役其祠許伯敬等居住焚香洒掃無失如有私典私賣執契告究安等甘坐毀祠重罪立契書一紙交

本祠龕內中祀　始祖考妣神主壹對

左龕配享宗亮劉公因受刑免軍有功族子
右龕配享世文劉公因献續架祠有功于祖
祠坐卯兼甲分為什催輪流當祭
又建壹祠址在漳城南門内上苑街周爺祠右邊巷
内正堂带右邊護厝弍間祠坐癸兼子分金祠名
著存堂分為十一股輪流當祭　此祠原是王
谿觀典楊騰現為胎嗣後族眾向楊騰捧典還
他本銀四佰五十兩又貼修整併中禮共銀五拾兩
故王谿觀立杜賣契壹帋找去銀壹佰貳拾兩又中
禮謝禮共去銀壹拾貳兩壹伐共契書四帋
均係祖出銀壹佰大員　設立龕壹座入神主壹佰五十肆
位充來銀壹佰陸拾伍員至清乾隆十二年丁卯十弍

月十三日巳時進火安香至庚午年二月買得王家巷路在祠前以擴大埕如金井外埕是地也

乾隆己亥十月十四日翻蓋子時起工公議祠內兩廊入神位六牌每位充銀叁員除配享十名外其餘壹佰四十四名共充銀四佰二十六員又龕內兩邊空額小牌共十名充銀壹佰六員又散粮催抽粟弍十石糶銀弍拾員總共收銀伍佰肆員扣修祠用去費銀壹佰餘員其餘所存銀項粒積置產以為祀田

乾隆五十九年甲寅桂月半洪水為災前牆傾毀隨即興工架築粘抹完成共用去費伐五佰餘千文

嘉慶貳拾肆年己卯季秋月念八日起工翻蓋更新換樑桷併油漆粘抹完成兩廊再造添入祖

名壹佰叁拾柒位每位充銀肆大員每股充壹拾伍
員以上牌位股銀合共柒佰八十員内叩修祠入香作慶
成計開去費銀伍佰外之左
書洋認祖有二世恭勝公媽馬氏余氏李氏崇生
公查此二公乃是均保公之子與元兄弟八人乃恭勝
之子特崇生公傳下何如未知
第二世興隆公乃均保公之次子相傳謂葬在金山許法隔
妣
生子乳名屎字簡默
第三世簡默公諱屎乃興隆公之子位四十九郎葬在金
山馬公墟外南坪埔妣蘇氏諱五娘謚柔良葬在山
後溪大嶺下老厝邊號曰蓮葉蓋龜形

生二子長乳名宗亮次乳名宗進

第肆世

宗亮公乃簡默公長子葬在山頭庵外牛路坑內

隴坐

妣陳氏

生下二子長乳名寶生（福章）次名福元 高山在第八隹

第伍世

玉石公乃宗亮公之子葬在新村洗馬潭猪母石

脚前人有云帶破不敢祭祀

生下一子名崇彰

第六世

崇彰公乃玉石公之子葬在金山南坪埔大路下坐

妣林氏

生下一子字秉英乳名王

第七世

秉英公乃崇彰公之子生於成化二年丙戌三月十七日子時卒於嘉靖十年壬辰四月廿六日享壽六十七歲葬在新村烏石洋號曰牛形坐寅向申

妣尤氏葬在上洋徑社上畨田頭仔坐南向北妣孫氏葬在新村内角社中元寨脚坐南向北號曰獅仔咬球

生下一子乳名賢字尊哲

第八世

恆彥公乃秉英公之子生於弘治十年十二月初十日

辰時卒於萬曆十年九月二十日享壽八十六歲葬
在新村灣弓號曰倒地葫蘆形坐
妣溫氏諱五娘生於弘治十二年十月二十日亥時卒於
萬曆十三年二月初七日未時享壽八十七歲葬在珊
圖社吉口土名水哮坐壬向丙
生下五子長希相住灣弓次國相一脈祖三純相四金相五
復相

第玖世

國相公乃恒彥公次子謚順質葬在上洋徑社上畬
旗形坐乙向辛妣黃氏葬在東溪魚仔窟路上名曰
風吹羅帶坐坤向艮兼未丑丁丑丁未分金建壹祠在
上洋徑社大坪頂坐[illegible]向[illegible]兼壬兼午子辛巳辛亥分金

生下三子長伬毅次純朴 三素朴

第拾世

伬毅公乃國相公之長子葬在金生蛳形坐乾向巽

妣許氏謚慈懿葬在上洋徑社土名大魁坐 向

生下二子長乳名應龍字鳴陽謚恭敏 次乳名應乾字志宇謚寬敏

第拾壹世

恭敏公乃伬毅公長子葬在山上洋徑寨後與蛳形連

近現今派下在台邦嘉義縣梅仔坑庄等處居住又

彰化縣貓霧拺頭前厝庄居住

第拾壹世

寬敏公乃佩毅公次子生於萬曆十三年十弍月初九日未時卒於順治三年十二月十六日辰時享壽六十四歲葬在大墩蛇仔林號曰蛇形坐乾向巽妣謝氏葬在横坑下洋號曰蛇形　媽忌辰十一月初八日

生下四子　長興廷　叁景華

次奇祥　肆奇我

第拾弍世

景華公乃寬敏公第三子名環謚敦亶享壽八十四歲葬在新村三盃仔口坐北向南妣謝氏名玉娘葬在洋徑楊梅嶺路上坐　向　繼妣諶氏葬在東溪坐南向北

生下五子長名綿存 三名國宗葬在半徑狗崙崑埤仔頭路上
次名國珍 四名顯葬在半徑下樓崙田上
五

第拾叁世

國珍公乃景華祖次子生下一子名梧生公公生下四子長名沛次名渟三名語四名汴 考語公遷臺圓彰化縣北門口新庄仔居住生下三子長名固次名堅三名溪

第拾叁世

乳名省 謚正直

綿存公乃景華祖長子諱國祚生於崇禎戊寅年三月初五日寅時卒於康熙辛卯年十月廿一日辰時享壽七十四歲葬在下泮徑社和碇后黃旗下埔坐辛向乙分金妣吳氏名鸞娘謚溫惠生於順治丙戌年十月廿九日卯時卒於康熙辛卯十二

月初玖日丑時享壽六十六歲葬在泮徑社膠洋銅

鑼墩虎形坐癸向丁

生下五子長名徽卿　次名待字廣卿　三名使字輔卿　四名位字異卿　五名智字仲傳諱永相

第拾肆世

徽卿公乃綿存祖長子卒於番邦交𠺘吧姚莊

氏諱舜娘謚靜慈生於康熙甲子年九月十　日卒

於戊午年五月廿九日　時葬在泮徑社內青

屈坐南向北

生下二子長名是字榮士　次名欲字超士

第拾肆世

廣卿公乳名待舀綿存祖次子遷移四川住成都府華陽縣南門外五桂橋　妣　氏

生下三子長乳名拱次乳名捷三乳名愽

第拾肆世

輔卿公名使乃綿存祖第三子葬在寨後　妣吳氏

生下一子名順生一字名規渡台

繼妣高氏葬在下洋徑河硿后坐西向東

生下一子名欣

第拾肆世

異卿公乳名位乃綿存祖第四子葬在銀場尾交椅形　妣林氏

生下一子乳名建字惠招

第拾肆世

永相公乳名習字仲傳乃綿存祖第五子葬在泮徑社内門風𩈩號曰出窪兎形坐辛向乙兼酉卯丁酉卯分金

妣廖氏謚貞順生於康熙辛未三十四年七月二十日亥時卒於雍正甲寅十二年七月十四日未時葬在丹山仔石頭湖號曰將軍獻甲坐卯向酉

生下二子
長乳名道字亨衢諱嘉謨
次乳名子饒諱天佐

繼妣易氏謚淑順生於康熙辛巳年九月廿一日申時卒於乾隆甲辰年閏三月十七日丑時葬在橫坑赤皮崙坐　向

生下一子乳名湖字圍清諱嘉猷

〔福建安溪〕二房參鎮羅黄氏族譜八卷首一卷存七卷（卷首至卷一上）

〔清〕佚名纂修

〔福建安溪〕《二房參鎮羅黄氏族譜》八卷首一卷存七卷，清佚名纂修。此爲福建泉州紫雲黄氏支系族譜，參鎮羅，今安溪縣參内鄉羅内村。參鎮羅黄氏遠祖元方晉末入閩，歷三百九十年傳至參鎮羅始祖守恭。卷首含族譜目録、編纂成員及首卷系序、舊譜備遺、入閩年考、起榮公墓圖等。是譜尤重記述族人嘉言懿行、善德事功，放辟邪侈者僅於父子誌中録其名姓，婦人有顯著節義者亦述於夫後，其餘則記族人生卒、葬所等。其中後房十五世乾房派垉官，始移居臺灣，敏齋五子壤官亦往臺且歿於臺。後房十五世福水派士永葬於咬留吧，此後多見族人遠赴南洋之記載。據清光緒十二年（一八八六）木活字本影印。

參鎮二房續修譜序

譜者何族姓之記載有創於前人必有踵於後嗣者也故前以追其本始雖荒遠固自可稽後以衍其本支卽遐陬不至或紊其有賴於抱遺守墜考獻徵文誠非淺鮮之事也我參

祖　守恭公捨宅建寺叔子綱公衍桑蓮之瑞分銅鈸居淸溪葛盤後徙參嶺而子姓旣多簪纓繼起或分邑或卜徙於異方此族繁不及備載亦難兼修獨我一派譜牒圖序得以燦然復明者亦謂有世及之偉人廿世傳之舊秉溯自十三世履端公分支四柱二房爲國公派與長房國佐公合譜初彙於嘉靖壬戌之年再續於[illegible]曆壬子之年迨後族議牴牾而長房續修二房缺焉揆諸

亭本睦族之思不無遺憾幸雍正甲辰二房賢君採而誌之隆壬子輝君軒君復出而輯之嘉慶戊辰慶君孚君再訂伊之收餘燼於兵燹風霜考殘文於魯魚帝虎千鈞一綫兵脩於故老前聞者何限然則二房之有是稿而昭穆可尋者即在於諸君之採訪兩次之蒐羅其前功固而苦心亦不可負也使其廢而不再脩將茫茫墜緒也下亦何有所據乃者二房原君簾君孝思不匱倡議纂修於光緒乙酉陽月而開局越至丙戌陽月而成功因其舊稿爲加訂正務使長幼尊卑之分必嚴遠近親疏之情必繫嫁娶婚配正其始也生卒墳塋誌其終也至於美惡攸分褒譏悉當固仿朱紫陽之書法照蘇玉局之體裁夫豈等於

世系無徵房支失序而有接李代桃之誚指鹿爲馬之非乎
昌忝屬宗盟幸獲與誦竊喜有條不紊無例不明昔之纂是
編者大有誼美恩明之意今之綜是舉者自有流長源遠之
思典至鉅也倫至重也從此家有其書世敦其本譜棣華之
行葦之詩綿綿延延以參山之裔而振紫雲之宗於勿
爲余之所厚望焉
[illegible]戊年重陽後八日
選儒學武榮　宗弟嗣昌頓首拜跋

重脩族譜序

蓋聞史著國家一朝之體統不紊譜脩鄉黨九族之昭穆攸分是譜也上承祖宗善因無殊善創下綿族屬宜古亦即宜今聯同枝敦同氣陋彼三桓之微式相好無相尤睦此一門一故稽皇叔於漢朝按譜可知十八世溯文王於周代臨[illegible]十五王我　祖國輔公履端公之次子孟仁公之五[illegible]前者洪水濫於葛磐多歷險阻後也越山居乎參嶺遺編本初涉於疏虞衆裔幾於散失幸有　功顯公與[illegible]思纘思承補次序於風霜之餘振綱常乎日星之炳宗祧延以一綫禋祀存夫萬年其敬宗收族之衷亦可稍酬於萬一者矣厥後廷軒公承先代譜更舊取新重明會

畢之誼合族擬撰再收戶籍之繁闕其可疑幾同古史據其可信乃示今人就枝問幹之心竊欲由小成以幾大成者然人生易邁歲月難留迄於今戶口日繁鄉族愈盛念本源無一二淡譜牒者百有餘年不修於今曷傳於後欲傳必修於今爰是商諸耆老輒動戚戚之情訪諸鄉賢群之識公爲妥議付諸剞劂勒爲成書譜例傚諸前人垂諸後裔記字載名序齒隱存褒貶之思貴德尊賢尙功顯示激昂之意行見蓮花方盛本質彌堅桑樹有根枝葉無艾以似以續貽安紹四安之休有本有源葛磐徵葛藟之固前有千古均屬一家之親後有萬年不同七穆之釁庶幾蘭芬桂馥聿昭家乘輝煌鳳翽麟振丕煥宗風顯耀豈不懿

哉時維

光緒丙戌年仲秋之月穀旦

二十一世鎮二房裔孫則通敬誌

參山二房黃氏族譜目錄

胤字行

卷之三上

[illegible]字行

卷之三下

[illegible]

[illegible]之四上

[illegible]行

卷之四中

先字行

卷之五上

人字行

[illegible]字行　卷之七中

禮字行　卷之七下

[illegible]字行　之八上。

奕字行

世字行

計十八本

大抵譜之作也尋源必資夫採輯成功乃出乎首董我黃二房
國輔公派譜牒未能續修問心殊多有愧一旦贊脩週成謹列諸
董事採輯校對名氏於左
參山後祖派董事

首董

懋原氏
貽品氏
貽貌氏
高鄉氏
人樑氏
人恐氏
人挑氏
貽呀氏

貽修氏
爪僦氏
貽鞋氏
國朋氏
國鵬氏
造邦氏
安元氏
英禮氏
士禮氏
才禮氏
則明氏

参山田墘派董輯校對

参山後祖派採輯

輯

雲登氏

國星氏

懋禮氏

八波氏

則邦氏

國喆氏

國然氏

簾禮氏

篆禮氏

亨禮氏

文禮氏

[illegible]廣派校對
鎭派校對

懋原氏
饒餘氏
擇禮氏
士禮氏
庠堂氏
則通氏
諸裔孫續修

大清光緒丙戌年陽月吉日穀旦

黃氏系序

黃氏系序先出於陸終之後封於黃今黃州其故國也春秋時與諸侯會盟尊周室後併於楚子孫散處於楚漢故楚有春申君黃歇漢有江陵黃童香封定侯大綱至晉中州板蕩衣冠始入閩者八姓元方其一也元方仕晉爲晉安守卜居侯官號曰黃巷與鄭同居又謂黃兼巷至唐嗣聖時有黃岸分派爲二由侯入莆者岸公也由侯入泉者崖公也則祧元方爲十三世祖也其得於所傳者如此譽謹誌之以貽後人

族譜備遺

黃爲伯益之後蓋天下之通姓也先自黃州江夏郡岡縣中

徙光州固始縣後遷福州侯官乃遠祖元方公也嘗以道學倡閩其後常炙之學實宗之有萬物卷書樓在榴花洞閩之有黃姓者自此始故元方未入閩之時福建不聞有黃姓[illegible]閩以後凡屬黃姓者是皆元方之子若孫也唐嗣聖時析於我泉者其十三世孫崖公也我紫雲之族未知其本所出子孫最爲蕃昌唐垂拱時捨州西之宅爲寺分四子於四安令德著郡誌則自守恭公始耳壁按系序崖公入泉既的有據則烏知守恭非即崖公耶抑或即崖公所傳耶且垂拱二年即嗣聖九年也按其年紀考其世次實實相接觴惜譜廢無稽雖向時崖公來泉世代未遠予亦弗強爲之續焉續所不知予既不敢緣不知以併棄所知又至弗忍也弗忍遷

畺所知蓋以脩遺夫廣覽不敢妄續所不知將以有待於推詳後之子孫其有炳然爲宇宙聞人將有續於上者得斯譜而存之其宗可得而知矣

黄氏入閩歷年攷

按閩之黄始於黄元方元方仕晉爲晉安守永嘉末中州板蕩衣冠入閩而居元方因官避居於侯官之烏石山號曰黄巷是元方爲黄氏入閩之遠祖矣按莆黄譜序云崖居泉州岸爲桂州刺史居於泉州路興化軍之莆田莆黄譜圖云元方以下八世無攷九世孫滔官周朝青錢學士十世孫隨文帝時晋安司法參軍十一世冲隱德不仕十二世岸仕唐嗣聖朝按嗣聖唐中宗年號嗣聖三年丙戌即武則天垂拱二年是吾祖

守恭公捨宅建寺之年即岸在朝之年也捨宅在朝同出一時則別譜所云居開元曰守恭居城隍口曰守美居莆田曰守寬

則崖岸二公或守恭或守美或守寬之諱爲兄弟之行亦未可定也試自元方入閩之始而攷之永嘉爲晋懷帝年號元年丁卯計起至唐垂拱二年丙戌叁百九十年而守恭公捨宅爲寺也垂拱二年丙戌捨宅分四子於四安起至清康熙十一年壬子共計九百八十七年傳子孫三十餘世文物蔚起簪纓蕃衍是祖守恭以德詒子孫之安其綿遠豈有艾耶崖岸之分居具有登載四安之世系按圖可稽謹旁攷而撮録之以備後之査攷云

紫雲叅山黃氏族譜序

戊辰之冬余謝事抵里同振山岳翁談及家世每念本族譜系未成謀董其事翁因持其譜牒告余曰吾宗自唐垂拱迄今千有餘年世代殷遙子姓繁多數百年之世次族屬渺乎莫稽茲所能知者二百年之事爾倘及今而不爲修輯恐後之視今亦猶今之視昔也爰與吾兄極齋子絕君佐爲譜而藉賢坦一椽爲我弁言其首可乎余思夙歲在詞林時纂修
玉牒及
光宗皇帝實録況酣於筆墨書史間猶恐不能文今已筆熙江滄愈生疎嫩然余於黃氏世德相承心知有素又加爲愛倩誼亦無所辭按唐時有守恭公者居郡城地捐爲佛刹四子分

居四安矯矯然樹名於時聲稱於後者難以枚舉而參黃一派即爲守恭公之叔子受聖僧之遺讖慕清溪之山水因宅居于參嶺之下傳至數葉或聚處而分藉或散處而遠居蓋族屬永分子孫猶知其如一焉迨世系日疎兵燹又熾尋譜牒於灰燼間不能無闕疑之文今觀所譜自始祖守恭公以至後之廣奭功奭旁而及之嗣而衍之莫不井井有條闕所疑於廣奭功奭之前斷所知於廣奭功奭之後不向汾陽而致拜望狄老以興思猶能使人還所自始而崇孝友婣睦之風焉夫祖宗愛其子孫也謀及一世之子孫者尤謀及百世之子孫則子孫之思其祖宗也念及近世之祖宗者尤當念及遠世之祖宗翁以不忘祖若宗之心爲不忘祖宗之祖若

宗之心是故由近代而遡之廣顛功顛及守恭公尋源問根恍乎不紊則由守恭公及廣顛功顛而推之百世以下就根問幹就枝問葉亦秩然不淆盖以之敦本睦族崇厥孝友婣睦之風者於譜誠有賴也邇來世風頹靡殊乏敦本睦族之思一旦撫心自問其何以無慚於夙夜而對越其祖宗乎然則翁之修是譜也上以敦本之意愛其祖宗下以睦族之謀愛其子弟而且聯續爾同體毋棄爾同肢動其戚戚秩其親親凡所以正綱常篤恩義而崇孝友婣睦之風者此心其堪稍慰矣若夫世守而光大之俾發祥生於能和熾昌基于能豫依然樹名於時聲稱於後以克紹前人之緒而無負乎喬族之實者寧不於今有厚望哉是爲序

賜進士出身光祿大夫左柱國少保兼太子太保禮部尚書文淵閣大學士婿楊景辰拜譔

譜序

古今名物資傳典而永昭才俊聲華含簡册而何麗烏雲獻署書契乃興由杞宋之無徵慨夏商之不信故家貴有乘而派必遡源音迥何韙尙知同姓爲近氏稱季孟寔由一幹而分維爾黃先允爲帝後得姓因夫國去入閩衍乎元方異夔敬之賜劉豈世勳之云李守恭叔亂別子裔遷衡門卜乎雲限舊居捨於佛刹倚參山之秀拔羨龐叟之遺安肇乃丕基昌厥著代歷年巳滿乎七百傳世曾經其幾多運厄兵鋒作寥熄燼萎哉故老黯乎前文族屬汎於塗人德澤邈乎先代賡頭功頭難兄難弟阻喪亂之餘爲重興之祖闢其頹趾墍乎荒疇喜家聲之再隆恐戶籍之遞異歲月云邁代序稍繁

幸舛謬之未遥猶親疎之可辨東隅雖失桑榆可收典章待
乎偉人大道凝乎至德極齋豪士泮水鳩儒念素切於本初
緒欲垂於來裔合譜擬撰和鄰水之儁才更舊取新假江淹
之彩筆費神近致窮力遐稽暢今日之旁通陋夙時之分割
攟其可信無慕仁傑之榮闕其所疑不向汾陽之拜初從再
從厥服爲差大宗小宗其儀不忒既昭穆之攸序遂尊卑之
以明花萼長輝紫荆復茂瓜瓞綿係寔誇竇桂之秋香葛纍
漫榮不數蟠桃之春色繩繩世次眷眷宗𡣕惟情愛之孔聯
斯群倫之可淑實行彰乎賢否凡例肅於勸懲善善惟長惡
惡則恕必吉人始有傳而君子乃曰終寓譏每婉於立言垂
範不辭於詳録敏德思肖聞芝蘭而仰芳臤行象賢邇鮑魚

而厭臭耀聲聞於郡國焕宗黨於英良前乎巳往之千年臨
編如見後乎將來之百世按譜可知展克纘之孝誠崇不祧
之薦享珍以琬琰信爲蓍龜是宜視以公所當守而勿失敬
陳其事爰序厥端　旹

壬戌年春桐月之吉

賜進士出身中憲大夫廵撫浙江提督軍務都察院右僉都御史
前太僕寺少卿江西提督學校外甥蘇茂相頓首拜譔

重修序文

尊祖敬宗睦族禮也要禮而行譜之不可無作作之不可無脩也後之視今亦猶今之視昔莫為之前曷示於今莫修於今曷傳於後故人之言曰三世不脩譜比之不孝慮祖德族黨之或忘也致黃之姓自陸終之後受封於黃入泉之祖則自元方公來守晉安始參山之祖則自守恭公第三子始成化以前譜失於兵火中興之祖則自逸溪均軒公始今觀黃重修之譜而不及元方公者為荒遠之世闕其所可疑也始於守恭公及緜者欲重本源據其所可知也傳至國佐國輔公前七百年而不及知者前譜之失也而逸溪公均軒公各為一派者分譜之謬也前譜欲合而未悉合者不得為譜之

則也茲則由源而派同氣連枝允如扶踈之千枝萬葉可以百世而不忘而不紊者矣其意欲厥子孫族人知所由出而不認他人之祖爲祖謹所當厚而不忍使人之薄相視由身而子子而孫一世而至千百世正倫理篤恩義而孝友婣睦之心有不自已者豈非尊祖敬宗睦族而不失仁人孝子之用心歟自茲以還爲黃氏子孫能世守而益脩之續是心于無窮則敦詩書崇禮義異時建勳庸光國家以稱喬族之實者寧不有基于今日哉若恃其宗族之盛資產之富而尚乖爭之爲以墜世法之業則非予之所敢望余

奉

旨終養己酉春表姪元楷元杓肇升羲暭等欲修譜求序於余余

以謂先相國言之詳矣似無容多贅然大其舉而諾其情故

爲不揆鄙陋述其先而戒其後者以彰譜之義云

賜進士出身晉理章奏雲南道監察御史前翰林院國史庶吉士

外甥楊旬瑛頓首拜譔文

圖例解

参山肇基自守恭公之叔子緜公始世系必及之者重本源也以國佐國輔公爲傳祖者言諸裔皆自彼而傳也以大逸溪公均軒公爲一世者據自舊譜也合宗人列爲序次而不爲圖者取身而子之義也世系惟始祖書號以上無所尊之祖也其餘書名者父前子名之義也失其名書字與行者不得已之權也不可以失名失字之故而并失其人也繼宗必立嫡庶長不得直承父下者孽子不代宗也分註庶長者伸其齒也男書女不書者重宗法也妻附書者婦人從夫之義也有貞節則特書者崇之所以勵世道古今絕烈女傳之義也改醮出醮不書者考義絕也致其夫罹罪絕嗣不書者以

其罪大不足以言配也無出有賢行則特書者嘉其淑德詩咏碩人之義也妾不書者重匹配也賢則附書者燕燕咏戴嬀春秋紀叔姬之義也有子以某氏出分註其下著著其所生也得子封蔭則書者毋以子貴也女有賢行書于附錄者春秋書宋共姬之義也宗人男子生歲元正書于小册首秋官歲登萬民生卒之義也淫穢不書者壞彝倫之恥也罪惡不書者貽族屬之禍也爲僧道不書者以其絕祖宗相傳之世也大惡既削名其子孫得書者爲我族屬也率德改行特書者嘉其克蓋前愆蔡叔既囚仲爲卿士之義也僑寓遠居則書者懼世久而相忘也有善行則特書者善善以爲勸也書終書死君子曰終小人曰死之義也其餘惟記生卒年月

娶螽子息者著其行不使名浮於寔也立後承名而書嗣子若孫某者示有紹也系聯於本生父者不忘所自也無後之書分爲三例者寓褒貶之意也螟蛉書絕惡者其亂我族類春秋書絕人滅鄫之義也五十以上乃書享年者下此尚悲其夭也已冠未娶未冠已娶無後皆書無嗣者爲其均有成人之道也年少而殤有孝悌之行穎異之資則特書者表其才質而痛惜之墳墓書處所坐向惧失迷也書搆堂修墳崇孝思也書前修譜某者不沒其功也譜册必多不得借人者慮患之周也祀堂祭田必書本末者絕其實著其迹使後人知所紹知所守也鄉賓冠帶必書者尊高年重德望也有爵必書者壽仕進也員庠食廩必書者樂英才也名人文章必

書者嘉而榮之也凡所立之例或倣經傳或以義起皆有所依據而不敢妄作以垂族之後世範夫所以治家之法與夫敎家之道於此亦必無小補云

草堂江一鯉譔

二房八世裔孫　君佐

二房七世裔孫子純

長房九世裔孫　大本

仝重脩譜

嘉靖壬戌年春桐月

譜序

我黄自守恭公入閩莅官于泉郡居捨爲佛刹四子分南惠安同四泒緜公一泒居于參山之嶺下里負三台環抱清溪拱揖乎高峯走馬旗之秀山水盤欝孫子雲礽四安科名冑盛郡中推巨族指不數屈矣迨元沙寇亂參山廟廬兵火煨燼無餘子姓族系泒離無攷惟知有逸溪公均軒公爲重興之祖者寔賴丙公添養公厚齋公懋庵公建祠修譜乃可攷焉無何嘉靖辛酉歲兵火又煨燼之極齋伯子純君佐寓目刺心謂宗廟神主已火若子姓不知有祖考何二譜簡畧紀世範族罔經何慨然奉禮幣請草堂江一鯉合二册而重脩之圖其世次叙其行寔詳其枝幹悉仍于舊而條欵之則或

紀德論功書氏削名凡例深嚴書法識悉是譜不特一本之
義明親親之恩至而尊卑之倫秩善惡之權亦定使子孫賢
者觀此而思以淑以勸子孫不賢者觀此而知所親所懲蓋
極齋伯等此舉上以昭前代之靈至孝也中以聯宗黨親親
之誼至仁也下以厚孫子淑世之權至慈也昔極齋伯等重
修此譜而吾族俗厚卒以詩書禮義稱茲元楷元杓肇升羲
暐弟復重修焉序次仍舊規模一新其本支子弟素慕諸安
子姓光榮始祖庶幾有所勸懲承流宣美夫豈獨屈諸安下
哉天之眷德必植諸裔矧素志禮義詩歌不絕嚮之派乎凡
我本支惟以天卜之以人相之無忝厥祖自有禎祥矣何問
派之富貴榮華云余敬以自賦曰

繄中州之分派兮天相我黃亦蓮苑之流馨兮花到参洋爰居爰處兮馬旗山房祖德纚綿兮永冀克昌苗裔蕃衍兮各萃一方清溪溉漬兮默產琳琅雙桂呈秀兮漸吐新芳高峯聳翠兮色映華堂期睦敦以裕後兮吾知眷者彼蒼聊重輯以光先兮俾奕禩而弗忘　旹

康熙壬子年桂月穀旦　裔孫元樑盥手頓首拜叙

黃矩翁表兄仝肇升義昀等修輯其本族譜牒既成持以告索余詩為記余思才慚吐鳳筆乏生花恐不足以揚其美然敦本睦族生八快事又屬中表素識宗派本末誼難於辭故輸索枯腸綴襲糟粕聊以白首之豬奉作遼東之獻

亭亭雙桂笑當門四望青嶂帶紫雲宅相流徽轟裏志床東往事細中論友于何處非兄弟洗典于今識父昆薰罷澁蘭長不蠹縹緗一幅古今存

清溪山水正芊綿秀色晴嵐自有天種系已經桑拓滿藏書方賴子孫賢記名記字存真譜為貶為褒永百年欲問黃家之子美文峰又復吐青蓮

裘弓世德好相承二百年來傳一燈瑤笈方添新寶樹琅函

猶載舊孫曾天其眷爾增絁緞祖亦念君錫百朋愧我未能
敷錦繡聊將霜筆寫綾繒
旹壬子仲秋朔日外甥孫楊熙冎澣筆拜題

長房十二世裔孫元棵
長房十二世裔孫元杓
康熙十一年壬子桂月　二房十一世裔孫羲暲　仝重修譜牒
二房十二世裔孫肇升
二房十三世裔孫師錫

守恭始祖繕公派
逸溪均軒爲兄弟
本昌二分雲鳳參
時元六分士子際
九世尚分叔得憲
其甫冉分十一世
十三于分一派同
從前錯雜序分明
叔兄弟姪皆可攷

前後佐輔分兩代
次三四亶同友愛
顯爲四分五紹欽
夫以君分八世彝
惟用道分十邦心
懋中呈分十二明
夫子起分十四吟
以後班定順字行
前後中宗源派清

雍正二年甲辰仲秋

十四世裔孫賢紹修序「謄」

黃氏譜例

一先爲圖以列其世次次爲誌以識其行寔其圖上自高祖下至玄孫以五世爲絕者五服之義也玄孫再絕至九世而九族之義備矣直推而上之則知源流之所自旁行而列之則見子孫之衆多

一於標題處惟始祖書號餘皆書諱字蓋將以傳於後世使人不忘不必以此爲嫌也遺名者書字遺字者書行與號

一祖父有德行事功皆當備書若宗族中有善亦爲詳述卒則書終蓋其子孫未必皆賢不爲之計則後人無所興考矣書之以示勸也

一族中有放僻爲非而玷其父祖者誌不待明書但於其父子誌

中通名而已死則書死若子孫能率德改行者特書不能改者則通削之以示懲也

一宗人在世系圖惟嫡子直承父下庶長否即於承父嫡子之左庶子名下分註曰庶長

一宗人每歲元正元日會於祠堂豫别小籍書其所生男子年月日時待三歲然後書于譜女子不書有賢行書于附録

一宗人年五十以上書享年若干未五十者不書享已娶而年未及冠或踰冠而未娶無後者皆書無嗣殤者不叙生而有孝悌之行穎異之資則特書

一乏嗣者則以兄弟之子爲後不許抱養異姓以亂宗屬蓋所以嚴立後之戒而使異姓之不得亂宗也有素行可嘉者書失

祀無毀譽書無嗣有惡行者書絕

一婦人再醮者不書於其子下書嫁母某氏生妾亦不書而因見於子曰側室某氏蓋將以明夫婦之義嚴嫡庶之分而又使爲子者之得以盡其心也若妻無子妾有子因子封蔭則書

一婦人有節義顯著者其事寔爲之詳悉特書如妬忌致夫絕嗣者削其氏

一各處墳墓皆當書其鄉村地名及向背四至以防失迷或重脩改遷記某孫重修某孫改遷崇其孝思

一誌前世者其事畧誌後世者其事詳固理勢之自然亦作譜之法也

一族譜之作上以尊祖考中以睦宗族下以傳子孫各宜置一部

以備檢閱且防遺失切不可妄借他人

一修譜以先後所修爲次第書曰某年某月幾世孫某脩仍錄前譜之序於册序後書撰者姓名及書某年某月幾世孫某謄新繼是者亦然觀閱之間何人作幾人脩皆曉然矣

以上凡例皆舊譜所立者義嚴而意善微斟酌其間敬錄編端以爲世則

一按譜圖以列世次舊譜圖自高祖至玄孫以昭五服之義又玄孫以至九世以昭九族之義法至良也但五世一更九世再更書名紀字不免重複而世遠人繁支派混錯觀者不得明白茲特取身而子之義依房列序自一世至百世俱條然不紊矣

一長幼列序明昭穆也如二房子孫年雖長不得居長房之上其叙世誌各揭世數而書之惧其久而混淆也用硃書而標註之便其後而省閱也

一按先世舊譜惟以逸溪公均軒公重興之祖爲一世而國佐國輔公雖未判其逸溪均軒公之父與祖安得闕而不録又叙守恭公而缺絲公以爲荒遠之世失譜無徵夫我黄無徵與他人適別寺紀聿徵諸安有譜今以守恭公爲始祖絲公分派爲派祖重本源也國佐公國輔公爲傳祖謂諸後由彼而傳也

一按先世一本之親分爲二幹派自逸溪公者譜逸溪公派自均軒公者譜均軒公極齋伯子純君佐惻宗黨之靡聯合二册

爲一本意甚善也但觀其譜合爲一卷仍爲二圖是合而未果於合者也茲世次相續行寔無間情斯聯矣

一按先世自絲公肇基参山傳數世至源清公坐斷指配軍利州應壽以從兄弟之親恐貽戎伍之累割爲别籍其餘再從之親與族之黨遠避高坪等處亦割爲别籍又聞上世絲公長子不得於父分居彰州等處然吾宗自逸溪均軒公以上惟知國佐國輔公二派而下故舊譜脩自前人皆遵所知國佐國輔公而外有所傳聞不敢混也

一同姓而不同宗者雖貴且富不得通認以亂宗屬

規族　四事十條

尊祖敬宗

一祖宗祠堂墳墓或有損壞直年之人須會衆共議鳩銀即時修葺不得怠緩以致傾頹

一寢廟墳塋之祭俱訂仲春仲秋直年者潔備品物行獻灌禮有爵者主之否則統之宗孫其祝文稱幾世裔孫某不得以叔兄之尊越僭其禮

一祭祀須前一日齋戒沐浴竭其誠敬以對越祖考臨祭衣冠整齊儀度嚴肅不得褻越懈怠祭畢而燕亦要雍容有儀尊卑得所不得諠譁恣肆酣醉無節

篤愛敦睦

一凡我族黨親踈雖異其寔一體而分當篤厚愛敬尊者撫卑幼以恩卑者事尊長以敬各盡其道或歲時燕享以聯其情而宜其和不得以田土之微言語之傷輙生忿怨以至爭訟夫叔姪兄弟骨肉相殘不特貽笑外人而且　罪於祖宗自今而後凡我族黨稍有嫌隙須自隱忍以省已非族之尊長亦當勸諭解釋以平其怨若乘其機間離惡成樂敗妄意唆使釀成其爭甚非孝子順孫族衆宜聲其罪於祖廟斥而絕之

崇教獎才

一子弟貴豫小學乃大學之本而蒙養寔作聖之基子弟七八歲時入小學年雖甚少所關實大不可視爲泛常須擇其行誼端正學問優深之人以爲之師庶乎有所嚴憚日就規矩不

得將社學受人請托坐爲人情使頗僻之人爲師因循苟且
養成子弟驕放之性
一父兄之於子弟知之貴明辨之貴早其資質聰敏志氣向學者
須責使之專心致志朝夕勉勵冀其成就光大門閭誠爲盛
事若資質凡庸立志不高不必強其不堪習成懶惰遄使攺
途治生以致充裕亦爲切務
一子弟業儒父兄須時稽其勤怠使之知所畏恐不敢放逸又不
時集之公所命題作義其稍可進者貴辨紙筆充賞誘掖獎
勸使益喜於學亦勉進之一機也
一宗族子弟有不守本分事事過舉賭博爲非貪滛樂禍交結奸
徒俱能身貽患族長須會衆開陳利害以曉諭之使之朗然

覺悟冀可改行從善若屢諭之不悛聲其罪於宗廟以責罰
之責罰之不悛則治之以官

務本尚儉

一宗人子弟或治儒或治農或經商事雖不同皆爲本領要務須
當專心勤行以成其事不得優游歲月浮蕩好閒若不務本
領工夫而一於騙逐官司或圖作錢糧收頭或營謀錢糧解
戶俱能累宗族須會衆沮止或聞之官毋得姑息因循

一凡我族人有嫁娶大禮亦須量入爲出稱家有無不可過於侈
靡以致彼此交疲至送死之禮必誠必慎緣分盡職依文公
家禮不必妄信浮屠侈作佛事無益於死者之事而坐疲困
生者之力

紫雲黃氏譜序

竊惟物本乎天人本乎祖吾宗黃氏諱守恭公人皆稱爲長者李唐發官于泉所居之宅嘗有紫雲盖地唐垂拱二年盡施爲寺即今建尊聖閣大悲殿開元寺也時有聖僧求化此地朝來暮往慇懃日久公曰爾不化吾庄田欲化吾地也何爲僧曰地可建大悲閣也公曰欲求若許僧曰求乃一袈裟位似乎無幾遂慨然許之僧乃以袈裟豎於竿末影掩其地剩無餘寸公曰爾毋乃欲盡吾地耶戲之曰我後園有桑樹三百餘株能開蓮花我將二百六十庄田併此地盡舉施之僧與公同視桑樹向去越數日復來僧曰桑樹已生蓮花矣請長者往觀之公愕然僧忽爾而去後無踪跡公卧在床三

年不起蓮花盛開三年不絕呼四子言曰此僧非常人也譜欲以榜帖張掛备街拜尋所之公言纔出其病遂愈明早即遇諸塗公四拜謝曰願如所言僧曰長者誠有是心耶公曰有之僧受其地深沐厚施將四子分適四安即今南惠溪同科甲聯朗奕葉競秀從此相繼不衰云

泉州西塔記

初號仁壽塔五代梁貞明二年戊申建先時地湧者數尺俄有神僧浮海止於寺適　閩王審知於大都督府造木塔塔成沉而湧泉泉者泉也可移鎮去泉州夜夢一僧白貌高湧數尺王覺以物色求之泉人泉人云有遊風和尚今乃去矣王乃以木楨浮海止於泉建塔明年成號無量壽塔宋政和甲午十月十日有青黃光起塔中高侵雲須臾五色質明乃滅有司俱奏賜名仁壽塔紹興乙亥災淳熙間僧了性再造復災僧守淳改造磚塔紹定元年戊子僧自證始易磚為石頂藏金銀諸寶規制一如東塔而圍廣殺五尺高減乙丈五尺五寸而壯麗聳拔則相伯仲也蓋嘉熙元年始竣工實先

東塔十一年而成萬曆戊子颶風大作塔竿壞金頂墮地優婆賽傳明智併修下際扶欄若干所遡木塔肇基至萬曆廿五年計七百六十年石塔迄今四百四十三年又萬曆甲辰十月初九酉時地大震異常之動東塔角小墮西塔角大墮衆僧請詹仰毖爲首募衆官捐銀脩理寶塔依舊團圓時脩理歌曰一八一文千八一貫八人喜捨寶塔團圓詹仰毖係生員乃刑部侍郎詹仰庇之親弟素性喜捨

祖識吾今造斯塔厥位鎮成夷地免黑人奪又免白人爭木塔重豬禍方見大門庭老鼠騎牛背甲馬至鷄鳴魔軍張赤幟神龍涕淚零歲滿五百載高八丈間生攬之不濁澄之不清此是黃字姓此是江夏名甲子一週後方聞斧斤聲龍蛇聚

會天下太平

瞻仰庇詩

鴈塔生輝縹緲端淩虛絶頂結金員精光燗爍空中見紫氣

逍遥塞外塞過鴈忽驚明月墜戲龍曾設寶珠看欲擎九天

慙無力萬古孤高一點册

乾隆戊戌年春正月四安裔孫造祠公議修建造廟中有欲放水之處免致穿入寢室衆不敢許諸爰是久虔請

始祖守恭公神祈求指示公乃命南臺子辦理題詩南臺子非他即季巖公季巖公到吾前卯月有奉長者嚴命驅車到我堂

拜候

眞君請教祠宇基址如何辦理

眞君迎駕可也作詩而去　眞君到論行龍到頭入手堂局水向各致禎祥其所云穿入寢室者是取三合旺相作法無以復加稱羨不已作詩以賀長者守恭公詩曰

垂拱端居任此宗門楣重整發薰風欲瞻銀邑支支秀壽願錦田處處芳溪水泉音何不俗南關瑞草有餘光子孫若得

依神語更有聲名耀我黄
本是臺中隱士人却留此處作功神南來薰味祥非浅北向
同雲福盖臻溪澗長流先浪遠惠山秀茂美峰新性學理論
尊宗德本本水源可不寅
南臺子季嵌氏題

水高三尺井泉香桑樹生蓮在此中八吉又興開好彩四安
復發大禎祥飛騰白鴿千年慶頂上紫雲萬古長茹茅彙征
隨處處贊纓奕世水流光
吳真人題

參山八景詩序

萬物本乎天人本乎祖祖宗軼事最宜載明我紫雲族盛枝繁難以勝紀而參山本房族譜業經修輯其自國佐國輔公以上不可盡知者仍脩遺以俟考訂其自國佐國輔公以下得以推詳者悉著明以便觀覽軒幸修譜頗明一詞未敢更贅偶念參山景士忽忘秉性顓愚妄題八景勝槩并賦四句七言自知布鼓不當雷門敢擅驅濤以謗倚馬第思勝景有闕子姓竊修皃詞以誌不忘俾高明之士閱而政之亦知軒之忘固陋者無非為千百中之助云爾謹列參山八景并詩八首於左

元龜出水背高堂遠映參巒勝槩芒古地于今新肯奂露甘

垂紫拂蓮香　龜峯古地

崚嶒石下一嵌空不是人工是化工九日登臨舒逸興好將萸酒步高風　登高嵌石

鳳陽飛錫構爲廳寶地依稀遞美銘想得當年雲繞紫何時輪奐振芳馨　鳳陽錫廳

層巒聳翠勢飛揚恰似王師建太常臚列屏藩成北鎮騰騰躍馬擁參鄉　馬旂雙揚

古田壘寨拂雲居四望淩空勢險如皆自何人爲堡守于今清晏永爲墟　古田雲居

崎嶇路轉龍王廟水潭潺湲潭石峭禱雨精誠動化機流傳聖蹟空憑弔　龍潭古廟

曾步崎斜到嶺參嶺參亭掛碧雲曇客來駐足題佳韻淨乃
塵心念海南　嶺參南普
清溪水汎不留渟磊落溪頭耀七星自是中流成砥柱遮傳
千古誌香馨　星石砥柱
廷軒敬書

譜中辨疑

纂修族譜當詳所知而辨所疑蓋所知不及載詳則後世之傳愈遠愈失其真而有疑不及細辨則傳訛日久或誤以非爲是故辨疑不可不慎也　我祖守恭公唐垂拱時人正春公宋紹定時人自垂拱至紹定間四百餘年自守恭公至正春公止載七代年多而代少世系之遺落者多矣此可疑而未及詳者一也　細按抄譜系次及前朝王紀甲曆孟仁公移居參山疑非葛盤故地水漂後也蓋自孟仁公至均軒公譜中已載六世自祥興二年水漂之年至元至大戊申均軒公誕生之年止有三十年何世多而年少也如果族譜世系無差則孟仁公應在宋中時人移居參山不是故地水漂後

矣如移居果是水漂後則移居者不是孟仁公矣非世系有
差即絶移居先後之年有誤此可疑而未及詳者二也
軒承先伯叔及父親仁正公遺命道葛磐一派舊譜爲寇所
焚後自科名抄來軒從芸窗稍暇即苦心細按族譜不敢以
已意妄決所疑亦不忍以所疑者隱而不彰歷辨數言以俟
考訂後之子孫賢而有志者果能念水源木本之重思尊祖
敬宗之隆搜羅幾徧幸得葛磐舊譜眞傳上自綱公下迨國
輔公生卒墳墓世系詳明則存没均慰其有功於
宗祖也豈浅鮮哉

乾隆叁拾年乙酉臘月鎮撫派裔孫廷軒按譜辨疑謹筆登記

勝朝重遭兵燹譜既淪沒後來脩譜者絅公而後徑接以國佐國輔茳不知有十二代之祖并割去羅溪科名二派是猶撥本披枝塞源遏流也又烏乎可夫不知者闕之可也武斷則非矣後來參互摭拾得十二世相承之緒與夫旁治下治之列以年代按之不甚相懸而宋代登第之祖伯叔先後亦有可考洵屬不誣云

族譜小引

自古國有史而家有乘史以紀一朝之事實乘以叙一族之譜系雖小大頓殊而撰諸尊尊親親之義其致一也粤稽上古之世有五龍其兄弟五人曰黃伯黃仲黃叔黃季黃少並有羽翼分理九州其時氏族未定固無攸考矣黃氏之姓實由顓帝玄孫陸終之後別封于黃至乎春秋會與葵邱之會其後見滅于楚子孫散處以黃爲姓戰國時楚有春申與孟嘗平原信陵等稱爲四君顯名諸侯迨乎漢代潁川第一之最江夏無雙之謠器量重汪波之評違讀雪虛聲之誚後先輝映何彬彬也我　祖自晋代元方公入閩因官避居於侯之烏石山地號黃巷元方以下或顯或晦官周朝青錢學士

者非其九世孫之滔乎官隨文帝時而爲晉安司法叅軍者非十世孫之冲乎越十二世曰崖曰岸岸公仕唐嗣聖朝按嗣聖唐中宗年號嗣聖三年丙戌即武后垂拱二年爲　我祖捨宅建寺之年而别譜又云居開元曰守恭居城隍口曰守美居莆田曰守寬則崖岸二公或守恭或守美或守寬之諱爲兄弟之行未可知也疑以傳疑亦等諸夏五部公之例而已而捨宅建寺分子四安之爲守恭公無疑公忠厚長者樂義好施爰致神僧感桑蓮紫雲之瑞詒後于四安之邑叔子綱公肇始安溪葛磐及乎宋代三世五進士洵不失詒安家聲歟越在中葉里居水汎啟緘來參至翕宣公著代有四長曰國佐次曰國輔在參分居三曰有年後徙晉江羅溪四

日有代後徙本邑興二里科名鄉此四支者或立宗于異地或分房於本處各紀其譜亦有出而共議時䟽難以具載而中後實屬該房念前朝譜燹于寇無由脩悉其邇者本處盈賊引南匪焚掠又丁一厄丙寅丁卯年間前長房已自修譜而我二房分析散處生齒稍繁昌替不一不有人焉起而修之不幾數典而忘以徐爲李乎予輝叔孫來甯世政姪懼其久而愈湮也因共議脩譜各派彙叙合而訂之使昭穆不紊而生存卒葬不致無考庶幾族人能知少長之序敦齒讓之節焉計現在人數蓋有七八千指雖分派以來間有散秩與夫入泮遊雍之人纍世不絶而未見擢科第居顯爵其有愧于祖實多豈其時尚有待乎抑我輩等之未立志耶自兹以

往尙其體祖宗之心由至親以及别派由别派以及一本因和致祥以善而昌俾敦詩說禮書香大振則此譜之脩不爲無助矣至若眉山氏之譜序匪敢擬也文正公之義田安所期哉不揣疎淺謹弁其端

嘉慶戊辰年昃月上浣　裔孫大慶敬識

開基開元始祖

長者守恭公字國村生卒年月俱失公自唐垂拱間由光州固始縣而來蒞官于泉遂籍於此焉按公爲人慷慨樂義仁厚好施有僧詣門求所居屋欲蓋禪宮公戲之曰吾後園桑樹能生蓮花即與汝也越數日復來請曰後園桑樹已生蓮花請長者往觀之於是果有白蓮之瑞三年盛開不絕公嘆曰此僧非常人也遂以所居屋併二百六十庄田盡捨化之即今開元寺是其故地云厥後聖僧沐其厚施乃擇地郡城西門外琴屏山之陽而葬焉即今四安始祖之墓是也子孫立祠於開元之東每年二月十八日春祭於祠立冬則祭於茔永爲檀樾不祧之主焉四子僧各示以爰居之處焉長子經居南

安蘆溪埔頭次子居惠安錦田三子居安溪葛磐後居參山
四子居同安坑柄四子所居異邑別爲各派皆孫枝競秀奕
葉聯芳豈非公重義樂施之厚報哉　妣司馬氏
子四　經　綸　綱　紀

四安長者黄公墓誌銘

公光州固始縣人來仕閩泉由顯而晦三世至公惟公諱守恭
國村其字譬如善根宜種寶地既種既成靡公靡鄉付之鄉
評長者是稱道途弗平長者所布饑夫弗飽長者所哺死八
十四歲四子九孫八見其孫如長者存松洋之山鐵石不朽
後百千年鬼佈茲刻
紹定八年荆溪里人吳子良頓首拜譔

長者墓在南安縣潘山琴屏山對面每歲立冬日祭

匡蘐檀樾聯

佛家香火年年炎

黄氏孫子代代興

開基安溪葛磐始祖一世

唐封車騎將軍綱公字善感號幽軒　守恭公三子因守恭公居屋與庄田盡捨化爲佛寺聖僧將四子分適四安綱公第三分在安溪分時聖僧授以錦囊示勿妄開公始來安溪其先居則在葛磐惜前脩譜失葛磐一派祖公名字公及妣王氏生卒年月俱失墓合葬安溪縣東門外鳳山之麓土名後塘嶺腳大灰墓坐亥向巳兼壬丙穴號猛虎渡江至同治年

間裔孫貽楫等監墓道於轅門崙聖泉井路邊以垂不朽

子一　良謀

公墳前同治壬戌彼尾寮林公孫築屋蔽塞戕傷武生黃以中等赴縣主　趙呈控蘆溪武舉黃逢吉等以滅碑蓋屋呈控至丁卯年二月間縣主　羅堂審諭請邑內訓導吳道南出爲勸處斷林公孫厝右畔邊房過水角間三間一連折去經註在案時邑主督監墓道於轅門崙聖泉井路邊完案越後公孫狡緩僅將邊房折掘畢下任差推趕不折至七月羅蒞任新邑主　[illegible]榮任武生黃脩道童生黃懋原等在羅渡攀興以達斷續控蒙批　查此按業經該武舉等會公調處取具兩造依結完案如果林公孫復翻前議不將邊房等屋

折卸殊屬逞刁着仍邀原理公親調處息訟如林公孫再敢抗違准即請飭差押折經承王朝明官後之子孫賢而有志者須當出頭續控照按押折方好對越祖宗於地下時當記譜恐其年湮失憶故登載以垂不忘云

葛盤二世

良謀公字號失　綱公子生卒年月失

妣王氏生卒年月失墓合葬在坊里深丙中崙小嶺大路下灰壙穴坐寅向申兼甲庚

子二　長廷章　次廷業

葛盤三世

廷章公字號失　良謀公長子生卒年月失公與弟廷業公合

塟永安里閭巖致場尾鄉路田龜山
妣王氏生卒年月失墓候查
子二　長金瑯　次玉瑯
廷業公字號失　艮謀公次子生卒年月失墓與兄廷章公合
塟永安里閭巖教場尾鄉路田龜山
妣謝氏生卒年月失墓俟查
子二　長華瑯　次珍瑯
葛磐四世
金瑯公　廷章公長子
妣謝氏
子二　長元艮　次元善

玉瑯公　廷章公次子

妣王氏

子二　長元揚　次元薦

華瑯公　廷業公長子

妣連氏

子三　長元琛　次元樑　三元棟

珍瑯公　廷業公次子

妣劉氏

子五　長元英　次元傑　三元正　四元楷　五元標

葛磐五世

元良公　金瑯公長子

妣殷氏

子一　正春 進士

元善公　金瑯公次子

妣陳氏

子一　正果

元揚公　玉瑯公長子

妣沈氏

子一　正盛

元薦公　玉瑯公次子

妣高氏

子一　正芳 進士

元琛公　華瑯公長子
妣何氏
子二　長正烺　次正香 乂

元棵公　華瑯公次子家素封時在寧宗慶元元年安溪縣知縣趙諱師戩建龍津石橋捐於公公有金鎔鑄壹塊時即題壹塊不告輕重縣令怒其捨刻容囑匠人造橋頭射其居宅
妣王氏
子一　正成準

元楝公　華瑯公三子
妣周氏
子一　正吉

元英公　珍瑯公長子

妣劉氏

子二　長正清　次正明

元傑公　珍瑯公次子

妣　氏

子一　正琰

元正公　珍瑯公三子

妣　氏

子一　正嘉　移居福州

元楷公　珍瑯公四子

妣　氏

子一　正光

元標公　珍瑯公五子

妣劉氏

子一　正大

葛磐六世

賜進士出身任主簿諱始振號正春公　元艮公子登宋紹定

巳丑科進士捨財倡建縣之西隘門

妣宜八陳氏

子二　長朝用庠生　次朝貴進士

正果公　元善公子

妣林氏

子一　朝隆

正慼公　元揚公子

妣邱氏

子一　朝琛

賜進士出身諱商揖字築翁號正芳公　元薦公子登宋紹定

壬辰科進士公明周禮爲經學師官順昌知府自造縣隘門

妣孫氏

子二　長朝燦　次朝旺

正烺公　元琛公長子

妣江氏

子一　朝計

正香公　元琛公次子

賜進士出身諱甫孫號正成公　元樑公子登宋嘉定庚辰科

進士官富州知府捨財恤民士民咸稱仁慈爺

妣謝氏

子一　朝尊

正吉公　元棟公繼子

妣謝氏

子二　長朝顯　次朝榮

正清公　元英公子

妣　氏

子一　朝錄

正璣公　元傑公繼子
妣　氏
子一　朝爵

正嘉公　元正公繼子
妣　氏
子一　朝儀

正光公　元楷公繼子
妣　氏
子一　朝宣

正大公　元標公子
妣　氏

子一　朝寵

葛磐七世

庠生朝用公　正春公長子

妣謝氏

子一　學貞進士

賜進士出身諱廷瑞號朝貴公　正春公次子登宋開慶己未

科進士官潮州刺史

妣氏

子一　學優

朝隆公　正果公子

妣謝氏

子一　學德

朝珠公　正盛公子移居彰州府

妣張氏

朝燦公　正芳公長子

妣葉氏

子一　學周

朝旺公　正芳公次子

妣陳氏

子一　學知

朝計公　正烺公子

朝尊公　正成公子

妣王氏

子一　學高

朝顯公　正吉公長子外出

朝榮公　正吉公次子外出

朝錄公　正清公子移居江西

朝爵公　正琰公子

妣　氏

子二　長學聖　次學孔

朝儀公　正嘉公子

妣　氏

子一　學賢

朝宣公　正光公子

妣　氏

子一　學智

朝寵公　正大公子

妣　氏

子二　長學乾　次學坤

葛磐八世

賜進士出身諱縈甫號學貞公　朝用公子登宋咸淳乙丑科

進士因功叔廷瑞公任潮州刺史獲俸千餘不置產業議爲

造橋之資焉

妣宜八李氏

子一　文範乚

學優公　朝貫公子贅於彰州府賴家

學德公　朝隆公子

妣　氏

子一　文懿

學周公　朝燦公子

學知公　朝旺公子

學高公　朝尊公子贅於廣東惠州府南門薛家

學聖公　朝爵公長子

學孔公　朝爵公次子

妣　氏

子一　文岳

學賢公　朝儀公子

學乾公　朝寵公長子

學坤公　朝寵公次子

學智公　朝宣公子

葛磐九世

文範公　學貞公子

妣謝氏

子三　長孟仁塵　次孟義塵　三孟信塵

文懿公　學德公子

文岳公　學孔公子贅於仙遊縣

開基參山始祖十世

廪膳生孟仁公　文範公長子因故地水漂遂移居于參山嶺下應聖僧錦囊中興起紫雲新雨露徘徊參嶺舊山川二句公本學廪生善屬文閩中碣碑多出其手

妣殷氏合塟埔墘御史橋坐乙向辛兼辰戌

子一　仲春

廪生孟義公　文範公次子因故地水漂移居建寧府

廪生孟信公　文範公三子因故地水漂移居彰州府東門外

公本學廪生才學稱於當世

按綱公始分派安溪計至孟世甫有十世孫衍亦頗繁賾出仕者槩見素封者聲世緣橋頭射宅以後地脉寖衰間有無

傳者或遷居外府者雖其故址猶在居此巳寡至宋帝昺祥興二年仲春葛磐故地爲洪水隨波橋亦緣以而圯於是黃氏子孫散處更盡故蹟靡有孑遺矣橋圯亦久至天順四年邑人李森修之又圯艤舟以渡萬曆二十九年知縣廖同春就於下流東阜造浮舟十餘艘萬曆三十五年知縣王賢卿仍於龍津故處造二十餘艘自是東西往來得遂

十一世

仲春公　孟仁公子

妣謝氏

子一　季成

十二世

季成公　仲春公子

妣林氏

子一　子履端

參山十三世

履端公號翕宣　季成公子

妣莊氏

妣殷氏考妣合塟永安里北石鄉土名敎場尾寨脚灰壙穴

坐巽向乾兼辰戌

子四　長國佐　次國輔　三有年　四有代

參山十四世

國佐公字覺廉　履端公長子居參山前厝

妣　氏

國輔公字覺禮　履端公次子居參山後厝中厝

妣　氏

有年公字覺糾　履端公三子居南安溪頭後遷晉江大羅溪

妣　氏

有代公字覺才　履端公四子移居茬嶺後遷科名

妣　氏

按有代公履端公四子惟公居少其參泮故宅前厝乃公祠址宅坦巳久尚未興建而於茬嶺移居之後年遠忘其故蹟

以上生卒年月及墳塋俱無考

按安房開基始祖綱公黃氏大宗紹復堂記

竊維追遠報本宗廟爲先繼志述事纘修最要我安房自唐垂拱分建葛磐科甲蟬聯人文蔚起至宋紹興二年仲春葛磐水氾宗廟馮夷幸得聖像錦囊遺讖爰啟宇於參嶺之下子孫昌盛聚散實繁或徙居外府或分居外縣或移居外鄉實難枚舉在參居者僅有國佐公國輔公二派迨後運厄兵烽堂變禾黍然廟宇雖壞基址尚存由至國初先人肇修石堂宮就後四垂先將後房厚齋公牌位進入遂創建樾檀祠進綱公國佐公國輔公四位樾主歷年煙祀適逢光緒壬午宮廟傾頹閤境仝議重修原等每念吾祖無宗廟何以妥先靈爰是集衆妥議將宮地徙進前丈餘於是得建上下兩進

幸吾祖英靈科名派探花及第名貽楫號罍川狀元會元名墒崧號菊三仝來參謁祖殿掛旂匾衆等請二位出爲首董各派勸捐但上京供職廹緊是以再委請舉人名爾漚號蓮初令祖生員各士鳳號靜夫出爲首董勸捐就光緒癸未冬起盖至乙酉夏陞進梲王中堂分爲三龕中龕號曰紹復堂進始祖縚公至參山十四世牌位左畔號曰尊爵龕進歷代縉紳授正印者准以牌位進入敬先達以策後進也右畔號曰報功龕進有功於祖并捐白金壹百弍拾員准以牌位進入崇有德而報功余念祖宗基業恐爲湮沒無事雕龍繡虎之筆用伸據事直書之言俾後世子孫閲而正之未始非尊祖敬宗之遺意云爾

十八世裔孫懋原謹誌

一世　國輔公　覺字匋　二世　均軒公　龍字匋
三世　應壽公　昌字匋　四世　淸溪公　隱溪公
鳳字匋　五世後房　中房　顯字匋　六世後房
紹字匋　中房　欽字匋　七世後中房　元字匋
八世　後房長　淸字匋　字際字行　後房二　中字匋
字子字行　中房　賜字匋　字子字行　九世後房長
願字匋　字以字行　後房二　中房　廷字匋　字君
字行　十世　後房長　龍字匋　字得字行　後房二
尚字匋　中房　憲字匋　十一世　後房長　光字匋
字用字行　福水派　天字匋　字道字行　中房
魏字匋　字邦字行　十二世　後房長　啟字匋　字其

字行　福水派　明字匀　字其字行　中房　經字匀
字冉字行　十三世　後房　弘字匀　字中字行
福水派　文字匀　字鍾字行　中房　呈字匀　字肇字
行　十四世　後房　水福　仝可字匀　字于字行
中房　士字鳳字　字于字行　十五世　後房　輝字匀
字子字行　福水派　光字匀　字子字行　中房　胤字
匀　字夫字行　十六世　後房福水　仝孫字匀　中房
光字匀　字侯字行　十七世　後房　世字匀　敃先字
字世字行　中房　世字匀　敃先字　字君字行
十八世　後房　懋字匀　敃人字　中房　士字匀
敃人字　十九世　貽字行　二十世　禮字

雙井公分派詩

駿馬匆匆出異方　任從隨地立綱常
年深外境猶吾境　日久他鄉即故鄉
朝夕莫忘親命語　晨昏須薦祖宗馨
但願蒼天相庇佑　三七男兒寖熾昌

開元祠守恭公四子分居南惠安同自唐迄清歷年已滿乎千餘傳代曾經四十零各房字句參差不同遂無昭穆之分別迨至道光年間裔孫濬川即再新編律詩六韻爲六十代字句從守恭公算至三十一世改作先字句今將律詩備載于左

先人貽禮則　奕世種書田
文章昭國瑞　忠孝本家傳

行達明新學　修身德性堅
安分躋仁壽　謙光樂太平
多福其自取　丕承乃後賢
以斯善繼述　振繩億萬年

起榮公墓圖

公生平慷慨善事樂為鄉里有爭排難解移卒塟本里土名盤蛇中崙田墘脚坐南向北後康熙年間用骸棺公媽遷徙同塟于南邑廿一都鋪頭鄉土名水磨崙坐巽向乾保此風水及山係承買傅家東西四至俱各備載歷管無殊延同治九年南邑廿一都福水鄉林彌郎林妝郎等前來争議云此山傅家業經典賣與林若欲清墓米及巡顧風水皆林家事耳即立山批一紙付執為據復認他為主約墓米每年四拾文依例清還其風水山塲就付林家照顧經管不許外人争奪戕傷倘被風雨崩流栢木遮蔭聽其所伐脩理不得異言阻當謹將墓圖列於前

大清光緒丙戌年菊月　日裔孫才禮謹誌

後祖宇隱溪公支詞誌

從來士君子之營室家宗廟爲先水源木本子孫之持守勿忘我種德堂坐申向寅兼庚甲迨庚申被焚至丙寅重建坐向依舊後面及左右縮入雖規模較小然於風水似爲得體其於前進承買契劵載在譜中以垂不朽

後祖祠下落門口庭承買契抄

立賣契姪常仲梁英有應分地基壹所坐后房祠堂前東畔大房直頭及邊房地基又及廳後正廳石庭至前落及門口庭各壹半地基石階在內後至祠前前至面前墻南至戌叔分地爲界北至堦墻爲界因欠銀納糧托中就與後房瞻叔等賣出圓銀肆兩正銀即收訖其地基載租壹秭配官米壹

㪚即聽收割入戶永爲己業其地聽起蓋或開築不敢阻當
保此業係自己物業與別房無干如有不明係仲抵當不干
叔之事今欲有憑立賣契爲照

中人陳明

日仝立賣契姪常仲　梁英

康熙陸年拾月

仝立賣契姪其郎顯使聘使富使瀰郎逵生佛生元官宜官
等有承本房戊叔西畔破厝弍間廳庭及外庭地基各壹半
年載地基租壹梍配官米壹㪚坐后房祠宇前戊叔在日已
典與後房亥叔上今被風雨損壞勢將崩折恐神主無依公
議於埔尾崎脚築小廳一間以安戊叔神主欠銀費用將此
破厝二間廳庭及外庭地基再就與後房祠宇內歸一賣起

圓銀三拾兩正銀即收訖厝願自折卸其西畔一切地基廳
後房起蓋前落及築外庭不敢阻當保此厝及地基係本房
物業與別房無干亦無重典他人爲碍如有不明姪等抵當
不干叔之事其米聽其收割入戶承爲己業不敢異言今欲
有憑立賣契爲照　并繳古契三紙再照

計開四至　後至后祠乎前　前至面前墻　南至中祖厝分地
北至後房分地

中見服即

乾隆伍年捌月　日仝立賣契姪　聘使　彌郎　宜官
其郎　富使　元官
顯使　連生
書人佛生

立賣契人姪崁甫有承父房屋半座坐后房祠宇前甫應分得大房壹間邊房壹間廳壹半門窗戶牖瓦桷俱全及西畔地基一完因欠銀納糧托中將房廳及地基送就與後房亥叔等賣起交輪公銀伍兩正銀即收訖屋及地基認回居住年約納厝租粟陸棧時春秋二季備好粟交納不敢短少如是無粟將房廳聽亥叔前去折卸地基聽其管掌為業不敢阻當今欲有憑立賣契為照

中人添叔

康熙四年正月　日立賣契姪崁甫

參山二房派黃氏族譜

本房傳祖一世

國輔公字覺禮　翁宣公次子生卒年月俱失原墓與國佐公全塟本處桐坑邊四面開耕僅存一堆金内記曰國佐國輔俱係翁宣公子萬曆間被水派懿誠公倡首將國輔公遷塟龜眼乾隆乙酉冬鎮撫派廷軒敬立石碑勒字曰參山國輔黃公六字以誌不朽

妣賢氏號及生卒年月失塟蟠蛇右眼

子四　功顛　次顛　三顛　四顛

二世

功顛公字寵榮號均軒　國輔公長子生於元至正戊申年吉

月吉日吉時卒洪武丙寅年吉月吉日吉時享年七十有九

葬本里馬坑口黃林坪號真武踏龜穴坐庚向甲兼

妣孺人李氏二娘生於元至正庚戌年吉月吉日吉時卒於

洪武壬戌年艮月艮日吉時享年七十三葬本里大垻頭土

墳俗號蛇形穴坐巳向亥兼巽乾

子三　長伯麟　次應壽

次頭公　國輔公次子　妣　氏生卒年月俱失

子一　存誠

三頭公　國輔公三子　妣　氏生卒年月俱失

子一　友連

四頭公　國輔公四子　妣　氏生卒年月俱失

子一　宗發

二房三世

伯麟公字昌麒　均軒公長子廣田業增屋宇晚年視姪猶子真有純古之風生于元甲戌年八月十五日辰時卒于洪武辛未年十一月十八日未時享年五十八
娶李氏生於元甲戌年二月廿一日未時卒于洪武丁丑年十二月十九日申時享年六十有四合葬留坂土名尾墓頭穴坐壬向丙
側室謝氏葬本里眉田後山穴號飛鷹撲兎
子二　復宗

應壽公字昌齡　均軒公次子生於元至正丁丑年三月初九

日寅時卒于洪武辛亥年四月廿八日午時是日葬本里洋

荷內嶺兜俗號蓮蕉蓋金龜是也

娶孺人顏氏諱原娘生于元至正戊寅年九月廿四日巳時

卒于武洪丁丑年二月初五日辰時享年六十葬本里因頭

橄欖樹兜路下即今軍墓傍坐　向

子二　長桐童　次桐仕

存誠公　次亶公之子無嗣永樂十年桐仕承繼　子安生

友蓮公　三亶公之子　妣　氏

子二　長烏　次端恩貢生俱失傳

宗揆公　四亶公之子　妣　氏

子二長子

二房四世

庠生復宗公字號失　伯麟公子生洪武丁夘至正統六年鬻
册誌載年五十五卒年月失墓葬教海寺内後被謝景洪盖
屋前𢿱塞
娶李氏生洪武壬戌年卒年月及葬俱失俟查
子二清無傳

桐童公字安鳳號隱溪　應壽公長子後祖祠一世生於元至
正乙巳年七月十三日戌時卒于宣德癸丑年十一月廿二
日申時享年六十有九
妣龔氏諱㴻娘生于元至正癸夘年十二月十八日戌時卒
于宣德癸丑年九月初十日申時享年七十有一正統二年

仝塟本里仁段山坐寅向申兼甲庚俗號孩兒坐地是也

側室　氏生卒年月塟失俟查

子三　長廣初　次訓初　三文歷出

桐仕公字廷鳳號清溪　應壽公次子中祖祠一世生洪武辛亥年正月十六日寅時卒宣德巳酉年三月初六日亥時享年五十有九

娶孺人褚氏生洪武乙夘年三月廿七日吉時卒宣德巳酉年正月初六日亥時享年五十五合塟黍山朱舍崙號似青蛇坐庚向甲

子一顯隆

安生公　存誠公子生卒年月塟處俟查

烏公　友連公長子生卒年月葬處俟查無傳

恩貢生端公　友連公次子生卒年月塟失俟查無傳

子公　宗發公子　妣　氏生卒年月及塟俱失俟查

子二　佛觀　佛眞

後房五世

清公　復宗公子　妣　氏生卒年月塟俱失候查

廣初公字顯徵號慱齋　隱溪公長子生洪武甲戌年十月初八日丑時卒正統壬戌年三月廿二日未時享年五十有九妣吳氏諱眞娘生洪武辛巳年三月初四日巳時卒正統癸亥年八月廿一日酉時享年五十三公暨妣與福水樂水公合塟本里十段山孩兒坐地坐寅向申

子一　代公

訓初公字顯潛號聚庵　隱溪公次子生洪武戊寅年六月十八日未時卒正統甲子年六月初四日申時葬本里占石山兆埔土墳俗號飛鴉落洋是也

娶陳氏　生洪武己卯年七月十三日辰時卒成化乙未年十月初六日吉時享年七十有七

側室陳氏　生永樂辛卯年卒成化甲午年十一月初九日巳時合葬本里巳山占石灰墳格俗號覆地虎是也

子三　長昶陳氏出　次添生出繼　三添祖陳氏出。

文公字顯章號敏齋　隱溪公三子生永樂癸未年七月初四日寅時卒正統　年吉月吉日吉時葬占石巳山古坟有

隣壠二陳氏灰墳內崙
嗣子一　添生
興齋公字顯隆乳名旺官　清溪公子生永樂丁亥年五月初
三　巳時卒成化戊子年六月初三日吉時享年六十有二
娶孺人馬氏諱妙春謚淑德生永樂癸巳年正月廿九日子
時卒弘治甲寅年正月初五日申時享年八十有二墓合葬
本里兩港形號紅蝦出海坐　向
子一　祖榮
佛觀公　子公長子　娶　氏生卒年月及葬俱俟查無傳
佛眞公　子公次子　娶　氏生卒年月及葬俟查
子一　外生

後房六世乾坤派

代公字紹基號友義　惇齋公子生永樂已亥年十一月十六
日午時卒成化丙申年二月廿二日辰時
妣林氏號慈懿生永樂甲辰年十二月十九日戌時卒正德
丙寅年九月初二日午時享年八十有七
側室龔氏生宣德已酉年正月十六日午時卒正德丁卯年
七月廿一日未時享年七十有七成化丙午年公暨妣林氏
庶妣龔氏合葬本里員潭鄉湖尾前灰壙坐艮向坤
公爲人積善施惠重義輕財林氏冰節懿行　邑乘郡史俱
誌其事曰林氏黃代妻適代未有子爲置妾龔氏生子琮而
代卒林氏年方二十七歲及琮娶婦謝氏生二子琮卒嘉靖

癸巳年謝氏被執卒之年二十有六林氏撫孫睦族捍衛外侮有丈夫之風其曾孫願孝爲邑庠生又曾孫願孝婦謝氏亦四歲另又罝兵荒之季拮据撫孤冰清孽終世人稱黃門三節

其像曰不忮不妬以衍人之祚能捂能捍以益家之釁慈子育孫以黃氏之門其所不幸者當身而寡以悍而至今子子孫孫勿替念之者謂其廣勝嗣而撫孤嬰也

女孫婿賜進士翰林院編修大司空何喬遠譔

子一　琮公

昶公字紹光　顯潛公長子生宣德丙午年十二月廿七日時卒景泰乙亥年八月廿九日吉時

娶徐氏　生嘉靖壬午年　月　日　時卒年月失後
遷塟馬坑祖妣謝氏右畔
子一　雄

添生公字紹嘉　顯潛公嗣子生宣德辛亥年十一月廿三日
吉時卒景泰丙子年十一月二十日吉時塟本里留坂尾浮
桴形
嗣子一　閏

添祖公字紹興號慈齋　顯潛公三子生正統戊午年十二月
廿三日卯時卒弘治乙丑年五月廿六日卯時享年六十八
娶孺人謝氏號貞淑生正統己未年六月初九日未時卒成
化庚子年三月初五日未時塟本里馬坑向高田峯

繼娶詹氏生正統乙丑年六月十三日子時卒弘治　年
七月廿八日　時合葬本里占石山兜灰墳坐艮向坤
子六　長瑤　次閏出繼　三隣謝氏出　四鳳育生　五雄出繼
六傑詹氏出

祖榮公字欽哲號濬文　興齋公子中祖祠三世生宣德乙卯
年五月十五日卯時卒成化丙戌年七月廿一日未時葬本
里黃林坪眞武蹐龜近在均軒公墓下坐庚向甲
娶孺人吳氏諱夫玉號淑德生正統壬戌年正月初五日丑
時卒成化乙酉年十月初一日未時葬参鄉消壠底形似倒
地金鈎坐丙向壬兼巳亥
子一　恭公

外生公　佛真公子　娶　氏生卒年月及塋舊譜無誌

　子二　嵘公　畏公

　後房七世乾坤派

琮公字元瑞號厚齋　友義公子生成化乙酉年二月十一日

　戌時卒弘治丁巳年九月廿四日午時

娶孺人貞烈謝氏生成化戊子年九月廿二日吉時卒嘉靖

癸巳年八月初九日巳時享年六十有六

公志氣高遠福量洪深廣田業而增宇屋建樾祠而修際巖

天賜佳城于狗頭修譜牒于成化鎮樾主於石堂所以永興

而不替焉嘉靖十三年合塋永安里狗頭崎坐壬向丙

長子敦慎公暨媽吳氏庶媽蘇氏附塋　二穴

按察使司王宋源有貞烈碑序贈之在墓左

正德八年間承買后安謝光産山一所坐落永安里土名狗頭崎安塟祖墳契經印税登載四至東至岑西至路南至陳清屋基及田北至陳家墳山界址明白胥祭無異詎料謝必登侵佔蓋屋乾隆四十五年七月二十日生員黃景星稟生黃祥雲呈控蒙　邑主袁　府憲成嚴批訊斷督折在案恐後世子孫或忘謹誌

子二　長河清　次時清

福水東溪派

雄公字元偉　祀公嗣子生成化乙亥年七月初二日亥時卒嘉靖丁巳年正月十八日辰時

娶孺人龔氏生成化壬寅年八月初二日辰時卒嘉靖戊午

年九月廿二日申時

子三　長復春庠生　次陽春　三景春庠生

瑤公字元仁號直齋　慈齋公長子生天順甲申年三月十七

日卯時卒正德壬申年正月廿二日亥時

妣孺人唐氏　生成化巳丑年正月十五日辰時卒年月

無考

子二　長河殤　次洞無傳

福水派

閏公字元正號素齋　添生公嗣子爲人巧溫毅恪克勤克儉

生成化丙戌年又三月十一日卯時卒正德戊寅年十月三

十日亥時享年五十三塟本里巳山等法院火尾灰墳坐壬向丙

娶孺人王氏生卒無考塟本里教海壠頭土墳坐巽向乾

繼娶陳氏生成化庚寅年十一月十八日亥時

子二　長淮庠生　次濟

隣公字元祥號純齋　慈齋公三子爲人平利寬生成化丁亥年八月廿五日酉時卒正德戊寅年三月初七日辰時享年五十有二

娶孺人陳氏生成化丁亥年八月初八日寅時卒年月失

子三　長浩　次澄　三洪

歲貢生鳳公字元禽號達齋　慈齋公四子才質聰敏文學過

八生成化戊子年十二月初五日戌時卒正德丙寅年二月初七日辰時

娶孺人洪氏生成化壬辰年　月　日　時卒嘉靖戊子年七月十四日午時享年五十有一

子二　長中通　中立

傑公字元彥　慈齋公六子生成化乙巳年十二月二十日寅時卒年月失

娶孺人謝氏生弘治巳酉年二月廿三日巳時卒嘉靖甲午年正月廿六日未時

繼娶孺人楊氏生正德戊辰年十月三十日卯時卒失

子一　中色

七世中祖派

欽賜廸功郎恭公字元敬號慭庵　濬文公子家有素封慨廣田業尚義好施嘉靖丙戌山東大凶年賑濟饑民生天順己卯年六月二十日子時卒弘治甲子年八月初三日酉時娶太宜人劉氏諱庚娘謚恒簡生天順庚辰年九月初五日酉時卒嘉靖甲辰年三月十四日寅時合葬本里員潭土名上沿塘内石墓有豎墓道在下大路邊穴坐寅向申兼甲庚

子四　長貞賜　次亥賜　三天賜　四宗賜

仝立合約字人巷口房世永公安公業中厝房國璽光課輝智等有壙地壹所在中厝房祖厝口巷口房私厝右畔土名巷口又號曰大厝兜祠堂邊因界址不清契據參差土名又

殊二比以致各執其契互相争控經前　縣主黃勘訊着取
甘結後又批覆訊未訊案懸日久寢息多年玆因灰火以復
燃聽公親勸處念及一本除害端而息争訟勸中厝房酌給
畨頭銀叁佰伍拾大員付巷口房收取其巷口房私厝邊房
外所蓋厝仔及所栽樹木一切除去不得存留其壙地一直
而下截至大路爲界分有兩截上截地付中房剪做門口庭
完成不得阻當中厝房祖厝不許抽出起蓋亦不許舂築墻
圍恐傷前祖祠風水下截地約爲二比公共廢地日後子姪
不許再植樹木搭蓋小屋並不許草囷園仔蔽塞滋事或作
庭或晒苹草二比聽從其便至於民米中厝房契載一升巷
口房契載五升仍就巷口房黃大任戸內推出二升五合付

中厝房收入黄咢戶內完納其巷口房戶內尚存二升五合應自完納以絕禍端永結和好雍睦之休可敦友愛於一室預順之氣早卜禎祥於萬年此係甘愿各無反悔仝立合約字二紙一様各執爲照

計開丈尺

上截庭横長五丈七尺三寸左右畔庭頭溝聽其釘石底中直下長叁丈壹尺五寸付中厝房剪做門口庭左畔庭外角約至貳丈六尺即漸轉員不得四方其叁丈壹尺半內或作兩層其頂層貳丈六尺內或要方聽從其便下截不得並方

下截地直庭下至大路横自前祖墻壁量至巷口貿房私屋墻壁濶柒丈五尺除兩邊厝溝磚外餘爲二比公共廕地其

溝磡內不得依蓋

知見公親　吳道凝　黃重官　黃才郎

吳淑春　趙　芝　黃逢時

王响官　吳鑾準

巷口房世永　公安　公業

乾隆伍拾二年五月　日仝立合約字八

中厝房國璽　光課　輝智

其中厝房子孫衆多恐歷久難尋謹就原稿誌載譜中以垂

不朽

七世四顛公派

裳公　外生公長子

裒公　外生公次子兄舅舊譜生卒年月及塋無考

河清公字際暹號敦愼　厚齋公長子生成化丙午年十月初

後房八世乾房派

六日亥時卒嘉靖甲午年五月初一日亥時

妣孺人吳氏　生弘治己酉年六月十五日辰時卒萬曆

丁丑年正月初十日辰時享年八十有九

庶妣蘇氏　生弘治壬子年十月十五日亥時卒萬曆丙

申年十一月十五日子時公暨妣吳蘇二位祔葬父厚齋公

毋謝氏塋在永安里后塆鄉狗頭崎穴坐壬向丙

子二　長願學　次願聞　三願敎

後房坤房派

敕贈廸功郎時清公字際會號質庵　厚齋公次子兄友樂義治兄垢及預治已垢俱旁祖父壙邑主葉志録曰率古遺風一眞可尚欲父侍以子祖侍以孫幽明弗間時清忠孝志也入孝悌祠創建天淼山巖僧沐厚施祀檀樾主生弘治甲寅年十一月初六日午時卒嘉靖乙巳年十二月十八日酉時娶孺人王氏　生弘治丙辰年十一月三十日亥時卒隆慶辛未年三月十五日丑時享年七十有六附葬祖墳員潭灰墓坐艮向坤兼

子四　長願孝庠生　次願善　三願賢　四願能

後房福水東溪派

邑庠生復春公字子貞號北山　元偉公長子聰明穎達智慧

過八生弘治壬戌年三月初三日戌時卒年[illegible]失
娶孺人陳氏 生弘治壬戌年十二月十九日 時卒嘉
靖壬戌年六月初八日 時瘞本里白石山堀軍壠仔祖山
世營產山穴坐丁向癸
子二 長廷 次廷賔
陽春公字子煦 元偉公次子生正德戊辰年九月初一日丑
時卒嘉靖戊午年九月廿一日酉時
娶孺人 氏
子三 廷賓 次子 三子外出
邑庠生景春公字子熙 元偉公三子天性靈敏嗜好詩書生
卒年月失無傳

洞公　瑶公次子生卒年月失記無傳

淮公　閩公長子生卒年月失記無傳

潫公　閩公次子生卒年月失記無傳

浩公　隣公長子生卒年月失記無傳

瀅公　隣公次子生卒年月失記無傳

洪公　隣公三子生卒年月失記無傳

後房福水派

中涌公字子貫號樂溪　達齋公長子生弘治乙卯年十一月二十日　時卒嘉靖甲寅年五月初五日　時享年五十

妣龔氏生卒年月失葬本里石碣林坐丁向癸嗣雖缺撫姪猶子歷年祭祀不失

子一　心溪無傳

中立公字子掭號英齋　達齋公次子生弘治乙丑年六月十五日卯時卒嘉靖癸巳年七月十三日卯時

妣白氏　生弘治乙丑年四月十五日酉時卒嘉靖庚戌年三月初六日申時合葬本里漈仔周圍土壙坐乙向辛

公早喪媽移居依仁里外家子樂水公稍長樂溪公始尋回家英齋公之柩被水飄流莫知所之白氏苦節守子生既不得與公同衾死又不能與公同穴言同塋者諱之也不忍言之心也言念及此誠可哀也

子一　廷鶚

中色公　傑公子生卒年月失記無傳

中房八世大厝兜中巷大舍派

眞賜公字子英號逸齋　懋庵公長子爲人堅機沉靜事親孝恭嘉靖丙戌歲山東大饑縣令黃斅勸民賑濟公奉父命仝鸞公瑀公寅公等共四十二人往東山賑濟後縣令義芳亭於龍津觀口列公等名俱各賜爵詳載縣誌生成化乙巳年正月十四日辰時卒嘉靖戊子年八月十七日卯時

娶孺人葉氏　生成化丁未年九月廿三日申時卒嘉靖乙未年六月廿三日　時

側室王氏生卒俱失三墓舊譜失誌

子一　廷表

開綦鎮撫派始祖

玄賜公字子純號北園　樾庵公次子生成化丁未年七月初八日午時卒嘉靖壬戌年六月初二日午時享年七十有六娶孺人王氏諱四娘生弘治巳酉年四月十九日子時卒嘉靖庚寅年十一月初七日吉時繼娶王氏生卒無誌與公及前媽合葬永安里兩港穴號紅蝦出海與祖旺公同墳

子三　長廷秀庠生　次廷茂　三廷偉

開基田墘派始祖

宗賜公字子淵號侃齋　樾庵公三子爲人樂善好施雅慶從容立誠去僞生弘治己酉年九月初四日午時卒嘉靖癸巳年九月廿四日酉時祔葬祖母墳在本里土名教海尾外滑

壠底穴號倒地金鈎坐丙向壬
娶孺人陳氏　生弘治丁巳年十月十六辰時卒萬曆壬
午年七月初十日吉時葬本鄉土名虎尾內腰坐庚向甲左
畔山六丈右畔山六丈上至山頭下至山脚有立石碑炳據
子二　長廷栽　次廷芳
天賜公字子錫號皐齋　懋庵公四子生弘治壬戌年十一月
廿六日戌時
娶孺人吳氏生弘治庚申年八月十五日丑時卒年月葬地
舊譜失誌
子一　廷蘭
後房九世乾房派

願學公字以勉號翠林　　敦慎公長子生正德辛未年十一月廿四日戌時卒嘉靖乙巳年二月初四日丑時葬本里黃林坪田下坐　向

娶孺人劉氏號慈恪生正德癸酉年九月初二日申時卒萬曆乙丑年七月廿五日卯時享年七十有七崇禎十年十二月初八日丑時葬本里白灰後掃箒崙烏石下穴號仙人騎鶴年久砂水混糜乾隆三十一年十一月十八日卯時葺修坐乙向辛兼辰戌

子三　長龍隱　次龍伏　三龍見

邑庠生願聞公字以德號見魯　　敦慎公次子聰明才學文章過人未弱冠而掇芹香生正德丙子年二月初六日丑時卒

嘉靖丙午年三月初十日戌時塟本里虎尾文田内坐丁向
癸雖無傳歷年翠林公翠峰公之子孫輪祭無失

願致公字以專號翠峰　敦慎公三子生正德戊寅年七月廿
一日酉時卒嘉靖丙戌年二月十九日未時
娶孺人蔡氏　生正德辛巳年十一月十六日卯時卒嘉
靖乙巳年二月初九日巳　塟草坂邊坐庚向甲
繼娶林氏生嘉靖乙酉年八月十四日巳時　萬曆戊戌年
二月初五日辰時公與林氏合塟本里温厝園坐亥向巳
子四　長龍漸　次龍蝤　三龍躍　四龍伸

後房九世坤房派

邑庠生願孝公字以則號旂山　質庵公長子嘉其德行喜其

文章生嘉靖壬午年八月十三日子時卒嘉靖壬子年正月
廿八日酉時塟本里真武踏龜案前坐　向
娶孺人謝氏三節之一節孝生嘉靖辛巳年十一月廿二日
吉時卒萬曆甲辰年正月初二日子時塟本里宅坂坐乾巽
　子一　龍輔
願善公字以稔號澗泉　質庵公次子篤志詩書屢試輒阻遂
以椽曹例選任湖廣衡州參軍居官臨民政績班班於衡生
嘉靖丙戌年五月十五日亥時卒萬曆巳郊年十一月十二
日巳時享年五十有四
娶孺人吳氏　生嘉靖乙酉年六月十一日辰時卒萬曆
庚辰年六月初二日巳時享年五十六合塟晋江三十九都

赤石鄉崎㢜下坐巳向亥

子一　龍標

質菴公三子生嘉靖癸巳年四月初

願賢公字以思號參野

一日亥時卒萬曆癸丑年九月初八日酉時

娶孺人謝氏　生嘉靖壬辰年五月十三日巳時卒萬曆

乙巳年七月初一日戌時合葬本里北山墘坐亥向巳

子五　長龍振　次龍舉　三龍吟　四龍化　五龍瑞

願能公字以職號義山　質菴公四子生嘉靖戊戌年二月二

十日亥時卒萬曆辛亥年十一月十六日申時

娶孺人王氏生嘉靖丙申年十一月廿六日戌時卒嘉靖辛

酉年六月十九日戌時葬新溪里洪唐崎坐　向

繼娶孺人劉氏　生嘉靖甲辰年七月廿三日　時卒萬曆甲辰年七月十四日　時合葬本里羅內山猪塘坐癸向丁兼

工部侍郎女婿何喬遠題墓曰不欺翁三字

子三　長龍文　次龍響　三龍所俱劉氏出

後房九世福水東溪派

廷公　復春公長子生卒年月失

廷賓公字君取號竹翠　復春公次子生嘉靖戊戌年十月初五日申時卒萬曆庚　年五月廿一日申時

娶孺人徐氏　生　年　月　日　時卒嘉靖壬戌年八月初十日戌時葬本里占石北山公墓內

繼娶孺人陳氏卒生年月失記葬崇善里東溪福坪山坐丁向癸

繼娶孺人林氏　生嘉靖庚戌年六月十七日午時卒天啟壬戌年十二月初二日巳時公仝林氏合葬崇善里東溪華美路坐乾向巽

自公移居崇善里東溪鄉祖山占石烏坑参林磜仔烏石嶺覆船等處及厝已歸賣　廷鹗公至世孫可興可妙從母出嫁及長回家娶陳氏無出牽乾房下馬補爵子承繼名援無傳妙往臺卒可興盡美山巳山僅存盡美祖山一片北至温家厝南至盡美田西至山中橫路直出南向路邊葬祖墳灰墳員碑東至門口路田山內有厝仔上進三間兩面過水二

間仔付鍾巳興山甲居住看守墳墓每年祭掃墳墓住宿厝
坐南向北因厝頹墜鍾于亨折卸重新山地坐西向東後鍾
家四散山墓厝付廷弼公後裔至親照管此山厝坟墓山產
巳帶在崇善里一甲黃貴戶內納粮並不致累
子二　長尚信　次尚寶
廷賢公　復春公三子生卒年月失
廷寶公　陽春公子生卒年月及墓失
娶　氏生卒年月及墓失
子一　癸
後房九世福水派
心溪公　中通公子生卒年月失記無傳

廷頤公字君佐號樂水　英齋公子每有興建之績照年重修譜牒生嘉靖甲申年十月初十日寅時卒萬曆癸未年正月初一日辰時康熙丙辰年十一月初六日辰時遷與長房博齋公妣吳氏全附于隱溪公穴中坐寅向申同立一壙誌

娶謝氏生卒年月失葬本里新林頭坐壬向丙

繼娶施氏　鄭氏生卒年月俱失同葬真武踏鑼麓土名宮後坐巽向乾

又繼娶洪氏生卒年月失葬本里覆船祖崖山坐癸向丁

子二　長琦　次璜

四世祖隱溪公暨妣孺人葉氏壙誌合長房博齋公二房祖樂水公誌云　吾先世自泉開元分派而來幾閱兵火昭穆多失

其次至元末世序稍彰隱溪公乃本房三世祖也公諱桐童字安鳳號隱溪生元至正乙巳年七月十三日戌時卒明宣德癸丑年十一月廿二日申時妣葉氏諱滿娘生元至正癸卯年十二月十八日戌時卒宣德癸丑年九月初十日申時正統二年合葬本里仁段山坐寅向申世遠年湮沙水傾頹茲以原穴安葬在下敬奉公暨妣二主同公長子廣初次子訓初之玄孫廷爾合葬斯穴廣初字顯徽號博齋生明洪武甲戌年十月初八日丑時卒正統壬戌年三月廿二日未時前同妣吳氏塋本里馬坑黃林坪坐巳向亥妣塋存焉茲扶公尾棺附葬隱溪公穴左廷爾公字君佐號樂水生明嘉靖甲申年十月初十日寅時卒萬曆癸未年正月初一日辰時前

同妣施氏塋本里真武踏龜宮後丙壬向妣塋存焉茲扶公瓦棺附塟隱溪公穴右祖孫父子同爲一穴真孝思維則哉嗚呼亘世代傳德福昌熾吾參山世澤永矣公骸魂魄依負諸山而以其神靈相我後人何至遯吾開元開基爲也山實公山地係原穴移厝之日歲在丙辰乃大清康熙十五年十一月初六日辰時也同敬誌而藏之示弗諼焉

歲丙辰年十一月初六日辰時

襄事裔孫　光華　明烺　啟釆
士昶　明焰　纘文　等仝誌
明韻　義晄

中二房九世

廷表公字君重一字君政號古塘　逸齋公子生明嘉靖戊子年五月初二日寅時卒萬曆壬辰年四月廿一日巳時娶陳氏生嘉靖辛卯年正月初六日戌時卒萬曆巳酉年十月廿六日辰時墓葬埔尾林坐艮向坤側室劉氏生嘉靖丙辰年十月三十日卯時卒萬曆丙午年十月十七日申時合葬參山馬厝北山

子一　長鎰　次欽

邑庠生廷秀公字君拔名三伯　北園公長子生明正德丁卯年　月　日卒嘉靖乙酉年十一月初六日丑時瓦棺葬參山朱舍崙濤溪公墓下坐庚向甲兼申寅無傳

廷茂公字君實號三潭　北園公次子爲人跋山涉水歷盡艱

難擇嘉卜吉建居鎮山負祠宇於一世開基業於萬年因作

七截一則以誌云　支分叅嶺建祠堂鎮撫新開耀我黃宗

是貽謀深遠大何由世世接宗祊

裔孫禮遮命姪則遍敬誌

公生正德辛未年七月十七日寅時卒萬曆辛卯年十二月

十七日寅時享年八十一翁

妣孺人林氏號完璧秉性温良爲德恭儉因丁財未遂

恭祝

三界高真御前叩許清醮三座良愿祈求子孫昌盛富貴綿遠愿

許十年一答又因曾孫乳名英兒經猷單身叩許清醮一座

祈求子孫蕃衍富貴榮華愿許十年一答故今子孫遵承祖

愿凡遇戍年敬擇臘月庚申日排列三清妙範行禮奏樂
生明正德年月日時失卒明萬曆　年正月廿五日　時
墓合塟參山馬厝坑頭寨外坐戌向辰兼乾巽至乾隆壬午
年十二月舊神主一仙安塟鎮撫鳳髻尾坐乾向巽兼戌辰
子一　新觀
媲人張宜賞墓塟本山宮崎埔頂坐東向西
廷偉公諱乙官　北園公三子生正德年月及卒俱失瓦棺塟
鎮撫水美厰後蛇形右耳坐辰向戌
廷莪公字君惠號容齋　侃齋公長子生嘉靖丙辰年八月初
五日子時卒萬曆丙申年七月初七日　時
娶孺人吳氏諱九娘生嘉靖戊午年又二月廿一日申時卒

萬曆戊戌年七月二十日戌時合葬本里文田內虎尾田後
壁坐艮向坤
子四　長琅　次英貢生　三璉　四琚
廷芳公　侃齋公次子　妣　氏生　年月及葬俱失
子二　朝魏　朝憲
邑庠生廷蘭公　皇齋公子生卒年月葬地俟查無傳
後房十世乾房派
龍隱公字得雲號從淵　翠林公長子生嘉靖辛卯年十月廿
八日辰時卒萬曆壬辰年五月初四日申時
娶孺人柯氏生嘉靖癸巳年六月廿四日子時卒萬曆壬辰
年四月十五日酉時全葬本里真武踏龜黃林坪田后路上

坐夘向酉
子二 長光國 光基

龍伏公字得雨號梅軒 翠林公次子生嘉靖庚子年十月初八日戌時卒萬曆乙巳年八月廿五日酉時享年六十有

妣謝氏號孝慈生嘉靖丙午年十一月二十日丑時卒嘉靖壬戌年六月十五日酉時葬本里朱厝埔

繼娶孺人劉氏慈順生嘉靖丙午年十一月二十日丑時卒萬曆戊午年四月十二日亥時享年七十三崇禎十年十二月十八日巳時與公合葬本里竹仔林坑冷水堀頂坐坤向艮兼申寅

子三 長光翰 次光榜 三光寅無傳

龍見公字得御號參淵　琴林公三子生嘉靖癸卯年九月十八日子時卒萬曆丙申年五月十二日丑時

娶王氏生嘉靖乙巳年七月十七日子時卒萬曆乙巳年十二月廿六日寅時合葬永安里下店洋墩頂坐坤向艮兼未丑穴號上水龜

子二　長光殿　次光岳無傳

龍漸公字振峰　琴峰公長子生靖嘉己酉年十月初九日　時卒萬曆庚申年八月廿五日未時

妣林氏生嘉靖庚戌年九月初二日子時卒崇禎乙巳年八月十四日未時同葬宮嶺土名壠頭穴坐戌向辰

子二　長光奎　光域

龍蟠公字得揚號次峯　琛峰公次子生嘉靖壬子年十月十
八日子時卒　年十月初五日　時
娶陳氏生卒年月俱失
繼娶李氏生卒年月亦失葬本里塘蘇内淵邊
子三　長光册　次光曆無傳　三光愈無傳

龍躍公字得試號望淵　琛峰公三子生嘉靖甲寅年七月十
六日　時卒嘉靖己巳年八月十一日未時
妣林氏生嘉靖甲寅年四月初六日寅時卒嘉靖壬子年三
月廿七日申時合葬本里參山後堀仔
子四　長光璽　光照　光著無傳　光彩無傳

龍伸公字得晉號仰琛　琛峰公四子　妣　氏生卒年月及

塋俱失

子三　長光贊　次光淡　三光燦

後房十世坤房派

龍輔公字得明號肖旂　旂山公之子生嘉靖戊申年九月初

四寅時卒萬曆丁巳年四月初六日酉時

妣詹氏生嘉靖戊申年五月初七日午時卒萬曆丁巳年三

月十六日辰時合葬祠堂後石皮頂坐夘向酉

子二　長光庭　次光鑾

龍標公字得樹號鳳台　澗泉公之子生嘉靖丁巳年四月十七

日未時卒萬曆乙未年正月初六日酉時

妣許氏號節莊生嘉靖庚申年十二月十一日巳時卒順治

戊子年閏三月廿二日子時享年八十九許氏諱宗恬行五
娘性質馴雅氣度端靜通孝經論語諸書一以孝義自謹節
操自守邑乘郡史咸誌日龍標娶許宗恬龍標多病宗恬少
年勸置妾林氏生子師曾甫三歲龍標歿無如林氏又歿宗
恬勵節兼家愛師曾而教之能不愧三節家聲者也仙馭之
日舉族輓以聯曰大節全歸九原拜嫜姑對夫君婦道妻儀
兩無媿立孤克家一生教孺子啟孫曾毋訓祖範代有光其
內外交稱如此享年八十九子若孫奉許氏遺訓特穴崇祀
以追本焉
側室林氏號貞順生隆慶辛未年七月十四日未時卒萬曆
癸卯年八月十八日子時公與媽林氏合葬本里石碎洋牛

心石下坐乾向巽許氏葬本里羅内茘園尾埔坐　向

子一　士爵（林氏出）　參野公長子生嘉靖壬子年八月十

龍震公字得起號懷野

二日亥時卒萬曆庚申年正月初七日寅時享年六十九

妣陳氏生嘉靖癸丑年七月廿七日辰時卒萬曆丁巳年五

月初六日未時享年六十五合葬本里天湶岩山坐　向

萬曆癸丑年移居溫州府瑞安縣廿七都曾村街

子二　長光炳　光燭

龍變公字得象號次野　參野公次子生嘉靖甲寅年八月廿

八日戌時卒萬曆乙未年三月十六日巳時葬本里古井墘

坐坤向艮

妣謝氏生嘉靖戊午年五月廿四日巳時卒萬曆巳卯年六月十六日寅時葬本里胡厝寨後坐亥向巳

子四　長光典　光榮無傳　光邦無傳　光垣

龍吟公字得旻號周山　參野公三子生嘉靖丁巳年三月廿九日卯時卒萬曆甲午年六月廿八日申時

妣陳氏　生嘉靖戊午年四月初五日申時卒崇禎丙子年六月廿九日未時享年七十九合葬本里溫厝圍

子四　長光美　次光彥　三光都無傳　四光秋無傳

龍化公字得明號仰野　參野公四子生嘉靖癸亥年二月初一日午時卒崇禎壬午年十二月二十五日酉時享年八十

妣陳氏生嘉靖乙丑年八月廿三日寅時卒萬曆巳亥年四

月十九日酉時葬本里濕眉山坐庚向甲

子二　長光朝　光泮無傳

龍瑞公字得與號濱泉　參野公五子生萬曆庚辰年十二月廿六日卯時卒順治甲午年三月廿一日戌時享年七十五

娶葉氏生萬曆壬午年十一月廿八日未時卒萬曆乙卯年四月廿九日午時葬本里石蚍右耳坐丁向癸

繼妣吳氏生萬曆辛卯年十二月十六日未時卒順治癸巳年九月初八日酉時享年六十三

子四　長光相葉氏出　次光華　三光寶　四光員吳氏出

龍文公字得純號昆宇　義山公長子生隆慶丁卯年二月初八日卯時卒崇禎丁丑年七月廿七日未時享年七十有一

娶王氏諱三娘號懿勤生隆慶己巳年七月十五日卯時卒
順治壬辰年十二月十二日戌時享年八十四順治甲午年
十一月與公合葬本里黍林三層塆土名孩兒頭坐乙向辛
兼夘酉

子二　長光旭　次光昶

邑庠生應響公字得和號聲庵　義山公次子生而聰明攻苦
篤學與族戚處恂恂君孺子及其游泮也蜚聲黌宮試輒前
茅尤藝林中所推者生萬曆癸酉年三月初九日亥時卒崇
禎甲申年六月初二日午時
妣孺人彭氏諱五娘號淑愼生萬曆壬申年十二月十六日
午時卒順治己丑年六月十六日未時順治丙戌年十二月

十二日辰時同塟本里牛崗楨穴號向天鑼坐坤向艮

子二　長光陽　次光昌

龍府公字得受號参宇　義山公三子生萬曆丙子年四月初五日寅時卒天啟乙丑年十二月廿八日午時

妣王氏諱三娘號慈順生萬曆丁丑年四月十五日戌時卒順治戊子年六月廿二日巳時康熙丙子年十二月十二日卯時同公瓦棺葬本里湖厝山坐甲向庚兼卯酉

子三　長光斗　光心　光烈

後房十世福水東溪派

尚信公號平臺　翠竹公長子生萬曆癸酉年四月三十日子時卒順治己丑年六月廿八日丑時

娶陳氏仝葬崇善里東溪后寮山坐酉向卯
繼娶蔡氏生萬曆乙亥年二月十九日未時卒順治丁亥年
四月廿七日亥時葬東溪龜山後中崙坐甲向庚
子三　長天墀　天爵　天祿
尙賓公號雙楡　琴竹公次子生萬曆戊子年二月十八日丑
時卒天啟己巳年二月廿四日申時
娶王氏生萬曆庚寅年四月十四日巳時卒于天啟壬戌年
二月十七日午時繼娶王氏生于萬曆甲辰年三月廿九日
卯時卒康熙己酉年十一月十一日辰時
公葬崇善里東溪后埠格內三坵尾坐酉向卯
子三　長天胤　次天祐　三天鉽

發公　廷實公子生卒年月葬俱失

妣　氏生卒年月葬俱失

子一　復祖

後房十世福水派

琦公字尚懷號轉樂　樂水公長子生嘉靖乙巳年十二月十三日未　卒萬曆壬子年十一月二十日子時娶林氏附葬曾祖繼妣洪氏墳右合葬覆船坐癸向丁周圍土壙同子移居溫州府

子一　道倉

璜公字尚璧號我珍　樂水公次子生嘉靖巳酉年十月十五日子時卒崇禎丁丑年十二月十八日亥時享年九十

娶孺人王氏生嘉靖丙辰年七月二十日申時卒萬曆乙卯
年三月廿七日巳時合葬本里土名磜仔世骨産山周圍灰
墳坐甲向庚
子四　長天德　次天與　三天合　四天華
十世中長房大厝兜中巷派
鎔公字萬憲號玉宇　古塘公長子生萬曆甲戌年十月廿二
日　時卒順治丙戌年五月十一日巳時享年七十三
娶吳氏生萬曆乙亥年八月初三日巳時卒天啟癸亥年正
月初七日戌時葬竹林坑
繼娶蔡氏生萬曆丙戌年十月十四日寅時卒康熙丁未年
正月十七日酉時葬在仁王山

子五　長金閣　次金體　三金鹵　四金元　五金鰲

欽公　古塘公次子生卒墳墓舊譜無載

妣　氏諱四娘生子舊譜有誌載移居浙江温州府

十世中二房鎮撫派

新官公字國憲一字尚憲號卧雲　三潭公子公爲人詩書廣博氣體軒昂光明正義雅度寬容嘗求宦窆多獲吉場子孫克慰午眠之感地祖父敬依馬鬣之封且貽謀遠大開創一鄉惟山悠遠惟水悠長基業既恢數里安居得遍四方至今群聚類處無非公之建樹非常

裔孫簾禮命則通敬誌

公生嘉靖戊戌年十二月十一日丑時卒天啟癸亥年二月

廿三日申時享年八十有六墓與長子植庭合葬在参山馬
厝坑頭寨內坐乾亥向巽巳
娶孺人林氏號順德生嘉靖丙申年閏十二月初三日吉時
卒嘉靖庚申年八月廿六日午時葬本里参林山俗號似虎
形坐申坤向寅艮
繼妣郎氏號淑德生嘉靖　年　月　日　時卒　年
十一月十四日酉時葬在鎮撫鄉中穴號鳳冠坐戌向辰兼
乾巽　子五
長仲槐　次鹿槐　三高槐　四佳槐　五新槐俱郎氏出
十世中三房明墩派
容禄公長子生卒年月葬候查
琅公

歲進士諱才英字懷寬號珍石　容齋公次子爲人篤行敦篤
以經史爲良田不與瑣屑事髫年科儒入泮屢試皆薦前茅
向鄉賓張迎慕公名延爲西席與公莫逆交講習討論學業
日益進癸卯歲文宗饒公拔榜首得食餼壬子科惠友場中
抄公經藝四首果中十一名魁而公卷竟置之遺珠酬公宴
金九十兩此非命而何崇禎戊辰歲貢詣京殿試應授
縣衙而公志慕淵明氣節援例冠帶回籍課兒孫以自娛縣
舉鄉飲大賓者四前後主約一十五年享年八十八生嘉靖
巳未年正月十五日辰時卒順治丙戌年六月初三日午時
娶孺人鄧氏號淑德生嘉靖巳未年十月十四日子時卒崇
禎乙亥年九月十四日巳時隆慶丙寅年八月廿三日午時

仝葬本里土名下墩坐庚向甲兼申寅

子一鳳儀

璉公　容齋公三子生辛年日葬俟查

琚公字寶惡　容齋公四子生隆慶戊辰年十月十八日丑時卒年月日時失

娶謝氏生萬曆癸酉年二月十六日辰時卒年月日時失葬在朱厝崙

子二　長鳳應　次鳳章

後房十一世乾房派

光基公字用靖號懷陽　從淵公子生萬曆己未年十月廿二日辰時卒萬曆辛丑年十一月十八日子時與子心懷公合

葬本里仁段山穴號小孩兒坐甲向庚兼寅申
妣徐氏生卒年月失與子婦李氏合葬湖眉山石芽坐乙向
辛兼夘酉
繼娶柯氏生萬曆甲子年七月廿一日戌時卒萬曆戊申年
六月十九日辰時葬本鄉牛崗墳上坐坤向艮
子心懷
允翰公字用宗號心梅　梅軒公長子生隆慶辛未年六月二
十日巳時卒順治己丑年正月初九日巳時享年九十有九
妣賴氏勤順生隆慶壬申年十一月初一日巳時卒萬曆戊
戌年十月十五日酉時葬失
繼妣林氏號慈順生萬曆　年六月廿二日丑時卒順治庚

寅年九月廿一日辰時康熙乙卯年十二月初八日公與林氏合葬在永安里兩港鄉寨仔上田内土壙坐丁癸兼未丑

子一　啟采

光愫公字用及　梅軒公次子生　年十月十三日辰時辛卯年十二月廿八日寅時

妣陳氏生壬午年六月廿八日午時辛卯年七月初十日申時

葬地後查

子二　長啟泰　次啟昌　移居福寧州桐山城

光寅公　梅軒公三子生辛年月俟查康熙甲辰年十二月十八日丑時厝棺葬羅内洋邊蔡厝崙坐丑向未

子一　鵬無傳

光殿公字用登號輝南參淵公長子生嘉靖丁亥年十一月廿七日申時卒萬曆丙午年正月二十日卯時

妣許氏生卒年月失葬永安里兩港宮邊田頂坐　向

子一　啟纘

光奎公字用聚號省峰　振峰公長子生萬曆癸酉年三月十六日巳時卒崇禎甲申年四月廿六日申時

妣洪氏生萬曆丙子年九月初二日寅時卒崇禎戊寅年十一月廿五日未時合葬本里宮嶺江厝山坐戌向辰

子五　長啟仰　次啟化　三啟儛　四啟登居溫州

正啟科

光域公字用樸號明峰　振峰公次子生萬曆辛巳年二月初

九日巳時卒順治庚寅年十月十九日酉時

妣徐氏生萬曆庚寅年四月十九日巳時卒順治丁酉年七月十二日亥時合塟本里紅嶺山田中坐戌向辰

子三　長啟進　次啟俊　三啟政

光册公字用籍　次峰公子生萬曆庚辰年八月廿九日亥時卒年月俟查妣林氏生萬曆庚寅年八月廿九日辰時卒月日時塟後查

子一　啟乖

光壐公字號失　望淵公長子生卒年月及娶氏生卒年月塟地俟查

子二　長啟壬　次啟仕無傳

光煦公字用普　望淵公次子生卒年月及娶歐氏俱失

子一　啟章

光贊公字用助　仰璟公長子生萬曆癸未年月日時卒年二月廿七日時葬本里坛潭後

娶蘇氏生卒年月葬墳失

子四　長啟寅　次啟未　三啟業　四啟視

光淡公字用輝　仰璟公次子生萬曆戊子年八月二十六日巳時卒康熙己酉年八月初十日巳時

娶劉氏生年七月初七日時卒年七月初四日時公媽墓葬失俱俟查

子二　長啟明　次啟英

十一世後房坤房派

光庭公字用猷　肖旂公長子生卒年日及娶氏生卒年月墓塟俱俟查

子一　啟初無傳

光鑾公字用錫號參旂　肖旂公次子生萬曆甲申年五月初十日戌時卒順治癸巳年九月十七日未時娶徐氏生萬曆丁亥年十一月初二日子時卒順治癸巳年二月十二日午時公媽塟失

子二　長大郎　次細郎

士尊公原名師曾字用凝號愧參鳳台公子甫三歲而鳳台公卒幾生母林氏又卒煢煢與嫡母許氏相依性至孝事其所

養者一如事其所生族閭稱純孝焉少嗜讀書日記誦數千言比長每以未成名抱痛日加益勵凡家中事悉程氏理諄諄以詩書爲事若夫處族屬以禮教兒孫以義又其天性然也姑夫工部侍郎何喬遠常語人曰用凝子質醇樸喜談文詞其有成後雖未遂厥志猶得於崇禎朝例考候選中書隆武朝除授中書職而滄桑世易積憂成疾遂以壽終享年六十有三生萬曆辛卯年十二月十七日戌時卒順治癸巳年四月初二日丑時

妣張孺人泉郡歲進士選知州霖公之女辰庚進士任廣東憲副冉湄公胞姊也孺人諡孝勤賦性閑婉又至孝善女工織紝其事嫜姑也晨夕奉養無不得姑歡家中事無大小區

畫悉得其宜至若和順夫君教篤兒孫戚淑傳誦至今鄉閭者氏孝敬性成勤儉素著使然也生萬曆庚寅年十一月廿七日寅時卒順治己丑年十月初十日寅時享年六十葬承安里埔壜鄉上坂洋坐巽向乾兼巳亥

子二　長曦晄庠生　次曦晫庠生

光炳公

龍震公長子生年月失卒萬曆癸未年三月十五日巳時葬失

妣佘氏生卒年月葬俟查

子一　啟元　移居温州

光灼公

龍震公次子生萬曆甲申年月日時卒崇禎丁卯年正月廿七日午時

妣王氏生萬曆庚寅年三月初一日卯時卒清丙辰年五月初一日寅時合葬瑞安縣三本里大山大王殿北土名瓦窰頭坐坤向艮

子四　長俊　次豪　三哲　四明

光典公　次野公長子及娶生卒年月葬俱無考

子一　啟興

光坦公字用宣　次野公四子生萬曆丁酉年九月初二日辰時卒順治戊子年八月初四日申時

娶孺人劉氏生萬曆庚戌年八月初十日申時卒年月日時失葬本里下翁坐未向丑

子二　長啟禎　次啟丑

光美公字用彰號我法　周山公長子生萬曆丁丑年八月廿八日酉時卒崇禎甲戌年六月十四日寅時享年五十五
妣葉氏生萬曆己丑年四月十五日戌時卒順治壬辰年十一月二十日丑時享年六十三合葬本處温厝圍內坐　向
子一　啟裕

光彥公字用選　周山公次子生萬曆戊子年正月初一日戌時卒順治甲午年七月廿五日丑時享年六十有八
娶葉氏生萬曆戊戌年十一月廿七日戌時卒順治辛卯年十二月廿四日巳時享年五十四葬俟查
子三　長啟宰　次啟府無傳　三啟掌

光朝公字用端　卿野公子生卒年月日時失

娶許氏　娘生卒年月日時失　公媽塋俱無考

子一　啟亥

光華公字用實　濱泉公次子生萬曆庚申年八月廿八日辰
時卒年月日時失

娶孺人謝氏　娘生崇禎戊辰年八月廿四日戌時卒年月
日時失　公媽塋地俱失

子三　長鸞郎　次鵲郎　三驥郎

光寶公字用贊　濱泉公三子生天啟丙寅年十月初三日卯
時卒康熙丙午年四月初七日辰時

娶　氏生卒年月日時塋俱無考

子二　長臘　次仲

光員公字用謹號失 濵泉公四子生崇禎壬申年九月廿三日夘時卒年月日時失
娶 氏生卒年月日時失 公媽塋地俱俟查
子一 塔郎
光旭公字用昇號聞畧 昆宇公長子生萬曆戊子年九月廿三日辰時卒崇禎戊寅年十一月十五日寅時 葬本里参林廟后旂坐甲向庚
娶吳氏 娘生萬曆壬辰年五月廿三日酉時卒康熙壬寅年七月廿三日午時葬真武踏龜左邊路下坐 向
子一 漢郎
光㝦公字用修名亥官號蟾庵 昆宇公次子生萬曆已亥年

九月初三日丑時卒康熙乙丑年十一月十八日午時康熙
癸未年三月初七日巳時葬本里法院後大石虎下坐亥向
巳兼乾巽
娶劉氏諱九娘謚孝莊生萬曆癸丣年十一月初一日丑時
卒順治乙未年十月三十日亥時葬本里牛崗檳邊橡仔林
坐西向東
子二　長曦晌　次曦譽
光陽公字用春名卯官　聲庵公長子生萬曆辛丣年正月廿
七日午時卒順治戊戌年七月十六日辰時
娶蘇氏諱大娘生萬曆乙未年九月廿四日申時卒萬曆巳
未年十月初十日申時瓦棺葬牛崗檳金字面坐坤向艮兼

未丑孫封榮志喜附塋
繼娶黎氏生萬曆丁酉年四月廿四日戌時卒崇禎丁丑年
五月十五日巳時與公合葬本里占石坐乾向巽
子二　長啟運　次啟操俱黎氏出

光昌公字用大名祖二　聲飏公次子生萬曆甲辰年六月廿
八日午時卒康熙庚午年十一月十九日吉時葬本里朱厝
崙坐　向　兼
娶王氏號勤慈生萬曆戊申年十月初三日巳時卒順治庚
子年七月初八日子時葬本里胡厝山坐乙向辛
子四　長啟遵　次啟述　三啟逢　四啟遂

光斗公字用晦號恥柔　柔宇公長子生萬曆壬寅年二月廿

四日夘時卒康熙戊午年二月十五日夘時
娶王氏號勤慎生萬曆庚戌年九月初二日辰時卒崇禎戊
寅年四月廿六日辰時
繼娶王氏諱十娘即勤慎媽胞妹也生天啟癸亥年十月十
二日戌時卒康熙庚申年七月二十日戌時三兎棺合葬本
里胡厝山坐庚向甲
子一　蕢四

光心公字用潛號愧伏　　彖宇公次子生萬曆癸夘年十一月
十二日寅時卒順治丙申年三月十五日巳時葬本里仁段
山孩兒墓右邊崙坐　向
娶趙氏諱完娘謚孝儉生萬曆甲寅年十一月十七日丑時

卒康熙己巳年正月初一日申時甩棺葬本里后院坐辰向
戌兼巽乾
子二　長啟敬　次啟幹
光烈公字用承號祐予　參宇公三子生萬曆甲寅年二月初
三日　時卒順治乙未年八月十七日巳時
娶蘇氏諱招娘號淑朴生萬曆甲寅年六月十九日丑時卒
順治乙未年五月廿三日辰時甩棺合葬本里竹仔坑頭坐
壬向丙生三子早卒
後房十一世福水東溪派
天墀公號對庭　孚臺公長子生萬曆戊戌年六月廿七日卯
時卒順治丁酉年九月三十日戌時

娶孺人王氏葬崇善里東溪官路兜

子一　明煦

天爵公字號失　孚臺公次子生卒年月日時葬地俱失

天祿公字道遒　孚臺公三子生萬曆乙夘年九月初三日夘時

娶孺人趙氏生萬曆丙辰年　月　日　時卒　年

九月十三日　時

繼娶孺人詹氏生天啟辛酉年四月廿六日戌時卒順治戊

子年十一月初八日子時

又娶鄭氏生天啟辛酉年月日時失卒順治癸巳年五月十

四日　時

又娶鄭氏生天啟甲子年十月廿七日辰時卒年月日時失

子二　長明源出詹氏　次明紳出鄭氏

天胤公字號失　雙瑜公長子生卒年月塟地俱失

天祐公字號失　雙瑜公次子生卒年月塟地俱失

天鉽公字道會號　雙瑜公三子生天啟甲子年二月廿一日未時卒年月塟地失

妣孺人林氏生天啟癸亥年八月初四日丑時卒年月塟失

側室王氏生崇禎壬申年十一月初十日巳時卒年月塟失

子一　朋盤出王氏

復祖公字號失　發公子及　妣　氏生卒年月塟地俱失

子三　長英　次騄　三寅

後房十一世福水派

天德公字道純號太乙　向璧公長子生萬曆壬午年十月初
二日未時卒崇禎辛巳年十二月初四日辰時享年六十
娶孺人蘇氏生萬曆壬午年十一月廿九日吉時卒順治辛
丑年十一月初十日戌時享年八十　考妣合葬本里覆
船軍坂世管祖産山坐乾向巽兼亥巳
子二　長明賡　次明就

天與公字道昭號復耿　尚璧公次子生萬曆乙酉年六月廿
八日午時卒崇禎丙子年八月初二日寅時享年五十有二
葬本里世管祖山石碣林穴坐丑向未兼癸丁
娶蔡氏生萬曆庚寅年正月廿七日　時卒順治癸巳年八
月廿九日申時葬本里覆船崙頂坐癸向丁

子三　長明艮　次明昌　三明朱
天合公字道行號太冲　侚璧公三子生萬曆巳丑年十二月廿
六日戌時卒順治乙酉年十一月十九日亥時享年五十七
娶石氏生萬曆丙申年十月廿七日酉時卒崇禎巳巳年六
月廿一日寅時仝葬本里新林山世管祖山穴坐丑向未兼
癸丁土壙
子二　長明韶　次明韻
天華公字道麗號護珍　侚璧公四子生萬曆甲午年八月十
五日子時卒崇禎壬午年七月廿七日子時
娶葉氏號懿慈生萬曆丁酉年十二月初八日酉時卒崇禎
戊寅年六月十三日申時合葬本里烏石嶺世管祖山穴坐

壬向丙週圍土墳

子三　長明炳　次朋焜　三明殿

此福水一派皆訓初公所傳至廷賓公移居崇善里東溪鄉居住越至轉樂公媽林氏仝子道倉公移居温州府二公産山田厝歸一尚璧公皆訓初公後裔惟我尚璧公體貼訓初公志意獨留住居福水訓初公號聚盧公與胞兄廣初公號博齋公自大厝兜舊居分處建置厝一座兩邊小厝砂水四圍壙地并建水尾宫仔一座在大圳邊石岸廖崇奉迦倆羅王以護聚境以庇孫子及門口田池大圳邊等處幷闔分承祖與廣初公祠後仁王廟竹林坑吉埧埈后院土樓厝及占石山兜潦仔山覆船軍坂山黎林山烏坑山石碣林烏石嶺

真武踏龜[illegible]坑內東坑後林等處占石山兜界限東面各至田頂埔園一廂西至各崙頭南至朱厝壠田壠上至占石崙塋聚庵公尾棺坐　向週圍土壙山八號曰飛鴉落洋是也崙前右下塋聚庵公媽二陳氏背西向東坐　向週圍灰壙山八號曰覆地虎是也內崙右隣壠崙塋祖叔文公背西向東坐向土壙與前房祖壙並坐山兜埔塋歲進士達齋公媽洪氏灰壙坐坤向艮稍內塋慈齋公媽詹氏亦坐坤向艮內崙塋邑庠生復春公坐丁向癸土壙此山萬曆二十八年本房黃君羨將山盜賣張鄉官尚懷公尚璧公出告偹銀贖回蒙縣主　廖立約印税一紙付照分帶礤仔山一所三崙崙上至虎尾寨山豬壠爲界崙脚各至田北至石樵壠直上南

至內腰格山豬壠葬媽蘇氏穴坐癸向丁兼子午崙尾田上
葬英齋公妣白氏穴坐乙向辛梢上葬我珍公妣王氏穴坐
甲向庚灰壙一山坐壬名烏石嶺東至楹門西至新林格南
至田北至山頭山中葬祖資雅公及媽　氏土壙後李顯郎
認山租四斗一山一所坐覆船頂至山頭大石石中鐫安南
交界四字與葉山相接下至軍坂軍田為界西至施茶亭爵
竹椅坑內為界山中所給同安李祖壙二穴英溪尾李一穴
洋荷丙壬一穴大石下葬溫州伯轉樂公土壙康熙三年葬
太乙公媽蘇氏穴坐乾向巽兼亥巳土壙壙右葬孫任質公
厝棺坐乾向巽其餘或自葬或出給纍纍皆是乾隆三十二
年李國香假造古印契并承買葉契中界至覆船四字混爭

打架縣主　朱驗傷互控至成邑主批仰典史　周勘詳至邑主　黎又親勘年六月十三日堂審李國香古契假硃押抹銷山係黃祖業判付黃管親列𠭶語存案又帶祖山泰林烏坑土名山界東至石角岩西至大灣山及石礫南至馬坑口北至下蕉格及風掃崙泰林三層磜東至百丈圳西至龍潭廟後南至施茶亭北至紙錢崎孩坸嶺頭萬曆六年正月黃廷蘭賣府城丁衙費錢銀三百三十三兩泰林配官產一石七斗五升烏坑配民產四斗五升八合租多出契面銀贖回丁衙丁懷江將原契親手批繳付祖收執憑據向仁維新維禮等房仝立合約以出銀之長短分収租之多寡後又承得亨姪用顯用選啟裕及得業等父省齋同贖泰林烏坑絕

賣尙璧公契紙叁林烏坑等山幾爲尙懷尙璧之山矣而尙懷之孫欲移居温州分住崇善里東溪鄉皆盡賣尙璧公房照管是以蔡維重賴稽蔡宗成吳鸞使等認批給批皆在尙璧公子孫房故萬曆二十八年惟尙璧公給古叁林烏坑嶺有水源可懇願陞科米五升縣主印稅一紙付照屬後蔡維城與尙璧公孫相爭馬坑口蔭堆約字寫烏坑山祖八梿黃鍾禹得七梿蔡維城只買黃孫曻一梿公親勸處相安仝立合約二紙一樣兩邊各執一紙眞武踏龜及冬坑盤蛇山界南至牛脰頭東至溪北至加蠟仔坑西至山頭而石碣林一山三面至田一面至楊府坑邊接出上墩崎山一横片東南北至田西至溪諸山或契據或被兵火坐官印帖爲照山中

祖上墳墓纍纍不一後來擇穴處處皆有難以悉數各就公
媽所記生卒葬處條縷分記以見歷歷不紊昭古昔之非苟
垂來裔於不墜也是爲記以傳後之孫子而後之孫子踵尙
璧公者天德天與天合天華是也
後祖祠碑記謹載譜中以垂不朽
我後祖祠宇乃四世祖　隱溪公支祠舊惟一進前週以垣
而垣之門拱北門砌於今猶存至康熙年間公買族人歲甫
常仲等小屋折盖前進兼築上下二庭朴素渾堅昭其儉也
福水小宗與義美厝合約恐其年湮有蝕水之患謹載譜中
以垂不朽
仝立合約字八族叔孫什姪貽相因相姪有要築住屋在什

私祖對面經諸公親約定立向坐乾向巽兼戌辰并約日後
厝後無得築雉開厠相碍亦不得栽插樹木新築住屋此係
衆等調處勸和兩愿各無異言恐日無憑仝立合約字兩紙
一樣各執爲照

道光三十年十二月　日仝立合約字人族叔孫什
姪貽相
公人姻親　林世匡老　林合官
李奚觀　李愿官
李秋蘭觀
房親先妙　人俾　人欣
人邁　田玉

十一世中房長中巷大舍派槐字行

金閣公字號失　玉宇公長子生卒年月墳墓舊譜失誌俟查

金鹵公字號失　玉宇公次子生卒年月墳墓舊譜失誌候查

金體公字邦鷹號心胖　玉宇公三子生萬曆己亥年三月十二日午時卒康熙甲辰年六月初五日未時

妣孺人梁氏生萬曆甲辰年十一月初一日酉時卒年月失

考妣墳墓舊譜失記俟後查詳

子一　經趙

金元公字邦　玉宇公四子生卒年月墳墓舊譜失誌俟查詳

金鰲公字邦　玉宇公五子生卒年月墳墓舊譜失記俟查詳

四娘公字邦欽公　生卒年月古譜失記有傳言移去浙江

温州府

十一世鎮撫派槐字行

鎮長房仲槐公字邦伯號植庭　卧雲公長子生明隆慶丁卯年三月十七日亥時卒明天啟癸亥年十月十一日亥時享年五十有七與父卧雲公仝葬桼洋馬厝坑頭寨內坐乾向巽兼亥巳

妣島蓬郎氏孺人諱五娘謚常儉生明隆慶巳巳年七月初十日辰時卒清順治乙未年十二月十七日申時葬本里鎮撫山坛山岸遷岸秋壠頭孩兒崙坐壬向丙兼子午

妣林氏二娘號德儉生明隆慶庚午年七月廿二日子時卒明崇禎庚辰年十二月初二日戌時葬本里鵬雛十八間中

班池[illegible]崙坐申向寅兼[illegible]甲

子三　長經威　次經臧　三經盛俱林氏出

鎮撫二房祖應槐公字邦貴謚茂庭　臥雲公次子生明隆慶己巳年八月廿一日丑時卒清順治甲午年九月廿六日酉時享年八十有六

妣孺人施氏生明隆慶辛未年十月二十日酉時卒清順治戊子年正月廿一日子時享年七十有八　公媽合葬十八間鄉土名丁班池崙坐未坤向丑艮

子二　長經猷　次經九殤

鎮撫三房祖[illegible]槐公字邦直號見衷　臥雲公三子生明萬曆丁丑年正月十九日子時卒清順治丙申年五月廿五日子

時享年八十齡墓葬十八間鄉近胞嫂林氏墓內崙坐未向
丑兼坤艮
姚孺人王氏生明萬曆戊寅年三月初三日未時卒清順治
戊子年正月初九日吉時享年七十一齡墓葬石坵俗號觀
音坐殿坐坤申向艮寅
子七　長經詩　次經書　三經易　四經記　五經春
六經考　七經傳
鎮撫四房祖佳槐公字邦色謚仰雲　臥雲公四子生明萬曆
巳卯年九月初一日酉時卒清順治丁酉年九月十三日午
時享年七十九齡墓葬本山大坵尾土名鳳沙崙坐酉向卯
姚孺人倪氏號德勤生明萬曆壬午年五月初四日未時卒

時卒清順治癸巳年正月初五日辰時享年七十二齡木棺
瘗鎮撫本山土名大坪頭坐子壬向午丙
子五　長經熠　次經煥　三經燦　四經燿　五經焜

鎮撫五房祖新槐公字邦實謚肖雲　卧雲公五子與三房長
厚翁公合建小宗在鎮山對面山茵丙坐艮丑向坤未生明
萬曆壬午年三月廿三日子時卒清順治壬辰年九月初九
日寅時享年七十一齡
妣孺人王氏諱三娘號淑慎生明萬曆癸未年六月十五日
亥時卒清順治癸巳年七月初九日午時享年五十齡
考妣合葬鎮撫頂路厝後崙坐亥向巳兼乾巽
子五　長經正　次經明　三經郁　四經泰　五經崇

十一世田墘派槐字行

鳳儀公字邦翔號存田　珍石公長子生明萬曆甲申年八月初一日亥時卒明崇禎壬午年六月廿一日亥時

娶孺人蔡氏五娘生明萬曆癸未年十一月初五日卯時卒明崇禎壬午年十月廿七日亥時順治五年合葬本鄉土名土塘垻頭坑頭坐亥向巳

子一　經學

鳳應公字號失　琚公長子生卒年月日時葬俟查

鳳章公字邦文號失　琚公次子生萬曆乙卯年五月廿九日辰時葬地俟查

娶王氏生萬曆乙卯年十一月十三日戌時葬地俟查

子一　孟娘

十二世後房乾房派

啟亨公字其貞號心懷　懷陽公子生萬曆丁亥年十月廿四日戌時卒崇禎戊寅年十二月十九日寅時與父合葬仁艮山號小孩兒坐甲向庚兼寅申

娶李氏生明萬曆戊戌年十二月十七日午時卒康熙己酉年九月初八日未時康熙甲寅年四月初六日寅時附葬懷陽媽徐氏墳內坐乙向辛兼卯酉

子三　長弘發　次弘定　三懷瑜出繼

啟采公字其吉號祉所　心梅公子生萬曆辛亥年五月十八日酉時卒康熙庚申年正月初四日巳時享年七十葬在坊

里大嶺後土名隅垃田員山崙坐甲向庚兼卯酉
娶孺人陳氏諱東娘號勤順生萬曆庚申年六月初二日亥
時卒康熙己卯年六月廿八日辰時享年八十康熙癸未年
三月初一日丑時葬南安三十一都浦尾土名石竹坑坐巳
向亥兼
子一　興庠生
啟泰公諱秋係　光愉公長子生　辛丑年八月廿八日亥
時卒　辛卯年十二月廿八日申時
娶洪氏生　丁巳年四月二十日巳時卒　戊戌年八
月十九日卯時葬
子三　長添　次榮　三宣

啟賢公諱孟　光悕公次子生庚戌年九月初六日酉時卒戊
申年二月十四日午時葬俟查
娶余氏生　壬戌年十月二十日丑時卒年月失余氏依
女婿聚泉橋斗門居聚葬俟查
子一　弘聖

啟纘公字其拙號質凡　煇南公子生萬曆戊戌年七月初三
日辰時卒順治丙申年十一月初十日午時
娶孺人陳氏生萬曆庚戌年十一月初四日戌時卒順治乙
未年十一月初六日子時　考妣合葬本里后院湯匙崙
穴號橫龍吊金鐘坐丑向未兼
子二　長懷瑜承繼　次懷祥

十二世經領派

啟仰公字其髙號先　肖峰公長子生萬曆癸酉年十二月廿五日子時卒順治壬午年十月十四日　時葬永安里泥港嶺坐巳向亥兼

娶劉氏生萬曆丁丑年月日時卒順治丙戌五月十七日酉時與子覺官合葬本里祜水午爬山頂坐丁向癸

子二　長覺　次進

啟化公字其變　肖峰公次子生萬曆戊戌年九月初六日辰時卒順治甲午年三月初一日丑時

娶洪氏丶萬曆庚子年五月十三日未時卒順治甲午年十二月十八日卯時葬經嶺鄉土名籠內中崙坐甲向庚兼

子二　長弘讜　次弘誥

啟科公字其榮　肖峰公五子生萬曆壬子年六月十二日寅時卒順治癸巳年十二月十四日申時葬本鄉土名經嶺山𥱊內山坐未向丑

娶陳氏生萬曆庚申年正月十二日卯時卒順治丙戌年十月十一日辰時葬本鄉土名紅嶺山

繼娶陳氏生萬曆丁巳年五月廿五日寅時卒年月葬俟查

子一　弘奏

啟進公字其先　明峯公長子生萬曆壬子年六月十九日辰時卒年月墓俟查

娶王氏生萬曆庚申年九月廿七日申時卒年月葬俟查

啟俊公字其頴　明峯公次子生崇禎戊辰年十月初六日戌
時卒康熙壬申年十二月初八日酉時
娶倪氏生崇禎乙亥年二月初四日午時卒康熙辛巳年六
月廿五日酉時葬經嶺鄉土名土堡後坐坤向艮
子二　長桂　次孟無傳

啟政公字甚恒　明峯公三子生崇禎辛未年八月廿二日辰
時卒康熙庚寅年五月初二日寅時葬本里尾埔鄉土名教
杯山坐向
娶尤氏生崇禎庚辰年十一月十一日辰時卒康熙戊寅年
十二月十一日辰時葬本里經嶺鄉土名楊桃崙坐庚向甲
子二　長高　次隆

啟乘公字失　用籍公子生崇禎　年月及妣氏生卒葬俱失
　子考
啟壬公字
　子二　光璽公子生卒年月及妣氏生卒年月葬俱失
　長府　次縣
啟章公字其成　用晉公子生卒年月及妣生卒年月葬俱失
　子二　長真　次抄
啟寅公字其哲　用勳公子生卒年月及妣生卒年月葬俱失
　子二　長戊　次稱
啟未公字其巳　用勳公次子生卒年月及妣氏生卒年月葬
　俱失
　子一　銓官

啟華公字其鍈　用助公三子生萬曆丁未年六月十一日亥
時卒年月失
娶倪氏生天啟辛酉年閏二月廿六日時卒年月失
子三　長艮　次願　三七無傳
四官公字其數　用助公四子生卒年月及妣氏生卒年月葬
俱失
子一　凱
啟文公字其理　用輝公子生萬曆庚戌年十月十九日申時
卒年月失
妣氏生天啟辛酉年九月初三日時卒年月葬俱失
子一　龔

後房十二世坤房派

啟初公號　光廷公子生卒年月塟俱失　無傳

大郎公字其朗　參旂公長子　萬曆庚戌年七月初　日酉時卒順治戊戌年十一月廿三日巳時

娶　氏生卒年月及公媽塟地俱失

子一　拱

細郎公字　參旂公次子生卒年月塟地俱失　無傳

邑庠生諱羲晃乳名占郎字其韶號星石　愧蓼公長子才敏行優威厲欽纍生萬曆癸丑年九月初八日　時卒康熙戊辰年十二月十七日申時庚辰科進士任廣東憲副冉溫公女張氏孺人生萬曆丁巳年十月十九日午時卒康熙戊午

年八月廿八日酉時康熙四十八年三月十九日合葬本里

旅洋江頂坐子向午乾隆十年扦葬本里大磔山坐酉向卯

兼辛乙曾長孫附葬

子一　弘獻

邑庠生諱義晫乳名愷郎字其立號晦子　愧蓼公次子天性

英靈過目成誦遊泮水于己丑修譜牒于壬子生崇禎辛未

年八月三十日亥時卒康熙乙未年八月十五日寅時

娶傅氏孺人號慈懿生崇禎辛未年八月十二日子時卒康

熙庚午年三月廿九丑時

側室蔡氏號莊恪生順治庚寅年七月廿五日巳時卒年月

失公與傅氏雍正乙卯年十二月十一日合葬本里虎美山

蜈蚣崙坐癸向丁兼子午蔡氏乾隆十七年二月二十日酉
時葬本里白灰後土名仁叚山坐辰向戌兼巽乾
子三　長弘鏞　次弘錄國學　三弘鐸庠生
啟亓公字其初　光炳公子　萬曆辛丑年九月　日戌時卒
清壬戌年十二月初三日巳時
娶張氏生萬曆丙辰年十一月十九日辰時卒清　甲
年六月初四日午時　公媽塋地俱失
子二　長使　次辰
啟俊公字其偉　光燭公長子生萬曆甲寅年八月十二日戌
時卒清庚寅年六月廿八日辰時
娶陳氏生萬曆壬戌年十二月初五日午時卒年月失無傳

啟豪公字其順號文卿　光燭公次子生萬曆丁丑年十一月
十四日亥時卒年月失
娶孺人孫氏生　戊寅年十二月廿三日卯時卒康熙庚
午年六月廿八日巳時
子三　長抱　次印　三畢

啟哲公字其昌號文瑞　光燭公三子生萬曆壬戌年　月
日　時卒清　己巳年三月十二日寅時
娶吳氏生　戊辰年六月初二日吉時卒年月失
側室白氏生　乙酉年六月三十日亥時卒年月失
公媽及側室塋俱候查
子四　長正麟[illegible]　次正成　三名申[illegible]　四名質[illegible]

啟明公字其盛號　光燭公四子生天啟甲子年十月十八日
申時卒年月日塟失
娶潘氏生崇禎壬申年二月十五日辰時卒康熙乙巳年八
月十一日　時塟失
繼娶曾氏生年月失卒　年十一月三十日　時塟失
啟亨公
光輿公子生卒年月塟地俱失　無傳
啟禎公字其緒　用宣公長子生崇禎己巳年二月初七日申
時卒年月失塟地俟查
娶陳氏生崇禎辛巳年十一月廿四日卯時卒年月及塟俱失
子一　豸
啟丑公字其年　用宣公　子生崇禎乙亥年十一月十五日

丑時辛年月失
娶蔡氏生順治戊子年五月十五日　時卒年月失　公
媽塋地俱候查
子一　天

啟裕公字其寬　我法公長子生萬曆乙卯年六月十四日己
時卒年月失
娶謝氏生天啟丙寅年十二月十九日戌時卒順治乙未年
七月廿五日未時
繼娶劉氏生萬曆庚申年十二月二十日辰時卒年月失
公及二媽塋地俱候查
子二　長振謝氏出　次艮刘氏出

啟宰公字其執　用選公長子生萬曆戊午年六月　日巳時
卒年月塟俟查
娶王氏生天啟丙寅年五月初二日未時卒年月葬俟查
子二　長愛　次情
啟府公　用選公次子生卒年月
啟掌公字其握　用選公三子生天啟丁卯年二月初二日
時卒年月塟俟查
嗣子　鳳
啟亥公字其珠　用端公長子及娶　氏生卒年月葬俱俟查
子一　思
鸞飛公字　用實公長子生順治辛丑年五月十八日酉時卒

娶馬氏生年月失　公媽卒年月葬俱俟查

子三　長波　次漢出繼　三策

鷁即公字其鳳　用實公次子生康熙甲辰年四月十九日酉

時卒年月失

娶殷氏生康熙年月卒年月及公媽葬地俟查

子三　長官　次廣　三璞

驥郎公字其　用實公三子生康熙丁未年十二月廿七日寅

卒年月葬地俱候查

臘瑛公字其　用贊公長子生順治戊戌年十二月廿四日辰

時卒年月葬地俱俟查

子一　漢承繼

仲瑛公字其　用贊公次子生康熙癸卯年八月十四日未時
卒年月葬俱侯查
啟漢公字其雲號爲章　聞署公子生萬曆甲寅年九月初一
日寅時卒順治己亥年七月初二日申時
娶林氏生天啟　年八月廿六日　時卒順治甲午年七
月廿一日午　合葬本里恭林內三層磜大坵田坐戌向辰
子一　奇
羲聃公名妹字其惟號楓安　蟾庵公長子　崇禎壬戌年十
月十九日卯時卒康熙辛卯年十月十七日寅時葬本里湖
厝赤皮內崙坐甲向庚兼卯酉
娶趙氏諱擇娘號懿慈生崇禎乙亥年九月初八日丑時卒

康熙辛亥年十月廿六日辰時康熙戊辰年三月初五日寅
時塟本里巳山後院東畔坐寅向申兼甲庚
繼娶范氏生崇禎癸亥年十月初一日丑時卒康熙壬戌年
十月初五日辰時塟巳山湖厝寨邊坐卯向酉兼甲庚
子三　長鞠　次愈　三品俱前妣出

義譽公字其九號槐定　蟾屘公次子生崇禎戊寅年十二月
初三日辰時卒康熙辛卯年六月初五日戌時
娶張氏諱額娘號懿惠生崇禎辛巳年十月十八日申時卒
康熙戊戌年九月二十日巳時合塟本里橡仔林坐　向
子三　長蕙　次岱　三葭

啟運公名崇字其高　用春公長子生崇禎戊辰年四月初五

日巳時卒康熙辛未年十二月廿四日寅葬時本里大坪頂
櫕坐西向東
啟操公字其號竹箸　用春公次子生崇禎癸酉年七月初六
午時卒康熙壬辰年十月十一日丑時葬本里後院中墘頭
坐西向東
娶蔡氏諱四娘生崇禎壬申年七月初六日午時卒康熙壬
辰年七月十七日未時葬本里瓦窰口田坐　向
子三　長邦　次禀　三欣
啟遵公名平字其道　用大公長子生崇禎辛未年九月廿二
月巳時卒康熙癸酉年六月初一日寅時
妣娶蔡氏勤慈諱偶娘生崇禎辛未年正月初三日寅時卒

康熙辛酉年正月廿三日戌時

繼娶王氏生卒年月葬俟查

子一　弘義

啟述公名發字其傳　用大公次子生崇禎甲戌年十一月十五日午時卒康熙戊午年十月十六日午時葬本里竹仔林坑內

娶許氏號禎慎名地娘生明丁丑年九月初二日丑時卒清甲申年十一月廿八日亥時葬本里後院巳山茶林崙坐午向子兼丁癸

子二　長聯登　次補嗣子

啟逢公字其良　用大公三子生崇禎丁丑年十一月十七日

丑時卒康熙辛酉年四月廿五日巳時葬本里後塘溝樣仔
林坐　向
娶施氏生崇禎己卯年七月十五日巳時卒康熙癸未年二
月初八日午時葬本里後院山
子一　弘齊

啟遠公名進字其　用大公四子生崇禎庚辰年七月廿三日
未時卒　年八月廿三日　時葬本里埔薑灣
娶施氏改節
子一　殤

龔四公　用晦公子生卒年月葬俱俟查

啟敬公字其簡號爲書　愧伏公長子生崇禎辛未年二月初

六日丣時卒康熙丙戌年四月廿六日亥時葬本里大磜大
崙頭巾石上坐　向
娶陳氏生順治庚寅年四月初十日巳時卒康熙己亥年十
一月十二日未時康熙己亥年葬本里牛崗稹後坐　向
子五　長尋　次甘　三慚　四慷　五寶

啟幹公字甘本　愧伏公次子生順治戊子年十二月十九日
辰時卒康熙癸巳年三月十五日巳時葬本里竹仔林坑坐
西向東
娶　氏　　無傳

後房十二世東溪派

明熙公　對庭公長子生卒年月葬俱俟查

明源公　道遒公長子生順治丙戌年十一月初三日午時卒年月日時䘲失

明紳公　道遒公次子生康熙乙巳年四月十九日午時卒年月日時䘲失

明磐公　道賫公子生康熙丙午年七月三十日戌時卒年月日時䘲失

英公　復祖公長子生卒年月失記

騄公　復祖公次子生卒年月失記

寅公　復祖公三子生卒年月失記

東溪一派未得其詳生卒年月葬地後嗣多失因移居崇善里東溪鄉遂隔故也今且闕之以俟後人查明補之

後房十二世福水派

明麐公字其奏號心虞　太乙公長子生萬曆甲辰年九月初三日戌時卒順治庚寅年二月初三日午時葬世胥產山烏坑厝外崙坐乾向巽兼戌辰

娶蘇氏生萬曆丁未年六月初一日未時卒順治丁亥年五月二十日巳時葬杉奋祖山柄子崙坐庚向甲兼卯酉

子三　長纘文　次紱文　三璉文

明就公字其正號懷邱　太乙公次子生萬曆己未年二月十八日戌時卒順治壬辰年七月廿一日亥時葬本鄉土名牟胆田內坐坤向艮兼申寅

娶蘇氏生天啟癸亥年正月廿七日丑時卒順治乙酉年九

月初八日巳時葬本里胡眉山坐艮向坤兼申寅
繼娶許氏生天啟辛酉年八月初十日子時卒順治戊子年
二月初二日午時葬本里祖山真武踏龜外崙坐辛向乙兼
酉卯乾隆丙寅年四月十三日改向辛乙兼戌辰碑字鐫黃
門許氏墓男朗文立石
又娶呂氏生崇禎戊辰年十一月十二日辰時卒康熙丙寅
年九月十九日辰時康熙丙子年十二月十四日申時葬本
里產山土名棘竹崙坐申向寅兼坤艮乾隆三年十二月十
八孫扦祖朗文號尚樸公仝葬呂氏穴中坐申向寅兼庚甲
子一　朗文呂氏出
明艮公字其千號心寰　復耿公長子生萬曆甲寅年七月廿

三日酉時卒康熙丙午年九月初七日辰時

娶洪氏生萬曆己卯年八月十八日辰時卒順治乙未年九月初二日申時合葬真武踏龜坐壬向丙

繼娶王氏號慈節生崇禎戊辰年二月初八日亥時卒康熙甲午年二月初二日午時葬占石山兜内崙坐坤向艮兼

俗號監鉗

子三　長統文出洪氏　次綿文　三勲文出王氏

明昌公字其奮號心摶　復耿公次子生萬曆戊午年三月廿一日寅時卒年明失

娶楊氏諱英娘生天啟癸亥年十二月廿八日寅時卒康熙乙巳年十一月十二日巳時公塟本里祖山土名石碣林尾

棺坐巳向亥
繼娶陳氏號儉慈生崇禎壬申年十月初一日午時卒康熙
庚子年十一月初四日亥時塟本鄉土名牛脰頭水辦下坐
辛向乙兼酉卯
子二　長偃文　次修文
明朱公字其翔號心宇　復耿公三子生崇禎戊辰年六月廿
八日子時卒康熙戊寅年六月十六日戌時塟磜仔祖山乾
隆巳卯年十二月十八日申時扦塟本里祖山上墩崎穴坐
乙向辛兼卯酉
娶葉氏號淑慎生崇禎癸酉年十月初十日戌時卒康熙甲
子年十二月二十日亥時塟本里祖山牛脰頭穴坐坤向艮

兼申寅

子一　輔文

明韶公字其九號懿成　太冲公長子生萬曆乙卯年十二月十二日辰時卒康熙戊申年七月十九日戌時享年五十有四葬南邑蔡山雍正己酉年扦葬本里叅林內桶鈎嶺坪穴坐乾向巽兼亥巳穴號半月出雲形極秀氣

娶蔡氏生萬曆戊午年十一月廿八日辰時卒康熙己巳年六月初六日酉時葬本里員潭鄉內田崙穴坐癸向丁兼子午乾隆三十二年扦葬本里東頭巷墘仔埔穴坐未向丑兼坤艮形曰倒地金釧

子一　繼文

明韻公字其諓號新堂　太冲公次子生天啟庚申年三月初四日亥時卒康熙巳未年六月二十日寅時

娶蘇氏名寂娘號勤儉爲人勤儉孝行生天啟壬戌年二月廿六日巳時卒順治乙未年十月初九日寅時康熙丁丑年合葬本里産山土名烏坑口石碣大坪穴坐亥向巳兼壬丙

繼娶蘇氏名夏娘號勤慈生天啟巳巳年九月初四日丑時卒康熙癸未年十二月十六日寅時康熙戊子年葬本里産山土名磜仔頭山猪壠頭坐癸向丁兼子午穴號飛鳳展翼

子四　長留文　次增文　三槐文　四萃文俱後妣出

明炳公字其文號懷莪　護珍公長子生萬曆戊午年三月二十日午時卒順治甲午年七月初五日寅時

娶王氏生萬曆癸亥年　月　日　時卒崇禎辛巳年八月
十六日　時
繼娶劉氏生天啟辛酉年九月初三日午時卒康熙甲子年
十月初九日戌時公葬本里盤蛇中坐癸向丁媽葬本里礫
仔庭山穴坐甲向庚兼寅申
子二　長奎文　次黙文

明烺公字其旦號懷友　護珍公次子生天啟丁卯年三月初
四日酉時卒康熙庚申年八月初三日卯時
娶洪氏賤娘生崇禎辛未年　月十五日巳時卒康熙辛
卯年四月初九日未時康熙戊寅年十二月十一日寅時公
葬本里劉坂土名屈斗田內穴坐甲向庚兼卯酉媽葬恭林

祖山土名報恩丙穴坐夘向酉
子二　長使文　次徙文
明殿公字其鑾號懷心　護珍公三子生崇禎丙子年四月初
二日亥時卒年月失
娶蘇氏生崇禎戊寅年十二月廿日巳時卒順治巳亥年六
月十三日亥時
繼娶張氏生崇禎庚辰年七月二十日巳時公媽塟俱失
子一　燠文
十二世鎮撫長房派經字行
經威字冉鎮號起榮公　植庭公長子生萬曆辛丑年六月十
五日辰時卒康熙戊申年三月十七日子時享年六十有八

與妣郜氏仝葬南邑二十一都鋪頭鄉水磨崙山坐巽向乾

妣娶郜氏　娘號生萬曆壬寅年六月十六日丑時卒順治

乙未年九月二十六日亥時享年五十有四與公仝葬

子三　長呈遲　次呈晃　三呈選

經臧字冉震號兩榮公　植庭公次子立鎮撫壠頭按小宗坐

乾向巽兼亥巳生萬曆丙午年二月初六日申時卒順治巳

亥年二月三十日亥時享年五十有四葬鎮撫山豬湖外壠

頭中崙坐丁向癸兼午子

妣娶陳氏六娘號貞順生萬曆巳酉年正月廿一日寅時卒

順治丁酉年九月二十三日未時葬本里鎮撫橫壠崙坐寅

向申兼甲庚其兩榮公與妣陳氏副神主葬鎮撫橫壠大坵

頂鏡面申坐庚向甲兼申寅
子三　長呈巽　次呈顯　三呈瑞　女一已配適蓬島
郭未于歸而卒
待贈經盛乳名尾字冉昌號純哲公　植庭公三子生萬曆甲
寅年十一月廿二日子時卒順治丁亥年九月十七日亥時
與妣張氏仝葬鎮撫山猪湖坪仔頭穴號睡虎坐甲向庚兼
寅申
娶妣張氏　娘號勤慎生萬曆丁巳年九月初二日申時卒
崇禎丙子年七月十三日寅時與公仝葬
繼娶蘇氏要娘號生萬曆巳未年十二月廿三日丑時卒康
熙癸亥年十一月廿三日午時葬鎮撫後壠中崙坐乾向巽

兼戌辰

子二　長呈尚　次呈曾俱後妣出

十二世鎮撫二房派經字行

經猷乳名英官字冉謨號愧文公　茂庭公長子聰敏穎悟篤志詩書事親敬謹友愛於弟生萬曆己丑年八月十五日丑時卒順治庚子年十一月十八日申時享年七十有二冠帶鄉飲大賓　葬在廟後旂崎坑仔崙坐庚向甲兼申寅

娶淑德孺人林氏生萬曆辛卯年正月十六日子時卒康熙乙巳年正月十七日卯時享年七十有五葬在本鄉鵬雛尾壠坐丑向未兼艮坤穴號祥雲抱月

子四　長呈祥　次呈祺　三呈禮　四呈祉

經玖公　茂庭公次子幼殤生卒月月日時失墓塟在鵬雛對
面土名檬腳大石左畔坐丙向壬
十二世鎮撫三房派
經詩公字卿六號厚翁　見衷公長子生卒無攷
娶葉氏美娘生卒不知墓合塟在鎮撫土名官崎由崙仔坐
乙向辛兼卯酉
子四　長星端　次星豪　三星叓　四星損
經書公字卿曲號芑翁　見衷公次子生萬曆辛丑年六月初
二日吉時卒順治戊子年二月十七日巳時墓塟本山十八
間土名樟浦仔崙下
娶梁氏生萬曆癸卯年七月十七日辰時卒康熙丁巳年六

月十七日巳時墓扦葬在公墳首坐辛向乙

子三　長呈璞　次呈程　三呈哲

經易公字冉三號稀文　見裒公三子生萬曆丙午年六月廿
六日吉時卒康熙甲寅年七月初四日　時葬在鎮撫頂大
蚱頭路頂坐戌向辰兼辛乙

娶洪氏號柔順生萬曆辛丑年五月十四日巳時卒順治丁
亥年十二月十五日申時葬本山鵬雛外土名木橋尾崙坐
艮向坤

繼娶王氏諱安娘生萬曆丁巳年三月廿一日巳時卒康熙
庚午年十一月十五日未時葬本山土名單壠橋蜈蚣形外
崙坐乾向巽

子二　長呈琳　次呈珍洪氏出

經記公字開典號心齋　見裒公四子生萬曆戊申年月日時

康熙　年二月二十日吉時塟本山土名上尺格巷後外

崙坐辛向乙

娶姚余氏生年月日時卒年十月十九日時塟地俟查無傳

經春公字開秋號東萊　見裒公五子生萬曆辛亥年五月廿

五日辰時卒康熙辛未年四月初五日辰時享年八十有一

塟鵬雛外土名柴橋寨壢虎脚坐丙向壬兼巳亥

娶蔣氏生萬曆戊午年七月初一日寅時卒康熙辛酉年四

月廿九日申時塟本山鵬雛水埕後頂坐　向

子三　長呈琰　次呈琬　三呈璜

經孝公字冉悌乳名續觀號順叟　見衷公六子生萬曆乙卯年月日時墓在山猪湖三脚椅仔崙仔坐寅向申兼甲庚

經傳公乳名蛙字冉賢號希聖　見衷公七子肇基始建鎮撫壠頭格小宗是其所置內奉祀神主　生萬曆庚申年三月廿一日　時卒康熙壬寅年十月二十日　時葬鵬雞外土名三坵崙坐庚向甲兼酉卯

娶張氏號淑恭生天啟丙寅年月日時卒康熙辛酉年正月廿六日未時葬在鎮撫土名上膝格巷崙坐寅向申兼甲庚

子三　長呈璀　次呈琮　三呈碧

十二世鎮撫四房仰雲公派經字行

經禰公名示官字冉昌昭號失　仰雲公長子克勤克儉家計

頗饒徙居大厝兜建造丁字街中巷小宗兩進壹座穴坐庚
向甲大門行丙壬又置後祖宇門口庭下壙地壹所生明萬
曆庚子年七月十九日丑時卒明崇禎壬午年二月初三日
酉時
娶林氏四娘謚勤慈生明萬曆壬寅年正月廿二日亥時卒
清康熙甲辰年六月廿一日戌時享年六十三合葬本里石
灌內大坋頭坐乾向巽兼亥巳
子一　呈墀

十二世鎮撫四房二

經煥公名　官字冉昭號先　仰雲公次子公與三房芭翁公
五房肖雲公共立小宗在鎮撫對面山因內坐艮向坤兼寅

申堂上祔主至今猶傳公生明萬曆壬寅年十月廿七日辰
時卒於十一月十七日塟本鄉下垻後前對鎮撫寨墓庭一
片石坐午向子兼丁癸
娶梁氏旼節
子一　星驥
十二世鎮撫四房三開基頂路祖
經燦公名通官字𡧍鉉號鎮山　仰雲公三子勤儉成家營立
鎮撫頂路小宗坐亥向巳兼乾巽生明萬曆辛亥年五月廿
七日巳時卒清康熙戊寅年九月初四日戌時享年八十有
八棺塟本里鵬雛橫壠坐甲向庚兼寅申
娶王氏萬娘謚恭德生明萬曆壬子年三月初五日午時卒

清順治丁亥年十二月二十日申時尾棺塟本鄉尾橋伽喃宫崙三脚木坐丁向癸兼午子

繼娶林氏三娘謚柔順生明萬曆丙辰年十二月十五日亥時卒清康熙壬午年四月廿八日未時享年八十有七棺塟本里鎮撫山坛山坐子向午兼壬丙

子二　長呈疇　次呈咸俱前出

十二世鎮撫四房四

經燿公名國宫字鼎光號照齋　仰雲公四子生明萬曆乙卯年八月十九日卯時卒清康熙乙丑年十月初六日酉時享年七十有一齡棺塟鎮撫山猪湖外壠中崙頂坐巽向乾兼辰戌

娶蘇氏生明萬曆丙辰年八月初六日卯時卒年十二月初
日葬鎮撫山猪湖外壠中崙下坐巽向乾兼巳亥
繼娶詹氏娘謚勤慎生明天啟丙寅年三月初六日酉時卒
清康熙戊寅年十月初十日申時享年七十有三葬本里鵬
雞十八間丁班池中崙坐巽向乾兼巳亥
子二　長呈真　次呈侯俱後妣出

十二世鎮撫四房五

經娘公名炳官字冉玉號崑齋　仰雲公五子生明萬曆己未
年正月十一日戌時卒清康熙癸酉年五月廿七日巳時享
年七十有五棺葬鎮撫山坛山大加壠崙坐癸向丁兼丑未
娶倪氏娘謚遜禮生明萬曆己未年二月二十日寅時卒清

康熙庚午年五月初十日戌時享年七十有二
繼娶側室徐氏生明崇禎丁丑年五月初七日午時卒清康
熙甲午年九月初七日未時享年七十有八倪氏徐氏瓦棺
合塟鎮撫山坛山大加壠崙邊坐甲向庚兼寅申
子三　長呈秀　次呈清　三呈森俱側室徐氏出
十二世鎮撫五房派經字行
經正公　肖雲公長子生卒年月俱失塟俟查
經明公　肖雲公次子生卒年月俱失塟俟查
經郁公字偶文　肖雲公三子生明萬曆庚戌年六月廿六日
辰時卒清康熙乙卯年正月廿四日寅時塟在鎮撫內寮壠
頭坐庚向甲兼申寅係壬午年閏六月廿九日塟

娶孺人李氏生卒葬地候查

繼娶孺人施氏生明萬曆丁卯年三月初六日亥時卒清康

熙庚寅年正月廿九日巳時　即年二月初二日巳時葬本

山石蚶觀音墓右畔崙坐坤向艮兼未丑

子五　長呈老　次呈等　三呈愷　四呈曉　正呈後

經泰公字興嚴　肖雲公四子生明萬曆庚申年十月初十日

未時卒清康熙庚戌年九月十九日丑時

娶蔡氏生明萬曆丁卯年正月初二日卯時卒　庚寅年

四月廿九日申時　康熙辛丑年十二月十六日巳時合葬

本山烏材林舊窖內崙大路下田頂坐卯向酉

子一　呈吉

經崇公　肖雲公五子生卒年日墓葬俱失俟查

十二世田墘派經字行

經學公字時舉號毋修　存田公子爲人敬承祖訓勤儉經營教子已見義方處已常存公道生萬曆丙午年十二月十日申時卒順治戊戌年十二月廿五日卯時

媽陳氏貴娘生萬曆己酉年六月廿六日辰時卒康熙戊辰年九月初八日辰時享年八十合公葬在本里土名田墘門口土宅基是也坐坤向艮兼未丑穴號飛鵝洛洋公于康熙癸亥年化下骸晃棺扦葬本處土名草坂邊坐亥向巳壬丙

子五　長呈馥　次呈馨　三呈華　四呈茂　五呈寶

經子公字號失　邦文公子生卒年月俱失塋俟查

後房十三世乾房派

弘㝡公字中齋號慶甫公　係心懷公長子生天啟甲子年十二月初九日寅時卒順治已亥年二　十三日戌時

娶陳氏號失生崇禎已巳年六月十三日子時卒康熙甲寅年九月廿六日巳時　康熙丙子年十二月初二日塟本鄉竹仔坑丙坐辰向戌兼巽乾公媽合塟

子二　長王郎　次宛郎

弘定公　中謚號静軒　係心懷公次子生崇禎辛未年七月初十日戌時卒康熙戊子年七月初一日辰時

娶蘇氏號失生崇禎丁丑年七月廿五日卯時卒康熙戊寅年六月廿三日丑時合二尾棺寄在軍臺頭尾窨內

子四　長士洪　次士維　三士纂　四士運
邑庠生名興官字中奮號從韜諱允武　祉所公子生平慷慨
過人行善輒稱快遇人急難輒解救當海氛之變草寇肆發
鄉村井里不能自保公召募護衛傾貲以償科派族黨咸賴
安寧厥後邑侯易諱承元慕公齒德康熙乙酉年舉爲鄉飲
大賓扁曰天家崇學
娶陳氏謚順淑邑侯藍公追慕其淑儀旌以壼範揚休匾額
縣誌載詳公在參王進草埔尾堂中又建大厝兜新厝三座
爲祖祠宇四至界限東至街路西至五柱厝門口北至十二
街南至巷口厝其東坑山一所東至路西至虎頭石東後格
爲界北至咬鹿仔坑南至劉坂林山仔垵横圳爲界後分支

羅內頂倉寨內厝一座時爲始祖祠
中年復娶側室柯氏徙居于羅洋頂倉寨內往來隔鄉八謂
上參洋四代兩公落叅嶺父老子幼是也公生崇禎戊申年
九月初四日申時卒于康熙丁酉年三月初四日丑時享年
八十
陳氏生萬曆己卯年四月初八日亥時卒康熙乙未年五月
十一日子時享年七十乾隆乙未年八月十六日公與媽陳
氏仝葬本里淵兜坂頂虞運山坐乾向巽兼亥巳
側室柯氏生康熙丙午年三月初六日酉時卒乾隆庚申年
六月廿九日未時享年七十有五葬本里梨園坐壬向丙
子七　長選國學陳氏出　次佳庠生　三儀國學　四儲　五倫

六价　七傳（俱祠氏出）

弘添公字中瑞號上叶　啟泰公長子生卒年月俱失

娶　氏生卒年月俱失　公及媽塋地俟查

子四　長士安　次士繼　三士守　四士靜

弘榮公字中祥號上仁　啟泰公次子生卒年月俱失

娶　氏生卒年月俱失　公及媽塋地俟查

子二　長士理　次士慶

弘宣公字中攀號上魁　啟泰公三子生卒年月俱失葬俟查

弘聖公字中昭號失　啟賢公子生卒年月俱失葬俟查

此光悌公一派未有誌其生卒年月者因遠居溫州難得其詳今且闕之以俟後之修譜者查而補之

懷瑜公字中爲號碩德　賢凡公長子生崇禎丁丑年正月初
六日酉時卒康熙乙未年六月初一日午時
娶朱氏生崇禎巳卯年八月初六日巳時卒康熙辛未年正
月初二日辰時合葬本里洋中塔心坵乾隆壬戌年十二月
廿正日扦起癸亥年十一月十一日安葬本里三橋內坐寅
向申兼艮坤
子四　長立　次孔　三桐　四迎

懷詳公字中吉號有德　賢凡公次子生順治戊子年十二月
廿二日申時卒康熙巳亥年十一月十三日酉時
娶劉氏生順治癸卯年十二月廿四日吉時卒康熙丙子年
九月廿四日吉時塟失

公字號失　子四　長光英　次明英　三傳英俱早喪　四子英
四月十六日申時在臺歸仙棺槨衣衾使費外向剩銀四十
四員寄來交立官迎官之子孫買祀田以奉祀伊父母及本
身年冬月節忌神是亦孝道不朽也
覺官公字中悟號繼顯　啟仰公長子生天啟丙寅年九月十
七日酉時卒康熙乙夘年三月廿七日酉時與母仝葬本里
參洋午脰頭坐向丁癸
娶謝氏號失生崇禎己巳年二月初九日巳時卒康熙戊寅
年十月廿三日午時葬僕査
子三　長選殁　次迪　三科無傳

進官公字中取號維盍　啟仰公次子生崇禎庚午年五月十七日未時卒康熙甲申年九月廿八日卯時葬本處東樵未園坝坐辛向乙

娶張氏號失生崇禎己巳年十二月十七日亥時卒康熙甲申年三月初六日戌時葬本處大坪崙坐辛向乙

子二　長星殤　次才

弘謨公字中謀號失　其變公長子生天啟丙寅年十一月廿七日卯時卒年月日時失

娶魏氏　生崇順戊寅年四月廿七日未時卒年月日時失坐地俟查

子一　賜

弘誥公字中敷號　其燮公次子生崇禎丙子年四月廿七日
未時卒年月失葬俟查
子一　俊
弘奏公字中允號失　其榮公子生崇禎丁丑年十月廿一日
戌時卒康熙丁卯年三月初六日戌時與父合葬宮嶺箬內
坐未向丑兼癸丁
娶陳氏　生崇禎甲申年五月初一日子時卒康熙丙戌年
十二月十三日亥時葬宮嶺苦竹仔山坐酉向卯兼庚甲
子六　長恩　次群　三捷　四萬　五願　六六
桂郎公字中花號新梅　其頴公長子生順治癸卯年四月初
八日辰時卒康熙辛卯年八月初六日午時葬地俟查

娶劉氏生順治丙午年三月三十日戌時卒乾隆壬戌年正
月廿八日午時塟俟查
子二　長湊　次業

孟瑛公字中紫號失　其穎公次子生康熙辛夘年八月廿二
日酉時卒年月失
娶　氏　年月失　公媽塟地俟查

弘高公字號失　其恒公長子生康熙壬寅年八月十九日寅
時卒雍正己酉年七月十九日未時塟宮嶺砦竹仔山坐向
妣娶謝氏生康熙丙午年四月廿五日寅時卒乾隆辛酉年
四月初六日申時塟宮嶺公野竂山坐亥向巳兼壬丙
子五　長保　次佐　三委　四俊　五儔無傳

纘娘公字中　號　其恒公次子生順治壬辰年八月十九
日辰時卒康熙　年　月　日　妣
娶蘇氏　生順治　年　月　日卒年月失公媽塋地俟查
子　俟查

奕郎公字中治號以隆　其恒公三子生癸丑年十二月初七
日午時卒康熙己丑年九月初十日申時塟宮嶺尾路土堡
下坐申向寅兼庚甲
娶陳氏　生康熙甲寅年二月廿九日辰時卒乾隆丁卯年
十一月十二日辰[illegible]塟宮嶺後壁溝荒田坐乾向巽兼亥巳
子三　長千　次伉　三厲

考官公字中稽　乖觀公生順治　年月日俱失

娶　氏　生卒年月失　公媽塟地俟查

子一　士美娶　氏　臺居住

弘府公字中太　啟壬公長子生順治　年月卒年月失

娶　氏　生卒年月失　公媽塟地俟查

嗣子一　士囲殤

縣官公字中尊　啟壬公次子生順治　年月卒康熙年月失

嗣子一　士與

真官公字中委　其成公長子生順治癸丣年十二月二十日

亥時卒康熙　年月日失

娶曾氏　生康熙　年月失卒乾隆辛酉年十二月日時失

子一　士沛

妙官公字中美 其成公次子生康熙辛亥年六月十七日
時卒年月日失
娶 氏 改節
子二 長居治出繼品叔 次碓
戊公字中午 啟寅公長子生崇禎戊寅年正月日時失
娶 氏 生卒年月日時失 公媽塋地俟查無傳
緷公字中西 啟寅公次子生禎崇巳卯年十二月初五日時
卒年月日時
娶 氏 生卒年月日時失 公媽塋地俟查無傳
銓公字中成 赤官公三子生順治乙酉年二月初八日 時
年月日時 卒

娶　氏　生卒年月日時失　公媽葬地俟查

子一　士某（承繼）

良公字中善　其燦公長子生順治乙酉年十月三十日戌時

卒康熙年月失

娶王氏　生順治年月失卒康熙年月失公媽葬地俟查

子二　長喜　次智

願公字號失　其燦公次子生順治癸巳年五月初五日申時

卒康熙　年月日失

娶陳氏　生順治　年月日失　卒康熙　年月日時失

公媽葬地俟查

子五　長雕　次聖　三情　四某（出繼）　五吉（出繼）

七公字中崴　其燦公三子生順治巳亥年八月二十日申時
卒年月失
娶　氏　生卒年月日　公媽塋地俟查無傳
凱公字中元　四觀公子生順治　年月日時失　卒乾隆辛
酉年月日時失
嗣子一　士吉
冀公字中土　其明公子生順治甲午年十二月初五日亥時
卒康熙　年月日時失
娶陳氏生順治年月日時失卒康熙年月失公媽塋地俟查
子一　士保
後房十三世坤房派

弘拱公字號失　其朗公子生順治甲午年月日時卒年月日
時失塟地俟查無傳
弘献公字薇伯號仰台　其韜公子生崇禎辛巳年十二月十
七日巳時卒康熙己未年七月十四日巳時
娶白氏　生崇禎甲申年二月十六日午時卒康熙戊申年
六月廿一日寅時
繼娶王氏生順治戊子年正月十三日申時卒雍正甲辰年
正月十三日未時享年七十有七合塟本鄉江頂
子一　佑爲
邑庠生弘鏞公名暹字聲伯號旂　彥晦公長子生康熙丁巳
年二月廿六日寅時卒雍正癸丑年九月初九日未時享年

五十四齡

娶張氏諱招娘謚孝順生康熙庚申年九月三十日戌時卒

康熙丙申年十月初二日亥時合葬本鄉土名草坂頂坐寅

向申兼艮坤

繼娶施氏謚端肅生康熙丁丑年二月初五日酉時卒乾隆

甲午年四月十一日申時享年七十有八

側室曾氏生康熙戊寅年正月初九日辰時卒年月日時失

葬地俟查

子四　長曆　次敏聰張氏出　三天旂　四天誼施氏出

太學生弘鑣名讓字遜仲號懷謙　晦子公次子生康熙壬戌

年正月初八日亥時卒乾隆甲申年十月十九日子時享年

八十有三
娶洪氏諱繡娘號恭淑生康熙己卯年五月十七日時卒年
月日時失厝棺本里白灰后八叚山坐乙向辛兼卯酉
繼娶髙氏諱喜娘謚孝懿生康熙癸亥年十二月初三日亥
時卒乾隆戊子年八月廿六日酉時享年八十六葬地俟查
子二　長緝官庠　髙氏出
邑庠生鐸公名紀字周叔號仁厚　晦子公三子篤志詩書學
富五車採芹香歌鹿鳴不失過分生康熙丙寅年十二月初
五日丑時卒乾隆己巳年五月十三日辰時
娶葉氏諱園娘謚恭慈生康熙丁卯年六月十七日吉時卒
雍正丁未年五月初六日吉時葬本里草坂頂坐　向

側室張氏生康熙辛巳年十一月十一日酉時卒乾隆乙巳
年三月十七日戌時塟地俟查
子七　長章煥　次宗華　三宗仰　四宗振俱蔡氏出
五宗早　宗援　七宗隨張氏出
大使公字中宏號允釆　啟元公長子生　乙亥年六月廿二
日卯時卒年月失塟地俟查
娶陳氏生　癸未年四月十九日亥時卒年月失塟地俟查
子二　長法成　次法生
弘抱公字中定號允麟　啟豪公長子生　己巳年九月三十
日戌時卒年月失塟俟查
娶林氏生　辛卯年八月十六日亥時卒年月失塟地俟查

子二　長國琳　次璉

弘印公字中憲號允照　啟豪公次子生　壬寅年八月十六日戌時卒年月失

娶賢氏　生卒年月日時失　公媽塟地俟查無傳

弘必公字中慶號允爵　啟豪公三子生　丁未年十二月十二日子時卒年月失

娶唐氏　生卒年月日時失　公媽塟地俟查無傳

邑庠生公諱正轔字中庸號允趾　其昌公長子天姿明敏篤志詩書生　丙申年二月廿一日戌時卒年月失

娶蔡氏生　丁酉年二月初七日卯時卒年月日時失公媽塟地俟查

子五　長國相　次國棟　三國科　四國甲　五招治
抱養
正成公字中序號允傑　其昌公次子生　壬寅年九月廿七日酉時卒年月日時失
妣楊氏生　甲辰年十一月十七日辰時卒　庚午年月日時失塋地俟查
娶八曾川八姓氏生卒年月失公媽塋地俟查
子二　長國鳳　次國和
正申公字中亭號允元　其昌公三子生崇禎戊申年六月初二日亥時卒年月日時失
娶周氏生崇禎癸丑年十二月初十日午時卒年月日時失

公媽塋地俟查

子一

太學生正質公字中慶號允量　其昌公四子生順治庚戌年十一月十二日丑時卒年月失

娶孺人林氏生康熙甲寅年十月十三日戌時卒年月日時失　公媽塋地俟查

正貞公字中奇號允祥　其盛公長子生　戊申年十月十六日戌時卒年月失

娶梁氏生卒年月日時失　公媽塋地俟查失記

弘答公字失　其緒公之子生卒年月失塋地俟查

弘天公字失　其年公之子生卒年月失塋地俟查

弘鑋公字失　其寬公之子生順治乙酉年三月廿六日巳時
卒年月日時葬俟查
弘艮公字失　其寬公次子生康熙甲辰年七月廿一日吉時
卒年月失葬地俟查
弘愛公字號志友　其執公長子生順治丁酉年正月二十日
戌時卒康熙癸酉年十一月廿六日吉時
娶林氏諱真娘生康熙壬寅年十一月初三日吉時卒雍正
乙卯年十一月初三日時合葬大碌山坐申向寅
子二　長都　次衛
弘情公字號純樸　其執公次子生順治己亥年十二月初四
日卯時卒康熙丁亥年三月初十日未時

娶張氏生卒年月日時失　公媽塟地俟查
子五　長鸞　次鳳　三道　四德　五篇
弘漢公字失　鸞郎公次子生卒年月失塟地俟查
弘波公字失　鸞郎公長子生卒年月失塟地俟查
朧瑛公嗣子生
弘策公字失　鸞郎公三子生卒年月失塟地俟查
弘範公字失　其鳳公長子生卒年月失塟地俟查
弘廣公字失　其鳳公次子生卒年月失塟地俟查
弘樸公字失　其鳳公三子生卒年月失塟地俟查
弘奇公字號帽忠　其寔公之子生　年十二月廿八日時卒
于年四月初二日郊時塟本里大坪後坐北向南無傳

弘鞠公字中麗號帽涯　其惟公長子生順治甲午年九月十三日寅時卒雍正辛亥年十二月廿八日午時葬本里仁段山陳家墓脚穴坐甲向庚兼卯酉

娶王氏生康熙辛丑年十一月十三日申時卒乾隆癸亥年十月廿七日夘時葬本里竹仔林坑頭穴坐子向午兼壬丙

子二　長士歲　次士彥

弘愈公字中師號早涯　其惟公次子生順治庚子年九月十七日午時卒康熙辛未年五月十九日未時　康熙巳夘年葬本里牛崗槙邊橡仔脚坐巽向乾兼巳亥無傳

弘偉公名品字中奇號崧涯　其惟公三子爲人誠實縣主邱公雍正乙巳年以純藝用休匾贈公冠帶榮身生康熙戊申

年五月十八日辰時卒雍正己酉年八月初四日未時享年六十有二雍正甲寅年十月十三日葬本里巳山胡厝赤皮中崙坐卯向酉兼甲庚

娶莊氏端慈孺人諱雪娘生康熙乙丑年九月初六日巳時卒乾隆乙酉年二月廿六日午時享年九十有一與公仝穴坐卯向酉兼乙辛

側室莊順謝氏生康熙壬寅年十一月十六日吉時卒雍正壬子年六月二十日午時葬本里後唐溝橾仔林崙穴號牛眠坐庚向甲兼酉卯

子二　長文明太學生莊氏出　次文德學太生謝氏出

弘慈公字　號濬涯　其凡公長子生康熙壬子年十二月初

二日子時卒乾隆辛酉年四月十五日未時葬本里後院內
東垵坐　向
娶王氏諱果娘生康熙庚午年七月廿一日酉時卒乾隆乙
丑年七月初一日巳時葬本里竹仔林坑坐　向
　嗣子一　士任
弘岱公字失　其凡公次子生年月失卒年五月廿三吉時葬
　本里後塘溝井仔頭穴坐　向　無傳
弘葭公字失　其凡公三子生卒年月失葬地俟查
弘邦公字號封榮　啟操公長子生康熙丁未年七月初八日
　丑時卒雍正甲辰年七月廿二日未時　雍正癸丑年五月
　十六日申時與媽蘇氏附葬在本里牛崗檳金字面坐坤向

艮兼未丑
娶張氏慈全諱恩娘生康熙壬申年九月初四日卯時卒乾
隆甲午年十二月十四日未時葬後査
子三　長士鑑　次士課　三士炳殤

弘廣公字矢　啟操公次子生康熙己酉年七月初七日　時
卒康熙壬寅年十一月十六日未時葬本里牛崗樍邊坐向
娶　氏敃節

弘欣公字號志喜　啟操公三子生康熙戊午年四月十一日
亥時卒雍正甲辰年九月初七日亥時雍正十一年五月十
六日甲時瓦棺葬本里牛崗樍金字面穴坐坤向艮兼未丑
與媽附葬

娶陳氏選娘生康熙壬申年五月廿三日子時卒雍正戊申
年七月十九日丑時妣攺節
子二　長三仕　次士晧
弘宜公字失　其道公之子生卒年月葬地俟查無傳
聯登公字失　其傳公長子生卒年月葬失記俟查無傳
弘補公字失　其傳公次子生　年正月十四日亥時卒隆乾
乙丑年二月初二日卯時葬坐　向
子一　報殤無傳
弘齋公字號國治　其艮公之子生康熙戊子年七月二十日
寅時卒雍正丙午年五月初六日未時葬本里椽仔林坐向
娶孺人葉氏諱明娘號節儉家清守節紡績爲業毫無難色

縣誌載詳生康熙戊子年五月初六日未時卒乾隆巳丑年
六月廿七日申時葬本里竹仔林坐　向
子一　士我
弘尋公字號淳厚　其簡公長子生康熙乙酉年十一月三十
日丑時卒乾隆甲申年七月廿六日子時享年九十有六皇
恩冠戴榮身葬本里竹仔林坑頭坐坤向艮
娶賴氏勤慈諱得娘生康熙乙亥年五月廿七日申時卒乾
隆癸巳年正月廿八日未時葬坐　向
子三　長士送　次士飛　三士員
宏甘公字中吉號順善　其簡公次子生康熙乙卯年九月廿
七日未時卒乾隆丙子年正月廿九日亥時葬本里牛崗積

邊樣仔林坐乾向巽兼戌辰妣塟地俟查
嗣子一　士起
弘慚公字號順齋　其簡公三子生康熙辛酉年八月十一寅時卒乾隆丁夘年五月廿六日夘時葬本里牛崗積坐壬向丙兼子午
娶鄭氏　改節無傳
弘像公字中快號順美　其簡公四子生康熙乙丑年八月二十日未時卒乾隆戊辰年十一月十三丑時塟本里竹仔林坑頭坐辛向乙兼辰戌
娶蔡氏號慈範諱氣娘生康熙甲戌年八月初九日寅時卒乾隆丁亥年五月十八日酉時塟本里孩兒墓口右畔屈手

後坐丙向壬兼午子後扦葬湖厝蘇家厝后湖內坐
子三　長神斷　次士介　三三鳳
弘寳公字中燕號旼桂　其閒公五子生康熙戊辰年八月廿
六日丑時卒乾隆丙子年十二月廿六日卯時葬本里后磜
崙坐坤向艮兼未丑扦壅在後院坐　向
娶殷氏生康熙己卯年四月廿六日戌時卒隆乾癸未年三
月初七日巳時葬本里大坪後坐乾向巽兼亥巳
子二　長士月　次士東
後房十三世福水派
纘文公字鍾禹號直毅　心虞公長子崇禎壬申年六月初十
日子時卒康熙壬辰年九月初七日申是歲葬祖山冬坑穴

坐庚向甲兼申寅
娶王氏偶娘號格勤生崇禎丁丑年正月十二日未時卒康
熙丁酉年四月廿九日巳時
繼娶蘇氏　生卒年月無考𦵏棺藝石碣林蛇頭穴坐酉向
夘兼
王氏媽𦵏祖產山磜仔杉垵頭穴坐子向午
子三　長士藩　次士舜　三士快
紱文公字鍾亥號坦毅　心虞公次子生崇禎甲申年四月十
八日辰時
娶薛氏生卒月年無考𦵏本鄉土名牛肚頭祖山穴坐申向
寅兼庚甲

坦毅公生順治癸巳年八月十四日辰時卒康熙丙寅年十
一月廿七日酉時葬浯州十九都山仔兜鄉溝東翁厝仔口
坐壬向丙
妣坤娘山仔兜八
輦文公字號失　心虞公三子生年月失僅知卒年九月廿七
日時葬本里世厝產山土名石空口坐乙向辛兼卯酉
朗文公字鍾含號尚樸　懷邱公長子生順治辛卯年閏二月
十二日戌時卒康熙甲午年二月廿五日酉時
娶彭氏生順治甲午年三月初二日寅時卒癸巳年九月初
二日巳時　公葬本里冬坑世厝產山穴坐庚向甲　隆乾
戊午年十二月十八日丑時安葬三層礫崙頭土名子秋竹

崙祖産山與媽呂氏三棺母子仝穴坐申向寅兼庚甲周圍
土坟
妣彭氏生康熙乙未年五月初二日申時葬本里祖山土名
石空口大垢田頂穴坐子向午兼癸丁
子四　長士卜　次士佐　三士佑　四士俠
紈文公字鍾御號克和　明良公長子生順治乙酉年正月初
十日辰時卒康熙壬辰年十月初三日午時葬本里烏石領
世曾祖山穴坐壬向丙兼亥巳土名新林格內
娶趙氏生順治庚寅年八月廿八日巳時卒康熙庚寅年五
月廿四日巳時葬本里石碣林蛇頭後坐壬向丙兼亥巳周
圍土坟

子三　長士欣　次士尊　三士妥

綿文公字鍾鎮號貽業　明艮公次子生康熙癸邜年七月十二日未時卒雍正乙巳年二月初二日子時

娶王氏二娘生康熙乙邜年九月二十日未時卒　癸卯年八月廿九日子時葬本里占石山兜路下圍穴坤坐艮未丑

子五　長士山　次士地　三士煌　四士教

五士心殤

勲文公字鍾功號克明　明艮三子生卒年月葬地失生年無娶有多少業業倚綿叔卒後年冬月節祭祀皆歸悌孫煌孫策應

偃文公字鍾武號克修　明昌公長子生卒年月失塟本鄉石

碣林穴坐巽向乾兼巳亥六月二十日辰
娶倪氏生年月失卒　年十月初三日辰葬真武踏武車
仔山穴坐丁向癸兼午子
子一　恭往臺卒無傳

修文公字鍾成號德和　明昌公次子生康熙辛亥年正月十
八日未時卒雍正乙卯年十二月十一日辰時葬本里祖山
覆船山坛穴坐壬向丙兼子午
娶王氏胡娘生康熙巳巳年六月十三日巳時卒雍正乙卯
年十一月廿四日子時葬石碣林穴坐坤向艮兼未丑
子三　長士賜　次士寶　三士全

輔文公字鍾會號相宜　明朱公子生康熙乙巳年八月廿九

日子時卒康熙辛丑年閏六月廿七日辰時葬叅林爵竹椅
祖山穴坐丁向癸
娶洪氏號貞勤生康熙癸亥年四月廿七日寅時卒乾隆乙
丑年十一月廿六日申時葬覆船山坛穴坐壬向丙兼亥巳
子三　長士振　次士日　三士江
繼文公字鍾孝號滋德　懿成公子重義經財酷嗜書香延師
課子鄉隣重德舉鄉賔弗受生崇禎壬午年八月廿九日午
時卒康熙庚寅年七月十二日丑時　壙扦葬劉坂屈斗大
墘尾田坐申向寅兼坤艮
娶詹氏號淑孝生崇禎壬午年九月十三日辰時卒康熙乙
未年七月初九日夘時合葬祖山覆船崎穴坐癸向丁子午

妣詹氏存焉

子二　長士揚邑庠　次士白

留文公字鍾晋號存德　新堂公長子生順治丁酉年十二月初九日亥時卒雍正丁未年三月廿二日未時葬本里祖山覆船壁石穴坐卯向酉兼乙辛

娶陳氏孰娘生順治庚子年十二月廿六日卯時卒雍正己酉年正月廿九日亥時葬石碣林坐亥向巳兼壬丙

子三　長士抱　次士把　三士採

增文公字鍾益號添德　新堂公次子生康熙壬寅年二月廿八日亥時卒康熙甲午年九月初七日未時葬石碣林湯壠穴坐田向庚兼卯酉

娶李氏拙娘生康熙癸丑年三月二十日亥時卒年月失葬
祖山冬坑穴坐辛向乙兼酉卯周圍土坟
子三　長士援　次士搏　三士拯
槐文公字鍾植號好德　新堂公三子生康熙甲辰年九月十
二日午時卒雍正乙亥年十二月十二日酉時葬覆船祖山
穴坐卯向酉兼甲庚
娶蘇氏號純勤生康熙癸卯年四月十四日巳時卒雍正巳
酉年七月初九日酉時葬磜仔山穴坐　向
子一　士球
楚文公字鍾拔號亨德　新堂公四子生康熙丁未年九月十
三日亥時卒雍正乙酉年四月初七日子時享年六十有三

葬本里祖山土名覆船山坛穴坐丑向未兼癸丁
娶吳氏坤娘生康熙巳酉年十月廿六日巳時卒乾隆癸亥
年七月十八日子時享年七十有五葬本里祖山土名占石
山兜崙穴坐酉向夘兼辛乙
子三　長士璋　次士玖　三士琢
奎文公字鍾伍號資雅　懷我公長子生順治壬辰年十一月
十一日亥時卒雍正癸夘年正月十九日辰時葬烏石嶺新
林格坐亥向巳
娶蔡氏生順治甲午年十二月十三日辰時卒康熙戊戌年
六月廿五日未時葬本鄉磜仔祖山穴坐甲庚兼寅申
子一　士福

默文公字鍾識號淡静　懷我公次子生康熙戊申年七月日
時卒辛巳年　月十九日辰時葬　地失俟查
娶　氏　生卒年月失葬地俟查

使文公字鍾建號和義　懷友公長子生順治丙申年十月初
六日卯時卒雍正戊申年十月廿一日辰時葬本里祖山土
名石碣林湯壠坐甲向庚
娶蔡氏巳娘生康熙庚戌年閏二月廿八日巳時卒康熙丁
酉年十月十七日亥時葬本里祖山土名仔礫穴坐壬向丙
兼亥巳
子一　士元

徙文公字鍾玉號勝義　懷友公次子生　庚子年三月初十

日寅時卒康熙辛卯年十一月初四日戌時塟參林爵竹椅
扦埔壹林穴坐夘向酉兼甲庚
娶重氏前娘生康熙壬子年五月廿七日酉時卒年月日時
失塟地俟查
子一　士幸
墺文公字鍾號　明殿公子生卒年月失塟地俟查
寬文公字號失　其鑾公長子生康熙丁未年十二月廿八日
戌時卒年月失塟地俟查
妣　氏　生卒年月失塟地俟查
和文公字號失　其鑾公次子生康熙辛亥年十二月十五日
時卒年月失塟地候查

妣　氏　生卒年月失塟地侯查

国家出版基金項目
NATIONAL PUBLICATION FOUNDATION

海上絲綢之路文獻集成

總主編 陳支平 陳春聲

民間譜牒編 35

主編 林楓

海峡出版發行集團
THE STRAITS PUBLISHING & DISTRIBUTING GROUP
福建人民出版社

本册目次

〔福建安溪〕二房參鎮羅黃氏族譜八卷首一卷存七卷（卷一下至卷三上）

〔清〕佚名纂修

參山二房派黄氏族譜卷之下

十三世大厝兜中巷大舍派

呈壽公字號失　趙公子生卒年月失移居南邑

子一　遜公

十三世鎮撫長房長呈字行

呈暹公乳名開字世羅號鳳撫　起榮公長子生與從弟賢明公共嘗鎮撫緣茶林腳小宗坐申向寅兼坤艮生明天啟辛酉年十二月三十日戌時卒清康熙丁卯年四月十三日申時享年六十有七葬本里鎮撫下石龜林仔後崙坐壬向丙兼子午

妣謝氏士娘號慈慎生明天啟辛酉年八月十八日巳時卒

清康熙丁卯年三月初四日未時卒年六十有七葬鎮撫寨
大坪頭崙爵堵中崙坐酉向卯兼辛乙
子三　長文俊　次文偉　三文傑
旱晃公乳名朗字世魄號蘊齋　起榮公次子公營立鎮撫寨
美山小宗一座應得半座坐癸向丁兼丑未生崇禎丙子年
十二月三十日午時卒康熙壬寅年七月廿八日午時享年
八十有七公與妣王氏合葬本山鵬雛軍壠橋瓦窰壠崙
坐壬向丙兼子午
妣石氏近娘號幾儀生崇禎戊寅年十一月廿五日酉時卒
康熙丙戌年十二月初一日午時享年六十有九葬鎮撫山
猪湖埔崙坐癸向丁兼丑未

庶妣王氏腰娘號生順治甲申年七月初九日未時卒雍正壬子年十二月廿九日戌時與公仝塟
子二　長文憲　次文壯璧
呈選公乳名惱字世擇號美齋　起榮公三子公嘗立參洋温厝小宗坐庚向甲兼酉卯生明崇禎巳卯年七月初九日子時卒康熙戊戌年十月三十日酉時享年八十齡塟鎮撫尾宮崙坐丙向壬兼巳亥
妣陳氏　娘號寬惠生崇禎癸未年十二月十四日辰時卒康熙巳巳年八月初六日未時塟鎮撫流礤口土名香楊墘坐辰向戌兼巽乾
庶妣吳氏　娘號順和生康熙癸丑年十一月十四日午時

卒乾隆壬申年三月廿五日午時葬鎮撫下石龜嶺坐未
向丑兼坤艮
子三　長文端　次文臘陳氏出　三文承吳氏出
十三世鎮撫長房二星字行
星巽公字世常號在明　兩榮公長子生崇禎丁丑年三月初
三日卯時卒康熙戊申年九月初八日申時葬鎮撫柯樹崙
坐乾向巽兼亥巳
妣陳氏廉娘號清淑生崇禎丙子年十二月初二日亥時卒
康熙戊戌年十月十八日亥時葬鎮撫鵬雛口洋邊墘田中
坐辰向戌兼乙辛
子一　文誠

恩榮鄉飲大賓呈顯公諱樸亭字世揖號賢明　兩榮公次子
與從兄鳳撫公共營鎮撫寨茶林脚小宗自又建參洋溫厝
小宗坐庚酉向甲兼卯公四歲失恃六歲失怙遇亦艱矣然當
時年雖少送終能盡其禮守制能克殫其誠迨至長也端躬
肅容樸質醇厚解紛排難鄉閭欽月旦之評飾紀明綱里黨
慕風聲之樹而且勤儉居家義方訓子宜乎福壽遠長一門
稱頌孫枝茂盛萬古流芳矣生順治甲午年十一月初四日
戌時卒乾隆丙寅年正月初二日丑時享年九十有三葬本
山參洋馬坑黃林坪穴號真武踏龜坐庚向甲兼酉卯
妣郭氏順娘號勤儉生順治丙申年七月十四日戌時卒康
熙甲申年正月初一日辰時就本年柩葬鎮撫大林頭路頂

坐戌向辰兼乾巽
子二　長有材　次有二
呈瑞公字號失　兩榮公三子生㓜殤生卒年月失墓葬鎮撫
山猪湖坐丁向癸兼午子
姑　諱　娘　兩榮公　女生卒年月失已適蓬島部使
未于歸而卒墓葬鎮撫山猪湖內壠頭對面尖後路邊坐丙
向壬兼巳亥
十三世鎮撫長房三
呈尚公字廷旻號心靈　純哲公長子生崇禎戊寅年十一月
初三日亥時卒康熙庚寅年三月廿七日巳時享年七十有
三葬本山鵬雛

木橋美寨脚坐乾向巽
妣林氏緣娘號儉慈生崇禎丁丑年十一月廿八日辰時卒
康熙乙丑年三月初三日申時棺葬本里鎮撫山猪湖外壠
頭穴號獅形坐乾向巽兼戌辰
子五　長文洪　次文起　三文朝　四文煥　五文勇
邑庠生諱呈曾謚糾桓　純哲公次子生崇禎辛巳年三月廿
五日寅時卒康熙已未年五月廿一日午時瓦棺葬在鎮撫
對面山崙近父厝左畔坐巽向乾兼辰戌
妣侯氏諱　娘號生崇禎癸未年五月十三日寅時卒康熙
壬辰年四月初三日午時墓葬本山垻後土名古井按中崙
穴坐申向寅

子二　長文華　次者金

十三世鎮撫二房派呈字行

呈祥公乳名粮官　愧文公長子生萬曆甲寅年八月初七日吉時卒崇禎乙亥年七月十八日酉時塟本山十八間土名守其仔崙坐辰向戌兼乙辛　無傳

呈祺公諱登官字肇升號維㲄　愧文公次子爲人忠厚正直睦族和鄉田園廣置屋宇增光地擇參山苟完苟美宅開祜水肯構肯堂重修譜牒尊祖敬宗且延師敎子夙夜匪皇待人接容始終尊崇一門之衣冠接踵四支之蘭桂齊芳或勸書册或壽遊庠或登黌序仕宦或課農桑靡非公之好行其德足以長發其祥也是爲序

生萬曆丁巳年正月廿四日酉時卒康熙丁夘年十二月十
六日寅時享年七十有一葬在本鄉湖頂深壠頭穴號虎形
坐午向子兼丙壬
妣孺人蘇氏諱順娘號慈孝生泰昌庚申年二月廿七日戌
時卒康熙甲子年正月初六日寅時享年六十有五葬本里
石礦頂上翁畬穴號獅仔照格坐亥向巳兼乾巽
子四　長鳳龍　次鳳雛　三鳳印　四鳳輝
處士呈禬公乳名三觀字肇興一字玉桂號樂山　愧文公三
子爲人秉性和易宅心純良尊賢敬士立業建功書香酷嗜
義訓昭彰衣冠濟濟蘭桂蹌蹌允文允武厥後克昌公嘗立
鎮撫美宮林小宗一座坐丁向癸兼午子又與長房三純哲

公共營鎮撫對面山大坪頭下小宗上下兩座坐辛乙兼酉
夘及上下前後地所園埔蔭樹我等闔分俱各得半右畔生
天啟壬戌年九月廿四戌時卒康熙丁亥年四月十一丑時
妣孺人林氏壬娘號循壼生天啟壬戌年八月廿七日夘時
卒康熙丁丑年五月廿二日午時享年七十有六公媽合塟
本里鵬雛軍壠橋嶺員林仔崙坐辛向乙兼酉夘
子三　長鳳搏　次鳳陽　三鳳崗

星祉公乳名四觀字肇麟　愧文公四子生崇禎庚午年四月
廿三日夘時卒順治丁亥年九月十六日夘時塟在鎮撫寨
尾冲天墓下坐丑向未兼癸丁
祖表施氏侃觀　生卒年月日時墓塟本里鵬雛軍壠橋嶺

員林仔樂山公墓外崙坐亥向巳兼乾巽
伲表係是懋庭媽孝敬施氏　姪孫
十三世鎮撫三房派呈字行
呈端公　厚翁公長子生卒年月日時失塟在本山土名後壠
坐向　無傳
呈篆公　厚翁公次子生卒年月失塟在本山土名蓬後圳頭
中崙坐北向南　無傳
呈更公　厚翁公三子生卒年月失塟在本山土名石垢龍湫
乾崙坐北向南無傳
呈損公　厚翁公四子生卒年月失塟在本山土名石垢林按
崙坐乙向辛　無傳

呈璞公乳名啟字開甫號廣齋　芭翁公長子生天啟壬戌年十一月十一日寅時卒康熙庚戌年三月廿九日申時葬本山山坛頂土名大伽壠坐乾向巽

娶趙氏生崇禎乙亥年十月二十日丑時卒康熙辛亥年五月初十日子時葬烏材林土名背竹坳坐丁向癸兼未丑

子一　鳳岳

呈程公字紫甫號維南　芭翁公次子生崇禎辛巳年月日時失卒清　年九月十二日吉時

娶洪氏生順治甲申年十月初八日丑時卒年月失合葬鵬雞外土名尾墘田頂坐乾向巽兼戌辰

子三　長鳳周　次鳳協　鳳勲

呈哲公字明甫　芭翁公三子生卒年月日時失墓與兄廣齋公仝葬今兄扦葬别處呈哲公在壠頭格後崙坐戌向辰兼乾巽無傳

呈琳公乳名貨字實甫號維玉　希文公長子生崇禎乙亥年正月十四日丑時卒康熙辛巳年五月十四日丑時享年七十有七葬本山山坛頂土名北坑壠崙坐子向午兼癸丁娶劉氏諱尾娘生崇禎庚辰年六月初四日巳時卒康熙巳亥年二月初三日巳時享年八十齡葬在本山山猪湖三脚椅仔坐壬向丙兼子午

子七　長鳳翔　次鳳翥　三鳳翅　四鳳翱

五鳳翽　六鳳拱殤　七鳳河殤

星珍公字重甫號巽石　希文公次子生崇禎戊寅年六月十九日未時卒康熙丁丑年七月　日辰時葬本山土名後壠崙坐癸向丁

娶蘇氏京娘生崇禎年月失卒康熙壬寅年十月十四日吉時葬本山軍壠橋外蜈蚣形外崙坐　向

子五　長鳳習　次鳳贖　三鳳賜　四鳳表　五鳳冉

星琰公乳名聖字神甫號維時　東萊公長子生順治己丑年四月初五日卯時卒康熙戊子年月日失

娶葉氏諱未娘生順治甲午年十一月初六日寅時卒康熙癸酉年八月初八日未時公媽合葬本山土名外壠底坐庚向甲兼申寅

子三　長鳳亥　次鳳首　三鳳讀出繼

呈琬公乳名德字止甫號維所　東萊公次子生順治癸巳年七月初十日寅時卒康熙戊子年十一月廿四日巳時葬鎮撫尾橋嶺外崙坐壬向丙

承繼子鳳讀

呈實公乳名璳諱梓觀字其甫號維貴　東萊公三子生順治庚子年五月十二日丑時卒康熙辛卯年二月初八日午時葬鎮撫寨尾中崙坐亥向巳

娶林氏

子　緩居　敃節

呈璀公乳名金觀號維古　希聖公長子生順治丙戌年八月

初二日未時卒康熙丙戌年　月　日失瓦棺葬本山軍壟
橋横壟內崙坐乾向巽兼戌辰
娶謝氏諱成娘生順治丁酉年六月初九日午時卒康熙庚
辰年五月廿三日巳時今與公合葬瓦棺仝墳
子四　長鳳對　次鳳雙　三鳳榜　四鳳白
星琮公乳名世字元甫號永貞　希望公次子生順治癸巳年
五月廿八日吉時卒雍正丁未年四月廿二日辰時葬烏材
林北坑土名狀元湖新田湖中崙坐癸向丁兼子午
娶温氏坤娘號順懿生康熙丙辰年五月廿五日酉時卒雍
正丙午年七月廿一日寅時葬本山土名厝桶後崙深坵田
頂三腳木坐向丁癸兼午子

子四　長鳳石　次鳳殿　三鳳爵　四鳳廣

星碧公諱寶官　希聖公三子生康熙壬寅年八月初五日丑時卒乾隆癸亥年七月十四日午時葬鎮撫土名下坝水埕頂坐南向北

娶何氏　生卒年月日時失并坟墓不知合葬如何候查詳

十三世鎮撫四房長大厝塊經爝公派星字行

星墀公名璇官字冉甫號先　鴻昌公子生崇禎壬申年六月廿八日寅時卒康熙癸丑年正月初九日戌時　公與三男士明公合葬本里石礦內走馬蜈蚣旂形尖湖坐乾向巽兼戌辰

妣孺人謝氏愛娘謚慈孝生崇禎丙子年九月初五日辰時

卒康熙乙未年七月十三日巳時享年八十齡葬本里參洋
後院鄉土名三畬頭坐酉向卯兼辛乙
子五　長鳳沇　次鳳安　三鳳欽　四鳳廉　鳳五瑞

十三世鎮撫四房二因內經煥公派呈字行
呈驥公名委官字北甫號失　鼎昭公子生崇禎癸酉年七月
廿三日巳時卒康熙乙亥年六月初六日午時享年六十有
三葬本里鵬雛蜈蚣形崙坐艮向坤兼寅申
妣孺人朱氏愛娘生崇禎丁丑年五月廿九日未時卒康熙
庚寅年九月初五日酉時享年七十有四齡墓與次婦蔡氏
合葬本里鵬雛鄉土名軍壠橋頭水堤頂坐乾向巽兼亥巳
子三　長鳳施　次鳳剌　三鳳宰

十三世中厝鎮撫四房三頂路經燦公派呈字行

呈曦公字謀甫一字中謀號樾林　鎮山公長子生崇禎乙亥年二月初五日未時卒康熙甲申年正月初三日午時享年七十齡棺葬本里鵬雛鄉土名員林仔崙坐辛向乙兼戌辰

妣孺人鄣氏就娘謚儉慈生崇禎辛巳年八月十二日亥時卒康熙癸丑年八月二十日戌時尾棺塟本里參洋馬坑口鄉土名古井垻後壁坐庚向甲兼酉卯

繼妣孺人沈氏諱速娘號成德生崇禎辛巳年二月十三日戌時卒雍正癸卯年正月初五日申時享年八十有三齡棺塟本里鵬雛鄉土名尾壠墘後苦竹林崙坐乾向巽兼辰戌

子五　長鳳彩　次鳳翼偕前妣出　三鳳羽

四鳳閣　五鳳義俱後坭

呈咸公字交甫號懋齋　鎮山公次子生崇禎戊寅年八月初
七日巳時卒康熙辛巳年十二月初三日辰時享年六十有
四齡厝棺壅本里石礫山尾園崙坐未向丑兼坤艮
妣孺人林氏諱孰娘號心慈生順治丙戌年十一月十九日
辰時卒康熙戊午年二月廿五日亥時
繼妣孺人陳氏諱咀娘號德慈生崇禎戊寅年二月十六日
未時卒康熙丁酉年十月十一日巳時享年八十齡　二妣
厝棺合葬本里鎮撫外壠　獅形後坐午向子兼丙壬
子二　長鳳鳴　次鳳鍾俱林氏出

十三世鎮撫四房四經燿公派呈　行

呈真公字實甫號假齋　經燿公長子生順治己亥年二月十七日申時卒康熙戊戌年十二月十九日亥時享年六十齡葬鎮撫本山山坛頂大壠崙前拱凌雲尖坐辛向乙兼戌辰妣孺人鄭氏諱成艰號儉慈生康熙壬子年十二月廿一日寅時卒康熙甲午年四月十七日寅時尾棺葬鎮撫本山大坵尾土名風沙崙坐申向寅兼坤艮

子一　鳳愴

呈侯公字諸甫號失　經燿公次子生康熙癸卯年十月十九日亥時卒　年十月十七日　時尾棺葬鎮撫本山虎母寮崙坐戌向辰兼辛乙

十三世鎮撫四房五經熄公派呈字行

星秀公字麗甫號懋容　　崑齋公長子生康熙乙巳年二月廿
一日辰時卒康熙乙酉年閏四月初一日酉時
妣孺人鄙氏諱問娘號生康熙戊申年八月十八日寅時卒
康熙庚子年四月初七日巳時合葬鎮撫本山山猪湖掘土
崙坐子向午兼癸丁
子二　長鳳應　次鳳佐

星清公字濯甫號懋雅　崑齋公次子公與胞弟嚴裹公築室
於崇善里魁斗街遂居之今圯遺址尚在生康熙戊申年四
月十三日　時卒康熙丁亥年十月廿九日戌時
妣孺人易氏諱逸娘號失生康熙丙寅年閏四月十八日未
時卒乾隆戊午年七月初十日卯時厇棺合塟本里烏材林

黃竹後崙三片石中嵌下坐坤向艮兼申寅

子一　鳳鎮

十三世中眉鎮撫四房五之三開基崇善里魁斗

呈森公字茂甫號嚴叟　崑齋公三子公與胞兄懋雅公築室於崇善里魁斗街遂居之今圯遺址尚在生康熙戊午年正月廿二日未時卒乾隆癸未年三月十二日未時享年八十有四齡壟崇善里魁斗仙姑庵磜仔頭坐甲向庚兼寅申

妣孺人蘇氏諱擬娘謚懿慈生康熙壬申年六月初二日寅時卒雍正庚戌年十月初十日巳時墓與四男鳳標幼骸仝塋崇善里魁斗埔前坑烏石仔坐甲向庚兼夘酉

繼妣孺人陳氏諱好娘謚勤慈生康熙乙酉年十一月初一

日寅時卒乾隆癸卯年五月十四日辰時享年七十有九齡
塟崇善里魁斗街對面隔坵田坐　向　兼
子五　長伯琬　次助生（蔡氏出）
三奎星　四鳳標　五鳳合（俱陳氏出）
十三世鎮撫五房派呈字行
呈老公　爲文公長子生順治巳亥年　月　日　時卒年月
日時失塟地侯查
呈等公　爲文公次子生順治壬寅年　月　日　時卒年月
日時失塟地侯查
呈愷公字惻甫號存仁　爲文公三子生康熙丙午年四月初
三日申時卒康熙巳亥年八月十八日寅時塟本鄉虎母寮

崙坐坤向艮

妣孺人許氏諱惜娘生康熙庚申年閏八月廿五日未時卒年月日時失墓地俱俟後查詳

子五　長鳳變　次鳳揚　三鳳貴　四光明　五鳳聯

呈曉公　咼文公四子生康熙戊申年十一月初十日巳時卒年月日日時失

妣孺人吳氏生卒年月失　考妣塋地候查

子二　長鳳慶　次鳳我

呈後公　咼文公五子生康熙辛亥年　月　日　時卒年月日時失墓地俟查　無傳

呈吉公字安甫號元善　咼履公子生順治辛丑年六月廿五

日未時卒乾隆辛酉年正月初五日酉時
妣李氏　生康熙辛亥年十月廿三日巳時卒雍正丁未年
九月廿七日未時公葬本鄉土名狀元湖頭號獅形坐艮向
坤兼寅申
子四　長鳳興　次鳳旺　三鳳賤　四鳳送
十三世中厝田墘冉修公派分支五柱星字行
星馥公諱真郎字傅甫號覺亭　冉修公長子生崇禎癸酉年
正月初五日辰時卒康熙甲午年七月十五日未時享年八
十齡葬在本鄉軍墓內土名崗楨邊坐巽向乾兼巳亥
妣謝氏朝娘謚柔順生崇禎壬申年十一月初十日戌時
卒康熙甲寅年四月初五日酉時葬在参林內土名桶鈎嶺

坐癸向丁兼　穴號虎仔
子三　長越郎　次超郎　三鳳生
星馨公諱二郎字畫偶　邑修公次子生崇禎甲戌年二月廿
二日子時卒康熙乙未年十二月十九日辰時葬本里土名
盡美墘下坐亥向巳兼壬丙
娶林氏諱朔娘生崇禎甲戌年九月初一日寅時卒順治甲
午年十月初九日巳時厝棺葬本鄉土名竹林坑後堂溝頂
水井垵內坐辰向戌兼乙辛
繼娶張氏　生崇禎癸酉年六月初六日　時卒康熙丙申
年九月十九日巳時與公合葬本鄉盡美墘下
子六　長鳳夏　次鳳盛　三鳳成　四鳳鎰

五鳳省　六鳳實俱張氏出

呈華公諱五郎字成甫號崑崗　　禹修公三子生崇禎辛巳年三月廿五日未時卒康熙戊子年三月廿四日未時

妣王氏　生順治戊子年九月十五日子時卒年失七月十三日吉時葬本山後院坐東向西

繼娶因氏濬娘生順治壬辰年五月廿五日巳時卒康熙戊辰年五月初二日巳時與公合葬在日旺山坐庚向甲申寅

子一　萬郎

呈茂公諱岑郎字維谷　　禹修公四子生崇禎癸未年三月十八日巳時卒康熙巳亥年十一月廿二日丑時葬本里庭盤頂坐乾向巽兼巳亥後改坐巳向亥兼乾巽

妣孺人謝氏郄娘謚慈懿生順治癸巳年七月初七日辰時
卒乾隆戊午年六月十五日酉時葬草坂頂崎頭坐艮向坤
兼丑未　咸豐辛酉年十一月　妣扦與公合葬
子一　堅郎

呈實公諱岩郎字維石禘造維艱以垂統緒　閎修公五子生
順治丙戌年八月初三日辰時卒康熙戊子年六月廿二日
辰時乾隆丁丑年十二月初八日丑時葬本處土名尾戀墓
坐午向子兼丙壬
妣孺人殷氏勸娘　克盡婦道家室和平生順治丁丑年
二月初五日未時卒雍正辛亥年七月廿三日亥時與公合
葬在本鄉土名尾戀墓

子四　長鳳奕　次鳳珊　三鳳賜　四鳳纓

後房十四世乾房派

士王公字于信號中靜　弘晏公長子生順治癸巳年二月初八日午時卒雍正戊申年十月廿四日丑時享年七十有四乾隆癸未年十二月十四日申時與弟士婉公合塟本里土名竹仔林坑口祖祠後坐丙向壬兼午子

嗣子一　輝禮

士婉公字于燃號貞靜　弘晏公次子生順治乙未年八月廿六日亥時卒康熙辛丑年六月廿六日午時乾隆癸未年與兄士王公合塟竹仔林坑口祖祠後

妣孺人傅氏勤慈生康熙癸卯年正月廿三日戌時卒乾隆

丙辰年五月初三日酉時塟本里竹仔坑井仔内

子二　長輝胎　次輝香出繼

士洪公字于高號守静　弘定公長子生順治戊戌年四月初十日巳時卒雍正癸夘年二月十五申時本塟山三脚樣龜尾坐坤向艮兼申寅

娶洪氏　娘生康熙庚戌年八月廿五日亥時卒乾隆甲子年十二月初九日巳時與公合塟在三脚樣

子五　長位無傳　次輝闊無傳　三輝度

四輝幸無傳　五輝恬無傳

士維公字于特號愧静　弘定公次子生康熙巳酉年三月廿六日子時卒康熙戊戌年七月十三日午時塟本鄉石尖脚

坐北向南雖無傳然有應分閹分尾厝一間若要住此厝者
須當祭他忌辰及年冬月節

士算公字于受號修靜　弘定公三子生康熙癸丑年八月廿五日亥時卒康熙戊戌年十二月十七日寅時葬本鄉土名牛寮邊坐　向
妣洪氏　娘生康熙癸亥年九月初二日吉時卒乾隆丁卯年七月三十日未時公媽葬本山土名石尖
子一　祖慶

士運公　弘定公四子生康熙丁巳年十月十九日吉時卒乾隆壬戌年十月廿五日亥時葬本鄉竹仔林坑內

太學生諱士俊名選官字于璘號樸雅　從韜公長子生順治

巳亥年六月廿二日辰時卒康熙壬辰年四月初五日酉時

妣朱氏　娘生順治庚子年九月廿七日吉時卒雍正乙卯

年六月廿六日吉時公葬在坊里大嶺後隔垢員山崙坐

向　媽塟永安里兩港鄉寨仔上坐丁向癸兼未丑

子五　長輝燿　次輝燦　三輝煒　四輝煜　五輝熺

邑庠生諱得先字于聲名佳官號振羅　從韜公次子爲人好

善事父兄則盡孝敬待賓朋則克寛仁嗜好書香課文課武

廣田庄增屋宇桂子蘭孫人咸視如華封生康熙癸酉年十

一月初七日丑時卒乾隆丁酉年十二月廿四日未時享年

八十有五

娶孺人洪氏太封君世亮公之次女生康熙壬申年二月十

七卯時卒乾隆丙申年十二月初一日辰時享年八十五公
媽合葬本里羅洋土名古現山穴坐艮向坤兼丑未
側室蘇氏　娘生康熙癸未年二月十九日卯時卒乾隆
年十月廿七日　時葬古現山　向　兼
子六　長惌　次律　三待俱洪氏出　四種　五典殤　六西
士儀公字于經號秩雅　從韜公三子生康熙乙亥年十月十
八日卯時卒乾隆丙寅年七月廿七日辰時享年五十有二
妣洪氏　娘生康熙乙亥年九月初四　時　康熙　年
九月初二日　時
繼娶洪氏　娘生康熙　年八月十九日　時卒雍正壬子
年九月三十日　時公葬本鄉圳古脚坐東向西

妣洪氏　娘葬本鄉土名後蔡坐東向西
繼娶洪氏　娘葬地垵查
子二　長元春洪氏出　次昆後洪氏出
太學生諱允羨名儲官字于寔號愧雅　從韜公四子生康熙
戊寅年正月初七日　時卒雍正甲寅年六月初八日　時
葬本山土名溫厝田坐南向北
娶王氏　娘生康熙戊寅年正月十二日　時卒　年八月
初七日　時葬蜈蚣山圳股脚
繼娶謝氏　娘生康熙戊子年九月廿四日巳時卒乾隆戊
申年二月十二日亥時葬本里磜兜坐北向南
子三　長惠王氏出　次想　三　俱謝氏出

樂生諱光輝名士倫字于常號誠雅　從韜公五子生康熙庚
辰年七月廿九日巳時卒乾隆乙丑年八月廿九日戌時
娶徐氏　娘生康熙辛巳年十二月廿二日辰時卒乾隆乙
巳年五月廿九日戌時享年六十公葬南邑從畬鄉開元墩
土名穴坐　向　塋
子六　長綿　次緒出繼　三綬　四綾　五織　六絪

士价公字于仁號垣雅　從韜公六子生康熙　年三月初一
日　時卒雍正　年六月初三日　時
妣葉氏　娘生康熙　年九月初四日　時卒乾隆　年七
月十一日　時公與妣合葬本里羅內鄉土名蜈蚣山圳下
坐南向北

子一　煇緒 嗣子

士傳公字于譙號至雅　從翻公七子天性孝友醇厚篤寔寒
窗攻苦務期上進惜天不假之年
娶郭氏諱尚娘號愼懿勤儉經營端莊貞靜雖至雅公早逝
而義方教子矢志冰操事姑則必誠必愼待人則內寬克仁
晛孫衍盛四代一堂享年九十有一是所謂天道無親常與
善人者也公生康熙己丑年十一月二十日丑時卒乾隆辛
酉年八月初三日戌
妣
氏生康熙己丑年五月十二日午時卒嘉慶己未年二
月十五日寅時乾隆丁酉年十月初八日酉時公已先塟本
里延壽鄉郎龍頭鄉土名大路上穴坐亥向巳兼壬丙形如

覆虎嘉慶己未年十月十八日卯時探吉十一月十八日午時嫣合塟

子三　長輝哲　次輝旦　三輝旭

十四世池頭翠林公三房派

士立公字于行號敏齋　碩德公長子生順治壬寅年六月廿六日申時卒乾隆壬戌年十二月廿六日申時享年八十二娶蔡氏專娘卒康熙辛酉年正月廿九日亥時卒乾隆甲申年九月十七日戌時仝塟本里後院杉橋內坐寅申兼艮坤

子五　長袍　次坡　三堪　四丕　五壞

士孔公　碩德公次子生　卒　年　月塟地俟查　無傳

士桐公　碩德公三子生　卒　年　月塟地俟查　無傳

士迎公字于師號儆齋　碩德公四子生康熙戊午年八月初十日戌時卒乾隆癸酉年六月廿五日巳時

妣殷氏偶娘號孝惠生康熙丙寅年九月廿二日午時卒乾隆癸酉年七月十九日巳時合葬本里後院吉坱垵坐子向午兼癸丁

子三　長殿　次坵　三僅殤

後十四世翠隆公派

士選公字于扳　中晤公長子生順治庚子年十一月三十日寅時卒康熙丁丑年正月初二日酉時　無傳

士擇公字于善號碩隆　中晤公次子生康熙戊戌年正月初十日酉時卒康熙癸巳年十月十七日酉時葬本鄉土名

娶唐氏　縣誌載二十二歲而夫歿窮約孤苦誓不改節勤女紅以供夫祖撫孤兒以教篤生康熙甲子年五月十六日未時卒乾隆甲申年八月初八日未時葬本鄉土名中磜猶園與子輝房全塋坐東向西

子一　輝房

士星公字于日號貞望　中取公長子生康熙甲辰年三月十七日未時卒康熙庚辰年六月二十日未時葬參內土名石尖崙凹腰石皮邊坐西向東　無傳

士才公字于德號貞慶　中取公次子生康熙庚戌年六月十[illegible]六日辰時卒乾隆丙寅年二月初九日午時享年七十有[illegible]葬地候查

嗣孫　廷弁

士賜公字于賞　弘謨公子生　卒　年　月葬地候查
娶謝氏　娘𣪠節
子一　輝佑　移居臺灣
士俊公字于秀　弘誥公子生　卒　年　月葬俱失
妣陳氏　娘𣪠節
子一　輝福　移居臺灣
士恩公字于澤號容惠　弘湊公長子生康熙庚辰年正月初七日亥時卒乾隆己未年九月廿九日亥時
妣王氏　娘生康熙辛亥年十一月初九日亥時卒雍正甲寅年三月初八日巳時合葬宮嶺江厝坐辛向乙兼酉卯

子四　長奇　次胡　三科　四建

士郡公字于儀　弘湊公次子生康熙戊申年十一月初七日
申時卒雍正癸丑年九月廿九日亥時葬本里宮嶺筆內山
坐丙向壬兼子午

妣傅氏　娘節攺

子一　恂

士捷公　弘湊公三子生　年　月失卒　年四月十六日
時葬宮嶺內畬坐乾向巽

士芮公字于生　弘湊公四子生康熙壬子年十一月初二日
寅時卒雍正甲辰年正月十七日申時

娶劉氏　娘生康熙丙寅年七月廿六日午時卒年月失公

塋筂內山坐巽向乾
子三　長提　次福出繼　三路
士願公字于恪　弘湊公五子生康熙己未年七月初十日申時卒乾隆庚辰年十二月十九日巳時公塋宮嶺鄉土名紅嶺園
娶陳氏　娘生康熙己巳年九月十八日巳時卒雍正丁未年十二月初二日未時媽塋宮嶺紅嶺崙坐亥向巳兼乾巽
子五　長舉　次篇　三寶　四天　五年
士六公字于合　弘湊公六子生康熙丙寅年九月十九日未時卒乾隆丙辰年七月初四日未時
娶趙氏生康熙戊寅年月　日　時失卒乾隆己酉年五月

十四日酉時公塟宫嶺圳仔頂坐乾向巽妣塟宫嶺笔內

子一　文生

士凑公字于成號純慎　中花公長子生康熙巳卯年正月十二日巳時卒乾隆甲午年五月廿三日酉時塟宫嶺土名門口

妣鄗氏生康熙癸巳年八月廿六日酉時卒乾隆戊申年八月初一日酉時塟叅內山土名軍壠坐　向

子三　長鑾　次程　三係出継

士業公字　號純經　中花公次子生康熙乙酉年九月初七日戌時卒乾隆戊午年十月初三日酉時與母劉氏仝塟宫嶺鄉土名

承繼 子係

士保公字于護 弘高公長子生康熙年 月失卒康熙 年六月十三日 時葬宮嶺公仔寮

娶劉氏 娘改節

子一 璧 往臺灣

士佐公字于彥號國彥 弘高公次子生康熙丁卯年二月三十日辰時卒康熙戊戌年七月廿五日寅時公葬宮嶺樣樹脚穴坐乾向巽 妣陳氏改節

子一 珩

士倰公字于俊號國俊 弘高公三子生康熙己卯年月 日失卒年九月初七日酉時葬宮嶺紅崙嵛

娶謝氏　娘跤節　無傳

士俊公字于泰　弘高公四子生康熙戊子年五月初二日子時卒乾隆甲申年十月初二日酉時塟宮嶺鄉土名公仔寮坐乾向巽

妣蘇氏生康熙壬寅年五月廿九日辰時卒乾隆丙午年十月廿四日申時葬宮嶺土名公仔寮坐辛向乙

子三　長輝哲　次輝帛　三輝悌

士儔公字于　弘高公五子生康熙年　月失卒　年　月

塟俱失　無傳

士仟公字于慷號鍾亭　中悅公長子生康熙乙亥年四月廿九日午時卒乾隆辛卯年七月廿九日子時塟宮嶺鄉土名

紅嶺坐　向
娶朱氏生康熙己卯年十一月廿三日寅時卒乾隆辛丑年正
月廿三日辰時葬宮嶺鄉土名正順宮坐戌向辰
子五　長輝富　次輝號　三輝賢　四輝棟　五輝賴

士伉公字于盤　中悅公次子生康熙丙戌年十月廿九日辰
時卒乾隆　戌年三月廿七日丑時
妣吳氏　娘生　卒　年　月及墳俱失
姪輝富　輝觀　全奉祀

士儷公字于億　中悅公三子生康熙丙戌年八月廿九日丑
時卒乾隆年　月　日　時失葬本鄉土名
娶洪氏生康熙戊戌年七月十二日戌時卒乾隆巳巳年十

一月十四日午　妣塟宮嶺土名公仔寮

子一　僮担殤

士美公　弘考公子移居在臺生　卒　年　月葬俱在臺

士回公　中太公子移居在臺生　卒　年　月塟俱在臺

士與公　弘縣公承繼子生康熙　年　月及卒　年　月塟

俱俟查

妣　氏生　卒　年　月　塟俱俟查

士沛公字于　真公長子生　卒　年　月

及娶葉氏生　卒　年　月公媽塟俱俟查

子一　長執　次桂

士碓公字　由美公長子　生　卒　年　月塟俱俟查

及妣　氏生　卒　年　月　葬俱俟查

士其公　銓公承繼子生　卒　年　月

及妣　氏生　卒　年　月　葬俱俟查

士喜公字　艮公長子生　卒　年　月

及妣　氏生　卒　年　月　葬俱俟查

士智公字　艮公次子生　卒　年　月　葬俱俟查

及娶　氏生　卒　年　月　葬俱俟查

子一　賞

士雕公　願公長子生　卒　年　月

及娶　氏生　卒　年　月　葬俱俟查

士聖公　願公次子生　卒　年　月　葬俱候查

士情公　願公三子生　卒　年　月

及娶林氏生　卒　年　月塋俱俟查

子二　長景　次竹抱養

士吉公　凱公承繼子生　卒　年　月

及娶　氏生　卒　年俱失

子一　應

士保公　蕘公子生　卒　年　月

及娶　氏生　卒　年　月塋俱俟查

子二　長佐　次晳出繼

後房十四世坤房派

佑為公字于上　仰台公子生康熙辛酉年正月廿二日申時

卒康熙戊子年十月十二日寅時
娶洪氏生康熙　年十月十二吉時卒乾隆壬申年二月十
七日申時公媽合葬本里仁段山中崙尾坐巽向乾兼辰戌
子二　長文冑　次祖庇

士曆公　旂彥公長子生康熙丁丑年八月十四日戌時卒康
熙辛卯年正月初二日酉　葬本里仁段山坐　向

太學生諱宗淑名敏聰號慎齋　旂彥公次子生康熙丙戌年
正月初十日寅時卒乾隆庚辰年十二月初一日巳時
妣張氏號勤慈生康熙己丑年六月初六日亥時卒乾隆癸
酉年六月廿四日戌時合葬南安廿六都坑口鄉土名鐵箕
山下深溝坐壬向丙兼子午

側室蔡氏號謹順生康熙丙申年五月廿五日辰時卒乾隆
甲辰年六月十二日午時塟本里仁叚山掃箒崙美坐　向
子五　長石　次桑榆（出繼張）　三輝賚
四輝榜　五輝果（出繼蔡）

太學生諱宗浩名天旂字養之號温亭　祈彥公三子爲人尊
祖敬宗乾隆年間出爲董事始建石堂檀樾祠公亦捐据圖
維焉生雍正丁未年六月二十日酉時卒乾隆巳卯年十月
初八日寅時
娶王氏諱諸娘生雍正戊申年十二月廿九日卯時卒　年
月失公媽塟俱俟查
子三　長捷科　次輝椿（出繼）　三輝梧

宗沃公名天誼號敬亭　祈彥公四子生雍正癸丑年十月初五日亥時卒乾隆庚午年五月初一日酉時葬本里仁段山坐乙向辛兼卯酉

承繼子　輝椿

邑庠生諱爭先名緝字仰之號賓齋　石溪公長子女倩進襄陽知府世侄洪乙其墓曰爲人才敏謙謹沉厚意態恬如事親以孝闔娱遺姪有加愛敬宗修族事多可法生康熙壬午年十二月廿五日巳時卒乾隆乙丑年六月十八日寅時塟本里留坂鄉土名田厝邊旂山之麓穴坐　向　兼

娶洪氏珠娘號孝慈以儒家女爲儒家婦能敬且和以執婦道八秩之辰婿襄陽刺史題其屛曰戈桓相夫繩祖武熊丸

誥子蔚龍文又曰事嫜姑接少君以禮誠赴是言良不誣也
生康熙甲申年十二月二十日戌時卒乾隆甲辰年十月廿
七日未時
側室傅氏生康熙辛卯年十二月初七日亥時卒乾隆乙巳
年八月十二日辰時與子明恪合塟本里大磜山巍榜坑穴
坐癸向丁兼子午
子三　長爲霖洪氏出　次爲騊傅氏出　三爲騵洪氏出
宗澤公名五次字于序號純齋　石溪公次子生康熙甲申年
十月初六日亥時卒雍正庚戌年正月廿四日戌時
妣李氏名族娘號節儉生康熙甲申年十一月十三日吉時
卒乾隆丙子年閏九月初四日戌時合塟本里大磜山太宮

松穴坐　向

子一　啟科

章煥字文之號隱材　仁厚公長子文字清絶屈仰抑堪惜生康熙戊戌年二月廿六郊時卒乾隆壬辰年三月二十寅時娶洪氏轄娘生康熙戊戌年八月初七日未時卒乾隆乙巳年二月十八日寅時公媽塋俟查

子三　長維新　次輝勤　三輝衢

宗華公字榮之　仁厚公次子生康熙庚子年六月廿二日辰時卒乾隆乙巳年五月初二日郊時

妣葉氏安娘生康熙庚子年正月十四日吉時卒乾隆丙午年二月廿二日　時公媽塋候查

子六　長輝詣　次輝浚　三輝縱　四顯　五輝括

六輝潚

宗仰公字景之號心高　仁厚公三子生雍正癸卯年五月廿二日酉時卒乾隆乙巳年三月十七日酉時

娶陳氏諱才娘號微順生雍正乙酉年十二月初二日午時卒乾隆甲申正月初七日酉時公與妣陳氏合塟仁艮山白灰內

子二　長濟　次璧

宗振公字益之號質樸　仁厚公四子生雍正癸卯年八月初一日寅時卒乾隆甲子年十月十一日未時

娶蘇氏溫娘號慈和生雍正丁未年十月十三日丑時卒嘉

慶丁巳年十一月十七日寅時塟本里仁叚山坐夘向酉兼
乙辛

子六　長騋　次驪　三驂　四湘　五馴　六老託

宗阜公字　仁厚公五子生雍正己酉年四月十九日　時卒
乾隆戊申年三月十二日　時
娶李氏千娘生乾隆丙辰年十一月初十日子時卒　年
夘時失公媽塟俱候查

子五　長抱　次盤　三樹　四融　五志承

宗拔公字茹之　仁厚公六子生雍正甲寅年十二月初五日
乾隆乙巳年五月初九日吉時
娶謝氏月娘生乾隆己未年十一月十五日午時卒乾隆甲

寅年公月初三日吉時公媽葬地俟查
子四　長森　次静　三勸　四友全繼
宗隨公　仁厚公七子生乾隆己未年月　日及卒　年　月
及媽石氏孔娘生　卒　年　月葬俱俟查
承繼子　友全
後十四世坤房秋房派
法成公字國錫　允采公長子生丙辰年九月二十日辰
時卒　年　月葬俱俟查
法生公字國育　允采公次子生乙丑年二月十六日子
時卒　年　月葬俱俟查
國琳公字于球　允麟公長子生庚戌年正月初四日亥

時卒　年　月塟俱俟查

國璉公字于美　允麟公次子生　辛酉年九月初五日辰

時卒　年　月塟俱俟查

國相公字于朝　允趾公長子生　甲寅年九月廿一日

吉時

娶陳氏　生　壬子年九月十五日卒　年　月公媽

塟俱俟查

國揀公字于村　允趾公次子生　丙辰年十二月十一日

辰時

娶陳氏　娘生　丙辰年十一月十三日　時卒　年

月失公媽塟俱候查

國科公　允趾公三子生　卒　年　月　塟俱俟查

國甲公　允趾公四子生　卒　年　月塟俱俟查

招治公　允趾公嗣子生　卒　年　月塟俱俟查

太學生輝鳳公　允傑公長子生　甲寅年九月十八日巳

時卒　年　月

及妣　氏生　卒　年　月公媽塟俱俟查

光炳公　光灼公一派移居温州府瑞安縣廿七都曹村街未

得其祥今當誌之

五公名文瑞生萬曆壬戌年　月初七日午時卒康熙巳巳年二

月十二日寅時

娶吳氏　娘生萬曆戊辰年六月初八日戌時

繼娶白氏生　乙酉年六月廿三日亥時卒　年　月及
公并二位媽塟俱候查
中庸公生　丙申年二月廿一日戌時卒　年　月失
娶蔡氏生　丁酉年二月初七日卯時公媽生　卒　年
月塟俱候查
男公生　甲寅年九月廿二日酉時卒　年　月塟俱候查
典公生　丙辰年十二月十七日辰時卒　年　月塟候查
尾公生　卒　年　月失
娶葉氏　娘生　卒　年　月失
繼妣吳氏生　卒　年　月公及二位媽塟俱候查
雲經公號伯通生乾隆庚申年四月初五日寅時卒嘉慶巳未年

四月廿二日巳時瘞俟查

娶謝氏務娘生乾隆癸亥年九月十七日寅時卒乾隆己酉年十一月初二日巳時瘞俟查

子二　輝慶　輝裔

增補附十五世輝字行

輝慶公　伯通公　子生　卒　年　月瘞俱俟查

輝裔公號懷德　伯通公次子生乾隆戊戌年九月初三日寅時卒道光戊戌年十二月二十日丑時瘞地俟查

子二　長孝　次端俱抱養

輝拱公生　卒　年　月　及妣　氏生　卒　年月瘞俱候查

子一　曉

守善公生乾隆乙巳年十二月初八日寅時卒嘉慶庚辰年正
月廿一日寅時葬俱候查
廣使公生　卒　年　月
娶謝氏　娘生　卒　年　月公媽葬俱候查
增補附十六世廷字行
廷曉公　輝拱公子生　卒　年　月葬俱候查
廷考公　輝喬公長子生　卒　年　月葬俱候查
廷端公　輝喬次子移居淡水相仔林新庄街生按以上諸人
係坤房秋房派其子孫居馬厝及移居温州往臺在厝無人
可查兼以代遠年湮所有數位神主在馬厝堂上神主腹叙
不明白致使諸人不知誰爲父亦不知誰爲子予四處搜尋

無所可考姑就其舊譜及神主採録以俟後人查明記載庶
不致錯
翁歲公字于百號連興　帽涯公長子生康熙壬戌年三月初
五日　時卒乾隆丁夘年七月廿五日辰時尾棺塟本里胡
厝山蘇家厝后崙邊坐寅向申兼艮坤
娶謝氏諱延娘生康熙辛巳年十一月初八日　時卒乾隆
壬戌年正月十三日午時塟本里後院內大石皮脚左邊坐
壬向丙兼亥巳
子一　輝梅
士彦公字于登號連高　帽涯公次子生康熙辛巳年二月廿
六日戌時卒乾隆己亥年六月初一日未時塟本里後院內

雙石路坐　向外向艮坤
娶許氏寶娘號慈慎生康熙乙未年三月初六日酉時卒乾
隆甲寅年十二月廿七日酉時葬尾礌口田坐東向西後尾
棺扦墪石皮公下
　子三　長輝榜　次輝甲　三輝楓
太學生諱文明名居官字于寬號嘗樸　松涯公長子天性孝
友持身溫厚與人交際有始有終而襟懷篤嗜尤在詩書自
童試至游癢手不停披蓋其天性然也至乾隆乙亥歲邀仝
房姪廷福君為首建石堂檀樾協力共濟族人咸嘖嘖稱義
舉焉生康熙庚寅年閏七月廿四日申時卒乾隆乙卯年十
一月廿九日午時享年五十

娶張氏諱桔娘號勤慎生康熙庚寅年九月廿五日寅時卒
乾隆甲辰年正月十四日辰時塟本鄉土名盡尾墘坐亥向
巳兼乾巽誌其銘曰盡美之中欝欝蒼蒼公偕嘉配宅比
幽宫
子四　長輝丙　次輝接　三國卿　四輝柒
太學生諱文德名光應字于報號營實　松涯公次子生平急
公尚義尊師嗜學有事排難解紛尊祖敬宗增廣田業開築
華屋一座在產墘并書齋一座在橫峻至嘉慶庚申年被葉
李焚燒能無愴怀而誌者乎生雍正癸夘年四月十八日夘
時卒乾隆辛亥年十二月初一日酉時塟本山湖厝赤皮崙
坐甲向庚兼夘酉

娶莊氏寶娘號惠慎生雍正甲辰年十一月十一日寅時卒
嘉慶壬申年九月初三日酉時葬本鄉土名江頂田中坐庚
向甲兼申寅
繼娶鄭氏最娘號節儉生乾隆庚申年正月廿二日寅時卒
乾隆甲辰年七月初三日辰時葬嚴嶺寮外坐坤向艮
子二　長重九出鄭氏　次慶壽出莊氏

士旺公字于興　弘惹公承繼子生雍正癸丑年七月三十日
辰時卒乾隆辛丑年十月初八日巳酉葬俟查
娶花氏圭娘號懿柔生雍正辛亥年十二月十三日寅時卒
嘉慶辛酉年六月初三日未時葬俟查
子二　長輝都　次有年殤

士鑑公字于文號傳齋．封營公長子生康熙己丑年六月廿五日辰時卒乾隆庚寅年六月十三日巳時往番入于海

娶王氏名説娘號勤順生雍正乙巳年六月廿六日酉時卒乾隆甲戌年七月初三日申時葬本里後塘溝山金字面土名石泉頭坐丁向癸兼未丑

子一　輝跂承繼

士課公字于督號傳福　封營公次子生康熙辛卯年九月廿二日未時卒乾隆己未年閏十月廿二日巳時葬湖眉山

妣王氏隱娘號瑞儉生雍正壬子年九月初一日亥時卒乾隆乙卯年六月十九日未時與姆勤順合葬本山金字面石泉頭穴坐丁向癸兼未丑

士炳公　封營公三子生　卒　年　月失葬本里石尖崙中大石頂坐坤向艮　無傳

子三　長輝朗　次輝改出繼　三輝韜

通集公　啟桂公子生康熙戊子年八月廿六日丑時卒雍正丁未年十二月廿六日卯時葬湖厝內崙坐卯向酉兼甲庚

三仕公字　志喜公長子生康熙辛卯年三月廿八日巳時卒乾隆丙子年四月初一日辰時扦葬湖厝山竹仔垵坐庚向甲兼酉卯

娶　氏　娘改節

子一　金鍈

士皓公號艮能　志喜公次子生康熙甲午年十月初十日巳

時卒乾隆乙卯年十月初四日寅時葬本里仁段山孩兒墓
內掃箒崙坐卯向酉兼乙辛
娶李氏名蔡娘號慎惠生雍正巳酉年十二月廿一日酉時
卒嘉慶巳巳年十二月十一日酉時葬候查
子一　輝丙
士我公號傳實　▲弘齋公子生康熙丙申年十一月初七日巳
時卒乾隆癸巳年三月初三日午時葬本鄉土名竹仔林坑
頭坐西向東
娶葉氏狠娘公殁家清子幼守儉經營淡酒自甘邑王詳請
崇祀入祠無愧其葉氏之遺風焉生雍正辛亥年八月三十
日寅時卒嘉慶辛未年二月廿五日巳時葬本里後院崙坐

向　兼

子三　長輝勤　次輝黨　三輝嫣

士送公字于香號澤已　淳厚公長子生康熙甲午年八月廿七日丑時卒乾隆乙巳年十月初十日酉時扦葬石尖後坐南向北

娶葉氏　娘改節

子一　輝玩承繼

士飛公字于疆號洵發　淳厚公次子生康熙己亥年五月初九日亥時卒嘉慶甲子年十月初一日丑時葬仁段山孩兒墓左畔崙太公墓下坐乙向辛

娶林氏修娘號勤爲生雍正壬子年十二月廿二日戌時卒

道光癸未年六月廿二日辰時葬大磜山虎厨嵛坐辛向乙

兼戌辰

十員公字子方號澤選　淳厚公三子生雍正丙午年九月初

十日寅時卒乾隆戊申年四月廿三日未時葬本里後院

坐　向　兼

娶賴氏引娘號明伸生雍正戊午年六月廿五日巳時卒乾

隆乙巳年八月廿二日寅時葬本里巖嶺寨內石皮脚

子二　長輝玩出繼　次輝猷

士起公字子進　順善公承繼子生康熙戊戌年二月初四日

戌時卒乾隆辛亥年十一月十七日　時葬俟查

娶龔氏味娘號承順生康熙庚子年五月廿五日申時卒乾

隆乙亥年八月十九日丑時享年六十有一葬本里牛崗頂
邊坐　向
子一　輝今
神斷公字于　號富澤　順美公長子生康熙壬寅年五月廿
六日酉時卒乾隆甲戌年六月十九日　時往臺殁　無傳
士介公號富美　順美公次子生雍正丁未年七月廿六日酉
時卒乾隆癸巳年十一月初六日巳時往臺入于海
承繼子　輝帖
三鳳公字于鶯號鳴高　順美公三子生雍正辛亥年二月廿
六日未時卒乾隆戊申年二月廿六日子時葬仁巖山下水
筧頂坐庚向甲兼申寅

娶蔡氏性娘生乾隆乙丑年六月廿一日丑時卒道光甲申年正月廿七日午時葬俟查

子四　長媽建　次輝帖出繼　三輝還　四輝宴殤

士月字于明　啟桂公長子生康熙丙申年閏三月廿七日申時卒乾隆壬子年二月三十日巳時葬俟查

娶　氏生　卒　年　月葬俱候查

側室張氏生康熙庚子年九月十九日酉時卒乾隆乙卯年六月廿九日戌時葬俟查

子一　秀道

士囊公字　啟桂公次子生康熙巳亥年十二月初二日戌時卒乾隆巳卯年正月廿七日巳時往廈歿葬無考

後房十四世福水派

士濤公字于翰號尚德　直毅公長子生順治己亥年四月十八辰時卒乾隆癸亥年八月廿一日丑時葬本里冬坑內宮後産山坐辛向乙享年八十有四

娶王氏勉娘生雍正戊申年三月廿二日辰時卒　乙酉年九月十一日未時葬真武踏龜屯田邊坐乙向辛兼戌辰

子二　長灶　次赫

士舜公字于若號敦孝　直毅公次子生康熙癸卯年九月初一日戌時卒康熙庚子年九月初一日未時葬真武踏龜石皮後坐戌向辰兼辛乙

娶洪氏焉娘號恬慈生康熙乙巳年七月十六日酉時卒雍

正壬子年正月廿四日午時葬本里產山土名覆船坐甲向
庚兼戊酉
　子三　長武韜　次謐　三台
士快公字于樂號敦足　直毅公三子（台）生　卒　年　月失葬
真武踏龜宮后坂坐寅向申兼甲庚
士八公字于臧號允吉　尚樸公長子生康熙辛亥年十一月
廿八日未時卒雍正甲寅年十月初一日丑時棺葬產山土
名冬坑坐庚向甲兼酉卯與胞弟啟後公全穴
娶鄗氏平娘號順淑生康熙已未年三月初五日辰時卒康
熙壬午年四月初八日未時葬本里祖山土名磜仔坐乙向
辛雍正庚戌年扦上坐甲向庚

繼娶陳氏担娘生康熙辛酉年六月初八日　時卒康熙甲
申年六月初十日寅時葬祖山牛脰頭內後林坐辛向乙兼
酉卯
繼娶傅氏衍娘生康熙丙寅年六月十四日辰時卒乾隆戊
寅年十二月廿二日寅時尾棺葬尙樸山土名茶林崙坐子
向午兼壬丙
子二　長淵（承繼郭氏出）　次霖（傅氏出）
士佐公字于國號任賢　尙樸公次子生康熙乙亥年正月初
七日未時卒康熙乙未年六月初八日戌時瓦棺葬本里覆
船太乙公墳右坐乾向巽
娶周氏奇娘號勤慈生康熙丙辰年正月十八日寅時與子

仝往臺住居雍正丙子年十月二十日酉時在臺卒葬臺地

東寧後菁寮本庄東勢坐北向南

子五　長紳　次偕　三鼎出繼　四科　五倫

士佑公字于周號啟後　侗樸公三子生康熙丁巳年十一月

十二日辰時卒乾隆戊辰年二月初一日酉時棺葬本里祖

山土名冬坑坐庚向甲與胞兄允吉公仝穴

妣孫氏愛娘生康熙甲子年三月十六日亥時卒雍正壬子

年十一月廿二日丑時葬本里祖山土名占石山兜內崙坐

坤向艮與東溪北山公稍近

子三　長愰　次惜　三標

士俠公字于烈號鸞業　侗樸公四子生康熙辛酉年七月初

三日未時卒雍正癸卯年五月十五日酉時瓦棺葬本里磜
仔山坐亥向巳土壙後扦外向壬丙兼亥巳從巽乾巳亥
金內清淨黃色
娶洪氏好娘號慈美生康熙戊辰年十一月初三日辰時卒
乾隆辛卯年九月二十日未時享年八十有四葬失
子二　長璇　次圓學

士欣公字于得號朴衷　克和公長子生康熙庚申年正月十
三日戌時卒乾隆己巳年九月初八日寅時葬本里祖山磜
仔士名崎仔壠頭土壙穴坐甲向庚兼卯酉
娶王氏吉娘生卒年月失葬真武踏鯽蛇美坐甲向庚卯酉
承繼子　祿

士爵公字于闈　克和公次子移居在臺生卒年月塋俱在臺

子在臺

鄉飲賓士爱公字于議號干議　克和公三子爲人勤儉創業

垂統建永福厝乙座兩進并壙地南至三落厝書房滴水溝

均分又建溪園內厝地乙所身雖經商而心慕書香尊師課

督縣主恩賜冠帶生康熙甲戌年閏五月初一日丑時卒乾

隆丁丑年四月廿三日辰時後甩棺扦塟本里參洋土名北

坑坐辛向乙

娶陳氏勤娘號端恬嫺內則而孝順勤女紅以助家生康熙

乙酉年十月初八日　時卒乾隆己卯年七月初七日　時

享年九十有一四代一堂甩棺塟本里石碣林社庭頂坐壬

向丙兼子午

子七　長海　次蔭　三冀　四亮　五令　六永殤

七祿出繼

士山字于仰號志和　貽業公長子生康熙壬申年八月廿四

日卯時卒　乙巳年十月初四日未時塟地

及娶　氏生　卒　年　月塟俱候查

子一　悔殤

士悕字于厚號成衷　貽業公次子生康熙丁丑年八月十二

日巳時卒乾隆巳丑年正月廿四日卯時享年七十有二塟

本里柤山土名古石山兜埔上坐丁向癸兼未丑

娶李氏珠娘生康熙甲申年九月廿三日寅時卒　年　月

葬俱俟查

子三　長固　次岳　三駈

士煌公字于炳　貽業公三子生康熈甲申年九月廿七日戌

時卒　辛未年九月十一日午時葬祖山真武踏龜宮後

坂坐寅向申兼甲庚

娶陳氏圭娘生　卒　年　月葬地俟查

子二　長葵　次晏

士教公字于誨號成國　貽業公四子生卒　年月葬俱俟查

士恭公字于敬號成巳　偃文公子移居在臺生　卒　年

月葬俱在臺　僅傳卒六月廿一日　時

士賜公字于臬號成與　修文公長子生　卒　年　月失葬

真武踏龜盤蛇埔坐辰向戌兼乙辛
娶蔡氏　娘出
子一　起

士寶公字于貴　修文公次子移居在臺生　卒　年　月
葬俱在臺
娶賴氏生　卒　年　月葬地在臺
子在臺　上淡水溪洲相仔林

士全公字于清　修文公三子生　卒　年　月外出無考
娶花氏生　卒　年　月葬地　想必與子移居在臺
子六　長哲　次來　三典　四英　五春　六旺

士振公字于信號營表　相宜公長子生康熙丙戌年四月廿

三日亥時卒乾隆癸巳年七月初五日酉時享年六十有八
葬本里覆船頂崙祖墓坐癸向丁兼子午
妣洪氏惜娘生康熙甲午年七月廿七日巳時卒　年　月
葬地俟查
子二　長錯　次樟出繼
士日公字于月　相宜公次子生康熙巳丑年十二月初九日
亥時卒　年　月失
妣葉氏壯娘生康熙辛丑年四月廿八日卯時卒　年　月
葬俟查
子一　輝驥
士江公字于汜號注涵　相宜公三子生康熙癸巳年四月廿

一日丑時卒乾隆壬午年閏五月初八日戌時享年五十移
居在臺彰化縣邑東門外內教場東勢坐乙向辛兼卯酉
娶李氏生 卒 年 月葬俟查
子二 長參 次樟承繼
邑庠生諱師錫字于稱乳名揚官號晗亭 滋德公子篤志勤
學老而愈堅處身不苟必依於道康熙甲午科薦卷獲取以
經分溢額裁去惜哉生康熙巳酉年正月十八日申時卒乾
隆癸亥年閏四月十二日午時享年七十有五葬本里參洋
土名厩斗大墩美穴坐申向寅兼坤艮附滋德公壙右
娶孺人林氏諱及娘號惠唐妣純于婦道婉娩聽順善事舅
姑曾祖妣晚年不思飲食祖妣乳焉 有唐夫人乳姑不怠之

義因謚曰惠唐云生康熙癸丑年五月十六日未時卒乾隆癸亥年十二月十二日卯時享年七十有一葬本里柰林丙秋竹崙大墘埔穴坐甲庚兼酉卯

子二　長公是　次公著

士抱公字于令號志長　存德公長子生康熙巳未年十月廿八日酉時卒乾隆戊辰年三月十五日丑時葬本里牛脰頭相山冬坑崙坐亥向巳

娶王氏謹娘號惠言生康熙巳丑年九月十九日寅時卒乾隆巳巳年十二月初三酉時葬本里産山覆船柰林口穴坐亥向巳兼巽乾土壙

子一　保生

士把公字于拱號志握　存德公次子生康熙丁夘年八月十一日辰時卒乾隆庚辰年三月二十日辰時葬本里牛脰頭祖山穴坐乾向巽兼巳亥

娶薛氏探娘號育純生康熙乙亥年十月初八日酉時卒乾隆辛未年七月廿六日辰時葬本里土名鳳髻巳田中穴坐亥向巳兼壬丙

子七　長知　次愿　三訪　四田　五繭（出繼）　六恩

七尾

士掭公字于取號志文　存德公三子生康熙巳夘年十一月初十日寅時卒雍正戊申年正月初四日酉時葬本里產山覆船內埔薑林坐甲向庚土壙

娶洪氏聚娘號惠明生康熙癸未年十二月廿八日寅時卒
乾隆癸未年十二月廿五日辰時葬本里産山磜仔頭坐卯
向酉兼乙辛

子二　長公成　次藺承繼

士援公字于起　添德公長子生康熙丁卯年十二月廿九日
寅時卒　年　月先葬本里土名産山覆船内崙坐乙向辛
兼卯酉

娶陳氏名坦娘生康熙丁卯年十一月初九日辰時卒
年八月廿四日申時葬本里祖山磜仔壠邊坐午向子兼
丁癸

子三　長偉　次再　三業

士摶公　添德公次子生康熙壬申年四月三十日未時移居
在臺卒　年　月塟在臺
娶蘇氏刋娘生康熙己卯年十二月初九日亥時卒乾隆癸
酉年四月十一日未時塟俟查
子二　長祖　次巳
公與祖巳三人全移居在臺生　卒　年　月地塟無考
士掭公字于巳號志中　添德公三子生康熙丙子年九月初
四日酉時卒乾隆壬辰年十二月十九日卯時塟本里冬坑
士壘穴坐　向
娶薛氏生康熙乙酉年二月廿一日未時卒乾隆乙丑年十
月十五日戌時兆棺塟本里冬坑坐　向

士球公字于序號志沂　好德公子生康熙庚午年十月初六
子二　長錦　次鈽
日卯時卒乾隆己丑年二月初四日戌時享年八十葬本里
田厝邊簷圳頂坐壬向丙兼亥巳
娶李氏葉娘號惠恬生康熙辛未年十一月廿三日午時卒
乾隆丁卯年九月廿二日丑時葬本里土名　坐癸向丁
兼丑未
子四　長連金　次立日　三溪　四述

士璋公字于達號志玉　亨德公長子生康熙乙亥年十月廿
一日亥時卒乾隆辛未年七月初九日子時享年五十有七
葬本鄉新堂公田中土名牛瓲頭坐癸向丁兼子午

男士博附塟號猛虎下洋

娶翁氏名勸娘生康熙庚辰年十一月廿七日辰時卒　年

月塟俟查

子五　長博　次胆　三贈　四超　五煇

士玖公字于新號志崑　亨德公次子生康熙巳卯年正月廿

九日卯時卒乾隆丁卯年五月十五日巳時塟本里相山土

名占石坐　向

娶張氏搆娘生康熙丙戌年五月廿四日酉時卒　年　月

失塟地俟查

子五　長最　次生　三光焚殤　四越　五炮

士琢公字于昭號志磨　亨德公三子生康熙乙酉年三月十

四日夘時卒乾隆甲午年正月初九日午時葬堠查
娶謝氏信娘號惠慈生康熙乙酉年八月十一日戌時卒乾
隆戊寅年三月廿六日申時葬堠查
子三　長動　次我　三于

士福公字于平號于平　資雅公子生康熙甲子年十二月二
十日酉時卒雍正丁未年三月廿一日酉時以瓦棺扦葬祖
山土名烏石嶺新林格坐亥向巳兼壬丙與父資雅公仝穴
嗣子　立

士万公字于正號長善　和義公長子生康熙丙戌年四月廿
九日寅時卒雍正癸丑年三月廿二日子時
妣徐氏名送娘生康熙丁亥年九月廿九日丑時卒雍正庚

戌年十一月廿九日申時乾隆丙寅年以瓦棺合葬產山覆船覽鄗坐甲向庚兼夘酉
子一　宜
士幸公字于欣號志春　勝義公子生康熙戊子年二月廿七日戌時卒乾隆丙子年正月十三日戌時葬本里産山石碣林坐未向丑兼坤艮
娶李氏攺節
子二　長所殤　次納
增補違漏福水東溪派六世至十三世
欲觀祖公名字者須觀此增補之篇昔
孫杓伯有承古譜又加採録成卷迨後伊姪孫貽垂徃夷將此譜

寄巖前鄉親戚處至乙酉冬　孫杓伯曾孫有朋囬唐欲爲祖先墳還功果尋出此譜與舊譜較對却有錯落多條而茲修之譜經付梓印完不得已即將所失名字生卒年月塟地謹照古譜採録增補于十四世福水派之美以備後之修譜者照昭穆以載序庶不失遺漏之失懋原謹誌

六世祖伯昶公嘉靖壬午年年瓦棺附塟　祖妣謝氏右畔土壙

祖姆添生媽謝氏塟本里馬坑土墳面高田峯背真武踏龜前有深潭後有三松樹穴號下水獅

八世河公字子深　直齋公長子有志于學從遊泉城莊德温習麟經生弘治壬子年卒正德辛未年塟鷲鶯後

洞公字子暢　直齋公次子生弘治辛酉年卒　年月失

娶陳氏生弘治甲子年卒年月公媽塟俱失
子二　長棠　次相
邑庠生淮公字子達號虛泉　素齋公長子生弘治壬子年三
初八日戌時卒嘉靖戊戌年三月初三日寅時
妣林氏生卒年月公媽塟俱失
子一　承宗
濟公字子艮號末齋　素齋公次子生弘治癸丑年卒嘉靖甲
午年
妣吳姚生弘治癸丑年卒年月公媽塟俱失
子二　長尚新　次尚朝
浩公字子大　純齋公長子生弘治乙卯年卒年月失

妣柯氏生弘治丁巳年卒年月公媽塋俱失
澄公字于靜號遜齋　純齋公次子生弘治乙酉年卒嘉靖癸
巳年
娶殷氏生弘治壬子年卒嘉靖庚寅年
繼娶阮氏生卒年月及公媽三位塋俱失
子二　長曰伯　次曰鄉
洪公字子溢　純齋公三子生正德庚午年卒年月塋俱失
中色公字子重　傑公子生正德丁丑年卒年月塋俱失
中通公字子貫號樂溪　達齋長子嗣雖缺撫成樂水公姪猶
子也子若孫可愛之重之不惟公當日之佩其德即後萬世
亦沐其澤也傳之世世而思神切不可失葬本里下墩坐南

向貢穴號眠狗形　此本從舊譜抄來其卒葬缺失者意其

生前記此後來忘記歟

九世繼統公　復春公子生卒年月葬俱失

廷貴公　陽春公次子生卒年月葬俱失

廷親公　陽春公三子生卒年月葬俱失

承宗公　虛泉公子生卒年月葬俱失

棠公　洞公長子生卒年月葬俱失

相公　洞公次子生卒年月葬俱失

廷詔公　中通公長子生卒年月葬俱失

廷訓公　中通公次子生卒年月葬俱失

廷伯公　子靜公長子生卒年月葬俱失

廷卿公　子靜公次子生卒年月葬俱失

尚新公　子民公長子生卒年月葬俱失

尚朝公　子民公次子生卒年月葬俱失

樂水媽謝氏生嘉靖乙酉年閏十二月初九日酉時卒嘉靖辛酉年正月十三日巳時與公及施氏合葬真武蹈龜麓坐壬向丙灰壙公扦于仁段山孩兒墓與博齋仝壙

施氏生嘉靖乙未年二月十八日寅時卒萬曆壬午年六月廿七日亥時

鄭氏生嘉靖己丑年四月初九日申時卒萬曆己丑年十月初三日亥時葬真武蹈龜麓土名宮後坂坐巽向乾土壙

洪氏生卒年月失葬覆船袓山坐癸向丁

增補十一世東溪派
天墀公葬清源東溪新開田坐　向
娶王氏生萬曆已亥年九月廿四日丑時卒順治癸巳年六
月十四日巳時
天祿公葬東溪湖仔斋美
四鄭氏卒康熙乙卯年七月廿八日丑時葬埔腰緊後
天鉽媽林氏生天啟癸亥年八月初四日丑時卒年月失
側室王氏生崇禎壬申年十一月初十日巳時卒年月失
十二世明源公　道遒公長子生順治丙戌年十一月初三日
未時卒年月失
妣　氏生卒年月塟俱失

明紳公字其多號世壽　道遭公次子生康熙乙巳年四月十九日午時卒雍正丙午年十月廿二日卯時

娶陳氏生康熙壬申年十月廿二日卯時卒年　月葬俱失

明磐媽　氏生卒年月葬俱失

十三世瑚公　明紳公長子

閱公　明紳公次子

垣公　明紳公三子

旦公　明紳公四子

恥公　明紳公五子兄弟生卒年月俱失葬上洋九坵寶山

增補篇終

十四世申祖大厝兜中巷大舍派鳳字行

鳳遯公　呈喜公子生　卒　年　月　失

十四世鎮長房起榮公派鳳字行

處士公諱文俊乳名覺號愧先　鳳撫公長子生順治癸巳年六月廿八日午時卒康熙甲申年九月初六日子時與妣仝葬本里鎮撫垻後將軍出洞坐未向丑兼坤艮

妣謝氏遠娘號勤慎生順治丁酉年十月初六日卯時卒康熙甲申年十二月十二日未時與公仝葬

男一　佛生

公諱文偉乳名雅字　號愧作　鳳撫公次子生順治己亥年九月十三日子時卒康熙丁卯年四月廿八日申時與妣合

塟本里鎮撫寨美火管壠尾坐巳向亥兼丙壬
妣吳氏罕娘號　生順治辛丑年八月廿六日辰時卒康熙
丁卯年二月十七日申時與公仝塟
男一　必扳
公諱文傑乳名達字于通號愧述　鳳撫公三子生康熙癸卯
年十二月二十日卯時卒康熙丁卯年正月二十日戌時與
胞姊玉娘仝塟本里鎮撫湖頂祥運仔員蛇頭坐亥向巳兼
壬丙　無傳
姑玉娘　鳳撫公之女未婚配而卒傳聞十有餘歲與舅
愧述公仝塟
公諱文慤字于粥號章軒　蘊齋公長子生康熙丁卯年四月

初八日午時卒雍正己酉年五月初五日酉時葬崇善里魁
斗茶內易田崙坐丙向壬兼巳亥
妣石氏佐娘號順慈生康熙己巳年六月廿二日寅時卒乾
隆辛未年十月初四日酉時葬本山鵬雛美壠鳳尾宮崙坐
庚向甲兼酉卯
男三　長士別　次胤滔　三胤敦
公諱文壯字于申號元軒　蘊齋公次子生康熙癸酉年四月
十五日亥時卒乾隆辛未年十月廿三日未時尾棺埜本里
鎮撫鵬雛口後溝崙坐　向
妣彭氏勤娘號勤懿生康熙丙子年八月廿二日酉時卒康
熙辛丑年四月初六日未時葬　以待候查

繼姚鄭氏初娘號寬慈生康熙戊寅年六月十九日辰時卒
雍正甲寅年六月十一日辰時塟　以待後查
男一　胤輿出嗣
邑庠生公諱文端字于肅號國楨　美齋公長子生康熙乙巳
年十月初三日辰時卒康熙丙寅年十二月廿七日戌時塟
本山鵬雛三坵崙坐子向午兼癸丁　無傳
公諱文騰字　號　美齋公次子生康熙丙辰年七月初四
日　時　康熙乙亥年四月初四日丑時塟本里鎮撫下石
龜硫礤嶺中崙坐子向午兼癸丁　無傳
邑庠生公諱祖承字于受號毅軒官章元斌　美公公三子生
康熙已巳年十一月十四日亥時卒康熙庚子年七月廿三

日未時塟本里鎮撫下石龜砤磜嶺中崙坐癸向丁兼子午

妣謝氏聽娘號　生康熙己巳年六月初一日午時卒

年十一月十一　時塟本山鵬雛三坵崙坐癸向丁兼丑未

男三　長心愿　次心德　三心懇

十四世長房二

公諱文誠字國旂號敬翁　在明公子生康熙乙巳年五月初

九日日申時卒雍正丁未年六月初十日申時享年六十有

三塟本里鎮撫內寨中崙坐丁向癸兼午子

妣洪氏褡娘號勤慈生康熙己酉年三月初三日卯時卒乾

隆癸亥年四月十一日未時享年七十有五甩棺塟本山鵬

雛横壠崙坐寅向申兼艮坤

男四　長奎星　次婁星　三昴星　四畢星

待贈公諱有材字于象號仰霄　賢明公長子尊師重傳訓公義方生康熙辛酉年六月廿六日戌時卒乾隆巳卯年六月初三日辰時享年七十有九與妣仝葬本山鵬雛十八間直鉗崙坐亥向巳兼壬丙

妣鄭氏庶娘號儉慈生康熙壬戌年十月廿四日未時卒乾隆戊寅年十一月廿九日戌時享年七十有八與公仝葬

男四　長胤謂　次胤梛　三胤彰　四胤決

待贈公諱有二字于衆號仰旻　賢明公次子延師課子酷嗜書香生康熙庚午年二月廿五日戌時卒乾隆丁亥年五月十一日巳時享年七十有八葬本山坪殊軍壠橋蜈蚣形崙

坐癸向丁兼子午
妣葉氏潭娘號慈惠生康熙己巳年閏三月廿三日辰時卒
乾隆甲午年十月廿六日戌時享年八十有六塟本里后山
鄉土名上埔林崙田中穴號蛇形内坐辛向乙兼戌辰外坐
戌向辰兼辛乙
男五　長胤参　次胤整　三胤紱　四胤宇　五胤宙

十四世鎮撫長房三

文洪公字子爽號愧宇　心壟公長子生順治戊戌年十月十
一日丑時卒乾隆辛酉年七月十四日巳時享年八十有四
塟本里鎮撫山坛山北坑壠崙坐甲向庚兼寅申
妣林氏延娘號慈儉生順治庚子年四月廿四日丑時卒雍

正乙巳年六月初十日寅時棺葬本里鎮撫山猪湖内壠頭
坐戌向辰兼乾巽
長胤鏗　次胤齊　三胤寅　四胤服
文起公字于捉號愧壽　心璽公次子生康熙丙午年九月廿
四日酉時卒康熙辛丑年十一月廿六日酉時享年五十有
六棺葬本里鎮撫山猪湖埔頭坐辛向乙兼戌辰
妣王氏拈娘號勤　生康熙庚申年十一月初九日酉時卒
乾隆庚辰年八月十三日寅時享年八十有一棺葬本里鎮
撫山猪湖埔頭坐庚向甲兼酉卯
男三　長胤遒　次胤悅　三胤嚴
文朝公字于時號愧定　心璽公三子生康熙巳酉年三月初

日戌時卒雍正甲寅年正月十四日戌時享年六十有六瓦棺壟本里鎮撫后壠中崙坐乾向巽兼亥巳
妣宋氏晏娘號早儉生康熙庚午年二月十三日巳時卒乾隆巳巳年七月廿三日巳時壟本里鵬雛軍壠橋坐艮向坤兼寅申

男三 長胤球 次胤交 三胤泰

文煥公乳名標字于梅號颿章 心璽公四子生康熙辛亥年十二月初九日申時卒乾隆甲子年十月初一日巳時棺壟本里鵬雛口蘭垵崙坐巽向乾兼辰戌
妣龔氏滿娘號順慈生康熙癸亥年二月廿八日巳時卒乾隆辛未年十月廿六日辰時瓦棺壟本里鵬雛十八間植庭

媽墓下坐　向　兼

男三　長胤裁　次胤飾　三胤汲

文勇公字　號益泉　心靈公五子生康熙乙卯年閏六月初五日辰時卒乾隆丙子年十月廿九日辰時棺葬本里鎮撫山坛頂驪鞦墩祖墓崙坐坤向艮兼未丑

妣葉氏吉娘號儉樸生康熙己巳年二月十八日申時卒乾隆己丑年七月初六日巳時棺葬本山坪姝十八間巷後坐戌向辰兼辛乙

男二　長胤江　次胤彥

文華公字　號西赤　赳桓公長子生康熙庚戌年五月三十日申時卒康熙壬辰年三月廿九日戌時甩棺葬本里鎮撫

對面山祖厝後坐巽向乾兼巳亥
妣葉氏愈娘號勤節生康熙丁巳年十月初三日戌時卒雍
正乙卯年九月十八日未時葬本里鎮撫山坛山北坑壠頭
中崙坐甲向庚兼寅申
男二　長胤哆　次胤勸
鳳八公字于景號者金　赳桓公次子生康熙癸丑年七月初
九日戌時卒乾隆戊午年九月廿六日巳時瓦棺葬本里鎮
撫烏材林庭坂中崙坐申向寅兼庚甲
妣王氏湊娘號勤慈生康熙庚申年九月初三日午時卒乾
隆壬申年正月三十日辰時瓦棺葬本里鎮撫山猪湖眠虎
脚坐巳向亥兼巽乾

男六　長行水　次心懷　三疏水　四胤乾
五胤帖　六胤香

十四世鎮撫二房維轂公派鳳字行
鳳龍乳名燕官字于飛號裕昌公又名來翁　維轂公長子生
明崇禎巳夘年六月初三日吉時卒清康熙巳未年九月初
二日辰時塟鎮撫口廠后穴號蚍耳尾棺露現坐寅向申兼
甲庚
妣孺人謝氏諱汀娘號孝慈生明崇禎戊寅年九月廿四日
吉時卒康熙辛未年十二月十八日辰時木棺塟在本山鵰
雛土名軍壠橋嶺中畚坐乾向巽兼亥巳
男三　長胤奏　次胤雲　三胤艮

處士鳳雛諱趨官字于盛號玉庵公　維穀公次子生順治辛
卯年五月廿四日寅時卒康熙丁丑年十二月廿一日未時
木棺塟本山石埏蜈蚣形坐乾向巽兼戌辰
妣葉氏諱致姮號節儉生順治辛卯年閏二月十二日戌時
卒雍正丙午年七月初十日未時享年七十有三木棺塟本
里石際葉林脚坐坤向艮兼未丑
男三　長胤簪　次胤纓　三胤專
女一　連始
待贈鳳印諱蒲官字于葦號啟文公　維穀公三子身厠儒林
博篤誠實延師課子酷嗜書香名雖未登於典册而子孫遂
接踵遊泮信不負先人所望生順治甲午年正月廿六日辰

時卒康熙辛丑年十二月廿二日未時享年六十有八葬本
里後壠美塔斗山脚石墓崙坐乙向辛兼卯酉
妣孺人葉氏生順治己亥年十二月十八日未時卒雍正乙
卯年二月廿六日午時享年七十有七至乾隆戊午年十一
月廿四日丑時木棺葬本里鵬雛外尾壠崙號眠狗形內坐
艮向坤兼寅申外坐寅向申兼坤艮
男三　長方容　次昭漢　三昭河

待贈鳳煇諱是宮字于光號敬齋公　維穀公四子爲人尊師
重儒敬神存朴有慷慨好施之義生順治己亥年十二月十
八日酉時卒乾隆甲子年正月初九日巳時享年八十有六
乙丑二月葬本里馬坑本山苦墩崙坐丙向壬兼午子

娶妣李氏諱惠娘號孝養生順治辛丑年七月十六日未時
卒雍正壬子年十月廿九日丑時享年七十有二本年塟本
鄉土名龜山嶺穴坐辰向戌後員仙洞前對高鴈尖
男八　長胤例　次胤梓　三胤戊殤　四胤雙殤
五揖升　六胤鑾　七胤深　八胤群
十四世鎮撫二房三對面山祖　樂山公派鳳字行
鳳搏公乳名趙官字于九號成文　樂山公長子生順治壬辰
年二月廿九日申時卒雍正丙午年十二月初六日未時棺
塟本鄉美宫林崙美坐庚向甲兼酉卯
妣孺人郭氏廷娘號勤慈生順治辛卯年八月廿六日酉時
卒康熙丁丑年六月初十日子時棺塟本山石龜虎毋寮崙

坐辛向乙

男二　長胤綸　次胤綍

待贈鳳陽公乳名部官字于朝號心逸　樂山公次子爲人好義尊敬師長嚴訓兒曾生順治丙申年九月初六日子時卒雍正辛亥年十二月二十日亥時棺葬本山烏材林觀音尖后冷水坑坐夘向酉兼乙辛

妣孺人陳氏宜娘號和德生順治丙申年閏五月三十日辰時卒康熙丙戌年十一月初六日未時瓦棺葬本山十八間壠尾呈祥公墓外坐夘向酉兼乙辛

男五　長錫華　次胤憸　三胤一　四胤爽　五胤快

鳳崗公乳名盤官字于嵩號鳴高　山公三子營立鎮撫壠

頭垵崙私祖宇全座坐　向　兼

公生康熙壬寅年十二月十一日戌時卒雍正丙午年四月

十六日午時棺葬本山石龜土地爺內坐酉向夘兼庚甲外

兼未丑

妣孺人李氏靜娘號近慈生康熙乙巳年正月十五日亥時

卒乾隆壬戌年四月初三日午時棺葬本山十八間崙尾坪

口林頭似犀形坐坤向艮兼申寅至乾隆丁丑年正月廿二

日夘時扦塟烏材林嶺爺坐巽向乾兼巳亥

男七　長胤甲　次胤丙　三胤能　四胤王　五胤景

六胤儒　七胤斗

十四世鎮三房見妻公泒鳳字行

鳳岳公字于降號永賓　廣齋公長子生康熙癸卯年三月廿六日酉時卒雍正甲辰年閏四月十六日辰時葬本里後庵鄉土名磜頭內外脰號鑼仔形坐坤向艮兼未丑

娶蘇氏諱員娘生康熙丙午年正月廿一日亥時卒康熙己亥年四月初九日午時死棺葬本山山芸頂土名大伽壠頭坐乾向巽兼巳亥

男四　長胤望　次胤正　三胤探　四胤花

鳳洲公字于縣　呈程公長子生清潔年　月　日　時卒年九月廿三日辰時

妣　氏生　卒　年　月墳墓各俟查

男二　長胤安　次胤連

鳳協公字于任　呈桂公次子生　年　月　日　時卒　年
九月初二日辰時
妣　氏諱　號　并年　月壙塋俱俟查
男二　長胤狀　次胤元

鳳勳公　呈程公三子生清康熙壬子年八月十七日酉時卒
雍正甲辰年四月初四日　時墓塟俟查

鎮三房三

鳳翔公乳名敬官字于揚號蕭崖　維玉公長子生順治庚子
年正月初七日巳時卒康熙庚子年三月廿七日戌時享年
六十有一塟本山鵬雛外土名鳳尾宮內崙坐酉兼庚甲
娶謝氏諱桓娘號勤儉生康熙丁未年正月初四日卯時卒

康熙辛未年正月廿二日辰時兀棺葬在本山山芸頂土名
大郊壠畚坐酉向卯兼庚甲穴號虎形
男二　長胤魁　次紹賢
鳳翥公乳名淵官字子舉號深崖　維玉公次子生康熙壬寅
年九月三十日　時卒順熙甲申年八月十九日辰時葬本
山土名塓后崙坐　向
妣洪氏諱格娘生康熙辛亥年十一月十二日亥時卒雍正
戊申年正月十九日酉時葬在本山坪殊外美壠後坐庚向
甲兼酉卯
男三　長胤震　次胤邸　三泰興
鳳翅公諱禮官字于履號敦朋　維玉公三子生康熙己酉年

二月初三日未時卒康熙辛丑年六月初四日未時

娶蘇氏諱來娘號端儉生康熙癸卯年十二月廿六日辰時

卒雍正癸卯年正月廿六日辰時與公仝葬在本山石礑山

土名畬內申崙坐亥向巳兼乾巽今姚徙葬石礑山上翁土

名踏碓美坐庚向甲

男二　長胤裕　次胤監

鳳翔公諱驥官字于德號志見　維玉公四子生康熙辛亥年

十一月初六日寅時卒康熙庚子年四月廿三日辰時葬本

里泰山馬厝土名茶林灣坐酉向卯兼庚甲

妣謝氏諱月娘生康熙丙寅年月　日　時　卒　年六月

廿二日　時葬在石礑山土名虎空垵坐丁向癸兼未丑與

次男多士仝塋

男三　長元士　次多士　三寶士

鳳溯公諱讓官字于捐號謙朋　維玉公五子生康熙庚申年六月廿九日戌時卒乾隆庚午年十月二十日巳時葬塋石礁山土名畬內坐辛向乙兼戌辰

妣劉氏諱親娘號成慈生康熙丁夘年八十七日巳時卒康熙巳亥年正月初　日子時墓塋石礁山土名葉林崙坐申向寅兼庚甲

男二　長胤滔　次胤點

鳳拱公　維玉公六子按幼殤

鳳河公　維玉公七子幼殤

鳳晉公諱佺官字于海號清洲　異石公長子生康熙壬子年
六月初十日寅時卒雍正丙午年六月初十日酉時塟在鎮
撫山土名新路格前坐　向
妣張氏　娘叚節
男一　胤科
鳳賓公諱舜官字于菩號次崖　異石公次子生康熙壬子年
六月初六日　時卒雍正癸丑年正月十一日辰時享年五
十有二
娶陳氏諱五娘號慈儉生康熙壬戌年十月十九日丑時卒
乾隆乙亥年八月十九日申時仝塟在本山坪硃外水埕後
壁坐庚向甲

男六　長胤叟　次胤房　三胤褒　四胤習
五胤夔　六胤郡
鳳賜公字于達號近仁　巽石公三子生康熙戊午年八月十
二日戌時卒雍正乙巳年十一月初八日戌時墓塟在本山
土名山猪湖號獅肚坐東向西
妣　氏　娘生　卒　年　月失塟地俟查
男四　長胤委　次胤任　三胤遊　四胤云
鳳表公字于範號如一　巽石公四子生康熙壬戌年二月初
三日亥時卒乾隆　年二月初　日　時
妣朱氏諱轉娘生康熙甲戌年七月廿九日　時卒乾隆
年　月　日　時墓塟本山土名硫磜口坐壬向丙兼子午

男四 長胤卿 次胤合出繼 三胤仍 四胤斯

鳳冉公字于球號愰道 巽石公五子生康熙乙丑年六月二十日吉時卒乾隆戊寅年十一月十六日申時葬寮仔垵掘石崙坐戌向辰

妣唐氏諱福娘號淑德生康熙壬午年六月十一日巳時卒雍正丙午年七月初一日酉時葬在鎮撫土名伽俑宮崙坐庚向甲

男一 胤語

鎮三房五

鳳亥公字于職號晃齋 維時公長子生康熙丙辰年七月初二日亥時卒乾隆丁卯年二月二十日申時

娶謝氏諱璇娘號儉足生康熙壬申年三月十一日辰時卒
乾隆辛未年閏五月十七日申時葬本鄉土名內寮壠頭坐
庚向甲
男三　長胤眼　次胤燦　三胤且

鳳首公字于元號　維時公次子生康熙乙亥年七月廿五
日亥時卒雍正丁未年三月初六日申時墓葬本山坪殊外
土名瓦磘壠崙坐乾向巽
妣鄭氏　娘敃節
男一　胤運

鳳讀公字于史號漢闕　維所公嗣子生康熙己巳年二月廿
一日子時

妣周氏諱裁娘生康熙庚辰年十二月廿六日夘時卒乾隆
甲申年十二月　日寅時墓葬俱俟查
男一　起經
綏居公字于　呈實公子生康熙庚寅年二月廿一日子時
卒　年　月　日　時
娶葉氏諱玊娘生康熙己亥年九月廿一日申時卒　年
月　日　時墳墓俱俟查
男二　長胤老　次胤幼
鎮三房七
鳳對公字子策號冊墀　維古公長子生康熙丙辰年十月廿
五日午時卒乾隆戊辰年九月初九日辰時葬本山土名土

漳空後中崙坐寅向申兼艮坤

妣葉氏諱寅娘生康熙丙寅年十一月初二日寅時卒乾隆丁巳年正月初一日辰時墓葬在本里山豬湖土名外壠崙坐庚向甲兼申寅

男四　長胤赫　次胤力　三胤情　四胤萬

鳳雙公字于峯號扶輦又號和齋　維古公次子生康熙甲子年八月初四日　時卒　年七月十五日吉時墓在石坵林格坐壬向丙兼亥巳

妣楮氏　娘改節

男一　胤劍

鳳榜公字于金號朋時　維古公三子生康熙丁卯年十二月

初十日辰時卒乾隆辛未年五月廿五日酉時墓在本山坪𡶷外柴橋美崙坐壬向丙兼子午

娶陳氏諱端娘號　生康熙庚辰年七月廿三日丑時卒乾隆甲辰年閏三月初一日巳時墓在本山土名鎮撫壠頭格厝後崙坐乾向巽兼戌辰

男六　長胤爵　次胤壬　三胤茅

四胤宜　五胤營　六胤道

鳳白公字于玉號　維古公四子生康熙己亥年六月廿四日午時卒乾隆丁酉年三月初八日午時塟本山土名鵬雛寨格坐丙向壬兼午子

妣趙氏諱𡢾娘生康熙丁丑年七月十六日午時卒乾隆壬

辰年十月廿二日巳時葬鎮撫垻后下格崙坐乾向巽兼
亥巳

男一　胤玩

鳳石公字于介號維嚴　永貞公長子生康熙乙亥年七月廿
四日寅時卒乾隆巳卯年正月廿九日戌時葬塋本山山芸
山土名鼉鰍墩水堤后壁坐子向午兼壬丙
妣蔡氏諱全娘號勤儉生康熙丁亥年五月廿三日巳時卒
乾隆庚辰年三月十一日未時今遷葬烏材林土名馬坡格
中崙坐子向午兼壬丙

男三　長月時　次利郎　三傳承

鳳殿公字于祖號白台　永貞公次子生康熙辛卯年二月十

一日未時卒乾隆戊戌年十一月初九日未時葬在本山土
名芘坑壠美大路下坐辛向戌兼乙辰
鳳爵公字子貢號得仁　永貞公三子生康熙乙亥年十月十
六日　時卒乾隆戊午年九月十五日未時葬本山山芸
頂土名蜈蚣形崙頭坐丁向癸兼未丑
鳳廣公　永貞公四子生　卒　年　月葬俱俟查
十四世由鎮撫四房長大厝兜星墀公派鳳字行
鳳審公字子德號達齋　星墀公長子生順治癸巳年七月初
六日寅時卒雍正辛亥年四月初六日午時享年七十有九
棺葬本里石礦山風鼓格外坐辛向乙兼戌辰
妣王氏端娘謚慎儉生順治戊戌年十二月初九日巳時卒

雍正癸夘年五月廿七日未時享年六十有六棺葬本里鵬
雛十八間丁班池坐未向丑兼丁癸
男三　長胤志　次胤鳳　三胤宗
鳳安公字于居號能慮　呈墀公次子生　卒　年　月葬
地俟查
鳳欽公字于若號士明　呈墀公三子生康熙壬寅年五月廿
六日寅時卒康熙乙亥年九月初三日未時墓與顯考呈墀
公仝葬本里石礵風鼓格脚坐乾向巽兼戌辰
鳳廉公字于潔號士璧　呈墀公四子生康熙乙巳年十月廿
四日亥時卒乾隆庚申年正月二十日辰時享年七十有六
娶陳氏璽娘號勤順生康熙巳未年二月初二日酉時卒乾

隆巳未年二月初二日亥時享年六十有一全塟本里鵬雛
軍壠橋上坐西向東
男五　長胤舉　次胤變　三胤報　四胤允　五胤汀
鳳瑞公字于輯號猷彩　星墀公五子生康熙巳酉年六月初
一日寅時卒康熙戊子年十月初十日戌時塟本里石礫內
坐北向南
娶洪氏　娘號　生康熙巳未年十一月廿三日子時卒
康熙丁亥年十二月十三日戌時塟本里石礫山虎壽內坐
南向北
男二　長胤荷　次胤錦
十四世中鎮撫四房二因內星驥公派鳳字行

鳳施公字于澤號喜悅　星驥公長子生康熙壬子年卒

年十月初四日　時

鳳刺公字于錐號乘龍　星驥公次子生康熙癸亥年三月初

六日子時卒乾隆壬戌年十月初四日巳時葬本里坪殊蜈

蚣形坐艮向坤兼寅申

妣蔡氏氣娘生康熙戊寅年三月廿二日酉時卒乾隆甲戌

年正月廿八日未時墓與顯妣朱氏媽合葬本里坪殊軍壠

橋頭水埕上坐乾向巽兼亥巳

男三　長胤準　次胤送　胤厰

鳳宰公字于臣號主職　星驥公三子生康熙乙丑年六月初

一日巳時卒乾隆丁丑年十月初四日巳時棺葬鎮撫大平

頭尖仔後畲埔頂坐南向北

十四世鎮四房三頂路長房懋林公派

鳳彩公乳名建官字于侯號豫齋　懋林公長子晚年家計饒足建造科樹小宗坐乾向巽兼亥巳

公生順治辛丑年七月廿五日酉時卒雍正丁未年五月十四日亥時享年六十有七棺塟本里土名後庵大墘崙田中坐癸向丁兼丑未

娶鄁氏諱智娘謚儉慧生順治辛丑年十月廿六日丑時卒雍正丁未年四月初八日辰時享年六十有七棺塟鎮撫山石龜蔚堵崙坐丁向癸兼未丑

子三　長胤典　次胤普　三胤會

鳳翬公乳名詣官字于贈號訓齋　懋林公次子爲人好義鄉隣有事輙爲排難解紛課耕課讀特嚴督責迨家中偶足營造大垵頭華屋一座坐癸向丁兼子午

公生康熙甲辰年十月十三日丑時卒乾隆癸亥年九月十八辰時享年八十棺葬本里坪殊橫壠嵛坐甲向庚兼卯酉

娶李氏諱蛾娘謚順慈生康熙辛亥年正月廿二日戌時卒雍正甲寅年二月初六日酉時享年六十四棺葬在本里鵬雛軍八橋崙坐戌向辰兼乾巽

子七　長胤璋　次胤琳　三胤戎　四胤璸

五胤廷　六胤圃　七胤梅

鳳羽公乳名佳官字于祉號瑞齋　懋林公三子營創烏材林

舊窯頂厝小宗坐寅向申兼艮坤
公生康熙乙卯年七月初一日辰時卒乾隆辛巳年四月十
六日巳時享年八十有七葬本里烏材林鄉土名石竹崙坐
巳向亥兼丙壬
娶龔氏諱謹娘謚勤儉生康熙辛酉年正月廿二日巳時卒
康熙壬辰年二月初五日午時
繼娶許氏諱氣娘謚色恬生康熙戊辰十月初四日未時卒
乾隆丙戌年十月初八日巳時享年七十有九　二嫣瓦
棺合壟在烏材林舊窯山仔路頂坐卯向酉兼乙辛
子八　長胤申　次胤然　三胤鎖俱龔氏出　四胤翁
五胤春　六胤妙　七胤譪　八胤仲俱許氏出

鳳閣公名會官字于同號合齋　懋林公四子生康熙戊午年
四月初六日戌時卒乾隆乙丑年九月二十日酉時享年六
十有八瓦棺葬本里坪殊大區尾風沙崙坐辛向乙兼酉卯
娶葉氏諱敬娘謚勤儉生康熙甲子年四月十二日丑時卒
雍正辛亥年十一月十七日申時瓦棺葬在本里忝洋馬厝
坑頭埔楓樹下坐辛向乙兼戌辰
子三　長胤麥　次胤文　三胤厚
鳳仁公乳名義官字于宜號禮齋　懋林公五子生康熙甲子
年八月廿二日巳時卒乾隆巳卯年二月廿七日午時享年
七十有六瓦棺葬本里坪殊口大崙格區後水埕頂坐子向
午兼壬丙

娶趙氏諱叚娘謚勤慈生康熙戊辰年正月廿二日酉時卒
雍正壬子年十一月初一日丑時葬鎮撫山猪湖尾林湖坐
夘向酉兼乙辛
繼娶邱氏諱烈娘謚淑性生康熙癸酉年九月廿八日酉時
卒乾隆辛巳年四月初八日辰時瓦棺葬鎮撫上七格巷尾
窨頭坐寅向申兼艮坤
子二　長胤鈞　次胤芳俱趙氏出

十四世鎮四房三頂路二房懋齋公派

鳳鳴公乳名意宵字于心號禹陽　懋齋公長子營建舊窨下
厝生康熙癸夘年正月十八日亥時卒康熙庚子年十二月
初四日巳時享年五十有八瓦棺葬在烏材林舊窨大平崙

尾坐甲向庚兼寅申
娶吳氏諱黍娘謚精慎生康熙丙午年五月十九日未時卒
乾隆庚午年十一月十五日丑時棺葬烏材林舊窒路頂坐
甲向庚兼寅申
子二　長胤陞　次胤貢
鳳鍾公乳名雪官字于仲號白菴　懋齋公次子生康熙丙午
年正月廿九日丑時卒康熙壬寅年十月十一日申時瓦棺
葬鎮撫尾橋伽倆宮斋坐坤向艮兼未丑
娶鄭氏諱焉娘謚慈順生康熙癸丑年六月十六日未時卒
乾隆辛未年二月廿八日午時享年七十有九瓦棺葬烏材
林窒公後田中坐寅向申兼甲庚

子七　長胤猛　次胤崑　三胤管　四胤業
五胤衆　六胤保　七胤向

十四世鎮四房四假齋公派

鳳愴公字于春號君齋　假齋公子生康熙庚辰年十月初十
日寅時卒乾隆壬辰年二月初四日寅時享年七十有三棺
葬本里殊坪大區尾上壠崙坐申向寅兼庚甲
娶陳氏諱和　謚莊儉　康熙庚辰年十一月初十日辰時
卒乾隆己亥年九月初四日午時享年八十瓦棺與四婦蔡
氏修德媽合葬本里坪殊岡尾宫崙後坐壬向丙兼子午
子四　長胤培　次胤雄　三胤逞　四胤邱

十四世鎮四房五懋容公派

鳳應公字于對號惟感　懋密公長子生康熙己巳年正月廿
四日午時卒乾隆巳未年七月廿七日寅時瓦棺與胞弟艮
輔公全葬在本里鵬雛尾崁崙坐辛向乙兼酉卯
娶龔氏諱推娘謚恭順生康熙庚辰三月初九日午時卒康
熙辛丑年三月初九日午時瓦棺葬俟查
繼娶王氏諱昭娘謚勤慈生康熙乙亥年五月初九日　時
卒雍正甲辰年九月廿七日未時瓦棺葬鎮撫山猪湖前對
石髻尖坐寅向申兼艮坤
又繼娶王氏諱珍娘謚好玩生康熙庚午年正月廿七日寅
時卒乾隆乙未年九月十四日未時
子四　長胤嚴生監　次胤杍　三胤傳　四胤彭監生

鳳佐公字于佑號艮輔　㮽寮公次子生康熙壬申年十一月初四日未時卒乾隆甲戌年十二月初三日巳時享年六十有三厝棺與胞兄　惟感公仝壟在本里鵬𩀱尾嵌崙坐辛向乙兼酉卯

娶吳氏諱足孃謚純德生康熙丁亥年二月十三日酉時卒乾隆巳亥年六月初八日寅時棺壟鎮撫頂埧古井坡崙坐未向丑兼坤艮

子一　胤池

十四世鎮四房五魁斗㮽雅公派

鳳鎮公字于綏號撫社　㮽雅公子生康熙丁亥年三月初九日戌時卒乾隆乙亥年四月十五日艮時

娶蘇氏諱賀娘謚敬慈生康熙庚寅年九月初六日子時卒乾隆壬戌年十月廿三日酉時合塟在崇善里魁斗橋丙大石頂坐乙向辛兼辰戌

子三　長胤渾　次胤皆　三胤洽

十四世鎮四房五魁斗嚴裹公派

伯琬公字國璽號韶聲　嚴裹公長子生康熙丙申四月初二日亥時卒乾隆癸丑年九月廿二日申時塟在烏材林大崎坐申向寅兼庚甲

娶劉氏諱評娘謚順懿生康熙己亥年三月十一日子時卒嘉慶丙辰年十一月十八日丑時棺塟烏材林大崎坐丁向癸兼未丑

子二　長胤察　次胤省

處士助生公字于順號瓚軒　嚴裹公次子生康熙壬寅年九月十四日午時卒乾隆辛卯年十二月二十日辰時葬本里鵬雛宮后崙坐未向丑兼丁癸

娶葉氏諱差娘謚宣慈生雍正庚戌年十二月初八日巳時卒乾隆丙午年十二月十九日戌時葬崇善里魁斗埔前坑坐東向西

子二　長胤敏　次胤奏

奎星公　嚴裹公三子生雍正癸丑年十一月初七日寅時卒乾隆辛巳年十一月十三日巳時葬地俟查

鳳標公　嚴裹公四子生卒年月日時失幼骸與顯妣蘇氏

懿蕊媽仝葬在與善里魁斗埔前坑坐甲向庚兼卯酉

鳳合公　嚴長公五子生卒年月日時葬地俱俟查

十四世鎮五房鳳字行

鳳變公字于化　存仁公長子生康熙壬午年閏六月初二日未時卒年月日時失墓地俟查

娶蔡氏諱　娘生康熙壬辰年七月廿三日未時卒雍正乙卯年十二月十五日未時墓地俟查

鳳揚公字于舉　存仁公次子生康熙甲申年二月初二日酉時卒年月日時失墳地俟考

娶張氏諱同娘生康熙戊寅年二月初二日未時卒年月日時失墳地俟考

子二　長胤甘　次胤答

鳳貴公字于德　存仁公三子生康熙戊子四月廿三日卯時卒年月日時失墳地俟考

娶謝氏諱聽娘生康熙丁未年十二月十六日未時卒年月日時失墳地俟考

子三　長胤思　次胤炮　三胤立出繼

光明公字于日　存仁公四子生康熙丙申年十月廿六日辰時卒乾隆甲子年六月廿四日酉時墓葬在本鄉大嶺頭坐

向　兼

子一　胤立承繼

鳳峭公字于美　存仁公五子生康熙丙申年十月廿六日辰

時卒年月日時失
娶李氏諱具娘生康熙丙申年二月廿二日申時卒年月日
時失　公媽墓地俱俟查
子一　天承
鳳度公字于知　呈曉公長子生卒年月日時俱失墓地俟查
鳳我公字于　呈曉公次子生卒年月日時俱失墓地俟查
鳳與公字于起　元善公長子生康熙戊辰年六月十五日酉
時卒年月日時失
娶趙氏諱酉娘生康熙戊寅年七月初六日戌時卒年月日
時失　公媽墓地俟查
子五　長胤富　次胤執　三胤河　四胤固　五胤宇

鳳旺公字于　號　元善公次子生康熙戊寅年三月廿四日午時卒年月日時失葬地俟查
娶鍾氏諱陳娘謚慈謹生康熙甲午年十二月初六日寅時卒雍正癸丑年九月初五日未時葬在本處塅後格頂舊路下坐艮向坤兼寅申庚甲
繼娶張氏諱斷娘生康熙乙酉年八月初八日酉時卒年月日時失葬地俟查
子一　亂于

鳳賤公字　號　元善公三子生康熙戊子年十月初八日寅時卒年月日觧失
娶陳氏諱初娘生康熙丁酉年八月初一日寅時卒年月日

時失　公媽墓地俱俟查

子一　胤純

媽送公字　號　元善公四子生康熙甲午年十月初四日寅

時卒年月日時失

娶甘氏諱來艰生雍正戊申年五月初四日子時卒年月日

時失　公媽墓地俟查

子二　長海老　次胤溪

十四世田墘派鳳字行

鳳樾公字于更號仰西　覺亭公長子生順治癸巳年八月十

三日未時卒雍正癸丑年十二月初二日巳時

娶趙氏謚淑慎生康熙丙午年十二月廿四日辰時卒乾隆

己巳年四月十八日未時　公媽合葬在本處大宅邊土
名尾戀[illegible]坐坤向艮兼未丑
子五　長胤郎　次胤天　三胤泰　四胤桐出繼　五胤連
鳳超公字于起號西海　覺亭公次子生順治丙申年九月十
四日酉時卒康熙癸巳年三月十一日申時葬在本里雀目
園今郎中燕後園是也坐亥向巳兼壬丙
娶趙氏諱禱娘諡孝節生康熙壬寅年二月廿二日巳時卒
乾隆丙辰年十月廿五日巳時享年七十有五葬本鄉土名
尖石崙坐庚向甲兼酉卯
子一　胤桐承繼
鳳生公字于便號西明　覺亭公三子生康熙戊申年正月十

八日吉時生雍正癸丑年九月廿二日酉時墓葬在本鄉軍
墓内土名塌内　娶陳氏啟節
子二　長長英　次習英
十四世田墘二房派鳳字行
鳳夏公字于寅號西八　呈馨公長子生康熙壬寅年九月廿
四日丑時卒康熙丁亥年七月十五日巳時乾隆戊戌年扦
葬在参林内桶鈎嶺頂坐丑向酉乙辛
娶儲氏諱　媜謚　生康熙丁未年十月初五日未時卒
乾隆辛酉年十一月廿二日午時葬在朱厝崙頭坐南向北
子一　胤初
鳳盛公字于際號昌明　呈馨公次子生康熙乙巳年六月廿

一日未時卒　戊戌年八月廿二日巳時
娶蔡氏諱藩娘生康熙甲子年六月廿八日未時卒　乙
巳年二月十六日郊時葬在本處軍墓內坐巽向乾兼辰戌
子一　胤開

鳳成公字色明號于變　呈馨公三子爲人勤儉經營忠厚正
直至四十餘歲自置妻子建田業并建大厝兜中厝巷二房
派小宗祠坐西南向東北　公生康熙戊申年五月廿一日
未時卒乾隆甲戌年八月十四日戌時
娶張氏諱吉諡懿恬生康熙辛未年十月二十日戌時卒
年六月初四日吉時　公媽合葬在本邑光德里烏
秋鄉土名大壠邊坐乾向巽兼亥巳　其墓前及右畔祖田

三世四桃

子五　長胤智　次胤起出繼　三胤勤　四胤芸　五胤長

鳳鎰公字于老號惟心　星馨公四子生康熙辛亥年三月二十日未時卒雍正乙卯年十一月初二日申時葬在坑邊橋後移葬在朱厝坐東向西有石牌爲記碑上寫　光通　光行立

娶傅氏生卒年月日時俱失

子五　長胤濟　次胤族　三胤招　四胤進

五胤元　乾隆戊辰年移居臺灣

鳳省公字于察號失　星馨公五子生康熙癸酉年七月十五日未時卒　乙亥年正月廿九日巳時

娶洪氏改節
子一　汀榮
鳳實公字于昆號失　星馨公六子生康熙乙夘年十一月廿
一日未時卒雍正甲辰年三月十九日子時
子一　胤起承繼
十四世田墘三房派
鳳萬公字號失　星華公子生康熙辛未年十月二十日寅時
卒乾隆　年　月　日　時
娶侯氏生康熙辛巳年四月初五日酉時卒乾隆己巳年二
月廿七日未時葬在本里土名日旺山上
子五　長胤信　次胤遇　三胤侃　四胤衍

五胤偶

十四世田墘四房派

鳳堅公字于穎號士磨　呈茂公子生康熙辛亥年五月十二日丑時卒康熙己丑年六月廿一日卯時

娶洪氏諱報娘謚勤慈生康熙戊午年六月十五日戌時卒乾隆己卯年十二月十八日丑時　公及四子合葬在本鄉參洋土名石堂前坐癸向丁兼丑未外坐丑向未兼癸丁至咸豐庚申年十一月　公媽及四子扦葬本鄉草坂頂崎頭坐艮向坤兼丑未

子四　長胤研　次胤鄒　三胤彩　四胤五

十四世田墘五房派

鳳奕公字于謀號元博　維石公長子生康熙乙丑年六月十七日丑時卒乾隆戊寅年七月十一日巳時
娶蘇氏諱撮娘生康熙乙丑年十月廿三日寅時卒乾隆年七月二十日辰時　公媽葬在本里東清丙土名坑頭鄉穴坐巳向亥兼丙壬
子二　長胤雙　次胤再　女一　治配虞都鄉陳府諱廷科中戊辰科進士特授奕丞縣正堂

鳳珊公字于瑚號元春　維石公次子生康熙戊辰年正月二十日辰時卒雍正庚戌年正月十五日未時
娶蔡氏諱鸞娘生康熙庚午年九月十九日辰時卒乾隆壬辰年正月初六日辰時葬本鄉坑橋頭坐丁向癸

子四　長胤良　次胤會　三胤提　四胤江

鳳賜公字于達號士通　維石公三子生康熙庚午年二月初五日丑時卒雍正癸丑年五月十七日申時

娶蘇氏諱節娘生康熙戊寅年五月初七日未時卒乾隆壬戌年十一月廿五日酉時

子三　長胤榮　次胤色　三胤奥

鳳纓公字于簪號和順　維石公四子生康熙丁丑年四月廿三日寅時卒乾隆壬戌年九月初三日酉時葬朱厝崙頭

娶謝氏諱保娘生康熙丙戌年七月初六日巳時卒乾隆丙申年九月初五日辰時葬朱厝崙邊坐　向

子一　安慶

卷一下終

参山二房派黃氏族譜之卷二

後房十五世乾房派

輝醴公字子溪號慱意　　忠靜公承繼子生康熙乙酉年十二月十四日未時卒乾隆戊子年十一月三十日丑時葬本里竹仔林坑口水簥頭與謝氏媽仝葬

娶南安十四都東門謝氏諱乃娘號慈謹生康熙壬辰年九月十九日午時卒乾隆丙申年十一月　　日辰時與輝醴公仝葬在本里土名竹仔林坑口水簥頭坐丙向壬兼巳亥

子三　長廷茂　次廷蔭　三朝修

輝胎公字子三號慱雅　　貞靜公長子生康熙巳卯年二月初四日亥時卒乾隆乙亥年九月廿五日巳時享年五十有七

葬本里土名後院穴坐寅向申兼艮坤
娶蘇氏號慈儉生康熙庚辰年五月十一日寅時卒乾隆甲
申年十月十四日申時享年六十有五葬本里土名竹仔林
坑内牛寮下向　兼
子三　長廷極　次妙賢　三愧如

輝位公字子正　守靜公長子生康熙二十八年十月初五日
丑時卒雍正三年七月廿五　酉時葬地俟查
娶殷氏改節

輝潤公　守靜公次子生康熙三十八年四月十五日未時卒
雍正七年正月十五日寅時葬地無考
娶洪氏改節

輝渡公字子權　守静公三子生康熙癸未年七月廿五日未時卒乾隆巳酉年四月初四日未時葬地俟查

娶殷氏　生康熙壬辰年七月初六日亥時卒乾隆戊午年五月初六日巳時葬地無考

子一　玉麟

輝幸公字子花　守静公四子生康熙丁亥年四月十二日吉時卒乾隆壬午年九月廿五日酉時葬本里土名朱厝崙邊坐西向東

娶石氏　生康熙戊戌年八月初十日辰時卒乾隆年十一月初二日辰時葬本里土名竹仔林坑坐

輝恬公　守静公五子生康熙庚寅年十二月初二日寅時卒

雍正辛亥年八月廿九日未時葬地俟查
輝慶公字子賀號愽實　修靜公之子生康熙甲午年十月廿
八日吉時卒乾隆壬辰年八月二十日午時葬地俟查
娶郜溪宋氏諱逑娘生雍正癸丑年三月十九日丑時卒嘉
慶辛酉年五月廿四日未時葬地俟查
子四　長廷喜　次廷兼　三廷歡　四廷次
邑庠生諱輝驥名燿官字子感號艮茂　樸雅公長子天姿明
敏惕勵優勤其文字乃大家氣象生康熙庚申年九月廿一
日吉時終雍正戊辰年二月初九日巳時葬本里蟳尾墩坐
娶蘇氏號勤儉生康熙辛酉年九月廿一日寅時卒雍正辛
亥年二月初七日亥時葬

子四　長廷基　次坔　三廷堦　四廷堯

燦官公字子岌號懷茂公　樸雅公次子生康熙癸亥年十二月初三日午時卒康熙庚子年八月十八日寅時

娶王氏號淑儉生康熙癸亥年二月十六日未時卒乾隆甲戌年八月十三日辰時公媽塟地俟查

子四　長廷璽　次廷垣　三廷均　四廷圭傳無

太學生諱輝鴻名燁官字子晃號熏茂　樸雅公三子生康熙辛丑年十月廿六日寅時卒乾隆辛酉年十月廿三日亥時

娶劉氏報娘生康熙丙寅年二月廿九日寅時卒乾隆辛夘年十一月廿二日辰時

繼娶林氏炎娘號懿恭生康熙乙丑年七月十九日酉時卒

乾隆辛未年九月初一日亥時享年六十有七與公仝塟本
里牛脰後東坑高鹿仔山坐乾向巽兼戌辰穴號金獅抱毬
媽劉氏塟地俟查
子二　長廷址太學生　次廷墺俱林氏出

邑庠生諱勳名煜官字子昭號猷茂　樸雅公四子才質不凡
遜志時敏屢次拔茅足徵學養兼優生康熙己巳年十二月
十五日吉時卒乾隆戊辰年十一月初三日吉時塟本里走
馬旂圭心崙
娶洪氏生康熙壬申年六月初九日午時卒乾隆壬午年十
月初三日未時
娶側室陳氏生康熙壬辰年九月廿三日申時卒乾隆辛卯

年十月初六日未時洪陳二媽葬地俟查
子七　長廷型　次廷塾　三廷增　四廷重　五廷玉
六廷寺　七廷完俱陳氏出
熺官字子盛號光茂　樸雅公五子生康熙丁丑年八月廿七
日酉時卒乾隆壬申年二月初九日戌時葬永安里兩港鄉
司姑坑穴坐巽向乾兼巳亥
娶陳氏　生康熙丁丑年十一月十五日吉時卒乾隆壬
午年四月十九日吉時
側室曾氏　生康熙壬辰年十一月二十日申時卒乾隆癸
卯年二月廿一日酉時二媽塋地俟查
子二　長廷扶陳氏出　次廷山庶出

太學生名思官字子榮號勉齋　得先公長子好學嗜讀于郡
縣應試屢奪前茅得先公嘗曰幸哉有此子復何患哉不意
未得志於司衡而天即使之殞也公生康熙癸巳年三月初
三日亥時卒乾隆辛酉年正月初八日丑時
娶洪氏　生康熙癸巳年四月初八日酉時卒乾隆壬申
年三月廿七日辰時公葬南邑二十七都洪塘內土名大石
內穴坐巳向亥兼丙壬
妣塟本里石笋洋鄉土名後坑石聳崙穴坐壬向丙兼子午
子二　長泰　次泮
歲貢生諱克諧名律官字子和號恒齋　得先公次子聰明穎
達智慧過人嗜好詩書耽舉子業得先公喜其沼沚非久屈

龍門在必登故亦弱冠於楊使探芹香甫壯年於葛使食廩餼於乾隆癸未科紀使選爲貢生生平惟德是爲睦宗族鄉黨不與人爭訟不妄登公堂是以本學師尊范嘉其懿行喜其文章顏其額曰學行是敦其建新文廟不惜百金與縉紳仕族仝爲荷任焉享年五十有八生康熙甲午年九月十一日申時卒乾隆辛卯年九月十四日辰時

娶洪氏號恒順生康熙甲午年十月廿五日巳時卒乾隆庚戌年四月廿四日巳時享年七十有七公媽合葬羅洋土名鎮符墩穴坐寅向申兼甲庚

子三　長縷　次綴　三縱

太學生諱克静名待官字子動號定齋　得先公三子生雍正

丁未年十月初九日丑時卒乾隆辛卯年十一月十七日卯
時葬本里宮嶺蔡厝湖穴坐戌向辰兼乾巽
娶洪氏諱逕娘生康熙丁未年九月二十日丑時卒嘉慶丁
卯年十一月十七日未時葬本里秋尾壠穴坐辛乙兼辰戌
子七　長廷樸　次廷杯　三廷模　四廷樣　五廷概
六廷松　七廷格

太學生諱存仁名種官字子穀號温齋　得先公四子生雍正
庚戌年十月廿七日丑時卒嘉慶丁巳年正月三十日酉時
娶王氏朝娘生雍正庚戌年九月廿四日酉時卒嘉慶辛未
年二月初九日辰時公媽塋地俟查
子三　長浩　次泱　三濃

典官公字子訓號惇齋　得先公五子生雍正甲寅年正月十八日酉時卒乾隆辛未年六月廿八日未時塟本鄉土名古仔山穴坐癸向丁兼子午
承繼子　廷煒
太學生名西官公一子東號方齋　得先公六子生　年三月廿八日丑時　卒年十二月十七日子時
娶陳氏諱欣娘號敬慎生乾隆壬戌年十一月十八日酉時卒道光甲申年九月初二日丑時合塟本鄉古現山湖穴坐甲向庚兼卯酉
子七　長煌　次灯　三煒出繼　四煦　五熉　六熾
七燖

元春公字子梅　秩雅公長子生卒年月葬地俱失

昆官公字子玉　秩雅公次子生卒年月葬地俱失

立一聰碑碑上書　元春公　昆公　又孫廷我公

妣洪氏　妣洪氏　妣楊氏　妣林氏　妣柯氏　妣洪氏

當日不能條縷特書誌明想必公媽名次失分明代遠年湮

無可確查致使互混公不知誰爲媽予姑就碑上照列採來

登載以俟後日查明開列庶不致錯

惠公字子澤號廸齋　愧雅公長子生雍正　年十一月初

七日　時卒乾隆　年九月十一日　時

娶洪氏號慈順生雍正　年九月廿日　時卒乾隆戊戌

年閏六月初二日丑時公媽塋地俟查

子三　長淑　次潘　三層

想公字子奇號曠齋　愧雅公次子生雍正丁未年八月初三日酉時卒乾隆丙子年八月廿六日申時葬本里古仔山坐東向西公媽合塟

娶洪氏端娘生雍正己酉年八月廿七日辰時卒嘉慶壬戌年十一月十六日寅時

子一　程英

勤公字子學號儉齋　愧雅公三子生雍正己酉年十月廿五日亥時卒嘉慶己未年七月十七日酉時塟本鄉土名圭心崙坐東向西

娶許氏諱片娘號温慈生乾隆乙未年三月十八日丑時卒

嘉慶乙亥年九月廿五日午時與公仝葬

子三　長倓　次保　三信

邑庠生諱承寵名綿官字子　號思齋　誠雅公長子生雍正

癸卯年六月初四日寅時卒乾隆辛丑年七月廿二日申時

葬本鄉土名圳頂穴坐南向北

娶林氏寶娘生雍正　年十一月十五日　時卒乾隆

年正月十七日寅時媽　三　地倓查

子一　藻

綬公字子安　誠雅公次子生卒年月葬地倓查

綾公字子交號引齋　誠雅公三子生雍正辛亥年七月初一

日卯時卒嘉慶乙丑年八月十二日亥時

娶洪氏號貞儉生乾隆乙丑年十二月廿九日申時卒道光
庚寅年六月初五日辰時公媽葬地俟查
子四　長許　次慊　三惴　四敧
織公字子布號任齋　誠雅公五子生乾隆丙辰年十月十六
日未時卒道光壬午年五月廿六日未時
娶詹氏叟娘號懿敬生乾隆　丑年二月十九日卯時卒道
光戊子年十月十六日未時公媽　地俟查
子三　長恢　次厚　三怨
絪公字子縕號絹齋　誠雅公六子生乾隆壬戌年八月廿六
日申時卒乾隆丁未年四月十二　巳時
娶龔氏號懿順生乾隆庚辰年七月廿一日巳時卒道光壬

午年八月初七日午時公媽塟地俟查

子二　廷章　廷梅

輝緒公　坦雅公子生卒年月俟查

晳公字子明號辦齋　至雅公長子少年失怙子職而兼父道創業垂統無愧爲子生平好文學敦本睦族曾舉後垵狗頭埼祖墳後至折屋還地乾坤房嘉其有功稱義舉焉生雍正辛亥年八月初四日申時卒乾隆丁未年十月廿四日申時享年五十有七

妣洪氏謚慈儉生雍正庚戌年正月初一日卯時卒乾隆巳丑年九月廿日酉時享年五十有二合塟南安廿四五都小眉鄉土名石牌横路下中崙山脚坐壬向丙兼子午

鄉飲賓名旦官字子晨諱景昌號盛齋　至雅公次子爲人儉樸身不入非義足不履公庭少年失怙子職而兼父道延師教督胞弟幸與泮林之選足徵好學之報公生乾隆巳未年七月十五日午時卒嘉慶甲子年十二月廿七日酉時享年六十有六葬南安十三都新田鄉土名洞頂穴坐乙向辛兼卯酉

子六　長廷漸　次洒　三涵　四涉　五深　六清

娶陳氏因娘謚端莊生乾隆癸亥年三月初八日午時卒道光庚寅年五月廿二日申時享年八十有八葬南安廿四五都小眉鄉大朴山脚茶畬埔穴坐癸向丁兼子午

子五　長廷禰　次禦　三禴　四禘　五禮

邑庠生名旭官字子暉號實軒諱景昇　至雅公三子生平勤
哲詩書至老力學不倦生徒濟濟游泮水者多　廣田業開
築宇屋生乾隆辛酉年十二月十八日寅時卒道光辛巳年
十月廿七日未時享年八十有一塟本鄉土名坂頭穴坐丙
向壬兼巳亥
娶洪氏號徽柔生乾隆辛酉年四月初四日午時卒嘉慶己
巳年十二月廿七日午時塟本鄉土名水路田坑邊穴坐寅
向申艮坤
子四　長廷芮　次芬　三芮　四芸
垉官公字子文　敏齋長子生康熙丙子年九月廿九日丑時
卒　年七月廿三日　時居移在臺殁　地無考

娶莊氏生康熙戊寅年二月十一日　時乾隆　年間居移臺灣卒年月塟俱無考

子三　長達　次壯　三乾

坡官公字子東號逸溪　敏齋公次子生康熙巳卯年八月初十日未時卒乾隆丙寅年六月廿五日申時葬本里後院後打石垵坐　向

娶白氏受娘號淑勤生康熙庚辰年五月廿七日申時卒乾隆壬寅年正月廿二日卯時厝棺塟本里土名虎尾内坐乾向巽兼戌辰

子一　廷欽

鄉飲賓名堪官諱廷源字子肩號鴻卿　敏齋公三子豁達大

度見義必爲邑侯袁公諱桂夢贈以鄉閭欽式匾額生康熙辛卯年八月初十日未時卒乾隆壬子年九月十一日卯時享年八十有二

娶小眉蘇氏勉娘諱淑慎克勤克儉淑慎其身事舅姑以盡其孝處憐右以達其情邑侯龔公諱紹勳贈以壼範垂徽匾額生康熙甲午年正月初七日未時卒嘉慶己未年三月十九日戌時享年八十有六嘉慶庚申年二柩合塟本里虎尾內坐戌向辰兼辛乙

子四　長心城　次廷璉　三廷報　四虎出繼

丕官公字子烈號直毅　斂齋公四子生康熙丁酉年正月廿四日時卒乾隆　年三十廿八日　時塟本里後院湯匙

崙坐　向
娶　氏改節
子二　長廷赫　次倜殤
壤官公　敏齋公五子移居在臺灣生卒年月塟在臺無考
承繼子　廷虎
殿公字子宮號廸果　儼齋公長子敦厚古處正直是與生康
熙壬辰年六月初七日辰時卒乾隆甲申年九月廿八日巳
時木棺塟本里後院崙頭坐丑向未兼癸丁
娶洪氏𤈽娘號柔順生康康癸巳年六月十二日酉時卒康
熙乙未年六月初三日午時享年六十有三乾隆辛丑年十
一月廿三日丑時木棺塟南安十三都考湖鄉甋仔壠鏡石

丙崙坐丁向癸兼子午牌鐫參山黃門洪氏墓

子三　長光朝　次光萬　三光富

處士埏公字子環號博學　儼齋公次子篤志詩書屢奪前茅不能上進由顯而晦族人惜之生康熙丙申年閏三月初四日未時卒乾隆丙申年六月廿七日丑時瓦棺葬本里後院湯匙崙祖墓下坐　向

娶温氏恩娘號柔婉生雍正戊申年十月初八日酉時卒年月葬地俟查

繼娶莊氏諒娘號柔慎生雍正甲辰年七月十四日辰時卒乾隆戊申年十月初三日未時瓦棺葬本里后院橋崙中坐向　兼

子三　長光會無傳　次光瓚盧氏出　三光碧龔氏出

瑾公字子有號慱愛　徽齋公三子生康熙已亥年三月廿九日亥時卒乾隆辛酉年二月初七日戌時葬本里後院湯匙外石下坐甲向庚兼寅申

輝扆公字子中號守樸　碩隆公子生康熙已丑年正月廿一日未時卒乾隆辛卯年九月十五日酉時與母唐氏合葬在本里土名中櫳猫園坐西向東

娶唐氏生康熙乙未年五月廿九日午時卒乾隆乙亥年十一月廿五日子時葬本里土名櫳仔坐巽向乾

子五　長廷貫　次廷閱　三廷盤　四岳殤　五楚殤

琦公字子樂號瑰軒　恩公長子生康熙戊辰年六月廿五日

丑時卒乾隆辛巳年閏五月初九日夘時葬廊後坐壬向丙
兼亥巳
娶洪氏生康康丙子年正月廿一日辰時卒乾隆丙午年六
月十三日未時葬后青寮祖公（合）
子五　長鴈　次連　三鳳　四禹　五通移居臺菁寮
科公字子登號髙第　恩公次子爲人忠厚嗜好詩書延師課
督奉敬斯文生康熙巳夘年又七月十一日子時卒乾隆巳
未年九月廿八日夘時
娶孫氏生康熙戊子年七月廿三日巳時卒乾隆庚辰年二
月十一日申時合葬宮嶺鄉土名石獅寮脚庵邊坐亥向巳
子三　長宗　次宗　三室

瑚公字子喦號高玉　恩公三子生康熙癸未年八月三十日亥時卒乾隆壬午年閏五月初七日丑時葬宮嶺廟邊穴坐丑向未
娶陳氏生康熙甲午年三月廿六日酉時卒乾隆庚子年十二月十八日申時葬本鄉土名　坐　向
子五　長廷安　次寧　三宦　四起　五審
建公字子　號高曆　恩公四子生康熙丁亥年九月十九日亥時卒乾隆乙巳年十月廿四日午時與長子塚英合葬土名公仔寮坐　向
娶宋氏生康熙乙未年十一初三日子時卒乾隆壬辰年十一月十八日戌時媽葬坐　向

子三　長廷塚　次廷明　三揚

邑庠生名輝舉諱超鳳字子方號高賢　　謹厚公長子賦性靈敏淹通文理饒華採芹信乎文章有定價生康熙壬辰年八月初一日未時卒乾隆庚子年十一月十三日未時葬臺後菁寮祖公園坐東向西

娶陳氏生康熙癸巳年三月廿三日戌時卒嘉慶丁巳年二月十四日申時葬地俟查

子二　長逵　次扶此派居青蒙

篇官公字子良號高浦　　謹厚公次子生康熙甲午年十月廿日子時卒乾隆丙戌年正月初五日午時

娶陳氏生康熙庚子年四月廿九日巳時卒乾隆乙巳年二

月初五日午時公媽合葬宮嶺土名紅嶺穴坐　向
子二　長友　次國

寶公字子經號高山　謹厚公三子生康熙丙申年十一月初
九日丑時卒乾隆甲辰年九月廿八日卯時葬臺東勢碑仔
頭坐東向西
娶蔡氏生康熙戊戌年二月廿九日卯時卒乾隆癸酉年十
二月廿一日酉時葬臺水沙連內土名流陳坪坐南向北
繼娶楊氏生乾隆丁巳年十一月十四日戌時卒年葬俱失
子二　長廷曾　次廷合

天公字子　號高亮　謹厚公四子生康熙己亥年五月十二
日酉時卒乾隆甲申年七月初四日寅時

娶孫氏生雍正乙巳年七月十五日午時卒乾隆癸夘年三
月十六日子時塟宮嶺鄉土名烏坪崙坐壬向丙
子二　長炎　次淡
午公號高龍　謹厚公五子生康熙辛丑年十月初八日辰時
卒乾隆癸巳年六月廿九日亥時
娶陳氏生雍正戊申年十月初三日丑時卒乾隆壬寅年九
月廿二日申時塟臺灣後菁藔公園
子三　長廷當　次開　三辦
輝碧公字子珍　保公之子生康熙庚寅年七月廿九日戌時
卒乾隆壬辰年八月初九日午時
娶陳氏號勤慈生康熙丁酉年六月初六日未時卒乾隆癸

丑年七月十九日寅時葬臺灣公園坐北向南

子二　長寛　次石

例贈武信郎珩公字子瑲號振經　國彥公子爲人好義三歲

失怙母絕父義四歲失恃祖母是依祖　雙瞽形影獨立嫣

孫二人倚胞嬸而杖食年未弱冠往臺經商粒積成家旋歸

聘娶就田中營建厦屋傍築書齋課子課孫夫妻舉案壽躋

杖鄉杖朝之餘桂子四支蘭孫蒲砌此所謂天降大任於是

人也生康熙乙未年五月初三日辰時終乾隆巳亥年三月

廿六日未時享年六十有五

娶南邑下蘇伍氏偕娘號慈惠生雍正乙巳年六月十九日

酉時卒嘉慶丙寅年正月十九日寅時享年八十有二公塋

南安二十四五都後垵鄉土名橋頭后壁坐戌向辰兼乾巽

媽葬本鄉土名後壠田中央外坐戌向辰

子四　長廷密　次廷察　三修　四覺

振萌公名哲官字子濬　國泰公長子生雍正甲寅年四月初六日卯時卒嘉慶庚申年正月廿二日卯時

娶蘇氏生雍正乙卯年六月初三日申時卒乾隆庚戌年八月初六日丑時公媽合葬本里坂頂鄉新寮山土名墓坑垵中崙坐乾向巽

繼娶陳氏生乾隆癸亥年二月十七日申時卒年月葬俟查

子三　長壯　次勇　三且俱蘇氏出

振艮公名帛官字子瀝　國泰公次子生乾隆庚申年四月十

十六日子時卒乾隆戊子年九月十五日巳時壅宮嶺土名
苦竹仔坐辛向乙
娶謝氏改節
子二　長廷耽　次源承繼
鄉賓諱振友字子澤名悌　國泰公三子生乾隆壬戌年五月
十三日子時卒嘉慶丁丑年五月廿四日　時
娶吳氏諱娉娘號柔停生乾隆丙子年八月十四日寅時卒
嘉慶甲戌年七月初五日卯時
子四　長桂　次香　三檜　四源出繼
富公字子有號敷直　子慎公長子生雍正甲辰年九月廿八
日丑時卒乾隆癸巳年正月初二日巳時壅宮嶺鄉土名内

畬山坐　向
娶葉氏　生雍正巳酉年九月十六日　時卒嘉慶己巳
年七月廿七日　時葬宮嶺鄉土名圳後坐　向
子四　長廷潛　次廷眼　三吉　四榮
號公字子記　于慎公次子生卒年月葬俱俟查
賢公字子明號振衷　于慎公三子爲人正直雅有詩書之氣
延師課子不負好學生雍正巳酉年九月初五日酉時卒嘉
慶辛酉年正月十七日丑時葬宮嶺土名紅嶺背角坐　向
娶李氏蔡娘號節儉生乾隆巳未年六月二十日申時卒嘉
慶戊辰年六月十七日申時葬宮嶺鄉土名坐　向
子五　長廷次　次廷敬　三植貢生　四渠　五台

棟公字子樑號振中　于慎公四子生雍正壬子年三月十九
日未時卒年月失
娶蘇氏　生乾隆辛酉年四月初二日寅時卒嘉慶壬申
年三月廿一日子時塟宮嶺鄉土名內畬坐乾向巽兼戌辰
子四　長廷添　次海　三川　四郎
賴公字子籍　于慎公五子　妣　氏生卒年月塟俱失
俌公　儷公子　妣　氏生卒年月塟俱失
子一　廷迎
鑒公字子井　于成公長子生乾隆丙辰年七月廿三日　時
娶王氏生乾隆庚辰年月日時移居臺灣
子四　長廷菊　次浪　三添出繼　四京

程官公字子仙號守福　　于成公次子生乾隆庚申年五月初
三日酉時卒乾隆甲寅年十二月初二日辰時
娶許氏生乾隆辛未年十二月廿一日巳時卒嘉慶乙丑年
三月初五日午時葬宮嶺鄉土名圳仔路尾
子四　長廷與　次趨　三領　四留

係官公號守春　　純經公嗣子生乾隆乙丑年二月廿五日酉
時卒乾隆甲辰年八月十五日申時葬參內軍壠
娶蘇氏攺節

執官公　　沛公長子生乾隆癸亥年十月初七日　　時卒嘉慶
巳未年四月初二日子時葬參山土名
妣賴氏生卒年月葬俱失

子一 肇基
賞公號敦明 智公子生康熙乙酉年十一月十五日酉時卒
乾隆甲申年二月初八日丑時
娶王氏生雍正巳亥年五月十二日酉時卒乾隆乙酉年八
月十四日巳時 失
子三 長廷祿 次壽 三質
景公 情公長子 妣 氏生卒年月塟俱失
子一 典
竹公 情公次子 妣 氏生卒年月塟俱失
子三 長廷方 次動 三泮
後房十五世坤房派

文胄公　佑爲公長子生康熙壬午年九月十四日寅時卒雍正巳酉年正月初九日酉時葬本里大磜山星石公祖墳

子一　成男

祖庇公　佑爲公次子生康熙乙酉年四月十四日　時卒乾隆丁夘年八月初八日戌時

娶　氏諱雲娘生卒年月公媽葬俱俟查

子二　長媽慶　次媽瑞

石觀公　慎齋公長子生雍正丁未年三月十四日戌時卒乾隆巳未年十二月初五日戌時葬本里仁叚山厝觀公墳

雙榆公字成卿　慎齋公次子生雍正辛亥年五月初十日酉時卒乾隆乙巳年四月廿七日子時

娶洪氏諱菊娘生雍正壬子年十月廿三日夘時卒年月及
公媽塟地俟查
子一　廷肇
輝賚公字良卿　慎齋公三子簡練應憲譜牒生乾隆丁巳年
十二月廿二日巳時卒乾隆乙巳年五月廿一日申時
娶洪氏諱好娘號儉順生乾隆丁巳年五月初八日夘時卒
年月失記厝棺塟本里仁叚山坐巽向乾兼辰戌
子四　長廷勳　次燎　三炳　四煖
輝梯公　慎齋公四子生乾隆壬戌年十一月初二日戌時卒
年月失
娶吳氏諱環娘號端儉生乾隆辛酉年十二月二十日巳時

卒乾隆癸巳年閏三月廿五日午時葬本里仁叚山

公葬地俟查

子三　長燦　次炌　三淡俱殤

輝果公字德鄉號心直　慎齋公五子生乾隆戊辰年正月十

三日午時卒乾隆巳亥年五月廿五日未時卒年月失葬地

俟查

娶林氏諱凜娘改節

子三　長煌　次粒　三腹殤

太學生諱捷科名槐官字子植　温停公長子生乾隆丙寅年

八月初十日亥時卒年月失

娶王氏諱輿娘生乾隆丁卯年九月十一日酉時卒乾隆乙

巳年五月十八日戌時公媽葬地俟查

子五　長馥　次琩　三瑼　四祥璘　五國樑

輝椿公字子永　宗沃公承繼子生乾隆庚午年正月初十日

午時卒年月失

娶王氏諱珮娘生卒年月失及葬地俱俟查

子三　長添　次嵩殤　三珞

輝梧公字子鳳　温停公三子生乾隆戊寅年六月廿一日午

時卒年月失

娶李氏諱担娘生乾隆辛巳年九月十一日巳時卒年月失

繼娶李氏諱樸娘號敏惠生乾隆丙子年七月初九日寅時

卒乾隆癸巳年八月廿六日申時葬湖頭大演鄉土名坪仔

山穴坐丁向癸
子二　長珪　次瑕
太學生諱爲霖名驥官字子霖號斐亭　　密齋公長子酷嗜書
香詔子若姪而教之穎悟處雖在困中言之亦不覺津津有
味生雍正甲寅年十一月初三日亥時卒乾隆己酉年八月
廿三日卯時葬本里參林山鳳鸞穴坐甲向庚兼辛乙
娶林氏號謹肅生雍正甲寅年八月初六日巳時卒乾隆巳
卯年五月十六日午時以甕棺葬本里仁叚山坐　向
繼娶洪氏諱註娘生乾隆癸亥年九月十三日寅時卒年月
失葬地俟查
子五　長紫雲　次協　三琰　四璒　五琬

爲駒公字子趨號明愘　寄齋公次子生雍正甲寅年十二月初八日子時卒乾隆戊子年二月初七日辰時葬本里大磜山與生母仝墳

娶孺人淑慈張氏諱春娘晉江乙酉科舉人諱殿冉公女立志秉節撫五歲兒而教之恬婉孝勤遇姑婦言又其天性也生雍正乙卯年四月廿九日辰時卒嘉慶壬申年十月廿五日巳時葬本里仁段山穴坐巳向亥兼丙壬

子一　祥雲夏星

爲騵公字子彭號明哲　寄齋公三子倜儻不覊遇事能斷欵曲應酬居然儒者其于遺姪祥雲尤鍾愛焉生乾隆癸亥年閏四月初十日巳時卒乾隆甲寅年十一月十四日戌時

娶孺人劉氏諱田娘號勤惠生乾隆丙午年三月廿八日寅
時卒道光甲申年十一月初八日　時合葬本里馬厝埔尾
林穴坐戌向辰
子二　長傭　次侶
邑庠生諱啟科名庚字子啟號坦齋　純齋公長子慷慨卓犖
不群治生業家中事悉洪氏理生雍正庚戌年七月十五日
巳時卒乾隆庚戌年七月初七日　時
娶洪氏諱莊娘號慈惠理事稱如相大不追終溫且惠美而
無子不無碩人之詠焉
側室生雍正己酉年正月十六日　時卒乾隆壬寅年七月
初八日　時

側室陳氏生乾隆辛酉年四月初一日　時卒嘉慶戊午年五月廿八日　時公與洪氏合塟大厝兜門口

二側室塟地俟查

子二　長瑍殤　次瑊

維新公字子受　隱村公長子生乾隆壬戌年八月十一日卯時卒年月失

娶龔氏諱恬娘生乾隆壬戌年八月廿六日申時卒乾隆癸卯年八月初六日酉時公媽塟地俟查

子三　長拭望　次玉　三璆珠殤

輝勤公　隱村公次子生乾隆乙丑年五月廿五日申時卒乾隆丁酉年六月初一日巳時塟地俟查

輝衢公字致雲　隱村公三子生乾隆癸酉年十二月十四日
寅時卒乾隆乙巳年三月廿七日午時葬俟查

輝詰公字子苑　榮公次子生乾隆辛酉年四月初一日　時
卒乾隆辛卯年二月廿六日辰時葬本里山兜埔坐　向
子二　長修　次經　俱嫁母洪氏出

輝浚公　榮公次子生乾隆癸亥年六月廿八日申時卒乾隆
乙巳年四月十八日巳時葬地候查

輝唱公　榮公三子生乾隆丙寅年五月十七日　時卒年月
日時失及葬地俟查
娶陳氏　娘生乾隆甲申年　月　日　時卒年月日失及
葬地俟查

子一　聯琴

輝顯公　榮公四子生乾隆庚午年十二月廿三日未時
卒乾隆乙巳年四月十三日酉時葬地俟查

輝拱公　榮公五子生乾隆癸酉年吉月日時卒年月俱失及
葬地俟查

輝潘公　榮公六子生乾隆戊寅年吉月日時卒乾隆庚子年
五月初三日午時葬地俟查

輝濟公　景公長子生乾隆己巳年四月廿一日巳時卒乾隆
庚寅年八月廿一日申時葬地俟查

輝碧公　景公次子生乾隆癸酉年三月十五日辰時卒年月
日俱失及葬地俟查

輝騄公字子前號得驪　質樸公長子生乾隆丙寅年二月十
六日辰時卒嘉慶辛酉年十一月十六日未時
娶蔡氏諱恥娘生乾隆辛未年二月廿六日酉時卒年月日
俱失及媽塋地俟查
子三　長仙　次傚出繼　三買殤
輝驊公　質樸公次子生乾隆戊辰年閏七月廿九日酉時卒
乾隆庚午年十二月廿九日　時
娶李氏諱寶娘生乾隆丁亥年八月初八日子時卒乾隆甲
辰年十一月初七日酉時公媽塋地候查
嗣子一　傚
輝參公　質樸公　子生乾隆癸酉年十二月廿六日申時卒

年月俱失及公媽塋地俟查
嗣子一　醒
輝商公　質樸公四子生乾隆巳邜年十一月廿四日寅時卒
年月日失記塋地俟查
輝馴公號惠厚　質樸公五子生乾隆乙酉年五月廿七日巳
時卒嘉慶辛酉年六月廿五日申時
娶唐氏　生乾隆甲午年六月二十日午時卒年月俱失
及公媽塋地候查
子一　侃
輝訖公字可亭　質樸公六子生乾隆丁亥年十月十四日亥
時卒嘉慶乙丑年十月十一日申時塋地俟查

輝抱公　宗早公長子生乾隆乙亥年四月初九日丑時卒年
月日時失葬地俟查
輝盤公　宗早公次子生乾隆戊寅年九月初五日吉時卒乾
隆戊申年二月　日　時葬地俟查
輝樹公　宗早公三子生乾隆庚辰年十月十八日吉時卒乾
隆丁未年二月　日　時葬地俟查
輝融公　宗早公四子生乾隆　酉年十二月十八日午時卒
乾隆戊申年三月十七日　時葬地俟查
恋承公　宗早公五子生乾隆丁酉年正月十三日申時卒年
月日時失　地俟查
輝森公　宗援公　子生乾隆戊寅年十月三十日卯時卒年

日失塟地俟查
輝静公　宗援公次子生乾隆丙戌年正月初十日寅時卒年
月日失塟俟查
輝勸公　宗援公三子生乾隆己丑年正月廿六日丑時卒年
月失塟地候查
友全公　宗援公四子生乾隆甲午年二月初六日夘時卒年
月日時失塟地俟查
後坤房派冬房
輝海公字子江號揚波　連興公子生雍正乙巳年六月廿二
日午時卒乾隆丙申年六月廿九日未時往番邦歿
娶葉氏諱出娘謚順慈生乾隆己未年八月十九日夘時卒

乾隆壬申年六月初八日午時葬本里大坪邊坐　向

子一　條根

輝榜公字子標號順誠　士彥公長子生雍正乙卯年五月十一日亥時卒嘉慶丙寅年正月廿三日酉時葬本巳山后磔犀脚石後坐　向

娶許氏諱女娘生乾隆壬戌年九月初一日亥時卒乾隆辛亥年八月三十日未時葬本里巳山後院內大石皮公左邊穴坐亥向巳兼壬丙

子三　長奏壽　次廷越　三廷慈

輝甲公字子科　士彥公次子生乾隆辛酉年二月廿二日辰時卒乾隆乙丑年十一月廿五日寅時

葬本里仁叚山穴坐巳亥兼巽乾娶孺人龔氏諱員娘改節
子一　庭尾
輝楓公　士彥公三子生乾隆巳巳年二月二十日辰時卒嘉
慶丁丑年九月初三日亥時
娶孺人阮氏諱語娘生乾隆甲戌年二月廿五日巳時卒年
日時月失葬地俟查
子三　長如淵　次盖　三悦
輝西公號有融公　營樸公長子生雍正辛亥年　月　日
時卒乾隆壬戌年八月初九日酉時葬本里湖厝山大公墓
下穴坐郊向酉兼乙辛辛酉年十二歲而卒幼不忍廢祀將
營樸公祀田公議抽出簿業依次輪流奉祀

煇接公字子承號有直　嘗樸公次子爲人守正不阿無偏無
黨謚之曰直誠有然也生雍正壬子年五月十五日酉時卒
乾隆壬子年十月二十日亥時葬本里湖厝巳山溪頭崙[illegible]
家厝後坐　向　兼
娶張氏諱聳娘號懿惠生雍正甲寅年二月廿七日辰時卒
乾隆巳卯年五月十六日酉時
繼娶官坂林氏諱專娘號儉惠生乾隆辛酉年九月廿五日
巳時卒乾隆癸未年正月廿一日未時張林二妣全葬本里
湖厝巳山蘇家厝後在公墓腳穴坐卯向酉兼甲庚
又娶謝氏𡡉娘生乾隆己未年三月十六日寅時卒嘉慶戊
寅年八月廿八日未時葬本里竹仔林坑穴坐辛乙兼戌辰

子二　長雲開　次佛送出繼

太學生諱國卿名六官字子職號有著　營樸公三子秉性溫恭端方自矢而所釐念者在乎課戒兒孫篤嗜詩書生乾隆乙丑年八月十七日酉時卒嘉慶辛酉年十月初一日酉時享年五十有七卒嘉慶壬戌年十二月廿七日　時葬本里後院巳山尾畬穴坐酉向卯兼辛乙

娶孺人善益廖氏諱紙娘號柔惠生乾隆丙寅年八月十四日辰時卒乾隆壬寅年二月廿四日申時葬本里湖厝巳山寮脚穴坐卯向酉兼甲庚

繼娶東洋陳氏諱成娘生乾隆丙子年九月廿八日卯時卒道光戊戌年九月初二日卯時葬本里后院東畔坐甲向庚

兼寅申

子三　長珍　次珩　三助

士處諱輝檪公字子情號有正　營樸公四子芸窻攻苦志欲

上進惜乎有志未遂生乾隆戊辰年八月廿九日巳時卒嘉

慶丙辰年十月初六日辰時葬本里仁段山穴坐　向　兼

娶孺人縣内王氏諱團娘號慈惠生乾隆己巳年八月廿五

日午時卒嘉慶庚午年二月初八日巳時葬本里湖厝巳山

穴坐　向　兼

子二　長蟾　次社

重九公字子齡號香山　營買公長子爲人守分經營增買田

業尊祖敬宗不愧其爲子生乾隆辛巳年七月廿八日辰時

卒道光癸未年六月初一日酉時
娶孺人翁內洪氏諱刊娘生乾隆壬午年九月廿八日午時
卒道光甲辰年二月初二日戌時塟本里仁叚山孩兒崙穴
坐巽向乾兼巳亥
子二　長蕩玉　次瑞芳
輝慶壽公字子南　嶝賈公次子生乾隆甲申年九月初四日
酉時卒道光丁酉年二月初五日酉時
娶後垵謝氏諱救娘號恬黙生乾隆丙戌年二月初四日辰
時卒嘉慶乙亥年十二月廿二日辰時尾棺塟本里巳山仁
叚山脚穴坐乙向辛兼戌辰
子二　長承業　次廷談

輝都公　號有誠　士旺公長子生乾隆辛巳年五月初一日辰時卒嘉慶辛酉年六月十九日巳時往結蘭冊歿

娶吳氏諱和娘改節

子一　孫旺

有年公　士旺公次子生乾隆丙申年十二月廿八日寅時卒年月日時失早歿葬俟查

輝改公號忠正　傳齋公繼承子生乾隆戊子年四月初六日寅時卒嘉慶甲子年八月廿九日申時臺往歿

輝郎公　傳福公長子生乾隆己巳年十月初四日未時卒道光丁亥年正月廿八日卯時往臺沒

娶臺灣劉氏諱敬娘生乾隆辛巳年五月十五日亥時卒年

月日時失塟在臺

輝韜公號左畧　傳[illegible]公三子生乾隆辛夘年十月廿二日丑時卒道光丁未年十一月初九日申時

娶後垵謝氏諱儉娘生乾隆壬辰年三月初六日酉時卒咸豐癸丑年二月初十日午時

子一　廷捫

輝金公　三仕公子生乾隆戊辰年十月十三日巳時外出卒年月日失塟無考

輝兩公號左傳　艮能公子生乾隆庚午年九月初四日申時卒乾隆戊申年十月廿四日卯時塟牛槓邊

娶孺人陳氏諱稅娘號純正生乾隆庚辰年七月十九日辰

時卒道光癸巳年正月十六日丑時塟牛岡槓內坐北向南
子三　長情　次橐　三精
輝勤公　士我公長子早歿生卒年月塟地失記無傳
輝黨公號咸和　士我公次子生乾隆甲申年十月十八日辰
時卒嘉慶巳未年閏四月廿五日未時往臺沒
輝嫣公　士我公三子生乾隆辛夘年六月十五日辰時卒年
月日失記塟俟查
輝玩公　士送公承繼子生乾隆戊寅年八月廿二日未時卒
道光巳酉年正月十四日酉時塟俱俟查
娶謝氏生卒年月失塟俟查
子一　世昆

四老公　士飛公長子生乾隆壬午年正月十三日酉時卒年月日時失外出不知何方

標陽公　士飛公次子生乾隆丁亥年三月初十日未時卒年月日時失塟俱俟查

聯登公　士飛公三子生乾隆庚寅年三月廿日子時卒年月日時失塟俱俟查

輝猷公　士員公子生乾隆丙申年五月十六日寅時卒年月日時失塟俟查

輝甸公號存美　士起公子生乾隆辛未年十月十九日寅時卒乾隆乙卯年七月廿九日子時塟本里巳山牛岡槓邊坐向　兼

娶林氏攺節

子一　廷剖

輝帖公　士介公承繼子生乾隆丁酉年七月廿八日辰時卒

乾隆乙卯年四月廿九日未時葬候查無傳

媽建公號申福　三鳳公長子生乾隆丙戌年五月十八日卯

時卒嘉慶辛未年十二月廿三日寅時葬本里後溝山後院

內　娶陳氏攺節

承繼子　秋蘭

輝還公　三鳳公三子生乾隆辛丑年八月廿六日寅時卒年

月日時失

娶北石李氏諱趧娘生乾隆癸丑年六月初四日辰時卒年

月日時失葬俱俟查

子一　秋蘭 出繼

宴爾公　三鳳公四子生卒年月日時俱失葬俟查

秀道公　士月公子生乾隆丁丑年十月十四日夘時卒乾隆壬子年三月初九日夘時葬本里仁叚山孩兒墓崙後

娶陳氏改節 無傳

後房十五世福水派

士壯公字子大號恒室　尚德公長子生康熙壬申年三月十三日辰時卒乾隆丁丑年五月廿九日申時葬本里祖山土名磜仔杉垵後穴坐壬向丙兼子午

娶本里磜兜呂氏生康熙乙酉年閏四月十二日巳時卒乾

隆庚辰年四月初十日巳時葬祖山石碣林穴坐丑向未兼
丁癸
子四　長竹　次朕　三毫　四高出繼
士赫公字子耀號恒顯　向德公次子生康熙癸未年月日時
失卒乾隆庚辰年九月十四日申時往臺歿葬在臺枷棋掃
楓仔林坐東向西
子一　在臺
士武公字子署號恒揚　敦孝公長子生康熙乙亥年十二月
十六日辰時卒在臺無考
娶赤嶺蔡氏坤娘生康熙辛卯年四月初二日午時卒雍正
癸丑年五月十二日午時以尾棺葬本里石碣林盤蛇向楊

府坑坐未向丑兼坤艮周圍土墳

嗣子一　高

士靄公字子吉號和懿　敦孝公次子生康熙庚辰年十二月廿一日午時卒乾隆巳卯年十月初四日寅時

娶英溪尾李氏生康熙甲午年五月十六日寅時卒乾隆癸巳年十月初四日寅時寄丘磜仔山穴坐子向午兼壬丙

子二　長暢　次堅

士台公字子青號和石　敦孝公三子生康熙癸未年七月廿四日辰時往臺卒年月日失葬在臺無考

士冉公字子力號勤孝　允吉公長子生康熙癸未年六月十七日辰時卒雍正甲寅年九月初三日未時葬本里上墩崎

楊府坑邊穴坐　向
娶吕氏改節
子二　長榮　次茂

士林公字子山號勤內　允吉公次子生康熙丙申年十一月
初四日丑時卒年月失
娶王氏諱秋娘生雍正庚戌年四月初八日子時卒年月失
及公媽葬地候查
子三　長蟾　次宗元　三倖

士伸公字子出　任質公長子生康熙丁丑年七月初六日子
時卒乾隆丁亥年十月廿二日巳時往臺沒葬在臺東勢坐
北向南無傳

士偕公字子百號勤老　任質公次子生康熙庚辰年九月廿三日寅時卒乾隆丁夘年四月三十日未時往臺菁藔塋本庄坐東向西
娶梁氏晋娘生康熙戊戌年二月三十日未時卒年月日時失塋地俟查
子三　長守　次悌出繼　三闕出繼

士科公字子試　任質公三子生康熙丁亥年正月初一日辰時卒乾隆丁丑年七月廿六日戌時塋地俟查
子一　悌承繼

士倫公字子紀　任質公四子生康熙己丑年十二月廿三日寅時往臺没卒年月失塋地無考

子一　闕 承繼

士悅公字子喜號則意　啟後公長子生康熙丁亥年五月十
八日　時卒乾隆乙亥年八月廿九日未時
娶孺人陳氏諱宜娘生康熙庚寅年九月十二日辰時卒乾
隆己卯年十二月廿三日寅時乾隆乙未年九月初三日酉
時公塋覆船山坛穴坐壬向丙兼亥巳
子五　長倡　次和　三出 出繼　四鵲　五奪

士惜公字子愛號則心　啟後公次子生康熙庚寅年七月初
四日　時卒乾隆戊寅年八月廿七日巳時在臺居任塋在
臺灣
娶南安小眉蘇氏金娘生康熙壬寅年三月十一日申時卒

年月失葬俟査
子二　長爾　次種
士標公字子名號則錦　啟後公三子生康熙丁酉年十二月
十一日辰時卒乾隆壬申年月日失未冠往臺卒葬地在臺
士璇公字子璣　啓羨公長子生康熙己丑年七月十七日酉
時卒年月時失
娶謝氏諱位娘生康熙辛卯年八月廿一日巳時卒乾隆甲
午年八月廿一日戌時葬祖山東坑坐　艮
又娶側室沈氏生雍正甲午年年七月十五日亥時卒乾隆壬
辰年三月十五日辰時葬本里祖山磜仔穴坐　向公葬失
子二　長出承繼　次班沈出

士、圓公字子方號規度　營業公次子生康熙辛丑年四月廿三日戌時卒乾隆　年八月十一日　時葬林蒲尾厝尾棺穴坐子向午兼癸丁

娶南安英内洪氏諱珠娘生康熙壬寅年七月廿九日　時葬地及卒年月失俱俟查

子三　長錠　次降　三雲祥

士海公字子達號明直　于議公長子勵志攻書未見必售生雍正戊申年八月廿七日丑時卒乾隆丙午年十二月初十日亥時享年五十有九瓦棺葬本里祖山土名真武踏龜盤蛇臍穴坐巳向亥兼巽乾

娶李氏諱屬娘號仁正生雍正辛亥年七月初四日未時卒

嘉慶壬戌年十一月十七日戌時葬本里祖山磜仔鏡面中崙穴坐夘向酉兼甲庚

子四　長肴　次查　三雙　四總

士蔭公字子庇號明庇　于議公次子生雍正庚戌年十一月十五日戌時卒年月失葬本里石碣林大埔穴坐壬丙向兼亥巳

娶王氏諱靜娘生年月失卒　年二月廿五日　時葬石碣林盤蛇後坐南向北

繼娶林氏生乾隆丁巳年十一月初一日寅時卒嘉慶庚午年十一月二十日亥時厝棺葬祖山古石山兜內崙穴坐坤向艮兼

子三　長鑑　次臻　三概

士戴公字子禮號明德　于議公三子生雍正癸丑年十二月廿九日巳時卒年月失

娶傅氏諱受娘生乾隆丁巳年十一月十五日戌時公葬棉府坑坐甲向庚兼夘酉妣葬貞武踏龜外崙坐辛乙兼戌辰

子二　長孝友承繼　次孝寬

士亮公字子彩號懷安　于議公四子生乾隆丙辰年九月廿七日寅時卒乾隆丙戌年十二月初三日寅時往番至安南失船

娶龔氏攺節

子二　長桐　次井

士令公字子譽號明善　于議公五子生乾隆庚申年又六月廿七日戌時卒嘉慶庚申年九月廿二日申時享年六十有一葬瓦楮埏參林爵竹椅于議公舊墳穴坐　向

娶南安錢塘許氏生乾隆丙寅年八月三十日未時卒道光乙酉年七月十六日午時葬楮埏爵竹椅崙公墓下穴坐　向　兼

子五　長感　次篇　三孝友出継　四比　五雜

士永公字子長號慎良　于議公六子生乾隆甲子年五月初十日辰時卒乾隆丙戌年十二月初七日未時葬咬𠺕吧殁山頂

[illegible]公號懷新　于議公七子生乾隆丁卯年五月初十日辰

時卒乾隆丙子年正月初九日巳時乾隆戊寅年九月十一日塟上墩崎穴坐寅向申兼甲庚

士固公字子聲　成裒公長子生雍正辛亥年七月初四日辰時卒年月失

娶許氏生乾隆癸卯年六月十八日午時卒乾隆丙戌年七月初四日酉時塟石碣林社庭埧邊坐乾向巽

繼娶柯氏生乾隆癸丑年九月二十日寅時卒年月失塟地俟查

子三　長天送（出繼許氏）　次路（出繼柯氏）　三其（出繼）

士岳公字子喬　成裒公次子生乾隆丙辰年三月十四日辰時卒年月失塟地在外鄉候查

子一　其承繼

士駈公字子園　成裹公三子生乾隆甲子年二月初二日未時外出卒年月失塟地無考

士葵公字子蒲　可煌公長子生乾隆丁夘年四月初九日夘時卒年月失外出塟俟查

士晏公字子何　可煌公次子生乾隆庚午年八月十四日申時外出歿卒年月塟地候查

士起公字子鳳　可賜公子生雍正甲寅年十月初五日寅時卒乾隆丙子年九月三十日巳時塟牛脰杉畬坐　向無傳

輝天公

輝鎮公

輝三公

輝八公

輝君公

輝順公

輝瓊公

以上數人諒必在臺生長先人僅知其名不知其誰父子就

其舊譜採緝俟後查明

輝哲公　可全公長子

輝來公　可全公次子

輝典公　可全公三子

輝英公　可全公四子

輝春公　可全公五子

輝旺公　可全公六子

以上數人想必皆在臺生長是以生卒年月無考查

輝錯公字子石　營裒公子生乾隆丙辰年九月廿七日巳時

卒年月失

娶洪氏生卒年月失公媽塋俟查

子一　長執

輝驥公字子調　可日公子生乾隆辛酉年十月初一日卯時

卒年月不知

娶龔氏坤娘生乾隆乙亥年正月初一日丑時卒年月不知

公媽塋地無考

子一　德力

輝樺公　于氾公嗣子生乾隆甲子年六月廿八日未時卒年
月失塟地無考

輝参公字子曾　于氾公次子外出生卒年月塟地無考

子一　俊明

恒元公字子善號留山　晗亭公長子立心爲善素行不苟雅
有詩書之致延師課督二子同榜採芹足徵好學邑主賜鄉
賓冠帶生康熙丁丑年六月廿六日戌時卒乾隆辛卯年九
月十八日辰時享年七十有五塟本里覆船山頂穴坐癸向
丁兼子午

娶易氏諱矩娘號順徽生康熙巳卯年二月十二日辰時卒

乾隆丙申年七月初三日午時享年七十有八塟本里參洋
土名後壠坑穴坐辛向乙兼酉卯
子五　長崇　次頗　三輿　四須出繼　五項庠生

輝著公字子顯號恒書　昭亭公次子生康熙巳丑年九月初
三日未時卒乾隆丙子年十二月十二日丑時塟磜仔山崙
後湖穴坐亥向巳丁卯年十二月十六日遷塟覆船山軍坂
坐乾向巽不吉乙巳年改塟占石山墘埔內崙穴坐　向
子一　須承繼

輝保公字子令號太和　志長公子生康熙戊戌年十二月十
七日亥時卒乾隆癸酉年十月初三日戌時癸巳年十二月
初六日尾棺塟本里牛版田中坐癸丁向子午

娶謝氏諱洒娘生康熙辛丑年五月初七日亥時卒年月塋
地俱俟查
子一　盛
輝知公字子能　志握公長子生康熙丙申年七月初十日未
時卒嘉慶庚申年正月廿九日未時
娶南安溪洲陳氏諱兑娘生康熙乙未年十二月廿四日寅
時卒乾隆乙丑年五月廿九日午時
繼娶奈狗尾洪氏儼娘生康熙庚子年七月初六日午時卒
乾隆丁丑年十二月初四日辰時公及二位媽塋地俟查
子二　長夔陳氏出　次文繡洪氏出
輝憲公字子發號從短　志握公次子生康熙庚子年二月初

三日巳時卒乾隆巳丑年二月初三日酉時葬本里祖山土
名磜仔頭穴坐癸向丁兼丑未遷葬參林大灣口坐南向北
娶錢塘許氏諱快娘生雍正丁未年八月廿八日巳時卒乾
隆丙申年七月廿三日戌時葬本里磜仔祖山坐南向北
子三　長南箕　次南極　三南山

輝訪公字子延　志握公三子生康熙癸卯年九月初五日辰
時卒年月失公葬本里
娶邑內鄭氏諱順娘生康熙癸卯年正月初九日辰時卒乾
隆乙亥年五月初八日寅時葬磜仔祖山坐巽向乾兼巳亥
繼娶蕭氏郤娘生乾隆丙辰年三月十九日戌時
後改節

子二　長案(出繼)　次培(承繼)

輝田公字子疇　志握公四子生雍正庚戌年五月初三日辰時卒乾隆庚戌年三月初十日　時葬本里土名占石山兜埔穴坐　向

娶南安英内洪氏諱險娘生乾隆丁巳年四月廿五日子時卒嘉慶丁夘年十一月廿九日丑時葬本里冬坑崙圳下穴坐　向

子二　長應　次俾昌

輝恩公字子澤　志握公六子生乾隆丙辰年十一月二十日辰時卒年月失

娶南安李氏諱莪娘生乾隆辛未年四月初四日巳時卒年

月及公媽塋地俟查
子二　長奚　次培出繼
輝尾公字子雅號從善　志握公七子生乾隆巳未年八月初
一日巳時卒年月失
娶李氏諱法娘生乾隆辛未年六月初九日辰時卒乾隆辛
丑年五月十三日亥時公媽塋地俟查
子　青鸞
功成公字子物　志文公長子生雍正丁未年十二月初十日
戌時卒乾隆丙辰年四月廿六日　時厝楮堥上墩崎楊府
坑邊與二房明朱公仝壙右坐　向辛兼郊酉
輝𥿑公字　子絲　志文公承繼子生雍正癸丑年六月三十日

巳時卒年月失
娶劉氏諱權娘生乾隆丁巳年六月廿二日午時卒年月失
公媽塟地俟查
子一　孫獺

輝偉公字子和　志誠公長子生康熙壬辰年三月十二日巳
時卒乾隆甲辰年三月十二日巳時
娶南安蓬島郭氏生康熙甲午年九月十三日戌時卒乾隆
乙卯年七月初三日卯時公媽塟地俟查
子五　長智　次陳　三惠　四才　五午

輝戴公字子記號次仲　志誠公次子生康熙壬寅年五月廿
四日巳時卒乾隆癸卯年六月初九日巳時

娶南安英内洪氏生康熙甲辰年九月廿四日戸時卒乾隆甲申年十二月初一日未時葬本里冬坑坐辛向乙兼酉卯
子三　長開　次蹈　三欠殤

輝業公號次田　志誠公三子生雍正丙午年五月十二日未時卒　年十一月廿一日　時
娶蘇氏生雍正甲寅年七月廿八日辰時卒乾隆癸卯年七月初一日未時公媽葬地俟查
子一　長

輝祖公字子宗　可搏公長子生雍正癸卯年四月初十日巳時往臺歿葬在臺

輝巳公字子修　可搏公次子生卒年失葬在臺俟查

輝沚公字子洋　可搏公三子生雍正丙午年七月十一日巳時卒乾隆甲子年三月十一日子時葬磜仔山坐　向

以上往臺其無生卒年月有娶無娶有子無子未可知就其舊譜採來以俟後人查尋登載

輝錦公字子繡　可極公長子生雍正戊申年二月十五日巳時卒年月失

娶龔氏諱惜娘生雍正乙卯年七月二十日酉時卒年月及公媽葬俟查

子三　長豹　次思　三貴出家

輝鈽公字子置　可極公次子生雍正甲寅年七月初六日辰時卒嘉慶丙寅年七月十八日酉時

娶沈氏諱宗娘生康熙丙申年七月十九日子時卒年月公
媽塋地俟查
子一　請殤
輝金公字子百　志所公長子生康熙丁酉年七月初三日丑
時卒年月失
娶南安蓬島郎氏諱盡娘生康熙丙申年七月十九日子時
卒乾隆癸丑年二月三十日巳時公媽塋地俟查
子三　長繁　次纓　三甲
輝日公字子月號子月　志所公次子生雍正戊申年十二月
十八日丑時卒乾隆戊寅年十一月十一日戌時塟參林報
恩穴坐辰向戌

娶蘇氏改節

子一　牧承繼

輝溪公字子潭　志斯公三子生雍正壬子年十二月廿七日卯時卒乾隆辛丑年五月廿二日子時葬占石山兜埔内崙坐丁向癸

娶南安溪洲楊氏節娘生乾隆巳未年十一月初五日巳時卒年月失媽葬磜仔山坐北向南尾棺土墳

子五　維新　次忠　三營　四挑　五行

輝述公字子祖號子宗　志斯公四子生乾隆丁巳年五月廿六日未時卒乾隆巳未年六月十三日午時

娶南安界溪謝氏諱担娘生乾隆庚甲年十月廿四日酉時

卒年月日時失公葬本里石碣林坐　向　嫣葬俟查

子五　長琛　次牧出継　三樁　四愷　五算

輝慱公字子約號子約　志玉公長子生雍正癸邜年三月廿一日亥時卒乾隆壬申年九月初四日丑時厇棺葬土名牛脰頭新堂公田中坐癸向丁兼子午號猛虎下洋

娶葉氏𨁽節

承繼子　世謙

輝胆公字子心　志玉公次子生雍正丙午年二月二十日邜時卒年月失

娶南安廿四五都尾埔鄉楊氏機娘生乾隆丙辰年　月廿七日午時卒年月失公嫣葬地俟查

子四　長謙出繼　次治　三曠　四浸

輝贈公字子答　志玉公三子生雍正辛亥年正月十七日辰

時卒年月失

娶南安廿四五都大宇鄉顔氏位娘生乾隆庚辰年十二月

廿八日巳時卒年月及公媽塋地俟查

子二　長任　次宅

輝趙公字子然　志玉公四子生雍正甲寅年正月廿八日巳

時卒年月失

娶南安十三都宮前鄉葉氏悉娘生乾隆丁卯年正月十三

日亥時卒年月失公媽塋地俟查

子二　長艮　次梁燕

士輝公字子健號淳實　志玉公五子生乾隆丁巳年正月十五日寅時卒乾隆乙未年六月廿四日子時
娶南安廿四五都尾埔鄉楊氏險娘生乾隆甲戌年七月廿四日酉時卒年月日時失公媽塟俟查

最美公字子又號大艮　志崑公長子生雍正乙巳年八月廿七日酉時卒乾隆甲午年四月初六日午時塟臺
娶南安洪氏夜娘號瑞風生雍正己酉年十二月初二日辰時卒乾隆戊子年九月廿九日卯時塟坵俟查
子一　爔

輝生公字子周　志崑公次子生雍正庚戌年十月十五日寅時卒年月失

娶本里易氏蕉娘生乾隆丁巳年十二月廿八日午時卒乾
隆戊寅年四月廿七日卯時葬本里冬坑鄉圳下穴坐壬向
丙兼子午
娶南安後畲鄉徐氏衔娘生乾隆庚申年六月二十日辰時
卒年月及媽徐氏并公塟地俟查
子二　長國　次鼎
輝越公字子素　志昆公三子生乾隆戊午年六月十七日午
時卒年月失
娶柯氏銀娘生乾隆甲戌年五月十三日申時卒年月失及
公塟地俟查
子一　長韜

輝炮公字子響　志崑公四子生乾隆乙丑年八月廿四日戌
時卒年月失
娶林氏女娘生乾隆丙子年十二月廿八日亥時卒年月失
及公媽葬地俟查

輝動公字子待　志磨公長子生雍正甲寅年六月初一日寅
時卒年月失
娶本鄉嶺邊葉氏郤娘生雍正壬戌年十二月廿九日亥時
卒年月失及公媽葬地俟查
子三　媽愿　次心　三親

輝我公字子爾　志磨公次子生乾隆庚申年卒年月日時失
娶莊氏　娘生卒年月并公媽葬地俟查

子二　長韞　次東

輝于公字子友　志磨公三子生乾隆丁夘年二月廿六日
時卒年月失葬地俟查

輝立公字子坐號見恭　于平公嗣子生康熙壬寅年四月初
八日亥時卒乾隆戊子年六月廿六日寅時
娶南安廿七都英內洪氏生卒年月失卒葬英內英尾鄉後
井崎繼娶洪亞卿官田中穴坐西向東土墳

輝宜公字子理　長善公長子生雍正丁未年八月初八日未
時卒年月日時失葬地俟查

輝衲公字子谷　志春公子生乾隆庚午年二月初三日午時
卒年月日時失葬地俟查

十五世鎮長房長胤字行起榮公派

佛生公號出繼　愧先公子生康熙庚午年九月初十日卯時卒康熙癸巳年正月廿九日　時尾棺葬本里大坪頭崙後爵堵崙鳳媽撫墓下坐酉向卯兼辛乙

養子一　懷英殤

必援公字起潛號出類　愧作公子生康熙己未年十二月初八日卯時卒乾隆壬申年四月二十日巳時柩葬本里鎮撫火管壠尾坐巳向亥兼丙壬

妣陳氏恬娘號慈順生康熙庚申年五月十五日卯時卒康熙辛卯年三月十一日寅時葬本里撫鎮尾山園中崙坐癸向丁兼丑未

繼妣鄧氏主娘生康熙癸酉年四月廿五日寅時卒康熙丙
申年九月廿八日午時葬本里鎮撫烏材林湖畲崙中坐丁
向癸兼未丑
庶妣洪氏寄娘生康熙壬午年五月初四日未時卒乾隆庚
寅年閏五月廿一日子時柩葬本里鎮撫山猪湖大崙坐庚
向甲兼酉卯
子四　長公輔　次武畧陳氏出　三一貫鄧氏出　四來遠洪氏出
士別公號志學　章軒公長子生康熙乙未年八月廿五日巳
時卒乾隆庚寅年六月廿九日未時棺葬鎮撫山猪湖埔崙
坐子向午兼壬丙
妣林氏曲娘號順勤生康熙巳亥年二月初五日午時卒乾

隆辛未年十月十二日戌時瓦棺葬本里鵬雛十八間中崙
坐庚向甲
子三　長光孟　次光待　三光腰
胤滔公號志浩　章軒公次子生雍正癸丑年六月初二日未
時卒乾隆甲辰年二月廿三日午時瓦棺葬本里鎮撫山猪
湖埔崙坐癸向丁兼丑未
妣蔡氏網娘號道慈生康熙壬寅年十一月廿八日未時卒
乾隆戊申年五月廿一日酉時瓦棺葬本里鵬雛十八間巷
子三　長光志　次光候出繼　三光尺
胤敦公號志惠　章軒公二子生雍正丙午年六月初二日辰
時卒乾隆丙申年十月初七日子時瓦棺葬本里烏材林湖

頂潤口墓下坐 向 兼

嗣子一 光候承繼

胤輿公號志書 元軒公子生雍正丙午年年四月初十日亥時

卒乾隆庚寅年十月十八日亥時尾棺葬本里鎮撫鵬雛口

洋邊墘水埕頂丙坐辰向戌兼巽乾外坐巽向乾兼辰戌

娶 氏尊娘號儉順生雍正庚戌年十二月三十日酉時卒

乾隆乙卯年五月廿二日酉時尾棺與、三男光瓶同葬在本

里鎮撫鵬雛口竹林坐未向丑兼艮

子三 長光市 次光劣 三光瓶

太學生心愿公諱自芳字厚夫號巖齋 縠軒公長子生康熙

已丑年四月初七日子時卒乾隆丙寅年四月初七日午時

塋處不知俟查
妣劉氏諱吉娘生康熙己丑年十一月二十日戌時卒年月
日時失塋地俟查
子三　長光養　次光褒（承繼）　三光佇
心德公字仁夫號志盛　毅軒公次子生康熙甲午年九月初
十日巳時卒乾隆年　月日時不知塋俟查
妣洪氏壹娘號純貞生康熙丙申年六月初一日巳時卒乾
隆癸亥年四月初八日寅時柩塟本里烏材林湖頂妣坐巽
向乾兼巳亥
繼娶洪氏鳳娘生雍正癸卯年十二月初四日未時卒乾隆
年月日時失

子四　長光集洪氏出　次光降　三光亮　四光褒出繼俱後妣出

心懇公字脆夫號志純　毅軒公三子生康熙己亥年九月廿九日亥時卒乾隆辛未年正月十七日戌時葬本里鎮撫山坛頂北坑壠頭大壠崙坐丑向未兼癸丁

娶葉氏旼節

嗣子一　懋宗

十五世鎮長二兩榮公派胤字行

奎星公號逸文　敬翁公長子生康熙癸酉年二月廿二日巳時卒康熙壬辰年八月廿四日辰時葬本里鎮撫對面尖坐丑向未兼艮坤　無傳

婁星公號逸嚴　敬羽公次子生康熙戊寅年四月十二日辰

時卒康熙辛丑年九月初七日午時厝棺塟鎮撫山寮竹垵
田中坐艮向坤兼寅申
妣葉氏笑娘號節儉生康熙己卯年二月廿一日子時卒乾
隆辛酉年五月初十日亥時厝棺塟鎮撫山坛頂韆鞦壠頭
坐艮向坤兼丑未
子一　光璧

處士鼎星公字茂夫號懷惻　　敬翁公三子生康熙丙戌年三
月廿六日卯時卒乾隆丙子年正月廿二日未時柩塟本山
鵬雞橫壠後中崙坐巳向亥兼巽乾
妣洪氏盞娘號順雅生康熙乙酉年二月三十日申時卒乾
隆戊子年十一月廿八日亥時瓦棺塟鎮撫湖頂祥運仔崙

石皮脚坐未向丑兼丁癸

子三　長光喜　次光曲　三光仲

畢星公字聞夫號逸書　敬翁公四子生康熙巳丑年三月廿八日辰時卒乾隆癸酉年十二月初五日酉時柩葬本里鎮撫頂赤架巷後内壠崙坐丁向癸兼未丑

娶葉氏萬娘號勤儉生康熙壬辰年八月初九日酉時卒乾隆壬戌年十一月初一日寅時尾棺葬本里鎮撫龜山崎林崙内坐辰向戌兼巽乾外坐卯向酉兼甲庚

繼娶陳氏惱娘號恩愛生康熙戊戌年九月十三日未時卒乾隆戊戌年正月初七日寅時棺葬本里鎮撫將軍出洞脚坐午向子兼丙壬

子三　長敎生出龔氏　次光珠　三光琉出陳氏

處士胤渭公字濱夫號修齋　仰霄公長子生康熙乙酉年九月初五日寅時卒乾隆乙巳年五月初七日辰時享年八十有一葬本里鎮撫楨壠山後下崎坑仔坐庚向甲兼酉卯

妣郭氏潮娘號慈懿生康熙癸未年二月初八日午時卒乾隆丁未年正月初一日寅時享年八十有五瓦棺葬本里后庵鄉虎尾宮外坐酉向卯兼庚甲外有牌記

子四　長光恭　次光哲　三光洋　四光胆

胤椰公字隨夫號正修　仰霄公次子生康熙壬辰年六月廿六日子時卒乾隆癸未年正月十一日辰時

娶陳氏壬娘號信儉生康熙辛卯年八月十一日巳時卒乾

隆戊申年四月初十日酉時
子二　長光使　次光品
鄉飲賓胤軫公字楚夫號希齋　仰霄公三子爲人端躬肅容
醇厚樸實建立書齋尊師莫匹訓子義方聲名洋溢生康熙
巳亥年十一月初九日酉時卒嘉慶辛酉年九月初十日亥
時享年八十有三柩塟本山下鵬雛雙圳法主墩田中坐壬
向丙兼亥巳
娶謝氏片娘號惠愛生康熙辛丑年五月廿七日卯時卒嘉
慶丙辰年三月初八日午時享年七十有六棺塟本里下鵬
雛雙圳法主墩田中坐壬向丙兼子午
子二　長光沃　次光考

胤泱公字剛夫號愧柔　仰賓公四子生雍正乙巳年三月廿五日申時卒乾隆丁丑年七月廿四日寅時拟兕棺葬鎮撫山猪湖埔崙坐壬向丙兼子午

妣許氏雲娘號勤慎生雍正丙午年五月初九日辰時卒乾隆丙寅年十月廿七日酉時其墓與特立媽呂氏同葬本山鵰雞十八間中班池大崙瓦棺葬右畔坐辰向戌兼巽乾

繼娶陳氏慹娘號懿慈生雍正丁未年七月二十日巳時卒嘉慶庚申年二月初二日酉時葬鎮撫山猪湖埔崙内坐戌向辰兼乾巽外坐乾向巽兼戌辰

子四　長光軍許氏出　次光梯　三光波　四光宣陳氏出

處士胤參公字贊夫號特立　仰昊公長子生康熙己丑年四

月十五日巳時卒乾隆丙申年十一月廿九日子時享年六
十有八尾棺塟鎮撫下格仔坐壬向丙兼子午
娶呂氏冊娘號勤懿生康熙己丑年十一月初九日寅時卒
雍正己酉年十一月初四日未時其墓與愧柔媽許氏同塟
左畔在本山鵬雞十八間中班池大崙坐辰向戌兼巽乾
繼娶陳氏白娘號淑宜生康熙壬辰年九月廿四日辰時卒
乾隆壬寅年六月十八日午時尾棺塟本山後山頭崙尾大
坪寨仔內坐辛向乙兼戌辰外有牌記與次男光計尾棺附
塟同穴

子六　長光美　次光計　三光補　四光奇出繼
五光輕　六光盡

胤整公字瞻夫號特修　仰昊公次子爲人居家則義方訓子處世則寛厚待人而且垂統經營惟勤與儉樂施慷慨恤寡憐貧宜乎蘭馨桂馥百福駢臻生康熙壬辰年二月十五日辰時卒乾隆戊申年六月二十日子時享年六十有七塟鎮撫山坛頂流磜墘崙坐癸向丁兼子午

娶洪氏月娘號熙陰生康熙甲午年十二月初三日亥時卒乾隆戊申年四月十一日酉時享年六十有五棺塟鎮撫湖頂寮竹垵坐乾向巽兼亥巳

子三　長光動　次光格　三白歲殤

胤紋公字緍夫號特仲　仰昊公三子生康熙丁酉年二月十六日午時卒乾隆壬辰年十一月初八日申時葬鵬雛口苕

竹林畲
妣葉氏寶娘號和恬生康熙丙申年十一月廿四日未時卒
乾隆丁卯年十二月廿九日未時
繼娶葉氏晒娘號順安生雍正甲辰年五月廿七日巳時卒
乾隆戊申年三月二十日未時二妣墓同葬本山鎮撫後山
頭坐坤向艮兼未丑
子三　長光暢　次光標　光三取俱後妣出

胤宇公字洪夫號特達　仰吳公四子生雍正丁未年七月十
一日辰時卒乾隆癸酉年十二月初六日巳時葬湖頂龍船
石脚坐申向寅兼坤艮
娶王氏楚娘號慈懿生雍正庚戌年二月廿一日申時卒乾

隆癸酉年六月初一日酉時與媽陳氏瓦棺同葬湖頂坐乙
向辛兼戌辰
繼娶陳氏贈娘號慈恬生乾隆丙辰年三月廿八日戌時卒
乾隆甲戌年正月廿八日丑時與媽王氏同葬
承繼子一　光奇
胤宙公字荒夫號特敏　仰昊公五子生雍正庚戌年二月十
二日寅時卒乾隆辛卯年六月初四日　時葬十八間外青
蕨垵坐　向　兼
妣洪氏金娘號順靜生雍正辛亥年三月十八日酉時卒乾
隆　年正月廿六日未時葬本里黍洋馬厝坐西向東
子一　光初

十五世鎮長三紀哲公派

胤鑾公字爾夫號金堅　愧宇公長子生康熙庚申年七月十五日戌時卒雍正癸卯年六月初五日午時尾棺塟本山鵬雛對面崙坐辛向乙兼戌辰

妣張氏兑娘號節儉生康熙丁卯年四月廿九日亥時卒乾隆乙酉年十月初八日申時享年七十有九尾棺塟鎮撫寨太坪頭後爵堵崙坐丁向癸兼午子

子二　長光亨　次光出

胤齊公字等夫號世全　愧宇公次子生康熙丙寅年十一月初一日酉時卒乾隆巳未年五月十一日子時享年五十有四柩塟本山鎮撫鵬雛口對面中崙坐丙向壬兼午子

妣王氏親娘號純慈生康熙丁丑年九月廿一日辰時卒乾
隆癸丑年五月十五日寅時瓦棺葬鎮撫流磜口水埕頂崙
頭坐壬向丙兼亥巳
子五　長光嵩　次光久　三光昇　四光浩　五光奈

胤寅公字夏夫號歲首　愧宇公三子生康熙丙子年十一月
初九日寅時卒乾隆乙酉年七月十三日申時享年七十柩
葬鎮撫寮大坪頭尖仔後爵堵崙坐坤向艮兼申寅
妣曾氏焉娘號慈儉生康熙乙酉年四月廿七日亥時卒乾
隆丁巳年十月初七日辰時瓦棺葬本山烏材林湖頂大埈
頭坐戌向辰兼乾巽
子一　光暨

胤服公字來夫號世誠　愧宇公四子生康熙辛巳年三月廿三日辰時卒乾隆壬午年七月廿八日酉時葬鎮撫虎母寮崙坐申向寅庚甲

妣陳氏隱娘號慈愛生康熙丁亥年九月十七日未時卒乾隆甲辰年十月廿七日戌時厝棺與男光竹光亞三墳合葬流磜口后山頭崙尾下坂田后壁坐壬向丙兼亥巳

子四　長光孔　次光竹　三光垵　四光亞

胤道公字義夫號士志　愧喜公長子生康熙巳卯年九月二十日申時卒乾隆巳丑年七月十四日未時葬在臺灣上淡水大加蠟保三思厝後坐　向

妣楊氏担娘號純靜生康熙戊子年十二月初七日巳時卒

乾隆戊寅年四月初五日未時瓦棺瘞本山鎮撫石鷂林坐
酉向卯兼庚甲
子四　長恐畏　次光荷　三再添　四光跤堡台
胤悅公字心夫號中心　愧喜公次子生康熙辛卯年正月廿
五日辰時卒乾隆壬寅年五月十二日戌時享年七十有二
瘞本山鵬雛尾壠崙坐　向　兼
妣王氏坦娘號恬靜生康熙庚子年三月初二日亥時卒乾
隆戊寅年九月初七日申時瓦棺瘞鎮撫山猪湖獅形崙坐
寅向申兼甲庚
子三　長光歎　次光擬　三光魚
胤嚴公字藹夫號肅雍　愧喜公三子生康熙丙申年閏三月

初十日卯時卒乾隆庚寅年閏五月初六日辰時公往臺
娶洪氏車娘生年月日時卒年八月廿九日　時塟鎮撫山
猪湖外壠坐丑向未兼癸丁
子
三仲
胤求公字抑夫號有諸　愧定公長子生康熙壬辰年九月廿
三日酉時卒乾隆丙午年又七月初一日巳時享年七十有
五柩塟鎮撫烏材林湖畬崙坐庚向甲兼申寅
妣王氏安娘號能得生康熙庚子年五月十三日辰時卒乾
隆癸未年二月初八日辰時厝棺塟鎮撫烏材林大坵崀横
路下坐癸向丁兼子午
子五　長光等　次光堅　三光蟾　四光娘　五光巧

胤交公字易夫號士廣　愧定公次子生康熙巳亥年五月初五日卯時卒乾隆癸巳年二月廿二日辰時享年七十有五葬鎮撫烏材林荒田頭大崙坐癸向丁兼丑未

妣楊氏益娘號儉志生雍正甲辰年十一月十九日巳時卒乾隆丙午年六月初十日卯時享年六十有三葬本山鵬罹軍壠橋坐　向

子二　長光畝　次光下

胤泰公字晋夫號舉智　愧定公三子生雍正癸卯年十月初二日丑時卒乾隆甲辰年四月廿三日巳時享年六十有二瓦棺葬本山烏材林酒矸垢崙下坐　向　兼

妣葉氏罕娘號惠順生雍正庚戌年十一月廿二日巳時卒

嘉慶己巳年十月初四日巳時享年八十葬鎮撫烏材林背
竹后崙坐午向子兼丁癸
子四　長呈考殤　次光椽　三光剖　四光掌
胤裁公字取夫號割正　娩章公長子生康熙壬午年九月初
一日未時卒乾隆辛未年八月十一日辰時葬
妣陳氏兼娘號懿慈生康熙癸巳年八月十七日巳時卒乾
隆乙卯年十二月初九日卯時柩塟本山流磜口大墩中心
崙坐　向　兼
子三　長光吟　光衛　三光利
胤節公字藻夫號士制　娩章公次子生康熙丙戌年五月初
五日巳時卒乾隆辛未年十一月廿三日辰時尾棺葬本山

鵬雛口洋邊墘田後坐　向　兼
娶　氏改節
子一　光套殤
胤汲公字水夫號善恒　娓章公三子生康熙乙未年十一月廿六日戌時卒乾隆巳卯年正月初一日戌時瓦棺塟本山鵬雛軍壠椅坐坤向艮兼未丑
妣郎氏發娘號積玉生康熙庚子年四月十六日寅時卒乾隆壬寅年十月初四日巳時瓦棺塟本山鵬雛尾壠坐
向　兼
子三　長光別　光葉　三光貨
胤江公字河夫號有氾　益泉公長子生康熙辛卯年二月十

四日戌時卒乾隆壬戌年十月初二日申時瓦棺塟鎮撫下
石龜尾林坐壬向丙兼亥巳
妣陳氏探娘號順如生康熙壬辰年七月廿七日卯時卒乾
隆庚戌年十月廿七日子時瓦棺與妯娌洪語娘同塟鎮撫
內寮壠中崙坐辛向乙戌辰
子二　長亮璣　次光瑞
胤雁（彥）公字塔夫號俊偉　益泉公次子生康熙辛丑年三月廿
一日己時往外夷卒
妣洪氏語娘生雍正丙午年六月廿一日未時卒乾隆戊申
年八月初二日　時瓦棺與胞嫂陳探娘同塟
子三　長光毛　次光册　光三髻

十五世鎮長房三赳桓公派胤字行

胤哆公號士盈　西赤公長子生康熙巳卯年九月十五日丑時卒乾隆巳卯年正月十四日午時享年六十有一木棺葬本山下石垀土名長圳尾林垵仔坐子向午兼壬丙娶龔氏諱葵娘號慈惠生康熙癸未年三月十五日辰時卒乾隆丁丑年七月廿一日未時木棺葬本里鵬雛尾壠崙坐艮向坤兼丑未

子三　長光疊　次光悄　三光寘往祀

胤勸公號愧善　西赤公次子生康熙乙酉年八月初二日巳時卒乾隆丁邜年二月十三日申時葬本里后山頭小姐墓口坐　向　兼

妣胡氏諱柔娘號慈儉生康熙壬辰年二月廿一日巳時卒
乾隆丁酉年十一月十九日午時木棺葬本里山坛頂大郊
壠坐乾向巽兼亥巳
　子三　長光立　次光貿售　三光壬

恩榮
　珩水公字息夫號士富　者金公長子生康熙庚辰年
九月初一日卯時卒乾隆乙卯年四月十三日辰時享年九
十有六葬在本山土名赤格巷外對面尖仔坐甲向庚
妣鄭氏諱衎娘號順儉生康熙丙申年九月十五日巳時卒
嘉慶庚申年十一月廿二日午時享年八十有五瓦棺葬本
山十八間植庭媽墓下坐酉向卯兼庚甲
　子三　長驕宗　次光猶　三光烎

心懷公號存德　者金次子生康熙甲申年十月廿一日戌時
卒乾隆丙子年十月廿三日辰時棺葬本鄉鎮撫虎咬狗崙
圍邊坐乙向辛兼辰戌
胤蘇公號士親　者金公三子生康熙戊子年八月廿三日戌
時卒乾隆辛卯年六月初四日辰時葬本山山猪湖水堀墘
頭坐壬向丙兼子午
娶葉氏諱雪娘號騰陞生康熙辛丑年十月初六日戌時卒
年月日時失葬在烏材林窖對面坐坤向艮兼
子二　長光倫　次光昌
胤乾公字貞夫號光坤　者金四子生康熙庚寅年八月十三
日申時卒乾隆庚寅年三月初四日午時葬本里土名山猪

湖外墘頭坐甲向庚兼卯酉

妣陳氏諱士娘　生雍正癸卯年九月初一日巳時卒乾隆丁亥年九月初三日巳時塟本里土名山猪湖相疊石三婆垵頭坐坤向艮兼未丑

子二　長光雷　次光鵄

胤貼公號士納　者金公五子生康熙甲午年三月初三日辰時卒乾隆辛卯年十二月　日　時往外卒

胤香公號士馨　者金公六子生康熙壬寅年八月十二日午時往臺卒

十五世鎮二房裕昌公派胤字行

處士達文公諱奏官字德夫一字凱夫　裕昌公長子賦性聡

明好學善文詞生康熙癸卯年十一月初八日寅時卒康熙
戊子年正月廿九日子時葬本山馬坑土名白石壠篇坐丁
向癸兼午子
娶孺人王氏諱布娘號勤儉善承夫子心惓切曲體舅姑意
綢繆生康熙癸卯年十月初九日戌時卒雍正庚戌年七月
廿三日辰時享年六十有八木棺葬在鎮撫山土名垻後坐
未向丑兼坤艮
子三　長光寵　次光兑　三光倪
爲章公諱胤雲字宣夫　裕昌公次子生康熙丙午年十二月
十六日午時卒乾隆壬戌年九月廿二日辰時享年七十有
七葬本山鵰雛猴壁后横路頂坐申向寅兼庚甲

妣孺人洪氏諱巧娘號貞懿生康熙甲辰年十月十三日申時卒乾隆庚午年二月初一日寅時享年八十有六塟在本里湖頂山土名上坛仔中崙坐丙向壬兼午子

子六　長光南　次光提　三光琢　四光百　五光千　六光藻

德善公諱胤艮字鴻夫一字昭晋　裕昌公三子生康熙丙辰年九月十七日辰時卒乾隆庚午年八月十二日酉時塟本里山坛蓮花山郊壠仔中崙坐亥向巳兼壬丙

娶孺人洪氏賴娘號安貞生康熙庚申年十一月廿八日酉時卒康熙庚子年十一月二十日巳時塟本山馬坑古井垻頂坐庚向甲兼酉卯

續娶陳氏乃娘號婉貞生康熙壬申年三月初四日　時卒
年月日時俱失塟在本山石䃩頂芹菜垵崙田頂坐庚甲兼
酉夘　光緒戊寅年裔孫進益自臺灣回來葺修勒石豎碑
子三　長光煥　光學洪氏出　三光牙陳氏出

十五世鎮二房玉庵公派胤字行

處士胤簪公字東夫號式如　玉庵公長子生康熙庚戌年五
月廿四日丑時卒乾隆乙丑年正月十七日寅時享年七十
有四塟本山伽倆宮坐未向丑兼丁癸
娶孺人唐氏諱列娘號淑貞生康熙己酉年三月初二日戌
時卒乾隆壬申年七月初九日未時享年八十有六塟在鎮
撫土名鳥梨坪田中坐辰向戌兼乙辛

子四　長光袍　次光麟　三光善　四光訓

胤纓公字趙夫號晉卿　玉庵公次子生康熙壬子年四月初九日寅時卒康熙丙戌年十一月廿一日丑時葬本山牛路溝頭坐庚向甲兼酉卯

娶葉氏諱走娘號順勤生康熙己未年五月三十日丑時卒乾隆壬申年九月廿八日子時享年七十有四葬本山湖頂大深格外倒甲木坐酉向卯兼辛乙姚營建穴墘頭厝全塋

子三　長光黨　次光符　三光愽

胤專公字久夫號貴卿　玉庵公三子生康熙乙卯年九月廿四日　時卒康熙辛卯年五月十七日　時往漳龍溪亡葬龍溪二十八都塚山上

妣梁氏雅娘號慈斂生康熙壬戌年十一月初八日　時卒
乾隆甲戌年四月十二日申時享年七十有三塟本山馬坑
吾爐內
子一　光榮
連姑　玉庵公女子爲人貞潔自守不往女家未慶鸞鳳
之和鳴偏存義烈以風世撓不驚揺不奪後玉潔冰清而亡
木棺塟本山內寮壽間崙坐辛向乙兼戌辰
十五世鎮二房徙參啟文公派胤字行
胤方公字昭濤一字寧夫號直毅　啟文公長子生康熙戊午
年九月十二日辰時卒雍正丁未年五月十四日申時木棺
塟本里後庵鄉土名孩兒田中坐丙向壬兼巳亥

娶王氏諱静娘號恭淑生康熙丁巳年十月廿二日寅時卒
乾隆辛酉年十二月廿一日寅時木棺𦵏在鎮撫湖頂山大
崙後廖家山坐乙向辛兼酉卯
子六　長光鋭　次光銘　三光鑄　四光鎬　五光鈎
六光錫

邑庠生諱紹漢乳名囬家官字倬夫號古愚　啟文公次子聦
明才學奮志攻書芹香早擷學富五車義方有訓無閑三餘
葢造厦屋望重鄉閭生康熙丁卯年四月廿四日子時卒乾
隆己巳年九月二十日酉時享年六十有三
娶孺人陳氏隱娘號婉貞生康熙己巳年二月初六日戌時
卒乾隆戊辰年六月廿三日辰時享年六十棺合葬本里叅

内鄉土名朱舍崙坐丙向壬兼巳亥

子二　長繼瑤國學　次繼琥庠生

公諱昭河乳名天使字章夫號温和　啟文公三子由鎮徙參

營立護水磜兜小宗生康熙壬申年二月初六日辰時卒雍

正丁未年四月初九日時棺葬鎮撫墓林内坐癸丁兼子午

娶孺八巽氏千娘號慈誠生康熙辛未年十月十七日巳時

年六月廿九日　時棺葬本里參洋土名尾墓頭坐庚

向甲兼酉卯

子六　長光植　次光榧　三光栩　四光梗　五光福

六光欗

十五世鎮二房敬齋公派胤字行

胤例公號志誠　敬齋公長子生康熙辛酉年七月十四日子
時卒乾隆戊辰年正月二十日寅時享年六十有八葬本山
古井埧頂坐辛向乙兼酉卯
妣易氏　生康熙癸亥　二月初　日　時卒康熙庚寅
年四月初六日午時與子光長同葬在本山土名古井埧頂
繼娶洪氏本娘生康熙甲子年九月初九日午時卒乾隆己
巳年十月廿六日寅時葬本山石礏頂土名葉林崙坐丁向
癸兼午子
子二　長光赤　次光玉
胤梓公號誠恭　敬齋次子生康熙甲子年二月初七日子時
卒乾隆癸亥年十二月二十日戌時享年六十葬本山十八

間水尾土名山猪陌坐辛向乙兼酉卯
娶李氏諱好娘生康熙丁卯年九月初二日寅時卒康熙丙
申年八月初三日辰時墓與弟婦洪氏合葬鎮撫寨尾坐亥
向巳兼乾巽
繼娶陳氏諱靜娘生康熙壬申年九月廿一日亥時卒康熙
壬寅年四月初二日未時庇棺葬在本山土名真武踏龜坐
丁向癸
又娶李氏諱勉娘生康熙丙寅年七月十三日寅時辛乾隆
丁卯年十二月初八日亥時庇棺葬石礫山土名坑內坐亥
向巳兼壬丙
子三　長光八　二光科　三光歲

朝戊公　敬齋公三子生康熙戊辰年正月十六日子時卒康
熙庚寅年七月十四日申時葬鎮撫尾橋嶺崙坐甲向庚兼
卯酉　無嗣
朝雙公　敬齋公四子生康熙庚午年八月初三日辰時卒康
熙丁酉年六月初五日未時葬本里山猪湖三脚椅仔坐北
向南　無傳
邑庠生號仁正乳名樹官諱揖升字讓夫　敬齋公五子爲人
嚴正文雅敦孝友而向仁直生康熙已卯年三月初六日寅
時卒乾隆戊辰年四月初七日卯時享年五十尾棺葬鵬雛
尾墘內崙坐卯向酉兼甲庚外兼乙辛
娶洪氏德娘號順儉生康熙已卯年八月十六日丑時卒乾

隆辛未年五月十四日戌時享年五十有三葬同胞嫂李氏
厝棺仓埜鎮撫寨尾坐亥向巳
子二　長處士　廷軒　次琴書
胤鑾公字有夫號智勇　敬齋公六子生康熙壬午年五月十
二日申時卒乾隆辛巳年十月十六日辰時享年六十塟本
里山坛頂土名林仔後崙坐丑向未兼癸丁
娶陳氏諱謹娘號恬慎生康熙丙戌年十二月十九日申時
卒乾隆丙午年十月初十日戌時埜本山後壠尾高嶺脚坐
申向寅兼庚甲
子三　長光鐙　光題　三光豚
胤深公字高夫號温直　敬齋公七子生康熙癸未年十一月

廿五日子時卒乾隆巳巳年十一月初一日辰時尾棺葬本
鄉山猪湖埔頂坐北向南
娶許氏諱逞娘生康熙庚寅年四月初八日酉時卒 俟查
子二 光長大 次光桓
胤群公字一夫號清逸 徽齋公八子生康熙乙酉年十月廿
五日戌時卒乾隆辛未年九月十一日夘時古記瓦棺葬鎮
撫內寮壠頭亦有記再遷葬十八間壠尾崙 無嗣
十五世鎮二房三 成文派胤字行
胤綸公諱及字時夫號直和 成文公長子生康熙辛亥年七
月十九日子時卒乾隆癸酉年九月十四日申時葬本山後
壠坐午向子兼丁癸

娶吳氏謇娘號慈惠生康熙乙丑年十一月十五日寅時卒
乾隆巳丑年十二月十九日申時葬本里烏材林土名大坵
墓坐壬向丙兼子午
子六　長光鍊　次光亢　三光低　四光倪　五光齒
六光耳

胤綍公諱烈字迅夫號直温　成文公次子生康熙戊午年二
月初二日巳時卒乾隆壬戌年十一月廿四日酉時葬本鄉
山猪湖白香石后壠頭坐甲庚兼卯酉
娶洪氏諱秀娘號順雅生康熙丁卯年七月十一日戌時卒
乾隆戊辰年七月廿九日辰時葬本里後壠仔坐庚甲酉卯
子三　長光佽　次光諤　三光賨

十五世鎮二房三心逸公派胤字行

邑庠生諱錫華乳名荔官字舜夫號樸巖公　心逸公長子聰
敏好學勤儉成家遠近後生咸慕師範非人憐哉營立鎮撫
寨尾門小宗全座坐乾向巽兼戌辰
公生康熙乙丑年六月廿四日亥時卒乾隆癸酉年十一月
十七日酉時享年八十有一棺葬本里十八間豆腐墘坐申
向寅兼庚甲
娶孺人葉氏儉娘號勤成生康熙丁巳年十月廿三日寅時
卒乾隆壬午年正月廿七日巳時享年八十有八葬本里美
橋皮灶崙坐辛向乙兼戌辰
子二　長瑶瑛　次光瑞

胤慊公字足夫號克足　心逸公次子生康熙丁巳年八月十
二日子時
娶王氏千娘生康熙丁丑年[illegible]月廿二日戌時
子三　長光環　次光璃　三光琄
父母兄弟俱分居臺灣

胤壹公字綺夫號隨安　心逸公三子建立鎮撫寨右畔上下
房屋兩座生康熙乙丑年八月初八日酉時卒乾隆戊辰年
九月十一日酉時葬本山十八間丁班池頭坐乙辛兼辰戌
娶朱氏專娘號懿誠生康熙丙戌年八月初八日寅時卒乾
隆丙辰年九月初八日寅時厝棺葬本里十八間丁班池田
頂坐未向丑兼坤艮

繼娶洪氏成娘號柔慈生康熙庚寅年十一月廿八日酉時
卒乾隆丙子年正月廿三日申時瓦棺葬本里石礐腳新路
格坐申向寅兼坤艮
子四　長光班洪氏出　次光瑗　三常巽　四光琛洪氏出
胤爽公號克明　心逸公四子生康熙丁亥年十月十三日戌
時卒康熙庚寅年七月十四日酉時瓦棺與胞弟克樂公同
葬本鄉十八間漳浦仔坐辰向戌兼乙辛　無傳
胤快公號克樂　心逸公五子生康熙庚午年六月廿七日亥
時卒康熙丙戌年九月廿七日子時瓦棺與兄克明公合葬
無嗣
十五世鎮二房三鴨高公派胤字行

胤甲公字魁夫號元德　鳴高公長子生康熙癸亥年十二月廿一日子時卒乾隆壬午年二月初九日卯時享年七十有六棺葬本里烏材林橡樹崙坐坤向艮兼未丑

娶葉氏聖娘號勤慎生康熙丙子年三月十八日辰時卒乾隆辛未年八月初一日巳時棺本里烏材林荒田頭坐癸丁

子四　長光田　次光納　三光猷　四光睦

胤丙公字艮夫號振德　鳴高公次子生康熙丙寅年六月初四日未時卒乾隆丙戌年十月廿三日申時享年八十有一

棺塟本鄉石碣后坐巽向乾兼辰戌

娶謝氏七娘號莊懿生康熙戊寅年十二月初五日酉時卒乾隆辛巳年九月廿七日酉時柩葬本里烏材林湖畲崙坐

丁向癸兼未丑

子四　長光鵬　次光知　三光豁　四光民

胤能公字秉夫號安德　鳴高公三子生康熙戊辰年七月廿五日丑時卒乾隆年間十二月十七日　時葬本山石龜嶺坐坤向艮兼未丑

娶王氏寶娘號慎慈生康熙甲申年十月初五日丑時乾隆年間十二月十八日　時葬石碣頂土樟空坑右畔坐寅向申兼艮坤

子三　長光孫　次光直　三光臏

邑庠生諱方旭乳名王官字旦夫號明巖　鳴高公四子生康熙癸酉年八月三十日酉時卒乾隆辛未年十二月廿八日

亥時享年五十有九葬本里烏材林嶺石門坑路頂坐乙向
辛兼辰戌
妣陳氏快娘號懿範生康熙癸未年四月廿五日丑時卒乾
隆乙丑年月日時葬山猪湖池外
子二　長蔭宗　次光仁
胤景公字升夫號酌德　　鳴高公五子監造烏材林嶺頂小宗
一座坐甲向庚兼寅申
公生康熙庚辰年十一月十七日子時卒乾隆辛丑年四月
初九日酉時享年八十有二葬本里石坵蛇頭頂坐庚向甲
兼酉卯
妣吳氏玉娘號莊淑生康熙丙戌年十二月廿九日未時卒

乾隆辛夘年六月十六日午時享年六十有六棺葬本鄉烏
材林碗廠壠崙坐庚向甲兼酉夘
子一　光砲

胤儒公字珍夫號向德　鳴高公六子生康熈癸未年五月初
五日亥時卒乾隆戊寅年九月初六日酉時葬龜山待御崙
崙坐丁向癸兼未丑
妣孺人吳氏善娘號温淑生康熈巳丑年正月十一日午時
卒雍正庚戌年正月廿七日巳時葬本里烏材林苦竹後崙
坐乾向巽兼亥巳
繼妣林氏衍娘號純懿生康熈乙酉年十二月初八日寅時
卒乾隆丙子年正月廿五日亥時葬烏材林酒矸垢崙坐辛

向乙兼戌辰

子二　長光共出吳氏　次光養出林氏

胤斗公字良夫號量德　鳴高公七子嘗立烏材林嶺頂中宅小宗一座坐甲向庚兼寅申又與兄弟同建嶺頂頂塗樓半座新間小宗全座

公生康熙戊子年四月初七日丑時卒乾隆乙巳年九月廿八日戌時享年七十有八柩葬本里烏材林湖頂産墘崙坐申向寅兼庚甲

妣孺人陳氏近娘號勤悅生康熙己丑年九月十四日寅時卒乾隆己丑年正月十二日酉時享年六十有一棺葬本里烏材林湖頂祥雲仔崙坐巽向乾兼巳亥

子五　長瓜宗　次孟宗　三光素　四光殊　五光本

十五世鎮三房見衷公派胤字行

胤望公字儼夫號維直　丞賔公長子生康熙甲戌年二月廿四日辰時卒乾隆　年二月十四日辰時

妣龔氏諱偕娘生康熙庚辰年九月初八日丑時卒乾隆年十一月　日卯時墓葬本山土名俱候查詳登記

子三　長光倫　次光耀　三光炎

胤正公字中夫　丞賔公次子生康熙巳卯年七月廿九日丑時卒乾隆丙子年月日時葬本山土名柴橋尾崙坐　向

妣曾氏推娘生康熙戊子年十二月初四日未時卒乾隆癸酉年三月廿四日丑時葬在本山横壠尾土名倒蝦籠坐東

向西

子一　光且

胤探公字湯夫號夏直　永贊公三子生康熙庚寅年八月十六日酉時卒乾隆已亥年二月十二日申時享年七十葬鎮撫內寮茶林畓水溝下坐庚向甲兼申寅

妣程氏諱送娘生雍正乙巳年八月十二日酉時卒嘉慶乙丑年三月十六日　時尾棺葬在公墳首水溝頂坐丁向癸

子六　長光就　次光按　三光叩　四光官　五光兆

光內

胤花公字紅夫　永贊公四子生康熙丙申年二月初六日子時外出不知而卒

胤安公字肯夫　于懋公長子生康熙戊子年十二月初二日
于時卒年月日時失葬候查
胤連公字招夫　于懋公次子生康熙壬辰年十一月十一日
辰時卒不知墓候查
胤狀公　于任公長子外出不知何所生卒年月并墳墓俟查
胤元公　于任公次子生康熙巳丑年五月十六日辰時卒乾
隆年月日時葬地俟查登記兄弟　無傳
胤魁公字選夫號元春　蕭崖公長子生康熙丁夘年正月十
四日寅時卒乾隆壬申年九月廿四日巳時享年六十有六
葬在山猪湖埔頂坐艮向坤兼寅申外兼丑未號曲虎守池
妣　氏諱象娘號純静生康熙癸酉年十一月初三日　時

辛雍正壬子年閏五月十八日辰時塟在本山土名后壠坐
丁向癸
繼妣葉氏諱玉娘生康熙丙子年六月十八日辰時卒乾隆
巳卯年五月十九日未時塟本山鵬雛外柴橋尾垵坐癸向
丁兼子午
子二　長光揆　次光崇刘氏出
胤聚公諱紹賢字成夫號舜居　肅崖公次子八歲生母沒惟
父兄是依少則從師而學長則隨徒而教雍正癸卯年叔兄
爵姪舉余謄譜重緝而再序雖無尒名有少微功生康熙壬
戌年四月十九日未時卒乾隆戊子年六月十四日未時塟
在本山鵬雛外鳳宮尾內崙坐戌向辰兼辛乙

妣吳氏諱確娘號柔順生康熙壬申年十月十四日亥時卒
乾隆丙戌年四月十九日未時葬在本山軍壠橋崙坐申庚
向寅甲
子一　光祿
胤震公字起夫號伯東　深崖公長子生康熙丁丑年十二月
十一日巳時卒乾隆丁卯年三月初九日卯時葬鎮撫頂大
墩頭崙尾棺坐壬向丙兼子午
妣李氏諱信娘號勤慎生康熙丙子年八月初十日子時卒
乾隆甲戌年閏四月初一日申時尾棺葬鎮撫大墩頭近希
文公墓右大路下坐戌向辰外乾巽戌辰
子二　長光棄　次光齊

胤鳩公字辰夫號仲日　深崖公六子生康熙辛巳年十一月初三日亥時卒乾隆辛未年十月初九日丑時葬本山鵬雛口中坂圳頂崙坐　向

妣陳氏諱四娘號勤順生康熙乙酉年九月初五日戌時卒年月失葬在鵬雛尾池口崙坐乾向巽

子三　長光汀　次光思　三光秋

叅興公字應夫號商星　深崖公三子生康熙甲申年十一月初二日寅時卒乾隆甲戌年七月初七日未時葬鵬雛對面山坐庚向甲兼酉卯

妣王氏治娘生康熙丁酉年七月廿一日巳時卒乾隆辛巳年正月十四日寅時葬本山山坛頂土名楓樹墘崙坐戌向

辰兼辛乙
子三　長光有　次光苗　三光潤
恩榮　胤裕公字餘夫號寬大　敦明公長子生康熙乙酉年
三月十七日戌時卒乾隆甲寅年正月初七日酉時享年九
十葬在參洋劉坂宮口坐壬向丙兼子午
妣蘇氏諱準娘號純勤生康熙戊戌年十一月初七日未時
卒乾隆庚寅年九月廿三日巳時葬在鎮撫土名宮崎近厚
翁公墓脚坐甲向庚兼酉卯
子七　長光宅　次光嵡　三光照　四光令　五光順
六光錐　七光公
胤監公字規夫號秉直　敦明公次子生康熙庚寅年二月十

八日巳時卒乾隆　年五月十五日　時
妣龔氏諱宜娘號育慈生雍正癸卯年九月十七日辰時卒
乾隆庚戌年五月廿三日午時葬參鄉劉坂土名行嗣廟口
坐艮向坤兼寅申
子三　長光送　次光剖　三光執

元士公字甲夫　志艮公長子生康熙壬午年八月廿一日亥
時卒乾隆壬申年六月十四日　時葬在本山土名石礁葉
林崙坐午向子兼丁癸
妣謝氏諱担娘生康熙壬辰年十一月初四日亥時卒乾隆
年月日時墳俟查
子一　光慶

多士公字善夫　志艮公次子生康熙癸巳年正月初七日未
時卒乾隆辛酉年四月十九日　時與母親合葬石礦土名
虎空垵　無傳
寶士公字班夫　志艮公三子生康熙丁酉年八月十七日辰
時卒乾隆年月日時失葬本山俟查
胤滔公字皆夫號流亭　謙明公長子生康熙巳丑年六月廿
七日亥時卒乾隆乙丑年十二月廿七日亥時葬石礦土名
葉林內坐巳向亥兼丙壬
妣陳氏諱器娘號節勤生康熙戊戌年七月十四日酉時卒
乾隆丙午年二月三十日亥時墓葬在本山候查
子一　光腱

胤點公字與夫號碩亭　諭明公次子生康熙癸巳年三月初三日申時卒乾隆乙亥年五月十九日申時

妣龔氏諱儉娘生康熙庚子年五月廿七日午時卒乾隆巳亥年正月十二日申時墳墓俱候查

子四　長光動　次光擬　三光粒　四光爲

胤科公字文夫　清洲公長子生康熙丙申年正月十三日申時卒乾隆年月日時葬俟查

胤叟公字長夫號國長　次崖公長子生康熙庚辰年正月廿九日亥時卒乾隆甲辰年六月十七日未時葬在鵬雛外土名大坵尾崙頭坐寅向申兼艮坤

妣　氏諱日娘號順靜生康熙　年卒雍正乙巳年五月

廿四日　時塟本山山坛大伽壠坐巽向乾兼辰戌

繼妣張氏諱悔娘生康熙戊子年九月十二日巳時卒乾隆

年九月十九日酉時塟本山土名觀音墓下坐　向

子一　五元

胤房公字汝夫號國亭　次崖公次子生康熙壬午年十二月

廿三日巳時卒乾隆丙寅年正月初六日申時塟在本山土

名山猪湖坐　向

妣蘇氏諱梅娘號順貞生康熙丙申年八月十七日寅時卒

乾隆己巳年八月廿八日巳時塟本山流礤口坐　向

子二　長光鳳　次光布出繼

胤褒公號寓善　次崖公三子生康熙丙戌年正月初四日酉

時卒乾隆癸酉年九月初六日巳時葬本山土名山湖猪山
坐　向　無傳
胤習公字溫夫號性成　次崖公四子生康熙癸巳年五月廿
四日巳時卒乾隆戊戌年十一月廿五日亥時葬俟查
妣張氏諱焦娘號惠慈生康熙辛卯年十月十八日未時卒
乾隆甲午年十二月十二日未時葬在本山軍壠橋未知公
媽有合葬否候細查詳
繼承子一　光布
胤翼公字飛夫號圍棋　次崖公五子生康熙丙申年八月十
七日丑時卒乾隆丁酉年八月初五日午時葬監壠崙坐巳
向亥兼巽乾

妣陳氏諱惜娘生康熙壬辰年八月廿四日戌時卒乾隆丙
申年十月廿七日申時葬本山山坛土名大伽壠頭坐酉向
卯兼庚甲　嗣子一　纘宗

胤郡公字庭夫號善翁　次崖公六子生康熙辛丑年二月初
二日午時卒乾隆壬辰年二月十四日申時往吧邦葬在吧
妣曾氏諱文娘號順德生卒年月日時墓俱俟查
承繼子　愛宗

胤偉公號俊仕　近仁公長子生康熙丁亥年十二月十六日
未時卒乾隆辛未年五月廿一日寅時墓葬鵬雛外尾池口
崙坐乾向巽兼戌辰
妣未知如何俟查

孖一　光霧

胤任公字則夫　近仁公次子生康熙庚寅年正月十二日丑時卒年月并墳墓俟查

胤璇公　近仁公三子生康熙癸巳年卒年月并墓俟查

胤云公　近仁公四子生康熙丙申年正月初三日戌時卒年月塟俟查

胤仰公字文夫　如一公長子生康熙乙未年十二月廿八日夘時卒年月塟細查詳

文仍公　如一公次子生雍正巳酉年五月廿五日未時卒乾隆巳夘年五月廿五日　時塟本山俟查

朝斯公　如一公三子生卒年月塟不知俱候俟

胤語公字洪夫號從亭　悅道公子生康熙己亥年十一月初九日戌時卒乾隆己卯年六月廿七日　時

妣陳氏諱謹娘生雍正癸卯年十一月初八日辰時卒乾隆　年九月初十日　時公妣墓在本山土名候查

子二　長光布　次光赤

胤眼公字明夫　晃齊公長子生康熙癸巳年九月初五日戌時卒乾隆年月日時

妣　氏并生卒年月及塟俱俟查

子一　天送

胤燦公字光夫　晃齋公次子生康熙丙申年五月初九日戌

時卒乾隆庚辰年三月初十日未時葬在本山土名失俟查

胤旦公字元夫　晁齋公三子生雍正巳酉年卒乾隆年月日
時葬地俟查

胤運公　維時公子生康熙庚子年八月廿六日巳時卒乾隆
戊寅年七月十三日午時葬埜本山土名候查　無傳

起經公字朝夫號國風　漢閣公長子生康熙戊戌年四月廿
七日辰時卒乾隆乙未年八月二十日卯時葬在鎮撫寨尾
中崙坐壬向丙兼子午

妣石氏諱從娘號儉是生康熙辛丑年二月廿六日子時卒
乾隆乙卯年十月十三日未時葬本山土名石埏厝桶崙蛇
臍坐坤向艮兼申寅

承繼子東丕　生子光候

胤老公　于處公長子生乾隆庚申年七月初五日未時往臺
無回卒葬在臺灣

胤幼公　于處公次子生乾隆癸亥年九月廿六日亥時往台
無回卒葬在台

鎮三房七壠頭格派

胤赫公字尹夫號師威　册墀公長子生康熙戊子年正月初
一日卯時卒乾隆丁亥年六月初十日戌時葬本山山坛土
名大交壠崙坐戌向辰兼乾巽
妣戴氏諱叠娘號勤順生康熙丙申年八月廿二日辰時卒
乾隆丙辰年十二月廿八日辰時葬本山山坛頂土名飛爐

水埕頂坐亥向巳兼壬丙
繼娶陳氏諱成娘號勤慈生康熙丙申年閏三月初六日辰
時卒乾隆戊申年六月十二日酉時葬本山土名橫壠崙尾
坐北向南
子四　長光獅　次光灶　三光錠　四光考

胤力公字居夫號欲宣　冊撰公次子生康熙辛卯年九月十
八日酉時卒乾隆戊戌年八月十九日卯時墓葬在本山后
壠格號獅形坐丁向癸兼未丑
妣王氏井娘號純理生康熙辛丑年月日時卒乾隆巳未年
九月初六日未時未娶先卒墓在王家埜
繼妣高氏諱心娘號儉禮生康熙戊戌年四月初九日辰時

卒乾隆戊申年七月初六日午時葬在本山土名虎貝脚墓
垵內坐乾向巽兼戌辰
子三　長光像　次光乞　三光社
胤情公字實夫號有知　冊墀公三子生康熙乙未年十一月
十三日寅時卒乾隆戊申年二月廿二日卯時
妣戴氏諱臣娘號勤慎生雍正丙午年五月廿八日辰時卒
乾隆戊辰年七月廿七日辰時葬鎮撫埧後路頂坐寅向甲
繼娶蔡氏諱服娘生雍正丁未年十一月二十日子時卒乾
隆戊申年六月十六日子時尾棺與公仝葬烏材林罕菜
箕垵崙坐乙向辛兼戌辰
子二　長光旋　次光晈

胤萬公字億夫號有千　冊壎公四子生康熙辛丑年八月初
十日未時卒乾隆己丑年十二月十四日丑時葬在烏村
林窖處土名井水垵畲坐壬向丙兼子午
妣葉氏諱專娘號　慈生雍正乙巳年七月廿六日子時卒
乾隆乙未年六月初八日丑時葬在本山土名
繼娶許氏諱謙娘號慎恭生康熙壬寅年三月初五日辰時
卒乾隆戊申年五月廿九日申時葬本山
墳有未敢誌眞
子四　長光熊　次光姤　三光篇　四光炮
胤劍公字撫夫　扶輦公子生雍正癸丣年七月初一日戌時
卒乾隆戊申年三月日時往臺卒葬在臺

胤尊公字達夫號仁齋　明時公長子生康熙丙申年四月廿五日丑時卒乾隆戊申年二月十七日時塟本山土名蓬後田頂坐北向南

妣葉氏諱宿娘生康熙辛丑年七月廿七日酉時卒乾隆戊申年四月十四日　時塟在本山土名埧後將軍出洞内墓坐申庚向寅甲

子四　長光廩　次光武　三光閱　四光止

胤主公字賓夫號敬信　明時公次子生康熙己亥年六月初一日申時卒乾隆甲辰年十二月初二日夘時墓塟山坛山土名大交壠崙坐寅向申兼[illegible]庚

妣葉氏諱語娘號謂儉生康熙壬寅年五月十三日未時卒

嘉慶甲子年四月廿六日卯時葬鎮撫堪后格畲坐辛戌向
乙辰
子二　長光蓮　次光反
胤茅公字取夫號須于　明時公三子生雍正戊申年五月廿
二日申時卒乾隆己酉年十月十二日　時葬石坵土名爵
堵大坵后壁坐南向北
妣葉氏香娘號德馨生乾隆戊午年五月十六日巳時卒乾
隆戊寅年八月廿九日酉時
繼妣吳氏居娘號德慈生乾隆壬戌年七月十五日酉時卒
乾隆丙午年三月初一日申時墓葬本山鵬雞宮崎畬坐向
未詳　無傳

胤儀公號威禮　明時公四子生雍正癸丑年六月三十日辰時卒乾隆癸巳年四月初五日午時往吧邦無回骸無歸有主無墓

娶某氏諱快娘號慈慎生乾隆辛酉年五月十六日酉時卒嘉慶丁卯年五月初九日未時厝棺壟山坛頂土名大郊剪格崙坐未向丑兼坤艮

子二　長馬載　次光不

胤營公號瑞經　明時公五子生乾隆丙辰年二月十二日酉時卒乾隆壬辰年十月廿四日卯時厝棺壟山坛頂土名在牛坪脚六石爲記坐癸向丁兼未丑

妣張氏諱祝娘歿節

嗣子　光規

胤道公字德夫號有理　明時公六子生乾隆戊午年二月廿
四日午時卒慶嘉丁巳年九月十八日午時葬在本山土名
長圳坑坐　向
妣陳氏諱徙娘號慈義生乾隆庚午年二月廿四日午時卒
嘉慶年月日時失墓尾棺葬在本山土名造尖內崙坐　向
子六　長光勞　次光貶　三光巢　四光岩　五光迎
六光猴出繼

胤玩公字素夫號有德　于玉公子生雍正辛亥年七月初八
日卯時卒乾隆巳酉年九月廿四日辰時
妣蘇氏諱二娘生乾隆戊午年年卒乾隆乙卯年九月初八日

巳時墓合葬在烏材林碗窰外龍潭中崙坐子癸向午丁

子五　長光鷄　次光極　三光扇　四光蔣　五光橐

月時公字哉夫號山梁　維巖公長子生雍正丙午年七月十

八日巳時卒乾隆丁未年十二月廿一日戌時

娶王氏郝娘號順勤生雍正乙卯年六月初六日酉時卒乾

隆癸巳年正月十六日未時墓葬本山土名石坵厝桶崙深

坵田頂坐南向北號三脚木

繼妣王氏諱儀娘號封八生乾隆辛酉年五月十四日酉時

卒嘉慶丁卯年十一月十八日未時葬在本山土名坐　向

俟查

子四　長光律　次光桃　三光哂　四光昌

利郎公字志夫號有攸　維巖公次子生雍正乙卯年五月十六日申時卒乾隆庚辰年九月二十日巳時葬本山土名山猪湖内壠獅形崙邊坐西南向東北娶蔡氏諱兑娘攺節

子一　諸蓋

胤傳公字受夫號心法　維巖公三子生乾隆壬戌年十月廿九日酉時卒乾隆丁未年九月廿一日申時妣王氏諱勸娘攺節葬地候查

子一　參奏殤

十五世鎮撫四房長大厝㙗經燏公派胤字行

胤志公字鋭夫號鍾氣　達齋公長子生康熙癸亥年十一月廿一日寅時卒雍正巳酉年四月初八日申時

妣孺人王氏　娘號勤德生康熙乙丑年十一月十二日
寅時卒乾隆己巳年十月十四日未時享年六十有五合葬
本里參洋祖厝崙後後院坐西向東
子四　長光高　次光腴　三光滔　四光嵴

胤厯公號猶置　達齋公次子生卒年月葬地俱失

胤宗公字孟夫號鍾伈　達齋公三子生康熙庚辰年七月十
九日丑時卒乾隆庚午年十二月十九日子時享年五十有
一葬本里鵬雛厝對面尾墘崙頂坐庚向甲兼申寅
妣謝氏諱娥娘號勤順生康熙戊寅年四月廿七日寅時卒
乾隆庚戌年十月初四日子時享年九十有三葬本里鵬雛
尾墘后昔竹林中崙坐辛向乙兼酉卯

子二　長光瑤　次光澄

女子　次治　適虞都陳諱毓　任豐城縣正堂

胤舉公字篤夫號鍾賢　士璧公長子生康熙丙子年六月廿八日未時卒雍正丙午年六月十六日未時葬地候查

妣洪氏諱淑娘生康熙乙亥年八月十七日丑時卒康熙丙申年七月三十日子時葬本里石礦山坐乾向巽

繼洪氏升娘號勤慈生康熙丁丑年閏三月十二日　時卒乾隆庚寅年七月初九日未時葬地俟查

子一　光張　後洪氏出

胤變公字儼夫號鍾道　士璧公次子生康熙巳卯年四月初九日辰時卒乾隆戊午年五月廿五日申時

姚謝氏諱乃娟生康熙戊寅年十二月初二日丑時卒乾隆
甲子年五月廿六日申時公媽葬地候查
子三　長光取　次光助　三光力嗣子
胤報公字直夫號鐘德　士璧公三子生康熙壬午年四月廿
[illegible]時卒乾隆甲辰年四月十四日丑時葬本里石礦山
務昌金崙坐南向北
娶李氏諱祝娘號勤順生康熙壬午年五月初六日未時卒
乾隆癸巳年六月初一日酉時葬本里參洋太厝兜朱厝崙
坐向
子二　長光力出繼　次光來
胤允公字信夫號樂芳　士璧公四子生康熙戊戌年四月廿

八日酉時卒乾隆戊申年七月十九日巳時往臺歿葬在臺
娶洪氏諱吉娘生康熙庚子年九月廿五日丑時卒　年
八月廿九日辰時葬地俟查
子一　光救

胤汀公　士璧公五子字號生卒年月葬地俟查

[illegible][illegible]公字禀夫號鍾澤　獻彩公長子生康熙巳卯年正月廿
辰時卒乾隆壬戌年十月廿九日亥時葬石礦山風鼓
柩坐北向南娶　氏　娘改節
子二　長光嚴　次光鳌

胤錦公字尚夫號鐘文　獻彩公次子生康熙壬午年七月初
八日未時卒乾隆乙亥年三月初九日辰時葬本里鵬雛軍

八橋外崙尾坐癸向丁兼丑未
娶洪氏　娘改節
子一　光集
十五世鎮撫四房二因內經煥公派
平　秉龍公長子生康熙戊戌年九月初九日戌
時卒年月不可考棺葬本鄉灘頭格石區林口坐丑向未兼
坤艮　無傳
胤送公　秉龍公次子生雍正己酉年七月十三日丑時往臺
卒年月日時失葬在臺
胤厥公　秉龍公三子生乾隆戊午年六月初十日戌時往臺
卒年月日時失葬在臺

十五世鎮撫四房三頂路長豫齋公派

胤典公字堯春號丈謨　豫齋公長子生康熙壬申年八月十五日酉時卒乾隆癸未年十二月十一日巳時享年七十有二厝棺葬鎮撫烏梨坪坐丁向癸兼

妣郜氏諱初娘號明善生康熙辛未年三月初一日丑時卒乾隆戊子年九月廿五日辰時享年七十有八棺葬鎮撫山桶畓坐申向寅兼坤艮

子五　長光先　次光再　三光忠　四光喬　五光省

胤普公字下夫號德洋　豫齋公次子生康熙丁丑年十一月廿六日寅時卒乾隆乙酉年十一月十六日卯時享年六十有九厝棺葬本里鵬雛蜈蚣形脚坐乾向巽兼戌辰

娶劉氏諱寶娘號敬誠生康熙甲申年十月初十日寅時卒
乾隆丁酉年九月廿一日酉時享年七十有四䘮棺葬烏材
林宰牛坑壠崙坐甲向庚兼卯酉
子四　長光慈　次光果　三光慶　三光狠
夫號其造　豫齋公三子生康熙辛巳年十一月
二十日寅時卒乾隆丙申年六月初七日寅時享年七十有
六䘮棺葬本山下石區林仔後坐壬向丙兼子午
娶蘇氏諱用娘號慈順生康熙丁亥年十月十五日酉時卒
雍正癸丑年七月初八日未時䘮棺葬烏材林山仔崙坐卯
向酉兼乙辛
繼娶趙氏諱端娘號正勤生康熙壬午年三月初二日辰時

卒乾隆戊子年十一月初六日酉時享年六十有七尨棺葬
本里格區後鈎灯墘下坐戌向辰兼辛乙
子三　長光總　次光欣龔氏出　三光桃趙氏出

十五世鎮撫四房三頂路長訓齋公派

胤璋公字攸夫號珪軒　訓齋公長子爲人樂善好義理家計
[illegible]乃與儉處鄉隣既和且平家業頗足徙居參山馬厝與會
仙營建華屋名曰美趣小宗坐壬向丙兼子午生康熙
庚午年七月廿三日辰時卒乾隆壬戌年六月廿四日未時
享年五十有三尨棺葬本里参洋美趣坑頭崎坐酉向卯兼
庚甲
娶孺人陳氏　諱敬娟號儉慈生康熙辛未年三月十五日辰

時卒乾隆丙戌年五月廿四日午時享年七十有六死棺塟
本里參洋美趣茶林頭坐庚向甲兼申寅
子四　長光居　次光綸　三光璧　四光介
廿二胤琳公字球夫號明琅　訓齋公次子生康熙癸酉年九
月日子時卒乾隆丁丑年正月廿五日戌時享年六十
三棺塟鎮撫山坛頂大加壠崙坐丑向未兼艮坤
娶葉氏諱課娘號慈誠生康熙癸酉年四月初三日未時卒
乾隆丁酉年十二月十五日午時享年八十有五棺塟本里
鵬雛口大崙大壠崙尾坐甲向庚兼寅申
子四　長光贊　次光瑕　三光璉　四光軌
胤戊公字卽夫號狐裘　訓齋公三子生康熙丁丑年十月十

一日丁時卒乾隆丙戌年正月初五日未時享年七十
娶王氏諱𡚸娘號淑柔生康熙辛巳年四月廿二日午時卒
乾隆庚申年九月初三日巳時公尾棺與孫國家公入儀公
合葬本里山坛山囷狗崙坐壬向丙兼子午
子四　長光雍　次光啞　三光村　四光察
訓齋公四子生康熙庚辰年七月廿
[illegible]孝夫號雲白
八時卒乾隆癸酉年十二月二十日未時享年五十有
巳棺葬本里鵬雛口崖墘崙田中坐戌向辰兼辛乙
娶蔡氏　娘生年月失卒　年十月初四日　時尾棺葬
鎮撫大墘頭崙坐癸向丁兼子午
繼娶陳氏諱潮娘生康熙丁亥年八月初四日卯時卒乾隆

癸未年七月廿七日丑時享年五十有七棺葬本里烏材林
大區墓坐丑向未兼艮坤
子三　長光驕　次光温　三光北俱陳氏出
字政夫號班朝　訓齋公五子生康熙癸未年五月二
時卒乾隆壬辰年二月初八日申時享年七十
諱錦娘號勤慎生康熙庚寅年四月廿一日未時卒
乾隆辛未年十一月初四日巳時瓦棺合葬本里鵬雛鄉横
壠坐乙向辛兼辰戌
子三　長光拱　次光措　三光秩
胤園公字潔夫號國圓　訓齋公六子生康熙戊子年閏三月
初九日午時卒乾隆丁酉年十一月廿二日戌時享年七十

葬鎮撫山坝後崙坐子向午兼癸丁
娶郜氏諱保娘號順合生康熙庚寅年二月廿八日子時卒
乾隆辛酉年正月初四日　時其墓與三男涉河公仝葬鎮
撫山坝后崙坐癸向丁兼子午
繼娶林氏諱衍娘號慈順生康熙丙戌年正月初三日辰時
乾隆辛卯年十二月初五日寅時享年六十有六葬本鄉
葬四角田下坐申向寅兼坤艮
子四　長光綬　次光　俱郜氏出　三光龍　四光降林氏出
胤梅公字塩夫號羹和　訓齋公七子生康熙丙申年五月初
八日未時卒乾隆甲申年四月廿四日辰時死棺葬本里鵬
雛大區尾崎壠崙坐坤向艮兼未丑

娶龔氏諱泰娘號和順生康熙丁酉年九月廿四日辰時卒乾隆甲寅年九月十五日酉時享年七十有八棺葬本里龜山墘中坋田中坐辰向戌兼巽乾

子二　長光凭　次光鈎

鎮撫四房三頂路長瑞齋公派

夫號舒容　瑞齋公長子生康熙辛巳年十一月十四日辰時卒乾隆癸酉年五月廿二日卯時享年五十有三尾棺葬烏材林窖公後崙坐癸向丁兼丑未

妣王氏諱丑娘號儉德生康熙年戊子十一月初三日戌時卒乾隆乙巳年十一月廿一日未時享年七十有八尾棺與次婦程氏及孫如淵公三合葬烏材林窖尾頭崙坐甲向庚

兼寅申

子三　長光法　次光蘭　三光挽

胤然公字友夫號正直　瑞爵公次子生康熙甲申年六月廿

四日戌時卒乾隆壬辰年二月十六日巳時享年六十有九

娶王氏諱璇娘號恭璣生康熙辛卯年十一月廿四日未時

一乙卯年十月十八日酉時公暨妣王氏乇棺合葬烏

葬窰垵坐甲向庚兼卯酉

娶戴氏諱好娘號懿德生康熙丁亥年十月初九日卯時

卒乾隆丙戌年五月十五日申時享年六十乇棺與五叔特

作公合葬烏材林大區墓和尚田后坐壬向丙兼亥巳

子四　長光台　次光廣　三光猝　四光兩 俱戴氏出

胤鎖公字炯夫號膴仕　瑞齋公三子生康熙庚寅年六月廿
七日戌時卒乾隆辛巳年十二月廿二日巳時享年五十有
二尾棺葬烏材林舊窯山仔崙坐癸向丁兼丑未
康氏諱女娘號正妻生康熙戊戌年正月初六日卯時卒
年六月初十日未時享年六十有九葬鎮撫觀音
船尾坐申向寅兼坤艮
子三　長光偶　次光蘊　三光螺

胤翁公字壽夫號亭醉　瑞齋公四子生康熙乙未年十二月
廿七日酉時卒乾隆癸酉年正月初三日丑時尾棺與胞姪
詩眷公合葬烏材林嶺尾崙橫路頂坐午向子兼丁癸
娶許氏諱蘊娘生康熙壬寅年八月十二日辰時卒乾隆丙

戌年五月廿六日戌時扶棺葬烏材林下庭對面監路內坐
庚向甲兼申寅
子三　長光妥　次光栢　三光完出繼
胤春公字正夫號特作　瑞齋公五子生康熙戊戌年正月初
五日子時卒乾隆丁丑年三月初七日未時扶棺與二媳戴
氏葬烏材林大區墓和尚田后坐壬向丙兼亥巳
諱格娘號循物生康熙辛丑年五月二十日午時卒
乾隆辛酉年十月三十日未時扶棺葬烏材林鎗竹林崙坐
癸向丁兼丑未
繼娶陳氏諱扱娘生雍正甲辰年八月初六日巳時卒乾隆
甲午年十二月初六日未時享年五十一扶棺葬烏材林大

區墓嶺邊坐甲向庚兼寅申

子一　光胡 陳氏出

胤少公字美夫號禮意　瑞齋公六子生康熙庚子年十一月

三日巳時卒乾隆丙午年七月初九日丑時享年六十有

壟烏材林荒田頭坐癸向丁兼丑未

子一　光完 承繼

胤藹公字士夫號吉多　瑞齋公七子生雍正癸卯年九月初

六日未時卒乾隆辛酉年三月初一日酉時瓦棺葬烏材林

窖尾窖頭嶺坐壬向丙兼亥巳　無傳

胤仲公字園夫號肩禮　瑞齋公八子生雍正辛亥年五月初

一日辰時卒嘉慶乙亥年二月十一日卯時

娶葉氏諱就娘生雍正辛亥年月日時俱失卒乾隆丙戌年四月廿六日　時瓦棺葬烏材林下庭對面監路外坐庚向甲兼申寅後徃吧

繼娶　氏生卒年月以及公媽墳墓俱不可考　無傳

十五世鎮撫四房三頂路長合齋公派

逹夫號理必　合齋公長子公兄弟與堂兄胤璋公眉美趣小宗坐壬向丙兼子午生康熙甲申年十月十六日丑時卒乾隆戊寅年三月廿四日酉時享年五十有五瓦棺葬本里叅洋美趣坑頭茶林灣坐庚向甲兼酉卯

娶蔡氏諱致娘號儉節生康熙戊子年十一月二十日亥時卒乾隆戊午年九月初八日寅時瓦棺葬本里叅洋美趣後

坪坐辛向乙兼酉卯

子一　光長

胤文公字密夫號里軒　合齋公次子生康熙丙戌年十月廿

一日辰時卒乾隆辛未年五月初一日午時尾棺葬本里黍

坑頭茶林頭後堀坐坤向艮兼申寅

氏諱快娘號懿愛生康熙庚寅年正月初七日卯時卒

乾隆丁酉年二月初二日戌時尾棺葬本里參洋美趣坑頭

寨外三潭公墓右坐辛向乙兼酉卯

子三　長光澤　次光絕　三光頂

胤厚公字豐夫號理地　合齋公三子生康熙壬寅年四月初

八日酉時卒乾隆戊申年三月初三日午時享年六十有七

娶余氏宛娘號慈惠生雍正丙午年八月初一日夘時卒嘉
慶辛酉年正月初四日申時享年七十有六媽瓦棺塟本里
参洋美趣坑頭茶林頭坐丁向癸兼午子
子二　長光出　次光邦
十五世鎮撫四房三頂路長禮齋公派
□已號立本　禮齋公長子生康熙癸巳年二月初
□卒乾隆癸酉年四月初八日五時棺塟烏材林嶺
□下土樓脚大石下坐丁向癸兼未丑
娶侯氏　敀節
子一　光益
胤芳公字芬夫號圓志　禮齋公次子生雍正己酉年正月十

八日卯時卒乾隆乙巳年十月初五日巳時厝棺葬本里后
庵坂師公墩圳頭頂崙上坐丑向未兼癸丁
娶蔡氏諱蕉娘號勤賢生雍正己酉年四月三十日午時卒
乙酉年正月十九日申時厝棺葬鎮撫下埧後坐丙向

十五世鎮撫四房三頂路二高陽公派
二　長光宁　次光榜
胤陞公字登夫號進任又號揖齋　高陽公長子生康熙戊辰
年二月三十日丑時卒康熙庚子年九月廿五日酉時厝棺
葬烏材林舊窰大平崙尾坐巽向乾兼巳亥
娶吳氏諱哺娘號節儉生康熙辛未年七月初一日　時卒

乾隆丙辰年十月初一日　時葬本里鵬雛十八間宮仔尾
坐丑向未兼癸丁
子二　長光前　次光山
胤貢公字禹夫號進納　高陽公次子營立烏材林舊窰下厝
小宗坐丑向未兼艮坤生康熙乙亥年正月初十日未時卒
壬辰年七月廿九日酉時享年七十有八
妣倣娘號柔順生康熙壬午年二月十三日丑時卒
乾隆辛丑年正月十八日申時享年八十
側室蕭氏傳娘號同和生康熙癸巳年二月十三日巳時卒
乾隆戊申年八月初九日酉時公暨蕭氏瓦棺合葬本鄉舊
窰下厝腳大平崙頂坐寅向申兼甲庚

吳氏棺藝烏材林大區墓頂槓路下坐寅向申兼艮坤
子四　長光札吳氏出　次光趄　三光撻　四光返俱蕭氏出
十五世鎮撫四房三頂路二白庵公派
字寬夫號烈翁　白庵公長子生康熙辛未年九月初
卒雍正乙卯年九月十三日寅時瓦棺藝本里鵬
櫳崙坐戌向辰兼辛乙
娶謝氏諱足娘號柔慈生康熙癸酉年七月廿六日酉時卒
雍正癸丑年六月十九日巳時瓦棺藝本里鵬雞大區尾後
崎巃崙坐辛向乙兼戌辰
子五　長光餘　次光育　三光定　四光強　五光弼
胤昆公字琢夫號玉山　白庵公次子生康熙甲戌年五月廿

三日卯時卒乾隆庚寅年七月初二日戌時享年七十有七
葬鎮撫石區垻崙坐寅向申兼甲庚
娶劉氏諱姤娘生康熙丙子年七月廿二日卯時卒康熙丁
酉年二月初四日午時葬鎮撫上七格巷坐丑向未兼癸丁
繼娶陳氏諱勸娘號清淑生康熙辛巳年十一月十八日未
乾隆丁巳年九月初一日巳時尾棺葬鎮撫尾橋伽倆
南向北
子一　光萃 出劉氏
倉公　藏夫號噐仲　白庵公三子築烏材林嶺尾南畔土
樓間遂居之迨至乾隆十九年男光磋翻蓋乃成屋生康熙
戊寅年五月十九日亥時卒乾隆壬申年七月初四日寅時

享年五十有五棺葬烏材林嶺尾崙坐乙向辛兼辰戌
娶劉氏諱吉娘號淑月生康熙甲申年十二月初一日丑時
卒乾隆壬辰年五月初三日夘時享年六十有九棺葬烏材
山仔崙坐夘向酉兼乙辛

光磋

十八號進修　白庵公四子生康熙辛巳年四月廿
五日申時卒乾隆庚寅年九月初七日丑時享年七十尾棺
葬本里鵬雛尾壠崙坐甲向庚兼夘酉
妣葉氏諱全娘生康熙乙酉年正月廿三日辰時卒乾隆甲
午年四月廿二日夘時葬鎮撫赤嶺巷崙坐寅向申兼艮坤
子二　長光和　次光緝

胤衆公字星夫號共北　白庵公五子生康熙丁亥年十二月
初六日午時卒乾隆壬申年六月初七日卯時尾棺葬本里
鵰雛軍八橋嶺坐丑向未兼癸丁
娶陳氏諱成娘號美順生康熙丙申年正月三十日卯時卒
乾隆戊午年十二月初五日申時葬地候查
仝氏諱腰娘號月愛生康熙庚子年二月初七日巳時
之子年八月廿五日戌時享年六十有一尾棺葬本
鵰雛軍八橋嶺坐子向午兼癸丁
子三　長光纂　次光差　三光閣（侯侯氏出）

胤保公字抱夫號開懷　白庵公六子生康熙庚寅年六月初
一日午時卒乾隆辛巳年十一月初五日辰時享年五十有

二房參鎮羅黃氏族譜　卷之二

二棺塟本里雛鵬大區尾風沙崙坐庚向甲兼酉卯

娶許氏諱敲娘號恭淑生康熙辛丑年二月廿五日亥時享

乾隆壬子年二月初三日戌時享年七十有二瓦棺與三婦

卯娘仝塟本里鎮撫後山坪頂坐辛向乙兼酉卯

長光楚　次光賞　三光最

[illegible]號擇都　白庵公七子生康熙癸巳年六月廿

六日戌時享乾隆庚寅年八月十五日酉時享年五十有八

棺塟本里雛鵬十八間大區角崙坐辛向乙兼戌辰

妣林氏諱範娘號慈順生康熙辛丑年六月廿四日巳時卒

嘉慶戊午年六月廿八日辰時享年七十有八瓦棺塟本里

山坛山大流磜軍田崙石圍內坐癸向丁兼子午

子一　光引

十五世鎮撫四房四焄齋公派

胤培公字栽夫號植餐　焄齋公長子生康熙庚子年十月廿四日巳時卒乾隆乙亥年十一月十九日辰時厝棺塟鎮撫內寮厝窯崙坐壬向丙兼亥巳　無傳

六號狐山　焄齋公次子生雍正甲辰年十一月時卒乾隆乙亥年十一月廿四日亥時厝棺塟鎮坑壠仔頭中崙坐丁向癸兼午子　無傳

公字戈夫號操干　焄齋公三子生雍正戊申年七月廿六日辰時往臺卒年月塟地俱不可考　無傳

胤邱公字璽夫號同玉　焄齋公四子生雍正乙卯年十二月

二十日酉時卒乾隆戊申年八月廿三日巳時享年五十有
四棺葬鎮撫本山後壠寨邊內崙坐申向寅兼庚甲
娶蔡氏諱恐娘號修德生乾隆癸亥年十一月初九日亥時
卒乾隆甲辰年五月廿四日未時瓦棺與顯妣陳氏莊儉嬬
人合葬鵬鳳尾宮崙后坐壬向丙兼子午
長光租　次光竚

十五世鎮撫四房五

胤巖公　惟感公長子生康熙辛丑年十二月十三日巳時
公出外不知住何方號及卒葬地俱不可考

胤桴公字軸夫號明機　惟感公次子生雍正丁未年正月初
十日亥時卒乾隆癸未年二月廿二日午時公卒在吧葬地

不可考　無傳

亂傳公字滮夫號善承　惟感公三子生雍正己酉年十一月初七日子時卒乾隆癸巳年十二月初十日巳時棺塟鎮撫山猪湖掘土崙祖墓下坐子向午兼癸丁

嗣子一　光拮

惟感公四子生雍正癸丑年五月十八日寅

戌年八月三十日寅時厇棺塟鎮撫山後壠坐

戌兼巽乾　無傳

么字涍夫號進益　艮輔公子生雍正壬子年正月十一日辰時卒乾隆丁未年十一月初三日午時享年五十有六厇棺塟本山山坛頂流磜庵口大水埕下坐亥向巳兼壬丙

娶王氏諱綽娘　生乾隆戊辰年十二月廿四日辰時卒
道光癸巳年月失葬鎮撫伽倫宮崙路腳坐坤向艮兼未丑
子一　光波

原泉　撫社公長子生雍正戊申年七月初六日辰
午年八月初三日卯時瓦棺與胞弟自明公合
對面三區崙林仔后坐庚向甲兼酉卯　無傳

胤皆公號自明　撫社公次子生雍正辛亥年二月初三日子
時卒乾隆丙申年十月初四日申時瓦棺與胞兄原泉公合
烏材林對面三區崙林仔後坐庚向甲兼酉卯　無傳

胤治公字道夫號家齊　撫社公三子生雍正癸丑年七月十
三日亥時卒乾隆戊甲年正月初二日寅時往臺

妣陳氏
子二 長光水 次光對 俱在臺
亂察公號失 蜚聲公長子生乾隆壬戌年二月初一日亥時
卒乾隆乙卯年三月十三日未時棺葬崇善里魁斗大坪脚
坐辛向乙兼戌辰 無傳
蜚聲公次子生乾隆庚午年正月初十日卯時
[illegible]年二月二十日辰時棺葬崇善里魁斗雷破石
向午兼癸丁 無傳
[illegible]公號失 瓚軒公長子生乾隆戊辰年十月廿三日午
時卒嘉慶壬申年三月十九日卯時棺葬本里烏材林大崎
深坑崙坐坤向艮 無傳

胤湊公號失　瓚軒公次子生乾隆壬申年九月初七日巳時
卒乾隆辛丑年十一月廿九日亥時葬崇善里魁斗街對面
八仔坐癸向丁兼丑未　無傳
…真撫五房派胤字行
…公長子生雍正甲寅年十二月十八日辰時卒
…時墓俟查
胤答公　于舉公次子生乾隆庚申年十月十四日卯時卒年
月日時墓俟查
胤畀公　于德公長子生乾隆丁卯年十月初四日巳時卒年
月日時墓俟查
胤炮公　于德公次子生乾隆辛未年又五月初九日巳時卒

年月日時葬　俟查

胤立公　于日公嗣子生乾隆癸酉年十一月十一日辰時卒

年月墓俟查

天承公　于美公　生卒墓俟查

胤實公字潤夫　于起公長子生康熙丁酉年九月廿八日酉時

卒郝娘生雍正庚戌年十一月廿三日寅時

月墓俟查

二　長光開　次光葛

么字柯夫　于起公次子生康熙庚子年九月初五日辰時

娶吳氏諱玫娘生乾隆丁巳年三月廿七日戌時

公媽卒年月塟候查

胤河公字圖夫　于起公三子生雍正庚戌年九月廿四日

子一　光接

娶吳氏諱喜娘生乾隆辛酉年三月初二日申時

卒年月塟俟查

公四子生乾隆乙夘年七月十九日午時卒年

胤宇公　于起公五子生乾隆己未年十二月十九日午時卒

年月塟俟查

胤干公　鳳旺公子生乾隆戊午年八月初十日亥時卒年月

塟俟查

胤純公　鳳賤公子生乾隆乙丑年二月廿六日寅時

娶　氏諱　娘木棺葬本里北坑壠大壠崙坐癸向丁

子一　光袍

胤瑙公　馬送公長子生乾隆戊寅年三月二十日辰時卒年

月葬俟查

胤溪公　馬送公次子生乾隆癸未年十月初七日卯時卒年

仁長房派胤字行

啟文號登應　西仰公長子生康熙丁卯年五月十

巳日申時卒乾隆庚申年三月初三日巳時葬本里赤厝崙

坑溝邊坐　向

娶謝氏諱腰娘號勤順生康熙丁卯年正月廿二日酉時卒

乾隆己丑年五月初五日午時塟本鄉朱厝崙邊

子三　長光孔　次光雖　三光管

〻〻字員夫號登惠　西仰公次子生康熙庚午年六月初

一日卒乾隆丁亥年五月十六日戌時塟叅洋土樓角

巧娘生康熙丁亥年八月十四日巳時卒乾隆戊

申年三月廿七日亥時塟本鄉石堂后坐甲向庚兼寅申

嗣子一　光粉

胤森公字貴夫號登獻　西仰公三子生康熙壬申年八月廿

七日酉時卒雍正乙卯年三月十一日未時娶陳氏攺節

子一　光問

胤桐公字琴夫號樸軒　于起公嗣子生康熙已卯年八月十
三日戌時卒乾隆甲辰年十月廿二日戌時
娶梁氏諱徵娘號懿慈生康熙癸未年十一月初一日辰時
卒年月失葬本里大磜鄉黃金蓋山腰坐亥向巳兼乾巽
子四　長河圖　次光謨　三光芳　四光陳
號起捷　西仰公五子生康熙乙酉年六月十
乾隆丁酉年三月廿八日酉時
完娘生康熙甲午年三月十四日丑時卒乾隆甲
年閏三　廿三日午時
子五　長光日　次光粉出繼　三光瓜　四光欵出繼
五三全

胤長公　西明公長子

胤習公　西明公次子俱往臺生卒年月日時失俟查

十五世田墘二房派

[illegible]虎子元　于寅公子生康熙辛巳年九月廿四日子時卒乾

隆庚寅年七月初四日子時葬在臺頂淡水頭

向東

娶許氏諱勸娘生康熙壬辰年六月初七日卯時卒乾隆戊

午年七月初十日未時與姑合葬本厝崙頭

繼娶許氏號恬益生康熙丙申年六月十九日寅時卒乾隆

乙未年十月初八日未時葬在臺大姿力鄉坐北向南

子一　廷欵承繼

胤開公字文懷號赤夫　于濟公子生康熙己丑年六月初七
日酉時卒年八月初五日吉時
承繼子二　長光漸　次光乾俱往臺

胤濟公
于老公長子生年月日時失卒年五月十五日吉時
無傳

老公次子生年五月十五日午時卒年九月十三
無傳

于老公四子生康熙壬辰年月日時失卒康
甲午年四月初三日　時
娶王氏號順意生雍正癸丣年十月初六日　時卒乾隆丙
午年八月十九日寅時葬候查

子二　長光通　次光行

胤亢公　于老公五子生年月日時失卒年十二月十九日

無傳

號文哲　于變公長子生康熙壬辰年八月十

乾隆戊申年二月十一日午時棺葬本鄉后壠

子午

娶潮堵陳氏諱蕉娘號懿恬生康熙癸卯年六月十四日丑

時卒乾隆甲辰年十月十五日申時瓦棺葬本鄉墓仔口坐

西向東與公相格魂

子三　長光若　次光佃　三光伴

胤起公字騰夫號興仁　于變公次子生康熙丙申年五月十

八日亥時卒嘉慶庚申年四月初三日巳時享年八十有五
瓦棺葬本鄉土樓角坐丑向未兼癸丁
娶劉氏諱衍娘號淑順生雍正壬子年四月初六日申時卒
嘉慶丙子年九月廿五日寅時公與次子雲明公合葬本鄉
石堂前坐向
子光雅　次光殊
諱端力　于變公三子生康熙庚子年正月十
卒乾隆丁未年十一月十六日酉時棺葬本鄉盡
生乾向巽兼亥巳
娶謝氏甘娘號純美生雍正甲寅年四月初四日　時卒年
月失

子六　長光呼　次光漸出繼　三光切　四光善

五光沃　六光乾出繼

□植夫號端味　于夔公四子生康熙癸卯年七月十

乾隆戊申年二月十四日辰時

娘號純敬生乾隆己未年五月初三日子時卒

合葬本鄉溝流內坐西南向東北

子一　光悻

胤長公號端春　于夔公五子生雍正壬子年七月十八日申

時卒乾隆戊申年十月初十日巳時

娶楊氏諱掇娘號純慈生乾隆乙丑年正月二十日酉時卒

嘉慶戊寅年三月初八日　時塟俟查

子一　光呂

胤汀公字號失　鳳省公生卒年月日時俟查

十五世田墘三房派

胤信公字號失　鳳萬公長子生卒年月日時俟查

胤愚公字號失　鳳萬公次子生卒年月日時俟查

鳳萬公三子生卒年月日時俟查

鳳萬公四子生卒年月日時俟查

鳳萬公五子生卒年月日時俟查

十五世田墘四房派

胤研公字笑夫號文福　士磨公長子生康熙甲戌年三月十三日辰時卒乾隆辛卯年十二月三十日卯時

娶安氏諱晏娘號慈恭生康熙戊寅年二月初四日寅時卒
乾隆癸巳年八月十三日丑時厝棺合葬本鄉朱厝崙坐南
北

子光科　次光聪　三光崇

文祿　士磨公次子皇恩寵錫生康熙己卯
四日子時卒乾隆乙巳年九月十三日戌時
配謝氏諱成娘號淑慎生康熙丁亥年十二月初九日辰時
卒乾隆己酉年九月初四日未時公媽葬俟查
子三　長光順　次光佇　三光交

胤彩公字撓夫號文恕　士磨公三子生康熙乙酉年十月十
二日酉時卒乾隆丙子年五月廿四日未時

娶洪氏諱姜娘號惠敬生康熙丁亥年十月初三日子時卒
乾隆乙巳年二月初六日戌時木棺與公合葬崇善里牛崙
大坋田中穴號蓮葉蓋金龜坐甲向庚兼寅申
子四　長光壹　次光檜　三光訓　四光旦

胤五公字號失

士磨公四子生康熙巳丑年五月二十日辰
巳年八月十二日寅時與士磨公合葬本鄉石
丁兼丑未　無傳

第五房派

柯夫號對楊　元博公長子生康熙戊子年十月初
三日午時卒乾隆辛卯年四月廿四日巳時瓦棺葬本鄉朱
厝坐東南向西北

娶温氏諱程娘生康熙乙未年十二月初七日酉時卒乾隆
丁丑年十二月十六日辰時瓦棺葬在永安里溜港鄉坐東

惕生　次寬生

對盟　元博公次子生康熙辛丑年正月初
乾隆丙申年五月初二日巳時瓦棺葬永安里
東湖緬坐巳向亥兼丙壬
娶王氏諱會娘生雍正壬子年正月廿二日亥時卒嘉慶辛
酉年六月廿三日戌時葬永安里溜港鄉坐東南向西北
子五　長光贍　次光降　三光謙　四光徘　五光波

胤龍公字雲夫號登慶　元春公長子生康熙戊子年八月十

三日戌時卒乾隆丙戌年七月廿四日酉時
娶吳氏諱愛娘生雍正甲辰年十月十八日辰時卒乾隆乙
丣年四月初三日辰時公塟倹查媽塟坑橋頭坐丁向癸
子三　長光升　次光祐　三光老
胤寅公字交夫號登善　元春公次子生康熙辛卯年七月初
卒乾隆壬午年三月十六日酉時
娘生雍正戊申年正月十七日丑時卒乾隆乙
月廿二日戌時瓦棺合塟本里坑橋頭坐丁向癸
子三　長光意　次光寮　三光許
胤挑公字號失　元春公三子生康熙乙未年四月十八日戌
時卒乾隆戊午年正月十五日午時塟倹查

岡江公字號失　元春公四子生康熙壬寅年六月廿一日子
時卒乾隆甲子年十月三十日寅時葬俟查
號失　士通公長子生康熙己亥年二月廿七日申
戌年十一月十三日辰時葬俟查
士通公次子生卒年月日時葬俟查
士通公三子生卒年月日時葬俟查
和順公子生雍正丁未年四月十二
日辰時卒嘉慶庚申年十月廿五日戌時
安慶公字以夫號守明
娶李氏諱註娘生雍正甲寅年六月廿一申時卒嘉慶壬戌
年二月初二日戌時死棺合葬本里朱厝埔坐　向
子三　長光直　次光享　三光報

卷之二終

叅山二房派黄氏族譜卷之三

後房十六世乾房派

廷茂公字孫木號純暢　博意公長子生雍正辛亥年六月廿九日夘時卒乾隆庚子年十月十四日巳時塟地候查

娶張氏號　生乾隆辛酉年五月十五日夘時卒年月塟地候查

子三　長元樹　次元強　三元千

廷蔭公字孫　號純沃　博意公次子生雍正甲寅年九月初一日亥時卒乾隆乙夘年七月十一日辰時塟地俟查

娶鄭氏諱顯娘生乾隆丁夘年三月十三日午時卒道光甲申年九月二十日戌時塟地俟查

子二　長先桃　次先梅

朝修公字孫　號純敬　愽意公三子生乾隆丁夘年五月初九日亥時卒乾隆甲辰年六月初八日卯時往咬嚁吧葬地在吧

廷極公字孫太號純善　愽雅公長子生雍正丁未年八月初二日申時卒乾隆壬辰年正月十二日酉時葬竹仔林坑慶甫公墓邊坐　向

娶邑內莊氏生雍正戊申年十月初十日亥時卒嘉慶乙亥年正月初八日夘時

承繼子元概

廷賢公字孫任號純德　愽雅公次子生乾隆戊午年四月廿

七日未時卒嘉慶乙丑年閏六月初二日卯時塟本里土名
石堂宮後路邊 坐 向
娶蘇氏號順儉生乾隆己巳年十月廿五日丑時卒嘉慶癸
亥年十一月十一日午時塟地候查
子四 長櫛出繼 次宗 三海 四春正出繼廷歡

廷如公字孫翼號 愽雅公三子生乾隆壬戌年七月十三日
未時卒嘉慶 亥年三月初三日酉時塟地候查
娶王氏諱省娘生乾隆癸酉年十二月十三日亥時卒嘉慶
辛酉年十月廿四日巳時塟本里土名水橋頭石岸內坐南
向北
子四 長先徹 次先醉 三先九 四先服 女子寄

治生乾隆甲午年十月廿七日寅時卒嘉慶癸丑年八月
初四日申時未有配親塟本里土名竹仔林坑內
玉麟公字號失　輝渡公子生雍正甲寅年五月十八日巳時卒
乾隆甲申年六月廿三日午時塟地俟查無傳
廷喜公　博實公長子　乾隆丙寅年十二月廿八日寅時卒
于乾隆　年正月初七日吉時往咬嚁吧歿葬在吧無傳
廷兼公字號　博實公次子生乾隆庚午年十二月初四日卯
時卒嘉慶丁丑年七月廿二日午時葬地無考
娶陳氏抱娘生乾隆甲申年七月二十日吉時卒道光庚寅
年八月廿五日未時塟地無考
子一　房

廷歡公字號　愽實公三子生乾隆癸酉年十月十五日辰時
卒乾隆癸丑年五月初四日丑時往咬𠺕吧殁葬在吧
承繼子　春正
廷泱公字號　愽實公四子生乾隆丁丑年二月廿七日丑時
卒乾隆乙亥年七月廿六日夘時葬地無考　無傳
樂生諱瑞兆名廷基字孫鑿號秀温　艮茂公長子生康熙己
夘年三月廿五日酉時卒乾隆甲子年二月十七日辰時
娶洪氏號懿慈生康熙巳夘年二月初二日丑時卒雍正丁
未年四月初八日丑時
繼娶許氏美娘號勤德生康熙辛巳年九月廿五日寅時卒
乾隆丙寅年正月廿八日寅時葬本里東坑彎頭左畔圭心

崙脚內坐未向丑兼艮坤外坐坤向艮兼丑未

子二　長先鄉洪氏出　次先銀許氏出

廷涂公字孫芽號秀容　艮茂公次子生康熙壬午年九月初九日卯時卒乾隆辛巳年八月廿一日午時

娶王氏存娘生康熙癸卯年三月廿四日丑時卒乾隆甲子年二月十七日酉時葬地俟查

子一侯英殤

廷堦公字孫級號秀陞　艮茂公三子生康熙甲午年十一月廿二日卯時卒乾隆甲申年七月廿二日子時

繼娶陳氏號恭慈生康熙壬辰年三月廿二日卯時卒乾隆己酉年正月初三日午時

娶蘇氏號生卒年月塟地俟查

子三　長鑾蘇氏出殤　次鉛　三錠陳氏出

廷堯公字孫德號失　艮茂公四子

娶王氏公媽生卒年月塟地俟查

廷璽公字孫邱　懷茂公長子生康熙辛巳年十一月十三日

寅時卒雍正　巳年十一月十三日辰時

娶洪氏號勤慈生康熙庚戌年十月初一子時卒乾隆丙午

年二月廿七日午時公媽塟地俟查

子一　先鐺

廷坦公　懷茂公次子生卒年月塟無考

廷均公　懷茂公三子往暹羅歿生卒年月塟地無考

廷圭公　懷茂公四子生卒年月塟地俟查

太學生諱廷福　祉官字孫福號秀直　惠茂公長子爲人秉直正道鄉鄰有難輒即排解嬰昰有恙遂即拯救至乾隆乙亥歲邀仝房叔宏錄君宗浩君文明君爲首建石堂檀樾祠協力共濟族人咸嘖嘖稱義舉焉生康熙丁酉年八月十一日辰時卒乾隆巳丑年二月廿三日未時

娶陳氏招娘生康熙戊戌年閏八月十一日午時卒乾隆丁巳年五月初八日丑時　公媽塟本里東坑鑾頂坐戌向辰

子四　長先鋭　次先叠　三先鈎　四先柟

廷墺公字孫朗號秀義　惠茂公次子生雍正癸丣年正月廿一日寅時卒乾隆丁未年六月十七日午時

娶陳氏　娘生雍正丙午年五月廿七日酉時卒乾隆戊

年六月廿六日未時

繼娶王氏進娘號慎慈生雍正庚戌年五月十五寅時卒乾

隆　年七月初一日戌時同葬本里宋厝墘丁癸未丑向

又繼娶吳氏允娘生年月不知卒乾隆庚戌年正月初十日

辰時

子三　長鏗陳氏出　次録吳氏出　三劍王氏出

廷型公　猷茂公長子生卒年月塋地候查

廷塾公　猷茂公次子生卒年月塋地俟查

承繼子　善殤

太學生名增官字孫籌諱廷策　猷茂公三子生雍正辛亥年

月廿一日巳時卒乾隆癸巳年七月廿七日午時
娶洪氏號柔寶生雍正辛亥年八月十五日午時卒乾隆丙
午年三月初九日申時公媽塋地俟查
子二　長先川　次先善出繼

廷重公字孫原號學語　猷茂公四子生　年十一月廿五
日寅時卒　年十月廿五日吉時
娶洪氏生卒年月失公媽塋地俟查
子四　長先鉗　次先鈔　三先錐　四先裕出繼

廷玉公　猷茂公五子生　年　月　日　時卒
年　月　日　時
娶吳氏內娘生乾隆壬戌年三月廿六日午時卒乾隆壬寅

年四月廿五日巳時

子二　長先攺　次先格

廷試公　猷茂公六子生卒年月塟地俟查

娶王氏號慈德生乾隆辛酉年九月廿八日未時卒乾隆丙

午年正月初六日卯時

子二　長先昌　次先持

廷完公　猷茂公七子生卒年月塟地俟查往臺歿

太學生名扶官字孫搏號秀翼諱廷佐　光茂公長子生康熙

辛丑年閏六月初七日巳時卒乾隆甲午年八月二十申時

娶張氏諱女娘生康熙辛丑年九月廿九日酉時卒乾隆戊

子年六月初七日酉時　公媽塟地候查

子二　長先旂　次先鎮

廷山公號秀順　光茂公次子生乾隆辛酉年十月初三日戌

時卒乾隆巳酉年三月廿九日丑時

娶張氏號愛慈生乾隆庚午年四月廿三日辰時卒乾隆巳

未年十一月十四酉時厝棺塟本里冬坑大巒頭坐西向東

子一　先按

公名侯查生康熙甲午年九月廿六日亥時卒乾隆戊辰年

十一月三十日申時

太學生名泰官字孫通號履安　勉齋公長子爲人秉直甚有

智慧人有事樂就其諆則排難解紛在所優爲是勉齋公長

子故雖幼孤偏能與振羅公及諸叔父義舉無遺也生雍正

壬子年九月廿九日午時卒乾隆癸丑年七月廿二日未時
葬本鄉土名蜈蚣山穴坐午子
娶洪氏郄娘號順慈生雍正癸丑年十月十一日卯時卒乾
隆乙巳年正月初九日辰時甩棺葬本鄉土名殷厝田穴坐
壬向丙兼子午
子四　長先盤　次先磐　三先碧　四先砦

泮公字孫辟號醇謹　勉齋公之子賦性靈敏淹通詩書府縣
試屢拔前茅　振羅公顧而樂之以爲勉齋公幸有此子而
繼志述事可知也奈天不假之以年竟使早逝殞命故振羅
公愛其人而憐其子極眷顧王氏以提攜二孤之長成公生
乾隆巳未年四月初九日午時卒乾隆甲申年七月廿七日

申時
娶王氏諱鄒娘號懿慈歸時舅姑早逝其竭事祖父母有以
得其歡心者蓋率其性而然也生乾隆戊午年九月十九日
巳時卒乾隆壬寅年九月二十日午時葬古現山坐寅向申
兼艮坤
子二　長請　次泳
太學生名縷官字孫脉號容續　恒齋公長子生乾隆丁巳年
九月廿二日吉時卒嘉慶己未年八月廿九日酉時
娶洪氏轉娘號懿慈生乾隆丁巳年二月二十日巳時卒乾
隆庚戌年九月十五日辰時享年五十四公媽同塟本里大
磜鄉土名龜仔山穴坐戌辰

側室傅氏號徽淑生乾隆辛未年五月廿五日吉時卒道光
甲申年十二月二十日午時葬本里土名小占山脚坐向

子四　長堅　次儒庠生　洪氏出　三桴　四壁傅氏出

慶士廷綴公字孫依號周冕　恒齋公次子公素醇雅奉事姑
祖先隣里稱其孝友爲嗜好詩書府縣屢拔前茅而公益加
奮也生乾隆丁卯年三月十一日戌時卒嘉慶辛酉年十二
月十八日卯時葬本鄉墘尾坐子午兼癸丁
娶葉氏嫦娘號敬讓生乾隆丁卯年十一月初九日巳時卒
嘉慶壬戌年八月廿四日寅時享年五十六葬本鄉土名赤
占山坐壬丙兼亥巳

子三　長頌　次暢　三冊護

處士廷縱公字孫受號卓曠　恒齋公三子生乾隆乙亥年正月三十日戌時卒嘉慶丁巳年二月廿一日午時塟墓庵山坐夘向酉與林氏同塟

娶洪氏笑娘號恬愍生乾隆甲戌年十月初八日夘時卒乾隆甲午年三月廿一日戌時葬本鄉古縣山土名黃金石脚坐向

繼娶謝氏友娘號順慈生乾隆戊寅年八月三十日夘時卒乾隆巳亥年七月初四日寅時塟本鄉土名殷厝田

又娶林氏賢娘號恭慈生乾隆丙子年五月廿五日辰時卒乾隆戊申年二月初九日子時與公同塟右壙夫人墓遷

又娶梁氏滿娘生乾隆庚申年八月十八亥時卒道光庚辰

年又四月廿一日亥時享年七十一塟本里羅洋鄉土名古墘尾墓内坐乙向辛兼辰戌

又娶側室陳氏瑞鳳號盆順生乾隆丁亥年七月十五日吉時卒道光庚子年二月十四日巳時享年七十四塟温厝田

子六　長鈢　次鎬庠生　三鑣國學　四錇　五鐎　六鑈

廷樸公字號寬承　定齋公長子生乾隆丙寅年十一月廿六日辰時卒嘉慶巳卯年十月初九日午時

娶洪氏隨娘生乾隆乙丑年五月十六日辰時卒嘉慶巳巳年十月廿四日辰時厝棺塟

子三　長璨　次瑂　三璸

廷杯公字孫約號三雅　定齋公次子生乾隆巳巳年七月十

七日丑時卒嘉慶戊午年十二月初六日未時
娶洪氏號恭肅生乾隆庚午年十月廿三日亥時卒乾隆巳
酉年十一月初四日酉時尾棺塋
子三　長葩　次茂　三莉
廷模公字孫範號維矩　定齋公三子生乾隆壬申年十月廿
二日戌時卒嘉慶丙辰年十一月初三日酉時
娶洪氏名星娘號温恭生乾隆癸酉年三月初四日午時卒
乾隆癸卯年正月廿七日巳時
又娶陳氏　生乾隆壬申年十月十二日卯時卒道光乙酉
年五月廿六日丑時尾棺塋
子七長宗　次燕　三寮　四寓洪氏出　五蘭　六辦

陳氏出　七檀出繼

廷樣公字孫規　定齋公四子生乾隆乙亥年三月廿四日吉時卒嘉慶己未年十一月廿八日未時

娶吕氏　生乾隆丁丑年十二月初十日辰時卒道光壬午年十一月廿五日申時𦵏棺𦵏

子一　先茅

廷概公字昂軒　定齋公五子生乾隆辛巳年五月初一日卯時卒嘉慶丁卯年十一月十四日午時

娶洪氏　生　年月俟查

又娶吳氏號恭慈生乾隆癸巳年三月初九日卯時卒道光丁酉年七月廿二日辰時𦵏棺𦵏

嗣子二　長檀　氏出　次來春吳氏出

廷松公號維香　定齋公六子生乾隆甲申年七月十八日丑時卒嘉慶癸亥年四月初五日未時

娶洪氏號慈惠生乾隆乙酉年正月二十日卯時卒乾隆乙卯年十月初九日寅時

子一　先洽

廷格公號維新　定齋公七子生乾隆丁亥年八月初十日丑時卒嘉慶丁巳年十一月初三日午時

子二　長巍　次森

廷浩公字孫盛號大軒　溫齋公長子生乾隆壬申年九月十八日寅時卒嘉慶甲戌年十月十七日酉時

娶洪氏嘲娘號惠愛生乾隆　年六月初一日吉時卒年八
月初五日吉時　公媽塟地候查
子四　長音　次造　三豫　四兑
廷決公號維讓　温齋公次子生乾隆庚辰年正月廿五日辰
時卒嘉慶巳未年三月廿八日未時
娶王氏究娘號孝順生乾隆　年二月十九日吉時卒　年
三月初六日吉時　公媽塟地候查
子二　長先業　次先磋
濃公號廷時　温齋公三子生乾隆甲申年十月初四日申時
卒嘉慶乙亥年八月廿五日子時
娶　氏俊娘生卒年月失　七十

娶洪氏茁娘生年失二月十五日　時公媽三位塋地俟查

子二　長先饌　次先澤

廷煒公號崇善　惇齋公承繼子生乾隆巳丑年八月廿一日巳時卒嘉慶丁巳年十月二十日寅時

娶洪氏號敬敏生乾隆巳丑年五月十五日未時嘉慶卒庚午年十一月廿六日辰時　公媽塋地俟查

子一　先嬌

廷煌公號光耀　西官公長子生卒年月俟查往番殁

娶陳氏號慈順生乾隆癸未年七月初六日午時卒道光癸巳年十一月初二日亥時塋古現山坐東向西

子二　長薹往番殁　次韭

廷灯公字孫烈號光燦　西官公次子生乾隆丙戌年十一月
廿七日午時卒嘉慶甲戌年二月廿九日子時
娶洪氏號淑順生乾隆戊子年三月初一日申時卒嘉慶甲
戌年四月初一日酉時公媽同塟本鄉古路尾坐坤向艮兼
未丑
子五　長雲　次預　三菊　四徵　五茸

廷煒公號崇朝　西官公三子出繼

廷煦公號光日　西官公四子生乾隆辛卯年十二月廿一日
辰時卒道光　年月往番殁
娶陳氏號　生乾隆壬辰年十一月初一日辰時卒咸豐癸
丑年六月廿五日子時塟古現山

子一　先芆

廷熉公號崇簡　西官公五子生乾隆甲午年六月十六日辰
時卒嘉慶戊寅年二月初九亥時葬草崙坐壬向丙兼子午
娶陳氏號順儉生乾隆丙申年十月十九日午時卒道光壬
寅年十一月初八日丑時葬冬青坐壬向丙兼子午

子二　先銃　先佛

廷熾公號崇德　西官公六子生乾隆戊戌年七月十八日巳
時　嘉慶辛酉年二月十九日未時往番歿

廷熚公號紬繹　西官公七子生乾隆庚子年七月廿三日戌
時卒道光甲午年二月初四日未時塟南軒坐艮向坤寅申
娶蘇氏號敬慈生乾隆庚子年十月初三日卯時卒道光乙

未年十二月初十日未時葬大壠丙坐壬向丙兼亥巳
子四　長冉　次哆　三蕭　四於
廷淑公號惟慎　廸齋公長子生卒年月葬地俟查
廷潜公　廸齋公次子生卒年月葬地候查
廷層公　廸齋公三子生卒年月葬候查
廷程公號塋章　曠齋公子生乾隆庚午年六月廿五日辰時
卒道光辛巳年三月十六日子時
娶陳氏號美文生乾隆庚午年十月十三日戌時卒道光乙
巳年七月初十日未時公媽瓦棺葬本鄉圭心崙坐東向西
子四　長醉　次休　三嘔　四象
廷俟公號廷伯　儉齋公長子生乾隆辛巳年九月二十日卯

時卒乾隆戊申年五月十九日戌時葬俟查

子一　先福

廷保公號義有　儉齋公次子生乾隆丙戌年十二月吉日時

卒道光壬午年三月十一日申時

娶　氏攺節　塟地俟查

子一　先營

廷信公號義軒　儉齋公三子生乾隆巳丑年十月初九日丑

時卒嘉慶丙寅年九月廿五日巳時

娶謝氏生乾隆庚子年十月初八日午時卒嘉慶丙寅年正

月初七日子時

子一　先班

廷藻公號梲彩　思齋公子生乾隆乙丑年四月初六日辰時
卒道光庚寅年八月十四日未時
娶侯氏禽娘生乾隆己巳年六月初九日未時卒嘉慶丙辰
年十一月十三日未時公媽塋地候查
子三　長啟　次昌　三繞

廷許公　引齋公長子往番失船生卒年月無考
娶李氏生卒年月塋地候查
子二　長拈　次恨

廷慊公號廷快　引齋公次子生乾隆己丑年八月初七日卯
時卒嘉慶丁丑年七月十六日巳時
娶蘇氏生卒年月失公媽塋地候查

子三　長泩　次遮　三吟

廷惴公號廷本　引齋公三子生乾隆甲午年正月十三日巳
時卒道光　年　月　日　時葬俟查

娶　氏政節

子一　先斜

廷敲公號廷榮　引齋公四子生乾隆壬寅年七月廿四日戌
時卒道光丁亥年二月初四日辰時

娶洪氏淑娘號益順　乾隆丁未年七月廿四日子時卒道
光丙戌年四月十七日酉時公媽葬地俟查

子二　長先廩　次先千

廷㤵公字　織公長子往番歿生卒年月失塋在番

廷厚公號簿軒　織公次子生乾隆丁未年七月廿三日卯時
卒道光庚子年二月初十日戌時
娶張氏笑娘生嘉慶壬戌年七月十五日亥時卒道光丁酉
年四月十三日巳時公媽塟地候查
子二　長先勛　次先回

廷恕公字廷恕　織公三子生乾隆乙卯年正月十四日寅時
卒道光戊戌年八月廿九日未時
娶洪氏占娘生嘉慶丁卯年十二月十八日巳時卒道光巳
丑年二月廿八日酉時公媽塟地候查
繼娶顏氏攺節
子一　由來

廷章公　緝齋公長子生卒年月塟俟查

廷梅公字孫占號廷花　緝齋公次子生乾隆癸夘年十月初

六日　卒道光辛丑年十一月二十日丑時

娶洪氏號順進生乾隆丙午年九月初三日辰時卒道光辛

夘年二月初三日　時考妣塟地俟查

子二　長排　次昌

鄉飲賓廷漸公字孫進號永德　辨齋公長子生乾隆庚午年

六月初六日午時卒嘉慶戊寅年三月十五日申時

娶王氏號恭敬生乾隆己巳年四月廿四日未時卒道光丁

亥年十二月初四日巳時公媽同塟羅內鄉員山仔寨下土

名施厝頭坐甲庚兼寅申

子三　長桃　次杕　三核

太學生廷洒公字孫濯號永貞　辨齋公二子生乾隆甲戌年
五月十二日辰時卒道光戊子年正月廿二日酉時葬南安
廿四五都觀音鄉土名東山田後穴坐乙辛兼辰戌
娶陳氏號肅敬生乾隆丁丑年五月十六日寅時卒道光甲
申年正月廿八日辰時葬南安廿四五都青洋鄉土名龜仔
山田邊坐癸丁兼子午

子三　長先杏國學　次先克國學　三言

鄉飲賓廷涵公字孫渥號永澤　辨齋公三子生乾隆丙子年
閏九月初四日未時卒道光乙亥年三月廿三日午時葬本
里坑頭鄉土名頂坋仔坐乙向辛兼辰戌

娶洪氏號莊敬生乾隆辛巳年八月十七日子時卒嘉慶己
卯年九月廿七日辰時葬本鄉土名貢金石頂坐癸向丁兼
子午
子四　長笙　次等　三正　四箋
廷涉公字孫水號承川　辨齋公四子生乾隆己卯年二月十
二日子時卒乾隆戊申年二月十七日卯時葬本鄉土名仙
洞寨坐向
娶洪氏號怡徹生乾隆甲申年十一月三十日辰時卒道光
壬辰年四月初四日午時葬在蜈蚣山
子一　人赫
廷深公字孫淺號承源　辨齋公五子生乾隆辛巳年八月初

十日亥時卒道光乙酉年五月十一日酉時
娶劉氏號章敬生乾隆甲申年二月初三日辰時卒道光壬
辰年八月廿六日寅時厝梢寄塋
子五　長查　次札　三孑　四梭　五近
太學生廷清公字孫時號永貞　辨齋公六子生乾隆丁亥年
二月廿九日未時卒嘉慶辛未年六月初四日午時塟本鄉
土名仙洞寨脚埧腹丙內坐午向子兼丙壬外坐丙向壬兼
午子
娶陳氏號靜敬生乾隆辛卯年六月初九日未時卒道光丁
酉年八月初十日丑時塟巖前鄉蟑螂墓口坐巽乾兼巳亥
子三　長類　次雙　三從

太學生廷補公字孫助號以羨　盛齋公長子爲人剛方正直敦厚篤實事父母先意承志奉先人則尊祖敬宗外親和睦鄉閭有事則排難解紛首重重修祖祠造橋竭力共濟建置祀業增建屋宇人咸稱其秉正焉公攻苦詩書府縣試藍陳二主屢拔前茅未見獲售後入國學夫婦享年俱各九十二齡一堂五代三公生乾隆丁亥年正月廿二日戌時卒咸豐戊午年五月廿四日未時

娶洪氏揺娘號和睦生乾隆丁亥年十月初十日丑時卒咸豐戊午年三月十六日辰時同塟本鄉赤嶺坐乾巽兼亥巳

子二　長先波鄉賓　次先淡

廷御公字孫草號居軒　盛齋公次子生乾隆丙申年四月廿

八日吉時卒咸豐己未年十一月二十日卯時
娶洪氏乘媽號柔和生乾隆丙申年九月十三日卯時卒同
治癸卯年八月廿一日申時葬本鄉宏美坐向
子四　長沃　次淮　三濕　四浅出繼廷禮
鄉飲賓廷裔公字孫苗號厚軒　盛齋公三子爲八名醫救治
懸壺术艾敦厚可風生乾隆戊戌年十一月初四日丑時卒
咸豐癸丑年三月廿三日未時
娶洪氏號榮儉生乾隆庚子年十月二十日寅時卒道光壬
午年四月廿六日未時葬本里岩前鄉土名后邊壠坐巽向
乾兼巳亥
又娶陳氏盛娘號情儉生乾隆丁未年六月廿二日丑時卒

同治辛未年十二月廿四日巳時公媽合葬田底洋荷内土
名鐵砧崙坐甲向庚兼坤艮
子五　長漁國學　次降　三洱　四瀟　五漪

廷裕公字孫袖號愛軒　盛齋公四子爲人與世無爭與人無
忤勤四體而分五穀嘗勵其子曰萬般皆下品惟有讀書高
倘其矢志攻書早步青雲公生乾隆甲辰年閏三月初十日
巳時卒嘉慶庚辰年十月廿六日巳時葬南安廿四五都小
眉鄉大坂内土名長脚壠坐壬向丙兼子午
娶陳氏閏娘號節儉松筠不朽冰清静守生乾隆乙巳年十
月十九日辰時卒咸豐乙卯年十一月初一日巳時同治丁
卯年十一月十八日與公合葬焉

子四　長流　次汙　三潤　四泡

太學生廷禮公字孫伯號怡軒　盛齋公五子爲人醫師救治築起華屋增買田業生乾隆庚戌年十月初二日戌時卒光緒壬寅年七月十三日未時塟南安廿四五都小眉鄉土名叮噹墓坐巽乾兼巳亥

娶張氏號容姿　生嘉慶巳未年八月十六日辰時卒嘉慶甲戌年四月廿五日未時

又娶鄧氏號貞順生嘉慶巳未年四月十七日申時卒嘉慶丙子年九月初七日亥時瓦棺合塟南安十三都巖前鄉糖舖崙坐巳向亥兼巽乾

又娶陳氏號惠和生乾隆癸丑年二月廿二日申時卒咸豐

巳未年十月十七日戌時陳氏與公合塋

子三　長嗣子先浅　次先須　三先江

廷芮公號達齋　賓軒公長子生乾隆乙酉年閏二月十三日酉時卒嘉慶壬戌年九月初五日夘時與芮弟合葬冬青土名龍舌坐艮向坤兼丑未

娶陳氏號柔順生乾隆戊子年九月初六日巳時卒道光巳丑年四月初六日酉時

子一　先願

廷芬公號苾齋、　賓軒公次子生乾隆戊子年九月十三日巳時卒道光乙未年三月初六日未時

娶鄺氏號肅儉生乾隆癸巳年二月十八日寅時卒嘉慶癸

酉年九月初一日卯時
又娶吳氏號順儉生乾隆戊子年八月初一日吉時卒道光
癸巳年十月初一日申時
又娶洪氏號坤涼生乾隆丙戌年八月十八日巳時卒年月
日時失
子五　長會　次令　三合　四仝　五伍
廷芮公號外齋　賓軒公三子生乾隆丁未年正月初七日午
時卒嘉慶戊辰年四月二十日巳時與兄合葬冬青龍舌
娶洪氏號信意生乾隆甲午年七月廿二日吉時卒咸豐辛
亥年閏八月初四日　時
子一　先顯

處士廷芸公字孫香號植亭　賔軒公四子生乾隆乙未年三月廿九日寅時卒道光巳酉年八月十一日戌時塟冬青土名尾垵坐坤向艮兼未丑

娶劉氏號恭温生乾隆丙申年正月初二日巳時卒道光丙申年七月廿八日寅時塟本鄉土名狗尾墩龜仔山脚坐丙向壬兼巳亥

子三　長先宇　次先安　三先賚

廷欽公字孫紙號安思　逸溪公子生康熙庚子年七月二十日戌時卒乾隆戊寅年十二月初七日巳時塟本里后院杉橋崙坐　向

子一　先訓

鄉飲賓心誠公字孫敬諱廷源號敦實　鴻鶚公長子經營四
方渡舫違海整裝旋歸大拓家計所有田宅均分仲叔半鏹
尺布未有所私見親隣貧苦分多潤寡戚族均沾又其天性
然也邑候黃公諱炳慕公懿行贈以望隆桑梓匾額庶以表
公于萬一乎生乾隆丁巳年二月十九日巳時卒嘉慶甲子
年十二月廿七日辰時嘉慶壬申年九月廿二日寅時葬本
里田斗洋荷内匏瓠潭頂橫路頂坐郊向酉兼甲庚　在番
娶楊氏生年月失卒乾隆乙未年正月十六日時葬地無考
繼娶林氏號桂娘生乾隆巳未年月日時卒嘉慶丙寅年七
月十四日二妣在番歿　塟在番
在厝娶側室陳氏號明姿生乾隆癸巳年二月廿七日辰時

卒道光庚子年十一月初四日戌時葬本里土名重盤田中

坐乾向巽兼亥巳

子五　長聯享　次篇　三道生　四晚　五郡

廷璉公字孫雕號敦樸　鴻弼公次子生乾隆巳未年十月廿

四日辰時卒慶嘉丁巳年十一月廿八日未時瓦棺葬本里

後院吉貝垵崙尾坐壬向丙兼子午

娶蘇氏字娘號恭順生乾隆辛未年七月三十日亥時卒嘉

慶癸亥年二月初一日酉時瓦棺葬本里後院內坐癸向丁

兼丑未

子五　長候往吧　次標鄉賓　三財出繼　四猛出繼　五員

廷報公字孫頌號敦睦　鴻弼公三子生乾隆癸亥年二月廿

九日酉時卒乾隆甲寅年九月初十日酉時瓦棺葬後院吉
貝垵崙坐向與敦樸公墳相去咫尺
繼娶易氏金娘號勤慈生乾隆辛未年八月三十日卯時卒
嘉慶巳未年八月初九日午時瓦棺葬本山杉橋
子四　長鄉　次轉　三次　四班

廷赫公號敦篤　直毅公長子生乾隆丙寅年月日時卒乾隆
辛卯年七月十四日未時在咬哪吧回唐歿于水途中
兩承繼子聯猛

廷倜公　直毅公次子生卒年月失葬地無考
兩承繼子聯猛

廷虎公號廸德　壞官公承繼子生乾隆丙寅年十一月十五

日時卒乾隆　年正月十五日未時在咬𠺕吧歿葬無考

承繼子聯財

光朝公字孫聘號温艮　迪果公長子經營東地克成家業不惟隔海馳養雙親而田宅均分兄弟敦孝行而愛弟昆亦鄉閭可欽焉生乾隆癸亥年十月廿四日亥時卒乾隆乙卯年六月廿五日子時塟本里土名中樵目園坐丁向癸兼午子在咬𠺕吧

娶巫氏雲娘號孝順生乾隆乙丑年十二月廿二日午時卒道光戊子年三月初八日巳時瓦棺塟本里

繼娶陳氏女娘號孝端生乾隆壬申年正月十二日辰時卒嘉慶壬申年七月廿一日丑時瓦棺塟本里後院

子六　長陞　次廣（巫氏出）　三河　四振夏　五新耿（巫氏出）
六銘鍾
光萬公字孫益號璞鎰　迪果公次子生乾隆丁卯年八月初
九日酉時卒乾隆壬辰年十二月初六日辰時渡舫吧邦中
道而廢
娶南安崎口鄭氏妹娘號節勤生乾隆己巳年五月初五日
未時卒道光丙戌年七月十七日亥時瘞地俟查
子二　長聯桂　次聯科
光輔公字孫仁號有良　廸果公三子生乾隆癸酉年八月初
八日辰時卒嘉慶壬戌年七月廿一日未時
娶善益廖氏壽娘號懿恬生乾隆辛巳年二月十二日酉時

卒乾隆癸卯年八月初十日未時塟地俟查
繼娶張氏腰娘號慈恬生乾隆戊寅年十二月廿七日丑時
卒道光甲午年十二月廿七日時塟地候查
子三　長先染　次午　三帛張氏出

光會公　博學公長子生乾隆戊辰年八月十五日巳時卒乾
隆辛卯年十月廿五日辰時塟本里杉橋崙坐向

光瓚公字孫國號國寶　博學公次子生乾隆丙子年五月廿
三日寅時卒乾隆戊申年六月廿八日酉時厝棺附塟杉橋
崙與莊氏母墳仝穴坐向
繼娶善益廖氏文娘號順若生乾隆乙酉年九月廿六日寅
時卒道光壬午年正月廿七日子時

子二　長淩挑　次淩通

光碧公字孫玉　博學公三子生乾隆癸未年十月初二日戌

時卒嘉慶庚申年九月二十日巳時在咬哪吧歿

娶王氏新娘生乾隆年月日失卒乾隆甲寅年五月廿六日

巳時葬地俟查

子一　淩專在番

廷貫公字孫融號靖通　守樸公長子生乾隆丁巳年七月廿

七日巳時卒嘉慶甲戌年九月廿一日戌時葬本里土名東

視垵崙坐庚向甲兼申寅　與長子肇美公合塟

娶陳氏號柔順生乾隆己未年六月初九日辰時卒嘉慶戊

辰年十月廿一日亥時

子三　長琛　次趙　三嚴

廷閱公字孫歷號靖確　守樸公次子生乾隆癸亥年三月廿一日卯時往咬𠺕吧歿卒年月葬地失

娶陳氏號慈順生乾隆甲子年九月廿九日未時卒嘉慶壬戌年十月十二日巳時葬地候查

子五　長昆　次周　三級出繼　四怡　五八

廷盤公號靖直　守樸公三子生乾隆丙寅年十二月初五日未時卒乾隆庚寅年四月十八日辰時葬本里土名軍壠山坐西向東

承繼子　先級

廷鴈公字孫道號振登　瑰軒公長子生康熙乙未年九月廿

七日寅時卒乾隆壬寅年九月廿三日巳時
娶蘇氏名先生康熙庚子年九月廿九日戌時卒乾隆戊戌
年六月二十日辰時葬臺祖公園
子三　長儼　次承　三華
廷連公字孫捷號順德　瑰軒公次子生康熙壬寅年七月廿
一日吉時卒乾隆乙卯年六月廿四日寅時
娶洪氏生雍正辛亥年四月初一日吉時卒嘉慶癸亥年正
月十九日辰時
子一　先榜
廷鳳公字孫梧　瑰軒公三子生雍正丙午年十二月初九日
亥時卒乾隆巳酉年九月廿四日申時

娶周氏　生乾隆丁巳年九月初七日丑時卒嘉慶癸亥年
七月廿三日丑時葬臺祖公園
子四　長先奏　先宰　三魁　四定
廷禹公號文德　琨軒公四子生雍正壬子年正月初三日亥
時卒乾隆乙酉年六月初九日寅時葬臺祖公園
娶馬氏生乾隆戊辰年八月初十日寅時卒年月葬地俟查
子二　先朝　次廷
廷通公字孫達　琨軒公五子生卒年月葬地俱失
廷宗公字孫族號守良　高第公長子生雍正戊申年四月廿
一日辰時卒乾隆癸丑年九月初四日卯時葬宮嶺土名竿
湖尾坐乙辛兼卯酉

娶林氏生雍正庚戌年九月初二日夘時卒嘉慶庚申年正
月廿一日未時塟官嶺鄉土名鎮符
子四　長江　次啟　三英　四萃
廷宋公孫迎　高第公次子生乾隆丙辰年十月初六日子時
卒年月失
娶洪氏　生卒年月日失公媽塟地候查
歲進士名室官字孫喜號經山諱大文　高第公三子賦質聰
明奮志力學博攬古今作文有經史之氣下筆如春蠶之食
甫弱冠而遊嘉義之泮池未几而食餼纔日強而升嘉義之
選士候選儒學生乾隆丁巳年十月初九日寅時終乾隆丁
未年八月二十日未時

娶孺人生乾隆甲戌年五月十七日亥卒年月公媽塋在臺

子二　長益　次翻失

廷安公字孫石　高玉公長子生卒年月塋俱失俟查

廷寧公字孫康　高玉公次子生卒年月俱失

娶　氏生卒年月俱失塋地俟查

子二　長先希　次先品

廷超公字孫伏號順德　高玉公三子生乾隆癸亥年二月十四日子時卒乾隆壬寅年二月廿一日巳時

娶詹氏生乾隆丙辰年月日失卒乾隆壬寅年二月十四日巳時　公媽塋地俟查

子二　長先仲　次先偶

廷宦公字孫懿號仁德　高玉公四子生乾隆丙寅年三月廿七日巳時卒乾隆癸丑年十一月十九日午時娶楊氏　生乾隆己卯年六月廿九日辰時卒嘉慶壬申年五月廿八日未時葬菁藔祖公園内

子四　長先和　次先恩出繼　三先姜　四先試殤

廷審公字孫慎　高玉公五子生乾隆癸酉年七月十四日寅時卒年月日失

娶徐氏　生乾隆壬午年二月廿六日巳時卒年月失

公媽塟地候查

子一　長先椒出繼　次先虞

廷冡公字守喜　高唐公長子生雍正甲寅年六月十八日亥

時卒嘉慶巳未年二月十七日巳時與高唐公合塋宫嶺土
名公仔寮坐向
娶孫氏　生乾隆癸亥年九月十三日酉時卒乾隆甲寅年
七月十二日未時塟笼內坐向
子三　長先挺　次先宅　三先托
廷明公字孫朝號守德　高唐公次子生乾隆巳未年八月十
一日巳時卒嘉慶丙辰年十二月廿七日寅塟橄欖腳坐向
娶陳氏　生乾隆　年正月廿四日　時卒年月日塟失
子二　先八　先穴
廷揚公字孫陰號守顯　高唐公三子生乾隆甲戌年四月十
四日酉時卒在番年月塟地無考

娶宋氏　䂊節
　子一　先應
廷遣公字孫近　高賢公長子生乾隆辛酉年七月初二日午
　時卒乾隆壬寅年九月廿六日巳時
　娶王氏　生乾隆己巳年七月十七日亥時卒乾隆壬寅年
　九月廿六日巳時葬祖公園
　子一　先等
廷扶公字孫持　高賢公次子生乾隆乙丑年六月廿六日子
　時卒乾隆壬寅年　月廿六日巳時葬祖公園
　娶　氏䂊節
　子一　先炯

廷友公字孫愛號純朴　高蒲公長子生乾隆丙辰年四月初
六日辰時卒乾隆庚午年九月十三日辰時
嗣子　秋官
廷國公字孫邦號醇厚　高蒲公次子生乾隆戊午年四月初
二日酉時卒乾隆乙亥年五月廿三日辰時葬菁藔祖公園
娶劉氏　生乾隆戊寅年八月二十日亥時卒年月塋俱失
子二　先恭　先持殤
鄉賓廷官字孫仲號大才　高山公長子生乾隆戊午年七月
初十日丑時卒年月塋失
娶許氏　生乾隆庚申年七月十二日丑時卒年月失
子五　長資　次桂　三登　四寅　五秋

廷炎公字孫火　高亮公長子生乾隆癸亥年四月廿五日戌
時卒乾隆丁亥年十二月十二日午時無傳
廷淡公字孫薄號守素　高亮公次子生乾隆乙丑年十二月
十二日丑時卒嘉慶丙寅年十二月廿二日酉時
娶陳氏生乾隆己卯年十月十七日午時卒年月公媽塋失
子六　長先望　次鴿　三耀　四真　五卿　六勢
廷嘗公字孫讓　高龍公長子生乾隆乙丑年十月初二日戌
時卒年月失
娶蘇氏生乾隆庚午年二月十九日酉時卒慶嘉甲子年六
月十六日丑時葬祖公園
繼娶蔡氏生乾隆辛未年三月十五日巳時卒年月塋俱失

子二　長先取　次先平
廷開公字孫閣　高龍公次子生乾隆巳卯年七月初九日子
時卒年月日失
妣殷氏生乾隆巳丑年十月初二日戌時卒年月失
子四　長先應　次先彭　三先返　四先前
廷辨公字孫言　高龍公三子生乾隆乙酉年二月初二日亥
時卒年月日失
妣楊氏生乾隆甲午年十一月初一日酉時卒年月葬失
廷寬公字孫容號度魂　子珍公長子生乾隆丁卯年五月廿
八日酉時卒乾隆辛丑年五月廿九日寅時
妣蔡氏生卒年月失公媽塟地俟查

承繼子　先概

廷石公字孫鐵　子珍公次子生乾隆丙子年十二月初八日
酉時卒年月失
娶陳氏生乾隆戊子年八月廿日午時卒年月葬俱失
子二　先概出繼　先侯

例授武信郎大百宰珠羅軍功諱秉文廷容公字孫精號慎齋
振經公長子克勤克儉在臺經商滿儎旋歸建造大坋厦
屋生乾隆戊辰年四月廿八日巳時卒嘉慶丁巳年六日廿
五日　時
娶洪氏生乾隆壬申年三月初四日巳時卒年月葬候查
子三　長先瑜鄉賓　次先珙　三先珊

例授武信郎大戶侯諱秉理廷察公字孫省號鑒齋　振經公
次子爲人慷慨經商致富增廣田業營建大宅屋宇爲四鄰
儉待人寬惠林爽文亂招集義民保護月港嘉邑主賞給冠
帶學師尊謝諱金鑾受公恩惠記念在心迨公歿後開署本
學喚繼昌在學署學業數年諄諄教誨至昌游泮命昌設教
是視昌之猶己子也生乾隆癸酉年正月十三日酉時卒嘉
慶己巳年八月廿三日辰時葬本鄉水溝洋山土名官路坐
乙向辛兼卯酉
娶殷氏啟娘生乾隆戊寅年六月十九日卯時卒乾隆癸酉
年六月初十日寅時厝棺蘊参洋土名石蚍丁癸未丑向
繼娶王氏儉娘生乾隆年月失卒嘉慶甲戌年月日失厝棺

葬本鄉土地公崙與五子神補仝壙坐辛向乙兼酉卯

又娶王氏塔娘公歿後改節

子八　長祖裾　次祖右庠生　三祖祥　四祖視殷氏出　五神補　六神禱　七神福王氏出　八神祈仝母塔娘出

處士廷修公字孫茂號純齋　振經公三子家資頗饒建造三進厦屋嘉慶年間重建后祖宇公與族人共相任事可謂敬祖宗矣生乾隆乙亥年十月初一日酉時卒嘉慶甲戌年又二月廿六日巳時享年六十尾棺葬本鄉土名尾坋厝坐辛向乙兼戌辰

娶蘇氏生乾隆戊寅年六月十三日巳時卒道光　年十月十四日吉時葬本鄉土名尾石路田中坐坤向艮兼未丑

子四　長先鑾　次先鋪　三先鐫　四先鋸

例貢生名覺宮字孫知號妙齋諱秉智　振經公四子爲人豪傑成家大富創業維廣田園萬頃廈屋數座延師課督經文緯武桂子盈庭蘭孫滿砌人咸以華封視之生乾隆戊寅年四月初四日酉時卒道光辛卯年九月初十日酉時享年七十有四葬竿胡田中坐辛向乙兼戌辰

娶李氏金娘生乾隆癸未年十一月十三日卯時卒道光癸巳年九月十五日申時享年七十有一葬本鄉土名公仔寮坐亥向巳兼乾巽

繼娶莊氏生乾隆丙戌年十二月廿日亥時卒嘉慶戊辰年七月初七日未時葬本鄉土名大坋墘大水路坐坤向艮

側室陳氏生乾隆丙申年六月廿七日酉時卒道光年九月十七日辰時享年七十有六葬本鄉土名

子十二　長坦李氏出　次愷莊氏出　三韜李氏出　四深莊氏出

五森李氏出　六灿莊氏出　七貴李氏出　八嬌陳氏出

九增陳氏出　十塡李氏出　十一廷莊氏出　十二錦陳氏出

廷壯公字孫穆號義士　子瀶公長子生乾隆丙子年三月初四日午時卒乾隆丁未年八月廿日未時林爽文亂領義民陣亡

娶張氏生乾隆乙酉年十月廿一日寅時卒年月失

子二　春云　春成

太學生名廷勇字孫秩諱秉正　子瀶公次子賦性賢能生殖

致富在臺經商旋歸故鄉應置田庄多建屋宇慶請西賓課商課讀各業而成生乾隆甲申年七月廿六日丑時卒道光辛巳年五月十一日巳時葬本鄉土名小格坐南向北

娶徐氏生乾隆壬辰年四月十四日巳時卒道光丁酉年四月十六日戌時享年六十有六葬本鄉土名紅嶺寨脚坐乾向巽兼亥巳

子五　春服　春新庠生　春泰　春勸殤　春買

廷且公字孫和號義敏　子濟公三子生乾隆庚寅年六月初二日未時卒嘉慶甲戌年三月初八日　時

娶陳氏生乾隆辛卯年十月十二日寅時卒道光甲辰年九月三十日寅時享年七十有六公媽葬俟查

子四　長欺殤　次興　三奧　四梭

廷耽公字孫槷　子灦公長子生乾隆丙戌年十二月初七日申時卒年月日失

娶殷氏生乾隆丙申年五月廿五日未時卒年月葬俟查

子二　長瓚　次注

廷源公字孫橦　子灦公嗣子生乾隆癸丑年三月初十巳時

娶張氏豫娘生乾隆甲寅年五月三十日申卒年月葬俟查

優廪生諱桂字孫攀號以岩　子澤公長子智慧聰明飽滿詩書　道憲嘉之曰此子非常人也不數年必登青雲上果於庚午科游嘉邑之庠生庚辰科補嘉邑廪生生乾隆乙未年三月初七日酉時卒年月葬俟查

娶陳氏哂舍生乾隆乙未年七月十九未時卒年月塟俟查

子一　珠璣

廷香公字孫梅　子澤公次子生乾隆己酉年九月初一日子

時卒年月失

娶杜氏焄娘生乾隆癸丑年正月十三日酉時卒年月失公

媽塟俱在台

嗣子　先蘭

廷檜公字孫楫　子澤公三子生乾隆庚戌年六月廿八巳時

娶李氏金遵娘生嘉慶戊午年十月初一日巳時公媽卒年

月日失塟地俱在台

廷潘公號正華　子有公長子生乾隆癸酉年　月　日　時

卒乾隆庚戌年六月初五日酉時葬宮嶺鄉土名尾窨邊

妣洪氏生乾隆　年　月　日失卒年月葬候查

子五　長鵬　次鶴　三鳩出繼　四鷓　五鸇

廷眼公號視遠　子有公次子生乾隆　年　月　日　時

卒乾隆　年九月廿五日未時葬宮嶺江厝坐乾巽兼亥

娶葉氏生乾隆　年　月　日卒年月少候查

子二　長先鳩承繼　次先贊

廷吉公　子有公三子生乾隆　年七月初一日　時在台

卒年月葬無考

娶蘇氏生乾隆癸未年　月　日卒年月葬候查　在台

繼娶陳氏生乾隆年　月失卒年月葬候查

子五　長慶　次鏡　三興　四壬　五五

鄉賔廷榮公字　華　子有公四子生乾隆乙酉年六月廿八日　時在臺卒年月日時葬候考

娶陳氏生乾隆庚寅年十二月初七日　時卒道光壬寅年二月廿三日酉時葬紅嶺護厝后坐癸向丁兼子午

子四　長椿貢生　次裁　三欽　四坣

廷次公字孫中　振畏公長子生乾隆壬午年三月十六日酉時卒年月葬俟查

妣鄭氏生乾隆壬午年十月初九日寅時卒嘉慶戊辰年五月廿一日戌時葬宮嶺鄉土名紅嶺坐　向

子三　長先錄　次先赤　三先鑽

廷敬公　振衰公次子生乾隆乙酉年十月十八日戌時卒年
月塟俱失
娶蘇氏生乾隆巳丑年七月二十日巳時卒年月失
子二　長揖　次纂
歲貢生名植官字孫培諱培　振衰公三子才質聰敏氣量高
超胸羅錦繡經文洞徹此其才不久屈池中必登青雲上於
科掇採芹香辛巳科補廩道光庚子科選嘉邑歲貢生乾隆
庚寅年正月十二日戌時在台卒年月塟俟查
娶孺人李氏生乾隆甲午年年四月十四日巳時在臺卒年月
日時塟俟查
子一　先茵殤

廷滇公　振衷公四子生乾隆癸巳年九月廿六日寅時卒嘉
慶庚午年二月十四日寅時葬塩水港
廷台公　振衷公五子生乾隆丁酉年正月十八日未時卒嘉
慶庚午年三月初八日戌時葬在臺學
娶曾氏旼節
廷添公　振中公長子生乾隆丁亥年九月廿二日鄉時卒嘉
慶丙寅年十二月十七日巳時葬橄欖脚坐西向東
娶李氏生乾隆丙戌年七月初五日亥時卒年月葬俟查
子四　長來　次德　三禽　四協
廷海公　振中公次子生乾隆癸巳年十二月十八日午時卒
道光戊申年正月初九日酉時葬本鄉土名虎堀格坐丁[illegible]

兼未丑
娶孫氏暖娘生乾隆癸巳年十二月初九日亥時卒咸豐壬
子年八月廿日亥時瓦棺葬本鄉土名土地宫坐北向南
子三　長約　次河　三肴
廷川公字孫百　振中公三子生乾隆戊戌年十月初六日寅
時卒道光甲辰年十月廿七日　時葬本鄉土名内畲坐西
向東
娶殷氏悅娘生乾隆壬寅年十月廿四日辰時卒道光乙巳
年六月初六日辰時葬本鄉土名藍厝脚田下坐西向東
子六　長橐　次做　三視殤　四玃　五玊　六秩
廷部公字孫華　振中公四子生乾隆甲辰年正月三十日辰

時卒嘉慶辛酉年五月十三日亥時葬本鄉土名正順宮田

中坐乾　巽　娶　氏段節

子一　先歲承繼

廷迎公　傅公子往番歿生卒年月葬無考

廷菊公字孫花　鑿公長子外出及妣生卒年月葬候查

子四

廷浪公字孫波　鑿公次子生乾隆甲申年十二月廿六日

時在番歿年月葬候考

廷京公字孫師　鑿公三子生卒年月葬候查

廷與公　程公長子生乾隆己亥年三月初八日未時卒嘉慶

年　月　日　時葬在台候查

廷趨公　程公次子生乾隆壬寅年八月十八日酉時卒年月
葬失
廷領公號温良　程公三子生乾隆丙午年八月初一日　時
卒嘉慶　亥年正月初六日卯時葬失
廷留公字孫廷　程公四子生嘉慶庚戌年十二月十六日
時卒年月葬失
廷基公　執公嗣子生乾隆戊戌年四月十四日亥時卒年月
葬失
廷祿公號順德　敦明公長子生乾隆丁巳年十一月廿四日
丑時卒乾隆戊申年六月初三日未時葬俟查
娶陳氏生乾隆辛未年七月十六日辰時卒年月葬俱失

子一　先君

廷壽公號守德　敦明公次子生乾隆丙寅年三月十八日酉

時卒嘉慶辛丑年七月十八日酉時葬四安蹈內

娶陳氏生乾隆甲申年七月廿七日卯時卒年月葬俟查

子二　長順情　次順序

廷贇公　敦明公三子生乾隆巳已年十一月十一日丑時卒

年月葬失

娶魏氏生乾隆庚辰年八月十五日午時卒年月葬無考

廷方公　竹公長子生卒年月葬候查

廷泮公　竹公次子生卒年月葬俟查

廷動公　竹公三子及妣生卒年月葬無考

子二　長香　次驕江往

後十六世坤房派

成男公　文會公子生卒年月葬俟查

子一

嫣慶公　貽公長子生卒年月塟俟查

嫣瑞公　貽公次子生乾隆丙寅年月日時失卒年月塟俟考

娶葉氏生卒年月塟失

子二　長嬌　次豫

廷肇公字孫基　成卿公子生乾隆壬申年十月十七日寅時

卒年月塟俟查

娶洪氏吉娘改節

廷勳公　艮卿公長子生乾隆丁丑年正月初一日午時卒年

子一　得璽

月塟俟查

廷燎公　艮卿公次子生乾隆己卯年四月廿三日辰時卒年

月塟無考

廷炳公　艮卿公三子生乾隆癸未年三月十三日辰時卒年

月塟失

廷煖公　艮卿公四子生乾隆癸巳年二月十一日寅時卒年

月塟失

廷燦公　舫卿公長子生乾隆甲申年七月二十日丑時卒年

月塟失

廷炌公　舫卿公次子生乾隆丁亥年十一月初四日辰時卒
乾隆庚子年三月初三日巳時塟俟查

廷淡公　舫卿公三子生乾隆壬辰年十一月初十日酉時卒
乾隆辛丑年二月　日　時塟俟查

廷煊公　德卿公長子生乾隆壬辰年三月廿五日寅時卒乾
隆壬寅年十月廿六日　時塟俟查

廷粒公　德卿公次子生乾隆甲午年十月廿日卯時卒年月
塟俟查

腹子公　德卿公三子生乾隆巳亥年八月初六日申時卒乾
隆甲辰年五月廿三日　時塟俟查

頡開公　子植公長子生乾隆巳丑年九月十一日未時卒乾

隆甲辰年五月十六日卯時塟侯杳

例贈武畧德騎尉諱瑞雲字孫閣名馥昌號鷺島公　　子植公

次子生乾隆壬辰年七月廿四日卯時卒道光甲申年九月

初五日戌時塟在厦獅山土名龍潭宮邊仙人拖網穴坐甲

向庚兼卯酉

娶安人張氏名偕娘號貞順生乾隆壬辰年四月初五日午

時卒道光己酉年四月十七日午時塟在厦萬石岩下李仔

山穴坐甲向庚兼寅申

子三長先誇　次先謙　三先興

廷瑼公　　子植公三子生乾隆乙未年月日時卒年月塟侯杳

子二　長獺　次裕

祥璘公　子植公四子生乾隆巳亥年九月初六日　時卒年九月日塟候查

國樑公　子植公五子生乾隆戊申年正月廿七日吉時卒年月日時塟俟查

國恩公　子植公六子生嘉慶庚申年正月初十日　時卒年月塟俟查

馥添公　子永公長子生乾隆庚寅年三月十九日　時卒年月塟俟查

廷賏公　子永公次子生乾隆丁酉年七月廿二日巳時卒年月塟俟查

馥珞公　子永公三子生乾隆巳亥年十一月廿九日巳時卒

年月葬俟查

廷珪公　子鳳公長子生乾隆庚子年七月廿九日午時卒年
月葬俟查

廷蝦公　子鳳次子生乾隆壬寅年五月初七日午時卒年月
葬俟查

國禎公　子鳳公三子生乾隆戊申年十二月初四日　時卒
年月葬俟查

邑庠生名博士字孫約諱紫雲　斐亭公長子奮志攻苦早掇
芹香非有定價乎生乾隆癸未年五月十四日未時卒年月
日時失

娶龔氏號恭懿生乾隆壬午年七月初四日未時卒乾隆乙

巳年八月十二日郊時塟古田寨打石山穴坐東向西
繼娶　氏生卒年月塟俟查
子二　長作哲　次作乂

廷協公　裴亭公次子生乾隆乙酉年十一月廿一日　時卒
年月日塟俟查

廷球公　裴亭公三子生乾隆戊子年四月三十日巳時卒乾
隆巳酉年四月初十日未時塟俟查

廷璐公　裴亭公四子生乾隆庚寅年八月十八日戌時卒道
光庚子年二月廿八日未時塟仁段山坐辰向戌兼巽乾

廷碗公　裴亭公五子生乾隆丙申年三月廿三日酉時卒道
光戊戌年七月初九日丑時　子一　德

娶洪氏生卒年月塋俟查

恩貢生諱祥雲字孫來又字忝所號魯齋　明恪公子嘉慶庚辰科特恩貢生常對人言曰余有父而不能含其喪有母而無以致其養其忝所生實大何以自立於高厚其更字我以忝所生乾隆癸未年十月十一日戌時卒道光己丑年十一月廿九日吉時

妣洪氏號勤慎生乾隆壬午年五月十一日　時卒乾隆壬子年八月初三日　時瓦棺全塋本里仁叚山中崙尾坐夘向酉兼乙辛

繼娶謝氏生乾隆壬午年十月初十日時卒嘉慶己夘年五月十一日吉時塋本里仁叚山

又娶許氏生乾隆辛丑年十月十三日巳時卒年月葬俟查

師祖魯齋公紀錄

恩進士例授儒林郎魯齋公黃老先生師祖也諱祥雲字孫來又
字泰所師祖賦性寬和宅躬謹恪事父母先意承志處叔季
既翕且耽違思爵祖徹宗近切和鄉睦族首董重修祖祠生
平之忠義可考景厥資禀穎悟過人過目成誦詩書六藝凡
不淹通經籍子史無不參考綱鑑百家採録全付名曰崇雅
巾箱字學則法歐虞文藝則祖金陳童年高採芹香壯歲旋
叨虞廩應大比屢經入彀遇隆恩特貢成均文章詩賦獨出
冠時固宜詠鹿鳴題鴈塔食雉膏然天欲蘊蓄其才華使甄
陶士類誘掖文人是故師祖友教四方引掖後進生徒之尊

解掄元掇巍科登仕版者甚多遊泮水食廩餼者不可勝紀
祖詢大有功於文人學士者矣
歲進士例授修職郎候選儒學正堂現廷試門下生孫花水頓
首拜撰
子三　長昶庠生　次延齡　三敲庠生

廷傳公　子彭公長子生乾隆辛卯年九月十七日　時卒
月日塟候查

廷侶公　子彭公次子生乾隆辛卯年九月十七日　時卒年
月塟候查
娶洪氏　娘生卒年月塟候查

廷璵公　子啟公長子生乾隆乙酉年六月初三日戌時卒乾

隆庚子年十二月十三日午時
娶吳氏忠娘生卒年月葬俟查
子一　先挺
廷塭公　子啟公次子生乾隆戊子年四月廿一日辰時卒年
月葬俟查
娶洪氏雅娘生乾隆　年　月　日　時卒年月葬俟
子一　福書
拭望公　子受公長子生乾隆甲申年七月十一日午時[illegible]年
月葬俟查
廷玉公　子受公次子生乾隆丁亥年十月廿三日[illegible]卒年
月葬俟查　娶　氏生卒年月葬失

子一　復

璆珠公　子受公三子生乾隆丁酉年十一月十五日戌時卒

年月葬候查

廷修公　子苑公長子生乾隆癸未年十一月初二日吉時卒

年月葬俟查

廷經公　子苑公次子生乾隆戊子年四月廿三日子時卒年

月葬俟考

廷仙公　子前公長子生乾隆辛卯年九月二十日辰時卒嘉

慶壬戌年六月初五日巳時葬俟查

廷買公　子前公三子生乾隆辛丑年三月廿三日　時卒年

月日時葬失

廷佽公　輝攝公承繼子生乾隆丁酉年十月十七日巳時卒嘉慶辛酉年十月十九日　時塟俟查

廷琴公　輝倡公子生嘉慶己未年十一月十八日寅時卒年月塟俟查

廷璃公　輝静公子生嘉慶己未年十一月十八日午時卒年月塟俟查

廷糖公　輝勸公子生嘉慶丁夘年正月十五日午時卒年月塟俟查

廷伉公　輝訓公子生乾隆甲寅年十月十四日丑時卒年月塟俟查

條根公　輝海公子生乾隆辛巳年二月十六日丑時卒年月

塋無考

奏喜公　輝榜公長子生乾隆甲申年十二月初六日卯時卒

嘉慶與申年十一月十四日辰時塟俟查

娶陳氏改節

廷越公　輝榜公次子生乾隆壬辰年十月廿三日卯時

卒年月塟俟查

娶王氏宜娘生乾隆己亥年十月廿五日巳時卒年月日時

塟俟查

廷慈公　輝榜公三子生乾隆丙申年三月廿一日午時卒年

月塟俟查

娶謝氏栽娘生乾隆癸卯年三月廿一日午時卒年月塟

俟查
娶　氏生卒年月塟俟查
子一　長山
廷瓦公　輝甲公子生乾隆巳丑年十月初五日亥時卒乾隆
乙夘年　月　日　時塟俟查
如淵公　輝楓公　子生乾隆甲午年六月初二日丑時卒乾
隆乙夘年四月廿八日未時塟俟查
廷盉公　輝楓公次子生乾隆巳亥年七月廿九日亥時卒嘉
慶乙亥年七月十九日巳時
娶李氏慶娘生乾隆庚子年九月十八日午時卒年月日失
公嫣塟俗查

子一　長來

廷悅公　輝楓公三子生乾隆癸卯年五月十五日午時卒年
月日時失
娶陳氏淑娘生嘉慶丁巳年十月十一日辰時卒同治乙丑
年十一月十一日寅時　考妣塋俱候查
子一　金雕

雲開公字孫拓號垂合　有直公長子生乾隆辛卯年七月初
二日丑時卒道光壬午年三月三十日午時
娶謝氏早娘生乾隆癸巳年十一月十四日未時卒道光丁
亥年十月十二日未時　考妣塋俱候查
子三　長高攀　次高出出繼　三高曉

佛送公號肅敬　有直公次子生乾隆癸卯年十一月廿五日
卯時卒嘉慶巳未年十月十二日亥時葬本里巳山
承繼子一　高出
鄉飲賓諱逵裒名樹珍號郵裕　有著公長子立心制行秉正
無私生平酷嗜書香爲念縣主黃諱宅中贈匾儒德足風生
乾隆庚寅年五月初六日未時卒道光壬辰年十一月初七
日申時葬本里湖厝坐寅向申兼艮坤
娶石氏參娘生乾隆癸巳年六月初六日未時卒道光辛丑
年九月初三日卯時葬本里后院內坐乾向巽兼戌辰
子二　長允廸　次允固
樹珩公字孫瓚號垂珮　有著公次子生乾隆壬辰年七月廿

五未時卒道光壬辰年十二月十二日未時葬本鄉仁段山
孩兒內崙坐寅向申兼艮坤
娶陳氏首娘號心莊生乾隆癸巳年十二月十二日卯時卒
嘉慶辛未年六月廿六日辰時葬孩兒左邊第二崙坐辰戌
兼巽乾
繼娶謝氏切娘號心惠生乾隆戊戌年二月十二日巳時卒
道光乙酉年十二月三十日申時葬本鄉後磔崙坐坤向艮
兼未丑
子六　高會　高尚　高舉　高平　高澤　高翔
樹助公字孫伯號垂聘　有著公三子生乾隆乙巳年三月三
十日亥時卒嘉慶庚辰年十二月十九日未時吧殁葬在吧

娶山兜林氏蔭娘號心慈生乾隆丙午年三月初七日申時
卒嘉慶乙亥年十一月廿八日未時
繼娶林氏借娘號心愛生乾隆丁未年七月廿九日未時卒
年月日時失塟本里后院坐　向
承繼子　長桑蓮　蔭娘出　次桑梓　借娘出
樹蟾公號垂步　有正公長子生乾隆庚寅年六月十九日卯
時卒道光壬午年十月十五日丑時
娶謝氏贊娘生乾隆甲午年七月二十日寅時卒道光壬辰
年七月廿八日　時　公媽塟地俱候查
子二　長旋禮　次旋規
樹社公字孫里　有正公次子生乾隆丙申年十一月十七日

巳時卒道光甲午年六月初五日酉時

娶趙氏錠娘生乾隆丙申年正月廿一日辰時卒道光壬寅

年十月廿五日巳時　公媽葬地俱俟查

子四　長高節殤　次塩梅　三冬叭　四桑蓮出繼

鄉飲賓荔玉公字孫美號璽監　香山公長子生乾隆乙巳年

六月廿四日卯時卒同治癸亥年正月廿七日辰時與　担

娘李氏仝葬後溝山六坪頂坐戌向辰兼乾巽

娶孺人陳氏早娘號温姿生乾隆戊申年九月十七日酉時

卒道光癸未年六月十三日午時厝棺葬本里仁段山脚穴

坐乙向辛兼卯酉

繼娶陳氏辨娘號儉姿生嘉慶庚申年九月十一日卯時卒

道光丙午年二月十九日申時
又繼娶李氏担娘號懿姿生嘉慶辛未年三月初十日亥時
卒光緒壬午年五月十八日未時
子四　長宗紹　次宗纓　三宗帆　四栢殤

瑞芳公字孫傳號垂澤　香山公次子爲人忠厚勤儉成家詩
書酷嗜孝友是敦生乾隆庚戌年七月初五日巳時卒道光
乙酉年二月十五日未時
娶王氏圓娘號柔姿生乾隆壬子年十一月初六日卯時卒
嘉慶壬申年十二月初五日巳時與公仝塟本鄉別崙尾穴
號黃龍摇尾坐巳向亥兼丙壬
繼娶施氏訪娘號和姿生嘉慶戊午年十月初五日辰時卒道

光壬午年九月廿二日酉時葬本里土名仁䢺山穴號虎仔
蹺墻坐乙向辛兼辰戌
子二　長宗綏　次宗桴
垂修公諱業官字孫劍　南山公長子生乾隆甲辰年六月初
六日申時卒道光庚寅年十一月十一日卯時葬本里后院
坐　向
娶許氏窕娘生乾隆甲午年五月十八日子時卒　年
月　日　時葬地候查
子四　長護　次培　三植　四裔
廷談公號垂立　南山公次子生乾隆丁未年五月十八日酉
時卒道光丙申年三月初七日　時尾棺葬坐　向

娶孺人許氏諱造娘生乾隆癸丑年十一月廿一日午時卒
咸豐丁巳年六月十二日酉時葬候查
子二　長巧　次圖

廷詿公　輝都公子生乾隆己酉年十二月初七日亥時往金
門因平海賊向義水軍陣亡卒　年　月　日　時葬地
無考

廷腆公　公子生乾隆　年五月十七日巳時卒年月日時
失塋候查

廷捫公　輝韜公長子生嘉慶甲戌年十一月廿二日酉時卒
咸豐乙卯年六月廿二日丑時
娶趙氏圭娘改節

子一　先義

廷情公字孫性號温厚　輝丙公長子生乾隆丁酉年正月初七日丑時卒咸豐丁巳年六月初七日巳時厝棺塟后院

娶陳氏號恬柔生乾隆壬寅年八月廿六日亥時卒嘉慶己卯年四月十一日午時塟本里土名後磜畚畾枝穴坐丁向癸兼子午

子三　長加和　次加閃出繼　三部

廷囊公　輝丙公次子生乾隆己亥年十二月初八日亥時卒嘉慶庚申年十月初三日亥時

承繼子　加閃

廷精公號温雅　輝丙公三子生乾隆戊申年五月初四日亥

時卒嘉慶丙子年五月廿五日申時往吧殁葬在吧
廷淙公字　輝玩公子生嘉慶癸酉年十二月初九日寅時卒
　年月葬候查
廷剖公　輝令公子生乾隆　年　月　日時卒年月葬候查
秋蘭公　申福公嗣子生道光戊子年四月初十日未時卒年
月葬侯考
廷秋公　輝遜公長子往厦殁生道光戊子年四月初十日未
時卒年月葬候查
按以上子字孫字世字之人大都皆有生年月無卒年月未
有記娶記子尹惴而度之想當日緝譜之時其人尚在後或
移居外府或過都遠出是以舊譜無載至今年湮代遠人往

風微無可稽查余就其舊譜採載以俟後之查詳條縷分記以垂不朽云

後房十六世福水派

廷竹公字孫栢　恒室公長子生雍正庚戌年七月初四日未時卒年月失

娶林氏送娘生乾隆戊辰年四月廿一日巳時卒嘉慶辛酉年七月十一日卯時公媽塋地俱俟查

子四　長得　次資　三捷　四楓

廷朕公字孫古　恒室公次子生雍正癸丑年二月廿四日申時卒年月失

娶徐氏鳳娘生乾隆己　年四月十三日辰時卒年月日失

公嫣葬地俱俟查
廷毫公字孫匣　恒室公三子生乾隆己未年九月初二日酉
時卒年月葬俟查
廷高公字孫低　恒室公四子生乾隆己未年九月初二日巳
時卒年月葬俟查
廷瞻公字孫老　和懿公長子生乾隆癸亥年五月十五日寅
時卒年月葬俟查
廷堅公字孫固　和懿公次子生乾隆己巳年四月廿二日酉
時卒年月葬俟考
拜蟾公字孫宮　士林公長子生乾隆戊辰年八月初九日酉
時卒年月失

娶張氏生乾隆丁丑年五月十二日酉時卒年月失　公媽
塟地俱俟查
廷宗元公字孫長　士林公次子生乾隆丁丑年正月十四日
亥時卒　年　月　日　時
娶謝氏且娘生乾隆壬午年六月初七日未時卒　年　月
日　時　公媽塟地俱俟查
子二　長札　次在
廷悻公字孫慫號敬賢　士林公三子生乾隆庚辰年七月廿
八日亥時卒年月失
娶石氏　娘生卒年月失　考妣塟地俱俟查
子四　長對　次雙　三灯　四福

廷榮公字孫華　勤考公長子生乾隆辛丑年五月十四日亥
時往臺殁年月失塟在臺
廷茂公字孫臧　勤考公次子生乾隆戊申年十月初一日子
時卒年月塟地候查
廷守公字孫望　士　公子生乾隆庚申年十二月廿一日酉
時卒　年　月　日　時
娶吳氏担娘生乾隆甲戌年八月十八日寅時卒　年
月　日　時　公嫣塟地俱俟查
子一　于生
廷悌公字孫孝　士科公承繼子生乾隆癸亥年五月廿六日
己時卒　年　月　日　時

娶洪氏網娘生乾隆甲戌年十　月二十日寅時卒　年

月　日　時　公媽塋地俱候查

子一　生

廷闕公字孫疑　士倫公承繼子生乾隆丙寅年三月十八日

亥時卒　年　月　日　時

娶洪氏映娘生乾隆己卯年七月初六日酉時卒　年

月　日　時　考妣塋地俱候查

子一　媽暢

廷倡公字孫秋　則意公長子生雍正庚戌年七月初四日子

時卒　年　月　日　時塋候考

廷和公字孫貴　則意公次子生雍正壬子年十二月初八日

吉時卒　年　月　日　時

娶王氏坦娘生乾隆乙亥年三月初六日巳時卒　年

月　日　時　公媽塟地俱候查

廷鵲公字孫喜　則意公四子生卒年月塟候查

廷奪公字孫解　則意公五子生乾隆己巳年五月初四日子

時卒　年　月　日　時塟俟查

廷爾公字孫我號　士惜公長子生乾隆辛酉年十二月廿八

日巳時卒道光戊子年正月十三日巳時塟在臺

廷種公字孫耕　士惜公次子生乾隆壬申年十一月初六日

丑時卒　年　月　日　時

娶方氏足娘生乾隆庚辰年八月二十日寅時卒　年

月　日　時　　公媽塋地候查

廷出公字孫入　子璣公承繼子生雍正巳未年三月廿八日

郊時卒　年　月　日　時

娶徐氏生雍正巳未年七月廿六日亥時卒乾隆乙未年正

月十七日子時　公媽塋地俱俟查

子二　長興　次世

廷班公字孫列　子璣公次子生乾隆庚午年二月初六日酉

時卒乾隆癸巳年十一月十五日子時寄塋在磜仔

娶洪氏森娘生乾隆庚午年六月初一日亥時卒年月塋地

俟查

子一　咸寧殤

廷錠公字孫銀　規度公長子生乾隆壬戌年二月十五日酉
時卒　年　月　日　時塟候查
廷降公字孫任　規度公次子生乾隆壬申年八月初六日巳
時卒　年　月　日　時塟候查
廷雲祥公字孫瑞　規度公三子生乾隆丙子年正月廿九日
酉　卒　年　月　日　時塟候查　按以上士字世
字之人皆有生之年月而無卒之年月塟地予而端之前緝
譜之時其人尚在內中僅有些少條記生卒抑或其人往臺
外出故有生之年月而無卒之年月其中有婚娶無婚娶有
子無子代遠年湮難以稽考余就舊譜採緝以俟後之子孫
房親查明記載云　裔孫懋原未詳謹誌

廷脊公字孫發號月興　明直公長子生乾隆庚午年九月初三日戌時卒嘉慶庚申年十一月初五日午時瓦棺塟眞武踏龜盤蛇尾坐庚向甲兼酉夘

娶謝氏足娘生乾隆庚辰年九月初四日亥時卒　年　月　日　時葬本里軍坂坐癸向丁

子三　長老　次漢　三四出繼

廷查公字孫耆號月映　明直公次子爲人忠厚顧祖宗嘉慶年間烏坑山被馬坑蔡家圖佔致成大禍祖業費盡無遺公往臺鳩捐百金回來生息積贖祀業糧祀賴以不失嘉慶年間重修祖祠勤勞共董可謂尊祖敬宗生乾隆辛巳年七月初九日辰時卒道光辛丑年十一月十一日未時享年八十

有一四代一堂壟石碣林大埔内坐壬丙兼子午外兼亥巳
娶楊氏救娘號懇懿生乾隆乙酉年九月十一日酉時卒嘉
慶戊辰年六月二十日辰時瓦棺壟眞武踏龜蛇尾坐頁向
申兼庚甲
子四　長先拱　次先守　三先顔出繼　四先冬
廷彜公字孫梓號垂成　明直公三子生乾隆庚寅年正月十
七日午時卒嘉慶庚申年五月廿三日巳時瓦棺壟本里冬
坑山坐辛向乙兼戌辰
娶　氏皎節
子三　長先望殤　次先西承繼　三先顔承繼
廷總公字孫督號月理　明直公四子生乾隆甲午年五月十

四日戌時卒道光丙午年十月初一日未時享年七十有三
瓦棺塟本里牛屘頭水辨石中坐辛向乙兼酉卯
娶李氏淡娘生乾隆癸卯年七月十四日午時卒咸豐辛酉
年十月二十日酉時享年八十塟覆船崙溫州伯墓下坐癸
向丁兼丑未
子二　長克連　次先蚩
廷鑑公字孫彩　明庇公長子生乾隆乙亥年六月十六日辰
時卒乾隆甲寅年四月廿九日丑時
娶賴氏歿節
子一　先斗
廷臻公字孫陳　明庇公次子生乾隆巳卯年八月十六日卯

時卒道光癸未年二月二十日卯時
娶林氏生乾隆癸巳年六月初二日酉時卒道光丁酉年三
月廿四日申時　公媽瓦棺合葬牛肚頭圳頂穴坐庚向
甲兼酉卯
子三　長先端　次先作　三先卯
廷慨公字孫慷號秉毅　明庇公三子生乾隆丙戌年七月廿
九日巳時卒道光癸未年八月廿六日寅時瓦棺葬本里
廷友公字孫恭　明德公長子生乾隆癸巳年正月初八日辰
時往臺卒年月失塟在臺
子　在臺
廷寬公字孫宏號　明德公次子生乾隆乙未年十月初七日

午時

娶　氏仝往臺歿生卒　年　月　日　時　塟地在臺

子　如珠在台

廷桐公字孫梧　懷安公長子生乾隆壬午年十一月初八日

酉時

娶　氏仝往臺上淡水溪洲生卒　年　月　日時塟在臺

子三　長深　次梅　三稀俱在台

廷井公字孫田　懷安公次子生乾隆丙戌年七月初七日亥

時往台卒　年　月　日　時塟地在臺

廷感公字孫應號月化　明善公長子生乾隆丁亥年四月十

七日夘時卒咸豐甲寅年九月十六日夘時塟在臺上淡水

娶趙氏由娘號應順生乾隆壬辰年二月十二日辰時卒嘉
慶壬申年五月廿八日卯時同治二年瓦棺扦塟眞武踏龜
盤蛇肚灰埜下坐巽向乾兼巳亥
子二　長欵　次院俱在台
廷偏公字孫正號月德　明善公次子生乾隆庚寅年四月廿
五日巳時卒道光丁酉年正月十八日　時塟本里埔豐巒
胡穴坐寅向申兼
娶李氏號惠慈生卒年月失塟本里上墩崎坐坤艮巽申寅
子五　長口　次近　三遠出繼　四民　五歛
廷比公字孫試　明善公三子生乾隆戊戌年又六月廿三日
寅時卒嘉慶辛酉年九月十四日酉時瓦棺塟本里石碣林

社庭大坵石唇向湯壠洋坐巽向乾兼巳亥

子一　上遠承繼

廷添公字孫丁號五郎　明善公四子生乾隆乙巳年正月廿五日亥時卒嘉慶壬申年五月初七日酉時在台歿葬在臺

子一　先敬承繼

廷雖公字孫仝號月盈　明善公五子生乾隆丁未年十月初五日辰時卒咸豐壬子年十二月初九日戌時厝棺葬本里娶王氏續娘生乾隆丙辰年五月廿四日酉時卒咸豐辛亥年八月十六日未時厝棺葬本里土名

子二　長先敬出繼　次先捧

廷送公字孫迎　士固公長子生乾隆庚辰年正月初八日午

時往番卒年月日時失塟在番

廷路公字孫道　士固公次子生乾隆戊子年六月廿八日申

時往番卒年月日時失塟在番

廷八公字孫卦　士岳公嗣子生乾隆辛卯年九月十八日辰

時往番卒年月日時失塟在番

廷執公字孫德　士錯公子生乾隆庚寅年六月廿九日巳時

卒年月失

娶　氏生卒年月失　公媽塟地俱候查

廷德公字孫月　士驥公子生乾隆癸巳年六月初八日巳時

卒年月塟地候查

廷俊明公字孫克　士参公子生乾隆壬辰年十二月二十日

時卒年月葬地候查

以上諸人亦是往臺過番故失年月娶

廷崇公字孫山號居禮　恒元公長子生康熙庚子年三月廿二日巳時卒雍正甲寅年正月十三日未時葬本里參林口土名廟後崙坐艮向坤後扦福州府長樂縣五都地名珠山飛鳳形穴內坐庚向甲兼申寅外坐申向寅兼庚甲龍從横店鄉穿峽后有鄉上丁右有鄉下丁前朝山曰天池

娶　氏生卒年月葬地俟查　此人想必有子往長樂不然何能扦風水於長樂乎

廷頗公字孫謀號以燕　恒元公次子生雍正戊申年五月二十日子時卒年月失

娶李氏生雍正癸丑年九月十九日丑時卒慶嘉丁丑年九月十九日戌時享年八十有五　公媽塟地候查

子一　雲矽

廷輿公字孫深號向慶　恒元公三子生雍正癸丑年八月十二日丑時卒乾隆丁亥年十一月廿六日亥時隆隆丁未年改塟梨坂對面墘坐丑向未兼癸丁後扦塟朝山仔塟本里覆船內埔薑林坐癸向丁兼丑未

娶張氏生乾隆丁巳年又九月二十日酉時卒乾隆辛酉年八月初六日未時塟地候查

子一　明辦

邑庠生諱大慶乳名廷項公字孫杓號勵齋　恒元公五子天

資明敏邁志力學用功啓而生徒衆易理深明其硃疏易經
令人過目而了然公畢生之用功鵬程萬理向不過分惜乎
徒一青衿與四兄同游泮水足徵好學之一報也生乾隆庚
申年十一月十七日巳時卒嘉慶辛未年五月初七日卯時
享年七十有二塟本里覆般院胡內坐　向
娶孺人張氏降娘生乾隆乙丑年正月廿一日卯時卒乾隆
甲午年三月二十日子時塟叁林脚頭紆崙中崙內坐卯向
酉兼乙辛外兼甲庚
繼娶孺人蔡氏生乾隆壬申年正月廿八日丑時卒乾隆丙
申年六月廿八日午時半載夫妻塟叁林埔薑林崙坐戌向
辰兼乾巽

又娶陳氏生乾隆甲戌年十二月十四日酉時卒道光乙酉年十月十五日巳時塟本里土名
子四　長玉茁張氏出　次玉搸　三玉搼　四鹿苹陳氏出
邑庠生諱標新乳名廷項公字孫翰號泓齋　恒書公承繼子聰明頴悟才質異常應試屢拔前茅兄弟同榜生乾隆丙辰年十月十八日午時卒乾隆丁未年十月初七日申時享年五十有二塟本里坐寅甲兼庚申
娶林氏生乾隆壬戌年七月十五日寅時卒乾隆甲寅年十二月初十日酉時塟本里
子二　長尚鈞　次尚齡
廷霞公字孫雲　太和公長子生乾隆丁卯年四月初十日卯時

卒隆隆乙亥年正月十四日辰時瓦棺附葬父太和公壙右

廷盛公字孫際號文明　士保公子生乾隆丁卯年二月廿九日戌時卒乾隆　年五月初三日　時

娶謝氏居娘生乾隆巳巳年　月　日　時卒嘉慶丁巳年七月廿九日卯時　公媽塟地俱俟查

子三　長驕　次向　三壇

廷慶公字孫寐　士知公長子生乾隆癸亥年七月初七日亥時卒乾隆巳巳年四月十四日巳時葬牛胆頭山仔坐　向

廷文繡公字孫衣　士知公次子生乾隆甲戌年八月廿三日亥時卒年月日時失瓦棺塟石碣林社庭石硿坐　向

娶宋氏位娘生乾隆巳卯年九月初一日辰時卒年月日時

失尾棺塟土名石碣林湯壠坐　向

子五　長種德　次樹德　三港德　四月德　五裕德

廷案公字孫牘　士訪公長子生乾隆壬申年　月初七日巳時卒乾隆戊子年正月十六日巳時塟在台

子　在台

廷培公字孫植　士訪公承繼子生乾隆癸巳年七月十三日亥時往臺歿年月日時失塟在臺

廷南箕公字孫星　從矩公長子生乾隆甲戌年二月十七日那時卒年月失塟在台

廷南極公字孫樞　從矩公次子生乾隆丙子年十一月十九日丑時往臺卒年月失塟在臺

廷南山字孫秀　從矩公三子生乾隆戊子年十月三十日酉
時卒年月失塟在台
廷應公字孫對　輝田公長子生乾隆己卯年六月初七日丑
時往台卒年月失塟在臺　子一　先分
廷昌公字孫熾　輝田公次子生乾隆乙酉年十月廿九日酉
時往臺卒年月失塟在台
廷系公字孫關　輝恩公長子生乾隆庚寅年四月廿九日亥
時卒年月失　娶　氏仝往臺生卒年月失　公媽塟在臺
子　長先周出繼　次先圭出繼　其餘子仝往臺
廷鑾公孫金號榮鳳　輝雅公子生乾隆中午年十一月十八
日巳時卒道光壬辰年三月十九日未時

娶李氏服娘生乾隆乙未年三月十二日寅時卒道光壬寅年十月十四日酉時　公媽尾棺葬本里
子三　長加　次塔　三信

廷獺公字孫魚　士繭公子生乾隆己丑年五月初六日酉時卒　年　月　日　時
娶洪氏本娘生卒年月失　公媽葬地俱俟查

廷智公字孫讓號和興　輝和公長子生乾隆丁巳年七月十二日卯時卒乾隆乙卯年九月廿二日辰時尾棺葬本里祖山土名礫仔坐西向東
娶蘇氏延娘生乾隆丙辰年四月廿四日卯時卒嘉慶辛酉年十月廿一日酉時葬本里祖山土名覆船坐　向

子二　長瑞　次伐

廷喃公字孫花號端樸　輝和公次子生乾隆辛酉年八月二十日亥時卒乾隆巳巳年十一月廿五日午時葬本鄉厝尾墘坐癸向丁

承繼子　先勉

廷惠公字孫愛　輝和公三子生乾隆乙丑年八月初四日未時卒乾隆癸丑年七月十二日寅時

娶李氏來娘生乾隆辛未年五月二十日卯時卒嘉慶庚申年十一月廿三日辰時葬本里土名

子四　長先尚　次先邑　三先勉出繼　四先纘

廷才公字孫友　輝和公四子生乾隆辛未年四月初六日寅

時卒嘉慶癸亥年九月廿六日辰時往臺歿葬在臺
娶吳氏錫娘生乾隆丁亥年十月廿五日巳時卒年月日時
失塟地俟查
嗣子　佛送
廷年公字孫針　輝和公五子生乾隆丙子年二月十二日酉
時往臺卒乾隆癸卯年七月三十日辰時葬在台
廷開公字孫合號端成　次仲公長子生乾隆丁卯年七月十
五日酉時卒乾隆癸丑年八月十二日巳時
娶王氏興娘生乾隆庚辰年八月廿四日　時卒乾隆丙午
年八月初七日未時公媽塟本里古井堁路下坐南向北
繼娶葉氏改節

子二　長先仁　次先濺襲出

廷踏公字孫足　次仲公次子往臺生卒年月失塟地在臺

廷巽公字孫然　次仲公三子生卒年月失塟地俟查

廷長公字孫流　士業公子生卒年月失塟地俟查

廷豹公字孫文　子繡公長子往台卒年月失

娶　氏生卒年月失　公媽塟俱在台

子　在臺

廷思公字孫慎　子繡公次子往臺生卒年月失塟在臺

廷貴公　子繡公三子出家爲僧

廷繁公字孫多　士金公長子生乾隆壬戌年九月廿五日丑

時卒嘉慶丙寅年七月二十日辰時兎棺塟本里土名坐向

娶朱氏舊娘生乾隆乙亥年二月十八日戌時卒道光庚寅
年二月初七日未時尾棺葬本里土名
子三　長麟　次泰　三銑
廷纓公字孫簪　士金公次子生乾隆甲子年八月廿九日申
時卒乾隆巳亥年十一月十七日巳時瓦棺葬本里土名
廷甲公字孫乙　士金公三子生乾隆庚午年十一月十八日
丑時卒嘉慶乙巳年十二月十三日午時尾棺葬本鄉坐向
娶張氏報娘生乾隆癸酉年五月初二日寅時卒道光乙酉
年又七月初七日巳時尾棺葬本鄉
子三　長先訓　次先八　三先百
廷牧公字孫養號正取　可日公嗣子生乾隆癸未年正月二

十日午時卒道光庚子年二月廿三日寅時用棺葬本鄉冬
坑山圳下坐庚向甲兼酉卯
承繼子　先圭
廷新公字孫舊　子潭公長子早歿生卒年月失葬地俟查
廷忠公字孫言　子潭公次子往台生卒年月失葬地在臺
廷營公字孫求號崇闔　子潭公三子生乾隆丁亥年八月廿
一日丑時卒道光辛丑年十月十六日酉時
娶宋氏好娘號淑慎生乾隆戊戌年五月十八日酉時卒嘉
慶己未年七月廿一日未時合葬本里冬坑灣崙坐子向午
兼癸丁週圍石墳
繼娶張氏换娘號懿順生乾隆甲午年七月廿八日亥時卒

咸豐巳未年九月十七日午時卒葬公墓左畔坐東向西

子三　長先堵陳氏出　次先度　三先叠張氏出

廷挑公字孫眉號貞表　子潭公四子生乾隆乙未年正月初五日子時卒道光乙酉年七月初五日丑時卒棺葬本鄉磜仔坐東向西週圍土墳

子一　先文

廷行公字孫舉號動而　子潭公五子生乾隆戊戌年九月廿八日辰時卒嘉慶甲戌年又二月十九日巳時卒棺葬本里冬坑山坐東向西

承繼子　先周

廷琛公字孫献號正明　士逃公長子生乾隆戊辰年七月初

五日午時卒道光癸巳年十一月初七日寅時瓦棺葬本里
娶王氏針娘生乾隆庚辰年十二月廿六日午時卒嘉慶己
巳年十月初一日未時瓦棺葬本里土名
子一　先姜
廷椿公字孫萱號從信　士迹公三子生乾隆丙戌年十一月
十八日申時卒道光癸酉年正月十一日卯時葬磜仔坐向
廷愷公號從言　士迹公四子生乾隆戊子年十二月廿一日
午時卒道光癸卯年二月廿八日巳時寄葬牛脰頭山坐向
廷算公字孫數　士迹公五子往台生卒年月失葬地俟查
子一　朝宗　在臺
廷譙公字孫益　子約公嗣子往臺生卒年月失葬地在臺

廷治公字孫平　子心公長子往臺生卒年月失葬在臺

娶　氏生卒年月失葬在臺

廷曝公字孫陽　子心公次子往台生卒年月失葬在

廷浸公字孫淡　子心公三子往台生卒年月失在臺

廷任公字孫用號順業　士贈公長子生乾隆癸未年十二月

初九日戌時卒道光庚子年十一月初三日卯時厝棺葬本

里土名坐　向

廷宇公字孫安　士贈公次子生卒年月失葬地俟查

廷良公字孫碗　子然公長子生卒年月不知

廷渠燕公字孫齊　子然公次子生卒年月不知

廷燦公字孫光　子又公子生卒年月不知

廷國公字孫家　子周公長子生卒年月失

廷冉公字孫力　子周公次子生卒年月俟查

廷韜公字孫畧　子素公長子生卒年月無考

廷愿公字孫甘　子衍公長子生卒年月失

廷森公字孫炬　子待公次子生卒年月在台

廷親公字孫義　子待公三子徃台生乾隆寅庚年三月初八

日辰時卒年月失葬在臺

子二　長錢　次策

廷韞公字孫藏　子爾公長子生卒年月俟查

廷東公字孫西　子爾公次子生卒年月俟查

其艮公字號　按以上諸人皆是渡船頭一派居多一盡往臺

余就惴度而採記之至　其艮公一位神主在書房壁上土窻內與　元嬌公神主並坐主腹并不聲叙不知是誰之父子余謹採誌之以俟後之查明登載云

十六世鎮撫長房長鳳撫公派

處士功輔公字相侯號侯佐　出類公長子生康熙癸未年二月初四日辰時卒乾隆戊子年六月十六日丑時厝棺塟本山鵬獬口大墩崙坐申向寅兼申寅後徙后山頭崙妣王氏皆娘號考慈生康熙壬午年十二月十七日午時卒乾隆乙酉年八月初一日未時厝棺塟本山鎮撫山坛頂北坑壠頭坐坤向艮兼未丑

子二　長先持　次先輝

武畧公字文侯號淳仁　出類公次子爲人慷慨從容居鄉則
敦本睦族處世則排難解紛憶自　臥雲公建置山塲山
坛流溌頂等處世胥歷久迨至乾隆年間被趙家霸佔鄉人
袖手不敢與爭而公則攄理心烈命男先郜姪先持赴縣呈
控不惜巳財之華費直患祖業之抛荒出險入艱與趙家控
審結案山界依舊判回鄉里感公之情欲將祀業千年田貼
公應費公辭仍歸輪流祭祀至今馨香勿替可謂有功於族
也是爲序

鄉老命姪　國然　則幼　等仝謹誌

公生康熙巳丑年十一月初九日辰時卒乾隆甲辰年正月
廿五日寅時享年七十有六棺葬本山烏材林土名路邊烏

石壠田中坐丙向壬兼午子
妣葉氏諱種娘號懿慈生康熙壬辰年七月廿三日未時卒
乾隆壬子年正月廿三日巳時享年八十有一棺葬本山鎮
撫寨大坪頭尖仔崙坐辛向乙兼戌辰
子三　長先誇　次先部　三先講
一貫公字通侯號通谿　出類公三子生康熙丙申年九月初
六日辰時卒乾隆戊子年十一月十八日未時尾棺葬本山
鎮撫寨尖仔後營堵崙坐辛向乙兼戌辰
娶許氏諱早娘號儉順生雍正戊申年八月十四日午時卒
乾隆戊申年三月廿三日戌時瓦棺葬鎮撫山豬湖內壠中
崙坐寅向申兼艮坤

子三　長先海　次先柿　三先買

來遠公字方侯號有方　出類公四子生雍正丁未年九月十一日亥時卒乾隆乙酉年十月廿三日未時葬本山鵬雛口大墩坐亥向巳兼乾巽

娶王氏藝娘號善節生乾隆戊午年四月十四日辰時卒乾隆戊申年五月初三日午時葬本山鵬雛口大墩崙坐亥向巳兼壬丙

子四　長先蘊　次先廣殤　三先邊　四先貎

十六世鎮長蘊齋公派

光孟公字宗侯號國令　志學公長子生乾隆壬戌年六月廿四日酉時卒嘉慶丁丑年七月初十日未時葬本山鵬雛口

后溝崙坐　向

妣吳氏諱銀娘生乾隆己巳年十二月廿九日寅時卒嘉慶辛未年七月十四日申時塟地俟查

子二　長先良　次先栢

光待公字旦侯號招彥　志學公次子生乾隆丙寅年十一月初三日午時卒嘉慶己未年六月廿二日巳時厝棺塟本山鎮撫山猪湖埔池角坐　向

妣蔡氏諱琛娘號懿恭生乾隆丁丑年十一月十六日巳時卒道光甲午年六月十五日申時塟本山鎮撫外壠獅形脚坐未向丑兼坤艮

子三　長鍍元　次先正　三長奮出繼

光謳公字歌侯號何善　志學公三子生乾隆己巳年九月初九日丑時卒嘉慶丁巳年四月廿三日寅時往臺卒　無傳

光至公號音誠　志浩公長子生乾隆乙亥年十二月十二日未時卒乾隆丙午年五月十五日卯時瓦棺葬本山鎮撫頂赤格巷頭坐庚向甲兼酉卯　無傳

光尺公　志浩公次子生乾隆癸巳年九月初九日寅時卒道光己亥年七月初十日戌時葬本山流磜口後山頭崙戲仔圍鼓邊坐　向

承繼子　先岸

光侯公　志惠公承繼子生乾隆庚寅年二月廿一日丑時卒道光己亥年七月三十日巳時葬本山流磜口後山頭崙內

坐乙向辛兼辰戌
承繼子　長奮
光市公　志書公長子生乾隆辛未年十一月廿七日巳時往
臺卒
光劣公字優侯　志書公次子生乾隆丁丑年二月廿九日辰
時卒年月日時失往臺卒
妣謝氏諱汀娘生乾隆戊戌年二月初二日酉時卒年月日
時失
子一　世右俱往臺
光瓶公號國寶　志書公三子生乾隆壬午年五月初八日未
時卒嘉慶戊午年十月十六日卯時尾棺與毋池氏仝塟本

山鵬雛口竹林坐未向丑兼坤艮無傳

十六世鎮長美齋公派

光義公字省侯　巖齋公長子生乾隆己未年十一月初四日辰時卒年月日時失

娶謝氏越娘生乾隆己未年四月十一日午時卒乾隆己卯年五月廿九日酉時葬本山鵬雛軍入橋頂三區崙坐　向

無傳

光佇公　巖齋公次子生乾隆庚申年十月十一日辰時卒年月日時失葬俟查　無傳

光褒公號深贊　巖齋公承繼三子生乾隆丁丑年十一月十九日卯時卒道光丁酉年十二月廿七日未時葬本山 無傳

光集公號修齋　志盛公長子生乾隆壬戌年六月廿五日酉時卒嘉慶丙寅年八月廿九日巳時葬在臺灣上淡水南賨斗門頭山中崙坐庚向甲兼酉卯次男垂拱仝塟

妣洪氏聘娘號慈純生乾隆丙寅年二月十一日卯時卒乾隆乙巳年八月廿一日午時塟本山

子三　長兆祥　次垂拱　三國珍

處士光降公　志盛公次子生乾隆壬戌年六月廿五日未時卒年月日時失卒在吧不知有傳否

光高

亮慶公號餘厚　志盛公三子生乾隆甲戌年六月初六日巳時卒嘉慶辛未年十月廿七日辰時在臺卒　胞姪兆祥奉祀

懋宗公字昭侯號正善　志純公養子生乾隆戊午年四月十七日午時卒嘉慶庚午年二月初九日卯時享年七十有三棺葬本里鎮撫山猪湖三脚椅仔坐艮向坤兼寅申娶謝氏法娘號勤儉生乾隆壬戌年三月初七日酉時卒嘉慶辛未年正月十九日夘時棺葬本山參內石礫朱厝崙邊坐乾向巽兼亥巳

子一　先蔿

十六世鎮長在明公派

光璧公字寶侯號金錫　逸巖公子生康熙戊戌年正月廿三日午時卒乾隆戊戌年五月十三日子時享年六十有一棺葬本山鵬雛十八間中班池長房嫣墓下坐午向子兼丁癸

妣葉氏乖娘號順柔生康熙丁酉年五月十九日酉時卒乾

隆庚申年十二月廿一日丑時葬本山鎮撫內壠虎母寮崙

坐壬向丙兼亥巳

繼妣陳氏迎娘號順恬生雍正甲辰年九月十七日巳時卒

乾隆丁酉年六月十二日午時棺葬本山鵬雛蜈蚣形崙穴

號蛇形坐壬向丙兼子午

子六　長先香　次先智　三先潛　四先檜　五先禘

六槐檟 俱陳氏出

光喜公字樂夫號嘉樂　懷惻公長子生雍正己酉年十一月

初二日戌時卒乾隆甲辰年正月初九日未時葬本山鵬雛

口苦壠中崙坐子向午兼壬丙

妣鄁氏生娘號順烈生雍正辛亥年三月初一日寅時卒乾
隆丁亥年四月初十日申時瓦棺葬鎮撫山芸山碣火旗坐
子向午兼壬丙
繼娶鄁氏完娘號順嬌生乾隆己未年六月十七日寅時卒
乾隆辛丑年三月十六日寅時瓦棺葬鎮撫到山埔格坐癸
向丁兼丑未
子四　長先權　次先楓俱前妣出　三文杏　四先衢俱後妣出

光曲公字直侯號敦禮　懷惻公次子生雍正乙卯年正月廿
八日酉時卒乾隆壬寅年二月初一日酉時棺葬鎮撫烏坑
壠仔格坐　向
妣林氏扱娘號儉順生雍正甲寅年九月廿三日亥時卒乾

隆己酉年五　十六日戌時與孫八淵仝葬鎮撫湖頂祥遜
仔坐未向丑兼坤艮
子一　先梧
光仲公號士力　懷惻公三子生乾隆庚申十七月十五日申
時卒乾隆戊辰年八月十五日午時葬鎮撫寨大坪頭尖仔
崙坐庚向甲兼申寅
光教公字親侯號肅容　逸書公長子生乾隆丙辰年九月十
五日丑時卒乾隆丙戌年九月初八日辰時瓦棺葬鎮撫寨
火管壠尾坐寅向申兼艮坤　娶張氏改節
承繼子二　長先謙　次先和
光珠公字玉侯號盈金　逸書公次子生乾隆乙丑年十一月

初五日酉時卒道光丁亥年正月廿八日　時享年八十有
三葬烏材林後美者坐寅甲向庚申
妣洪氏綢娘號柔順生乾隆甲戌年二月十三日未時卒道
光丁亥年七月十一日　時葬鎮撫
子六　長先醮　次先藿　三先和出繼
四先肘　先衲　六先揉
光琬公字璃侯號盈科　逸書公三子生乾隆辛未年十一月
十一日辰時卒道光甲申年三月廿六日酉時尾棺葬流碌
口仙官嶺雷擊石脚坐亥向巳兼壬丙
妣鄧氏緦娘號順慈生乾隆乙亥年六月初三日辰時卒乾
隆丁酉年二月十二日酉時葬鎮撫寨對面尖坐癸向丁兼

丑未

繼妣林氏好娘號勤懿生乾隆辛未年二月初六日辰時卒道光丙申年十一月十四日寅時瓦棺葬鎮撫寮頂壠頭垵格坐乾向巽兼亥巳

子六　長先詭　次先聡殤（俱郭氏出）　三先鎮　四詠元殤

五先潤　六先岌（俱林氏出）

十六世鎮撫長房二賢明公派

處士光恭公字允侯號國肅　修齋公長子生雍正己酉年五月初五日申時卒乾隆丁酉年四月初九日午時棺葬山猪湖外壠中崙坐庚向甲兼酉卯

妣陳氏吻娘號順儉生雍正己酉年八月初二日辰時卒嘉

慶庚午年七月初九日酉時享年八十有二棺葬鎮撫下石
龜尾林湖脚坐　向
子三　長錝元　次先抄　五周晃
光哲公字慧侯號國朗　修齋公次子生雍正癸丑年十月二
十日寅時卒嘉慶壬戌年十月初七日午時享年七十　鎮
撫山芸頂流磜軍田崙坐亥向巳兼乾巽
娶葉氏蒲娘號盈儉生雍正甲寅年正月十七日未時卒嘉
慶乙丑年正月廿二日巳時享年七十有二柩棺葬鎮撫流
磜牛岐大嶇脚中崙路頂坐子向午
子四　長先鑾　次先會　三先蓋　四先科
光泮公字入儐號國芹　修齋公三子生乾隆壬戌年三月初

六日午時卒乾隆乙卯年三月廿一日戌時享年五十有四

棺葬鎮撫石龜林口路頂中崙坐子向午兼癸丁

娶吳氏招娘號淑儉生乾隆甲子年正月十三日戌時卒嘉

慶庚申年四月十六日巳時享年五十有七棺葬鎮撫厝桶

後蛇頭邊坐丙向壬兼巳亥

子二　長先幹　次先儒嗣子

光胆公字肝侯號國識　修齋公四子生乾隆乙丑年四月廿

三日午時卒乾隆辛丑年二月初二日巳時葬鎮撫鵬雛口

墓林脚田中坐　向

娶林氏育娘號孝順生乾隆庚午年七月廿五日丑時卒乾

隆丙午年十月二十日子時苑棺葬俟查

子二　長先簡　次先定

光使公字遺侯號國寶　正修公長子生乾隆戊午年四月廿三日午時卒乾隆癸未年九月初六日未時葬本山

娶劉氏改節

子一　先桃

光品公字格侯號明信　正修公次子生乾隆癸亥年九月初四日午時卒乾隆乙卯年十二月初八日寅時享年五十有三往臺卒

妣洪氏居娘生乾隆壬戌年正月初十日戌時卒乾隆戊申年四月廿二日　時卒臺往

子二　長先達　次先開俱往臺

太學生諱冊香名沃官字啟侯號國心　希齋公長子生乾隆
丁卯年五月初二日辰時卒乾隆辛亥年五月十四日午時
塟本山鵬雞尾墘穴號金交椅坐甲向庚兼卯酉
娶陳氏綽娘號裕慈生乾隆丁卯年十二月廿二日辰時卒
道光辛巳年五月十一日卯時享年七十有五棺塟本山烏
材林下庭路下坐　向
子五　桂元　舉元　清元　慶壽　芬生
光考公號國維　希齋公次子生乾隆甲戌年八月十一日巳
時卒乾隆戊子年正月初五日巳時塟鎮撫山猪湖埔大崙
坐乾向巽兼亥巳
嗣子一　先躋

光軍公字暉侯號循勇　愧柔公長子生乾隆乙丑年七月十四日寅時卒乾隆己丑年十月十四日申時尾棺葬本山鵬雛口嶺路邊圳下坐　向無傳

光榆公字階侯號國雲　愧柔公次子生乾隆戊辰年六月廿九日巳時卒嘉慶丙寅年五月十三日戌時享年五十有九棺塋鎮撫山芸土空仔[illegible][illegible]坐壬向丙兼巳亥娶陳氏潛娘生乾隆丁丑年十月二十日戌時卒道光壬辰年十月十五日巳時享年七十有六棺塋本山鵬雛口后溝崙水堤后壁坐　向

子四　長秋元　次先旦　三先蔚　四天慶

光波公字浪侯號國平　愧柔公三子生乾隆庚午年十一月

廿七日申時卒乾隆戊申年二月十八日酉時用棺塟本山
流磜口後山頭崙尾大坪石皮脚坐坤向艮兼未丑
娶蔡氏隱娘生乾隆辛巳年七月十三日丑時卒年五月初
七日午時塟鎮撫寨對面尖坐　向
子一　先宅

光誼公字忘倹號國終　愧柔公四子生乾隆乙亥年九月初
五日寅時卒乾隆甲寅年二月初九日寅時瓦棺鎮撫山猪
湖笨林垵崙坐寅向申兼甲庚
娶許氏畔娘號勤淑生乾隆乙酉年十二月　日　時卒乾
隆丁未年六月初九日丑時塟本山流磜口後山頭崙坐向
繼娶楊氏以節

子二　長先昨許氏出　次先任楊氏出

光美公字常侯號國舜　特立公長子生雍正癸丑年七月初九日寅時卒乾隆戊申年二月初四日酉時享年五十有六瓦棺葬鎮撫荒田壠茶林垵石龜嶺頭對面坐甲庚兼寅申

妣謝氏切娘生乾隆丁巳年三月廿六日未時卒乾隆丙午年年五月廿四日未時享年五十瓦棺葬本山鵬雛口洋邊墘坐巽向乾兼巳亥

嗣子一　先彩

光計公字策侯號國粟　特立公次子生乾隆丙辰年九月初三日寅時卒乾隆壬寅年七月十四日辰時缺　棺與母陳氏仝葬流磜口后山頭崙尾大坪坐辛向乙兼戌辰

娶洪氏送娘號和柔生乾隆甲子年十月初七日辰時卒乾隆丙午年四月十一日午時葬尾棺埜本山参林桶交嶺松外路邊坐　向

子二　長先垂　次先兩

光補公字足候號國善　特立公三子生乾隆己亥年五月十二日夘時卒嘉慶辛酉年正月初十日午時享年六十有三往臺卒

娶陳氏養娘生乾隆癸亥年九月初七日酉時公先往臺嫣因男歡欣卒與媳婦許氏及孫吐英往臺上淡水

子一　歡欣

光輕公號國重　特立公四子生乾隆壬申年四月二十日午

時卒乾隆壬辰年十月初二日巳時往吧而卒無傳
光盞公號　特立公五子生乾隆丙子年二月初六日酉時公
往吧
娶　氏生
子四　長子慶　次子遊　三先宜　四先重
太學生諱鵬舉名動官字靜侯號國安　特修公長子自幼聰
明穎悟性分過人雖命運多乖未能掇芹香以樂泮幸
朝階寵錫猶見膺頂戴以榮身生乾隆丁卯年十一月廿一
日酉時卒嘉慶乙丑年七月廿八日辰時享年五十有九葬
棺塟本山鵬雛軍壠橋蜈蚣形嵛坐艮向坤兼丑未
娶葉氏着娘號儉順生乾隆戊辰年九月十四日午時卒嘉

慶壬申年九月十二日未時享年六十有五厝棺壟本山鵬
雛口内厝田中坐　向
子四　長先休　次先諧　三先竝　四先燦
太學生諱鵬程名光格字高候號國程　特修公次子自少聰
明莫匹穎悟獨超情性堪把德音孔昭雖無戰決文場桂攀
芹採猶幸身膺國子字顯名飄生乾隆壬申年十一月初八
日辰時卒乾隆壬寅年十二月廿八日酉時厝棺壟鎮撫山
猪湖困虎格外坐壬向丙兼亥巳
娶孺人陳氏震娘號百里生乾隆辛未年六月廿七日午時
卒乾隆戊申年六月初五日戌時厝棺壟鎮撫烏材林湖頂
牛角砂斧坐午向子兼丁癸

子二　長先杞　次先爽

光暢公字殖侯號國茂　特仲公長子生乾隆庚午年五月十三日未時卒嘉慶年月日時葬處俟查

娶洪氏有娘號端莊生乾隆庚午年十月廿四日酉時卒乾隆壬寅年十月初六日戌時葬鎮撫頂石龜蛇形崙厝仔後坐未向丑兼坤艮

子一　先仙

光標公　特仲公次子生乾隆丁丑年正月十四日辰時往臺卒無傳

光取公　特仲公三子生乾隆己卯年九月初八日戌時卒嘉慶年月日時葬處俟查

娶　氏　娘生卒俱失墓處候查
繼娶　氏　娘生卒俱失墓地俟查無傳
處士光奇公字坦侯號國興　特立公四嗣子生乾隆戊辰年
六月十五日亥時卒乾隆丙午年五月初六日未時葬鎮撫
寮竹坡坐　向
娶陳氏寶娘號嵓佩生乾隆癸酉年二月初九日戌時卒乾
隆丙午年六月初六日酉時尾棺葬鎮撫山芸頂下流磜大
區水埕后横路頂坐酉向夘兼辛乙
子二　長先騊　次先聰
光初公字學侯號國而　特敏公子生乾隆壬午年十一月十
七日寅時卒嘉慶丙寅年十月十四日巳時葬本山石礫崎

仔坑坐坤申向艮寅
妣陳氏曉娘號慈愛生乾隆癸未年四月十一日邚時卒道
光丁酉年十一月十七日未時享年七十有五葬本山參內
古井坱后壁坐北向南
子三　長老畝　次先符　三先全
十六世鎮撫長房三心靈公派
光享公字献侯號光用　金堅公長子生康熙庚寅年九月三
十日寅時卒乾隆丁丑年十一月三十日酉時瓦棺與妣仝
塟鎮撫寨上赤架巷頭坐子向午兼壬丙
娶洪氏段娘號順儉生康熙癸巳年六月廿九日亥時卒乾
隆丁亥年五月初五日午時享年五十有五與公仝塟

子二　長先蔡　次先獺出繼

光出公字入侯號純厚　金堅公次子生康熙　年九月廿四日戌時卒乾隆庚戌年三月初四日戌時往臺娶張氏軫娘號淑仁生雍正壬子年十二月廿四日未時卒嘉慶乙丑年五月廿四日未時公葬臺灣下淡水興化廊山大坪頂坐酉向卯兼庚甲　妣葬在公墓下坐　艮兼未丑

子三　長先隱　次先競　三先老俱在臺開基

光高公字等侯號明悠　世全公長子生康熙乙未年七月廿一日戌時卒乾隆己丑年三月十三日巳時尾棺與姪水木公仝葬鎮撫湖下湖仔內中崙坐丁向癸兼午子娶陳氏推娘號慈順生雍正甲寅年正月廿一日巳時卒乾

隆乙酉年閏二月廿七日酉時棺葬鎮撫內寮坐丑向未兼

癸丁

嗣子二　長先慈　次先切在臺

光久公字長侯　世全公次子生康熙丁酉年六月初六日亥

時　乾隆壬辰年十一月十八日戌時葬在臺

娶蕭氏坦娘生康熙己亥年月日時失卒乾隆己亥年十一

月十八日酉時　在台

子四　長先想　次先興　三先今　四先切出繼　俱在

臺開基

光昇公字教侯號志射　世全公三子生康熙己亥年十一月

十三日戌時卒乾隆辛卯年正月廿二日卯時享年五十有

三瓦棺壟本山鎮撫山芸頂囷狗崙坐亥向巳兼乾巽
娶蔣氏惜娘號勤順生乾隆丁巳年七月廿四日辰時卒乾
隆癸巳年七月二十日午時厝棺壟鎮撫山坛山大流磜軍
田崙路邊坐丑向未兼艮坤
子三　長先甚　次先滕出繼　三先豫

光浩公
世全公四子生雍　甲辰年七月廿一日酉時卒乾
隆癸酉年十二月初九日寅時葬鎮撫尾窯垵内賓壠頭坐
戌向辰兼辛乙
子一　先勝承繼

光奈公字與侯號珍玉
世全公五子生雍正己酉年六月十
八日丑時卒乾隆癸卯年八月初一日寅時厝棺壟鎮撫山

坛頂山頭崙坐乾向巽兼戌辰
娶連氏衍娘號順懿生乾隆庚申年六月十二日巳時卒嘉
慶丙辰年五月廿六日申時葬鎮撫山芸頂鍾洋格對面崙
坐未向丑兼坤艮
子三　長先囂　次先蒸出繼　三倚金出繼

光暨公號珍明　歲首公子生雍正甲寅年十月廿九日子時
卒嘉慶辛酉年七月十一日子時往外夷卒
嗣子一　倚金

光孔公號亦昭　世誠公長子生雍正辛亥年十二月十二日
戌時卒乾隆庚寅年五月廿四日丑時往臺卒無傳

光竹公號如力　世誠公次子生乾隆丙辰年十月初十日戌

時卒乾隆戊申年七月初一日吉時厝棺與毋陳氏并胞弟光亞三墳仝葬流磜口后山頭崙尾下坂田后壟坐壬向丙兼亥巳無傳

光垵公　世誠公三子生年月日時失往臺卒

光亞公號色楚　世誠公四子生乾隆丙寅年二月廿七日寅時卒乾隆戊申年九月三十日吉時厝棺與毋陳氏并胞兄光竹仝葬無傳

光歎公號永寐又號志明　中心公長子生乾隆己未年九月初一日丑時卒乾隆甲午年五月十八日巳時厝棺葬鎮撫山猪湖內壠頭睡虎脚坐艮向坤兼寅申

子一　先孟在臺有傳

光擬公字定侯　中心公次子生乾隆癸亥年六月　日辰時
往臺　娶　氏未知如何
僅知子二　長先更　次先得俱在臺
光魚公字鮮侯　中心公三子生乾隆乙亥年五月初七巳時
娶龔氏儉娘生乾隆乙酉年十二月廿二日辰時
子四　長先文　次先茄　三先在　四先糖俱往臺
三仲公　肅雍公子生乾隆甲戌年八月初十日　時公先娶
媽後往臺
娶　氏愛娘生失公及媽卒年月日時俱失壟鎮撫寨大坪
頭後鬱堵畚坐戌向辰兼辛乙
子一　先執在臺

光等公字齊俟號成長　有諸公長子生乾隆辛酉年五月廿
三日酉時卒乾隆戊申年三月初五日卯時厓棺壅本山烏
材林大埕尾垵坐卯向酉兼乙辛
妣王氏吻娘號勤懿生乾隆乙丑年八月廿六日辰時卒乾
隆戊申年十一月十八日丑時厓棺壅本山烏材林秋竹林
坐癸向丁兼丑未
子五　長先呂　次先窻　三先戶　四四季出繼
五先學

光肩公號有成　有諸公次子生乾隆癸亥年十二月廿四日
戌時卒乾隆甲辰年八月初四日酉時往東邦卒無傳

光蟾公字宮俟號振成　有諸公三子生乾隆丙寅年七月十

五日未時卒嘉慶乙丑年正月廿八日寅時往夷邦卒
娶吳氏謂娘生乾隆辛未年正月十五日寅時卒乾隆丁酉
年七月廿二日巳時厝棺塟本山烏材林湖頂祥運仔坐
向　兼
承繼子二　長四季　次先糖

光娘公字明侯號得員　有諸公四子生乾隆己巳年二月十
六日未時卒乾隆丙午年六月廿五日巳時往漳州卒
娶陳氏盼娘號順美生乾隆己卯年五月初四日酉時卒乾
隆丙午年四月十八日寅時塟本山侯沓
子一　先吱

光巧公號言色　有諸公五子生乾隆己卯年九月十二日戌

時卒乾隆己酉年九月初六日　時往漳州卒無傳

光畛公字唐侯號百德　士廣公長子生乾隆戊辰年十一月初二日酉時卒乾隆己酉年十一月廿一日午時塟處候查

妣吳氏玉娘號勤德生乾隆戊辰年八月初九日酉時卒乾隆己亥年二月十四日未時塟處俟查

子二　長先吝　次先洸

光下公字上侯號色仁　士廣公次子生乾隆丙子年六月二十日丑時卒乾隆己酉年七月廿九日戌時尾棺塟本山烏材林樣樹崙蹈碓脚外坐子向午兼壬丙

娶王氏愛娘號仁慈生乾隆丙戌年七月廿五日辰時卒乾隆丙午年五月廿五日午時塟地俟查

子二　長先千　次天送俱幼殤

光橡公字檜侯　舉智公長子生乾隆辛巳年正月初一日寅時卒乾隆乙夘年三月廿二日　時塟地候查

娶　氏攺節

子一　先相

光剖公號雷玉　舉智公次子生乾隆乙酉年八月廿八日寅時卒乾隆辛丑年正月十四日丑時厝棺塟本山烏材林橡樹脊厝后溝坐壬向丙兼子午無傳

光棠公　舉智公三子生乾隆辛夘年八月廿六日酉時卒嘉慶戊午年九月初二日　時塟地俟查無傳

光吟公字詠侯號正詩　劉止公長子生雍正甲寅年十二月

初八日寅時卒嘉慶戊辰年十二月十一日子時塟本山鎮
撫鵰雞口墓坡仔崙坐乙向辛兼夘酉
娶林氏　娘生乾隆戊午年正月十一日　時卒年月日時
塟俟查
　嗣子一　先雄
光衛公　劉正公次子生乾隆辛酉年五月廿九日寅時卒年
月日時塟俟查　無傳
光利公字吉俟號正先　劉正公三子生乾隆庚午年正月初
四日戌時卒嘉慶乙丑年四月初一日夘時塟處俟查
娶陳氏益娘號勤順生乾隆壬午年月日時卒乾隆戊申年
九月初九日未時厇棺塟本山鎮撫山豬湖外壠坐丑向未

兼癸丁　繼娶廖氏攺節

子　先咩

光別公字分侄號國樂　善順公長子生乾隆癸亥年四月初十日巳時卒嘉慶甲子年十一月初六日巳時厇棺葬鎮撫虎毋寮畬坐庚向甲兼申寅

娶洪氏晉姬號儉慈生乾隆辛未年九月廿六日子時卒道光壬午年四月初一日丑時厇棺塟本山鵰雞冷水坑嶺頭坐南向北

子一　先聽

光萁公號明揚　善順公次子生乾隆戊辰年二月初十日寅時卒乾隆乙郊年八月十五日丑時厇棺葬鎮撫寮竹按田

后埜坐巽向乾兼巳亥　娶盛氏改節
子一　先敬
光貨公號得財　善順公三子生乾隆辛未年五月十三日申
時卒年八月初八日　時厝棺埜鎮撫石磐山新路格邊坐
向　無傳
亮璣公號璿正　有汜公長子生乾隆丙辰年五月廿二日辰
時卒乾隆壬寅年十二月十六日巳時埜鎮撫虎毋寮崙坐
坤向艮兼未丑
嗣子一　先楓
光瑞公號輯五　有汜公次子生乾隆庚申年十月廿六日戌
時卒乾隆壬申年八月初八日巳時瓦棺埜本山烏材林嶺

尾崙宮仔口坐壬向丙兼亥巳無傳

光毛公　俊偉公長子生乾隆戊辰年月日時失往臺卒

光册公　俊偉公次子生乾隆年月日時失往外夷卒

光鬆公字雙俟　俊偉公三子生乾隆丁丑年十二月初七日

丑時往臺

娶沈氏絅娘生乾隆壬寅年十一月初九日辰時

子四　長水盛　次天佑　三上珍　四滿盈俱在臺

十六世鎮長房三赳桓公派

光疊公字重俟號騰玉　士盈公長子生雍正己酉年二月初

六日辰時卒乾隆戊申年五月廿一日辰時木棺葬本山烏

材林牛嶺尾垵仔坐戌向辰兼乾巽

娶王氏諱焉娘號懿心生雍正癸丑年十一月二十日辰時
卒嘉慶庚申年九月十八日申時木棺塟本山烏材林后壁
墘大區墓頭右畔坐寅向申兼艮坤外兼寅申
子五　長先亥　次先契　三先春　四先饌　五先間

光悄公字好侯號心和　士盈公次子生乾隆丙辰年五月初
九日寅時卒乾隆巳酉年七月初四日未時塟鎮撫內干庭
外坐丙向壬兼巳亥○
娶葉氏抵娘號慈愛生乾隆巳未年五月十七日辰時卒嘉
慶丁夘年三月廿八日巳時墓塟鎮撫頂石區北坑壠外虎
脚坐甲向庚
子四　長先林　次先往　三先坪　四先勉往臺

光賓公號艮客　士盈公三子生乾隆癸亥年八月廿七日亥時卒乾隆丙申年十二月初七日亥時往吧卒葬吧山

光立公字建侯號前用　愧善公長子生乾隆巳未年艮月吉日時卒嘉慶丁巳年二月廿七日吉時墓葬在本山大埔垵頭路巷頂坐戌向辰兼辛乙

娶褚氏諱圭娘號早勤生乾隆乙丑年四月初二日子時卒乾隆丙申年十一月初一日寅時葬鎮撫山猪湖三脚椅仔坐申向庚兼郊酉

子一　先璇

光賀公　愧善公次子生乾隆佳年月吉日時往臺卒墓葬在臺灿

光壬公字仲俟號正畧　愧善公三子生乾隆丙寅年七月廿一日吉時卒乾隆甲寅年十月初三日吉時葬在本山土名坐　向　娶　氏旼節

子一　先黻

驕宗公號文榮　士富公長子生乾隆庚申年五月廿二日巳時往吧卒

娶謝氏諱焉娘生　年　月　日　時卒乾隆辛亥年七月十九日卯時葬在本山山猪湖卧虎内格坐甲向庚兼卯酉

子三　長丕成　次由草出繼　三巳成往吧卒葬在吧

光猶公號如熊　士富公次子生乾隆戊辰年十月十一日卯時卒乾隆丙午年五月廿七日戌時往吧卒葬在吧

在呃娶陳氏意娘生乾隆乙酉年　月　日　時
承繼子一　由草
光炙公字賚侯號詩禮　士富公三子生乾隆癸酉年十月初四日戌時卒道光辛卯年二月廿五日未時享年七十有九木棺葬本山山坛頂土名蛇仔崙坐癸向丁兼子午娶陳氏諱鴉娘號儉順生乾隆乙酉年六月初四日午時卒道光戊申年正月初七日戌時享年八十有四瓦棺葬本山土名山猪湖外壠頭坐乙向辛
子四　長致成　次先姜　三先乃　四先麵
光倫公號重文　士親公長子生乾隆庚申年八月初五日巳時卒嘉慶甲子年二月廿九日申時葬本山土名石垢厝桶

後崙號蛇臍坐申向寅兼坤艮

娶　氏敀節

子一　開宗

光昌公號壽臧　士親公次子生乾隆戊辰年二月初五日子時卒乾隆甲寅九月十六日戌時往吧卒墓塟在吧

在吧娶陳氏諱　娘號懿美生卒年月日時失墓在吧

子二　長榮宗　次益奇俱在吧

光雷公字德侯號如電　光坤公長子生乾隆辛未年十一月初七日巳時往臺卒無回

光鵝公字雉侯號如飛　光坤公次子生乾隆丙子年十月廿四日未時卒嘉慶丁巳年三月初四日　時往吧卒無回

在吧娶　氏在吧卒
十六世鎮二房裕昌公派光字行
光寵公字思俟號文比　達文公長子始徙叅山護水東邊墘
居焉生康熙戊辰年七月十七日寅時卒乾隆丁卯年正月
十一日未時塟任本里真武踏龜山坐庚向甲兼申寅
娶孺人蘇氏諱蕭娘號慈愛生康熙壬申年八月初二日子
時卒乾隆戊戌年正月十六日巳時享年九十有一齡塟在
本里真武踏龜坐申向寅兼坤艮
子六　長世篆　次世謀　三世彬　四世誇　五世權
六世瞞
鎮撫口派祖

公諱兑官字悅侯號和吉翁　達文公次子爲人事親孝友崇德向義寬弘大度嚴毅自矢廣田業而增屋宇詒厥孫子營建鎮撫口小宗一連四座終焉允臧宜其蘭桂齊馨書香踵起生康熙庚午年十月初十日寅時卒乾隆乙酉年十月廿一日艮時享年七十有六齡是年臘月木棺葬本鄉鵬雛坵名烏坑厝對面崙坐申向寅兼坤艮

元配孺人葉氏諱質娘號育勤生康熙丁丑年二月十五日郊時卒乾隆甲午年十一月初一日郊時享年七十有八木棺葬在本山十八間土名丁班池崙近　茂庭公三庭下坐未向丑兼丁癸

子五　長世剏　次世兼　三世陳　四世連　五世選

光俔字直侯號直齋公　達文公三子品量寬弘克篤前列小
築鎮撫美宮林厝如在堂居焉生康熙辛巳年五月十五日
巳時卒乾隆甲申年五月初十日巳時葬在本山土名埧後
近母勤儉王氏墓下坐申向寅兼庚甲
娶孺人葉氏諱珍娘號純慈生康熙癸未年三月十五日酉
時卒乾隆丙午年十一月十四日午時享年八十有四齡木
棺葬在本山軍壠橋頂土名三坵崙田頂坐辛向乙兼戌辰
子七　長世並　次世漢　三世猜　四世族　五世伍
六世排　七世比

爲章公派

光開字東侯號興材公　爲章公長子生康熙巳巳年八月廿

一日巳時卒乾隆丁卯年七月二十日亥時瓦棺塟在本山
十八間土名丁班池崙尾坐未向丑兼丁癸
娶孺人葉氏諱銀娘號淑家生康熙辛巳年六月廿九日午
時卒乾隆壬午年六月初二日申時木棺塟本山石坵土名
鷺鶖墩崙坐丑向未兼癸丁
子六　長世沛　次世贍　三世欵　四世從　五世所
六世切

光提字童侯號興起公　為章公次子營建屋宇全座在鎮撫
對面山居焉近在樂山小宗右畔路下坐郊甲向酉庚生康
熙辛未年九月廿七日子時卒乾隆戊寅年八月初二亥時
塟在本山湖頂土名豐埔崙坐申向寅兼坤艮

娶孺人易氏諱認娘號慈儉生康熙巳卯年七月初十日戌
時卒乾隆　年十二月廿四日　時葬在鎮撫鄉大坪頭
坐　向候查
子四　長世尋　次世岐　三世修　四世菊
為章公三子生康熙丙子年八月廿
光琢字璞侯號興玉公
八日巳時卒乾隆巳巳年九月十八日申時葬在本山湖頂
土名上坛仔崙坐丁向癸兼午子外兼未丑
娶孺人吳氏諱立娘號勤豫生康熙甲申年三月初五日辰
時卒乾隆丁酉年四月十七日午時葬在本鄉烏材林土名
林仔後崙坐申向寅兼坤艮
子二　長世悻　次世轉

光千字萬侯號興喬公　爲章公四子生康熙辛巳年　月
日　時卒乾隆　年　月　日　時葬在本里馬坑
土名吾爐内坐壬向丙兼子午
娶孺人蘇氏諱戀娘號徽柔生康熙　年　月　日
時卒乾隆　年　月　日　時葬在本山馬坑土名覆𡿨
金崙坐坤向艮
子三　長世場　次世泮　三世張
光百字全侯號錫朋公　爲章公五子生康熙癸未年十一月
十三日亥時卒乾隆乙丑年五月廿三日辰時
娶孺人陳氏諱文娘號儉懿生康熙乙未年正月初四日卯
時卒乾隆甲寅年九月十三日未時葬在本里下石坵𡊮名

林仔後崙坐子向午兼壬丙公塟在本鄉舊窯廠口田中坐
夘向酉兼乙辛
子三　長物格　次世環　三世究出繼
光藻號山節公　為章公六子生康熙丙戌年八月二十日辰
時卒乾隆壬辰年四月初六日丑時享年六十有七齡木棺
塟本山湖頂土名寮竹埈坐未向丑兼坤艮
子一　世究承繼
德善公派
光煥字文侯號成章　德善公長子生康熙己丑年十一月廿
一日巳時卒乾隆戊戌年正月初一日午時葬在本里鵬雛
土名監壠尾崙坐癸向丁兼子午光緒戊寅年臺灣曾孫進

盜歸梓重修立牌
娶孺人洪氏諱號　生康熙戊子年九月十七日　時李
乾隆甲辰年二月廿九日午時葬在本山石礦頂土名尾園
崙坐庚向田兼酉卯
子三　長世愈　次世湖　三世賢
光學公字性傒號　德善公次子生康熙壬寅年八月初六日
辰時
娶孺人洪氏諱　娘號　生雍正乙巳年二月初七日戌
時公妣卒年月日時葬地俱傒查
子三　長世呂　次世疇　三世榜
光牙字崇傒號明達公　德善公三子生雍正丁未年六月廿

六日酉時卒嘉慶丙辰年六月十四日辰時享年七十齡塋本山石𥗶頂崎仔坑坐辰向戌兼乙辛
娶孺人詹氏諱寸娘號順貞生雍正癸丑年十月初一日酉時卒嘉慶辛未年三月初九日酉時享年七十有九以本年臘月初八日酉時木棺塋鎮撫十八間巷外崙坐癸向丁兼子午
子二　長世乞　二世典
十六世鎮二房玉庵公派長光字行
光袍字緼侯號存厚公　式如公長子生康熙丁丑年正月十三日戌時卒乾隆壬申年三月初四日戌時享年五十有六木棺塋在本山鵰雛口鬮垵崙坐丁向癸兼午子

娶孺人唐氏諱坦娘號孝懿生康熙乙酉年九月廿四日酉時卒乾隆辛丑年二月初六日酉時享年七十有七齡木棺葬在本山晋菜壠格坐坤向艮兼未丑

子三　長世錐　次世椿　三世區

光麟字信侯號麟毛公　式如公次子生康熙巳卯年七月十四日子時卒乾隆乙亥年七月廿四日寅時享年五十有六瓦棺葬本山仙洞尖脚坐子向午兼癸丁

娶孺人王氏諱晨娘號順慈生康熙丁酉年四月初八日辰時卒乾隆乙夘年六月十六日午時享年七十有九葬本山墓林尖坐甲向庚兼夘酉

子一　世沃

光善字懷侯號盡美公　式如公三子生康熙乙酉年十一
廿三日巳時卒乾隆丙午年正月十八日亥時享年八
二葬本山鵬雛美壠崙坐巽向乾兼巳亥
娶孺人洪氏諱越娘號淑恭生康熙巳亥年八月廿八日
時卒乾隆甲子年三月廿九日亥時瓦棺葬本山石坵墘
戌向辰兼辛乙
子一　世褒

光訓字詳侯號樸厚　式如公四子爲人樂義好施古處可風
建居梨坪詒謀更大生康熙壬辰年正月十三日丑時卒嘉
慶庚申年二月廿三日亥時享年八十有九棺葬本山將軍
出洞形號半月沉江坐酉向卯兼辛乙

娶孺人葉氏諱取娘號純美生雍正甲辰年二月初十日亥
時卒乾隆己夘年十二月初七日戌時尾棺壟龜山後美者
坐甲向庚兼寅申
子三　長世清　次世淶　三世涉
十六世鎮二房玉庵公派二光字行
光黨字明傒號秉直公　晉卿公長子生康熙戊寅年二十
一日寅時卒乾隆癸酉年十二月廿二日未時享年五十
六木棺壟本山尾窨垵崙坐辛向乙兼酉夘
娶孺人陳氏諱軫娘號婉懿生康熙丙戌年八月廿三日
時卒乾隆辛丑年十一月廿八日申時享年七十有六木棺
壟倒坐山埔仙洞崙脚坐丑向未兼癸丁

子四　長世揖　次世儁　三世佔　四世辦

光符字合侯號瑞節公　晉鄉公次子生康熙庚辰年九月

三日卯時卒乾隆巳丑年八月廿九日酉時享年七十

在本鄉鵬雛美壠墩坐酉向卯兼辛乙

娶孺人蘇氏諱焉娘號貞順生康熙己丑年正月初七日

時卒乾隆乙巳年正月廿五日寅時葬在本里湖頂

崙坐巽向乾兼巳亥

子五　長世鐵　次世西　三世挑　四世量

光博字廣侯號深厚公　晉鄉公三子生康熙壬午年十一月

初十日子時卒乾隆乙巳年八月初五日巳時享年八十有

四葬本山石礦觀音寮崙坐壬向丙兼亥巳

娶孺人王氏諱容娘號恬慈生康熙巳丑年七月十二日未
時卒乾隆丁巳年二月十七日子時瓦棺葬本山上坋仔墘
頭坐丙向壬兼巳亥
繼娶孺人葉氏諱取娘號柔順生康熙丁酉年十月
巳時卒乾隆巳亥年正月廿二日午時享年六十有三
山後壠尾圭心崙水堤後壁坐辛戌向乙辰
子四　長先寬王氏出　次先壇　三先尚　四先令氏

十六世鎮二房玉庵公派三光字行
光榮字仁俟號德馨公　貫鄉公之子生康熙癸未年六
三日巳時卒乾隆巳卯年二月十六日未時享年五十
葬黍洋祜水仙景坐　向　兼

娶孺人朱氏諱右娘號左順生康熙丁酉年二月廿五
時卒乾隆庚申年三月廿二日午時同姑慈敏梁氏合
山馬坑吾爐丙
繼娶孺人連氏諱快娘號怡順生康熙癸巳年二月十
郊時卒乾隆巳丑年十一月初三日申時享年五十七
本山美宮林崙坐亥向巳兼壬丙
子二　長先二　次先通
十六世鎮二房啟文公派長光字行
光鋭公字側侯號仁愛　直毅公長子生康熙丁丑年閏三月
十五日亥時卒乾隆壬戌年六月二十日酉時棺葬本山鷓
鴣尾壠祖墓下坐巽向乾兼巳亥

娶孺人余氏祝娘生康熙丁丑年二月廿二日丱時卒年月日時及塋俱候查

子一　先俊

光銘公字功候號仁勇　直毅公次子生康熙乙酉年十日酉時　乾隆乙酉年閏二月十八日酉時尾棺葬真武踏龜後崎仔坑坐乙向辛兼丱酉

娶吳氏諱金娘號勤慈生康熙戊子年五月廿七日□乾隆乙亥年十二月十二日巳時尾棺葬鎮撫美橋蛇腩坐巽向乾兼

子一　先昌

光鎬公字陶候號敦睦　直毅公三子生康熙己丑年七

十日酉時卒乾隆辛酉年閏五月廿六日卯時棺塟本
坑對面師光垵崙坐丙向壬兼巳亥
娶杜氏壽娘號勤順生康熙庚寅年八月廿五日亥
隆辛丑年九月廿九日申時塟地候查
子三　長先腴　次先隨　三先揣
光鎬公字豐儀號文圃　直毅公四子生康熙壬辰年
十六日寅時卒乾隆乙巳年二月廿八日申時瓦棺塟
崎仔坑頭坐酉向卯兼辛乙
娶鄭氏諱招娘號孝勤生康熙戊戌年七月初三日卯
乾隆乙酉年正月初十日巳時瓦棺塟本山東坑坐坤向艮
兼未丑

子一　先欽

光鈞公字帯候號義正　直毅公五子生康熙甲午年十月十

五日辰時卒乾隆乙亥年七月初一日戌時厝棺葬

雞尾壠坐甲向庚兼夘酉

娶洪氏諱允娘號勤儉生康熙庚子年六月初十日

乾隆己亥年七月初一日亥時棺葬本里馬坑苦壠

石硿口坐丙向壬兼巳亥

子二　長先挺　次先惠

光錫公字璧候號理化　直毅公六子生康熙戊戌年

二日酉時卒乾隆己丑年正月初十日酉時厝棺

光垵崙坐丁向癸兼未丑

娶鄞氏諱裁娘號孝莊生雍正丙午年三月十一日
乾隆辛巳年九月初八日夘時瓦棺葬本里鵬雛雷
員林仔崙坐辛向乙兼戌辰
繼娶陳氏招娘歿節
子五　長先綿　次先繞　三先綖　四先維　五……
十六世鎮二房啟文公派二光字行
太學生乳名光繼瑤字玉侯號正烈公　古愚公長子
當世正直達鄉閭生康熙庚寅年八月廿九日巳時
癸酉年六月初八日寅時木棺葬本里觀音㙮內第
名杉坡崙坐丑向未兼癸丁
娶孺人吳氏諱乙娘號慈斂生康熙辛夘年正月十七日夘

時卒乾隆庚申年正月十四日酉時尾棺葬本里石礫山中崙大石後仝三男　靖懷公合葬坐戌向辰兼乾巽
繼娶孺人張氏諱守娘號慈順生康熙丁酉年五月丑時卒乾隆甲辰年十二月廿四日丑時享年六十
棺葬本里山仔土名古墓内穴坐　向
子六　長世磊　次世矗　三世矗俱前妣出　四〃
五世晶　六世鑫俱後妣出
邑庠生諱志芳乳名光繼琥字西侯一字禮西號正稽公愚公次子髫齡入泮名馳四方始建檀樾崇祀祖先先代之鴻業啟後人之丕基信無愧祖宗之肖子㞢
丁未年七月初十日亥時卒乾隆壬寅年正月三十

享年五十有六木棺葬本里本山眞武踏龜土名龜
辛向乙兼戌辰
娶孺人謝氏諱恐舍號恭懿生雍正戊申年四月十
時卒乾隆辛亥年五月十四日辰時享年六十有四
本里馬坑鄉苦墩崙面對石硿口坐丙向壬兼午丁
子一　廷恩
十六世鎮二房啟文公派三光字行
光植公字立侯號端肅　温和公長子生康熙甲午年正
三日寅時卒乾隆己巳年七月十六日寅時木棺與
公合葬本里虎尾鄉土名內腰格崙坐寅向申兼艮坤
娶孺人鄭氏諱冥娘號孝莊生康熙甲午年十一月廿三日

戌時卒嘉慶辛酉年十二月十五日午時瓦棺塟本鄉土
山仔頂梨坂林外坐壬向丙兼亥巳
子四 長先完 次先曜 三先謳 四先池
光樫公字敬侯號安逸 温和公次子營建磜塆房居
康熙丁酉年三月初六日丑時卒乾隆甲午年八
時木棺塟本里清水仔坋 仔頭坐丁向癸兼赤
娶孺人謝氏諱招娘號惠柔生康熙丁酉年九月廿
時卒乾隆巳酉年十一月初五日辰時享年七十有
塟本里石磜山下翁崙脚坐酉向卯兼庚甲
子三 長允康 次先鄉 三先恪
光栩公字集侯號進軒 温和公三子秉性儉樸致

好詩書和惠待人爰與六弟共營祜水祖宇内些
四護自建書軒全座生康熙庚子年九月二十日
隆巳酉年二月初十日卯時享年七十棺葬本里八
坐子向午兼癸丁
娶孺人謝氏諱恬娘號鏸貞生雍正乙巳年八月廿
時卒乾隆辛亥年五月初一日辰時享年六十有一
鄉貞武山睡蛇尾崙坐庚向甲兼申寅
子五　長先巢　次先檖　三先杬　四先樸

光梗公字概侯號徽美　温和公四子生雍正癸卯年
八日巳時卒乾隆丁酉年三月十三日卯時棺葬大
坟後虎貝照日坐申向寅兼庚甲

娶孺人葉氏諱瑚娘號順考生雍正丁未年正月
時卒嘉慶壬戌年三月三十日酉時棺葬本鄉胡
內垵坐　向　兼
子五　長先抵　次先撮
四先猷　五先陣

光福公字師侯號盛智　温和公五子生雍正庚戌年
廿七日艮時卒乾隆戊戌年四月十五日　時瓦窑
鴨母斗山畲坐亥向巳兼壬丙
娶孺人葉氏諱純娘號淑莊生雍正甲寅年六月
時卒嘉慶庚辰年十月十一日未時葬地侯查
子四　長先規　次先矩　三先譙

光櫚公字巽侯號新置　温和公六子生雍正甲寅
九日戌時卒乾隆乙巳年二月初四日午時
娶孺人葉氏諱扱娘號敦柔生雍正乙卯年正月
時卒嘉慶辛酉年七月初九日　時
公媽木棺仝壙合塟本里虎尾鄉土名内腰崙坐
子午
公爲人秉性樸寔勤儉成家與三兄共營建祐
荆堂全座三進四護
子六　長敎義　次雙六
四崇高　五先荃

国家出版基金项目
NATIONAL PUBLICATION FOUNDATION

海上絲綢之路文獻集成

總主編　陳支平　陳春聲

民間譜牒編 36

主編　林　楓

海峽出版發行集團
THE STRAITS PUBLISHING & DISTRIBUTING GROUP
福建人民出版社

本册目次

〔福建安溪〕二房參鎮羅黄氏族譜八卷首一卷存七卷（卷三下至卷四中）

〔清〕佚名纂修

參山二房派黄氏族譜

十六世鎮二敬齋公長志誠公派光字行

光赤公　志誠公長子生雍正戊申年十一月廿一日亥時卒年月日時失

娶孺人楊氏性娘生雍正癸丑年九月廿五日巳時卒年月失

公媽塋地候查

子六　長先煕　次先澎　三先泚　四先朝　五先爲　六有命

光玉公　志誠公次子生雍正壬子年二月十二日戌時卒失

娶蔡氏諱引娘生雍正丁未年十一月廿六日　時卒年月失

公媽塋俟查

子五　長先部　次先重　三先興　四先貴　五先潤
十六世鎮二敬齋公石礫派光字行

光□公　誠恭公長子生康熙戊子年九月十四日丑時卒雍
正甲寅年四月廿九日未時瓦棺扞葬在石礫頂下斜嶺兜
坐辛向乙兼戌辰

光科字而侯號義德　誠恭公次子歷盡艱難恐家資難保建
居石礫上翁堂詒謀實深坐乾向巽兼亥巳生雍正乙巳年
十一月初四日未時卒嘉慶辛酉年八月十八日酉時享年
七十有七木棺葬石礫山地號獅鬼頂坐丑向未兼坤艮
娶顏氏諱漸娘號勤順生雍正乙卯年八月十一日卯時卒
嘉慶辛酉年八月十八日酉享年七十有七木棺葬在石礫

大崙崎號虎脚坐丑向未兼癸丁

子六　長先取　次成聚　三先開　四先砂　五先乾

六先甲

光崴公　誠恭公三子生雍正庚戌年九月十八日辰時卒乾

隆乙酉年八月初五日申時尾棺葬在本山土名眞武踏龜

山後坐乙向辛兼辰戌

十六世鎮二敬齋公五房仁正公派光字行

處士廷軒公字安侯　仁止公長子爲人正義公平寬宏雅度

敦倫睦族謹言愼行文學見稱詩詞雅正增修族譜之遺漏

恒言厚邑以勉人素存顧祖報親爲心嘗懐立義建功不泯

誠人中之佳士也生雍正丁未年八月二十日亥時卒乾隆

年　月　日　時葬在本山土名山猪湖埔池頂右
畔崙坐酉向卯兼辛乙立碑刻石處士廷軒黃公六字
娶孺人顏氏時娘號慎敬生乾隆巳未年八月初五日卯時
卒乾隆巳卯年五月廿六日卯時　廷軒叔舊譜記以尾
棺塟大坵尾內垵對面崙穴號蛇形內坐丑向未兼艮坤外
坐艮向坤兼丑未今遮到穴親視空壙再查伊親貽海扦起
再塟本山後山頭大墩厝頂大路頂合閣頭坐乾亥向巽巳
繼娶陳氏諱雪娘生乾隆壬戌年正月十三日巳時卒乾隆
年　月　日　時墓地俟查
子一　清懷
琴書公字雅俟號美德　仁正公次子生雍正甲寅年十二月

廿九日巳時卒嘉慶丁卯年十月初九日丑時享年七十有
四木棺葬本山土名後山頭銅鐘穴下坐庚申向甲寅
娶許氏片娘號善慈生乾隆癸亥年八月初一日酉時卒嘉
慶己巳年三月十三日　時棺葬本山鵬雛口嶺墓林睃崙
坐庚申兼甲寅
子四　長先算　次先薛　三先緣　四先推
鎮二敬齋公六柔和公派光宗行
光鑑公字秀侯號柔和　智勇公長子生乾隆丁巳年七月十
一日未時卒嘉慶辛未年三月二十八日巳時葬鵬雛口大
崙號騎龍斬坐亥乾向巳巽
娶陳氏賽娘號恬順生乾隆戊申年十一月十二日未時卒失

塟本山山猪湖眠虎脚坐辰巽兼戌乾
子二　長先圖　次先倍
光題公字詩侯號克枝　智勇公次子生乾隆巳未年九月十
三日戌時卒年月俟查塟本山鵬雛口時查問近朝星叔厝
外崙坐子壬向午丙
妣王氏好娘號恬成生卒乾隆月年日失塟本里山猪湖眠
虎尖坐甲寅向庚申
子一　先恰
光豚公字及侯號克寧　智勇公三子生乾隆癸亥年二月十
四日未時往吧無歸前以功果卒年月無考
妣陳氏領娘號柔慎生乾隆甲戌年八月初一日戌時卒道

光乙酉年八月初三日　時葬本里山坛頂蛇仔崙申坐辛
向乙兼戌辰
子二　長先窕　次先寓
十六世鎮二敬齋公七從臺胤深公派光字行
光代公　胤深公長子生乾隆丁巳年四月廿二日未時不知
何往諒是去臺姑存其名
光植公　胤深公次子生乾隆癸亥年四月二十八日未時此
人亦是往臺不知有傳後否
十六世鎮二對面山祖樂山公長房成文公派光字行
光鍊公字達僎號丹標　直和公長子嘗立烏材林走馬格脚
房屋一座生康熙戊子年正月廿七日寅時卒乾隆丙申年

正月廿八日丑時棺塟烏材林窰尾窰頭崙坐辛乙兼戌辰
妣王氏愈娘號儉德生康熙戊子年四月十七日子時卒乾
隆丙午年六月十九日未時尾棺塟本里烏材林馬埈格坐
壬向丙兼子午
子二　長先日　次先國
光亢公字龍侯號寬厚　直和公次子生康熙壬辰年六月十
七日酉時卒乾隆辛巳年八月十五日吉時塟流碌口掃箒
穴頂坐　向　兼
妣陳氏註娘生雍正癸卯年四月十七日寅時卒　年四
月初十日子時
子二　長先堯　次先吽

光氏公字綌傒號還轅　直和公三子生康熙乙未年八月廿三日未時卒乾隆甲午年五月廿五日未時棺葬鎮撫大平頭崙坐卯向酉兼甲庚

妣吳氏知娘號志善生雍正丙午年十二月廿九日酉時卒嘉慶庚申年九月十七日戌時棺葬本里鵬雛晉竹坡頭坐申向寅兼庚甲

子一　先曾

光倪公號曲奏　直和公四子生康熙戊戌年十二月十五日丑時卒乾隆壬辰年五月初三日卯時往吧卒葬在吧無傳

光齒公　直和公五子生康熙壬寅年十二月初六日卯時出外不知何處卒及葬俟查

光耳公字聽侯號心通　直和公六子生雍正庚戌年六月三
十日酉時卒不知墓葬本山土空林坐丁癸兼未丑
妣程氏　娘生卒年月日失葬本山湖頂山美監石内坐庚
向甲兼申寅
子一　先作

光依公字尹侯號任意　直温公長子生康熙丙申年正月十
七日戌時卒乾隆乙酉年二月十六日未時葬本山山猪湖
外壠頭坐甲庚兼卯酉
娶洪氏後娘號如意生雍正乙巳年七月三十日子時卒嘉
慶戊辰年十一月廿二日辰時
子二　長先嚷　次先嗪

光諤公字失號材義　直温公次子生康熙已亥年三月初八日酉時卒乾隆已酉年十二月十六日申時墓塟山猪湖外壠頭坐夘酉兼甲庚
妣倪氏益娘生年月日時失卒　年八月廿五日子時塟地俟查
子二　長先聡　次先惄俱無傳
光賓公　直温公三子生康熙壬寅年五月初三日未時卒年月日時及墓俟查無傳
十六世鎮二房三祖心逸公派光字行
處士招瑛字温侯號艮齋　樸巖公長子生康熙丙戌年十月初四日亥時卒乾隆甲午年六月廿四日酉時棺塟本鄉石

坵林赤嶺巷坐壬向丙兼子午
妣葉氏便娘號順慈生康熙丙戌年三月十二日午時卒乾
隆辛亥年十一月廿九日未時葬本鄉山坛頂頂流磜大坵
田水坪頂坐乾向巽兼亥巳
子三　長先衍　次先謨　三先述
待贈光瑞公字潤侯號娓齋　樸巖公次子生康熙己丑年九
月三十日酉時卒乾隆庚子年八月十三日巳時享年七十
有二棺葬本里鵬雛大坵尾田頂坐庚向甲兼申寅
娶孺人葉氏兑娘號恭慈生康熙壬辰年六月初八日卯時
卒乾隆癸卯年二月十八日子時享年七十有二棺葬本里
烏材林罕莱頭坐癸向丁兼丑未

子四　長先圖　次先因　三先曰　四先圓

光環公　克足公長子生康熙壬寅年十月初四日辰時往在臺南路生卒墓俟查

光璃公　克足公次子生雍正辛亥年九月廿四日亥時往在臺南路卒在臺南路

光琩公　克足公三子生雍正甲寅年二月初二日午時往在臺南路卒墓俱俟查

光班公字彬侯號爵祿　隨安公長子生雍正己酉年十一月初一日寅時卒嘉慶丁卯年七月十八日申時棺葬本鄉山坛頂流磔湖坐壬向丙兼子午

妣葉氏永娘號慈賢生乾隆壬戌年五月十三日午時卒嘉

慶戊午年正月初二日辰時棺塟本鄉山坛頂眠狗崙坐亥向巳兼壬丙

子六　長先統　次先彪　三先堪　四先頗

五先豹　六先瑜

光瑗公號遲順　隨安公次子生乾隆丁巳年十二月廿七日寅時卒乾隆戊子年十月三十日未時往吧邦卒無傳

異常公號遣璋　隨安公三子生乾隆辛酉年三月十一日巳時卒乾隆己酉年十月二十日未時葬棺塟本山十八間壠尾坐卯向酉兼乙辛無傳

光琛公號爵金　隨安公四子生乾隆甲子年四月初五日子時卒嘉慶庚申年十一月廿八日丑時往吧卒無傳

十六世鎮二房三對面山祖三房鳴高公派光字行

光田公號失　元德公長子生康熙辛丑年十一月廿八日丑時卒乾隆壬戌年十月初一日戌時葬本鄉龜山肥猪樹坐丁癸兼午子無傳

光納公字言侯號結齋　元德公次子生雍正戊申年三月初一日丑時卒嘉慶癸亥年十一月初九日午時棺葬本鄉烏材林烏石壠崙外坐庚向甲兼酉卯

娶蔡氏悔娘號正成生乾隆丁巳年八月廿四日巳時卒嘉慶甲子年正月廿七日亥時棺葬本鄉烏材林湖頂山尾坐庚向甲兼酉卯

子四　長恩祜　次欽敬　三錩祜　四順孝

光猷公字果候號秩齋　元德公三子生雍正癸丑年七月廿四日亥時卒嘉慶戊辰年七月十六日午時棺瘞本鄉烏材林替竹後崙坐庚向甲兼酉卯

娶謝氏女娘號正姜生乾隆甲子年九月初四日辰時卒乾隆乙未年八月十三日辰時棺瘞本鄉烏材林窖公後崙外坐寅向申兼甲庚

繼娶張氏乃娘號正宣生乾隆乙丑年七月初七日酉時卒嘉慶壬戌年七月廿八日戌時尾棺瘞本鄉龜山後尾考崙坐艮向坤兼寅申

子二　長仲元　次先煎（俱謝氏出）

光睦公字親候號和齋　元德公四子生乾隆戊午年五月十

八日子時卒嘉慶壬申年六月廿八日辰時葬本山龜山窖
後崙坐丁向癸兼未丑
妣陳氏大娘號淑善生乾隆巳卯年九月十三日丑時卒嘉
慶辛酉年正月廿九日申時棺葬本鄉烏材林窖公後坐丑
向未兼艮坤
子三　長鎮興　次天璉　三天帕
處士光鵬公字萬侯號容齋　振德公長子生康熙辛丑年八
月十二日亥時卒乾隆丙子年九月十一日辰時棺葬本鄉
烏材林嶺冷水坑崙坐巽向乾兼辰戌
妣林氏眈娘號勤育生雍正癸卯年七月十五日申時卒乾
隆戊申年六月廿七日酉時棺葬本鄉鵬雛軍壠橋員林仔

崙坐乾向巽兼戌辰
子一　鑾基
光知公字定侯號明哲　振德公次子生雍正乙巳年十月初三日辰時卒乾隆丁未年二月十八日卯時棺葬本山石龜大頁頂坐乾向巽兼戌辰
妣王氏沃娘號勤德生乾隆丁巳年十月廿一日申時卒嘉慶丙子年十月初一日酉時棺葬本鄉烏材林大嶺崙坐寅向申兼艮坤
子二　長先雅　次先慶
光豁公字通侯　振德公三子生雍正庚戌年六月初四日申時卒乾隆甲戌年五月初七日巳時葬本鄉山猪湖坐　向

光民公號則厤　振德公四子生乾隆丁巳年十二月廿六日巳時卒乾隆癸巳年六月廿四日戌時往吧卒葬在吧無傳

光孫公字詒傒號失　安德公長子生乾隆丁巳年十二月廿六日巳時卒乾隆　年月日時葬地俟查　無傳

光直公字　倪號元正　安德公次子生乾隆己亥年七月廿六日巳時往吧卒正月廿七日時

娶林氏錦娘號四文生乾隆丁卯年十一月十五日辰時卒道光甲申年六月二十日戌時尾棺葬本里石碣崙田中穴頭大石爲記坐寅申兼甲庚

子二　長先化　次嫣記

光膹公號霸與　安德公三子生乾隆丙寅年十二月廿八日

午時卒乾隆　年正月廿六日時塟侯查　無傳

蔭宗公字庇侯號正誼　明巖公長子生雍正丙午年十月廿六日未時卒不知墓塟本山鵬雛樆壠蜈蚣形右畔崙尾坐乾向巽兼戌辰與長男仝塟

娶鄔氏攀娘號生雍正乙巳年二月十八日巳時卒不知塟本山條仔崙酷頂坐申向寅兼庚甲

子五　長先渠　次先四　三先丑　四先箸　五先歆

光仁公字爵侯號惻怛　明若公次子生雍正庚戌年九月十四日未時卒年月塟侯查　娶葉氏節政

子二　長安慶　次先突

光砲公字電侯號霞善　酌德公子生乾隆庚申年三月廿六

日酉時卒嘉慶己未年正月十四日卯時塟本鄉烏材林菁
竹坵田頂坐庚向甲兼申寅
妣謝氏雪娘號柔成生乾隆壬戌年十二月初七日辰時卒
乾隆癸卯年三月十二日巳時塟本鄉烏材林丁墘崙坐寅
申兼甲庚
繼娶鄭氏味娘號慈範生乾隆戊辰年八月十四日未時卒
嘉慶乙亥年十月二十日巳時棺塟烏材林尾崙田中外坐
辰向戌兼巽乾
子七　長先鑽　次先鑠　三先錠　四先錪　五先鍍
六先銅俱謝氏出　七先禮鄭氏出
處士光共公字與侯號學可　倘德公長子生雍正戊申年十

一月十九日卯時卒乾隆庚午年九月十四日申時葬本鄉
烏材林暂竹後坐坤向艮兼申寅
娶王氏鳳娘號順儀生雍正庚戌年二月初三日辰時卒乾
隆丙寅年九月初九日酉時棺葬烏材林嶺尾崙坐乙向辛
兼辰戌
嗣子　承長

光養公字智傒　向德公次子生乾隆丙辰年二月初五申時
娶陳氏捷娘生乾隆己未年八月十七日亥　時
子四　長錯鷓鴣　次買種　三無極　四嶺泉父母及
男俱往臺

爪宗公字種傒號飏㖡　量德公長子生雍正己酉年十二月

廿八日亥時卒乾隆辛巳年七月廿六日申時尾棺葬烏材
林苔竹兜崙坐乾巽兼戌辰　娶陳氏敗節
子一　先達
孟宗公字仲侯號師齋　量德公次子嘗立小宗左畔書軒一
座生雍正甲寅年七月廿四日午時卒嘉慶[illegible]未年六月廿
六日申時棺葬本里烏材林湖頂土磜坐申寅兼庚甲
妣卓氏賢娘號儉慈生乾隆庚申年六月廿六日戌時卒嘉
慶辛酉年十二月初四日午時棺葬本鄉烏材林後尾者崙
坐艮向坤兼丑未
子二　長天賜　次天迎
太學生諱德輝名素官字絢侯號樸齋　量德公三子先世爲

吾郡紫雲望族本支世居安溪參山至三潭公徙居鎮撫亡傳爲待贈量德公配陳孺人復分支烏材林所至成族四安之傳有由來矣公即量德公第三子也少時倜儻有大志猥以家計舍學業而出經營克致贏積成一時名殆效鴟夷子者乎其逝事父母也偕配陳孺人克敦孝行甚得二人歡同胞伯仲五人處之無間言一家之政肅如焉而且宗族待之以恩朋友處之以信古道照人具足風已公雖不得顯於詩書然於丙申歲援入國學庶幾少慰厥志且爲裕後計擇基近地自營新居輪奐既成功力初竣方期偕孺人優游高年含飴弄孫奈何年未及艾竟從赤松子遊耶公男子三女子二男長曰世惠次曰世雄皆善繼公志卓有英偉之資三曰

世雄年雖幼穉嶄然見頭角紹武承休匪可量則他日之所以崇公者豈其微哉諸男子婚娶悉爲名族孫曾士順爲長男所出者後此繩繩未艾也公生於乾隆辛酉年十月十三日亥時卒於乾隆丁未年十月二十日申時壽四十七歲茲以乾隆壬子年十月初六日卯時奉柩安葬於崇善里蓬亭鄉土名墓林前穴坐卯向酉兼甲庚爰爲之銘曰

蓬亭之山　蔥龍雲樹　結此佳城　廻環盤固

惟公之德　宜獲安厝　子孫繩繩　永受天祐

己酉科拔貢候選儒學外甥許　玉成頓首拜撰文

鄉進士候選儒學教諭現　試弟許庚頓首拜篆額併書册

妣孺人陳氏法娘號稱善嘗立烏材林嶺頂頂宅左畔新厝

一座生乾隆甲子年七月廿二日酉時卒嘉慶甲戌年閏二月廿一日丑時棺葬本鄉烏材林罕茶崙坐郊向酉兼乙辛

子三　長先惠　次先雌　三先雄

恩榮光殊公字鳳侯號龍齋　量德公四子經商富有監造烏材林長俊美房屋坐艮坤兼丑未生乾隆丁卯年正月廿八日午時卒嘉慶丙子年四月廿一日亥時塟本鄉鵰雛寮後垵坐甲向庚兼寅申

妣陳氏却娘號恬慈生乾隆壬申年八月廿八日丑時卒道光壬午年九月初九日丑時塟本鄉上坛仔坐巽乾兼辰戌

子三　長先科　次解縉　三天助

光本公字　侯號維善　量德公五子生乾隆巳巳年正月初

九日亥時卒嘉慶丁巳年九月初一日辰時葬本山鵬雛口
大墩乾厝外大壠頭坐丑向未兼艮坤
娶王氏灶娘生乾隆庚辰年二月十八日丑時卒年月日時
失葬本山鵬雛寨邊右畔坐　向　兼
子二　長福星　次親星

十六世鎮撫三房見畏公長房泒光字行

光倫公字至侯號飭紹　維直公長子生雍正戊申年七月十
六日午時卒嘉慶已未年正月十四日卯時葬地俟查
娶蔡氏諱底娘號守範生乾隆戊午年九月廿一日寅時卒
乾隆甲午年五月十五日丑時墓葬在鎮撫因內厝後頂坐
西向東

子三　長先堆　次先墻出繼　三先賢

光耀公號門顯　維直公次子生雍正辛亥年四月初三日寅

時卒乾隆年間十月廿七日吉時往番邦無回卒塟在番

承繼子　先墻

光炎公號天氣　維直公三子生雍正甲寅年正月十五日寅

時往臺無回

娶吳氏俟查

光旦公號直義　胤正公子生雍正癸丑年二月初五日寅時

卒乾隆己酉年十月初七日丑時塟地俟查

妣鄌氏諱益娘生乾隆丙寅年十一月初四日酉時卒嘉慶

年間辰月吉日時壙墓俟查

嗣子　先用

光就公字有侯號盡正　夏直公長子生乾隆甲子年五月初

二日巳時卒乾隆癸酉年十一月廿九日辰時往番邦卒

娶林氏聽娘旼節

子二　長先外　次先桄

光案公　夏直公次子生乾隆己巳年四日初八日卯時卒乾

隆戊子年十二月廿六日未時往番邦卒無回

恩榮高年光叩公字答侯號發端　夏直公三子生乾隆辛未

年十二月廿九日酉時肇基始建烏石壠厝坐庚向甲卒道

光辛丑年七月廿九日吉時享年九十一齡葬本里湖頂

尖脚土名産墘崙坐丙向壬兼午子

妣程氏諱印娘號柔悅生乾隆甲申年三月廿九日申時卒
道光癸巳年十一月廿五日辰時享年七十塟烏材林土名
烏石壠田頂坐申向寅兼庚甲
子三　長先園　次先坑　三先他
光觀公字語侯　夏直公四子生乾隆乙亥年正月初六日巳
時卒乾隆　年徃外夷無回
嗣子　先輕
光兆公字吉侯號丕基　夏直公五子生乾隆己卯年二月廿
一日酉時卒道光己丑年九月初三日午時墓塟本山土名
山坛下格仔外坐　向
娶蔡氏諱器娘號勤戚生乾隆庚寅年六月十六日辰時享

道光丁酉年三月初五日亥時墓塋在本山土名坐　向
俟查
子三　長承宗　次新登　三先聽
光卒公字衆侯　夏直公六子生乾隆壬午年六月十五日午
時卒乾隆乙卯年七月廿九日辰時墓葬山坛土名大郊壠
中崙坐北向南　娶程氏敗節
光内公字本侯號丕外　夏直公七子生乾隆乙酉年八月二
十日卯時卒道光庚子年正月十六日午時墓塋石坵土地
崙左田頂横坐西向東
妣張氏諱脱娘生乾隆丙申年艮月吉日時卒乾隆甲寅年
二月二十日辰時葬處候查

十六世鎮撫三房見畏公三光字行

光蔡公號向日　元春公長子生康熙己亥年八月十八日巳時卒乾隆丁巳年正月廿四日酉時葬埜十八間丁班池崙丁向癸兼未丑

光崇公字高夫號厚豐　元春公次子生雍正戊申年十二月廿二日戌時卒乾隆丁酉年二月初二日辰時葬本山鵬雛柴橋綦内崙坐午向子兼丁癸

娶葉氏迎娘號生雍正己酉年五月十九日酉時卒乾隆甲申年八月初五日子時葬本山土名木橋尾山坐甲向庚兼卯酉

繼娶顏氏諱來娘號慈遠生雍正壬子年正月廿三日戌時

卒嘉慶乙丑年十一月廿八日辰時墓在山坛土名大初壠
崙坐辛向乙兼酉卯
子五　長先茂出嗣氏　次先次　三先薄　四先訖
五先杰
光祿公字同侯號出群　舜居公子生雍正乙巳年八月廿六
日亥時卒乾隆辛卯年五月廿二日巳時墓在本山土名
三坵崙坐西向東
娶莊氏下娘號禹庄生乾隆戊午年四月初十日寅時卒嘉
慶乙丑年九月三十日午時墓在鵬雛外鳳尾宮內崙坐酉
向卯兼庚甲
子二　長天祐　次大呂

光粟公字周侯號質庵　伯東公長子生雍正甲辰年五月初
一日亥時卒乾隆壬辰年閏十月初五日巳時葬處候查
娶吳氏諱雪娘號惜慈生雍正庚戌年十二月十九日子時
卒年月日時失考棺葬鵬雛外尾壠水垺後壁坐辛向乙
子二　長先露　次先權
光齊公字國侯號一夔　伯東公次子生雍正乙卯年正月十
四日戌時卒乾隆　年正月十三日吉時往番邦卒無回
光汀公字洲侯　仲日公長子生雍正己酉年三月廿三日未
時往臺卒葬在臺
嗣子　家和
光思公字三侯　仲日公次子生雍正壬子年十月十一日辰

時在臺娶不知姓名穡輯臺有
子五　長先馬　次先貼　三元参　四元凛　五元次
俱在臺生
光秋公字春侯　仲日公三子生乾隆丁巳年七月廿一日子
時兄弟三人俱在臺下南路林仔邊侯査
光有公號堅確　商星公長子生乾隆癸亥年十二月廿三日
戌時卒乾隆乙卯年三月廿七日巳時尾棺還葬後壠土名
尾高嶺崗坐由向寅兼坤艮
承繼子　先親
光苗公字夫侯號兢黍　商星公次子生乾隆丙寅年九月廿
六日戌時卒乾隆乙卯年五月十一日巳時葬山兵土名眠

狗頂坐亥向巳兼壬丙
娶謝氏勤娘號恭儉生乾隆甲申年二月十一日辰時卒道
光　年葬處候查
子二　長先親出繼　次先桂
光潤公字富侯號生澤　商星公三子生乾隆己巳年十一月
二十日辰時卒道光辛巳年五月十二日未時享年七十有
二葬處俟查
娶　氏生乾隆
子三　長紡　次侍　三皆
光宋公字第侯號光朗　寬大公長子生乾隆丙辰年二月初
一日午時卒嘉慶辛酉年八月廿五日未時葬在石礫山

妣蔡氏好娘號慈慎生乾隆丙寅年七月廿六日吉時卒乾
隆乙未年正月廿六日巳時墓在叅山犁坂土名水口上
地宮口坐戌向辰兼辛乙
子二　長先質　次先樓

光暡公字　侯號直齋　寬大公次子生乾隆戊午年十二月
十一日子時卒乾隆壬子年三月初七日巳時墓在叅山犁
坂土名庵後坐甲向庚兼酉外
娶楊氏香娘號儉信生乾隆丙寅年十二月初八日酉時卒
嘉慶庚辰年十一月初四日子時葬儉查
子四　長先攺　次先睦　三先雩出繼　四先玭

光照公字理侯號孟直　寬大公三子生乾隆庚申年十月廿

三日未時卒嘉慶丁巳年五月廿六日未時墓與繼娶洪氏
仝塟土名覆鼎金崙坐　向
娶陳氏諱勸娘號節儉生乾隆己巳年十二月初十日巳時
卒乾隆戊戌年十一月初二日卯時塟在石礁山土名針毋
髻坐　向
繼娶洪氏得娘生乾隆丁卯年正月十二日酉時卒乾隆甲
寅年六月十六日申時
子四　長先僞陳氏出　次先詩　三先廉　四先汝洪氏出
光命公字色候號安擇　寬大公四子生乾隆癸亥年七月十
四日未時卒乾隆壬子年五月十二日巳時塟本山石礁山
土名朱厝崙坐乾向巽兼亥巳

妣趙氏粉娘號勤慎生乾隆甲戌年十月初四日申時卒嘉
慶甲子年五月十三日酉時墓在石礦山觀音寮格坐癸向
丁兼丑未
子五　長先廪　次先最出繼　三先變
四朝貴　五桂明
光順公字直侯號光直　寬大公五子生乾隆庚午年十二月
十二日未時卒嘉慶壬戌年三月三十日卯時葬處候查
娶蘇氏聘娘生乾隆辛巳年六月十八日未時卒嘉慶辛酉
年四月十五日巳時葬石礦山土名大崙頂坐西向東
子三　長成祖承繼　次先什　三老伯
光錐公字刺侯號金懸　寬大公六子生乾隆乙亥年七月廿

六日寅時卒乾隆庚子年九月廿五日亥時墓塟本山軍墘
橋大路記認坐　向
娶龔氏諱早娘生乾隆甲申年九月初八日丑時卒乾隆壬
子年十月十三日巳時墓塟石礶山土名
承繼子二　長先最　次先雩

光八公字九侯號佰直　寬大公七子生乾隆庚辰年六月十
八日卯時卒嘉慶癸酉年五月初八日未時
娶蘇氏完娘號成倹生乾隆丙戌年正月十八日戌時卒嘉
慶戊辰年八月初一日辰時厝棺塟在石礶虎空墘大石脚
內坐西向東
子四　長先從　次先沙　三先守　四先博

天送公字還僾號光迎　秉直公長子生乾隆戊辰年十月初
一日丑時卒乾隆丙午年九月十八日辰時墓在本山軍壠
橋古名蜈蚣形脚坐　向
妣吳氏粉娘號提勤生乾隆己巳年五月十三日亥時卒道
光辛卯年十月廿六日辰時遷葬在石礶厝地脚坐南向北
承繼子二　長先餘　次先助
光部公字克僎　秉直公次子生乾隆己卯年十月廿四日寅
時卒道光壬辰年正月廿一日亥時
娶盧氏諱汀娘號惠儉生乾隆癸未年十一月廿一日丑時
卒道光壬辰年十二月十一日卯時瓦棺合葬在私山土名
石崗水井垵坐西向東

子五　長先興　次先富　三先續　四先德　五列足

光執公字付侯號光圭　秉直公三子生乾隆甲申年七月廿

五日戌時卒乾隆丙午年九月初九日未時葬在參林山土

名桶鋼嶺脊坐壬向丙兼子午

娶吳氏諱恬娘號節莊生乾隆乙酉年五月十四日午時卒

嘉慶乙丑年九月廿二日巳時葬在參山土名犁坂古田寮

腳坐乾向巽

子二　長先心承繼　次慈省

光慶公字壽侯　元士公子生乾隆辛未年五月初九日辰時

娶　氏甘娘生卒年月日時及葬地俱俟查

子一　敏容

光腱公字文侯　流亭公長子生乾隆壬戌年十二月廿九日
辰時卒嘉慶丁巳年十一月初六日戌時墓葬石礦山觀音
寨邊坐西向東
妣傅氏報娘號謹捷生乾隆癸亥年十二月廿一日午時卒
嘉慶　年艮月吉日時葬、俟查
嗣子一　先囬
光動公字靜侯　爾亭公長子生乾隆庚申年七月十九日酉
時卒嘉慶庚申年十月十七日申時享年六十有一葬俟查
光擬公字義侯　爾亭公次子生乾隆甲子年八月初二日酉
時卒嘉慶庚午年七月初三日巳時往臺卒
光粒公字灼侯　爾亭公三子生乾隆丁卯年四月廿三日酉

時卒乾隆甲寅年十二月廿六日辰時往臺

光爲公字衆侯　爾亭公四子生乾隆壬申年八月初十日寅

時卒乾隆戊申年三月吉日時往臺卒

五元公字亨侯　國長公子生乾隆甲子年五月十六日申時

卒乾隆乙卯年七月初九日寅時墓塟鎮撫對面尖仔坐南

向北

娶氏易諱註娘生乾隆庚午年正月廿七日酉時卒乾隆乙

卯年六月廿三日午時墓塟鎮撫對面尖仔後坐南向北

子一克明

光鳳公字鳥夫　國亨公長子生乾隆庚寅年三月初七日申

時卒乾隆年間九月初五日吉時往吧邦卒無回

承繼子　先曾
光布公字匹侯號忠成　國亭公嗣子生　年四月廿五日
申時卒嘉慶庚申年十月廿五日申時墓葬鵬雛外土名鳳
尾宮外崙坐坤向艮兼未丑
妣林氏諱究娘號謙順生乾隆甲戌年五月初一日酉時卒
乾隆丁酉年三月二十日午時墓葬本山軍壠橋土名蚣蜈
形崙坐西南向東北
繼娶梁氏諱意娘號成順生乾隆庚辰年艮月吉日時卒乾
隆　年十月初十日未時
繼娶洪氏諱轂娘生乾隆辛酉年四月十四日寅時卒年月
失洪氏梁氏二妣葬地俱俟查

子　長先水林氏出　次先管梁氏出出繼　三先合出繼　四先奚洪氏出

光霧公字事侯　胤誘公子生乾隆丙寅年十二月廿六日戌

時卒嘉慶甲子年三月十二日酉時葬俟查　無傳

鑾宗公字綿侯　圍楨公承繼子生乾隆壬午年㫐月吉日時

卒　年十二月廿八日午時往番邦卒無回葬在番

娶張氏諱研娘改節

承繼子　先合

愛宗公字月侯號親順　善翁公承繼子生乾隆庚辰年九月

初五日酉時卒乾隆乙巳年二月二十日丑時往吧無回

妣葉氏旦娘生乾隆乙酉年四月十六日酉時卒嘉慶　年

墓與姆蔡氏仝塋山芸頂土名大郊壠尾坐巽乾向辰戌

子二　長玉麟　次雙泉嗣子
光嶺公字上儇　胤科公長子生乾隆戊寅年二月初一日戌
時卒年月壙墓俟查
光艾公字號　胤科公次子生乾隆壬子年二月廿三日亥時
卒嘉慶　年七月十九日午時塟地俟查
光未公字聞夫　從亭公子生乾隆壬戌年四月廿六日丑時
卒年月日時候查塟鎮撫尖仔後蔚堵崙大垅頂坐　向
天送公字家儇　胤眼公子生乾隆戊辰年十月初一日丑時
卒年月及塟地俱俟查
十六世鎮三見畏公五房派光字行
東丕公號　國風公長子生乾隆甲申年八月初五日丑時卒

吉

道光　年月日時墓葬本山鳳尾宮後壠水埕頂坐北向南

光候公　國風公次子生乾隆丙戌年十二月廿九日未時卒

道光　年月日時葬在本山土名大埔墘墻圍後坐西南向

東北

雙承子一　先看

十六世鎮三見畏公七房壠頭格派光字行

光獅公字申侯號中援　師威公長子爲人寬宏品諸高標建

居立産肇基鎮撫壠頭格頂新厝坐癸向丁生乾隆己未年

四月十八日巳時卒乾隆戊申年六月廿六日卯時享年五

十墓葬在鎮撫對面尖仔后內壠頭坐庚向甲兼酉卯

妣蔡氏諱意娘號儉誠生乾隆己巳年五月初十日戌時卒

乾隆甲辰年九月十三日申時墓葬本山土名鵬雛外尾壠
畬後壁坐甲向庚兼卯酉
繼娶魏氏諱惜娘號儉德生乾隆辛未年二月十六日寅時
卒道光　年十二月十七日　時　葬本山土名下石坵
田中坐壬向丙兼子午
子三　長先賞　次先趣出繼　三先頌出繼
光灶公字位侯號盡郎師威公次子生隆乾辛酉年六月廿
六日戌時卒嘉慶丁卯年六月廿一日未時墓葬本鄉土名
破被林外崙坐未坤向丑艮
娶許氏諱寬娘號儉恭生乾隆辛酉年八月初九日午時卒
乾隆戊申年八月初二日未時墓葬在本山鵬雛外土名苦

竹林崙坐西向東
繼娶許氏諱添娘生乾隆己巳年五月十九日寅時卒年月
日時失墓葬俟查
子四　長先擴　次先紹出繼　三先咮　四先杜
光錠公字靜侯號佳盟　師威公三子生乾隆甲子年五月十
七日亥時卒乾隆戊申年七月十四日午時瓦棺葬鎮撫尖
仔後尉堵崙坐酉向卯兼辛乙分庚甲
娶葉氏招娘號儉賢生乾隆己卯年六月十六日巳時卒乾
隆戊申年六月初一日未時瓦棺葬本山土名宮崎坐乙向
辛兼卯酉
子二　長從算　次先龍

光孝公字順傒號謂養　師威公四子生乾隆丙寅年九月廿八日寅時卒乾隆壬寅年十二月初十日酉時往吧卒葬吧

承繼子　先紹

光像公字耕傒娶忠威　欲宣公長子生乾隆庚申年六月初六日巳時卒道光乙酉年九月十一日夘時往番邦娶在吧

子四　長隨母　次隨擢　三隨書　四隨斐父母兄弟

俱是在吧衍派

光乞公字璽傒號忠素　欲宣公次子生乾隆乙亥年三月初三日辰時卒嘉慶丙辰年八月初八日　時往吧卒無歸

光社公字稷夫號忠利　欲宣公三子生乾隆巳夘年七月初三日辰時卒道光巳亥年十二月十八日　時墓葬在雞鵬

外土名三坵崙左畔坐辛向乙
娶陳氏諱坤娘號儉勤生乾隆壬午年九月十五日子時卒
道光甲午年五月十八日　時葬在鵬雛猴壁後大路上
坐庚向甲兼申寅
子三　長先扒　次先店　三先額
光旋公字居侯　有知公長子生乾隆辛未年八月初三日辰
時卒　年　月　日　時葬烏材林土名大崎坐
南向北
娶林氏諱爾娘號恐順生乾隆癸未年十一月廿六日寅時
卒嘉慶丙辰年六月初四日亥時葬烏材林梓樹崙坐向
子一　先格

光皎公字強侯　有知公次子生乾隆丙子年　月十三日戌
時卒　年　月　日　時墓葬鎮撫對面尖仔山崙
大路下坐東向西　無傳
光熊公字倣侯號拱監　有遷公長子生乾隆丙寅年正月十
四日巳時卒乾隆癸巳年正月初九日申時往番邦卒骸無
歸無墓
光姤公字敏侯號義言　有遷公次子生乾隆戊辰年八月初
十日卯時卒乾隆　年十月廿九日午時墓葬在窖對面
大崎路頂田邊坐未丑向坤艮
光篇公字章侯號華禮　有遷公三子生乾隆辛未年九月十
七日巳時嘉慶癸亥年十一月廿六日巳時墓葬烏材林窖

對面土名員山仔崙坐丁向癸兼未丑

娶陳氏諱範娘號儉順，乾隆乙酉年十一月十一日午時

卒乾隆巳酉年五月初四日酉時

繼娶謝氏諱福娘號順祿生乾隆丙戌年十月十三日戌時

卒嘉慶辛未年十月廿八日辰時陳氏謝氏塋地俱俟查

子三　長皆蕃　次先象　三先蜂（謝氏出）

光炮公字綿俟　有遷公四子生卒及墓俱俟查

光廩公字戲俟號稱事　仁爵公長子生乾隆辛酉年正月廿八日申時往番邦卒無回

承繼子　先陳

光武公字玉俟　仁爵公次子生乾隆戊辰年正月十五日巳

時往番邦卒無回
承繼子　先碟
光閲公字全候　仁爵公三子生乾隆辛未年九月廿二日午
時卒　年　月　日　時葬俟查
娶葉氏恭娘生乾隆壬午年　月　日　時卒嘉慶戊辰
年七月初六日　時葬塋俟查
子三　長先遜　次先陳出繼　三先嶺出繼
光止公字知候　仁爵公四子生乾隆乙亥年十一月初九日
戌時卒　年　月　日　時葬地俟查
娶許氏惜娘生乾隆戊子年九月廿六日辰時卒道光
年　月　日　時葬塋烏材林待牛坑土名大崙尾田

中坐癸向丁兼子午

子二　長先砸　次先碟出繼

光蓮公字桂侯號開花　敬信公長子生乾隆甲子年八月初二日酉時卒乾隆癸巳年十月十四日卯時墓葬本山鵬雛外土名牛草崙坐午向子兼丁癸　娶葉氏尾娘攺節

子一　先梭

光反公字求侯號諸身　敬信公次子生乾隆甲申年六月三十日子時卒嘉慶甲子年九月廿一日寅時墓葬侯查

娶王氏榮娘攺節

子一　先吡

馬載公號承司　威禮公長子生乾隆庚辰年二月廿二日承

時卒乾隆戊申年七月初四日巳時尾棺傳漸安尾窑不知
何人拾去安葬無墓
娶歐氏賞娘號月愛生乾隆　年　月　日　時卒
乾隆　年六月初九日　時墓葬鎮撫壠頭格頂尖後畬
內坐西南向東北
承繼子一　先透
光不公字能侯　威禮公次子生乾隆癸未年七月廿七日辰
時卒道光乙酉年四月十五日丑時
娶葉氏配娘號永言生乾隆甲午年十一月十六日寅時卒
乾隆庚戌年六月十九日午時墓葬鎮撫壠頭格頂占後畬
內坐西南向東北

繼娶張氏諱緞娘生乾隆甲午年十一月十六日寅時卒道
光辛巳年九月廿五日未時　公媽合葬在墻圍箭土名
赤嶺巷外坐子向午兼癸丁
子三　長有才　次先透出繼　三先憮
光規公字矩侯號員成　瑞經公長子生乾隆乙酉年八月初
八日酉時往吧邦卒無回年月失墓在吧
娶林氏諱綿娘號順安生乾隆乙酉年八月初二日亥時卒
乾隆戊申年五月廿二日卯時死棺墓在柴橋尾土名埽箒
穴水埕脚坐庚向甲兼酉卯
嗣子一　先瓦
光勞公字服侯號謙吉　有理公長子生乾隆戊子年十月廿

三日酉時卒道光癸未年八月十二日卯時墓葬侯查
光貶公字與侯號楊美　有理公次子生乾隆辛卯年十二月
初三日　時卒道光乙酉年四月初三日巳時尾棺葬壠頭
格頂尖後坐庚向甲
子一　先攜嗣子
光巢公字居侯　有理公三子生乾隆丁酉年十月廿九日酉
時卒道光甲辰年十二月初四日酉時
娶呂氏担娘生乾隆丁酉年五月十三日酉時卒咸豐壬子
年七月初三日丑時公媽瓦棺全葬在本山山坛頂土名眠
犬頂坐艮坤向丑未
子一　先筍

光農公　有理公四子生乾隆己亥年十二月初四日巳時卒
咸豐辛亥年九月廿九日申時墓葬大埔坡崙坐坤向艮兼
未丑
嗣孫一　亶蘭
光迎公字敬侯　有理公五子生乾隆甲辰年十二月初八日
丑時往臺卒無回
子一　先晉嗣子随往臺
諧蓋公字釋侯號頂勝　有修公子生乾隆庚辰年五月廿四
日卯時卒嘉慶乙丑年三月十五日未時墓葬坪洙路頂土
名上埧坐丙向壬兼午子
娶王氏諱獺娘號勤信生乾隆辛卯年八月十三日戌時卒

道光　年八月十二日　時在沙縣卒葬在此兆

子一　先課郎先尋

光律公字　侯號多福　山梁公長子生乾隆癸未年三月廿

七日未時卒　年　月　日　時

娶蘇氏諱剌娘號勤心生乾隆巳丑年八月十三日辰時卒

乾隆甲寅年正月初八日未時公妣葬地俱俟查

光桃公字李侯號有柿　山梁公次子生乾隆丙戌年十月十

二日巳時卒道光辛卯年二月初十日辰時墓葬烏材林吊

壁灯火墓左畚坐艮向坤

承繼子　先嶺

光晒公字可侯號亦思　山梁公三子生乾隆乙未年外出無

囬卒年月葬無考
光昌公字威侯號爲人　山渠公四子生乾隆壬寅年八月廿
九日酉時卒嘉慶丁巳年九月十五日未時墓塋俟查
光鷂公字雁侯　有德公長子生卒年月及塋地俱俟查
娶林氏延娘改節
子二　長宸元　次先庚
光極公字無侯　有德公次子舊記不知墓塋本山土名石坵
林格邊坐北向南
光扇公字朋侯　有德公三子舊記生卒無考墓塋在崇善里
魁斗橋頭水井頂坐東向西
光蔣公　有德公四子生乾隆乙未年七月廿三日未時舊記

外出無回不知何卒俟查

光囊公　有德公五子生卒無考外出無回不知何卒古記如

此兄弟五人俱無傳

十六世中鎮撫四房長大厝垵派光字行

光高公字明任號失　鍾氣公長子生康熙　年　月　日

時卒　年八月初六日　時

娶　氏　娘改節

子一　先推　往臺

光腴公字肥候號克富　鍾氣公次子生康熙戊子年九月初

九日辰時卒乾隆癸未年正月初一日酉時享年五十有六

瓦棺寄在本里參洋溪頭尾窑內坐　向　兼

娶葉氏性嫺號慈儉與男大家往臺生康熙庚子年七月初八日未時卒嘉慶壬戌年三月初一日未時葬在臺上淡水墻頭碑盡水坐北向南

子一　大象　往臺

光滔公字號失　鍾氣公三子生康熙癸巳年八月初六日巳時往台卒乾隆　年六月廿八日吉時厝棺葬台灣上淡水永春碑中心窩坐南向北在臺

娶蕭氏生　年　月　日　時卒　年三月十四日　時葬在下臺灣

光瑜公字號失　鍾氣公四子生康熙丙申年六月十二日辰時卒乾隆　年五月廿六日吉時

光瑤公字現候號克遠　鍾岱公長子生康熙庚子年六月廿
一日亥時卒乾隆乙巳年八月廿五日寅時墓塟本里石礱
山茶心埔頭坐丙壬兼巳亥
娶洪氏偶娘號勤慈生康熙庚子年十月十四日寅時卒乾
隆甲子年七月廿二日未時塟本里雞鵬蜈蚣形員林仔坡
坐戌辰兼辛乙
繼娶　氏　娘改節
子一　子滌出嗣
光瀓公字林侯號運財　鍾岱公次子生雍正辛亥年八月廿
二日巳時卒嘉慶己未年六月廿五日巳時享年六十有九
娶謝氏遠娘號愛發生雍正壬子年四月初九日戌時卒嘉

慶丁丑年十月初二日丑時享年八十有六齡仝葬本里叅
林碗窰山溪坂崙坐坤向艮兼申寅
子四　長先簡　次先向　先三涉　四先擇
光張公字大俟號　鍾賢公子生康熙庚子年三月廿九日午
時卒　年　月　日　時棺葬本里叅洋大厝兠朱
厝崙坐　向　兼
娶陳氏諱領娘號勤順生雍正壬子年正月初四日辰時卒
乾隆壬寅年五月初二日辰時棺葬本里叅洋大厝兠朱厝
崙坐　向　兼
子一　媽秩
光取公號　鍾道公長子生雍正丁未年九月二十日申時卒

乾隆甲戌年十月初一日申時塟地俟査
光助公號克弼　鍾道公次子生雍正壬子年八月十七日亥
時卒乾隆辛卯年六月初二日巳時因出外溺海而亡
光力公字足俟號　鍾道公承鍾德公長子爲三嗣子生雍正
壬子年十月十九日寅時卒　年　月　日　時棺
塟本里叅洋大厝兜朱厝崙坐亥向巳兼壬丙
子一　新聘
光來公字失號克開　鍾德公子頂作次生乾隆乙丑年七月
初七日寅時卒乾隆乙巳年六月初二日未時
娶葉氏諱銀娘號勤順生乾隆丙子年八月初七日午時卒
乾隆乙巳年十一月二十日寅時公媽塟地俟査

光救公號兗治　樂芳公子生乾隆壬申年七月廿六日丑時
往臺卒　年　月　日　時塟地俟查
光嚴公號克威　鍾澤公長子生雍正戊申年九月廿四日亥
時往臺卒　年　月　日　時墓塟不可考
光聳公號　鍾澤公次子生雍正辛亥年十一月廿九日酉時
往臺卒　年　月　日　時墓塟不可考
光集公號欽科　鍾文公子生乾隆丙辰年正月初七日未時
卒乾隆壬寅年九月廿三日巳時墓塟俟查
十六世中鎮撫四房三頂路長房長科樹派光字行
光先公字昔侯號誕登　文謨公長子生康熙壬辰年九月廿
五日寅時卒隆乾巳亥年七月初六日巳時享年六十有八

齡棺塋在本里雛鵰路頂犀形崙内坐丙向壬兼午子外坐
丙向壬兼巳亥
娶余氏諱兌娘號儉勤生康熙甲午年正月廿九日子時卒
乾隆乙丑年十二月十七日申時尾棺葬在本鄉烏材林山
仔田中坐壬向丙兼亥巳
繼娶謝氏諱追娘號勤恤生康熙戊戌年正月初二日寅時
卒隆乾甲戌年四月十二日未時尾棺葬本里鵰雛十八間
寨仔園下坐子向午兼癸丁
子一　先與余氏出

光再公字聞侯號于至　文讓公次子生康熙乙未年五月初
四日辰時卒乾隆戊午年十月十六日午時尾棺塋在本里

鎮撫山坛山午坪崙坐巳亥兼丙壬
承繼子二　長先昭　次先艾
處士光忠公字進侯號庸德　文謨公三子生康熙戊戌年正
月十九日寅時卒乾隆戊申年五月廿三日申時享年七十
有一齡嘉慶己未年十二月廿三日未時棺葬坪殊十八間
寮仔圈下大區田頂坐癸向丁兼子午
娶葉氏諱窑娘號閨範生雍正癸卯年三月初七日卯時卒
嘉慶丁巳年正月初四日酉時享年七十有五齡棺塟坐
向兼
子三　長先溪　次先羸　三先同
光喬公字嶽侯號對山　文謨公四子生康熙庚子年六月十

七日戌時卒乾隆壬午年三月初十日丑時棺塟本山烏材
林烏山崙坐乙向辛兼卯酉
娶柯氏諱近娘號慈性生雍正庚戌年正月廿二日巳時卒
乾隆壬子年十二月十三日亥時享年六十有三齡厝棺塟
在本山山坛頂暱狗崙前對大區田穴坐丑向未兼癸丁
子二　長承宗　次先揪　俱往吧
光昝公字樽侯號職競　文謨公五子生雍正壬子年正月初
五日申時卒乾隆乙巳年二月初四日卯時享年五十有四
歲厝棺塟本山下格仔飛爐石脚坐乾向巽兼亥巳
娶王氏諱粟娘號慈懿生乾隆庚申年六月初二日午時卒
嘉慶丙辰年八月十六日戌時享年五十有七歲厝棺塟在

本里鵬雛軍壠橋嶺犀形下坐辛向乙兼戌辰

子六　長入祖　次先昭出繼　三先艾出繼

四先口　五先舌　六先秧

光慈公字畜侯號惻愛　德洋公長子生雍正庚戌年八月廿九日酉時卒乾隆甲午年三月十一日酉時厝棺葬鎮撫本鄉大坪頭尖仔後坐　向　兼

娶許氏諱課娘號柔順生雍正癸丑年十月初七日辰時卒乾隆丁亥年四月十八日寅時厝棺葬在本鄉烏材林大崙内坐癸向丁兼子午

子二　長神保　次先檀

光杲公字育侯號敦寬　德洋公次子生雍正甲寅年三月十

四日未時卒乾隆癸卯年十一月二十日戌時享年五十齡
厝棺塟在本鄉烏材林吊壁燈火崙坐艮向坤兼丑未
娶李氏諱懇娘號孝勤生乾隆癸亥年八月初一日辰時卒
道光癸未年八月廿二日子時享年八十有一歲厝棺塟崇
善里吳厝壠鄉頂厝崙坐癸向丁兼丑未與長子君間仝塟

子四　長先請　次先嘖　三先件　四先吝

光慶公字惠侯號遂行　德洋公三子生乾隆己未年六月初
一日子時往吧卒乾隆甲辰年二月十二日丑時塟在吧
娶吳氏諱雪娘號淑庵生乾隆戊午年九月十六日辰時卒
乾隆甲午年九月廿九日辰時厝棺塟鎮撫後壠格坐坤向
艮兼未丑

子一　先芸 殤

光狠公字勝侯號極善　德洋公四子生乾隆乙丑年九月十
五日酉時卒乾隆庚戌年八月初三日戌時厝棺塟鎮撫坑
石婆格外坐庚向甲兼酉卯
娶洪氏諱尊娘號賢德生乾隆丁丑年三月初六日戌時卒
嘉慶戊寅年十月廿三日亥時享年六十有二棺塟本鄉牛
嶺泠水坑巷下田內坐乙向辛兼辰戌

子一　先粒

光總公字貨侯號百官　其造公長子生雍正戊申年八月十
二日巳時卒嘉慶戊午年四月初七日酉時享年七十有一
歲棺塟鎮撫山韆遷韆秋墘崙尾坐戌向辰兼辛乙

娶鄧氏諱叚娘號恭儉生雍正辛亥年十二月十八日午時
卒嘉慶戊午年十月廿四酉時享年六十有八齡棺葬烏材
林山仔下墘田　內坐寅向申兼甲庚外坐寅向申兼艮坤
子四　長三在　次先瑞出繼　三先迂　四先爽

光欣公字樂侯號得幸　其造公次子生雍正辛亥年七月初
三日卯時卒乾隆庚子年四月三十日卯時享年五十歲尾
棺葬鎮撫埧後格外崙坐酉向卯兼辛乙
娶柯氏諱賽娘號順報生乾隆己未年二月十二日亥時卒
乾隆辛卯年九月三十日酉時尾棺葬烏材林山仔垵田後
坐卯向酉兼甲庚
子五　長先潘　次先泵　三先擬出繼　四先巽

五先尾殤

光桃公字李侯號灼華　其造公三子生乾隆甲子年七月十六日亥時卒乾隆庚辰年二月十一日午時瓦棺葬鎮撫山坛頂韆鞦墘坐寅向申兼甲庚

子二　長先瑞承繼　次先撥承繼

十六世中鎮四房三頂路長房二大坡七柱長徙蔡美趣珪軒公派光字行

恩榮鄉耆光居公字賢侯號鎮峯　珪軒公長子粒積成家由始有而少有建立柿脚厝一座坐壬向丙兼亥巳公生康熙丁酉年十月初十日午時卒乾隆戊申年八月初八日卯時享年七十有二歲棺葬本里雞鵰鄉軍壠[illegible]崙坐乾向巽兼

亥巳外坐乾向巽兼戌辰
娶孺人李氏諱聘娘號順心生雍正辛亥年九月二十日酉
時卒嘉慶辛酉年十月二十日寅時享年七十有一齡棺葬
本里雞鵬口大崙後山頭崙坐坤向艮兼申寅
子四　長先琴　次先挺　三先卓　四先是出繼

光綸公字紀侯號已經　珪軒公次子生康熙壬寅年二月廿
二日卯時卒乾隆庚午年十二月廿六日巳時瓦棺葬本里
泰洋尾墓脚坐丑向未兼癸丁
承繼子　先買

老八光璧公字綠侯號義芳　珪軒公三子生雍正丙午年正
月廿三日卯時卒嘉慶壬戌年十一月十四日未時享年七

十有七

娶温氏諱定娘號安順生乾隆戊午年六月廿七日辰時卒嘉慶庚申年九月十八日寅時享年六十有三歲厝棺合葬本里柰洋美趣後堀右穴坐辛向乙兼酉卯

子三　長先柒　次先鴉　三先買出繼

老八光介公字石侯號正直　珪軒公四子生雍正壬子年六月初九日未時卒嘉慶辛酉年九月十一日午時享年七十歲棺葬本里柰洋馬厝鄉土名石蛇穴號蛇臍坐癸向丁兼子午

娶邵氏諱寶娘號勤慈生乾隆己未年二月十四日酉時卒乾隆甲申年十二月十三日辰時厝棺葬本里柰內馬厝坑

頭茶林頭坐坤向艮兼申寅

繼娶林氏諱逆娘號恬靈生雍正壬子年七月初三日午時

卒嘉慶己巳年九月初二日卯時享年七十有八齡厝棺與

男德揚公暨婦吳氏三娘瓦棺仝葬本里參洋鄉土名馬厝

橋坐卯向酉兼甲庚

承繼子一　先是

十六世中鎮四房三頂路長房二大坡派二至七光字行

光贊公字圭侯號化育　明琨公長子生康熙己亥年十月十

七日卯時卒嘉慶甲子年八月二十日未時享年八十有六

歲棺葬在鎮撫山坛山睡狗右畚坐艮向坤兼丑未

娶陳氏諱銀娘號順坤生雍正癸卯年四月十八日巳時卒

卒乾隆癸卯年七月廿九日申時享年六十有一歲棺葬在
本里雛鵬鳳尾宮後坐辛向乙兼戌辰
子三　長先貫　次先僕　三先集
光瑕公字瑜侯號德音　明琨公次子生雍正戊申年四月廿
三日未時卒嘉慶己未年五月十六日午時享年七十有二
齡棺葬在本里鵬雛大區尾風沙崙坐庚向甲兼酉卯
娶林氏諱究娘號順穀生乾隆丙辰年十月十一日未時卒
乾隆壬寅年正月十五日辰時尾棺葬在鎮撫山坛山祖墓
崙坐癸向丁兼丑未
子五　長先重　次先維　三先梧　四先褭
五先雕

光璉公字瑚侯號肆夏　明瑱公三子生雍正辛亥年六月廿七日巳時卒嘉慶甲戌年正月廿七日丑時享年八十有四齡棺葬在本里鵬雞口大崙大壠崙尾坐子向午兼癸丁娶蔡氏諱如娘號順何卒乾隆辛酉年十月廿七日丑時卒乾隆壬寅年正月十五日酉時　葬　坐　向

子四　長先玉　次先理　三先串　四先璁

光軌公字佩侯號同度　明瑱公四子生雍正甲寅年十月十五日辰時卒嘉慶甲戌年二月廿七日申時享年八十有一齡棺葬在鎮撫山猪湖睡虎格坐巳向亥兼巽乾娶龔氏諱激娘號勤順生乾隆辛酉年四月十九日未時卒嘉慶甲戌年九月初四日巳　享年七十有四齡棺葬在本

里雛鵬口大崙莊墘崙坐　向　兼

子四　長先德　次先禮　三先康　四先示殤

光雍公字肅侯號來有　狐裘公長子生雍正甲辰年三月十一日午時卒嘉慶丙辰年十一月初十日申時享年七十有三歲棺橋塟在本里鵬雛軍壠橋嶺脚坐庚向甲兼酉夘娶李氏諱勸娘號慈和生雍正丁未年四月初五日酉時卒乾隆癸夘年六月初二日未時享年五十有七歲坐　向

子四　長先長　次先岐　三先蜀　四先覺

光啞公字笑侯號飯干　狐裘公次子生雍正丁未年四月十八日子時卒乾隆辛亥年四月十三日巳時享年六十有五

塟　坐　向

葬　坐　向

娶趙氏諱省娘號淑身生雍正甲寅年七月廿三日寅時卒

乾隆庚戌年七月三十日丑時享年五十有七歲媽棺葬在

本里雞鵬十八間丁班池坐巽向乾兼巳亥

子二　長先春　次先披

光村公字　號　狐裘公三子生雍正辛亥年九月十八日

巳時卒　年　月　日　時瓦棺葬在鎮撫後壠坐

戌向辰兼乾巽

光察公字文侯　狐裘公四子生乾隆丙辰年六月初三日戌

時卒乾隆乙卯年正月廿九日巳時瓦棺葬在本里鵬雞大

嶇尾坐　向

娶張氏諱卯娘生乾隆癸亥年九月十九日卯時卒

年　月　日　時　葬　坐　向

子三　長先醒　次先資錫　三先田

光驕公　雲白公長子生　年　月　日　時卒

年　月　日　時　葬　坐　向

光温公字敦侯號恭允　雲白公次子生乾隆己未年二月廿

五日卯時卒嘉慶丁卯年五月初四日卯時享年六十有九

齡厝棺塋鎮撫大墩頭崙坐癸向丁兼丑未

娶郘氏諱飽娘號仁德生乾隆甲子年十二月初八日申時

卒嘉慶辛未年九月初十日酉時享年六十有八齡　葬

坐　向　兼

子三　長先欺　次先鈄　三先灣

光北公字侯辰號常見　雲白公三子生乾隆壬戌年十月初八日丑時卒道光甲申年十月初四日亥時享年八十有三齡棺塟在鎮撫山林仔後坐艮向坤兼丑未

娶陳氏諱案娘號懿悅生乾隆乙丑年正月初三日亥時卒乾隆戊申年十二月初五日酉時厝棺塟本里雞鵬口產墘崙田中坐艮向坤兼丑未

子二　長先巧　次先噴

光拱公字福侯號垂照　班朝公長子生雍正戊申年三月十九日午時卒乾隆壬午年三月初二日午時　塟　坐　向　兼

娶鄧氏改節

子二　長先樓　次先梗殤

光措公字刑侯號　班朝公次子生雍正庚戌年三月初八日巳時往臺卒乾隆戊申年三月　日　時葬在臺北寺頭山坐巳向亥兼巽乾在家

娶蘇氏諱鉗娘號淑順生乾隆丁巳年閏九月初十日巳時卒乾隆己卯年正月廿九日未時棺葬鎮撫到山埔坐丁向癸兼未丑

光秩公字干侯號周東　班朝公三子生乾隆乙丑年八月二十日午時卒乾隆甲午年正月十二日巳時厝棺葬鎮撫後壠坐　向　兼

娶王氏諱開娘號順門生乾隆庚午年七月十九日午時卒

乾隆丙午年閏七月十五日寅時棺壐在鎮撫石龜觀音墓
丙崙路頂坐坤向艮兼申寅

子一　先彩 殤

光綏公字雄侯號安德　國圖公長子生雍正甲寅年十月十
六日未時卒乾隆丙午年十二月廿五日酉時享年五十有
三齡

娶許氏諱瀏娘號冥德生乾隆壬戌年七月初一日午時卒
乾隆戊子年七月初五日酉時尾棺壐鎮撫山坛山大加壠
崙坐辛向乙兼酉卯

繼娶陳氏諱艮娘號淑慎生乾隆戊午年十月初五日未時
卒乾隆戊申年四月十三日未時享年五十有一齡公與陳

氏瓦棺仝葬鎮撫林仔後坐　向

子一　先堆陳氏出

光攝公字儀侯號行事　國圓公次子生乾隆戊午年九月廿九日丑時卒乾隆戊申年九月十四日丑時享年五十有一齡　葬　坐　向

娶陳氏諱煥娘生乾隆癸亥年五月廿八日巳時卒嘉慶癸亥年五月初七日未時享年六十有一歲　葬　坐　向　兼

子三　長先存　次先此　三先浮

光龐公字彌侯號㳒河　國圓公三子生乾隆壬戌年五月廿一日酉時卒乾隆巳卯年閏六月初一日酉時墓與母鄭氏

仝葬鎮撫山垻後崙坐癸向丁兼子午

光降公字鑒侯號升坐　國圓公四子生乾隆丙寅年四月廿四日午時卒嘉慶庚午年七月三十日巳時享年六十有五齡棺葬鎮撫白石沙路頂坐申向寅兼坤艮

娶李氏諱娥娘號恭淑生乾隆壬午年二月十五日巳時卒道光乙酉年九月十七日午時享年六十有四齡棺葬烏材林墩仔前坐寅向申兼艮坤

子一　秋菊嗣子

光垙公字留侯號崇山　羹和公長子生乾隆乙丑年六月初四日卯時卒乾隆丁未年九月廿七日巳時棺葬雞鵬軍壠橋嶺巒林公墓右崙坐戌向辰兼辛乙

娶葉氏諱銀娘號懿恭生乾隆丁卯年正月廿二日酉時卒
道光辛巳年正月廿六日未時享年七十有五齡棺葬本里
鵬雛大區尾横路下坐庚向甲兼酉卯
子三　長先畜　次先貪　三先禁
光鈞公字金侯號皆盈　羨和公次子生乾隆癸酉年正月十
六日戌時卒乾隆丁亥年十月初七日巳時棺葬鎮撫山坛
山睡狗右崙坐亥向巳兼壬丙
娶葉氏諱拱娘生乾隆戊寅年正月廿八日卯時卒
年　月　日　時　葬　坐　向
子一　先套
十六世中鎮四房三頂路長房三舊窖頂厝派光字行

光法公字慶侯號儀式　舒容公長子生雍正癸丑年七月廿二日丑時卒嘉慶戊辰年十一月廿七日酉時享年七十有六齡𦵏棺瘞烏材林下庭對面墊路內坐庚向甲兼卯酉

子一　先臉嗣孚

光蘭公字桂侯號詩卷　舒容公次子生乾隆庚申年十一月十八日午時卒嘉慶己巳年七月廿一日申時享年七十齡𦵏棺與胞叔亭醉公合瘞烏材林嶺尾崙横路頂坐午向子兼丁癸

娶程氏諱時娘號慈倫生乾隆戊寅年正月初六日戌時卒道光丙申年正月十一日巳時𦵏棺與姑儉德媽仝塟窰美頭崙坐甲向庚兼寅申

子四　長先把殤　次先彌　三天珍　四上涯

光挽公字持俟號立正　舒容公三子生乾隆丙寅年正月初六日戌時卒嘉慶壬申年七月初五日未時享年六十有七齡墓葬本里鵰雛十八間丁班池中崙坐辰向戌兼乙辛娶李氏諱氣娘號允恭生乾隆甲申年二月初八日寅時卒道光癸巳年四月廿八日午時瓦棺甕烏材林舊窰厝後坐甲向庚兼卯酉

子七　長先合　次先月　三先品　四先全　五先童

六先沙殤　七先佃

光台公字照侯號朝成　正直公長子生乾隆戊午年十二月廿六日卯時卒嘉慶壬申年十一月十九日辰時享年七十

有五齡棺葬烏材林林林仔後坐坤向艮兼申寅
娶楊氏諱河娘生乾隆壬戌年七月十九日未時卒嘉慶庚
午年七月廿五日丑時享年六十有九齡棺葬烏材林樣樹
崙坐巳向亥兼丙壬
子三　長先維　次先朕　三先滿
光廣公號博厚　正直公次子生乾隆甲子年十二月初五日
巳時卒乾隆丙戌年十月初四日申時瓦棺葬烏材林窰尾
窰頭崙坐子向午兼壬丙
光猝公字稻侯號億成　正直公三子生隆隆丁卯年十月廿
一日辰時卒乾隆乙卯年七月初四日辰時　葬
坐　向　兼

光兩公　上直公四子生卒年月塟地俱失
光偶公字奇侯號亭鳳　膴仕公長子生乾隆壬戌年十二月
廿八日巳時卒乾隆甲辰年八月初二日丑時厝棺塟烏材
林石碣崙坐艮向坤兼寅申
娶林氏諱乖娘生乾隆丙子年八月二十日　時卒嘉慶丁
巳年九月初六日未時厝棺塟龜山頂厝石中坐午向子兼
丁癸
光蘊公字于蓄　膴仕公次子生乾隆丁卯年六月廿七日戌
時往吧卒乾隆庚子年四月廿七日巳時塟地在吧
光螺公字蚌侯號珠寶　膴仕公三子生乾隆丙子年二月初
十日辰時卒道光癸巳年正月初六日卯時墓塟烏材林林

仔後大區田脚坐丁向癸兼未丑

嗣孫二　長八標殤　次八㾭

光妥公　亭醉公長子生乾隆甲子年二月初三日戌時卒乾隆戊寅年五月初五日午時葬在南安

光栢公號同松　亭醉公次子生乾隆戊辰年十一月十六日巳時卒乾隆丙戌年十月初四日申時墓塟烏材林山仔崙坐子向午兼壬丙

光瑚公字夏侯號能定　特作公子生隆隆辛未年閏五月廿四日丑時卒嘉慶丁丑年四月初十日辰時享年六十有七娶陳氏諱狠娘號淑慎生乾隆丙戌年二月十一日未時卒道光壬午年八月廿六日丑時享年五十有七齡瓦棺葬烏

材林下庭坐艮向坤兼寅申　公往順昌縣水東鄉建窰邊
水東窰邊左畔山崙
子四　長先細承繼　次先梅　三先表　四先竽

光完公　禮意公承亭醉公三子爲嗣子生卒年月墳墓俱失

十六世中鎮四房三頂路長房四美趣合齋公派光字行

光長公字夂侯號虎質軒　理必公子生雍正癸丑年十一月廿六日寅時卒嘉慶癸亥年閏二月初七日酉時享七十有一齡合葬地侯查

娶葉氏諱盡娘號柔順生乾隆己未年八月廿六日戌時卒嘉慶戊辰年十月廿七日寅時享年七十齡死棺寄葬本里忝洋石頁石頭腳坐　向

子五　長先位　次先畝　三先蔦出繼
四先好　五先細出繼

光澤公字潤侯號國書　理軒公長子生雍正壬子年五月十三日辰時卒乾隆乙卯年五月廿二日巳時享年六十有四齡厝棺葬本里參洋美趣坑頭茶林頭坐丙向壬兼午子娶許氏諱素娘生　年　月　日　時卒嘉慶丙辰年五月初四日未時厝棺葬本里參洋美趣坑頭廁池口坐坤向艮兼申寅
承繼子　先蔦

光純公字粹侯號誠實　理軒公次子生雍正甲寅年八月初七日丑時卒乾隆癸卯年正月廿三日亥時

娶謝氏諱蕉娘生　　年　　月　　日　　時卒乾隆辛卯
年九月廿七日未時
繼娶陳氏諱矧之　生隆隆甲子年八月二十日　時卒乾隆
壬寅年五月十一日酉時公與陳氏瓦棺合塋本里叅洋美
趣坑頭叅林頭坐未向丑兼丁癸謝氏瓦棺瘞本里叅洋美
趣坑頭寨外坐乾向巽兼亥巳
嗣子一　先轉為
光頂公字摩侯號觀善　理軒公三子生乾隆庚午年十月廿
一日申時卒道光壬午年六月初八日亥時享年七十有三
齡棺瘞本里叅洋尾墓脚坐壬向丙兼子午
娶溫氏諱耆娘生乾隆甲申年十一月初四日辰時卒

年　月　日　時塟地候查

子四　長先性　次先轉出繼　三先鑽　四先味

光出公號惇悌　理地公長子生乾隆庚辰年十月十四日午時卒嘉慶辛未年九月初二日子時瓦棺與胞弟　光邦公合塟本里參洋美趣後溝崙坐壬向丙兼亥巳

光邦公號　理地公次子卒乾隆乙酉年七月廿六日巳時卒嘉慶乙亥年九月十五日戌時瓦棺與胞兄　惇悌公合塟本里參洋美趣山後溝崙坐壬向丙兼亥巳

十六世由鎮四房三頂路長房五派光字行

光益公號進足　立本公子生乾隆丙辰年七月廿九日丑時因疾成瞽卒　年　月　日　時棺塟本里鎮撫大

卒

平頭尖仔後坐酉向卯兼辛乙

光宁公字位侯號積箱　圓志公長子生乾隆丁丑年正月廿

七日申時卒嘉慶辛酉年七月廿七日辰時厝棺葬本里鎮

撫祖厝邊坐酉向卯兼辛乙　娶劉氏　娘改節

子一　先窖

光榜公號　圓志公次子生乾隆壬午年八月廿二日辰時卒

嘉慶乙亥年正月十五日酉時棺葬本里鳥材林走馬格外

虎疢格塗空頭坐丑向未兼癸丁

嗣子一　先賽殤

十六世中鎮四房三頂路二房長舊窖下厝派

光前公字從侯號垂後　進任公長子生康熙壬辰年二月十

六日未時卒乾隆甲子年正月初三日酉時墓塋本山丙壠
崙尾坐乾向巽兼亥巳
娶吳氏諱烝娘號順懿生康熙辛卯年十月廿九日卯時卒
乾隆壬午年六月廿七日巳時享年五十有二齡墓葬烏材
林嶺尾宮崙田下坐辰向戌兼乙辛
子二　長輔光　次先係承繼

光山公字梲係號刻節　進任公次子生康熙丙申年九月十
三日丑時卒乾隆乙酉年七月廿四日未時塋地候查
娶王氏改節
子三　長先簡　次先係出繼　三先酒

光札公字季係號長成　進納公長子生雍正乙卯年七月十

八日申時卒乾隆丙午年七月廿七日申時享年五十有二
齡塟地俟査
娶陳氏諱信娘號言正生乾隆丁巳年二月十九日巳時卒
乾隆庚戌年十月廿三日卯時享年五十有四齡媽與長婦
林氏九棺合塟烏材林窰公後崙坐丑向未兼艮坤
子七　長先妹　次先料　三先槐　四先玖　五旼基
六六閏　七媽休

光起公字鳴侯號義思　進納公次子生乾隆戊午年正月初
一日卯時卒乾隆戊申年二月廿九日申時享年五十一棺
塟烏材林舊窰山仔路下坐卯向酉兼乙辛
娶吳氏長娘諱勤久生乾隆巳未年四月廿六日未時卒乾

隆丁丑年十一月廿四日丑時棺塟烏材林山仔厝墘內坐
丑向未兼艮坤
繼娶洪氏諱足娘號諒順生乾隆癸亥年七月十二日未時
卒乾隆辛亥年十一月十八日辰時瓦棺塟本鄉舊窯山仔
路下坐卯向酉兼甲庚
子四　長開雙吳氏出　次清源　三先牛　四四同俱洪氏出

光撻公字般侯號埴德　進納公三子生乾隆壬戌年九月廿
三日丑時卒乾隆戊申年六月十五日卯時塟在吧
娶劉氏諱佔娘謚正和生乾隆乙丑年五月初六日酉時卒
乾隆丙午年十月廿二日寅時瓦棺塟本里後山頭竹林崙
坐坤向艮兼未丑

子五　長先七　次先霸　三先呂

四先忖　五先薑殤

光逐公字來倿號一心　進納公四子生乾隆丙寅年九月廿

六日午時卒嘉慶庚申年正月二十日未時享年五十有五

齡葬尾棺瘞鳥材林大崎坡路外坐未向丑兼坤艮

聘許氏未娶而卒生卒年月不可考

繼娶洪氏諱柿娘生乾隆己卯年二月三十日酉時卒道光

辛卯年八月廿一日卯時尾棺瘞鳥材林舊窰厝下大區角

坐亥向巳兼壬丙

子一　先迄

十六世中鎮四房三頂路二房二嶺美鵲泒光字行

光餘公號足用　烈翁公長子因疾成瞽生卒年月葬地俱失

光育公號沂水　烈翁公次子生康熙丁酉年十二月初九日辰時卒乾隆已巳年七月初一日亥時厝棺塋烏材林塗瓏空崙坐卯向酉兼乙辛

嗣子一　先長

光定公號安静　烈翁公三子生雍正癸卯年四月十五日未時往臺卒年月葬地俱失

光強公字剛侯號柔順　烈翁公四子生雍正乙巳年十一月十七日寅時卒乾隆乙卯年七月廿二日午時享年七十有一齡塋地候查

娶徐氏諱兑娘謚淑悅生乾隆已未年十二月十八日午時

卒乾隆辛夘年八月十三日申時瓦棺葬鎮撫下石區流磜
嶺坐子向午兼癸丁
子二　長先揣　次先長出繼

光獅公　烈翁公五子生卒年月葬地俱失

光棒公字由侯號類拔　玉山公子生康熙丙申年七月廿八
日酉時卒乾隆庚午年正月十四日申時瓦棺葬鎮撫蔚堵
崙大區後坐庚向甲兼酉卯
娶劉氏諱快娘號柔順生雍正甲辰年九月廿四日寅時卒
乾隆丙午年閏七月初十日巳時享年六十有三齡棺葬鎮
撫虎毋寮崙坐酉向夘兼庚甲
子一　先掜

恩榮高年光嗟公字存侯號雕玉　岜仲公子生康熙壬寅年八月廿八日辰時卒嘉慶壬申年九月十一日丑時享年九十有一齡棺葬烏材林石碣崙坐癸向丁兼丑未

娶李氏諱本娘謚貞靜生乾隆丁巳年二月初八日戌時卒道光壬午年閏三月十一日丑時享年八十有六齡棺葬烏材林赤土墘坐寅向申兼艮坤

子三　長尙書　次先歲　三嫣賞

光和公號德合　進修公長子生雍正辛亥年二月初二日子時卒乾隆丙寅年正月二十日辰時殤瓦棺葬鎮撫冲天墓脚坐艮向坤兼丑未

光緝公字思侯號熈敬　進修公次子生乾隆丁卯年十月十

三日巳時卒道光丁亥年九月初五日戌時享年八十有一
齡棺葬鎮撫三腳椅仔中崙坐　向　兼
娶梁氏諱鑽娘號徽美生乾隆壬申年三月初八日未時卒
道光癸未年七月十五日午時享年七十有二歲墓葬鎮撫
長圳田中坐戌向辰兼乾巽
子一　先斡
光纂公字奐侯號直齋　共北公長子生乾隆壬戌年二月廿
六日申時卒道光癸未年九月二十日寅時享年八十二
娶劉氏諱愛娘號慈惠生乾隆壬申年四月廿五日寅時卒
道光己丑年六月十九日未時享年七十八公媽葬地侯奩
子三　長先迎　次先協出繼　三先珪

光差公　共北公次子生乾隆乙丑年五月十三日未時行葬
卒嘉慶丙寅年二月初六日巳時葬在臺
光閣公號門各　共北公三子生乾隆庚午年八月廿一日丑
時往吧卒乾隆戊戌年六月廿二日辰時葬在吧
嗣子一　先協
光楚公字荆侯號國書　開懷公長子爲人孝友晚年視姪猶
子生乾隆己未年六月十八日酉時卒嘉慶丙寅年十二月
初一日酉時享年六十有八齡厝棺葬鎮撫長圳坐艮向坤
兼丑未
娶許氏諱柔娘諡勝剛生乾隆丙寅年七月初八日巳時卒
嘉慶甲子年八月廿一日亥時享年五十有九齡厝棺葬鎮

撫頂流磜大區後壁坐　向　兼

子一　先淘

光賞公　開懷公次子生卒年月俱失瓦棺塟本里鎮撫長圳坑水埕後壁坐北向南

光最公字宜侯號長久　開懷公三子生乾隆壬申年三月二十日未時卒乾隆乙巳年八月廿七日巳時瓦棺塟鎮撫荒田壠頂犀形脚倉坐　向　兼

娶陳氏諱和娘生乾隆甲申年八月十五日未時卒道光丁亥年十月廿五日辰時享年六十有四齡瓦棺與顯妣許氏恭淑合塟本里鎮撫後山坪頂坐辛向乙兼酉卯

子二　長先確　次先掟

處士光引公字翼侯號遵德　擇都公子生乾隆甲子年三月
廿八日寅時卒嘉慶甲子年十月初二日戌時享年六十有
一齡棺壅鎮撫山坛山塗空仔格內崙坐子向午兼壬丙
娶蔡氏諱其娘號孝莊生乾隆丁卯年正月初七日丑時卒
嘉慶丁丑年七月初九日午時享年七十有一齡棺壅鎮撫
長圳水埕頂坐子向午兼癸丁
子五　長嬀貌　次嬀看　三嬀愛　四啟明
五重華

十六世中鎮四房四鵬雛路派光字行

光祖公字稅侯號伯興　同玉公長子生乾隆乙未年六月初
五日戌時卒咸豐癸丑年六月初一日卯時享年七十有九
矣

娶陳氏諱儒娘號和如生乾隆己丑年九月廿六日巳時卒
咸豐壬子年九月初二日未時享年八十有四齡公媽尾棺
合塟鎮撫尾橋伽倆宫崙美坐乾向巽兼亥巳
子一　添財
光竚公號伯椒　同玉公次子生乾隆己亥年十一月廿九日
辰時卒道光丙申年八月廿四日　時享年五十有八齡
尾棺塟本山鎮撫鵬雛鳳尾宫坐辛向乙兼
子一　元音嗣
十六世中鎮四房五派長光字行
光拮公號文正　善承公子生乾隆戊子年三月初一日辰時
卒道光壬午年四月十二日巳時塟地俟查

子一　百畝嗣孚

光波公號　進益公子生乾隆丙申年六月廿九日戌時卒年

月塟地俟查

嗣子一　門閭

魁斗派

光水公字火侯　家齊公長子生乾隆癸巳年五月廿二日辰

時在臺

娶柯氏諱　娘號勤慈生乾隆乙未年六月廿九日辰時卒

嘉慶癸亥年十月廿九日亥時

繼娶吳氏諱顯娘生乾隆甲午年六月十五日酉時卒年月

塟地俟查

子一　先來吳氏出　俱在臺
光對公字答侯號　家齊公次子生乾隆癸卯年六月十二日
未時在臺
娶鄭氏諱日娘生乾隆庚戌年四月廿六日酉時公媽卒葬
地俟查
子一　能巴　俱在臺
十六世中鎮五房派光字行
光開公　胤富公長子生卒葬地俟查
光葛公　胤富公次子生卒葬處俟查
光接公　胤執公長子生卒葬處俟查
光袍公　胤純公子生卒葬地候查

十六世中三房田墘長派光字行

光孔公字孫文號貞義　登應公長子生康熙甲午年正月初九日丑時卒乾隆丁丑年十月廿五日亥時塟在本里土名鵬雛土樓後山頭坐申向寅兼庚甲東升公合塟在內

娶張氏諱進娘改節

子二　長世仕　次世論

光雖公號貞信　登應公次子生康熙丙申年九月三十日酉時卒乾隆庚戌年五月二十日亥時公墓塟在崗頭邊坐南向北

娶王氏諱志娘謚閑儀生雍正辛亥年八月十二日未時卒嘉慶辛酉年十月十七日寅時妣塟在本里土名鐵科林寄

田邊

子三　長世多　次世芬　三世秀出繼

光管公號貞廉　登應公三子生康熙巳亥年七月十二日酉

卒乾隆庚辰年二月廿八月吉時往吧卒葬在吧

娶史氏旼節

嗣子一　世秀承繼

光粉公字孫繪號敦素　員夫公嗣子生乾隆戊午年七月初

六日未時卒乾隆戊申年四月初五日辰時葬地俟查

娶謝氏諱朱娘生乾隆壬戌年八月初九日卯時卒　年月日

時失葬地俟查

繼娶陳氏諱應娘生乾隆壬戌年七月十七日辰時卒乾隆

戊申年六月廿七日巳時葬地俟查

子五　長光義（謝氏出）　次世前　三世佐（出繼）

四世棟　五世鄴（俱謝氏出）

光間公號樸實　登献公子生雍正丁未年十月廿七日午時

卒嘉慶戊辰年五月初六日寅時享年八十有二齡塟在青

寳土庫後園中穴坐辛向乙兼酉卯

娶王氏諱孝娘生乾隆壬戌年十二月六日酉時卒塟查

子三　長九達　次仙佛　三仙桃

邑庠生光自公字孫佑官章河圖號植亭　樸軒公長子生雍

正戊申年六月初十日子時卒乾隆癸丑年十月十九日酉

時父子入泮以經史爲良田工於吟咏其制行亦篤實

娶葉氏諱贊娘號恭順生雍正巳酉年閏七月二十日丑時
卒乾隆乙卯年五月十四日申時公媽尾檜塟坐　向
子二　長有煇庠生　次世砂
光課公字孫謨號孟亭　樸軒公次子生雍正辛亥年五月十
二日酉時卒乾隆戊申年五月十二日申時苑地俟查
娶朱氏諱銀娘生乾隆癸亥年三月初五日寅時卒年月十
時塟地俟查
子四　長世睦　次世面　三世宵　四世堆　俱往臺
光芳公字孫贈號圓亭　樸軒公三子生雍正甲寅年十一月
廿四日郊時卒乾隆丁巳年二月初八日子時塟在臺上淡
水萬巡竂大樟湖坐壬向丙兼子午

娶王氏諱二娘號質儉生雍正甲寅年十一月十六日子時
卒乾隆丙申年十二月廿九日未時葬在頂權湖龜仔山坐
辛向乙兼戌辰
〉子三　長世訂　次世猜　三世固　俱往臺

光陳公字孫烈號文亭　樸軒公四子生乾隆戊午年二月初
二日戌時卒乾隆乙卯年五月廿五日辰時
娶王氏諱佾娘生乾隆庚午年六月初六日酉時卒年月日
時失記棺葬在本鄉社埕美坪邊
〉子五　長世覺　次世蒲　三世調　四世贊
五金蓋　兄弟五人俱往臺

光日公　胤運公長子　無傳

光瓜公　胤連公三子　無傳

光全公　胤連公五子　無傳　其第二四出繼不知如何

十六世宗祖田墘二房派

光欵公字　號明煥　生夫公子生乾隆丙寅年正月廿二日

子時卒嘉慶戊午年八月初六日郊時

娶謝氏諱氣娘號孝順生乾隆乙亥年九月初五日酉時卒

嘉慶己未年八月初七日郊時　公媽塋地俟查

子八　長元創　次元敏　三元須　四元隨

五元晏　六元育　七元祖　八元回

光漸公字號失　赤夫公承繼子生乾隆乙亥年十一月初五

日郊時在吧卒無考

光墘公字號哭　赤夫公承繼次子生卒年月日時在臺無考

光若公字德何號德綿公　文哲公長子生乾隆丙寅年五月十二日寅時　道光己丑年十一月十一日申時葬在本鄉田墘門口土名美繼墓邊坐巳向亥兼丙壬

娶李氏諱胡娘生乾隆甲戌年正　二十日辰時卒道光甲午十二月廿五日酉時

子四　長世辦　次世物　三世所　四世鉗

光佃公字德租號德純公　文哲公次子生乾隆辛未年正月十八日亥時卒道光壬午年年三月初七日未時

娶謝氏諱光娘號孝慈生乾隆辛巳年六月初六日午時卒嘉慶丙寅年四月十五日亥時瓦棺合葬在本鄉土名崗槓

山坪上合次子葬在丙坐南向北
子四　長質　次香　三嘆　四興
光伴公字德同號德榮公　文哲公三子生乾隆丁丑年二月
廿七日辰時卒嘉慶戊辰年九月廿九日申時享年五十有
二齡棺塟在本鄉土名舊土樓口坐艮向坤兼丑未
娶吳氏諱淡娘號溫柔生乾隆乙酉年二月初九日辰時卒
道光庚戌年正月初二日巳時享年九十有四歲尾棺塟本
鄉破土樓口仝長婦柯氏塟在丙墓是公故左邊下手坐東
北向西南
子二　長世語　次世妙
光雅公字孫篇號雲集　騰夫公長子生乾隆己巳年三月初

八日戌時在吧卒乾隆甲辰年二月初五日寅時
娶詹氏諱于娘號儉慈生乾隆己卯年十二月廿一日寅時
卒嘉慶己卯年十月十六日亥時葬地俟查
子一　世擬
光殊公字匹侯號雲明　騰夫公次子生乾隆壬申年十二月
十八日未時卒嘉慶丙寅年九月廿一日巳時
娶趙氏諱蘊娘號儉慎生乾隆甲申年二月二十日辰時卒
道光己未年十月初六日申時木棺葬在本鄉土名石堂前
坐寅向申兼甲庚媽葬在參林內泗洲佛外土名鳳按崙坐
向　兼
嗣子一　世圭

光呼公字號失　端力公長子生乾隆癸酉年五月廿九日巳
　時往臺俟查
光切公字號失　端力公三子生乾隆巳卯年九月初七日未
　時往臺俟查
光善公字　號仁義　端力公四子生乾隆壬午年七月十八
　日丑時卒嘉慶辛未年三月初三日亥時　葬坐　向
　娶謝氏諱近娘號莊婺生乾隆壬辰年二月初四日丑時卒
　道光甲午年十一月十四日卯時　葬坐　向
　子三　長蘭　次炎　三迎
光沃公字號失生卒年月日時俱失候查　端力公五子
光悻公字號失　端味公子生乾隆　年月日時失　往臺

光呂公號先陽　端春公子生乾隆巳亥年九月廿八日子時
卒道光庚戌年十一月廿四日午時
娶鄧氏諱敬緩生乾隆戊戌年正月廿八日未時卒道光辛
丑年十月初二日未時公媽合葬在崗嶺山上穴坐　向
嗣子一　世番

光通公字繁枝號　吉夫公長子生乾隆乙丑年四月廿四日
丑時卒年月日時失塟俟查
娶李氏號慈儉生乾隆庚午年九月廿七日子時卒嘉慶甲
子年七月廿四日卯時塟地俟查
子二　長炎　次世

光行公字號失　吉夫公次子生乾隆丙寅年十二月初二日

寅時卒年月日時失塟俟查

十六世中祖田墘四房派

光科公字　號　文福公長子生康熙己亥年六月十一日戌時卒乾隆庚申年二月十一日巳時尾棺塟在本鄉朱舍崙坐東向西

無傳

光聰公字孫明號麐亭公　文福公次子頂帶榮身生雍正己酉年五月初八日酉時卒嘉慶己巳年六月廿三日酉時

娶安氏諱妹娘號節儉生乾隆辛酉年十月初三日辰時卒嘉慶庚申年八月初十日申時尾棺塟在本鄉日旺山坐東向西

子一　文丁

光崇公字　號　文福公三子生乾隆丙辰年三月廿四日巳
時卒乾隆癸丑年五月十一日午時尾葬在本鄉夾舍寮
坐東向西　娶廖氏歿節
子三　長世者　次世惠出繼　三世恭出繼

光順公字　號德基　文祿公長子生雍正戊申年八月初九
日午時卒乾隆甲辰年閏三月二十日申時
娶楊氏諱素娘生乾隆辛酉年二月初六日午時卒乾隆丙
申年正月十四日亥時與公合葬本鄉軍墓內坐南向北
子四　長世喬　次世㬀不知而去　三世閣
四四世不知而去

光佇公字　文祿公次子生乾隆戊午年五月十七日子時卒

乾隆癸卯年十月十八日午時
娶廖氏跂節
子一　世本不知如何
光交公字　號善老公　文祿公三子生乾隆戊辰年九月廿
二日戌時往臺卒不知年月日時
子一　世傳　在臺
光壹公字孫知號模齋公　文恕公長子生乾隆庚申年七月
廿五日丑時卒嘉慶辛酉年八月廿七日辰時
娶洪氏諱勸娘號端淑生乾隆戊午年七月初七日申時卒
嘉慶乙丑年十二月廿九日卯時公媽仝葬牛橫腳金氏媽
墓內坐南向北

子三　長先典　次先約　三先用

光檜公字孫理號修情　文恕公次子生乾隆戊辰年六月初五日辰時卒道光乙酉年六月廿一日酉時娶王氏諱意娘號德儉生乾隆乙卯年四月十二日申時卒道光丙申年二月初七日午時　公媽合葬在本鄉牛擴山上坐南向北

子三　長先有　次先水　三先居

光訓公字孫勉號修應　文恕公三子生乾隆庚午年十一月廿九日巳時卒嘉慶戊辰年六月初一日亥時葬與長子先老合葬本里參林內脚頭汙崙內百重圳口坐丙向壬兼午子

娶洪氏諱純娘號孝順生乾隆辛巳年十二月十四日酉時
卒乾隆辛丑年八月廿八日午時
繼娶謝氏諱頂娘號柔好生乾隆乙酉年十二月廿三日酉
時卒道光戊申年正月初四日辰時
子三　長先老　次先泉　三先念
光旦公字孫平號修平　文想公四子生乾隆壬申年十一月
初二日子時卒乾隆乙卯年五月廿二日辰時
娶蔡氏改節
子二　長雙春　次先地
十六世中祖三房田墘五房派光字行
光惕公字　號敬高　柯夫公長子生乾隆壬戌年三月初六

日子　在吧卒乾隆　年八月十二日　時葬塟坐　向

娶殷氏諱幹娘生乾隆甲子年七月初七日申時卒嘉慶辛

未年二月廿七日寅時塟在本里土名　塟坐　向

子四　長世評　次世耳　三世卯　四世香

光寬公字稱裕號敬春　柯夫公次子生乾隆丁卯年正月初

一日寅時卒嘉慶辛未年六月十二日亥時

娶大氏諱靜娘生乾隆甲戌年十月廿四日酉時卒嘉慶戊

寅年三月初二日戌時公媽仝本里土名　塟坐　向

子四　長世佨　次世荃　三世育　四世坪

光贍公號敝芳　可夫公長子生乾隆壬申年九月初二日寅

時卒乾隆癸卯年三月十九日未時

娶鄧氏諱力娘生乾隆乙亥年十月廿二日辰時卒乾隆乙
未年二月十五日　時
繼娶殷氏諱鳳娘號儉慎生乾隆丙子年三月十二日亥時
卒嘉慶丁丑年正月十七日丑時公妣塟本鄉土名牛槓坐
東向西
子一　世拒殷氏出
光降公號敬福　可夫公次子生乾隆乙亥年五月初九日丑
時卒嘉慶辛酉年十月廿三日巳時
娶張氏諱旅娘號柔順生乾隆己卯年八月初九日卯時卒
嘉慶丙子年九月十八日未時公妣塟本里土名朱舍窩坐
西南向東北

子二　長世凱　次世懇 嗣子

光謙公字號敬順　可夫公三子生乾隆戊寅年七月初八日戌時卒乾隆辛亥年九月廿八日巳時

娶陳氏諱發娘號恬慈生乾隆丙戌年十二月廿二日酉時卒道光乙未年五月初九日午時公媽全葬本里土名牛槓邊坐東南向西北

子一　世才

光徘公字號敬祿　可夫公四子生乾隆甲申年十月廿四日辰時卒嘉慶戊辰年五月初五日巳時　葬本里土名坐

娶謝氏諱權娘號儉順生乾隆己丑年八月廿二日丑時卒道光壬午年正月十四日申時莫葬　坐　向

子三　長世諸　次世仲（出繼）　三世蜂

光波公號敬成　可夫公五子生乾隆己丑年四月廿九日丑時往吧卒嘉慶戊午年正月廿九日亥時葬在吧

承繼子　世仲

光升公字號　雲夫公長子生乾隆辛未年十一月廿九日亥時卒乾隆庚戌年六月廿八日申時瓦棺葬本里土名

坐　向　兼

娶詹氏諱烝娘改節

子二　長世宜　次世炮

光祐公字號貞庇　雲夫公次子生乾隆戊寅年三月初九日卯時卒道光辛卯年三月十八日　時在吧

娶陳氏諱美娘生　丁酉年正月初一日辰時卒
年　月　日　時墓葬　坐　向　兼
子三　長世棱　次　三　在吧不知名
光老公字號　雲夫公三子生乾隆壬午年五月廿八日　時
往吧卒乾隆壬子年五月廿九日酉時葬在吧
光意公字號貞和　交夫公長子生乾隆丁卯年六月廿四丁
寅時卒嘉慶甲子年八月初五日申時
娶陳氏諱僅娘生乾隆庚午年五月十三日午時卒嘉慶壬
申年八月初一日辰時公媽全葬本里土名朱舍崙坐西
向東北
子四　長世雪　次世庚　三世清　四世寵

光賓公字號　交夫公次子生乾隆己巳年十月十四日卯時
卒嘉慶庚申年十月廿一日酉時　塟　坐　向
娶陳氏諱去娘改節
子三　長世選嗣子　次世看　三世受

光許公字號　交夫公三子生乾隆甲戌年正月十八日巳
卒　年　月　日　時　塟　坐　向

光直公號純德　守朗公長子生乾隆辛巳年七月初二日辰
時卒乾隆甲寅年十二月廿一日寅時
娶謝氏諱二娘生乾隆己丑年八月初三日　時卒道光丁
酉年九月廿一日酉時　塟本里土名貢山金氏墓頭坐
東南向西北

子一　世亥

光享公字　號純禮　守明公次子經營儉樸以垂於後生乾隆癸未年十月初一日申時卒道光甲午年五月廿二日申時行年七十有二齡墓葬本里土名參林桶鈎嶺頂坐癸向丁兼丑未

娶趙氏諱吉娘號貞愛生乾隆甲午年十月十五日午時卒同治壬戌年正月初十日辰時行年九十有一齡墓葬本里土名石堂前坐癸向丁兼丑未

子二　長世禩　次世飽

光報公字　號純情　守明公三子生乾隆壬辰年七月十日辰時卒道光癸未年十月十四日卯時墓葬本里土名

楨邊坐　向

娶蔡氏諱能娘號柔儉生乾隆甲辰年十月廿六日巳時

嘉慶丙寅年九月初七日酉時

繼娶傅氏諱罔娘生乾隆戊申年八月初二日寅時卒嘉慶

己邜年九月初十日酉時二妣合葬本里叅林桶鈎嶺下

向　兼

子一　世鎊

卷之三下終

參山二房派黃氏族譜卷之四

後房十七世乾房派

先樹公字號失　廷茂公長子生乾隆辛巳年四月十三日吉時卒嘉慶庚辰年二月十五日午時葬地俟查

娶　氏生乾隆己亥年五月初十日巳時往臺灣歿卒年月葬地在臺

子一　樧乞

先強公字號　廷茂公次子生乾隆己丑年九月十四日辰時卒道光甲申年十二月廿一日寅時葬地俟查

先千公　廷茂公三子生乾隆丁酉年四月初七日亥時卒嘉慶丁卯年四月廿四日卯時葬地俟查

先概公字世節號紹然　廷極公子生乾隆丙戌年十二月廿六日寅時卒道光庚寅年七月十三日酉時塟本里土名竹仔林坑水井頂
娶蔡氏號經國生乾隆辛卯年七月十八日未時卒嘉慶甲戌年八月廿八日午時塟本里土名竹仔林坑水井頂
繼娶李氏號經順生嘉慶甲午年四月初一日寅時卒咸豐庚申年正月初八日酉時塟本里土名竹仔林坑中崙坐
子三長八讀　次八欣　三八牙李氏出

先宗公字號　廷賢公長子生乾隆己亥年七月廿八日丑時卒道光乙酉年九月十九日丑時塟地俟查

先海公字世河號　廷賢公次子生乾隆辛丑年十二月廿六

日辰時卒嘉慶丁卯年九月廿四日申時葬地俟查

先徹公字世取　廷閭公長子生乾隆巳亥年四月初四日酉時卒年月失　厝棺葬本里土名竹仔林坑水井頂

娶顏氏名便娘生嘉慶辛酉年三月初四日巳時卒道光丙午年五月廿一日丑時厝棺葬本里土名竹仔林坑口水井頂坐　向

子三長八看　次八者　三八忠

先醉公字世醇　廷閭公次子生乾隆乙巳年二月廿五日寅時卒咸豐辛亥年三月廿七日　時厝棺葬本里土名竹仔林坑頂坐　向

娶謝氏姜娘生嘉慶戊午年七月初二日卯時卒咸豐戊午

年六月十二日午時乇棺塟在本里土名竹仔林坑口石岸
邊坐　向
子三長八觀抱養　次斗　三鳩
先凡公字　廷閭公三子生乾隆己酉年三月初二日戌時卒
年月塟俱俟查
先服公字世報　廷閭公四子生嘉慶戊午年十一月廿三日
申時卒咸豐己未年三月初一日戌時乇棺塟本里土名竹
仔林坑內崙
先桃公字世紅　廷蔭公長子生乾隆壬辰年二月初三日酉
時卒道光戊子年六月初十日丑時塟本里竹仔林坑坐
向娶張氏友娘生乾隆癸巳年十一月初十日酉時卒年月

失墓本里土名竹仔林坑
子一人愻
先梅公字世花　廷蔭公次子生乾隆庚子年七月十六日辰
時卒嘉慶丙子年五月廿五日巳時葬地無考
先居公字世發　廷兼公長子生乾隆庚戌年四月十八日丑
卒道光庚寅年四月初八日戌時葬地俟查
春正公字世修　廷歡公承繼子生乾隆庚戌年正月二十日
寅時卒道光丁酉年三月初八日戌時葬本里土名竹仔林
坑坐　向
娶邑內王氏担娘改節
子二長人出　次人接抱養

先鍬公字　號金樞　秀温公長子生雍正甲辰年七月廿五日卯時卒乾隆壬辰年六月廿九日巳時

娶洪氏博娘生雍正辛亥年九月十三日辰時卒乾隆乙卯年九月初七日卯時公媽塟地俟查

子三　士濟　士潮　丁吉

先鋇公　秀温公次子生雍正戊午年正月初六日丑時卒乾隆戊寅年十一月廿六日午時塟地候查

娶莊氏攺節

子一　士活

先鑾公　孫級公長子生卒年月往吧殁塟在吧

娶蘇氏攺節

先鉛公　孫級公次子生乾隆庚午年十二月廿七日丑時卒
乾隆乙丑年十月十五日酉時葬地候查

先錠公　級公三子往噴叻歿生卒年月塟地俱失
娶賴氏諱和娘生乾隆　年月日時
子　淆生

先鐺公　孫邱公子往暹歿生卒年月葬地無考

先鋭公字世進　秀直公長子生乾隆庚申年十月初五日寅
時卒乾隆辛巳年五月十五日卯時葬牛脰頭
娶吳氏改節

先叠公字世曆號世頌　秀直公次子生乾隆壬戌年八月廿
二日亥時卒嘉慶丙子年五月廿八日未時

娶南邑後流陳氏發娘號譙順生乾隆甲子年十二月初四
日卯時卒嘉慶辛酉年七月廿二日申時公媽葬地俟查
子四　長文港　次文汎　三文淵　四文油
先鈞公字世瑛號琇軒　秀直公三子生乾隆辛未年十月廿
九日亥時卒乾隆乙卯年二月初八日午時
娶王氏金娘生乾隆壬申年九月廿八日酉時卒道光癸未
年八月初十日戌時葬本山東坑坐南向北
子二　長八泉　次八滄
先黼公字世黻　秀直公四子生乾隆壬午年五月十八日午
時卒嘉慶辛酉年四月初二日亥時
娶陳氏縣娘號慈順生乾隆甲申年七月十一日酉時卒嘉

慶巳卯年正月初六日辰時嫣塟牛脰山公徃結連冊塟地
無考
子一　㴞生
秀義公長子生乾隆辛未年五月十
先鑾公字世僥號世音
六日戌時卒嘉慶庚午年正月初一日酉時享年六十
娶劉氏蓄娘號静順生乾隆壬申年七月初五日卯時卒乾
隆乙未年二月廿七日午時
繼娶蘇氏玉娘號珠順生乾隆丙子年五月初七日午時卒
道光丁酉年四月初七日巳時公塟本山土名牛脰頭嫣塟
本山土名牛脰頭穴坐　向　繼妣塟
子三　長文南蘇氏出　次文洄　三文昭

先録公字世節號世約　秀義公次子生乾隆戊子年八月廿五日酉時卒嘉慶辛酉年五月初九日巳時

娶龔氏春娘生乾隆庚寅年三月初一日卯時卒嘉慶庚申年五月初九日巳時公媽塋地候查

子一　治

先釗公字　號世聯　秀義公三子生乾隆甲午年十月初四日寅時卒嘉慶辛酉年五月廿五日亥時往番邦塋地無考

先川公　廷東公長子生卒年月塋地俟查

先善公　廷塾公承繼子生卒年月塋地俟查往臺歿

先鉗公　孫厚公長子生卒年月塋地俟查

先鈔公　孫厚公次子生卒年月塋地俟查

廾錐公號純德　孫厚公三子生乾隆癸未年正月十五日寅
時卒乾隆乙卯年四月廿一日吉時往畨殁塟地無考
子一　江漢
先畋公字號　廷玉公長子生卒年月塟地俟查
先格公字號　廷玉公次子生卒年月塟地俟查
先昌公字號　廷試公長子生卒年月塟地俟查
先持公字號　廷試公次子生卒年月塟地俟查
太學生諱元建名先錤字世忠號懷文　秀冀公長子生乾隆
辛酉年八月廿六日辰時卒乾隆丙午年四月十三日巳時
娶張氏生乾隆癸亥年四月廿四日巳時卒乾隆辛丑年二
月初七日丑時公媽塟地俟查

子二　長文統　次文漸

先鎮公字失號懷德　秀翼公次子生乾隆癸酉年十一月廿
三日寅時卒乾隆庚子年十二月廿三日午時
娶吳氏生乾隆丙子年六月初二日卯時卒乾隆丙午年年一
月廿五日寅時塟本山土名牛脏頭坐西向東

子一　士雕

先掖公字號　秀順公子往番歿生卒年月塟地無考

先磐公字世碩號視軒　履安公長子生乾隆辛丑年十一月
初一日午時卒嘉慶辛酉年六月十九日未時往番歿
娶洪氏忠娘號淑慎生乾隆丙子年正月初十日卯時卒道
光壬寅年九月初一日戌時享年八十八嫣塟本里經嶺院

□鄉土名牙石宮後穴坐辛向乙兼戌辰

子五　長塽　次壇　三堵　四堤　五堦

先磐公字失號仁軒　履安公次子生乾隆庚辰年三月廿四日丑時卒道光辛巳年五月廿七日辰時厝棺葬本鄉土名草崙頭子午癸丁

娶洪氏香娘號莊慎生乾隆壬午年五月初十日巳時卒嘉慶丁丑年十月初三日丑時厝棺葬本鄉土名殷厝田庚甲酉卯向

子二　長樹　次科

先㒟公字失號勉軒　履安公三子生乾隆癸未年十二月廿一日吉時卒乾隆　年九月十六日　時厝棺葬本鄉土

名古縣乙辛辰戌向
娶洪氏欣娘號秀美生乾隆　年十月十九日　時卒乾
隆　年九月十六日　時塟南邑後劉鄉
繼妣　氏敀節
子一　人筐
先耑公字失號瑑軒　履安公四子生乾隆壬辰年正月初三
日午時卒道光乙酉年六月初六日午時瓦棺塟古山坐坤
向艮
娶洪氏益娘號精秀生乾隆癸巳年九月廿八日寅時卒道
光壬寅年正月初三日戌時瓦棺塟蜈蚣山頂坐丙向壬
子三　長正君　次玉品　三否

請公字世謅號誠軒　醇謹公長子生乾隆辛巳年五月十二日辰時卒嘉慶壬戌年八月初九日丑時厝棺葬本里土名殷厝田與媽塋同穴坐庚向甲兼酉卯

娶周氏皆娘號恭慎生乾隆壬午年六月十四日申時卒道光癸巳年二月初二日辰時

子三　長佤　次佇　三倚

詠公字世吟號詩軒　醇謹公次子生乾隆乙酉年閏二月廿二日午時卒道光辛卯年八月十七日子時厝棺葬本鄉土名大垻口穴坐　向

娶陳氏赳娘號勤慎生乾隆丁亥年九月廿八日丑時卒道光巳丑年三月十九日未時厝棺本鄉土名殷晋田頂

子三　長綣　次纙　三締

堅公號精確　容續公長子生乾隆乙酉年十一月廿二日戌時卒嘉慶癸丑年九月初十日子時塟本鄉羅洋古縣山壇後厝穴坐辰向戌兼巽乾

娶孫氏號淑慎生乾隆癸未年五月初六日吉時卒咸豐甲寅年十一月十七日申時享年九十有二旡棺塟小占山坐北向南

子七　長渭　次添　三湛　四戚　五盞　六珠

七潤

邑庠生名儒官諱夢花字世煥號綽休　容續公次子自幼明敏勵志力學未總而角庠奈天不假之年而棄其才也生乾

隆辛卯年七月廿一日戌時卒嘉慶癸亥年十二月廿二日
巳時葬古縣山頂穴坐子向午兼癸丁
娶洪氏生乾隆癸巳年四月廿一日巳時卒乾隆戊申年五
月二十日卯時葬在英内
繼娶謝氏猜娘號慈愛生乾隆癸巳年十一月十七日酉時
卒道光丙戌年七月十八日酉時葬古仔山脚坐申向庚兼
卯酉
子四　長遷　次琫　三研　四橈
處士埒公字世良號維翰　容續公三子生乾隆戊戌年二月
十二日卯時卒道光戊戌年十一月初一日戌時尾棺葬小
占山脚坐東向西

娶鄭氏善娘號柔慈生乾隆丙申年十二月廿七日酉時卒
道光辛卯年四月初六日巳時葬地俟查
子三　長楚　次每　三庫

慶公字號敦發　寄續公四子生乾隆辛丑年正月初十日卯
時卒道光丙申年十月廿八日巳時瓦棺葬本鄉土名背宅
後坐東向西
娶洪氏號恭順生乾隆辛丑年十月初七日亥時卒道光甲
辰年十二月初六日丑時瓦棺葬在小占穴坐　向
繼娶陳氏儉娘生乾隆辛亥年二月十五日辰時卒咸豐丁
巳年二月初五日丑時瓦棺葬本鄉土名苦宅後坑心坐東
向西

子七　長秋　次肘　三飲　四圈　五稍

六九垠　七重培

先頌公字世雅號義方　廷綴公長子生乾隆庚寅年六月廿六日丑時卒道光庚寅年四月十五日子時

娶洪氏號恭淑生乾隆戊子年三月廿七日丑時卒道光乙未年十月十二日卯時合葬本里大崎頭穴坐甲向庚兼卯酉

子四　長人儶　次騧　三烺　四愷

先暢公字由義號居仁　廷綴公次子生乾隆壬寅年八月十八　酉時卒嘉慶戊辰年三月廿二日未時

娶洪氏號勤慈生乾隆辛丑　九月初三日卯時卒乾隆癸

丑年十一月三十日　時

繼娶劉氏號純節生乾隆辛丑年閏五月廿六日亥時卒道
光乙未年五月初二日戌時

子二　長致　次練

先護公字世雅號舟義　廷綴公三子生乾隆戊申年六月廿
九日酉時卒道光甲午年八月初十日未時

娶謝氏號忠慈生乾隆戊申年八月十四日酉時卒道光丁
未年十月廿九日未時

子六八繆　次緝　三練　四囂　五陸　六習

先鈜公字世治號徇資　卓曠公長子生乾隆丙申年七月初
九日戌時卒嘉慶庚申年五月廿八日子時塟古仔山尾坐

娶洪氏險娘號貞信生乾隆丙申年十一月廿五日亥時卒
道光庚子年九月初五日丑時葬本鄉土名温厝田
子二　長泂　次漱

邑庠生諱憂齡名先鎬公字世豐號祝南　卓曠公次子賦性
温醇才學高華青年採芹足徵淵源生乾隆庚子年七月十
六日寅時卒道光癸卯年九月初五日寅時葬本鄉土名
娶吳氏梅娘號覓肅生乾隆辛丑年三月十一日丑時卒道
光辛巳年七月十六日辰時瓦棺葬温厝坐　向
娶林氏月娘號寬惠生乾隆庚戌年十一月十四日酉時卒
咸豐壬子年七月廿二日酉時葬温厝田
子三　長愀昂　次愀最　三愀逞

太學生名先鑣字世揚諱捷榜號直齋　卓曠公三子爲人樸
素置田庄建屋宇嗜好書香延師課督公生乾隆巳酉年七
月初二日辰時卒咸豐甲寅年六月初五日酉時享年六十
有六
娶洪氏嬿娘號巖肅生嘉慶巳未年八月十一日未時卒同
治甲子年正月初四日亥時公媽合塟本鄉土名坂頭山
子三　長敬庠生　次看　三其

先錇公字號折桂　卓曠公四子生乾隆辛亥年二月初二日
丑時卒道光丙午年三月廿二日未時
娶謝氏初娘生卒年月俟查公媽尾相塟本鄉土名蜈蚣山
坐南向北

子三　長埔　次祛　三𤏸

先鐎公字世掾號柄巖　卓曠公五子生乾隆甲寅年四月廿五日亥時卒道光乙未年四月初六日戌時

娶洪氏隱姐生嘉慶辛酉年八月十三日酉時卒光緒乙酉年九月初五日卯時公媽塟本鄉土名棋盤內坐乙向辛兼卯酉

子五　長奏　次取　三嵫　四姜　五承

先鏗公字世經號階盛　卓曠公六子生乾隆乙卯年五月初八日未時卒道光壬寅年四月初三日子時尾棺塟本鄉土名大垻口坐東向西

娶呂氏禽娘號和惠生嘉慶戊午年九月初七日吉時卒道

光丁亥年十一月十四日亥時瓦棺瘞温厝田坐　向

子二　長殊　次舌

先琛公號惇厚　廷樸公　子生乾隆壬辰年七月初十日寅

時卒嘉慶丁卯年五月廿七日卯時往番殁

子一　月明

先琱公　廷樸公次子生卒年月候查

子二　八春　次春鳳

先瓆公　廷樸公三子生卒年月候查

先葩公號容軒　廷杯公長子生乾隆壬辰年十月二十日酉

時卒嘉慶戊寅年三月廿六日午時

洪娶氏北娘號章順生乾隆壬辰年五月廿九日午時卒嘉

慶壬申年六月廿一日未時
子一　八天
先茂公　廷杯公次子生卒年月候查
先菿公　廷杯公三子生乾隆壬寅年四月二十日未時卒嘉
慶辛酉年六月十九日午時葬地俟查
先宗公號侖軒　廷模公長子生乾隆庚寅年四月廿六日午
時卒道光壬午年閏三月初四日辰時往番歿
娶劉氏后娘生卒年月俟查
子四　長人豁　次建　三兵出繼　四捉
先燕公號賔軒　廷模公　子生乾隆癸巳年二月初四日戌
時卒嘉慶巳卯年閏四月廿四日卯時

嗣子　一兵承繼

先寮公字號伯軒　廷模公三子生乾隆乙未年月日時卒道光癸未年十二月十六日午時瓦棺寄葬

子二　長金寶　次金珠出繼

先寓公號正寄　廷模公四子生乾隆丁酉年十月廿二日吉時卒道光辛卯年正月初七日午時瓦棺寄葬

嗣子一　金珠承繼

先蘭公字號徵瑞　廷模公　子生乾隆乙巳年三月廿九日未時卒嘉慶丁丑年八月初五日申時

子二　吉來　次殿齋

先辦公　廷模公六子生卒年月俟查

先茅公　廷樣公長子生卒年月候查

先檀公號所入　廷概公長子生乾隆辛亥年四月初三日戌時卒道光巳丑年十二月廿七日寅時

娶李氏號勤惠生乾隆　年三月初二日午時卒同治乙丑年正月二十日未時瓦棺寄塟

子三　長枋　次莉　三糍出繼

先來春公號所由　廷概公次子生嘉慶丁丑年六月廿四日戌時卒道光戊子年十月十五日午時瓦棺寄塟

[illegible]承繼子糍

先洽公號敬成　廷松公長子生乾隆丙午年四月初十日戌時卒道光壬辰　九月廿九日戌時瓦棺寄塟

先巍公號廻由　廷格公長子生乾隆丁未年四月廿二日卯
時卒道光壬辰年十二月初一日申時往番歿
娶吳氏成娘號繼順生嘉慶癸亥年吉月日時往番歿
繼娶孫氏足娘號儉節生嘉慶辛酉年七月廿四日午時卒
道光甲辰年七月廿七日酉時瓦棺寄塋
子巧金　人歡出繼

先森公　廷格公次子生卒年月俟查
承繼子二　巧金　歡

先音公　大軒公長子往番歿生卒年月無考

先造公號造士　大軒公次子生乾隆壬寅年八月二十日未
時卒道光甲申年十月初三日午時葬俟查

先豫公號由頎　大軒公三子生乾隆乙巳年七月十二日巳時卒道光壬午年七月十四日亥時葬俟查

先兑公　大軒公四子生　年十月二十日時卒　年十二月廿四日　時

娶謝氏歿節公葬候查

子一人攀

先業公　維讓公長子生乾隆乙巳年十月初九日　時卒道光辛丑年十月十九日酉時

娶洪氏寡娘生嘉慶癸亥年二月初八日　時卒道光辛酉年七月十八日酉　公媽葬俟查

子三長舉　次奉出繼　元磋　三華

先磋公　維讓公次子生卒年月塟地俟查

承繼子　入奉

先饌公　廷　公長子生乾隆巳巳年十二月初二日寅時卒道光辛邜年四月　五日辰時塟俟查

先瀅公　廷時公次子生乾隆壬子年八月廿一戍時卒道光辛邜年三月廿八日未時塟俟查

子一入繼　抅養

先嬌公號世姿　崇善公子生乾隆甲寅年十月初八日亥時卒同治癸亥年七月十七日辰時寄塟本鄉土名草崙頭坐北向南

娶洪氏甘娘號儉慈生嘉慶癸亥年四月廿七日申時卒嘉

慶庚辰年十月廿六日辰時
繼娶王氏安娘生嘉慶丙辰年三月十二日午時卒光緒巳
卯年三月二十日巳時寄塟草崙頭坐北向南
子一　八扯
先董公號威亭　煌公長子往番歿生卒年月俟查
先蓝公號花亭　煌公次子生乾隆丙午年九月廿八日寅時
卒道光甲午年二月廿六日亥時
先雲公號世路　灯公長子生乾隆辛丑年十二月十三日未
時卒咸豐癸丑年三月廿八日午時瓦棺塟蜈蚣山苗庭後
坐丁向癸兼未丑
陳氏號勤慎生嘉慶丁巳年八月初四日酉時卒同治甲

子年三月初六日戌時寄塟

子長八錐　次挽　三頂　四厨

先萠公號八焉　灯公次子生乾隆癸丑年六月十五日未時

卒道光壬午年九月十九日辰時

娶蘇氏　生嘉慶戊午年二月十九日申時卒道光丁酉

年七月十八日寅時

子一八僕

先菊公號養軒　灯公三子生嘉慶丙辰年十一月初八日酉

時卒同治乙丑年五月初二日巳時

娶洪氏號慎懿生嘉慶巳未年七月廿二日酉時卒光緒辛

巳年六月初一日辰時

子六　長人則　次使　三越　四伍　五廂
六郊
先徽公號世瀞　灯公四子生嘉慶巳未年二月廿九日辰時
卒道光戊戌年閏四月初二日卯時葬東清八尺
娶蔡氏　改節
子一　人得
先緝公號世熙　灯公五子生嘉慶壬戌年十一月初四日申
時卒道光戊戌年八月廿九日未時
娶吳氏　改節
子一　人認覘
先艾公號私淑　廷煦公長子生嘉慶壬子年十二月十二日

丑時卒咸豐戊午年十二月廿一日戌時
娶洪氏號仁和生嘉慶壬申年五月廿二日戌時卒咸豐癸
丑年七月十六日戌時
子一　八訓
先銃公號世静　廷傾公長子生嘉慶癸亥年十二月初五日
未時卒咸豐壬子年十一月十五日戌時
娶蘇氏號孝順生嘉慶戊辰年九月十五日酉時卒道光戊
戌年十一月廿七日巳時
繼娶周氏號節儉生嘉慶庚午年十二月十六日酉時卒同
治己巳年五月初三日戌時
子三　長字　次伯蘇氏出　三想周氏出

先佛公號世法　廷頎公次子生嘉慶辛未年十月十七日未
卒咸豐甲寅年九月初一日亥時
娶王氏　改節
子二　人偶　次蚋

先苒公號世有　燖公長子生嘉慶壬戌年二月初九日戌時
卒道光壬寅年二月廿一日午時葬古仔山脚坐乾向巽兼
亥巳
娶洪氏　生嘉慶丁卯年九月十二日酉時卒道光庚寅
年十月廿六日申時葬古硯山脚坐亥向巳兼乾巽
繼娶蘇氏號德儉生嘉慶辛酉年三月十三日酉時卒咸豐
甲寅年五月廿七日未時葬邱獅湖坐乾向巽兼亥巳

子三　長人穴　次軒洪氏出　三霝出繼蘇氏出

先哆公號世尙　熺公次子生嘉慶丙寅年十月廿六日酉時

卒咸豐戊午年六月廿一日午時葬佘厝坂

娶王氏　生嘉慶癸酉年十二月廿三日夘時

子四　長人內　次哪　三世　四硈

先胥公號世貞　熺公三子生嘉慶己夘年正月初九日夘時

卒道光丁酉年二月廿四日申時葬火燒宮坐壬向丙兼子

午娶蘇氏號順儉生嘉慶壬申年十一月十四日酉時卒道

光辛丑年四月二十日辰時葬枷棕梨腳坐丙向卯

子二　長人畔　次灣

先於公號世親　熺公四子生嘉慶丁丑年七月初三日午時

卒道光丙申年十二月十三日未時
娶吳氏號順德生道光壬午年四月十三日寅時卒年月俟
查公墓冬青枷榴林脚坐辛向乙兼戌辰媽塋地俟查
嗣子一　八霸
先醉公號然樂　榮章公長子生乾隆丙午年五月廿一日午
時卒道光丙午年五月十九日未時葬本鄉大路尾瓦棺坐
東向西
娶謝氏號敬儉生嘉慶辛酉年月日時卒道光戊申年三月
初六日酉時公媽合塋
子三　長帝　次院　三孫
先休公號然容　榮章公次子生乾隆乙酉年十二月初一日

戌時卒咸豐癸丑年十月廿八日亥時瓦棺壅圭心崙坐東
向西
娶呂氏號和儉生嘉慶癸丑年三月初一日午時卒同治己
巳年十一月初四丑時瓦棺壅本鄉土名蘇厝畬坐北向南
子四　長勃　次姜　三球　四瓏

先[illegible]公號歌咏　榮章公三子生嘉慶丁巳年九月初九日未
時卒道光丁未年七月十四日未時瓦棺壅狗尾墩坐南
向北
娶吳氏旺娘號內相生嘉慶戊辰年三月廿七日戌時卒同
治壬申年五月初二日卯時瓦棺壅狗尾墩坐南向北
子三　長水　次定　三珍

先象公號然禮　榮章公四子生嘉慶壬戌年正月廿四日戌時卒咸豐辛亥年十一月廿七日酉時厝棺葬本鄉土名南軒水圭仔坐東向西

娶洪氏点娘生嘉慶辛未年八月廿八日寅時卒光緒己卯年五月廿九日巳時寄南軒

子四　長別　次裘　三浪　四炎

先福公　廷伯公子生卒年月葬俱俟查

先營公字世經號　義友公子往泉州生卒年月葬俱在源清

先珏公　義軒公往番殁生卒年月葬在番

先啟公　棁彩公長子生乾隆丙申年正月廿六日辰時卒道光乙酉年十二月初六日酉時往番卒

先吕公　梲彩公次子生乾隆巳亥年八月三十日辰時卒道光壬午年十二月初六日酉時在番殁

子一　金福在番

先繞公　梲彩公三子往番結蘭冊生卒年月塟在番

先拈公號惟香　廷詝公長子生嘉慶巳未年五月廿二日酉時卒道光丁未年九月十八日未時塟蘇厝畬

娶李氏艮娘生嘉慶壬戌年七月十一日午時卒光緒巳邜年六月十二日申時塟蜈蚣山脚

子二　長株　次禾

先恨公　廷許公次子外出生卒年月塟候查

先泣公號端莊　廷憮公長子生嘉慶壬戌年十月初七日午

時卒咸豐甲寅年七月初十日辰時
娶蘇氏美娘生嘉慶甲子年七月十四日子時卒道光丙申
年正月初一日酉時公媽塟俟查
子一　八剝
先遮公號翁者　廷幪公次子生嘉慶乙丑年七月初十日子
時卒道光己酉年正月二十日未時
娶陳氏　攺節塟俟查
先吟公　廷幪公三子生卒年月塟俟查
先斜公　廷本公子生卒年月俟查塟英內
先勉公　廷厚公長子生卒年月塟俟查
先囬公　廷厚公次子往番歿生年卒月塟無考

由來公　廷恕公子生卒年月塟南安大山

先桃公號園實　永德公長子生乾隆丙申年十一月初四日

寅時卒道光丙午年正月廿七日巳時

娶洪氏號將順生乾隆丙申年八月初一日午時卒嘉慶戊

辰年六月初七日未時

繼娶陳氏號儉德生乾隆丙午年九月初四日亥時咸豐辛

巳未年三月初五日戌時厝棺寄塟

子五　長八送　次遣洪氏出　三順　四昻

五厝陳氏出

先杖公號朝固　永德公次子生乾隆甲辰年六月廿五日

時卒道光甲辰年十月初三日　時

娶洪氏號勤順生乾隆丁未年十一月初四日　時卒道光
丙午年十月廿九日　時
子三　長人倫　次漂　三鹿
先核公號循實　承德公三子生乾隆壬子年九月十一日寅
時卒嘉慶己卯年七月廿一日未時
娶王氏號和順生乾隆甲寅年正月初七日酉時卒嘉慶丙
子年正月廿七日巳時
繼娶陳氏　生年月失卒　年十二月二十日寅時尾
棺壟
子一　人模
太學生名杏官號致成　承貞公長子生乾隆庚子年二月二

十日子時卒道光庚寅年十月廿八日寅時往台殁
娶柯氏號致德生乾隆丙午年十二月十三日午時卒道光
戊子年十二月初五日酉時往台殁
子一　八群
太學生名先克號寬仁　永貞公次子生乾隆丙午年三月初
八日辰時卒道光丁未年十一月初一日亥時葬本鄉土名
蜈蚣山坐巽向乾兼巳亥
娶劉氏號慈惠生乾隆甲寅年十二月十三日辰時卒咸豐
戊午年十一月十三日午時
繼娶側室陳氏　生嘉慶戊寅年三月初九日寅時
子五　長八賽　次守　三馬傳　四光道　五八田抱養

先言公號詩禮　永貞公三子生乾隆乙酉年八月初九日戌
時卒道光戊申年二月初八日巳時
娶陳氏號益順生乾隆　年十一月初一日　時卒道光
年九月十九日　時合塟本鄉蜈蚣山穴
繼娶蘇氏號愛順生嘉慶壬戌年正月廿八日酉時卒道光
戊戌年六月廿九日申時厝棺寄塟
子三　長八巧　次八巨　三兵
鄉飲賓先坐公號書吹　永澤公長子生乾隆乙巳年八月初
十日酉時卒咸豐乙卯年十一月十七日寅時塟本鄉土名
黃金石頂穴坐　向丙兼子午
娶洪氏儉順生乾隆丁未年二月廿五日巳時卒年月失塟

本鄉土名黃金石頂坐癸丁兼子午
繼娶洪氏號慈順生嘉慶辛未年八月十五日未時卒咸豐
巳未年正月十九日酉時葬
子三　長網　次榮洪氏出　三犬慈順出

先等公字世一號書憶　永澤公次子生乾隆庚戌年七月十
四日亥時卒咸豐丙辰年十二月初五日寅時葬本鄉土名
仙洞壙穴坐甲向庚兼寅申
娶蔡氏號敬順生乾隆乙卯年三月十七日戌時卒咸豐壬
子年八月十二日子時葬本鄉土名新田後坐壬向丙兼
子午
子二　長八受　次與

先正公字世月號書中　永澤公三子生乾隆甲寅年正月十
十六日午時卒嘉慶巳卯年七月初九日子時
娶洪氏　　　　　　　　　　　　　殁節
嗣子　八棚
先箋公字世足號書表　永澤公四子生嘉慶丁巳年五月初
七日卯時卒道光戊戌年六月廿三日未時
娶洪氏號孝順生嘉慶壬戌年三月初一日子時卒道光壬
午年十二月十二日卯時
繼娶王氏號節順生嘉慶庚寅年二月十四日亥時卒道光
庚寅年五月廿六日未時
繼娶李氏號淑順生嘉慶丙寅年九月廿八日　時卒道光

庚戌年三月初三日巳時葬本里土名洋仔寮坐甲庚兼
寅申
子二　長八匏　次瓜　三棚出繼

先赫公　永川公長子生乾隆辛亥年正月初三日辰時卒咸
豐丁巳年三月初十日辰時
娶洪氏號德意生嘉慶癸亥年四月廿八日酉時卒光緒戊
寅年十二月十四日卯時公媽葬俟查
子一　八瀨

先查公　永源公長子生卒年月俟查

先札公　永源公次子生卒年月俟查

先才公　永源公三子生慶嘉巳未年十月廿六日未時卒道

光庚寅年二月廿三日午時
娶徐氏號儉順生嘉慶己未年十一月十五日辰時卒同治
乙丑年正月十三日申時公媽墓俟查
子三　八抽　次拔　三奚

先梭公　承源公四子生卒年月俟查

先近公　承源公五子生卒年月俟查

先類公號拔萃　承貞公長子生乾隆庚戌年十一月初十日
時卒道光甲辰年十月十五日午時
娶洪氏號敬順生乾隆壬子年七月初六日未時卒嘉慶癸
酉年二月廿五日巳時
繼娶張氏號和順生乾隆乙卯年七月初二日酉時卒咸豐

乙卯年十月十八日寅時

子四　長八孚洪氏出　次挨　三倘　四岸出繼

先雙公號齊明　永真公次子生乾隆癸丑年十一月十四日

午時卒同治壬戌年八月廿一日戌時

娶陳氏號純儉生嘉慶丁巳年十二月初八日卯時卒道光

甲辰年七月初六日外時厝棺寄塟

子二　八螺　次肖

先從公號世周　永真公三子生嘉慶癸亥年正月初四日午

時卒光緒丙子年五月十五日丑時厝棺寄塟

娶陳氏　生嘉慶癸亥年十二月十一日巳時

子三　長八酐　次海　三蛤

鄉飲賓先波公字世揚號元海　以羡公長子生乾隆丁未年
九月初二日午時卒咸豐乙卯年九月廿七日辰時
娶謝氏担娘號肅恭生乾隆庚戌年四月三十日申時卒道
光甲午年六月廿七日申時道光庚子年先塟田底洋荷內
土名温九畲右壙穴坐卯向酉兼乙辛年咸豐戊午年三月
十五日　奉父柩合塟
繼娶張氏女娘號莊敬生嘉慶甲子年正月廿八日未時卒
咸豐已未年十一月十六日戌時尾棺塟洋窩内土名温九
畲大路嶺
子四　長八機謝氏出　次櫓　三樓張氏出
嗣子　八岸

先淡公字世清號元中　以㳟公次子生嘉慶辛酉年四月初八日巳時卒咸豐甲寅年十二月初十日寅時

娶陳氏　生慶嘉巳未年四月廿六日子時卒道光乙酉年四月初四日戌時

繼娶夏氏號温惠生嘉慶壬戌年八月十六日巳時卒同治辛未年二月十三日午時厝棺寄塋

子三　長八樓　次枇　三東

先沃公號世壞　居軒公長子生嘉慶巳未年七月初六日申時卒道光辛卯年十月十五日亥時

娶林氏號貞順生卒年月俟查厝棺寄塋

子二　八社　次祉

先涯公號世角　居軒公次子生嘉慶癸亥年二月初四日子時卒咸豐丙午年十一月廿八日丑時
娶洪氏　生嘉慶丁卯年六月十八日辰時
子二　長八富　次八幼承繼

先濕公號世雨　居軒公三子生嘉慶乙丑年十一月廿七日丑時卒同治甲戌年正月十五日寅時
娶洪氏　生嘉慶乙亥年二月初四日卯時卒道光丁未年八月十九日午時瓦棺寄葬
子三　長八馬　次八灰　三八幼出繼

太學生名漁官字世金號于沼　厚軒公長子生嘉慶乙丑年正月初二日戌時卒同治癸酉年七月十八日丑時

娶王氏號有沈生嘉慶乙丑年五月二十日寅時卒光緒戊
寅年四月十九日申時尾棺寄埜
子五　長八粧　次君　三泰　四擴　五節
先泽公號世澤　厚軒公次子生嘉慶戊辰年二月初八日亥
時卒光緒壬午年十一月廿七日酉時
娶李氏號儉順生嘉慶戊辰年八月十三日酉時卒道光戊
申年五月初二日丑時側室楊氏號情益生道光乙酉年八
月十三日亥時卒咸豐乙卯年九月廿六日未時
繼娶顏氏名傳娘號悅儉生道光甲申年八月十三日申時
卒咸豐　年月日時
繼娶王氏生

子四　長八部　次薦出李氏　三劍　四雅出楊氏

先洱公號世絕　厚軒公三子生嘉慶辛未年九月初七日午時卒咸豐丁巳年十月二十日未時葬本鄉土名祖厝後山穴坐巽向乾兼辰戌

娶洪氏生道光甲戌年閏二月三十日酉時

子三　長八蔡　次芽　三葹

處士名瀰官字世美號惕齋　厚軒公四子公攻書勤苦府縣屢拔前茅惜天不假之年生嘉慶己卯年三月十五日子時卒道光丁未年七月十七日未時葬本鄉土名坂頭坑邊坐壬向丙兼亥巳

娶陳氏號節順生嘉慶己卯年四月初六日辰時卒同治乙

丑年十月初六日未時

子一　八魏抱養

先漪公號世良　厚軒公五子生道光壬午年四月廿一日辰

卒同治壬申年正月初四日未時

娶洪氏號慈懷生道光辛巳年二月廿七日申時卒咸豐己

未年八月廿七日未時瓦棺寄瘞

繼娶倪氏　生道光壬辰年十二月十九日寅時

子四　長八喜抱養　次袋洪氏出　三雖出繼　四日倪氏出

先流公號世連　受軒公長子生嘉慶乙丑年十一月初十日

未時卒同治庚午年九月廿二日子時

娶陳氏號慈惠生嘉慶丙寅年八月廿四日戌時卒道光己

酉年二月初八日寅時同治丁夘年葬南安十三都大埔頭
土名杉橋裔穴坐丙向壬兼巳亥
子二　長八定　次驥

處士先汙公字世豪號其正　受軒公次子日夜詩書口不絶
吟首不倦披生嘉慶戊辰年十一月十五日子時卒道光壬
寅年十一月十六日丑時葬本鄉土名仙洞寮坐西向東
娶洪氏號徽音生嘉慶巳巳年六月初五日　時卒道光乙
未年六月十九日未時
繼娶葉氏　生嘉慶甲戌年九月廿三日寅時卒道光庚
戌年正月廿一日酉時厝棺寄葬
子二　八間洪氏出　次邦葉氏出

先潤公號世情　受軒公三子生嘉慶辛未年十一月廿二日寅時卒咸豐丁巳年七月廿六日酉時

娶陳氏號慈愛生嘉慶壬申年九月三十日巳時卒咸豐庚申年三月初六日申時厝棺寄塋

子三　八餘　次勅　三說承繼

先泡公號世相　受軒公四子生嘉慶乙亥年二月二十日酉時卒同治巳巳年二月初六日戌時

娶張氏號寬和生嘉慶丁丑年八月十七日酉時卒同治巳巳年二月初十日戌時厝棺寄塋

子五　長八彥　次碧　三登　四帆　五說出繼

先淺公號世祥　怡軒公長子生嘉慶丁丑年五月十五日未

時卒道光己巳年九月初六日辰時厝棺塟本鄉土名大杉
脚下穴坐乙向辛兼卯酉
娶洪氏　改節
子二　長濟　次篤殤
處士先須公號世吉　怡軒公次子公爲人詩書不倦手不停
披集抄名文生道光甲申年九月十一日申時卒光緒乙亥
年二月初三日辰時厝棺塟本鄉土名後畲穴坐巽向乾兼
巳亥
娶洪氏　生道光甲申年正月廿五日申時
子三俱抱養　長人媚　次恩　三燒殤
先江公號世川　怡軒公二子　道光己丑年二月廿二日申

時卒光緒癸未年十一月初八日辰時往番殁
娶洪氏號節愛生道光丁亥年十一月十三日未時卒咸豐
己未年七月初五日巳時葬本鄉土名畹仔田後
子一　人吓

先願公　達齋公長子往台殁生卒年月俟查
子一　八兼

先會公　苾齋公長子生乾隆庚戌年十二月廿四日子時卒
道光丙戌年八月初七申時
娶楊氏號莊順生乾隆癸丑年七月初十日午時卒嘉慶己
卯年十月初七日戌時
娶陳氏　改節

子一　人時

先令公號身正　菸齋公次子生嘉慶己未年七月初七日戌時卒道光丁酉年四月初九日戌時往舒殁

娶林氏號純儉生嘉慶庚申年七月初八日丑時卒咸豐辛亥年七月十二日未時厝棺寄葬

子一　人䖍出繼兩承

先合公號雙意　菸齋公三子生嘉慶甲子年十一月十九日寅時卒道光丁未年十月初六日申時

娶魏氏號家順生嘉慶丁卯年四月初六日巳時卒道光甲辰年九月十二日午時厝棺寄葬

子二　長人畜　次報

先仝公號張正　莰齋公四子生嘉慶巳巳年三月十五日丑
時卒道光已亥年十月十八日辰時
兩承子　八褫
先伍公號思行　莰齋公五子生嘉慶癸酉年六月初六日酉
時卒道光丁酉年正月十九日午時厝棺寄塟
先顯公號丕謨　外齋公長子生嘉慶丙辰年十月初十日酉
時卒道光辛丑年閏三月廿五日未時
娶陳氏號紬成生嘉慶戊午年六月初二日辰時卒咸豐辛
亥年七月廿八日未時
子二　八里　次綏承繼
先宇公號宙中　植亭公長子生嘉慶辛酉年三月初四日未

時卒道光甲辰年八月初十日戌時
娶吳氏號温儉生嘉慶癸亥年八月廿五日　時卒光緒辛
巳年正月初三日寅時尾棺寄塋
子一　人正

先安公號靜中　植亭公次子生嘉慶丙寅年十二月廿二日
酉時卒同治壬申年九月初五日未時
娶蔡氏號温良生嘉慶乙亥年十一月初三日未時卒光緒
壬午年十一月十四日辰時
子一　人老

處士先發公字世綱號思成　植亭公三子生嘉慶癸酉年十
二月十六日戌時卒同治己巳年七月初一日申時

娶洪氏　生嘉慶丁丑年七月初二日戌時

子二　長八良　次美玉

先帶公　乾公長子往台殁生卒年月葬在臺

先日公　乾公次子在台生卒年月葬在台

先訓公字世揚號灿諭　安思公子生乾隆丙子年二月初三

日子時卒嘉慶戊寅年十月初三日辰時

娶羅渡倪氏娘官生乾隆戊子年三月初五日寅時卒道光

乙未年十二月十二日辰時葬後院石皮公脚坐東向西公

媽合塋

子三　長八岩　次八亶　三菊

先聯享公字世發號純福　敦實公長子生乾隆庚辰年五月

十六日酉時卒嘉慶己巳年十一月初六日丑時往咬嚁吧
殁塟在吧
娶謝氏湊娘號儉順生乾隆壬午年六月初三日巳時卒乾
隆辛亥年九月廿三日辰時兆棺塟本里土名石堂前坐寅
申向兼甲庚
繼娶陳氏勸娘號儉益生乾隆己丑年八月十五日亥時卒
道光己亥年九月初七日酉時兆棺塟参洋土名盡美厝門
口内亥已兼壬丙外向子午
子三　長八匹　次八勇　三八碓（碓出繼 兩承）
先聯篇公字世舉號純修　敦實公次子生乾隆戊戌年正月
十八日艮時卒嘉慶戊申年五月初六日子時木棺塟本山

後院坐庚向甲
娶吳氏成娘號儉貽生乾隆庚子年正月廿六日寅時卒道
光庚寅年三月廿二日子時合葬阮外石皮字頂坐庚向甲
兼甲寅

子四　長族　次逃（出繼丙承）　三丙　四岳

先道生公號純德　敦實公三子生乾隆癸卯年月日時失卒
嘉慶戊辰年七月初一日　時在番殁

兩承子　文確　文逃

處士先聯晚公字世晏號純政　敦實公四子　乾隆乙卯年
九月十七日午時卒道光丙申年四月廿五日亥時葬本山
娶員潭趙氏名間娘號儉邑生乾隆甲寅年二月初一日酉

時卒同治癸酉年五月十四日酉時葬本山
子四　長文廪　次八主　三八康　四八活
先郡公字世州號純邑　敦實公五子　嘉慶壬戌年十一月
廿六日辰時卒道光癸卯年八月廿九日申時葬地俟查
娶洪氏名有娘改節
子一　八逐
先候公　敦樸公長子往番歿生卒年月俟查塟在番
鄉飲賔名標官字世登諱志正號純榜　敦樸公次子邑候
公諱贈以舉步無遺匾額生乾隆乙亥年五月廿七日未時
卒咸豐壬子年十二月廿二日戌時享年七十有四塟本鄉
土名後院

娶王氏諱皆娘號儉德生乾隆己亥年九月十一日辰時卒
同治癸丑年二月初八日夘時公媽合塟
子三　長八仲　次八蕩　三八融殤
先圓公字世脩號純規　敦樸公三子生乾隆壬子年五月初
四日未時卒道光丙午年七月十八日丑時
娶中標許氏名千娘號儉節生嘉慶乙丑年七月十五日夘
時卒道光庚戌年二月十一日巳時公媽尾棺合塟本里後
院崙尾穴坐巽向乾
子三　長八坪　次八萢出繼　三天望出家
先卿公號純雅　敨睦公長子生乾隆癸巳年閏三月十九日
申時卒乾隆戊申年七月廿五日未時塟地俟查

先轉公字世運號純展　敦睦公次子生乾隆庚子年八月初
七日辰時卒道光壬寅年十一月廿九日卯時
娶謝氏乃娘號儉柔生乾隆巳亥年十二月初五日午時卒
道光庚戌年十月廿三卯時公媽葬俟查
子四　長人外　次人體　三人宰出繼　四人作
先次公　敦睦公三子生乾隆乙巳年八月十五日　時卒嘉
慶癸酉年在吧國唐七月廿二日渡舫至廣東被狂風飄去
不知何處
先班公號純輸　純睦公四子生乾隆乙卯年正月十三日卯
時卒道光辛巳年十二月十六日戌時塟地俟查
承繼子　人宰

㢠士名財官字世賢號純育　廷虎公承繼子生乾隆壬寅年
正月廿七日辰時卒道光乙未年八月十七日巳時
娶葉氏諱絹娘號儉德生乾隆壬寅年六月廿六日　時卒
咸豐丙辰年正月十四日申時公媽葬本山後院
子三　長八賞　次買　三詣

騂猛公　廷赫公承繼子生乾隆癸卯年十月廿四日卯時卒
嘉慶丁巳年七月十六日未時往咬𠺕吧歿
承繼子　八苞

高陞公字世卓號純祖　温良公長子生乾隆癸巳年六月廿
二日卯時卒道光丁酉年八月十五日巳時往吧歿
娶陳氏愫娘號儉順生乾隆甲午年正月初七日子時卒咸

豐甲寅年十月十五日亥時塟本山

子五　長八提　次八整出繼　三八提　四八白

五源泉生在巴

廈士先廣公字世活號純善　温艮公次子生乾隆甲午年七月廿五日寅時卒嘉慶丙子年閏六月廿六日申時塟侯查

娶謝氏名宜娘號勤慎生乾隆乙未年正月初一日午時卒道光乙未年九月初三日巳時塟本山

子四　長八拱　次八抄　三八摺　四八投

三河公字世清號純厚　温艮公三子生乾隆丙申年七月廿一日寅時卒乾隆癸丑年六月十四日亥時往咬噹吧殁

娶王氏㐴娘改節

承繼子　人鑒

振夏公字世春號純正　温良公四子生乾隆巳亥年五月廿八日子時卒嘉慶辛酉年十月廿八日巳時在咬𠺕吧殁

娶趙氏恩娘改節

新昳公字世雪號純霜　温良公五子生乾隆辛丑年十二月日丑時在吧殁卒年月失

娶劉氏𡢃娘生乾隆巳酉年十二月初三日未時卒嘉慶壬申年六月廿二日塟侯查往吧殁

繼娶梁氏梗娘生嘉慶甲寅年十一月初一日寅時卒在吧年月失

子二　源水　源機

銘鐘公號純昌　温良公六子生乾隆巳酉年六月十三日寅時卒嘉慶甲戌年七月十七日午時葬俟查

先貴公字世德號純士　璞鎰公長子生乾隆戊子年四月初九日巳時卒嘉慶庚午年六月初二日未時木棺葬本里參洋土樓口

娶南安鄭氏諱宜娘號儉質生乾隆辛卯年十二月初六日午時卒咸豐癸丑年九月十五日酉時葬俟查

子二　長元出　次添色

先科公號純忠　璞鎰公次子生乾隆辛卯年八月廿六日辰時往咬留吧歿卒嘉慶丁丑年十月十一日巳時葬在吧

娶謝氏諱吉娘生乾隆癸卯年十一月初六日午時卒在吧

年月失

子一　人經

先染公號純然　有良公長子生乾隆甲辰年七月初九日亥
時卒道光辛巳年六月二十日未時往咬嚁吧殁塟在吧在
吧　娶　氏生卒年月塓失塟在吧

子一　詠泉

先午公號純丙　有良公次子生乾隆辛亥年正月十五日未
時卒咸慶癸丑年九月十六日寅時塟俟查

先粥公號純金　有良公三子生嘉慶丁巳年四月初四日辰
時卒年月塟俟查

淩挑公號純負　國寶公長子生乾隆丙午年十二月廿八日

酉時渡舫往吧至中途殁卒年月塟俱失
娶廖氏名讚娘生乾隆丙午年正月廿六日寅時卒嘉慶辛
未年三月十三日午時
繼娶廖氏名郄娘生嘉慶　年四月十八日酉時卒道光辛
巳年九月初六日戌時葬俟查
子一　可義

淩通公號純達　國寶公次子生乾隆丁未年二月初七日午
時往吧殁卒年月失葬在吧
娶　氏生卒年月俱失

淩專公號純虔　廷碧公子生乾隆庚申年七月二十　時卒
年月葬地俟查

先琛公字世玉號肇美　靖通公長子生乾隆丁亥年閏七月十四日午時卒道光癸未年六月廿四日酉時塟本里東視垵崙坐庚向甲兼申寅與父合塟

娶楊氏儉娘號勤儉生乾隆庚寅年五月廿八日酉時卒道光戊戌年十二月廿七日未時厝棺塟本里大湖内坐辛向乙兼酉卯與蕭氏號慈淑合塟

子三　長八達　次八來　三八錐

先趙公字世魏號肇簡　靖通公次子生乾隆辛卯年十一月初九日戌時卒嘉慶乙亥年四月廿六日丑時塟本里中樵木園

娶蕭氏名綢娘號慈淑生乾隆庚子年四月十八日巳時卒

嘉慶丙子年十二月初十日辰時厝棺葬本里大湖穴坐辛
向乙兼酉外與楊氏號勤恬合塋
子四　長人衷　次人壬　三人漸出繼　四人倫
先嚴公字世寅號肇謹　靖通公三子生乾隆戊戌年十月廿
一日戌時卒道光辛巳年十月廿四日申時移居南灣歿
娶陳氏　改節
子二　長人漸承繼　次人淑
先昆公字世裕號肇玉　靖確公長子生乾隆癸未年正月廿
八日午時卒嘉慶壬申年二月廿五日巳時厝棺葬本里軍
壠山坐申向寅兼庚甲
娶洪氏諱準娘號勤淑生乾隆甲申年三月初五日丑時卒

道光庚寅年九月廿五日未年瓦棺塟本里軍壠山坐申寅
向庚甲公媽合塟
子四　長八洒　次八濟　三八譜　四八潤殤

先周公字世庠號肇文　靖確公次子生乾隆丙戌年六月十
二日子時卒嘉慶辛未年四月廿三亥時塟本里軍壠山蛇
仔崙坐坤向艮兼申寅
娶林氏諱脫娘號勤順生乾隆戊戌年八月廿二日子時卒
道光乙酉年六月十九日夘時塟本里軍壠山
子三　長八燕　次八山　三八隣出繼

先級公號肇孔　靖直公承繼子生乾隆乙未年七月廿七日
未時卒嘉慶癸酉年八月十三日酉時塟地俟查

承緒子　文隣

先恰公字世抽號肇鳴　靖確公四子生乾隆丁酉年十二月十八日酉時往吧殁卒年月失塟地在吧

娶謝氏近娘改節

先八公號肇愷　靖確公五子生乾隆辛丑年十一月廿一日申時卒嘉慶壬戌年正月初三日巳時塟本里中樵木園坐

先儀公號德望　振登公長子生乾隆癸亥年八月廿七日丑時卒乾隆壬寅年十月廿九日午時塟地俟查

娶李氏　改節

子二　長八來　次八吞

先派公　振登公次子生卒年月

娶鄭氏　生卒年月塋俱失

子一　八興

先華公號調玉　振登公三子生乾隆丙子年二月初七日巳時卒嘉慶壬申年五月初二日酉時

娶吳氏　生乾隆庚寅年十二月十七日巳時卒年月塋在臺祖公園坐東向西

子二　長八藝　次八全

先榜公字世詔　順德公長子生乾隆戊子年月日時卒乾隆年七月二十日　時塋俟查

先奏公字世節號純枝　祥德公長子生乾隆庚辰年正月初九日寅時卒乾隆丁未年十月廿二日辰時林逆倡亂陣亡

先宰公字世執　祥德公次子生乾隆乙酉年十二月廿五日
辰時卒年月葬俟查
娶廖氏　生乾隆乙未年五月廿三日午時卒嘉慶庚午
年十月廿三日未時葬在臺祖公園
子三　八清　次八答　三八完

先魁公字世斗　祥德公三子　乾隆庚寅年　月　日　時
卒年月葬俱失

先定公字世止　祥德公四子生乾隆　年　月　日　時卒
年月塟俱失

先朝公字世觀號朴寔　文德公長子生乾隆辛卯年十月初
十日寅時卒嘉慶己巳年十月初五日寅時

娶林氏號慈愛生乾隆丙申年七月初十日丑時卒嘉慶庚
午年五月初六日巳時俱葬祖公園坐東向西
子一　八球
先廷公字世猷　文德公次子生乾隆庚子年六月廿七日戌
時卒年月葬俱失
娶楊氏　生嘉慶丙辰年七月十三日戌時卒年月葬
俱失
先江公字世九號純阿　守良公長子生乾隆戊辰年十月十
四日亥時卒嘉慶壬戌年四月十六日戌時
娶李氏號慈愛生乾隆辛巳年十月十六日寅時卒嘉慶壬
戌年五月初二日酉時公媽葬俟查

先啟公字世我號維佑　守良公次子生乾隆癸酉年十月十
一日巳時卒乾隆丁未年十月初二日巳時因林逆倡亂仝
大文領義民陣亡
嗣子　光贊

先英公字世華號瑞德　守良公三子生乾隆己卯年六月初
九日卯時卒嘉慶庚午年五月初一日未時
娶蔡氏　生乾隆丙戌年四月十九日戌時卒乾隆甲寅
年七月初七日亥時
繼娶吳氏　生乾隆癸未年三月廿六日　時卒年月失
塋俟查
子二　長八買　次八領

先𣏌公字世拔號純美　守艮公四子生乾隆甲申年六月二十日巳時卒乾隆戊申年十月初四日未時葬本鄉箈內山坐南向北

娶張氏號導順生乾隆丁亥年十二月廿八日戌時卒嘉慶巳未年四月初八日丑時葬本鄉箈內山坐西向東

子一　文彩

先仾公字世昂　孫迎公長子生乾隆甲申年九月廿三日酉時卒年月葬俱失

娶謝氏　生乾隆癸巳年十二月初四日卯時卒年月葬俱失

子一　德祖

先請公字世問　孫迎公次子生乾隆甲辰年五月初十日亥時卒嘉慶辛酉年八月初八日巳時葬俱失
先葢公字世受　大文公長子生乾隆乙未年二月十九日午時卒年月葬俱失
娶顔氏　生乾隆庚子年　月　日　時失生卒年月葬俱失
先韜公字世光　大文公次子在台生卒年月葬地無考
先思公字世慮　廷安公長子在臺生卒年月葬地無考
先椒公字世聊　廷安公次子在台生卒年月葬地無考
先品公　永德公六子生乾隆　年　月　日　時失卒道光年七月十五　時

娶洪氏諱返娘生乾隆甲辰年正月　日　時卒道光　年

七月廿八日申時公媽葬地俟查

子三　長八井　次八對　三八坐

先仲公字世伯　廷起公長子生卒年月葬俟查

先偶公字世匹　廷起公次子生卒年月葬俱失

先和公字世平　廷宦公長子生卒年月葬俱失

先美公字世女　廷宦公次子生卒年月葬俱失

先虞公字世八　廷審公子生卒年月葬俱失

先挺公字世拔　廷家公長子生乾隆　年十月初二日　時

卒嘉慶　年十月初二日往番歿

娶李氏諱好娘生乾隆　年正月初四日　時卒道光巳酉

年正月十七日　時塟本鄉
子一　八立
先宝公　廷冢公次子生卒年月塟俱失
月失
先拓公　廷冢公三子生乾隆巳亥年六月初二日辰時卒年
娶翁氏程娘生乾隆癸卯年四月廿六日　時卒道光戊申
年九月初五日　時公媽地查俟
子二　長至城　次昆重
先八公　廷[illegible]公長子生乾隆　年　月　日　時卒道光
年十月十五　時
娶花氏三娘生乾隆　年　月　日　時卒道光　年　月

日　時塟本鄉

子二　長八存　次八韮

先穴公字世居　廷明公次子生卒年月塟俱失

先應公　廷揚公子生卒年月塟俱失

先等公　廷逭公子生卒年月塟俱失

先炯公　廷枝公子生卒年月塟俟查

先秋公　廷友公子生卒年月塟候查

先恭公字尅允　廷國公生卒年月葬候查

先存公　廷宵公長子生卒年月塟俟查

邑庠生先在公　廷宵公次子生卒年月塟俟查

先性公字世善　廷宵公三子生卒年月塟俱俟查

邑庠生先案公　廷曾公四子生卒年月葬俱俟查

先旦公　廷曾公五子生卒年月葬俱俟查

先資公字世深　廷台公長子生卒年月葬俱俟查

先桂公字世攀　廷合公次子生卒年月葬俱俟查

先登公字世高　廷合公三子生卒年月葬候

先寅公　廷合公四子生卒年月葬候查

先秋公　廷合公五子生卒年月葬俟查

先望公字世儼　廷淡公長子生卒年月葬俟查

先鴿公　廷淡公次子生乾隆　年　月　日　時在台殁卒

年月葬無考

娶陳氏留娘生乾隆戊申年五月廿六日卯時卒道光辛卯

年六月廿八日寅時　在台

子三　長文超　次文栖　三文記

先耀公號純輝　廷淡公三子生乾隆丙午年二月十一日酉

時卒咸豐辛亥年四月廿一日申時

娶李氏諱甜娘生嘉慶　年二月初七日在臺殁年月及公

媽塋在臺俟查

子四　長蝦米　次珀　三萬德　四萬祝

先真公　廷淡公四子生乾隆巳酉年五月十九日戌時在台

没年月塋在臺

娶洪氏謚娘號懿範生嘉慶庚申年　月　日　時卒道光

丙午年九月廿六日卯時葬本鄉紅嶺過路

子三　長八貼　次八趨　三八監
先卿公字世公號純省　廷淡公五子生乾隆　年　月　日
時卒道光　年九月初二日　時　官嶺鄉
娶張氏權娘往臺生卒　年　月　日　時
子二　長八吟　次八踏
先勢公字世事　廷淡公六子生卒年月塟俟查
娶洪氏諱姜娘生卒年月塟地候查
子四　長八覔　次八曾　三八黨　四八長
先取公　廷當公長子生卒年月塟俟查
先平公　廷當公次子生卒年月塟俟查
先應公　廷開公長子生卒年月塟俟查

先彭公　廷開公次子生卒年月葬俟查
先返公　廷開公三子生卒年月葬俟查
先前公　廷開公四子生卒年月葬俟查
以上諸人有生年月無卒年月或無生卒年月皆外出在臺
居任故失而無考予謹誌之以俟后人查明記載
先慨公字世慷　廷寬公嗣子生卒年月葬俱失
先侯公字世諸　廷石公子生卒年月葬俱俟查
鄉飲賓名先瑜字世懷號順軒　慎齋公長子生乾隆壬辰年
正月十五日　時卒道光戊申年五月廿四日　時
娶洪氏蘭娘號勤懿生乾隆壬申年三月初四日亥時卒道
光丁酉年正月初六日丑時公媽葬俟查

子二　長八泗　次溪水

先琪公號衛軒　愼齋公次子生乾隆戊戌年四月十六日子時往台歿卒道光壬辰年六月廿一日申時塟在臺

娶張氏寅娘生乾隆戊戌年十二月十二日午時卒道光戊戌年閏四月初二日夘時塟本鄉

子二　長濱　次濟

先瑚公字世瑚號瑚軒　愼齋公三子生乾隆　年　月　日時　卒　年十二月初一日　時塟本鄉

娶洪氏諱諒娘號德愼生乾隆甲辰年二月廿六日巳時卒道光丁酉年四月廿七日申時塟候查

子三　長泮　次洛暘　三企

祖禑公字號處軒　鑒齋公長子生乾隆丙申年二月十二日
酉時卒嘉慶寅辰年十一月廿四日寅時
娶許氏號節亭生乾隆戊戌年九月初十日巳時卒道光己
未年十二月初八日戌時　公媽塟俟查
子一　朝遂
邑庠生名祖佑字世昌號眷軒諱繼昌　鑑齋公次子聰明穎
悟篤志力學髫齡游泮足徵文有定價生乾隆己亥年十二
月廿四日酉時卒咸豐己未年八月二十日酉時享年八十
有一
娶陳氏冷娘號謙德生乾隆己亥年正月初三日寅時卒道
光丁酉年正月十九日辰時瓦棺公媽合塟本鄉大宅厝外

右畔坐壬向丙兼子午

子二　長追　次達出繼

祖祥公號漸軒　鑑齋公三子生乾隆辛丑年正月初十日午時卒嘉慶戊寅年九月廿一日巳時

娶洪氏號貞烈生乾隆癸卯年四月十二日未時卒嘉慶庚辰年十一月初七日戌時公瓦棺葬本鄉管林兜坐　向

媽葬本鄉

子二　長人殿　次人番

祖視公字世遠號明軒　鑑齋公四子生乾隆癸卯年十月初六日巳時卒道光巳巳年十二月初七日寅時

娶吳氏皆娘生乾隆甲辰年二月十三日酉時卒咸豐巳未

年八月廿三日丑時公葬在台媽塋本鄉

子三　長檀　次卿　三佛

神補公號申軒　鑑齋公五子生乾隆辛未年二月廿七日卯

時卒嘉慶丙子年五月初八日　時在棺葬土地崙與母王

氏附塋壙右

娶洪氏爲娘攺館

嗣子　人達

神禱公號祈軒　鑑齋公六子生乾隆　子年　月　日　時

卒嘉慶　年　月　日　時往臺歿塋無考

神福公號東軒　鑑濟公七子生嘉慶戊午年　月　日　時

卒咸豐辛酉年　月　日　時在臺歿塋俱俟

先鑒公號安軒　純濟公長子生乾隆戊戌年閏六月十五日
丑時卒道光壬午年正月　日　時
娶劉氏玉娘號義愛生乾隆丁酉年八月十三日辰時卒咸
豐庚申年九月十二日未時享年八十有四公往番失船無
葬本鄉
子三　長澤　次派　三淵
先鋪公號琴軒　純齋公次子生乾隆庚申年九月初四日時
卒道光庚戌年九月二十日丑時尾棺葬在台灣田寮座飯
店前
娶謝氏古娘生乾隆辛亥年十二月十七日　時卒咸豐癸
丑年九月初五日巳時葬在臺田寮

繼娶洪氏凉娘生乾隆乙夘年九月　日　時

子五　長圖　次用　三滋出繼俱謝氏出　四泉庠生　五温洪氏出

先鐫公號佳軒　純齋公三子生乾隆辛亥年八月初一日寅時卒嘉慶己巳年十一月初三日亥時

子一　八度

先鋸公號敬軒　純齋公四子生嘉慶庚申年七月初二日寅時卒道光壬午年正月　日　時往番失船

承繼子一　八滋

太學生諱克和名先坦公字世平號廣軒　妙齋公長子生乾隆癸夘年十一月初一日申時卒咸豐癸丑年四月十一日丑時享年七十有一　厝棺壟本鄉温厝祖厝右畔坐北向南

娶英內洪氏姜娘生乾隆壬寅年八月十七日戌時卒咸豐
己未年六月廿八日戌時享年七十有八　在臺
子五　長粒武生　次浩　三郊　四元　五子
處士先愷公字世稀號歌軒　妙齋公次子生乾隆丁未年九
月初七日巳時卒道光甲申年十月初六日寅時
娶洪氏鴿娘號愛敬生乾隆丙午年四月二十日卯時卒道
光丁未年十二月初十日寅時兩棺公媽合葬本鄉橋頭穴
坐丁向癸兼午子
子四　長珍　次盤　三番　四提
先韜公字世艮　妙齋公三子生乾隆庚戌年三月初六日午
時往台歿年月無考葬在臺竹仔腳

娶謝氏甲娘號溫助生乾隆壬子年十二月初四日寅時卒
嘉慶癸亥年十二月十七日寅時葬本鄉圳仔路坐亥巳兼
壬丙
繼娶李氏夏娘愛淑生乾隆庚戌年四月初二日午時卒咸
豐壬子年九月初五日　時葬本鄉
　子五　長圳　次傑　三標　四年　五榜出李氏
先深公字世遠號穆軒　妙齋公四子生乾隆辛亥年正月十
四日巳時卒咸豐壬子年六月十三日午時葬筆內山竹仔
林邊坐東向西
娶薛氏吃娘號愛純生乾隆庚戌年十一月初一日亥時卒
咸豐丙辰年正月初一日未時葬本鄉

子五　長藏　次錠　三求　四南　五爻

先森公字世正號存軒　妙齋公五子生嘉慶癸丑年二月初一日卯時卒道光己酉年十一月二十日酉時享年五十有七歲

娶周氏院娘生乾隆壬子年八月十二日巳時卒道光己亥年十月初四日申時公與周氏兎棺合葬本鄉竿胡坐辛向乙兼戌辰

繼娶許氏有娘生嘉慶壬戌　五月十三日　時卒咸豐己未年八月十五日亥時寄葬公仔寮

子五　長宰　次宣　三布　四粉連　五科

處士先池公字世庯號彩軒　妙齋公六子生嘉慶丙辰年七

月十八日巳時卒咸豐乙卯年正月初三日未時享年六十
有九厝柩塟本鄉公仔宮坐西向東
娶吳氏垙娘生嘉慶丁巳年九月廿一日寅時卒咸豐癸丑
年二月十七日未時塟候査
子三　長宜　次讓　三艾
先貴公號玩軒
妙齋公七子生嘉慶丁巳年十一月廿五日
酉時卒道光[illegible]戌年三月十六日申時厝棺塟本鄉田頭坐
辛乙兼酉卯
繼劉氏欽娘號愛明生嘉慶乙未年三月初六日酉時卒同
治庚辰年十二月初九日午時寄塟本鄉正順宮坐西向東
子三　長環　次抱　三聘

先嬌公　妙齋公八子往臺灣府大銃街殁生卒年月塟候查
娶洪氏早娘生卒年月失厝塟本鄉尾坛
繼娶鄭氏撮娘仝公往臺生卒年月塟候查
子五　長茶　次論　三貽周　四圓全　五桑蓮

先增公號執軒　妙齋公九子生嘉慶壬戌年十月初八日巳
時卒同治辛未年十月十八日未時厝棺塟本鄉壠頭田中
坐辛乙兼戌辰
娶謝氏免娘號愛勤生嘉慶辛酉年正月廿七日戌時卒嘉
慶丙子年正月初九日卯時厝棺塟本鄉九垵山坐西向東
繼娶洪氏尾娘號愛遺生嘉慶癸亥年十月初五日酉時卒
道光丁未年三月廿九亥時厝棺塟本鄉筆內山坐西向東

繼娶劉氏歛娘號愛慎生嘉慶丙寅年四月十六日寅時卒
光緒巳夘年十二月十三日申時寄葬筆内山坐南向北
子六　長歛謝氏出　次鮮　三脩　四倪　五豹洪氏出
六蒲劉氏出

處士先塡公字世治號園軒　妙齋公十子生嘉慶癸亥年正
月廿六日寅時卒同治丁夘年九月廿一日酉時享年六十
有三瓦棺葬紅嶺厝地後坐乾向巽兼亥巳
妣洪氏坤娘生嘉慶乙丑年六月初一日午時
子二　長坎　次杭

先廷公號鯉軒　妙齋公十一子生嘉慶癸亥年九月十二日
子時卒道光癸夘年三月廿五日酉時瓦棺葬本鄉竿林塊

坐西向東
娶洪氏緩娘號愛色生嘉慶壬戌年四月初七日子時卒同
治庚午年十一月廿二日未時瓦棺葬本鄉圳仔路坐西
向東
子三　長端　次預　三與　四靳殤
例貢生諱克成先錦公字世美號織軒　妙齋公十二子生嘉
慶乙卯年五月初二日巳時卒光緒乙亥年十一月廿七日
巳時瓦棺葬本鄉
娶洪氏平娘號愛春生嘉慶丙子年十一月廿七日巳時卒
咸豐壬子年七月初七日巳時瓦棺葬本鄉大厝跡坐西
向東

側室柯氏秋香生嘉慶丁丑年十月初八日巳時改節
子三　長燦　次統俱抱養　三勣柯氏出

春云公號　義士公長子生乾隆丙午年十二月三十日申時
卒道光戊申年正月初八日辰時葬在臺
娶謝氏歷娘生乾隆丙午年四月初六日　時卒咸豐乙卯
年十二月十七日辰時塟俟查　在台
娶　氏　生卒年月塟俟查
子三　長夢　次串　三狗

春成公號玉圃　義士公次子生乾隆辛亥年十一月廿三日
寅時卒道光壬寅年五月廿四日巳時塟在台尾窯庄
娶洪氏交娘生乾隆辛亥年　月　日　時卒道光戊戌年

五月初二日子時葬本鄉紅嶺　在臺
娶陳氏燕娘生嘉慶甲子年生卒年月葬在台
子三　長齊　次種洪氏出　三緼陳氏出

春服公字號順圃　秉正公長子生乾隆庚戌年正月廿二日
辰時卒嘉慶庚申年正月二十日酉時葬旂頂鄉雷公石
嗣子　八瓌

邑庠生春新公諱盛字世咸號積圃　秉正公次子天資明敏
文學過人其應試屢拔前茅中尊　黃公諱宅中取結冠軍
信乎文有定價生乾隆癸丑年　月　日　時卒道光癸夘
年三月廿二日　時葬台月港竹仔街尾坐　向
娶陳氏　娘生嘉慶丁丑年七月十三日　時卒光緒丁丑

年三月　時享年七十有九往臺歿塟在合

子六　長本業儒　次彥出繼　三郡　四綮出繼　五港

六沙

太學生春泰公諱玉閏字世楚號西圃　秉正公三子生嘉慶辛酉年六月廿九日酉時卒道光丁亥年閏五月三十日午時葬壠頭鄉許厝

娶徐氏金娘生嘉慶癸亥年十一月廿二日酉時卒道光戊子年五月初五日巳時塟本鄉紅嶺

子二　長孝順　次案承繼

春勸公號醇圃　秉正公四子生嘉慶　年　月　日　時卒年月塟在臺俟查

先欺公字世顯號方圃　義敏公長子往番殁生卒年月日塟無考

子一　八邦

先興公字世道　義敏公次子往臺生乾隆辛亥年五月廿九日　時卒咸豐辛亥年十一月廿七日　時塟在台田寮庄

娶倪氏善娘生卒年月塟在臺俟查

繼娶余氏在台生卒年月塟在臺

子四　長取　次烈倪氏出　三浅　四混余氏出

先輿公字世妙　義敏公三子往臺生嘉慶壬申年　月　日時卒咸豐辛亥年閏八月　日　時塟在臺

娶蘇氏星娘生嘉慶庚午年七月初二日辰時卒道光乙未

年　月　日　時塟本鄉
繼娶　氏涼娘生卒年月塟在台
子二　長楮　次漸
處士先核公字世昂　義敏公四子往番生嘉慶甲戌年　月
日　時塟在番
娶洪氏貫娘歿館
先瓚公字世桂號杏圃　孫樂公長子生嘉慶辛酉年七月初
二日酉時卒同治甲子年二月十五日酉時瓦棺塟公仔寮
坐北向南
娶謝氏衛娘生嘉慶庚午年　月　日　時卒光緒丁丑年
八月廿六日辰時塟本鄉大埔

坐南向北
子二　長翁　次廣
先注公　孫樂公次子
珠璣公　以巖公長子
娶王氏生卒年月
子二　長萬錦　次萬選俱在臺
文芳公　以巖公次子
先聰公　孫檀公長子
先智公　孫檀公次子
班周公　孫檀公三子
瑶琨公　孫揖公長子

瑤珪公　孫揖公三子
瑤璋公　孫揖公四子
梧賽公　孫揖公五子
先瑞公字世猷　孫秋公之子
以上諸人係是移居在臺故無生卒年月婚娶與有子無子
予謹誌之俟後查記
先鵬公字世飛　正華公長子生卒年月日俟查塋在台番仔
厝後
娶宋氏厚娘生乾隆甲辰年十一月十一日巳時卒咸豐壬
子年七月初二日戌時塋本鄉内畲
子二　長客　次永和出繼

先鶴公字世算　正華公次子往臺生乾隆巳亥年正月廿六
日寅時卒年月葬在台
娶高氏專娘生乾隆丙午年八月十一日　時卒道光　年
三月初十日卯時葬在台瓦窰後
繼娶王氏雙娘生乾隆戊申年二月十八日　時卒葬在台
子四　長三鳳　次振發　三永和承繼　四玉河

先鵰公字世鵰　正華公三子生年月失卒道光丙戌年七月
十三日　時葬在臺大坵田
娶謝氏震娘生年月失卒咸豐乙卯年二月廿四日午時葬
在台
子一　八升

先鸖公字世爵　正華公四子生卒年月俱失塟本鄉苦竹仔

先鳩公字世集視遠公承繼子生乾隆　午年正月初七日夘時

卒道光　年六月初一日　時塟宮嶺

娶徐氏越娘號惠和生卒年月塟本鄉倓查

子三　長格　次樹　三櫨出繼

先贊公字世緒　視遠公次子生年月失卒嘉慶　年六月廿

五日午時塟本鄉

子一　懋檅承繼

先慶公字世賀　孫安公長子往臺生卒年月塟在台

娶洪氏金娘生年月失卒咸豐辛亥年十月初六日寅時

塟本鄉公仔寮

子二　長仲奚　次仲忽

先鏡公字世煦　孫安公次子生卒年月塟候査

娶王氏眉娘改節

先興公字世旺　孫安公三子生卒年月塟俟査

先壬公字世孔　孫安公四子生卒年月塟俟査

先五公字世子　孫安公五子生卒年月塟俟査

先蘭公字世馨　孫安公六子往台生卒年月塟俟査

附貢生諱正春名先椿字世萱　朝顯公長子賦性温醇幼則勵志攻苦壯則渡東石耕忽而游嘉庠勤儉成家就月港布街經建厦屋獻已地而建月港文祠培植英才晚景加捐貢生人咸稱其樂善生乾隆　年閏五月初一日　時卒咸豐

巳未年八月初三日　時享年七十有歲葬在臺

娶葉氏勉娘號貞順生乾隆庚戌年十　月十七日辰時卒

嘉慶丁卯年七月廿五日午時葬本鄉土名看天按　在臺

繼娶趙氏琴娘號慈惠生乾隆癸丑年正月十八日子時卒

咸豐壬子年三月廿四日酉時葬在台土名菜公堂

側室曾氏生卒年月葬俟查

子五　長獅碭　次金聲　三清泉趙氏出　四清廉曾氏出

五清捋承繼

先裁公字世取號章縱　朝顯公次子生乾隆壬子年七月十

四日戌時卒道光戊寅年二月二十日申時與媽陳氏仝附

葬本鄉土名紅嶺

娶謝氏意娘往台生卒年月葬在台
子一　長捋𠮟
先欽公　朝顯公三子生乾隆乙夘年六月廿九日酉時卒道
光庚子年九月十三日夘時葬在臺
子一　祖喜
先點公　朝顯公四子生嘉慶庚午年　月　日　時卒道光
丙午年八月十二日夘時葬在臺　子在臺
先録公字世約　孫中公長子生卒年月絕在台
先鑽公字世堅　孫中公次子生卒年月葬在臺
先赤公字世白　孫中公三子生卒年月葬在台
先揖公字世讓　孫琛公長子生乾隆癸丑年十二月十六日

辰時卒道光甲辰年七月初九日未時塟本鄉土名
娶孫氏溪娘生嘉慶丙辰年四月廿七日辰時卒同治壬申
年二月廿一日丑時塟本鄉紅嶺
子二　長珠　次篇

先篆公　孫恭公次子生卒年月塟俟查
先芬公字世披　孫培公長子在臺生卒年月塟俟查
先讓公字世吉　孫培公次子在臺生卒年月塟俟查
先　公　孫培公三子在臺生卒年月塟坳俟查
先抱公　孫培公四子在臺生卒年月塟俱俟查
先　公　孫培公五子在臺生年月卒塟俱俟查
先來公字世遠號純賓　孫綠公長子生乾隆丙午年三月十

四日寅時卒道光庚子年二月廿九日巳時塟地俟查
娶洪氏救娘生卒年月塟俟查
子二　長桄　次汙

先德公　孫綠公次子生卒年月塟俟查
娶林氏蕉娘生卒年月塟俟查
子一　八獅

先禽公號純達　孫線公三子生乾隆戊午年八月十三日子
時卒道光丙午年十二月廿二日甲時塟本鄉
娶徐氏彩娘號慈順生嘉慶丙戌年十二月廿四日　時卒
道光巳酉年五月廿六日午時塟本鄉
子二　長藝　次燒出繼

先協公字世力　孫線公四子生卒年月葬俟查
先約公字世處號純要　孫振公長子生嘉慶丁巳年二月初
十日寅時卒道光丁未年九月廿八日申時葬本鄉茶埔鵠
坐北向南
娶周氏宰娘生卒年月俟查厝棺葬本鄉蔡厝埔坐乾向巽
兼戌辰
子一　八犁
先河公字世漢號純溪　孫振公次子生嘉慶辛酉年七月十
九日戌時卒道光巳酉年九月三十日巳時厝棺葬正　順宮
土名水堀坑
妣劉氏寺娘生卒年月寄葬土名內畬

子五　長虎　次魚　三育　四譜　五日

先看公字　號純賢　孫振公三子生嘉慶癸酉年六月廿七日午時卒咸豐甲寅年十一月廿五日巳時厝本鄉石碑仔崙坐辛乙兼辰戌

妣陳氏好娘生道光壬午年正月十五日　時生卒年月塟俟查

子二　長侯　次富

先囊公號玉軒　孫百公長子徙番生卒年月塟無考

娶洪氏于娘生嘉慶癸酉年七月廿五日辰時卒咸豐辛亥年八月初八日亥時塟俟查

子一　人是

先做公號純春　孫百公次子生嘉慶己巳年十二月廿四日子時卒道光丁未年十月初三日卯時厝棺葬本鄉土地宮坐北向南

承繼子　長額　次燒

先瓊公字世琚號純信　孫百公三子生嘉慶丙子年六月廿五日戌時卒咸豐庚申年十一月十五日申時厝棺葬本里大胡

娶張氏愿氏生道光辛巳年四月十五日吉時生卒年月葬俟查

子二　長戞承繼　次纓

先伍公字世胥　孫百公四子生卒年月失卒咸豐辛亥年月

日時壅公仔寮
娶洪氏灰娘殁節
子一　八農
先秩公　孫百公五子往台歿生卒年月葬在台無考
娶鄭氏單娘生道光乙酉年三月十八日酉時卒咸豐戊午
年正月二十日子時兆棺葬本鄉内畬坐辛向乙兼戌辰
子五　長嵩　次崎　三纓出繼　四螺　五淑

十七世後坤房[illegible]房派

先　公號成男公　子生乾隆巳丑年十月初二日巳時卒
年　月　時葬俱俟查
先嬌公　嬌慶公長子生乾隆庚寅年五月初十日戌時卒年

月　日　時塟俱俟查

先登豫公　媽慶公次子生乾隆年月失卒年月及塟地俟查

先晏公　媽瑞公長子生乾隆丁酉年十一月十八日　時卒年月塟地俟查

先英公　媽瑞公次子生乾隆壬寅年正月十五日寅時卒年月塟地俟查

得璽公　孫基公長子生乾隆甲午年二月初六日戌時卒年月塟地俟查

作哲公　孫約公長子生乾隆丁夘年八月廿五日未時卒年明塟地俟查

作乂公　孫約公次子生嘉慶癸亥年九月初三日寅時卒年

月塟地俟查

邑庠生諱其華名祀官字世美號莪洲　魯齋公長子生乾隆辛丑年十二月初九日酉時卒嘉慶甲戌年正月初十日時死棺與母洪氏仝塟仁段山金扇眼

娶　氏生卒年月塟俱俟查

子一　文鑠

延齡公字世崙　魯齋公次子生乾隆丙午年九月初二日巳

卒年月失

娶謝氏　生嘉慶辛酉年十月初七日酉時卒道光癸卯年三月廿九日未時塟俟查

子一　文鉼

邑庠生諱中華字世推名敲宫號江洲　曾　公三子生嘉慶
丁巳年閏六月初二日亥時卒道光庚寅年八月初五日時
妣孺人謝氏　生嘉慶乙丑年二月十六日　時卒道光
戊戌年二月廿五日亥時塟本里仁段山穴坐　向　兼

拔洲黄老師伯諱其華字世美暨
江洲黄老夫子生受業師也諱中華號江洲超群拔萃玉笋班聯
才傾八斗學富五車聲華則超越一時制藝則光芒萬丈應
郡邑試冠軍拔茅以難勝屈師伯及師皆英年高采芹香師
祖深爲物色幸有此子其所以跨壯門閭而大振家聲者也
胡天大其才小其用厚其德促其年師伯及師皆而立稍進
書香惜難繼超此亦勢之無可如何者也天必祐之子孫以

丕振於靡涯也豈不懿哉

歲進士例授修職郎候選儒學正堂門人花永春頓首拜撰

子一　文鍜

福善公　廷塭公長子生乾隆丙午年四月初七日　時卒年

月塟俟查

挺生公　廷璵公嗣子生乾隆癸丑年正月初四日　時卒年

月塟俟查

四晧公　孫範公長子生乾隆庚戌年六月廿三日寅時卒年

月塟俟查

國學生勅封武畧騎尉晉　封武德騎尉大名際盛字世忠乳名士

跨號敵卿　孫閣公長子生嘉慶庚申年八月初四日辰

時卒同治丁卯年八月十四日丑時塟在厦嘉禾里廿一都
福相保洪山柄土名崎罵尾穴坐坤向艮兼未丑
妣誥封宜人楊氏名勤謚温柔生嘉慶癸亥年十一月廿七
日辰時卒咸豐丁巳年四月廿八日酉時與叙卿公仝塟
側室翁氏諱水娘生嘉慶甲子年八月廿六日丑時卒道光
乙未年七月初十日未時葬在厦同安内花園内
側室王氏名來娘生道光壬午年十月十五日午時
子三　長趙群（楊氏出）　次趙河（翁氏出）　三趙英（王氏出）
先士譙字世畬號光讓　孫閣公次子生嘉慶甲子年三月廿
四日丑時卒道光癸卯年七月十四日巳時塟在厦仙洞醉
仙巖邊穴坐甲向庚兼卯酉

娶楊氏名銀娘號恭勤生嘉慶壬申年九月廿五日酉時卒
光緒丙子年正月廿六日子時與光讓公　塟
　子二　長趙傳　次趙榮
公　孫閣公三子生嘉慶癸酉年三月廿六日酉時卒光
緒壬午年九月十八日申時塟在厦獅山土名路內穴坐癸
向丁兼未丑
軍功六品銜勅授武畧騎尉大名際美字世芳乳名士興號裕卿
妣安八陳氏名好娘號靜淑生嘉慶癸酉年七月廿二日巳
時卒光緒丙子年八月初四日巳時塟在厦李仔山下一脚
靴頂穴坐夘向酉兼甲庚
　子二　長趙明殤　次趙然

先獺公　孫瑼公長子生嘉慶庚申年　月　日　時失卒年
月塟俟查
先裕公　孫瑼公次子生嘉慶癸亥年　月　日　時失卒年
月塟俟查
先寬公　福添公子生嘉慶辛酉年　月　日　時失生卒年
月塟俟查
先復公　孫廷公子生嘉慶甲子年九月廿九日　時生卒年
月塟俟查
祖德字　廷苑公長子生道光癸未年十二月廿二日巳時
娶殷氏諱銀娘生道光壬午年九月十三日巳時卒同治巳
巳年二月十九日戌時塟本里仁段山坐　向　兼

嗣子 八緯

先長公　聯琴公子生道光辛巳年九月初五巳時卒　年
月葬俟查
妣葉氏吥娘生道光壬辰年五月初一日午時卒　年　月
日　時葬俟查
子一　可英

先答字　號　廷伉公子生

先長山公　廷慈公長子生嘉慶丁卯年八月初二日子時卒
年月葬俟查

先罷公　廷慈公次子生嘉慶丙子年十月廿九日戌時卒年
月葬俟查

沙浹公　廷盍公長子生嘉慶己巳年十二月十一日　時卒年月失

娶陳氏諱汀娘生嘉慶甲戌年十二月十七日酉時卒　年月葬俱俟查

金雕公　廷悅公子生嘉慶甲戌年八月初二日夘時卒年月葬地俟查

高攀公字世躋　雲開公長子生乾隆壬子年八月十四日申時卒年月失

娶翁内洪氏諱僩娘生嘉慶己未年八月廿五日午時卒年月失葬俟查

子三　長振欽　次振經　三振益

高曉公　雲開公三子生嘉慶丁夘年二月廿二日午時卒年月失
娶后垵謝氏好娘號儉慎生嘉慶庚午年七月初二日　時卒道光戊申年六月廿三日寅時公媽塟倂查
子一　十夜
高出公號克纇　佛迭公承繼子生嘉慶壬戌年正月初一日辰時卒道光辛巳年三月廿五日午時往吉連冊殁
處士名九迪字世䌤號克明　樹珍公長子生乾隆甲寅年十二月十五日酉時卒道光丙申年十二月十八日未時塟在本里叅洋土名後壠穴坐庚向甲兼酉夘
娶後垵石氏諱桃娘號節儉生嘉慶戊午年正月廿六日辰

時卒同治癸酉年八月二十日卯時

子五　長統　次觀　三就　四坑　五洗

光固公字世執　樹珍公次子生嘉慶丙寅年十月初五日未

時卒咸豐癸酉年六月廿四日亥時往臺殁娶大嶺後庵前

李氏諱便娘生嘉慶丙寅年五月十八日寅時卒道光壬辰

年十一月初二日未時

繼娶孺人增口坂傅氏諱拈娘生嘉慶甲子年正月初九日

辰時

子一　敦化

高會公字世交號克和　垂佩公長子生嘉慶丙辰年十二月

初九日寅時卒道光丙午年八月初六日亥時

娶后垵謝氏諱謙娘號儉約生嘉慶辛酉年五月十一日巳
時卒道光乙巳年十一月三十日巳時公媽厝棺瘞俟查
子三 長鴻猷 次鴻臚 三鴻謀
高尚公字世志號克仁 垂佩公次子生嘉慶癸亥年四月初
四日夘時卒咸豐 巳年十月廿五日 時往臺而別世
娶虞都陳氏諱蹶娘號儉美生嘉慶壬戌年十月初九日亥
時卒道光甲辰年正月三十日寅時瘞俟查
子二 長鴻道 次鴻穎
高舉公字世賢號克才 垂佩公三子生嘉慶丙寅年五月初
八日子時卒道光丁未年正月初二日酉時厝棺瘞俟查
娶南山頭蔡氏名僯娘號儉近生嘉慶癸亥年五月廿一日

未時卒道光丁未年四月十七日申時瓦棺塟
子二　長鴻治　次鴻信
高平公字世正號克準　垂佩公四子生嘉慶癸酉年四月初六日寅時卒同治癸亥年二月十八日午時瓦棺塟
娶鵬雛王氏名好娘號儉德生嘉慶己卯年閏四月初十日申時卒同治辛未年正月廿五日午時瓦棺塟
子三　長建　次熾　三乎
高澤公字世潤號克施　垂佩公五子生嘉慶乙亥年十一月廿一日寅時卒同治丙寅年八月十二日辰時
娶東洋陳氏孺人名郄娘生道光壬午年六月初四日卯時卒光緒甲申年十一月初一日戌時塟本里牛崗樻邊

子三　長清　次波　三汀州

高翔公號克瑞　垂佩公六子生嘉慶戊寅年十二月十五日

丑時卒同治壬戌年七月廿八日未時瓦棺葬

娶后垵謝氏諱鼎娘生嘉慶己酉年五月廿二日辰時

承繼子　鴻鐳

燊連公字世茹號克招　樹助公承繼子生嘉慶戊辰年九月

初六日子時卒咸豐辛亥年十月十六日辰時瓦棺葬

娶後垵謝氏衛娘生嘉慶乙亥年七月十八日申時卒道光

丁未年三月初五日巳時瓦棺葬

承繼子　文章

欽加同知銜諱梓春字世敬號克恭　樹勛公次子生嘉慶丁

丑年四月初七日未時卒光緒癸未年二月十六日戌時窆
塟南垵南邊山
娶勤內諱嘆娘號儉正生道光辛卯年正月初九日辰時卒
同治癸酉年閏六月廿六未時尾　塟本鄉湖厝山坐寅申
子二　長文章出繼　次文堇

旋禮公號克智　樹蟾公長子生乾隆甲寅年十一月初四日
辰時卒道光庚戌年八月廿一日巳時尾棺塟
娶當埔鄧氏名岜娘生嘉慶乙丑年十二月廿四日巳時卒
咸豐戊午年十二月廿一日戌時尾棺塟
子三　長士晏　次士分　三振經

旋規公號克周　樹蟾公次子生嘉慶辛酉年十一月廿七日

亥時卒咸豐辛亥年十二月初十日午時瓦棺塟
娶吳氏　改節
子二　長挨　次台

高節公號克類　樹社公長子生嘉慶戊午年七月初一日
時卒道光辛巳年三月廿五日午時瓦棺塟

菹梅公　樹社公次子生嘉慶壬戌年十一月初五日巳時卒
年　月塟候查

冬卜公　樹社公三子生嘉慶丙寅年八月初七日酉時卒年
月失塟俟查

先貨公　樹社公四子生嘉慶壬申年九月十二日酉時卒年
月失塟查俟

宗紹公字世復號克烈　孫美公長子生嘉慶壬申年二月十六
日巳時卒道光乙巳年九月初八日未時
娶東洋陳氏名縣娘夫君早逝苦節自守勤女紅簿自甘無
愧其婦道也生嘉慶甲戌年三月廿六日　時卒光緒戊寅
年五月廿三日卯時
子二　長赤　次癸

宗纆公字世絲　孫美公次子生道光壬午年十二月初二日
丑時卒豐咸甲寅年八月初九日　時
娶洪氏名根娘旼節
子一　池蛙

宗帆公字世湘號克揚　孫美公三子生道光丙申年二月初

二日未時卒同治庚午年十一月廿六日寅時
娶彭內陳氏名不娘少時失偶端莊靜一孝嫜姑撫幼子孀
守苦節令人欽尊也生道光庚子年十月初七日戌時公尾
棺塟本里土名湖厝後溝穴內坐甲向寅兼夘酉外坐甲庚
寅申
子二　長降　次聚
宗栢公字世芫　孫美公四子生道光辛丑年六月初一日午
時卒　年　月塟倹查殤
宗綬公字世印號克祿　垂澤公長子生嘉慶丙子年九月初
二日子時卒道光丙申年四月十四日戌時
娶曾氏名約娘攺節公尾棺塟木里後磔巳山橫路上穴

坐　向　兼

子一　八孟

處士名宗楮字世儀又字先達號克懷　垂澤公次子爲八慷

慨考順報本勤苦攻書府縣試屢扳前茅雖未見售其志而

公益加自勵宗族社友咸稱其能文焉生道光癸未年九月

十五日巳時卒光緒丙子年十一月十八日巳時塟　鄉穴

號　坐　向　兼

娶虞埔陳氏名京娘號存慧生道光乙酉年六月初十日戌

時卒咸豐癸丑年十月十三日巳時塟湖厝巳山穴號窩中

墜乳坐艮向坤兼丑未

繼娶東洋陳氏名朱娘號存慎生道光丙戌年九月十三日

午時卒咸豐庚申年九月十七日子時葬　穴號
坐　向　兼
又繼娶勤內陳氏名粉娘號存謹生道光乙未年正月廿八
日戌時
子八　長振基京娘養　次振簡朱娘生
三振彪粉娘生
獨殤　鮑殤　生殤　甯殤　春殤
宗護公號克福　承業公長子生嘉慶戊辰年九月二十日子
時卒道光辛丑年十一月十三日未時厝棺葬本里巳山
宗培公　承業公次子生嘉慶辛未年十月十六戌時卒年月
失往西縣殁葬西縣

宗植公號克棋　承業公三子生嘉慶甲戌年二月廿二日邲
時卒同治戊辰年四月十三日亥時尾棺壟
娶胡氏院娘生　年　月　日　時卒　年　月
日　時
子一　贊緒
宗裔公　承業公四子生嘉慶庚辰年十二月廿七日戌時往
台歿塟在台
宗巧字　垂立公長子生嘉慶丙子年五月十五日亥時
娶朕氏格娘生道光辛巳年十一月十四日辰時卒同治甲
子年八月二十日　時媽瓦棺壟本里土名後際頭
子三　長衍泒　次草管　三麵糠

宗圖公號洛　垂立公次子生嘉慶戊寅年十二月初十日酉時卒同治丙寅年八月廿九日寅時往西縣歿墓葬在此

娶李氏香娘生道光戊子年九月廿八日　時

子一　翹企

加和公　温厚公長子生嘉慶戊辰年閏五月廿五日申時卒同治丙寅年九月初八日寅時尾梢葬

娶陳氏名推娘生嘉慶丁丑年十二月二十日寅時

子二　長八颺　次八闖

五部字　温厚公次子生嘉慶甲戌年正月廿六日亥時

抱養子　長八摑　次八耙　三八木

加閃公

廷囊公承繼子生嘉慶辛未年正月二十日辰時卒

年　月　日　時葬地俟查
娶洪氏諱錢娘生嘉慶庚辰年九月初四日辰時卒同治庚
午年閏十月初八日戌時往西縣殁墓葬在此
抱養子　八法

後房十七世福水派先字匀

先德公　孫栢公長子生卒年月葬地候查
先資公　孫栢公次子生卒年月葬地俟查
先揗公　孫栢公三子生卒年月葬地俟查
先楓公　孫栢公四子生卒年月葬地俟查
先札公　宗元公子生乾隆辛丑年十月初二日巳時葬候查
先在公　公子生卒年月葬地俱俟後查詳

先能公　生卒年月葬候查

先對公　世倖公長子往台生卒年月葬地候查

先雙公　世倖公次子往台生卒年月葬地候查

先燈公　世倖公三子生年月失卒咸豐　年　月葬礱頭穴

坐北向南

娶劉坂李氏棗娘歿節

子一　榮瑞

先福公　世倖公四子生卒年月葬地候查

先于公　世守公子生卒年月葬地候查

先長公　世悌公子生卒年月葬地候查

媽暢公　世闕公子生卒年月葬地候查

必興公　世八公長子生卒年月葬地俟查
名世公　世八公次子卒生年月葬地候查
咸甯公　世班公子生乾隆癸巳年十月初七日辰時卒年月
葬俟查
以上諸人係長房皆往臺居住時在厝無人可查詢舊譜僅
有其名其中有娶無娶有子無子無考也
先老公字世幼　月興公長子往臺生卒年月葬在臺
娶　氏及子在臺
先漢公字世河　月興公次子往臺生卒年月葬地
及娶　氏在臺候查
先拱公字世正號怡把　月映公長子爲人倹樸身居耕野而

足不履公庭督兒孫必耕必讀隣有事維解維勸人咸稱古
風創建景福厝宅一座生乾隆丙午年五月十四日辰時卒
咸豐甲寅年四月初三日午時葬本里巖嶺脚土名苟美穴
坐坤向艮兼未丑
娶祥雲渡蕭氏名茹娘號淑勤賦性柔惠事舅姑而惟順遇
貧人不吝饘糜生嘉慶戊午年二月初十日未時卒同治壬
戌年十月廿七日未時公享年六十有九媽享年六十有五
葬本里內腰壠邊園山穴坐申向寅兼庚甲形號美女縛足
子六　長謨　次類　三栽出繼　四浩　五益　六泉兩承

先守公字世城

月映公次子生乾隆戊申年五月初五日寅
時卒道光癸卯年九月十六日辰時

娶洪氏員娘生嘉慶庚辰年十一月初十日未時卒道光甲
午年二月十七日午時公媽塟地在臺
子一　永和在臺
先冬公字世吟號怡肅　月耿公三子生嘉慶癸亥年八月廿
五日午時卒道光甲辰年十月廿一日未時瓦棺塟眞武踏
龜蛇尾與媽楊氏相背坐丙向壬兼
娶后埈謝氏東娘夫殁家無立錐二子幼小仗伯世正看顧
孀守二子長成生嘉慶辛未年十一月廿八日巳時
子二　長楯出繼　次杏
先西公字世南　垂成公承繼子生卒年月
及娶　氏生卒年月塟地臺候查

先顏公字世悅號貽色　垂成公承繼子生乾隆庚戌年十二
月初六日亥時卒道光辛卯年十一月二十日酉時瓦棺附
葬本里冬坑圳下垂成公壙右父子同穴
承繼子　長裁　次楯

克連公號世開　月理公長子酷嗜書香延師課督生嘉慶乙
丑年十一月初五日亥時卒光緒丁丑年十月廿五日未時
享年七十有二
娶陳氏懷娘生嘉慶己巳年十一月十八日丑時卒咸豐甲
寅年八月十三日辰時公扦與媽仝葬占石山兆埔畬坐坤
向艮兼未丑
繼娶陳氏才娘生嘉慶己巳年七月初四日卯時

子五　長芬　次甚　三囬抱養　四強　五百抱養

先嵒字世綿　月理公次子生嘉慶戊寅年十月初二日
丑時
娶王氏樞娘生嘉慶庚辰年九月初六日夘時卒道光辛丑
年四月初四日未時瓦棺葬本里冬坑穴坐辛向乙
繼娶陳氏雙娘生道光乙酉年五月十二日午時
子五　長皆　次衛　三浪　四浸　五辛酉

先端公字世風號怡裳　志正公長子生乾隆乙夘年二月初
四日戌時卒咸豐庚申年五月十三日辰時
娶李氏兑娘生乾隆乙夘年九月廿三日酉時卒道光壬辰
年五月十六日巳時瓦棺葬本里土名

繼娶謝氏名鑾娘生嘉慶壬戌年十一月廿三日亥時卒同
治丙寅年四月廿五日申時公與媽謝氏瓦棺合塟本里
子三　長戍　次企殤　三創謝氏出
先作公字世述號怡朱　志正公次子生嘉慶壬戌年十二月
十五日子時卒道光壬辰年五月初四日寅時瓦棺塟本里
承繼子一　水橋殤
先夘公字世酉號怡星　志正公三子生嘉慶丙子年六月十
五日夘時卒同治戊辰年七月十九日巳時瓦棺塟本里石
碣林社庭大坵田後坐北向南
娶邑內林氏富娘生嘉慶庚辰年十二月廿五日午時
子三　長品　次裕　三陳

先素公字世直號怡結　秉毅公子生嘉慶癸亥年六月初四
日亥時卒道光丙戌年十二月十三日寅時葬地候查
先斗公　世鑑公子往臺生卒年月
及娶　氏生卒年月在臺
子一　以　在臺
先口公字世維號怡誦　月德公子生乾隆甲寅年七月廿一
日亥時卒道光癸亥年三月廿一日申時尾棺葬埔萬灣坐
北向南
娶邑內鄭氏　娘生乾隆甲寅年七月十二日丑時卒嘉慶
己巳年正月十五日戌時附葬上墩崎惠慈李氏壙右
繼娶王氏名通娘生乾隆丁丑年八月初十日寅時卒咸豐

戊午年五月廿五日申時瓦棺塟上墩崎畲中公尾棺塟參
林埔臺灣坐北向南
子三　長倫殤　次尋　三目
先近公字世前號怡向　月德公次子生卒年月失
繼娶王　娘改節瓦棺塟磜仔崎仔壠頭坐東向西
子一　入老
先民公字世里號怡厥　月德公四子生嘉慶戊辰年五月十
四日卯時卒同治甲子年八月二十日申時歿在飛鑾塟地
無考
娶脫氏台娘生卒年月塟地失
娶邑内劉氏郝娘往臺歿生卒年月塟俟查

先欽公字世省號怡生　月德公五子生卒年月失厝棺葬本
里磜仔崗山頭坐北向南
娶劉氏　娘毀節　子一　八先
先遠公字世明號怡和　孫試公承繼子生嘉慶乙丑年九月
六初日戌時卒道光丙午年七月廿五日卯時厝棺葬石碣
林盤蛇坐巳向亥兼巽乾
娶趙氏　娘毀節
子一　八成殤
先敬公字世賢號怡誠　五郎公承繼子生嘉慶丙子年十二
月初九日戌時卒咸豐丁巳年閏五月廿九日巳時瓦棺葬
磜仔山土名山仔泡坐北向南

子三　長林殤　次郡出繼　三別
先捧公字世手號怡覞　月盈公次子生道光庚寅年三月十
一日寅時卒光緒庚辰年二月廿七日辰時在厦歿葬在厦
雲礽公號裕後　以然公長子生卒年月塟俟査
娶李氏　娘生乾隆庚辰年十一月初七日丑時卒道光丁
酉年正月初十日酉時公媽葬地候査
子二　長修纂　次育雛
明辨公　孫深公子生卒年月塟地候査
尚鈞公　泓齋公長子生卒年月塟俟査
娶　氏　娘生卒年月塟俟査
松齡公　泓齋公次子生卒年月

完

及娶　氏　娘生卒年月公媽塟地俟查

處士玉茵公字世鑑號璞園　勵齋公長子生乾隆丁亥年八月初九日丑時卒道光甲辰年三月十九日戌時塟本里石山垉埔穴坐坤向艮兼申寅

娶蕭氏月娘生乾隆辛夘年十一月廿六日午時卒道光庚戌年正月初六日未時兆棺塟参林土名卧犬坐東向西

子三　長硝　次巖　三六爔

玉搽公號賢貞　勵齋公次子生乾隆癸丑年三月初五日戌時卒年月失

娶陳氏　娘生卒年月及公媽塟地俟查

子五　長若　次循　三下論　四庫玩　五吻片

玉峯公號懷貞　勵齋公三子生乾隆巳丑年十月初五日未
時卒道光丙戌年四月十一日午時
娶陳氏招娘生乾隆辛卯年九月初七日卯時卒嘉慶辛未
年十一月初三日申時公媽塟地候查
鹿莘公　勵齋公四子生卒年月塟俟查
先驕公字世欽號擇賢　文明公長子生乾隆戊戌年二月廿
八日卯時卒乾隆乙卯年七月初五日辰時厝棺塟本里磜
仔內與祖妣仝穴
先向公字世度　文明公次子生乾隆壬寅年七月初二日酉
時卒嘉慶庚辰年七月初三日酉時塟俟查
先壇公　文明公三子往臺歿生卒年月塟在臺候查

娶李氏刋娘生卒年月失塟本里土名俟查

子二　長蜂旺　次貯是俱徃臺

先夯公　世應公子徃臺生　丑年卒咸豐巳未年十月初

五日亥時塟在臺

娶中標許氏炮娘亦在臺生卒年月塟候查

先種公字世子號㲉豐　文繍公長子生乾隆庚子年正月初

七日辰時卒咸豐癸丑年九月廿七日辰時

娶趙氏　娘生乾隆丙午年正月二十日寅時卒嘉慶癸酉

年三月三十日亥時公媽瓦棺塟本里土名

子一　愛玉承繼

樹德公字世春號㲉齊　文繍公次子生乾隆戊申年十月初

一日子時卒　年十月廿一日　時瓦棺塟本里土名
娶謝氏慶娘生嘉慶癸亥年八月十五日巳時往臺灣地
俟查
子一　八客
講德公字世習號穀美　文繡公　子生乾隆乙卯年五月十
一日寅時卒道光辛卯年四月十五日戌時瓦棺塟本里
娶鄧氏紹娘生乾隆戊午年四月廿五日辰時卒道光壬辰
年七月初八日　時瓦棺塟本里本山
子一　八買
月德公字世明號穀成　文繡公四子生嘉慶戊午年四月廿
三日辰時卒嘉慶　年正月廿六日亥時瓦棺塟本里土名

裕德公字世寬號穀和　文繡公五子生嘉慶甲子年四月廿
二日戌時卒同治壬申年十二月初十日子時厝棺塟本里
土名鳳髻田中坐　向
娶胡厝蘇氏鉗娘生嘉慶丁卯年七月初六日辰時卒道光
庚戌年七月十一日寅時瓦棺塟本里土名
子三　長砌　次齡　三鉠

先佳公號世美　榮鳳公長子生嘉慶丙辰年六月廿二日辰
時卒道光丙申年正月十七日申時瓦棺塟本里

先塔公號世顯　榮鳳公次子生嘉慶庚午年二月初七日寅
時卒道光壬辰年四月初四日辰時瓦棺塟本里

先信公號世忠　榮鳳公三子生嘉慶丁丑年八月廿一日寅

先洋公　世治公子生卒年月塟地候查

先瑞公字世祥號先盈　和興公長子生乾隆丙子年十二月廿四日寅時卒道光乙巳年四月十九日午時瓦棺塟本里祖山磜仔鳳胡烏石崙坐東向西

娶后垵詹氏名友娘生乾隆庚寅年九月初十日辰時卒嘉慶甲戌年十二月廿三日申時瓦棺塟磜仔坐壬向丙兼子午

子二　長習　次哖

先岱公字世岳號先海　和興公次子生乾隆甲午年四月廿二日卯時卒年月日失往臺歿塟在臺

先尚公字世志　和原公長子往臺生卒年月塟地候查

先邑公字世室　和原公次子在臺生卒年月葬地俟查
先勗公字世尾　和原公三子在臺生卒年月葬地俟查
先攢公字世緒　和原公四子在臺生卒年月葬地俟查
送公字世神　和原公五子在臺生卒年月葬地俟查
先仁公字世心號先裕　端成公長子生乾隆庚戌年九月初
一日午時卒道光乙巳年二月初五日戌時尾棺葬本里磜
仔鏡面內崙坐東向西
娶員潭蔡氏質娘生嘉慶丁邜年三月初八日午時卒道光
丙午年十二月廿三日申時尾棺葬本里梨坂尾水碉地穴
坐壬丙向亥巳
子三　長點　次叟出繼　三送

先濺公字世貴號先足　端成公次子往番生卒年月塟在番

俟查

先璘公字世麒　廷繁公長子生乾隆巳亥年六月十五日寅時卒道光甲申年十月二十日辰時瓦棺塟本里土名

娶石氏姜娘生嘉慶戊午年七月二十日辰時卒道光丙戌年十月廿三日巳時瓦棺塟本里土名

子二　長笋　次屯

先黍公字世然　廷繁公次子生乾隆甲辰年四月初九日酉時卒道光丁亥年六月初七日子時瓦棺塟本里土名

先銃公字世名　廷繁公三子生乾隆庚子年六月十三日申時卒嘉慶庚午年十月廿九日未時

娶張氏謹娘生乾隆癸卯年四月初八日午時卒嘉慶癸亥年九月初九日未時公媽厇棺塟地侯查

先捌公字世元號永壽　廷甲公次子生乾隆丁未年十月初一日午時卒咸豐庚申年三月廿一日子時

娶張氏　娘號儉懿生乾隆辛亥年八月初四日辰時卒咸豐庚申年七月廿八日未時公媽瓦棺塟本里

子一　八甫

先百公字世千　廷甲公三子生嘉慶丙辰年六月十九日巳時卒道光戊戌年十月廿九日寅時瓦棺塟本里土名

先禱公字世祈號敬爾　耑闓公長子生嘉慶丙辰年十二月廿七日酉時卒同治丁卯年五月廿八日亥時

娶員潭謝氏京娘號恬熈生嘉慶庚申年十月初九日酉時
卒同治巳巳年十月初三日亥時公媽瓦棺合葬本里真武
踏龜外崙土名加鹿仔坐辛向乙兼戌辰
子三　長磘　次怡　三宏
先度公字世法號敬和　耑闆公次子生嘉慶壬申年十一月
初九日午時卒同治巳巳年十月十六日巳時瓦棺葬本里
參林土名脚頭紆崙穴坐　向
娶塘蘇王氏員娘生嘉慶甲戌年正月廿五夘日時
子七　長哂　次藿　三蒙　四村　五跳　六鎮
七六
先疊公字世重　耑闆公三子生嘉慶乙亥年九月二十日

未時

娶南垵路坛周氏　娠生嘉慶甲戌年二月十四日午時

子二　長嗣　次保

先文公字世都號世理　貞表公承繼子生嘉慶庚申年九月

二十日　時卒年月塟在臺

娶謝氏惜娘生嘉慶甲子年七月十一日未時卒道光庚午

年十一月初三日未時瓦棺塟祖山牛脰頭内崩山坐西

向東

子一　入榜

先周公號世旋　動而公承繼子生嘉慶乙丑年三月廿一日

午時卒同治壬戌年五月二十日戌時瓦棺塟水里祖山土

名盤蛇肚坐南向北
娶殷氏桃娘生嘉慶戊寅年十月三十日未時
子三　長居　次珠　三桂
先姜公字世平號漣順　正明公長子生嘉慶己未年十月廿
七日巳時卒咸豐壬子年四月廿五日戌時瓦棺塟本里祖
山土名
子一　八叟承繼
先圭公字世鑽號敬鐘　正取公承繼子生嘉慶壬申年十一
月初二日未時卒光緒戊寅年三月十六日寅時瓦棺塟本
里盤蛇坐辛向乙
娶邑內林氏旦娘生嘉慶壬午年十月初五日亥時

子二　長助　次煆

十七世鎮撫長房長風撫公派先字行

先持公字君志號國載　侯佐公長子生雍正巳酉年四月廿
九日未時卒嘉慶丙辰年二月十五日寅時享年六十有八
柩塟本里流磜口後山頭崙荒田壠頭中崙坐壬向丙兼
子午
妣葉氏寔娘號恬順生雍正甲寅年十二月十四日辰時卒
嘉慶辛未年七月十一日未時享年七十有八尾棺塟本里
鎮撫內賓崙坐壬向丙兼子午
男二　長人福　次人座

先輝公字君聯號照耀　侯佐公次子生雍正乙卯年六月十

七日亥時卒乾隆辛亥年十月三十日申時享年五十有七
瓦棺瘞本里流磜口後山頭崙格坵坐巽向乾兼辰戌
妣許氏勸娘生乾隆巳未年三月十六日卯時卒乾隆丙子
年九月初八日辰時瓦棺瘞本里鎮撫山猪湖穴號釣壁灯
火坐未向丑兼丁癸
繼娶許氏丕娘生乾隆甲子年十月廿一日申時卒乾隆庚
戌年九月初六日戌時瘞本里烏材林宮仔口橡樹崙坐庚
向甲兼酉卯
男四　長盼　次穀　三五振　四八賀（嗣後如出）
先誇公字君興號功矜　淳仁公長子生乾隆丁巳年十月十
七日子時卒嘉慶乙丑年正月初一日酉時享年六十有九

塟本里鵬雛口大墩中崙坐乾向巽兼亥巳

娶劉氏惜娘號慈愛生乾隆庚申年十二月初八日酉時卒嘉慶甲子年七月初二日寅時享年六十有五塟本里流磔口坪頂穴號西方金坐申向寅兼坤艮

男七　長人顏　次人草　三人坐　四人忖　五人學

六寶龍　七寶贊　六雲龍　七寶賢

先郚公字君城號東明　淳仁公次子生乾隆辛酉年四月初一日戌時卒嘉慶壬戌年二月廿七日申時享年六十有二

塟本山鵬雛宮崎頭田中向丙坐壬兼午子

娶葉氏抱娘號勤懷生乾隆甲子年正月廿一日辰時卒乾隆辛丑年十一月十二日酉時厝棺塟本里鎮撫流磔大坵

後中崙坐壬向丙兼亥巳
繼妣陳氏猴娘號勤義生乾隆丁卯年二月廿六日　時卒
嘉慶戊午年十月廿九日卯時享年五十有二尾棺葬本里
鎮撫寨爵堵大垃後壁上穴坐辛向乙兼戌辰
男三　長人茹（改功簪）　次人遺　三人沓（俱後妣出）
先講公字君求號冬秀　淳仁公三子生乾隆己巳年三月廿
七日寅時卒嘉慶丁丑年十一月廿一日未時享年六十有
九葬本里烏材林後尾者坐艮向坤兼寅申
娶葉氏丑娘號勤信生乾隆戊辰年七月三十日丑時卒道
光癸巳年九月十二日未時享年八十有六葬本里流磜口
後山頭五蚍垵格外坐癸向丁兼

二房參鎮羅黃氏族譜　卷之四　七

長房長三

長房長四

男三　長八談　次八貞　三卦衆

先海公號冬溪　通豁公長子生乾隆戊辰年十月廿六日辰
時卒嘉慶戊寅年十月初六日巳時享年七十有一塟本里
鵬雛口中坂宮垅墓崙坐寅向申兼　無傳

先柿公　通豁公次子生乾隆辛巳年三月十五日酉時卒道
光　年十二月三十日　時往臺而卒塟在臺　無傳

先買公　通豁公三子生乾隆乙酉年十二月初三日丑時卒
道光戊戌年三月十一日申時享年七十有四瓦棺與姪孫
貽翁同塟本里鎮撫山猪湖嶺頭坐寅向申兼甲庚
養男一　三位

先蘊公字君輿號國涵　有方公長子生乾隆丁丑年八月十

二日子時卒道光甲申年九月十三日卯時享年六十有八
葬本里鎮撫山猪湖獅形脚穿坐卯向酉兼乙辛
娶王氏惜娘號愛範生乾隆戊子年三月初十日卯時卒道
光丁亥年八月十八日寅時享年六十葬本里鎮撫流磜大
坵外向入坐乙辛兼辰戌
男四　長人踾埋　次人葛　三人肯　四人丙
先邊公字君新號國新　有方公次子生乾隆壬午年二月二
十日亥時往臺卒葬在臺無可稽
妣晉江張氏險娘生乾隆壬辰年五月初七日未時卒乾隆
乙卯年七月十七日戌時厝棺寄本里鎮撫寨爵堵瓦窯內
男一　人省

先貌公號國禮　有方公三子生乾隆甲申年十一月十七日
戌時卒乾隆戊申年五月二十日未時瓦棺葬本里鎮撫頂
赤架巷頭坐乾向巽兼亥巳　無傳
長房長超榮公二穠齋公派
先艮公字君山　國令公長子生乾隆壬辰年九月十九日亥
時卒道光戊子年六月十六日午時葬本里鵬雛口蘭垵頭
坐　向　兼
娶王氏承娘號儉恭生乾隆壬子年四月廿九日寅時卒咸
豐甲寅年五月十九日丑時　與子往臺卒葬在臺
男二　長慈　次八望
先栢公號淑齋　國令公次子生乾隆乙巳年八月廿四日辰

外

時卒嘉慶己巳年七月廿七日未時塟本里鵬雛口蘭垵頭

坐　向　兼　　　　　　無傳

鍍元公　招彥公長子生乾隆壬寅年六月十九日巳時往臺

卒葬在臺

娶謝氏寄娘生卒年月日時俱失與公往臺卒塟在臺

男二　長八卯　次人然出繼

先正公　招彥公八子生乾隆丙午年八月廿二日巳時卒道

光　年　月　日　時塟本里鎮撫虎毋竂崙後坐

向　兼

男一　人然承繼

先岸公號淑放　光尺公嗣子生嘉慶壬申年十二月廿五日

申時卒道光戊戌年十一月初四日戌時塟本里流磜口松
栢崙田脚
嗣子　男一　八愀

長奮公字號失　光侯公嗣子生嘉慶戊午年十月十四日申
時往臺卒塟在臺
娶易氏粉娘生卒　年　月　日　時俱失亦往臺卒塟
在臺
男二　長吉宅　次八愀出繼

長房長起榮公三美齋公派

兆祥公字號失　修齋公長子生乾隆丁亥年十二月二十日
巳時卒道光丁亥年七月十八日巳時往台卒塟在台

重拱公號二郎　修齋公次子生乾隆庚子年六月十九日丑時卒嘉慶丙寅年三月十一日酉時墓與父修齋公同葬在臺灣南寮斗門頭山中崙坐庚向甲兼酉卯　無傳

國珍公字　號　修齋公三子生卒年月日時葬俟查

先蓉公字君賢號承實　正善公子生乾隆乙亥年八月初五日戌時卒道光戊戌年九月十八日申時葬本里參洋溫厝墘尾坐甲寅向庚申

娶洪氏諡娘號節儉生乾隆丁亥年九月二十日巳時卒嘉慶丙子年四月十九日巳時葬本里參內石董大崙頭內坐乙向辛兼　外坐辰向戌兼

男四　長春炎　次夏明　三秋月　四冬季

鎮長房二兩嶸公長在明公派

先香公號有飶　金錫公長子生乾隆壬戌年五月廿二日戌
時卒乾隆戊子年十月二十日丑時葬本里鎮撫山猪湖三
脚椅仔尖坐寅向申兼艮坤　無傳

先智公號義識　金錫公次子生乾隆丙寅年九月初十日午
時卒乾隆戊戌年七月初二日巳時葬本里流磜口後山頭
崙尾坐　向　無傳

處士先潛公字君龍號文照金錫公三子為人專心稽古尊祖敬
宗憶自大厝兜祖宇被前傷佔鄉皆袖手而公則據理心烈
遂慨然赴　邑呈控不思一身嘗辛苦惟恐祖業致戕傷出
險入艱與他控審者屢幸公八　等出為調處立約秉據

逢光緒乙酉年重修譜牒已載懋巖公名下無庸復贅鄉感
公情爰是僉議立公神主於祖宇與先代共受馨香可謂稍
報功勳於萬一　諸鄉老命姪國然則幼仝謹誌序
乾隆巳巳年十二月十一日午時卒乾隆戊申年五月十八
日未時葬本里鎮撫寮茶林內坐巽向乾兼
娶張氏泮娘號居懿生乾隆庚辰年八月廿九日午時卒乾
隆辛亥年二月初五日寅時葬本里鎮撫山坛燒酒桶下員
山仔田脚坐亥向巳兼乾巽
男一　入庠
先檜公號如松　金錫公四子生乾隆壬申年六月初二日子
時卒乾隆壬辰年六月初六日丑時往番邦卒　無傳

先禘公號灌猷　金錫公五子生乾隆戊寅年七月初一日亥
時卒乾隆丁酉年九月初六日辰時瘞本里鎮撫山坛潤山
頂坐夘向酉兼甲庚　無傳
槐檀公字君祐號堅白　金錫公六子生乾隆癸未年十月廿
四日酉時卒嘉慶壬申年四月初四日酉時葬本里鵬雛口
仙人騎鶴外崙田頂坐丁向癸兼未丑
娶鄧氏渭偉彭娘號順懿生乾隆戊子年十月廿五日申時卒
嘉慶丁丑年四月廿四日未時瘞本里鎮撫石龜嶺堵
内坐壬向丙兼亥巳
男五　長咸章殤　次人璵　三人崁　四端明
五人妊

先權公字號緼緯　嘉樂公長子生乾隆丙子年七月三十日
亥時卒乾隆癸邜年十一月十五日酉時塟本里鎮撫山猪
湖掘石畲坐　向　兼
嗣子一　紫荆
先文杏公字號一枝　嘉樂公次子生乾隆巳丑年六月廿九
日午時卒乾隆壬子年十月初二日未時塟本里羅鵰口中
坂斗仔内坐子向午兼癸丁
嗣子一　友于
先衢公字君亨號行大　嘉樂公三子生乾隆壬辰年十二月
廿六日寅時卒道光戊子年九月十五日申時塟本里參林
壠潭廟對面泗洲公宫頂坐乙向辛兼辰戌内有墓誌銘

妣蔡氏免娘號生乾隆癸巳年五月廿四日辰時卒咸豐辛亥年九月初八日巳時葬鎮撫觀音尖脚大嶺垵頭路頂坐向兼

子三　長人門　次人命出繼　三人鄭殤

先梧公字君桐號似梛　敦禮公子生乾隆辛巳年四月十三日午時卒乾隆巳酉年四月十二日未時葬本里鎮撫寨銃青墓崙坐癸向丁兼子午

妣洪氏坤娘號巽節生乾隆丙戌年十二月十三日丑時卒乾隆癸丑年三月廿七日未時葬本里流磜口格坵後嶺路邊坐丙向壬兼午子

子三　長人熟殤　次人淵嗣子　三叔子殤

先譓公號衍受　肅容公長子生乾隆巳夘年閏六月初六日
未時卒乾隆丙午年六月初十日未時瓦棺塟本里雞鵬口
荒田壠頭坐寅向申兼艮坤無傳
先嘉和公號知禮　肅容公爲嗣次子生乾隆甲辰年二月初
二日戌時卒道光丁亥年正月初十日丑時瓦棺塟本里鎮
撫山坛山牛客墓外石脚坐　向
娶　氏　　敀節
嗣子一　人類
先熊公字君設號有成　盈金公長子生乾隆乙未年十二月
初四日酉時卒道光癸巳年五月初一日辰時塟
妣廖氏雙娘號順儉生嘉慶丁巳年四月初一日酉時卒光

緒丙子年九月廿五日酉時葬本里鎮撫頂流磜大坵水埕
後壁坐　向
子五　長八摺　次八懌　三八菓　八四飛出繼
五八類出繼
先藿公字君香號冬禾　盈金公次子生乾隆己亥年正月初
一日丑時卒道光戊子年七月初九日巳時葬本里
娶王氏彩娘　改節
子二　長八熗　次八執出繼
先肘公字　號　盈金公三子生乾隆丙午年八月初十日
戌時卒道光　年　月　日　時往觀巖卒葬處不知候查
先祛公字　號　盈金公四子生乾隆癸丑年正月初四日

戌時往外卒葬處不知俟查

先揉公號茹成　盈金公五子生乾隆乙卯年十一月十一日戌時卒道光甲午年十月初三日申時葬鎮撫觀音尖脚大嶺墘坐　向

先訖公字君友號愧成　盈科公長子生乾隆癸巳年九月初四日辰時卒道光乙巳年八月十四日巳時葬本里鎮撫山坛山土空仔外坐丙向壬兼巳亥

妣陳氏雪娘號順和生乾隆辛丑年五月十二日酉時卒咸豐辛亥年六月十九日申時瓦棺葬鎮撫山坛頂北坑壠頭路邊坐亥向巳兼乾巽

子四　長八平殤　次寶元　三八檻兩承　四次蓼

先鎮元公字君撫號愧修　盈科公次子生乾隆癸卯年
月十一日亥時卒嘉慶丁卯年正月十七日未時葬本里
磜口仙宮嶺土名葉林路頂坐庚向甲兼酉卯
雙承子人檻
先潤公字君廣號廣成　盈科公三子生乾隆庚戌年八月十
九日未時卒道光丁未年八月十七日未時葬本里鎮撫山
坛頂後坑底坐辛向乙兼戌辰
妣易氏從娘號崇德生嘉慶丙辰年二月十七日未時卒同
治癸酉年九月初六日辰時厝棺葬鎮撫上赤架巷後大埔
垵坐　向　兼
子三　長人揀　次人扇　三香爐

先㞪公字　號冬真　盈科公四子生乾隆甲寅年二月初三日戌時卒道光戊申年九月初一往漳州卒葬在漳州俟查

妣易氏述娘號儉順生嘉慶戊辰年正月初四日申時卒道光壬辰年七月初四日子時棺葬鎮撫觀音尖脚大嶺按坐乙向辛

繼娶謝氏珠娘與公往漳州住居

子一　金重謝氏出

十七世長房二賢明公派先字行

先鍨元公字君献號永進　國肅公長子生乾隆乙亥年六月初九日未時卒道光甲申年十二月初十日未時葬鎮撫山猪湖獅形外壠坐　向　兼

妣易氏址娘號莊基生乾隆壬午年九月十六日丑時卒乾
隆庚戌年二月廿七日寅時葬鵬雛舊厝口後溝坐
子二　長八茁　次八川
先抄公字號永年　國肅公次子生乾隆巳卯年十二月廿九
日戌時卒乾隆戊申年八月初五日寅時葬鎮撫山猪湖大
崙坐戌向辰兼辛乙無傳
先周冕公字君服號永雛　國肅公三子生乾隆癸未年五月
廿三日酉時卒嘉慶乙亥年十一月廿五日卯時葬本里鵬
雛口厝尾坐向
妣陳氏賽娘號敬儉生乾隆庚寅年十一月十三日亥時卒
道光甲辰年八月十七日戌時葬本里雛鵬口厝尾坐　向

子二　長人淫　次八甫

先攀公字君桂號永淩　國明公長子生乾隆乙亥年正月十四日亥時卒嘉慶甲子年十二月十八日巳時往吧而卒塟處在吧

妣葉氏耆娘號儉慈生乾隆乙酉年閏二月廿三日戌時卒道光戊子年三月十八日未時棺塟本山流磜口仙宮嶺土名石碎仔頂中崙坐　向

養子一　興前公耳閩在吧亦有娶氏諒有衍

先會公字君勸號永掄　國明公次子生乾隆戊寅年十一月二十日辰時卒道光丙戌年九月廿六日亥時棺塟本里鵬雛口洋池頭田中坐庚酉向甲夘

妣易氏亥娘號勤懿生乾隆辛卯年七月廿二日亥時卒嘉
慶癸亥年八月十九日丑時棺葬本山鎮撫山坛山大流磜
圍田頂山水溝脚坐戌向辰兼辛乙
子三　長八真　次八完　三八峻
先蓋公字號永文　國明公三子生乾隆丁亥年五月初一日
亥時卒嘉慶甲戌年七月初五日亥時瓦棺葬本里鵬雛口
苦壠水埕田頂中崙坐壬向丙兼亥巳
蝢蛉子一　八標此子住居岩嶺脚係是公在岩嶺脚竟
利開店仔賣貨熟識而其子亦是岩嶺脚蝢蛉公祭祀八標
離逭不來今胞兄永淩與永倫子孫共爲輪流奉祀
先科公字號永甲　國明公四子生乾隆己丑年十月初七日

辰時卒嘉慶庚申年十月初一日丑時塟鎮撫上赤架巷大
埔按崙坐辰向戌兼乙辛
胞兄號永淩　永倫子孫輪流奉祀
先幹公字君事號永貞　國芹公長子生乾隆甲午年五月十
三日卯時卒嘉慶甲戌年十月二十日辰時瓦棺塟本里鎮
撫龜山下草埔崙田中坐辰向戌兼乙辛
娶林氏配娘號慈德生乾隆丁酉年五月初八日辰時卒道
光乙巳年八月十六日未時塟本里後巖寮仔內大坪路邊
坐子向午兼癸丁
子四　長八許　次八身　三八炎殤　四八灑嗣子
先儒公字號永香　國芹公嗣次子生乾隆丁未年二月初三

日辰時卒嘉慶乙丑年七月廿五日巳時葬鎮撫山猪湖嶺
頭坐辛向乙
胞兄號永貞子孫輪流祭祀
先簡公字君練號永迪　國識公長子生乾隆壬辰年七月十
四日午時卒咸豐丙辰年十一月初七日申時享年八十有
五尾棺葬鎮撫山猪湖大湖内坐庚向甲兼酉卯
妣王氏愛娘號慈美生乾隆壬辰年八月初二日午時卒道
光丁亥年九月十八日午時尾棺葬本里鵬雛口墓林脚路
下田草腹坐　向
嗣子一　修燈
先定公字號永後　國識公次子生乾隆庚子年五月十三日

子時卒道光壬午年十月十三日卯時厝棺葬本里流𥑮口溪洲内水埕頂坐　向

先桃公字君卒號永和　國實公子生乾隆戊子年二月十七日卯時卒道光乙酉年二月廿二日未時葬本里後㾓鄉坂仔交輪田中草腹坐　向

娶李氏柔娘號順懿生乾隆己丑年九月初一日子時卒道光己亥年七月十七日申時厝棺與三婦陳鉗娘合葬本里真武踏龜崙坐申向寅兼庚甲

子四　長人枝　次人婦　三人雍　四人恥

先逵公字君通號誠德　明信公長子生乾隆癸未年十月廿三日午時卒嘉慶壬申年六月廿五日未時

妣王氏瑞娘號生乾隆已亥年正月廿四日寅時其公與妣
係是伊父母往臺此公與妣在臺生在臺娶則不知卒年月
日時坟墓　又耳聞
子三　長八性　次人泰　三八灿出繼
先開公字號失　明信公次子生乾隆乙未年十二月初三日
未時卒嘉慶壬申年五月初十日巳時
嗣子二　文治
此公亦是在台生而墳墓亦是以不知耳聞子孫昌熾稽欲
不盡
桂元公字君蘭號承梅　國心公長子生乾隆庚寅年八月初
七日辰時卒道光癸巳年六月初三日寅時瓦棺與妣龔氏

合葬鎮撫寮對面尖崙頭坐癸向丁兼丑未
娶龔氏配娘號淑美生乾隆戊子年十月三十日辰時卒道
光丙申年十月初三日丑時與公合葬
子五　長曉壽　次衽席　三建珍　四八脫
五人赧出繼
先舉公字君安號永八業儒　國心公次子生乾隆癸巳年七
月十四日子時卒嘉慶丙辰年十月廿六日午時棺塟鎮撫
赤架巷後荒田壠頭路頂坐申向寅兼庚甲
妣葉氏孟娘號恬柔生乾隆壬辰年十一月廿一日辰時卒
道光丙戌年四月廿三日酉時棺塟流磜口格坵後田中坐
庚向甲兼酉卯

子二　長人愈　次人走嗣子

先清公字君明號永時　國心公三子生乾隆乙未年十二月

初六日酉時卒嘉慶丁丑年二月十七日　時厝棺塟鎮撫

山坛山流磜蚍仔崙頭坐亥向巳兼壬丙

妣陳氏益娘號孝恭生乾隆甲午年八月廿八日辰時卒道

光巳亥年十二月　日卯時厝棺塟鎮撫山坛頂大溝壠頭

大路頂坐癸向丁兼子午

子三　長成南　次騰雲　三盤生殤

慶壽公字君南號永福　國心公四子生乾隆庚子年四月二

十日戌時卒道光癸巳年七月十二日巳時塟流磜口塔口

嶺水堤脚坐丑向未兼艮坤

妣郭氏錠娘號恬金生乾隆庚子年十月廿七日酉時卒咸豐壬子年九月十二日巳時瓦棺葬鎮撫山坛頂燒酒桶腳後坑底坐辛向乙兼

子三　長八銓　次八祖　三八官

先芬公字君苾號永東　國心公五子生乾隆乙巳年十一月廿八日亥時卒道光丁酉年六月初八日辰時瓦棺葬鎮撫下格仔流磜庵内崙仔坐壬向丙兼子午

妣許氏耍娘號淑良生乾隆庚戌年十二月廿八日亥時卒道光戊戌年十月十五日辰時與公合葬

子四　長徽庸　次八耍　三八球出繼　四天受

先躋公字君升號永堂　國維公嗣子生乾隆壬午年四月十

八日巳時卒乾隆丙午年六月十五日巳時尾棺葬鎮撫山
坛山深坑壠仔頭穴號虎仔伸腰坐庚向甲兼申寅
妣趙氏皇娘號順良生乾隆甲申年正月初五日酉時卒道
光癸未年十二月十八日子時尾棺葬鎮撫流磜嶺洪厝墓
頂坐　向
子一　宗授
秋元公字君水號永修　國雲公長子生乾隆丙申年八月廿
四日酉時卒嘉慶丁卯年十月初一日申時瓦棺葬鎮撫鵬
雞口嵛坐　向
娶劉氏越娘　殁節
子二　長瓊花　次詠然兩承

先旦公字君原號永畫　國雲公次子生乾隆庚戌年三月廿
六日辰時卒道光甲辰年四月十九日申時厝棺葬流磜口
後山頭崙杉垵中崙坐　向
妣王氏悅娘號喜儉生嘉慶辛酉年三月十五日酉時卒咸
豐壬子年正月初四日寅時瓦棺葬本里鵬雛口苦壠水埕
脚田中坐　向
子四　長詠然出繼　次人課殤　三人謗　四表裡殤
先爵公字君起號永陶　國雲公三子生乾隆癸丑年七月初
一日巳時徃臺卒
妣鄭氏冷娘號放受生嘉慶戊辰年八月十六日寅時卒道
光巳丑年十一月初十日巳時瓦棺塋鎮撫鵬雛口洩頭中

崙坐　向

繼妣王氏翕娘生卒年月不知此後妣與公往臺在臺卒

是以不知生卒年月墳墓僅聞嗣子二人

子二　長宰相　次人楮

天慶公字君餘號永賀　國雲公四子生嘉慶庚午年十二月

廿四日午時卒咸豐辛酉年六月十八日卯時尾棺葬本里

鵬雛大坵尾牛草崙坐午向子兼丙壬

妣張氏勸娘號順和生嘉慶癸酉年九月廿五日丑時卒道

光壬寅年十一月廿七日巳時棺葬本山鎮撫橫壠格坐辰

向戌兼乙辛

繼妣洪氏於娘號順儉生嘉慶丁卯年三月十五日午時卒

同治巳巳年十一月初五日酉時瓦棺葬本山鎮撫横壠尾
赤土崙坐甲向庚兼卯酉
子五　長人鶴　次人執嗣子　三人得嗣子殤
四人蘭嗣子殤　五人炭
先宅公字君爵號永畝　國平公子生乾隆庚子年四月廿九
日午時卒嘉慶巳卯年八月廿一日　時葬在本山鎮撫火
曾壠尾對面尖坐　向
嗣子一　武等
先毘公字號永日　國終公長子生乾隆甲辰年三月十四日
亥時卒嘉慶丁卯年七月廿七日申時葬俟査
先任公字號永申　國終公次子生乾隆己酉年二月初七日

戌時卒嘉慶甲戌年四月廿三日酉時葬倭查　無傳
先釆公字號失　國贊公嗣子生乾隆　年　月　日　時往
萬丹溺水而亡卒年月失攷墓葬在萬丹
娶　氏　娘諒必無傳墓葬本山鎮撫山猪湖內壠頭坐
先隨公字號失　國粟公長子生乾隆乙酉年　月　日　時
往萬丹溺水而亡卒年月失葬在萬丹
娶王氏梅娘號和羨生乾隆丁酉　月　日　時卒嘉慶
丙辰年十二月廿六日申時葬本山鎮撫上七格巷頂墻圍
邊坐申向寅兼庚甲　無傳
先兩公字君雙號永成　國粟公次子生乾隆癸巳年八月廿
七日申時卒道光壬辰年十二月初三日酉時死棺葬本山

鎮撫內墘頭對面尖後坐丁向癸兼午子

妣劉氏吻娘號合順生乾隆癸丑年十月　日　時卒道光丙戌年四月初八日酉時瓦棺與姪婦陳偏娘仝葬本山後山頭崙尾戲仔園鼓邊下坐申向寅

嗣子二　長人烈　次人赧

歡欣公字號永喜　國善公子生乾隆丙戌年四月廿四日酉時卒嘉慶甲戌年十二月廿八日丑時葬本山鎮撫虎母寮崙坐丁向癸兼午子

妣許氏壓娘生乾隆庚子年三月廿一日卯時　嘉慶丙子年一家俱往臺

子二　長人妥　次人銅出繼

先伓公字君義號永義　國安公長子生乾隆乙未年四月廿
五日巳時卒嘉慶戊辰年十一月廿八日午時厝棺葬本山
鎮撫山猪湖三脚椅仔坐　向
妣葉氏鵲娘號順德生乾隆甲午年六月廿一日酉時卒道
光甲申　十一月廿一日　時享年五十有一厝棺葬本山
鵬雛口古壠崖墘田頂坐　向
子三　長八呐　次八詹　三八巷出繼
業儒先諧公字君質號存樸　國安公次子生乾隆戊戌年二
月廿八日子時卒嘉慶庚申年八月初九日戌時棺葬本山
鎮撫鵬雛寮崙坐卯向酉兼甲庚
妣曾氏宜娘號成儉生乾隆辛丑年七月十一日辰時卒道

光丁酉年二月廿三日卯時厝棺葬本山鎮撫山猪湖雙抱
垵坐　向　兼
嗣子四　長八巷　次八添　三八惱承繼　四朝程兩承
先竝公字君列號丞育　國安公三子生乾隆甲辰年十一月
初三日子時卒道光丁酉年三月廿四日酉時享年五十有
四厝棺葬本山鎮撫山猪湖掘石崙頂坐向
妣許氏賽娘號儉懿生乾隆乙巳年二月廿二日午時卒道
光丁酉年四月廿一日巳時享年五十有三厝棺葬本山鵰
雛口崎頭田中坐　向
子三　長八壘　次八惱出繼　三八艾
先燦公字君然號丞笑　國安公四子生乾隆庚戌年五月十

一日酉時卒同治壬戌年七月廿七日戌時享年七十有三

瓦棺瘞本山鵬雛口蘭埈崙坐丁向癸兼未丑

妣葉氏賽娘號敬受生乾隆壬子年五月初二日未時卒嘉

慶辛未年十月十九日酉時瓦棺瘞本山鎮撫山猪湖睡虎

格坐　向　兼

繼妣王氏尾娘號順美生嘉慶己未年十二月廿一日酉時

卒咸豐丁巳年六月十一日未時享年五十有九瓦棺瘞本

山鎮撫尾山寨頂墓林內坐　向

子四　長武艾殤　次八萬　三八衆　四朝程出兩承

先杞公字君夏號永梓　國程公長子生乾隆辛卯年四月十

二日申時卒道光甲申年八月廿六日郊公往外卒在潼浦

妣葉氏惜娘生乾隆庚寅年十一月初四日寅時卒道光壬
寅年十二月初十日辰時塟本山硫磜口格坵前路下坐向
子三　長古地　次人趨殤　三人熖

先爽公字君快號永有　國程公次子生乾隆己亥年五月初
三日酉時卒道光戊子年十一月初六日巳時瓦棺塟本山
鵬雛橫壠兩榮媽墓内枝崙坐艮向坤兼寅申
妣謝氏壹娘號喜慈生乾隆巳亥年六月初十日辰時卒嘉
慶壬戌年十一月十九日午時塟本山山坛頂垒空仔格中
崙坐癸向丁兼子午
繼妣鄧氏腰娘號喜懿生乾隆庚子年七月十一日寅時卒
道光戊戌年閏四月初四日申時塟本山後山頭畬田堪邊

中崙坐癸向丁兼丑未

子七　長八構（謝氏出）　次八兒　三八好　四八帖

五八芽　六八沛　七八祿（俱鄧氏出）

先仙公字號失　國茂公子生乾隆癸巳年十月初四日巳時

卒嘉慶甲子年三月初九日巳時葬地候查無傳

先⿰馬尚公字君驥號永遇　國興公長子生乾隆辛卯年八月初

四日未時卒道光丁亥年十二月初六日未時尾棺葬本鄉

鎮撫寨尾崙坐庚向甲兼酉卯

妣蕭氏足娘號靜徽生乾隆辛卯年七月廿四日午時卒道

光壬寅年十一月初一日酉時葬本山鎮撫石髻山新路格

中崙坐　向　兼

子四　長八粉　次八蒜　三八干　四八此

先聡公字號失　國異公次子生乾隆癸卯年八月十三日未

時　徃臺而卒不知有娶否

嗣子一　八銅

老畆公字君宅號義美　國而公長子生乾隆庚戌年八月初

五日酉時卒同治己巳年八月十五日夘時塟本山叅内石

礶墓爐坐辰向戌兼巽乾

妣謝氏琴娘號儉德生嘉慶丁夘年十月十七日辰時卒光

緒甲申年八月初五日寅時棺塟本山叅内真武踏龜窩坐

西向東

子三　長八睢　次八有　三八知

先符公字號失　國而公次子生乾隆乙夘年四月十九日夘時　往臺卒葬處在臺

三全公字國連　國而公三子生嘉慶丁巳年十二月廿六日酉時卒咸豐乙夘年十一月初九日子時瓦棺瘞叅內馬厝山坐西向東

娶張氏坋娘　改節

十七世鎮長房三純哲公派下先字行　心受吳天公　立早已分兩汗

先蔡公字君節號成卜　光用公長子生乾隆甲子年十一月廿四日丑時卒乾隆戊申年十月二十日午時瓦棺瘞鎮撫山坛頂鍾洋格寨垇壠坐坤向艮兼申寅

妣汪氏錠娘號順静生乾隆辛巳年三月廿八日辰時卒乾

隆甲辰年十月廿二日申時厝棺葬鎮撫山猪湖内壠獅形
崙坐甲向庚兼卯酉
子一　八挪
先獺公字號敦厚　光用公次子生乾隆庚午年九月廿八日
戌時卒嘉慶丙子年二月廿一日酉時葬俟查
先慈公字號君實　光奈公次子承光高爲長嗣子生乾隆丙
戌年十二月廿九日巳時卒道光年月失厝棺葬鎮撫寨下
赤架巷厝窖邊坐　向
妣張氏悅娘生乾隆辛卯年八月十五日午時卒　年八月
初一日吉時厝棺葬鎮撫烏材林中蓮崙坐辛向乙兼戌辰
子一　鍾石

姑逞娘　光禹公女子未嫁而卒生卒年月俱失葬鎮撫寨大坪頭尖仔尾坐酉向卯兼辛乙

先甚公字君其號孟德　志射公長子生乾隆乙亥年六月十四日未時卒乾隆乙卯年六月三十日卯時瓦棺塟鎮撫祖宇門口壠洗布堀後壁坐　向

妣洪氏性娘號順慈生乾隆巳卯年六月初一日辰時卒乾隆乙卯年八月十五日卯時瓦棺塟本山鵰雛軍壠橋中崙草腹內坐　向

子二　長八到　次八厨

先豫公字君順號崇德　志射公次子生乾隆丙戌年十月初五日戌時卒道光庚寅年四月初九日丑時瓦棺塟鎮撫寨

杉頭垵横路頂坐庚向甲
妣林氏滔娘號順孝生乾隆戊戌年三月初七日寅時卒年
正月廿二日　時瓦棺瘞鎮撫寮尾山畲埔坐　向
子一　人瑣嗣子
姑請娘　志射公女子未嫁而卒生卒年月失瘞鎮撫寮
赤嶺巷外坐癸向丁兼子午
先勝公字君開號學禮　光拜公次子承光浩爲嗣子生乾隆
癸未年十月廿一日辰時卒嘉慶庚辰年四月十四日未時
瓦棺瘞鎮撫石髻潤格左畔路邊坐　向
妣許氏性娘號順節生乾隆甲午年年十二月廿九日辰時
卒道光戊申年四月初五日亥時瓦棺瘞硫磜口掃箒穴下

坐向

子二　長維謀　次八軟殤

光纂公字君然號通然　珍玉公長子生乾隆壬午年十一月十八日戌時卒嘉慶甲子年六月十一日吉時往外夷卒

妣温氏慎媜號言順生乾隆巳亥年三月廿三未時卒嘉慶辛酉年三月初四日申時葬鎮撫龜山嶺坐甲向庚兼寅申

子一　八標殤

倚金公字君水號水木　珍玉公三字承珍明公爲嗣子生乾隆戊戌年二月初四日寅時卒嘉慶乙亥年十月十一日未時葬鎮撫寨赤嶺巷崙坐艮向坤兼寅申

嗣子　武愛

先呂公字君律　成長公長子生乾隆戊子年十月初十日亥
時　徃臺卒未知有娶否
僅知子一　八緜殤
先審公字前讀　成長公次子生乾隆辛卯年正月十二日午
時卒嘉慶己巳年九月十八日辰時瓦葬處
嗣子一　天椋殤
先戸公字君牖　成長公三子生乾隆甲午年四月初五日未
時卒年月日時失葬鳥材林大埕尾埈横路頂坐甲向庚兼
卯酉
妣陳氏衽娘生乾隆己亥年十一月初九日巳時卒道光丙
午年四月廿　日吉時棺葬鳥材林掃箒崙邊坐辛向乙兼

酉夘

子二　長八猴　次八学

先學公字號失　成長公四子頂作五子生卒年月俱失葬本里烏材林秋竹林坐壬向丙　無傳

四季公字號失　成長公五承振成公爲嗣長子生乾隆辛丑年二月初一日辰時卒生乾隆乙夘年六月初四日夘時厝梢壟鎮撫烏材林秋竹林石頭下坐丑向未兼艮坤　無傳

先糖公字號失　光魚公承振成爲次嗣子生嘉慶己巳年月日時失　往臺卒　無傳

先吱公字號必受　德員公子生乾隆辛丑年　月　日　時卒嘉慶丙寅年十一月初九日未時葬地候查無傳

先客公字失　百德公長子生乾隆癸巳年六月廿四日未時
卒道光癸卯年十月日時葬烏材林大埕尾垵坐巳向亥
嗣子一　人槌
先洗公字失　百德公次子生乾隆丙申年四月初六日辰時
往臺而卒
先櫕公字失　光櫒公子生乾隆戊申年五月廿六日戌時卒
年月失葬處俟查
先雄公字君綏號行一　正詩公嗣子生乾隆辛卯年七月十
二日巳時卒嘉慶巳未年十二月廿六日　時葬
嗣子一　人寢
先年公字永萬　正先公子生嘉慶戊午年三月初四日申時

卒道光辛丑年五月廿七日戌時瓦棺葬鎮撫寨三脚椅中
崙坐　向　兼
　嗣子一　八凸
先聽公字君視號永訟　國樂公子生乾隆癸卯年七月初八
日丑時卒道光庚戌年八月初三日巳時棺葬鎮撫寨脚兆
仔崙坐壬向丙兼子午
妣陳氏壓娘號順和生乾隆庚戌年七月初二日辰時卒同
治壬戌年三月初二日酉時棺葬鎮撫山猪湖外壠坐　向
　子三　長八仁　次雙熾出繼　三八響
先敬公號永讓　明揚公子生乾隆辛亥年十月十一日寅時
卒同治丙寅年九月十五日未時瓦棺葬硫磜口後山頭崙

尾墓垵頂坐巽向乾兼巳亥

嗣子一　雙熾

先楓公字失　璿正公嗣子生乾隆　年　月　日　時卒年

月失塟地侯查　無傳

鉄長房三　十七世洲偃公派

先亥公字君戍號何全　騰玉公長子生乾隆壬申年八月廿

五日亥時卒嘉慶丁夘年五月初四日巳時厝棺塟本山土

名石坵林大路頂坐丑向未兼癸丁

妣王氏諱爽娘生乾隆巳丑年八月十六日酉時卒道光年

三月十五日吉時墓塟本里土名中哖崙尾垵仔大路下坐

癸向丁兼丑未

子二　長八輴　次八薇

先契公號世文　騰玉公次子生乾隆甲戌年十一月十八日
寅時卒乾隆甲午年八月廿三日申時瓦棺葬本山龜山土
名林頭嶺坐午向子兼丁癸
先奉公字君辰號呈全　騰玉公三子生乾隆己卯年正月廿
五日戌時卒道光辛巳年十月廿五日巳時墓葬本山烏材
林中哖崙尾垵仔坐西北向東南
妣陳氏諱綿姐號懋順生乾隆己丑年九月十四日未時卒
道光乙未年九月十七日未時墓葬本山土名湖頂尖湖中
坐西向東
子三　長八椰　次八棕出繼　三八谷
先饌公號成大　騰玉公四子生乾隆辛巳年十二月廿九日

辰時卒嘉慶己卯年三月初八日午時葬在本山土名山坛
頂午坪脚係瓦棺坐　向
先問公號勸學　騰玉公五子生乾隆丙戌年十二月十五日
酉時卒道光癸卯年十一月初二日辰時瓦棺葬本鄉門口
壠土名土墩大坵坐未向丑兼坤艮
嗣子一　和興
先株公字君林號千秀　心和公長子生乾隆庚寅年七月十
八日卯時卒嘉慶壬戌年二月廿二日辰時瓦棺葬本山硫
磜口竪石脚坐壬向丙兼子午
妣龔氏諱女娘號生乾隆庚寅年五月初五日午時卒道光
癸巳年八月初四日卯時瓦棺葬本山山坛頂土名北坑壠

坐甲向庚兼寅申

子三　長八慈　次八若　三八餘

先佳公號千諸　心和公次子生乾隆壬午年　月　日時失

往吧卒嘉慶丁巳年　墓在吧

先坪公字君平　心和公三子生乾隆乙未年二月廿二日郊

時卒道光壬辰年二月二十日丑時厝棺葬本山土名後山

頭崙墓坡仔格坐甲向庚兼寅申

妣檗氏諱拙娘號儉其生乾隆癸巳年二月廿八日丑時卒

道光庚子年七月廿一日戌時厝棺葬本山下石垢外土名

埧崙坐壬向丙兼

子一　静春

先勉公號千致　心和公四子生乾隆戊戌年十月十五日酉
時卒嘉慶癸酉年七月廿六日巳時往臺卒墓在臺無傳
先攄公字君守號白玉　前用公子生乾隆辛丑年十二月十
四日郊時往華封營活無回而卒葬在處無傳
娶易氏諱信娘生卒年月塟地候查詳登記
先鬻公號失　正畧公子生乾隆丁未年正月廿二日丑時往
臺不知何處
丕承公號諱烈　驕宗公長子生乾隆戊戌年十一月廿四日
戌時卒嘉慶　年　月　日　時往吧無歸
聞有生　三子在吧不知如何
由擊公號知至　如羆公承繼子生乾隆辛丑年三月十一日

巳時卒嘉慶壬申年八月十七日未時葬本山土名山猪
湖睡虎外格坐甲向庚兼寅申
致成公號心正　詩禮公長子生乾隆癸丑年七月廿四　未
時卒嘉慶丁卯年八月十一日辰時葬在永春
先姿公字君及號維復　詩禮公次子生嘉慶丙辰年九月十
七日午時卒咸豐癸丑年十一月三十日亥時
娶洪氏諱退娘號柔順生嘉慶癸亥年六月廿一日卯時卒
道光乙未年十月初一日未時與公仝葬本山後山頭向烏
石坐坤向艮兼未丑
繼娶謝氏銀娘號慈順生嘉慶壬戌年正月初四日巳時卒
同治乙丑年九月廿九日辰時瓦棺葬本山土名山猪湖埔

後壁坐壬向丙兼子午
子五　八潘擊　八如　八見　八挑出繼　在明
先迺字　詩禮公三子生嘉慶甲子年正月廿六日申時
嗣子一　八挑
先麵號維綸公　詩禮公四子生卒年月墓墳在臺淡水
娶王氏諱簪娘生卒年月失俟查
子五　八物　八山　八坪　太岳　八酸
同治丙寅年與父母兄弟俱相隨往臺淡水
開宗公　重文公子生乾隆庚戌年四月廿六日未時往臺卒
塟不知　無傳

卷之四上終

十七世鎮撫二房裕昌公派先字行

先篆公字君材號文謙　文比公長子生康熙甲午年十一月十七日午時卒乾隆　年八月廿六日未時葬真武踏龜山坐庚向甲兼酉卯

娶賴氏諱衍娘生康熙己亥年十月初三日寅時卒嘉慶乙丑年二月十五日辰時墳墓候查

子六　長八宗　次八閱　三八廣　四八敦　五八初　六八安

先謀公字君省號　文比公次子生康熙庚子年三月廿五日巳時卒乾隆　年　月　日　時

娶廖氏諱女娘生雍正丁未年二月廿九日戌時公妣卒墓間伊親泒不知情由前咸豐年耳聞葬石礁山尾園崙坐西向東頗畧未確皆候查

子三　長禎祥　次國課　三士壬俱往臺

先彬公字君質號安接　文比公三子生雍正癸卯年十一月初三日寅時卒乾隆丁亥年正月廿二日寅時尾棺葬真武踏龜山石頭空坐癸向丁

娶葉氏諱汝娘號育慎生乾隆丙辰年十月十一日申時卒嘉慶己卯年五月三十日未時享年八十有四亦棺耳聞在尾園崙恐未確

男三　長人界　次人化　三人倘出繼

先誇字君矜號春添公　文比公四子生雍正戊申年正月十八日寅時卒嘉慶乙丑年六月十八日巳時享年七十有八臺洛港卒魂依木主歸安塋石礁山坐艮向坤兼未丑

子一　八尙承繼

先權字君重號文得公　文比公五子生雍正辛亥年八月廿六日巳時卒嘉慶己未年四月十三日戌時享年七十有三厝棺塋石礁山土名龜仔罩坐　向

先浦字君玉號順盈公　文比公六子生乾隆丙辰年三月初四日子時卒乾隆丁未年　月廿二日戌時瓦棺塋眞武踏龜山橄欖坑坐酉向卯兼庚甲　無傳

鎮撫口派

先創字君垂號造基公　和吉公長子鎮撫口分支營建嵾山
張社居焉生康熙丙申年閏三月廿五日辰時卒乾隆壬午
年五月十一日申時年三十八木棺葬鎮撫口小宗厝角坐
戌辰兼乾巽
妣孺人葉氏諱𤼵娘號懷德生康熙丙申年十月廿三日子
時卒乾隆巳酉年十二月初八日吉時瓦棺葬本里軍墘橋
蜈蚣形崙尾坐癸丁兼子午
子五　長八潮　次八朔　三八葫　四八祜　五八包
先兼字君餐號造善公　和吉公次子爲人公直好義與弟造
成公建房屋一座名曰桂花脚厝坐庚向甲兼酉卯應分左
畔生康熙戊戌年五月十五日午時卒乾隆癸巳年十二月

十四日寅時享年五十有六尾梢垄私山湖頂上坛仔中崙
坐丁癸兼未丑
妣孺人吴氏諱隱娘號恭儉生康熙庚子年三月廿三日午
時卒嘉慶壬戌年正月廿六日未時木棺葬本里山坛頂土
名闊山格崙路頂坐戌辰兼辛乙
子四　長八賽　次添福　三人光　四補約
先陳字君開號造成公　和吉公三子品量寬宏樂義好施恢
廣田業肯倣厦屋于南宮居焉坐坤向艮兼申寅生雍正乙
巳年二月十九日夘時卒乾隆已酉年三月初六日未時木
棺葬鵬雛外鳳尾宮外崙水堤頂監碑坐辛乙兼酉夘
妣孺人洪氏諱鑾娘號烈慎生雍正乙巳年九月十九日戌

時卒乾隆丙寅年十二月廿三日亥時瓦棺壅本鄉土名宫崎田中坐丁癸兼午子
繼娶林氏諱端娘號懿範生雍正乙巳年六月廿一日未時卒乾隆丁亥年三月十四日未時木棺壅本山下石坵土名流磔嶺脚坐子午兼癸丁
繼娶孺人林氏諱錠娘號慈幃生雍正壬子年四月十三日辰時卒嘉慶丁卯年六月廿七日辰時享年七十有六木棺壅本里後山趙姓山土名畲田崙坐癸丁兼子午
子六　長八東　次八綱　三八旭　四八興先_{禁氏出}
五八沾　六八惧後_{禁氏出}

公諱運官字君茅號造標公　和吉公四子爲人寛弘大度樂

善好施知舊多荷其惠爰是律來胥宇於美山居焉晚年欽

以　公年高德邁嘉慶間詔賜冠帶榮身林泉之下有輝光

焉生雍正丁未年十一月廿八日丑時卒嘉慶丁卯年九月

初一日吉時木棺葬本里後庵坂松栢崙外坐子午兼癸丁

配妣孺人葉氏諱迭娘號閫恭生雍正己酉年九月廿五日

辰時卒嘉慶丙寅年十一月初三日吉時享年七十有八木

棺葬本里石礦鄉土名石碎崙坐未向丑兼丁癸

子四　長八承　次八言　三八配　四命自

曾祖諱先選字君擇號造軒公　和口公五子爲人勤儉成家

酷嗜書香營建宇屋書軒貿厥攸居於埭窖坐丙向壬生雍

正壬子年五月十二日卯時卒乾隆癸亥年十二月十一日

辰時木棺三遷壅本山叅林山土名脚頭吁崙大坵田下坐
向寅申兼甲庚
妣孺人葉氏諱捷娘號婉恭治家勤儉孝順翁姑和睦妯娌
生雍正壬子年正月廿一日亥時卒乾隆壬寅年五月初一
日丑時瓦　三遷在鎮撫內寮白玉沙崙坐未向丑兼丁癸
繼娶孺人王氏諱接娘號淑禮生乾隆巳未年六月十二日
未時卒嘉慶乙亥年八月廿八日辰時瓦棺壅祢胤堂草腹
內田中坐癸向丁兼子午
子五　長人體　次人荷　三士敏　四人貴
五人抱饗出
達文公三美宮林派

先朋字君類號坐軒公　直齋公長子生雍正癸卯年十二
初三日戌時卒乾隆巳酉年十二月初一日辰時木棺葬本
山土名後壠大石脚中崙仔坐亥巳兼乾巽
妣孺人葉氏諱娘珤號溫賢生雍正辛亥年五月十五日卯
時卒乾隆戊子年六月廿三日丑時葬本山石礁鄉土名砧
砥坑鴨武斗壠田頂坐亥向巳兼壬丙
子三　長人胡　次人統　三剛領

先漢字君楚號建業公　直齋公次子生雍正丙午年二月初
九日酉時卒乾隆丙午年七月初八日卯時享年六十有一
瓦棺葬在湖頂深壠田中號蛇形仔坐丙向　兼巳亥
娶孺人葉氏諱宜娘號儉美生雍正癸卯年三月十九日午

卒乾隆辛丑年十一月廿八日夘時葬本山湖頂皆蔡崙

格崙尾公媽相近坐艮向坤兼寅申

繼妣葉氏諱緘娘號遠慎生雍正辛亥年九月十二日亥時

卒乾隆丙戌年五月十八日巳時葬在本山後壠柴橋寨崙

坐丁向癸兼未丑

子二　長光元　次馬助

先猜公字君論號克貞公　直齋公三子生雍正己酉年二月

十五日巳時卒乾隆丁酉年三月廿三日巳時葬烏材林牛

嶺使復田崙大坵田頂坐辰向戌兼巽乾

先濯字君稱號克是　直齋公四子生雍正癸丑年三月廿六

日巳時卒乾隆甲寅年四月廿四日亥時葬本山坝後古井

垵格外坐壬丙向兼亥巳
妣孺人龔氏諱悅娘號意誠生乾隆丁巳年三月十三日申
時卒乾隆辛丑年正月十七日辰時瘞本山鵬雛口對面尖
號獅形坐庚向甲兼酉夘
子三　長人杕　次人垦　三人邦
先午公字君位號克兢　直齋公五子生乾隆丁巳年五月初
五日午時卒乾隆辛丑年五月廿七日辰時往吧卒
娶孺人陳氏諱銳娘號節慈生乾隆庚申年正月廿三日午
時卒道光癸未年十二月廿一日吉時木棺瘞本山後山頭
崙崗坐庚向甲兼申寅
子三　長月老　次新科　三人衫

先湃字君淮號克懷公　直齋公六子生乾隆壬戌年十一月
初一日酉時卒道光壬午年三月十一日亥時木棺葬本山
土名後壠圭心垵崙邊坐子向午兼癸丁
妣孺人廖氏諱豫娘號勤德生乾隆庚午年八月初八日午
時卒嘉慶丁巳年四月初三日卯時木棺葬龜山嶺中崙近
田與次子婦劉氏仝墳坐辰向戌兼乙辛
子二　長夜朋　次人埧
先彼字君賦號時一公　直齋公七子生乾隆丙寅年三月初
二日酉時卒乾隆甲辰年十一月初一日巳時在吧歿葬在
吧地
娶中標許氏根娘改節

子一　項橐

爲章公長進元派

先沛字君冉號心秉公　興材公長子生康熙巳亥年九月初二日未時卒乾隆庚寅年十一月初八日寅時欲往吧在同安潑溺舟塟在海砂埔

娶陳氏　娘改節

子四　長八面　次八兒　三八繪　四八好出繼

先贍字君餘號心力公　興材公次子生雍正丙午年十二月廿八日午時卒乾隆庚午年正月十八日未時外亡墓查詳

先欵字君拔號心誠公　興材公三子營建碗碓房屋上下兩座迸九厝坐乾向巽生雍正辛亥年四月廿四日巳時卒乾

隆辛亥年九月十七日辰時享年六十有一葬本山烏材林
宫後壠中崙坐巽向乾兼辰戌
妣孺人何氏諱幼娘號慈祥生乾隆丙寅年閏六月十五子
時卒道光辛卯年十月廿二日戌時享年八十有六木棺塋
本鄉湖頂南杠後中崙田中坐丁癸兼午子
子四　長璇璣　次三禠　三人研　四人報

先從字君行號心德公　興材公四子生雍正甲寅年七月二
十日巳時卒乾隆丁亥年十月初三日卯時往外無回
子一　人好承繼

世所字君必號心存公　與材公五子生乾隆丁巳年九月初
七日未時

妣張氏諱許娘生乾隆甲戌年七月初五日申時

子四　長開宗　次壯佳出繼　三番閩　四八慶

父子兄弟俱往臺淡水今時樹梅嶺居焉

先切字君興號心若公　興材公六子生乾隆辛酉年八月初

七辰時卒乾隆丙戌年正月初二日未時往吧卒無回無傳

爲草公二對面山興起公派

先壽字君緒號直利公　興起公長子生康熙壬寅年五月廿

五日戌時卒乾隆巳亥年十二月十三日辰時瓦棺孫貽吸

還葬在湖頂山土名坊埔崙坐丁癸兼午子

娶孺人許氏諱切娘號儉順生乾隆丙辰年二月廿四日卯

時卒嘉慶壬戌年十月廿七日申時葬頂石坵嶺堵大坵田

二房參鎮羅黃氏族譜　卷四中

頂㫰坐乾向巽兼亥巳鎮撫對面居焉

子五　長八夏　次八夜　三八作出繼　四八這出繼

五八桐

先枝字君彥號直詣公　興起公次子生雍正戊申年四月十八日巳時卒乾隆　年間在臺無回

妣孺人李氏諱位娘生乾隆　年　月按不知改節相率往臺并墳墓候查

子一　八作承繼

先修字君業號直爲公　興起公三子生雍正辛亥年六月十五日巳時卒乾隆　年間五月廿五日吉時墓在頂石坵爵堵大坵田頂坐乾向巽兼亥巳

妣孺人易氏諱宜娘號淑魂卒乾隆　年間　月　日　時
及墳墓俱俟查
子一　人弄
先惕號直詣公　興起公四子生年月失卒乾隆壬申年七月
十七日吉時葬參鎮撫大坪頭尖仔後崙墘下有他人墳坐
酉向卯兼庚甲　無傳
先菊字君彩號直秋公　興起公五子生乾隆癸巳年八月十
八日未時卒乾隆丙午年年七月十七日　時往吧卒無回兄
葬對面山居焉
子一　人這
先悻字君受號意慾公　興玉公長子生雍正甲辰年八月十

六日亥時塟卒乾隆丙申年五月初四日夘時塟石坵土名
蜈蚣形崙坐子向午
娶孺人梁氏諱郄娘號儉恭生乾隆丁巳年十一月廿六日
午時卒乾隆癸丑年二月十九日辰時葬烏材林土名待牛
坑坐北向南
子六　長大候　次人澤　三人艮　四人隨　五人愛
六人砂
先轉字君旋號朝儛公　興玉公次子生雍正辛亥年十一月
二十日酉時卒乾隆癸丑年七月初二日午時丙棺塟烏材
林杉烏崙坐辰向戌亥乙辛
妣孺人陳氏諱柔娘號温懿生乾隆癸亥年三月十九夘時辭

卒道光庚寅年八月初四日吉時木棺塟湖頂虎形畬坐申
向寅兼坤艮
子三　長八幸　次八接　三八賀
先場字君庭號心科公　興喬公長子居參祜水四斗厝生乾
隆壬戌年六月廿一日夘時卒乾隆　年　月不知木棺塟
本山馬坑白石壠頭內畬面對盤蛇坐辛乙兼戌辰　無傳
先泮字君游號心有公　興喬公次子生乾隆庚午年二月初
六日亥時卒乾隆乙夘年　月　日　時尾棺塟在臺淡水
萬順竂大坑畬坐北向南
子一　𣅀佳承繼
先張字君執號心揚公　興喬公三子生乾隆乙亥年五月廿

一日巳時卒乾隆　年　月墓在眞武踏龜山橄欖坑坐
向　未詳
物格字君爲號知至公　錫朋公長子嶺頂大門居焉生雍正
甲寅年四月十三日午時卒乾隆丁酉年八月廿九日申時
葬本山龜格坐觀音尖坐丁向癸兼午子
妣孺人易氏諱妙娘號　生乾隆　年　月卒嘉慶　年正
月十八日時墓葬烏材林土名苦竹後水埕后壁坐戌向辰
子二　長八挑　次八力
先環字君清號正盛公　錫朋公次子居大門生乾隆庚申年
二月初五日酉時卒嘉慶丁巳年三月十九日酉時葬本山
烏材林嶺大崙崙邊坐寅向申兼甲庚

妣孺人張氏諱攺娘號順連生乾隆戊寅年八月三十日戌時卒嘉慶丁巳年五月初五日未時墓葬烏材林土名菩竹後水埕脚中崙仔坐庚向甲兼酉外　繼妣易氏諱攺節

子一　人漏

爲章公八垃崙派

處士先究字君邦號君圖公　山節公承繼子學力深醇品諸高標生乾隆癸亥年三月十二日外時卒嘉慶壬戌年四月初四日午時坐甲向庚兼外酉木檣墊本鄉龜山龜潭内娶孺人陳氏諱質娘號順朴爲人義育兒曾人莫比睦和妯娌世難儔率男營建厦屋兩座八垃崙坐甲向庚兼寅申生乾隆丙子年四月初九日寅時卒道光丁酉年九月十五日

亥時享年八十二木棺葬本里山坛頂土名造尖崙水埕後
壁坐郊向酉兼乙辛
子六　長八葵嗣孚　次天賦　三天德　四天詻
五天註　六天爻
淼昌公三房德善公派徙叅先字行
先愈公字號失　咸章公長子生卒年月葬地俟查
先湖公　咸章公次子生卒年月失尾棺葬本山土名崎仔坑
崙邊小路頂坐南向北　娶孺人　氏生卒年月葬地先
子八鏗等移居臺淡水樹梅嶺居焉
先賢號明徹公　咸章公三子洎娶偕子八楮兄弟俱徙去臺
淡深坑仔居焉厥後八楮及胞姪貽使等發巨富之家財蕃

衍入丁文聲蔚起椿之曾孫　庭經先於光緒初入泮臺
灣府學

先呂公　光學公長子

先疇公　光學公次子

先榜公　光學公　子

兄弟三人僅知其名不知娶　氏諱　號　墓地如何聞知
淡水內山嶺脚坑有子孫居焉

先名字君直號慈軒　朋逵公長子黍四斗厝左畔居焉生乾
隆乙酉年五月廿六日寅時卒道光戊戌年四月初五日未
時享年七十有四木棺塟本山真武踏龜坐酉向卯兼庚甲
妣孺人王氏諱別娘號柔儉生乾隆乙酉年十月十八日申

時卒道光甲午年十一月廿八日戌時木棺葬本山土名馬
坑虎壽内坐巳向亥兼巽乾
子五　長桂香　次國器（出繼）　三八寶　四八曉　五八讀
先典字君朋號明典　朋達公次子生乾隆庚寅年九月初四
日寅時卒乾隆壬子年八月十四日申時墓葬近媽親洪氏
墓左畔坐西向東
子一　國器（承繼）
十七世鎮二房玉庵公派先字行
先錐字君毛號懸降公　存厚公長子生雍正甲寅年七月廿
七日未時卒嘉慶壬戌年四月十八日酉時享年六十有九
瓦棺葬本山鵬雛口破被林崙坐巳向亥兼巽乾

配妣孺人吳氏諱惜娘號順玉生乾隆戊寅年八月十六日巳時卒乾隆甲辰年閏三月初三日午時厝棺塋本山鎮撫冲天墓岙頭坐壬向丙兼子午

繼娶孺人王氏諱泮娘號　生乾隆丙子年九月初四日辰時卒道光丙戌年十二月廿八日未時享年七十有一瓦棺瘞鎮撫鵬雛口蘭按岙存厚公墓下坐丁向癸兼午子

子一　酬恩 王氏出

先椿字君萱號柳絮公　存厚公次子生乾隆庚申年三月初十日寅時卒乾隆丙午年十月十五日午時木棺瘞鎮撫鵬雛猴壁後案外前對凌雲尖坐辛向乙兼戌辰

妣孺人蔡氏諱潛娘號從一貞烈自守二十九于歸雁鳴初

叶三八得子鴛影乃孤苦節凜於不二栢舟矢乎靡他且任
族稍隘更啟宇於泰山之福安居焉生乾隆癸未年六月十
二日辰時卒道光乙巳年七月十四日子時享年八十有三
木植坐参洋馬眉蔡厝後坐庚向甲兼申寅
子一　長壽
先區公　存厚公三子生乾隆癸亥年九十三日巳時外出在
吧卒年月日時塟地俱失　無傳
先沃字君澤號濟心公　麒毛公子生乾隆乙丑年十月廿四
日寅時卒嘉慶丁巳年二月初九日酉時享年五十有三外
出在吧亡
子一　八裔承繼

先考字君折號大成公　盡美公子生乾隆丁巳年十二月十一日卯時卒嘉慶辛酉年十一月初一日午時享年六十有五往吧亡墓地失

妣孺人龔氏諱嬌娘號懿恭生乾隆癸亥年九月廿九日寅時卒嘉慶壬申年三月初九日未時享年七十墓本山苦菜壠格坐甲向庚兼卯酉

子五　長八拐　次八樸　三八榜　四八裔出繼

五八逃

鄉飲賓世清名淨官字君王號郁齋公　樸厚公長子生乾隆丁卯年八月初十日寅時卒嘉慶庚辰年三月十三日午時享年七十有四木棺墓本里後山隔垢形號仙人抱鼓坐壬

向丙兼子午壙內有誌
娶孺人陳氏諱紅娘號寬懿生乾隆辛巳年九月十三日午
時卒乾隆辛亥年五月十一日酉時卒在番邦葬地無稽
繼妣孺人林氏諱二娘號和慈生乾隆[illegible]子十二月十一
日卯時卒道光乙酉年五月初八日午時享年六十木棺塟
本里參洋虎尾鄉土名石壁形號出土蜈蚣壙內有誌坐丑
向未兼癸丁
子八　長吧生（陳氏出殤）　次人葉（承繼）　三再生（陳氏出殤）
四常經　五以珪　六以纓　七以中　八允中（俱林氏出）

皇清待　贈鄉飲賓七十有四齡郁齋公黃府君墓誌銘文

姪諱世清字君玉郁齋公爲鄉飲賓其祖　綱公余胞叔祖

也與余祖分居爲開基葛盤 始祖由晦而顯六世祖始振
公與弟淳昌簿 商楫公富州知州 申孫公俱登宋紹定
間進士八世祖 榮甫公咸淳乙丑亦捷南宮十世祖廩膳
生 孟仁公因葛盤水圯啟宇參山寖昌寖熾其派祖廸功
郎 楙菴公傳至三潭公擇里而處代有隱德吾兄 樸
厚公娶孺人葉氏舉姪昆季三其伯子也昆季少時分營四
方姪出最遠粒積羸餘由始有而少有衆謂吾兄有子矣乾
隆甲寅滿巖旋梓吾兄矍鑠而二季兒女成行已析箸分荊
矣 姪踵門泣告其季曰皃以待老吾所拮据圖維正欲以
所得與吾季同樂娛我親顏耳綴而合之將所歸金建業三
分曰與二季甘旨色笑膝下承歡人不歎羨呵姪之賢而羨

吾兄之樂焉夫習俗不古屢兇昆骨肉爭盡錐刀聞呵姪養志均財之風其可稍愧矣宜邑侯　顧寘之於庠而額其堂以惟孝友于也　姪長厚慈仁貧苦親隣頗見收恤庚申族難煦育尤多其所燕貽規模宏遠以鎮之佳族稍隘與三兇梁齋公卜築於參嶺之下仝建梨坂厝中外兩架後又自盖繼善堂一座書軒一座公之貽謀可謂大矣頫年延師課督兒曾桂茁蘭蓀能文能武雖未畢雋而五郎以中兮秋掇芹其亦書香酷嗜之稍報與　姪生於乾隆丁夘年八月初十日寅時卒於嘉慶庚辰年三月十三日午時享年七十有四元配孺人陳氏早殞繼娶孺人林氏丈夫子六長八龔以從入繼次常經長殤三以珪四以纓俱業儒五以中庠生六允

中庠生女一均林氏出男孫十自人葉出者四自以珪出者
三自以纓出者二自以中出者一女孫二一自人葉出一自
以珪出曾男孫一人葉長子大有出也餘繩繩不艾婚嫁名
族不及備載茲以道光三年癸未十二月初二日未時安厝
於鎮撫家山土名隔丘穴號仙人抱鼓坐壬向丙兼子午辛
亥辛巳分金先期人葉郵書丐銘余辛酉捷筩歸謁洞知呵
姪素行不必以不文辭爰誌其壙且爲銘曰

參山之北　惟鎮之巔　吉人純嘏　天錫牛眠
靡近靡遠　於萬斯年　爭指道爲　是長厚之阡

賜進士出身勅授文林郎截選知縣　任汀州府學教授前臺灣
府學教授叔　大齡頓首拜撰文

先淶字君輔號植齋公　樸厚公次子爲人勤儉成家買田蓋屋嘗建梨坂内厝全座生乾隆辛未年九月廿五日辰時卒道光甲申年閏七月十三日申時享年七十有四木棺藂參洋大壠田中坐壬向丙兼子午壙内有誌

娶孺人蔡氏諱徵娘號懿範生乾隆癸未年三月十六日申時卒咸豐壬子年正月十五　午時享年九十木棺葬本山流磜廍坐艮向坤兼丑未

子七　長典　次盖勝　三三仕　四太祖　五谷宗

六文標　七重陽殤

先河名渉官字君濟號梁齋公　樸厚公三子爲人勤儉成性和忍存心嘗師重傳課子成名且貽謀宏遠與胞兄郁齋公

仝建梨坂厝中外兩座奠厥攸居焉生乾隆丁丑年五月初八日未時卒道光戊戌年七月二十日巳時享年八十有二木棺塟本山石礫朱厝崙坐酉向夘兼庚甲壙內有誌

娶孺人吳氏諱敎娘號義慈生乾隆丙戌年八月十七日辰時卒道光癸巳年正月初九日未時享年六十有八木棺塟本山石礫雙乳山脚坐壬向丙兼子午壙內有誌

子五　長八琰　次月眞　三成章　四八鎮　五八哆

待贈顯考先揖字君立號升讓公　秉直公長子爲人勤以處志儉以立心家資頗足與次舅湧泉公仝建大垵厝仝座左畔後又自建祖厝邊厦屋仝架居焉生雍正丙午年八月十八日酉時卒乾隆壬子年七月廿四日寅時享年六十有七

木棺坐本山湖頂上坋仔崙頭坐丙向壬兼午子
配孺人葉氏安娘號孝勤生雍正庚戌年七月十二日辰時
卒嘉慶甲戌年七月廿五日酉時享年八十有五木棺瘞本
山湖頂草洋仔田中坐申向寅兼庚甲
子四　長八暖　次八把　三八皓　四八跳

先倫字君旨號湧泉公　秉直公爲人賦性和愨品誼敦厚勤儉
家計與胞兄升讓公仝建大堔厝全座右畔居焉生雍正巳
酉年二月初九日午時卒嘉慶丙寅年六月十七日寅時享
年七十有八木棺瘞本山湖頂外壠產墘坐庚向甲兼申寅
娶孺人梁氏諱漸娘號慈順生雍正庚戌年九月十九日戌
時卒嘉慶壬申年正月廿七日寅時享年八十有三木棺瘞

本山仙洞尖崙後坐乙向辛兼辰戌
子七　長八省　次八克　三八奪　四八唱　五八元
六八劉　七八桀

先佔字君畢號元魁公　秉直公三子生雍正甲寅年八月十七日夘時卒乾隆壬辰年六月初八日午時外出在葛灣李
娶孺人謝氏諱秋娘號徽柔生乾隆甲子年七月初一日巳時卒嘉慶癸酉年八月廿一日午時瓦棺壅本山大林頭坐戌向辰兼乾巽
子二　長八討　次八勳

先辨字君臧號洵濶公　秉直公四子生乾隆壬戌年五月初九日巳時卒嘉慶辛酉年四月十九日午時享年七十棺壅

本山湖頂土名竹坡崙坐丁向癸兼午子
娶孺人王氏吞娘號靜闈生乾隆丙寅年十二月十四日巳
時卒乾隆辛卯年七月初五日未時棺葬本山鎮撫大墩頭
坐辛向乙兼辰戌
繼娶孺人梁氏諱衍娘號　生乾隆辛未年十一月初五
日卯時卒嘉慶　年　月　日　時候查　木棺葬本山中蓮崙尾
合穀中坐乙向辛兼戌辰
子六　長馬上王氏出　次元霄　三書畫　四定吉
五睡明　六六味梁氏出
十七世鎮二房晉卿公派二先字行
先鐵字君球號銀鏞公　瑞節公長子生雍正戊申年正月廿

二日戌時卒乾隆戊辰年九月廿六日巳時葬鎮撫大墘頭
埔坐艮向坤兼寅申
子一　士芸承繼

先西公字君赤號自東　瑞節公次子生雍正庚戌年九月廿
二日酉時卒乾隆丁酉年八月廿五日亥時葬鎮撫湖頂大
崙頭坐丙向壬兼午子
娶孺人葉氏謚娘號惜柔生乾隆丙辰年十月廿二日午時
卒乾隆癸卯年十月初六日未時葬本山觀音墓下坐丙向
壬兼巳亥
子四　長八活　次八念　三八飲　四八芸出繼

先挑公字君物號吉寶　瑞節公三子生乾隆癸亥年三月初

五日辰時卒乾隆戊申年六月初八日酉時往吧旋梓溺船
而亡
娶孺人蘇氏草娘號淑柔生乾隆癸亥年二月二十日亥時
卒嘉慶丁巳年十月廿四日亥時瓦棺葬鎮撫大墩頭埔坐
艮向坤兼丑未
子二　長人驗　次人挨
先量公字君職號信京　瑞節公四子生乾隆丙寅年三月廿
二日巳時卒乾隆戊申年六月初八日酉時往吧旋梓溺船
而亡
娶孺人范氏金娘號和玉生乾隆丁卯年八月十六申時卒
嘉慶戊辰年七月初四日巳時葬本山下垻崙鵬掰路田後

坐酉向夘兼辛乙無傳

待贈諱先員字君方號醇謹　瑞節公五子往吧克勤克儉蒲儀榮歸貽謀燕翼成家立業建宅於仙洞尖下坐亥向巳兼壬丙生乾隆庚午年四月初六日未時卒嘉慶丙子年十月十八日酉時葬本里烏材林鄉土名田墘坐甲向庚兼寅申

娶孺人阿氏諱娥娘號喧慈生乾隆巳夘年五月廿三日辰時卒道光癸未年八月十一日寅時葬本里石礁鄉土名胡太子墓頂坐乾向巽兼戌辰

繼娶孺人陳氏諱伴娘號慈節生乾隆丙戌年九月初九日夘時卒道光丙申年十月廿六日吉時享年七十有一葬本山湖頂𤁇口墓下坐未向丑兼丁癸後葬上芸榕坐夘甲

子五　長八瑯阿氏出　次八銼　三八虢　四八新慶
五八柴俱陳氏出

十七世鎮二房晉卿公派三先字行

先寛公字君柔號和裕　深厚公長子生雍正乙卯年五月十
七日戌時卒嘉慶丙辰年十一月廿四日寅時享年六十有
二厝棺塋參洋頭古井垻後坐庚向甲兼酉卯
娶孺人葉氏諱稱娘號儉寧生雍正乙卯年八月十三日辰
時卒嘉慶甲子年八月初九日酉時享年七十塋本山石礫
雙乳山坐戌向辰兼乾巽
子三　長八勁　次八宼　三八饌

先壇公字君社號開壇　深厚公次子生乾隆辛酉年十一月

初四日酉時卒乾隆乙亥年十一月初九日巳時尾梢壟本
山鵰雞外尾壠崙坐巳巽向亥乾　無傳

先商字君艮號尚質公　深厚公三子生乾隆甲子年六月十
二日巳時卒乾隆庚寅年正月十八日申時徃呷亡
娶王氏歿節
子一　八辮

先令字君德號施發公　深厚公四子生乾隆丁卯年正月十
九日巳時卒嘉慶癸酉年八月廿三午時享年六十有七葬
本山仙宫嶺瓜形坐東北向西南此坤耳聞雙壙候查詳載
娶龔氏諱刎娘生乾隆丙寅年十一月初五日酉時卒年月
日時俟查葬湖頂澗口墓湖仔中崙坐丁向癸兼午子

子二　長人鑑　次人塊

十七世鎮二房貴卿公派先字行

先二公　德馨公長子生乾隆己巳年十一月十六日酉時卒
不知年月日時塟爹洋頭山仔坐　向　無傳

先通號豁然公　德馨公次子生乾隆壬申年正月初四日午
時卒道光戊子年六月初三日巳時享年七十有七柩棺塋
本山下格仔山頭崙坐乾向巽兼戌辰　無傳

十七世鎮二房啟文公派長先字行

先俊公　仁愛公子生卒及塟地俟查　無傳

先昌公　仁勇公子生卒年月日時闕柩棺與父公塟眞武踏
龜後崎仔坑坐乙向辛兼卯酉　無傳

先腴公字君右號純樸　敦睦公長子生雍正辛亥年四月廿
一日午時卒乾隆乙亥年六月廿四日未時柩葬馬坑鄉葫
蘆丙坐丁向癸兼未丑
娶謝氏諱謹娘號勤順生雍正癸丑年十一月十五日酉時
卒嘉慶辛酉年八月廿九日申時葬侯查
子二　長大掐　次大揉
先隨公字君時號孝信　敦睦公次子生乾隆丁巳年十月廿
四日巳時卒乾隆乙亥年十月初六日亥時尾棺葬本山石
礫頂鮎魠坑坐壬向丙兼子午
子一相傳抱養
先揣公字君齊　敦睦公三子生乾隆戊辰年二月廿一日亥

時卒乾隆　年十一月初四日　時瓦棺葬古井塤後虎
具照日坐戌向辰兼乾巽
子一　大接襲
先欽公字君若號淳厚　文圃公子生乾隆庚午年六月十六
日丑時卒嘉慶巳卯年十一月廿三日未時瓦棺葬本山十
八間先生塋坐庚向甲兼酉卯
娶葉氏諱騳娘號慈懿生乾隆庚午年二月十四日丑時卒
道光辛卯年十二月十一日寅時瓦棺合葬本山十八間坐
庚向甲兼酉卯
子四　長新禧　次神盼　三華亭　四清楚
先挺公字君道一字君拔號正業　義正公長子生乾隆甲子

年九月十九日巳時卒乾隆戊申年八月初二日辰時瓦棺
塟本山眞武踏龜石頭脚坐西向東
娶余氏諱甘娘生乾隆辛未年五月初五日酉時往臺
子　八語　八琪俱往台

先惠公字君迪號吉業　義正公次子生乾隆巳巳年正月十
四日辰時卒道光丁亥年正月廿九日辰時
娶謝氏諱香娘號徽柔生乾隆乙亥年十一月廿四日辰時
卒嘉慶庚辰年三月十九日辰時公媽合塟犂坂後深埔坐
乾向巽兼辰
子四　長肇佑　次肇運　三肇武　四肇基

先綿公號渾雅
理化公長子生卒年月日時闕瓦棺塟本山

石礁頂狗母崙尾城隍賓坐　向　無傳

先繞公字君向　理化公次子生乾隆巳巳年十月廿八日亥時卒乾隆　年三月十五日　時瓦棺葬臺灣萬巡賓大坑頭坐北向南　無傳

先縱公字君度號渾英　理化公三子生乾隆癸酉年九月廿二日亥時卒乾隆丙戌年五月初二日夘時墓葬本山土名坐　向　查明

先維公號先德　理化公四子生乾隆丁丑年正月廿六日酉時卒嘉慶乙丑年十一月初五日辰時墓葬本山坐　向

先繳公字君繹　理化公五子生乾隆乙夘年十一月初十日辰時卒　年　月　日　時及　地俟查

娶謝氏諱晉娘生乾隆丙申年五月初十日巳時卒年月日
時壙地查詳
子　八林承繼

十七世鎮二啟文公二古愚公派先字行

先磊公字砦拔號宏智　正烈公長子生雍正癸丑年二月廿
四日巳時卒乾隆辛卯年七月初一日申時瓦棺塟本里石
礶鴨母斗山坐午向子兼丙壬
娶謝氏諱拙娘號莊儉生雍正乙卯年二月廿二日申時卒
嘉慶庚午年九月初七日辰時享年七十有六塟地俟查
子四　長八節　次八卿　三八鄉出繼　四八揆出繼

先曧公
正烈公次子生雍正甲寅年十二月十五日午時卒

年月日時往臺殁葬在臺

娶孺人蘇氏諱皆娘生乾隆丙辰年九月　日　時卒　年月

闕瓦棺葬本山　坐未向丑兼丁癸

子二　長克肖　次人澤俱皆

先贏公號靖懷　正烈公三子生乾隆庚申年正月十三日酉

時卒乾隆庚寅年二月初三日未時瓦棺與母吳氏合葬本

里石礫山中崙大石後坐戌向辰兼乾巽

子　人卿承繼

先鼎公字君　號進珍　正烈公四子生乾隆甲子年四月十

六日戌時卒乾隆癸丑年十一月初六日　時往吧卒

娶陳氏　娘生卒年月墳墓査明

子一　雙基

先鼎公　正烈公五子生乾隆丙寅年五月廿三日酉時往臺卒嘉慶　年月日時及塋地俟查

先𩕄公號淑美　正烈公六子生乾隆戊辰年十月廿一日戌時卒乾隆　年四月初十日　時往吧歿塋在吧

待贈處士先鑫公乳名廷恩官字君施號賢敏　志芳公子念先曾髫齡穎異負史窮經赤佩觿能我知赤佩韘能我甲童試屢拔前茅方祈年髫德高登泮野而欣歌鹿鳴胡家懸如磬出北門而憂思終寠致使遂顯而晦又其甚者當念歲春小登追年冬別偶僅留一綫四月之遺腹子耳生乾隆乙亥年五月十八日丑時辛丑冬往吧卒乾隆戊申年正月初七

日巳時

娶孺人蘇氏諱伴娘號貞儉當念歲春于歸廸年冬别偶貧養病軀姑姑無以酬大孝言願來世轉爲其順婦清撫遺腹子子豈僅荷至慈長得名世因有此節幃至若以女紅供家緣勤儉而免侵漁特其餘耳迨及同治甲戌年孫山長報文旌表節孝欽賜匾音生乾隆辛巳年三月初六日辰時卒嘉慶乙丑年六月十八日午時嘉慶甲戌年十二月十三日瓦棺塟本里石礶山土名大坋山麓田側坐辛向乙兼戌辰

子一　太陽

十七世鎮二徙忝温和公潔垷派先字行

先完公字君美號正平　端肅公長子生乾隆丙辰年十二月

初四日酉時卒乾隆乙巳年四月初三日　時棺瘞石礶山
狗母崙尾城隍寮坐午向子兼丁癸
娶葉氏佑娘號徽柔生乾隆丁巳年七月廿四日巳時卒嘉
慶庚午年十二月初三日午時瓦棺瘞石礶山鏡面頂坐寅
向申兼艮坤
子五　長蟾宮　次有志　三攀林　四大儼　五餘春

先曜公字君光號明輝　端肅公次子生乾隆甲子年正月十
七日夘時卒嘉慶丙辰年正月十六日酉時瓦棺瘞石礶下
翁崙尾田中秧坐乾向巽兼亥巳
娶許氏研娘生乾隆辛未年正月初九日寅時卒道光癸巳
年十月初七日辰時瘞俟查

子六　長丕承　次結承　三培承　四贏承　五奇香

六芳承

先謳公字君吟號咏歌　端肅公三子生乾隆丁夘年六月初

三日寅時卒嘉慶壬申年二月初七日酉時棺塟本里石礑

山茶心埔坐　向

妣顏氏諱娘號淑順生乾隆丁丑年六月十三日巳時卒嘉

慶壬戌年七月廿九日酉時棺塟石礑山牛尾胡脚惠安墓

內坐　向

子二　長人珍　次人尊

先池公號正德　端肅公四子生乾隆巳巳年十一月廿五日

辰時卒乾隆甲辰年十二月初五日　時尾棺塟石礑山惠

安墓内坐北向南　娶葉氏音娘改節

子一　人受

生康公字君達號守亭　安逸公長子生乾隆己未年十一月十九日辰時卒乾隆己酉年五月初六日巳時享年五十有一棺瘞本里牛胆頭山仔田中坐壬向丙兼子午

娶陳氏宜娘號勤慎生乾隆辛酉年七月十九日子時卒道光甲申年閏七月廿四日寅時棺瘞本里石礦山大坋内坐乾向巽兼亥巳

子六　長大亨　次大京　三重限　四賜馬　五百決　六百鈞

先彌公字君謨號諧亭　安逸公次子嘗立礫坑房屋一座坐

辛向乙兼酉卯生乾隆辛酉年十月廿九日酉時卒道光壬
午年十一月廿八日未時享年八十有二棺葬本里石礁山
鮎鯱坑坐辛向乙兼戌辰
娶謝氏佔娘號莊幃生乾隆癸亥年十二月十四日申時卒
道光壬午年六月廿九日子時棺葬本里內腰格坐乙向辛
兼卯酉
子四　長人芸　次人祿　三人鳳　四人着
先恪公字君恭號榮業　安逸公三子生乾隆丁卯年五月初
二日午時卒嘉慶己未年十一月十三日戌時葬俟查
妣謝氏玉娘號順德生乾隆乙亥年六月十一日寅時卒乾
隆甲寅年十月廿三日辰時葬地俟查

子四　長人仲　次人岱　三人八　四人伋

先巢公字君居號純仁　進軒公長子生乾隆壬戌年八月廿二日寅時　嘉慶辛酉年三月初四日辰時享年六十厐棺葬本里覆鼎金崙坐坤向艮兼未丑

娶孫氏勸娘號守勤生乾隆丙寅年七月初五日酉時卒嘉慶癸亥年二月初六日未時棺葬本里師光垵覆鼎崙頭坐丁向癸兼午子

子四　長人達　次人晏　三人緞　四人畜

先棡公字君突號純德　進軒公次子生乾隆戊辰年七月初二日亥時卒乾隆庚辰年十月十七日卯時厐棺仝胞伯[illegible]公仝葬本里虎尾鄉內腰格崙坐寅向申兼艮坤無傳

先杬公字君乾號純智　進軒公三子生乾隆癸酉年十二月二十日亥時卒嘉慶癸亥年八月廿三日寅時享年五十有一棺葬本里崎　仔坑坐辛向乙兼戌辰

娶王氏登娘號儉柔生乾隆丙子年九月初十日酉時卒乾隆癸丑年十月初六日辰時厝棺葬本里石礦鴨母斗山坐辛向乙兼酉卯

繼妣張氏水娘號慈顔生乾隆庚午年九月廿五日寅時卒道光戊子年三月初五日午時厝棺葬本鄉恭洋楓樹墘坐艮向坤兼寅申

子三　長八王　次八扁　三八仄（偕前妣出）

先樸公字君誠號純信　進軒公四子生乾隆丙子年二月十

一日亥時卒嘉慶庚午年五月十四日卯時享年五十有五
厇棺與男通理公仝塟本里劉坂林坐亥向巳兼壬丙
娶葉氏五娘號順柔生乾隆巳卯年十一月初一日未時卒
道光庚子年六月廿九日卯時享年八十有二棺塟本鄉温
厝墘坐酉向卯兼庚甲
子一　人貫
先柒公字君政號純禮　進軒公五子為入學宗孔孟詩繼李
杜祇父恭兄上和下睦　姪孫則通敬序　公生乾隆丁
亥年正月初七日辰時卒嘉慶庚辰年十二月初五日午時
厇棺塟本鄉後林大石下厇棺塟坐西向東
妣張氏儼娘號端閨生乾隆戊子年九月初十日酉時卒咸

豐辛亥年十二月初七日夘時木棺塟本里師光垵坐南北

子三　長八擅　次八樠　三八標

先抵公號淳性　徽美公長子生乾隆己巳年十一月十七日

寅時卒乾隆壬子年五月十二日夘時塟俟查娶氏娘攺節

子三　長八理　次八贊　三八桃

先撮公　徽美公次子生乾隆癸酉年三月十九日寅時往吧

娶陳氏

先庚公號明雲　徽美公三子生乾隆丁丑年正月初七日酉

時往吧卒乾隆壬寅年十一月十二日　時

先猷公字君謀　徽美公四子生乾隆壬午年正月初十日午

時卒年月日時及塟地俟查

娶葉氏悉娘生乾隆庚寅年七月初六日卯時卒咸豐癸丑
年十一月初二日　時瘞地俟查
子二　長人菊　次人荷
先陣公　徽美公五子生乾隆甲申年十一月三十日戌時卒
不知年月瘞俟查
先規公字君周號爲準　智盛公長子生乾隆壬申年十二月
廿五日未時卒乾隆壬子年十一月初四日辰時凥棺與父
仝壙本里鴨母斗山崙坐亥向巳兼壬丙
娶葉氏腰娘改節
子四　長人水　次人勅　三人葉出繼　四人冊
先矩公字君旋號爲方　智盛公次子生乾隆壬午年正月廿

四日寅時卒嘉慶戊午年十月十六日卯時墓葬俟查
娶葉氏覲娘敃節
子一　人多
先麃公號爲格　智盛公三子生乾隆辛卯年十月廿三日
時卒不知年月及塟俟查
先閩公字君歲號成歲　智盛公四子生乾隆癸巳年閏三月
初一日寅時卒道光己亥年十二月三十日亥時棺塟俟查
娶葉氏賤娘號貴儉生乾隆丁酉年十二月廿九日酉時卒
道光癸卯年九月廿四日丑時塟俟查
子二　長八柔　次八曲
教我公字君方號古直　新置公長子生乾隆丙子年三月十

三日丑時卒乾隆丙午年十月三十日寅時棺塟本里觀音
寨脚坐寅向申兼甲庚
娶葉氏次娘號端閫生乾隆戊寅年九月初一日亥時卒
年十一月初十日　時棺塟本里虎尾鄉内腰崙坐
癸向丁兼丑未
子二　長合意　次八勁

雙陸公字君爻號古肆　新置公次子生乾隆巳卯年閏六月
廿八日午時卒嘉慶辛酉年三月初三日酉時尾棺塟本里
虎尾鄉内腰壠頭坐癸向丁兼子午
娶蔡氏笑娘號淑慎生乾隆庚辰年七月二十日子時卒道
光壬午年十月廿二日　時棺塟本里恭林百長圳口坐癸

向丁兼子午

子三　長添喜　次八彭　三八扼

輔世公字君　號管謀　新置公三子生乾隆壬午年十二月日郊時卒嘉慶丙寅年十二月初三日戌時棺塟本里內腰格坐郊向酉兼甲庚

娶葉氏佳娘號端儉生乾隆癸未年十二月初五日　時卒乾隆丙午年十一月十二日巳時尾棺塟牛脰頭坐　向

繼娶許氏時娘號靜慈生乾隆辛郊年七月初八日午時卒道光乙酉年六月初四日子時棺塟石礦山鏡面頂坐子向午兼癸丁

子二　長八寬嗣子　次八立許氏出

崇高公字君升號如嶽　新道公四子生乾隆丙戌年三月十
九日寅時卒道光丙戌年正月廿二日午時享年六十有一
棺葬本里虎尾鄉內腰鳳湖坐乙向辛兼夘酉
娶林氏閨娘號柔順生乾隆丁亥年十月十三日午時卒嘉
慶丙寅年五月十二日辰時棺葬本里石礫山大坋犁壁灣
內畬田頂坐壬向丙兼
子二　長八轉　次八要
先荃公號古厚　新道公五子生乾隆庚寅年五月十四日未
時卒嘉慶辛酉年十月初九日巳時尾棺葬本里虎尾鄉內
腰坐夘向酉兼甲庚　無傳
先定公字君靜　新置公六子生乾隆甲午年三月廿二日辰

時卒年月日時失乏棺瘞本里內腰鳳湖中崙坐乙向辛兼

娶張氏扳娘生乾隆庚子年十二月初四日午時卒嘉慶庚

午年二月廿七日　時葬俟查

子一　人聘

鎮二敬齋公長房派先字行

先照公　光赤公長子生卒年月無考

先澎公　光赤公次子生卒年月無考

先涉公　光赤公三子生卒年月無考

先朝公　光赤公四子生卒年月無考

先圍公　光赤公五子生卒年月無考

有命公　光赤公六子生卒年月無考

先部公　光玉公長子生卒年月無考

先重公　光玉公次子生卒年月無考

先興公　光玉公三子生卒年月無考

四貴公　光玉公四子生卒年月無考

先澗公　光玉公五子生卒年月無考

此札同胞兄弟九人按俱往臺果是敬齋公長房之曾孫今居在楓仔林土庫其後繩繩余所不知

鎮二敬齋公二石礶義德公派

先取公　義德公長子生乾隆甲戌年五月二十日辰時卒乾隆甲辰年六月初二日辰時瓦棺塟石礶上翁崙田中坐庚向甲兼辛寅

成裁公　義德公次子生卒無考往吧無回有主無墓

先開公號永業　義德公三子生乾隆乙酉年九月初五日酉時卒道光甲午年八月十四日巳時木棺葬石礫山土名大崙邊坐壬向丙兼子午

娶李氏諱尾娘號情厚生不知卒南邑魂歸骸無歸有神主無墓卒嘉慶甲戌年八月十四日巳時

子二　長人芳　次人祝出繼

待贈名沙觀字君熹號存心　義德公四子爲人樸實志量寬宏勤儉成家廣置田業而增家室生乾隆戊子年十月十八日寅時卒道光巳酉年十二月廿七日辰時木棺全與

妣尤善佴氏合葬泰山嚴嶺脚土樓後田中竪牌後有誌銘

併據穴坐丁向癸兼未丑
娶孺人蔡氏號本善生乾隆甲午年十一月初四日子時卒
嘉慶丁巳年九月十八日辰時㞐棺葬本山石礁土名雙乳
山脚坐辛向乙兼戌辰
繼娶孺人傅氏諱益娘號尤善生乾隆戊戌年十一月廿五
日卯時卒咸豐甲寅年十月十八日酉時享年七十有七木
棺與八令莚
子三　長八禮　次八發　三八羽學
先乾公號文正　義德公五子生乾隆壬辰年十二月廿一日
未時卒嘉慶庚申年五月廿九日未時㞐棺葬石礁土名崩
山頭坐亥向巳兼壬丙　妣　氏　娘政節

子一　八妹

先甲公號于成　義德公六子生乾隆丙申年十二月初八日

辰時卒嘉慶丁丑年十二月十六日子時厇楣塟石磯山地

號御兒崙坐癸向丁兼子午

娶大宇顏諱儉娘號信全生乾隆甲辰年五月十五日酉時

卒道光乙未年二月十一日酉時瓦楣塟石磯山風古格脚

坐北向南

子三　長八爾　次八再　三八正

清懷公字君澄　廷軒公子往臺不知生卒年月俟查

娶　氏　娘不知生卒年月俟查

子一　八　出繼

先算公字君　號遐齡　美德公長子生乾隆癸未年　月
日時卒嘉慶丁丑年十二月廿九日　時厝棺塟本山鵬
雛口後溝畬崙頭坐丁向癸兼未丑
娶陳氏諱約娘生乾隆庚寅年九月初十日酉時卒嘉慶壬
戌年七月初四日未時塟本里山坛頂流磜庵崙中坐辛向
乙兼戌辰
繼娶周氏諱癸娘號節安生乾隆丙戌年十一月十二日寅
時卒道光丁亥年正月廿七日丑時享年六十有二塟本山
山坛頂流磜大垅外土名牛運堀垵崙坐子向午兼壬丙
子四　長八細　次八盞　三八培　四八修
先設公字君　號植理　美德公次子生乾隆壬辰年三月初

七日辰時卒道光庚子年十月初九日辰時
娶錢塘許氏諱究娘號懿淑生乾隆丙申年二月十七日亥
時卒道光丙午年十月初一日戌時木棺塟本山土名山豬
湖埔池頂中崙仔坐癸向丁兼子午
子五　長八河　次八春　三八于　四八荷　五八糊

美德公三子爲人尊師重儒敬
神存樸好善之義生乾隆甲午年正月初四日丑時卒道光
辛卯年十二月十七日辰時木棺塟本里土名後壠圭心崙
路頂右畔墓坐壬向丙兼亥巳

待贈植恩公諱先緣字君長
娶蘇氏諱京娘號懿周生乾隆巳亥年二月十二日午時卒
道光癸卯年閏七月初五日未時木棺葬本里石坵土名虎

毋朝崙路下田中坐壬向子兼丙午

子二　長大成(承繼)　次榮華

先推公號植保　美德公四子生乾隆壬寅年四月初五日巳
時卒嘉慶壬戌年九月十四日未時葬本山後壠土名柴橋
寮崙內垵坐未向丑兼

子一　八入(嗣子)

先固公字君堅號秉執　秉和公長子生乾隆乙酉年七月十
三日巳時卒嘉慶丁卯年六月初四日辰時墓塋本山土名
坐　向

娶趙氏快娘號心意生乾隆甲午年十一月十三日辰時卒
嘉慶　年三月初三日亥時葬本山山猪湖茶林垵坐向

子二　長人嵩殤　次人課

先倍公字君萬號中士　柔和公次子生乾隆甲午年四月十三日辰時卒道光丁酉年正月初三日子時尾棺塟烏材林田中土名車碓坂坐未向丑兼坤艮

娶陳氏諱送娘號迎節生乾隆戊戌年十一月十五日辰時卒咸豐戊午年四月初九日未時塟鎮撫土名尾窯墘尾坐丑向未兼艮坤

子三　長人淑　次人褎　三人悟

先恪公號敦厚　克枝公子生乾隆庚寅年六月初一日午時卒道光辛卯年三月廿九日酉時木棺塟本山下石坵外土名尾林中崙似三腳木坐壬向丙兼

娶陳氏諱戎娘號慈性生乾隆丙申年十月三十日未時卒
嘉慶丙子年二月廿七日未時葬本山土名鵬雞厝對面林
仔口中崙仔坐酉向夘兼辛乙
子三 長八額 次八巍 三八高
先宛公字君 克寧公長子生乾隆丁酉年三月初一日夘
時卒道光 年 月 日 時尾棺葬本山後山頭張宅
外崙坐坤向艮兼未丑監碑
子一 球琳承繼
先寓公 克寧公次子生乾隆 年 月 日 時卒
年 月 日 時葬山豬湖外壠中崙坐乙辰向辛戌
十七世鎮二房三成文公派先字行

先日公字君月號明旺　丹標公長子生乾隆丁巳年七月廿
四日未時卒乾隆己酉年七月初五日酉時棺塟本里烏材
林對面林仔後坐午子兼丙壬　娶洪氏諡節
子三長八褥　次八干　三八鏡
先國公字君　號呈與　丹標公次子生乾隆乙丑年十二月
初四日酉時卒嘉慶甲戌年十一月初三日酉時棺塟烏材
林蛇仔崙坐丙壬兼午子
娶周氏諱勸娘號順成生乾隆癸未年十月十八日寅時卒
嘉慶庚辰年十一月廿八日丑時尾棺塟本鄉仙境田中坐
夘酉兼乙辛
子四　長八聽　次八兩　三八茹　四八志

先堯公　寬厚公長子生乾隆丁夘年九月十四日亥時往吧
殁　無傳

先吽公號明唱　寬厚公次子生乾隆戊寅年十月十三日戌
時卒嘉慶巳夘年閏四月初七日未時厝棺塋罕莱內崙坐
癸向丁兼子午
子一　八喃〔嗣子〕

先魯公字君邦號星師　還轅公子監造鎮撫寮尾門稻庭尾
厝一座生乾隆辛未年九月初九日辰時往吧卒慶嘉壬戌
年十一月三十日酉時塟在吧
娶葉氏網娘號淑範生乾隆巳夘年十月初八日辰時卒道
光辛巳年七月廿五日戌時棺㙲本鄉山坛山林仔後崙坐

癸丁兼丑未

子二　長進得　次生長

先作公號周綏　心通公子生乾隆癸未年十一月十七日酉

時卒道光壬午年正月二十日未時墓葬走馬格頂坐甲庚

兼卯酉　無傳

先釀公號月一　任意公長子生乾隆庚午年六月廿八日酉

時卒嘉慶庚申年十一月廿七日亥時葬地闕　無傳

先嗪公字君僽　任意公次子生乾隆己卯年八月十二日丑

時卒失棺葬本山赤嶺巷下坐丑未兼癸丁

娶劉氏恐娘生乾隆辛卯年六月廿六日亥時卒失葬赤嶺

巷左畔墻圍邊坐午子兼丙壬

子　人爵嗣子

十七世鎮二房樂山公對面山祖心逸公派先字行

先衍公字君易號生耆　艮齋公長子生雍正庚戌年正月廿三日辰時卒乾隆甲午年五月初三日丑時葬本里鵬雛尾壠崙祖墓內坐乙辛兼卯酉

娶葉氏孰娘號孝恕生雍正壬子年四月初九日戌時卒乾隆庚子年十二月初四日卯時葬本山鵬雛尾墘田頂坐艮坤兼丑未　後塟坐坤艮未丑

子一　人騷

先謨公字君謀號生明　艮齋公次子生乾隆丙辰年八月廿二日辰時卒乾隆丁酉年九月初七日巳時尾棺塟本鄉下

格仔山頭崙水埕下坐乾巽兼亥巳

妣葉氏錫娘號友恕生乾隆辛酉年六月十七日巳時卒嘉

慶丁卯年七月廿七日酉時塟本鄉鵬雛口后山頭崙後坐

坤艮兼未丑

子三　長人詞　次人邁　三人鄒

先逖公字君法　艮齋公三子生乾隆庚申年十二月十四日

辰時往臺卒

娶葉氏賽娘號懿敬生乾隆甲子年正月十五酉卒塟侯查

子一　神助

先圖公字君瑞號河文　媿齋公長子生雍正癸丑年三月初

三日酉時往吧卒乾隆甲辰年三月二十日寅時享年五十

有二塋在吧
娶孺人吳氏促娘號順勤生雍正乙夘年六月初九日午時
卒嘉慶乙亥年十一月十一日寅時享年八十有一瓦棺塋
本山流磜口格坵後新路崙田頂坐丁癸兼午子
子五　長人紅　次人綿　三人瑾　四人禱出繼
五人舗
先因公字君仍號河香　媿齋公次子生乾隆庚申年五月三
十日酉時卒乾隆乙夘年七月廿四日未時棺塋本鄉到坐
墘埔坐癸丑兼丁未
娶龔氏還娘號慈愛生乾隆壬戌年七月十一日丑時卒嘉
慶壬戌年六月十三日寅時瓦棺塋本鄉條仔崙坐乾巽兼

戊辰

子一　人拙

處士先日公字君稱號遜齋　媿齋公三子生乾隆丙寅年二
月十四日辰時卒乾隆庚寅年十一月廿五日酉時棺葬本
鄉尾橋宮崎田角坐乙辛兼卯酉
妣葉氏箴娘號勤敬生乾隆丁卯年八月初六日午時卒道
光壬午年八月廿五日丑時棺葬本鄉橫壠後崎坑仔崙坐
申向寅兼坤艮

子一　人禱承繼

先圃公字君玉號河星　媿齋公四子生乾隆戊辰年八月十
四日巳時往吧卒乾隆己酉年四月廿九日辰時葬在吧

妣吳氏 祖娘謚柔順生乾隆丙子年四月十一日午時卒乾
隆甲辰年七月廿五日午時葬本山湖頂大坡頭氈鼺溜尖
坐戌辰乾巽
子一 八栂
先統公字君 號呈業 爵祿公長子生乾隆癸未年正月二
十日辰時往吧卒嘉慶丁丑年四月初五日 時在吧
妣 氏 娘生卒年月不知
子三 長福星 次珍俱在吧邦 在家承繼子八每
先彪公字君憑號呈瑞 爵祿公次子生乾隆丙戌年五月十
九日丑時卒道光丁酉年正月十四日戌時棺葬本山十八
間丁班湖頂祖墓下坐坤向艮兼未丑

妣吳氏鶯娘諡執恭生乾隆辛丑年七月廿二日戌時卒道
光庚戌年二月廿三日申時尾棺葬本里鵬雞口竹林田中
坐坤向艮兼申寅
子七　長人措　次人每(出繼)　三人存　四人闞
五人抽　六人砌(出繼)　七人澮

先堪公號珍樸　爵祿公三子生乾隆戊子年八月初九日丑
時卒乾隆巳酉年閏五月十三日子時葬本山山坛頂大麥
壠尾坐申向寅兼坤艮無傳

先頗公號程樸　爵祿公四子生乾隆壬辰年九月廿一日辰
時卒嘉慶壬戌年六月初七日午時葬本山十八間漳浦仔
娘伯公墓內坐夘向酉兼乙辛無傳

先鈞公字君蔚　爵祿公五子生乾隆乙未年十月初一日亥時往吧卒
妣　氏　娘生卒年月失謚塟地闕無出
嗣子一　八砌
先瑚公字君裁號馨宜　爵祿公六子生乾隆癸卯年八月廿四日丑時卒道光辛夘年十月廿八日寅時尾棺塟本里山坛頂豆濟尖前横崙上坐亥向巳兼壬丙
妣吳氏星娘謚貞愛生乾隆辛亥年二月廿八日亥時卒咸豐巳未年九月十九日夘時棺塟本里參林大灓外崙頭坐巽向乾兼辰戌
子三　長嗣子八瓊　次八旺　三八溪吳氏出

十七世鎮撫二房三對面山祖樂山公三房鳴高公派先字行
恩祜公字號失　結齋公長子生乾隆甲戌年六月廿五日巳
時卒乾隆乙未年九月十三日未時棺葬本里鼉山後尾者
崙外坐丁向癸兼午子
嗣子二承繼長僭權承繼次再居
欽敬公字君文號正文　結齋公次子生乾隆己卯年閏六月
十四日酉時卒道光乙未年三月初四日午時棺葬烏石壠
苦竹後崙坐乾向巽兼亥巳
妣陳氏浸娘謚順儉生乾隆丙戌年正月初五日未時卒道
光庚子年六月廿四日子時葬本鄉烏材林杉仔坐壬向丙
兼子午

子二　長人滋　次人脱

錆祐公字君遙號春文　結齋公三子生乾隆乙丑年十一月十四日子時卒道光乙酉年六月十九日亥時棺葬本鄉烏材林山子坐壬丙兼子午

妣李氏戊娘謚戊慈生乾隆庚子年十一月初四日戌時卒道光癸卯年十月廿六日寅時棺葬本鄉烏材林窖光後坐癸向丁兼子午

子三　長人飯　次僭權出繼　三再居出繼

順孝公字君惕號忠文　結齋公四子生乾隆癸巳年五月廿日酉時卒道光戊申年十一月十二日子時棺葬本鄉湖頂寮竹坡頭坐坤向艮兼未丑

妣劉氏愿娘號儉德生乾隆壬寅年五月廿七日申時卒同
治壬戌年十二月廿二日亥時尾棺葬烏材林窩光後坐卯
向酉兼甲庚

子三　長八老　次八喬　三八江

仲元公字君吉號正泉　秩齋公長子生乾隆丙戌年九月十
九日巳時卒　年三月初五日辰時葬本鄉石碣頂石闕湖
坐東向西兼

妣王氏勸娘謚　生乾隆癸巳年五月初九日丑時卒　年
八月十一日子時棺葬本鄉烏材林山仔田中坐癸向丁兼
子午

子三　長泰驕　次八灣　三八瀨

先煎公字君尙　秩齋公次子生乾隆庚寅年五月初二日未
時而去臺
妣李氏珠娘生乾隆壬寅年四月初十日巳時
子三　長八頭　次八釵　三八僉與父母兄弟俱往臺
鎮興公字君詩號正性　和齋公子生乾隆壬寅年三月十九
日寅時卒道光乙酉年二月廿二日戌時棺葬本鄉烏材林
嶺頂頂土樓脚坐丙向壬兼午子
妣陳氏猛娘謚儉成生乾隆甲辰年十月廿二日未時卒同
治壬戌年十二月初九日寅時尾棺塟本山杉仔崙坐壬向
丙兼子午
子五　長八鬃　次八美　三八麒　四八麟　五八捷

天珽公字君冕號正徽　和齋公次子生乾隆壬子年十二月十五日巳時卒道光庚寅年十一月廿四日辰時尾棺葬本鄉山仔草腹內坐酉向卯兼庚甲

妣楊氏爲姻謚儉慈生嘉慶乙丑年九月廿六日酉時卒咸豐甲寅年七月初二日未時尾棺葬山仔窖尤後坐癸向丁兼子午

子一　八黍

天帕公字號失　和齋公三子生嘉慶丁巳年五月初三日寅時卒道光壬午年九月十三日未時在漳州無傳

肇基公號始迹　容齋公子生乾隆乙亥年九月十八日辰時卒嘉慶丁巳年十月十一日未時往吧卒葬在吧

妣蔡氏惜娘謚慈愛生乾隆辛巳年二月初十日子時卒道
光巳丑年十月廿八日寅時棺葬窰光後坐亥向巳兼壬丙
子三　長八鶴　次詩鳳　三天帆
先雅公字君言號頌詩　明哲公長子生乾隆戊寅年十一月
十七日酉時卒嘉慶乙亥年十一月廿四日辰時棺葬本里
烏材林苦竹後大坵脚坐庚向甲兼申寅
妣謝氏勁娘謚親順生乾隆丙戌年七月初九日酉時卒道
光壬午年十一月十三日寅時棺葬本里烏材林後尾者横
路頂坐甲向庚兼寅申
子一　八奢
先慶公字君艮號見周　明哲公次子生乾隆乙未年十一月

十八日辰時卒道光壬辰年八月廿九日酉時葬本鄉烏材林湖畲崙　崎頂
妣程氏蕉娘謚儉財生乾隆丙申年十二月初三日寅時卒道光癸卯年七月廿一日戌時葬本山山蓮崙坐甲向庚兼寅申
子三　長人鮨　八人鯆　三人鯤
先化公字君鑾號雍育　元正公長子生乾隆丙戌年七月初八日丑時卒嘉慶甲子年七月廿二日戌時往吧千
妣蔡氏滿娘謚慈堂生乾隆乙未年十月初八日亥時卒嘉慶壬戌年九月廿一日戌時尾檜葬本鄉山坛頂赤土貢坐寅向申兼甲庚

嗣子一　天鋼

嫣記公字君憶號失　元玉公次子生乾隆庚寅年十月初四日戌時卒道光辛巳年十二月十七日戌時厝棺埜本里後山頭崙坐酉向卯兼辛乙

妣王氏族娘生乾隆辛卯年五月十三酉時卒道光壬辰年四月初七亥時瓦棺埜本山石坵土地崙坐酉向卯兼辛乙

子三　長八千　次天鋼出繼　三積拖

先淇公字君室號庭見　正誼公長子生乾隆丙寅年九月初七日未時卒乾隆甲寅年六月十七日巳時厝棺與父親仝埜本里橫壠蜈蚣形崙美坐　向

娶蔣氏恬娘號論慈生乾隆甲申年九月十九日酉時卒嘉

慶壬戌年五月廿八日酉時瓦棺葬本山十八間崙尾鵬口
林頭穴似獅形坐坤向艮兼申寅
子一　曾受
先匹公號失　正誼公次子生乾隆巳巳年九月廿八日亥時
卒乾隆戊戌年四月廿九日申時往吧卒
先丑公號庭寅　正誼公三子生乾隆癸酉年七月廿六日酉
時卒乾隆庚戌年十一月十九日酉時往吧卒
先箸公字君碗　正誼公四子生乾隆庚辰年正月初一未時
娶鄧氏寬娘號　生乾隆丙申年十月初十日寅時公媽
往臺卒年月日時墓在臺
子三　長人陣出繼　次人倫　三人檛出繼兄弟俱往臺

先歆公號程血　正誼公五子生乾隆甲申年二月十二日辰時卒道光庚寅年九月廿八日未時棺瘞鎮撫本鄉條仔崙坐辛向乙兼戌辰

承繼子　金陣往臺

安慶公字君賞　惻怛公長子生乾隆辛巳年四月十九日子時卒年月不知

娶莊氏　娘　生卒不知

子三　長人薑　次人雪　三人紅兒舅與父母俱往臺

先突公字號失　惻怛公次子生乾隆己丑年四月初四日寅時往臺

先鑽公字君堅號文程　霞善公長子建造烏材林峻尾房屋

一座坐丑向未兼癸丁生乾隆戊寅年九月十五日申時卒
道光庚寅年正月廿三日未時棺塟本鄉烏材林待衕畚崙
坐坤向艮兼未丑
妣陳氏呱娘謚儉德生乾隆己卯年二月十八日申時卒嘉
慶戊寅年五月廿四日戌時棺塟本鄉烏材林湖頂山潤格
後崙坐辛向乙兼戌辰
子三　長祖志　次人兆　三八寅
先鑠公字君　號文我　霞善公次子生乾隆辛巳年十一月
初二日酉時卒嘉慶乙丑年正月廿三日酉時塟本鄉紗帽
石脚坐丁向癸兼未丑
妣龔氏丹娘謚儉順生乾隆壬午年七月廿一日未時卒道

光壬寅年九月初八日午時尾棺葬本山私祖宅下菜豆崙
坐寅向申兼艮坤
子三　長人定　次人彖　三人單
先錠公字君　號　霞善公三子生乾隆甲申年五月初四日
子時卒年月失葬本鄉考墘田頂坐甲向庚兼夘酉
妣王氏　娘貶節
子二　長人寛　次人怙兄弟仝分居臺
先鋐公字君于號忠正　霞善公四子營立考墘房屋一座坐
癸向丁丑未生乾隆庚寅年五月初三日卯時卒道光乙未
年九月十五日申時葬本鄉湖頂祥雲仔坐丙向壬兼午子
妣鄭氏猜娘謚節義生乾隆庚寅年七月廿五日酉時卒道

戌丙午年五月廿二日卯時塟本鄉丁墘崙內外窩坐卯向

酉兼甲庚

子六　長桂香　次八彰　三八爍出繼　四八矽

五八盞　六八藹

先鍍公字君金號失　霞善公五子生乾隆丁酉年五月初四

日午時往居臺

妣許氏月娘謚淑芳生乾隆癸卯年三月十五日子時卒嘉

慶癸酉年正月三十日辰時塟本鄉烏材林碗廠壠坐酉向

卯兼辛乙

子四　長八般　次八神　三八敬　四八檣

先銅公號金器　霞善公六子生乾隆庚子年十月初二日酉

時卒嘉慶丙辰年十二月十八日子時塟本鄉湖嶺尾坐坤
向艮兼未丑
嗣子一　人燦
先禩公字君袍號文德　霞善公七子生乾隆乙巳年二月初
六日丑時卒道光乙巳年十月廿五日辰時塟本鄉碗廠崙
坐酉向卯兼辛乙
妣陳氏藿娘謚有梅生嘉慶戊午年十二月廿六日辰時卒
道光丙午年正月三十日酉時塟本鄉嶺尾崙坐卯向酉兼
乙辛
子三　長人執　次人渚　三象水
承長公字號失　學可公子生乾隆癸亥年九月十二日未時

往臺卒塟地闕無傳

先達公字君　號尚美　廸嚀公長子生乾隆壬申年三月十
六日酉時卒乾隆戊申年九月廿二日丑時棺塟本鄉烏材
林橑樹崙坐辛向乙兼戌辰
妣陳氏汀娘謚生乾隆壬午年正月初三日巳時卒道光癸
卯年二月初六日酉時塟本鄉烏材林峻溝坂坐甲向庚兼
子一　八治

待贈天賜公字君福號正美　師齋公長子生乾隆甲申年十
月初五日巳時卒嘉慶丙寅年十月初九日酉時棺塟本鄉
烏材林酒矸坵腳坐庚向甲兼申寅
妣孺人許氏于娘謚恭慎克儉克勤由始有而少有嬿屋宇

之狹窄爰命諸子搆華屋一座在量德公祖祠左畔號曰中
堙厝坐丑向未兼艮坤生乾隆丁亥年二月十六日卯時卒
道光癸卯年十二月初九日卯時享年七十有七棺葬本鄉
烏材林小三崙坐乙向辛兼辰戌
子六　長朝陽　次朝陛　三朝院　四朝陟　五朝[illegible]
六朝陞

天迎公字君致號受美　師齋公次子生乾隆辛卯年七月初
六日亥時卒咸豐壬子年正月廿三日亥時厝棺葬湖頂崖
墘崙坐酉向卯兼庚甲
妣葉氏緣娘謚慈　生乾隆甲午年七月廿八日卯酉卒咸
豐巳未年正月廿三日亥時厝棺葬本山鵬獅軍壠橋嶺頭

坐酉向夘兼

子七　長人趙　次人俊　三人石　四六藝　五人椽

六人桃　七太和

太學生志恩公諱先惠字君和號展美　樸齋公長子生乾隆辛巳年九月十七日戌時卒嘉慶辛未年閏三月十三日午時棺塟本鄉烏材林北坑坐癸向丁兼子午

妣孺人許氏勸娘謚慈懿生乾隆癸未年十月廿五日亥時卒道光戊戌年四月廿九日戌時塟本鄉烏材林中運崙坐寅向申兼甲庚

側室吳氏琴姐號勤榮生乾隆庚寅年九月十四日寅時卒道光丁酉年十二月廿四日辰時棺塟本鄉烏材林後尾者

崙坐巳向亥兼巽乾
子四 長人順娶許氏 次人蹤 三人駿 四人駿娶吳氏出
待贈先雌公字君時號梁美 樸齋公次子生乾隆庚寅年九
月十一日亥時卒嘉慶辛酉年五月十五日酉時棺塟本鄉
龜山穴號龜坐壬向丙兼亥巳
妣孺人陳氏前娘號守義生乾隆庚寅年四月十四日巳時
卒道光戊戌年七月初五日酉時厝棺塟本鄉石碣後坐壬
向丙兼子午
子一 天送
待贈鄉賓志忠公乳名先雄字君朗號昭美 樸齋公三子生
乾隆庚子年四月二十日未時卒道光丁亥年五月十五日

酉時棺塟本鄉烏材林碗㕑壠坐坤向艮兼未丑

妣孺人陳氏叠娘號守儉又守信生乾隆巳亥年五月初八日未時卒咸豐丁巳年十月廿九日酉時塟本鄉嶺尾宮對面宮壁坐坤向艮兼未丑

子二　長人硯　次人亥

待贈先科公字君程號文美　龍齋公長子生乾隆丁酉年八月二十日巳時卒道光甲申年五月初三日夘時　年四十有八塟本鄉湖頂外壠崙坐酉向夘兼庚甲

妣易氏専娘號莊一生乾隆丁酉年八月初七日申時卒咸豐丁巳年十二月廿四日未時享年八十有四塟本鄉烏材林坐　向　兼

子四 長五銓 次八鎧 三八魁 四鑾成

解緍公字君納號翕美 龍齋公次子生乾隆癸夘年五月十三日亥時卒道光癸巳年五月廿八日酉時享年五十有一棺塟本鄉泠水坑坐乙向辛兼辰戌

妣李氏得娘號貞意生乾隆甲辰年正月廿四日未時卒嘉慶庚午年十一月十九日亥時塟本鄉上坛仔崙坐申向寅兼庚甲

繼妣傅氏記娘號貞淑生乾隆乙巳年三月十二日酉時卒道光辛丑年十二月初六日亥時享年五十有六塟山芸頂崙頂六任埔右畔坐乾向巽兼

子四 長八鑑李氏出 次八帖嗣子 三光輝承繼 四八埕嗣子

鄉賓世忠公乳名天助字君滄號贊美　龍齋公三子營立嶺
頂長峻美房屋一座生乾隆丁未年六月廿三日亥時卒道
光己酉年十一月十六日卯時享年六十有三棺葬本鄉龜
山乾坐巳向亥兼巽乾
妣孺人葉氏月娘號莊敬生乾隆癸丑年八月廿四日巳時
卒咸豐辛亥年九月初一日午時享年五十有九尾棺葬本
鄉大嶺崙邊坐亥向巳兼乾巽
子三　長八昌　次八趣（嗣子）　三淡水
福星公字君祿號失　維善公長子生乾隆壬寅年二月十五
日辰時卒年月失葬烏材林暫竹後崙坐未向丑兼丁癸
妣梁氏九娘號運幼生嘉慶丙辰年八月廿一日辰時卒道

光癸未年三月廿一日亥時棺葬本烏材林苔竹後崙坐丁
向癸兼未丑
嗣子一　八載
親星公號愛美　維善公次子生乾隆乙巳年六月初十日卯
時卒嘉慶甲子年三月十五日酉時棺葬本山烏材林湖頂
苔竹崙頭坐申向寅兼庚甲　無傳
十七世鎮撫三房長茵內派先字行
先推公字君金　紛紀公長子生乾隆甲申年十二月廿一日
丑時卒棺葬在大嶺垵坐觀音尖葬地俟查詳再登記
娶許氏桂娘生乾隆庚寅年八月十四日午時卒道光　年
月　日　時墓在觀音尖脚大埔垵崙路頂坐西向東

子二　長八柯　次八吓出繼

先墻公字君隔　飭紀公次子舊記生卒年月失墓葬烏材林
土名後壁墩乾横路頂坐東向西
承繼子一　八吓

先賢公字君聖　飭紀公三子生乾隆庚寅年九月十三日丑
時卒年月失墓塟地俟查詳登

先用公字君我　直義公子生乾隆壬辰年三月十四日辰時
卒年月失墓塟地候查
娶程氏諱姑娘　改節

先外公字君餘　有侯公長子生乾隆壬辰年八月初七日辰
時卒嘉慶辛酉年十一月十九日申時塟本山俟查

先樣公字君斗　有侯公次子生乾隆丁酉年七月十六日午
時卒嘉慶乙亥年八月廿二日辰時葬本山侯查
先園公號山田今居烏石壠　發端公長子生乾隆甲辰年十
二月十七日卯時卒嘉慶乙亥年八月廿二日辰時墓塟烏
材林路邊墘尾坐未向丑兼丁癸
承繼子一　人鴉
先坑公號山溪　發端公次子生嘉慶戊午年七月廿六日戌
時卒道光辛丑年八月二十日未時墓塟在湖頂三垅崙格
仔畢邊坐子向壬兼午丙
娶洪氏　娘　改節
子二　長人鴉出繼　次人名

先他公號山碗　癸端公三子生嘉慶辛酉年五月十二日午時卒咸豐辛酉年七月初三日戌時享年六十有一墓葬湖頂尖脚外壠崖墘圳頭崙坐辛向乙兼酉卯
娶林氏諱徽娘號有德生嘉慶庚申年九月廿五日午時卒同治辛未年十一月初四日寅時葬在烏材林石壠本厝右畔田頂坐申向寅兼庚甲
子四　長八移　次八春　三八叅　四八秋

先輕公字君裘　五侯公承繼子生乾隆甲午年八月初五日午時卒嘉慶庚申年七月廿二日吉時墓葬本山俟查

承宗公字號失　丕基公長子生乾隆癸丑年九月初七日寅時卒道光丙午年九月初三未時

娶王氏諱尋娘號慈百生嘉慶丁丣年四月十八日辰時卒
道光巳酉年閏九月廿二日丑時墓葬在本山土名杉林垵
公暨妣同處相近坐　向
嗣子　長人籠　次人垂

新燈公號造清　丕基公次子生嘉慶丁巳年五月初五日寅
時卒道光丙戌年九月初七日酉時墓葬在山芸頂土名大
交壢坐　向
子一　神致嗣孛

先廳公字號失　丕基公三子生嘉慶乙丑年十月廿六日丑
時卒道光　年月失葬本山俟查

先全公字號失　天氣公子生乾隆丙申年六月十四日辰時

卒年月失塟地候查

十七世鎮三見裒公三房派先字行

先茂公字君暢　厚豐公長子生乾隆丁卯年四月初十日酉

時卒嘉慶甲戌年十月廿二日戌時墓塟在山坛土名鞦韆

壠崙坐東向東兼庚庚

娶張氏諱承娘號勤順生乾隆乙酉年八月十五日午時卒

道光癸巳年三月初五日午時墓塟本山土名後壠坐丁向

癸兼午子

子二　長八擯　次八頭往臺

先次公字號失　厚豐公次子生乾隆辛未年五月廿七日辰

時卒乾隆乙卯年八月初三日未時往畨卒塟在畨

先簿公　厚豐公三子生乾隆甲申年四月廿一日戌時卒年
月日時及墓俟查
先訖公號輝起　厚豐公四子生乾隆丁亥年七月初五日卯
時卒道光癸巳年四月初九日午時瓦棺葬在本山鵬雛外
柴橋尾崙坐亥壬向巳丙
娶留氏諱奎娘號復白生乾隆丁酉年十月初四日未時卒
嘉慶丁巳年八月初八日午時葬本里土名後山頭崙大壠
格邊坐北向南
嗣子　人兵
先竭公號輝力　厚豐公五子生乾隆癸巳年七月初五日卯
時卒道光癸巳年四月初八日亥時瓦棺葬鎮撫水尾龜

仔墓下田中坐戌向辰
娶賴氏諱亥娘生乾隆丙申年三月廿九日亥時卒道光癸
巳年四月十八日卯時瓦棺瘗鎮撫頂大墘頭路頂近希文
公塋左坐戌向辰兼辛乙
子二　長人遮　次人咖

天祐公號吉利　同侯公長子生乾隆戊寅年十二月十八日
丑時卒嘉慶庚午年六月十七日巳時墓瘗在本山土名后
山張宅外崙近坑坐申庚向寅甲
妣謝氏諱和娘生乾隆甲申年八月初一日卯時卒道光己
酉年三月　日　時墓瘗鎮撫下埧崙尾路頂坐東向西
子一　人嗲

大呂公字君仲號先方　同侯公次子生乾隆壬午年八月廿五日辰時卒道光　年月日時墓葬本山鵬鄉外土名三坂崙坐申庚向寅甲

娶吳氏諱二娘號四勤生乾隆甲申年八月初一日辰時卒道光　年月日時木棺葬鎮撫內寮壠頭崙坐未丑兼坤艮

嗣子一　人棕

先露公字君霜　質庵公長子生乾隆癸未年正月十七日寅時卒道光　年月日時木棺葬鎮撫頂埧格崙申坐庚向甲

妣林氏諱郁娘生乾隆己丑年十月十二日辰時卒歸窆八橋前男子王貼安塟王山

嗣子　人審

先樺公字君惱　質菴公次子生乾隆乙酉年八月二十日辰時卒嘉慶庚辰年十一月初十日辰時葬在本山土名候查

家和公　光汀公子生乾隆甲午年六月廿六日酉時卒葬在臺俟查

先馬公字君兵　光思公長子生乾隆壬辰年二月十四日未時卒墓俟查

先貼公　光思公次子生乾隆乙未年三月初七日吉時卒年月葬俟查

元參公　元凜公　元次公俱是光思公子按俱是在臺兄弟五人俱俟查

先親公號事宗　堅確公承繼子生乾隆乙巳年五月廿九日

午時卒道光尾年間往漳州回在路卒不知

雙承子　貽景

先桂公號門員　尅黍公子生乾隆庚戌年五月十六日酉時

卒嘉慶戊寅年四月廿七日寅時墓俟查

先紡公　光潤公長子生乾隆甲辰年十一月初三日未時卒

年月墓俟查

先侍公　光潤公次子生乾隆丙午年八月十二日辰時卒年

月日墓俟查

先皆公　光潤公三子生乾隆甲寅年六月廿一日辰時兒爾

按在外地生之人俟查

先質公字君新　光明公長子生乾隆戊子年八月三十日亥

時卒嘉慶年間十一月廿二日寅時塟地候查
娶陳氏諱謹娘攺館
子三　長一言　次赫宣　三孝惕出繼
先樓公字君高　光朗公次子生乾隆壬辰年十一月廿四日
申時卒嘉慶庚午年正月十四日卯時塟候查
承繼子　孝悌
先攺公字君能號國紂　直齋公長子生乾隆庚寅年閏五月
初一日卯時卒道光己酉年十月十三日丑時墓塟石礫土
名芹菜垵崙頭坐南向北
妣李氏諱過娘生乾隆壬辰年八月廿七日酉時卒道光癸
卯年三月廿五日辰時墓塟本里候查

子一　人恐

先睦公字君裕號萬益　直齋公次子生乾隆甲午年正月二十日寅時卒乾隆乙卯年八月廿九日酉時

娶吳氏諱針娘生卒年月及塟地俱俟查

嗣子　來傳

先琡公號萬石　直齋公三子生乾隆庚子年正月初九日酉時卒嘉慶乙亥年五月初九日艮時塟俟查

先最公　金懸公承繼子生乾隆乙未年四月初三日亥時往番無回

先雩公字君舞號萬福　金懸公承繼為次子生乾隆丁酉年五月初九日未時卒乾隆甲寅年六月十一日丑時墓與兄

先睦公仝葬在流坂鄉土名坐　向

先魏公　光照公長子生乾隆壬辰年正月十六日亥時卒嘉慶辛酉年五月廿九日　時葬候查

妣陳氏諱女娘號吾與生乾隆己亥年八月廿六日未時卒嘉慶辛酉年五月廿九日午時墓葬象山馬厝茶林灣坐西向東

先詩公字君誦　光照公次子生乾隆庚子年十月十六日郊時卒年月及塋地候查

先廉公號何魁　光照公三子生乾隆甲辰年七月初六日午時卒道光丙戌年五月十三日酉時葬候查

先汝公號何與　光照公四子生乾隆辛亥年二月十二日申

時卒道光乙未年三月初十日邓時塟地候查

先稟公字君旣號專軒　光令公長子生乾隆癸巳年五月二十日寅時卒道光辛丑年閏三月初二日吉時葬在本山山芸頂土名大交壠尾崙水埕頂坐癸向丁兼子午

娶龔氏諱系娘號德儉生乾隆丙申年四月十五日巳時卒咸豐辛酉年四月初三日申時厝棺與胞姆慈愼蔡氏合塟在參流坂后土地頂田內坐辛向乙兼戌辰

子二　長人嫖　次春芳

先纔公字君化　光令公三子生乾隆丁酉年六月初二日巳時卒嘉慶乙丑年四月廿一日巳時厝棺塟鎮撫土名獅形格外崙坐巳向亥兼巽乾

先朝公號貞德　光令公四子生乾隆庚子年八月廿一日子
時卒道光丁酉年十二月廿五日亥時在臺卒俟查
桂明公　光令公五子生乾隆戊申年六月廿二日巳時嗣子
人日生天助父子俱在臺無田
承祖公字君宗　光順公長子生乾隆甲午年正月廿三日丑
時往臺
嗣子　自修往臺
先雜公字君引　光直公次子生乾隆己酉年正月初七日未
時卒年月葬地俱俟查
老伯公　光直公三子生乾隆甲寅年十月初三日戌時卒年
月葬候查

承繼子　八權

先從公號文馬　百直公長子生乾隆丁未年八月廿五日寅時卒咸豐丁巳年三月初一日寅時墓葬在私山土名石崗崙尾棺與姪孫貽善公合葬坐壬向丙兼亥巳　無娶

先沙公　百直公次子生乾隆己酉年十二月廿九日寅時卒道光戊戌年六月廿九日戌時葬石礁虎空垵石頭腳坐向

先守公　百直公三子生乾隆壬子年五月初四日寅時卒嘉慶辛未年五月廿二日申時往臺卒無聞妣及子滿福俱是往臺

先博公字君奕　百直公四子生嘉慶丙辰年八月十六日酉卒年月葬地候查

先餘公字君力號有脩　光迎公長子生乾隆乙未年五月廿六日申時卒道光戊申年七月廿六日辰時尾棺葬私山土名石鬦頭古路頂坐壬向丙兼子午

妣謝氏諱約娘號本儉生乾隆戊戌年五月初四日辰時尾棺與長子八市公全壙卒道光丙申年正月二十日辰時

子三　長市　次沛澤　三連捷

先助公　光迎公次子生乾隆丁酉年佳月吉日時卒年月[illegible]

地俟查　娶廖氏緞娘改節

天與公號君懷　克候公長子生乾隆甲辰年十一月廿六日巳時卒嘉慶辛酉年十一月廿一日未時

娌葉氏救娘在葉家卒墓在本山俱俟查

先富公號君貴　克懷公次子生乾隆己酉年六月初七日戌時卒乾隆乙卯年六月十六日未時殤葬在本山

續古公　克懷公三子妣謝氏諱再娘生子諱人徙有配陳氏諱銅娘相隨往臺俱在臺

天德公　克懷公四子生乾隆甲寅年十一月初九日子時卒咸豐戊午年十二月廿六日巳時厝棺葬本參鄉土名古田寮壠石脚坐北向南

妣張氏郡娘號徽柔生嘉慶辛酉年三月十八日丑時卒道光丁亥年正月十六日午時瓦棺葬蒖林崙係石礫山坐西向東

繼娶林氏諱漆娘生乾隆甲寅年二月十一日子時卒咸豐

丁巳年三月十九日午時墓葬在參鄉馬厝山
子三　長馬愛　次馬貢張氏出　三馬力林氏出
烈足公號英才　克俟公五子生嘉慶戊午年四月十四日亥
時卒道光乙巳年七月廿二日巳時
妣吳氏諱量娘號寬懿生嘉慶巳巳年十二月廿五日午時
卒道光戊戌年閏四月初四日未時瓦棺合葬在私山土名
石岡頭水井按坐西向東
子二　長八用　次八只
先心公號傳授　光奎公承繼子生乾隆甲辰年十一月廿一
日寅時卒道光乙酉年四月初九日未時墓塟馬厝山土名
后屈坐庚向甲兼申寅

妣蘇氏諱占娘號勤儉生乾隆乙巳年正月十一日丑時卒
道光甲午年四月十八日戌時墓在石礶山土名畬內面向
鈞竹垵坐艮向坤是舊記
子三　長入厲　次入漢　三入滾
慈省公號謀爲　光奎公承繼子生乾隆己酉年二月十七日
午時卒道光己酉年六月廿五日卯時墓在石礶山土名竹
仔垵邊坐西向東
妣龔氏諱成娘號家益生乾隆辛亥年十月十四日午時卒
道光乙未年四月初十日午時葬在石礶山葉林內土名龜
仔畢坐西向東
子四　長入寧　次入王　三下蘭出繼　四入權俱出繼

敏寄公　光慶公子生卒不知往臺無回

先囬公字君倫　光腱公子生乾隆戊戌年五月十八日丑時

卒道光癸巳年十一月廿七日辰時墓在石礦山土名鷓鴣

石后坐南向北

先晉公字號不知　光鳳公嗣子生卒無可考往臺俟查

先水公字號　光布公長子生卒失俟查葬在鎮撫下垻大路

下水埕頂坐甲向庚兼寅申　娶葉氏昄館

嗣子　八柴

先奚公號世蚵　忠成公四子生乾隆乙巳年五月初四日丑

時卒道光已亥年八月十一日未時知外出是伊淢內木主

安葬抄集隨身無處查尋

繼妣洪氏諱慎娘殁節

子　長八单　次昆出繼　三浮出繼　四盐出繼外祖洪氏

先合公字號失　鑾宗公承繼子生卒無可考塟在鎮撫寨尾

兆仔崙岡坐北向南

玉麟公　愛宗公長子生乾隆癸卯年六月十七日子時卒道

光癸未年二月初八日午時瓦棺塟山芸頂土名流磜大坵

后坐　向

雙泉公字號　親順公嗣子生嘉慶丁卯年七月十九日丑時

往沙縣卒同治　年正月十一日　時

妣趙氏諱錬娘生卒俟查塟在鵬雛土名崎壠邊坐乙向辛

嗣子　先送三合承孫禮垵

十七世鎮三見襄公五房派先字行

先看公號永田　東丕公先候公二人合爲嗣子生嘉慶戊午年七月初十日未時卒道光乙巳年十二月二十日辰時尾棺葬在本山土名閩說流磜大坵后坐　向

娶吳氏諱寅娘前子許漢將神主并骨骸拾去請回錢塘山安葬

承繼子　仙栁今投在陳家時有三合承繼孫禮垵

十七世鎮三見襄公七房瓏頭格派先字行

先賞公字君月　忠撥公長子爲人寬宏和睦鄉隣廣置業産而增屋宇肇基湖畬厝書軒一座坐丁癸兼午子生乾隆庚寅年六月廿二日吉時卒道光戊戌年十一月十三日未時

享年六十有七瓦棺三遷葬烏材林土名鏡面崙坐丁向癸
兼午子
娶謝氏諱居娘號謙恭生乾隆庚寅年十一月初四日巳時
卒道光癸未年十一月十二日吉時享年六十有三葬本山
山芸頂土名流際湖石碎崙坐巽向乾兼辰戌
子六　長八熾　二八灘　三繩壽　四心安　五八蚋
六朝天
先趣公號爲養　忠援公次子生乾隆壬寅年五月十三日辰
時卒道光辛巳年十月十一日寅時墓葬山坛頂土名火燒
壠格大路頂坐癸向丁兼子午
妣陳氏諱鑑娘號倹德生乾隆壬寅年五月廿二日戌時卒

同治壬戌年十二月十二日戌時木棺葬本山土名下石坵
上圳崙坐巽向乾兼辰戌
子三　長人崎　次人雨　三人贍
先頊公字君托號厚斯　忠撥公三子生乾隆丁未年四月初
八日未時卒道光壬午年八月三十日亥時尾棺葬在山坛
山土名眼狗下山崙坐丑向未兼癸丁
娶李氏諱黍娘號德音生乾隆甲寅年九月十六日子時卒
道光壬午年三月十四日酉時尾棺葬在烏材林菜犁頭尖
坐丑向未兼艮坤
子三　長人鄉　次榮春　三夏花
先擴公字號不知　盡郎公長子生乾隆年間卒道光辛丑年

四月吉日時葬在本山下石坵土名塅崙外崙坐北向南
娶呂氏諱蔕娘生乾隆年間卒道光年間俱不知月日時俟
查塟在石坵觀音墓旁
子二　長八饗　次八梓
先唻公　係藎郎公三子生乾隆　年卒道光　年日時俟查
棺暫在壠頭格尖後崙下崙坐南向北
娶吳氏諱儒娘生卒無可考塟壠頭格下巷後崙仔大路下
坐西向東
子二　長八着　次子俱不知去向
先杜公　藎郎公四子生卒塟地俱俟查
從算公　佳盟公長子生卒無可考往南邑埔尾葉氏做外甥

無出

先籠公字君鑑號龍玉　佳盟公次子生乾隆癸卯年十月廿
九日酉時卒咸豐壬子年九月廿四日卯時尾棺葬外窖塔
斗宮崙後頂坐癸向丁兼丑未

妣鄧氏諱担娘號淑貞生嘉慶癸亥年正月初十日寅時卒
光緒乙卯年五月十二日未時葬烏材林龍灘崙尾

承繼子二　長人阜　次趙岌

先紹公字號　謂養公承繼子生卒及葬地俱俟　查

隨母公　忠威公長子生卒無可考

隨擢公　忠威公次子生乾隆乙卯年六月十六日辰時卒年
月不知

隨葛公　忠威公三子生嘉慶巳未年正月廿六日辰時卒年

不知

隨斐公　忠威公四子生嘉慶癸亥年　月　日　時卒不知

忠威公暨娶并四子俱是在吧邦生卒年月日時塟地不用

查尋子孫在吧興旺

先卦公號福底　忠利公長子生嘉慶丁巳年十二月廿九日

子時卒咸豐丁巳年十月初八日辰時墓塟烏材林土名土

空林崙坐南向北

娶陳氏諱梅娘生嘉慶癸酉年二月二十日卯時卒光緒戊

寅年八月初二日卯時在德化卒塟在德化黃土窰土名大

茶垵坐　向

子　長人箴　次人愰　三人梘　四人桂　五畨來出繼

先店公號酛反　忠利公次子生嘉慶己未年三月十一日辰

時卒咸豐　年十月十九日　時往吧邦無回卒葬在吧

娶　氏玫節

先額公號禧照　忠利公三子生嘉慶　年　月日時卒道光

年九月十八日　時厝棺葬在本山土名石坵蜈蚣形崙

左畔北坑攏尾坐東南向西北

承繼子　畨來

格英公字號　居侯公子生卒無可考葬地俟查

皆來公字君原號自遠　華禮公長子生乾隆癸丑年十一月

十五日午時卒道光戊申年六月十三日未時墓葬本山土

名山猪湖三脚椅仔崙近[illegible]叟公莊脚坐寅向申兼甲庚

娶蔡氏勤娘號克儉生嘉慶壬戌年十一月初七日戌時卒同

治癸亥年十月十二日亥時葬在烏材林土名七崎崙坐丁

向癸兼未丑

子四　長章獻　次人學　三人鑿　四五乙

先象公字君奕號有云　華禮公次子生嘉慶丁巳年正月廿

四日寅時卒道光丁未年六月廿四日未時墓葬磁窯對面

湖畲垵崙坐庚向甲

娶謝氏諱罕娘號克言生嘉慶甲戌年十二月三十日申時

卒同治壬申年九　十七日未時葬在本山土名虎環頂坐

酉郊兼辛乙

子二　長八查　次八飼　往臺

先蜂公字號　華禮公三子生嘉慶庚申年正月廿二日卯時

妣謝氏諱京娘相隨往淡水

先陳公　稱事公承繼子生　年　月　日　時卒年月日時

葬候查

先碟公　王侯公承繼子生嘉慶丙辰年八月　日　時卒咸

豐己未年八月廿三日　時葬窖對面土名鏡面外崙坐庚

向甲　無傳

先遜公字號不知　光閱公長子生卒葬俱候查

嗣子　八盤

先碾公字號不知　光止公長子生乾隆辛亥年　月　日

時卒道光　年良月吉日時葬墓烏材林罕萊內坐西向東
娶吳氏諱僻娘生乾隆甲寅年　月日時卒道光年　月日
時葬墓罕萊內坐壬向丙
子　八厥
先棱公字號不知　光蓮公子生乾隆辛卯年　月　日　時
卒道光癸巳　五月初五日　時葬鎮撫壠頭格后墻圍崙
坐戌辰兼辛乙
妣劉氏諱敀娘生乾隆癸巳年　月　日　時卒道光　年
月　日　時棺葬在本山新路格石草壠路頂坐庚向甲
子二　長八以　次八樹
先吡公號造成　光叚公子生乾隆癸丑年八月初六日酉時

卒道光庚寅年正月十七日寅時往沙坑窖生理卒葬此處
妣鄧氏諱媛娘生嘉慶癸亥年五月初九日酉時卒道光癸
未年九月初七日未時葬候查
嗣子　八郎回本家

先透公號江成　馬載公承繼子生嘉慶己未年十月廿三日
丑時卒道光丁未年六月廿七日巳時葬本山土名山坛頂
號祖墓崙坐辛向乙兼戌辰
妣陳氏諱返娘生嘉慶丙子年十一月十七日酉時
子三　長八像螟蛉　次壬水　三馬超出繼

先憮公號江連　光不公三子生嘉慶壬戌年六月廿九日亥
時卒同治甲子年八月初七日寅時尾棺葬大坵尾內掃篙

穴崙水堤頂坐辛向乙兼酉卯
承繼子　馬趙
有才公號德辛　光不公長子生乾隆乙卯年良月吉日時卒
道光庚寅年八月廿五日　時往寧林州剃頭卒葬在塚山
先尾公號方合　光規公子生乾隆戊戌年七月廿一日卯時
卒道光癸未年三月十三日亥時葬在本山土名大埔按崙
坐壬向丙　娶趙氏改節
子一　人娛隨帶撫養
先欄公　光貶公嗣子生嘉慶乙亥年二月初二日午時往外
沙縣碗窯卒年月日時葬俟查
先筍公　光巢公子生嘉慶乙亥年二月初二日午時卒同治

壬戌年五月初八日巳時葬在本山烏材林
光嚴公嗣孫生道光丙戌年三月初二日申時往沙
下蘭公　縣卒年月塟俟查
先會公　光迎公嗣子生道光壬辰年三月初二日申時往臺
淡水烏屈仔今不知
先課公號言果　諸蓋公子生嘉慶辛酉年十二月二十日辰
時卒咸豐巳未年四月廿三日巳時
妣李氏諱悔娘生嘉慶庚午年九月廿九日午時卒道光丙
午年二月十七日酉時葬俟查　子一　八趧
先嶺公字號失　光桃公承繼子生嘉慶年月日時卒道光年
月日時塟地俟查

十七世中鎮四房長大厝兜派先字行

先推公字君測號耆德　明侯公子生雍正辛亥年九月廿三日巳時卒乾隆乙未年四月廿二日卯時在臺塟地俟查

娶蕭氏理娘生乾隆甲子年十月初二日未時卒乾隆壬午年閏五月廿三日巳時妣塟下墓灣祖公山園

子一　八傳

大象公字君額號　克富公子生乾隆戊辰年八月初二日戌時卒　年　月　日　時在臺塟俟查

娶羅氏愛娘生乾隆甲申年七月初七日寅時卒年月日時失塟在臺

子二　長八河　次八海　俱在臺

子添公字君益號進元　克遠公子生乾隆丙子年十二月十
四日子時卒嘉慶己卯年八月廿四日卯時
妣陳氏衆娘生乾隆戊子年八月初五日申時卒嘉慶戊午
年三月廿八日巳時塟地俱俟查
子一　人底

先簡公字君寬號珍齋　林侯公長子生乾隆乙亥年二月廿
一日午時卒嘉慶丙辰年冥月吉日時塟本里衾林桶鈎嶺
坐亥向巳兼乾巽
妣陳氏全娘號儉勤生乾隆乙酉年四月初十日寅時卒嘉
慶庚辰年六月廿二日未時塟本里衾林脚頭縣崙坐卯向
酉兼甲庚

子二　長八福　次四海
先向公字君仰號真夏　林侯公次子生乾隆戊寅年九月十
四日卯時卒嘉慶丙辰年十月十二日酉時
娶謝氏朱娘號勤慎生乾隆壬辰年五月十九日未時卒道
光己丑年十一月初五日申時合葬在本里真武踏龜外肩
坐　向　兼
子二　長八吟　次八陳
先涉公字君洧號明德　林侯公三子生乾隆乙酉年九月十
三日亥時卒嘉慶庚申年十二月初五日未時葬地候查
娶許氏　娘改節
子一　八任

先擇公號明順　林侯公四子生乾隆己丑年九月初六日丑
時卒嘉慶辛酉年正月廿六日申時葬在漳州
媽秩公字君叙　大侯公子生乾隆己卯年十二月廿五日辰
時卒年月失墓地俟查　娶陳氏　娘毁節
子一　進登
新聘公號　足侯公子生乾隆　年　月　日　時卒年月日
時葬俟查
十七世中鎮四房三頂路長房長科樹派先字行
先與公字君付號猶許　誕登公子生乾隆丙辰年十一月初
三日未時卒乾隆庚子年九月十六日申時尾棺葬本里鵬
雛蜈蚣形崙坐卯向酉兼甲庚

娶吳氏位娘號範生乾隆丙辰年七月初四日巳時卒嘉慶辛未年六月初十日酉時享年七十有六厝棺葬本里

子六　長八鷺殤　次八桑　三八鑾　四八粉殤

五八樂　六八恬殤

先昭公　于至公承樽侯公次子爲長嗣子生卒年月日葬地俱失

先艾公字君治　于至公承樽侯公三子爲次嗣子生乾隆丙戌年三月十五日未時卒乾隆戊申年十月十二月申時葬地候查

先溪公字君沚號朋信　庸德公長子生乾隆己巳年四月廿八日亥時卒乾隆戊申年十月廿一日酉時厝棺葬烏材林

罕菜內火燒山坐亥向巳兼壬丙

妣易氏佔娘號明勤生乾隆庚辰年二月十三日巳時卒乾隆庚子年五月初四日申時瓦棺壅鎮撫上七格巷墻圍后坐坤向艮兼坤寅　娶洪氏毆節

子二　長八禹出易氏　次八胎

先祼公號蒼蝇　庸德公次子生乾隆甲戌年二月初八日戌時卒乾隆戊子年正月廿八日寅時瓦棺葬本鄉山坛頂加壠仔格坐甲向庚兼卯酉

嗣子一　雀賀

先周公字君至號興信　庸德公三子生乾隆己卯年八月十一日酉時卒道光丁酉年正月初四日辰時瓦棺塟鳥材林

罕萊崙坐癸向丁兼子午
妣余氏蒜娘生乾隆丁亥年十月初四日辰時卒道光辛卯
年四月初十日寅時厝棺蓬烏材林罕萊大崙坐癸向丁兼
丑未
子五　長八琰往呂　次八嘌殤　三八坏　四八我
五雀賀出繼
承宗公號能敬　對山公長子生乾隆壬申年十月初一日申
時卒乾隆甲辰年六月初四日未時卒塟在吧
先撇公號冊桂　對山公次子生乾隆丁丑年十月初七日辰
時往吧卒慶嘉丁巳年月日失塟在吧
八祖公字君脩　職競公長子生乾隆戊寅年正月初三日巳

時往吧卒年月失　妣　氏生卒年月失公媽葬地俱查候
子三　長金生　次錦繡　三織錦
先口公字君論號同誉　職競公次子頂作四生乾隆壬辰
十二月廿四日酉時卒道光癸巳年四月廿六日辰時尾棺
葬鎮撫遷秋乾葬墩崙尾石腳下坐艮向坤兼丑未
妣陳氏满娘號金盈生乾隆己酉年二月十七日辰時卒同
治丙寅年六月廿三日未時享年七十有七尾棺葬鎮撫山
坛下格仔山頭崙尾坐申向寅兼庚甲
嗣子一　八禀
先舌公號言出　職競公三子頂作五生乾隆乙未年六月十
一日亥時卒乾隆甲寅年八月廿九日申時葬地俟查

先秩公號春秋　職競公四子頂作六生乾隆甲辰年二月廿
九日酉時卒同治甲子年正月十八日子時棺葬本鄉下石
坵垻崙坐艮向坤兼丑未
嗣孫一　貽天憐
神保公　惻愛公長子生乾隆甲戌年六月初四日未時往吧
卒乾隆乙巳年三月初十日巳時葬在吧
先櫝公字君監號爲織　惻愛公次子生乾隆丙子年八月廿
四日未時卒嘉慶辛未年二月廿一日亥時葬坐　向
聘張氏未娶而卒
繼妣張氏茂娘生乾隆丙申年正月初六日亥時卒道光壬
辰年二月十三日巳時棺葬鎮撫觀音尖崙路后坐艮向坤

兼寅申

子一　八地

先晴公字君問號愛益　敦寬公長子生乾隆辛巳年九月初
七日卯時卒道光庚寅年三月廿四日申時享年七十尾棺
與妣孝勤仝塟崇善里巽厝壠鄉頂厝崙坐癸向丁兼丑未
妣林氏居娘號安姿生乾隆己亥年二月初十日辰時卒同
治癸亥年七月廿九日未時享年八十有五棺葬鎮撫山坛
闊山腳坐丑向未兼癸丁

子二　長福財　次八墖

先嘻公　敦寬公次子生乾隆癸未年十二月初一日酉時卒
道光辛巳年二月廿三日辰時塟地俟查

先件公字君條號報德　敦寬公三子生乾隆丙戌年六月十五日午時卒道光癸巳年八月十三日巳時瓦棺葬烏材林員山仔崙坐　向　兼

嗣子一　入鍊

先客公號躋壽　敦寬公四子生乾隆乙未年十二月廿七日未時卒道光辛巳年正月十八日未時瓦棺葬烏材林山邊田頂坐亥向巳兼壬丙

先芸公　遂行公子生卒年月墳墓俱失殤

先粒公字君黍　極善公子生乾隆癸丣年七月十一日戌時卒道光癸巳年正月十三日午時瓦棺葬鎮撫下石龜流磜嶺坐艮向坤兼丑未　娶趙氏改節

子一　人墻

三在公字君才號伍變　百官公長子生乾隆丙子年正月初五日子時卒嘉慶丙子年正月廿五日巳時

妣謝氏鐵娘生乾隆癸未年十一月十二日未時卒年月日時失公媽塋地俱俟查

子一　天差

先迂公字君遠號其政　百官公次子頂作三生乾隆丙戌年十一月廿五日酉時往吧卒嘉慶丙辰年三月初四日午時葬在吧　娶陳氏　娘改節

子一　八瓢

先爽公字君旦　百官公三子頂作四生乾隆辛卯年八月十

四日辰時卒道光丙午年十二月十九日卯時

妣林氏來娘生乾隆甲午年九月十九日寅時卒道光癸巳

年五月廿六日寅時公媽塟地俱俟查

子二　長人被　次人惕殤

先潘公號崇貴　得幸公長子生乾隆壬午年四月二十日亥

時卒嘉慶癸亥年四月二十日　時卒塟在吧

承繼子一　人掭

先泵公　得幸公次子生乾隆甲申年九月十九日辰時往吧

卒年月俱失塟在吧

先巽公　得幸公三子頂作四生乾隆己丑年八月初二日丑

時卒乾隆己酉年　月　日　時塟鎮撫仙洞尖后坐艮向

坤兼

先尾公　得幸公四子頂作五生卒年月塟地俱失

先瑞公字君徵號祥發　灼華公承百官公次子爲長嗣子生乾隆己卯年八月十七日申時卒嘉慶丙子年四月十五日寅時享年五十有八瓦棺塟鎮撫鵬雛軍壠橋嶺頭坐辛向乙兼戌辰

妣郎氏報娘號德莊生乾隆庚寅年十一月十一日卯時卒嘉慶壬申年七月二十日酉時尾棺塟鎮撫上七格巷坐乙向辛兼辰戌

子二　長八敞　次八爻

先撥公字君植號有正　灼華公承得幸公三子爲次嗣子生

乾隆丁亥年三月廿九日巳時卒道光丙申年六月十七日
未時葬坐　向
妣朱氏絹娘號勤德生乾隆辛巳年五月十三日午時卒嘉
慶己巳年十二月廿三日寅時葬地俟查
子三　長人捻　次人掞　三人拎出繼
十七世中鎮四房三頂路長房二大垵長美攝鎮峯公派允
字行
恩榮待贈鄉賓先葵公字君智號鴻儀　鎮峯公長子爲人樸
素上古遺風置田庄垂統緒俾子孫世守勿替爲立小宗坐
壬向丙兼子午建新厝坐寅向申兼甲庚屋後至寶安私間
口爲界前面至水井爲界築書齋坐南向北建泉郡打錫巷

内老棚邊西轅門外試舘一座兩進坐南拱北爲子孫計至深遠矣又建置山六所　二土名圳頭山東至拔馬石西至獅頭尾南至埔尾林崙北至石礦格　一土名畲鬼營東至陇梯崙西至扇葉崙南至坑溝北至畲鬼營尖尾　一土名拔死虎東至圭心崙西至百婆崙南至坑溝大路北至到坐湖山美　一土名古田寨鷓鴣垵東至古田寨尾窰爲界西至車仔頭坑溝南至古田寨脚碗窰崙外垵北至馬蹅石鷓鴣垵尾　一土名三畲山至陇梯崙直落爲界　一土名后溝崙東至茶林頭烏仔墓下西至草垵壠田南至卧雲公墓後交界北至無頭猪坑溝

姪與諸叔臺素有交情嘗坐論而詢先祖之品槪一一備述

因而求序姪愧筆拙江淹難誇倚馬之才豈能罄情以深贊
而思一本所關難辭其事故贈數語以表之　公之爲人
孝友盡其心和睦成其性敬老慈幼矜孤恤貧築書齋延名
宿置試舘勵後生爲師重傳無閒悃愰以故子貴孫榮濟濟
盈庭螽斯賦麟趾慶斯文接踵不一其人或採芹以樂泮或
紆青而叨廩儒學候選經魁成名佇望後生桂攀月宫宴賦
鹿鳴龍門破浪捷報魁名克酬祖志無負先人
欽點探花及第翰林院編修姪　名貽楫頓首拜撰
公生乾隆壬申年五月廿七日酉時卒道光戊子年五月二
十日巳時享年七十有七齡
妣本邑内太孺人劉氏諱吉娘號惠儉生乾隆戊寅年五月

十九日辰時卒道光丁亥年七月廿七日丑時享年七十齡
棺谷塟本里叅洋尾墓墘坐癸向丁兼丑未
子七　長人尚　次人道　三人孔　四人露
五人栽　六人揀　七人在
先逞公字君顏號高屋　鎮峯公次子生乾隆戊寅年九月廿
一日辰時卒嘉慶壬申年四月初八日丑時享年五十有五
齡棺塟本里叅洋美趣草垵壠坐甲向庚兼寅申
妣鄧氏諱理娘號從順生乾隆丁亥年九月十二日午時卒
道光丁亥年二月十九日子時享年六十有一棺塟本里石
礫山寮崙坐庚向甲兼申寅
子四　長人卿　次人弾　三人瞻　四人族

先卓公字君漢號恭亭　鎮峯公三子儉樸爲家積成家計建
立寶安小宗坐艮向坤兼丑未生乾隆壬午年十二月十九
日寅時卒道光辛丑年正月初八日巳時享年八十齡
妣葉氏諱女娘號順懿生乾隆丁亥年四月初六日午時卒
道光甲辰年十月初一日卯時享年七十有八齡棺合葬本
里參洋秧內坐乾向巽兼戌辰

子三　長八抄　次八軒　三八水

已經公派

先買公字君購號存誠　已經公承義芳公三子爲嗣子生乾
隆辛丑年十二月初七日酉時卒道光戊申年八月廿三日
卯時享年六十八瓦棺塟本里參洋美趣茶林灣坐西向東

幼娶温氏闇娘生卒年月失
壯娶鄭氏却娘號端靜生乾隆乙巳年九月廿八日丑時卒
道光壬辰年七月十九日亥時兎棺葬本里叅洋馬厝萘林
潭坐庚向甲兼申寅
子二　長八勇嗣子　次八猛
義芳公派
先七公字君作號修政　義芳公長子生乾隆丁亥年正月初
十日戌時卒嘉慶戊辰年八月初七日巳時
妣王氏諱清娘號淑儉生乾隆丙申年四月十五日申時卒
嘉慶癸酉年十二月初九日酉時兎棺合葬本里叅洋美趣
后堀左穴坐辛向乙兼酉卯

子二　長八夜　次八粉

高公字君雄號　義芳公次子生乾隆庚寅年閏五月廿八

日寅時

妣王氏諱悉娘生乾隆庚子年四月初三日子時夫婦俱往

臺卒年月俱失仝葬在臺

子四　長隨蘭　次雙鳳　三天從　四天憐三男四男

隨父母俱往台

德揚公派

先是公字君審號德揚　正直公承鎮峯公四子爲嗣子生乾

隆丁亥年十二月初六日酉時卒道光甲申年六月初八日

酉時享年五十有八與顯妣林氏恬愛嫣室吳氏儉約三尾

棺合塟本里叅洋美趣橋猫葉爪坐夘向酉兼甲庚

娶吳氏忍娘號儉約生乾隆丁亥年十一月廿六日酉時卒

嘉慶壬戌年八月十一日申時

繼娶側室陳氏貴娘號力慈生乾隆丁酉年八月初八日酉

時卒道光辛巳年十二月廿三夘時瓦棺塟本里石礫山銅

鐘崙坐　向

子六　長八進吳氏出　次彰旻　三八登　四元茲

五元宵　六元欣俱側室陳氏出

十七世中鎮四房三頂路長房二大坂派二至七先字行

先賈公號　化育公長子生乾隆戊辰年六月十四日夘時往

吧卒乾隆巳亥年十一月初四日　時塟在吧

先僎公字君薦號同進　化育公次子生乾隆庚午年二月廿三日卯時卒嘉慶辛未年五月十五日未時

妣陳氏宜娘號慈儉生乾隆丙戌年七月廿六日戌時卒嘉慶戊辰年十二月初三日申時公媽塟地俱俟查

子四　長八標　次八傴　三八搭出繼　四八禘

先集公號于杞　化育公三子生乾隆辛巳年三月初三日丑時卒嘉慶戊寅年十月十二日巳時塟地俟查

承繼子　八搭

先重公字君威號厚輕　德音公長子生乾隆丁丑年七月廿三日未時卒乾隆辛亥年八月初四日戌時厝棺塟鎮撫頂坱後古井坡格坐丁向癸兼午子　娶張氏攺節

子二　長天恩　次人侵承繼

先維公號　德音公次子生乾隆甲申年九月十二日寅時往

吧卒年月失葬在吧

嗣孫一　貽情

先梧公字君樹號爲美　德音公三子生乾隆戊子年二月二

十日子時卒道光庚寅年十一月初五日午時葬鎮撫山芸

山牛坪頂坐艮向坤兼丑未

娶李氏諱寶娘號廉節生乾隆己亥年八月十四日未時卒

道光丁未年十月廿六日申時葬鎮撫廁池堀坐癸向丁兼

子午

子六　長人儼　次人腴　三人囷　四人畀　五官占

六名士

先櫜公字君榛號其樹　德音公四子生乾隆癸巳年二月初二日丑時卒道光癸巳年二月初八日申時厝棺塟鎮撫烏坑壠仔坐巽向乾兼巳亥

妣王氏歆娘號心敬生乾隆乙巳年六月廿五日辰時卒道光乙巳年五月十九日寅時享年六十有一厝棺塟鎮撫石坵嶺脚坐申向寅兼庚甲

子二　長人寄　次人三

先雝公字君宇號聞道　德音公五子生乾隆己亥年六月廿三日戌時卒道光癸巳年五月初九日戌時

妣劉氏鴦娘號順敬生嘉慶丁巳年三月初八日卯時卒道

光乙巳年六月廿一日巳時公媽葬地俱俟查

子　長人塞　次人彬　三人栢　四人擔　五人侵（出継）

先玉公號　肆夏公長子生乾隆巳夘年八月廿九日巳時往吧卒葬在吧

先理公字君絡號悅義　肆夏公次子生乾隆庚辰年九月廿三日寅時卒道光丙戌年正月廿四日未時享年六十有七尾棺葬鎮撫山芸蔚堵巷坐　向　兼

娶鄭氏諱成娘號儉實生乾隆丁亥年八月初一日寅時卒嘉慶丙子年二月初八日亥時享年五十歲葬地俟查

子二　長人贏　次人搜

先申公字君研號扶中　肆夏公三子生乾隆庚寅年十二月

初七日巳時卒道光乙未年五月十五日寅時尾棺葬鎮撫
龜山墘尾坐　向　兼
妣李氏皆娘生乾隆甲辰年十月廿八日戌時卒咸豐戊午
年十一月十八日辰時棺葬鎮撫山坛山蔚堵內坐　向兼
子三　長八蛙殤　次永于　三八質
先瑙公字君玻號　肆夏公四子生乾隆壬辰年九月初十日
戌時卒年月失棺葬鎮撫破柴垵坐北向南
娶林氏諱銀娘生乾隆辛卯年十二月十三日亥時卒年月
失棺葬鎮撫山芸山龜格邊坐東向西
嗣子一　八井
限治　肆夏公女生乾隆戊子年六月十一日申時卒乾隆甲辰

年九月十三日巳時未嫁而卒厝棺埜鎮撫山坛山北坑壠
頭大石頂坐卯向酉兼乙辛
先悠公字君愈號逢時　同慶公長子生乾隆辛巳年七月初
九日巳時卒道光乙未年六月初五日申時厝棺埜鎮撫山
坛山石笋尾坐北向南
妣李氏看娘號瑞顧生乾隆戊戌年七月初五日巳時卒咸
豐丙辰年七月廿九日寅時棺藝鎮撫觀音墓厝桶崙頭坐
西向東
子三　長八蟲　次天郡　三八抵
先禮公字君儀號逢作　同慶公次子生乾隆丁亥年閏七月
初一日寅時卒道光乙未年十月三十日辰時享年六十有

九棺塟本山鎮撫山坛山大頁后坐　向
妣趙氏蕊娘號瑞好生乾隆乙巳年四月初八日巳時卒道
光庚戌年十月初四日巳時享年六十有六棺藝鎮撫觀音
山脚坐西向東
子五　長八肥　次八脾　三德修　四八騎　五八煦

先康公字君幾號逢吉　同慶公三子生乾隆辛卯年正月初
九日丑時卒道光乙未年五月二十日　時享年六十有五
棺塟本山鎮撫新鄉嶺水埕後壁坐北向南
妣劉氏罕娘號瑞敎生乾隆壬子年四月十二日子時卒道
光　年往臺　塟在臺
子　長八華　次八拒殇　三霈衍　四八琛　五八水

先示公　同慶公四子生卒年月俱失

先長公字君務號國家　來有公長子生乾隆庚午年四月二十日巳時卒嘉慶庚申年五月十四日戌時享年五十有一尾棺與祖考狐裘公堂弟八儀公合塟本里山坛山睡狗崙坐壬向丙兼子午　娶張氏攺節

子一　佛佑

先岐公字君亶號文治　來有公次子生乾隆丁丑年二月二十日辰時卒嘉慶丙辰年十月廿七日卯時塟地俟查

娶易氏　娘攺節

子二　長坤地　次臣附

先蜀公號文祖　來有公三子生乾隆庚辰年十一月初七日

辰時往吧卒乾隆丁未年十二月廿六日午時葬在吧

先覺公號先　來有公四子生乾隆乙酉年五月初九日辰時

往吧卒葬在吧

先奉公字君承號入儀　飯干公長子生乾隆己邜年十月廿

四日亥時卒嘉慶丙辰年十二月三十日亥時厝棺與祖考

狐裘公堂兄國家公合葬本里山坛山睡狗崙坐壬向丙兼

子午

妣蔡氏銀娘號和寶生乾隆甲午年九月初一日丑時卒嘉

慶壬戌年十月十九日寅時厝棺葬鎮撫後壠格牛堀仔坐

向　兼

子一　入恴

先披公號失　飯千公次子生乾隆癸巳年正月初九日寅時
卒道光乙巳年七月初六日酉時瓦棺葬鎮撫湖仔頭白石
沙坐　向
嗣子　甲第
先醒公號　文侯公長子生乾隆癸未年十一月十二日戌時
卒乾隆丙午年閏七月十六日戌時棺葬鎮撫埧后格
先資公　文侯公次子生卒年月葬地俱失
先田公號　文侯公三子生乾隆甲辰年十一月廿四日辰時
出外未詳所居卒年月葬地俟查
先欺公字君行號誠意　允恭公長子生乾隆癸未年二月初
九日戌時卒道光戊子年正月廿一日丑時瓦棺葬本里鵬

雞寨坐北向南
娶李氏每娘生乾隆壬辰年十一月廿八日子時卒年月失
尾棺藝蔚堵內大龍邊坐東向西
子四　長八犍　次八沁　三八宅　四八溜
先斜公字君梆號至正　恭允公次子生乾隆巳丑年九日廿
五日丑時卒嘉慶庚辰年六月十五日酉時
妣張氏扱娘生乾隆丁未年二月初七日辰時卒道光巳丑
年十二月十四日丑時木棺藝山坛山蔚堵內坪仔脚坐南
向北
子四　長八珉　次神蔭　三八旁　四甲第出繼
先濬公字君旋號明直　恭允公三子生乾隆乙未年正月廿

二日辰時卒道光戊子年正月十二日寅時厝棺塋鎮撫山
芸山大加壠頭坐　向
妣陳氏咀娘號存德生乾隆壬子年十二月十七日午時卒
道光癸巳年七月初七日未時厝棺塋烏材林大坵壠坐
向　兼
子二　長登荐　次人創
先巧公字君好號言善　常見公長子生乾隆辛卯年四月十
三日未時卒嘉慶丙寅年五月廿八日巳時
娶謝氏壬娘生乾隆壬戌年八月初九日辰時卒道光　年
三月初四日未時公媽塋地俱俟查
子二　長人節　次人埔

先嘖公字君瑶號伯福　常見公次子生乾隆庚子年十一月十六日子時卒咸豐辛亥年十月廿八日丑時
妣陳氏銀娘號成玉生乾隆庚戌年七月廿一日巳時卒道光乙未年六月初二日酉時公媽塟地俱侯査
子二　長八耀　次八渾
先樓公字君高號擢桂　垂照公長子生乾隆丙子年二月初八日巳時卒乾隆乙邜年九月日時失塟地俟査
娶　氏晈節
子一　思性
先梗公　垂照公次子生卒年月塟地俱失
先彩公　周東公子生乾隆壬辰年五月十二日丑時卒年月

先棺塟鎮撫仙洞尖

先堆公字君拾號　安德公子生乾隆庚寅年十一月初七日酉時往臺卒年月失塟在臺

妣林氏催娘生乾隆癸巳年二月廿八日戌時隨夫往臺卒年月失塟在臺

子一　登山

先存公號誠志　行事公長子生乾隆辛巳年十月十一日戌時往吧卒乾隆癸丑年正月初五日巳時塟在吧

先此公號在彼　行事公次子生乾隆乙酉年六月十五日子時往吧卒乾隆庚戌年十一月三十日未時塟在吧

先浮公字君雲號　行事公三子生乾隆壬寅年五月十六日

未時卒年月失
娶許氏髻娘號生嘉慶庚申年正月廿六日寅時卒　年
子三　長八臣　次八吉　三八狗
秋菊公字君涼號清華　升坐公子生乾隆壬子年六月廿二
日丑時卒同治戊辰年二月初三日寅時棺葬烏材林罕萊
內大崙尾坐東向西
妣林氏丑娘號勤益生乾隆癸丑年八月初八日巳時卒嘉
慶戊寅年四月十二卯時尾棺葬烏材林湖畲崙坐西向東
繼妣李氏挑娘號儉益生嘉慶癸亥年閏二月十九日酉時
卒同治甲子年九月初一日酉時棺葬烏材林湖畲崙坐南
向北

子三　長雨淡（嗣子）　次人燕（林氏出）　三人盛（龔氏出）

先畜公字君養號脩德　崇山公長子生乾隆庚寅年正月廿三日酉時卒道光辛巳年十月三十日未時享年五十有二葬地俟查

妣龔氏月娘號順章生乾隆己丑年十月初十日子時卒道光辛巳年十一月初八日辰時棺葬本里鵬雛大垢尾竪壠中畬坐辰向戌兼巽乾

子三　長人潑　次人萬　三人塡

先貪公子君廉號維節　崇山公次子生乾隆辛丑年二月十六日亥時卒道光乙未年八月初八日酉時

娶杜氏諒娘號貞德生乾隆壬子年七月初三日辰時卒嘉

慶丙子年十月初七日未時公媽塟地俱俟查

子一　人玲

先禁公字君五號呈祉　崇山公三子生乾隆丙午年七月十三日未時卒同治壬戌年四月十八日未時享年七十有八

棺葬大嶺崙邊坐艮向坤

娶許氏雜娘號意慈生嘉慶乙丑年十二月初三日亥時卒同治辛未年九月　日棺葬厝桶崙邊坐坤向艮

子三　長人壓　次人扇　三人豁

先套公字君語號傳述　皆盈公子生乾隆庚子年五月廿五日亥時卒嘉慶丁卯年五月十五日酉時棺葬本里鵬雞大坵尾水堤后坐申向寅兼坤艮

妣李氏哲娘號儉惠生乾隆乙巳年七月初五日午時卒道
光癸巳年六月十五日亥時瓦棺葬觀音墓邊紅土仁崙坐
辛向乙
子二　長八渶　次大得
十七世中鎮四房三頂路長房三舊窖頂厝派先字行
先臉公號龍山　儀式公嗣子生乾隆乙未年十月十七日未
時卒道光癸卯年八月廿三日巳時瓦棺葬鳥材林秋冷坪
坐艮向坤兼寅申
嗣子一　人梳
先把公　詩卷公長子生卒年月失
先彌公字君綸號週歲　詩卷公次子生乾隆乙巳年三月十

六日寅時卒道光庚戌年九月初二日巳時厝棺葬烏材林
荒田頭崙坐壬向丙兼亥巳
妣陳氏金娘號貞孝生嘉慶己未年九月初九日巳時卒同
治戊辰年六月廿四日寅時壟烏材林新田崙坐寅向申兼
艮坤
子四　長八少　次八音　三八岈　四八行

天珍公字君席號在寶　詩卷公三子生乾隆丁未年正月廿
一日酉時卒道光庚戌年八月十五日酉時
娶鄭氏寢娘號安貞生嘉慶壬戌年八月十四日戌時卒道
光丙戌年正月初八日丑時厝棺仝葬烏材林冬畬丁崙坐
甲向庚兼卯酉

子一　八楓

上涯公字君角號崇信　詩詹公四子生嘉慶丁巳年閏六月
初十日午時卒同治乙丑年四月初十日戌時瓦棺葬鎮撫
湖頂坐未向丑兼坤艮
娶劉氏兼娘號元貞生嘉慶庚午年十一月廿六日酉時卒
同治辛未年十月初二日丑時瓦棺葬本鄉墩仔前坐寅向
申兼艮坤

子三　長八恐　次八謂　三眞盟

先合公字君道號和保　立正公長子生乾隆辛丑年三月十
六日巳時卒道光丙戌年十月初十日酉時瓦棺葬本鄉深
田崙坐　向

妣陳氏諡娘號貞靜生嘉慶巳未年十二月初八日未時卒
嘉慶庚辰年正月初一日丑時尾棺葬本鄉深田崙坐　向
繼妣温氏大娘生乾隆丁未年四月十一日未時卒道光乙
巳年三月初七日未時尾棺葬本鄉深田崙坐　向
子一　人讓 温氏出

先月公號飄桂　立正公次子生乾隆癸卯年十二月十七日
酉時卒道光癸巳年四月十九日申時尾棺葬本里林仔后
坐坤向艮兼未丑
子二　長八泮　次金成

先品公字君節號和美　立正公三子生乾隆丙午年十月廿
四日寅時卒道光乙巳年八月廿三日午時葬本鄉湖頭崙

坐癸向丁兼子午

娶陳氏配娘號貨靜生嘉慶壬戌年十二月廿二日寅時卒同治辛未年十一月初九日戌時葬本山馬埁格坐癸向丁兼丑未

子二　長人巍　次人共

先全公號如淵　立正公四子生乾隆辛亥年十一月二十日巳時卒嘉慶庚辰年十一月初四日巳時旡棺與祖妣儉德媽并二姆程氏三合葬烏材林窖尾頭崙坐甲向庚兼寅申

先亶公字君聡號和平　立正公五子生嘉慶戊午年五月廿五日辰時卒咸豐甲寅年閏七月廿三日申時棺葬本山石碣後坐甲向庚兼寅申

妣林氏吻娘號淑貞生嘉慶丙子年五月廿七日巳時卒同治壬申年五月十八日未時棺葬舊窖厝後坐 向

子六 長武鎮 次八良殤 三八益 四八永

五八乞出繼 六八塭

先沙公 立正公六子生卒年月葬地失

先佃公號和田 立正公七子生嘉慶丙寅年九月初七日亥時卒同治甲戌年十一月初八日未時葬本山員山仔尾坐庚向甲兼

子一 八乞承繼

先雜公號循一 朝成公長子生乾隆辛卯年正月初九日亥時卒乾隆辛亥年五月廿七日辰時尾棺葬烏材林窖公后

崙坐子向午兼壬丙
先朕公字君鼎號立身　朝成公次子生乾隆甲午年三月十一日亥時卒嘉慶戊辰年將往登機宜船壞而卒月日不可考
娶王氏岎節
子一　人凉
先滿公號立金　朝成公三子生乾隆辛丑年四月初六日亥時卒嘉慶庚辰年十月十一日巳時塟地俟查
先細公字君奕　能定公承質軒公五子爲長嗣子生乾隆癸丣年九月初六日巳時卒道光戊戌年六月十一日申時棺塟烏材林山仔坐壬向丙兼子午
娶陳氏嬌娘生乾隆丙午年十一月十三日午時卒道光丙

午年四月十八日未時瓦棺塟本山鵬雛后壠寨坐乾向巽
兼亥巳
子二　長人辣　次人喻
先梅公字君開　能定公次子生乾隆癸丑年九月廿九日戌
時卒道光丙午年五月二十日辰時瓦棺塟木鄉牛泳仔尾
崙邊坐寅向申兼艮坤
妣柯氏于娘生嘉慶丁卯年二月初三日午時卒道光丙午
年四月廿一日辰時塟地俟查
子二　長人僉　次東桂
先裘公字君服　能定公三子粒積成家營立湖頭崙厝一座
坐亥向巳兼壬丙生嘉慶丁巳年五月十三日戌時卒同治

丙寅年十二月初七日申時厇棺壅烏材林湖頭崙崩山頂
坐艮向坤兼寅申
妣林氏甘娘生嘉慶癸酉年七月十四日未時卒同治辛未
年七月廿五日申時厇棺壅本山鵬雛冷水坑坐乾向巽兼
亥巳
嗣子三　長瑞鳳　次季隨　三仲咒

先竿公

能定公四子生嘉慶乙丑年八月廿三日子時卒道
光丙午年十一月初四日辰時厇棺壅烏材林荒田頭崙坐
艮向坤兼寅申
娶柯氏笑娘生嘉慶癸酉年正月十五日酉時卒道光丙午
年四月初九日寅時壅地俟查

十七世中鎮四房三頂路長房四美趣派先字行

先位公號至正　質軒公長子生乾隆戊寅年九月廿八日午時卒乾隆壬子年十二月廿三日午時棺葬本鄉美趣茶林頭坐丁向癸兼午子

先畝公　質軒公次子生乾隆丙戌年九月廿七日辰時往臺卒年月失葬在臺

先好公　質軒公三子頂作四生乾隆庚子年六月初十日午時卒嘉慶癸酉年四月廿六日亥時棺葬本里美厝山后溝崙坐壬向丙兼子午

先葛公號服絺　國書公承質軒公三子爲嗣子生乾隆丙申年十二月初九日卯時卒道光辛巳年十月初八日酉時棺

塋本鄉美趣山后溝崙坐　向

先轉公　誠實公承觀善公次子爲嗣子生卒年月俱失

先性公號至孝　觀善公長子生乾隆壬寅年五月廿九日未
時卒嘉慶壬戌年正月廿四日未時厝棺塋本里坑頭茶林
灣坐庚向甲兼酉卯
嗣子二　長人註　次人條

先鑽公字君木號緒業　觀善公次子頂作三生乾隆己酉年
九月廿六日卯時卒道光丙午年二月廿六日午時厝棺與
四婦洪氏胞姪人日公三合塋本里馬厝菜林灣坐西向東
妣李氏應娘號儉柔生乾隆癸丑年五月十二日辰時卒
年二月廿一日午時厝棺塋本鄉桼洋茶林灣坐西向東

子九　長八同　次八欽　三八條出繼　四八緞
五八日　六八出繼　七八潤出繼　八八　九八九俱出繼
先味公字君知號美業　觀善公三子頂作四生乾隆乙夘年
九月十九日未時卒道光己亥年正月二十日申時棺葬本
里美趣山后溝崙坐　向　娶謝氏環娘歿節
子三　長八新　承繼子八日　三八雅
十七世中鎮四房三頂路長房五派先字行
先窩公號失　積箱公子生嘉慶己未年五月廿三日巳時卒
嘉慶甲戌年九月初四日酉時棺葬本里烏材林馬垵格金
絲竹崙坐酉向夘兼庚甲
先賫公　光榜公嗣子生嘉慶甲子年十月十五日申時卒年

月失

十七世中鎮四房三頂路二房長舊窨下厝派先字行

先輔公字君佐號郎陵　埀後公長子生雍正乙夘年八月十二日午時卒乾隆辛巳年四月十三日未時尾棺塋烏材林宰牛坑金絲竹外崙田頂坐癸向丁兼子午

先係公　埀後公承刻節公次子爲次嗣子生乾隆戊寅年三月廿八日辰時往吧卒年月失塟在吧

先簡公　刻節公長子生乾隆甲戌年二月廿六日未時往吧卒年月失塟在吧

先酒公　刻節公次子頂作三生乾隆辛巳年十月十三日未時卒年月失棺塟烏材林金絲竹挑土路下坐辛乙兼戌辰

先妹公號邦命　長成公長子生乾隆丙子年閏九月廿二日辰時卒乾隆乙未年五月十三日丑時往吧卒葬在吧

先料公字君億　長成公次子生乾隆乙酉年正月十七日丑時卒年月失葬烏材林丁崙邊坐甲向庚兼寅申

妣林氏鵲娘號吾得生乾隆戊子年七月初九日亥時卒乾隆已酉年十一月十二日戌時厝棺與陳氏嫣合葬烏材林窨公后崙坐丑向未兼艮坤

先槐公　長成公三子生乾隆已丑年十二月廿一日丑時往臺卒年月失葬地俟查

先玖公　長成公四子生乾隆壬辰年八月十三日酉時卒年月失葬烏材林對面坐庚向甲兼酉卯

昖基公　長成公五子生乾隆乙未年十二月初一日巳時卒

年月失

六閨公　長成公六子生乾隆戊戌年二月十五日丑往章平

嫣休公號克紹　長成公七子生乾隆辛丑年九月初九日子

時卒嘉慶丙子年十月十六日午時棺塟烏材林窯尾頭內

崙邊坐甲向庚兼寅申

開雙公號格成　義思公長子生乾隆丁丑年六月十五日申

時卒乾隆壬寅年十一月廿一日巳時卒塟在吧

嗣子一　盛利

清源公字君淵號伯意　義思公次子生乾隆丁亥年七月十

三日午時卒嘉慶庚辰年六月初四日亥時享年五十有四

尾棺壅烏材林林仔後坐午向子兼丙壬
娶葉氏銀娘生乾隆癸巳年八月十七日申時卒道光癸巳
年五月二十日　時壅地俟查
子六　長盛利出繼　二鳳殤　三人挨　四人卿
五八城　六堅望

先牛公字君司號伯助　義忠公三子生乾隆庚寅年十月初
十日辰時　嘉慶庚午年四月初七日午時
妣林氏姜娘生乾隆戊戌年九月初九日申時卒嘉慶癸酉
年九月廿三日申時

四同公　義忠公四子生乾隆戊戌年九月十五日辰時往外
子二　長八標　次八金殤

𭒸娶李氏觀娘生卒年月俱失塟烏材林鎗竹林坐北向南

先七公字君情號學能　植德公長子生乾隆甲申年十一月初三日丑時卒嘉慶丁丑年十月初十日寅時享年五十有四厝棺藝烏材林山仔路丙坐　向

妣洪氏引娘生乾隆甲申年十二月十三日酉時卒道光甲辰年六月十三日午時厝棺塟本鄉舊窯山仔路下田頂坐甲向庚兼卯酉

子三　長八曳　次八咍　三八寸出繼

先霸公字君盛號文蔚　植德公次子生乾隆庚寅年十月廿五日酉時卒道光辛巳年十月初二日辰時享年五十有二厝棺塟烏材林大垳龍頭坐艮向坤兼寅申

妣李氏寶娘生乾隆甲辰年正月初六日午時卒道光丙午年四月十七日未時尾棺葬烏材林林仔後坐丁癸兼未丑

子六　長八寸承繼　次八香出繼　三八檻　四八示

五八代　六天修

先昌公字君肅號靜士　植德公三子生乾隆癸巳年六月十二日酉時卒道光辛丑年二月十四日酉時

娶陳氏寄娘生乾隆乙未年十二月初一日辰時卒道光巳亥年十月十九日酉時尾棺仝葬烏材林鎗竹林垵頭坐癸向丁兼子午

子二　長八技　次八鎮

先忖公字君鏡　植德公四子生乾隆戊戌年三月初七日亥

時卒道光丙午年四月初三日酉時塟地俟查
承繼子一　八香
先薑公　植德公五子生卒年月失
先迄公字君晋號聲敎　一心公子生乾隆戊戌年正月廿八
日午時卒道光己丑年八月初六日夘時瓦棺葬舊窰蛇頭
左畔水溝後坐癸向丁兼丑未
妣葉氏看娘生乾隆甲辰年十一月廿一日丑時卒道光戊
申年正月二十日巳時瓦棺塟烏材林墘頭壠田后壁坐
向　兼
子一　天袋
十七世中鎮四房三頂路二房二嶺尾鵲泒先字行

先長公　沂水公承柔順公次子爲嗣子生乾隆丁亥年九月廿三日戌時往吧卒嘉慶丁巳年七月十一日　時葬在吧

先揣公字君測　柔順公長子生乾隆癸未年四月廿二日酉時卒嘉慶丙子年九月十七日巳時葬在臺

娶陳氏　娘攺節

子一　人磚

先掇公字君雅號澄懐　類扳公子生乾隆己巳年五月十二日辰時卒道光戊子年八月廿五日未時享年八十齡葬地俟查

妣劉氏午娘號順德生乾隆庚午年五月初一日午時卒嘉慶壬戌年七月廿七日巳時享年五十有三棺葬鎮撫山坛

山睡狗崙坐丑向未兼癸丁
子三　長八洸　次八漏　三八詩
尙書公字君講號利民　雕玉公長子生乾隆丙子年五月十
三日申時卒道光癸未年三月二十日巳時享年六十有八
棺塋鎮撫下石坵林仔后坐丑向未兼癸丁
妣龔氏柔娘號順遠生乾隆庚辰年正月廿三日酉時卒嘉
慶癸亥年五月廿二日午時瓦棺塋鎮撫山芸山下格仔横
崙脚田頂坐　向
子四　長八髻　次八倓　三八瓜　四八點
先歲公字君氣　雕玉公次子生乾隆壬午年二月廿一日辰
時卒道光甲午年七月十九日午時享年七十三塋地候查

妣林氏快娘號節儉生乾隆甲申年三月廿二日申時卒嘉
慶乙丑年八月十四日未時瓦棺葬烏材林罕菜崙坐亥向
巳兼壬丙
繼妣林氏好娘號勤順生乾隆壬午年七月初八日亥時卒
嘉慶乙亥年七月十六日戌時享年五十有四瓦棺與四子
官薦合葬蜜公后中心崙坐艮向坤兼丑未
子五　長人盾　次人考　三人致　四官薦
五人舵俱先林氏出
嫣賞公字君勸　雕玉公三子生乾隆丙戌年十月初八日卯
時卒道光癸巳年二月初八日亥時享年六十有八
妣劉氏恐娘生乾隆癸巳年六月十一日巳時卒道光丙午

年十一月廿九日子時享年七十有四厝棺壟鎮撫墘林崙
尾石皮下坐庚向甲兼申寅
子三　長神祐　次五壽　三八年
先斡公字君璇號志成　熙敬公子生乾隆甲午年六月初十
日亥時卒嘉慶己卯年正月廿七日未時棺壟本山格坵后
墓畬垵崙坐巳向亥兼巽乾
娶葉氏纜娘生乾隆癸卯年八月廿三日寅時卒咸豐甲寅
年八月十七日　時棺壟鎮撫巷後虎咬狗垵坐北向南
子二　長八斐　次八甲
先迎公字君郊號豐積　直齊公長子生乾隆辛卯年十一月
廿八日亥時卒嘉慶戊辰年七月廿四日申時壟地俟查

娶陳氏旼節

子一　人浬

先珪公　直齊公次子頂作三生乾隆乙卯年十一月廿四日

巳時卒道光癸卯年月日時葬地俱失

承繼子　人鰍

先協公字君鄰　門各公承直齊公次子爲嗣子生乾隆庚子

年五月十九日巳時往臺卒年月不可考葬在臺

娶蘇氏趣娘生乾隆丁未年二月初四日辰時卒年月失尾

棺葬烏材林山仔垵坐巽向乾兼巳亥

子大　長人行　次人錫　三人檥出繼　四人鰍出繼

五人洗　六人音

先濤公號薰德　國書公子生乾隆庚子年四月初一日寅時
卒道光丁亥年四月初一日戌時棺瘞本里恭林桶鈎嶺頭
坐東向西
承繼子　人欉
先碓公字君碩號其心　長久公長子生乾隆甲辰年八月廿
九日巳時卒咸豐辛亥年三月廿二日戌時享年六十有九
厝棺瘞本山鵬𦩘軍壠橋頭風沙畬坐　向
妣趙氏早殞生嘉慶己未年四月廿二日巳時卒咸豐戊午
年八月廿二日亥時享年六十瓦棺鎮撫頂流磔大垢后壁
坐癸向丁兼子午
子二　長八娘　次八肯出繼

先捉公號玉柽　長久公次子生乾隆乙巳年十二月初十日
辰時卒道光癸卯年五月十六日巳時享年五十有九瓦棺
塟鎮撫對面尖坐　向
承繼子　八肯
嫣貌公字君容號恭默　導德公長子生乾隆辛丑年三月廿
九日辰時卒道光　年十月十五日　時塟地俟查
妣林氏親娘號順德生乾隆壬辰年四月十九日酉時卒道
光　年九月十七日辰時卒棺塟鎮撫尾橋外崙坐丙向壬
兼午子
子五　長聽天　次思明　三思聰　四文章殤
五庚八

媽看公號顧盼　導德公次子生乾隆癸巳年十一月廿三日
丑時卒道光　年十月廿二日　時厝棺與四弟啟明合塟
鎮撫北坑壠頭坐艮向坤兼丑未
嗣子一　有祖

媽愛公號宗命　導德公三子生乾隆丙申年二月初三日寅
時卒道光辛巳年十月初八日酉時塟地俟查
娶林氏　娘敀節
子一　叔敖

啟明公號東有　導德公四子生乾隆壬寅年十二月十四日
辰時卒道光巳丑年二月初八日寅時厝棺與胞兄顧盼公
仝塟鎮撫北坑壠頭坐艮向坤兼丑未

妣王氏雪娘生乾隆癸丑年五月十七日寅時卒咸豐丙辰
年六月十四日寅時葬地候查
子一　一叙
重華公號見春　導德公五子生乾隆戊申年十二月十四日
子時卒年月失死棺葬鎮撫杉頭垵監旗千崙坐坤向艮兼
未丑
十七世中鎮四房四鵬雛路派先字行
恩榮老人先添公字君足諱大道號增亭　稅侯公嗣子生嘉
慶丁卯年二月初二日午時卒光緒壬午年三月廿三日寅
時享年七十有六棺葬本山後壠兩犬交春格坐申向寅兼
庚甲

妣蔡氏春娘號孝和生嘉慶丙子年八月廿四日子時卒光
緒甲申年三月廿四日辰時享年六十有九塟
子六　長先進　次隨喜　三八禾　四八寶
五五敦　六八賴
元音公　伯椒公嗣子往臺卒年月塟地俟查
十七世中鎮四房五派先字行
百畝公　文正公嗣子生嘉慶丁巳年七月初三日子時往臺
卒葬在臺
門閭公號　光波公嗣子　往臺
先來公　火候公長子生嘉慶　年　在臺
巴能公　答候公長子生嘉慶戊辰年五月十二日申時在臺

十七世中三田墘長房派先字行

先仕公字君集號東升　貞義公長子生乾隆丙寅年八月十七日子時卒乾隆乙巳年二月十九日戌時葬本里鵬雛土名五樓后山頭與貞義公合葬在內坐申向寅兼庚甲

娶賴氏諱救娘改節

承繼子　人及

先論公字君叔號東條　貞義公次子生乾隆庚午年八月初一日辰時卒道光癸未年六月廿五日亥時葬本里參林內土名小險石邊坐庚向甲兼申寅

娶張氏催娘號恩儉生乾隆乙酉年三月初一日巳時卒咸豐乙卯年九月廿八日未時享年九十有一齡葬地候查

子三　長人錦　次人及出繼　三人燦嗣子

先多公字君能號東正　貞信公長子生乾隆庚午年十月三十日未時卒嘉慶癸亥年六月初九日午時塟本鄉朱厝崙坐西向東

妣謝氏佑娘生乾隆乙酉年七月初二日未時卒乾隆乙卯年二月二十日卯時塟地俟查

子一　人佳

先芬公字君尤號源春　貞信公次子生乾隆甲戌年八月初七日未時卒嘉慶乙丑年十一月初八日寅時塟本里叅柯山桶鈎嶺坐丑向未兼癸丁

妣王氏素娘號柔惠生乾隆丙戌年八月初二日酉時卒道

光癸夘年九月十四日丑時葬本鄉盡尾墘横路下坐庚向甲兼申寅

子二　長人俾　次人鎮

先秀公字　號源順　貞廉公嗣子生乾隆庚辰年七月初七日寅時卒嘉慶丙寅年三月十九日申時葬本鄉土名崗槓邊坐　向

娶陳氏分娘號勤慎生乾隆辛夘年十一月十三日酉時卒道光癸未年二月廿三日午時葬本里朱厝崙坐南向北

子三　長人否　次人宙出繼　三人市

先義公號　敢素公長子生卒年月日時失倏查

先前公字世隨號　敦素公次子生乾隆丁亥年八月二十日

卯時卒道光庚子年十二月初二日午時
承繼子　人宙
先棟公字號失　敦素公四子生乾隆丁酉年九月初九日未
時在臺卒年月日時失
先郡公字號失　敦素公五子生乾隆甲辰年閏三月廿九日
巳時在臺卒年月日時俟查
先達公號明通　樸實公長子生乾隆癸未年十二月三十日
申時卒乾隆壬寅年十月廿九日巳時
嗣子一　馬霧
先化公諱仙佛號　樸實公次子生乾隆壬辰年五月十三日
丑時卒年月日時失

妣吳氏鶴娘生乾隆丙申年九月十五日戌時卒年月失
子三　長深田　次川兼　三家庭往臺
先紅公諱仙桃號　樸實公三子生乾隆丁酉年正月初十日
巳時卒年月失
娶陳氏朱娘生乾隆己亥年十二月十一日未時卒年月失
子二　長戊章　次馬露出継
庠生
先輝公字元朗諱秉忠臺灣彰化學　植亭公長子生乾隆
己巳年八月廿六日戌時卒嘉慶乙丑年二月初四日未時
在臺卒塟地候查
妣陳氏伴娘號淑慎生乾隆己巳年七月初三日戌時卒嘉
慶丙辰年九月廿三日巳時在唐卒

子二　長郭斷　次宜斷俱往臺

先砂公字世棟號　植亭公次子生乾隆壬午年二月十四日

亥時卒年月失

妣葉氏言娘生乾隆乙巳年三月十六日辰時卒年月失

子一　福寧往臺

先睦公字號失　孫模公長子生乾隆甲申年八月廿一日巳

時卒年月俟查

妣劉氏宗娘生乾隆庚寅年十一月十五日申時卒年月日

時俟查

嗣子一　再寧往臺

先面公字號　孫模公次子生乾隆辛卯年十一月初六日寅

時卒嘉慶戊午年八月十一日申時往臺

先霄公字號　孫謨公三子生乾隆丙申年正月十五日酉時

往臺

先堆公字號　孫謨公四子生乾隆已亥年九月廿九日亥時

卒年月俟查

妣陳氏水娘生乾隆甲寅年十一月十四日申時卒年月失

往臺

先訂公字世省號　孫贈公長子生乾隆辛巳年九月初十日

巳時卒年月失

妣葉氏近娘生乾隆乙未年正月初五日酉時卒年月失

子四　長春寧　次恭寧　三添寧出繼　四恭寧往臺

先猜公字吉安號　孫贈公次子生乾隆丁酉年十二月初七日寅時卒乾隆癸丑年九月初九日午時葬在樟湖頂坐壬向丙

承繼子　添寧往臺

先固公字號　孫贈公三子生乾隆辛卯年四月初十日午時卒年月失

妣林氏血娘生乾隆丁未年四月初一日寅時卒年月失

嗣子一　心寧往臺

先覺公號川石　光陳公長子生乾隆丁亥年七月初七日亥時卒嘉慶己未年正月廿九日午時葬在樟湖外坐壬向丙兼子午

承繼子　君寧往臺

先湳公字號　光陳公次子生乾隆乙未年二月初六日亥時
卒年月俟查
妣高氏卷娘生乾隆丙午年十一月廿三日辰時往臺卒年
月俟查
子二　長石寧　次寧君出繼往臺

先調公字號　光陳公三子生乾隆戊戌年十一月廿九日酉
時卒年月失
妣陳氏招娘生乾隆辛亥年三月廿四日戌時卒年月失
子一　山寧往臺

先簪公字號　光陳公四子生乾隆辛丑年十月初五日卯

時卒年月失
妣鄭氏好娘生嘉慶戊午年二月初十日夘時往臺
先金盖公字號　光陳公五子生乾隆巳酉年三月十五日寅
時卒年月失往臺
十七世中三田墘二房派先字行
先釗公號國基　明煥公長子生乾隆巳丑年十二月廿四日
未時字乾隆乙夘年九月十一日辰時　娶許氏昣節
子一　人求
先敏公字世言號　明煥公次子生乾隆丙申年十一月廿二
日酉時卒年月失
妣郜氏生乾隆乙巳年十月廿四日巳時卒年月失

子一　麗水

先須公字號　明焕公三子生乾隆戊戌年十月十八日巳時
卒乾隆戊午年七月廿三日子時

先隨公字世時號　明焕公四子生乾隆庚子年十月十九日
巳時卒年月失

姚林氏拈娘生嘉慶丁巳年五月十六日午時卒年月失

先晏公字號　明焕公五子生乾隆壬寅年十一月初五日酉
時卒年月俟查

先育公字號　明焕公六子生乾隆甲辰年十月十四日巳時
卒年月俟查

先祖公字號　明焕公七子生乾隆辛亥年八月廿三日酉時

卒年月失

先囬公字號　　明煥公八子生乾隆甲寅年九月廿一日亥時

卒年月失

先辦公字世事號給亭　　光若公長子生乾隆癸巳年二月廿

五日亥時卒道光庚子年三月初六日辰時

妣謝氏容娘號順愛生乾隆乙巳年七月初九日辰時卒道

光巳亥年九月十六日卯時厝棺合葬本鄉崗槓山坐　向

子一　人候

先物公字世格號存粟　　光若公次子乾隆丁酉年十二月十

一日寅時卒道光癸巳年七月初四日巳時

妣陳氏定娘號璧愛生乾隆甲寅年二月初二日辰時卒道

光乙酉年六月廿四日卯時
繼娶易氏聘娘號餘愛生乾隆辛丑年六月十九日　時卒
道光戊申年十二月廿九日未時厝棺坐塟本里土名朱厝
崙坐　向
子二　長八札　次八挖
先所公字　光若公三子生乾隆辛丑年十二月十三日申時
徃番邦
先鉗公字世金號給寬　光若公四子生乾隆甲寅年三月廿
一日巳時卒同治壬申年五月廿三日　時塟本里黍林內
土名桶鈎嶺下坐東北向西南
妣謝氏忩娘號百愛生嘉慶丁卯年九月初三日辰時卒年

月失

子四　長人愁　次人時　三人銅　四人歡

先質公號存樸　光佃公長子生乾隆戊戌年十二月廿八日

辰時卒乾隆癸丑年八月廿四日亥時十六歲卒無傳

先否公字世心號存敬　光佃公次子生乾隆乙巳年九月廿

六日戌時卒道光辛巳年五月廿一日未時

娶陳氏雙娘改節

子一　人榜

先嘆公字世喟號存然　光佃公三子生乾隆甲寅年二月廿

八日辰時卒咸豐戊午年十月廿二日午時

妣殷氏玉娘號孝金生嘉慶戊辰年四月廿八日酉時卒同

治戊辰年四月初一日辰時瘞參林内碗窯山坐西向東
公瘞本里參林内大鵠下坐東向西
子五　長人派　次人揣　三人傑　四人琛　五人黨
先亨公字世祥號存貞　光佃公四子生乾隆丁巳年十月初
九日寅時卒道光庚戌年五月初七日未時
妣許氏鷂娘號璧姿生嘉慶丁卯年二月十七日子時卒道
光丁酉年七月廿九日辰時
繼妣陳氏忽娘生慶嘉癸亥年六月廿四日酉時卒同治
年　月　日　時公及妣厝棺寄在崗楨山
子二　長人鯨　次人榮俱陳氏出
先語公字世言號存諒　德榮公長子爲人忠厚正直樸素勤

耕教子義方雅愛帑兒生乾隆甲辰年正月廿六日丑時卒
道光庚子年五月十六日午時享年五十有七棺葬本里土
名石唐山坐南向北
妣柯氏各娘生乾隆癸丑年六月十六日巳時卒同治辛未
年十一月廿一日卯時享年七十有九與姑合塟本鄉土樓
口坐東北向西南
子五　長人吐　次人畜　三人猜　四人樂　五人溪
先妙公字世美號存誼　德榮公次子爲人農務勤而治家儉
守已正而處世平其立心制行自有純古之遺風焉生乾隆
丙午年十二月初八日辰時卒咸豐辛亥年正月十九日午
時享年六十齡

妣許氏植娘制行端莊理家勤儉事翁姑而盡孝課兒孫以讀書故有素嫺內則之垂訓音流彤管之遺徽生嘉慶戊午年正月十九日未時卒同治壬申年十月廿二日申時享年七十五齡合塟本里盡尾嶺坐乾向巽兼亥巳

子四　長人顏　次人奪嗣孚　三人朝嗣子　四人妹殤

先擬公字世倫號其位　雲集公子生乾隆己亥年二月初六日巳時卒道光癸巳年三月初九日申時

娶蔡氏扳娘改節

繼妣殷氏縣娘生乾隆甲辰年八月初三日酉時在臺卒

子二　長人淒　次人得

先圭公字世璿號其珠　雲明公子凡事秉公品行端正道理

通達辦事果斷輯誌家譜井井有條斯亦族中所深許者生
乾隆甲辰年五月十九日辰時卒咸豐乙夘年六月廿四日
巳時棺塟本里叅林内鳳垵頭坐乙向辛兼辰戍
妣蘇氏賽娘號德情生乾隆丙午年六月十七日申時卒同
治丁夘年七月初七日巳時享年七十有一塟本鄉朱厝崙
坐　向

子五　長人謟　次人弁　三人哖　四人闆　五人鑛

先蘭公號其桂　光善公長子生乾隆辛亥年六月十七日午
時卒道光戊戌年五月初二日辰時
妣劉氏撥娘號恩愛生嘉慶戊辰年十一月十九日午時

子一　人俊

先炎公字　號　光善公次子生嘉慶己未年七月初五日酉時卒光緒己夘年正月廿六日未時往臺在台𦵏

先迎公字　號集福　光善公三子生嘉慶己巳年六月廿四日申時卒同治丁夘年十月初九日戌時寄𦵏在本鄉土名崗櫍山

嗣子一　入猪

先番公字　號　光陽公子生道光乙酉年五月十九日巳時卒同治乙丑年十一月廿二日酉時

娶吳氏諱抽娘生道光庚寅年九月初五日巳時卒同治乙丑年十二月十八日亥時姚卒在山内覆鼎

子一　入糖

十七世祖田墘四房派

文丁公字　號　羼亭公子生乾隆辛巳年正月初一日辰時卒乾隆乙巳年十月廿六日巳時與文福公合葬在本鄉土名朱舍崙坐南向北

嗣子二　長德欺　次德壬

先考公字　號議以　光崇公長子生乾隆己亥年正月初三日　時卒道光丙戌年二月初九日未時往番塟在番邦

子一　玉振在番邦

先喬公字　號　德基公長子生乾隆壬午年正月十九日吉時卒年月日時不知

先脣公字　號　德基公次子生卒年月日時失

先閣公字　號　德基公三子生乾隆巳亥年八月廿八日
丑時卒咸豐乙夘年九月十一日巳時瓦棺葬在本鄉土名
牛崗楨山邊
嗣子一　人震
先傳公字　號　善老公子生乾隆丙午年七月初五日巳
時往臺卒年月日時失塟在台
先典公字君通號克明　樸齋公長子生乾隆丁亥年閏七月
廿七日未時卒道光丙戌年八月十二日寅時塟本鄉田墘
門口大坵下坐南向北
娶張氏諱層娘謚儉惠生乾隆丁酉年八月十一日申卒時
咸豐丁巳年十一月初八日申時塟本鄉牛崗楨坐南向北

子四　長人客　次人福　三人合　四人示

先約公字世信號議成　樸齋公次子生乾隆癸巳年二月十八日子時卒嘉慶戊辰年七月初六日巳時

娶謝氏諱攺娘謚肅姿生乾隆癸卯年十二月二十日亥時卒道光戊申年十月廿七日午時　公媽合塋在本鄉土名牛崗楨邊坐丙向壬　分金丁巳丁亥

嗣子一　生來

先用公字世行號行道　樸齋公三子生乾隆壬寅年九月十八日子時卒道光丙午年九月廿九日酉時葬本鄉盡尾壠坐辛向乙兼戌辰

娶殷氏諱切娘生嘉慶戊午年十月廿五日卯時卒光緒甲

申年十月廿九日午時葬在本鄉土名牛崗槓邊坐　向
子四　長人藕嗣子　次人鄭嗣子　三人坤　四人僁
先有公字世得號議美　脩情公長子生乾隆丁酉年十一月
廿三日巳時卒道光甲申年正月廿二日吉時
娶蔡氏旼節
子一　人送
先水公字世山號議得　脩情公次子生乾隆庚戌年六月廿
二日戌時卒咸豐戊午年二月十二日戌時葬本鄉牛崗槓
邊坐南向北
娶謝氏諱此娘生嘉慶巳未年五月十六卯時卒咸豐壬戌
年七月初五日酉時葬本鄉牛崗槓邊坐南向北

子四　長人豹　次人獅　三人蠑　四人蟳

先居公字世恭號議國　脩情公三子生乾隆甲寅年三月初五日寅時卒道光丙戌年八月十七日巳時

娶蘇氏諱勤娘生嘉慶甲子年九月初三日巳時卒同治丁夘年五月廿三日申時　公媽合塟在本鄉土名朱舍崙坐南向北

子一　人博

先老公字世　號議賢　脩應公長子生乾隆戊申年三月十八日巳時卒嘉慶丙子年五月十六日巳時　與父合塟在叅林內坐丙向壬兼午子

先泉公字世　號　脩應公次子生乾隆辛亥年八月初四日

辰時卒光緒丙子年八月十五日午時葬在本鄉土名朱舍
崙坐西向東
娶王氏諱貢娘生嘉慶庚申年十月十五日吉時卒咸豐壬
子年閏七月十七日卯時葬
子一　人勞

先念公字世　號　修應公三子生嘉慶戊午年正月十三日
巳時卒道光丙午年九月初十日申時
娶張氏諡節
子一　人帕

雙春公字世　號　脩平公長子生乾隆丙午年八月三十日
申時卒年月日時失

先地公字世天號議荒　脩平公次子生乾隆己酉年五月廿
九日巳時往番卒道光辛巳年五月廿二日巳時塟在番邦

✓十七世祖田墘五房派

先評公字世　號士商　敬高公長子生乾隆甲申年正月初
六日卯時往吧卒嘉慶戊午年二月廿九日吉時塟在吧
娶陳氏畋節
子一　整宗

先耳字世　號東安　敬高公次子生乾隆戊子年五月廿八
日寅時卒道光丙申年四月十二日寅時塟本里坐　向
子一　人捌 抱養

先卯公字世　號東專　敬高公三子生乾隆辛卯年十二月

十二日巳時卒嘉慶庚申年十一月廿八日吉時葬在吧

先晉公字世　號忠正　敬高公四子生乾隆甲午年八月初

八日亥時卒道光丙午年十二月廿一日吉時

娶　氏　娘生　年　月　日　時卒

年　月　日　時葬本里土名坐　向

子一　人聽囊

先佨公字世　號　孫裕公長子生乾隆丙申年六月初五日

寅時卒道光辛巳年四月廿六日辰時葬本鄉土名坐　向

娶謝氏稍娘敀節

子一　人路

先埜公字世　號南山　孫裕公次子生乾隆甲辰年二月初

主日午時卒咸豐己未年十一月廿六日未時
娶曾氏諱順娘生嘉慶己巳年十一月初九日寅時卒同治
戊辰年十月廿四日巳時　公媽合塋在本里土名石堂前
坐乾向巽兼戌辰
子二　長人犧　次雀老出繼
先育公字世　號　孫裕公三子生乾隆丁未年三月初十日
亥時卒嘉慶庚午年正月初六日卯時塋在本里土名朱舍
斧坐南向北
承繼子一　雀老
先壻公字世　號東海　孫裕公四子生乾隆丁巳年七月廿
四日午時卒同治甲戌年十月十二日辰時墓在本里土名

牛崗槓邊坐東向西
抱養子二　長人渣　次人旭
先拒公字世　號朝理　敬芳公長子生乾隆戊戌年二月初六日亥時卒道光乙酉年十二月十一日申時葬本里土名崗槓邊坐東向西
先凱公字世　號朝朋　敬福公長子生乾隆辛丑年五月初四日未時卒嘉慶戊午年八月廿二日辰時葬在朱舍崙坐西南向東北
嗣子一　人創殤　承繼孫一　貽鈞
先䫉公字世　號朝善　敬福公次嗣子生乾隆甲辰年五月廿六日巳時往臺卒嘉慶丙子年七月廿五日　時葬在臺

娶李氏諱愛娘生嘉慶丙辰年三月初三日午時卒同治丁
卯年十一月三十日亥時
子一　人作殤　承繼孫二　貽草　貽蠷
先寸公字世　號朝義　敬順公子生乾隆辛亥年四月廿九
日亥時卒同治戊辰年正月初二日未時
娶李氏諱受娘生嘉慶丙辰年二月十三日午時卒同治丁
卯年十二月三十日亥時　公嫣合塟在本里土名盞美
壠坐庚向甲兼申寅
子二　長人杬　次人稟
先諧公字世　號朝象　敬禄公長子生乾隆癸丑年八月二
十日辰時往番卒　年六月初三日未時塟在吧

先蜂公字世　號朝茁　敬祿公三子生嘉慶丙寅年十二月
廿九日寅時卒同治甲子年三月十四日戌時葬朱舍崙後
瓦棺墓在本里土名巖嶺脚田頂路下坐西向東
嗣子一　人倫
先仲公字世　號朝進　敬祿公次子撥與敬成公爲嗣子生
嘉慶戊午年五月十二日卯時卒　　　年　　月
日　時
娶林氏諱腰娘生嘉慶癸酉年十一月十七日酉時卒咸豐
巳卯年九月廿八日辰時　　公嫣合葬在本里土名朱厝
崙坐東北向西南
子三　長人見　次人算　三人滚

先宜公字世　號　光升公長子生乾隆甲辰年三月十九日
丑時往番卒年月日時失塟在吧
先梭公字世　號　光祐公長子生嘉慶丁巳年四月初四日
辰時卒年月日時失
先雪公字世　號如玉　貞和公長子生乾隆戊子年五月廿
八日未時卒道光丁亥年七月廿九日亥時塟在本里土名
坐　向
先庚公字世　號如寅　貞和公次子生乾隆壬辰年二月十
一日卯時往番卒嘉慶癸亥年九月初六日吉時塟在吧
娶李氏
子一　八奢

先清公字世　號如冰　貞和公三子生乾隆乙未年三月廿四日未時出外在海卒乾隆甲寅年三月廿九日亥時

先寧公字世　號賢事　貞和公四子生乾隆丁酉年十一月十八日卯時卒道光癸卯年二月十六日酉時

娶陳氏諱専娘謚靜儉生乾隆甲辰年二月十四日午時卒道光丁未年六月初十寅時　公媽合塟在永安里鄗溪鄉土名港仔尾　坐　向　兼

子五　長人謦　次人快　三人象　四人做　五輕民

先選公字世　號　光寮公長嗣子生卒年月日時俱失

先看公字世　號　光寮公次子生乾隆辛亥年六月廿八日巳時卒嘉慶辛酉年四月十二日酉時

先禮公字世錦號善慎　純禮公長子生嘉慶己未年七月二十日未時卒咸豐戊午年正月初二日艮時葬後山鄉上炙頭坐卯向酉兼乙辛

娶陳氏諱廼娘謚心慈生嘉慶己巳七月廿六日寅時卒光緒甲申年閏五月十四日午時葬在本里土名巖嶺脚蔴堀山坐坤向艮兼未丑

子二　長八於　次八水抱養

先飽公字世　號善義　純禮公次子生嘉慶乙丑年八月廿七日艮時卒同治癸酉年九月初五日艮時

娶張氏諱冉娘謚有慈生嘉慶丙子年十一月初七日寅時卒同治乙丑年閏四月十七日巳時　公媽合葬在本里土

名黄機壠坐庚向甲兼酉夘

子五　長八在抱養　次八酙　三八鑾抱養

四八唱　五八探

先亥公字世□號善戍　純德公長子生卒年月日時俱失

娶白氏諱緣娘生卒年月日時失　公嫣出外無考

先鐍公字世　號善贈　純情公長子生卒年月日時往臺失

記侯考

兩嗣孫　貽來

卷之四中終

国家出版基金项目
NATIONAL PUBLICATION FOUNDATION

海上絲綢之路文獻集成

總主編　陳支平　陳春聲

民間譜牒編 37

主編　林楓

海峽出版發行集團
THE STRAITS PUBLISHING & DISTRIBUTING GROUP
福建人民出版社

本册目次

〔福建安溪〕二房參鎮羅黄氏族譜八卷首一卷存七卷（卷五上至卷五中）

〔清〕佚名纂修

參山二房派黃氏族譜卷之五

後房十八世乾房派

八讀公　先概公長子生乾隆癸丑年二月廿九巳時卒年月
葬俟查

八欣公字懋　號諸羨先概公次子生嘉慶丙寅年三月初四
申時卒咸豐辛亥年閏八月初八日戌時尾棺葬本里土名
竹仔林坑娶吳氏號順美生嘉慶丙寅年七月初七日辰生
卒光緒戊寅年四月十九未時寄坐
子四　長力　次報殤　三衫殤　四齕出繼

八牙公　號貽福先概公三子生嘉慶巳卯年五月初九
咸豐丙辰年五月十七日戌時葬本里土名竹仔林坑

娶蔡氏賽娘生卒年月失塋本里土名竹仔林坑口石

繼娶林氏歿節

自行公　先樹公長子生嘉慶壬戌年二月初九戌時卒

塋俱俟査

八乞公　先樹公次子生嘉慶癸酉年九月初七日申時往

歿卒年月塋在台

八恐公　先桃公長子生嘉慶乙亥年三月廿五辰時往金門

歿卆年月塋在金門

八看公　先徹公長子生嘉慶丙子年十一月十二卯時卒道

光庚子年五月廿日申時塋本里土名竹仔林坑坐

八者公　先徹公次子生道光丙戌年八月十四寅時卒同治

壬戌年四月初六日亥時厝棺塟竹仔林坑

八忠公　號諸厚　先徹公三子生道光辛卯年三月初一日寅時卒同治甲戌年七月初十日戌時厝棺塟本里土名竹仔林坑

娶鄭氏謙娘生道光戊戌年十二月二十日寅時

子二　長魁　次捴

八觀公　先醉公長子生嘉慶丁丑年七月初一日午時往台灣殁卒年月塟在台灣

娶謝氏攺葥

子一　貽請

八斗公　先醉公次子生道光丙戌年正月廿九日未時往

津殁卒咸豐丁巳年八月初八日辰時葬在天津無考

嗣子　貽齡

八鳩公　先醉公三子生道光辛卯年八月十六日亥時卒
緒辛巳年十一月廿八日寅時寄葬竹仔林坑
娶吳氏改節

八出公　號諸鄉　春正公抱養子生道光壬辰年十月十五
日午時卒咸豐甲寅年六月十五日未時葬本里土名竹仔
林坑
娶許氏罔娘生道光辛卯年　月　日　時
嗣子貽種　次貽同殤

八接公　春正公嗣子生道光己丑年　月　日　時卒　年

月　日　時往漳州山城歿葬漳州　抱養子貽昧
八濟公　金樞公長子生乾隆丙子年　月　日　時卒不知
年　月　日外出歿地無考
八溯公　金樞公次子出外歿生卒年　月　日葬俱俟查
無考
八吉公號文丙　金樞公三子　乾隆丁亥年十一月廿五日
申時卒嘉慶甲子年十二月三十日丑時往咳吶吧歿葬穴
子一　貽設
八活公　先金公子生乾隆辛未年　月　日失外出歿卒
月　日葬無考
八港公號純德　世頌公長子生乾隆丙戌年十一月十四日

時卒道光戊子年二月初三日辰時厇棺壅在東坑山東
格坐北向南
娶陳氏鑾娘號儉慈　生乾隆戊戌年十二月初四日辰
卒咸豐丁巳年六月初九日丑時厇棺同長子貽栖同葬
坑山坐北向南
子四　長栖　次棱　三楬出繼　四杜
人汎公號純敬　世頌公子生乾隆庚寅年八月初五日寅時
卒嘉慶辛未年三月二十日吉時葬俟查
承繼子　貽楬
人淵公號純厚　世頌公三子生乾隆甲午年二月初七日戌時
卒嘉慶甲戌年二月初三日寅時卒在番壅無考

八油公號純善　世頌公四子生乾隆丙申年十一月十六日亥
時卒嘉慶丙子年五月初六日未時葬地俟查
八泉公號純源　世瑛公長子生乾隆辛丑年十二月廿四日酉
時卒道光巳亥年十二月十一日酉時厝棺寄葬東坑山
娶林氏腰娘生　年三月十六日　時卒同治壬戌
年閏八月初四日辰時厝棺塟東坑山
子二　長燃　次頭
八滄公　世瑛公子出外歿生卒年月日時塟地俟查
八治公　世約公子生卒年月日時塟地俟查
娶　氏昄節
八注公　世瀫公長子生乾隆庚戌年三月十七日　時卒道

光年月日時塟地俟查

人濱公　世徶公次子往金門歿生卒年月日時塟地候查

南水公號純箕　世音公長子生乾隆丙午年正月十三日未

卒道光庚戌年六月二十日申時厝棺塟東坑山東後格坐

西向東

娶劉氏郊娘號儉柔生乾隆丁未年七月廿三日酉時卒道

光壬午年二月初四日亥時厝棺塟東坑高鹿仔坐西向東

繼娶陳氏肖娘生嘉慶甲子年四月初四日辰時

子二　長祥致　次貽傳

人泂公　世音公次子生乾隆癸酉年正月初三日辰時卒嘉

慶庚申年十一月廿五日未時往番塟地無考

人昭公　世音公三子往番歿生卒年月日時葬無考

文統公號文安　懷文公長子生乾隆癸未年五月十八日辰

時卒乾隆辛亥年正月十五日未時葬地俟查

江漢公　先錐公子　乾隆壬午年月日卒道光年月日時失

往番歿葬俟查　嗣子貽花

人漸公號純裕　懷文公次子生乾隆丙戌年六月十五日巳

時卒道光丁亥年正月初一日卯時

娶蔡氏號文慈生乾隆乙丑年正月十三日午時卒乾隆壬

子年五月十四日酉時

繼娶雷氏伯娘號恬柔生隆乾丙戌年八月廿一日午時亡

嘉慶丁丑年二月廿二日酉時

又繼娶吳氏號素慎生乾隆丙戌年六月十五日巳時卒
光丁亥年五月初一日卯時公葬本里埔尾林田中坐西
東雷氏葬東坑灣圳頂坐西向東吳氏葬本里石蚶尾坐
向北蔡氏葬地俟查
子二　長暖　次天賜

八雕公　懷德公子外出殁生卒年月日時葬地無考

八滑公　先錠公子生卒年月日葬俟查

八塽公字懋秘號秘齋　視軒公長子生乾隆辛丑年四月廿
七日午時卒道光丁未年十二月初五日寅時尾棺葬本里
土名古縣山上穴坐甲向庚兼寅申
娶蔡氏二娘號和柔生乾隆甲寅年十二月初六日亥時卒

道光辛卯年九月十一日申時乇棺壅本鄉土名龜仔山坐
巽向乾兼巳亥
繼娶曾氏矯娘號和順生嘉慶辛酉年十月廿一日酉時卒
道光庚子年十一月廿一日卯時乇棺壅南安廿四五都土
名大坋內坐乾向巽兼亥巳
子四　長湜　次泳　三灘　四大殤
人壇公號鳳郊　視軒公次子生乾隆癸卯年五月初七日午
時卒道光壬寅年十二月廿一日子時
娶鄧氏順娘號温雅生嘉慶丁巳年十一月初四日午時
道光戊戌年六月十八日子時公媽合壅本鄉土名蜈蚣
脚坐巳亥兼丙壬

子四　長崇　次帛　三畢　四振

太學生名人堵公字樧海諱師褒　祝軒公三子生乾隆乙
年七月廿一日午時卒道光丙申年七月廿五日亥時葬
埜古仔山坐夘酉兼甲庚
娶謝氏先娘號儉慎生嘉慶庚申年正月十五日寅時卒光
緒丙子年十一月廿一日未時寄塟地俟查

子五　長兜　次競　三阮　四尼　五彪

人堤公字樧築號爲封　祝軒公四子生乾隆庚戌年十二月
十七日寅時卒道光戊子年七月初九日辰時塟本鄉土名
前埔石路坐乙辛兼夘酉
娶蘇氏寬娘號勤世生嘉慶庚申年八月廿五日未時卒咸

豐丁巳年七月二十日申時厝棺塟本鄉土名古縣大坵田
脚與三子合塟坐壬丙兼子午
子三　長江　次簇　三賽
人増公字燃雪號梯雲　祝軒公五子生嘉慶丙辰年六月初
十日午時卒道光甲午年七月十六日卯時厝棺塟本鄉土
名狗尾墩坐酉向卯兼辛乙
娶劉氏法娘號貞癸生嘉慶庚申年八月十六日未時卒咸
豐丁巳年九月廿五日辰時厝棺塟本里土名冬清白葉頭
坐酉向卯兼辛乙
子四　長輝　次覓　三渣　四踏
人樹公號燃發　仁軒公長子生乾隆癸丑年七月初三日

時卒道光壬寅年三月十一日戌時瓩棺葬冬清鄉土名
仔山坐酉坐夘兼庚甲
娶蘇氏拱娘號儉世生乾隆乙夘年十月十一日丑時卒
治癸酉年閏六月廿八日申時瓩棺葬冬清鄉土名田頭坐
乙向　兼夘酉
子五　長讀　次謀　三部　四貌　五榜
入科公號懋進　仁軒公次子生嘉慶丁巳年十月二十日子
時卒道光丁未年正月廿二日酉時瓩棺葬殷厝田坐丙壬
兼巳亥
娶宋氏印娘號儉節生嘉慶癸亥年二月廿七日午時卒同
治壬申年五月十九日午時瓩棺葬本里土名古仔山坐子

向午
子五　長惱　次挨　三悻　四恃　五相出繼
入筐公號懋筥　逸軒公子生乾隆乙巳年八月廿八日卯時
卒道光壬寅年十月初四日寅時葬尾棺墓般厝田外壠田頂
坐卯酉
娶林氏昧娘號勤順生嘉慶庚申年閏四月廿八日酉時卒
道光戊申年六月十二日戌時寄葬狗尾墩穴坐卯酉
子二　長孟　次套
正君公號啟端　琢軒公長子生嘉慶壬辰年正月十二日辰
時卒道光乙未年七月十九日戌時往台歿
娶洪氏陔節

两承子　貽榐

玉品公　琢軒公次子往番歿生卒年月日時葬在番

八舍公號隱山　琢軒公三子生嘉慶癸酉年十一月初七

申時卒同治戊辰年十月三十日辰時葬泉州城東關外金

厝圍

娶倪氏敬娘生嘉慶戊寅年七月廿五日寅時卒光緒甲申

年九月初四日未時寄葬泉城

子二　長榐撥出两承　次慶抱養

八低公字懋萬號謙益　誠軒公長子生乾隆癸卯年三月初

四日丑時卒道光丁酉年四月十二日亥時公與石氏合葬

狗尾墩坐南向北

娶洪氏號徽柔生乾隆癸卯年八月十三日卯時生嘉慶壬戌年八月廿三日未時塟葉内
繼娶石氏煨娘號慈順生乾隆辛亥年十一月十一日　時卒年月俟查
子三　長抱　次萬　三百出繼
人佇公號謙讓　誠軒公次子生乾隆丙辰年五月十五日申時卒道光丁酉年十二月廿八日戌時厝棺塟般厝田坐南向北
娶吳氏撮娘號柔順生乾隆乙卯年九　十六日辰時卒道光甲申年十二月十六日未時厝棺塟古縣山坐東向西
繼娶吳氏允娘生乾隆乙卯年　月　日　時卒道光庚子

年十二月十八日亥時厝棺壟殷厝田坐南向北
子二　長昭慶　次昭紫
誠軒公三子生嘉慶辛酉年十二月十八
入倫公號懋成
時往台歿卒年月日俟查
娶周氏號金寬生嘉慶辛酉年九月十八日未時卒光緒丁
丑年正月十四日未時厝棺壟殷厝田
子三　長硯　次路　三百承繼
入繼公號達情　詩軒公長子生乾隆乙巳年十月初六日午
時卒道光壬辰年九月初六日巳時瓦棺壟圭心崙坐乙辛
兼辰戌
娶殷氏堅娘號全成生乾隆乙巳年二月十三日夘時卒同

治戊辰年七月初十日未時兆棺塟古縣山土名畬頭坐甲
庚兼卯酉
子四　長料　次揀　三彭　四瑱
入繼公號𢇁文　詩軒公次子生乾隆庚戌年六月廿二日辰
時卒嘉慶己卯年五月十一日申時往結連册㞐
娶謝氏宣娘號全順往台㞐生卒年月日塟俱在台
子一　鋮
入絺公號海濵　詩軒公三子生嘉慶戊午年四月二十日辰
時卒道光庚子年二月初五日亥時往番㞐
娶劉氏號勤敏生嘉慶壬戌年五月初二日辰時卒同治壬
寅年正月十一日亥時兆棺塟本鄉土名棋盤内坐東向西

子二　長向　次烈

入渭公號源璝　精確公長子生乾隆壬寅年十一月廿五日未時卒道光戊申年十二月廿二日辰時厝棺墊小尖坐乚向南

娶洪氏香娘號敬順生乾隆辛丑年十月廿三日巳時卒道光辛巳年七月十五日未時葬羅洋土名鎮符墩坐巽向乾兼巳亥

子一　祖述

入添公字懋篇號益恭　精確公次子生乾隆甲辰年十二月初十日未時卒道光庚寅年四月初六日未時瓦棺墊本鄉土名赤占山坐東向西

娶詹氏敀節

承繼子一　貽便

人湛公號順源　精確公三子生乾隆乙巳年三月十三日巳時卒道光丙午年八月十七日戌時瓦棺葬本鄉土名草崙

娶陳氏快娘號純慈生嘉慶丁巳年八月十六日巳時卒咸豐甲寅年閏七月十一日申時瓦棺葬蘇厝崙

子三　長盞　次便出繼　三難

人戚公號以推　精確公四子生乾隆庚戌年正月十四日未時卒道光乙未年九月初五日辰時瓦棺葬古仔山墘坐西向東

娶洪氏未娘號儉順生嘉慶戊辰年十一月初二日　時卒

同治壬戌年六月　日未時死棺葬本鄉狗尾墩坐東向西

子二　長契　次溜殤

八盡公號忠義　精確公五子生乾隆甲寅年十一月十三日
未時卒道光己酉年十月十九日戌時葬蜈蚣山路上坐壬
向丙兼子午

娶洪氏號淑儉生嘉慶己巳年　月十六日辰時卒道光癸
夘年閏七月三十日巳時死棺葬温厝田坐南向北

繼娶陳氏親娘生嘉慶庚午年五月十七日午時

子二　長抱養能　次怕洪　出

八珠公號泗濱　精確公六子生嘉慶丁巳年十一月初三日
未時卒道光乙未年三月廿二日戌時死棺葬古縣畬頭山

坐東向西
人潤公號淮洲　精確公七子生嘉慶丙寅年正月初五日酉
時卒道光丙午年七月初七日未時
娶陳氏益娘往石碼生卒年月日塟俱俟查
子一　貽雀
人邁公號禹逵　綽休公長子生嘉慶癸丑年三月廿七日
時卒咸豐甲寅年二月十六日　時厝棺塟小尖坐巽向乾
兼辰戌
娶石氏諱良娘號恬安生嘉慶乙丑年六月十二日午時卒
同治壬戌年十一月初九日子時厝棺塟小尖坐甲向庚兼
卯酉

子四　長件　次鶴出繼　三闊　四弄

八琫公號高珪　綽休公次子生嘉慶丁巳年正月廿二日卯
時卒道光壬午年九月十四日子時往台歿
两承子　貽鶴

八研公號高山　綽休公三子往台歿生卒年月日葬在台

八橈公號高聳　綽休公四子生嘉慶壬戌年十一月初五日
卯時卒道光乙未年八月十一日未時死棺葬古仔山坐南
向北
两承子　貽鶴

八楚公字懋材號荆南　維翰公長子生乾隆乙卯年十月廿
四日卯時卒道光乙酉年正月初六日寅時

娶石氏滿娘生卒年月公媽塟地俟查
子三　長摩　次勁　三扁
八每公號敦厚　維翰公次子生嘉慶癸酉年十一月廿一日
子時卒光緒庚辰年八月廿四日申時塟狗尾墩坐南向北
娶李氏縣娘生嘉慶己巳年六月十六日　時卒咸豐乙卯
年十一月廿六日辰時塟草侖
繼娶陳氏愿娘生道光癸未年八月初六日酉時
子二　長御　次宣
八庫公號敦接　維翰公三子生卒年月塟俟查
八秋公號懋收　敦癸公長子生嘉慶甲子年正月廿六日午
時卒道光丁酉年五月十七日未時公塟俟查

娶洪氏攺節

子二　長孟　次鈔

八肘字　敦發公次子生嘉慶壬申年九月廿九日酉時

娶洪氏分娘號和美生嘉慶壬申年四月十九日　時卒咸

豐辛亥年十月廿一日酉時瓦棺塟本鄉巖前路脚坐坤艮

兼申寅

繼娶洪氏容娘號柔順生嘉慶丁丑年八月十五日申時卒

咸豐甲寅年正月廿八日午時瓦棺塟小尖脚冬田頂坐甲

向庚

又繼娶吳氏信娘生

子二　長壬　次囷

八飲公　敦發公三子生嘉慶甲戌年十一月廿三日　時卒
光緒癸未年三月廿二日未時寄塟草崙坐北向南
娶廖氏樊娘生道光丙子年十二月　日　時卒光緒庚辰
年十月初四日未時
子一　貽蕃

八圈公號懋金　敦發公四子生嘉慶戊寅年正月十一日辰
時卒光緒乙亥年正月初八日巳時甩棺塟草崙
抱養子　貽曾

八悄公號懋心　敦發公五子生道光戊子年月卒年月俟查
甩棺塟蜈蚣山脚坐南向北

八九垠　敦發公六子生道光辛卯年正月初九日子時

抱養子　貽椒

八重培公號懋植　敦發公七子生道光辛夘年正月初九日子時卒光緒辛巳年二月十一日巳時葬大埧口坐南向北

八衢公號志道　先頒公長子生乾隆己酉年八月十四日夘時卒道光庚寅年七月初十日亥時公葬俟查

娶趙氏號貞儉生卒年月葬俟查

子三　貽卿　次攝　三撥

八季騊公號志美　先頒公次子生嘉慶己未年七月廿四日未時卒咸豐壬子年九月廿四日未時

娶李氏號慎惠生嘉慶壬戌年五月初九日午時卒光緒乙亥年八月廿八日丑時考妣厝棺寄葬

子四　長簡　次趨　三塔　四纓

八煨公號志信　先頌公三子生嘉慶甲子年五月十五日巳時卒咸豐辛亥年十一月廿六日巳時瓦棺塟

娶洪氏花娘生道光甲戌年正月廿七月巳時

子三　長欺　次闇　三殁　三塲

八愷公號志忠　先頌公四子生嘉慶丁夘年七月十八日未時卒道光丙午年閏五月初六日巳時

娶朱氏叩娘生嘉慶甲戌年九月初六日辰時卒嘉慶丙子年八月十八日申時

繼娶洪氏號恭柔生嘉慶丙子年十二月廿二日亥時卒道光甲午年十二月十一日未時

又再娶鄭氏奚娘號貞順生嘉慶己巳年十一月十一日辰
時卒同治庚午年十一月十九日戌時厝棺寄塋
子四　長悟洪氏出　次蟳　三鳩　四坂鄭氏出
八致公號懋曲　先暢公長子生嘉慶乙丑年八月十七日辰
時卒道光戊申年二月初五日未時往台歿
娶石氏號儉節生嘉慶丁卯年四月十九日　時卒同治丙
寅年正月十八日戌時瓦棺寄塋
子一　貽景
八練公號訓團　先暢公次子生嘉慶壬戌年十月三十日申
時卒道光丁未年正月初五日酉時往台歿
八繆公號綢繆　先護公長子生嘉慶丁卯年正月廿九日巳

時卒嘉慶己卯年十月十九日酉時厝棺寄壟
承繼子　貽蚶
八縉公號懋紬　先護公次子生嘉慶己巳年正月廿四日丑
時卒道光戊申年九月初四月卯時
娶殷氏生道光甲午年五月廿三日寅時卒光緒乙酉年八
月初一日戌時
子二　長蚶出繼　次參
八賁公　先護公四子生　卒年　月　日　時
八睦公號懋約　先護公五子生道光丁酉年八月廿四日亥
時卒光緒　年　月　日　時往台殁塟無考
八習公號懋而　先護公六子生道光丙戌年五月初十日午

時卒光緒丙子年五月十一日未時寄塟
抱養子　貽助
八洄公　徇資公長子往台歿生卒年月塟在台
娶劉氏旦娘生卒年月日時葬俟查
繼娶魏氏占娘號柔惠生嘉慶癸亥年六月二十日辰時卒
道光辛丑年五月初十日亥時葬俟查
子二　長丕殤　次增殤
八瀫公　徇資公次子往台歿生卒年月塟在台
八昂公字懋孚號如璋　祝南公長子生嘉慶壬戌年四月廿
一日酉時卒道光乙未年九月廿五日吉時往台歿
娶洪氏平娘生嘉慶壬戌年六月廿四日寅時卒咸豐戊午

年十一月廿三日亥時寄塟溷厝田

子二　長侃　次誇

八最公　祝南公次子移居在台生卒年月塟在台

娶洪氏燦娘號勤信生嘉慶壬申年八月初六日午時卒光

緒十年年正月十四辰時塟古仔山坐東向西

子一　貽振

處士八湜公字懋趙號位德　祝南公三子生道光壬午年六

月十一日未時卒咸豐乙卯年十一月初十日卯時厝棺塟

娶洪氏乘娘生嘉慶丙子年吉月吉日吉時卒光緒乙酉年

九月初六日午時

子一　貽宅

邑庠生諱希谷字懋敏號省軒名敬官　直齋公長子自幼聰明立志攻書長有名譽太尊陶中尊葉拔茅冠軍文宗吳賞取入學其克繩祖武足徵好學之報也生道光甲申年八月二十日未時卒咸豐丙辰年十二月廿七日巳時厝棺塟本鄉土名狗尾墩穴坐　向

娶吳氏瓊娘號儉順生道光壬午年六月廿一日酉時卒光緒丙子年正月十九日卯時塟本里土名大崎坐北向南

子二　長蒙　抱養子　油

入看公字懋行號省仁　直齋公次子生道光庚寅年二月二十日　時卒咸豐己未年十月廿七日酉時厝棺塟古仔山脚穴坐　向

娶謝氏專娘生道光巳丑年八月十五日寅時
子一　貽保
八其字　直　公三子生道光甲午年七月初八日　時
娶謝氏見娘生道光壬辰年七月十六日酉時卒光緒甲申
年正月十八日辰時㝯塟古仔山坐西向东
子三　長埮　次用　三炊
八埔公　折桂公長子生卒年月塟俟查
八祛公　折桂公次子生卒年月塟俟查
八賜公　折桂公三子生卒年月塟俟查
八奏亾號成美　西岩公長子生道光乙酉年十二月初一日
午時卒豐咸丁巳年五月廿一日酉時死棺塟古縣山坐東

向西
娶洪氏改節
子三　軟　嗣子哪　三捌
八取字　西岩公次子生道光丁亥年四月十三日午時
娶洪氏勸娘生道光丙戌年三月初六日　時
子一　貽慧
八蓋公字懋序號成德　西岩公三子生道光戊子年八月廿
六日子時卒同治戊辰年七月廿二日寅時葬梢墊本鄉溫
厝田坐坤向艮兼未丑
娶洪氏京娘生道光戊子年十月初六日辰時
子二　長老　次年

八姜公　西岩公四子生道光巳丑年九月十三日未時卒光
緒乙酉年五月　日　時在番殁
娶洪氏治娘生道光庚寅年八月十五日　時
子二　長申　次叻
八永字　西岩公五子生道光乙未年六月廿九日未時
娶洪氏配娘號勤儉生道光乙未年六月廿一日辰時卒同
治庚午年四月初七日巳時厝棺塟古縣山坐北向南
子二　長嗣子㵣　次吉
處士名八殊字懋猷號德仁　際盛公長子生道光辛巳年十
月初十日　時卒同治庚午年八月廿九日申時厝棺塟本
里土名温厝田坐西向東

娶洪氏兇娘號淑集生道光辛巳年十月十八日　時卒咸
豐辛酉年七月初九日辰時厝棺塋草崙坐西向東
繼娶葉氏件娘生道光庚辰年五月十　日巳時
子四　長鄧　次洮　三帶　四啟甲
八舌公號貞語　際盛公次子生道光戊子年十二月二十日
時外出歿卒年月塋無考
月明公　先琛公長子生卒年月塋俱俟查
八春公　先琱公長子往廈歿生卒年月塋俟查
春凰公　先琱公次子往廈歿生卒年月塋俟查
八天公號星河　先苞公長子生嘉慶壬戌年四月廿六日未
時卒道光庚戌年十一月初六日未時瓦棺塋

抱養子　貽創

八豁公　先宗公長子生卒年月塟侯查

八建公　先宗公次子生卒年月塟侯查

八兵公號𤣥甲　先宗公三子生嘉慶庚申年八月初四日卯時卒道光癸卯年四月十四日寅時

娶李氏生嘉慶癸酉年　月　日　時卒光緒庚辰年十月廿六日酉時

子一　貽漢

八捉公　先宗公四子生嘉慶庚午年　月　日　時卒咸豐甲寅年四月廿五日丑時

娶劉氏號孝慈生道光壬午年正月十二日酉時卒道光甲

寅年七月二十日丑時尾棺寄塋

金寶公　先賓公長子　卒年月塋俱俟查

金珠公　先寓公長子生嘉慶乙亥年　月　日　時卒光緒

壬午年十一月初十日卯時

八吉來公　先蘭公長子生卒年月塋俟查

八殿公　先蘭公次子生卒年月塋俟查

八枋公號桂樹　先扇公長子生嘉慶巳卯年七月廿六日巳

時卒光緒乙亥年八月初六日午時

娶洪氏生道光乙丑年八月廿六日巳時

子一　貽鑑

八莉公　先扇公次子生卒年月往番殁塋俟查

八爔公　來春公承繼子生卒年月塟俟查

八巧全公　先森公承繼子往番歿生卒年月塟無考

子一　貽棟承繼

八歡字　先森公承繼次子生道光癸未年二月廿一日　時

娶洪氏生道光戊子年九月十七日巳時

子五　長冬　次寄出繼　三哖　四棟出繼　五返

八攀公　先兑公子往番歿生卒年月塟俟查

八舉公號傳言　先業公長子生道光己巳年十二月十六日

時卒道光丙午年四月廿二日申時塟俟查

八華公　先業公次子外出角尾歿　生卒年月塟俟查

八奉公　先磋公承繼子生道光甲申年九月初七日卯時卒

同治丙寅年七月十九日未時
娶陳氏𥕢娘生道光丙申年五月初九日亥時
抱養子　貽麥
八繼字　先澤公抱養子生
八扯公號懋有　世姿公子生嘉慶己卯年閏四月廿二日巳
時卒咸豐戊午年三月廿四日未時塟侯查
娶張氏攺節
子一　貽悅
八錐公號懋古　先雲公長子生嘉慶庚戌年正月初九日戌
時卒咸豐戊午年八月廿五日卯時
娶孫氏號儉慎生道光丙戌年七月初四日未時卒咸豐戊

午年八月十五日卯時
又娶殷氏改節
子一　貽斤
人換公號懋車　先雲公次子生嘉慶己卯年十二月廿五日
午時卒道光乙巳年八月廿二日午時塟傍查
人項字　先雲公三子生道光甲午年九月十六日未時
娶張氏號油儉生道光辛丑年十月初四日未時卒同治庚
辰年閏四月十二日未時
子一　貽鍬
人厨字　先雲公四子生道光己亥年十月廿一日酉時
人僕公號懋命先奠公長子生嘉慶庚辰年十一月十一日亥時

卒光緒辛巳年十月十二日巳時
娶謝氏秧娘生道光庚寅年八月初三日巳時
子一　貽紂
八則公號懋火　先菊公長子生道光壬午年正月十二日酉
時卒同治己巳年四月初一日丑時葬冬清吊烏坐酉向夘
兼申寅
娶蔡氏生道光壬午年正月十六日巳時
子六　長貽井　次禮　三周　四干出繼　五筭　六將
八使公號懋定　先菊公次子生道光甲申年七月初十日酉
卒同治戊辰年七月初一日夘時厝棺寄葬
娶李氏生道光己丑年十一月廿九日戌時

子一　貽榜

八越字　先菊公三子生道光丙戌年五月初九日辰時

娶洪氏生道光甲午年十月初七日申時

子四　長貽貨　次妙　三松　四賞

八伍公號懋成　先菊公四子生道光庚寅年十一月廿三日

寅時卒　年　月　日　時寄塟

娶洪氏生道光戊戌年十月初五日辰時

子五　長貽全　次府　三彩　四禁　五猫

八廂公號懋德　先菊公五子生道光癸巳年十二月廿一日

酉時卒同治壬申年二月十六日未時塟俟査

娶洪氏敀節

子二　長貽爲　次箸

人郊公號懋河　先菊公六子生道光丙申年十月初四日酉

卒咸豐庚申年十二月十六日酉時

娶洪氏改節

子一　貽干承繼

人得公號懋應　先徵公長子生道光丁酉年十一月廿二日

巳時卒同治壬申年六月十八日夘時葬大屈後

認公　先緝公長子生卒年月葬俟查

人訓公號致誨　先艾公長子生道光壬申年三月初八日戍

時卒光緒　年　月　日　時葬

子一　貽相承繼

人字公號文亭　先銑公長子生道光辛夘年五月初十日戌時卒同治丁夘年正月廿一日申時葬對面墘坐壬向丙兼子午
娶李氏生道光戊戌年四月十九日申時
子三　長同　次雅　三别
人栢公號懋松　先銑公次子生道光甲午年七月十七日未時卒同治甲子年正月初五日酉時葬倒厝後
娶陳氏號慈德生道光辛丑年六月初十日酉時卒同治乙丑年六月初十日未時葬倸查
人賞公　先銑公三子生咸豐甲寅年九月初一日亥時卒年月葬倸査

八偶公號樕然　先佛公長子生道光丁酉年六月十二日亥
時卒咸豐甲寅年十一月廿一日卯時葬侯查
八蚋字　先佛公次子生道光丙申年四月十　日申時
八穴公號樕岩　先苒公長子生道光庚寅年四月廿九日辰
時卒光緒巳卯年十二月十一日酉時瓦棺葬蜈蚣山坐丁
向癸
娶廖氏號慎慈生道光庚寅年十二月十一日戌時卒咸豐
乙卯年十二月十六日辰時葬蜈蚣山穴坐丁向癸
繼娶陳氏生道光甲午年二月廿八日未時
子三　長進　次池　三鶴
八軒字　先苒公次子生道光丙申年七月二十日酉時

娶洪氏生咸豐庚戌年八月十八日寅時

子三　長蟬退　次琵琶出繼　三本

先於公長子生道光乙亥年二月廿五日亥時

娶洪氏生咸豐丙辰年三月廿四日午時卒同治辛未年六

月廿七日未時塟

八豹字

又娶洪氏嫁出

子一　琵琶承繼

先哆公長子生道光庚寅年十二月十五日

人內公號樾外

寅時卒光緒甲申年七月初五日巳時寄塟

娶吳氏生道光癸巳年六月廿六日寅時卒咸豐甲寅年五

月廿五日酉時寄塟

又娶謝氏生道光甲戌年四月十九日午時

子三　長明　次卿　三肆謝氏出

八哪公號懋恩　先哆公次子生道光癸巳年十一月初九日

戌時卒同治壬申年十一月初八日巳時塟基獅湖

娶陳氏生道光辛丑年二月十一日午時卒光緒壬午年年八

月初九日戌時塟

子四　長杭　次黎　三胡出繼　四王

八世字　先哆公三子生道光辛丑年五月初一日亥時

娶蘇氏生道光甲辰年七月初四日戼時

子二　長曲　次雪

八硆字　先哆公四子生道光己酉年三月十八日戌時

卒光緒丁丑年十一月廿五日未時葬俟查
子一　貽胡承繼
八半字　先晋公長子生道光壬辰年六月廿三日戌時
八瀠公　先晋公次子生道光丁酉年八月廿二日戌時卒同
治丙寅年二月十九日巳時葬俟查
娶石氏改節
子一　迎花
八帝公號典讃　然樂公長子生道光壬午年十二月廿三日
申時卒道光戊戌年八月廿九日寅時瓦棺葬蜈蚣山圳古
脚坐南向北
子一　來傳

八院公號懋竹　然樂公次字生道光乙酉年十一月廿六日
未時卒同治庚午年九月十一日戌時瓦棺塟古路尾坐北
向南
娶饒氏粮娘生道光丁亥年五月初十日卯時卒道光戊申
年正月廿九日酉時塟古路尾
繼娶謝氏綸娘號淑德生道光庚寅年　月　日　時卒同
治丙寅年十二月廿四日寅時瓦棺塟圳古山坐南向北
子一　心思錫
八孫公　然樂公三子往廈殁生卒年月塟俟査
八勃公號克勤　然容公長子生道光甲申年八月廿七日未
時卒光緒己卯年六月十七日酉時瓦棺塟蜈蚣山

娶王氏針娘號節儉生道光甲申年九月廿六日辰時卒同治戊辰年十月十五日丑時厝棺塟古路尾坐北向南

子二　長吽　次㥜

尺姜公號愗送　然容公次子生道光戊子年四月三十日辰時卒同治丙辰年六月十六日巳時瓦棺塟蜈蚣山

娶洪氏敃節

子一　貽菴

人椸公　然容公三子生道光癸巳年四月廿八日寅時卒咸豐戊午年五月十一日未時塟淵兜

人礲公號在石　然容公四子生道光丙申年十月初四日時卒光緒壬午年十二月廿三日卯時寄塟蘇厝畬

娶孫氏甘娘號順孝生卒年月失葬侯苴

八水公號長流　歌咏公長子生道光甲午年五月初五日辰時卒咸豐戊午年四月廿二日午時尾棺塟狗尾墩

八定字　歌咏公次子生道光辛丑年三月十二日卯時

娶吳氏儉娘生咸豐辛亥年三月初十日午時卒光緒壬巳年十月十二日辰時塟

子二　長斎　次聡

八珍字　歌咏公三子往番生道光甲辰年正月廿九日酉時

八別公字懋到　然禮公長子生道光辛卯年九月廿七日戌時卒同治甲子年正月初二日午時

娶吳氏相娘號淑氣生道光庚子年二月廿二日　時卒同

治壬戌年正月廿四日未時公媽瓦棺合塟南軒水圭仔坐
東向西
子一　合
八裒字　然禮公次子生道光甲午年八月十九日戌時
娶呂氏亥娘號益盛生道光乙未年九月初五日戌時卒光
緒癸未年十月廿五日酉時寄塟
子一　貽泉
八浪字　然禮公三子生道光申丑年六月廿八日戌時
八炎字　然禮公四子生道光巳酉年三月十七日辰時
娶殷氏梅娘生同治庚午年二月十九日　時
金福字　先呂公子在番邦生

八株公號玉樹　惟香公長子生嘉慶己卯年十月廿七日未
時卒道光戊戌年閏四月初九日子時葬俟查
八宗公號玉掌　惟香公次子生　年十二月十六日辰時
往番歿卒年月塟無考
子二　長山水殤　嗣子貽林
八剥公　端莊公子往番歿生卒年月塟無考
八再公　先排公子往番生卒年月俟查
八送公號茂慎　園貫公長子生嘉慶壬午年十一月廿九日
卯時卒咸豐辛亥年六月十九日酉時尾棺塟
娶洪氏號節儉生道光甲申年十一月十三日巳時卒同治
癸亥年六月十九日酉時瓦棺塟

子二　長八　次屋

八遺公號敦厚　　園實公次子生嘉慶甲子年十一月廿二日

戌時卒同治丁卯年正月十五日酉時瓦棺葬

娶謝氏號敬順生嘉慶乙丑年十二月十五日亥時卒同治

癸酉年六月初四日丑時瓦棺葬

子三　長月　次花　三蚊

八順公號愁情　　園實公三子生嘉慶辛未年八月初十日丑

時卒道光庚戌年十二月初二日卯時

娶洪氏號愁德生嘉慶壬申年十二月十二日卯時卒同治

癸亥年七月初八日巳時瓦棺寄葬

子二　長勸　次筆出繼

人昂公號懋氣　園賓公四子生嘉慶乙亥年五月廿四日巳
時卒咸豐丙辰年二月廿九日午時
娶謝氏號章柔生道光癸未年四月廿七日子時卒道光壬
寅年十月十八日未時瓦棺寄塋
八厝公號懋尾　園賓公五子生道光癸未年九月初九日辰
時卒光道甲午年六月廿一日酉時瓦棺寄塋
嗣子　貽筆
八碖公號懋食　朝國公長子生嘉慶乙亥年十一月廿三日
丑時卒同治己巳年八月十一日酉時
娶王氏號節儉生道光癸未年二月廿七日辰時卒光緒癸
未年九月二十日寅時

子一　貽黊

八漂公號懋水　朝國公次子生道光癸未年八月十五日
時往台歿卒年月塋俟查

八鹿公號懋角　朝國公三子生道光辛卯年十一月十九日
寅時卒咸豐甲寅年閏七月廿一日午時與官出征陣亡

八莫公號懋草　先核公長子生嘉慶壬申年十一月廿六日
寅時卒同治戊辰年三月二十日午時
娶洪氏號貞儉生卒年月塋俟查

群英公號亦聚　先杏公長子生道光丙戌年七月十二日丑
時卒光緒戊申年三月廿八日未時在臺歿
娶洪氏號温恭生道光辛卯年十月初六日申時卒咸豐乙

卯年八月廿九日酉時尾棺塟
子一　貽于
太學生乳名其英　先杏公次子移居在台塩水港布街生卒
年月塟在台
娶　氏生卒年月塟在台
子在台
敏英公　先杏公三子亦在台塩水港布街生卒年月塟在臺
娶　氏生卒年月塟在臺
子在臺
人賽公號懋畧　先克公長子生嘉慶乙亥年正月初九日巳
時卒道光甲午年二月初三日辰時與父合塟

子一　文長承繼

八守公號懋助　先克公次子生嘉慶辛未年正月二十日辰時往台殁卒年月塋俟查

娶吴氏　嘉慶丙子年十月十七日辰時

子二　長文長出繼　次揚

八馬傳公號性善　先克公三子生道光庚寅年十一月初七日酉時卒咸豐辛酉年四月十六日辰時

娶洪氏號柔順生道光庚寅年閏四月初六日未時卒同治乙丑年七月三十日寅時厝棺寄塋

子一　貽郡

八道公號懋正　先克公四子生道光辛丑年九月廿二日辰

時卒同治乙丑年四月十五日酉時瓦棺寄厝

八田公　先克公抱養子生卒年月塟俟查

八巧公號能增　先言公長子生嘉慶乙亥年七月初七日酉

時卒道光庚戌年十月初一日巳時

娶李氏號伯順生嘉慶甲戌年九月廿八日辰時卒道光甲

辰年十一月廿五日申時合塟本鄉土名草崙油園坑坐庚

向甲兼酉卯

繼娶顔氏生道光癸未年三月十四日辰時

子二　長強　次乃出繼李氏出

八亘公號彭廷　先言公次子生道光辛巳年二月初十日辰

時卒咸豐壬子年四月十五日巳時

子一　貽乃承繼

人兵公號敬愼　先言公三子生道光辛丣年九月初四日寅
時卒咸豐壬子年四月初八日辰時與巨公合葬本鄉土名
仙洞寨脚書房後

人網公號懋弋　先筀公長子生嘉慶甲戌年正月初五日酉
時卒光緒巳丣年十二月十二日子時
娶石氏生道光辛巳年十一月廿六日亥時
子四　長自來　次立　三鵠　四檢

人榮公　先筀公次子出外生卒年月葬無考

人尤公　先筀公三子生道光巳酉年八月廿九日　時卒光
緒辛巳年十一月廿六日酉時

八受字　先等公長子生道光己丑年九月十五日未時
娶王氏生道光辛卯年九月十三日辰時卒同治甲子年二
二月初六日午時
抱養子　來吉

八與公　先等公次子生道光丁丑年二月初九日　時卒同
治辛未年五月十八日未時

八棚字　先正公承繼子生道光己亥年二月廿一日巳時
娶吳氏朗娘生道光庚戌年正月初一日辰時
子二　長沛嗣子　次金出繼

八匏字　先箋公長子生道光甲午年三月廿二日戌時
娶蘇氏生道光乙未年六月廿六日未時

子一　貽米出繼

八瓜公號懋颴　先箋公次子生道光丙申年十月十一日辰時卒咸豐已未年十月初七日未時瓦棺寄塟

子三俱承繼　長貽米　次貽金　三禎祥殤

八瀨公號懋港　先赫公長子生道光乙未年六月初九日子時卒光緒壬午年四月初一日未時

嗣子　貽撥

八抽公　先才公長子生卒年月塟俟查

八扳公　先才公次子生道光甲申年十一月廿四日酉時卒同治壬申年十二月廿六日　時

娶奐氏生道光壬午年十月十九日戌時

子一　貽惠

八奚公　先才公三子生卒年月塟俟查

八學公號恭和　先頖公長子生道光辛巳年七月廿一日寅

時卒光緒辛巳年十月初六日巳時

娶王氏號柔德生嘉慶己夘年二月十九日　時卒光緒戊

寅年七月十五日未時瓦棺塟

抱養子二　貽註　貽猴

八挨公號恭固　先頖公次子生道光癸未年十二月廿三日

午時卒光緒壬午年六月廿四日午時瓦棺塟

八倘公號乾意　先頖公三子生道光戊子年十二月廿三日

午時卒同治甲戌年五月十七日酉時

八螺公號忠能　先雙公長子生道光甲申年十月初八日酉
時卒同治乙丑年七月廿一日卯時厝棺塟
娶鄭氏生道光丁亥年八月初六日卯時
子一　貽翰

八肖公號忠信　先雙公次子生道光丙申年十月廿四日寅
時卒光緒壬午年十一月初九日寅時
娶洪氏生道光癸卯年正月廿三日未時
子五　長湫　次庚　三樸　四蔴　五伴殤

八酥公　先從公長子生道光己丑年十月十一日酉時
娶奐氏號美德生道光己亥年九月二十日酉時卒同治庚
午年十一月十四日酉時

繼娶殷氏生道光丁亥年十一月廿一日未時卒同治癸酉
年十二月廿二日巳時
子二　貽諧　貽栢
八海字
先從公次子生道光戊戌年五月廿二日午時
娶洪氏生道光己酉年八月初八日午時
子三　長劄　次樹　三林出繼
八蛤字
先從公三子生道光戊申年十月廿二日未時
八機公字懋發號引緒
元海公長子生嘉慶壬申年六月初
五日丑時卒咸豐庚申年十一月初一日戌時葬
娶石氏享娘號淑慎生嘉慶辛未年六月初五日丑時
卒咸豐壬子年十一月初二日戌時厝棺寄葬

繼娶石氏京娘號柔和生道光乙酉年十二月廿七日申時
卒光緒癸未年八月廿一日戌時
子四　長德墾　次邀　三殿辰出　四妥京娘出
業儒八櫓字懋禮　元海公次子生道光丙戌年十一月初九
日午時
娶謝氏梅娘號儉慈生道光戊子年十二月十四日子時卒
咸豐甲寅年九月廿九日亥時葬田底洋窩內鄉溫九命坐
乾向巽兼亥巳
繼娶英內洪氏貴娘號懿恭生道光乙酉年六月十一日申
時卒同治庚午年十一月廿三日辰時葬湖九崙溫
再娶洪氏甘娘生道光甲申年八月廿七日未時

子六　長朋　次腋謝氏出　三臘　四膴　五
胚洪氏出　六脂甚娘出
爲人守分讀書建置厝地壹座三進兩護并書房地壹座坐
甲向庚兼寅申地基與堂姪塔姪兄弟等比連護厝二比各
有鉄地相侵方得完成婣親南安吳秩官洪波官房親八歡
八記等共爲周旋相換二比各有界限合約字貳紙一樣各
執存照各管其業子孫不敢生端謹誌譜

八樓公號懋宿　元海公三子生道光丙申年三月十四日辰
時卒同治甲子年十一月十二日寅時
娶王氏生道光甲午年三月十五日夘時
子三　長東　次衛抱養　三鮑出繼

八岸字　元海公四嗣子往台生

子一　鮑承繼

八樓公　先中公長子生道光乙酉年八月十九日丑時卒道

光丁酉年六月初五日午時厝棺塟

嗣子　貽侊

八枇公號懋杷　先中公次子生道光辛夘年二月十五日夘

時卒光緒庚辰年十月初一日午時塟晋江對山

娶王氏生道光壬辰年二月十一日夘時

子一　貽嚴

八東字　先中公三子生道光辛丑年十月初三日子時

娶洪氏生道光巳酉年六月初三日辰時

子　長錦　次豚

入社公　先沃公長子往台殤生卒年月俟查

娶洪氏生道光辛巳年五月十三日午時卒道光甲辰年八

月十三日戌時厝棺寄埜

兩承子　貽蓼

入祉公號懋福　先沃公次子生道光戊子年二月三十日夘

時卒同治乙丑年三月廿三日巳時

娶洪氏生

兩承子　貽蓼

入富公號懋有　先滙公長子生道光丁亥年六月廿六日午

時卒咸豐丙辰年六月初五日未時

娶石氏生道光庚寅年四月廿二日丑時卒年月失死棺塟

子二　長貽南　次𦆑出繼

人浮公號懋桴　先涯公抱養子生嘉慶　年正月初十日

午時卒光緒庚辰年六月十九日未時

两承子　玷

人馬公　先灤公長子生卒年月塟係查

人瓜公　先灤公次子往番歿生卒年月塟無考

人幼字　先涯公子番往生道光乙巳年十一月初八日巳時

人粧字　世金公長子生道光丙戌年十二月十三日子時

娶阮氏號懿容生道光丁亥年三月廿二日申時卒同治辛

未年六月廿八日子時死棺寄塟

子四　長勞　次獨　三堪　四讃

八君字　世金公次子生道光丙申年十月初一日辰時

娶洪氏生道光乙未年三月廿四日午時

子三　長垂抱養　次僑　三秀

八泰公　世金公三子生卒年月俟查

娶洪氏生道光庚子年七月十一日戌時

子三　長追抱養　次擬出繼　三黎

八擴公號懋光　世金公四子生道光甲申年四月十六日卯時卒同治丁卯年四月初二日未時瓦棺塟

娶洪氏生道光丁未年十月初三日未時

子一　貽揀

八節字　世金公五子生道光丁未年七月初四巳時
娶洪氏生咸豐癸丑年八月廿二日巳時
子　長玉蘭　次金鍾

八部字　世澤公長子生道光丁亥年十二月廿八日酉時
娶洪氏生道光丁亥年六月十七日巳時
子二　長河　次土

八薦字　世澤公次子生道光癸巳年九月十一日子時
娶李氏生道光乙未年三月十九日　時
子三　長運　次献　三仁出繼

八劍公　世澤公三子生道光癸夘年六月廿三日申時卒光
緒丙子年八月十四日戌時

子一　貽仁承繼

八雅公　世澤公四子生卒年月葬俟查

八葵字　世純公長子生道光丁酉年二月廿五日申時

娶蘇氏生道光庚子年十一月廿七日酉時

子　長量出繼　次陸　三鑒　四洋　五董

八芽公　世純公次子生道光庚子年七月初三日巳時卒咸

豐辛酉年正月十九日子時葬

承繼子　貽量　次光盷

八葩字　世純公三子生道光癸卯年閏七月廿二日戌時

娶洪氏生咸豐癸未年八月十三日　時

子　長光明出繼　次別

八魏字　世美公子生道光乙巳年十一月初三日寅時
娶吳氏生道光乙巳年正月十一日未時
子　長本　次市
八喜字　世良公抱養長子生道光己酉年四月十九日辰時
八袋字　世良公次子生咸豐丙辰年正月廿五日午時
子　沁抱養
八日字　世良公三子生同治壬申年三月初二日丑時
八定公號懋善　先流公長子生道光壬辰年九月十九日酉
時卒同治丁卯年七月廿五日辰時厝棺寄塟
娶李氏生道光甲午年十一月初五日　時
子四　長直　次倍　三檝出繼　四金水

八驥字　先沆公次子生道光丙申年九月廿三日寅時

娶蘇氏號貞純生道光庚子年十月十六日子時卒同治己

巳年五月廿九日卯時塟仙洞寨坐西向東

繼娶江氏生道光辛丑年四月初四日未時

承繼子　貽糠

八閭字懋里　先汙公長子生道光乙未年五月廿四日酉時

娶謝氏號至慎生道光乙未年十二月初十日酉時卒光緒

丙子年七月初七日子時厝棺塟

繼娶陳氏號勤慎生道光乙未年十二月初十日寅時卒光

緒庚辰年十一月廿六日寅時塟

子二　長淑　次多謝氏出

人邦字懋他　先汙公次子生道光己亥年十月十二日午時

娶陳氏生道光庚子年十月初十日酉時

子　天賜

人餘字　先潤公長子往番生

人勅字　先潤公次子往番生

人說字懋義　先潤公承繼子生咸豐戊午年十一月初九日

吉時

人彥字　先泡公長子生道光丁酉年十月初三日午時

娶謝氏號秉善生道光壬寅年十二月三十日亥時卒光緒

己卯年九月初五日戌時

子二　長粉　次兼出繼

八鳿公字懋白　先泡公次子生道光庚子年七月廿三日丑時卒光緒丁丑年三月十八日子時

娶洪氏盼節

承繼子　貽兼

八登字　先泡公三子生道光癸卯年七月初八日酉時

娶趙氏生道光丁未年三月十二日酉時

八帆字懋風　先泡公四子生咸豐癸丑年五月初七日未時

八媚字　世吉公長子生道光乙巳年二月十四日子時

娶鄭氏生道光丁未年十一月初九日未時

子　長損（出繼）　次別　三著

八思字　世吉公次子生道光丁未年十月初三日巳時

娶劉氏生道光己酉年四月十一日丑時

子　長璟　次箄　三川

人燒公　世吉公三子生咸豐癸丑年十月初五日寅時卒同

治丁夘年十二月十二日巳時

子　貽雕承繼

人吙字　世川公長子生咸豐甲寅年十月廿七日未時

娶吳氏妹娘生咸豐甲寅年十月初四日酉時

子　長雕出繼　次超

仙洞綦脚私祖宇內有一仙神主媽劉氏主腹書生乾隆丁

未年十月廿三日酉時卒嘉慶癸亥年閏二月廿九日巳時

採緝始見細詢每房諸人全不知嘗想必未過門之祖妣後

歸其主余謹誌之以俟後人查譜修録
人兼字號懋正　先願公長子生嘉慶戊寅年九　廿一日寅
時卒道光乙未年十一月初九日酉時尾棺塟
人時公號使民　先曾公長子生卒年月葬俟查
人畜公號懋養　先台公長子生道光戊戌年十二月初八日
吉時卒同治辛未年正月廿七日亥時塟俟查
人報公號懋志　先合公次子生卒年月葬俟查
人褫公　先令公長子生道光乙未年九月初二日寅時卒光
緒庚辰　六月初九日子時塟
人連理公號懋枝　先顗公長子生道光辛卯年十二月十三
日亥時卒光緒癸未年五月十八日午時

人綏字　先顯公嗣子生同治丙寅年十月初四日丑時

人正公號懋厚　先宇公子生光道甲申年八月初八日酉時

卒同治壬申年十一月初一日未時

娶洪氏號柔順生道光丁亥年九月初八日酉時卒同治丁

卯年五月初一日午時公媽厝棺塋

人老字　先安公長子生道光丙午年七月廿四日亥時

娶許氏生咸豐壬子年　月　日　時

子　貽愈　貽碓

人艮字　先賚公長子生道光庚子年九月廿二日戌時

人美玉字　先賚公次子生咸豐辛亥年七月十四日戌時

人蕘公　純諭公長子生乾隆年月往台卒年月失塋俟查

八亶公　純諭公次子生嘉慶年月徃番卒年月失葬俟查

八菊公　純諭公三子生嘉慶年月往漳州卒年月日失葬俱

俟查

八匹公號樸素　純福公長子生乾隆辛丑年六月廿九日辰

時卒嘉慶丁巳年十月二十日寅時葬俟查

子　謗殤承繼　傳世

鄉飲賓八勇公字懋基諱文煥號庠雅　純福公次子邑候秦

公諱養和贈以德正鄉閭匾額爲八尊祖敬宗嘉慶間重修

后祖祠公之任董亦勤亦勞生乾隆丙午年二月初三日酉

時卒道光壬寅年七月十三日戌時塟本里後院杉橋崙

娶謝氏水娘號恬惠生乾隆辛亥年九月廿一日巳時卒道

光乙巳年七月初十日未時葬本里杉橋崙
子四　長禱　次繆　三泰　四誇出繼
人確公字懋三號誦雅　純福公三子生乾隆戊申年七月十
七日寅時卒道光丁酉年二月十四日申時厝棺裝盡尾厝
門口與母親陳氏仝穴內坐亥巳兼壬丙外坐丙壬兼亥巳
娶陳氏球娘號恬姿生乾隆壬　年閏四月初六　辰時卒
道光壬辰年十月十七日子時厝棺葬杉橋崙祖坟邊
子六　長哲　次格　三供　四沙　五翁　六闔出繼
人璇公字懋齊號衡雅　純修公長子生嘉慶庚申年　月十
二日寅時卒同治壬戌年十一月十二日亥時厝棺裝盡尾
厝門口與姆親仝穴

娶小眉湖乇鄭氏理娘號恬美生嘉慶庚申年十一月廿八
日寅時卒道光庚戌年七月初一日辰時厇棺菇后院頭
繼娶許氏五娘號恬懿生嘉慶壬申年七月廿一日午時卒
咸豐丁巳年五月廿六日未時厇棺菇本里
子四　長庚　次丑　三動　四彬
八逃公字樧仍　純德公承繼子生嘉慶壬戌年十月十六日
戌時卒道光壬寅年四月　日　時葬無考
娶劉氏鴦娘生嘉慶壬辰年三月初十日巳時外出歿卒年
月葬俟查
子四　長豁　次艾殤　三沛殤　四秦
八炳公號煌雅　純修公三子生嘉慶乙丑年五月初六日酉

時卒道光丙午年十一月初四日子時厝棺葬本里
娶劉氏須娘號恬約生嘉慶庚午年五月廿六日巳時卒道
光庚戌年十一月廿九日卯時厝棺葬本山
子二　長旺　次學
人岳公號崇雅　純修公四子生嘉慶丁卯年七月二十日巳
時卒道光庚子年十一月十六日申時厝棺葬
娶員潭謝氏口娘生嘉慶甲戌年九月初十日辰時
子　鄉殁
人廩公字懋生號烈雅　純政公長子生嘉慶甲戌年十一月
十一日午時往番殁卒年月葬俟查
娶吳氏愛娟生道光壬午年正月廿二日午時卒年月日時

葬失

子一　新勝

人王公　純政公次子生嘉慶丙子年十二月初一日未時往

番歿卒年月塟俟查

人康公號熙雅　純政公三子生道光丙戌年正月三十日申

時移居在台歿卒年月塟無考

娶劉氏親娘號恬信生道光己丑年正月初九日酉時卒同

治丁卯年十月十九日戌時塟俟查

子一　順

人活公　純政公四子生道光甲午年十二月廿六日酉時往

台歿卒年月塟俟查

人逐公　純邑公長子生道光丁亥年九月十七日寅時卒咸
豐癸丑年正月初一日巳時葬侯查
太學生諱有光名文仲字懋善號平雅　純榜公長子生嘉慶
庚申年二月初三日巳時卒道光乙巳年九月廿七日戌時
塟本山
娶謝氏敲娘號恬愛生嘉慶戊辰年四月廿八日巳時卒光
緒辛巳年十二月十四日巳時尾棺塟本山
子四　長聖君　次貽岸　三自建抱養殤　四貽謀
人嫐公字懋遜號讓雅　純榜公次子生嘉慶戊辰年閏五月
十三日巳時卒咸豐乙卯年四月廿九日未時尾棺塟本里
後院

娶謝氏寬娘生嘉慶壬申年十月十八日巳時卒同治丁卯
年八月十三日酉時厝棺塟本里後院
子三　長武　次齊時　三認
八坪公號右雅　純規公長子生道光丁亥年九月廿六日巳
時卒咸豐甲寅年三月初九日酉時厝棺塟後院
娶孫氏殁節
兩承子　見炎
天望字　純規公次子生道光戊申年十二月　日辰時出家
淙教爲僧後任岱屏爲住持至光緒年間石堂住持殁回來
接任適廟宇傾頽邀請施主唱捐重修廟宇頗成遂請二房
長上重修譜牒身雖出家而心不離俗家此亦天性然也

人葩字　聯猛公承繼子生道光庚子年十月初七日戌時
娶蔡氏鳳娘生道光癸卯年五月十三日酉時
两承子　見炎
人外公　純展公長子生嘉慶庚申年十二月初十日丑時往
台殁卒年月葬俟查
人體公　純麟公次子生嘉慶乙丑年九月十一日戌時往番
殁卒年月葬俟查
人作公號振雅　純展公三子生嘉慶丙子年四月初五日辰
時卒道光戊戌年三月二十日未時葬俟查
人宰公號騰雅　純輸公承繼子生嘉慶丁卯年十月初九日
亥時卒光緒己卯年九月廿一日卯時葬後院

娶吳氏笋娘號儉致生嘉慶甲戌年八月初九日寅時卒同
治己巳年十月初四日未時葬後院

八賞公號協雅　純育公長子生嘉慶壬戌年六月廿六日午
時往台歿卒年月葬在臺
娶謝氏赤娘號恬順生嘉慶己巳年四月廿六日卯時卒道
光丙午年十二月十五日辰時葬本山
抱養子　貽餘

八買公字樧進號要雅　純育公次子生嘉慶丙寅年十月初
二日酉時卒光緒戊寅年六月廿九日丑時葬本山後院
娶蔡氏端娘號恬莊生嘉慶己卯年六月初二日　聘卒道
光丁未年五月廿五日辰時葬本山

繼娶蔡　氏娘生卒年月失葬本山

子二　長撰抱養　次三

八諳公號指雅　純育公三子生嘉慶甲戌年八月二十日未

時在臺殁卒年月葬在台

娶吳氏循緞號忠信生嘉慶丁丑年八月廿八日　時卒同

治己巳年正月十二日未時葬本山

子二　長克明　次百

八提公　高陞公長子生乾隆癸丑年七月十一日辰時卒嘉

慶乙亥年正月十八日申時往咬嵧吧殁

娶洪氏殁節

八捷公字懋魁號度雅　高陞公次子生嘉慶壬戌年四月廿

四日午時卒咸豐戊午年五月二十日午時在棺葬後院

娶張氏郁娘號恬有生嘉慶丁卯年八月十三日丑時卒光

緒庚辰年十二月十七日辰時葬後院

子四　長永裕　次永溪　三永清殤　四永吒殤

八日公號能月　高陞公三子生嘉慶甲子年十一月初一日

午時在吧歿卒同治庚午年七月二十日酉時葬在吧

娶　氏生卒年月葬在吧

子八　長道　次見　三泰　四堅　五秋

六爵　七　八　俱在吧

八拱公號垂雅　純善公長子生嘉慶戊午年八月廿八日申

時卒道光庚寅年正月廿二日丑時在吧歿

八抄公　純善公次子生嘉慶辛酉年六月廿七日巳時移居
臺歿卒年月葬俟查
娶陳氏浩娘生嘉慶甲戌年十月初四日丑時在臺歿卒年
月葬俟查
八摺公　純善公三子生嘉慶乙丑年九月十八日子時往臺
歿卒月年葬在臺
八投公　純善公四子生嘉慶辛未年十二月十一日寅時往
臺歿卒年月葬在台
八整公號修雅　純厚公承繼子生嘉慶戊午年正月十九日
辰時卒嘉慶庚辰年六月十一日丑時在吧歿
子一　夔元

源水公　映公長子生嘉慶乙亥年五月十八日午時往番歿
卒年月葬俟查
源枝公　映公次子往番沒生卒年月葬在番
八出公號享雅　純士公長子生嘉慶丙辰年五月廿八日丑
時卒慶慶庚辰年八月廿二日辰時尾梢葬杉橋崙
娶　氏跟娘改節
抱養子二　貽㤽　貽井
添昔公字懋香號國雅　純士公次子生嘉慶辛酉年十月十
四日丑時卒道光甲午年正月初九日　時
娶謝氏情娘冰操懿行苦節自守經營女紅無易其志此可
謂幽閒貞靜之德生嘉慶癸亥年九月初六日寅時卒同治

丙寅年十一月初一日未時葬本山

子二　長秋蘭　次創

文經公號論雅　純忠公子生嘉慶己未年三月廿六日亥時

在吧歿卒年月葬俟查

娶陳氏玷娘號貞惠生嘉慶辛酉年四月廿九日戌時迎歸

而卒年月葬俟查

繼娶謝氏祥娘生嘉慶庚申年二月十二日寅時卒年月葬

俟查

抱養子　趙扳

詠泉公　純然公子生卒年月葬俱俟查

人義公號禮雅　凌挑公子生嘉慶　年　月　日　時往番

殁卒年月塟俟查

八達公字懋理號貽道　先琛公長子生乾隆庚戌年十月初五日卯時卒咸豐戊午年四月廿七日卯時瓦棺塟本里土名盡尾山

娶陳氏娘官號怡慈生慶慶庚申年十月十二日戌時卒道光辛卯年二月十六日未時瓦棺塟本里土名朱厝壠田頂崙邊坐庚向甲

繼娶張氏省娘號恬慈生嘉慶庚申年十一月廿一日酉時卒道光丙午年八月廿六日子時塟本里朱厝壠田頂崙邊

子二　長餘地　次明進

八來公號貽果　先琛公次子生嘉慶癸亥年八月廿六日丑

時卒道光辛丑年九月初二日酉時尾棺葬本里土名東寺
垵崙邊貽和公仝葬
娶鄭氏改節

八錐公號貽和　先琛公三子生嘉慶己巳年七月初五日辰
時卒咸豐壬子年七月十四日未時尾柩葬本里土名東寺
垵崙邊與貽果公仝葬
娶蘇氏改節
子一　貽冏殤

八畏公　先趙公長子生慶慶己未年四月初四日巳時移居
臺上淡水媽祖田卒年月葬俻查
娶陳氏蘭娘生卒年月葬在臺

子四　長世搏　在臺

八壬公號貽年　先趙公次子生嘉慶丁卯年十一月廿八日
戌時移居臺卒年月葬在臺

八碖公號貽石　先趙公三子生嘉慶壬申年十一月廿八日
申時移居台菁　衆殁卒年月葬俟查

嗣子　貽等

八漸公號貽潰　先嚴公承繼子生嘉慶庚午年五月廿九日
巳時卒同治乙丑年十二月十九日巳時尾棺葬本里東硯
垵崙邊

娶蔡氏遂娘號恬惠生嘉慶巳卯年六月初六日卯時卒咸
豐辛亥年二月廿四日酉時尾棺葬東硯垵崙邊

繼娶林氏必娘號恬順生嘉慶甲戌年十一月十二日辰時
卒同治戊辰年九月廿七日辰時厝柩葬本里土名鐵高林
頭内中崙
抱養子　貽從　貽别殤出繼
八淑公　先嚴公次子生道光辛巳年六月初七日辰時卒年
月葬倹查
八洒公字懋楮　先昆公長子生乾隆甲辰年八月廿一日時
移居廈黄厝宫卒年月葬倹查在廈
娶連氏池娘生嘉慶丁卯年八月十四日午時
子一　長鳳珠殤　次安素
八濟公字懋漣號貽蒼　先昆公次子生乾隆甲寅年五月十

六日寅時卒咸豐辛酉年八月十六日申時尾棺墓軍壠山

田頂坐由寅兼庚甲

娶白氏妹娘號瑞金生嘉慶壬申年五月初六日丑時卒咸

豐乙卯年四月十五日寅時尾棺墓朱厝壠內號蛇仔崙

子二　長安國　清彩抱養

文譜公號貽淵　先昆公三子生慶慶戊午年四月二十日未

時移居安南番邦歿卒月年塋俟查

八燕公號貽謀　先周公長子生嘉慶壬戌年七月十六日巳

時卒嘉慶庚辰年九月廿六日巳時移居在臺歿卒年月失

塋俟查

古山公號貽泰　先周公次子生嘉慶乙丑年十月初八日丑

時移居安南殁乎道光庚寅年十一月初九日　時塟存沓

文麟公字懋祥號貽慶　先周公三子生嘉慶壬申年正月十

五日酉時卒道光辛丑年七月初八日戌時厝柩塟中糖後

埔坐南向北

娶詔安縣歐厝王氏領娘後歸外家

人來公　望德公長子

人存公　望德公次子

人藝公　調玉公長子

人全公　調玉公次子　娶　氏

人清公　祥德公長子

人答公　祥德公次子

八完公　祥德公三子

八球公　朴寔公之子

八孝公　純河公長子

光贊公　維佑公之子

八買公　瑞德公長子

八領公　瑞德公次子

八楚公　純美公之子

德祖公　世昂公之子

八井公　先品公長子

八對公　先品公次子

獻坐公　先品公三子

娶王氏包娘
子在臺　胎
八立公　世援公子
娶洪氏嬿娘
子二　長光夯　次光排
至誠公　先托公長子
昆重公　先托公次子
八存公　先八公長子
子　貽一
八韮公　先八公次子
八趨公　先望公承繼子生

娶　氏生

子　在台

蝦美公　先耀公長子

娶林氏在臺

子一　在臺

八碧公　先耀公次子

萬德公　先耀公三子

萬祝公　先耀公四子

八典公　先眞公長子

八貼公　先眞公次子

八監公　先眞公三子生

娶　氏生

八吟公　先輕公長子

娶洪氏企娘

子一　貽肯在臺

八踏公　先輕公次子

娶　氏

子二　長金印　次惕在臺

文趙公　先鴿公長子

八栖公　先鴿公次子

八記公　先鴿公三子

八寬公　先勢公長子

八曾公　先勢公次子

娶　氏

子　在臺

八黨字　先勢公三子

八長字　先勢公四子

娶　氏

子二　在台

以上諸人移居在台是以無生卒塟地與婚娶有子無子無

可稽查予就先字行下各人有子孫來以俟後日查明録誌

八泗公號慕杏　順軒公長子生嘉慶丙午年三月二十日子

時卒道光辛巳年八月三十日酉時

娶張氏吉娘生卒年月及公媽塋俟查

子二　長百壽　次喜承繼

處士名溪水號有鑑　順軒公次子生乾隆壬子年八月三十日寅時卒道光癸巳年二月十八日未時塋本里大宅厝角坐壬向丙

娶洪氏繞娘生卒年月塋地俟查

子二　長喜出繼　次吾

大賓公號有嘉　先珙公長子徙臺生嘉慶壬戌年五月初四日午時卒道光辛卯年正月十二日申時公塋俟查

娶張氏改節

子一　貽桐

人濟公　先珙公次子在臺歿生卒年月塟候查
娶洪氏孟娘往臺塩水港生
子五　長杕　次鎰　三相　四柿　五尚　俱在台
人泮公　世瑚公長子生卒年月塟候查
娶　氏富娘生卒年月塟候查
人洛公　世瑚公次子往台歿生卒年月塟在台
人企公　世瑚公三子往臺沒生卒年月塟在臺
娶洪氏改節
子一　貽鎮
朝遂公號有源　處軒公長子生嘉慶辛酉年二月初一日
時卒咸豐丙辰年正月初八日申時塟

人追公號有遠　眷軒公長子生嘉慶辛酉年七月初五日巳時卒咸豐丙辰年正月初八日申時瓦棺葬本鄉土名

娶洪氏差娘生嘉慶辛未年七月初十日午時卒道光乙酉年十一月十四日辰時瓦棺塟本鄉土名

子二　長沃　次潑

人殿公號有攸　濬軒公長子生嘉慶丙寅年　月　日　時卒道光　年　月　日　時瓦棺葬本鄉土名

人櫃公號有金　明軒公子生嘉慶辛未年十一月十二日丑時卒咸豐丙辰年八月十九日巳時瓦柩葬本鄉土名

娶□氏榜娘生嘉慶辛巳年二月廿二日未時卒咸豐癸丑年九月初三日申時瓦棺葬本鄉土名

人仰公號有瞻　明軒公次子生嘉慶戊寅年十二月十二日
未時卒同治　年六月初一日丑時尾棺塟本鄉土名
人荷公號有民　漸軒公子生嘉慶辛未年三月十七日未時
卒咸豐壬子年八月二十日辰時尾棺塟本鄉土名
娶葉氏改節
子一　貽濤殤
人佛字　明軒公三子往漳州生
抱養子二　長正殤　次園撥出兩承
處士名達官字懋畏號有懷　申軒公承繼子生嘉慶巳巳年
二月廿五日酉時卒光緒庚辰年五月廿九日午時寄塟本
鄉土名水溝洋祖厝崙

娶吳氏早娘號孝勤生嘉慶戊寅年十二月十五日子時卒
光緒癸未年八月廿七日丑時寄葬本鄉土名茶博園
子三　長晃　次鐓　三士
人澤公號有潤　安軒公長子生嘉慶辛巳年八月廿八日酉
時卒同治庚午年三月十七日酉時厝棺葬本鄉
娶洪氏器娘號儉正生嘉慶甲子年十月廿五日寅時卒咸
豐己未年十月十七日辰時厝棺葬本鄉
子五　長尊　次杷　三檜　四栩　五札
處士人沛公字懋源號有水　安軒公次子生嘉慶己巳年八
月初八日寅時卒同治乙卯年八月廿五日未時厝棺葬本
鄉土名土地庵坐乾向巽兼戌辰

娶陳氏乾娘號儉隱生嘉慶壬申年十月十三日酉時卒同
治甲子年三月初七日子時尾棺葬本鄉

八淵公號有靜　安軒公三子生嘉慶辛未年八月廿六日未
時卒咸豐辛亥年九月十五日午時尾柩葬本鄉土名古地
公崙坐西向東
娶　氏改節
子一　昭祈

八圖公　普軒公長子往臺歿生卒年月葬在臺
娶　氏在臺生
承繼子　在台

八用公　普軒公次子在臺歿生卒年月葬在台

娶周氏晦娘在臺生
子一　在臺
生員乳名泉官字懋涓名河清嘉邑學　普軒公四子賦性敏
達家清力學奮志磨勵髫齡入泮足徵普軒公之好學也在
臺生道光丁酉年　月　日　時
娶田寮庄林氏　娘生
子　長楫　次喬木　俱在台
人滋公　先鋸公承繼子往台歿生卒年月塟在臺
人愠字　普軒公五子在臺
娶　氏生　子　在臺
人度公號有榮　先鐫公子生嘉慶癸亥年七月初二日　時

卒道光丙申年八月初十日未時厝棺塟本里
邑庠生加軍功五品銜乳名粒官字懋梅諱忠清號恕正　廣
軒公長子其八正直奮練鷹揚矢穿七札弓挽六鈞惜乎僅
入泮林不能騁馳萬里然身雖武職心猶慕書香尊師重傳
四子成名迨後嘉邑王舉以總理判勸秉公至戴逆唱亂公
領義民保護月港邑主申詳給賞守備職銜遇缺補用生嘉
慶辛酉年十二月初六日酉時終同治甲戌年四月初八日
子時塟塩水港東門外菜公寮仔坐甲向庚兼卯酉
娶李氏靜娘號淳儉生嘉慶庚申年三月初一日辰時卒道
光丙午年八月初一日未時厝棺塟俟查
繼娶　氏生卒年月塟俟查

側室曾氏茶娘生

子四　長大愈出繼　次大有出繼　三大沛　四大進庠生倶後妣出

八浩公號有志

廣軒公次子生嘉慶丁卯年正月初一日酉

時卒道光丁酉年六月十九寅時厝棺壟笼內坡坐南向北

娶洪氏晴娘號儉羽生嘉慶丁卯年十月初七日　時卒光

緒甲申年三月十四日丑時葬本鄉

子二　長咄殤　次信

八膠公字懋接號有隣　廣軒公三子生嘉慶壬申年三月初

五日子時卒道光癸卯年二月二十日未時厝棺壟本鄉土

名金沙崙坐北向南

娶吳氏守娘號貞儉生嘉慶辛未年六月廿二日　時卒道

光壬辰年十一月初三日卯時尾棺瘞本鄉
子二　長發　次組出繼
三元公號有名　廣軒公四子生嘉慶己卯年十月初九日卯
時卒道光丁未年十一月廿四日酉時尾棺瘞本鄉
娶洪氏郄娘歿節
子二　昭敦　昭謀　俱在臺
五子公號有敎　廣軒公五子生道光壬午年十月廿一日酉
時卒道光丙午年五月初九日子時尾棺瘞本鄉立名丙畬
坐西向東
娶陳氏歿節
子一　天衢撥出兩承

八珍公號有量　歌軒公長子生嘉慶丙寅年十一月十八日子時卒道光己酉年四月十二日丑時瓦棺塟本鄉土名溫厝角坐子向午兼癸丁

娶謝氏偶娘生嘉慶丙寅年六月十二日　時

子五　長勝芳　次神　三蔡　四蕃　五燧

八盤公號有銘　歌軒公次子生嘉慶己巳年七月廿一日巳時卒道光辛丑年正月廿六日酉時瓦棺塟本鄉

娶洪氏振娘改節

子一　貽文

八聲公號有問　歌軒公三子生嘉慶辛未年十二月廿六日戌時卒道光己酉年正月十八日　時瓦棺塟本鄉

娶洪氏筬娘生嘉慶辛未年正月初九日　時卒道光已酉年二月廿六日酉時葬本鄉

子一　貽情

八提公　歌軒公四子往台歿生卒年月葬在台

娶陳氏有　生嘉慶巳卯年十月初八日子時卒道光丁酉年五月十六日酉時死棺葬笣內山坐南向北

承繼子　貽邊

八圳公　世艮公長子在臺歿生卒年月葬在臺

娶劉氏三娘生卒年月葬俟查

子一　昭禮在臺

八傑公　世艮公次子在臺歿生卒年月葬在台

娶陳氏扁娘改節
處士名標官　世良公三子在臺歿生卒年月葬在臺
娶李氏偉娘生卒年月俟查葬本鄉五谷內胡坐西向東
繼娶　氏在台生
子一　貽墻在台
人然公　世良公四子在臺歿生卒年月葬在臺
娶胡氏注娘改節
子一　貽素
人榜字　世良公五子往台塩水港布街
娶朱氏時娘生卒年月葬在臺
繼娶　氏在台生

子三　長貽罕　次　三俱在臺

八藏公號敦厚　穆軒公長子生嘉慶辛未年二月廿九日戌
時卒道光癸未年七月二十日辰時葬佚查

八錠公　穆軒公次子生卒年月佚查葬本鄉土名茶埔園坐
北向南
娶陳氏慈娘生嘉慶辛未年三月廿六日巳時卒咸豐壬子
年七月初七日辰時葬本鄉
繼娶洪氏來娘生卒年月葬本鄉茶埔園
又娶葉氏蚌娘生卒月年佚查葬公仔寮
子四　長倫　次量　三胆出陳氏　四雲鶯

八求公號有琳　穆軒公三子生嘉慶己卯年八月廿五日未

時卒咸豐壬子年八月初一日未時葬俟查
娶周氏毋娘生卒年月葬俟查
子一　貽寸
八南公　穆軒公四子往番歿生卒年月葬在番
娶孫氏伴娘生卒年月葬俟查
子一　乘桴殤
八爻公　穆軒公五子往臺歿生卒年月葬在台俟查
娶洪氏瀧娘生卒年月葬地俟查
子一　貽君
八宰宇　存軒公長子生
娶李氏悔娘生嘉慶癸酉年八月初十日辰時卒光緒庚辰

年八月初二日午時葬劉尾鄉

子二　長水　次傳

人宜公　存軒公次子生卒年月俟查葬本鄉土名夕仔寮

娶周氏店娘敀節

子一　貽犬

人布公　存軒公三子往臺殁生卒年月葬在臺

娶洪氏初娘生道光乙酉年二月十九日丑時卒道光辛丑

年三月廿六日酉時瓦棺葬本鄉

粉蓮公號有邑　存軒公四子生嘉慶己卯年　月　日　時

卒道光戊申年七月廿六日巳時葬在台

娶蔡氏敀節

子一　貽掛

人科公存軒公五子往石碼歿生卒年月塟俟查

子一　經春在石碼

人宜公　彩軒公長子往臺歿生卒年月葬在臺

娶洪氏欽娘生卒年月葬俟查

子一　貽萬　在臺

人謨字　彩軒公次子生

娶徐氏大娘生

子一　長彪　次只

人芟公　彩軒公三子生卒年月塟地俟查

娶吳氏窕娘改節

八環公　玩軒公長子外出生卒年月塟俟查
娶陳氏𥑮娘生嘉慶丁酉年十一月廿一日申時
子二　長往　次盾
八抱公　玩軒公次子外出生卒年月葬無考
八聘公　玩軒公三子生卒年月俟查塟本鄉土名橄欖脚
八茶公　先驕公長子外出生卒年月塟無考
娶洪氏敀節
八論公　先驕公次子往台歿生卒年月塟俟查
貽周公　先驕公三子生卒年月失塟本鄉土名圳仔路
圓全字　先驕公四子往臺灣府大銃街生
娶　氏在臺

子　在臺

烝蓮字　先驕公五子往臺大銃街生

八飲公　執軒公長子生卒年月塋俟査

八鮮公號有仁　執軒公次子生道光戊子年十月十三日巳

時卒咸豐甲寅年十二月初五日寅時厝棺塋本鄉土名九

垵山坐南向北

娶陳氏錢娘生道光戊子年八月十六日戌時卒同治丙寅

年五月初四日酉時厝棺塋本鄉

子二　長允　次粧承繼

八倫公號有熾　執軒公三子生道光癸巳年七月初二日子

時卒光緒戊寅年三月初十日戌時厝棺塋本鄉土名公仔

寮坐西向東
娶王氏水娘號儉福生道光庚寅年三月初三日午時卒同
治辛未年五月廿九日戌時
繼娶廖氏三娘生
子二　長樟　次糙出繼

八霓公號有雲　執軒公四子生道光乙未年十月初二日卒
時卒光緒甲申年十月廿一日辰時葬本鄉山名尾窯頭坐
西向東
娶洪氏向娘生道光丙申年十月初八日辰時
子二　長象　次園　三長利出繼

八豹字　執軒公五子生道光戊戌年四月十九日未時

娶洪氏嗦娘生道光丁未年正月廿四日辰時
子一　長利承繼
八蒲字　執軒公六子往番生道光乙巳年四月十九日子時
八坎公號有恩　園軒公長子生道光戊子年二月初三日未
時卒道光壬寅年七月初三日卯時尾棺塟本鄉土名圳仔
路坐西向東
娶王氏玫節
子二　長艇　次從俱承繼
八杭字　園軒公次子生道光辛卯年五月廿三日丑時
娶洪氏鑠娘生道光辛卯年十月十三日午時
子四　長從出繼　次比　三鵲　四泳

八瑞公號有正　鯉軒公長子生道光甲申年七月十六日辰時卒光緒戊寅年九月三十日子時寄葬公仔寮坐西向東娶洪氏僅娘生道光甲申年正月十五日午時卒光緒戊寅年十月二十日申時寄葬公仔寮坐西向東

嗣子　天衢

八預公號有隨　鯉軒公次子生道光辛卯年十二月初三日時卒光緒癸未年九月十八日巳時寄葬箞内山坐南向北

八與公號有善　鯉軒公三子生道光乙未年十月廿一日寅時卒同治壬申年十二月初二日巳時寄葬公仔寮

八靳公　鯉軒公四子生卒年月失葬箞内山坐南向北

八燦字　織軒公長子生

娶　氏生卒年月葬俟查
繼娶洪氏西娘生
子　長獺
八統公　織軒公次子往臺歿生卒年月葬在台候查
八勘字　織軒公三子生咸豐癸丑年八月十二日亥時
娶吳氏寄娘生咸豐甲寅年五月初九日巳時
子　長寶
八尊公　春云公長子往臺生卒年月葬在臺俟查
八串公號有明　春云公次子生道光壬子年四月廿六日辰
時卒同治丁卯年二月十三日巳時
娶陳氏雙娘歿節

子一　貽過　往台

八狗字　春云公三子往臺生卒年月葬在臺候查

八齊公　春成公長子往臺生嘉慶丁丑年十二月十一卯時

娶張氏蔭娘生嘉慶庚辰年七月十一日午時卒咸豐丁巳

年三月初八日午時葬候查

子一　往臺

八種公　春成公次子往台生嘉慶乙酉年八月初二日酉時

卒年月葬在臺候查

娶鄭氏往臺生嘉慶丁亥年九月初三日　時卒年月葬在

臺候查

八蘊公　春　成公三子生嘉慶丁酉年六月十三日酉時在台

卒年月塟在臺俟查

人瓊公　春服公嗣子生卒年月葬在臺俟查

處士人本公號根源　積圃公長子生嘉慶丁夘年七月十一日午時卒同治癸亥年四月三十日酉時塟在臺

娶洪氏往臺生卒年月葬俟查

子三　長項　次否　三綱

太學生諱人彥字懋書　積圃公次子承繼其人才能在臺經商賢如子貢成家巨富樂善好施酷嗜書香課督皃孫生

娶周氏注娘在臺生

子　長總國學　次綿　三業殤

人郡公　積圃公三子生卒年月塟在臺

娶劉氏郁娘生卒年月葬在臺

子一　貽捓在臺

八案公　積圃公四子往臺歿生卒年月葬俟查

娶洪氏處娘卒年月葬在台

子三　長寔　次扁　三　俱在台

八講字　積圃公五子往台塩水港生　年　月　日　時

娶台　氏生

子　在台港

八沙字　積圃公六子在台塩水港生

娶臺　氏生

子　在臺港

孝順公　西圃公長子生卒年月葬在臺俟查

八悅公　春買公長子生卒年月葬在臺俟查

娶　氏在臺

神寶公　春買公次子生卒年月葬在臺候查

娶　氏在臺生

子　在臺

八邦公號有定　先欺公子生嘉慶癸酉年六月廿四日午時

卒道光己亥年二月十九日戌時

娶　氏禮娘生卒年月葬在臺俟查

子　貽辦

八取公　純圃公長子生卒年月葬候查

娶梁氏挑娘生道光乙酉年　月　日　時卒咸豐辛酉年
二月初一日亥時公媽葬侯查
子　長鏻　次各
人烈公　純圃公次子生道光戊子年二月十八日亥時卒咸
豐丙辰年三月　日　時
娶吳氏駭娘改節
子　貽偃　在基
人淺字　純圃公三子在臺田寮生
娶台　氏　娘
子　在台
人混字　純圃公四子在台田寮生

娶台氏　頒生

子　在台

八楮公　世妙公長子生卒年月葬在臺俟查

八漸公　世妙公次子生卒年月葬在臺俟查

八翁公　世珪公長子生卒年月葬在臺俟查

八廣公　世珪公次子生卒年月葬在臺俟查

萬錦公　珠璣公長子生卒年月葬在臺候查

娶　氏　娘在臺塩水港布街生

子　在臺

萬選公　珠璣公次子生卒年月葬在臺俟查

娶　氏　娘在臺塩水港布街生

子二　在臺

人咨公　世飛公長子卒生年月塋在臺俟查

永和公　世飛公次子生卒年月塋在臺俟查

人鳳公　世算公長子生卒年月塋在臺俟查

人發公　世算公次子生卒年月塋在臺俟查

人河公　世算公三子生卒年月塋在臺俟查

人升公　世鵠公子生卒年月塋在臺俟查

人格公　順軒公長子生道光壬辰年六月十一日戌時卒年月塋俟查

娶葉氏坤娘生卒年月塋俟查

子一　貽堯

人樹公　順軒公次子生卒年月葬在臺

人樣公　世緒公嗣子生卒年月葬在臺候查

娶洪氏改節

子一　貽宅

仲突公　世賀公長子卒生年月葬候查

娶洪氏改節

子一　垢殤

仲忽公　世賀公次子生卒年月葬候查

金聲公　世萱公長子生卒年月葬在臺候查

娶　氏　娘生卒年月葬在臺候查

子四　在臺

業儒清泉字懋香　世萱公次子在臺生

娶　氏在臺

子　在臺

清廉公　世萱公三子軍功五品銜生卒年月塟在臺候查

娶氏　娘在臺鹽水港布街生

側室　氏　娘在臺生

子一　在臺側室出

八拵字　先栽公子撥出兩承世萱公爲雙承子

祖喜公　先欽公子生卒年月塟在臺

八槎公　世遠公長子生嘉慶　年六月十五日寅時卒咸

豐乙卯年二月十一日戌時

娶顏氏昝娘攺節
子一　長審　次正殤
八珠公　先捍公長子生卒年月葬俟查
八篇字　先揖公次子生
八汀字　世遠公次子往臺
八獅公　先德公子生卒年月葬候查
八藝公　先禽公長子生卒年月候查寄葬英內
娶莊氏親娘生
子一　貽路
八梨字　純要公長子生道光己丑年六月吉日吉時
娶温氏眼娘生道光己丑年十二月二十日申時

子一　岳

八虎公　純溪公長子生卒年月葬佚查

娶陳氏葉娘生卒年月葬佚查

八魚字　純溪公次子往番生

八育字　純溪公三子往漳洲生

八誥字　純溪公四子往番生

八日公　純溪公五子生卒年月佚查葬英內剪刀股

八侯公　純賢公長子卒生年月葬佚查

八宣字　純賢公次子生咸豐癸丑年十二月初十日午時

八是公　玉軒公子生卒年月瓦棺葬佚查

八額字　先做公長子往番生

八燒公　先儆公承繼子往番殁生卒年月塟在番無考

八憂公　世琚公長子卒生年月塟俟查

八纏公　世琚公嗣子生卒年月塟俟查

八農公　世胥公子生卒年月塟俟查

八萬字　先秩公長子生

八崎字　先秩公次子生

八螺字　先秩公三子生

八淑公　先秩公四子生卒年月塟俟查

八坵公　仲奚公子生卒年月塟俟查

福建水師提標五品銜世襲恩騎尉候補守偹乳名超群名嘉猷

字特立號卓齋　先誇公長子生道光庚寅年八月十三

日戌時

娶宜人陳氏諱郄娘號端懿生道光辛卯年九月十八日巳

時卒同治壬戌年八月廿三日午時葬在厦獅山龍船石邊

土名石厝後穴坐申向寅兼坤艮

繼娶宜人鄭氏乳名預娘生道光辛丑年八月初四日寅時

子三　長啟東　次啟藩出繼　三啟杓出繼

超河公號清陽　先誇公次子生道光癸巳年十一月十五日

辰時卒咸豐戊午年正月十五日午時葬崙在仰光

子一　啟杓承繼

超英公號卓犖　先誇公三子生咸豐辛亥年四月廿七日巳

時卒同治甲戌年正月廿八寅時葬在厦獅山土名路內穴

坐壬向丙兼亥巳

子一　啟藩承繼

超傳公　先謙公長子生道光丙申年二月初六日丑時卒同治乙丑年五月廿九日巳時塟在厦鎮南關邊禪師公嶺

超榮字　先謙公次子生道光乙巳年十二月十七日子時

超明公　先興公長子生卒年月塟俟查

超然字　先興公次子生道光丙午年五月十七日吉時

娶孺人康氏諱月娘號端莊生咸豐甲寅年十二月十四日寅時卒光緒巳卯年三月廿三日未時塟在厦獅山社後土名娘仔墓穴坐巳向亥兼巽乾

繼娶鄭氏桂娘生道光丁未年　月　日　時

子一　文龍

文鑠公　其華公長子生嘉慶庚午年二月十一日吉時卒年月葬在臺娶洪氏改節

文鉼公　延齡公長子生道光乙酉年十月十三日辰時卒年月先葬在臺

文惰公　延齡公次子生卒年月葬候查

文濼公　延齡公三子生卒年月葬候查

文鋃公　中華公長子生道光癸未年十月初三日未時卒年月葬在臺候查

人意公　先宇公子生卒年月俱候查

人櫂字　祖德抱養子生咸豐辛亥年十一月廿九日辰時
娶后坡謝氏店娘生咸豐辛亥年六月十五日亥時卒同治
戊辰年七月初九日戌時瓦棺葬仁嶺山穴坐　向
繼娶温氏教娘生咸豐癸丑年六月廿三日亥時
子　貽田
人可字　先長公子生咸豐丙辰年八月十二日　時
振歆公　高攀公子生嘉慶丙子年五月初三日未時卒年月
葬俟查
振鋭公　高出公承繼子生道光辛巳年八月廿七日午時卒
年月失葬俟查
振液字　高曉公子生道光辛卯年十二月初二日辰時

八統公號純業　克明公長子生嘉慶己卯年二月廿二日亥
時卒光緒庚辰年三月十四日卯時
娶王氏囡娘生道光甲申年九月十三日辰時
子一　乃自
八觀公號純望　克明公次子生道光丁亥年七月十九日丑
時卒咸豐乙卯年五月廿九日辰時塟本鄉
八就字　克明公三子生道光庚寅年四月二十日辰時
娶龔氏印娘號順惠生道光癸巳年四月十九日　時卒同
治癸亥年十月十六日巳時塟本鄉
子　貽真
八坑公號純溝　克明公四子生道光癸巳年正月初七日酉

時卒同治癸酉年二月十六日卯時
娶林氏緬　號産致生咸豐辛亥年五月十三日寅時卒同
治癸酉年二月十五日卯時公媽塟本里
八洸公　克明公五子生道光乙未年二月廿三日巳時往番
歿卒年月失塟在番
敦化公　允固公長子生道光丙　年　月　日　時卒年月
失塟在臺往臺歿
醇化公　允固公次子生道光甲午年七月初一日未時卒咸
豐丁巳年十一月初五日子時往臺歿塟在臺
八猷公號純嘉　克和公長子生道光乙酉年九月十六日辰
時卒咸豐巳未年十月廿五日酉時瓦棺塟本里巳山土名

娶　氏敃節

子一　貽稿

八臚公　克和公次子生道光乙未年正月十一日丑時卒年

月失塟本里祖山土名竹仔林坑坐西向東

八諆公號英三　克和公三子生道光丁酉年十月初九日子

時卒咸豐乙卯年五月廿四日午時塟本里土名牛崗樌頂

八道公　克仁公長子生道光庚寅年二月十六日申時卒咸

豐癸酉年十一月初八日申時往臺歿

八頡公　克仁公次子生道光辛丑年二月初十日巳時卒年

月　塋在臺

八治　克才公長子生道光乙未年三月廿九日巳時

八信字　克才公次子生道光甲辰年二月廿七日酉時
娶林氏默娘生咸豐癸丑年正月初九日酉時
子　長貽約　次秋月

八建公號紳善　克準公長子生道光丙午年十二月初十日
子時卒光緒己卯年九月廿九日巳時瓦棺塟后溝山坪後
娶殷氏金娘生道光丙午年十二月初九日未時
子二　長貽欄出繼　次貽全

八熾字　克準公次子生咸豐辛亥年九月十四日寅時
娶許氏憲娘生同治甲子年十二月初八日　時
子　貽澄出繼

八平公號純然　克準公三子生咸豐乙卯年十月十七日戌

時卒光緒已夘年十月十三日戌時厝棺葬本里土名崗槓
頂坪坐南向北
子　貽瀾承繼　貽潑承繼
人清公號純淨　克施公長子生道光丁未年九月廿八日亥
時卒同治壬戌年十二月十三日寅時厝棺葬後院內穴坐
西向東
承繼子　隨復
人波字　克施公　子生咸豐甲寅年十一月十六日子時
娶陳氏情娘生同治丙寅年　月　日　時
子　隨復出繼
汀洲字　克施公三子生咸豐戊午年十二月十五日酉時

人鐳字　克瑞公抱養子生道光乙巳年八月初九日午時
子　越春抱養
文章字　彔蓮公承繼子生咸豐辛亥年十一月廿三日申時
娶大嶺后陳氏乃娘生咸豐癸丑年十一月初八日未時
子　長雨水　次泮水出繼
文童公號純心　梓春公次子生咸豐丙辰年四月三十日巳
時卒光緒甲申年七月二十日　時塟在臺妻出
子　泮水承繼
人晏字　克智公長子生道光乙未年六月十八日寅時
人分公　克智公次子生道光丙午年閏五月廿八日寅時卒
年月失往厦歿塟在厦

人挨字　克周公長子生道光癸卯年二月廿四日申時
娶劉氏甘娘生道光庚戌年二月初二日午時
子　貽貞
成點公　世復公長子生道光甲午年七月十七日辰時卒年
月葬倹查
人赤公號純計　世復公次子生道光丙申年八月初九日卯
時卒同治壬申年八月初九日未時往西縣覢葬後溝山
大坪頂
娶洪氏免娘改節
子一　貽凱嗣子
人癸字　世復公三子生道光辛丑年六月廿一日酉時

娶林氏營娘生咸豐　年　月　日　時
子一　貽庵
池蛙字　世絲公長子生道光庚戌年六月十五日戌時
娶陳氏惜娘生咸豐辛酉年十月初七日巳時
天降字　克揚公長子生咸豐己未年十一月十五日酉時
娶中標許氏姜娘生同治己巳年十月十三日子時
天聚字　克揚公次子生咸豐壬戌年三月初三日卯時
振孟公號爲情　克祿公抱養子生道光己丑年五月廿六日
申時卒咸豐甲寅年二月初九日午時葬本山
子一　貽定兩承
振基字燃勳　克懷公長子生道光壬寅年十一月廿八寅時

娶後垵謝氏耳娘生道光甲辰年七月十七日未時

子　長貽燃　次貽沃　三灘殤　四貽眷　五音殤

振簡字結人　克懷公次子生咸豐戊午年四月廿三日酉時

娶員潭蔡氏緞娘生咸豐庚申年正月十一日寅時

子　長貽定兩承　次心廣　三欽賜

振羆字　克懷公三子生同治辛未年二月十八日辰時

贊緒字　克祺公子生卒年月塟在本山俟查

兩承子　貽田

八泒字　宗巧長子生道光乙巳年正月廿四日亥時

娶吳氏店娘生　年　月　日　時移居西縣卒

年　月　日　時塟在西縣

草管字　宗巧次子生道光戊申年十月廿四日辰時

麵糖字　宗巧三子生咸豐辛亥年八月廿八日亥時

鞠企字　宗圖公子生咸豐庚申年四月十一日巳時

八颺字　加和公長子生道光壬寅年十二月廿八午時

　娶陳氏移娘生道光辛丑年五月廿五日午時

　子　貽茅抱養

八闖字　加和公次子生道光巳酉年六月初七日亥時

八攟公　五部長子生道光丁未年八月十六日巳時卒同治

　辛未年八月二十日卯時

八耙字　五部次子生咸豐甲寅年閏七月廿一日未時

八法字　五部三子生咸豐丁巳年七月十二日巳時

八木字　五部四子生咸豐庚申年十二月十一日戌時

後房十八世福水派

榮瑞字　先燈公子生年　月　日　時

八謨公字懋諳號情裕　怡把公長子生嘉慶乙亥年八月廿六日丑時卒道光丁酉年十月初六日丑時厝棺埜本里祖山土名磔仔崧栢脚穴坐巽向乾兼辰戌

子一　貽誇承繼

八類公字懋朋號情心　怡把公次子生嘉慶丁丑年十二月初一日丑時卒光緒乙亥年六月十三日戌時享年五十有九埜本里石碣林穴坐壬向丙兼子午

娶上塲王氏哂娘生道光辛巳年正月十五日寅時

子五　長誇出繼　次舵　三會　四女　五典

八浩公字懋滔號情軒　怡把公四子生道光丙戌年九月十六日戌時卒咸豐壬子年四月初十日子時厇棺葬參林口石鷄内與情身公同穴坐甲向庚兼寅申

娶劉坂李氏痕娘年廿七歲失偶孝舅姑而孀守生道光巳丑年五月初九日未時

子一　盼看抱養

八益公字懋求號情謙　怡把公五子生道光巳丑年九月十六日申時卒光緒　辰年正月廿七日巳時享年五十有五厇棺葬本里磜仔土名山豬壠尾穴坐辛向乙兼戌辰

娶劉坂李氏圓娘生道光壬辰年正月十四日卯時

子四　長灑水　次八卦　三歸迎　四鳳池殤

業儒人泉字懋原一字温八　怡把公六子撥出兩承三舅爲

人醇雅沉靜耽嗜詩書屢事果斷秉公無私共修廟宇功不

自居控糧定價報德有餘氣像慷慨樂善匪虛排難解紛欺

心悉除和鄉睦族從容自如生道光丁酉年七月十八巳時

娶員潭謝氏雪娘生道光戊戌年十二月初九日寅時

子六　長璋　次瓊華　三瓊瑶出繼　四瓊玖

五瓊瑚　六瓊瑪殤

人杏公字懋花號情欣　怡肅公次子生道光癸卯年五月十

二日戌時卒光緒庚辰年八月十八日戌時瓦棺葬太星

娶后垵謝氏庄娘生道光戊申年八月十二日未時

子一　貽云抱養

八裁公字懋成號情身　怡色公承繼子生嘉慶庚辰年六月廿五日未時卒道光癸卯年七月二十日未時瓦棺葬黍林口土名石鷄內與四房情軒同穴坐甲向庚兼寅申

娶謝氏改節

子　長溪兩承　次瓊瑤

八楯公字懋干號情金　怡色公承繼子生道光丙申年十二月廿三日午時卒光緒丁丑年六月廿一日午時瓦棺葬盤蛇肚灰墓左畔坐巳亥兼巽乾

娶光德許氏示娘生道光巳亥年九月十五日寅時卒光緒乙酉年五月十六日酉時

子一　貽發抱養

八芬公字懋體號情親　世開公長子生道光戊子年七月十四日酉時卒咸豐戊午年六月初三日酉時瓦棺葬本里磜仔崧栢脚鄭墓後穴坐癸向丁

娶員潭蔡氏粗娘生道光癸巳年七月初八日未時

子二　長業出繼　次已實

業儒八甚公字懋然號情已　世開公次子生道光乙未年八月十三日卯時卒咸豐癸丑年十月廿三日寅時瓦棺葬冬坑後林圳下縣線甲銅羅墓下坐西向東

兩承子　貽業　貽傳

八囬公字懋春號情伉　世開公抱養子生道光癸未年八月

廿六日申時卒同治庚午年十月月十二丑時瓦棺壟本里

子二　長旗彩抱養　次嗣子請功撥出兩承

業儒八強字懋南　世開公四子生道光庚子年十一月廿五

日戌時

娶羅內鄭氏箇娘生道光庚子年七月初十日辰時卒同治

戊辰年十月初十日戌時瓦棺壟本里

兩承子　傳承　請功

八伯公字懋叔號情仲　世開公抱養五子生道光辛丑年六

月初三日午時卒同治乙丑年八月十四酉時瓦棺壟本里

八堦公字懋升號情堂　先室長子生道光丙午年三月三十

日丑時卒光緒癸未年六月初十日卯時往暹羅歿葬無考

娶后垵謝氏担娘生道光丙子年四月十二日丑時

子一　雲鷟

八衛字懋護　先崮次子生道光己酉年十一月廿五日寅時

徃安南

娶　氏

八涯字　先崮三子生咸豐甲寅年七月廿八日巳時

八浸字　先崮四子生咸豐丁巳年六月初一日卯時

辛酉字　先崮五子生同治癸亥年十一月廿三日酉時

八成公字懋辰號情榮　怡裳公長子生嘉慶乙亥年七月初

三日戌時卒道光壬辰年五月初十日未時尾棺塟本里

子　貽來鑾

八創字　怡巽公次子生　年　月　日　時
八以字　先斗公長子生移居往臺無考
八品字　怡星公長子生道光己亥年十月十七日亥時
八褓公字懋餘號情寬　怡星公次子生咸豐甲寅年十二月初二日丑時卒光緒丁丑年七月十四日子時往西縣殁塟在西縣
八陳字　怡星公三子生咸豐丁巳年十一月十五日申時
八倫公字懋明號亦常　怡誦公長子生卒年月塟俟查
八尋公字懋追號亦序　怡誦公次子生道光丁亥年七月十八日午時卒道光庚戌年六月廿八日巳時厝棺塟磜仔松栢脚烏石崙崩岩內坐東向西

娶張氏歿節

人呂公號亦理　怡誦公三子生道光己亥年六月廿九日午
時卒同治丙寅年七月十七日未時卒在飛鑾葬無考

娶趙氏歿節

人仙公號情前　怡生公子生道光丙申年六月廿九日午時
卒光緒戊寅年八月廿三日酉時寄葬本里

娶劉氏歿節

子一　貽越

人老公　怡侚公子外出生卒年月無考

人林公　怡誠公長子生卒年月葬俟查

人別字　怡誠公三子生咸豐丙辰年七月廿八日未時

人郡字懋州　怡覞公承繼子生咸豐辛亥年十一月廿五日
巳時
娶泉城王氏賞娘生咸豐庚戌年四月十五日辰時
修纂公字懋緒號敦組　裕後公長子生乾隆甲辰年閏三月
十六日酉時卒咸豐辛亥年正月初十日申時葬參林口埔
薑灣崙坐東向西
娶吳氏生乾隆甲辰年十月十四日寅時卒道光乙未年八
月廿八日未時瓦棺葬本里
子三　長英杰　次文雅　三年發
育雛公字懋匹號質珍　裕後公次子生乾隆戊申年二月廿
七日亥時卒道光癸巳年十一月廿七日巳時瓦棺葬本鄉

娶　氏改節

子三　長毛　次羽御　三垂

人硝公號傳考　璞園公長子生乾隆辛亥年十二月廿八日未時卒咸豐辛亥年十二月廿一日卯時瓦棺葬本里土名大埔坐北向南

娶陳氏胡娘生乾隆甲寅年六月初五日申時卒嘉慶癸酉年四月廿二日未時葬叅林土名占刀嘴坐東向西

子一　新喜出承

秀岩公號爲貴　璞園公次子生乾隆乙卯年六月初五日亥時卒咸豐庚申年正月十六日亥時瓦棺葬本鄉土名大埔坐南向北

娶趙氏生卒年月失
繼娶謝氏蓮娘生嘉慶庚午年正月初九日辰時卒同治壬申五月十七日未時瓦棺葬參林口土名埔墘灣田壠邊坐北向南
子二　長貽練　次友明

六燦公號後非
璞園公三子生嘉慶癸酉年四月廿二日巳時卒同治庚午年三月初八日卯時瓦棺葬本鄉土名大埔坐東向西
娶陳氏銀娘生道光己巳年十月十一日辰時卒同治甲子年六月廿四日午時葬大埔坐西向東
子一　新喜兩承

人若公號敦厚　賢貞公長子生嘉慶壬申年十月初十日丑
　時卒年月葬地俟查
人純公號敦成　賢貞公次子生道光丙子年九月初十月辰
　時卒年月塟地俟查
下倫公　賢貞公三子往臺卒生年月葬俟查
庫玩公　賢貞公四子往臺生卒年月葬俟查
吻片公　賢貞公五子往臺生卒年月葬俟查
愛玉字懋惠　毅豐公嗣子生嘉慶壬申年四月廿三日未時
　娶林氏益娘生嘉慶甲戌年十二月初五日亥時
　子　呈邪
人密公　毅齋公子生道光辛巳年六月初三日申時往臺卒

年月失塟在臺
娶謝氏妹娘往臺生
子一　釿　往臺
八買公號義政　殼美公子生道光辛巳年正月十四日亥時
卒光緒乙亥年五月廿七日酉時瓦棺塟本里
娶后垵謝氏鸝娘生道光丙戌年六月廿三日午時
子一　朝明　襲
八砌字　殼和公長子生道光乙酉年七月十七日戌時
娶趙氏煨娘生道光巳丑年五月廿五日戌時卒咸豐辛亥
年正月十三日戌時瓦棺塟本里
繼娶廖氏麭娘生道光乙酉年十一月十四日子時卒同治

甲子年正月十九日未時葬棺塟本里

人齡公　轂和公次子生道光戊戌年十二月初四日酉時卒

咸豐辛酉年九月廿一日戌時葬棺塟本里

人鎮字　轂和公三子生道光癸卯年十二月十九日卯時

人習公號克敏　先盈公長子生乾隆甲寅年八月十六日丑

時卒嘉慶丁丑年十二月初三日申時葬棺塟牛瓲頭田中

穴坐丁向癸兼未丑

娶謝氏晟娘生嘉慶己未年六月廿二日未時卒咸豐丁巳

年五月廿九日寅時葬棺塟牛瓲葬窖中

子二　長乙見　水潤瓯承

人哞公號克豐　先盈公次子生嘉慶戊辰年閏五月廿五日

寅時卒光緒甲申年正月初五日午時寄葬大嶺後
娶梁氏曉娘生嘉慶庚辰年十月初四日夘時卒咸豐辛酉
年十二月十四日申時瓦棺葬磜仔山豬壠坐東向西
子二　長水潤（兩承）　次語

八點字
先裕公長子生道光癸未年七月廿四日午時
娶后垵謝氏法娘生道光己亥年四月十五日酉時卒光緒
丙子年四月十七午時瓦棺葬本里牛脰頭山仔坐西向東
子二　長金聲　次天來（兩承）

八拔字
先裕公次子生光道甲辰年正月廿六日酉時
娶梁氏起娘生道光乙巳年十月初九日午時
兩承子一　天來

人笋字　先麟公子生道光庚辰年正月初一日辰時

人甫字　先琍公子生道光壬午年八月初五日午時

娶高頂謝氏片娘生道光己丑年六月廿九日巳時

子　貽團殤

人磻公號瓊枝　敬爾公長子生道光辛巳年四月廿七日酉時卒道光丁未年三月初七日未時厝棺埜本里冬坑山大石下坐西向東

娶岩嶺兜王氏蒜娘生道光甲申年八月二十日亥時

子三　長定　次戲螟蛉　三惕螟蛉

人怡字　敬爾公次子生道光戊子年四月廿一日辰時

娶陳氏善娘生道光庚寅年九月初八日辰時卒道光戊

年五月廿二日寅時厝棺葬本里祖山占石坐西向東
繼娶謝氏淡娘生道光丙申年正月初一日午時
子　長竹學　次望　三遠離
人宏字慭寛　敬爾公三子生道光丙申年正月初三日戌時
娶魁斗蔡氏吟娘生道光壬寅年正月十九日卯時
子　長掌　次結撾囊　三進
人哂公號璁琳　敬和公長子生道光甲午年三月十一日午
時卒同治丁卯年六月初七日巳時厝棺葬真武踏龜盤蛇
尾坐西向東
娶謝氏蟳娘生道光壬寅年十一月初五日午時
子二長洪　貽耶撾囊生同治癸酉年十月十八日[illegible]時

八藿公號瑀香　敬和公次子生道光乙未年九月初二日酉
時卒道光巳酉　四月廿八日巳時瓦棺塟本里参林口水
路埕脚坐東向西
八衆公號瓊議　敬和公三子生道光庚子年三月初一日卯
時卒同治甲戌年二月十三日巳時往番邦殁塟番邦
两承子　貽社
八忖公號瓊衷　敬和公四子生道光辛丑年十二月初八日
亥時卒同治庚午年十一月廿九日申時瓦棺塟参林口坐
東向西
两承子　貽社
八跳公號瓊龍　敬和公五子生道光巳酉年五月十九日巳

時往番卒年月塟俟查

八鎮字　敬和公六子生道光甲辰年七月廿五日戌時

娶王氏延娘生咸豐戊午年十二月初九日子時

子　長欺　次社出繼　三百寧

八睦字　敬和公七子生咸豐丙辰年正月廿三日辰時

八祠公號璁宗　先登長子生道光庚子年七月初八日申時

卒年月塟在番俟查

繼謝氏歿節

八保字　先登次子生咸豐辛亥年四月十二日卯時

娶林邊温氏逆娘生同治甲子年七月初八日辰時

八榜字　貞表公子生道光辛巳年正月十四日申時

娶北門外李氏晃娘生道光甲申年十月初八日酉時
子　貽瑛
八居字　世旋公長子生道光戊戌年二月廿七日巳時
八珠公號懋玉　世旋公次子生道光癸卯年三月廿七日酉
時往番卒年月葬在番
八柽字　世旋公三子生道光戊申年三月廿八日申時
娶翁氏笑娘生咸豐甲寅年七月初二日巳時
子　貽
八叟字　連順公子生道光丁亥年五月廿六日酉時
娶　氏出
子　貽歡

桂勘卿

八助字　敬鍾公長子生道光壬寅年三月初八日巳時
娶謝氏蕉娘生道光乙巳年五月廿四日申時
子　長釵　次梅
八煆字　敬鍾公次子生道光庚戌年三月初九日夘時
娶謝氏寄娘生咸豐辛酉年五月十六日辰時
子　長春桐　次要用
十八世鎮長房長起榮公派八字行
八福公字壽卿號永祿　國載公長子生乾隆丙子年九月十五日亥時卒乾隆甲辰年十月初五日辰時棺葬本里鎮撫觀音墓坡崙坐辛向乙兼戌辰
妣王氏稱娘生乾隆庚辰年三月廿九日酉時卒嘉慶甲戌

年七月十七日巳時往臺卒葬在臺灣頂淡水
子　貽記　與母王氏往臺
八座公字明卿號永平　國載公次子生乾隆辛巳年六月十
八日酉時卒嘉慶甲子年八月三十日午時瓦棺葬本里流
磜口溪洲田中坐乾向巽兼亥巳
妣陳氏集娘生乾隆丁亥年八月初四日邜時卒嘉慶庚辰
年九月三十日巳時瓦棺葬本里流磜口大墩垵田中坐巽
向坤
子二　長貽道　次貽棹
八聆公字美卿號永美　顯耀公長子生乾隆乙酉年九月初
八日亥時卒道光辛丑年十二月十一日酉時葬本山大墩

崙合谷路邊坐　向　兼
妣陳氏椒娘號保闔生乾隆丙戌年十一月廿五日寅時卒
道光癸卯年七月十四日辰時葬本山流磔口碗窰口坐坤
向艮兼
子五　長貽淵　次貽湳　三貽藐
四貽湊出繼　五貽芹出繼

人毅公號永戚　照耀公次子生乾隆戊子年正月十六日辰
時卒乾隆庚子年八月初十日卯時葬
子一　貽湊承繼

振玉公號永言　照耀公三子生乾隆庚子年八月初八日寅
時卒道光戊申年七月十一日辰時葬

子一　貽芹承繼

八賀公號永喜　照耀公四子生乾隆癸夘年八月初五日亥時卒乾隆甲寅年三月十二日申時葬本鄉流磜口土名後庵坂司公墩松栢崙坐　向　兼

八顏公字正鄉號輯柔　功矜公長子生乾隆庚辰年九月廿三日夘時卒乾隆辛亥年五月初一日戌時往吧而卒葬處在吧

娶　氏改節

子一　貽翕承繼

八草公字上鄉號茂暢　功矜公次子生乾隆癸未年三月十三日未時卒嘉慶癸亥年十二月十四日丑時葬本山鎮撫

山坛韆鞦墘頭坐　向　兼
妣柯氏綽娘生乾隆巳丑年五月十六日寅時卒道光乙巳
年四月廿八日戌時柩葬鎮撫山猪湖掘石崙坐　向
子二　長貽繆　次貽弩
人坐公字修卿號宗敬　功矜公三子生乾隆丁亥年七月二
十日戌時卒嘉慶壬申年九月十七日巳時葬本山流磜壢
犬尾坐　向　兼
妣彭氏宛娘號慈勤生乾隆乙未年十一月廿一日辰時卒
道光丁未年五月初四日巳時葬本山流磜口後山頭崙戲
仔圍鼓邊坐　向　兼
子三　長乃妍　次貽翁出繼　三貽孔

人蠡公字爾鄉號心開　功矜公四子生乾隆己丑年十二月三十日午時卒道光癸卯年十月廿一日丑時葬本山鵬雛冷水坑格坐坤向艮兼申寅

妣謝氏片娘號勤順生乾隆丁酉年正月十一日辰時卒咸豐癸丑年六月二十日丑時享年七十有七瓦棺葬本山鵬雛軍壠橋後溝崙頭坐丁向癸兼未丑

子四　長貽意　次貽雜　三貽勅　四五子

人學公字習鄉號心傳　功矜公五子生乾隆甲午年六月廿五日辰時卒道光丁未年二月十三日丑時瓦棺葬本里坪硃口土名洋邊墘坐　向　兼

妣林氏朱娘號順淑生乾隆戊戌年二月十五日巳時卒

道光壬辰二月廿六日　時棺葬本山鎮撫石礐中崙坐坤
向艮兼未丑
子五　長貽煆　次貽相　三貽殿
四登載殤　五貽萬
雲龍公字震鄉號心後　功矜公六子生乾隆庚子年十月廿
三日酉時卒道光己酉年七月廿一日申時死棺葬本山墓
林脚厝角坐　向　兼
妣李氏湖媛號勤德生乾隆庚子年七月二十日酉時卒嘉
慶庚辰年九月初七日戌時棺葬本里長圳窖公墘中崙美
路邊坐子向午兼癸丁
繼妣林氏愿娘號勤儉生乾隆　年　月　日　時卒

年十月初八日　時卒棺葬本山参林百丈圳坐
向　兼
子四　貽扯　貽旋　貽註　應致斅
實賢公號宗能　功矜公七子生乾隆癸卯年五月廿八卯時
卒乾隆癸丑年二月廿一日巳時葬本山鎮撫鵬雛對面上
垻中畚内坐午向子兼丙壬外坐丙向壬兼午子無傳
人茹公號宗遊　東明公長子生乾隆戊子年六月十三日
時卒乾隆戊戌年四月廿五日酉時葬鎮撫山猪湖内壠頭
坐寅向申兼甲庚無傳
人遣公字令卿號宗信　東明公次子生乾隆丙申年七月十
二日寅時卒道光丁酉年四月廿三日子時葬本山鎮撫美

林雷打石脚坐丁向癸兼未丑
妣張氏湖娘號順慈生乾隆乙未年十一月十七日丑時卒
道光丁酉年四月廿九日午時葬本山鎮撫長圳𠼪口坐艮
向坤兼丙寅申外兼丑未
子四　長元守　次撓元　三貽愷　四貽寵
人植公字梨卿諱宗情　東明公三子生乾隆巳亥年七月初
六日巳時卒道光巳亥年九月廿四日寅時瓦棺葬本山鵬
雞寮內坐　向　兼
妣陳氏衛娘號順儉生乾隆壬寅年二月廿三日酉時卒道
光癸未年二月十七日卯時瓦棺葬本山鎮撫山豬湖冰石
垵頭坐丙向壬兼午子

繼妣鄭氏女娘號淑儉生乾隆壬子年十一月十七日酉時
卒道光己亥年十一月十九日午時瓦棺葬本山鵬雛尾池
口庭後壁坐　向　兼
子二　長率爾　次貽栖
八談公字笑卿號宗立　冬秀公長子生乾隆己丑年三月十
五日辰時卒嘉慶庚辰年七月十一日午時葬本山流磜口
後山頭崙坐　向
妣李氏雲娘號節愛生乾隆己丑年八月　日　時卒乾
隆壬子年正月初六日酉時瓦棺葬本山烏材林大坋坐巽
向乾兼辰戌
繼妣龔氏好娘號儉善生乾隆丙戌年十一月初三日辰時

卒道光丙申年三月廿七日夘時葬本山鎮撫下赤埔巷頂
坐　向
子四　長貽湍出李氏　次貽祛　三貽坂　四貽綿出繼
八貞公號永德　冬秀公次子生乾隆戊申年十一月初一日
亥時卒道光壬辰年十月初十日巳時柩葬本山鎮撫山猪
湖雙抱垵頭坐　向　兼
妣李氏于娘號節懿生乾隆　年　月　日　時卒嘉
慶　年十二月初四日巳時瓦棺葬本山鎮撫寨尾嶺朝
仔崙頭坐　向　兼　無傳
卦象公號在成　冬秀公三子生乾隆丙午年十二月初八日
亥時卒嘉慶乙丑年六月十四日未時葬本山鎮撫山猪湖

長房長乙　天付　長　長四

埔大池角猫頭坐　向

子一　貽綿承繼

三位公　先賢公養子生嘉慶乙丑年正月廿三日巳時卒

年　月　日　時瓦棺葬本山鎮撫爵堵尖仔后

坐　向　兼　無傳

人埋公字藏鄉號永理　君春公長子生乾隆己酉年十月廿

四日酉時卒道光丙午年六月十六日子時葬本山鎮撫山

猪湖三脚椅仔坐　向

妣陳氏嬌娘號美順生嘉慶乙丑年十月初五日巳時卒道

光癸夘年七月二十日未時葬本山鎮撫巷頂坐　向

子三　長貽濬殤　次貽鏗　三貽毳

人葸公號綿澤　君春公次子生嘉慶丁巳年五月廿六日巳
時卒同治己巳年九月初八日亥時葬本山鎮撫巷頂坐
向　兼
妣莊氏段娘號德貞生嘉慶巳巳年三月初五日辰時卒道
光甲辰年七月十三日戌時葬本山十八間壠尾坐　向
繼妣劉氏瑶娘號德玉生嘉慶乙亥年八月初十日酉時卒
光緒乙酉年正月初二日卯時柩葬
子四　長貽楓抱養　次貽均　三貽稽莊氏出　四貽坵劉氏出
人肯公號永同　君春公三子生嘉慶甲子年六月二十日巳
時卒道光辛巳年十月十四日子時葬無傳
人丙公號永順　君春公四子生嘉慶己巳年十月十九日酉

時卒道光辛巳年十月初十戌時漸寄鎮撫爵堵瓦窰無傳

人省公　君新公嗣子生嘉慶乙丑年七月初十日酉時往臺

卒葬處在臺

長房長起榮公二蘊齋公派

人韮公　君山公長子生嘉慶癸酉年八月十五日酉時往臺

卒葬處在臺

妣陳氏進娘號後得生嘉慶壬申年五月廿八日酉時卒道

光壬寅年七月初七日未時葬本山鵰雞口洋邊墘頭坐

向　兼

繼妣楊氏救娘號懿德生道光辛巳年二月廿六日寅時卒

咸豐辛亥年六月十一日酉時葬未詳

又繼妣陳氏蔭娘號順德生道光癸未年　月　日　時卒
咸豐甲寅年九月初二日未時葬未詳
又繼妣郭氏甘娘號儉德生嘉慶壬申年十二月廿四日巳
時卒同治丙寅年八月十八日戌時葬本山鵬雛口洋邊墘
頭坐　向
子二　長先綮楊氏出　次貽送鄧氏出
君山公次子生嘉慶丙子年九月廿一日　時往臺灣

八望

長房長超榮公三美齋公派

春炎公字盛卿號順信　君賢公長子生乾隆丙午年十月廿
九日未時卒道光戊戌年六月廿九日亥時葬本山叅洋馬
厝茶林灣坐癸丑向丁未

妣陳氏尾娘號懿儉生乾隆丙午年十月廿一日未時卒同治壬戌年十一月十五日戌時瓦棺塟本山參洋尾墓頭坐癸向丁

子五　長學禮　次學梭　三家齊　四貽廷　五貽軋

夏明公字連鄉號光輝　君賢公次子生乾隆己酉年六月初一日申時卒咸豐庚申年二月十五日未時瓦棺塟本山參洋古井垻坐丙午向壬子

妣林氏翁娘號合和生嘉慶丙辰年二月十一日巳時卒同治癸亥年正月初八日酉時塟本山參洋石礦鴨母斗坐艮向坤兼寅申

子四　長貽格　次貽豁殤　三表里　四八時承繼

秋月公字兑卿號明德　君賢公三子生嘉慶丁巳年七月廿八日寅時卒光緒丁丑年正月初三日酉時柩塟本山馬厝山坐癸向丁

妣謝氏謙娘號順慈生嘉慶甲子年十一月初六日寅時卒光緒辛巳年九月十八日申時柩塟本山馬厝山坐寅向申

子一　貽耀

冬桂字馨香　君賢公四子生嘉慶庚午年正月初一日未時卒

娶陳氏攸娘號慈儉生嘉慶丁丑年十一月廿七日申時卒光緒甲申年七月十七日午時棺塟本山

子三　長貽琉　次貽褒　三入時出繼

十八世鎮長房二在明公派

人婢公號伯思　先瑨公子生乾隆壬寅年五月廿九日申時
卒道光辛丑年十一月廿四日　時厝棺塟本山下流磜大
坵水埕脚坐酉向夘兼辛乙　無傳
人璵公號仲直　槐檀公次子生乾隆癸丑年八月廿八日亥
時卒道光辛丑年十一月廿四日戌時瓦棺塟本山鎮撫北
坑壠下貢圳后壁坐乾向巽兼戌辰
妣鄭氏晟娘號貞靜生嘉慶戊辰年九月十七日寅時卒同
治甲戌年七月初三日巳時瓦棺塟本山鎮撫頂七架巷頂
墻幃後坐坤向艮兼申寅
子三　長貽艾　次貽外　三貽養
人炭公　槐檀公三子生嘉慶丙辰年十二月十二日辰時卒

咸豐戊午年四月初六日酉時往漳州卒　無傳
端明公號仲善　槐檀公四子生嘉慶甲子年三月十三日丑
時卒道光乙未年十月初四日　時尾棺葬本山鎮撫湖頂
深格坐午向子兼丙壬　無傳
人妊公　槐檀公五子生嘉慶辛未年七月廿四日未時卒年
月日時葬俟查
紫荆公名友于乳名命號仲旺　經緯公　一枝公兩承子
生嘉慶丙子年正月十三日巳時卒同治丁卯年四月初一
日卯時柩葬本山大埔垵巷邊坐午子兼丙壬
娶蔡氏徙娘號貞義生道光丙戌年六月十九日酉時卒光
緒乙亥年正月初八日辰時葬本山杉頭垵格

子四　長五敦　次貽池出繼　三貽貢殤　四貽圖

八門公　先衢公長子生嘉慶壬戌年十二月初二日戌時卒道光戊申年四月廿六日申時柩塟本山山坛山頭崙尾田脚坐丙向壬兼巳亥

子二　長貽犁承繼　次貽池承繼

八淵公號仲茂　先梧公嗣子生乾隆己酉年十二月十六日未時卒道光乙巳年九月初八日子時瓦棺與媽儉順林氏仝塟本山湖頂上坋仔坐未丑兼坤艮

娶林氏歿節

子二　長貽蚍　次貽犁出繼

八類字　嘉和公承繼子生道光庚寅年九月廿四日午時

娶温氏悅娘生道光辛丑年三月初三日巳時

子四　長顓臾　次貽篤　三貽達　四自行

人摺字　先醮公長子生嘉慶丁丑年七月廿六日丑時

娶陳氏節娘生道光巳丑年五月初七日酉時

子一　貽漢

人蒖號　先醮公次子生嘉慶庚辰年十月十二日寅時

妣廖氏呂娘生道光乙未年閏六月十三日丑時卒光緒乙

酉年九月十五日　時葬本山土名

子二　長憲對　次秋飲

人㩘字心卿　先醮公三子生道光甲申年二月廿二日巳時

娶陳氏亞娘生道光戊子年八月十三日卯時

子二　長貽紱嗣子　次四夷承繼
人熺公號鍊軒　先霍公長子生道光癸未年八月十二日寅
時往外卒葬地俟查
兩承子　西枝
人平公號仲正　先託公長子生嘉慶甲子年九月初四日辰
時卒嘉慶壬申年七月十三日卯時充棺塟本山山坛北坑
壠頭大貢坐亥向巳兼乾巽
寶元公號仲后　先託公次子生嘉慶丁卯年三月廿八日午
時卒道光乙未年九月廿四日午時塟本山山坛壢犬崙坐
丑向未兼癸丁
娶劉氏蓮娘號德儉生嘉慶己巳年五月廿七日辰時卒道

光丙申年八月十六日酉時葬本鄉火管壠尾水溝頂
子一　愿腰嗣子
人檻公字栗卿號仲倉　先託公三子半出承鎮元生嘉慶辛
未年九月十八日寅時卒光緒庚辰年十一月廿八日酉時
享年七十葬本山山猪湖埔尾坐壬向丙兼
娶易氏月娘生道光壬午年六月十四日辰時
子二　貽現嗣子　次貽長
次蓼公號仲于　先託公四子生嘉慶乙亥年九月廿七日寅
時卒同治乙丑年十月初九日卯時葬本山北坑壠頭坐亥
向巳兼乾巽
子一　貽貞嗣子

八樾公字粟卿號仲倉　先計公次子半承鎮元爲嗣子生嘉慶辛未年九月十八日寅時卒光緒庚辰年十一月廿八日酉時葬本山山猪湖埔尾坐壬向丙

娶易氏月娘生道光壬午年五月十一日巳時

子二　屯貽現嗣子　次貽長

八揀字　先潤公長子生道光辛巳年八月廿四日巳時

妣廖氏諱經娘殤

娶陳氏諱腰娘殤

娶謝氏凸娘生道光癸巳年十月初四日　時卒同治癸酉年二月十一日巳時葬本山火管壠頭杉頭垵坐　向

子二　長貽茹　次卿望俱兩承

人扇字　先淵公次子生道光丁亥年四月十九日亥時

娶李氏勸娘生道光戊申年十一月初六日未時

子二　長貽茹　次仰望俱殤

香爐公號仲燭　先淵公三子生道光壬辰年三月初五日巳

時卒同治癸酉年四月初三日巳時瓦棺葬木山杉頭格

金重公號仲珍　先岌公子生卒年月俟查

✓十八世鎮長房二賢明公派人字行

人酋公字事卿　錝元公長子生乾隆甲辰年五月廿九日申

時往臺卒葬地在臺

娶柯氏換娘改節

子二　長貽岳　次貽豁殤

八川公號　　錝元公次子生乾隆丁未年正月初四日酉時
娶　氏於今子孫衍派在臺
八涇公字　號立聲　周冕公長子生嘉慶丁巳年六月初十
日寅時卒同治丁夘年九月十六日未時棺瘞本山鎮撫山
猪湖
娶鄭氏專娘號　生嘉慶己巳年四月十六日　時卒咸豐
戊午年七月廿三日　時瘞
子三　長旋酬　次貽樓出繼　三貽茅
八甫　號　周冕公次子生嘉慶己未年十一月廿七日寅時
嗣子一　貽樓
興前公字後卿號立起　先肇公抱養子生乾隆戊申年二月

十九日寅時卒道光乙未年九月十一日巳時瓦棺藴本山
流磜口松栢崙司公塋路邊坐丑向未兼艮坤
娶楊氏晟娘號儉德生嘉慶癸亥年六月二十日酉時卒同
治丁卯年九月二十日申時瓦棺藴本山流磜口銅争鐳脚
坐巳向亥兼丙壬
子三　長貽芳　次貽草殤　三貽瘦
八真字清卿號實軒公　先曾公長子生乾隆壬子年十一月
初十日卯時卒同治壬戌年八月初一日酉時瓦棺藴本山
横壠鏡面石皮脚坐坤向艮兼申寅
娶許氏椒娘號順慈生嘉慶癸亥年二月廿九日亥時卒道
光癸卯年十一月十四日戌時瓦柩藴本山鵬雛口厝外坐

甲向庚兼寅申
子四　長貽怕學　次來房　三耳順　四貽絞
八圓字團卿號立志公　先曾公次子生乾隆乙夘年六月十
九日未時卒道光巳亥年十月十九日午時瓦棺藴本山流
磜口掃箒崙合谷坐癸向丁兼子午
配妣蘇氏悅娘號喜意生嘉慶辛未年六月二十日酉時卒
道光癸巳年九月三十日未時瓦棺壅本山流磜口後山頭
大坪石皮內坐丙壬向兼午子
子一　貽饈嗣子
公諱　八峻字德鄉號樂軒　先曾公三子為人好善和睦鄉
隣力於農商由始有而富有營建厦屋廠窖于硫磜口居焉

生嘉慶戊午年六月廿五日酉時卒同治辛未年七月初四
日寅時與娶棺塟本里後庵鄉土名書房崙路邊坐辛向乙
兼戌辰後瓦棺寄塟
配妣孺人宋氏衔娘號柔順生嘉慶癸亥年閏二月初九日
卯時卒同治乙丑年七月廿七日酉時瓦棺塟本山流磜口
土名香楊墩五斗坂田中坐壬向丙兼子午
子四　長貽哂　次貽色　三舊穀　四四寶
公諱人標字　號　先蓋公嗣子生嘉慶癸亥年八月十一日
亥時卒在巖嶺脚塟地亦是巖嶺脚
子一　貽通住居巖嶺脚
公諱人許字諸卿號心來　先幹公長子爲人無孝友恭正直

而一業創統垂大遺燕翼生嘉慶巳未年六月初九日未時
卒同治丁卯年五月初六日午時厇柩瘞本山鵬雛口洋邊
墩田頂坐巽向乾兼巳亥
配娶陳氏柔娘號淑愼生嘉慶巳未年十月廿二日辰時卒
同治甲戌年六月初三日丑時厇棺瘞本山山坛流磜廢頂
由崙坐壬向丙兼亥巳
子四　長貽呀嗣子　次四玖嗣子　三祥雲　四彩霞
公諱八身字省卿號心維　先幹公次子生嘉慶壬戌年
卒同治甲戌年十二月初十日寅時棺瘞本山
流磜口後山頭崙尾石皮腳坐艮向坤兼寅申
配娶王氏水娘號順儉生嘉慶壬戌年十二月廿九日酉時

十同治庚午年四月廿一日戌時瓦棺塟本山流磜圳水溝
後壁坐乾向巽兼亥巳
子三　長五音（嗣子）　次五倫（嗣子）　三五恈
公諱八灑字廩鄉號心錦　先幹公養三子生嘉慶甲戌年十
二月十三日酉時卒咸豐辛酉年六月二十日子時瓦棺與
娶仝塟本山流磜口松柏崙田頂坐丑向未兼艮坤
配娶陳氏絹娘號節順生嘉慶巳卯年十一月廿四日辰時
卒同治丁卯年六月十八日亥時與公仝塟
子四　長遂愿　次寬裕　三澤吉　四昆燕
公諱修登字　鄉號立冬　先簡公嗣子生嘉慶辛酉年正月
廿九日卯時卒道光巳酉年二月廿七日申時瓦柩塟本山

二房叅鎮羅黃氏族譜　卷之五　三五

鎮撫碣火旗亦柴格坐　向　兼
配娶陳氏鵶娘號温儉生嘉慶巳巳年七月初二日未時生
光緒戊寅年十月廿一日酉時棺塟本山鎮撫壠頭格坐
向　兼
子二　長貽箭　次貽向要
公諱人枝字藝卿號純儒　先桃永和公長子生嘉慶丁巳年四月
廿六日寅ｎ　光緒丙子年八月十一日酉時棺塟本山鵬
雛後壠田脚坐　向　兼
配妣謝氏吻娘號考慈生嘉慶戊辰年八月初一辰時卒道
光甲辰年十月三十日辰時瓦棺塟本山鵬雛軍壠橋頭田
頂坐　向　兼

子四　長水澤　次貽串　三貽鮑　四貽欵

公諱八婦字　卿號立順　先桃公次子生嘉慶庚申年三月十五日丑時卒道光壬辰年九月廿六日辰時瓦棺漸塟眞武蹈龜崙石頭脚

公諱八雍字　卿號純辟　先桃公三子生嘉慶甲子年七月三十日酉時卒同治庚午年九月十八日巳時葬本山鵬雛軍壠橋冷水坑坐　向　兼

娶陳氏鉗娘號順受生嘉慶庚辰年　月　日　時卒道光丁酉年八月十七日酉時瓦棺與翁姑李氏仝塟眞武蹈龜崙坐申向庚兼寅甲

娶蔡氏東娘號　生嘉慶壬申年三月廿五日巳時卒咸豐

甲寅年六月廿四日子時厝棺壟本山叅洋石礈山坐申向寅兼

子一　貽統出繼

公諱人恥字　卿號立有　先桃公四子生嘉慶辛未年十二月初四日子時卒同治壬戌年二月廿五日午時厝櫃漸寄葬本山叅洋真武踏龜石頭脚

娶陳氏于娘號　生道光乙酉年十二月廿五日酉時卒咸豐辛亥年閏八月廿四日子時厝棺壟本山叅洋真武踏龜坐乾向巽兼亥巳

繼妣陳氏乘娘改節

子一　貽坤殤

公諱曉纛號　桂元公長子生乾隆戊申年八月廿七日未時
卒道光癸卯年九月初二日未時往寧巖卒葬在寧巖無傳
公諱衽席號　桂元公次子生乾隆辛亥年正月初七日寅時
卒道光　年　月　日　時往寧巖卒葬地在寧巖　無傳
公諱建珍號　桂元公三子生嘉慶丁巳年六月廿六日寅時
卒道光乙巳年　月　日　時往臺卒葬地在臺　無傳
公諱八脫號冕軒　桂元公四子生嘉慶壬戌年九月初三日
酉時往臺卒塟地在臺　不知有傳否
公諱人愈字勝卿號尹軒　先舉公長子從來家之有譜猶國
之有史其所繫綦重矣我族自自本朝以來代遠年湮久不
修輯則我房之昭穆幾如杞宋之難徵幸我伯素知昭穆之

條分必借譜詞以紀載不畏其勞自輯一部及今據彼津梁依原輯錄則我房稍得以接葉連枝若非伯是賴乎伯之功誠偉矣堂姪國然謹識生乾隆癸丑年七月廿四日未時卒光緒辛巳年十二月廿四日夘時柩塟本山鎮撫山猪湖

娶吳氏壹娘號戎姿生乾隆乙夘年七月十三日寅時卒道光庚戌年十一月廿一日辰時柩塟本山鎮撫石龜美林水埕坐辛向乙丙兼酉夘夘兼戌辰

子二　長拱照　次寄厚

公諱人走字趨卿號來軒　先舉公養次子生嘉慶丙寅年正月廿二日戌時卒光緒辛巳年七月十三日午時柩塟本山鎮撫山猪湖睡虎格坐　向兼

娶易氏士娘號儉順生嘉慶辛未年七月初八日辰時卒道
光辛丑年七月初八日巳時兎棺塟本山鎮撫對面尖後丙
壠頭坐　向　兼
子一　貽創（嗣孝）

公諱騰雲號致軒　先濤公次子生嘉慶甲子年四月廿七日
戌時卒咸豐辛酉年正月初六日亥時
娶葉氏寬娘號艮儉生嘉慶庚辰年二月初二日　時卒同
治戊辰年九月廿五日辰時公媽兎棺合塟本山流磔嶺大
石邊坐子向午兼壬丙
子三　長貽權　次貽銅　三貽便

公諱八拴字　號備軒　慶壽公長子生嘉慶丙寅年五月初

六日戌時卒咸豐戊午年二月廿一日巳時瓦棺壅本山山
猪湖內壠頭獅形格邊坐癸向丁兼丑未
妣吳氏雪娘號順悅生嘉慶辛未年五月初二日　時卒道
光癸巳年五月廿八日戌時瓦棺壅本山鎮撫石龜土地崙
坐辛向乙兼酉卯
繼娶魏氏外娘號　生嘉慶甲戌年三月初三日辰時卒道光丙戌子時午棺壅本
嗣子子二　長貽甘　次貽乞　山對面尖坐　向
公諱人祖字　號禓軒　慶壽公次子生嘉慶戊辰年十二月
十四日戌時卒道光丙午年四月廿四日申時瓦棺壅本山
鎮撫流磔口塔口嶺水埕脚坐丑向未兼艮坤
娶郭氏美娘號順慈生道光乙酉年八月初十日亥時卒咸

豐丙辰年十二月十九日未時瓦棺葬本山鎮撫下赤坵墘
墻圍邊坐辛向乙兼戌辰
子二　長貽他兩豕　次貽雅殤
公諱人闕號雎軒　慶壽公三子生嘉慶丙子年六月廿三日
辰時卒光緒乙亥年十二月初五日寅時九棺葬本山鎮撫山
豬湖內壠頭坐東向西　虎井寨落脚田草腹坐　向
子二　長貽他兩豕　次海瑞學
公諱徵庸號貞軒　先芬公長子生嘉慶乙亥年三月廿六日
亥時卒道光丁酉年七月初六日申時瓦時棺葬本山鎮撫
山豬湖茶林垵崙頭坐艮向坤兼丑未　無傳
公諱人要號旨軒　先芬公次子生嘉慶己卯年四月十四日

巳時往臺卒葬地在臺　不知有傳否

公諱天受號　先芬公三子生道光戊子年七月十六日午時

往臺卒塟地在臺　子亦在臺

公諱宗授號敬軒　先躋公子生乾隆丙午年四月初二日寅

時卒咸豐戊午年八月三十日辰時兆棺塟本山鎮撫山猪

湖荒墓橫坐　向

娶鄧氏究娘

繼娶陳氏趙娘號群儉生乾隆丙午年九月初一日夘時卒

道光辛丑年十月廿五日戌時兆棺塟本山鎮撫山坛燒酒

桶脚坐　向

子一　夏梅嗣子

公諱瓊花字　鄉號採軒　秋元公子生嘉慶乙丑年七月廿
三日丑時卒道光乙未年八月十八日　時往漳州祠堂卒
葬地在漳州祠堂
娶龔氏訪娘改節　無傳
公諱詠然字歸鄉號而軒　先旦公長子承秋元爲嗣次子生
道光辛巳年九月初四日巳時卒道光丁未年十一月初五
日午時厝棺壅本山流磜口後山頭崙美坐　向
娶陳氏鏗娘自十九歲于歸越二十四歲失偶含辛茹苦破
啼奉迎堅心守節矢志靡更此時老櫛潔貞聲聞早昭乎閭
里異日孫枝茂盛　誥贈須達於　帝京生道光甲申
年四月廿九日辰時

子一　貽遷嗣子

公諱人謗字　卿　先旦公子頂作次生道光戊子年七月廿

三日辰時

妣巖嶺王氏弍娘

繼娶葉氏特娘號儉德生道光壬寅年十二月廿七日申時

卒同治甲戌年二月十一日酉時棺塟本山流磔口後山頭

崙尾路邊坐　向

子一　冣子

宰相　先欝長子生道光壬辰年九月十二日辰時　往臺

人楮　先欝次子生道光戊子年十二月十六日巳時　往臺

人執字允卿號恭軒　天慶公承繼長子生道光巳丑年十一

月廿一日未時卒光緒癸未年三月十六日丑時棺葬本山
土名横壠鏡面頂坐庚向甲兼申寅
娶龔氏引娘號導善生道光丙申年五月十六日亥時卒光
緒癸未年七月廿五日酉時棺葬本山土名横壠美赤土崙
外垵仔頭坐壬向丙
子二　長西枝兩承　次雙儀出繼
公諱人鶴號白軒　天慶公養次子生道光庚寅年正月廿九
日巳時卒　年　十一月廿七日　時尾棺葬本山鵬
雛軍壠橋蜈蚣形外崙坐辛向乙兼戌辰
子一　雙儀承繼
公諱人崁號成軒　天慶公三子頂作五生　卒　年　月

日　時俱失葬本山鎮撫橫壠湖坐艮向坤兼寅申

子一　貽讓（承繼殤）

公諱武等字　卿號　先宅公養子生嘉慶乙亥年五月十二

日午時往飛鸞卒葬地在飛鸞

娶王氏初娘號　生道光癸未年四月廿四日午時卒　年

月　日　時失棺葬本山鎮撫山豬湖坐北向南

子四　長貽飽　次貽追　三貽中

四貽讓（出繼）俱往飛鸞居焉

公諱人烈號　先兩公嗣長子生嘉慶壬戌年正月初九日

時卒於何處

公諱人根號立貌　桂元公五子承先兩爲嗣次子生嘉慶丁

夘年八月廿五日巳時卒光緒癸未年十一月十七日未時
棺葬本山鎮撫山猪湖三脚椅仔坐　向　無傳
公諱人妥號　歡欣子生嘉慶戊辰年四月十七日午時往臺
卒葬地在臺
公諱人呐字　卿號貞性　先休公長子生乾隆癸丑年四月
初五日辰時卒道光癸夘年十一月十九日酉時
娶王氏良娘號勤節生嘉慶丙寅年七月初三日未時卒同
治壬戌年二月十一日巳時兒棺公與妣合葬本山崎坑仔
湖頭坐　向
子一　貽等承繼
公諱人詹號立進　先休公次子生嘉慶丁巳年二月十七日

未時卒光緒己亥年九月初四日寅時往臺卒葬地在臺

公諱八巷號在軒　先休公三子承先諧爲嗣長子生嘉慶寅申年二月廿五日子時卒嘉慶戊寅年十二月十九日　時瓦棺壟本山鎮撫山猪湖雙抱垵格坐　向

子　祖代兩承

公諱八添字進卿號丁軒　先諧公養次子生嘉慶乙亥年十月十六日辰時卒道光乙未年七月廿八日寅時棺壟本山鎮撫山猪湖茶林垵銃城邊坐　向

娶陳氏椒娘改節

公諱八惱號　先並公次子承先諧爲嗣三子生嘉慶丁丑年十一月初十日巳時往臺灣

娶洪氏香娘號　生　卒　年　月　日　時卒　年　月

日　時往臺卒葬地在臺

子二　長貽提殤　次貽裹　此家俱往臺

朝程字艶卿　先燦公三子半承元諧公爲嗣四子生道光甲午年

四月十九日酉時卒　年九月十一日　时瓦根葬本鄉山家坑墓廟坐　向

娶劉氏伴娘生道光巳亥年五月十三巳時卒於同治壬戌年十二月初九日午時瓦棺与男祖代合葬本鄉山蛇仔崙特修合墓

子五　長諭　聘挐殤　次著梛殤　三祖代殤　兩豕　向坐　向

四銜筆殤　五紅恭殤

八

墨字　鄉　先竝公長子生嘉慶丙寅年四月廿九日戌時

娶王氏蔭娘號　生嘉慶丁卯年六月十八日午時往臺卒

葬地在臺

繼妣　氏　娘生　卒　年　月　日　時卒　年　月

日時塟地不知

子四　長貽聚　次貽孝　三三便

四尊賢　隨父母俱往臺

八艾字　娜　先竝公次子頂作三生道光甲申年閏七月初

七日寅時

娶李氏次娘生道光丁亥年五月初十日　時不知有傳否

八萬字伯鄉號立習先爕公長子頂作次生嘉慶庚辰年二月十二

日未時卒光緒庚寅年四月初八日丑时柩塟本山坪路口洋崎頭坐庚向甲兼

娶易氏于娘號忠孝生嘉慶九庚辰年二月初二日卯時卒同

治壬申年八月初六日巳時棺塟本山流磜口仙墇崙宮

地崙坐　向　兼

子三　長貽錯　次貽等出繼　三貽否

人象字烝卿　先燦公次子頂作三生道光甲申年三月廿八

日申時

娶葉氏走娘生道光戊子年八月十四日申時

子五　長貽邊　次明論　三明佳　四明纘　五明辦

朝程字萬鄉　先燦公三子出兩承生道光甲午年四月十九

日酉時卒　年九月十五日　葬村后樹墊府山宫兜墓廓坐　向

娶劉氏諱伴娘生道光己亥年五月十三日巳時卒光緒壬寅年十二月初九日申時

子五　長誨顏出繼殤　次著鄉殤　三祖代兩承內坐　向

四衔筆殤　五紅恭殤

公諱古地號立今　先杞公長子生乾隆庚戌年十二月廿六
日日酉時卒嘉慶甲戌年六月廿七日戌時棺瘞本山流磜
口後山頭崙坐　向　無傳
公諱人欽號立然　先杞公次子頂作三生嘉慶丁巳年五月
初七日酉時卒道光庚子年十一月初八日艮時瘞本山鎮
撫山猪湖莽林埈頭坐　向　無傳
公諱八構字肯鄉號　先爽公長子生嘉慶庚申年二月十二
日亥時往臺卒瘞地在臺
娶謝氏綿娘生嘉慶□申年九月廿九日未時
子五　長貽讓　次貽　三貽出　四四梅
五送來此家俱往臺住居頂淡水蛇舌湖是也

公諱八兒字男卿號立論　先爽公次子生嘉慶戊辰年閏五月廿六日巳時卒道光丙申年七月二十日亥時厝棺壟本山山坛頂塗空仔格申崙坐艮向坤兼寅申

娶陳氏　娘陂節

子一　寶照

公諱人好字言卿號立美　先爽公三子生嘉慶辛未年十月十八日未時卒光緒辛巳年正月十五日酉時棺壟本山文堀垵崙坐癸向丁兼丑未

娶鄧氏險娘號慈德生嘉慶癸酉年十一月初九日子時卒同治癸酉年五月廿四日寅時瓦棺壟本山鵬雛口洋邊墩坐　向　兼

子六　長貽懇　次貽匹　三五地　四貽書出継
五貽環　六雙喜
諱八貽字補卿號立信　先爽公四子生嘉慶乙亥年十一月
廿三日辰時卒同治己巳年三月廿八日申時瓦棺葬本山
鎮撫山豬湖睡虎格外崙頭坐癸向丁兼子午
娶葉氏孺人諱壹娘號儉順生道光壬午年八月十八日丑
時卒咸豐乙卯年十二月十三日酉時瓦棺葬本山鎮撫下
格仔流磜龐崙頭坐坤向艮兼申寅
繼娶柯氏妙娘號慈化生嘉慶己卯年三月十五日酉時壽
域擇鎮撫山中坂斗仔內田頂坐寅向申兼艮坤
子五　長貽所　次貽商嗣子　三貽秫殤　四貽衍俱葉氏出

五貽八殤　柯氏出

公諱八牙字㦬卿號立闊　先粦公五子生嘉慶戊寅年八月廿五日酉時卒同治己巳年八月十五日酉時瓦棺葬鎮撫祖宇門口巄鳯髻邊坐　向

娶鄧氏利娘號讓儉生道光壬辰年七月二十日酉時卒同治甲子年三月十六日亥時瓦棺塟本山山猪湖大池垵頂坐　向　兼

子三　長貽蝺嗣子　次貽螺殤　三貽浮殤

公諱八沛字下卿號立雨　先粦公六子生道光辛巳年五月初八日寅時卒同治壬戌年十二月初三日酉時此八往臺深坑仔住居是也葬地在臺

娶　氏　娘生　年　月　日　時失卒　年　月　日

時　　後裔不知名

人祿字爵卿　先爽公七子生道光甲申年六月十三日午時

娶陳氏富娘生道光壬辰年五月十三日酉時

子四　長貽習（承繼殤）　次子智（嗣子）　三復到（嗣子）

四貽涼（嗣子殤）

公諱人粉號　先騆公長子生乾隆癸丑年八月初一日亥時

卒道光辛丑年四月　日　時塟

娶温氏富娘生嘉慶庚午年九月初一日午時卒　年月失

子二　長羅仁　次貽絨

公諱人蒜　先騆公次子生嘉慶己未年六月初六日戌時卒

娶陳氏真娘生　年　月　日時

子　貽木等一家俱往臺在頂淡水住居開基

公諱八千　先騧公三子生嘉慶乙丑年四月二十日巳時往

寧德縣卒年月葬地不知

子一　貽箱

公諱人此　先騧公四子生嘉慶辛未年六月廿七日亥時往

臺卒年月葬地不知　不知有傳否

公諱人銅　歡欣公次子承先聰爲嗣子生嘉慶癸酉年十月

初十日辰時往臺卒葬地未祥　不知有傳否

公諱闊睢號樂軒　耆彰公長子生道光乙酉年九月廿二日

寅時卒光緒丙子年二月初八日戌時棺葬本山馬厝山坐

庚向甲
娶吳氏緞娘號柔慈生道光癸卯年七月廿九日亥時卒同
治癸酉年二月初二日巳時棺葬本山馬厝山坐癸向丁
子一　貽榮
公諱人有號　老猷公次子生道光己亥年五月十一日午
時卒光緒己卯年六月廿九日申時棺葬本山馬厝山坐西
向東
公諱人知號立意　老猷公三子生道光甲辰年三月十七日
未時卒同治癸亥年六月初七日巳時葬本山石礝山墓爐
崙坐北向南　立繼　哲公
十八世鎮長房三心璽公派人字行

公諱八娜字猗卿號寬和　成八公子生乾隆巳亥年七月廿九日辰時卒道光甲辰年十二月廿二日　時尾楕壟本山鵬雛鳥坑厝對面田後壁坐　向

娶柯氏西娘號淑貞生嘉慶丙辰年十一月初三日丑時卒道光癸未年四月廿八日巳亥壟本山

子一　福壽嗣子

公諱鍾石號　君實公子生嘉慶丙寅正月廿四日寅時卒道光戊子年六月十六日酉時獅頭宮過石跳被水流去而死其基壟南邑溪仔尾宮仔下坐　向

子一　致業嗣子

公諱人到號　孟德公長子生乾隆乙巳年十一月初三日戌

時卒嘉慶丙辰年六月十一日　時瓦棺葬本山流磜口松
栢崙犀公墩後壁坐子向午兼癸丁　無傳
公諱人厨號　孟德公次子生乾隆甲寅年四月廿九日寅時
卒咸豐甲寅年六月初六日申時棺鎮撫對面尖山山猪湖
嶺路後壁坐　向　無傳
公諱八琠字　號興起　崇德公子生嘉慶辛酉年二月十八
日寅時卒同治癸酉年二月初四日申時棺改板葬本山鎮撫頂
石龜嶺橫路邊坐　向　觀音墓脚右畔坐　向
娶傅氏翁娘號淑義生嘉慶乙丑年十一月十一日申時卒
同治丁卯年五月初二日酉時瓦棺葬鎮撫大埔垵底新內
崩路邊坐　向　兼

子五　長貽丟　次貽棗　三貽城　四貽桶殤
五貽熱

公諱維謀字　號清計　學禮公長子生嘉慶壬申年四月初五日酉時卒同治甲戌年十月廿九日寅時兆棺葬本山鎮撫觀音墓口坐　向
娶佘氏得娘號慈儉生嘉慶丙子年五月初七日午時卒光緒庚辰年正月廿七日巳時棺塟鎮撫寨杉頭垵埔後壁坐　向　兼

子一　貽目

公諱武愛號經揚　倚金嗣子生嘉慶甲戌年三月十五日午時卒同治甲子年六月廿四日申時瓦棺塟本山

娶孫氏爲娘號生嘉慶乙亥年十一月初一日巳時
子二　長貽欄嗣子　次字對嗣子
公諱人猴號　先戶公長子生嘉慶己巳年正月初八日申時
卒　年　月　日　時葬烏材林土名秋冷坪脚坐辛向戌
兼乙辰
娶許氏連娘號生嘉慶丙子年九月廿七日子時卒　年
月　日　時葬烏材林紅土仁崙坐寅向甲兼申庚
子二　長貽白　次貽趁
公諱人苧號　先　公人子生　年　月　日　時卒　年
月　日　時往祠堂卒葬地未祥
娶蔡氏越娘號　生卒不知葬烏材林掃箒崙頭坐寅向申

五月十日酉時
娶張氏好娘生道光壬辰年九月廿二日丑時
子七　長讓地　次冬水　三貽畜出繼　四貽囬
五貽含出繼　六海瑞出繼　七冷水

十八世鎮長房三赳桓公派八字行

人輴公號承德　何全公長子生乾隆庚戌年十月十八日寅
時卒道光甲戌年十月廿六日未時尾棺葬本山土名後山
頭崙尾舊厝地坐辛向戌兼乙辰
子一　貽鑽嗣子

人徽公　何全公次子生乾隆甲寅年十月廿八日戌時卒嘉
慶庚申年九月十五日亥時瓦棺壅在龜山土名崎林崙尾

坐辰向戌兼乾巽殯

八椰公字梹卿號丞星　星全公長子生嘉慶已未年二月廿

九日丑時卒咸豐乙夘年二月初七日辰時葬尾棺塟鵬雛

口大壠尾田頂坐甲向庚兼寅申

娶易氏諱看娘號　生嘉慶丙子年十一月十七日酉時卒

光緒甲申年三月二十日夘時木棺寄大墩崙粟庭垵坐寅

向申兼甲庚

生子　貽躺　子先陣兩承

八分公號丞月　星全公三子生嘉慶已巳年四月廿四日夘

時卒同治甲子年二月初七日辰時瓦棺塟山名大墩崙粟

庭垵坐寅向申兼庚甲

兼甲庚

公諱人揑號　先客公嗣子生道光丁亥年十月初二日酉時

往外卒

子一　貽休嗣子

公諱人寢號正晝　先雄公養子生嘉慶甲子年四月十一日

午時卒道光辛卯年二月初六日申時棺塟本山鎮撫鵬雛

口內厝坐　向

公諱人凸號　先年公養子生　年　月　日　時俱失往

漳州北清塟在漳州

子一　貽鉗　在北清住居

公諱人紉字義卿號正明　先聽公長子生嘉慶己卯年五月

初二日寅時卒同治庚午年十二月初三日酉時厝棺塟本山雞鵬寨（山秋柄腰虎外山崙尘）尾坐癸向丁兼丑未

娶許氏富娘號勤儉生道光乙酉年七月初一日辰時卒光緒癸未年十月初三日未時（與公合）塟本山

子三　長貽提　次貽印　三可二（出繼）

公諱人響字　號正聲　先聽公次子頂作三生道光甲午年八月十四日戌時卒同治辛未年三月廿六日午時坐船往泉州賣碗被水而卒

娶王氏勤娘歿節

子二　長可二（承繼）　次貽含（承繼殤）

雙[illegible]字昌鄉　先聽公次子承先敬爲嗣子生道光戊子年五

娶楊氏諱妾娘號　生道光壬午年四月廿六日卯時卒光
緒辛巳年四月十六日辰時墓塟土名大墘崙粟庭垵坐寅
向申兼甲庚
子四　長通士　次先傳　三先陣兩承　四馬受
賀甯公號貴順　先問公嗣子生道光丙戌年九月廿四日戌
時卒同治庚午年二月廿一日未時瓦棺塟觀音墓大埔垵
尾墻圍下坐巽向乾兼辰戌
娶陳氏諱亭娘生道光戊戌年月四廿一日卯時
子二　新好　土星兩承
入慈公字詩鄉號永馨　千秀公長子生乾隆辛亥年七月十
九日酉時卒同治丙寅年正月廿三日亥時瓦棺塟本山後

山土名猫翁崙田草幅內坐壬向丙兼亥巳

妣李氏諱香娘號淑姿生嘉慶戊午年二月初七日酉時卒

光緒丙子年四月廿四日申時木棺塟杉林垵

子三　長貽針　次貽鏡　三貽覓

八君公字　號　千秀公次子生乾隆甲寅年三月初八日

辰時卒咸豐己未年六月初十日　時尾棺葬本里土名葫

蘆墘垵中崙田中坐丑向未兼癸丁

娶易氏雙娘號　生嘉慶辛未年　月　日　時卒道光巳

丑年十二月廿九日酉時塟本山流磜口掃箒坑崙坐丑向

未兼艮坤

繼妣蘇氏諱綢娘號　生嘉慶戊午年四月初四日卯時卒

同治丁卯年十月十七日酉時葬本山流磜口土名松栢崙
坐艮向坤兼寅申
子一　湛　易氏出
人餘公號　千秀公三子生嘉慶丁巳年二月十五日未時卒
道光　年五月廿九日　時瓦棺塟壠頭格下巷後李家墓
脚頂路下坐戌向辰兼辛乙　無傳
人靜春公號仁秋　先坪公子生嘉慶辛酉年七月廿七日子
時卒道光甲午年十二月初二日午時瓦棺塟本山下石坵
土名墳崙坐戌向辰兼辛乙　無傳
人溪备鄉　維伏公嗣子生道光巳丑年四月十五日寅時
承繼子　貽畜

辛卿　維伏公次子生道光甲午年九月初九日丑時

往飛鑾外出不知

兑公字　號　維伏公三子生道光丙申年二月初二日戌

時現今外出不知如何

在明字　維伏公五子生道光癸卯年十月十九酉時往臺

垂挑字時卿　維宣公承繼子生道光戊戌年三月十九戌時

娶陳氏諱簞娘號　生道光庚子年十二月初四日丑時卒

光緒乙亥年三月廿五日巳時木棺塟本山土名山猪湖大

崙坐戌向辰兼辛乙

子一　沛繆

卷之五上終

參山二房派黄氏族譜

十八世鎮撫二房裕昌公文比公派長人字行

人宗公　文譿公長子生乾隆辛酉年八月廿八日未時卒年月墳墓俟查

人閱公　文譿公次子生乾隆甲子年十二月廿八日未時卒道光　年　月　日　時棺葬在參牛條頭山仔頂

人願公　文謙公二子生乾隆丁夘年六月初十日未時卒乾隆丙子年十一月十六日未時葬在真武踏龜山坐庚甲兼申寅

人敦公　文謙公四子生乾隆年卒乾隆年五月十五日申時墳墓俟查

人衩公　文譲公五子生卒俱在乾隆年壙墓俟查
人安公　文譲公六子問說往臺卒無回俱無傳
禎祥公　先諜公長子生乾隆巳巳年五月十三戌時往臺娶
人壬公　先謀公次子生乾隆壬申年二月十四日卯時卒
隆丁丑年九月初一日子時瓦棺葬在真武踏龜山大石脚
幼殤
國課公　先謀公三子生乾隆巳卯年五月廿三日戌時往臺
卒父母兄弟並無祀主來歷在臺深坑仔升高坑居焉今傳
有孫禮擇禮泡三五丁
人界公字世鄉號正德　先彬公長子生乾隆丙子年十一月
初五日未時卒嘉慶戊辰年二月廿八日酉時葬塟石礶山

土名大坋坐西北向東南
娶陳氏孺八正娘號慈順生乾隆己丑年正月十四日卯時
卒嘉慶庚申年十二月初一日寅時葬本山石礦鴨母斗壠
對面橄欖垵崙坐卯向酉兼甲庚
子一　貽石

八化字論鄉號玉昌公　先彬公次子生乾隆戊寅年十一月
廿四日辰時卒嘉慶己巳年五月十六日酉時
娶　氏　娘生卒墳墓俟查
子二　長貽月　次貽參按　往臺

八尚公　添春公承繼子生乾隆壬午年十一月十四日丑時
卒道光　年十二月廿九日　時葬石礦祭肩地下坐未

丁兼丑癸
娶孺人陳氏衫娘號玉順生乾隆癸巳年五月十六日午時
卒嘉慶庚申年十月十一日辰時塟本山叅林土名桶𧰟嶺
内崙大路頂坐甲庚兼夘酉
子一　貽高
十八世鎮撫口徙叅造墓公派人字行
人潮字侍卿號廟亭公　造墓公戊子生乾隆巳未年九月廿
七日未時卒乾隆甲寅年六月廿九日子時往番邦殁
娶孺人白氏懋娘號莊順生乾隆癸亥年十一月廿一日午
時卒嘉慶　年　月　日　時塟本山石礫土名鴨母
斗山穴坐壬子兼丙午

子二　長盡成　次章啟
八朔字宅鄉號敬愼公　造基公次子生乾隆辛酉年五月初
二日卯時卒乾隆庚子年九月廿八日亥時葬本山馬坑奐
爐內坐巳亥兼巽乾
娶孺人鄧氏惜娘號儉順生乾隆甲子年五月初二日卯時
卒嘉慶辛酉年九月初五日　時孫禮婆遷葬在本山土名
後山頭張家厝內中崙勘石碑坐坤申向艮寅
子二　長文淵　次貽盞
八葫字琬卿號正亭公　造基公三子爲八謹言愼行勤儉成
家榮建房屋三進全座在祜水東邊墘居焉坐癸丁兼丑未
生乾隆甲子年五月廿一日寅時卒嘉慶戊辰年十二月廿

七日未時木棺塟在参洋祜水北坑坐亥向巳兼壬丙
娶孺人謝氏担娘號莊勤生乾隆丁丑年五月十七日丑時
卒道光丁未年正月十五日申時享年九十有一齡木棺塟
祜水張社後坐癸丁兼丑未
子七　長貽温　次貽談　三貽輟　四貽臣出繼
五貽宣　六貽梅　七貽蚶
人祜字周卿號彬亭公　造基公四子醫生外科名聞四方營
建祜水張社內厝坐癸丁兼丑未生乾隆丙寅年七月初十
日丑時卒嘉慶辛未年五月初七日丑時
娶孺人謝氏梓娘號端德生乾隆庚寅年八月廿四日　時
卒嘉慶　年九月初十日　時公嫣仝塟参洋打鐵寮街

後石灰墓坐丑未兼癸丁
側室林氏嬌娘生乾隆癸巳年十一月廿八日戌時卒咸豐
壬子年六月廿四日未時瓦棺葬石礫土名踏碓尾坐乾亥
兼巽巳
子二　長貽伴嗣孚　次貽臣承繼
人包字含卿號茂亭公　造基公五子爲人剛直厳正勤儉嘗
建厝屋在衆山祜水霞新厝內外座立向坐寅申兼甲庚生
乾隆己卯年正月廿五日酉時卒道光癸巳年五月十七日
巳時享年七十有五齡木棺葬衆洋土名遊江內坐壬丙兼
亥巳
娶孺人葉氏雙娘號賢美生乾隆甲申年九月初六日巳時

卒道光壬辰年十月初七日巳時享年六十有九齡木棺塟
本山石礶斬龍格脚中崙坐壬向丙兼子午
子一 長貽詩 次貽鋤 三貽薀
十八世鎮撫口造善公派人字行
人賽字献卿號修亭公 造善公長子生乾隆巳未年十二月
初五日酉時卒乾隆巳酉年十一月廿八日巳時木棺塟本
山土名山坛頂潤山崙坐子午兼癸
娶孺人王氏志娘號考静生乾隆庚申年十二月初一日亥
時卒嘉慶丙辰年九月初五日巳時塟本山坪硃對面林仔
口崙坐辛乙兼酉夘
子五 長有爲 次貽鄧 三貽敷 四貽董 五貽棣

添福字遐卿號壽亭公　造善公次子生乾隆丙寅年九月廿三日亥時卒嘉慶辛未年二月廿六日亥時木棺葬烏材林烏石壠田中坐丙向壬兼午子

娶孺人陳氏珠娘號考懿生乾隆庚午年五月廿三日巳時卒道光癸未年四月十三日戌時瓦棺葬在湖頂寮竹掖崙坐未丑兼丁癸頂湖厝是公營建

子四　長貽栽　次貽裁　三貽褒　四貽劍

處士三綱字輝卿一字耀卿號毅亭公　造善公三子文章出衆品望超群吾家千里駒也生乾隆庚午年九月十四日酉時卒乾隆甲寅年三月十六日子時瓦棺葬本里後山虎尾宮對面松柏崙坐艮坤兼寅申

娶孺人謝氏粉娘號孝勤生乾隆丁丑年二月初一日寅時
卒嘉慶壬申年二月十七日申時瓦棺壅坪殊外土名苦竹
林崙坐坤申向艮寅
子三　長貽稍　次建祛　三乃脉

補約字助卿號爵亭公　造善公四子生乾隆壬午年五月初
七日戌時卒嘉慶壬戌年正月廿九日辰時瓦棺壅本山坪
殊外土名苦竹林崙坐庚甲兼申寅
娶孺人葉氏佔娘號孝敬生乾隆戊子年正月十三日　時
卒道光丙午年年八月初五日巳時瓦棺壅鎮撫口垵仔邊坐
未丑兼坤艮
子三　長貽棖　次耦才　三替老

十八世鎮撫口造成公派人字行

人東字西鄉號雲秋公　造成公長子生乾隆辛未年正月廿七日辰時卒乾隆丁未年十一月二十日卯時墓葬本山垻后土名獅形格外崙坐巽乾兼巳亥

妣孺人王氏來娘號附賜生乾隆辛未年七月十五日午時卒乾隆乙巳年四月廿九日寅時厝棺葬下石垢尾林崙坐未丑兼坤艮

子四　長貽兹　次貽楂　三貽皮　四貽騧

人網字纓鄉號學思公　造成公次子生乾隆癸酉年七月初七日子時卒乾隆甲辰年七月初八日酉時厝棺葬頂石垢土名鞦韆墩崙田下坐子午兼癸丁

娶孺人陳氏番娘號問力生乾隆乙亥年十月初二日寅時
卒乾隆乙卯年七月初三日亥時塟本山後壠水埕頭崙坐
癸丁兼丑未
子二　長貽杯　次貽笑
人郁字文卿號勉亭公　造戊公三子爲人好善品詣寬弘生
乾隆辛巳年正月初七日戌時卒道光辛卯年九月初十日
午時木棺塟本山下石坵外尾林水埕後壁似三脚木中崙
坐壬丙兼子午
娶孺人謝氏玖娘號孝莊生乾隆辛巳年五月廿二日午時
卒嘉慶丙子年六月十九日午時木棺塟下宮崎尾橋墩邊
坐未丑兼坤艮

子三　長貽笞　次貽蕙　三貽芼
人具字理鄉號綏亭公　造成公四子開基屋宇一座地名石
碣坐癸丁兼子午爲人勤儉處已忠厚待人延名師課児輩
書香酷嗜生乾隆甲申年正月廿九日丑時卒道光戊子年
正月初三日亥時享年六十有五木棺塟鎮撫口茶林崙坐
辛乙兼酉夘
娶孺人葉氏森娘號柔惠秉性温良家勤儉事翁姑至孝待
孫子盡情晚年蓋屋田墘坐壬丙兼子午生乾隆丙戌年六
月十二日夘時卒道光乙巳年三月十九日子時享年八十
齡瓦棺塟本山南宮厝尖上坐申寅兼庚甲
子五　長吉品　次翠鳳　三象德　四牛領　五浸潤

人沾字霈卿號澤亭公　造成公五子生乾隆庚寅年四月十
八日子時卒道光丙申年十二月初八日巳時瓦棺塟南宮
下坩格外崙坐丁、向癸
娶孺人蔡氏勸娘號恭慎生乾隆庚寅年六月廿二日巳時
卒道光丙申年九月十九日　時木棺塟尾橋墩大坵頂田
中坐丁癸兼午子
子七　長冊馨　次貽擢　三貽嶔　四貽宋
五貽齦　六貽禤　七貽灗
人懼字喜卿號惕亭公　造成公六子生乾隆癸巳年二月三
十日寅時卒嘉慶戊辰年七月十九日酉時木棺塟在山坛
頂土名林仔後崙坐丑未兼癸丁

娶孺人葉氏琴娘號孝節生隆乾辛夘年五月初三日辰時
卒道光巳酉年四月初五日酉時木棺葬鎮撫口草腹内田
中坐亥巳兼壬丙
子三　長貽透　次貽弱　三貽語
十八世鎮撫口造標公派八字行
八永字長鄉號悟亭公　造標公長子好爲鄉八排患改紛樂
善不倦生乾隆癸酉年五月初七日寅時卒嘉慶壬申年三
月初九日酉時享年六十齡瓦棺葬在山坛頂土名流礫庵
崙坐庚甲兼申寅
娶孺人葉氏得娘號順懿生乾隆壬申年五月廿八日辰時
卒道光戊戌年閏四月廿四日辰時享年八十有七齡瓦棺

塟鵰雞猴壁後横路頂大崙邊坐丁癸兼未丑

子五　長貽錦　次媚祿　三貽廉　四貽儉　五貽都

人言字念卿號語亭公　造標公次子肇基屋宇一座大墩灣

坐壬丙兼子午生乾隆丙子年五月二十日未時卒道光辛

巳年二月十三日亥時瓦棺塟在本里烏坑土名五埕崙田

中坐戌辰兼辛乙

娶孺人陳氏美娘號温柔生乾隆丙子年正月十五日酉時

卒嘉慶戊寅年十二月初四寅時木棺塟在十八間外土名

杉垵崙坐申寅兼坤艮

子四　長徙居　次瑞賀　三貽勤　四貽卯

鄉飲賓諱秉義乳名酟官字合卿號道亭公　造標公三子爲

人嚴毅自矢秉性温良廣田業營宇屋肇基于西岐居焉坐坤向艮兼申寅生乾隆辛巳年十月初六日酉時卒道光癸巳年十月廿八日寅時享年七十有三齡木棺葬本里石垅墘田中坐戌向辰兼乾巽

娶孺人葉氏好娘號安貞生乾隆壬午年十一月初六日時卒嘉慶甲戌年九月廿七日酉時木棺葬本里後山鄉土名上磜頭頂大垅田內坐卯向酉兼乙辛

繼娶孺人余氏送娘號淑貞生乾隆乙未年三月初十日辰時卒嘉慶丙子年十月十六日辰時木棺葬在本山土名觀音尖后坐甲向庚兼卯酉

子四　長貽古　次貽餅　三貽制　四貽敲

命自字翼卿號習亭公　造標公四子生乾隆甲申年六月十三日酉時卒嘉慶庚午年十月初七日　時木棺葬本里石礑鄉土名石碎崙厝尾近母親墓右坐申向寅兼坤艮

妣孺人傅氏嫦娘號宜慈賦性閑婉善工織紝撫孤兒教孫曾戚狄傳誦至今無間我妣之冶家勤儉素著使然也晚年率二子肯構於龜山而徙居生乾隆己丑年十月十二日酉時卒道光庚子年正月初二日申時享年七十有二木棺葬在坊里巳山土名水堀後大遇崙坪下穴號虎仔跳墻坐壬向丙兼子午外坐亥向巳兼乾巽碑後誌銘

嗣子二　長貽泉　次貽燃

十八世鎮撫口造軒公派人字行

人體字正鄉號忠亭公　造軒公長子生乾隆壬申年三月十
五日酉時卒道光壬午年十一月三十日丑時享年七十一
齡木棺與胞弟榮亭公合葬在本里山坛山後坑底流磜庵
內崙坐壬丙兼子午
妣孺人葉氏坤娘號順勤生乾隆辛未年二月廿一日寅時
卒道光丁亥年十月廿六日巳時木棺葬鵬雞尾壠後苦竹
林瓦窰崙坐庚甲兼酉卯
子四　長大畜　次貽臉　三貽信　四貽毫
人荷之擔鄉號有亭公　造軒公次子生乾隆丙子年十一月
十七日寅時卒嘉慶己巳年八月十七日巳時往臺歿墓葬
在臺

娶孺人林氏諱齊娘號安懿生乾隆丁丑年正月初三日巳時卒乾隆壬子年正月廿二日卯時瓦棺塟本里山豬湖外壠崙仔近田角坐申寅兼坤艮

子三　長開明　次貽炎　三貽御

故儒士諱士敏字達卿號雲亭公　造軒公三子學力深醇品詣髙超惜不得獲售其志徃吧不和水土致成身故

娶安人葉氏恥娘號如懿爲人賦性温柔年登廿八文鴦失群矢志守節茹苦含辛撓不屈動不搖厭飾淡粧鐵其心石其性身正閨閫名達鄉邦故孫山長保舉節孝立匾流芳以垂不朽公生乾隆巳卯年十月十二日丑時卒乾隆丙午年四月初八日酉時子思父骸無歸將魂衣附木主塟在妣墳

首妣生乾隆巳夘年八月十三日申時卒嘉慶癸亥年十月
廿四日寅時厇棺塟鎮撫菩菜墘隅坐坤向艮兼申寅
子二　長解運　次寶生
人貴字富卿號榮亭公　造軒公四子生乾隆乙酉年五月十
三日酉時卒道光丙戌年四月廿二吉時享年六十二齡木
棺與長兄忠亭公合塟在山坛流磔庵内崙坐壬丙兼子午
娶孺人劉氏蘇娘號徽柔生乾隆巳丑年七月初七日酉時
卒道光癸巳年二月十三日　時享年六十五齡瓦棺塟鵬
獬尾墘𡑞狗崙坐夘酉兼乙辛
子二　長貽計學　次貽育承継
人抱字綱卿號欽亭公　造軒公五子生乾隆巳丑年十一月

十三日戌時卒嘉慶癸亥年十二月十五日亥時外出墓不
在家山
妣孺八謝氏香娘號柔勤生乾隆庚寅年二月初七日夘時
卒道光癸夘年正月十七日午時享年七十有四厝棺葬在
本山石髻尖土名大湖頭坐巽乾兼巳亥
子四　長貽礽　次貽爔　三貽育出繼　四貽店
十八世美宮林直齋公派八字行
八胡公　　造軒公長子生乾隆乙亥年八月十七申時往臺歿
統綸公　　坐軒公次子生乾隆癸未年四月初七巳時往臺歿
綱領公　　坐軒公三子生卒年月俱失墓葬在鎮撫湖仔頭下
坐庚甲向夘酉近會示公墳頭以上兄弟三人俱無傳

光元字亞鄉號明乾公　建業公長子生乾隆壬申年八月廿五日辰時卒乾隆　年二月初四日吉時往吧殁墓在吧

娶孺人許氏伴娘號儉慈生乾隆丙子年閏九月廿七日未時卒道光壬辰年九月十七日午時葬在山坛頂土名蛇仔崙風爐八下坐艮坤兼丑未

子一　長孝感　次孝順

馬助字輔卿號明理公　建業公次子生乾隆乙亥年十月初一日丑時卒嘉慶壬申年二月初三日吉時葬山坛頂土名小犁脚水埕田下坐亥巳兼壬丙

娶孺人葉氏琅娘號賢美生乾隆癸未年二月初八日未時卒道光壬辰年十一月廿七日吉時瓦棺葬在鎮撫尾宫林

私祖庭脚與孫章色同壙坐丁癸兼午子
子二　長孝思　次太極
人杖字拐卿號斯亮公　克足公長子生乾隆庚辰年二月廿
八日子時卒乾隆己酉年十月初一日亥時葬在本山湖頂
深壠頭惟穀公墓脚近田坐丁癸兼子午　午子
娶猺八陳氏柔娘號温儉生乾隆乙酉年九月廿二日午時
卒道光癸卯年九月廿二日酉時木棺葬本里後山虎尾宮
對面土名頂松栢崙公田中坐甲庚兼寅申
子四　長堅成　次兩成　三抹成　四他成出繼
人呈字昭廷公　克足公次子生乾隆己丑年二月十三日戌
時卒乾隆癸丑年七月初四日未時往建寧路卒墓在外

人邦字淑卿號有道公　克足公三子生乾隆辛卯年九月初
六日戌時卒道光壬午年閏三月十二日卯時瓦棺葬在本
山大坵尾崎壠隅外冷水坑大路頂坐西向東
娶孺人葉氏夏娘號慈冬生乾隆戊戌年十月初二日戌時
卒道光庚戌年十一月二十日戌時棺漸在鎮撫苦菜壠格
外尖仔坐甲向庚十壙
子四　螟蛉長神祐　次勃然　三洄山　四險然
月老號廷推公　克兢公長子生乾隆辛巳年十一月初四日
辰時卒乾隆戊戌年十一月十一日未時卒葬在吧
新科號會試公　克兢公次子生乾隆甲申年十一月初九日
申時卒道光乙未年閏六月十七日吉時瓦棺與胞弟會復

公合墳

子一　金春學　往臺

人衫號會臚公　克兢公三子生乾隆丙戌年六月廿六日申

時卒道光甲辰年九月十六日子時厝棺與胞兄同穴在鎮

撫湖仔頭脚近大路坐庚甲兼申寅

嗣子　贊德　在吧

夜明字日卿號輔粲公　克懷公長子生乾隆庚寅年二月十

五日未時卒乾隆己酉年六月廿二日辰時葬本山土名後

壠獅形隔外近父墓頭坐丑未兼癸丁

子二　佌承繼　幼殤　到醜承繼

人埧字偃卿號奕溪公　克懷公次子生乾隆丙申年九月廿

八日寅時卒道光巳丑年十月初二日酉時瓦棺埜湖頂山
酒坛垵頭大深隔內垵似獅形坐未丑兼坤艮
娶孺人劉氏治娘號孝儉生乾隆辛丑年十月廿八日寅時
卒嘉慶庚辰年十二月廿五日酉時木棺與母親廖氏同穴
在本山龜山嶺中崙坐乙亥兼辰戌
子三　長貽壂　次貽陣　三到醜出繼
頂豪字賢卿號忠義公　時一公子生乾隆甲午年五月初一
日卯時卒道光癸卯年十月十四日酉時瓦棺埜在鵬雞軍
壠橋土名三坵崙水埕頂近祖妣龔氏墓左坐未丑兼坤艮
娶孺人葉氏貼娘號勤信生乾隆甲午年十一月廿四日酉
時卒嘉慶癸酉年十一月初一日卯時瓦棺在湖頂深壠崙

田中破地崩裂尋無踪跡
子一　秀眉嗣子
十八世二房烏材林為章公派人字行
人面號時顏公　心秉公長子生乾隆癸酉年九月十二日卯
時卒乾隆庚寅年十一月初八日寅時欲往吧同安渡溺水
歿葬海沙地
人兒字知卿公　心秉公次子生乾隆庚辰年五月十一日申
時往臺卒墓在臺
人繪字松卿公　心秉公三子生乾隆癸未年四月廿五日巳
時卒年月失墓在臺淡水狗咬坑坐東向西
娶　氏敀節

子二　長貽發　次貽妻

八好公　心德公承繼子生乾隆乙酉年六月廿六日卯時往

吧殁塟在吧

璇璣字玉卿號美寧公　心誠公長子生乾隆癸巳年八月三

十日酉時卒道光戊戌年十一月廿三日未時瓦棺塟碗窰

對面大崎崙坐丁向癸兼午子

娶陳氏褱娘號淑勤生乾隆庚子年五月初六日酉時卒咸

豐壬子年八月廿三日酉時瓦棺塟窰對面土名三垵崙隔

仔垵外石圈內坐庚甲兼申寅

子二　長貽鐃　次大義

三硫字朝卿號美意公　心誠公次子生乾隆丙申年八月廿

六日寅時卒道光丁酉年四月十五日亥時享年六十二齡
瓦棺埜烏石壠崙坐丁癸兼午子
娶孺人李氏媛娘號巽依生乾隆壬寅年八月廿九日辰時
卒同治壬戌年十二月十三日酉時瓦棺埜本鄉土名罕菜
頭三疊石頭坐癸丁向丑未
子二　長貽琶　次貽湍
人研字砵鄉號美提公　心誠公三子生乾隆甲辰年五月初
七日午時卒道光丙申年二月廿二日辰時瓦棺埜大坡隔
後寨仔尖崙中頂大路上坐乙辰兼辛戌
娶劉氏猜娘號淑善生嘉慶庚申年四月廿四日巳時卒道
光己酉年八月初六日午時瓦棺埜鵬雛宮對面大石頂崙

坐丁癸兼午子

子四　長貽翎　次貽餡　三貽潤屋　四禡仁

八報字瑶卿號美書　心誠公四子爲人忠厚和平興建窰廠肇基屋宇全座在土空林坐庚向甲生乾隆丁未年七月十七日寅時卒同治癸亥年十二月初九日寅時木棺瘞本山土名罕乘頭中崙坐甲向庚兼酉卯

娶孺人廖氏諱獺　號淑聪生嘉慶壬戌年十月十六日卯時卒同治己巳年九月廿六日酉時木棺瘞本山土名湖頂尖石笋頂坐乙辛兼卯酉

子四　長貽拐　次貽邏　三貽琛　四茹姑

開宗字顯卿公　先所公長子生乾隆乙未年正月廿三酉時

畨敲公　先所公子　八慶公亦先所公子兄弟俱隨父母

往臺淡水子時外出在樹梅領居焉

八[illegible]號時建公　直利公長子生　辛未年五月廿三日亥

時卒嘉慶癸亥年十月廿七日未時往吧殁葬在吧

八夜字時卿號日卿公　直利公次子生乾隆甲申年七月十

五日巳時卒嘉慶　年　月　日　時木棺漸在本山

石垢觀音墓左崙坐南向北

娶孺人蔡氏聽娘號淑端生不知卒嘉慶巳巳年四月十六

日辰時木棺葬本山石垢北坑壠大龍邊山溝頂坐丁向癸

八同號潤卿公　直利公五子生乾隆乙未年二月廿四日辰

時卒道光丁酉年四月廿六日未時木棺葬在烏材林嶺中

哖崙頂坐北向南
娶孺人陳氏居娘號淑順生乾隆庚子年七月初二日　時
卒道光戊子年十月十五日未時尾楬塟在壠頭尚後掘石
崙坐東向西
子二　長貽反　次貽响
八作字佳卿號時純公　補直利公三子生乾隆丁亥年二月
十一日辰時卒乾隆戊戌年二月　日　時往臺卒墓在臺
八逭字泗卿號時義公　饗秋公承繼子生乾隆壬辰年五月
初三日　時卒乾隆乙卯年四月初六日亥時墓在石坵路
土名赤嶺巷邊坐北向南
八弄公　直為公子生乾隆壬午年二月廿八日酉時卒

年　月　日　時候查

人候字維鄉號時復公　愍意公長子生乾隆癸酉年　月

日　時卒年月無考葬在烏材林長圳尾坐東北向西南

人擇字晉鄉號向膏公　愍意公次子生乾隆甲戌年四月

日　時卒年月無考葬在烏材林土名栢松崙中近田坐巽

乾兼巳亥

娶孺人林氏孰娘號聲倹生乾隆丙戌年十月初六日戌時

卒道光丙戌年正月廿一日巳時厝棺葬烏材林

子　貽𡰱　貽琲

人愛字我鄉號惜禮公　愍意公三子生乾隆丁丑年正月廿

六日未時卒乾隆乙卯年五月廿一日吉時葬在吧

八堊字裕卿號時義公　　怒意公四子生乾隆己卯年六月廿一日吉時卒乾隆乙卯年八月廿一日未時葬梢壟本里山坛頂土名大犁園頂坐巽乾兼巳亥
娶　氏改節
子一　貽祛
八沙字石卿號石金公　　怒意公五子生乾隆丙戌年正月廿九日亥時卒道光辛巳年十二月廿六日辰時葬在烏材林長圳尾厝内崙仔山坐北向南
嗣子　貽瑛
八艮號為山公　　怒意公六子生卒年月無考墓在烏材林宫後壠古宫地外坐北向南

嗣子　貽能

八幸號遂欣公　朝儛公長子生乾隆丙戌年十一月初五日
吉時卒嘉慶己卯年九月十五日卯時墓在本山土名酒矸
坵脚坐丙午向壬子

承繼子　長貽飽　次貽八

八接公　朝儛公次子生乾隆辛卯年六月十二日未時卒道
光年間墓在烏材林宮壠後古宮地外坐北向南

八賀字慶卿號膺福公　朝儛公三子生乾隆戊戌年八月廿
六日丑時卒道光丁亥年二月十五日卯時尾棺塟本里山
坛山土名　坐巳亥向巽乾
娶孺人葉氏曉娘號慈宜生乾隆丙午年七月初四日辰時

卒道光戊申年九月十五日夘時厝棺埜湖頂寮竹墘頭大崙中坐巽乾兼巳亥

子四　長貽淝　次貽飽出繼　三貽羽　四貽八出繼

恥任公

先泮公承繼子古時祜水四斗祖居焉生卒年月無考查隨生養父往臺

人挑字昭鄕號時民公

知至公長子生乾隆甲午年　月日時卒嘉慶丙寅年十月初八日申時埜烏材林半嶺壠竹林邊崙坐乙辛向夘酉

娶　氏改節

人力公

知至公次子生乾隆癸夘年六月初十日午時外出祠塘窖卒年月墓無考

八漏號有居公　正成子生乾隆丙午年十一月十六日巳時
卒道光丙申年三月廿三日午時厝棺在山坛頂土名闊山
屛脚坐壬丙兼子午
娶廖氏珠娘號恭懿生嘉慶戊午年十月廿九日申時卒同
治癸亥年四月廿五日卯時木棺暫在半嶺中哞崙巷坐東
向西
子二　長白祿　次貽有
八逵字中鄉號元日公　君圖公嗣子生乾隆戊戌年五月二
十日申時卒咸豐辛亥年正月廿五日未時墓瓦棺在烏材
林土名窖公後坐子午兼壬丙
娶孺人謝氏次娘號儉慎生乾隆丁酉年正月十一日酉時

卒嘉慶丁丑年正月十一日酉時瓦棺在烏材林八坵崙土
地殿頂坐子午兼壬丙
子四　長開誇　次淺現　三貽瞞　四稱意出繼
太學生諱化生乳名天賦字命卿號元善公　君圖公次子爲
人幼篤學長經商品詣寬弘倡首率毋弟卜築宇屋兩座於
材林八坵崙居焉生乾隆辛丑年十一月十九日午時卒道
光庚子年七月十三日午時享年六十齡瓦棺塟湖頂寮竹
垵大崙中坐巽乾兼巳亥
娶孺人陳氏專娘號慈慎生乾隆壬子年十一月十七日寅
時卒咸豐癸丑年十月廿二日卯時享年六十二齡瓦棺暫
塟山坛土名流磜大區頂坐西北

子四　長稱熹承繼　次大昕　三清翰　四清標

天德字成卿號元美公　君圖公　子生乾隆甲辰年十一月廿三日戌時卒道光甲辰年五月十九日午時享年六十一齡瓦棺葬在湖頂寮竹垵崙中坐坤艮兼未丑近　山節公墓下

娶孺人林氏作娘號慈順生乾隆己酉年十一月十二日吉時卒咸豐辛亥年八月廿六日酉時享年六十三齡葬烏材林酒矸垢腳崙中近田坐丙壬兼午子

子三　長五彩　次五嶽　三五敦

八諮字延卿號元星公　君圖公四子生乾隆壬子年九月初二日亥時卒同治庚午年八月十四日午時瓦棺葬在烏材

林松栢崙頭坐午子兼丁癸
娶孺人許氏吻娘號速慎生嘉慶甲子年九月十六日辰時
卒道光壬辰年六月廿五日辰時木棺葬烏材林嶺水井垵
頭大崙邊坐乙辛兼辰戌
繼娶孺人易氏香娘號孝慎生嘉慶戊午年十二月十三日
酉時卒同治壬申年九月廿八日辰時瓦棺葬山坛頂土名
牛客墓右畔坐坤艮兼未丑
子二　長撫養　次撫宣許氏出
八註字禮卿號守義公　君圖公五子生乾隆乙卯年九月初
七日亥時卒咸豐辛亥年五月初九日戌時瓦棺在山芸頂
土名困狗尾坐卯酉兼甲庚

娶孺人陳氏村娘號儉順生嘉慶丁夘年二月初一日午時
卒道光丙午年五月初七日寅時瓦棺塟山坛頂土名闊山
屏後崙坐壬丙兼亥巳

子一　任傳

六爻字發鄉號元龍公　君圖公六子生嘉慶戊午年十二月
十七日辰時卒道光癸夘年三月廿四日夘時瓦棺在湖頂
上芸仔垵坐丁癸兼午子
娶孺人許氏抄娘號速貞生嘉慶己巳年二月廿四日酉時
卒光緒乙酉年八月十一日戌時享年七十七齡木棺在山
坛山北坑壠崙坐癸丁兼子午

子二　嗣子必趙　生子拱照

十八世鎮二房徙參德善公派人字行

人甲號東方公　先愈公長子生卒年月葬地俱失僅知在祜
水四斗卒俟查

人堯公　先愈公次子聞是往番邦卒

人扱公　先愈公三子聞是往淡水深坑仔卒

人鏗公　係是先湖公子娶　氏及子　貽詔等俱徙去臺淡
水內山樹梅嶺居焉

桂香號不怕公　慈軒公長子生乾隆甲辰年六月廿五日午
時卒嘉慶庚午年八月廿六日申時墓在石礶山崎坑仔崙
坐辛乙兼戌辰
娶吳氏欽娘生乾隆甲午年八月十六日巳時卒年月日俟查

墓葬後壠尾塜山

子二　長貽梅　次扶生

八寶公　慈軒公次子生乾隆庚戌年十二月初四日卯時卒

同治戊辰年十月十九日子時葬在祜水牛條頭坐西向東

娶孺人高氏緞娘生嘉慶年間卒同治戊辰年十二月吉日

吉時木棺暫在牛條頭坐南向北

子三　長貽圈　次貽洞　三貽窰

八曉公　慈軒公四子生嘉慶己未年二月廿六日丑時卒同

治甲戌年十一月廿九日酉時葬本山土名古井垻圳頂坐

南向北

娶孺人謝氏鴉娘生嘉慶壬戌年十月十九日寅時卒年月

塟地俱失俟查

子　貽快

人讀字教卿公　慈軒公五子生嘉慶丙寅年八月十四辰時

娶阮氏愼娘生嘉慶丙寅年七月初一日辰時卒道光己酉

年五月廿三日子時瓦棺塟本山土名古井埧圳頂田草腹

内坐辛向乙

子一　貽忠

國器字才卿公　明興公承繼子生乾隆戊申年正月十二日

辰時卒咸豐己未年五月初四日午時瓦棺在真武踏龜山

深坵壠坐西向東

娶孺人陳氏雲娘生乾隆甲寅年十一月廿六日夘時卒咸

豐年月日時俱失厝棺塟本里土名石頭空坐　向

子四　長貽醉　次貽珍　三貽地　四貽王　俱無傳

十八世鎮二房式如公派長福安堂人字行

人酬恩公字光鄉號　懸梁公子生乾隆己酉年二月廿一日

卯時往祠堂亡年月塟地無稽

娶孺人李氏諱懸娘號　生乾隆乙卯年七月廿二日寅

時卒年月日時候查厝棺塟鎮撫沖天墓田埔中坐丑向未

兼艮坤

子三　長貽綢　次貽齊　三貽靳

處士長壽字仁卿號心德公　柳絮公子生乾隆丙午年閏七

月初六日午時卒道光丁酉年三月初七日辰時享年五十

有二木棺塟鎮撫寮尾厝地内坐戌向辰兼辛乙
娶孺人陳氏諱尹娘號信恬生乾隆丁亥年三月初四日辰
時卒咸豐丙辰年十月初七日亥時享年七十齡木棺塟本
山馬厝埔尾林坐申向寅兼庚甲
子八　長貽紡　次貽窩　三貽涿　四垂後
五五美　六六龍　七七星　八八卦殤
心德公序爲人專心愽古篤志通今雖未能採芹食餼而文
章詩賦亦堪揚世且白手成家恢田業置山洞增屋宇嫁女
娶婦各適其宜生平之立業建功洵後世所不能及者矣
堂姪孫則紉謹誌

十八世鎮二房式如公派二人字行

人喬公字號　濟心公嗣子生乾隆丁酉年二月十一日巳時卒嘉慶庚申年月日時失在潼州亡葬漳州龍溪縣天宫墟壽堂碣仔橋坐　向　俟查　無傳

十八世鎮二房式如公派三人字行

人扨公　大成公長子生卒年月日時失往叫亡　無傳

人樸公　大成公次子生乾隆甲申年十月十六日戌時往潼州卒年月日時俟查　無傳

人榜公　大成公三子生乾隆丁亥年九月初九日申時往臺灣卒年月日時俟查　無傳

人逃公　大成公四子生乾隆庚子年二月廿一日丑時卒嘉慶己卯年十月初六日子時葬鎮撫倒山埔坐向俟查無傳

十八世镇二房式如公派四继善堂人字行

郁斋公承继长子生乾隆癸卯年十二月廿四日丑时卒道光戊戌年二月十二日吉时享年五十有六木棺葬石礶山鸭母斗山后田中坐乾向巽兼戌辰
人叶字业卿号嘉谟公

娶孺人叶氏讳救娘号雅姿生乾隆壬寅年九月十五日卯时卒咸丰丙辰年四月廿四日午时享年七十有五瓦棺与
媳妇恬爱廖氏合葬许厝綦脚坐亥向巳兼乾巽

子四　长大有　次愷悌　三谦益　四提魁出继

常经号嘉猷公　郁斋公次子生乾隆乙卯年七月十二日酉
时卒嘉庆辛未年二月廿五日巳时木棺葬后山五畲垵头
坐未向丑兼丁癸

子三　長㨗魁　次荏冉　三惟琨　俱承繼

以珪字璧卿號嘉善公　郁齋公三子生嘉慶丁巳年五月十八日未時卒咸豐辛亥年正月初八日申時享年五十有五瓦棺埜石佛新厝後坐坤向艮兼未丑

娶孺人陳氏諱纘娘號敏姿生嘉慶丙辰年三月初六日由時卒咸豐丙辰年二月初九日未時享年六十有一木棺埜十八間坪殊寮脚坐辛向乙兼戌辰

子五　長絢絿　次玲瓏　三醽醁

四惟琨出繼　五縹緲

以纓字瑜卿號嘉穜公　郁齋公四子生嘉慶己未年二月十五日巳時卒同治甲子年五月廿七日申時享年六十有六

柩葬本山石礫山坐庚向甲兼申寅
娶孺人陳氏諱銀娘號潔姿生嘉慶庚申年十一月廿二日
亥時卒道光丙午年三月廿五日巳時柩葬本石礫鴨母斗
山坐寅向申兼甲庚
側室莊氏諱妹娘號桃花姊生道光壬午年正月初一辰時
子四　長菡酋　次補鈌殤　三貽尋保陳氏出　四貽螺莊氏出
武庠生諱以中乳名繆官字綢卿號嘉平公　郁齋公五子爲
人敦本睦族至公無私論力則如虎如貔論才則作舟作揖
宜於道光癸未科掇採芹香可謂稍慰素志生嘉慶壬戌年
十二月十二日寅時卒同治丁卯年九月二十日巳時享年
六十有六木棺葬本里田中墘坐巳向亥兼巽乾

娶安人林氏諱春娘號芳姿生嘉慶癸亥年六月廿五日寅時卒咸豐丙辰年三月廿四日寅時享年六十有四死棺葬樓坂官下東塔巷坐寅向申兼艮坤

子五　長婆婆　次荏苒出繼　三惟嶽　四程霄　五彤管

武庠生諱允中乳名甸官字修卿號嘉德公　郁齋公六子爲人惟孝友于不間人云性敦情厚排難解紛揚穿七札弓挽六鈞道光己丑科採藻歌芹力能拔類才實超群聲稱閭里月旦交聞生嘉慶戊辰年正月十三日辰時卒道光戊申年二月初三日酉時與長男國香合木棺葬恭洋溫厝墘田中坐辛向乙兼卯酉

娶安人陳氏獺娘號俊姿生嘉慶戊辰年正月廿四申時卒

咸豐辛酉年九月廿九日未時享年五十有四厝棺與次子
保紹合葬許田寮脚坐壬向丙兼亥巳
子四　長酴醾殤　次垂統殤　三保紹　四保佑殤
十八世烏梨坪厝二房派人字行
長庚字明卿號達欽公　植齋公長子生乾隆庚子年十月十
一日未時卒咸豐乙卯年十一月十五日丑時享年七十有
六厝棺葬本山大坵尾坐艮向坤兼申寅
娶孺人李氏諱寶娘號勤順生乾隆癸卯年二月初五日寅
時卒嘉慶甲戌年八月廿四日酉時木棺葬本山鵬雛宮對
面橡脚崙坐庚向田兼酉卯
繼娶葉氏諱昭娘號柔順生乾隆戊申年九月初五日戌時

卒咸豐乙夘年九月初六日辰時享年六十有八木棺塟本
山坑石婆嗎坐辛向乙兼酉夘
子三　長允間李氏出　次善華　三庭芳
蓋勝字提卿號達慎公　植齋公次子生乾隆甲辰年四月廿
三日丑時卒咸豐辛亥年十月十四日吉時享年六十有三
木棺塟本山坑後壠坐子向午兼壬丙
娶孺人陳氏諱業娘號鴻順生乾隆己巳年五月廿一日夘
時卒咸豐壬子年九月初三日吉時享年六十有八瓦棺塟
本里造尖脚蓮交沙田上坐辛向乙兼酉夘石墓
子四　長貽燃　次餐老　三貽猛　四五就
三仕字尹卿號達道公　植齋公三子生乾隆己酉年十一月

初六日戌時卒道光庚寅年八月廿三日辰時瓦棺葬鎮撫湖頂上芸仔坐丁向癸兼午子
娶孺人葉氏諱位娘號大勤生乾隆壬子年三月十八日巳時卒道光甲申年九月初六日辰時瓦棺葬本山鵬雛路獅形內尖坐未向丑兼丁癸
子三　長開基　次開榜　三時習出繼

太祖字南卿號達德公　植齋公四子生乾隆壬子年三月廿九日戌時卒道光辛巳年三月廿七日申時瓦棺葬本山寄仔坑坐乾向巽兼亥巳
娶孺人吳氏諱興娘號慎勤生乾隆壬子年十二月十四日酉時卒咸豐丙辰年正月初一日戌時享年六十有五瓦棺

塟本山吾爐內坐未向丑兼丁癸

子二　長淑芠　次六藝

石宗字朝卿號達能公　植齋公五子生乾隆甲寅年六月廿一日巳時卒咸豐乙卯年十一月初五日子時享年六十有二木棺塟石礫山大門格坐未向丑兼丁癸

娶孺人林氏諱勸娘號莊勤生嘉慶巳未年八月初六日寅時卒同治丁卯年六月廿八日寅時享年六十有九瓦棺塟石礫山大門格外坐　向　兼

子四　長時習承繼　次重起殤　三貽尋　四神助

處士文標字錦卿號達材公　植齋公六子生嘉慶丁巳年九月廿八日辰時卒道光戊子年四月初九日午時木棺塟石

礁山銅鐘崙坐酉向卯兼庚甲
娶孺人謝氏諱足娘號柔勤生嘉慶壬戌年正月十一日亥
時卒同治丙寅年十月初二日辰時享年六十有五木棺塟
樸禺金坐辰向戌兼乙辛
子三　長敦化　次敦典　三敦倫

十八世烏梨坪厝三房派人字行
人球字碗卿號懷德公　梁齋公長子生乾隆丁未年八月十
三日亥時卒道光癸卯年七月廿一日戌時享年五十有七
木棺塟本鄉石佛坐子向午兼癸丁
娶孺人謝氏諱者娘號莊儉生乾隆丙午年五月十六日亥
時卒咸豐乙卯年十一月十二日酉時享年七十木棺塟石

礵觀音寮田中坐艮向坤兼寅申
子二　長肯構　次銀鏤
月眞字蟾卿號觀賞公　梁齋公次子生乾隆癸丑年七月廿
九日申時卒道光丁酉年三月三十日辰時瓦棺葬石礵上
翁踏碓尾坐庚向甲兼酉卯
娶孺人李氏諱曰娘號柔儉生乾隆壬子年五月廿六日未
時卒道光壬辰年正月十六日午時瓦棺葬石礵山懷炯墓
坐辛向乙兼酉卯
子三　長夔齡　次如齡　三瓊林
成章字爲卿號觀理公　梁齋公三子生乾隆乙卯年七月廿
六日丑時卒嘉慶庚辰年五月十三日巳時木棺葬本山蔚

堵內坐寅向申兼艮坤
娶孺人劉氏諱烺娘號貞儉生嘉慶丁巳年九月初五日酉
時卒咸豐丙辰年二月初七日未時享年六十木棺葬本山
石礫坐申向寅兼庚甲　土名竹仔帙頭
子一　貽宰
處士字梯鄉號明德公　梁齋公四子爲人性厚情敦世物無
忤文未見售學實堪取嫁女擇賢允文允武晚年敬宗纂修
族譜是宜聲稱可謂風古生嘉慶壬戌年正月十三日卯時
卒同治癸亥年七月初六日酉時享年六十有二木棺葬石
礫坑心內坐乾向巽兼戌辰
娶孺人謝氏諱芸娘號艮儉生嘉慶辛酉年九月初九日酉

時卒道光癸未年七月初二日未時瓦棺葬石礫大圳頂坐
壬向丙兼亥巳
繼娶孺人吳氏諱親娘號善儉生嘉慶戊辰年十一月廿四
日戌時卒咸豐戊午年七月初二日酉時享年五十有一木
棺葬参洋東堵巷坐巽向乾兼巳亥形號倒地金鈎
子四　長啟賢　次濬哲　三建勳　四四音
邑庠生諱向中名人哆字俊卿號碩德公　梁齋公五子爲人
至孝事親克恭昆季敦本和鄉樂施好義無黨無偏不求不
忮設序興庠無窮教思傳古通今克成大器道光癸郊功成
名遂詣可揄揚名堪標記生嘉慶癸亥年十月廿五日寅時
卒道光丙午年十一月十七日申時木棺葬参洋美園坐艮

向坤兼寅申
娶孺人謝氏諱節娘號樽儉生嘉慶甲子年正月初一日戌
時卒咸豐丙辰年二月廿九日申時享年五十有三瓦棺與
媳婦蘇氏定慎仝埜石礫山吾爐格坐辛向乙兼戌辰
子五　長俊彥　次國柱　三惟𢡟　四滄浪　五廷賓

十八世鎮二房秉直公派長人字行

人暖字和鄉號居敎公　升讓公長子生乾隆庚午年五月廿
九日未時卒嘉慶辛未年八月初八日申時享年六十有二
木棺埜泮領中坋頭坐乙向辛兼卯酉
娶孺人林氏諱續娘號儉約生乾隆戊寅年六月十二日午
時卒嘉慶癸亥年六月初六日酉時木棺埜本山湖頂上芸

仔崙頭坐壬向丙兼子午
子七　長貽櫶　次貽樫　三貽檑　四貽枋
五貽栁　六貽栮　七貽棫
人把字拱鄉號文質公　升讓公次子爲人孝友樂善好施田
園廣置屢屋開基上下三架泮領堂貽敦本睦族重傅爵師
吉人天相壽近期頤交評鄉黨名仰于茲生乾隆已丣年十
月初四日未時卒道光已酉年三月初九日子時享年九十
有一木棺葬下泮領后面垵崙坐辰向戌兼辰戌
娶孺人謝氏諱罔娘號彬慎生乾隆癸未年十二月三十日
辰時卒道光丁未年二月廿四日寅時享年八十有五木棺
葬泮領使學田坐乙向辛兼戌辰

子七　長貽茜　次貽戭　三貽碥　四貽繭
五貽鈔　六五倍出繼　七府庫
待贈顯考諱人皓字尚鄉號白貌公　升讓公三子爲八世無
爭物無忤儉其家繼其祖課讀耕廣田圃貽謀深建屋戸擇
里居寮桶宇好樂施可風古非過揚實堪取生乾隆壬午年
八月廿三日戌時卒嘉慶辛未年四月廿三日酉時享年五
十木棺葬本山湖頂寮竹垵坐丁向癸兼未丑
元配孺人林氏諱取娘號和順懿範温柔慈意謹恪孝事翁
姑和睦妯娌處已則克儉克勤治家則能和能忍生乾隆庚
寅年八月三十日午時卒道光辛丑年十月廿四日申時享
年七十有三木棺葬泮領使學田田中坐乙向辛兼辰戌

子六　長貽椰　次貽覗　三貽曉　四貽齵

五貽偌　六道德

人㶇字衆卿號同禮公　升讓公四子生乾隆壬辰年正月十九日寅時卒道光甲午年二月廿一日酉時享年六十有三瓦棺葬本山湖頂草洋仔田中坐丁向癸兼未丑

娶孺人李氏諱庚娘號端莊生乾隆庚子年七月十二日子時卒道光庚戌年十月初六日寅時享年七十有一木棺葬本山茶林垵中崙坐辛向乙

子一　五倍承繼

十八世鎮二房秉直公派二人字行

人省號存養公　湧泉公長子生乾隆辛未年十月廿三日未

時生乾隆壬辰年正月十八日午時往番吧亡　無傳
人克字復卿號竣德公　湧泉公次子生乾隆丙子年九月初
七日亥時卒道光丁亥年五月廿三日亥時
娶孺人陳氏諱噐娘號慈愛生乾隆巳酉年十月廿三日酉
時卒道光丁酉年十月初六日酉時享年七十有三公媽俱
瓦棺合葬本山龜邊田后壁坐癸向丁兼丑未
子六　長貽富　次貽齪　三貽闖出繼　四貽
赤出繼　五貽巷　六貽六
人奪公字攘卿號　湧泉公三子生乾隆戊寅年六月初七日
未時卒　年六月　日　時木棺葬本山竹林邊坐寅向
申兼甲庚神位撤居臺灣

娶孺人王氏諱　娘號　　生乾隆己亥年十二月廿八日
子時分居臺灣卒年月日時塟地無稽
子五　長貽篤　次貽稼　三貽幫　四貽冠　五貽釿
八唱字導卿號迭和公　湧泉公四子生乾隆辛巳年十一月
初四日亥時卒嘉慶丁巳年五月廿四日午時
娶孺人呂氏諱配娘號柔範生乾隆己丑年五月十六日寅
時卒道光癸未年五月廿九日未時享年六十有五公媽俱
厝棺合塟本山龜山草埔田中內坐巽向乾兼辰戌外坐辰
向戌兼巽乾
子一　標致
有元字吉卿號在上公　湧泉公五子生乾隆乙酉年正月廿

二日亥時卒乾隆乙夘年閏二月初九日辰時厝棺墓辛牛
畬田埔頂坐酉向夘兼辛乙
娶孺八陳氏諱嫌娘號克勤生乾隆戊子年十月二十日寅
時卒道光壬寅年三月十八日戌時享年七十有五厝棺墓
本山新路格崙坐辰向戌兼巽乾
子二　長貽闖承繼　次貽赤承繼
八劉字捋卿號思側公　湧泉公六子生乾隆丙戌年十一月
十二日未時卒嘉慶壬戌年十月廿九日未時厝棺墓本山
墓林尖坐戌向辰兼乾巽
娶宋氏改節
子一　貽隽

八七公　湧泉公七子生乾隆戊寅年六月十四日巳時卒乾隆乙卯年六月廿九日午時往吧旋梓被海賊所害　無傳

十八世鎮二房秉直公派三八字行

八討字論鄉號彝究公　元魁公長子生乾隆癸未年八月初七日亥時卒嘉慶癸酉年八月十四日未時尾棺葬本山龜山嶺大石邊坐乙向辛兼辰戌

娶孺人謝氏諱扱娘號升列生乾隆丙申年八月廿一日未時卒道光庚戌年十一月廿一日戌時享年七十有五尾棺本山鵬雛十八間坐申向寅兼庚甲

子二　長貽骿　次妾才出繼

八勲號其二公　元魁公次子生乾隆己丑年七月二十日申

時卒嘉慶丁巳年十一月十六日未時往吧溺船亡
子一　妾才承繼
出娘謝氏　元魁公幼婦未婚而亡木棺葬本山墓林尖崙坐
酉向卯兼辛乙
十八世鎮二房秉直公派四人字行
馬上字錦卿號清溪公　洵勇公長子生乾隆乙酉年二月初
四日午時卒嘉慶庚辰年十二月十六日辰時享年五十有
六木棺葬泮領新厝後溝坐巳向亥兼巽乾
娶孺人林氏諱緦娘號　生乾隆庚子年　月廿四日
時與男兒分居臺灣卒
子三　長開香　次貽吻　三貽讀

元霄公　洵勇公次子生乾隆乙未年正月十三日酉時往吧

卒年月日時俟查　無傳

書畫號淩雲公　洵勇公三子生乾隆癸丣年正月廿三日辰

時卒嘉慶癸亥年十二月二十巳時往吧旋梓溺船亡無傳

定吉公　洵勇公四子生乾隆丙午年正月廿八日酉時卒道

光丙申年十月　日　時享年五十有一尾棺葬本山茶

林垵近秉直公墓右大路後坐庚向甲兼酉丣　無傳

睡明公　洵勇公五子生乾隆辛亥年七月初三日丑時卒咸

豐　年　月　日　時往廣東呈海進贅衍派無稽

六味公　洵勇公六子生嘉慶丁巳年三月十六日午時往廣

東呈海進贅衍派無稽

十八世鎮二房瑞節公派人字行
人芸字萬鄉號植杕公　銀鏤公嗣長子生乾隆庚寅年十月初五日辰時卒嘉慶庚午年八月廿三吉時往吧亡塟地失
娶孺人柯氏諱香娘號宣德生乾隆甲辰年二月十四日午時卒咸豐甲寅年二月廿八日亥時木棺塟鵬𨿽鄉土名尾畬坐艮向坤兼寅申
子一　貽𪗋
人活字函卿號有寶公　自東公長子生乾隆己夘年三月廿四日戌時卒嘉慶癸亥年十一月初三日午時塟在鵬𨿽口崙坐癸向丁兼丑未
娶孺人葉氏諱𠲿娘號儉慈生乾隆壬子年六月廿九日戌

時卒乾隆已酉年閏五月十六日酉時厝棺葬在湖頂上坛
仔坐未向丑兼丁癸
繼娶孺人梁　諱要娘號秀龍生乾隆丙戌年二月廿二日
酉時卒道光辛丑年十月初八日未時木棺葬本鄉大墩埔
坐坤向艮兼未丑
子二　長玉文出龔氏　次華銘出梁氏
八念字思卿號在兹公　自東公次子生乾隆壬午年九月初
四日午時卒嘉慶庚申年四月十八日丑時
娶孺人林氏諱倹娘號美順生乾隆已丑年六月初二日午
時卒嘉慶丁巳年三月初二日申時夫妻在吧亡葬地在吧
子二　長榮歸　次榮智

八飲字庚卿號專養公　自東公三子生乾隆丁亥年四月廿五日申時卒嘉慶辛酉年十一月十二酉時往吧亡墓在吧娶擄八陳氏諱甘娘號勤謹生乾隆己亥年六月初八日午時卒。嘉慶癸酉年九月十五日酉時葬在新路格尾高嶺頭坐丁向癸兼未丑

子一　華筐

八驗公　吉寶公長子生乾隆丙申年四月初五日寅時卒嘉慶己未年　月　日　時俱失往冊亡

八挨公　吉寶公次子生乾隆庚子年八月初七日卯時卒年月日時俱無考

處士八瑯字琅卿號境上公　醇謹公長子生乾隆乙未年十

二月廿三日午時卒嘉慶乙丑年正月二十日酉時往吧卒
娶孺人郭氏諱閣娘生乾隆丁酉年三月十九日辰時卒道
光癸巳年六月十八日吉時葬在倒山埔厝角坐子向午兼
癸丁
嗣子　馬綏
八銈字治鄉號琢磨公　醇謹公次子生乾隆戊申年十二月
十九日午時卒咸豐甲寅年五月十六日酉時葬在本里龜
山下草埔田內坐巽向乾兼辰戌
娶孺人劉氏諱雜娘號佩姿生乾隆壬子年十二月三十日
吉時卒咸豐乙卯年三月初八日申時木棺葬本里鵬雛外
土名軍壠橋嶺頭坐北向南

子六　長貽力　次貽高　三貽廳　四貽鏗
五貽咤　六國舅

人號字龍卿號進來公　醇謹公三子生乾隆癸丑年六月初一日夘時卒咸豐已未年正月廿五日午時木棺葬本山山豬湖坐巽向乾

娶孺人陳氏諱惜娘生乾隆乙夘年五月廿五日辰時卒道光乙酉年三月廿四戌時葬在大墩頭埔坐丑向未兼艮坤

繼娶孺人楊氏諱坤娘生嘉慶辛酉年六月初五日申時卒同治甲子年七月初六日午時葬在本鄉樟空外坐辛向乙兼酉夘

子五　長貽唾嗣子　次貽訟陳氏出　三貽抄陳氏出殤

四貽瞰　五貽皮俱出

待贈諱新慶號積善公　醇謹公四子生嘉慶丙辰年十一月初四日寅時卒道光丁酉年十一月廿九日未時葬在本鄉茶林坡格坐亥向巳兼乾巽

娶孺人易氏諱濺娘生嘉慶庚申年十月十七日戌時卒同治癸酉年六月十九日寅時葬在本里龜山坑后壠坐壬向丙兼亥巳

子五　長貽山　次貽仁嗣養　三貽晏　四貽典　五騰蛟

待贈諱人柴字樹卿號茂林公　醇謹公五子生嘉慶己未年十二月十六日寅時卒同治戊辰年十二月廿一日寅時享

年七十葬在本里龜山尾坐巽向乾兼辰戌
娶孺人謝氏諱富娘號在貴生嘉慶癸亥年十二月廿三日
寅時卒光緒庚辰年七月廿一日未時享年七十有七葬在
本山山猪湖土名三脚椅仔坐壬向丙兼子午
子四　長貽胎　次五武　三提塔　四盤銘
十八世鎮二房深厚公派人字行
人勁號強恐公　和裕公長子生乾隆丙子年十二月廿三日
寅時卒嘉慶丁卯年十月初二日酉時享年五十有二厝棺
埜苦墘厝外坐甲向庚兼寅申
娶孺人龔氏諱早娘號溫恭生乾隆丁亥年十月廿三日子
時卒嘉慶丁卯年十月十一日午時厝棺埜本山鵬雛磜脚

坐丁向癸
子三　長長興　次貽頭　三舉薦出繼
人窕號幽閑公　和裕公次子生乾隆癸未年四月十四日亥
時卒嘉慶辛酉年十一月十五日辰時往吧亡
子二　長貽於　次舉薦　俱承繼
人饌字盛卿號明德公　和裕公三子生乾隆甲申年十一月
初一日戌時卒嘉慶戊午年九月初五日巳時往吧亡塟咬
𠺕吧城內塚山坐　向　娶謝氏改節
子三　長貽錯　次貽於出繼　三貽樵
人辦字語卿號至譽公　尚賢公子生乾隆甲申年二月初四
日申時卒嘉慶辛酉年五月初七日巳時往吧旋梓卒

娶孺人龔氏諱美娘號慈孝生乾隆丙戌年十二月廿六日
酉時卒道光戊戌年六月初九日辰時享年七十有三木棺葬
土砵格湖坐壬子兼丙午
子二　長貽檥　次貽棟
八鬣號吉信公　施發公長子生乾隆己丑年二月十九日戌
時卒嘉慶庚午年七月初五日酉時往吧亡　無傳
八塊字大卿號惠愛公　施發公次子生乾隆乙巳年十月廿
一日巳時卒道光辛酉年十一月廿二日酉時享年五十有
七瓦棺與次子貽天合葬石坵田中坐乾向巽兼戌辰
娶孺人陳氏諱粽娘號克勤生嘉慶丙辰年十月十六日寅
時卒道光戊戌年八月廿三日酉時瓦棺葬倒山埔坐丁向

癸兼午子
子三　長貽老　次貽天　三貽雀
十八世鎮二啟文公長直毅公派人字行
大拓字開卿號克儉公　純樸公長子生乾隆壬申年正月廿
五日未時卒嘉慶辛酉年七月初六日卯時厝棺葬本山石
礶下翁狗毋崙坐丁向癸兼午子
娶孺人陳氏諱洽娘號　生乾隆丙子七月初十日巳時
卒年月俟查葬本山古井垻后坐　向　兼
子五　長復旦　次秋來　三五味　四文藻　五貽藜
大掾字萬卿公　純樸公次子生乾隆癸酉年十一月　日丑
時卒乾隆甲午年十一月初三日吉時厝棺葬本山土名

相傳字轉卿號成長公　善信公嗣子生乾隆庚午年四月十五日午時往臺卒嘉慶壬戌年七月初七日丑時
娶謝氏諱娃娘號瑞璧生乾隆年卒月日墓地俟查
大接公　先揣公嗣子生乾隆己丑年九月廿三日亥時卒年月塟地俟查
子一　感歡　父子分居臺灣
新禧字鵷卿號福祉公　淳厚公長子生乾隆庚寅年十二月廿三日午時卒年月失墓俟查
娶李氏諱鋭娘號閫範生乾隆壬辰年十月初七日卯時卒道光丙申年九月初五日卯時塟地俟查
子一　貽萬

處士神盼字清卿號成美公　淳厚公次子爲人秉直性賦温
良詩書養粹抱負堪容功苦屈志鄉黨皆恭雖曰入往遺徽
未忘公生乾隆乙未年十月十三日酉時卒道光辛卯年七
月初一日時瓦棺葬本鄉湖厝埔尾窑內畔坐東北向西南
娶孺人林氏諱涉娘號慈慎生乾隆乙未年十月十四日
時卒嘉慶壬申年二月十六日申時瓦棺葬本山鎮撫鵬雛
寨后垵坐丁向癸兼子午
繼娶孺人張氏受娘號慈懷生乾隆丁酉年三月十三日辰
時卒咸豐丁巳年八月初六日卯時馬棺葬本山鎮撫十八
間壠尾坐庚向甲兼酉卯
子二　長騰蛟　次課兒（俱林氏出）

華亭字采卿號成業公　淳厚公三子生乾隆丁酉年十一月十四日巳時卒嘉慶庚申年五月廿九日申時厝棺葬本山古井坬后坐酉向夘兼庚甲

娶葉氏益娘攺節

子一　两好

清楚號成厚公　淳厚公四子生乾隆癸酉年十一月初四日午時卒嘉慶壬申年二月廿一日巳時

娶蘇氏諱惜娘號莊儉生乾隆丙午年十月十一日午時卒年月日時公媽仝葬本山土名蓬後田頂坐西北向南東

子一　有造

人珸公　正業公長子生乾隆甲午年二月初七日巳時

娶張氏進娘生乾隆癸巳年十二月初九日午時公媽生卒
葬地在臺
子四　長貽魁　次貽冒　三貽亥　四貽歡　父母兄
弟移居臺灣
八琪號奕居公　正業公次子生乾隆辛丑年十月初三日酉
時卒道光　年十一月十七日吉時
娶謝氏救娘生甲辰年三月初七日酉時卒壬辰年七月十一日
時墓葬俟查仝葬茶心埔坐南向北
子三　長貽婁　次貽表　三貽
肇佑字保卿號克省公　吉業公長子生乾隆甲午年九月十
六日亥時卒嘉慶庚申年九月十六日未時柩葬本山鎮撫

十八間丁班灿崙坐西向東
娶謝氏夏娘號端莊生乾隆乙未年十月十五日亥時卒道
光甲午年九月初一日亥時墓埜本山土名
子一　貽矛
肇運字景鄉號克盛公　吉業公次子生乾隆丁酉年七月廿
三日辰時卒　年　月　日　時埜本山石礫大
坋草腹中坐　向　兼
娶粜氏勸娘生乾隆庚子年七月初八日辰時卒道光辛酉
年六月初五未時埜本山石礫仙脚跡坐　向　兼
子一　高朗
肇武字文鄉號克韶公　吉業公三子生乾隆甲辰年十一月

廿五日亥時卒道光壬午年九月廿二日酉時墓葬本里
娶洪氏主娘生乾隆癸丑年十月初六日寅時卒道光年間
七月廿四日吉時
子二　長貽道　次貽垣
肇基字命卿號克德公　吉業公四子生乾隆壬子年五月初
三日卯時卒道光戊戌年閏四月十五日卯時
娶謝氏路娘號省儉生嘉慶庚申年五月十七日酉時卒道
光庚申年十月廿五日酉時公媽合葬本山冬坑灣石頭脚
人林公　君繹公承繼子生卒年月墳墓俱俟查
十八世鎮二　敢文公二　吉愚公張社派人字行
人節號率度公　宏智公長子生乾隆乙亥年十二月十七日

夘時卒嘉慶巳巳年七月廿四日夘時享年五十有五葬地
俟查
人卿字牧士號率職公　宏智公次子生乾隆戊寅年三月初
十日夘時卒嘉慶丁夘年十二月廿二日寅時享年五十瓦
棺塟本里鵰雛尾壠格仔後坐南向北
娶孺人李氏諱篋娘號洵慈生乾隆戊子年九月初九日酉
時卒道光丁酉年九月十七日午時葬俟查
子三　長貽約　次貽生　三貽爲出繼
克肖號庇佑公　光曧公長子生乾隆丁丑年七月初二日寅
時往臺卒年月日時葬俱失
大澤號庇助公　光曧公次子生乾隆庚辰年十一月十六日

未時卒嘉慶年月日時往臺俱失無傳
八卿號率德公　靖懷公嗣子生乾隆乙酉年十月廿三日丑
時卒嘉慶辛未年正月十三日酉時葬俟查
子一　貽爲承繼
雙基公　進珍公子生卒年月失葬地俟查
待贈佾生乳名太陽官字震鄉號東明公　賢儆公子念四月
遺腹從抱陟岵之悲兩世隻身僅守寒窗之困口耕舌織頴
悟不亞於高曾前茅屢拔宗字見黜於　吳宗雖克勤之克
儉亦始有而少有送往事居晨昏克盡夫子職義方有訓家
學無戲於父道生乾隆壬寅年五月初二日卯時卒咸豐乙
卯年十一月十九日丑時享年七十有四齡葬本里石礫山

土名九閣尾穴號獅形坐坤向艮兼未丑

娶孺人李氏諱滿娘號儉闈閨門不出勤儉治家孝姑慈子爵祖敬宗椿萱並茂蘭桂齊香生乾隆癸丑年三月廿三日辰時卒同治癸亥年八月廿三日酉時享年七十有一齡木棺葬本里朱厝山叅嶺停外停埈中崙坐庚向甲兼夘酉

子二　長綢繆　次啁嘐

十八世鎮二徙叅磜墘温和公派人字行

蜻宮字步鄉號休致公　正平公長子生乾隆庚辰年三月十八日亥時往吧卒乾隆　年七月十一日　時

妣温氏娘觀號莊順生乾隆年月日時卒乾隆丁未年正月十六日　時棺葬本鄉劉坂林東崙后林廓坐　向

有志字向鄉號適道公　正平公次子生乾隆壬午年四月十六日巳時卒道光戊子年四月廿二日未時瘞棺埜鎮撫横壠湖崙頭坐艮向坤兼寅申

妣洗氏串娘號懿情生乾隆己丑年正月初四日酉時卒道光乙巳年十一月十四日戌時瘞棺埜鎮撫軍壠橋三坵崙田頂坐壬向丙兼子午

子三　長貽映　次貽墻　三貽燦出繼

鑾林號月桂公　正平公三子生乾隆乙酉年七月初五日寅時往臺卒道光乙巳年正月二十日寅時　無傳

大儼號望然公　正平公四子生乾隆癸巳年三月二十日巳時卒嘉慶壬戌年二月廿三日未時棺埜本里馬厝山茶林

灣坐　向　無傳
餘春號積善公　正平公五子。生乾隆戊戌年正月廿三日辰
時往臺卒咸豐癸丑年十月初一日辰時葬俟查
子一　貽燦承繼
丕承號祈安公　明輝公長子生乾隆己丑年十一月初一日
戌時往臺卒乾隆戊申年二月初四日　時葬在臺　無傳
結承號祈艮公　明輝公次子生乾隆癸巳年十一月廿六日
酉時卒乾隆戊申年四月廿一日　時葬俟查　無傳
培承字茲鄉公　明輝公三子生乾隆丁酉年十月十三日戌
時卒道光壬午年正月廿二日卯時葬俟查
妣葉氏美娘生乾隆庚子年七月二十日巳時卒嘉慶丁丑

年六月二十日巳時葬候查

子二　長貽報　貽根

巖承號祈質公　明輝公四子生乾隆壬寅年七月初十日未

時　嘉慶丁丑年十一月初八日酉時葬候查　無傳

奇芳字餘卿公　明輝公五子生隆乾甲辰年七月初一日辰

時卒道光戊子年二月初十日戌時葬候查

娶張氏汝娘改節

子一　貽脾　往臺

芳承公　明輝公　子生乾隆己酉年正月初三日丑時卒咸

豐　年　月　日　時葬候查

娶彭氏縣娘生嘉慶辛酉年十月十二日巳時卒咸豐

年　月　日　時塟俟查
子二　長貽肘　次貽宅

人珍公　咏歌公長子生乾隆丙申年三月初三日丑時卒嘉慶　年二月廿八日　時　無傳

人尊字爵祿公　咏歌公次子生乾隆己酉年七月十一日未時卒同治丙寅年正月十一日卯時棺塟俟查　無傳

人受克愛公　正德公長子生隆乾壬寅年十一月十一日寅時卒道光巳丑年六月廿二日　時往臺卒及塟地俟查

大亨字貞卿號元利公　寧亭公長子生乾隆壬午年二月初三日戌時卒道光乙未年四月廿四日吉時棺塟本里古井垻坐庚向甲兼申寅

娶陳氏居娘號恭誠生乾隆丁亥年四月廿六日申時卒嘉
慶乙亥年三月廿三日戌時棺葬本山石礁頂芹菜垵崙坐
坤向艮兼申寅
子三　長貽好　次貽富　貽任出繼
大京字依卿號于周公　寧亭公次子生乾隆甲申年六月初
七日戌時卒道光丙午年七月十三日丑時瓦棺葬本里石
礁梧桐崙風古石脚坐癸向丁兼丑未
娶陳氏貴娘號洵和生乾隆甲午年正月初九日丑時卒咸
豐丁巳年六月廿四日寅時瓦棺與公合葬
子三　長貽最　次貽昺　三貽昃
重限號正淮公　寧亭公三子生乾隆戊子年三月廿八日午

時卒　年十二月廿三日　時塟俟查

子一　貽任承繼

賜馬字受卿號承興公　寧亭公四子生乾隆壬辰年正月初

二日戌時卒道光甲午年十一月初三日丑時塟俟查

娶謝氏讓娘生隆乾丙申年十二月廿三日寅時卒年月日

時失塟俟查

子二　長貽標　次貽樑

百決字果卿號迅判公　寧亭公五子生乾隆甲午年十月初

一日戌時卒道光丁酉年十一月初七日戌時瓦棺塟石礶

山吾爐內坐　向

娶張氏甘娘號德慈生乾隆乙未年九月十八日吉時卒道

光戊戌年正月初一日酉時瓦棺寄葬
子三　長貽看　次貽髫　三貽在
百鈞字力鄉號務本公　寧亭公六子生乾隆丁酉年正月初
六日丑時卒道光丙午年十二月廿七日丑時
娶蘇氏悔娘生乾隆甲辰年八月初八日申時卒道光戊戌
年四月十二日酉時瓦棺合葬本里石礁山芹菜垵坐辛向
乙兼戌辰
子三　長貽育　次貽簡　三貽釿
人芸公　諧亭公長子生乾隆　年九月十八日吉時卒
年八月十一日吉時葬本里石礁山觀音寨坐巽向乾兼
辰戌

人祿字俅卿號鳴廉公　諧亭公次子生乾隆癸巳年四月二十日午時卒道光戊申年十月初八日未時瓦棺葬石礫茶心埔頂坐坤向艮兼申寅
娶王氏坤娘號順和生乾隆丙申年五月初二日酉時卒道光戊戌年七月二十日未時木棺葬本里尾墓墘坐辛向乙兼戌辰
子四　長貽禾　次貽穊　三貽兵　四貽往
人鳳字麟卿號鳴岐公　諧亭公三子生乾隆乙未年十二月廿六日申時卒　年十一月初三日寅時瓦棺葬本里石礫山鏡面頂坐癸向丁
娶張氏金娘號玉姿生乾隆癸卯年二月初六酉時卒道光

壬寅年五月二十日寅時兀棺葬本里山仔頂田中坐艮向
坤兼寅申
子二　長貽汀　次貽燕
人着字指卿號鳴雲公　譜亭公四子生乾隆己亥年十二月
十七日寅時卒道光己亥年閏四月廿三日未時棺葬本里
山仔頂長子附葬仝壙坐申向寅兼庚甲
娶張氏悅娘號德姿生隆乾丙午年十月廿二日酉時卒道
光己酉年七月十一日巳時棺葬本里真武踏龜深坵壠坐
申向寅兼庚甲
子四　長貽調杓　次貽建　三貽棲　四貽巒
人仲字懋淑公　榮業公長子生乾隆甲午年六月廿二日巳

時卒　年　月　日　時
娶潘氏牽娘生乾隆壬寅年正月廿三日寅時及妻往臺
人佽公　榮業公次子生隆乾丙申年十一月十九日寅時卒
嘉慶丁巳年正月初九日戌時葬地俟查
人八公　榮業公三子生乾隆辛丑年十月二十日寅時卒嘉
慶丁巳年三月三十日巳日墓候查
人伋字公懋及　榮業公四子生乾隆甲辰年四月二十日午
時卒　年　月　日　時及墓候查
娶陳氏韮娘生乾隆乙卯年五月初十日酉時卒墓俟查
人達公字齒卿　純仁公長子生乾隆乙酉年九月初六日午
時卒嘉慶戊辰年閏五月十四日子時棺葬本鄉後林墓山

卒

崩失
娶殷氏純娘生乾隆丁亥年九月初八日子時卒嘉慶庚午
年八月廿六日卯時葬俟查
子四　長寶桂　次貽巧　三貽撰　四貽做
八晏公字齊卿號仲纓　純仁公次子生乾隆甲午年三月廿
六日亥時卒　年五月廿一日吉時瓦棺葬本鄉洋塘坐
癸向丁兼未丑
娶李氏對娘號　生乾隆丁酉年九月二十日子時卒嘉
慶庚午年八月廿六日卯時瓦棺葬本鄉壚頭坐庚向甲兼
酉卯
子二　長百祥　次百鶴

八緞公字木卿　純仁公三子生隆乾庚子十月十三日寅時
卒道光壬午年正月廿七日夘時瓦棺
娶張氏救娘號柔範生乾隆戊戌年六月二十日午時卒咸
豐壬子年十一月初八日夘時瓦棺公媽合葬本里劉坂林
山仔垵坐壬向丙兼子午
子三　長貽鹽　次貽董　三貽示出繼
八畜公字聚卿號翼頤　純仁公四子生乾隆丁未年六月十
五日亥時卒道光丁酉年四月初五日未時
娶李氏哂娘號端閨生乾隆丙午年九月初二日寅時卒道
光　年五月初二日酉時公媽合葬本里山仔崙頭坐癸
向丁兼子午

子三　長貽貢　次貽賚　三貽鉗

人主公字忠卿號信持　純智公長子生乾隆　年十一月十八日吉時卒嘉慶　年正月十八日吉時瓦棺

娶葉氏蕉娘號勤慈生乾隆甲午年十一月初四日吉時卒道光戊申年十月廿八日吉時公媽合葬本鄉尾墓脚坐壬向丙兼亥巳

子四　長貽清　次貽渚出繼　三貽沁　四貽辱

人扁公號性偏　純智公次子生乾隆　年三月初二日吉時卒嘉慶　年十二月十一日吉時瓦棺葬與母仝葬石礁山鴨母斗山坐辛向乙兼酉卯

子二　長貽豈嗣子　次貽渚承繼

八仄公字平卿號素直　純肖公三子嘗立林美厝屋全座生乾隆辛亥年四月初五日午時卒道光戊申年十一月廿七日午時享年五十有八瓦棺塟本里后山寨仔脚梧桐崙趙家山坐乾向巽兼亥巳內有誌銘

妣李氏銀娘號肅莊生乾隆乙夘年九月十二日夘時卒道光庚寅年閏四月十六日午時棺塟本鄉石碎仔坐癸向丁兼丑未

繼妣施氏靛娘號碗和生嘉慶壬戌年八月廿五日午時卒同治辛未年十月十三日丑時瓦棺暫塟后林石頭下

子五　長漸潤　次活潑　三濟汪　四泟淪

擧岳　滂沛殤施氏出

人胥公字諮卿號通理　純信公子生乾隆丙午年十一月初
五日子時卒嘉慶　年五月初二日吉時棺與父合葬本
里劉坂林坐亥向巳兼壬丙
妣陳氏麟娘號隆範生乾隆丙午年十二月廿六日吉時卒
嘉慶戊辰年二月初四日未時棺葬本里壠湖頭坐子向午
兼癸丁
繼妣陳氏足娘號肅範生隆乾丙午年十月十四日巳時卒
道光　年十二月十六日吉時尾棺漸葬在後林坐辛向
兼酉卯
子三　長仰山（俱前妣出）　次貽而　三相如（俱後妣出）
人擅公字推卿號卞鍾　純禮公長子生乾隆己酉年七月十

四日寅時卒道光癸巳年八月初八日寅時瓦棺暫葬本山
深龜壠頭坐南向北
妣蔡氏搆娘號柔慈生乾隆庚戌年十二月十四日酉時卒
同治丁卯年十一月初八日巳時瓦棺葬本鄉牛脰頭漸寄
瓦窰中
子三　長貽抄　次貽播出繼　三貽捧

八檔公字松卿號克順　純禮公次子生嘉慶丙辰年九月廿
四日辰時卒道光甲申年十一月廿八日午時瓦棺葬本山
後林坐庚向甲兼
妣謝氏獺娘攺節
子一　貽播承繼

人標公字錦卿號克明　純禮公三子生嘉慶壬戌年三月初
五日戌時卒道光乙酉年九月初三日午時厝棺塟與克順
公合塟在后林
妣李氏蒸娘生嘉慶甲子年七月初九日辰時卒年月日時
及塟地俟查
人理公　淳性公長子生乾隆壬辰年六月廿一日午時卒年
月日時及塟地候查
人贊公字燃育　淳性公次子生乾隆己亥年十一月十九日
申時卒年月日時及塟地候查
妣張氏悅娘生乾隆己酉年八月廿四日未時卒年月日時
及塟地俟查

子一　貽遠

八桃公　淳性公三子生卒年月日時及葬地俟查

八菊公　君謀公長子生乾隆庚戌年九月十九日夘時卒嘉慶戊寅年十月初八日巳時葬俟查　無傳

八樀公　君謀公次子生嘉慶丙寅年九月廿四日亥時往臺

八水公號流澤　為準公長子生乾隆丙申年三月初三日辰時卒道光壬寅年二月十七日午時棺葬俟查

八勅公號清封　為準公次子生乾隆辛丑年閏五月十七日時卒年月日時及葬地俟查

八冊公號清紫　為準公四子生乾隆辛亥年七月廿五日未時卒道光戊戌年五月十一日子時葬俟查

子一　有摘承繼

八都公號多士　爲方公子生乾隆丁未年十二月三十日巳

時卒道光丙戌年吉月日時及塟地俟查

妣陳氏文娘生嘉慶癸亥年二月初八日辰時卒年月失

八汞公字李卿號資木　成歲公長子生嘉慶乙丑年十一月

廿三日寅時卒道光乙巳年十一月初四日子時塟候查

妣陳氏取娘號勤與生嘉慶丙寅年九月二十日卯時卒年

月日時塟俟查

八曲公號秉直　成歲公次子生嘉慶乙亥年十月初十日未

時卒咸豐丁巳年八月十一日申時棺塟本里塟俟查

妣劉氏縣娘改節

子二　長貽管　次有摘出繼
人意公字情卿號誠正　古直公長子生乾隆戊戌年八月十
六日辰時卒道光庚戌年七月廿六日辰時棺葬本里虎尾
鄉內腰坐寅向申兼甲庚
妣許氏劉氏號善慎生乾隆丁未年三月十一日酉時卒咸
豐戊午年正月廿六日卯時棺葬本里內腰田頂横路下坐
寅向申兼甲庚
子一　長寢熾　次瑞茂　三蕃沂　四瀲灩
人勁公字剛卿號誠柔　古直公次子生乾隆辛丑年八月初
十日亥時卒咸豐癸丑年十二月初三日吉時尾棺葬本里
內腰格左畔坐亥向巳兼壬丙

妣龔氏桃娘號淑慎生乾隆已酉年五月廿七日寅時卒同
治乙丑年十月廿三日未時
　子一　貽謗搜囊
添喜公字㚭卿號誠美　古肆公長子生乾隆丁未年八月廿
六日酉時卒咸豐丙辰年正月廿九日酉時瓦棺葬本里虎
尾內腰坐　向　兼
妣殷氏均娘號亭美生年月日時失卒年間十一月初二日
吉時棺葬石礶山大坋犁壁灣坐　向　兼
繼妣蔡氏諱初娘號善慎生嘉慶丁巳年十一月廿一日卯
時卒咸豐已未年二月廿一日寅時瓦棺葬本鄉山仔坐
向　兼

子二　長貽擔[illegible]　次貽撻出蠻

人彭公字比鄉號成德　古肆公次子生乾隆甲寅年四月初四日丑時卒道光戊申年十一月十六日辰時棺葬本鄉石礦頂鮎鯕坑田中坐亥向巳兼壬丙

妣陳氏任娘號能慈生嘉慶丁卯年正月十六日酉時卒同治戊辰年十二月二十日申時尾棺葬本鄉山仔頂坐子向午兼癸丁

子五　長貽潄　次貽送　三貽鐳　四貽峙　五貽酬

人扼公字哉卿號碩德　古肆公三子生嘉慶丁巳年十二月初七日戌時卒道光壬辰年八月初三日辰時棺葬石礦山崎仔坑坐辛向乙兼酉卯

妣洪氏文娘年登二十四歲夫歿失志守節茹苦含辛素性清潔鐵石心腸初終無異志也生嘉慶己巳年八月廿六日酉時

嗣子二　長貽婿　次貽頫

太學生有容乳名八寬公字稀卿號有制　嘗謀公長嗣子生乾隆乙卯年三月廿五日寅時卒咸豐丁巳年六月十七日未時棺葬本里牛母仔坐庚向甲兼酉卯

妣趙氏器娘號美懿生嘉慶庚申年七月初九日未時卒光緒庚辰年八月廿六日酉時木棺葬本里與公合壙

嗣子三　長貽髯　次貽鬢　三貽髣

太學生有德乳名八立字卓卿號　嘗謀公次子生嘉慶己未

年六月初五日夘時公爲人經向致富樸寔成家營建礫𠑽
厝房屋全座坐乾向巽兼戌辰
妣王氏丑娘號懿德生嘉慶丁夘年八月十七日巳時卒道
光庚子年正月初八日丑時尾棺葬本里后山鄉雷陳寮下
浮桐崙坐艮向坤兼丑未
繼妣梁氏安娘號懿慈生嘉慶丙子年正月廿一日午時卒
咸豐戊午年七月十六日寅時木棺葬本里社庭崙尾坐甲
向庚兼寅申
復妣林氏專娘號懿儉生嘉慶丙子年九月初三日申時卒
同治甲子年八月廿九日夘時瓦棺葬本里虎尾內腰格營
謀公墓邊坐　向　兼

四妣張氏七娘生道光辛巳年四月初八日吉時卒同治甲
戌年六月初六日午時棺葬
子六　長貽頌（抱養）　次貽雪（王氏出）　三貽亮　四
貽鑿　五貽菌　六貽臍（殤招梁氏出）
人轉公號直盼　如獄公長子生乾隆庚戌年六月十五日寅
時往臺卒年月日時及葬地俟查　無傳
人耍公字孟卿號直義　如獄公次子生嘉慶丁巳年四月十
六日午時卒同治丙寅年六月十六日未時享年七十木棺
葬本里虎尾內腰鳳湖坐寅向申兼甲庚
妣吳氏宜娘號恭慈生嘉慶辛未年三月初六日辰時卒咸
豐己未年四月廿一日戌時木棺與公合葬內腰鳳湖坐寅

寅申兼甲庚

子一　貽洸

八聘公字㭢卿號湯使　君静公子生嘉慶癸亥年閏二月十四日午時卒同治戊辰年正月廿九日申時本棺葬本里內腰鳳湖坐巽向乾兼巳亥

妣謝氏軫娘生嘉慶乙丑年七月廿七日寅時卒咸豐庚申年正月三十日子時棺葬

子二　長貽睍　次貽獅抱養

十九世鎮二房敬齋公石礫派人字行

八芳公號湜良　永業公長子生乾隆癸丑年五月廿九日丑時卒道光丙戌年十一月廿八日戌時瓦棺葬石礫山土名

冇竹崙坐戌向辰兼辛乙
妣陳氏諱攺娘號儉質生嘉慶巳巳年十二月廿八日巳時
卒光緒庚辰年十月初二日丑時木棺葬在石礫山土名格
仔坪坐西向東
子一　貽濺嗣孚
例貢生諱典三乳名禮官字儀卿號恭堂公　存心公長子爲
人尊師重道雅嗜書香崇德尙義恤孤憐貧廣置田疇由始
有而富有增屋宇成美奐而美輪象山今塔園堂坐癸向丁
兼丑未內外兩座是公所建生嘉慶丙寅年十一月十一日
子時卒同治庚午年閏十月廿六日午時享年六十有五木
棺擇地葬本邑光德里地名江西後坐亥向巳兼乾巽至光

緒己卯年遷回本處石礫上翁崙田中暫安塟坐亥向巳兼

妣孺人蘇氏諱蕣娘號儉誠生嘉慶丙寅年八月廿九日申時卒道光丁酉年十月廿九日巳時木棺塟本里石礫鄉土名上翁崙田中坐庚向甲兼申寅

繼娶蔡氏諱訪娘生嘉慶丙子年正月廿一日寅時

生子四　長貽涼　次貽誤　三同類　四佳作（俱蘇出）

嗣子三　貽湍　貽淵　貽應

八發公號諒有　存心公次子生嘉慶戊辰年十月廿四日丑時卒道光丙戌年十一月廿一日巳時塟本山馬坑土名苦墘崙坐壬向丙近敬齋公墓左

八宇公號諒宙　存心公嗣子生嘉慶庚午年十一月初八日

戌時卒同治丙寅年二月十四日酉時瓦棺在石礦山土名
石皮公頭坐南向北
妣蔡氏諱香娘號　生嘉慶癸酉年三月初四日酉時卒
光緒辛巳年閏七月廿三日未時木棺漸在土名一閩崙坐
北向南
子三　長水清　次六秀　三心煌
八妹公號錫明　文正公長子生嘉慶戊午年五月初四日酉
時卒道光丙午年六月十七日戌時甃在石礦山土名大崗
頭坐庚向甲兼申寅
嗣子二　長貽忠　次貽前
八爾公號式雅　于成公長子生嘉慶丙寅年六月十六日巳

時卒同治乙丑年十月十三日午時瓦棺在石礶山畲内崗坐亥向巳兼壬丙
妣陳氏諱富娘號貴儉生嘉慶戊寅年正月初五日丑時卒道光戊戌年四月廿六日午時瓦棺瘞石礶山土名格仔坪坐乾向巽兼亥巳
繼娶林氏諱豈娘生嘉慶戊寅年正月十八日未時
子二　長從愿　次公幼
八再公號式可　于成公次子生嘉慶庚午年十一月初七日子時卒同治壬申年九月十六日丑時木棺瘞在石礶草鞋坵大石脚坐西北向東南
娶蔡氏命娘生嘉慶己夘年二月十二日吉時

子一　貽賞

八正公號式好　于成公三子生嘉慶癸酉年二月十五日酉時卒同治壬申年八月十一日辰時瓦棺漸葬石礄格脚

妣蔡氏諱畜娘號儉德生道光丁亥年九月十一日午時卒光緒丁丑年十一月十九日未時木棺在石礄土名水窟頭坐北向南

子四　長貽蟳　次五墩　三天扶　四長春

十九世鎮二敬齋公五仁正公派八字行

八細公　遐齡公長子往臺無聞生乾隆庚戌年四月初二日酉時卒年月無考葬地在臺楓仔林

娶　氏生卒年月無考瓦棺葬大垢尾外土名冷水坑隅俱

各候查詳

子三　長貽賡往臺　次南面出繼　三貽盤往臺

八彧公　遐齡公次子生乾隆癸丑年六月十五日寅時往漳州算命堪輿榮活有娶未知有子卒年月墓地俱在漳州

承繼子　南面往漳州

八培公號栽本　遐齡公三子生嘉慶丙辰年七月廿六日辰時卒道光癸巳年三月十五日寅時木棺葬在坪殊寨脚坐癸向丁兼子午無娶　無傳

八脩公　遐齡公四子生嘉慶乙丑年六月十二日亥時卒同治乙丑年六月十二日亥時瓦棺在山猪湖土名猫頭崙坐向　兼

嗣子　貽燾不知而去

植理公長子往臺無回生卒年月墓無着

八河公

妣蔡氏諱郄娘生卒年月候查墓在本山山猪湖土名外壠

坐東向西

子二　長貽山　次貽珍隨父往臺

八春公　植理公次子生嘉慶乙丑年正月初二日丑時

娶　氏俱往臺生卒年月墓俱在臺

八于公號順仕　植理公三子生嘉慶戊辰年八月初六日寅

時卒同治甲子年十一月十六日日寅時瓦棺漸在石礁山

土名石碎崙坐北向南

妣李氏諱昌娘號　生嘉慶丙子年八月廿五日巳時卒

光緒辛巳年九月初一日丑時木棺漸在石礫山土名朱厝
崙脚坐北向南
子六　長貽江　次貽睡出繼　三貽海　四貽
註　五貽論　六貽畧
苟隣公號諱美　植理公四子生嘉慶庚午年十月十七日未
時卒同治甲子年二月廿四日午時瓦棺在本山土名坪姝
口嶺說叔厝后頂坐北向南
妣易氏諱偕娘號德意生嘉慶丙子年七月廿九日巳時卒
同治癸亥年八月初二未時木棺本里土名半旗大垢公田
中坐北向南
子二　長貽按　次潘澤

人糊公號金成　植理公五子生嘉慶壬申十月廿三日辰時
卒同治辛未年十二月廿四日巳時木棺暫在本山寮竹坡
坐北向南
娶吳氏諱容娘生嘉慶丁丑年十二月廿二日酉時
子二　長貽疃承繼　次貽讓
大成公　植恩公承繼子往飛鑾碗窑生理生嘉慶甲子年十
二月十九日卯時卒年月墓地俱候查詳
妣許氏　娘出
承繼子　幼殤
邑庠生諱甲榮乳名榮華字貴卿號純美　植恩公次子文章
冠世品望超群吾家千里駒也生嘉慶戊辰年三月十四日

酉時卒咸豐己未年八月初二日辰時享年五十有一瓦棺
葬在石礁山土名牛母坪水埕脚坐西向東
妣易氏諱質娘號　　生嘉慶己巳年十一月十八日未時
隨子往沙縣卒光緒　年　月　日　時墓在沙縣
子五　長儒林　次帝格　三唐棣　四歲栢　五千縷
八入公　植保公嗣子生嘉慶丁巳年十一月十四日巳時外
出卒不知如何配吕氏雀娘出
十九世鎮二敬齋公六智勇公派八字行
人嵩公　秉執公長子生乾隆乙卯年四月廿八日辰時卒嘉
慶己巳年　月　日　時墓葬在土名上坝厝左畔坐巳
向亥

人課公號統康　秉執公次子生嘉慶壬戌年十一月廿四日
酉時卒道光　年　月　日　時葬在本山坪殊口土
名後溝畬坐南向北
妣陳氏　娘號全懿生嘉慶戊辰年八月廿七日酉時卒道
光丁酉年十月十七日申時葬在本山土名山猪湖大湖内
繼妣張氏諱進娘號全德生嘉慶癸亥年　月　日　時
卒道光年月日時失墓在本山土名坑畬垵坐北向南
子一　貽嘮

人淑公號克齋　中仕公長子生嘉慶丁巳年六月十二午時
卒咸豐甲寅年九月廿八日午時瓦棺葬本山土名大坵尾
畬坐　向

妣趙氏諱芆娘號經懿生嘉慶己巳年十一月廿一日丑時
卒道光丙戌年九月十二日未時葬本山土名石垢嶺內畬
繼妣　氏諱惜娘生嘉慶丁卯年六月初六日辰時
子一　贊化

處士人褒公號寵揚　中仕公次子資質敏捷品行高標生嘉
慶壬戌年二月初四日卯時卒道光己亥年七月初一日辰
時往臺無回墓在楓仔林土庫坐　向
妣易氏諱篭娘號恭懿生嘉慶庚午年三月十七日辰時卒
道光乙未年十二月廿七日丑時瓦棺葬在本山土名火管
壠尾掘石崙坐戌向辰兼辛乙
子二　長白雪　次瞰練

八悟公號統孟　　仕公三子生嘉慶戊辰年六月初十日寅時卒同治壬申年十一月廿二日酉時葬在本山土名山猪湖眼虎脚坐南向北　　娶妻出

子一　貽賢嗣子

八額公號統忠　　敦厚公長子生嘉慶丁巳年十月三十日申時卒咸豐庚申年十月廿四日吉時葬在本山山猪湖大湖內坐　向

妣呂氏諱女娘號守靜生嘉慶辛酉年　月　日　時卒道光年月失葬在本山土名宮崎埔外崙坐南向北

繼妣林氏諱惜娘號全善生嘉慶辛未年二月廿四日寅時卒同治丁卯年四月初四日巳時墓葬本山土名鵬雛口近

王氏媽墓側坐　向
子二　長貽王　次貽斷
八巍公號統大　敦厚公次子生嘉慶甲子年五月十七日申
時卒道光癸卯年七月十一日吉時葬在本山土名山豬湖
公墳坐　向
子一　隨便嗣子不知而去
八高公號冰情　敦厚公三子生嘉慶丙寅年九月初四日巳
時卒咸豐己未年二月初一日卯時往飛鑾卒瓦棺全與則
苧公三八合葬寧德縣二都地名夫人嶺頭四崗山師公坪
坐　向
娶林氏諱寄娘號　生嘉慶丁丑年十二月廿一日巳時

子一　貽雍

八求公號仁和　先寵公承繼子生道光癸未年正月廿八日

午時卒同治壬戌年十二月二十日申時木塟暫塟利脚厝

下厠池嶺崙坐西向東

娶龔氏快娘攺節

子一　貽尊

十八世鎮二房三對面山祖長房成文公派下八字行

禮

八褥公號被屬　明旺公長子生乾隆戊戌年正月十五日午

時卒乾隆乙卯年六月十一日未時葬塟本鄉烏材林金絲

竹崙坐乾向巽兼亥巳　無傳

八千公　明旺公次子生卒無考外出不知

八鏡公　明旺公三子生年月日時失不知何往

八聽公字聰卿號非禮　呈興公長子生乾隆乙巳年四月初二日巳時卒咸豐甲寅年三月初八日巳時瓦棺塟本鄉杉仔田中坐辛向乙兼卯酉

妣鄭氏漸娘號儉慈生乾隆己酉年五月十九日辰時卒咸豐戊午年十月十三日吉時瓦棺塟本鄉本宅後溝坐癸向丁兼丑未

子二　長貽縷　次貽鋧

八兩公字雙卿號三伯　呈興公次子生乾隆丙午年五月十八日卯時卒道光丙午年十二月初二日辰時棺塟本鄉烏材林罕菉山大崙頭坐乙向辛兼卯酉

妣吳氏諱慶娘號赧敬生嘉慶壬戌年八月初五　辰　卒
咸豐戊午年正月初二日寅時棺藝本鄉烏材林罕菜內中
崙坐艮向坤兼寅申

子五　長金鑾　次天錦　三剎瑛　四貽類　五喜諒

人茹公號諸德　星興公三子生乾隆辛亥年七月廿一日辰
時卒嘉慶戊寅年三月初七日丑時墓藝本鄉湖頂外壠大
坵脚坐酉向卯兼辛乙

嗣子一　益梅

八志公字道鄉號於道　星興公四子生嘉慶戊午年五月廿
七日午時卒道光丙午年六月廿一日酉時瓦棺藝本鄉本
宅後溝坐卯向酉兼乙辛

妣孺人易氏飭娘號儉美生嘉慶乙丑年五月廿四日巳時
卒同治乙丑年三月廿八日午時淺葬本山罕菜內無尾崙
坐亥向巳
養子一 貽呯
明唱公養子生嘉慶辛酉年十月廿九日吉
人喃公號諸福
時卒年月日時失葬本山罕菜內無尾崙坐壬向丙兼子午
娶鄭氏龔娘啟節
子一 貽黨
呈師公長子生乾隆丁酉年九月十
進得公字脩卿號鴻業
七日酉時卒道光庚戌年九月初二日寅時棺葬本里石龜
尾林田中坐丁向癸兼午子

妣孺人林氏好娘號儉懿生乾隆辛丑年九月初四日申時
卒咸豐壬子年十二月初七日午時瓦棺葬本山横壠蜈蚣
形崙坐亥向巳兼乾巽
子四　長五是　次貽委　三貽廩　四貽會

生長公字上卿號鴻祥　星師公次子生乾隆壬寅年五月廿
一日酉時卒咸豐丙辰年十月十二日子時瓦棺葬本山横
壠後崎坑仔坐辛向乙兼戌辰
妣孺人陳氏緘娘號恭懿生乾隆丁未年七月初七日辰時
卒咸豐乙夘年六月十三日巳時瓦棺葬本鄉山脚椅仔中
崙坐癸向丁
養子三　長入賀　次貽靴　三貽湯

八爵公　君倓公嗣子生嘉慶丁巳年三月廿三日酉時卒咸
豐丁巳年七月　日　時棺葬本山鎮撫墓林尖瓦窰埔
頂大崙坐北向南　無傳
十八世鎮二房三對面山祖樂山公二房心逸公派人字行
八騷公號首文　生舊公子生乾隆丙子年三月十九日酉時
卒乾隆乙巳年十二月廿三日戌時葬本鄉
子一　貽熊承繼
八詞公　生明公長子生乾隆庚辰年六月十一日酉時往吧
卒及葬地俟查
子一　清秀
八邁公字種卿號首玉　生明公次子生乾隆癸未年十一月

十五日巳時卒道光辛巳年正月十七日未時棺葬本山山
豬湖白香石坐午向子兼丙壬
妣林氏千娘號性龍生乾隆丙戌年五月十五日辰時卒道
光乙酉年十一月初三日巳時瓦棺葬本鄉大墩外厝外坡
大壠田頂坐甲向庚兼卯酉
子三　長貽信　次貽太　三貽熊出繼
人鄉公字孟卿號首絺　生明公三子生乾隆辛卯年四月十
一日辰時卒道光辛卯年六月三十日辰時
妣陳氏珠娘號敬儉生乾隆辛丑年六月初四日酉時卒道
光　年　月　日　時公媽合葬本鄉赤嶺替艮齋公
墓下坐壬向丙兼子午

子二　長貽柄　次貽情

神助公字祐鄉　君法公子生　年　月　日　時失

娶龔氏蔡娘生　年　月　日　時失

子三　長貽于　次貽北　三貽案　與其父母妻子俱

往臺

人紅公字綉鄉號旨居　河文公長子生乾隆丙子年三月廿

二日卯時卒嘉慶己巳年五月廿六日午時兆棺塟山豬湖

車碓湖頭坐辛向乙兼酉卯

妣吳氏約娘號恭儉生乾隆戊子年五月初九日卯時卒道

光辛丑年閏三月十七日辰時兆棺塟本山濱浦仔坐巽向

乾兼戌辰

子二　長貽啜　次貽菊
八綿公字纒卿號瓜瓞　河文公次子管立鎮撫寨美門松栢
脚下龍興厝房屋一座坐酉向夘兼庚甲生乾隆戊寅年六
月十五日亥時卒道光乙未年正月十三日午時享年七十
有八厝棺葬本山横壠崙頭穴號蜈蚣形坐申向寅兼艮坤
妣孺人呂氏允娘號淑湞生乾隆甲申年四月十七日丑時
卒乾隆巳亥年十二月廿六日未時厝棺葬本里鵬雛尾壠
祖墓外坐甲向庚兼寅申
繼妣孺人李氏益娘號和懿生乾隆甲午年二月十九日辰
時卒嘉慶巳巳年正月初四日丑時葬本鄉湖頂寮竹坡坐
壬向丙兼亥巳

子三　長夾鍾　次貽輟　三貽螺學出

八瑾公號稼堂　河文公三子生乾隆庚寅年十月十一日丑時往吧卒乾隆戊申年正月十一日戌時葬在吧

子一　貽酣承繼

八舖公字列卿號承法　河文公四子生乾隆己亥年五月廿八日午時卒道光丙申年七月十五日辰時葬本山十八間漳浦仔一叔墓下坐辰向戌

妣陳氏淼娘號儉淑生乾隆庚戌年八月初十日寅時卒道光乙未年九月初一日子時葬本山山猪湖池外左崙頭坐巳向亥

子六　長貽釿　次貽酣出繼　三貽煦　四貽

亭　五貽紡　六貽線

八招公字寶卿號進財　河香公子生乾隆戊子年八月十三

日寅時往提翁卒嘉慶丙戌年九月十一日亥時葬在提翁

妣龔氏蘘娘號儉枝生乾隆丁酉年十一月十七日酉時卒

道光丁未年十一月廿五日戌時葬本鄉

子三　長貽威　次貽袂　三貽穴

八禱公字轉卿號壽于　遜齋公嗣子生乾隆辛夘年十二月

廿八日戌時卒道光丙戌年五月十七日丑時瓦棺葬本鄉

破皮林仙壟監學酷坐坤向艮兼未丑

妣林氏綢娘號儉系生乾隆丁酉年二月初三日未時卒咸

豐丙辰年十月十七日巳時瓦棺葬本里后山烏石垵坐辰

向戌兼

子三　長貽甜　次貽鍂　三闍見

八栅公字咸鄉　河呈公子生乾隆巳亥年十月初五日午時

往臺

妣李氏勉娘號儉䵷生嘉慶丙辰年七月十二日巳時卒道光丙戌年五月十八日巳時棺瘞本鄉條仔崙酷下坐戌向辰兼辛乙

子一　貽穖　父子全往臺

八每公　呈業公嗣子生嘉慶巳未年五月初四日戌時往吧

卒瘞在吧

八措公號旨咸　呈瑞公長子生嘉慶丁巳年閏六月十二日

酉時卒道光壬午年正月十五日吉時葬在吧
娶王氏紡娘攺節
子一　貽雹
人存公字省卿　星瑞公次子生嘉慶辛酉年十月初十日戌
時卒道光丙申年十二月廿七日未時瓦棺葬條仔崙酷坐
庚向甲兼酉卯
娶倪氏用娘攺節
人闞公字誾卿　星瑞公三子生嘉慶甲子年六月初七日卯
時卒道光丁酉年正月十八日子時瓦棺葬本鄉
妣陳氏成娘生嘉慶乙丑年十二月廿三日酉時卒道光戊
戌年閏四月廿四日戌時瓦棺葬本鄉青畬垵苦梅林崙坐

庚向甲兼申寅
子一　貽胆
人抽公　呈瑞公四子生嘉慶己巳年十月初十日亥時往吧
卒塟在吧　無傳
人澮字臺卿　呈瑞公五子生道光元年辛巳年五月廿一日
夘時
妣陳氏獺娘號　生道光癸未年十月十六日未時卒光
緒庚辰年二月廿五日吉時
子一　就水
人砌公　君蔚公嗣子生嘉慶癸酉年正月廿一日寅時卒光
緒己夘年十月十六日未時用棺塟本山崙居格邊坐壬向

丙兼子午

妣易氏淺娘號　生道光辛巳年八月十五日酉時卒同

治庚午年十二月十八日丑時瓦棺葬本鄉石垢尾林埧左

畔坐酉向卯

子四　長便對　次取篇　三同智殤　四貽鎮殤

人瓊公字瑤卿號玉樹　馨宜公長子生嘉慶乙亥年二月三

十日丑時卒光緒甲申年三月廿二日亥時棺葬本山坪姝

柴橋尾坐卯向酉兼乙辛

妣陳氏富娘號有勤生嘉慶巳卯年十一月初八日子時卒

光緒辛巳年正月十四日吉時棺葬本山坪姝軍壠橋嶺頭

坐癸向丁兼丑未

子三　長貽集　次貽庇　三貽法嗣子　女　四治

八旺公字興鄉號瑞興　謦宜公次子生嘉慶庚辰年五月廿九日亥時卒道光丁未年七月十五日丑時厝棺葢本里山坛頂大犁黃坐寅向申兼甲庚

娶易氏竹娘殁節

子一　海返

八溼字水鄉　謦宜公三子生道光八年戊子年六月初二日戌時

娶光得馬頭許氏諱足娘生道光十五年乙未六月初七日午時

子三　長貽猜嗣子殤　次貽源嗣子　三瑚璉殤許氏出

十八世鎮二房三對面山祖樂山公三房鳴高公派人字行

僭權公　恩幼公長嗣子幼殤　無傳

再居公　恩幼公次嗣子生嘉慶癸酉年七月廿八日巳時

嗣子　貽考　父子俱往臺

人濕公號忠慎　正文公長子生乾隆甲寅年十二月廿五日

丑時卒道光庚戌年十一月十二日亥時葬本山烏石壠水

埕頂坐辛向乙兼酉卯

嗣子　貽着

人脫公號弁冕　正文公次子生嘉慶乙丑年十月十三日酉

時卒咸豐巳未年十月十六日申時墓葬本鄉嶺頂頂五樓

下外崙坐　向癸兼午子　無傳

八飯公號登穀　鎖祜公子生嘉慶丁巳年六月十八日卯時
卒嘉慶庚辰年七月初六申時墓塟本山大嶺頭鳳使崙尾
坐辛向乙兼酉卯　無傳

八老公號懷安　忠文公長子生嘉慶辛未年十二月十八日
寅時卒同治丙寅年七月廿九日未時棺葬本山中連崙明
巖公墓下坐辰向戌兼乙辛　無傳

八喬　字號　忠文公次子生嘉慶乙亥年十一月初六日
卯時
餋子　貽坐

八江公字海卿號忠河　忠文公三子生嘉慶己卯年十二月
十二日寅時卒道光庚戌年十一月初三日　時葬本山烏

石巃坐申向寅兼坤艮
妣王氏恬娘號淑勤生嘉慶戊寅年十月初五日午時卒光
緒戊寅年十一月初六日寅時塟本山窩光後坐乙向辛兼
酉卯
子二　長貽當　次貽見

泰驕公字山卿號三陽　君吉公長子生嘉慶丁巳年十二月
廿九日巳時卒　年三月十九日辰時棺塟本山中連崙
坐癸向丁兼丑未
娶林氏好娘跤節
子一　貽強

人灣公　君吉公次子生嘉慶庚申年十二月十四日　時

娶陳氏生　年　月　日　時
子　貽歡　媳婦俱往臺
八瀨公　君吉公三子生卒年月時日失俟查
妣劉氏滿娘生卒年月日時失公媽合葬本山中連崙坐午
向子兼丁癸　無傳
八頭公　八釵公　八僉公　君尚公子與其父母兄弟俱往臺
八鬃公字宗卿號友宗　正性公長子生嘉慶癸亥年十月廿
八日寅時卒光緒戊寅年五月十八日辰時葬本鄉烏材林
窯光後坐寅向申兼艮坤
妣龔氏腰娘號只白生嘉慶丁卯年十一月廿三日酉時卒
咸豐辛亥年七月廿一日巳月葬山仔窯光後坐壬向丙兼

亥巳

子三　長武壽　次武矩　三貽管殤

人美公　正性公次子生嘉慶癸酉年十二月十七日午時卒

道光　年四月二十日吉時葬本山小三內水溝后壁

坐乙向辛兼辰戌　無傳

人麒字　正性公三子生嘉慶丙子年八月初七日申時與八

麟雙胎

嗣子　貽選

人麟字　正性公四子生嘉慶丙子年八月初七日申時與八

麒雙胎

嗣子　貽長

人揕字報卿　正性公五子生嘉慶廿四年已夘八月廿九日
酉時
妣陳氏旦娘號　生道光壬午年七月廿五日辰時卒光
緒壬午年十一月初四日夘時棺葬本鄉山仔窩光後坐壬
向丙兼子午
人黍公　君冕公子生道光甲申年五月廿八日午時卒同治
庚午年十一月十五日戌時棺葬本鄉嶺頂水井頂坐甲向
庚兼夘酉
人鶴公號秉軒　始迹公長子生乾隆已酉年正月初十日酉
時卒道光庚戌年八月廿二日寅時棺葬本鄉大壠頭坐夘
向酉兼乙辛

子一　貽暨

詩鳳公　始迹公次子生卒年月時失　無傳

天帆公號捷風　始迹公三子生嘉慶丙辰年三月十七日午
時卒嘉慶庚辰年九月廿二日巳時墓闕　無傳

人奢公字能鄉號盈禮　頌詩公子生乾隆乙巳年七月廿八
日申時卒道光丁亥年十二月二十日夘時瓦棺葬本鄉湖
頂酒研坵脚坐庚向甲兼申寅
妣葉氏勸娘號儉養生乾隆癸丑年十一月廿七日寅時卒
同治乙丑年閏五月十一日寅時葬本鄉嶺頂大壠頭坐巳
向亥兼丙壬
子二　長貽題　次條根

人鯧公號榮智　君良公長子生嘉慶甲子年九月二十日巳
時卒咸豐乙卯年十一月廿九日戌時葬本鄉烏材林龜尾
坐巳向亥兼丙壬
妣陳氏乖娘號淑貞生嘉慶戊寅年二月初九日子時卒光
緒戊寅年十一月十四日申時葬本鄉
子四　長光取　次奚寬　三天方　四克終

人鱱公號人誠　君良公次子生嘉慶丁卯年十月初六日巳
時卒同治甲子年十二月廿三日戌時死棺葬本山大壠頭
坐甲向庚兼卯酉
妣劉氏而娘號孫儉生嘉慶壬申年二月廿二日巳時卒同
治乙丑年六月十一日未時棺葬本山後尾者坐丑向未兼

癸丁　　　　　　　　　　　　　　　　　　無傳

八鯤公號餘業　君良公三子生嘉慶甲戌年八月廿四日未
時卒道光丙申年六月十五日巳時葬本鄉草壠仔尾坐辛
向乙兼戌辰　　　　　　　　　　　　　　　無傳

天鋼公號文通　賛育公嗣子生嘉慶甲子年九月廿八日未
時卒咸豐丁巳年五月初四日吉時瓦棺葬本山烏材林大
嶺垵崙坐巽向乾兼巳亥

八千公字萬卿號百成　君憶公長子生嘉慶庚申年九月十
九月丑時卒同治甲子年十月二十日吉時瓦棺葬本山石
碣頂土灌空竿湖崙坐巽向乾兼巳亥
妣王氏扭娘號養儉生嘉慶丁巳年　月　日　時卒同

治丁卯年八月廿三日吉時厝棺葬本鄉杉林坡頭坐申向寅兼庚甲

子一　貽銀

積拖公號扳成　君憶公三子生嘉慶癸酉年十月廿四日丑時卒咸豐庚申年閏三月十八日巳時棺葬本山龜頂坐丙向壬兼巳亥

娶張氏諱忸娘號勤理生道光四年甲申年閏七月廿五日辰時卒光緒丙戌年正月廿一卯時棺葬石龜墓坡内崙

子二　長冬春　次貽朕　貽洫殤

曾受公　先濕公子往臺生卒年月失

祖志公字心卿號繩武　文程公長子生乾隆巳亥年十月廿

八日未時卒道光戊子年十月十七月子時木棺葬本山中
連崙邊坐夘向酉兼乙辛
妣梁氏察娘號淑儉生乾隆壬子年三月廿八日辰時卒同
治己巳年五月初九日夘時瓦棺與姪婦慈靜蔡氏合葬本
山烏材林大坪崙頭坐丁向癸兼午子
子二　長貽冰　次貽吻
八兜公字鳌鄉號緦武　文程公次子生乾隆乙巳年七月廿
三日未時卒道光壬辰年七月初五日夘時棺葬本鄉北坑
壠坐乙向辛兼辰戌
妣李氏謹娘號勤惠生嘉慶戊午年十一月十九日未時卒
咸豐辛酉年九月十二日未時棺葬后山頭崙坐夘酉乙辛

子四　長貽詫　次貽𦖑　三雙恭　四貽謳殤

八寅公字協鄉　文程公三子生乾隆辛亥年六月廿五日寅時往臺卒年月失

八定公　娶蔡氏省娘往臺生卒年月失　無傳

文我公長子生乾隆丙午年二月初五日辰時卒年月日時失　無傳

八彖公字易卿號益成　文我公次子生嘉慶戊午年三月初八日戌時卒道光乙巳年九月初十日辰時葬本山烏材林嶺尾崙下坐癸向丁兼丑未

妣吳氏快娘號順節生嘉慶戊辰年　月　日　時卒道光丁未年十月廿二日亥時棺塟本鄉哲竹后

子四　長公輸　次貽岸　三貽契　四貽鬆出繼

八璺公字卓卿號全成　文我公三子生嘉慶壬戌年十月二十日寅時卒道光丙午年正月十一日未時葬本鄉烏材林金系竹崙坐壬向丙兼子午

姚郎氏枴娘號孝德生嘉慶庚辰年十二月初一日申時卒光緒癸未年十一月廿八日辰時棺葬本鄉窖公後坐壬向丙子午

嗣子　貽响

八寬公　先錠公長子生乾隆辛亥年六月十一日巳時往臺

卒年月日時葬俟查

八怗公　先錠公次子生乾隆壬子年三月初一日卯時往臺

卒年月日時葬俟查

桂香公字冊卿號進南　忠正公長子生乾隆癸丑年十二月二十日寅時卒同治壬戌年九月十一日午時木棺葬本鄉林仔後大平崙坐巳向亥兼巽乾

妣劉氏飲娘號端莊生嘉慶辛酉年八月廿四日申時卒道光丁亥年十月廿七日辰時葬本鄉林仔後崙坐庚向甲兼酉卯

繼妣陳氏甘娘號貞信生嘉慶壬戌年八月廿五日卯時卒道光辛卯年十月初二日巳時葬本鄉烏材林龍船石外崙坐未向丑兼艮坤

子三　長高照劉氏出　次光花殤陳氏出　三高拱嗣子

人彰公字顯卿號振成　忠正公次子生嘉慶丙辰年七月十二日寅時卒道光丙午年四月初二日申時梔葬本鄉烏材林觀音尖脚坐乙向辛兼辰戌

妣林氏立娘號勤德生嘉慶甲子年十一月廿七日酉時卒道光丁亥年八月十五日吉時葬在本里烏材林林仔後縫金石外坐丁向癸兼未丑

繼娶陳氏昄節

子二　長貽旋林氏出　次雙林陳氏出

人砎公論卿號輾轉　忠正公三子生嘉慶壬戌年三月十六日子時道光戊戌年十一月初一日寅時棺葬漳州龍溪縣詞唐碗窰卒

妣梁氏亭娘號克勤生嘉慶辛未年八月十六日午時卒光緒庚辰年八月二十日吉時木棺塟本鄉大坪崙坐庚向甲兼酉夘

子三　長輝雲　次貽廣　三貽緞

八盞公字玉卿號美金　忠正公四子生嘉慶甲子年十月初四日巳時卒咸豐己未年九月十七日吉時棺塟本鄉烏材林大坪崙后坐酉向夘兼乙辛

妣林氏先娘號克后生嘉慶甲戌年七月廿八日夘時卒光緒辛巳年六月初四日午時木棺塟本鄉苦竹後崙坐丙向壬兼午子

子二　長貽簡　次貽乞

人藹公字士卿號吉成　　忠正公五子生嘉慶壬申年八月十一日戌時卒道光丙午年閏五月廿一日未時棺瘞本鄉林仔後坐乙向辛

妣王氏富娘號有節生嘉慶甲戌年八月初八日子時卒道光丙午年閏五月初六日未時棺瘞本鄉苦竹兜坐巳向亥兼巽乾

子一　　貽艾

人般公字萬卿　　君金公長子生卒年月及瘞地俟查

妣鄭氏敏娘號貞惠生嘉慶癸亥年十月初五日午時卒道光甲午年四月初四日申時死棺瘞本鄉湖頂寮竹坡坐申向寅兼坤艮

子一　貽習　往臺

八神公　君金公次子生嘉慶乙丑年　月　日　時往砂

坑窰卒年月及塟地俟查　無傳

八敬公號順恭　君金公三子生嘉慶年月日時卒年月日時

俱失墓塟本鄉苦竹兜水埕后壁坐未向丑兼丁癸

娶　氏阯節

子一　貽重　往臺

八櫕公號栢　君金公四子生嘉慶辛未年七月初七日寅

時卒道光庚寅年五月初一日寅時未棺塟本鄉烏材林林

仔後坐巽向乾兼巳亥

八爍公字輝卿號美盼　金器公嗣子生嘉慶戊午年七月廿

四日未時卒　年八月十五日辰時木棺葬本鄉大
坪崙尾水埕后壁坐庚向甲兼申寅
妣王氏閨娘號聲慈生嘉慶己巳年三月初一日酉時卒光
緒甲申年閏五月廿七日卯時木棺葬本鄉苦竹壠崙坐酉
向卯兼庚甲
子　長天分嗣子　次貽撬　三貽綢　四貽悄　五貽囬
入執字策卿　文德公長子生嘉慶廿二年丁丑六月二十日
巳時
妣劉氏語娘號慈慎生道光癸未年十二月初三日丑時卒
咸豐辛亥年十一月初四日卯時瓦棺葬本鄉烏材林嶺尾
崙下坐癸向丁兼子午

繼妣陳氏綢娘號淑德生嘉慶丙子年七月二十日午時卒
同治戊辰年閏四月十四日巳時棺葬本山中蓮崙坐戌向
辰兼巽乾
子三長生意嗣子　次貽賴　三貽乾俱列[illegible]
八渚公字枝鄉號訓淵　文德公次子生嘉慶己卯年四月初
五日丑時卒光緒甲申年七月初十日卯時棺葬本鄉烏材
林大坪內坐辛向乙兼戌辰
妣呂氏脉娘號淑儉生道光丁亥年十一月廿四日寅時卒
年七月初六日　時棺葬本山嶺尾崙下坐癸向
丁兼丑未
嗣子　貽趨

象水公　文德公三子生道光丁亥年五月廿二日酉時卒道
光癸卯年閏七月廿五日未時瓦棺葬本鄉馬材林嶺尾崙
下坐甲向庚兼卯酉
承繼子　貽鬆

八治公字安卿號紫績　尚美公子生乾隆甲辰年八月十二
日寅時卒道光戊申年三月廿二日申時葬本鄉鎮撫墳後
坐申向寅
妣陳　欽娘號美酌生乾隆癸丑年八月廿七日辰時卒咸
豐戊午年八月廿四日寅時棺葬嶺頂大壠頭坐乙向辛
子三　長貽應　次貽仲　三壹位

太學生諱陞梧乳名朝陽字侍卿號靜山　正美公長子胸懷

大志腹藏良謀名雖不垂夫竹帛身已得列乎辟雍巨富由經商而得善望從化事而彰不特建華屋以貽孫謀延名師以課兒輩而且鄉爲欽案衆人有倒懸之危里黨有壘卵之患公獨慨然議舉赴到省城排難解紛致官軍臨境秋毫無犯噫公之功如是宜其發貞有子竹自多孫矣予忝姪孫頗知其畧爰掇數言以垂不朽是爲序　姪孫則明拜題

静山公生乾隆戊申年三月初三日巳時卒咸豐乙卯年八月初八日子時尾棺葬本鄉鳥材林仙景田中坐辰向戌兼乙辛

妣王氏言娘號孝恭生乾隆癸丑年十月初四辰時卒道光戊戌年五月十六日酉時木棺葬本鄉鳥石壠苦竹後坐酉

向丱兼辛乙
繼妣謝氏悅娘號孝慎生嘉慶癸亥年二月初六日丱時卒
道光庚子年六月初五日未時木棺整本鄉烏材林後尾者
田中坐乙向辛兼辰戌
子六　長貽旁　次薦京　三占梅
四麗水　五雙喜　六公推醒
太學生諱陛階乳名朝陛字殿卿號靜前　正美公次子爲人
賦性英偉磊落光明權子毋以成巨富營華屋而遺後昆身
雖僅列乎成均望已顯著乎鄉評公生乾隆庚戌年三月初
九日丱時卒道光巳巳年三月廿七日亥時棺整本鄉條仔
崙酷內坐庚向甲兼酉丱

妣劉氏情娘號孝義生嘉慶辛酉年二月廿五日酉時卒道光乙未年七月十二日酉時瓦棺塟本鄉湖頂肥豬坑坐申向寅兼坤艮

繼妣陳氏惜娘號孝才生嘉慶辛未年九月十九日未時卒同治己巳年十月十五日申時瓦棺塟本鄉

子五　長貽抄　次馬力（劉氏出）　三貽簪（嗣子）　四三第（嗣子）　五貽見（陳氏出）

鄉飲賓諱朝院公字宅鄉號靜德　正美公三子生嘉慶丁巳年三月初三日戌時卒光緒甲申年十月初九日酉時木棺塟本鄉烏材林酒矸坵下坐坤向艮兼申寅

妣傅氏業娘號孝貞生嘉慶甲子年七月初四日申時卒同

治甲戌年三月初三日子時棺葬本鄉烏材林根竹崙田中
坐乙向辛兼辰戌
子四　長北海　次貽換嗣子　三貽辱嗣子　四扶持
朝陞公字遐鄉號静水　正美公四子生嘉慶庚申年四月十
八日戌時卒咸豐壬午年四月初二日巳時尾棺葬本山烏
材領尾崙下坐乙向辛兼卯酉
妣謝氏衛娘號孝順生嘉慶戊辰年正月十五日未時卒道
光壬寅年十一月廿二日戌時棺葬本山嶺頂中宅私祖宇
外樓仔下坐寅向申兼艮坤
繼妣劉氏婆娘號孝婦生嘉慶丁卯年十二月廿三日寅時
卒道光庚戌年十月初十日未時尾棺葬本山烏材林嶺中

連崙頭坐乙向辛兼辰戌

子三　長貽森　次貽仁　三貽開（俱謝氏出）

朝隱公字陞卿號靜盛　正美公五子生嘉慶壬戌年十二月初四日午時卒道光癸卯年十月初十日辰時木棺葬本鄉烏材林苦竹後坐坤向艮兼申寅

妣林氏欽娘號孝節生嘉慶己巳年十月廿八日午時卒光緒辛巳年十月廿四日亥時棺葬本鄉山仔田中坐坤向艮

子二　長傳枝　次貽河（嗣學）

朝陸公字才卿號靜國　正美公六子生嘉慶丙寅年二月廿八日午時卒咸豐辛亥年十二月初七日巳時葬本山山坛頂豆渣尖外崙頭坐辛向乙兼戌辰

妣許氏騰娘號孝文生嘉慶庚午年十一月初四日寅時卒
光緒癸未年三月廿九日未時棺葬本鄉中連崙坐巽向乾
兼巳亥
子三　長貽邊嗣子　次貽沛嗣子　三貽節
入趙公號連壁　受美公長子生乾隆甲寅年十月十二日巳
時往吧卒道光壬午年二月十七日丑時葬在吧　無傳
入俊公字傑卿號連傑　受美公次子生嘉慶戊午年十月廿
八日戌時卒道光乙巳年十月初三日酉時瓦棺葬本鄉烏
材林龜頂坐丁向癸兼未丑
妣葉氏囊娘號　生嘉慶辛未年七月初七日午時卒道
光丁酉年九月廿一日亥時瓦棺葬本鄉烏材林大坪崙坐

辛向乙兼戌辰
　　兩承子　罷荷
八石公號萬山　受美公三子生嘉慶辛酉年二月十五日寅時卒嘉慶庚辰年八月初一日卯時棺瘞本鄉湖頂紗帽石脚坐申向寅兼艮坤　無傳
六藝公號連敎　受美公四子生嘉慶癸亥年四月十三日丑時卒咸豐丁巳年八月廿四日申時木棺瘞本鄉烏材林窯公後水堤后壁坐丑向未兼艮坤　無傳
梯公號連雲　受美公五子生嘉慶乙丑年十二月十八日酉時卒道光辛丑年九月初九日酉時往臺卒　無傳
八桃字李鄉　受美公六子生嘉慶十六年辛未十月廿九日

未時
娶孺人殷氏諱寄娘號　生道光丁酉年八月一十五日
午時
子五　長寵荷兩承　次貽藿　三鳳輦　四貽逢
五貽次
太和公號連厚　愛美公七子生嘉慶乙亥年九月廿七日戌
時卒同治癸亥年八月十一日亥時棺葬本鄉龜頂坐坤向
艮兼申寅　無傳
入順公字叙卿號　展美公長子生乾隆癸卯年四月十八日
辰時卒年月日時
娶葉氏謹娘生乾隆甲辰年十月廿七日寅時公媽俱徑臺

子二　長貽鐃　次貽笑

人蹤公字足卿號撫發　展美公次子生嘉慶丙辰年正月十九日辰時卒同治癸亥年十二月十二日辰時瓦棺葬本鄉蓮花山坐乙向辛兼卯酉

妣陳氏屏娘號藏愛生乾隆乙卯年十二月初四日吉時卒同治壬申年正月初五日丑時瓦棺葬本鄉烏材林碗𫏋壠坐辛向乙兼酉卯

子三　長貽坤　次貽顏　三寶樹

人駁公字妙卿號　展美公三子生嘉慶壬戌年七月初七日戌時

娶吳氏娘觀生嘉慶壬戌年十月廿九日巳時

子二　長貽先　次貽刺　與父母俱往臺

人敲公號撫鍾　展美公四子生嘉慶乙丑年六月廿九日酉

時卒道光戊戌年四月十二日申時厝棺埜龜山坐壬向丙

兼子午　無傳

娶王氏早娘殴節

邑武生諱建邦乳名天送字奉卿號遺質　梁美公子敏明智

慧樸實成家孝行可欽科名已定生嘉慶戊午年六月初十

日辰時卒道光庚戌年十二月十三日寅時棺埜本鄉烏材

林山仔田內坐乙向辛兼辰戌

妣孺人陳氏女娘號徽愛生嘉慶己未年十一月初九日戌

時卒同治甲戌年正月初五日酉時木棺埜本鄉松柏崙

子三　長藍英嗣子　次藍田嗣子　三藍紫

八硯公字翰卿號遺寶　昭美公長子生嘉慶壬戌年正月初六日辰時卒咸豐甲寅年七月廿一日子時棺葬本鄉烏材林根竹崙坐乙向辛

妣許氏七娘號玉愛生嘉慶壬戌年七月初七日子時卒光緒辛巳年七月十二日吉時木棺葬本鄉嶺頂崙仔山本宅後水井頭坐壬向丙兼子午後坐丙壬午子

嗣子一　辛郊　出家在永春德化縣程田寺僧名遠郴

處士諱八亥公字繡卿號遺笏　昭美公次子聰明穎悟教子義方志雖未酬德亦堪揚公生嘉慶己巳年六月十四日酉時卒同治己巳年十月初七日申時瓦棺葬本宅新厝角土

名長圳嵛尾坐甲向庚兼卯酉
妣林氏鎮娘號定愛生嘉慶壬申年三月初五日寅時卒光
緒乙亥年七月廿一日未時棺葬本鄉烏材林龜後坐丑向
未兼艮坤
子三　長狗齊　次狗烈　三狗士
邑武生諱興邦乳名五釜字鍾卿號興時　文美公長子生嘉
慶丁巳年三月三十日辰時卒同治壬戌年四月廿九日未
時木棺葬在泉州鳳山猫兒洗面坐甲向庚兼卯酉
妣孺人王氏連娘號淑靜生嘉慶庚申年正月十一日亥時
卒光緒庚辰年十月廿四日丑時木棺葬泉州紫帽山寮內
鄉廉家界內晉建崙山脚坐庚向甲兼申寅

子二　長貽咸　次貽帛

八鎧公字冑卿號南晴　文美公次子嗣立長圳美房屋一座

生嘉慶甲子年三月二十日丑時卒光緒乙亥年正月廿八

日巳時厝棺葬本山山芸頂麥園格坐乾向巽兼戌辰

妣孺人王氏成娘號敬慎生嘉慶乙丑年三月初七日未時

卒道光甲午年五月初三日亥時棺葬本山山坛頂蓮花山

尾坐巳向亥兼巽乾

繼妣劉氏腰娘號淑貞生嘉慶癸酉年十二月初三日酉時

卒同治丙寅六月廿九日未時棺葬本鄉三林垵頭崙坐乾

向巽兼戌辰

子四　長貽伴嗣子　次王意　三貽家　四添球劉氏出

八魁公字百鄉號星時　文美公三子生嘉慶己巳年七月廿二日戌時卒道光丁未年十一月十一日亥時瓦棺葬與易氏仝葬本鄉窰公後坐艮向坤兼寅申

妣易氏貴娘號勤慎生嘉慶庚午年十月十二日丑時卒道光己丑年三月廿二日卯時瓦棺與公仝壙葬本鄉烏材林山仔窰公後坐艮向申兼寅申

繼妣陳氏皆娘號淑德生嘉慶癸酉年三月廿三日吉時卒同治壬申年五月廿二日午時棺葬本鄉后尾者坐丑向未兼癸丁

子二　長貽培抱養　次道理陳氏出

八鏗公字錮鄉號善時　文美公四子生嘉慶癸酉年十月初

九日午時卒咸豐丙辰年七月初六日巳時棺葬本鄉
妣陳氏綱娘號淑再生嘉慶乙亥年十一月廿一日寅時卒
光緒庚辰年四月十一日巳時𣊬棺葬本山烏材林龜尾坐
乙向辛兼辰戌
子一　有滔
八鑑公字尭卿號撫時　益美公長子生嘉慶甲子年二初三
日未時卒道光戊子年三月十六日辰時棺葬本鄉湖頂外
壠崙坐辛向乙兼戌辰
妣馬氏完娘號全節生嘉慶丙寅年正月初八日酉時卒咸
豐巳未年六月初二日未時瓦棺葬本鄉北坑壠頭坐壬向
丙兼子午

嗣子二　長貽者　次貽綬

人帖公字書鄉號東時　益美公次嗣子生嘉慶癸酉年十二
初六日寅時往外卒咸豐癸丑年十一月十九日吉時卒在
仙遊縣墓闕
妣李氏要娘號明節生嘉慶壬申年十一月廿三日寅時卒
同治壬申年七月二十日子時厝棺本鄉山芸頂蓮花山畬
坐子向午
　子二　長馬歡　次冬卜

光輝公字要鄉號宅時　益美公三嗣子生道光丁亥年十二
月十九寅時卒咸豐戊午年十一月十一日巳時厝棺埜本
鄉烏材林嶺宮後壠坐戌向辰兼乾巽

妣劉氏晚娘號考節生道光丙戌年十月初八日巳時卒同治己巳年九月初二日未時尾棺葬本鄉長圳尾本宅左畔崙內坐子向午兼癸丁

子二　長垂楸　次春叶

八埕公號甸時　益美公四嗣子生道光己丑年八月三十日吉時卒咸豐癸丑年二月廿一日巳時瓦棺葬本鄉牛嶺厝後大塿格邊

娶陳氏田娘號跤節

八昌公字錚鄉號盛時　贊美公長子生嘉慶癸酉年九月廿一日未時卒同治丙寅年十一月二十日巳時尾棺葬本鄉

妣陳氏香娘號淑儉生嘉慶壬申年七月初四日亥時卒同

治巳巳年七月二十日巳時棺甃本山崙仔山後坐丙向壬
兼午子
子三　長太平　次浩然　三如林
八趐公字石卿號濟時　贊夫公次嗣子生道光辛巳年十月
廿七日酉時卒同治巳巳年七月十一日巳時棺甃本鄉烏
材林嶺頂大壠頭坐丙向壬兼午子
妣陳氏格娘號淑慎生道光乙酉年三月十九日丑時卒同
治乙丑年閏五月初六日酉時瓦棺甃本鄉後尾者橫路頂
坐癸向丁兼丑未
子四　長貽青學　次滄浪　三如淵　四貽佛
淡水公號風時　贊夫公三子生道光戊子年四月廿五日酉

卒咸豐丙辰年二月廿九日申時棺塟本鄉烏材林龜頂坐
辛向乙兼酉卯　娶　氏政節
嗣子一　貽朴
八戴公　君祿公子生嘉慶巳卯年正月十八日卯時卒年月
日時及塟地候查
十八世鎮三房長因內派八字行
八柯公號失　君金公長子生卒年月日時及墳墓俱失查詳
八吓公　先增公承繼子生嘉慶丙寅年二月廿三日丑時道
光年間往淡水卒無回
光鴉字　先園公承繼子生道光甲午年十二月三十日子時
姚劉氏諱佃娘生道光年月日時卒道光年月日時俱失墓

塟烏材林土名林仔後坐東向西

人名字　山溪公子生道光丙申年十一月十五日寅時

妣王氏諱乃娘生卒年月日時塟地在塘尾鄉

人稜字　山琬公長子生道光丙申年九月廿五日寅時

娶柯氏銀娘生道光庚子年八月初五日酉時

子四　長貽樵　次泳同　三貽壽　四貽原

人春字　山琬公次子生道光丙午年九月廿三日戌時

娶吳氏敬娘生道光丁未年十一月初九日辰時

子　長貽朕　次貽本出繼

人絫字　山琬公三子生道光己酉年八月初二日巳時

娶陳氏脩娘生同治庚午年十月二十日卯時

八秾字　山琬公四子生咸豐壬子年六月初八日戌時

承繼子　貽本

八弄公　承宗公嗣子外出不知生卒墓地無考

八隨公　承宗公子生道光癸巳年十一月十六日寅時卒同

治　年　月　日　時墓在烏材林土名林仔後坐　向

神致公　新登公嗣子往外無回生卒年月墓候查

八擯公號順質　先茂公長子生乾隆甲辰年十一月廿八日

亥時卒道光癸巳年五月初七日未時墓葬在本山土名后

山頭崙墓畬埃厝頂坐丁向癸兼未丑

嗣子　貽餐

八頭公號正直　先茂公次子生乾隆甲寅年正月廿六日亥

時卒同治己巳年九月十四日巳時往臺墓在淡水楓仔林
坐　向
妣易氏近娘生嘉慶癸亥年九月十三日午時卒道光壬午
年八月廿三日午時葬葬本山坪殊外土名水橋尾崙坐巳
向亥
繼妣李氏玩娘生嘉慶癸酉年五月十一日巳時卒同治癸
酉年五月十一日巳時墓在淡水楓仔林山坐丙向壬
子二　長貽炎兩房　次貽秩　俱在淡水
人冰公號清植　先訖公嗣子生嘉慶癸酉年八月初五日寅
時卒咸豐戊午年三月廿八日申時尾梢葬坪殊外尾壠外
崙坐亥向巳

娶許氏臣娘生嘉慶乙亥年九月廿七日巳時
子四　長貽詮　次貽帆　三貽墻　四貽練
九遮公　先杰公長子生嘉慶丁丑年　年　月　日
時卒道光已酉年五月十六日吉時葬在飛鑾碗窰山娶井
娘出妻
九嚇公　輝力公次子生道光辛巳年二月初五日邜時卒道
光　年正月三十日吉時往漳州祠堂窰卒墓在此處
九莳公　天祐公子生嘉慶庚申年四月初九日吉時卒咸豐
年　年　月　日　時木棺在鎮撫對面尖仔後坐西向東
九棕公　先峰公嗣子生嘉慶　年　月　日　時卒咸
豐　年四月廿八日子時瓦棺葬本山坪𡵆寨脚赤皮樹

崙塚坐申庚向寅甲

妣陳氏改娘生嘉慶　年　月　日　時卒光緒

年十月十六日子時木梢藝本山土名壠頭格尖後墻圍崙

邊坐北向南

子二　長承癸（嗣孚）　次貽景（丙承）

八審公　先露公嗣子生嘉慶丙寅年三月初八日戌時往臺

卒無考

一言公　先賀公長子往臺生卒無考

赫宜公　先朗公次子往臺卒墓在臺娶墓俱在臺

子　長貽答　次清泉　三賓泉　俱在臺

孝悌公　先樓公嗣子往臺無回生卒年月失墓在臺

八瑞公號愼闈　先攺公長子生嘉慶丁巳年十二月十四日巳時卒同治甲子年五月初九日卯時墓葬在叅山土名大埔內坐西向東
妣穌氏諱送娘號懿恭生嘉慶巳卯年　月　日　時卒光緒巳卯年正月初四巳時葬叅山土名大埔內坐東向西
子二　長天色　次貽别
八厲公號麗澤　傳授公長子生嘉慶戊辰年五月廿八日巳時卒咸豐庚申年十一月十六日申時
妣吳氏諱正娘號玉委生嘉慶丁丑年四月廿八日巳時卒咸豐丁巳年五月廿三日未時瓦棺與公合葬本山大垢尾內土名蓬后坐壬向丙

繼妣龔氏諱賽娘號金蓮生嘉慶丙子年八月初八日巳時
卒光緒己卯年三月廿四日亥時梢塟本山土名
子五　長延遲　次子出繼　三昭謨
四敏註吳氏出　五翰宛半出繼龔氏出

入漢公號江淵　傳授公次子生嘉慶戊寅年七月初六日辰
時卒道光丙申年九月十一日辰時塟觀音寨面向大門楮

入滾公號源淵　傳授公三子生道光壬午年三月十一日辰
時卒道光丁未年十月初一日丑時尾梢塟古田寨腳土名
墩仔尾與媽吳氏合壙坐辛向乙

來傳公　先睦公嗣子生卒年月墓俱候查

來吉公　先雩公嗣子生卒年月墓俱候查

八市公　有修公長子生嘉慶甲子年二月十六日寅時卒同
治辛未年九月廿二日丑時瓦棺埜私山石崗頭土名必裂
山崙與母親合壙坐艮向坤兼丑未
沛澤字　有修公次子生嘉慶辛未年閏三月初七日丑時
娶詹氏往臺淡水楓仔林
綿捷公　有修公三子生嘉慶壬申年二月初六日卯時
娶李氏俱仝子婦往厦門今不知往何處安居如何
八嫖公號訾錦　先廩公長子生嘉慶己未年八月初五日巳
時卒咸豐癸丑年二月初二日午時墓埜在㭍山土名石礁
杉仔崙坐酉向卯兼庚甲
妣劉氏諱慎娘號淑貞生嘉慶己未年十月初六日申時卒

光緒丙子年正月廿五日巳時墓塟在私山土名大埔内坐
西向東
子二　長貽善　次二金兩承
春風公號志成　先廩公次子生嘉慶甲戌年十二月二十日
戌時卒咸豐乙夘年正月廿八日辰時兆棺葬在石礫山土
名竹仔蝶坐辛向乙兼戌辰　娶　氏出
兩承子　二金
人日公　桂明公嗣子生卒年月墓俱候查
天助公　桂明公子生卒年月墓俱候查
自脩公　承祖公嗣子生卒年月墓俱候查
人權公　老伯公承繼子生卒年月墓俱候查

滿福公　先守公子查閱此四人俱是居臺灣

馬愛公號惜仁　天德公長子生嘉慶己卯年正月初九日未
時卒光緒乙亥年十二月廿四日未時葬塟私山土名兆仔
崙垵坐北向南
妣盧氏諱金娘號儉玉生道光丙戌年十二月初六日未時
卒同治甲戌年正月廿七日巳時墓塟兆仔垵坐北向南
子三　長貽永　次貽亥出繼　三幼殤

馬貢公
天德公次子生卒年月無考往臺　無回

馬力公號正直　天德公三子生道光乙未年六月初六日巳
時卒咸豐丁巳年七月十五日未時尾棺塟在恭山劉坂宮
邊坐東向西

八甪公　烈足公長子生卒不知寔是后垵謝家招夫養子墓
在后垵謝家安塟
先妣謝氏諱于娘生道光己丑年十月初十日吉時卒咸豐
乙夘年十月　日　時木棺塟蔡山馬厝山　無傳
八只字　烈足公次子生道光辛夘年正月初三日丑時
武寧公　慈省公長子生嘉慶己夘年十二月廿四日辰時往
三都卒無回墓在三都
武王字　慈省公　子生道光壬午年九月廿二日午時
兩承子　翰宛
八洪公　雙泉公嗣子生卒年月不知今往沙縣現時在有三
合承孫　禮垵

八柴公　先水公嗣子生嘉慶年月日時失卒道光年月日時失木棺葬本山土名掘石崙坐西向東

八单公　先蝦公長子生卒年月墓無考果是外出無回見裛公五房寨頂新間派八字行

仙梛公　先看公承繼子時自抜在坊里唐尾鄉陳家未知生卒如何承接今有與送捧三八三合承孫禮垵鎮三房七龍頭格湖畲派八字行

八颯公字土鄉號水長　福音公長子生乾隆巳酉年正月十八日夘時卒道光戊申年五月三十日夘時墓葬在本山土名湖頭崙內坐丁向癸兼午子

娶王氏諱嬌娘生嘉慶丙寅年四月十四日吉時

子五　長貽愿　次雲開　三貽業　四宇宙　五山謂

人灘公字上卿號佳山　　福善公次子和睦鄉隣品詣高標建居立産生乾隆辛亥年九月廿一日巳時卒同治甲戌年十一月十二日丑時墓葬本里土名造尖脚坐乾向巽兼戌辰

妣石氏諱敬娘號儉諸生嘉慶戊午年九月十三酉時卒同治辛未年十月初四日辰時墓葬本山石碣頂大僻崙坐艮向坤兼寅申

子三　長公道　次璽通　三佳抹

繩壽公字都卿號南山　福善公三子生嘉慶丙辰年三月廿七日午時卒道光戊子年十月十六日未時葬在本山流磜大坵后壁土名山頭崙坐　向

娶謝氏掟娘旌節

子一　加振

心安公字位卿號金山　福善公四子生嘉慶己未年五月初十日巳時卒同治甲戌年正月初二日子時木棺葬在烏材林土名火燒山坐北向南

妣鄭氏諱衍娘號　生嘉慶乙丑年十月初六日寅時卒光緒辛巳年十月十三日丑時木棺葬在本山土名碗窰外蓋金畚坐北向南

子六　長掟爾　次天寶　三相仕

四公買　五公致　六馬致

人腦公字蜂卿號明山　福善公五子生嘉慶甲子年七月初

三日丑時卒道光己酉年九月初三日未時葬本山土名罕
茱内坐壬向丙兼亥巳
妣蔡氏諱恬娘號慈勤生嘉慶己巳年五月十三日亥時卒
道光甲午年十二月十五日酉時墓葬本山畬柴格頂土名
司豈磐坐艮向坤兼丑未
繼妣温氏諱專娘號慈德生嘉慶辛未年六月十四日亥時
卒光緒庚辰年正月初四日丑時享年七十有七墓葬本山
土名湖畬厝後頂坐庚向甲兼酉卯
子四　長貽碖出贅　次欣僁　三家齊　四順來儘出
朝天公字君卿號地厚　福善公六子生嘉慶辛未年八月廿
四日辰時卒道光己亥年二月十七日酉時墓葬在烏材林

庭坂車碓頂坐　向癸
娶楊氏擔娘生嘉慶丁丑年八月廿六日卒葬
子一　貽捧
鎮三房七頂新厝派八字行
八崎公號文及　先翅公長子生嘉慶甲子年八月十六日辰
時卒光緒戊寅年十二月廿一日寅時享年七十有六墓暫
塟石垅觀音墓右坐庚向甲
妣林氏諱法娘號　生嘉慶丁丑年二月初五日亥時卒
光緒辛巳年七月初四日卒時墓漸在本山攏頭格尖后畲
坐西向東
子三　長馬鉗　次馬任　三底鑁　徙番

人兩公號文斤　先翹公次子生嘉慶戊辰年二月十九日邪
時卒道光已酉年五月初七日申時墓葬本山土名山坛流
磜大坵后水堤脚坐辛向乙
人瞻公號文進　先翹公三子生嘉慶壬申年十月初十日吉
時卒咸豐丙辰年九月初六日寅時墓在本山土名下石坵
頁山猪湖向流磜畲近在毋親墓側
人鄉公　厚斯公長子生嘉慶甲戌年九月初一日亥時卒道
光巳丑年六月二十日丑時瓦棺墊山坛山土名厕池屈畲
坐丑艮向未坤
榮春公號秋眷　厚斯公次子生嘉慶丁丑年十月初九日寅
時卒光緒乙酉年九月廿八日子時享年六十有九木棺漸

窨對面大崎崙埔坐南向北
嗣子 送來
厚斯公三子生道光辛巳年四月十二日申時往外
夏花字
飛鑾
十八世鎮三房七壠頭派八字行
八賡公號明辛 先攢公長子生嘉慶戊午年七月廿五日未
時卒道光壬午年十一月廿八日戌時墓葬在本山山坛山
土名下格仔坐坤向艮兼申寅
仁梓公 先攢公次子生嘉慶年間外出至今無回不知存亡
妻出
八着公 先味公長子生道光年間往外刣頭營活無回不知

存亡如此

淡字公　先味公次子從幼不知而卒

人阜字高鄉號子恩　龍玉公承繼子爲人好善孝友和睦不惜工力贊助修譜生道光丁亥年十一月廿四日夘時

妣許氏諱嘆娘號信艮生道光庚寅年八月十六日巳時卒同治辛未年十月廿八日午時瓦棺葬在烏材林土名罕菜内坐辛向乙兼戌辰

子四　長再來　次登山　三馬歆　四金詩出繼

趙湝字暑鄉　龍玉公嗣子生道光丁酉年正月廿八日申時

妣鄧氏諱盡娘號信書生道光乙未年十一月廿五日申時卒咸豐甲寅年十一月初二日未時瓦棺葬在烏材林山土

名窰對面土空崙猫脚坐丁向癸兼午子
繼娶陳氏廿娘生道光壬寅年九月廿五日酉時
子長雙毋　次雙鉛　三清廉　四清糊

人箴公
先卦公長子生道光年月日時失卒年月日時失墓
葬在烏材林土名

人愰公
先卦公次子生道光丁酉年正月廿八申時卒光緒
甲申年四月廿九日寅時在德化卒墓暫在德化黄祠窰後
頭土名大茶垵坐東向西

太槻字
先卦公三子生道光丁未年十月初四日卯時往臺

人桂字
先卦公四子生咸豐壬子年十一月十一未時往臺

歡來字
先頟公承繼子生咸豐丁巳年六月十三午時往臺

章獻公字賢卿號麟趾　皆來公長子生道光甲申年八月廿七日戌時卒同治丁卯年正月初一日辰時瓦棺葬在烏材林山土名霤對面大崎坐午向子兼丁癸

娶林氏濺娘生道光庚寅年十月十三日寅時

子三　長金畫　次貽粒　三貽喝

入學公字習卿號麟祥　皆來公次子生道光丁亥年正月三十日辰時卒光緒辛巳年五月十三日戌時木棺葬在本山土名罕萊內金系竹坐北向南

妣易氏諱淀娘生道光壬辰年八月廿八日寅時卒光緒乙酉年四月三十日戌時漸在本山尾廠埔坐北向南

子一　貽樵

八鑿公字谷鄉號麟寶　皆來公三子生道光己丑年八月十九日午時卒光緒戊寅年三月廿五日寅時墓葬在本山窰對面大崎崙坐丁向癸兼午子

娶陳氏悔娘生道光戊戌年八月廿七日亥時

子四　長貽論　次貽蚶　三貽魚出繼　四春繩

伍壹字　皆來公四子生道光己亥年五月廿一日辰時

承繼子　貽魚

八杢字　先象公長子生道光辛卯年七月初六日酉時

妣盧氏諱笑娘生咸豐　年　月　日　時卒同治　月　日　時墓葬在烏材林山土名窰外龍潭崙坐癸向丁兼丑未

人鮖字　先象公次子生道光癸巳年十一月廿九日巳時
娶　氏　娘　現今往臺
人盤公　先途公嗣子生道光年月日時失卒道光年月日時
失墓在烏材林土名
人厰公　先礪公子生道光壬辰年七月廿四日吉時往漳州
祠堂窖　咸豐　年七月廿四日吉時骸無歸葬在此
人扱公　先吡公嗣子生道光辛巳年二月初五夘時往漳州
知囬歸本家今未知如此
人像公　先透公嗣子生嘉慶丁丑年四月初五日夘時卒光
緒甲申年四月十九日巳時木槨葬在鎮山壠頭格后崙大
路頂坐辛向乙

壬水公號庚慎　先透公次子生道光戊戌年閏四月廿五寅
時卒光緒乙酉年七月初三亥時棺塟頭于庭後坐丁向癸
娶廖氏疊娘生道光乙巳年十月二十日亥時
子二　長貽海　次尋潤
馬趙字群鄉　先慷公承繼子生道光甲辰年六月十九辰時
娶陳氏箭娘生咸豐丁巳年七月初四日申時
子　長曲賦　次德條
公　先瓦公嗣子生卒年月失幼殤
院仁公　先瓦公子生卒年月失幼殤
入娛郎八貢公　先瓦公子生嘉慶庚辰年九月初四日戌時
卒道光辛丑年月日時隨生母卒在後庵趙家墓在趙山

人以公　先桵公長子生乾隆甲寅年卒道光年月日時墓在
本邑沙坑窰山娶氏攺節　嗣子　貽抱
人樹公　先桵公次子生嘉慶辛酉年八月初八丑時卒道光
年月墓在壠頭格坐北向南娶陳氏攺節隨女子蓬洲王家
子二　長貽鏵殤　次貽朗殤
人趕公　先課公子生道光戊子年六月初四日申時卒光緒
庚辰年三月十五日申時墓葬烏材林土名罕菜頭坐寅向
申兼甲庚
妣劉氏諱縣娘生道光辛卯年七月初三日卯時卒同治癸
亥年八月初五日未時葬在土名罕菜內坐南向北
承繼子　金詩　　卷之五中終

国家出版基金项目
NATIONAL PUBLICATION FOUNDATION

海上絲綢之路文獻集成

總主编 陳支平 陳春聲

民間譜牒編 38

主編 林楓

海峽出版發行集團
THE STRAITS PUBLISHING & DISTRIBUTING GROUP
福建人民出版社

本册目次

〔福建安溪〕二房參鎮羅黄氏族譜八卷首一卷存七卷（卷五下至卷六中）

〔清〕佚名纂修

參山二房派黄氏族譜卷之五下

十八世鎮撫四房長大厝墘派八字行

傳公號　貴德公子生乾隆壬午年閏五月廿三日巳時往臺卒嘉慶甲子年八月　日　時葬在臺

河公字深卿號　君額公長子生乾隆乙巳年十月初十日丑時往臺卒　年　月　日　時葬在臺

妣廖氏腰娘生乾隆己酉年七月廿四日巳時卒　年　月　日　時葬地候查

海公字涵卿號　君額公次子生乾隆戊申年四月初六日卯時在臺卒　年　月　日　時葬

妣陳氏縣娘生嘉慶辛酉年九月初二日卯時卒

年　月　日　時塟在臺

子　在臺

八底公字豫卿號士當　君萏公子生乾隆壬子年六月十六
日未時卒道光癸未年七月初四日亥時
妣林氏錦娘號衣儉生嘉慶辛酉年六月十二日巳時卒咸
豐丙辰年正月十二日酉時塟地候查

子一　功勲

八福公號　君寬公長子生乾隆甲辰年二月初四日巳時往
吉萬冊卒　年　月　日　時塟地俟查

四海公字山卿號裕溪　君寬公次子勤儉爲家營建茶心埔
內厝一座坐坤艮未丑生乾隆戊申年七月廿七日酉時卒

同治戊辰年七月十四日巳時享年八十有一葬本里叅林大灣内坐辰向戌兼巽乾
妣盧氏呆娘號謹慎生乾隆癸丑年十月初五日卯時卒咸豐庚申年九月十四日巳時享年六十有八齡葬本里觀音寨坐辰向戌兼辛乙
子　長積穀　次榮茶　三煉石出繼　四簪纓　五椒村
人吟公號志業　君仰公長子生乾隆癸丑年八月十四日未時卒咸豐壬子年九月十四日午時葬地俟查
承繼子　開葉
人陳公號　君仰公次子生嘉慶丙辰年十二月十二日巳時往吧卒年月失葬在吧

八任公號　君洧公子生嘉慶丁巳年七月初七日寅時卒年
月葬地無考
進登公號　君叙公子生乾隆丙午年八月初一日巳時卒年
月葬地無考
十八世鎮撫四房三頂路長科樹派八字行
八翼公　猶許公長子生卒年月葬地俱失
八桑公字敬卿號桐梓　猶許公次子因痰成瞽生乾隆巳卯
年十月廿四日午時卒乾隆戊申年九月十四日巳時厝棺
葬本鄉山坛山巃嶖墘大坵田頂坐北向南
嗣子一　貽炟
八鑾公字南卿號道生　猶許公三子生乾隆巳卯年十月廿

四日未時卒嘉慶丙子年二月初二日丑時梢埜本鄉上七
格巷后　娶陳氏　復攺節
子三　長貽炟出繼　次貽閔　三貽弄
八粉公　猶許公四子生卒年月俱失
八樂公字喜卿號好生　猶許公五子生乾隆辛夘年六月十
一日巳時往吧卒嘉慶丁巳年十一月十一日　時埜在吧
八恬公字安卿號義生　猶許公六子生乾隆巳亥年八月初
二日巳時卒乾隆乙夘年十一月廿七日辰時梢埜鎮撫大
埔垵畲墘頂坐巽向乾
處士八禹公字亞卿號觀化　朋信公長子爲人聡敏才智過
人可爲後人思慕焉然考其生平雖數次獲伸而不就不得

搎芹如拾芥而修其譜以遺後人可爲尋源溯本殆無愧爲
祖宗之肖子矣姪擇禮敬書生乾隆戊戌年十二月廿四日
辰時卒道光戊戌年五月初七日寅時享年六十有一　九棺
葬鎮撫石龜蔚堵内坐　向　兼
幼娶葉氏求娘生卒年月俱失
壯妣林氏尾娘號純儉生乾隆乙夘年正月十六日酉時卒
嘉慶乙亥年正月初八日丑時葬地俟查
子一　貽圈
貽公　朋信公次子生乾隆戊申年八月廿四日酉時往臺
卒葬在臺
雀賀公字大卿號禮賢　蒼蠅公嗣子生嘉慶戊辰年三月十

四日卯時卒光緒丙子年三月十一日酉時棺葬烏材林罕
萊大崙頂坐甲向庚兼卯酉
娶吳氏香娘生嘉慶癸酉年二月十七日酉時
子一　貽王
八琰公　君至公長子生乾隆戊戌年四月十六日未時往臺
卒葬在臺
八嘌公　君至公次子生乾隆巳酉年七月十二日卯時卒嘉
慶庚申年五月　日午時葬鎮撫杉林垵格邊坐申向寅
兼庚甲
八坏公字梃卿號杯賢　君至公三子生乾隆乙卯年正月廿
八日卯時卒同治辛未年九月二十日亥時棺葬烏材林罕

茱頂坐丑向未兼癸丁
娶張氏蔭娘生嘉慶乙丑年九月十八日酉時
子三　長天生　次貽舉　三貽曾
人我公字老卿　君至公四子生嘉慶戊午年十二月十二日
赤埼卒咸豐辛亥年正月廿七日酉時厝棺埜烏材林員山
仔垵坐申向寅兼庚甲
娶鄭氏伏娘生嘉慶癸亥年七月初八日午時
子四　長貽烏　次光明　三開山　四貽立
俞生公字麗卿　君脩公長子生乾隆乙巳年八月廿九日辰
時往吧　娶　氏　卒埜在吧
子二　長多洛　次赤源

錦繡公字 卿　君脩公次子生乾隆壬子年正月十一日辰
時卒葬在吧
織錦公　君脩公三子生乾隆甲寅年十二月十八日卯時卒
葬在吧
八稟公號雋茂　君誦公嗣子生嘉慶甲戌年十一月初二日
辰時卒同治丙寅年六月初九日亥時享五十有三年棺葬
鎮撫科樹頂厝后溝坐戌向辰兼辛乙
娶王氏因娘生嘉慶戊寅年二月廿三日巳時
子二　長別龍　次貽痛
八地公　為緻公子生嘉慶丁卯年十一月廿六日亥時卒年
月無考葬地俟查

八財公字金鄉號有用　君問公長子生嘉慶戊午年十月初
五日未時卒光緒壬午年十一月廿六日子時享年八十有
五楯葬本山山坛下格仔飛爐石脚坐壬向丙兼亥巳
娶蘇氏送娘號淑德生嘉慶丁夘年正月三十日巳時卒道
光丁未年四月初五日辰時瓦楯葬烏材林林仔後坐丁向
癸兼未丑
繼娶劉氏儉娘生嘉慶乙亥年八月初二日丑時
子四　長貽要　次瑶玉　三金頭（俱蘇氏出）　四群英（刘氏出）
八塔公字題卿　君問公次子生嘉慶丙寅年正月廿六日巳
時往仙遊卒咸豐癸丑年十月初一丑時葬在仙遊縣城邊
娶易氏寶娘生嘉慶辛未年四月二十日午時

子五　長貽笏殤　次文二　三鳳毛
四貽馴出継　五貽鏗
八鍊公號銀措　君條公嗣子生嘉慶戊寅年六月十八日未
時卒道光庚子年二月廿六日子時棺葬烏材林秋冷坪腳
坐戌向辰兼辛乙
承繼子　貽馴
八墻公　君黍公子生年月失卒咸豐庚申年六月十五日巳
棺葬鎮撫掘石崙邊坐甲向庚兼卯酉
天差公字推卿號爲善　伍夔公子生乾隆甲辰年三月十四
日未時卒道光壬午年十月初四日戌時瓦棺葬烏材林大
旗竹崙坐丑向未兼癸丁

娶余氏暱娘生乾隆甲辰年十二月初三日亥時卒咸豐丙
辰年六月十九日未時厝棺塟
子五　長貽頤　次貽認　三貽拿
四貽箱　五天憐出繼
八瓢公號　其政公子生乾隆癸丑年七月廿九日巳時卒年
月塟地俟查
八被公號　君旦公長子生嘉慶庚申年十月初十日亥時卒
年月塟地俟查
嗣子一　貽髯
八惕公　君旦公次子生卒年月俱失
八拵公號安進　崇貴公嗣子生嘉慶乙丑年八月二十日巳

時卒咸豐癸丑年九月十六日子時葬地俟查

八廠公號碗盛　祥發公長子生乾隆癸丑年八月初一日酉

時卒同治癸亥年八月十一日午時葬圳俟查

八爻公號有盛　祥發公次子生嘉慶庚申年十二月廿一日

辰時卒同治乙丑年十二月十八日亥時尾棺葬鎮撫古井

垵格坐辛向乙兼戌辰

娶劉氏願娘生道光壬午年十月十三日酉時卒光緒己卯

年三月廿一日午時棺葬鎮撫蜈蚣形崙坐　向　兼

子一　長貽嘮　次貽習

八捻公號後昌　君桓公長子生乾隆甲寅年八月初四日丑

時卒道光丁酉年七月十七日巳時棺葬鎮撫蛇頭後掃箒

穴崙坐丑向未兼艮坤

嗣子一　貽撞

人撰公號典僑　君相公次子生嘉慶戊午年七月初十日寅時卒光緒壬午年三月廿九日　時棺塟鎮撫科樹橫路下坐辛向乙兼酉卯

十八世中鎮四房三頂路長房二大垵七柱長美趣鴻儀公派人字行

恩榮鄉耆　人倘公字加卿號純德　鴻儀公長子為人醇謹視姪猶子董建中祖祠隣里有事出為勸解不惜頂踵之勞閭里稱為忠厚焉公生乾隆丙申年四月初九日巳時卒咸豐癸丑年十一月廿二日亥時享年七十有八齡棺塟本里

參洋洋江內坐巳向亥兼壬丙

娶葉氏尾娘號號敬儉生乾隆庚子年九月初一日巳時卒咸豐丙辰年十月初廿日酉時享年七十有七齡棺塟本里參洋內走上崎泗洲佛格頂坐乙向辛兼辰戌

子四　長貽綿嗣子　次貽制　三貽煨嗣子　四貽算

恩榮鄉耆　人道公字言鄉號純義　鴻儀公次子其爲人也克勤克儉以體先人之志欲恢基業以裕後昆於道光年間建立草美厝地一所坐西向東東至田西至壽土外南至祠宮壁北至厠池口大路四圍曠地樹木在內以爲子孫肯堂肯構之基焉公生乾隆庚子年二月十八日卯時卒咸豐戊午年十月十三日丑時享年七十有九齡棺塟男温容公仝

塟本里叅洋美趣橋坐壬向丙兼亥巳
娶柯氏妹娘號敬慈生乾隆乙巳年十月廿九日辰時卒咸
豐庚申年六月二十日戌時享年七十有六齡棺塟本里糖
蘇鄉大墩頭坐亥向巳兼壬丙

子　貽足

人孔公字甚卿號純一　鴻儀公三子生乾隆癸夘年十一月
十二日夘時卒道光戊申年四月十九日辰時享年六十有
六齡瓦棺塟本里美趣后彭坐西向東
娶李氏教娘號淑範生乾隆丁未年十一月十二辰時卒道
光甲甲年七月廿四辰時瓦棺塟本里美趣后彭坐西向東
繼娶吳氏酥娘號淑敬生乾隆丙午年二月十二日子時卒

咸豐壬子年八月初六日寅時卒年六十有七齡棺塟本里
石礁山虎壽内坐庚向甲兼酉夘
子二　長貽願　次貽嘐（學留）

鄉賓八露公字甘卿諱允大號純濡　鴻儀公四子經營成家
少有家計建立厦屋一座坐壬向丙兼子午公生乾隆丁未
年正月廿三日巳時卒同治戊辰年五月廿三日午時享年
八十有二齡棺塟本里黍洋洋江内坐亥向巳兼壬丙
娶許氏快娘號敬勤生嘉慶丙辰年七月初十日亥時卒咸
豐辛酉年八月十四日午時享年六十有七齡棺塟本里美
趣下馬祖厝邊坐申向寅兼庚甲
子四　長貽安　次貽鬪　三貽眈　四貽粒（嗣子）

恩榮鄉耆　人栽公字植卿號純培　鴻儀公五子粒積爲家
以成家素建立楊桃脚大厦全座坐辛向乙辰兼戌辰又建
置土名蠹尾山一所　東至楊桃脚厝後壽土外西至賴
家后溝南至界址爲界北至大路界址爲界又土名石蛇崙
一所　又土名尾樹脚園一所　又土名蔡厝粟倉外
園一坵厠池一口　又土名蔡厝風鼓斗厝厝地一所粟
倉厝地一所按風鼓斗厝粟倉厝與胞兄純德公合置
又土名破厝桶底荒埔一所　又土名干池山一所
東至干泄溝西至崙上南至王家山交界北至干池崙尾接
干池山與胞兄純濡公合置　土名糖蘇内田中央厝
坐北向南東畔過水厝一間西畔過水厝一間　又土名

岩嶺脚土樓厝外一座坐西向東公生乾隆辛亥年二月十二日戌時卒同治辛未年十二月廿七日寅時享年八十有一齡棺葬本里社庭尾尾坡坐甲向庚兼寅申

娶許氏舟娘號敬慎生乾隆壬子年九月十五日午時卒同治甲子年十一月十三日丑時享年七十有三齡棺葬本里叅洋塘内坐子向午兼壬丙

子二　長貽恃　次貽尌

待贈修職郎鄉飲賓諱傳經乳名八揀官字種卿號純儒公鴻儀公六子爲人寬容大度忠直坦易舌耕爲業居鄉睦族處世則既和且平治家則惟勤與儉秉性之愜宏詩書酷嗜裕及後昆故長男英年入泮黄使補廩晋使選舉明經公猶及

見之至今子孫書香繼繼繩繩詎非天之福報善人安能有
是之勿替乎家計頗饒嘗建華屋一座廣建田庄創置勸掄
山社庭尾山糖蘇內龜仔山以遺子孫公之廣置家業匪特
勤儉中得之寔惟經營中得之耳公生乾隆甲寅年四月十
四日午時終同治甲戌年七月廿一日巳時享年八十有一
齡光緒元年乙亥冬禮葬在本里鎮撫鄉土名科樹崙內坐
乾向巽兼亥巳外坐亥向巳兼乾巽穴號飛鳳朝天現任丞
福學訓導吳道南　親請葬禮廩生陳猷謀　謝經文賓贊
葬禮親朋累累以及房親長上俱各敬送葬禮咸至墓所無
不嘖嘖稱之曰福人吉壤焉　欽點鼎甲第三名探花翰
林院編修黃貽楫　敬題天賜潔淨福地六字贈之光緒

九年癸未冬做砂水大庭墓門遷就内向坐乾向巽兼亥巳
妣太安人陳氏諱金娘號徽緘壼範端莊助夫管家帨廣田
宅延師課督兒孫終身不倦焉　欽點㐲甲第三名探花翰
林院編修黄貽楫　敬題壼範揚休四字贈焉　嫣生嘉
慶巳未年二月初二日辰時卒光緒壬午年十月初十日寅
時享年八十有四齡是年冬棺寄塟本里杉畲鄉土名陎梯
崙中坐壬向丙兼子午穴號幢幡男孩兒右畔坐癸丁丑未
子四　長貽臏　次貽發　三天量　四天與
人在公字心鄉號守義　鴻儀公七子生嘉慶丙辰年十月十
四日寅時卒道光丁亥年四月初一日未時殞棺塟本里參
林内脚頭紆崙坐　向　兼　娶謝氏神娘諡節

子二　長承基嗣子　次貽石承繼

高星公派

德卿公字任賢號尹信　高星公長子生乾隆戊申年八月初九日辰時卒光緒戊寅年九月十六日申時享年九十一齡娶許氏諱見娘號莊立生乾隆丁未年二月初九日寅時卒咸豐乙卯年正月廿七日戌時享年六十有九齡公媽木棺合葬在本鄉洋江塘內土名竪坵穴坐癸向丁兼丑未

子三　長冬夏嗣子殤　次貽九　三和來

八弾公號中信　高星公次子生乾隆壬子年十二月初八日戌時卒嘉慶甲戌年二月廿一日酉時瓦棺葬本里叅洋美趣山后溝崙大樟脚坐酉向卯兼辛乙

子二　長貽傳嗣子　次貽向承繼

八瞻公字補卿號餘慶　高星公三子生嘉慶癸亥年四月十六日未時卒咸豐辛亥年十月廿二日亥時瓦棺葬本里三畲頂圳頭湖尾坐丑向未兼艮坤

娶吳氏濺娘號恬懿生嘉慶乙丑年八月初三日酉時卒同治壬戌年二月初六日巳時享年五十有八齡瓦棺葬本里坪洙大垢尾風沙崙脚坐艮向坤兼丑未

子六　長貽踏　次貽扶　三貽眼

四貽鵠　五貽音　六貽宜

八族公字宗卿號尹忠　高星公四子生嘉慶己巳年正月初九日戌時卒咸豐庚申年六月十三日巳時享年五十二齡

娶楊氏有娘號孝儉生嘉慶戊寅年六月十三日吉時卒同治己巳年正月三十日亥時享年五十有二齡厝棺合葬本里參洋美趣山后溝崙大橡脚坐　向　兼

子三　夏貽桶　次貽貞　三貽向出繼

恭亭公派

入抄公字騰卿號順壽　君漢公長子生嘉慶丙辰年正月初一日酉時卒光緒乙亥年七月廿六日午時享年八十棺葬本里美趣後彭坐辛向乙兼戌辰

娶葉氏坎娘號存惟生嘉慶丙辰年六月十四日寅時卒同治丁卯年八月十一日辰時享年七十有二棺葬本里恭洋江內車堀坐亥向巳兼壬丙

子五　長連因　次貽珠　三貽創　四貽素　五貽老

八軒公字甦卿號高壽　君漢公次子生嘉慶壬戌年五月十五日午時卒光緒庚辰年正月廿八日子時享年七十有九棺葬本里古田寮金山崙坐亥向巳兼壬丙

娶陳氏波娘號成德生嘉慶丙寅年十月初十日酉時卒道光甲辰年三月十五日午時棺葬本里鎮撫垻後格坐申向寅兼庚甲

繼娶洪氏耕娘號成敬生嘉慶甲子年十一月廿一日巳時卒光緒庚辰年十一月廿七日戌時享年七十有七棺葬崇善里吳厝壠黃厝門口金鑼山坐癸向丁兼丑未

子四　長貽兵　次貽鈁學　三貽謀陳氏出　四舜期洪氏出

人水公字艮卿號德壽　君漢公三子生嘉慶庚午年九月初八日未時卒道光庚子年十月十一日申時

娶吳氏眥娘號存世生嘉慶癸酉年九月二十日寅時卒道光乙巳年十月廿二日巳時棺合葬本里叅洋洋中坐甲向庚兼寅申

嗣子三　長貽炭　次貽秥　三貽田

先買公派

人勇字　君購公長嗣子生嘉慶甲戌年五月初六酉時往臺

嗣子一　啟加　在臺

人猛字威卿　君購公次子生嘉慶己卯年九月初二日寅時

娶張氏儼娘號順儉生嘉慶壬申年正月廿一日申時卒同

治戊辰年十二月初三日丑時享年五十有七瓦棺葬本里
参洋尾墓脚坐艮向坤兼寅申
嗣子一　貽脩
修政公派
八夜公字號失　修政公長子生乾隆甲寅年八月初七日戌
時往臺卒年月日時葬在臺
妣娶鄧氏送娘生卒年月日時失
在臺娶　氏　娘生卒年月日時葬在臺
子二　長貽冬　次貽番　俱在臺
八粉公號　修政公次子生嘉慶戊午年五月廿二日辰時往
臺卒年月日　葬在臺

子　　在臺

隨蘭公　君雅公長子生嘉慶甲子年五月廿一日卯時卒年

月日時俱失

雙鳳公　君雅公次子生嘉慶庚午年六月十一日巳時卒年

月日時俱失

天從公號　君雅公三子生嘉慶丙子年三月十八日戌時往

臺卒年月候查葬在臺

娶　氏　娘生卒年月候查葬在臺

子二　長木信　次江漢　俱在臺

天憐公號　君雅公四子生嘉慶戊寅年三月初十日子時往

臺卒年月候查葬在臺

娶　氏　娘生卒年月俟查塟在臺

子二　長　次　俱在臺

先是公派

人進公字取卿號脩業　德揚公長子生乾隆丙午年正月初三日寅時卒道光丙午年正月二十日未時享年六十有一瓦棺塟本里參洋美趣茶林灣坐西向東

娶龔氏昔娘號温惠生乾隆丁未年十月初八日酉時卒咸豐戊午年十日廿七日未時享年七十一瓦棺塟本里古井垻后壁坐西向東

子三　長貽鑠　次貽軍　三貽義殤

軫夏公字念卿號　德揚公次子生嘉慶癸亥年十月十七日

戌時往臺卒年月日時葬地俟查
娶吳氏仕娘號　生嘉慶乙丑年六月廿五日辰時往臺
卒年月日時葬地俟查
子一　必來　在臺
人登公字青卿號脩才　德揚公三子生嘉慶丁夘年十月初
十日巳時卒同治己巳年九月初二日辰時享年六十三歲
棺葬本里叅洋美趣茶林灣坐西向東
娶叅氏恬娘號　生嘉慶甲子年二月十八日夘時卒咸
豐甲寅年九月十七日午時享年五十一歲棺葬本里叅洋
美趣茶林灣坐東向西
承繼子　貽守

元茲公字文岬號脩置　德揚公四子生嘉慶庚午年五月初八日寅時卒咸豐丁巳年五月十三日未時瓦棺葬本里恭洋古田寮金錢湖崙坐東向西

娶林氏腰娘生嘉慶甲戌年十二月十三日辰時

子六　長貽蓼　次貽雙　三貽守出繼

四貽郁出繼　五貽漏　六貽芸

元脊公　德揚公五子生卒年月日時俱失

元欣公字喜卿號懽悅　德揚公六子生嘉慶甲戌年八月十九日卯時卒咸豐壬子年正月初十日戌時瓦棺葬本里美趣茶林灣坐西向東

娶殷氏對娘改節

承繼子　貽郁
十八世中鎮四房三頂路長房二大垵派二至七八字行
人標公號致艮　同進公長子生乾隆甲辰年十二月二十日
卯時卒道光丙午年十月初四日亥時尾棺葬鎮撫北坑壠
崙坐未向丑兼坤艮
嗣子一　新興
人傴公號心艮　同進公次子生乾隆戊申年八月廿八日寅
時卒道光甲辰年二月廿四日丑時葬地候查
人禘公號盤義　同進公三子頂作四生嘉慶丙寅年九月十
三日巳時卒咸豐壬子年十二月廿七日酉時棺葬鎮撫官
湖外崙坐丁向癸兼午子

人撘公號　于杞公承同進公三子爲嗣子生乾隆癸丑年九
月初三日未時卒同治丙寅年七月初九日　時棺葬鎮撫
堵蔚中格坐卯向酉兼乙辛

天恩公號　厚輕公長子生乾隆己酉年六月十六日辰時往
吧卒年月
在吧娶　氏　娘生卒年月俱失公媽葬俱在吧
子五　長貽於承繼　次貽天承繼　三得山
四得蘭　五得月

人侵公號　厚輕公承君宇公五子爲嗣子生道光庚寅年六
月十三日酉時往臺卒葬在臺
承繼子　貽包

八儼公字望卿號在然　君樹公長子生嘉慶辛酉年五月十
九日丑時卒道光丁未年九月廿八日未時瓦棺葬鎮撫舖
橋坡路頂坐癸向丁兼丑未
娶王氏立娘號淑德生嘉慶辛未年四月初九日午時卒同
治戊辰年八月十八日寅時棺葬鎮撫龜格蔚堵崙邊坐夘
酉兼甲庚
子一　長貽俊　次貽天出繼
八腴公號　君樹公次子生嘉慶癸亥年八月廿五日丑時卒
道光　年六月初十日午時葬地候登
八囦公號高添　君樹公三子生嘉慶丙寅年四月廿五日辰
時卒道光戊申年七月初九日申時棺葬鎮撫觀音尖外坑

仔崙邊坐丑向未兼艮坤
嗣子一　貽擬
人畀公號失　君樹公四子生嘉慶戊辰年十二月廿一日巳
時卒道光　年七月十二日　時塟地候查
官占公　君樹公五子生嘉慶甲戌年十二月十三日子時卒
年月失
名士公號　君樹公六子生嘉慶戊寅年二月廿六日申時卒
年月失
娶易氏寬娘生道光辛巳年月日時及卒年月俱失瓦棺合
塟鎮撫中連崙壁路邊坐丑向未兼癸丁
人寄公號龍得　君榛公長子生嘉慶甲子年十月十六日子

時卒咸豐辛亥年九月初五日戌時尾棺蕉鎮撫曹尖內倒
坐湖坐寅向申兼甲庚
娶陳氏胖娘生嘉慶乙亥年三月十二日午時
子四　長貽於出繼　次貽丙　三貽純　四貽石出繼炳承
人三公號失　君榛公次子生嘉慶丁丑年四月初四日亥時
往臺卒光緒癸未年六月廿四日寅時葬在臺
娶易氏縣娘生道光辛巳年八月初九日申時
子四　長貽評　次貽情出繼　三貽巧　四貽尾
人塞公字號失　君宇公長子生嘉慶丙子年八月十四日未
時卒咸豐丁巳年十二月十三日卯時葬地俟查
娶蔡氏敀節

子一　貽知

八彬公號　君宇公次子生嘉慶己夘年四月初四日丑時往臺卒年月失葬在臺

八栢公號　君宇公三子　道光甲申年正月廿三日辰時往吧卒咸豐　子年七月初三日　時葬在吧

八擔公號　君宇公四子生道光戊子年四月二十日辰時卒同治戊辰年六月十八日巳時瓦棺葬本里鎮撫山芸山牛平路下坐癸向丁兼丑未

娶陳氏蟳娘生道光癸巳年十二月十九日辰時

子三　長貽銅　次貽判　三貽田

八巖公號　悦義公長子生嘉慶己未年四月廿七日辰時卒

年月失棺葬山坛山蔚堵巷坐東向西

嗣子一　貽交

人搜公　悅義公次子生嘉慶戊辰年二月廿九日寅時卒年

月日時失

人蛙公　君研公長子生卒年月日時失

永于公號　君研公次子生嘉慶甲戌年四月十九日子時卒

年月失棺葬鎮撫破柴垵坐東向西

娶王氏起娘生卒年月俱失棺葬山芸山蔚堵內坐東向西

嗣子一　貽鏡

人質公號　君研公三子生嘉慶戊寅年八月初二日丑時卒

年月失棺葬山坛山蔚堵內坐北向南

八井公號　君玻公嗣子徙臺生卒年月俱失塟在臺

八蟲公字失號明山　君愈公長子生嘉慶戊午年三月廿七日戌時卒道光丙午年五月初十日巳時瓦棺塟山芸山大嶺箬坐北向南

娶陳氏纔娘號貞敬生嘉慶己卯年十二月初七日辰時卒道光乙未年五月初八日巳時塟地俟查

子一　貽任

天郡公字失號　君愈公次子生嘉慶甲子年十月初五日丑時卒年月失棺塟觀音墓口厝桶箬坐北向南

娶易氏桂娘生卒年月日時俱失瓦棺塟山坛山銅鐘箬坐北向南

子一　貽踏

八抵公號失　君愈公三子生嘉慶乙亥年五月十六日巳時

卒咸豐庚申年十月初七日酉時瓦棺葬本山新鄉嶺石淬

仔坐北向南

子一　貽石兩承

八肥公字號失　君儀公長子生嘉慶戊辰年二月廿三巳時

娶易氏千娘生嘉慶乙亥年五月十九日未時夫妻俱往臺

卒合葬在臺

子三　長貽籛　次貽祖　三珠璧

八脾公號新發　君儀公次子生嘉慶壬申年五月初五日未

時卒光緒癸未年八月廿五日卯時棺葬山芸山大嶺墘坐

東向西
承繼子一　貽嚴
德脩公字失號于身　君儀公三子生嘉慶丁丑年十一月初四日夘時卒同治甲子年三月初三日辰時棺葬鎮撫大嶺崙坐東向西
娶陳氏套娘號語順生嘉慶己夘年十二月廿三日午時卒光緒丙子年七月廿一日夘時棺葬鎮撫大嶺崙坐西向北
子三　長貽教　次貽嚴（出繼）　三貽有
人騎字鯨鄉　君儀公四子粒積成家營立厝桶崙脚厝乙座坐辛向乙兼戌辰生道光癸未年八月廿八日申時
娶陳氏好娘生道光壬辰年正月初一日酉時

子三　長貽爵　次貽窻　三潤澤出繼

人煦公字號失　君儀公五子生道光丁亥年六月十六日酉

時徃臺卒年月失塟在臺

在臺娶　氏　娘生年月日時不知

子一　貽探　在臺

人華公字號失　君幾公長子生嘉慶巳巳年五月初五日辰

時徃臺卒年月失塟在臺

人拒公號失　君幾公次子生卒年月俱失

需衍公號失　君幾公三子生嘉慶丙子年十二月十四日巳

時往臺卒年月失塟在臺

人琛公字號失　君幾公四子生嘉慶巳卯年閏四月初三日

酉時卒年月失塟在臺
娶許氏接娘生道光戊子年十月廿五日子時俱徃臺
人水字　君幾公五子生　年　月　日　時徃臺
佛佑公字號失　國家公寸生乾隆辛亥年五月廿九日午時
徃臺卒年月失塟在臺
娶陳氏悔娘生乾隆乙卯年閏二月初三日未時卒嘉慶己
巳年十一月初三日戌時棺葬鎮撫山猪湖坐亥巳兼乾巽
坤地字　文治公長子生乾隆辛亥年四月廿七未時徃漳州
臣附公號歸服　文治公次子生乾隆甲寅年十二月初六日
戌時卒嘉慶甲戌年三月廿一日卯時棺葬鎮撫大垵心坐
申向寅

八烹公字先號後成　八儀公子生嘉慶戊午年五月初三日
丑時卒同治壬申年五月初九日卯時棺葬鎮撫湖仔頭畬
坐西向東
娶陳氏在娘生嘉慶丙寅年二月十八日寅時
子二　長貽屯　次貽坎
甲第字　先披公承至正公四子爲嗣子生嘉慶庚辰年十二
月初十日卯時往飛鑾
八觟公號如錫　誠意公長子生乾隆壬子年二月廿五日寅
時卒嘉慶甲戌年十二月初十日巳時
八沁公字涵卿號必多　誠意公次子生乾隆乙卯年五月十
六日戌時卒道光　年九月廿九日　時

娶許氏險娘生嘉慶癸酉年十二月廿五日巳時卒咸豐甲
寅年六月日時失瓦棺葬觀音墓口眉桶崙坐東向西
子二　長貽羅　次貽紙
入宅公號　誠意公三子生嘉慶辛酉年八月初五日未時卒
咸豐癸丑年月日日失瓦棺葬蔚堵內大龍邊坐東向西
入溜字　誠意公四子生嘉慶乙丑年正月初六日寅時往臺
嗣子一　貽太
入琨字　至正公長子生卒年月俱失
神蔭公號　至正公次子生嘉慶己巳年六月廿八日寅時出
外亦知何方
入旁公號　至正公三子生嘉慶癸酉年七月廿八日巳時不

知何往

登薦公字號失　明直公長子生嘉慶乙亥年六月初四日申

時卒年月失棺葬蔚堵嵛大龍邊坐南向北

娶蔡氏扳娘生道光甲申年七月廿五日辰時卒年月失棺

葬大嶺嵛坐南向北

子二　長貽平　次貽董

人創字　明直公次子生道光壬午年三月廿二日夘時往臺

子二　長貽卜　次潤澤承繼

人節公號水澤　言善公長子生嘉慶丁巳年八月十五日丑

時卒嘉慶甲戌年閏二月十一日巳時

人埔公字田鄉號于新　言善公次子生嘉慶癸亥年十二月

廿五日亥時往吧卒道光壬辰年十一月十八日時葬在吧

娶陳氏富娘號順禮生嘉慶壬戌年十一月廿一日卯時卒

道光甲辰年十月廿八日寅時

子二　長大裕　次夏土

八耀公字失號詒列　君瑶公長子生嘉慶戊寅年五月廿六

日子時卒同治癸酉年正月廿七日子時

娶陳氏紗娘生道光丁亥年六月十九日酉時卒咸豐戊午

年三月廿三日午時

子　金帛

八渾公號失　君瑶公次子生道光甲申年七月三十日戌時

卒年月失

思性公號爲生　擢桂公子生乾隆丁未年六月十二日巳時

卒道光乙巳年五月初一日午時棺葬坪姝尾林後坐壬向

丙兼子午

嗣孫一　禮琶琵

登山字號　君拾公子生嘉慶丁卯年十月二十日申時往夢

人臣公字號失　君雲公長子生嘉慶丙子年九月初七日申

往廈卒年月失葬在廈

娶陳氏逆娘生嘉慶戊寅年正月二十日申時隨夫往廈

子一　貽卿

人吉字　君雲公次子生道光辛巳年十一月廿七日子時往

居在魁斗內東洋鄉

人狗字 君雲公三子生 年 月 日 時住錢

雨淞公號失 君涼公長子生嘉慶癸酉年五月初九日午時

卒咸豐乙卯年六月初八日巳時棺瘞烏材林罕英塗空內

大崙頭坐東向西

子二 長自觀嗣子 次龍鑣承繼

人燕公號 君涼公次子生嘉慶丁丑年五月十六日巳時卒

同治乙丑年七月廿九日巳時厝棺瘞烏材林塗空林大崎

尾坐乙向辛

娶陳氏康娘生道光丁亥年十一月初九日酉時

子二 長貽蘇 次龍鑣出繼

人盛字 君涼公三子生道光甲申年五月初二日辰時

幼娶王氏滿娘殤
壯娶柯氏尾娘生道光壬辰年四月初四日子時
子二　長雲來　次貽霞
人淤公號　脩德公長子生乾隆庚戌年六月十六日巳時往
臺卒嘉慶丁丑年八月十四日　時葬在臺
人萬公字號失　脩德公次子生嘉慶癸亥年六月初一日未
時卒道光己酉年十月初十日午時
娶龔氏心娘生嘉慶辛未年十月初八日辰時卒道光
年正月初五日　時
繼娶王氏遑娘生嘉慶甲戌年月日時失卒道光戊戌年四
月廿二日　時

八塡公號失　脩德公三子生嘉慶丁卯年三月十二日辰時
徃臺卒年月失葬在臺
八玲公字號失　君廉公子生嘉慶辛未年二月初一日寅時
卒道光戊申年七月　日　時
娶葉氏乘娘生嘉慶丙子年九月十七日酉時卒道光丙午
年七月初九日未時
子一　崑崙
八厘公　君五公長子生道光丙戌年正月初三日午時卒
八扇公號失　君五公次子生道光己丑年十月二十日未時
卒　年五月初九日　時棺葬觀音墓坐西向東
八豁公號失　君五公三子生道光癸巳年十月十五日丑時

卒光緒　年九月初五日未時棺葬破柴垵頭坐東向西

處士人湮公字湲鄉號其祿　傳述公長子生嘉慶壬戌年四
月廿二日辰時卒道光癸卯年十月十六日戌時棺葬坪殊
大坵尾水垾后壁龜仔山坐乙向辛
娶易氏寬娘號德信生嘉慶庚午年十一月廿二日午時卒
道光丁酉年七月廿九日巳時
嗣子一　輝美

大得公字壽鄉號其彩　傳述公次子生嘉慶丁卯年七月十
九日辰時卒道光庚子年三月初二日午時棺葬山坛山大
崙邊坐西向東
娶陳氏送娘號德慈生嘉慶戊辰年七月十四日辰時卒同

治辛未年二月十三日子時棺葬觀音臺厝桶崙坐北向南
子一　瓊玖
十八世中鎮四房三頂路長房三舊寨頂厝派入字行
入棣公字美鄉　龍山公嗣子生嘉慶丁卯年六月初四日申
時卒光緒乙亥年九月十五日寅時
娶許氏彬娘生嘉慶己巳年十二月三十日酉時卒同治庚
午年十一月十四日戌時
子五　長貽蒲　次貽部　三貽遮　四貽榜　五貽瑙
入少公字年鄉號和者　君綸公長子生道光癸未年四月廿
二日辰時卒光緒癸未年五月廿一日亥時
娶陳氏乃娘號順德生道光丁亥年六月二十日寅時卒咸

豐庚申年五月廿七日申時
繼娶吳氏勳娘號淑德生道光戊子年九月廿六日未時卒
同治庚午年十二月初十日申時
子五　長貽胃殤　次貽統　三貽禮
四貽獺出繼俱陳氏出　五貽勤吳氏出

八音字　君綸公次子生道光戊子年七月廿五日丑時
娶傅氏蜂娘生道光辛丑年七月初一日辰時
子　長貽庭殤　次貽郡　三貽浿　四貽緣

八岈字　君綸公三子生道光辛卯年二月十八日午時
娶胡氏越娘生道光丁酉年二月初六日丑時
子　長貽柔殤　次貽閎　三貽傑　四貽育

人行字　君綸公四子生道光丙申年七月廿一日辰時
承繼子　貽獺
人楓公　君席公子生道光辛巳年正月十五日丑時卒咸豐
庚申年七月　日　時葬地俟查　娶王氏以節
子一　貽洛
人瑞字致鄉　君角公長子經營儉樸糧積爲家與胞弟眞盟
建立大厦坐甲庚兼寅申生道光壬辰年閏九月初七戌時
娶康氏連娘生道光丁酉年十月廿七日酉時
子　長福濟　次貽察出繼　三貽造　四貽玩　五貽亮
人謂公號和慰　君角公次子生道光乙未年二月廿五日酉
時卒咸豐辛酉年四月廿三日寅時瓦棺葬鎗竹林八垣田

角坐壬向丙兼子午

承繼子　長貽寀殤　次貽泰

眞盟字　君角公三子克勤克儉粒積爲家與胞兄致鄉建立

大廈坐甲向庚兼寅申生道光癸卯年三月廿一日申時

娶陳氏截娘生咸豐辛亥年十一月十三日申時卒同治己

巳年九月十六日巳時棺瘞本鄉糞其垵外坐壬丙兼午子

繼娶劉氏容娘生道光壬寅年九月廿一日寅時

子　長貽艮　次貽泰出繼　三貽鑠

人讓公號山儉　和保公子生道光壬午年正月初五日辰時

往吧卒咸豐己未年正月十三日卯時瘞在吧娶洪氏改節

子一　貽番

八泮公字樂鄉號鳳池　飄桂公長子生嘉慶戊辰年五月初
六日戌時卒咸豐癸丑年十一月二十日巳時葬仙遊縣紈
娶易氏新娘生嘉慶壬申年三月初十日午時卒咸豐壬子
年九月初三日亥
子四　長調元　次武荼　三夜明　四貽邱出繼

金成公　飄桂公次子生道光甲申年四月十七日酉時卒光
緒甲申年七月十九日巳時棺葬窖尾頭崙坐東向西
子一　貽邱承繼

八巍公　和美公長子生道光丙戌年正月十三日丑時卒咸
豐丁巳年六月十九日子時瓦棺葬本山石碣后坐癸向丁
兼丑未

子一　水成承繼

人共字計卿　和美公次子生道光己亥年十二月初五寅時

娶陳氏咋娘生咸豐癸丑年十一月初四日辰時

子　長水成出繼　次水信　三貽慮　四貽思

武鎮字成卿　和平公長子生道光甲午年十一月十七酉時

娶吳氏醒娘生道光壬寅年八月廿一日辰時

子一　及成嗣子

人艮公　和平公次子生卒　月俱失

人益字獻卿　和平公三子生道光壬寅年十月廿三日酉時

娶吳氏磚娘生咸豐癸丑年二月十三日辰時

子　長貽詵殤

八永公號山春　和平公四子生道光丙午年四月廿八日午時卒同治己巳年十二月十八日戌時棺葬本宅后溝坐向　兼

八塭字溵鄉　和平公五子頂作六生咸豐甲寅年十二月廿二日辰時

娶王氏謳娘生同治壬戌年五月初九日辰時

子　長貽笑

八乞字諸鄉　和田公承和平公五子爲嗣子生道光庚戌年三月十三日戌時

娶陳氏受娘生同治癸亥年正月廿三日亥時

子　長貽包

人涼公　君躬公子生嘉慶丁卯年六月初六日未時卒道光丁酉年正月十八日酉時棺葬烏材林窖尾頭崙邊大石頂坐丙向壬兼午子

人標公　珠寶公長嗣孫生卒年月失

人瘊字　珠寶公次嗣孫生乾隆庚戌年九月十九酉時徃臺

人辣公　君奕公長子生嘉慶己巳年十一月廿二日酉時卒道光戊申年八月廿九日辰時瓦棺葬

人喻字義卿　君奕公次子生道光乙酉年十一月初一午時娶李氏旦娘號順田生道光乙未年十月廿一日戌時卒咸豐丙辰年四月初二日午時棺葬烏材林秋冷坪坐甲向庚兼卯酉

繼娶張氏轉娘生道光巳丑年十一月十一日申時卒同治
辛未年八月初九日酉時棺葬烏材林大崎坐丁癸兼未丑
子二　長貽忍　次貽拳鬮

八僉字　君開公長子生道光巳丑年八月初一日申時

東桂字　君開公次子生道光癸巳年九月廿三日辰時徃外

瑞鳳公　君服公長子生卒年月葬地俱失

季隨字　君服公次子生道光壬辰年閏九月初三日寅時
娶蔡氏郄娘生道光戊戌年八月十五日寅時卒光緒癸未
年十月廿七申時葬烏材林罕茉內火燒山坐癸丁兼丑未
子三　長扳萃　次貽乾　三啟瑞

仲巭公　君服公三子生道光巳亥年十一月廿八日戌時卒

同治壬申年四月初六申時葬本鄉秋冶坪坐夘酉兼乙辛
娶陳氏改節
子一　如在
十八世中鎮四房三項路長房四美趣合齋公派人字行
人註公　至孝公長嗣子生卒年月俱失
人條公號温柔　至孝公承君木公三子爲次嗣子生嘉慶巳
夘年五月初三日寅時卒道光壬寅年九月初六日寅時
人同公字　號　君木公長子生嘉慶丙午年正月初八日
亥時卒咸豐庚申年十月十四日戌時瓦棺葬本里柰洋美
趣山后溝崙坐西向東
娶幼婦賴氏生卒年月俱失

壯娶廖氏銀娘出

八欽公號　君木公次子生嘉慶丁丑年三月初五日寅時卒

年六月初八日　時棺葬本里黎洋美趣山后溝

崙坐北向南

八綬字　君木公三子頂作四生道光甲申年八月廿五申時

娶洪氏嚚娘號誠柔生道光丙戌年十一月廿六日丑時卒

道光庚戌年九月初一日丑時瓦棺葬本里黎洋坑頭茶林

灣坐西向東

子一　三光

八新公　君知公長子生卒年月俱失

八日公號　君知公承君木公五子為次嗣子生道光戊子年

二月十九日辰時卒　年　月　日　時瓦棺葬

本里茶洋坑頭茶林灣坐西向東

入雅公號　君知公三子生道光丁酉年十一月初七日　時

卒道光戊申年　月　日　時

十八世中鎮四房三頂路二房長舊窖下厝派入字行

盛利公字益鄉　格成公承君淵公長子爲嗣子生乾隆辛亥

年五月十三日寅時卒同治己巳年正月廿九日戌時

娶陳氏錦娘生嘉慶甲子年十一月十六日辰時卒道光戊

子年二月初二日　時

繼娶邱氏滿娘生　年十二月十三日酉時卒道光

庚戌年九月初十日　時

子六　長貽乙　次中取　三貽貢
四貽土　五以寧　六堂叔

人鳳公　君淵公長子頂作次生卒年月俱失

人挨公　君淵公次子頂作三生嘉慶戊午年三月十六日未時往臺卒

人鄉公　君淵公三子頂作四生嘉慶癸亥年九月初六日戌時往臺卒道光甲辰年十月初三日酉時葬在臺

人城公　君淵公四子頂作五生嘉慶丁卯年十月十七日戌時卒道光辛卯年三月十五日　時

堅望字　君淵公五子頂作六生嘉慶癸酉年七月廿五戌時
娶林氏冷娘生道光癸未年十一月十五日寅時

子三　長貽地　次貽情　三貽棊

八標公　伯助公長生嘉慶癸亥年二月廿九日戌時往外未知何方

八金公　伯助公次子生卒年月失

八曳公字遊鄉　學能公長子生乾隆庚戌年二月廿八日亥時任番邦卒葬地俟查　娶劉氏　娘跂節

子一　貽節學

八咍公號　學能公次子生嘉慶丙辰年四月廿四日未時卒咸豐辛酉年五月廿八日亥時棺葬烏材林丁崙尾坐邓向酉兼乙辛

八寸公　君盛公承學能公三子爲長嗣子生嘉慶辛酉年九

月廿九日酉時

娶陳氏救娘生　年　月　日　時夫婦相隨往外

八楹公字失號積善　君盛公次子頂作三生嘉慶丁卯年十

月初八日戌時卒咸豐丙辰年十月廿三日辰時瓦棺葬烏

材林棗樹門坐寅向申兼艮坤

娶林氏樂娘生嘉慶癸未年十一月十八日子時

子一　貽南

八示公字失號積諸　君盛公三子頂作四生嘉慶辛未年十

月廿一日戌時卒同治庚午年九月十二日辰時

娶易氏川娘生道光甲申年正月初二日辰時卒道光庚戌

年九月初一日未時

繼娶蘇氏近娘生嘉慶乙亥年　月　日　時卒咸豐癸
丑年十月廿七日丑時
嗣子二　長貽都　次通結
君盛公四子頂作五生嘉慶甲戌年七月初四申時
子一　貽鎼承繼
八代字
天脩公號積身　君盛公五子頂作六生嘉慶庚辰年十月初
三日寅時往漳州卒光緒戊寅年十一月廿三　時葬在漳
人技公字藝卿號賢能　君肅公長子生嘉慶癸亥年七月十
六日酉時卒道光丁亥年閏五月廿五日申時葬鳥材
林石碣后坐巽向乾兼亥巳
子一　文輶承繼

八鎮公號賢定　君肅公次子生嘉慶戊寅年三月初三日亥
時卒道光丙午年四月十四日辰時
娶李氏有娘生嘉慶甲戌年十一月十二日酉時
子三　文韜出繼　次武畧　三貽鑄出繼
八香公字餘卿號其馨　君鏡公承君歷公次子爲嗣子生嘉
慶乙丑年六月十六日卯時卒同治癸亥年五月初二丑時
娶龔氏三娘生嘉慶庚午年十一月初八日卯時卒咸豐己
未年六月十九日寅時
子三　長光程　次光會　三光遂
天袋公字載卿號秉正　君晋公子爲人勁直當一族之患難
受艱辛認扁患誓直言甘歷艱險而不辭洵爲有功於族姓

矣故筆於譜以誌不忘云爾　姪擇禮　敬序

公生嘉慶壬戌年五月廿八日酉時卒同治己巳年二月二

十日酉時

娶易氏炭娘生嘉慶戊辰年五月初五日辰時卒道光戊戌

年七月十六日　時

繼娶林氏仁娘生嘉慶壬申年三月初七日辰時卒咸豐庚

申年九月廿五日卯時易氏瓦棺葬烏材林大崎壟路外水

埕后壁坐午向子兼丁癸

子一　光務易氏出

十八世中鎮四房三頂路二房二嶺美鵠派八字行

八磚公　君測公子生乾隆戊申年十一月初十日巳時往臺

卒年月失葬在墓

人洸公　澄懷公長子生乾隆已亥年十一月三十日酉時卒

年月失葬地俟查

人漏公　澄懷公次子生乾隆癸卯年九月廿八日酉時卒年

月失葬地俟查

人詩公字秋卿　澄懷公三子生乾隆戊申年六月十七日寅

時卒年月失葬地候查

子一　貽搕另傳

人髻公字有鄉　利民公長子生乾隆丙午年六月初十日申

時卒道光丙申年八月廿七日未時享年五十一棺葬鎮撫

石碣后崩巷紫坐巳向亥兼丙壬

娶李氏緬娘生乾隆戊申年十一月廿九日戌時卒咸豐辛亥年五月廿一日巳時享年六十四棺葬烏材林窯公后崩巷墘坐巽向乾兼巳亥

子三　長貽蟬　次貽彥　三貽耻出繼

八餤公　利民公次子生乾隆庚戌年九月二十日亥時卒同治壬戌年十月廿九日丑時棺葬烏材林窯公后崙坐乙向辛兼辰戌

承繼子一　貽耻

八瓜公字匏卿　利民公三子生乾隆乙卯年九月初八日寅時卒咸豐庚申年七月廿三日未時棺葬烏材林牛泳頂坐寅向申兼艮坤

娶林氏求娘生嘉慶丁丑年十二月二十日戌時
子三　長貽御　次貽卿　三貽五
人點公號心敬　利民公四子生嘉慶戊午年九月初五日戌
時往吧卒道光甲午年三月十八日寅時葬在吧
人盾公字戈鄉號成佳　君氣公長子生乾隆己酉年正月初
七日酉時卒道光癸卯年八月初五日巳時瓦棺葬烏材林
柴坪頂橫路下坐卯向酉兼乙辛
娶陳氏瑞娘生嘉慶癸亥年二月初二日申時卒咸豐壬子
年四月初五戌時瓦棺葬烏材林窯公后中心崙坐　向
子二　長貽切　次貽齊
人考公字績鄉號知禮　君氣公次子生乾隆癸丑年四月十

六日酉時卒道光丙午年六月初五日酉時尾棺葬烏材林
烏衫垵坐　向　兼
娶郜氏出娘生嘉慶丁卯年九月初九日酉時卒咸豐辛亥
年八月廿六日未時棺葬烏材林楊墓脚下中心崙坐癸向
丁兼子午
子一　貽汎
八致公字曲鄉號惟仁　君氣公三子生乾隆乙卯年八月初
一日酉時卒道光癸卯年三月廿三日巳時棺葬烏材林窖
公后坐　向　兼
娶馬氏完娘生嘉慶庚午年九月廿六日亥時卒同治甲子
年五月初五日丑時

子三　長貽扭　次貽拔出繼　三貽囉
官薦公號尊雲　君氣公四子生嘉慶戊午年六月廿一日酉
時卒道光癸巳年十二月十二日未時瓦棺與顯妣林氏勤
順合塟烏材林窯公后中心崙坐艮向坤兼丑未
八舵公號過洋　君氣公五子生嘉慶癸亥年三月廿八日酉
時卒道光甲辰年九月廿七日未時棺塟烏材林茶后垵崙
坐甲向庚兼夘酉
承繼子一　貽拔
神祐公字吉卿號明德　君勸公長子生乾隆乙夘年十一月
廿三日巳時卒道光甲辰年十一月初十日丑時
娶李氏子娘生嘉慶壬戌年八月廿五日午時卒咸豐壬子

年三月初四日酉時葬地候查

子六　長版成　次遠悅　三茅廬出繼

四公別　五貽商　六貽貌

五壽公字福鄉號東海　君勸公次子生嘉慶辛酉年十二月

廿六日戌時卒咸豐丙辰年七月初十日巳時甩棺葬烏材

林大糞坐巽向乾兼巳亥

娶鄔氏美娘生嘉慶庚午年四月三十日午時

子五　長文來　次往來　三貽每　四貽怕　五貽弓

八年公號尊齒　君勸公三子生嘉慶乙丑年二月十一日子

時卒道光壬午年十二月初一日丑時甩棺葬烏材林崩山

崙邊坐庚向兼酉郊

子二　長茅廬承繼　次貽毛嗣子

人斐公字文鄉號思義　志成公長子生嘉慶甲子年正月初五日戌時卒道光丙午年十二月廿八日寅時尾棺葬鎮撫七格巷瓦窯頭坐癸向丁兼丑未

娶林氏本娘生嘉慶庚午年五月初十日巳時

子三　長貽硯嗣子　次貽市　三貽長

人甲公號川進　志成公次子生嘉慶辛未年五月初二日卯時卒年月失棺葬鎮撫赤嶺巷頂坐北向南

娶柯氏富娘生卒年月俱失棺葬烏材林秋冷坪內崙坐癸向丁兼丑未

子二　長貽泰　次貽轉

人浬公　豐積公子生嘉慶丙寅年八月廿二日未時往臺卒年月失葬在臺

人鰍公　先珪公承君隣公四子爲嗣子生嘉慶戊寅年七月廿四日巳時往臺卒年月失葬在臺

人行公　君鄉公長子生嘉慶庚午年八月廿六日寅時卒年月失免棺葬烏材林蕢箕垵坐卯向酉兼甲庚

娶易氏　娘生卒年月俱失往臺葬在臺

子一　其位嗣子

人錫公　君隣公次子生嘉慶癸酉年正月廿八日未時往台卒年月失葬在台　娶　氏歿節

子一　貽泉

人洗字　君隣公三子頂作五生嘉慶庚辰年十一月初一日
巳時往臺
承繼子一　貽領
人音字　君鄰公六子生道光戊子年五月廿六日丑時不知
何往
人㰘字　薰德公承君隣公三子爲嗣子生嘉慶乙亥年七月
十一日未時不知何往
人娘字蔦鄉　君碩公長子勤儉爲家與胞弟人肯營立長圳
厝乙座坐丑向未兼癸丁生道光乙酉年正月初七日巳時
娶陳氏鉗娘號儉勤生道光戊子年十一月十三日寅時卒
同治庚午年八月初七日未時棺葬本里坪珠口許壠圳后

壁坐癸向丁兼丑未

子二　長貽基　次貽甚

八肯字　玉柱公承君碩公次子爲嗣子儉樸爲家與胞兄八

娘營立長圳厝乙座坐丑向未兼癸丁生道光乙未年二月

初四日寅時

娶趙氏郡娘生道光乙巳年三月十一日寅時

子　長春水

聽天公字順卿號所爲　君容公長子生乾隆癸丑年十二月

廿八日丑時卒道光　年三月十六日　時厝棺埜鎮撫

龜格內崙脚坐巽向乾兼辰戌

娶陳氏縣娘生嘉慶乙亥年六月廿七申時隨子不知而去

子一　進添

思明公號所視　君容公次子生嘉慶丙辰年十一月廿七日亥時卒咸豐辛亥年十月初二日　時厝棺塟鎮撫獅形崙頭坐丁向癸兼午子

思聰公號心聽　君容公三子生嘉慶壬戌年六月初六日酉時往臺卒道光廿年年九月十七日巳時塟在臺

文章公　君容公四子生卒年月俱失

庶人公號以至　君容公五子生嘉慶癸酉年八月十四日巳時往臺卒　年　月　日　時塟在臺娶易氏料娘改節

有祖公號敬宗　顧盼公子生道光壬午年十一月十三日午時卒同治丙寅年七月初六日申時棺塟烏材林罕萊内蕢

箕垵崙坐夘向酉兼乙辛
娶許氏鑽娘號順儉生嘉慶辛未年十月廿一日午時卒咸
豐丁巳年九月廿八日未時棺葬鳥材林罕菜内葬箕垵外
坐午向子兼丙壬
子一　貽晉舸字
叔敖字　宗命公子生嘉慶壬戌年八月廿八丑時不知何往
一叙字　東有公子生道光戊子年十月廿四日丑時
十八世中鎮四房四鵬雛路派人字行
八晉字楚鄉號　君足公長子生道光丙申年四月初五辰時
娶林氏栽娘生道光癸巳年八月十八日申時
子　長貽順　次貽魚　三貽妙出繼

隨喜字　君足公次子生道光壬寅年十月廿八日寅時

承繼子一　貽妙

八禾字　君足公三子生道光乙巳年三月廿九日巳時

八寶字　君足公四子生道光丁未年九月初九日未時

八猫字　君足公五子生道光己酉年九月廿五日酉時

八賴字　君足公六子生咸豐己未年八月十三日子時

十八世田墘長房派八字行

八譸公諱士錦　東條公長子生乾隆乙巳年八月十五日寅時卒嘉慶壬申年四月十三日申時葬本鄉土名崗楨邊坐南向北　娶張氏改節

抱養子一　貽井

八敬公諱士及　東升公承東條公次子爲嗣子爲人勤儉經營家業重興忠厚正直處世無爭克盡孝道竭力事親教子義方推愛兮兄生乾隆巳酉年四月二十日酉時卒道光乙巳年七月初三日午時葬本里叅林山土名鳳垵頭坐巽向乾兼巳亥次子貽矩祔葬在内

妣謝氏諱重娘謚慎懿追維謝氏懿行誠可稱三教必謹四德惟精相夫有道教子執經生嘉慶辛酉年八月十五日午時卒咸豐庚申年三月二十日卯時葬本鄉岩嶺脚山土名大胡坐戌向辰兼辛乙

子三　長貽蟆抱養　次團圓抱養　三貽帶

授賢公諱士燦　東條公三子生嘉慶丁巳年七月十四日酉

時卒道光庚子年十二月十四日巳時在外卒
娶陳氏諱汞娘謚順正生嘉慶癸亥年八月初三日吉時
子三　長貽院　次貽經　三貽鉞
美德公諱士佳字宜鄉　東正公子生乾隆丁未年四月廿七
日丑時卒道光丁酉年九月廿八日亥時卒在海中
娶張氏諱好娘號守勤生嘉慶庚申年七月十二日酉時卒
咸豐癸丑年九月初二日卯時葬本鄉崗槙邊坐南向北
子六　長貽茶　次貽寶　三貽潘出繼
四貽衙　五貽瞼出繼　六貽仁出繼
人俾公字　號貴封　源春公長子生乾隆丁未年正月初
九日亥時卒咸豐丁巳年八月廿六日寅時葬本里叅林內

土名脚頭紆崙
妣陳氏諱最娘生嘉慶丁巳年十一月初十日亥時卒同治
庚午年四月十四日未時葬本鄉朱厝崙坐南向北
子二　長貽尙　次添丁嗣子
人鎮公字　號貴守　源春公次子生乾隆己酉年八月廿
八日午時卒同治癸亥年十月廿二日未時
娶蘇氏諱修娘號勤身生嘉慶辛酉年七月初七日未時卒
咸豐庚申年三月初十日丑時二位骨葬本鄉崗槓邊坐南
向北
子二　長開基　次開歛
人安公諱士石　源順公長子生嘉慶丁巳年三月廿七日寅

時卒道光丁未年十月初一辰時葬本鄉崗楨邊坐南向北
娶謝氏諱取娘生嘉慶庚午年二月二十日辰時卒同治戊
辰年二月廿六日丑時葬在朱厝崙坐西向東
子二　長貽美嗣孚　次貽菲

八亩公字　號　世隨公嗣子生嘉慶庚申年三月廿一日
戌時卒道光戊戌年閏四月初八日申時葬本鄉朱厝崙坐
北向南　娶　氏歿節
子二　長東河　次貽美出繼

八市公字　號　源順公三子生嘉慶丙寅年七月廿一日
巳時往臺卒年月失葬在臺

馬務公字　號　明通公嗣子生嘉慶辛未年二月十六日

酉時往臺卒年月失葬在臺
深田公字　號　世化公長子生嘉慶庚申年十一月二十
日酉時往臺卒年月失葬在臺
川兼公字　號　世化公次子生嘉慶甲子年七月二十日
戌時往臺卒年月失葬在臺
家庭公字　號　世化公三子生嘉慶辛未年九月三十日
酉時往臺卒年月失葬在臺
戊章公字　號　世紅公子生嘉慶壬戌年九月十八日戌
時往臺卒年月失葬在臺
敦齡公字懋九號　有輝公長子生乾隆乙未年十月十一日
亥時往臺卒年月失葬在臺

娶謝氏諱洪娘生乾隆丙午年十月初六酉時往臺卒不知

子三　長華淡　次華奇　三高陞

宣齡公字懋猷號　有輝公長子生乾隆乙巳年十月廿二日

申時往臺卒年月失葬在臺

娶王氏揌娘生乾隆戊申年十一月十三辰時往臺卒不知

子一　玉波

福寧公字　號　世揀公長子生嘉慶辛酉年十二月廿八

日未時往臺卒年月失葬在臺

再寧公字　號　世蕭公嗣子生嘉慶丙寅年八月二十日

申時往臺卒年月失葬在臺

春寧公字懋景號　世省公長子生乾隆辛亥年六月廿六日

辰時往臺卒年月失葬在臺

參寧公字　號　世省公次子生乾隆甲寅年二月初六日
辰時
娶許氏香娘生嘉慶甲子年七月初六日酉時考妣俱往臺
卒年月俱失葬在臺

添寧公字　號　吉安公嗣子生嘉慶乙丑年六月十三日
未時往臺卒年月失葬在臺

恭寧公字　號　世省公四子生嘉慶庚午年十二月十二
日亥時往臺卒年月失葬在臺

人心公字　號　世固公嗣子生嘉慶丙寅年二月廿二日
辰時

娶陳氏諱鳳娘生嘉慶甲子年三月初五日丑時考妣俱往
臺卒年月俱失葬在臺

石寗公字　號　世湍公長子生嘉慶壬戌年十月十二日
申時往臺卒年月失葬在臺

君寗公字　號　川石公嗣子生嘉慶乙丑年八月廿一日
丑時往臺卒年月失葬在臺

山寗公字　號　世調公長子生嘉慶丁卯年十月初四日
寅時往臺卒年月失葬在臺

十八世中三田墘二房派人字行

人候公字　號積諸　給亭公子生嘉慶乙亥年七月廿五
日巳時卒咸豐甲寅年八月廿二巳時葬崗楨山坐　向

娶朱氏橐娘出

繼娶李氏諱腰娘生道光壬午年二月初二日午時

子四　長貽砧　次貽蓮　三貽枉　四貽靜殤

八札公字千卿號積金　世物公長子生嘉慶丁丑年六月初

三日辰時卒　年　月　日　時往上府西縣卒

娶王氏治娘生嘉慶己卯年　月　日　時卒道光庚子

年五月十二日巳時

繼娶殷氏諱親娘生道光己丑年十月初一日吉時卒道光

乙卯年二月初八日戌時二妣俱葬崗頂山坐　向

子三　長貽戩　次貽表　三貽悄

八挖公字　號　世物公次子生道光壬午年九月十六日

吉時往塋

八愀字消卿　世鉗公長子生道光丁亥年正月初六日午時

娶謝氏春娘生道光庚寅年二月廿八日午時

子三　長貽清　次秋夏殤　三貽挺出繼

八時公字　號積習　世鉗公次子生道光甲午年五月廿

五日辰時卒同治丁卯年八月初四日卯時

娶温氏諱好娘生道光辛丑年六月初八日巳時卒同治丁

卯年八月廿八日巳時考妣俱尾棺寄藝崗横山坐　向

承繼子　貽挺

八銅公字　號積善　世鉗公三子生道光戊戌年六月十

八日丑時卒光緒乙亥年六月初二日申時往番邦叻實寮

內而卒　娶陳氏笑娘攺節
人歡公字　號積喜　世鉗公四子生道光癸卯年十二月
廿九日酉時卒同治甲戌年八月十一日未時瓦棺寄埜本
鄉土名崗槓山坐　向　娶蔡氏滿娘攺節
人榜公字金卿號積名　世否公子爲人忠厚正直讀書識字
熟讀外傳輯誌家譜斯亦人世中所可稱者生道光辛巳年
九月初一日酉時卒治同乙丑年四月十七日辰時瓦棺寄
埜本鄉土名崗槓山坐　向
娶盧氏鉞娘號淑絲生道光甲申年七月廿七日未時
子三　長貽殿　次貽飛　三貽魚殤
人泳字益卿號　世嘆公長子生道光丁亥年閏五月十六日

子時
娶陳氏諱問娘生道光丁亥年十二月廿九日寅時卒光緒
壬午年六月十六日巳時棺葬本里崗頂山坐　向
子二　長貽正　次春梅殤
人揣字心鄉號　世嘆公次子生道光庚寅年閏四月初一日
酉時
娶王氏法娘生道光己亥年十一月十一日未時
子二　長貽崎　次貽黎出繼
人傑字　世嘆公三子生道光乙未年八月廿五日亥時
承繼子　貽黎
人琛公字　號積深　世嘆公四子生道光辛丑年五月初

九日亥時卒光緒甲申年十二月十一日巳時塟崗楨山
娶白氏諱愛娘生咸豐　年　月　日　時卒光緒乙
酉年八月初五日吉時往厦卒塟在厦
子一　貽犬
八黨字族卿　世嘆公五子生道光乙巳年九月初十日午時
嗣子一　貽長成
八魴公字　號積魚　世亨公長子生道光乙亥年五月二
十日辰時卒光緒甲申年九月廿七日亥時塟崗楨山
娶吳氏愛娘歿節
嗣子　貽合兩承
八榮公字　號積顕　世亨公次子生道光辛丑年十月廿

一日寅時卒光緒乙酉年七月三十日吉時葬於厝崙
嗣子　貽合兩承
八吐公字當卿號積穩　世語公長子生嘉慶甲戌年十二月
十二日亥時卒道光己酉年十一月廿五日寅時葬在本里
崗槓山坐南向北
娶白氏六娘生嘉慶戊寅年八月廿六日未時
子二　長貽樹　次貽浪
八畜公字養卿號積玉　世語公次子生嘉慶丁丑年八月廿
四日午時卒道光壬寅年十二月廿三日吉時葬本山參林
內土名桶鈎嶺下圳頂坐東向西　娶李氏引娘敀節
子一　貽鑗抱養

八猜字着鄉　世語公三子生道光己酉年三月初五日辰時
娶謝氏諱集娘諡恭福生道光戊子年七月初二日卯時卒
道光辛亥年四月廿五日戌時葬在叅林內碗碯山坐坤向
艮兼申寅
繼娶陳氏雙娘生道光壬辰年二月廿三日辰時
子四　長貽百謝氏出　次貽圈　三貽别　四貽氾俱陳氏出
八樂公字三鄉號積節　世語公四子生道光己丑年九月廿
五日戌時卒光緒乙酉年二月十三申時葬本鄉向　坐
娶謝氏曲娘生道光丙申年十月廿二日丑時
子四　長貽仰　次貽草　三貽寝　四貽學
八溪字河鄉　世語公五子生道光丙申年八月十三日寅時

娶陳氏月娘生道光乙亥年九月廿七日未時
子四　長貽回　次貽明　三貽夏　四貽魏
例貢生諱茂美字怡卿乳名顏官號積善公　世妙公長子爲
人生財大道三尺之子莫欺賦性寬宏四方之朋咸知尊師
重傅卒度禮儀事父奉母不匱孝思和鄉睦族遜順謙卑排
難解紛誠意維持勤儉經營食用得宜公之耕商致富建田
宅物業者不勝舉録惟置大厦壹座兩進兩護在本鄉土名
盡美山坐乾巽兼亥巳又屋後承賴家産山壹所四至各有
立石爲記又置美山厝地壹座四進兩護坐辛乙兼酉卯其
左畔護厝地基與族中裁兄比連護厝二比各有缺地相侵
來去方得完成起蓋迨同治癸亥元月房親數人來兩處解

勸相換公立合約二紙各執一紙爲炤其約字恐歷久難尋
謹將原稿誌載名下譜中以垂不朽公之爲人如此是誠族
中所推許而矜式者也生道光辛巳年六月廿六日寅時卒
光緒戊寅年六月十二日申時享年五十有八葬本鄉土名
産墘下后壠坐壬向丙兼子午
娶謝氏絹娘生道光甲申年八月初六日午時
子七　長貽景　次貽瑛　三貽尼　四貽祖
五貽僉　六貽鑨　七七雄
仝立合約字人兄人栽弟人顏有同時起基新建厝地各壹
所互相比連貫在長泰里參洋鄉土名盡美山脚因左邊護
厝地二比各有田地相侵來去未經過換茲邀請房親叔姪

二比相議對換明白面約兩邊各一界址爲憑其人栽厝壹座坐辛乙兼戌辰約自厝後山脚起至前進滴水止計長壹拾弍丈伍尺伍寸爲限日後不得再加進前侵築寸尺地面如違者聽另折毀不敢異言而人栽右畔護厝自邊屛壁起至護厝墻外皮止計闊貳丈陸尺伍寸爲限日後不得加佔咫尺地面如違聽另折毀不得阻當其人顏厝地坐辛乙兼酉卯約前進比人栽厝前進自滴水外加增進壹丈陸尺伍寸爲限不許再增進前如違聽兄折毀不敢異言而人顏左畔護厝滴水與人栽右畔護厝滴水巷溝所存留餘地前面潤計肆尺后面計潤壹丈肆尺肆寸俱作通巷二比出入通用之地不許互相堆積柴草蔽塞諸事如違聽其撤去不得

生端至於後來二比之厝要築加進只許各厝後面加進不得互相阻當其前面各不許增築加進此係二比甘愿許諾各無後言恐口無憑仝立合約字一樣二紙各執一紙永爲存炤

貽綿

國田

房親姪　貽國

貽品

貽算

秉筆姪　貽摸

見人栽

同治貳年　正月　日仝立合約字人　弟八顏

人奪公字　號積志　世妙公次嗣子生道光辛卯年六月十二日寅時卒道光己酉年八月十二日寅時瓦棺葬在本鄉崗槓山坐南向北

娶謝氏硯娘生道光壬辰年九月廿一日巳時

子四　長貽返　次貽納（俱抱養）　三貽容（承繼兩承）　四貽宮（承繼兩承）

人朝公字　號積廷　世妙公三嗣子生道光辛卯年五月十四日卯時卒光緒乙酉年七月十一日未時木棺寄葬本里土名崗槓邊坐南向北

娶謝氏現娘生道光壬辰年八月廿二日巳時

子四　長南容（出繼兩承）　次南宮（出繼兩承）　三南滔　四南岳

人眜公　世妙公四子生道光丁酉年十二月十六日戌時殤

人婆公字　號　其位公長子生道光辛巳年九月初五日
戌時卒年月日時往臺不知
人得公字　號　其位公次子生道光癸未年十一月廿四
日戌時卒年月日時往臺不知
人謟公字驕卿號人以　其珠公長子生嘉慶乙丑年八月十
六日亥時卒道光乙巳年十月十三日申時葬本鄉崗槓山
坐東向西
娶許氏諱媚娘謚恭懿生嘉慶戊辰年九月初一日丑時卒
道光甲申年七月十六日午時葬本鄉崗貢山坐東向西
子三　長貽崑　次貽程　三貽潭殤
人弁公字銘卿號　其珠公次子生嘉慶戊辰年正月十六日

巳時卒咸豐戊午年五月廿六日午時寄葬本鄉崗槓山坐東向西

娶王氏諱賤娘生嘉慶丁丑年八月十九日酉時卒咸豐丁巳年九月十六日戌時葬本鄉崗貢山坐東向西

子二　長貽欖　次貽\[牛建\]

人哖公字囉鄉號人哆　其琜公三子生嘉慶癸酉年二月初六日亥時卒道光庚戌年十一月初十日酉時寄葬本鄉朱厝崙坐南向北

娶謝氏諱旺娘生嘉慶庚辰年正月十九日卯時卒咸豐戊午年三月廿九日酉葬本鄉　坐　向

子一　貽灣

八閭字鳳卿號積綿　其珠公四子生道光辛巳年十二月初
九日辰時
娶蔡氏諱准娘生道光辛卯年九月十八日午時卒咸豐乙
卯年正月十四日酉時與姑合葬朱厝崙坐　向
繼娶吳氏鵶娘生道光庚寅年十月廿五日卯時
子　長貽杷　次貽丙　三貽夢殤
八鑛公　其珠公五子生道光戊子年三月廿四日酉時卒道
光甲午年九月二十日午時殤　無傳
八俊字　號　其桂公子生道光丙申年七月廿七日未時
往臺
八猪字　號　集福公子生道光乙巳年十一月初四戌時

人糖字　號　世番公子生咸豐辛亥年八月十六日寅時
子一　貽換　父子往大田住居
十八世中三団墘四房派八字行
德欺公字　號　文丁公長子生隆隆癸丑年五月廿九日
巳時卒道光辛巳年五月廿二日巳時
德壬公字　號　文丁公次子生嘉慶壬戌年五月二十日
子時不知而去
人震公字　號　先閣公嗣子生卒年月日時俱不知
娶謝氏敃節
子一　貽灶
人客公字　號知仁　克明公長子生嘉慶辛酉年四月十

二日未時卒咸豐戊午年四月廿八日申時
娶　氏諱做娘生卒年月日時俱不知
繼娶謝氏益娘生年月日時失卒光緒己卯年四月十四日
子時
八福公字　號祿壽　克明公次子生嘉慶庚午年十一月
初二日戌時卒光緒丁丑年七月十八日巳時
娶王氏四娘生嘉慶己卯年十月二十日辰時
嗣子一　貽趱
八蛤公字　號　克明公三子生嘉慶乙亥年月日時失往
臺不知如何
八示公字　號丁仁　克明公四子生嘉慶庚辰年月日時

失卒咸豐丁巳年六月廿七日辰時葬牛櫝邊坐南向北

生來公字　號則安　議成公嗣子生嘉慶甲子年八月廿
九日寅時卒同治壬戌年十二月十三日午時
娶石氏緩娘生嘉慶甲戌年八月十八日寅時
　子二　長漳泉　次厚根

人藕公字　號元位　行道公長嗣子生嘉慶己卯年十二
月初十日申時卒同治乙丑年五月廿五日卯時
娶蔡氏諱梛娘生道光壬午年四月十四日辰時卒光緒乙
亥年七月廿六日子時公及妣葬在牛櫝邊坐南向北
　子二　長貽尚　次貽港

人鄭公字　號元祿　行道公次嗣子生道光丙戌年十二

月十六日午時卒咸豐庚申年九月三十日吉時卒在廈門
娶劉氏部娘生道光己丑年八月廿八日巳時
子一　貽讓
人坤字　號元名　行道公三子生道光辛丣年十一月十
一日寅時
娶劉氏冬娘生道光己亥年九月十七日申時
子二　長註定　次貽貨
人慥公字　號元壽　行道公四子生道光甲午年九月初
一日子時卒同治甲戌年十二月初一日亥時往番邦卒
娶吳氏尾娘生道光丁亥年九月十九日申時卒同治癸酉
年六月初十日巳時葬本鄉牛槓邊坐南向北

子一　貽立

人送公字　號　議美公子生嘉慶壬戌年月日時失任臺

承繼子　貽浦

人豹公字　號元金　議得公長子生道光庚寅年十一月廿五日戌時卒道光壬寅年十二月廿七日未時

人獅公字　號元成　議得公次子生道光癸未年三月十一日巳時卒咸豐丁巳年八月初四日巳時

人蝝公字　號元寬　議得公三子生道光丙戌年八月初八日申時卒同治丙寅年六月廿五日酉時

人蟳字　號　議得公四子生道光壬寅年七月初五日午時往番

人慱公字　號元廣　識國公子生道光乙酉年五月初八
日申時卒同治壬申年三月廿三日辰時葬本鄉坐　向
娶趙氏女娘生道光丁亥年十一月初八日申時
子五　長貽冰　次貽劉　三貽諶　四貽晉　五湍出継
人勞公字　號　先泉公子生道光丙申年正月初二日吉
時卒咸豐乙卯年九月十八日巳時葬本鄉
娶王氏朱娘生道光辛丑年五月初八日申時
人帕公字　號　先念公子生道光乙巳年二月十二日午
時卒同治辛未年三月初三日酉時
十八世中三田墘五房派八字行
八八公字　號十成　東安公抱養子生嘉慶乙丑年正月

八日丣時卒同治甲子年七月十五日丣時
娶謝氏應娘謚懿用生嘉慶壬申年四月十六日酉時卒同
治辛未年十月十四日未時葬本鄉　坐　向
子一　貽到
人聽公字　號從得　忠正公抱養子生道光庚寅年十二
月廿二日酉時卒同治癸酉年三月三十日辰時葬本鄉土
名　坐　向
娶陳氏砧娘生道光癸巳年六月廿四日辰時
子二　長貽由　次貽築
人路公字　號　世佃公長子生卒年月時往臺俱失
人懩字號發祥　南山公長子生道光戊子年十月十八戌時

娶蔡氏女娘生道光庚寅年十二月十八日寅時卒光緒丙
子年七月十二日未時葬本里土名　　坐　向
子二　長貽雌　次貽體
雀老公字　號玥石　世育公承南山公次子爲嗣子生道
光戊申年二月十五日辰時卒光緒辛巳年四月十一日夘
時葬本里土名　坐　向
娶陳氏香娘生道光己酉年十月初六日寅時
子一　貽罷抱養
八渣公字　號　東海字抱養長子生道光己丑年四月初
一日酉時卒光緒己夘年九月廿八日未時
八郁字文鄉號興日　東海公抱養次子生道光庚子年正月

廿四日巳時
娶李氏連娘生咸豐戊午年九月初六日申時
子一　貽閲
八創字　號　世凱公子生卒年月日時失
半承繼子一　貽鈎
八作字　號　世懇公子生卒年月日時失
半承繼子二　長貽楚　次貽蝗
八杭公字　號興慎　朝義公長子樸素正直善事父母生
道光辛巳年四月初三日午時卒同治壬戌年十二月十一
日卯時
娶謝氏萖娘謚儉順生道光己丑年五月十二日午時卒同

治癸亥年六月廿八日卯時合葬东厝崙坐西向東
子二　長貽雨　次貽草出繼
八稟公字　號興義　朝義公次子生道光丁亥年九月廿
五日午時卒同治壬申年五月初七日丑時
娶吳氏朕娘生道光己亥年五月十三日午時卒光緒丁丑
年三月十七日亥時合葬牛槓邊坐東南向西北
子三　長貽鈞出繼　次貽鏗出繼　三貽審
八見公號興善　朝進公長子生道光甲午年二月廿五日巳
時卒光緒癸未年正月十七日戌時
嗣子　貽春出繼
八算公號興傳　朝進公次子生道光丙申年十二月十五日

申時卒同治甲子年十一月初五日辰時
嗣子　淑春半出繼
人滚字裳人號　朝進公三子生咸豐壬子年十二月十三日
戌時
人倫字金人號與民　朝藎公嗣子生道光辛酉年十二月廿
一日亥時
娶王氏連娘生咸豐己未年十二月廿八日卯時
側室林氏名紅花娘生同治甲子年　月　日　時
子一　貽掃揚羲半出繼　人岳
人髻字　號有福　賢事公長子剛方正氣無詐無貪生嘉
慶丙子年三月初三日亥時

娶謝氏妹娘生嘉慶己卯年三月十三日寅時卒同治戊辰
年十一月廿六日酉時葬本里土名　　坐　向
子四　長貽飲　次貽欉　三貽問　四貽餘
人快公字　號有得　賢事公次子于巳勤儉于業增廣生
嘉慶己卯年二月十七日卯時卒光緒丙子年十月十四日
巳時葬本里参洋土名土樓角坐庚向甲兼寅申
娶劉氏忖娘不與瑣事守己恬然生道光癸未年九月十三
日卯時
子二　長貽爾　次金聲嗣孚
人象公字　號順似　賢事公三子生道光壬午年年二月初
七日卯時卒道光乙丑年十月十二日戌時葬地俟查

八儆公字　號順儉　賢事公四子生道光甲申年八月十五日酉時卒道光庚子年五月初一日亥時

輕民公字　號重恩　賢事公五子生道光丁亥年正月廿七日酉時卒同治癸亥年十二月二十日午時娶謝氏宜娘理家勤儉致成富有生道光丁亥年正月廿七日卯時

子三　長貽摘　次貽拈　三貽董

八奢公字　號　世庚公子生嘉慶庚申年六月十五日午時卒年月時失

八於字孝人號志道　善愼公長子謙卑遜讓無欲上人生道光己丑年三月十七日未時

娶謝氏現娘生道光癸巳年二月廿二日未時
子　長貽鏗撫養　次貽元　三貽脩　四秋蓉　五以爆
人水公字山人號溪清　善慎公養次子為人守分遵先父命
竭力勤耕守業俱全增置良田生道光丙申年七月廿八日
子時卒光緒丁丑年二月初七日戌時尾棺葬本里岩嶺腳
湖邊土名黃宅林山中畬腳坐申向寅兼坤艮
娶謝氏笑娘謚含懿生道光庚子年十月廿三日丑時
子三　長瑞來養　次貽禎　三貽味
太學生諱雲上乳名在官字明人號治世　善義公嗣長子生
道光丙戌年五月廿一日寅時
娶王氏烝娘生道光壬辰年七月十六日午時

子二　長貽訪擬鏊　次貽足

太學生諱雲登乳名人群字敦人號厚世　善義公次子為人賦性靈敏勵志忠誠安人守己祇父恭兄身雖未遊於泮水而名已列於辟雍且貽謀遠大處事公平　姪孫則通撰

生道光己亥年七月十二日卯時

娶王氏勤儉素嫺內則善事翁姑料助家事教養得宜可謂儒家之女作配儒家之婦也　夫兄懋原撰

子　長一品　次先進學　三鴈塔　四火烈

太學生諱鴻聲乳名人唱字和人　善義公三子生道光己酉年十月十二日未時卒光緒乙酉年六月初五日子時往梹榔嶼新吧卒

娶賴氏廿娘生咸豐庚戌年十二月十二日午時
子　長貽貢　次貽漳
人鑾字成人　善義公四子生道光己亥年八月　日　時
移居在西縣
人探字驪人　善義公五子生咸豐戊午年九月廿七日寅時
娶陳氏碟娘生同治癸亥年十月初五日卯時
子　貽雙禮

卷之五下終

參山二房派黃氏族譜卷之六上

十九世乾房畢林公長房派

貽力　人欣公長子生道光戊戌年三月廿八日子時

娶劉氏千娘生道光戊申年三月廿一日戌時

子　長禮恩　次漢　三池

貽歲　人斗公嗣子生道光丙午年九月初九日丑時

娶馬頭許氏名閃娘生同治壬戌年九月十八日酉時

貽請　人觀公子生道光巳未年十月廿三日酉時

貽魁　人忠公長子生咸豐巳未年十二月二十日寅時

貽揔　人忠公次子生同治丙寅年十二月十五日寅時

貽種　人出公長嗣子生咸豐　年　月　日　時

貽同　入出公以嗣子　年　月　日　時

十九世乾房羣林公二房派

貽設公號忠就　文内公子生乾隆辛亥年六月廿七日巳時

卒道光丙午年七月十八日亥時

娶陳氏寬娘生嘉慶壬戌年正月廿三日子時卒同治壬戌

年四月十二日未時公尾棺葬本里岩嶺脚土樓後橄欖崙

坐東向西妣尾棺葬俟查

子一　冬季

貽燃公　純源公長子往金門生卒年月葬地俟查

貽頭公　純源公次子往福州生卒年月葬地俟查

貽栭公號貽習　純德公長子生嘉慶甲子年十一月初一日

申時卒咸豐丙辰年二月廿八日巳時厝棺塟東坑牛眠頭
與母合塟　娶邱氏攺節
子一　利
貽楬公號貽卽　純德公次子出繼胞弟純敬公生嘉慶己巳
年九月廿一日　時卒咸豐庚申年二月廿五日巳時厝塟
本里竹仔林坑坐　向
貽柊公號貽金　純德公三子生嘉慶丁卯年四月十一日未
時卒同治甲子年五月廿八日卯時厝棺塟本里東坑山坐
向　兼
娶謝氏粮觀生道光乙酉年十月十六日未時
子二　長粒　次臣

貽杜公號貽德　純德公四子生嘉慶壬申年九月廿五日巳
時卒咸豐丙辰年九月廿六日辰時厝棺寄壟東坑山坐
向　兼
祥致公號昭瑞　純箕公長子生嘉慶丙子年正月初九日亥
時卒道光辛丑年十月十八日戌時厝棺寄壟牛眠山東坑
頭坐壬向丙
兩承子　冬菜
貽傳公號貽承　純箕公次子生道光丙申年二月十九日酉
時卒光緒乙亥年七月十五日巳時
娶蘇氏來娘生道光辛丑年二月十二日巳時
子一　冬菜撥出兩承

貽暖公號忠日　純裕公長子生嘉慶丙辰年十月初三日戌
時卒道光戊戌年閏四月初七日酉時
娶謝氏織娘號儉錦生嘉慶壬戌年六月廿四日午時卒光
緒庚辰年十月十六日辰時公葬東坑牛脰頭坐北向南
媽葬竹仔林坑
子四　長貯　次着　三燕　四簡

天賜　純裕公次子生嘉慶壬辰年二月廿一日酉時
娶王氏富娘生嘉慶庚午年六月廿三日卯時卒同治甲戌
年六月十六日巳時尾棺葬本里土名岩嶺腳七樓后橄欖
崙坐西向東
子一　富歲

貽湿公字昭注號成吉　秘齋公長子生嘉慶壬申年四月十七日亥時卒咸豐癸丑年九月十八日辰時葬古現山坐田向庚兼寅申

娶洪氏對娘號慈惠生嘉慶癸酉年五月十六日酉時卒道光丙午年三月廿四日亥時厝棺葬本鄉圭心崙西帽石腳坐乙向辛兼卯酉

子一　禮望

處士貽泳公號遜溪　秘齋公次子生嘉慶甲戌年九月初一日戌時卒道光壬辰年八月十五日卯時厝棺葬圭心崙坐乙向辛兼卯酉

子二　長志外出　次位外出俱抱養

處士貽灘公字貽鯉號金龍　秘齋公三子生嘉慶丙子年十月初一日子時卒道光丙午年閏五月廿六日午時娶李氏錢娘號克儉生嘉慶丁丑年十一月初三日酉時卒道光乙巳年十一月十七日酉時公媽合葬本鄉土名險石宫順坐癸向丁兼丑未

子一　禮更承繼

貽崇公字號失　鳳郊公長子在番歿生卒年月日時候查

娶周氏富娘號儉美生嘉慶丁丑年月日時失卒光緒辛巳年月正二十日亥時葬殷厝田

子二　長銓　次更出繼

貽粥公號亦善　鳳郊公次子生道光癸未年十月廿日子時

卒咸豐甲子年二月廿三日申時厝棺塟本鄉險石宮頂坐
癸向丁
娶洪氏玖娘生道光甲申年九月初九日卯時
子七　長雄　次碀　三貢　四心　五鐸
六稼出繼　七雌
貽早公　鳳郊公二子徃番歿　娶洪氏敃節
貽拔公號亦進　鳳郊公四子生道光戊戌年五月十四日寅
時卒同治戊辰年五月十四日辰時寄塟狗尾墩后
貽兆公號貽献　師袞公長子生道光辛巳年正月廿三日辰
時卒咸豐甲寅年七月廿四日午時厝棺塟蜈蚣頭坐丙壬
娶洪氏曉娘生

子二　長選　次瑞麟

貽兢公號桂艮　師襄公次子生道光癸未年正月十八日寅

時卒咸豐癸丑年十月初五日戌時葬候查　娶洪氏改節

子一　禮玲外出

貽阮公號觀美　師襄公三子生道光丙戌年五月廿二日卯

時卒道光癸卯年九月廿四日寅時尾棺葬溫厝田坐庚向

甲　娶吳氏改節

子一　禮求外出

貽尼公號貽美　師襄公四子生道光辛卯年六月十八日

時卒咸豐　年九月十八日　時往番歿

娶洪氏格娘號明節生道光庚寅年正月初三日未時卒光

緒戊寅年十月十一日未時塟侯查

子一　禮稼承繼

貽彪公號世情　師襄公五子生道光乙未年三月廿三日子時卒同治戊辰年三月初四日卯時寄蜈蚣山頂坐夘向酉

娶孫氏攺節

貽江公字貽漢號有汜　爲封公長子生嘉慶戊寅年五月十八日申時卒道光戊戌年六月廿一日辰時塟溫厝田坐壬向丙　娶洪氏攺節

子二　長禮羲　次禮來

貽簇公號有渚　爲封公次子生道光癸未年十二月十八日亥時卒道光庚子年二月初七日午時厝棺塟溫厝田坐西

向東

兩承子 禮瑞

貽譽公號有政 為封公三子生道光丁亥年五月廿一日午時卒咸豐辛酉年六月初一日巳時與母附葬古縣山

娶石氏容娘號有儉生道光乙酉年五月初四日寅時卒光緒乙亥年五月十七日午時葬候查

兩承子 禮瑞

貽耀字 楊雲公長子生道光甲申年三月十七日未時往番

娶洪氏惜娘號孝世生道光乙酉年八月初一日辰時卒同治丙寅年四月十六戌時葬冬青田頭坐 向

子一 禮香

貽寬公　梯雲公次子生卒年月塟俟查

貽渣公號世榮　梯雲生三子生道光庚寅年六月十九日午

時卒咸豐　年六月廿一日申時往番歿

娶洪氏璧娘生道光壬辰年　月　日　時

子一　禮波抱養

貽踏公號承成　梯雲公四子生道光壬辰年八月十八日酉

時卒道光甲辰年十月四日亥時

子一　禮浦抱養

貽讀公　懋發公長子往番歿生卒年月俟查

娶李氏改節

子一　禮必

貽謀公　懋發公次子往番殁生卒年月俟查

貽鄗公　懋發公三子生道光戊子年九月二十日卯時卒道
光丁未年三月初四日未時瓦棺葬本鄉

貽貎字　懋發公承繼子生道光辛卯年七月十一日丑時
子一　禮固襲

貽榜字　懋發公五子往番生道光乙未年十一月廿一日
卯時

貽惱公號亦發　懋進公長子生道光壬午年閏三月十三日
亥時卒咸豐戊午年五月十七日辰時瓦棺葬小眉紅狗尾
坐坤向艮
娶洪氏改節

兩承子 禮純

貽挨公號斷成 懋進公次子生道光 年九月初五日午

時 道光丙午年十一月初六日未時瓦楮墪蜈蚣山

貽倖字 懋進公三子生道光甲午年五月十一日酉時

娶吳氏免娘生道光巳酉年八月初一日午時

子 長蟾殤 次純出兩承 三造 四爽出繼

貽悖字 懋進公四子生道光戊戌年八月初六日辰時

子 禮爽

貽盂公號水晶 懋宮公長子生嘉慶巳卯年正月廿八日巳

時卒道光丙午年五月廿二日巳時寄墪狗尾墩

娶洪氏貶節

子一　禮潭

貽套公　懋篤公次子往臺生卒年月葬俟查

貽棖公號貽亭　隱山公長子生道光辛丑年四月廿八日午
時卒光緒甲申年九月初四日未時葬泉城東岳山
娶塗門外鄭氏淑娘生同治癸亥年　月　日　時子捷成

貽慶字　隱山公嗣子在泉海清亭舘生

貽抱公　謙益公長子往臺歿生卒年月俟查

貽萬公號福千　謙益公次子生道光丙戌年七月初九日卯
時卒咸豐戊午年三月十一日巳時葬尾棺藔大崎脚坐東向
西　娶林氏改節

貽百公　懋成公承繼子生道光庚寅年四月十九日戌時往

眷卒年月候查
娶洪氏廉娘生道光乙酉年十二月十七日申時卒道光丁
未年三　十二日戌時瓦棺寄葬狗屎墩

貽慶公
諜讓公長子生道光丙戌年七月初九日夘時卒光
緒丁丑年七月廿一日未時瓦棺與胞孀周氏合葬溫厝田

貽紫字
諭讓公次子生道光丁亥年十二月廿一日戌時
娶洪氏出
子一　禮卓

貽硯公號貽石
懋成公長子生道光甲申年三月十五日辰
時卒道光丁酉年九月廿七日巳時瓦棺葬古山坐北向南

貽路公
懋成公次子生卒年月葬候查

貽料公號貽勳　達情公長子生嘉慶甲戌年正月十九日巳時卒光緒癸未年十二月初四日卯時葬草崙頭坐北向南

娶謝氏于娘號道泉生道光壬午年六月十八日酉時卒咸豐辛亥年四月廿七日戌時瓦棺塟溫厝田坐東向西

繼娶廖氏真娘生道光丁丑年五月廿三日卯時卒同治戊戌年七月廿四日午時瓦棺塟圭心崙坐東向西

子二　長佃　次菁

貽揀公　達情公次子往臺殁生卒年月俟查　在臺娶　氏

子二　清圳　禮笑倶在台

貽彭公號甯裕　達情公三子生嘉慶庚辰年九月廿七日酉時卒同治壬戌年七月初五日申時

娶吳氏倫娘生道光丁亥年五月十五日申時公塟本鄉

子二　長仕　次祭

貽瑛　達情公四子生道光戊子年五月初六日夘時

娶王氏送娘生道光已亥年七月初四日辰時

子　長揚　次寅

貽鍼公號成齋　鞴文公子生嘉慶丁丑年十一月　日　時

卒同治　年　日　時

娶洪氏號寬慎生道光乙酉年十二月十七日　時卒道光

丁未年三月十二日戌時

貽向公　海濵公長子往臺叕生道光乙酉年四月初七日夘

時卒同治丙寅年正月廿五日　時塟在臺

娶王氏織娘生道光戊子年　月　日　時

貽烈字　海濱公次子生道光己丑年四月初十日酉時

娶蔡氏吳娘生道光癸未年六月十五日未時卒光緒乙酉

年六月　日　時

子一　禮拋　撥出丙承古井口黃楓郎奉祀

祖述公號貽發　源璜公長子生嘉慶丙寅年四月廿七日丑

時卒光緒乙亥年九月初八日申時寄窆小尖山坐北向南

娶陳氏號恭慎生嘉慶乙亥年六月十三日午時卒道光丙

午年十二月廿二日卯時厝棺甃小尖山坐北向南

子五　長棟　次慱　三寸殤　四武功殤　五貫出繼

貽便公號貽言　益恭公嗣子生道光乙酉年　月　日　時

光緒辛巳年五月十五日申時　寄葬蜈蚣山圳脚坐南
向北
貽盞公號貽杯　順源公子生道光辛巳年　月　日　時
卒同治　年　月　日　時葬大坝口坐東向西
娶陳氏歿節
貽灘公　順源公三子生卒年月葬俟查
貽契　以推公子生道光辛卯年九月十五日酉時
承繼子　禮報
貽能　忠義公長子生道光壬辰年四月十六日寅時
承繼子　禮毋
貽怕　忠義公次子生道光乙未年九月初二日卯時

娶蘇氏姜娘生道光巳亥年二月初二日申時
子 長素 次毋出繼 三報出繼 四翁
貽雀公號貽鳥 淮洲公子往番歿生卒年月俟查
貽件 高遠公長子生道光壬辰年十二月初二日子時
兩承子 禮科
貽鶴公號貽松 高遠公次子生道光乙未年八月初二日子
時卒咸豐巳未年五月廿二日卯時尾棺在麓小尖山坐東
向西
貽閑 高遠公三子生道光巳亥年二月十三日午時
娶洪氏鹽娘生咸豐癸丑年六月廿九日未時
子 長池 次憩 三鈎

貽弃　高逵公十四子生道光丙午年二月廿二巳卯時

貽御公號貽林　教厚公長子生卒年月葬俟查

貽宣　厚敦公次子生咸豐丁巳年十二月十五日丑時

貽摩公號貽賢　荆南公長子生卒年月葬候查

娶陳氏殁節

貽扁公號貽音　荆南公次子生卒年月日候查葬草崙坐北

向南

貽勁公號貽節　荆南公三子生卒年月葬俟查

娶劉氏殁節

子一　禮彩

貽孟公號貽仲　懋收公長子生卒年月葬狗尾墩山腳坐東

貽鈔公　樧収公次子生

貽王公號貽忠　八肘公長子生道光辛夘年四月廿五日卯時卒光緒乙亥年七月廿九日夘時寄葬本鄉

娶孫氏準娘生道光巳酉年五月初四日巳時

子一　禮有

貽囷　八肘公次子生道光壬寅年十一月廿九日辰時

娶謝氏寶娘生咸豐巳未年十月廿五日未時

子二　長英　次才

貽葉字　樧食公子往臺生

貽曾　樧金公子生道光辛亥年八月廿二日申時

貽椒　九垻子生同治巳巳年三月十二日酉時

貽仰公號俯亭　八衢公長子生卒年月葬地俟查

貽拜公號從政　八衢公　子三卒年月葬在廈門候查

娶鄭氏鉗娘號靜儉生嘉慶甲戌年八月初六日未時卒咸豐辛酉年十月初十日巳時葬在廈門

子一　擿英

貽𢹂號反正　八衢公三子往臺殁生卒年月俟查

貽簡公號貽文　八騶公長子生道光甲申年七月二十日申時同卒治癸酉年三月初四日午時

娶吳氏號温恭生道光丁亥年六月十三日辰時卒同治巳巳年六月廿四日巳時厝棺寄塟

二子　長禮豆　次煥

貽趨　公號貽進　人騶公次子生道光戊子年正月三十日丑時卒光緒庚辰年四月十一日辰時
娶呂氏炒娘生道光癸巳年八月十六日辰時
子三　長迎殤　次答　三風

貽堵　人騶公三子生道光戊辰年五月十二日寅時
娶洪氏生道光丁酉年正月三十日寅時
子四　長禮意　次廉　三高　四水

貽纓　人騶公四子生道光壬寅年二月十七日酉時
娶孫氏生道光丙午年十月初二日酉時
子三　長驍　次敲　三麐

貽欺　人煨公長子生道光癸巳年三月十四寅時

娶石氏號儉章生道光戊戌年正月初五日寅時卒同治甲
戌年二月廿八日午時
子一　禮喬
貽閫公　八煨公次子生道光丁酉年二月十五日午時卒光
緒辛巳年九月初十日巳時往番殁
貽塲　八煨公三子生道光壬寅年六月廿九日亥時
貽悟公號貽啟　人愷公長子生道光甲午年十二月十一日
邜時卒光緒乙亥年六月初二日未時
娶謝氏號儉益生道光壬辰年九月初九日巳時卒同治丁
邜年七月廿七日戌時厇棺寄垞
子一　長禮梯　次聪

一貽蟳公號海錯　人愷公次子生道光戊戌年閏四月十九日
　未時卒光緒癸卯年五月十六日寅時
　娶林氏粉娘生道光辛丑年二月十六日未時
　子二　長照　次澍
貽鴂公字鳥鳴　人愷公三子生道光庚子年六月十八日巳
　時卒光緒甲申年十月初一日午時
　娶洪氏生道光辛亥年十月十七日巳時
　子一　禮次
貽坂　人愷公四子生道光壬寅年十二月廿八日申時
　娶洪氏生道光戊申年正月十六日辰時
　子一　禮神

貽景　人致公長子生道光乙亥年十月初二日巳時

貽蚶　人緡公長子撥繼　人繆生道光戊戌年十月十九日

日巳時

娶李氏生道光癸卯年十月初四日寅時　子　禮通

貽叅　人緡公次子生道光甲辰年十二月初五日亥時

貽助　人習公抱養子生　年　月　日　時

貽丕　人湎公長子生卒年月塟俟查

貽侃公號昭言　如璋公長子外出生卒年月候查塟英丙

貽誇公號昭欽　如璋公次子外出生卒年月候查塟　英丙

貽振公號同懷　人最公長子生道光甲午年八月初一日酉

時卒咸豐庚申年十月十一日午時瓦棺塟在狗尾墩坐東

向西
娶洪氏探娘生道光癸卯年二月廿五月亥時卒同治己巳
年三月初四日未時瓦棺塟温厝田坐東向西
承男　禮科
貽宅公號貽安　位德公長子生道光丁酉年六月十三日酉
時卒光緒丙子年八月十七日酉時塟同安
貽篆公　省軒公長子生道光甲辰年十二月廿六日申時卒光
緒乙酉年五月　日　時在番歿
貽油　省軒公次子生道光己酉年正月十五日午時
貽寶　省仁公長子生咸豐乙卯年正月廿三日亥時
娶殷氏奪娘生同治丁卯年十一月廿五日午時

貽琰　入其長子生咸豐丙辰年三月廿三日巳時

貽用　入其次子生同治壬寅年正月廿二日寅時

貽炊　入其三子生光緒乙亥年四月十五日酉時

貽軟　成美公長子生道光甲辰年九月初九日巳時

娶卓氏語娘

子　成器

貽哪　成美公次子生咸豐甲寅年二月三十日辰時

貽捌　成美公三子生咸豐丙辰年五月廿八日辰時

貽蕊　入取子生咸豐甲寅年四月初四日未時

貽老　成德公長子生道光乙酉年九月廿一日子時

娶洪氏房娘生道光丁未年四月廿九日卯時

貽年字　成德公次子生咸豐乙卯年二月初九日辰時

貽新字　八姜公長子生道光庚戌年八月初一日子時

娶洪氏椒娘生同治乙丑年十月廿九日丑時

子　長水澤

貽吻字　八姜公次子生咸豐癸丑年六月初一日辰時

貽[illegible]字　八永長子生咸豐庚申年五月十九日戌時

貽吉字　八永次子生同治己巳年十二月廿四日寅時

貽鄧公號秀士　仁德公長子生道光癸卯年二月十一日卯

時卒同治甲寅年九月十八日酉時厝棺壟本鄉

子一　迎春承繼

貽涩字　仁德公次子生道光丙午年正月廿二日巳時

娶林氏毛娘生道光丙午年六月初七日酉時
子　長祖
貽帶字　仁德公三子生咸豐甲寅年十二月廿五日酉時
娶洪氏錢娘生咸豐乙卯年八月初六日辰時
子　長璉　次迎春出繼
貽甲字　仁德公四子生咸豐乙未年三月初六日　時
貽劍公號垂統　河星公子生道光巳酉年九月初一日巳時
卒咸豐庚申年十月十九日酉時
娶謝氏香娘歿節
子　禮岳
貽漢　八兵公長子生　年　月　日　時

貽監　八枋公長子同治丙寅年十二月十二日丑時

貽冬　八歡長子生道光戊申年二月十四日戌時

娶洪氏生咸豐壬子年十一月初七日巳時

子　毓　鏡殤

貽寄　八歡次子生道光庚戌年九月初四日午時

娶謝氏生咸豐壬戌年五月十一日寅時

貽哖　八歡三子生咸豐甲寅年十二月廿八日卯時

娶吳氏生同治乙丑年十二月初九日戌時

子　禮係

貽棟　巧全公承繼子生咸豐戊午年九月十四日丑時

娶洪氏生咸豐壬戌年八月三十日巳時

子　禮在

貽返　人歡五子生同治丁卯年五月初九日丑時

貽麥　八春公子生同治甲戌年九月十三日子時

貽悦字　懋有公子生咸豐甲寅年　月　日　時

貽斤　人錐公長子生道光巳酉年四月廿一日申時

貽紂公　八僕公長子生道光庚戌年七月初六日午時卒光
緒壬午年十月十八日未時
娶洪氏生咸豐巳未年八月廿二日寅時

貽鍬　人頌長子生咸豐癸亥年七月十五日午時

貽井　人則公長子生道光癸卯年八月初五日午時
娶洪氏生道光庚戌年十一月初七戌時

子三　長汀．次盤　三水

貽禮公號儀文　入則公　子生道光乙巳年九月十八日未時卒光緒甲申年九月十二日戌時

娶洪氏哖娘生同治乙未年十一月十二日寅時

子　禮緞

貽周　入則公三子生道光丁未年十一月廿三日丑時

娶洪氏生咸豐甲子年十二月初八日午時

貽筍　入則公五子生咸豐癸丑年十一月廿一日卯時

貽栽　入則公六子生咸豐壬戌年十一月廿四日丑時

貽榜公　入使公長子生道光甲辰年二月初八日未時卒光緒壬午年十月十八日巳

貽干　人郊公承繼子生咸豐辛亥年閏八月初四日午時

貽貨公　人越長子生咸豐乙卯年十二月初三日酉時卒光緒庚寅年十一月十九日巳時

貽妙　人越次子生咸豐丁巳年六月十六日巳時

貽崧　人越三子生咸豐壬戌年三月初八日巳時

貽賞　人越四子生咸豐乙丑年五月廿四日酉時

貽全　人伍公長子生咸豐丁巳年六月三十日午時

貽府　人伍公次子生咸豐己未年十二月十六日午時

貽彩　人伍公三子生咸豐壬戌年十月初八日寅時

貽禁　人伍公四子生光緒乙亥年二月二十日亥時

貽猶　人伍公五子生光緒戊寅年十二月廿二酉時

貽為　入廟公長子生咸豐壬戌年十二月廿二日辰時
貽箸　入廟公次子生同治己巳年四月十九日酉時
貽櫓　入訓公承繼子生道光甲辰年十一月十八日辰時
兩承子　禮盾
貽同　入字公長子生咸豐丁巳年七月初三日辰時
貽雅公號循意　入字公次子生咸豐庚申年正月初六日酉
時卒光緒壬午年四月十二日丑時徃番歿
貽別　入字公三子生咸豐壬戌年七月初二日丑時
貽進　入穴公長子生咸豐丁巳年十月十九日辰時
貽鶴　入穴公三子生同治庚午年六月初十日寅時
貽蟬退　入軒長子生同治癸酉年三月初七日辰時

貽求　人軒三子生光緒甲申年三月二十日巳時

貽池　人覇承繼長子生咸豐庚申年十一月廿五日邜時

貽琵琶　人覇繼承次子生同治癸酉年三月初七日辰時

貽明　人丙公長子生同治壬戌年十二月十三日午時

貽仰　人内公次子生咸豐乙丑年九月十六日亥時

貽肆　人内公三子生同治壬申年十二月廿三日戌時

貽杭公號捷至　人哪公長子生咸豐庚申年正月廿五日辰時卒光緒甲申年九月廿四日巳時

貽黎　人哪公次子生同治甲子年十二月廿二日巳時

貽王　人哪公四子生同治辛未年月月十七日戌時

貽胡　人硆繼承子生同治戊戌年三月初八日邜時

貽曲　八世長子生同治庚午年六月廿四日亥時

貽雪　八世次子生光緒丁丑年十一月廿九日辰時

娶洪氏生光緒甲申年正月十二日寅時

貽迎花　八灣公長子生同治乙丑年四月十一日午時

心思　懋佛公子生卒年月葬俟查

來傳　典謨公子外出生卒年月候查

貽呌　克勤公長子生咸豐癸丑年三月初二日　時

貽帽　克勤公次子生咸豐丁巳年七月廿二日巳時

娶朱氏草娘生　年　月　日　時

貽庵　懋造公子生卒年月葬俟查

貽衡　人定長子生同治癸酉年七月廿四日未時

貽聰　八定次子生光緒丁丑年正月廿九日夘時

貽合　懋別公子生咸豐庚申年正月初五日午時

貽泉　八裒子生同治己巳年二月初四日丑時

山水公　八示公長子生卒年月葬候查

貽林　八示公承繼子生同治甲戌年三月十三日夘時

貽八　八送公長子生　年　月　日　時

貽屋　八送公次八生　年　月　日　時

貽月　八遭公長子生道光寅庚年九月初八日丑時

娶吳氏生道光甲午年二月廿四日時酉

子三　長禮草殤　次坪出繼　兩承　三迎

貽花公　八遭公次子生道光乙未年八月十六日夘時卒光緒

丙子年八月十九日戌時往番薤在番　娶吴氏改節

兩承子　禮坪

貽蚑公　八邅公三子生道光庚子年二月廿四日巳時卒光

緒戊寅年三月十二日辰時　兩承子　禮坪

貽勸公　八順公長子生道光戊戌年四月十五日辰時卒光

緒壬午年三月十八日未時瓦棺寄塟

貽筆公　八膺公長子生道光庚子年八月廿五日辰時卒光

緒壬午年四月三十日申時

貽鮭　八倫公長子生咸豐甲寅年十二月十五日辰時

貽干公　八群英公長子生道光庚戌年三月初四日未時卒

同治戊辰年五月十二日未時瓦棺寄塟

貽文長　人賽公承繼子生道光庚子年十月初一日巳時
娶曾氏號儉意生道光巳酉年正月十二日寅時卒光緒庚
辰年十一月廿二日辰時
子一　長禮滴　次管蘭

貽楊　人守公長子生道光甲辰年九月初五日丑時
娶洪氏生道光戊申年二月初十日辰時
子　長禮晃　次鯧

貽郡　人馬傳公長子生咸豐壬子年二月十九日酉時
娶洪氏改嫁又娶葉氏生　年　月　日　時
子　禮寅

貽窮　人巧公長子生道光戊戌年三月廿九日巳時

繼承子　禮枹

貽乃　人巧公次子生道光庚子年九月廿八日巳時

娶魏氏生咸豐巳未三月初四日辰時

子　禮枹出繼

貽鈿公　先克公抱養子生咸豐戊午年六月初六日酉時卒

光緒甲申年七月廿六日酉時

貽自來公號儉承　懋弋公長子生道光庚寅年八月十五日

辰時卒年月往番歿

娶鄭氏生道光癸巳年七月十四日未時

子　長禮服　次到

貽自立公號恭前　懋弋公次子生道光癸卯年五月初一日

時卒同治丙寅年七月十九日午時尾棺寄楚

貽鎢　懋弌公三子生咸豐癸丑年三月廿八日酉時

娶洪氏生咸豐甲子年十二月初二日未時

子　禮達

貽簽　懋弌公四子生咸豐戊午年六月十四日夘時

娶吳氏生同治己巳年十月初十日丑時

子　禮通　品

貽沛　入棚抱養長子生同治癸酉年三月廿四日夘時

貽米　入仄公承繼長子生咸豐丙辰年十二月初一日子時

娶洪氏生咸豐戊午年十月廿一日巳時

子　禮豪

貽禎祥公　八瓜公抱養次子生光緒辛酉年八月初三日時卒光緒壬午年七月初六日巳時

貽金　八瓜公三子生光緒甲申年二月十八日辰時

貽來吉　八受抱養子生道光丙午年八月十五日午時
娶洪氏生咸豐戊午年十月廿六日丑時
抱養子　禮見福

貽撥　八瀨公承繼長子生同治壬申年二月十七日辰時

貽惠　八拔公長子生同治癸亥年十月十四日寅時

貽註　八學公抱養子生道光庚戌年三月廿七日寅時
娶洪氏生同治壬戌年九月十九日未時卒光緒壬午年七月初二日巳時

貽猴　入學公抱養次子生道光癸丑年八月十五日寅時

娶高氏生同治庚申年九月初一日未時

子　禮雙　次添益

貽翰　入螺公長子生道光戊申年四月初七日寅時

貽湫　入肯公長子生同治甲子年六月十二日卯時

貽庚　入省公次子生同治丙寅年十月廿四日丑時

貽横　入省公三子生同治己巳年五月十五日卯時

貽蘇　入省公四子生同治壬申年五月初四日未時

貽伴　入省公五子生光緒癸未年五月廿五日午時殤

貽詁公　入酐長子生同治甲子年十月廿九日卯時卒光緒

壬午年七月二十日午時

貽栢　八酴次子生同治戊辰年六月初二日未時

貽割　八海長子生同治戊辰年十一月初九日辰時

貽樹　八海次子生同治辛未年七月廿六日未時

貽林　八示公承繼子生同治甲戌年三月十五日卯時

武庠生名貽德字貽修號進業諱修道　懋發公長子專心學藝鄉試全射決科而竟遺棄焉豈不惜哉生道光癸巳年四月廿八日酉時卒同治壬申年七月十九日未時

娶李氏密娘生道光癸巳年五月初二日亥時

子　長禮探　次崙

貽徽公號貽幸　懋發公次子生道光辛丑年五月初八日巳時卒光緒甲申年三月初三日酉時

娶洪氏提娘生　年　月　日　時

子　長禮寢　次貨承繼

貽殿　懋發公三子生道光辛丑年九月十七日亥時

娶謝氏廂娘生道光辛丑年八月初一日午時

子　長禮捨　次稿　三走　四貨出繼　五祿

貽妥　懋發公四子生道光庚戌年十月初八日子時往番

貽朋　八櫓長子生道光丁未年七月廿八日未時

娶南安英內洪氏墻娘生道光庚戌年八月十五日酉時

子　長禮琨　次禮璇　三玩

貽腋　八櫓次子生咸豐壬子年十月十二日寅時

娶南安英內洪氏贊娘生咸豐壬子年十一月廿三日丑時

子　長禮糊　次禮瑛　三禮園

貽臘　八檜三子生咸豐丙辰年二月十七日午時

娶南安英內洪氏提舍生咸豐庚申年正月廿七日午時

子　禮琛

貽臙　八檜四子生咸豐庚申年十月初五日午時

貽胚　八檜五子生同治癸亥年六月初七日丑時

娶安溪城內吳氏信娘生同治甲子年十一月廿二日酉時

貽腤　八檜六子生同治己巳年四月二十日午時

貽東　懋宿公長子生同治丙寅年十一月初七日卯時

貽衛　懋宿公承繼子生同治己巳年十月初二日未時

貽鮑　八岸長子生同治壬申年十一月十三日戌時

貽侊公號昭宗　懋登公長子子生道光甲午年三月十三日
巳時卒光緒壬午年十一月廿二日夘時
娶洪氏卜娘生年月日候查
子　禮區

貽岩　懋枇公子生咸豐丙辰年正月廿七日夘時
貽錦　懋東長子生同治戊辰年十月初四日未時
貽辱　懋東次子生同治癸酉年四月廿二日酉時
貽鷚　懋祉公承兩子生同治壬戌年十月十五日寅時往番
貽玷　八富公承繼子與八浮公合祀生年月日
貽南　八富公次子生年月日時往番
貽勞公號昭峯　八粧長子生光道庚戌年十一月初一日午

時卒同治　年二月初四日寄塟

貽獨　人粧次子生咸豐乙夘年九月初一日丑時

貽堪公　人粧三子生咸豐壬戌年正月廿七日丑時卒光緒乙酉年三月十八日寅時往番歿葬在番

貽謂　人粧四子生同治丁酉年五月十八日辰時

貽垂　人單長子生咸豐巳未年正月廿四日未時

貽鶩　人單次子生同治庚午年八月十八日未時

貽秀　人單三子生治同壬申年十二月廿七日巳時

貽追　人秦公長子生咸豐辛酉年十月十七日丑時

貽藜　人秦公三子生光緒辛巳年三月廿三日亥時

貽揀　人擴公長子生同治丙寅年七月初九日未時

玉蘭　人節長子生光緒戊寅年八月初六日未時

金鐘　人節次子生光緒癸未年九月十一日丑時

貽河　人部長子生咸豐甲辰年正月廿三日辰時

貽土　人部次子生咸豐丙辰年十二月廿四日卯時

貽運　人薦長子生同治壬戌年八月初八日午時

貽獻　人薦次子生同治乙丑年正月初十日　時

貽仁　人劍公承繼子生同治辛未年三月十二日未時

貽陸　人葵次子生同治癸亥年七月初三日未時

貽鑒　人葵三子生同治丁卯年十一月三十日戌時

貽泮　人葵四子生同治庚午年九月廿五日寅時

貽董　人葵五子生同治癸酉年八月十八日午時

貽量　入芽公承繼子生咸豐辛酉年四月廿七日戌時

光明　入芽公承繼子生同治丁卯年十一月廿七日午時

貽別　入宿長子生光緒乙亥年四月十五日辰時

貽在　入魏長子生光緒丙子年十月初六日卯時

貽市　入魏次子生光緒壬午年二月十八日酉時

貽沁　入袋抱養子生光緒甲申年三月初六日酉時

貽直　入定公長子生咸豐丙辰年十一月廿六日巳時

娶魏氏生咸豐丁巳年六月廿四日　時

子　長禮挑　次蚕

貽糠　入驥承繼子生同治壬戌年八月廿二日申時

娶謝氏出又娶王氏生咸豐庚申年十月二十日午時

貽淑　人閭長子生同治庚申年三月初七日亥時

貽多　人閭次子生同治戊辰年八月廿九日寅時

天賜　人邦長子生光緒戊寅年正月初二日午時

貽粉　人彥長子生同治丁卯年三月廿一日巳時

貽兼　人碧公承繼子生光緒乙亥年九月初五日酉時

貽損　先淺公嗣孫生同治庚午年六月十九日酉時

貽捌　人娟次子生光緒丙子年正三月十一日子時

貽著　人娟三子生光緒己卯年二月十七日酉時

貽張　人思長子生光緒乙亥年九月廿二日寅時

貽畢　人思次子生光緒戊寅年七月十四日辰時

貽山　人思三子生光緒乙酉年八月十三日酉時

貽雕　八燒公兩承子生光緒癸未年三月廿七日酉時

貽趙　八吓次子生光緒乙酉年七月初一日辰時

貽想　八正長子生道光庚戌年三月十二日未時

貽愈　八老長子生光緒壬午年十月十二日巳時

後十九世乾房翠林公三房派

貽諮公　樸雅公承繼子生道光壬辰年十一月十六日寅時

卒年月葬地候查

承繼子　傳世

貽禱公字貽爾號德祝　庠雅公長子生嘉慶甲戌年五月廿

一日亥時卒道光乙巳年五月廿三日戌時寄葬杉橋

娶許氏懇娘號貞一為人端貞守節撫孫幼孤一生玉潔冰

清適　孫山長保舉咨部申詳節孝准以建坊入祠生嘉慶
丁丑年十月十二日子時卒同治癸酉年九月廿七酉時葬
本山土名杉橋坐艮向坤兼丑未
抱養子　禮兑　傳世出繼

貽緣公　庠雅公次子生道光乙酉年正月十三日辰時卒道
光戊戌年七月初八日酉時葬俟査

貽泰公號德閣　庠雅公三子生道光戊子年三月廿九日申
時卒光緒己卯年十月廿四日卯時在廈殁葬在廈
娶東洋陳氏燕娘生道光丁亥年四月初四日巳時卒光緒
己卯年四月十五日申時在廈殁葬在廈
子二　長孔　次爲

貽哲字貽明　誦雅公長子生嘉慶庚午年三月十一日申時
娶員潭謝氏刋娘號貞勤生嘉慶戊寅年五月廿二日午時
卒咸豐乙夘年六月初五日午時葬本山土名
子三　長禮鳳　次禮山　三禮啟殤

太學生乳名格官字貽品號騰善宮章雲瑞　誦雅公次子生
嘉慶癸酉年十月廿三日午時
娶后垵前山塗樓謝氏名禾娘生道光癸未年正月廿六日
夘時
子三　長河清　次禮古　三禮賤

貽共公字貽友號德給　誦雅公三子生嘉慶乙亥年十一月
廿六日寅時移居漳州照安縣

貽砂公號德碩　諱雅公四子生嘉慶己卯年十二月十三日
午時卒同治乙丑年二月廿七日巳時在臺歿葬在臺灣頂
淡水　子二　在臺
貽僉字貽合　諱雅公五子生道光甲申年十月十八日午時
娶崎縣陳氏進娘生道光乙未年九月初一日酉時
子五　長禮沮　次禮雍　三金連　四暹出繼
五山猪殤
貽閩公號德深　諱雅兩承六子生光道己丑年正月初八日
巳時卒同治甲子年四月初十日丑時厝棺葬本里土名后
院杉橋外　娶謝氏攺節
子一　椒殤

貽庚公字貽啟號德寅　衡推公長子生嘉慶庚辰年七月十二日亥時卒同治戊辰年十月廿四日午時厝棺埜本山

娶鍾洋易氏名月娘生道光辛卯年十月廿四日子時

子四　長禮托　次禮艮　三禮企　四禮檣

貽丑公號德建　衡雅公次子生道光癸未年五月十九日寅時卒道光癸卯年三月十三日亥時瓦棺埜本山

貽動字貽容號德耀　衡推公三子生道光丁亥年九月十六日戌時

娶上場李氏册娘生道光庚寅年又四月廿六日寅時

子三　長杞　次匾　三八

貽彬　衡雅公四子生道光乙未年八月初四日酉時

娶興口許氏盡娘生道光庚子年十月十四日辰時卒光緒
庚辰年十月十五日丑時在厦歿葬在厦

貽旺公　八柄公長子生道光戊戌年八月　日往番邦歿葬
在番

貽鑾公　八柄公次子生道光乙巳年六月初三日未時卒年
日葬俱候查

貽額公　八逃公長子生道光丁亥年三月三十日未時往潼
州歿卒年月葬俟查

貽鄉公號德然　八岳公長子生道光丙申年八月初五日寅
時卒咸豐癸丑年十月廿四日申時葬在本山
娶殷氏桑娘攺節

貽勝　人廩公長子生道光庚子年十二月十六日丑時

貽順　人康公抱養子生同治癸亥年十二月初一日酉時

聖君公號德恩　平雅公長子生道光庚寅年八月廿八日巳
時卒道光丙午年十月廿七日戌時寄葬本山后院

貽岸公　平雅公次子生卒年月葬俟查

貽謀　平雅公三子生道光甲辰年正月十一日酉時
娶蔡氏眼娘生道光甲辰年四月廿九日巳時
子二　長答　次樹提出繼聖君

貽武公　讓雅公長子生道光丙申年三月初十日辰時卒年
月葬在臺俟查
娶陳氏香娘生道光丁酉年三月十二日　時卒光緒乙亥

年正月十一未時葬本山

濟時公　讓雅公次子生卒年月葬俟查

貽認公　讓雅公三子生道光甲辰年二月初十日巳時卒同
治己巳年九月十二日酉時在厦歿葬地在厦俟查
娶陳氏名勸娘生道光甲辰年五月初九日　時卒光緒辛
巳年十月初四日巳時葬在厦

貽炎　人苞長子生同治庚午年又十月廿一日亥時

貽賖　人賞公抱養子生道光癸巳年八月初七日巳時
娶塘美陳氏名針娘生道光甲午年七月十七日辰時
子二　長生外　次生安

貽撰公　人買公抱養子往天津歿生卒年月失葬在津

娶林氏馧娘生道光戊申年三月十八日辰時卒同治甲子年六月十三日巳時

貽三公　入買公次子往天津殁生卒年月失塟在津

克明　入詣公抱養子生咸豐辛亥年　月　日　時

貽百　入諸次子生　年　月　日　時

貽裕公　文提公長子生道光巳酉年九月初二日亥時卒咸豐已未年六月初二日巳時塟候查

貽滋公　文提公次子生道光已丑年六月十六日未時卒光緒甲申年十二月初十日未時塟本山

娶張氏草娘生道光甲午年四月初五日子時

嗣子　禮亮

貽愜公　元出公長子生嘉慶戊寅年月日時葬僥查

貽井公號貽清　元出公次子生道光壬寅年正月廿一日辰

時卒光緒　酉年三月初六日　時葬在梹榔嶼

娶蘇氏時娘生　年　月　日　時

承繼子　禮暹

秋蘭　添昔公長子生道光丁亥年三月三十日巳時

貽創公　添昔公次子生道光甲午年三月十二日午時卒咸

豐壬子年九月廿七午時葬大山

貽權公　文經長子生卒年月葬僥查

赳拔公　文經公次子往番生年月失

宮嶺房頂後壠

鳳珠公　文洒公長子生道光丁亥年七月二十日丑時卒年
月日失　殤

安素公　文洒公生道光巳丑年八月初九日午時

安國公號情登　文濟公長子生道光庚子年六月廿八日戌
時卒同治甲寅年四月初九日辰時尾棺塟單壟埔坐西向
東　娶陳氏攺節
子一　禮盞

清彩號情亭　文濟公抱養次子生道光癸卯年二月初二日
卯時
娶王氏看娘生同治甲子年二月二十日巳時
兩承子　禮粕

餘坤　貽道公長子生道光巳丑年十一月初七日亥時
娶林氏巧娘出
子一　禮炤殤
明遠　貽道次子生道光甲午年八月十三日辰時
娶陳氏藕娘生生道光庚子年十月十二日丑時
兩承子　禮粕
貽間公　文錐公子生道光丁未年八月廿九日未時卒年月
葬地候查
貽昭公　文漸公長子生道光丙午年八月初六日卯時卒年
月失　葬俟查　娶謝氏改節
貽要公　文漸次子生道光丙午年八月初六日辰時往番邦

貽頂公　文倫公承繼子生道光癸卯年十一月初七日卯時
往沙縣歿葬在沙縣
娶謝氏改節
貽別公　人倫公承繼子生卒年月失葬俟查
十九世乾房碧峯公派
貽貽字　猷坐子在臺生
光芬公　人立公長子在臺生卒年月失葬在臺俟查
娶孫氏憇娘在臺
光排字　人立公次子在臺生
貽一字　人存公子在臺生
貽肯字　人吟公子在臺田寮生

娶臺吳氏　娘生　年　月　日

子　在臺

金印字　入踏公長子在臺田寮生

娶台　氏　娘生

貽惕字　入踏公次子在臺田寮生

石壽公　慕杏公長子生卒年月葬俟查

貽喜公　慕杏公承繼子生卒年月塟俟查

貽吾公　溪水公子徃台生卒年月塟在臺俟查

貽相公　大賓公子外出卒年月俱失

貽杖字　入濟公長子在台塩水港媽祖宮口街生

娶臺　氏　娘　子在臺

貽磊字　八濟公次子在臺生
娶臺　氏　娘生　子在臺
貽櫕字　八濟公三子在臺生　娶　氏　娘　子在臺
貽柿字　八濟公四子在臺生
貽尙字　八濟公五子在臺生
貽鎭字　八企公子在臺生
貽沃公號其協　有遠公長子生道光巳丑年十月初十日寅
時卒同治甲戌年十一月廿一日寅時往番殁塟在番
娶鄭氏作娘生道光壬辰年九月廿四日戌時
貽灐字　有遠公次子往臺竹塹生道光　年六月初九日
未時　娶台　氏　娘生

子一　煥

貽而公號成習　有懷公長子生道光戊戌年正月廿四日申時卒光緒辛巳年八月廿四日戌時往臺歿葬在臺

娶孫氏愛娘生道光戊戌年十月初七日辰時卒光緒丁丑年六月廿七日巳時寄塟鳥平崙

子一　禮記

貽敏字　有懷公次子生道光壬寅年六月初六日酉時

娶葉氏專娘生道光乙巳年七月　七日

子　長尚　次琳

貽士字　有懷公三子生咸豐甲寅年六月三十日子時

貽正公　入佛長子生卒年俟查

貽圖字　入佛次子往漳州生

貽清公　有民公子生卒年月塟俟查

貽樽號成物　有潤公長子生道光丁亥年十一月十二日寅時卒咸豐乙卯年九月初四日戌時瓦棺塟本里土名土地宫墘尾坐辛乙兼酉卯

娶林氏草娘號賢睦生道光辛卯年十一月二十日辰時卒光緒癸未年九月三十日酉時寄烏平崙坐南向北

子二　長好　次怡襄

貽杞字　有潤公次子生道光辛卯年十二月初二日酉時

娶洪　妹娘號賢永生道光癸巳年十一月十五日酉時卒咸豐甲寅年二月初一日酉時繼娶洪氏銅娘生道光辛丑

年四月廿五日未時卒咸豐己未年九月初五日亥時瓦棺
葬本鄉　又娶劉氏醒娘生道光辛丑年三月廿三日酉時
子二　長繼抱養　次樹承繼
貽檜公號成類　有潤公三子生道光乙未年七月十五日丑
時卒同治壬戌年閏八月初二月巳時瓦棺葬本鄉土名
子一　禮桑
貽栩公號成靈　有潤公四子生道光庚子年正月初八日辰
時卒光緒壬午年八月初十日未時寄塟公仔寮
貽札字　有潤公五子生道光丙午年五月十七日辰時
娶倪氏名盞娘生咸豐辛亥年十月十一日亥時卒年月塟
俟查

繼娶吳氏真娘生咸豐甲寅年六月十二日卯時
子　長坑　次樹出繼　三禾
號成昌有水公子生道光壬辰年五月初一日午時
卒光緒癸未年十二月廿四日未時寄葬本鄉土名
娶廣都陳氏格娘生道光己亥年十一月廿一日卯時
子三　長丕　次城　三山俱出繼

貽脾公
昭斫字　有靜公子往臺鹽水港生咸豐辛亥年三月廿四日
亥時　在臺娶　氏　娘生

處士貽俞公號成香　恕正公長子生嘉慶己卯年十二月十
七日亥時卒咸豐庚申年正月十五日巳時瓦棺葬本鄉土
名公仔寮坐西向東

娶洪氏晟娘生
子一　禮佳諱襲
大有字　　恕正公次子往臺在塩水港生
在臺娶　氏　娘　生　　子一在臺
大沛字　　佩正公三子在臺生
娶臺　　氏　娘生卒年月塟在台
子一在臺
生員名德修乳名大進字貽吉　　恕正公四子在臺其人意氣
平和學問深醇幼則揣摩研究冠則奪採芹香信乎勤而有
功也生道光年　月　日　時
娶塩水港李氏　娘　　子一　文華　在臺

貽總公　有志公長子生卒年月葬俱失
貽信公　有志公次子生道光癸巳年月日在臺歿卒年月葬
在臺俟査
娶洪氏甘娘生道光甲　年月日時
抱養兩承子　禮景
貽發公　有憐公長子生道光壬辰年月日時在臺歿葬在台
貽教公　有名公長子往臺在生卒年月在臺俟査
貽謀字　有名公次子往臺生
天衢字　有教公長子往畨邦撥出与承生
勝芳公號興仁　有量公長子生道光丁亥年五月廿七日亥
時卒咸豐甲寅年十一月廿五日巳時厝棺葬本鄉土名橋

頭鴨　娶洪氏恬娘生道光丁亥年　月　日　時卒道光
癸卯年二月初四日巳時葬本里土名
子　長自承繼　次安承繼　三乞承繼

貽出公　有量公次子生卒年月葬俟查

貽神公號成農　有量公三子生道光庚寅年九月十五日辰
時卒光緒丁丑年六月十七日亥時瓦棺葬本鄉土名
娶周氏惜娘生道光庚子年十月廿八日亥時
子四　長規矩抱養　次安出繼　三冬螟子　四圭螟子

貽葵字　有量公四子生道光壬辰年十月十五日子時
娶洪氏鎮娘生道光己亥年八月廿五日巳時
子五　長自出繼　次呼出繼　三歐　四乙出繼　五秀士

貽苗字　有量公五子生道光庚子年正月十九日寅時徃臺

貽邊公號成豆　八提公承繼子生道光癸邜年七月十七日
丑時卒同治壬戌年九月十四日申時瓦棺塟在本鄉土名
橋頭

子一　禮呼 承繼

貽文公　有銘公子徃臺生卒年月葬在臺俟查

貽情公　有問公子往臺生卒年月候查　娶　氏在臺

貽禮公　八圳公子往臺生卒年月葬在臺俟查

貽墻字　八標公子往臺生　娶　氏　娘生

貽素字　八然公子往臺生

貽罕公　八榜公子在臺生卒年月塟在臺俟查

貽偷公　人錠公長子生道光癸巳年二月初七日未時卒咸
豐甲寅年十一月廿五日巳時葬在本鄉土名圳仔路坐北
向南
娶　氏藍娘生卒年月葬俟查
貽量公　人錠公次子生道光丁酉年十一月十七日巳時卒
咸豐壬子年六月廿六日辰時厝棺葬本鄉土名公仔寮坐
西向東
娶洪氏生卒年月葬地俟查
貽胆公　人錠公三子外出生卒年月葬俟查
雲鶯字　人錠公四子往臺生
貽寸公　人求公長子生道光丙申年五月初一日午時卒咸

豐一未年六月廿五日夘時葬俟查

貽君字　八爻公子徃石碼生

貽水字　人宰公子外出生

貽傳公　人宰公次子外出歿生卒年月葬候查

貽犬公　八宜公子生卒年月葬俟查

貽卦　粉蓮公子外出生

春經公　人科公長子往石碼歿生卒年月葬俟查

貽萬公　人宜公長子在臺生卒年月葬俟查

貽羆公　人謨長子生卒年月葬俟查

貽只字　人謨次子往石碼生

貽往字　人賢公長子生道光庚子年七月十六日未時

娶吳氏鑾娘生道光庚辰年八月廿五日未時卒咸豐己未
年十月十四日酉時瓦棺塟本鄉箸內山
繼娶李氏專娘生道光戊戌年二月十三日子時
子二　長好李氏出　次炎李氏出

貽盾字　入寮公次子生道光己酉年八月初六日巳時
娶林氏掌娘生道光戊申年十月十五日丑時
子　長漢　次洽

貽允公　有仁公長子生咸豐庚申年七月初六日　時卒同
治乙卯年六月初三日午時瓦棺塟本鄉土名

貽粧字　有仁公承繼子生同治壬戌年十二月初二日寅時

貽樟字　有熾公子生咸豐己未年三月廿一日辰時

娶洪氏針娘生同治乙丑年十月廿一日午時

貽象字

貽園字　有雲公長子生咸豐丙辰年十月初八日戌時

長利字　有雲公次子生咸豐己未年十二月十四日子時

　　入豹承繼子生同治丙寅年八月初五日戌時

貽艆公號成星　有色公承繼子生道光庚子年七月廿四日

　酉時卒同治己巳年六月初六日　時塟在臺

　娶王氏攺節

貽從公號成章　有色公承繼子生咸豐辛亥年八月初三日

　酉時卒光緒己卯年五月廿六日亥時塟本鄉土名内胡坐

　東向西

　娶吳氏攺節

貽比字　人杭次子生同治壬戌年十一月十九日亥時

貽鵲字　人杭三子生同治戊辰年三月初七日子時

貽泳字　人杭四子生同治庚午年十月十三日寅時

天衢字　人端承繼子撥出丙承生道光乙巳年十一月廿六日申時

貽獺字　人燦長子生

貽寶字　人統公承繼子生道光丙子年正月二十日亥時

貽過字　人串公子在臺生

貽頂字　根源公長子在臺塩水港生道光　年　日

娶蔡氏硯娘在臺

貽否字　根源公次子往臺生

貽綢公　根源公三子在臺歿生卒年月塟在台
娶臺氏　娘生卒年月塟在臺
貽寔字　人叅公長子在臺生
貽扁字　人寀公次子在臺生
貽掽字　人郡公長子在臺鹽水港生　娶臺　氏　娘生
貽儉公　人郡公次子在臺歿生卒年月塟在臺
太學生貽總公　楙書長子在臺歿卒生年月葬在臺
娶臺謝氏璧娘　在台娶側室　氏　在台生
子三　長建置　次　三　俱在台
業儒貽綿字貽賤　楙書次子在臺生
娶月港鍾氏　娘在臺生　子在臺

貽辨字　人邦公子在臺生
貽貸公　人取公長子在臺田寮生卒年月葬在臺
　娶臺謝氏政節
貽國字　人取公次子生同治甲子年六月廿七日午時
貽偃字　人烈公子往臺生　娶　氏　娘生
貽堯公號成興　人格公長子生道光壬辰年六月十一日戌
　時卒光緒辛巳年閏七月十四戌時寄葬本鄉土名
　兩承子　禮景
貽宅字　人楹公長子往臺生　在臺娶　氏生
　子在臺
貽路字　人藝長子生

貽窖公　人樵公長子生卒年月塟俟查

貽正公　人樵公次子生卒年月塟俟查

貽圖字　人樵公三子兩承生

貽岳字　人梨子生同治壬戌年二月廿九日巳時

十九世坤房派

從九品銜乳名啟東名煥周字紫函　超群長子生咸豐辛亥年八月十四日丑時

娶孺人許氏名韋娘生咸豐甲寅年十二月初二日戌時

子二　長金銓殤　次金篆

啟杓　超河承繼子生同治癸酉年八月初四日寅時

啟藩　超英承繼子生同治己巳年二月十三日辰時

文龍字　趙然長子生同治甲戌年八月廿九日寅時

貽田字　八權兩承子生同治壬申年十二月十一日辰時

乃自字　純業公子生咸豐辛亥年三月十四日辰時

娶謝氏名正娘生同治辛酉年二月初五日巳時

米真　五就子生咸豐丙辰年十一月十八日辰時

娶陳氏名團娘生同治辛酉年四月十三日巳時

貽稿字　純嘉公子生咸豐甲寅年　月　日　時

新喜字　鴻臚公子生同治　年　月　日　時

貽約字　鴻信長子生光緒己卯年十月廿四日申時

秋月字　鴻信次子生光緒甲申年十二月三十日　時

貽欄字　純然公承繼子生同治年辛未年四月十二日巳時

水全字　綿善公次子生同治甲戌年十二月初七日夘時
貽澄字　鴻熾長子生光緒乙酉年十月初一日酉時
隨竹字　鴻波長子生光緒乙酉年八月　日　時
越春字　鴻鐳抱養子生光緒癸未年五月廿六日酉時
貽貞字　人挨長子生同治甲戌年正月十三日丑時
雨水字　文章長子生光緒戊寅年六月十六日巳時
泮水字　方童承繼子生光緒庚辰年十月初二日未時
貽凱字　綿計公嗣子生同治乙丑年四月初六日丑時
貽庵字　人祭子生光緒乙亥年七月十五日丑時
貽燃字　懋勲長子生同治甲子年九月初五日戌時
娶陳氏名池娘生同治己巳年五月十七日寅時

貽沃字　懋勲次子生同治丁卯年六月廿五日寅時

貽貫字　懋勲三子生同治甲戌年九月三十日戌時

貽定字　振簡長子生光緒戊寅年五月廿七日辰時

貽廣字　振簡次子生光緒辛巳年四月初四日寅時

欽賜字　振簡三子生光緒乙酉年三月初九日亥時

貽茅字　八颺抱養子生　年　月　日　時

後房十九世膕水派

貽謗字貽欽　情裕公承繼子生道光辛丑年八月廿五日丑時

娶王氏伴娘生道光甲辰年四月初八日午時

子　長嫁娶嗣子　次崑山　三燃　四淡潤

貽舵字貽舟　情心公次子生道光丙午年五月廿九日申時

娶謝氏刋娘生道光丙午年閏五月初十日未時
子　長文彥　次文只　三禮妹
貽會字貽和　情心公三子生咸豐甲寅年四月廿八日午時
娶王氏吉娘生咸豐戊午年八月初八日酉時
子　春圓
貽女字貽爾　情心公四子生咸豐丙辰年六月初七日午時
娶龔氏笑娘生咸豐丁巳年二月十九日午時
五典字貽諧　情心公五子生咸豐庚申年閏三月初六日申時
娶謝氏罕娘生同治戊辰年七月初八日辰時
貽溪字貽潭號昭清公　情身公嗣子生道光甲辰年四月廿
九日寅時往番仰工歿卒年月葬在番　娶謝氏早娘歿節

貽瑶字貽琴　情身公兩承子生咸豐辛酉年三月廿七日子時

娶謝氏勸娘生同治己巳年十月十三日亥時

貽看字貽望　軒情公子生咸豐辛亥年八月廿九日未時

娶趙氏甘娘生咸豐丙辰年五月廿五日未時

子　長安石　次禮音

灑水字貽生　情謙公長子生咸豐丙辰年七月十九日酉時

娶謝氏成娘生同治甲子年九月廿九日酉時

子　森烈

八卦字貽亭　情謙公次子生咸豐己未年十二月十七日酉時

迎歸字貽往　情謙公三子生同治壬戌年十月廿一日寅時

璦璋公字貽珪號昭玉　懋原長子生咸豐丁巳年七月十七

日未時卒光緒乙酉年二月初三日子時葬本鄉林水堤
尾坵坐乙向辛兼卯酉　娶蔡氏改節

瓊華字　懋原次子生咸豐巳未年七月十三午時

瓊瑶　懋原三子撥出兩承生咸豐辛酉年三月廿七口子時

瓊玖字　懋原四子生同治甲子年二月初九日申時

瓊瑚字　懋原五子生同治丙寅年十二月初七日卯時

貽發字　情金公子生光緒丁丑年正月初一日酉時

貽云字　情欣公子生光緒壬午年四月初二日申時

已實字貽信　情親公次子生咸豐乙卯年三月廿日寅時
娶謝氏蚋娘生同治辛未年四月十五日已時

貽業字　人甚公承繼子生咸豐壬子年七月初三日卯時

娶謝氏貞娘生同治一丑年六月初六日戌時

貽傳公號昭世　人甚公兩承子生咸豐庚申年十月廿七日午時卒光緒庚辰年九月廿三日未時寄葬在崎仔壠坐東向西

旂綵字　情折公嗣子生同治甲子年八月十二日子時

請功字　懋南承繼子生同治庚午年二月廿九日寅時

雲鶯字　情堂公長子生同治甲戌年十一月十五日戌時

貽來字貽歷　情營公抱養子生道光戊戌年十一月十九日亥時移居在沙縣九都村尾鄉

娶劉氏賞娘生道光癸卯年五月十一日亥時

子　長泠　次涼　三示　四憐

貽越字　情前公子生同治癸酉年六月廿六日丑時
英傑公號仁明　敦組公長子生嘉慶丙寅年三月十二日巳
時卒咸豐丙辰年二月廿六日未時
娶蘇氏非娘生嘉慶丁丑年四月廿五日寅時卒光緒丙子
年四月廿九日辰時公媽寄葬本鄉土名
两承子　禮晏
文雅公字貽言　敦組公次子生嘉慶戊辰年九月廿七日午
時卒同治辛未年五月十三日未時葬里本大埔內
娶　氏改節
年發公字貽彩　敦組公三子生道光辛巳年正月十九日未
時卒咸豐辛酉年三月初九日卯時寄葬本鄉

貽毛公　質珍公長子生卒年月失
娶蔡氏謹娘生嘉慶庚辰年三月十六日戌時卒道光戊戌
年四月十七日未時公媽葬地候查
羽御公字　質珍公次子徙臺殁生卒年月塟俟查
貽垂字　質珍公三子生道光壬辰年十一月廿九日寅時
貽練公號金至　爲貴公長子生道光壬寅年十二月廿二日
未時卒同治庚午年三月初二日丑時瓦棺塟大埔内坐東
向西
友朋字　爲貴公次子生道光丁未年十二月廿四日酉時
新喜字　後非公子撥出兩承傳孝公生道光丁未年九月二
十日未時

星邪字　愛玉子生道光丁酉年正月廿四日寅時
貽釿字　八寮公長子生往臺
朝明字　八賞公子往臺生
乙見公號貽賢　克敏公長子生嘉慶甲寅年正月初十日申
時卒咸豐丁巳年七月初四日申時瓦棺塟牛脰頭瓦窯中
娶謝氏石娘改節
子一　奕外出
水潤字　克豐公長子撥出兩承克敏公生咸豐辛亥年九月
十三日亥時
貽語公　克豐公次子生咸豐丙辰年九月廿六日亥時卒光
緒甲申年八月二十日巳時寄塟在坊里土名大嶺後

金聲字　人點長子生同治壬戌年十二月初七日巳時

娶王氏盡娘生同治己巳年　月　日　時

天來字　人送長子撥出兩承人點公生光緒甲申年十一月初

十日辰時

貽圃公　人甫子生咸豐己未年十一月十二日酉時卒同治

甲子年六月廿八日巳時

娶陳氏愛娘生同治丙辰年六月初十日戌時

表定字貽直　瓊枝公長子生道光乙巳年十二月廿七日巳時

娶洪氏柿娘生道光己酉年正月廿二日時辰

子三　長靜　次興　三帶出繼殤

貽戲字　瓊枝公抱養次子生咸豐丁巳年八月初八日巳時

承繼子 禮帯殤

貽惕字 璦枝公抱養三子生咸豐庚申年四月初十日酉時
娶謝氏担娘生同治丁夘年五月廿九日午時

貽竹字 懋悅長嗣子生咸豐丙辰年正月十六日辰時

貽望字 懋悅次子生同治己巳年五月初六日巳時

遠離字 懋悅三子生光緒丙子年五月廿八日巳時

貽掌字 懋覽長子生同治戊辰年六月廿二日子時

貽桔字 懋寬次子生同治庚午年十一月廿九日未時

貽進字 懋寬三子生光緒乙亥年正月初九日巳時

貽紅公號昭紫 璦琳公長子生咸豐庚申年十月初六日辰
往番殁卒年月失塟在番

貽欺字　懋鎮長子生光緒丁丑年十月十五日戌時

貽社字　人衆公　人忖公兩承子生光緒辛巳年八月初二日辰時

貽能字　懋鎮三子生光緒甲申年五月初十日巳時

貽瑛字　人榜長子生道光癸邜年十二月初五日戌時

貽歡字　人叟長子生咸豐辛亥年正月十八日巳時

貽欽字　人勛長子生同治庚午年六月初三日寅時

春梅字　人勛次子生光緒壬午年九月廿八日丑時

春桐字　人煆長子生光緒辛巳年正月初六日巳時

要用字　人煆次子生光緒乙酉年四月廿二日丑時

十九世鎮長房鳳撫公派貽字行

貽記公　入福公子生乾隆辛丑年八月初十日申時往臺卒
塟處在台
貽道公字貽義號德修　入座長子生乾隆壬子年十一月初
六日未時卒道光乙未年六月初一日未時瓦棺塟在流礤
口後山頭崙尾墓埈格坐壬向丙兼亥巳
妣陳氏雙娘號和順生嘉慶乙丑年五月十五日亥時卒道
光戊子年二月廿五日丑時瓦棺塟本山流礤口礤溪頭水
埒脚田中坐壬向丙兼亥巳
繼妣林氏曲娘號和進生嘉慶壬戌年正月初四日未時卒
光緒丁丑年四月初二日午時享年七十有六塟本山
子二　長禮語出陳氏　次禮悙殤

貽棹公字椅卿號德崇　人座次子生嘉慶丙辰年　月十四
日丑時卒咸豐辛亥年九月初六日戌時享年五十有六瓦
棺塟本山
妣李氏姜娘生嘉慶甲子年二月初二日酉時卒同治壬戌
年閏八月十二日未時享年五十有九瓦棺塟本山
子三　長禮仄　次禮善　三禮笠
貽淵公字國浩號德成　人盼長子生乾隆庚戌年十一月廿
二日亥時卒道光庚寅年七月廿二日辰時瓦棺塟流磜口
後山頭崙坐坤向艮兼申寅
妣龔氏兑娘號順澤生嘉慶壬戌年十一月初七日巳時卒
光緒庚辰年九月廿三日申時享年七十有九柩塟本山流

磜口浮桐垵田頂坐戌向辰兼乾巽
養子二　長禮森　次禮挑
貽湔公號德山　人盼次子生乾隆甲寅年正月廿九日夘時
卒同治庚午年十月廿九日子時享年七十有七瓦棺埜本
山流磜口松栢崙内水埕頂坐壬向丙兼子午
妣郭氏齊娘號順育生嘉慶丙寅年十月初三日午時卒道
光庚寅年二月廿七日酉時瓦棺埜本山流磜口内墘水埕
脚坐坤向艮兼申寅
繼妣許氏沾娘號順德生嘉慶庚午年七月初四日酉時卒
咸豐戊午年八月初十日辰時瓦棺埜本里流磜口嶺仔邊
中崙坐艮向坤兼丑未

子四　長圍院鄧氏出　次禮仲　三禮實　四禮源許氏出

貽藐公號德服　人盼三子生嘉慶丙辰年九月十五日未時卒道光癸卯年七月廿三日酉時塟本山鎮撫山坛藍仔後坐丑向未兼艮坤

妣陳氏金娘號順懿生嘉慶戊辰年五月初一日卯時卒道光壬寅年八月十七日辰時尾棺塟本山

子三　長禮漸　次禮能　三禮庚

貽湊公字國合號立德　人盼四子承人殺爲嗣子生嘉慶庚申年六月十八日丑時卒咸豐丁巳年五月廿九日午時享年五十有八尾棺塟本山後山竹林尾外崙坐　向

妣易氏諱等娘號慈五生嘉慶壬申年三月初八日未時卒

卒同治癸亥年五月廿八日酉時享年五十有二葬本山大
墩崙水墘頂坐　向
子五　長禮窑襲　次禮跨　三禮殊　四禮併
五禮魚殤

貽芹公字國香號徳陽　人盼五子承振玉爲嗣子生嘉慶甲
子年五月初九日酉時卒咸豐丁巳年十二月三十日酉
時享年五十有四葬本山
妣許氏葉娘號順慈生嘉慶戊辰年十月初一日午時卒
同治丙寅年三月初七日卯時享年五十有九葬本山
子四　長禮瑾　次禮典　三禮蛤　四禮先殤

貽僉字國和號和樂　人坐次子承人顏爲嗣子生嘉慶己未

年十月初一日亥時卒道光壬寅年六月廿九日申時瓦棺
與先買合葬本山鎮撫山猪湖嶺頭坐　向
妣下尾洪氏諱賽娘生卒年月日卒　年十月十二日郊
時葬本山鎮撫大坪頭尖仔後坐　向
子六　長日否殤　次應嘗殤　三后成出繼　四鋭生
五郡生　六在出繼
貽繆公字國綢號戶明　人草長子生乾隆癸丑年四月初六
日辰時卒嘉慶庚辰年九月十五日　時柩葬本山鎮撫山
猪湖吊壁燈火崙頭坐　向
娶東洋陳氏圭娘改節
養子一　讌

貽弩公字國張號戶箭　人草次子生嘉慶癸亥年四月初十
日亥時卒年十一月　日初五時柩塟本山鎮撫山坛流磜
口大垭田后壁坐　向
妣彭氏有娘號德儉生嘉慶丙寅年十二月初一日申時卒
道光己亥年八月初三日子時柩塟本山鎮撫內壠口獅形
嵛坐　向　兼
子二　長例金　次現彩
乃妍公字國鮮號戶成　人坐長子生嘉慶丁巳年二月初八
日子時卒道光甲申年十二月十六日未時瓦棺塟本山鎮
撫虎毋竂嵛路邊坐戌向辰兼辛乙
妣王氏謹娘號勤順生嘉慶甲子年　月　日　時卒嘉

慶庚辰年十月初四日申時葬本山
嗣子一　禮倫
貽孔公　人坐次子頂作三生嘉慶壬申年二月初十日申時
卒　年　月　日　時瓦棺葬本山鎮撫大坪頭尖仔
垵坐　向
妣趙氏諱輿娘生嘉慶庚辰年二月十九日申時往臺
子三　長金中　次禮牛　三禮套
貽意公號國慶　人蠡長子生嘉慶庚申年九月初一日午時
卒同治己巳年六月十六日未時享年七十才瓦棺葬本山畢
壠尾崙坐乙向辛
妣謝氏葉娘號淑楨生嘉慶壬戌年二月十九日卯時卒光

緒己卯年正月十三日未時享年七十有八棺葬本山橫壠
闌垵頂坐丁向癸兼

子　安元　自然　三壽　澤木　蛾眉兩承四房

貽雜公號國慎　入蠢公次子生嘉慶甲子年五月廿九日丑
時卒同治甲子年十一月廿六日戌時享年六十有一棺塟
本山橫壠崙頭坐庚向甲內兼酉卯外兼申寅
妣王氏娶娘號淑家生嘉慶丙子年二月廿二日酉時卒光
緒己卯年十一月初二日戌時享年六十有四棺葬本山軍
壠橋崙蜈蚣形崙頭坐癸向丁

子三　長仙遊　次江築　三好爺

貽勅公號國典　入蠢公三子生嘉慶戊辰年五月廿六日辰

時卒咸豐甲寅年九月二十日戌時厝棺葬本山軍壠橋嶺
頭土名厝窖壠頭中崙坐亥向巳兼乾巽
妣李氏青娘號淑慎生嘉慶丁丑年十二月十六日寅時卒
光緒丙子年閏五月初八日丑時享年六十棺葬本山橫壠
頭頭坐巽向乾兼巳亥
子　金城嗣子殤　禮衆學　禮麟　禮鮑殤　禮情抱養
五子字國登　八蠢公四子生平慈孝友恭善事樂爲自建房
屋號蘭馨堂坐坤艮未丑生道光壬午年四月廿九日丑時
娶楊氏名純娘生道光丙戌年五月十八日酉時
子　禮臏殤　禮燕殤　禮用抱養　雙承子蛾眉
含笑　禮佞

貽煆公字國煉號戶藏　人學長子生嘉慶甲子年正月廿四
日巳時卒咸豐壬子年十月十六日酉時瓦棺葬本山后山
頭崙大墘路邊坐　向
娶易氏殤　娶許氏爲娘號温惠生嘉慶辛未年三月十八
日戌時卒道光甲午年十一月十四日子時瓦棺葬本山后
山頭張厝門口田中坐丙向壬
繼妣許氏諱族娘生嘉慶己巳年八月初四日丑時
子三　長禮業　次禮闊　三禮面俱繼妣出
貽相公號戶繼　人學次子生嘉慶戊辰年十一月初八日酉
時卒咸豐己未年三月二十日未時享年五十有二往吧卒
葬處在吧

妣易氏基娘號和温生嘉慶壬申年三月初三日辰時卒咸豐癸丑年十一月初四日戌時瓦棺葬本山後山頭崙尾大坪坐　向

繼妣鄣氏延娘温順生嘉慶癸未年七月三十日巳時卒咸豐庚辰年九月初六日申時瓦棺葬流磜口後山頭崙尾蝕子圍鼓邊頂坐　向

子四　長禮近嗣子　次禮文　三禮鐧　四禮秋偸出

貽殿公字貽金號戶宮　入學三子生嘉慶癸酉年五月十七日申時卒咸豐辛酉年九月十六日申時瓦棺葬流磜口張厝後溝坳坐庚向甲兼申寅

妣趙氏謹娘號温慎生嘉慶戊寅年八月十七日巳時卒光

緒壬午年十月廿四日未時棺塟本山社田烏石內坐
子五　長禮壹　次禮理　三禮領　四禮臨　五琴韻
貽萬公號戶千　人學四子項作五生嘉慶己卯年四月初一
日子時卒咸豐己未年十月十一日丑時往外夷歿
妣鄭氏引娘生道光甲申年十一月初五日午時
子四　長河東殤　次禮木殤　三天津　四禮介嗣子
貽扯公號進益　雲龍長子生嘉慶辛酉年七月廿七日巳時
卒光緒乙亥年十月初六日午時瓦棺與繼妣陳氏仝塟本
山鵬雛口苦壠下水埕後壁坐
妣劉氏明娘號慈德生年月失卒道光甲午年五月十八日
時尾棺塟本山后山頭崙尾尾崙坐

繼妣陳氏㖢娘號順貞生嘉慶癸亥年十二月初二日酉時
卒同治己巳年九月二十日未時與公合塟
子一　禮趨刘氏出

貽旋公字國轉號晉周　雲龍次子生嘉慶丙寅年十月十三
日酉時卒光緒甲申年十月初七日夘時柩塟本山鵬雛口
苦壠水埕頂坐　向
妣陳氏八娘號宣惠生嘉慶癸酉年十月初六日午時卒道
光壬寅年十一月十四巳時瓦棺塟坪洙口苦壠水埕頂坐
子一　式禮繼子

貽註字國釋　雲龍三子生嘉慶壬申年六月十九日未時
妣王氏鳳娘號茂順生嘉慶丙子年二月十二日酉時卒咸

豐巳未年十二月廿三日午時厝棺塟本山山坛流磜嶺坐
繼娶　氏　娘生
子六　長禮瑤　次禮蘋　三禮鐃　四禮苗
五禮眼殤　六禮蓬系
應智公號南用　雲龍四子生卒年月失卒　年七月廿三
日　時厝棺塟本山鵬雛口尾林潭坐
元首公　人遣長子生乾隆甲寅年十二月十八日巳時往臺
卒　無傳
元提公號永嚮　人遣次子生嘉慶巳巳年五月廿八日酉時
卒光緒丙子年五月初九日寅時在泉住居塟泉州東嶽山
妣易氏初娘號温柔生嘉慶甲子年四月十九日卯時卒道

光壬辰年閏九月廿八日未時塟火管壠頭杉林埈坐

子一　禮重

元愷公號堂壽　人遣三子生嘉慶壬申年九月初二日未時

卒同治甲戌年十月十二日丑時棺塟本山巷後虎咬犬埈

坐　向　兼

養子一　禮碟

貽寵字國恩號堂錫　人遣四子生嘉慶乙亥年二月初一日

巳時卒光緒丙戌年八月十九辰時塟本山

妣林氏鸞娘號溫進生嘉慶乙亥年五月廿一日辰時卒咸

豐乙邜年七月初一日戌時塟鎮撫寨對面尖坐　向

繼妣王氏通娘號淵德生道光辛巳年七月十二日辰時卒

咸豐巳未年三月廿六日丑時葬鎮撫寨尖仔后坐
養子一　禮平
率爾公字國對號成對　八楂長子生嘉慶丙寅年十月廿一
日酉時卒道光戊申年八月廿一日午時葬鎮撫寨尾坑畲
垵尾崙坐辛向乙
娶許氏閒娘改節
子三　長盛裕　次光贊　三沉香出繼
盼捆字國衣號成文　八楂次子生嘉慶巳夘年正月廿三日
申時
妣陳氏緘娘號靜口生道光甲申年十一月廿四日丑時卒
同治甲子年四月初五日未時葬本山十八間壠坐辛乙

子三　長沉香承繼　次桂結　三八仙

貽湍公號明德　人談長子生乾隆戊申年十一月廿六日亥時卒光緒丁丑年正月廿五日午時柩葬本山鎮撫内壠頭坐　向

子二　禮義襄　天賜承繼

貽祺公　人談公次子生嘉嘉丙辰年十月廿六日子時往臺卒年月失

貽坂公號和順　人談公三子生嘉慶壬戌年十二月初七日

養子一　禮與

巳時卒同治壬戌年二月十六日巳時葬本山石龜流磜嶺

坐　向

妣湖頭盧氏卞娘號儉貞生嘉慶辛未年十一月初一日辰
時卒道光壬寅年十月初六日辰時葬本山鎮撫山猪湖壢
虎坡坐　向
繼妣蓬萊林氏省娘號儉成生　年　月　日　時卒
年二月初五日　時葬鎮撫蔚堵崙坐　向
子二　長再準抱養　次禮在嗣孳殤　三禮圭林氏出
貽綿公號延澤　八談四子承卦象爲嗣子生嘉慶丙寅年十
二月初九日酉時卒同治乙丑年六月廿四日子時尾棺葬
鎮撫寮崙尾坐　向
妣丁埔頭林氏乖娘號慈美生嘉慶戊寅年十月廿六日酉
時卒光緒壬午年正月廿六日子時柩葬本山鎮撫山猪湖

埔崙坐　向

子四　長禮我　次禮禘　三禮事出繼　四禮拈

育方公派

貽鏗公號蘋爾　入埋長子生道光乙未年八月十八日丑時

卒光緒丙子年十二月初五日巳時葬鎮撫尖仔垵坐　向

妣温氏親娘號貞身生道光丙午年正月十六日酉時卒光

緒丁丑年六月十二日丑時葬鎮撫寮爵堵後尖仔垵坐向

子一　禮降

貽毳豎　入埋次子生道光庚子年五月廿一日戌時

貽楓公號遠木　入葛養長子生道光癸未年八月二十日午

時卒光緒甲申年六月十五日子時柩瘞本山鎮撫眠虎垵

坐　向

娶陳氏謹娘生道光庚寅年二月初四日卯時
子一　棗杏
貽均公號遠平　入葛次子生道光辛卯年正月十九日未時
卒同治壬申年正月十六日子時瓦棺塟本山山坛流磜庵
田頂坐　向
娶蔡氏香娘號貞草生道光丙申年八月十三日申時
子二　長禮奪　次禮悻
貽稽　入葛三子生道光癸卯年四月初十日卯時
貽岻　入葛四子生道光庚戌年三月初五日亥時
先發　入葛長子生道光丙午年十一月初五日寅時往臺
貽送　入葛次子生咸豐丙辰年五月初八日未時往臺

學禮公號禧勝　春炎長子生嘉慶丁卯年十月初八日申時
卒道光壬午年戌月廿一日辰時瓦棺葬桼洋石礁鏡面壁
路邊坐癸向丁
妣王氏皆娘號孝懿生嘉慶己巳年八月十六日巳時卒光
緒辛巳年四月二十未時柩葬本山馬厝山坐坤申向艮寅
子二　長禮慶　次禮坪殤

學校　春炎次子生嘉慶辛未年正月十二日寅時出妻王氏
子一　禮水殤

家齊公號靈音　春炎三子生嘉慶癸酉年八月廿三日巳時
卒道光戊戌年四月廿八日申時瓦棺葬石礁茶心埔壁路
內坐丁未向癸丑

貽廷公號禧獻　春炎四子生嘉慶丁丑年十二月三十日戌
時卒同治辛未年六月廿九日巳時瓦棺瘞眞毋踏龜外崙
蔡厝墓口坐亥壬向巳丙
娶賴氏腰娘生道光癸巳年　月　日巳時
子一　禮世出繼丙承

貽軋公號前車　春炎五子生道光丁亥年九月十五日酉時
卒光緒甲申年閏五月廿三日未時柩瘞叅泮馬厝山坐甲
向庚
雙承子　禮世

貽格公號致知　夏明長子生嘉慶甲戌年九月初十日　時
卒咸豐辛酉年十一月十一日申時瘞本山石礫茶心埔

妣蔡氏吟娘生嘉慶巳卯年五月廿四日申時卒道光甲午
年二月十六日午時瓦棺寄塟叅洋田當山石頭脚
繼妣李氏桃娘號儉和生嘉慶巳卯年五月二十日丑時卒
光緒巳卯年十月初五日戌時柩塟馬厝坐戌向辰
子二　長禮曾李氏出　次禮鑑李氏出
表裏公號靈陽　夏明次子生道光辛卯年五月廿六日亥時
卒咸豐甲寅年二月初八日戌時瓦棺塟本山石礁茶心埔
坐丙向壬
妣洪氏于娘生　年　月　日　時卒同治壬戌年十一
月十一日巳時瓦棺塟本山石礁茶心埔坐　向
子一　禮魁

入時　人各三子夏明承繼三子生道光丁未年八月初八日

申時

娶陳氏哖娘生道光戊申年七月初十日午時

子二　長禮飛出繼丙承　次佳再

貽衆公號止過　秋月子生道光巳丑年十一月廿九日酉時

卒光緒乙酉年六月十三日時柩塟泰洋馬厝山坐西向東

貽琬　人各長子生道光丙申年十一月十九日辰時

娶王氏獺娘生道光巳亥年二月廿二日子時

子　禮才

貽褒　人各次子生道光甲辰年五月初八日卯時

十九世鎮長房二壠頭坡在明公派貽字行

貽[illegible]字貽旗　人璵長子生道光戊子年十月十八日寅時
娶林氏貝娘號寅節生道光戊戌年二月廿二日巳時卒光
緒癸未年十二月十一日巳時葬本山赤嶺巷頭墻幃後
養子　長天樹　次禮慶
貽外公號誠內　人璵次子生道光壬辰年　月　日　時往
漳州卒
貽義公　人璵三子生道光丙申年　月　日　時往漳州卒
年八月初四日戌時
五敦　人命長子生　年　月　日　時
貽圖　人命次子生同治乙丑年四月十七日未時
貽犁　人淵次子入門承繼長子生道光辛卯年六月十八日

未時卒咸豐乙卯年正月二十日巳時往漳州卒葬俟查

貽池　八命次子八門承繼次子

貽蛇　八淵長子生道光戊子年正月十七日巳時

土星　八淵雙承子生光緒丙子年二月初七日丑時

顯輿公　八類長子生咸豐己未年正月二十日午時卒光緒乙亥年六月廿九日巳時柩葬本山大埔垵新來崩坐　向

貽鴛字貽鴦　八類次子生同治丙寅年六月初七日卯時

娶林氏截娘生同治癸酉年九月十九日未時

貽達　八類三子生同治辛未年十一月十一日酉時

娶林氏草娘生光緒己卯年二月廿四日寅時

八類四子生光緒壬午年八月三十日未時

字國淮　人揩子生咸豐戊午年十二月二十日巳時
娶陳氏富娘生同治丁卯年十二月十一日酉時
憲對　人菓長子生咸豐乙卯年十二月十八日子時
娶葉氏恍娘殤
秋飲　人菓次子生光緒乙亥年六月廿四日寅時
貽級字貽品　人慘養長子生咸豐丙辰年九月廿七日未時
娶陳氏梅娘生咸豐戊午年八月廿五日亥時
子　萊蓬學
四東　人慘養次子生咸豐戊午年十二月廿六日酉時
娶李氏于娘生同治乙丑年十月初二日午時卒光緒乙酉
年九月十五日巳時木棺葬本山鎮撫寮

西枝字貽　八靖雙承子生　年　月　日　時
娶孺八劉氏遮娘生　年　月　日　時
子　抱養　嗣學
愿腰號誠間　寶元養子生道光乙未年六月初九日　時往
漳州卒同治戊辰年五月初四日　時塟俟查
貽現　八櫨養長子生道光壬寅年七月廿一日酉時往臺在
貽長字國祥　八櫨次子生道光巳酉年三月初五日酉時
娶易氏酌娘　殤
繼娶許氏盡娘號善節生咸豐巳未年九月十五日寅時卒
光緒辛巳年七月廿八日辰時葬本山山猪湖三脚椅垵坐
子　禮毓　抱養

貽　次蓼餐子生道光丁未年十二月初一日丑時卒光緒

庚辰年十二月十一日酉時柩葬本山鎮撫寮條仔崙坐向

貽茹　入揀長子撥出兩承生咸豐戊午年七月廿一日酉時

仰望　入揀次子撥出兩承生同治甲子年十一月初六酉時

十九世鎮長房二賢明公派貽行字

貽岳公　入茁子生嘉慶己卯年二月三十日卯時卒年月失

柩葬本山山猪湖三脚椅仔路邊

旅酬公號燕毛　入涇長子生道光戊戌年九月初二日卯時

卒咸豐戊午年七月十二日未時棺葬本山山猪湖

貽茅公號燕草　入溜次子生道光乙巳年九月廿九日戌時

卒同治庚午年閏十月初四日未時棺葬本山山猪湖

貽樓　八淫次子八甫承繼子生道光壬寅年五月初五日時

貽芳　興前長子生道光辛巳年九月十九日酉時

妣陳氏萬娘號淑慎生道光癸巳年七月初八日午時卒同

治甲子年九月初六日申時厝棺塟本山山坛頂流磜庵崙

坐乙向辛兼辰戌

繼娶劉氏七娘生道光癸巳年九月廿三日辰時

子二　長禮爆　次禮硒俱陳氏出

貽瘦字國匿　興前次子生道光戊子年八月初六日卯時

娶陳氏碟娘生道光乙巳年九月廿五日丑時

子　長禮鮮　次禮卿　三禮誠　四禮悳

貽柏字國津　八眞長子生道光丙戌年九月初九日辰時

娶許氏逆娘生道光辛卯年正月廿二日亥（佰）時

子　禮粆（嗣子）

來房字國文　人真次子生道光己丑年三月廿一日申時

娶葉氏竹娘生道光癸巳年六月廿七日午時

子　長禮盤　次伍二（嗣子）

耳順字國生人真三子生道光乙未年十一月廿七日寅時

妣陳氏須娘號勤德生道光己亥年四月十三日午時卒咸

豐己未年八月初六日丑時柩葬流𥓃口掃箒穴嵛路頂坐

癸向丁兼丑未

繼娶陳氏益娘生道光庚子年十月初五日子時

子　長禮䛕　次禮㢶　三禮烏　四禮白　五雨泉（俱後娶氏）

貽絞字貽根　八喜四子生道光癸卯年九月廿九日戌時
娶陳氏德娘號愛仁生道光庚戌年十二月廿六日酉時卒
光緒戊寅年九月二十日戌時柩寄埜流磜口後山頭崙尾
坐西向東
子　長秀春　次永安　三佛事
貽鐃字國飽　八圓餐子生道光庚寅年十月初九日巳時
妣陳氏偏娘生道光壬辰年十一月初六日午時卒同治已
巳年二月十三日子時尾棺與兩姆劉氏仝葬流磜口后山
頭崙尾戲仔闈鼓邊下坐申坤向寅艮
繼娶侯氏蜂娘生道光丙戌年十月十一日酉時
子　長禮錦　次禮掬　三禮磨　四禮乾　五東破殤

哂字貽笑　人峻長子生道光庚寅年九月十八日巳時
娶王氏三娘生道光壬辰年四月初二日寅時
子　長平地　次禮壙　三禮抹　四禮碅　五伍二出洲
貽色字貽彩號華澤　人峻次子生道光壬辰年十月十六日
戌時卒同治癸亥年十月十七日寅時柩塟本山流磜口松
栢崙壟石外坐癸向丁兼丑未
妣陳氏綱娘號進德生道光庚子年十一月初三日寅時卒
同治庚午年八月十二日酉時瓦棺塟鎮撫流磜口浮桐垵
格拋土路外坐申向寅兼坤艮
子二　長禮望　次禮察
積穀字貽升　人峻三子生道光戊戌年八月十三日未時

妣陳氏好娘號順德生道光辛丑年十一月十九日卯時卒
同治辛未年二月初十日酉時尾棺塟本里造尖后軍墘交
輪田中坐乾向巽
繼娶林氏却娘生道光癸卯年六月初六日卯時
子　長禮闖　次金蘭陳氏出　三金聲　四玉振林氏出
四寶字貽珠　人峻四子生道光壬寅年八月初三日卯時
娶蘇氏勸娘生道光丙午年九月十六日卯時
子　長烏斗　次余菊
貽呀字貽張號光易　人許義長子生道光壬午年十一月初
八日辰時
娶葉氏速娘號令絁生道光壬午年閏三月廿六日酉時卒

同治癸亥年十二月廿九日午時瓦棺葬鎮撫山坛軍田頂
坐艮向坤兼
子四　長千係　次啟泰　三皆諛　四長富
四九公號光騰　人許養次子生道光丁亥年十一月初三日
酉時卒光緒丙子年八月十九日戌時柩葬本山流磜口後
山頭崙圳垵頭坐　向　兼
妣葉氏妹娘號儉慈生道光乙未年十二月廿八日寅時卒
光緒乙亥年五月初三日丑時柩葬本山流磜口後山頭後
溝崙坐　向
子一　高山
祥雲公號愫軒　人許三子生道光辛卯年六月初四日巳時

卒道光癸卯年五月廿一日申時厝棺塟本山流磔口獅鼻

崙坐　向

彩霞字貽烱　人許四子生道光丁酉年六月廿四日子時

娶陳氏示娘生道光己亥年十二月十三日亥時

子　長開恩　次欽明　三孫綿殤　四鳳驕

五音字貽律　人新養長子生道光丁亥年七月廿七日午時

娶王氏寗娘號惠德生道光癸巳年十一月廿七日午時卒

同治丁卯年十月廿七日亥時厝棺塟本山流磔口圳垵中

崙坐申向寅兼坤艮

子三　長銅綢撿養　次金鉉　三禮勝

五倫字貽敦　人新養次子生道光乙未年九月十三日辰時

娶陳氏妹娘生咸豐壬子年四月廿四日辰時

子　禮世抱養

五[忄存]　人新三子生道光乙巳年四月十七日午時

娶王氏担娘生同治甲子年七月十一日辰時

子　禮短

瑞愿公字貽艮號安成　人絤長子生道光丁酉年六月初八日申時卒同治壬申年八月十四日寅時厇棺塟本山流𥗟口大墘水井垵頭中崙坐　向

妣陳氏乖娘號勤益生道光巳亥年十二月二十日辰時卒咸豐辛酉年六月廿二日子時厇棺塟本山流𥗟口塈石湖內坐　向

繼娶吳氏信娘生道光戊戌年十一月初七日寅時
子六　長禮標抱養殤　次添保抱養　三海恬出繼
四禮羊殤吳氏出　五偏送　六禮蝦偶抱養

寛裕公字貽柔號安溫　人栖次子生道光庚子年九月初一
日未時卒同治甲戌年六月初十日丑時柩塟本山流磜口
大墩崙頭後背坐　向
娶陳氏近娘生道光辛丑年九月廿九日辰時
子三　長青河　次淼斯　三養述螟蛉

擇吉公號安士　人栖三子生道光戊申年三月十二日卯時
卒光緒癸未年十一月十二日巳時柩塟本山流磜口松栢
崙內水垾頂坐壬向丙

昆燕　子一　海恬承繼
人栖四子生咸豐丙辰年七月初一日寅時
娶陳氏格娘生同治癸亥年二月十三日寅時
貽筋公字國篠號燕竹　修登長子生道光庚寅年九月廿二
日子時卒光緒辛巳年四月初四日未時棺葬本山
妣胡氏富娘生卒年月葬地俟查
繼娶陳氏寶娘生道光乙未年十月廿七日卯時
子二　長松茂嗣子　次書朗
貽向　修登義次子生道光癸卯年三月十九日卯時往外處
水澤　人枝長子生道光丁亥年閏五月十六日辰時
子一　禮飛附承

貽串　人拔次子生道光己丑年十二月廿九日午時
子一　馬聲嗣孚
貽鮑　人技三子生道光丙申年十二月初五日申時
賜欵公號貽雅　人技四子生道光庚子年七月初三日辰時
往番卒光緒丁丑年三月二十日午時
貽統　人雍子生道光丙午年十一月十八日申時
娶李氏緩娘生同治丙寅年六月廿一日辰時改節
睔姑　人恥女子生道光乙巳年十月初六日申時未嫁而卒
同治壬戌年十一月十三日未時葬本山參洋馬厝山
拱照公字國憮號光明　勝鄉長子生嘉慶甲戌年四月十六
日午時卒光緒庚辰年十月十三日寅時柩葬本山山坛頂

燒酒楠崙坐乾向巽兼亥巳
娶葉氏榮娘生嘉慶丙子十月初一日寅時
子六　長春迓　次提敲殤　三悽愴　四牲賔
五四端　六福星
貽厚字國隆　勝卿次子生嘉慶庚辰年十一月廿三日子時
娶葉氏簾娘號節儉生道光乙酉年十月十三日巳時卒道
光丁未年十二月初六日巳時厝棺葬本山山坛頂流磜大
坵外田角坐丙向壬兼午子
繼娶王氏慈娘生卒不知葬鵬雛單攏橋
繼娶陳氏神娘生道光戊子年十一月廿一日酉時
子　長禮坐殤　次心誠字　三禮台　四禮閲　五贊纓係陳氏出

貽舌　八走長子生道光庚子年九月廿八日寅時
娶林氏歪娘號良德生道光戊申年十一月初八日未時卒
光緒壬午年正月廿一日卯時柩葬鎮撫山猪湖嶺掘石崙
頂坐　向
子一　禮萃

貽遨　八走次子生道光癸卯年四月初八日酉時

禎祥　八走三子生道光丁未年五月廿九日亥時
娶林氏蕙娘改節生同治乙丑年　月　日　時

貽攝公號升堂　走四八子生咸豐辛亥年十二月十三日辰
時卒同治辛未年六月廿九日未時墓葬

貽劍公號昭草　成南養子生道光癸巳年五月初七日午時

往閩清卒光緒乙亥年

貽權　騰雲長子生道光辛丑年二月初一日戌時
娶陳氏妍娘生咸豐丁巳年二月十六日酉時
養子一　來坤殤

貽銅　騰雲次子生道光甲辰年九月初四日丑時

貽便　騰雲三子生咸豐丙辰年二月十五日亥時
娶陳氏石娘生同治壬申年七月初五日辰時

貽甘公號五露　人拴養長子生道光癸巳年八月十七日亥
時卒同治癸亥年二月廿八日卯時尾棺葬本山流磜口仙（山腳湖大坵田頭坐）
宮嶺雷擊石內坐辛向乙　娶劉氏蓮娘改節

貽乞　人拴次子生道光丙午年六月初四日丑時（卒同治己酉二月廿三丑 本山山腳湖眠虎）

貽他　八祖八闕仝爲嗣子生道光己酉年五月初四日酉時
娶侯氏伴娘生道光戊申年四月十三日未時
子　長筆成　次水溢　三秋作殤　四水涯　五水渭　六礼彬

海瑞　八闕次嗣子生同治己巳年正月十三日丑時　娶佛子鎮宣水

夏梅公號片軒　宗拔養子生道光戊子年正月初六日戌時
卒光緒辛巳年三月十八午時柩瘞本山山猪湖冰石按頂
妣張氏春娘號慈愛生道光庚子年正月初六日辰時卒咸
豐庚申年三月廿五日未時柩瘞本山十八間中班池外
漳浦仔內
繼娶劉氏寵娘生道光己丑年二月廿五日寅時
子四　長香珍　次禮賞俱抱養殤　三禮買殤　四禮百嗣子

貽繞公號周旋　詠然養子生道光癸卯年三月初三日酉時

往臺卒同治癸酉年十二月十六日　時

雙承子　垂曲

晏子　人謗子生同治丙寅年二月十一日卯時

娶陳氏竝娘生同治丙寅年正月廿三日丑時

子　垂曲出繼雙承

西枝字貽葉　人執長子出繼雙承生咸豐乙卯年十月廿八

日未時

娶劉氏遮娘生同治甲子年八月廿三日子時

子　抱養成嗣子

雙儀字貽型　人執次子人鶴承繼子生同治癸亥年三月初

十日午時
娶林氏烟娘生同治丁卯年十二月廿三日酉時
貽等号存上八芮次子八呐承繼子生道光丁未年七月十七酉時
子一　御梆两承卒宣統庚戌年十月廿八日申时无棺葬本山坪殁口洋边墘坐
祖代　朝程子八巷雙承子生同治壬申年十二月二十子時卒光緒癸卯年十一月初三日酉时无棺与母合葬
貽錯号振兴八芮長子生道光癸卯年正月廿一日亥時往外无卒
娶李氏訣娘号長順生道光乙巳年十二月廿三月丑時卒光緒甲午年[illegible]六日辰時[illegible]葬本山[illegible]厝山崙坐　向
子一　長海潤出继两承　次御梆出継两承
貽否公號歸進　八芮三子生咸豐癸丑年十二月十五日巳
時卒同治庚午年八月廿三日酉時厝棺塋本山中坂崙顯
按尾坐　向

兩承子　海潤

貽邊　八衆長子生咸豐甲寅年九月廿六日未時

明論　八衆次子生咸豐庚申年六月廿七日寅時

明佳　八衆三子生同治癸亥年八月初一日巳時

明賴　八衆四子生同治乙丑年十二月初七日辰時

明辨　八衆五子生同治戊辰年七月初九日丑時

祖代　朝程子撥出雙承生同治壬申年十二月二十日子時

寅照字貽耀　卒亥□□□十二月初三日寅時与母合塋

八兒子生道光庚寅年九月十七日丑時卒

娶陳氏香娘生道光壬寅年四月十六日辰時卒

子一　禮分撥養

貽懇字貽忠號存誠　八好長子生道光癸巳年八月廿七未時

娶謝氏愛娘生道光辛丑年十月廿四日卯時[illegible]

子五　長來立 襲　次栽生 殤　三來聰 出繼 殤

四來總　五來時

貽匹公號存偶　八好次子生道光丙申年六月初二日寅時

卒道光庚戌年六月廿四日未時厝棺塋本山虎母寮崙石

龜嶺頭內坐壬丙向子午　無傳

五地公字貽明號存心　八好三子生道光巳亥年七月廿六

日辰時卒同治壬戌年正月十七日未時厝棺藝本山山坛

山壢犬崙頭坐丁向癸外兼未丑　娶吳氏厥娘段節

子一

來聰 承繼

貽環公字貽園號存天　八好四子生道光戊申年七月廿六

日申時卒光緒壬午年六月　日　時柩葬本山下赤架巷

對面尖后坐　向

娶王氏捌娘生改節咸豐辛亥年二月十四日亥時

子一　聯輝嗣子

貽喜字貽悅　八好五子生咸豐丁巳年十一月廿三日寅時

娶陳氏佔娘生咸豐丙辰年九月十四日戌時

子　奉璋

貽所字國掌　八貽長子生道光丙午年九月廿四日酉時

娶吳氏妹娘殤

繼娶陳氏絹娘生咸豐戊午年十一月初六日寅時

子　天盞

貽商字貽量　人貼養次子生道光丙午年十月初一日辰時

娶劉氏最娘生同治乙丑年二月廿八日酉時

業儒貽秫字國然一字貽元　立信公三子生咸豐壬子年六月廿九日酉時

娶陳氏累娘生咸豐戊午年七月初二日辰時

子　長沂水　次玉樹

貽嶼　人牙霞子生咸豐癸丑年六月十八日寅時往外年

子智子裕仁　人祿家王植居後養長子生道光戊申年三月十二日巳時卒光緒[illegible]年[illegible] 葬[illegible]山下[illegible] 坐[illegible]向

娶陳氏隈娘殤

繼娶王氏縣娘生咸豐丙辰年五月初五日午時

子　承陳

俊到字貽興乡　入祿養次子生咸豐庚申年十一月初八辰時
娶葉氏專娘生同治癸亥年六月廿四日巳時　国戊午年正月十二酉柩葬本山对面
子三　長淅漄　次深淵　三清洪

羅仁公　入粉長子生道光己丑年十二月十三日戌時卒年
月日時失葬本山土名

貽絨公　入粉次子生道光甲辰年九月廿三日戌時往臺卒

貽箱　入千子生道光己亥年四月初五日戌時不知何往

貽榮　關雎子生同治丁卯年十二月十一日巳時

十九世鎮長房三心顯公派貽字行

福壽　入挪養子生嘉慶庚辰年六月十三日亥時

致業公　鍾石養子生年月失卒　年　月初一日申時

柩塟本山鎮撫龜山嶺坐寅艮向申坤
貽丟公號世惕　八瑛長子生道光辛巳年十一月初二日子
時卒咸豐庚申年十二月十四日子時往灌小坑卒
娶分娘殤
娶許氏纖娘生道光己丑年十二月初三日酉時
子三　長廣元　次禮仙出繼　三禮沙
貽蕙公號世白　八瑛次子生道光甲申年九月三十日申時
卒道光己酉年十一月十三日酉時棺塟鎮撫石龜蛇頭路
外坐　向
子　禮科抱養
貽城公號世市　八瑛三子生道光丙申年十二月廿二日寅

時卒咸豐丁巳年七月初一日巳時棺瘞鎮撫山猪湖埔貎

頭坐　向

妣傅氏情娘十八歲生卒年月失葬鎮撫山猪湖車碓湖頭

坐　向

貽熱　八瑛四子生道光己亥年三月初四日辰時

子　禮仙學

貽目　維謀子生咸豐甲寅年正月十九日戌時

貽欄　武愛養長子生道光丁酉年十一月初三日辰時

妣陳氏甜娘生道光丙午年七月廿三日酉時卒光緒丁丑

年十一月初七日酉時葬本山烏材林中蓮蓊坐北向南

子二　長禮谷　次禮百出繼

二對公　武愛次子生道光丁未年十二月廿七日酉時往外
　東卒

貽白公　人猴養長子生道光丁酉年五月廿二日卯時卒年
　月失塟本里烏材林秋冷坪坐亥壬向巳丙

貽趁　人猴養次子生道光　年　月　日　時往外

貽體公　人楫養子生道光丙午年正月廿一寅時往漳州卒

貽提字貽童　人仁長子生道光己酉年四月廿八日午時
　娶許氏一娘生咸豐壬子年正月初一日寅時
　子　皆然

貽印字貽綬　人仁次子生咸豐辛亥年閏八月十七日亥時
　娶蘇氏蠟娘生同治己巳年十月廿六日辰時

可二字貽斯　入仁三子半承入響爲嗣子生咸豐戊午年五

月初五日亥時

娶王氏來娘生同治丙寅年六月十九日巳時

壤地字貽璧　雙熾長子生咸豐癸丑年正月初七日亥時

娶陳氏聆娘生同治壬申年三月初九日寅時

冬水　雙熾次子生咸豐乙卯年九月廿九日辰時

貽皿　雙熾三子生咸豐辛酉年十二月十五日丑時

冷水　雙熾四子生同治甲戌年四月廿六日戌時

十九世鎮長房三糾桓公派貽字行

貽鑽　入盾公嗣子生道光甲申年八月初九日巳時

娶易氏愛娘生道光壬午年十一月初二日子時卒道光甲

辰年二月十六日酉時厝棺葬觀音墓右土名大埔垵坐戌
向辰兼辛乙
雙承繼子　美視
貽瞻公　八榔公子生道光辛丑年五月廿五日辰時卒光緒
乙亥年五月廿四日酉時葬本山鵰雞口蘭垵後坐午向子
兼丁癸
先陣　八榔公兩承宗支子係是胞弟婦原撥過承生咸豐丙
辰年十二月廿一日寅時
通士字國達　八兮公長子生道光壬寅年十二月廿一寅時
娶魏氏雪辰生咸豐壬子年四月初四日戌時
子　罔養

先傳公號戸習　八令公次子生道光丁未年三月廿七日酉
時卒同治壬申年三月十七日未時往祠堂窖墓在此
先陣　人令公三子撥出與胞兄兩承
馬受　人令公四子生咸豐丁巳年九月十七日申時
新好　和興公長子生咸豐庚申年十月十二日卯時
娶葉氏送娘生同治辛未年　月　日　時
土星　和興公兩承嗣子生光緒丙子年二月初七日丑時
娶胡氏待娘生光緒辛巳年　月　日　時
貽針公號貽金　永馨公長子生道光乙酉年正月廿八日巳
時卒道光己酉年五月十七申時瓦棺葬本里土名後山頭
崙坐丙向壬兼午子

娶王氏蜂娘改節

嗣子　禮罕

貽鏡字國　永馨公次子生道光丁亥年七月十三日寅時

年　月　日　時

娶陳氏鷂娘生道光辛卯年十一月初四日酉時卒同治丙寅年二月初九日辰[illegible]瓦棺葬本山石垢觀音墓口崙土名墓按邊坐辰向戌兼乙辛

繼娶林氏共娘生道光己丑年二月十三日辰時

子三　長開天嗣子　次詒羽嗣子　三秋冬林氏出

貽覓公號秋聲　永馨公三子生道光甲午年七月廿六日寅時卒咸豐庚申年三月二十日酉時木棺葬在墻圍後土名

杉林垵坐酉向夘兼庚甲　娶李氏[illegible]郎

䖍廬公　八若公子生道光庚寅年十二月廿八日酉時卒咸豐己未年七月廿四日酉時葬本山後山頭崙大壠頭大路上坐壬向丙兼亥巳

娶王氏䕢娘生道光甲午年四月廿六日酉時

子二　長禮篤嗣子　次美視出繼兩承

貽畜　八潘承繼子生咸豐戊午年正月廿一日亥時往叻

沛繆字貽綢　時卿長子生咸豐己未年九月十八日未時

娶陳氏罔娘殤

繼娶葉氏抬娘生同治庚午年八月初三日辰時

子

卷之六上終

十九世鎮二房裕昌派徙叅文比公派貽字行

貽月公　入化公子生卒年月葬地無考

貽叅公　入化公子生卒年月葬地無考按兄弟俱是往臺

貽石公字國嵩　正德公子生乾隆乙卯年正月十六日亥時
卒嘉慶戊寅年五月十五未時葬石礤朱厝崙坐辛乙酉卯
娶　氏改節
承繼子　振習往台

貽髙公號博厚　入尚公子生乾隆甲寅年九月初五日戌時
卒道光乙未年十二月十五日寅時
娶謝氏諱審娘號全蓋生嘉慶丙辰　卒道光甲午年七月

初十日時瓦棺合漸寄在眞武踏山夂石脚坐西北向東南

子二　長禮欄　次振智出繼

按此派其餘不及備載俱是往臺者多俟查詳

十九世鎮撫口長從叅造基公貽字行

盡成公字國大　廟亭公長子生乾隆庚寅年十一月初八日

酉時卒道光壬辰年　月　日　時

娶妻及嗣子俱歸中標候查瓦棺與胞弟婦同葬鴨母斗山

坐壬向丙

章啟公　亭廟公次子生乾隆丙申年六月廿八日未時卒道

光癸卯年正月初　日

娶王氏諱益娘生卒年月無考瓦棺與公胞兄盡成三八

葬石磜鴨母三山坐壬向丙

子一　禮等

文淵字國泉號伯篇公　敬慎公長子生乾隆丙申年五月廿一日寅時卒嘉慶　年　月　日　時

娶施氏號送果生卒年月無考墓俱候查

承繼子　禮認往臺

貽盞公字國杯　敬慎公次子生乾隆戊戌年閏六三十日夘時卒道光年月瓦棺葬在古井垻頂大路後壁田岸腳坐未坤向丑艮

娶林氏諱初娘生卒無考神主骨骸前處男巽文　收用安薀祭祀

恩榮

子二　長禮婆　次禮認出繼

温清字國和號義豐公　正亭公長子生乾隆丁酉年五月十七日巳時卒咸豐己未年十二月二十日卯時享年八十有三木棺葬石礫鄉近維穀嫣墓下坐乾亥向巽巳

娶孺人陳氏諱艾娘號孝賢生乾隆辛丑年十月十三日午時卒嘉慶庚辰年十月十四日亥時木棺葬在石礫山吳爐崙坐申坤向寅艮

繼娶孺人林氏諱芹娘號孝肅生乾隆壬子年十一月廿九日未時卒同治己巳年十二月初八日巳時木棺葬黍山苦田寮脚近田坐子午壬丙

子五　長禮貼　次仲春　三金英出繼　四玉盤陳氏出

五禮兜林氏出

貽淡字國清號義漠公　正亭公次子生乾隆巳亥年十一月
廿一日邠時卒道光乙巳年十月二十日未時瓦棺葬本山
土名坐向
娶孺人陳氏諱救娘號孝懿生乾隆庚戌年十月初九日午
時卒道光丙戌年十一月初二日巳時瓦棺葬眞武踏龜山
坐庚甲酉邠
繼娶孺人陳氏諱腰娘號恬懿生嘉慶丙辰年九月初八日
酉時卒光緒庚辰年九月初五日巳時木棺暫厝在土名鳳
髻頂坐西向東
子一　硃硯　先陳氏

貽輟字國學號義軒公　正亭公三子生乾隆甲辰年七月二
十日辰時卒咸豐癸丑年十一月十五日亥時瓦棺塟本鄉
土名鳳髻頂田中坐坐亥乾向巳巽
娶孺人蔡氏諱識娘號恭儉生乾隆甲寅年五月廿六日酉
時卒同治辛未年十二月十二日未時木棺寄在劉坂林山
坐北向南
子四　長禮鍼　次禮共　三禮級出繼　四禮鎗
貽宣公字國著 號 義赫公子生乾隆辛亥年七月十九日夘時
卒同治壬申年十二月初二日未時享年八十有二木棺棺寄
塟土名深埔田頂坐西向東　正亭公四子
娶孺人李氏諱情號恬愼生嘉慶庚申年五月初七日夘時

享年六十有八塟祜水東邊墘丙深泉壠坐丑未癸丁
子三　長禮旋　次禮律出繼　三禮嚷

貽梅字國樹號義門公　正亭公五子生嘉慶巳未年五月十
七日寅時卒道光辛夘年五月十二日未時
娶孺人楊氏諱冰娘號堅貞生嘉慶戊辰年二月初九日午
時卒道光癸巳年十二月初一日未時凡棺合塟石磔鄉土
名鏡面崙坐壬亥向丙巳
承繼子三　長金英　次禮級　三禮律

貽蚶公號伯協　正亭公六子生乾隆癸丑年十二月初四日
寅時卒嘉慶庚申年七月十二日午時殤　塟在白石壠頭坐
丁癸子午　子　無傳

貽[illegible][illegible]國同號惟聰公　彬亭公嗣子生乾隆辛丑年十月十
三日辰時卒咸豐甲寅年七閏月十七日寅時瓦棺合與繼
娶蔡氏三男禮當公三人同穴在土名苦田寮脚坐西向東
娶孺人陳氏諱允娘號慈冬生乾隆辛亥年二月廿四日卯
時卒道光丙戌年五月十八日寅時瓦棺葬在祜水打鐵寮
街後坐巽乾辰戌
又娶蔡氏諱耳娘號孝聽生乾隆丙午年十月初六日　時
卒咸豐戊午年二月十二日巳時葬在　坐　向
子三　長禮市　次禮箭　三禮當陳氏出
貽神字國在號惟精公　彬亭公承繼子生乾隆己酉年正月初
六日寅時卒道光戊子年十月初四日申時瓦棺葬石礰山

土名上翁踏碓尾坐乾巽亥巳

娶孺人吳氏諱雪娘號慈順生乾隆壬子年正月十八日辰時卒嘉慶乙亥年十一月初十日戌時瓦棺瘞石礫山崎坑下穴坐南向北

又娶孺人林氏諱聽娘號勤順生乾隆巳酉年三月廿七日未時卒嘉慶丁丑年八十二日申時瓦棺瘞石礫山踏碓尾嶺邊路下坐亥巳巽乾巽

續娶孺人陳氏諱早娘號儉順生嘉慶巳未年八月十二日午時卒同治壬申年二月初二日酉時瓦棺瘞在祜水打鐵寮後坐寅申兼甲庚

子四　長禮吉吳氏出　次禮挽　三禮核　四禮旺陳氏出

貽詩字國達號麗書公　茂亭公長子生乾隆癸卯年三月初
三日辰時卒咸豐壬子年二月十一日巳時厝棺在苦田寮
脚左畔崙近田坐亥巳
娶孺人劉氏諱禮娘號勤儉生嘉慶丁巳年三月二十日辰
時卒同治壬申年十月二十日未時厝棺在石礁土名大坋
崗頂坐西向東
子四　長禮拈　次禮損　三禮扯　四禮扳
恩榮　高年諱貽鋤字國耘號麗金公　茂亭公次子生乾隆庚
戌年八月初八日巳時卒光緒巳卯年九月初三日午時享
年九十翁木棺暫在祐水尾田中坐壬丙子午
娶孺人陳氏諱緞娘號順柔生嘉慶辛酉年六月二十日午

時卒同治辛巳年五月十二日未時享年八十有一歲木棺
葬在祜水尾田中坐　向
子五　長禮搜　次禮所　三禮賀　四禮察　五禮鰍
貽塩字國海號麗方公　茂亭公三子生嘉慶庚申年二月十
三日戌時卒咸豐辛亥年九月初三日戌時瓦棺葬祜水打
鐵寮街後坐巽向乾兼辰戌
娶孺人鄧氏號勤慈生嘉慶丁卯年二月初三巳辰時
子五　長禮顧學　次禮呼　三禮衢　四禮喊　五禮亥
十九世鎮撫口二造善公派貽字行
有爲號伯能公　修亭公長子生乾隆庚辰年五月初七日酉
時卒吧邦乾隆戊戌年七月初一日酉時葬在吧

貽鄧字國　號伯鄗公　脩亭公次子生乾隆壬午年十月廿一日申時卒道光乙未年正月十一日巳時享年七十四齡
瓦棺鎮撫口茶林崙坐辛乙酉郊
娶孺人蔡氏諱椒娘號順懿生乾隆壬辰年三月十四日酉時卒道光乙未年六月十九日寅時瓦棺埜湖頂酒矸坵脚
坐辛乙戌辰壁基下湖厝
子三　長禮妍　次禮邅　三禮鈔
貽敷號伯成公　修亭公三子生乾隆丁亥年八月廿三日寅
時卒在吧年月日時塟
承繼孫　則倪
貽董號伯治公　修亭公四子生乾隆乙未年十二月廿三日

寅時卒嘉慶癸亥年十一月十四日巳時往吧城茂物卒

貽棣號伯庚公　修亭公五子生乾隆巳亥年九月十七日巳
時卒嘉慶乙丑年正月十四日申時墓在吧地茂物卒

貽鰲字國佔號伯龍公　壽亭公長子生乾隆庚寅年十二月
廿六日辰時卒道光丙午年七月十九日未時墓葬在臺石
南湖

娶孺人李氏諱足娘號敬慎生乾隆丁酉年五月十八日未
時卒道光壬午年四月十一日寅時葬湖頂山土名寮竹垵
崙坐庚甲申寅

子三　長禮蟳　次禮寢　三禮旅

貽栽字國培號伯植公　壽亭公次子生乾隆戊戌年四月十

八日辰時卒道光丙戌年二月廿七日巳時瓦棺塟山猪湖
獅形尾後坐巳亥巽乾
娶孺人林氏鈎娘號慈德生乾隆甲辰年十月廿四日辰時
卒同治癸亥年三月初二日戌時木棺塟在山坛頂蛇仔崙
丙畔坐壬丙子午
子三　長禮鞘　次雙科　三及第

貽棗字國羊號伯梅公　壽亭公三子生乾隆庚子年十月十
一日亥時卒道光戊戌年十二月廿七日未時木棺塟湖頂
山土名大湖口崙坐坤艮申寅
娶孺人陳氏諱杕娘號孝昭生乾隆壬子年九月十一日
時卒同治壬戌年正月廿二日巳時瓦棺在湖頂獅形頭坐

坐未丑坤艮
子三　長禮椗　次禮團　三禮薑
貽創字國佩號伯峯公　壽亭公四子生乾隆甲辰年七月廿
七日辰時卒道光戊申年七月初三日午時瓦棺葬在山坛
頂蛇仔崙頭坐癸丁兼子午
娶孺人王氏諱尾娘號順勤生乾隆甲寅年二月十四日辰
時卒光緒丙子年二月廿一日未時享年八十有三木棺葬
在湖頂山寮竹坡崙近胞嫂李氏墓首坐庚甲申寅大坵後
厝是其所建
子六　長禮薙　次禮澁　三禮擢（擓）　四江浦　五禮掬
六禮部

貽稍字國祥號質樸公　毅亭公長子學力深醇品詣高超生
乾隆甲午年十月十一日巳時卒道光甲午年九月初十日
戌時享年六十一齡丸棺塟在鎮撫沖天墓脚坐癸丁子午
娶孺人林氏諱吉娘號温純爲人和順儉勤生乾隆癸丑年
六月廿一日酉時卒道光戊申年三月初五日未時丸棺塟
在尾橋宮土名墲田頂坐辛乙酉夘
子三　長禮擁　次禮穟(稜)　三禮喊
建祛字國袍號國成公　毅亭公次子生乾隆庚戌年十二月
十八日申時卒同治甲戌年八月初五日戌時享年八十五
翁木棺塟在本山土名湖頂大垵崙坐戌辰乾巽
娶孺人易氏諱冉娘號儉美生嘉慶丁巳年十二月十九日

亥時卒同治甲戌年七月廿九日丑時享年七十八齡瓦棺
葬在鎮撫冲天𡼏崙右畔坐乙辛辰戌
子二　長禮簿　次禮撑
迺脉號伯恭公　毅亭公三子生乾隆甲寅年正月十三日丑
時卒咸豐辛酉年十一月十八日　時木棺葬在私山土名
暗竹驛埔崙坐丁癸午子
貽棖字國育號伯仕公　爵亭公長子生乾隆乙巳年十月廿
八日亥時卒道光庚寅年正月十六日巳時木棺葬在十八
間中班池崙近和吉媽墓右畔坐庚甲申寅
娶孺人林氏諱祝娘號莊潊生乾隆乙未年九月廿一日未
時卒咸豐甲寅年九月廿七日戌時瓦棺在圳後古井墘外

生甲庚卯｜酉
子三　長禮榴　次禮相　三禮栩
錫大
字國嘉號｜伯然公　爵亭公次子生嘉慶丁
乙亥年五月廿六日辛時咸豐　年八月　日　時往
臺卒塟在淡水石南湖　坐北向南
娶孺人陳氏諱｜詠娘號｜恭淑生嘉慶己巳年
初五初月初八日卒時道光乙未年｜二月十三
日未時木棺塟在鎮海湖仔頭腳｜坡邊
生庚申｜申寅
繼娶陳氏欽節｜
嗣子一　禮析
耆老
字國賢號｜伯尊　爵亭公三子生嘉慶壬
戌年五月廿七日辰時卒咸豐乙卯｜年
二月十四日戌時[illegible]

对面　坐卯—酉庚甲

娶　孺人許氏諱㗅娘號—溫　嫻生嘉慶乙亥年

十二月十五日申時　卒同治丁卯—年七月

十五日戌時　木櫳暫在鎮撫埔格後仔内大路

後壁　坐丁癸午子

嗣子一　有定

十九世鎮撫以三遂成公派貽字行

貽茲

字國念號—伯在公　雲秋公長子生乾

隆辛卯年九月初十日午時　卒嘉慶丁丑年

八月十八日午時　葬在撫居烏坑仔埔頭墓窩

石下崙　坐庚甲—酉卯

娶　孺人王氏諱先娘號敬緒生乾隆癸巳年

五月十五九日午時　卒咸豐乙卯—六月

十二日寅時卒，柩葬在樂后將軍山網網，坐辰兼巽

乾

子二　長禮菁　嗣子　次禮柑　王氏出

貽檀

字國樑號伯柳公　雲秋公次子，生乾

隆癸巳年十月十七日子時，卒道光辛卯年

六月十四日酉時，卒，柩葬本山尾高嶺邊後圳

頂，坐巳亥壬丙

娶趙氏諱元娘號勤慈，生乾隆乙巳年

六月十八日巳時，卒道光丁亥年閏五月

廿六日午時，卒，柩將軍山網網，坐辛乙兼

酉卯

子三　長禮敏　次禮痕　三禮混

貽彼

諱偉力公　雲秋公三子，乾隆戊戌年正月初

五日戌時，卒咸豐辛亥年十月十二日亥時

卒，柩在樂後烏坑仔埓邊，坐乙辛兼辰戌

嗣子八　謙接

要欽公四子生乾隆　年—卒道光　年往臺

葬水漈坑仔升高坑漈仔下墓坐酉向東有

女子無男子　娶不知所去

貽騶公

貽标

字國榮號——伯艷公　榮思公長子生乾

隆丙申年七月廿四日未時卒道光戊戌年

二月廿七日亥時享年——六十三歲　木柎葬

在邑宸嶺田中　坐午子丁癸

娶孺人陳氏諱銓娘號——柔慈生乾

隆庚子年五月初三日未時卒咸豐

辛亥年六月廿七日未時　支柎葬在本山

土名尾姑嶺　坐　向

子三　長庭前　次禮程　三禮狀

貽笑　字國喜號——伯步公　学思公　次子　生乾隆辛丑年二月十四日吉時　卒道光庚子年二月十八日未時　乞棺葬在本鄉——下垻格崙中圳頂田壁　坐西向東

娶　孺人王氏諱甫娘號——敬　生乾隆乙卯年十二月廿五日未時　卒同治戊辰年四月廿八日未時　乞棺葬鎮撫烏梨坪　坐丁癸子午

子五　長嘉鍾　次禮楙　三禮標　四禮四棟　五禮纏

貽莒　字國磐號——伯醇公　勉亭公　長子　生乾隆乙巳年八月十六日寅時　卒嘉慶癸酉年二月初六日酉時　乞棺葬本山名肥坑土崙　坐午子丙壬

娶　孺人陳氏諱寢娘號——宣徽　生乾隆壬子年四月廿九日未時　卒咸豐丁巳年二月初十日戌時　乞棺葬邑山坑後坑田中石頭空　坐卯酉乙辛

子一　禮悟

貽棨 字國綢號—伯桃公 魁亭公次子生乾隆
庚戌年十一月初十日子時卒道光己亥年十三
月廿九日亥時皂棺塟在湖頂山土名坑仔後崙
坐未兼丁癸

娶 孺人劉氏諱香娘號—慈慎娘卒立志勤
褈女紅和順妯娌晚年什向同起蓋房屋湖
頂大樓居焉生嘉慶庚戌年十一月初三日午時卒
光緒丁丑年四月十二日卯時享八十齡木棺
暫在湖頂大樓外—崙仔 坐丙壬午子

貽芜

生子　伯　仲殤　承繼子　鴻雞

字國山號—伯暢公　勉亭公三子為人好善品
猶寬宏訓掾免華晚年聲—基房屋生嘉
慶癸亥年—三月廿六日子時卒同治甲戌六月初
八日未時　木棺塟饒撫坡徽格崙頭坐申寅庚甲

娶王氏諱—秀娘生嘉慶丙子年—七月十七日子時

子四

長積善　次依頫　三鴻雞出繼　四寒鴉

吉品

字國物號—伯節公　綏亭公長子生乾隆丙午
年九月初五日子時卒嘉慶戊寅年三月初八日亥
時乏衾塟本里山坂頂土名卧犬頂坐酉卯辛乙

娶孺人葉氏諱—涉娘號—氏德孝順翁姑和睦
妯娌秉性溫良立志儉詁任烈風雷雨不易其
守真鐵石心腸也生乾隆癸丑年—六月初二寅時卒光
緒丙子年三月廿八日丑時享年—八十四歲塟在烏材
林土名下底田中坐艮坤寅申

子二　長六徵　次禮球

世七翠鴻　字國起　號——伯儀公　綏亭公次子　年、肯弱

詩文供佐府縣屢試功業道遠惜乎皆未就　生

乾隆辛亥年十五月十一日午時　卒道光辛卯年

八月二十日吉時　乜般葬本里坪珠口蔡家厝右畔

坐癸丁丑未

娶　孺人柯氏諱尾娘　號——　蕊如哲娘幸物位

祖尹生嘉慶戊五月初八日卯時戊辰年

子二　長禮墻　次禮霓

象德字國景號伯繪公　綏亭公三子生乾隆乙夘年二月廿六日亥時卒咸豐甲寅年九月十三日未時木棺葬湖頭崙坐壬丙子午

娶孺人謝氏諱棗娘號恭敬生嘉慶丁夘年四月十九日寅時卒道光乙巳年五月廿三日　時尾棺葬本山十八間壠尾崙坐亥巳壬丙

子三　長禮契　次禮磅　三乙未　禮辦嗣孚

鄉賓諱半領字國項號伯剛公　綏亭公四子廣置田業肇造屋宇生嘉慶己未年十一月初八日寅時卒同治壬申年五月廿四日酉時享年七十有四木棺本厝外崙坐乙辛夘酉

娶孺人葉氏諱禩娘號貞制生嘉慶丙寅年十一月十一日辰時卒咸豐辛酉年正月初八日酉時厝棺瘞在本山坪脉口蘭垵頭外坐未丑坤艮

子三　長開山　次禮雪　三田鄉

浸潤字國沅號伯水公　綏亭公五子生嘉慶癸亥年五月十六日辰時卒道光乙巳年正月廿八日丑時厝棺暫瘞後山頭尾坐庚酉向甲郊

娶孺人余氏諱趨娘號謙遜生嘉慶乙亥年十六月廿一日時卒同治丙寅年十一月初六日寅時木棺瘞在大垢尾外竪壠頭路頂坐辛乙酉郊

子一　如此

丹馨字國香號伯香公　擇亭公長子生乾隆辛亥年十一月初一日寅時卒道光丁未年十月初一日辰時木棺暫葬在本山新路格外尾姑嶺尖坐甲庚兼卯酉

娶孺人蔡氏諱嘆娘號慈德生嘉慶癸亥年正月十一日辰時卒光緒乙酉年七月十五日未時往蓬萊卒墓在暫在林家山

子一　禮狗

貽鑿號伯榮公　擇亭公次子生乾隆甲寅年八月十二日子時卒嘉慶丙子年閏二月廿四日午時尾棺塟鎮撫寨嶺外崙坐甲庚寅申　無傳

貽嵌字國湖號伯赫　擇亭公三子嘉慶丁巳年二月廿七日

午時卒道光丙午年七月廿三日巳時厝棺在龜山龜窠内
大坵田角坐癸丁丑未
娶孺人陳氏諱惜娘號勤慈生嘉慶丁夘年十二月廿一日
吉時卒同治辛未年九月初七日巳時木棺葬在龜山頂坐
艮坤丑未
子三　長禮碣　次禮舌　三禮倫　不知而去
貽迭號伯春公　擇亭公四子生嘉慶巳未年七月初五日戌
時卒咸豐庚申年十月十二日酉時木棺塹葬在坪殊宫後
頂右畔大畬坐艮坤丑未
子一　禮吻嗣子
貽鏈號伯明公　擇亭公五子生嘉慶壬戌年往淡水蛇舌湖

卒及墓俱在臺　無傳

貽禮號伯成公　擇亭公六子生嘉慶戊辰年十月初四日亥時卒同治辛未年十一月　日夘時木棺暫葬鎮撫尾宮林崙後大石丙坐壬丙子午　無傳

貽鑒號伯星公　擇亭公七子生嘉慶乙亥年三月二十日辰時卒光緒年十二月廿七日寅時木棺暫葬在湖仔頭脚大崙邊坐丁癸午子　無傳

貽透字國相號伯茂公　惧亭公長子爲人好善素守本分有事勸和生嘉慶己未年二月初九日戌時卒咸豐癸丑年十一月初九日寅時瓦棺山坛頂土名林仔后崙近父墓左坐壬丙子午

娶孺人劉氏諱尾娘號柔質生嘉慶癸亥年十一月三十日子時卒道光癸卯年七月十三日酉時厝棺暫葬在下堪格外坐癸丁丑未

子四　長禮兟　次禮僭　禮三可　四禮喈出繼

老弱字國徵號伯順公　惕亭公次子生嘉慶辛酉年十一月廿五日酉時卒咸豐巳未年十月十九日寅時厝棺葬在本山土名大埔垵鎮狩頂中崙仔坐辛戌乙辰

娶孺人陳氏諱網娘號孝直生嘉慶巳巳年六月初六日寅時卒道光壬寅年十月廿三日戌時厝棺葬坪殊尾壠大崙邊坐　辰向辛戌

子一　高陞乳名丙

貽語字國傳號伯論公　惕亭公三子生嘉慶丙寅年六月十四日丑時卒光緒乙亥年十一月十一日卯時木棺暫在獅形格後大路頂坐壬丙亥巳

娶孺人易氏諱汀娘生嘉慶戊寅年正月廿四日寅時

承繼子　禮喈　四贊（學）

十九世鎮撫口四造標公派貽字行

貽錦字國尚號伯迥公　悟亭公長子生乾隆辛卯年九月初二日申時往吧卒嘉慶丁巳年六月廿四日辰時葬在吧山

娶林氏改節

子一　禮謝

媚祚字國親號伯輿公　悟亭公次子生乾隆丁酉年九月十

四日寅時卒嘉慶丙寅年六月十一日辰時木棺葬在十八
間丁班池崙近祖墓頭左畔崙仔坐丙壬午子
娶孺人易氏諱屬娘號順節生乾隆辛丑年十月廿八日申
時卒道光乙巳年二月十二日夘時瓦棺葬山坛頂韆鞦壠
崙格仔內近田坐壬丙子午
子二　長禮罷　禮跨學
貽廉字國矜號伯考公　悟亭公三子生乾隆癸夘年四月初
七日申時卒同治甲子年三月廿一日未時享年八十二翁
瓦棺葬尾山厝外畔坐辰乙向戌辛
娶孺人林氏諱丑娘號懿慈生乾隆庚戌年十二月十四日
丑時卒同治庚午年十月廿一日巳時享年八十一齡木棺

暫葬寨嶺邊虎空垵坐庚夘酉

子六　長禮冉　次禮胂　三禮佃　四禮飽　五禮髓

六禮朋

貽儉字國艮號伯讓公　悟亭公四子生乾隆丙午年四月十五日酉時卒道光庚寅年八月初三日夘時木棺葬在流磜口格垢後崙仔坐庚向甲兼申寅

娶孺人王氏諱尾娘號柔德生乾隆甲寅年正月廿一日酉時卒道光巳酉年三月廿六日亥時瓦棺暫在龜山嶺坐

子三　長禮偷嗣子　次禮舅　三禮科

貽都字國三號伯材公　悟亭公五子生乾隆巳酉年八月廿九日酉時卒道光乙未年七月初一日午時瓦葬棺在坪硃

娶孺人廖氏諱尋娘號敬緒生乾隆　年　月　日　時
卒道光甲午年十二月二十日　時瓦棺葬在山坛土名
子二　長禮華　禮歇

徙居字國安號伯稷公　語亭公長子傳爲八好善慎義生乾
隆戊戌年九月十三日卯時卒嘉慶甲子年九月十五日巳
時木棺葬在本山土名後壠格仔坐庚甲卯酉
娶孺人謝氏諱崖娘號敬忠生乾隆巳亥年三月初十日
時卒道光戊戌年十一月十八日寅時瓦棺葬在烏材林土
名苦墘田中坐甲庚卯酉
子三　長禮屢　次禮欖出繼　三禮錬

瑞賀字國晋號伯喜公　語亭公次子生乾隆壬寅年十二月

十二日　時卒道光甲辰年閏五月十六日辰時瓦棺在埜
本山垻後土名古井垵頭中崙仔坐坤艮未丑
娶孺人陳氏諱桃娘號惠和生乾隆丙午年七月廿七日酉
時卒道光庚戌年十二月十七日未時瓦棺葬在鎮撫口大
墘頭灣本厝外田岸邊坐乾巽戌辰
子二　長禮薄　次禮旁　三禮嗟白瞿
貽勸號伯畚公　語亭公三子生乾隆丙午年四月廿三日辰
時卒嘉慶巳卯年十月廿七日寅時瓦棺葬在鎮撫鄉土名
宫崎中田坐丁癸午子
子一　禮欖承繼
貽卭字國磚號伯山公　語亭公四子生乾隆壬子年八月十

三日辰時卒咸豐辛亥年十一月十七日　時木棺葬在本
鄉脚桶光田后壁坐坤艮申寅
娶孺人柯氏諱丕娘　號　生乾隆壬子年三月初八日
酉時卒咸豐壬子年六月初二日　時瓦棺葬在鎮撫冲天
墓崙虎空垵邊坐壬丙子午
子三　長禮慮　次雙林嗣子　三雙侌嗣子
貽古字國直號伯敏公　道亭公長子生乾隆癸卯年四月廿
四日酉時卒咸豐丁巳年十二月廿二日卯時享年七十有
五瓦棺葬鎮撫尾宮林崙中坐辛乙酉卯
娶孺人易氏諱音娘號柔順爲人慈孝閨門嚴肅生乾隆甲
辰年二月十三日　時卒道光辛丑年九月十一日巳時瓦

棺葬在烏材林墩仔前田申坐癸丁子午

子四　長禮鉗　次禮鉅　三禮釵　四禮釓

貽䀆字國冄號伯愌公　道亭公次子爲人好善和睦品量寬

弘生乾隆丁未年三月初九日午時卒道光壬午年七月十

九日辰時瓦棺與繼娶林氏同穴葬鎮撫三脚木內崙坐丁

癸子午

妣孺人謝氏諱量娘號順孝生乾隆戊申年五月廿一日辰

時卒道光辛巳年二月十七日辰時瓦棺葬本山土名石碣

頂厝後頂坐寅申甲庚

繼妣孺人林氏諱惠娘號慈孝生乾隆乙卯年正月初一日

寅時卒道光壬午年三月十六日巳時墓與公仝壙

子二 長禮糠 次禮檻俱謝氏出

貽制字國文號伯慶公 道亭公三子爲人好善德行寬弘排難解紛廣田業增屋宇生嘉慶庚申年四月初九日未時卒光緒丙子年三月初九日子時享年七十有二木棺暫瘞在鎮撫墓林尖坐東向西

娶孺人洪氏諱片娘號順德生嘉慶己未年十二月初九日時卒道光丁未年正月廿七日未時瓦棺葬在鎮撫尾宮林崙垵仔頭坐酉郊庚甲

繼娶孺人陳氏諱園娘號順謹生嘉慶乙亥年六月廿三日時卒咸豐丁巳年六月初五日未時瓦棺暫葬在石垢墘田岸脚坐辰向戌

復娶陳氏諱盞娘公歿後前夫之子蔡作迎囬奉養

子六　長開築　次禮頒　三禮潘　四雙對潘氏出

五五艮　六玉聘陳氏出

太學生諱金礪乳名敲官字國鐘號伯推公　道亭公四子才學

兼優惜乎不得拔遊泮水只僅屈乎成均然猶廣置田業增

光屋宇亦可少伸其志也生嘉慶乙丑年三月十五日酉時

卒同治丁卯年十月初五日亥時享年六十有三木棺葬在

坪殊洋中墘路田中坐坤艮兼未丑

娶孺人林氏諱桂娘號　柔順端莊温和儒雅和睦妯娌

訓誨有方生嘉慶乙丑年五月十四日未時卒光緒乙酉年

六月十四日午時木棺漸葬在鵬雛寮垵坐丁向癸

子六 長文榮 次文舉 三文機 四文華 五文環

六文琬

公諱泉官字國源號淵涵公 習亭公嗣長子爲人慷慨好施品量寬弘酷嗜書香勗勇力學慊舊綦狹隘爰及母舅律來胥宇于龜山居焉公生乾隆丁未年正月二十日酉時卒咸豐巳未年二月十七日卯時享年七十有三木棺葬在石礶鄉土名下翁墩崙田內坐辛乙戌辰

娶孺人傅氏諱烝娘號純心生乾隆辛亥年九月初七日時卒道光癸巳年六月十三日申時尾棺葬在烏材林土名厰口田中坐乙辛辰戌

繼娶孺人許氏諱團娘號純娘生嘉慶丙辰年三月初八日

酉時卒同治辛未年七月廿五日　時木棺寄在中年崙巷
內坐北向南
子四　長禮瓢　次禮坪　三禮喏　四禮漋

處士諱撚官字國守一字貽梅　習亭公嗣次子賦性温和品
望端正竭力孝友聰明穎悟博學善文詞屢試皆獲前茅宜
其掇採芹香以售厥志惜乎命途多舛埋没文章故號曰蔚
文　公生嘉慶丁丣年十月十二日酉時卒同治丙寅年四
月廿六日申時享年六十齡木棺葬在本山坪殊外土名三
坵崙頭坐酉丣兼辛乙
娶孺人陳氏諱浛娘號純肅生嘉慶丁丣年四月初十日辰
時卒道光戊戌年七月三十日辰時瓦棺葬在鵬鄉口洋邊

墘田中坐坤向艮兼未丑
繼娶孺人陳氏諱先娘號純慎生嘉慶壬申年二月廿八日
時卒道光丙午年八月初七日戌時厝棺葬在坊里土名
茶齋占後大過崙坪下坐未丑
子三　長垂裕　次焜燿俱前出　三樞機俱繼出
十九世鎮撫口五造軒公派貽字行
大畜號伯德公　忠亭公長子生乾隆辛卯年正月廿四日巳
時卒嘉慶丁卯年七月初八日亥時厝棺葬鎮撫南宮外三
脚木崙頭坐未丑坤艮
嗣子一　情存殤
貽險子國聚號伯仁公　忠亭公次子生乾隆甲午年七月十

六日未時卒道光壬午年七月初七日戌時往淡水卒墓塋
在台　娶沈氏改節
子一　秉惠承繼在台
貽宸字國顯號伯明公　忠亭公三子生乾隆壬寅年四月初
九日寅時卒道光戊申年九月初十日戌時享年六十有七
厝棺合與妣謝氏長男禮匹同穴葬在鎮撫苦菜壠格倚茶
林崙坐庚甲酉郊
娶孺人謝氏諱亥娘號孝德生嘉慶癸亥年三月十四日辰
時卒道光甲午年四月廿九日巳時
繼妣孺人陳氏盼娘號孝美生乾隆壬子年十月初二日未
時卒咸豐丙辰年二月初十日寅時厝棺與次男楊卿仝塋

内寮厝對面土砵格邊坐亥巳壬丙

子二　長禮匹　次楊鄉謝氏出

秋毫字國厘號伯察公　忠亭公四子生乾隆己酉年七月十

三日丑時娶及子墓俱在台水返脚

子二　長恭義　次秉夷出繼

開明號伯滕公　有亭公長子生乾隆丁酉年十一月十四日

巳時卒嘉慶戊午年三月十七日丑時往台卒葬在臺

貽炎號伯火公　有亭公次子生乾隆庚子年十二月十二日

丑時卒嘉慶戊午年五月廿六日辰時往吧卒葬在吧地

貽御字國俊號伯遲公　有亭公三子生乾隆辛亥年正月廿

一日　時卒道光甲申年十一月廿五日巳時瓦棺坐在十

八間丁班灺崙　近和吉嫣墓頭右畔坐庚甲酉外
娶易氏言娘旼節　兄弟俱無傳
公諱解運字國南號伯東　雲亭公長子幼年失帖歷盡艱辛
好爲人排難解紛和鄉睦族生乾隆庚子年七月初十日外
時卒道光甲辰年十一月廿九日未時享年六十五齡尾棺
葬在本山土名湖頂大按中崙穴號金鐘坐未丑坤艮
娶孺人謝氏諱初娘號端莊生乾隆甲寅年二月初三日酉
時卒道光癸巳年六月初九日辰時尾棺葬在鎮撫美橋蛇
耳崙坐艮坤寅申
子三　長禮遮　次顏肥　三曾昂
實生字國芳號伯熏　雲亭公次子爲人忠厚好義學力深醇

謹言愼行和睦房親生嘉慶癸卯年七月三十日辰時卒道
光丁亥年九月十四日亥時瓦棺與母親如懿龔氏同穴在
苦菜壠格邊坐坤艮申寅
娶易氏諱漂娘旼節
嗣子一　萬夷
貽計字國志號伯述公　榮亭公長子生乾隆癸丑年十二月
初七日亥時卒道光癸巳年三月初六日卯時瓦棺葬在鎮
撫倒山埔格後中崙負仙洞尖坐丑未癸丁土壙
娶孺人陳氏格娘號孝貞生嘉慶癸亥年七月廿六日亥時
卒豐咸乙卯年八月初六日辰時木棺葬坪𡺸外柴橋崙美
與愧文媽墓下坐寅申甲庚

子三　長禮恬　次節義（出繼）　三秋顏

處士貽育字國才號伯秀公　榮亭公承繼子學問深醇品詣超群生嘉慶巳未年四月廿一日未時卒道光癸未年二月初七日巳時

娶孺人陳氏諱欸娘號孝烈年登十七歲迎歸月餘夫妻失志茹苦艱辛素志清潔始終無異志也生嘉慶丁夘年四月六日辰時卒咸豐丙辰年三月初三日未時享年五十歲冗棺瘞本山后壠心圭崙頭左畔坐西向東

子二　長節義（入繼）　次金田（嗣子）

貽礽字國勷號伯如公　欽亭公長子生乾隆巳酉年七月廿五日巳時卒咸豐丙辰年正月廿五日寅時享年六十有八

齡瓦棺與長男枲進公同穴葬本山石髻美尖後大湖頭坐
甲庚寅申
娶孺人王氏諱鑾娘號金姿生嘉慶戊辰年二月廿九日辰
時卒咸豐丙辰年正月十二日亥時瓦棺在坪殊宫對面外
崙田頂坐未丑丁癸
子四　長濂菊嗣子　次先恩　三先璵　四上滄
貽煺字國炟號伯煖公　欽亭公次子生乾隆壬子年八月十
三日酉時卒道光庚子年六月初九日午時瓦棺壅在大坵
尾外崎壠按坐乙辛辰戌土壙
娶孺人吳氏諱五娘號慈愛生乾隆癸丑年九月初九日午
時卒道光乙酉年十二月廿七日丑時瓦棺葬在內寮外石

仔格坐丙壬巳亥　繼娶李氏次娘歿節

子三　長應恐殤吳氏出　次後傳　三文明李氏出

貽店號伯管公　欽亭公三子生嘉慶壬戌年十月初九日午時卒咸豐癸丑年五月十四日申時瓦棺在本山苦菜壠頂坪仔坐辰戌巽乾

十九世鎮撫裕昌長之三直齋公派字貽行

孝感字國咸號伯問公　明乾公長子生乾隆戊戌年五月初八日亥時卒道光癸巳年十月廿六日寅時瓦棺葬鎮撫寨嶺崙近蛇耳左畔坐坤艮申寅

娶孺人陳氏諱送娘號勤德生乾隆甲寅年正月廿一日時卒咸豐丙辰年四月廿六日巳時瓦棺繼子婦懷心陳氏

同穴墓在坪殊寮山坐癸丁子午
子四　長禮錙　次禮妙旹　三禮揅出繼往台　四禮楢

孝順號伯耳公　明乾公次子生乾隆巳亥年十二月十七日
亥時卒嘉慶己夘年七月初二日酉時木棺塟在下坱格崙
尾坐壬丙子午

孝思字國言　明理公長子生乾隆辛丑年十一月　日　時
娶廖氏諱輟娘生乾隆　月　日　時
子七　長豆帽　次禮孔出繼　三禮妾　四禮枹
五禮篇出繼　六禮美　七終色殤　與嫣合塟本厝庭脚外
道光甲辰年全家移居臺灣

太極號其用公　明理公次子生乾隆辛亥年十二月初六日

丑時卒嘉慶巳夘年三月廿三日酉時瓦棺葬在坪殊尾池
口外坐戌辰辛乙
承繼子二　長禮孔　次禮篇　俱隨生父往台
堅成號美進公　斯亮公長子生乾隆壬寅年二月十七日亥
時卒道光丙午年九月廿七日亥時木棺瘞在墓林尖後
坐東向西土壙
子一　雙癸嗣子外出
兩成號伯與公　斯亮公次子生乾隆癸夘年七月廿六日巳
時卒咸豐丙辰年二月廿七日辰時木棺葬本山土名杉灣
厝頂外崙頭坐辛乙
嗣子一　雙標

抹成號伯其公　斯亮公三子生乾隆乙巳年十月廿七日戌時卒嘉慶壬申年二月初六日辰時瓦棺在坩後土名古井垵格外近田角坐巳向亥兼巽乾土墳　無傳

神祐公　有道公長子生嘉慶丙寅年往台卒無考

勃然公　有道公次子往廣東澄海縣剃頭僨林家不知如何

泗山公　有道公三子生嘉慶癸酉年九月初六日辰時往台樹梅嶺卒墓俱在台

險然字國寶號伯豐公　有道公四子生嘉慶丙子年月日時卒咸豐丙辰年六月初二日巳時木棺塋在鎮撫墓林尖后坐辛乙土墓　娶王氏罔娘敗節

子二　長察理殤　次文魁殤

金春公　會示公嗣子生嘉慶戊辰年七月十三日辰時道光

乙未年往臺　娶羅氏

子三　長歷水　次進寶　三進興　在台崩山坑居焉

不知　繼承子　禮擇

轉粲　光乙未年往臺　無傳

貽痕字國崖　奕溪公　生嘉慶壬戌年十一月十二申時

娶洪氏　居之

三三　長尊　次福哆　三禮尊

大鎮　奕溪公次子生嘉慶庚午年七月初五日寅時

娶王氏隨夫往臺淡水居住

子一　烏獅

秀眉字國清號伯祿公　忠義公嗣子生嘉慶癸酉年八月十五日酉時卒咸豐丙辰年五月初七日酉時厝棺塋流磜口土名牛旂頂大坵田外崙坐壬丙子午

娶易氏尾娘號　生嘉慶丙子年　月　日　時卒咸豐丙辰年五月初八日申時厝棺塋本山土名湖頂酒矸坵尾田脚坐酉辛向卯乙

子一　普像

十九世鎮撫裕昌二爲章公派貽字行

貽鐃字國喧號沠堯公　美寧公長子生嘉慶壬戌年十二月十四日戌時卒同治辛未年正月廿六日亥時厝棺塋在湖頭崙大埕頂坐甲庚卯酉

妣孺人柯氏諱艮娘號順慎生嘉慶庚午年十月二十日午
時卒同治壬申年十月廿六日卯時葬本山湖頂尖石笋外
崙坐辛乙兼戌辰
子一　禮碅
大義字國智號公流我公　美寧公次子生道光辛巳年二月
二十日未時卒咸豐巳未年三月廿二日辰時往外卒及墓
俱在沙縣湖頭磘
子一　禮忠
貽琶字國欽　美意公長子生嘉慶壬申年七月十一日酉時
娶賜氏諱卧娘生嘉慶戊寅年　月　日　時
嗣子　禮婷　隨父母往臺

貽湍公號流水公　美意公次子生嘉慶乙亥年四月廿三日未時卒道光辛卯年十月廿五日子時瓦棺在土空林崙監石脚坐丁癸子午
嗣子一　立後

貽翎字國　美捷公長子生嘉慶戊寅年十月十七日戌時
娶柯氏諱富娘生道光丁亥年十一月十六日寅時
子四　長明潛　次明囲　三明固　四明梓

貽笛字國　美捷公次子生道光乙酉年八月初八日午時
娶林氏諱挽娘生道光戊戌年八月初七日亥時
子一　用月

閏垦字國德　美捷公三子生道光壬辰年六月初七日酉時

娶劉氏約娘生道光辛丑年六月十六日未時

子　禮坎　授楨殤

稿仁字國信　美捷公四子生道光丙申年四月廿四日寅時

娶陳氏諱甘娘生道光己酉年四月初八日酉時

子一　禮越

貽捐字國杖號楊庭公　美喜公長子爲人經商待人接客勤

儉成家置業產增屋宇生道光癸未年九月初九日巳時卒

同治己巳年九月三十日酉時兆棺葬在罕萊頭大湖內坐

癸丁子午

妣孺人劉氏聘娘號儉信生道光乙酉年七月十五日酉時

卒道光丙午年五月初三日寅時兆棺葬本山湖頂尖窩內

夘酉庚甲
繼娶劉氏諱姜娘改節
子二　長猴縣　次禮罷俱後妣出

貽進字國義　美喜公次子生道光丙戌年十一月廿八日巳時
娶陳氏諱戠娘生道光庚寅年十一月三十日亥時
子　長如密　次冬密　三夏密　四是密　五冬旭

大琛字國猷　美喜公三子生道光己丑年九月廿八日巳時
娶易氏諱妹娘生道光壬辰年八月初二日未時
子　禮稀　嗣子如智

茹姑字國柔號楊行公　美喜公四子生道光乙未年三月初
三日亥時卒同治辛未年十二月十七日巳時瓦棺葬罕栞

頭石劏脚坐子午壬丙

娶陳氏諱寶娘生道光庚子年六月十三日未時

子三　長乾瑞　次甲木　三螟蛉子奎星

貽吸號國正公　日鄉公長子生嘉慶　月　日　時卒

同治丙寅年十月十三日　時木棺漸在烏材林烏衫崙頭

干泄墓坐東向西

嗣子　禮㘓

貽縭號國璫公　日鄉公次子生道光癸未年三月初八日巳

時卒咸豐乙卯年六月初二日未時木棺漸葬烏材林松柏

崙頭樍尾坐南向北　無傳

貽岸公係是士澤　向膏公長子生卒無考葬石垢墘崙蜈蚣

形墓坐西北向東南
貽祛公　時義公子生卒無考瓦棺葬在烏材林嶺土名宮后壠大路頂坐甲卯向庚酉
貽琲公　金石公子生嘉慶戊午年十月初五日戌時卒道光甲午年四月初五日午時瓦棺葬在烏材林松柏崙邊坐北向南
貽瑍號詒昰公　金石公嗣子生嘉慶癸亥年正月初二日午時卒同治己巳年十月初三日未時葬在烏材林宮后壠崙邊坐南向北
承繼子　禮娛往臺
貽熊公　爲山公嗣子生嘉慶己巳年十二月廿五日酉時卒

道光戊申年正月初十日辰時葬烏材林松柏崙頭樍尾坐
西向東

貽飽號來安公　遂欣公承繼子生嘉慶庚辰年往台卒墓俱
在台

貽鈍字國混號貽渾公　膺福公長子生嘉慶丁丑年六月十
八日戌時卒同治庚午年十月廿三日酉時葬尾棺在湖頂
上坛仔崙坐午子丙壬
娶孺人陳氏諱柱娘號居順生道光辛巳年十月十七日酉
時卒同治巳巳年九月初六日丑時瓦棺在湖頂虎形頭坐
酉郊庚甲

一二　長禮衍　次區求出繼

貽羽字國翼一字詒露　膺福公三子生道光甲申年正月廿九日戌時往臺
娶方氏諱汝娘生道光甲午年九月二十日酉時在台卒葬在台
子五　長五常　次成裕　三扶持　四　五　俱在臺
貽八號貽柱公　膺福公四子生道光丁亥年七月廿七日丑時卒咸豐乙卯年正月十四日未時墓木棺暫在烏材林大嶺崙邊坐子午壬丙
娶獳人陳氏諱須娘號　生道光乙未年五月十六日午時卒咸豐乙卯年六月初八日酉時瓦棺壅烏材林土名烏衫坡崙坐甲庚寅申

承繼子　區水

白祿字國爵號貽止公　有居公長子生道光壬午年二月初十日酉時卒同治辛未年七月初四日子時木棺在龜山后尾者外崙田頂坐乙辛夘酉

娶李氏諱偕娘生道光乙酉年二月廿九日　時

子三　長禮娛（出繼）　次巡案　三禮圖

貽有字國　有居公次子生道光乙未年六月廿四日未時

雙承子　禮斯

十九世鎮二房爲章公六八坵崙派貽字行

開闊字國步號貽齋　元日公長子生嘉慶戊午年五月初八日卯時卒道光乙巳年二月初二日酉時瓦棺葬湖頂土[illegible]

大石頭公頂坐丙壬午子

娶孺人陳氏諱欉娘號孝栢生嘉慶癸酉年二月二十日卯

時卒咸豐乙卯年五月初十日申時瓦棺葬烏材林大嶺崙

垵坐癸丁子午　子一　禮詮

貽瓊號貽植公　元日公次子生嘉慶辛酉年二月廿三日卯

時卒道光辛丑年又三月初七日未時往漳州亭唐窯墓

闌獻字國易號詒明　元日公三子生嘉慶甲子年七月廿七

日酉時卒咸豐乙卯年四月初四日辰時葬烏材林松栢崙

楨尾坐丁癸午子

娶廖氏諱蘊娘號憤玉生嘉慶戊寅年九月初二日辰時卒

道光乙未年六月十八日午時葬在烏材林八坵崙厝左畔

坐東北向西南　繼娶　氏歿節

子一　暢茂　繼娶出往台

彌意字國快號貽快　元善公承繼子生嘉慶癸卯年十月十

大日酉時卒咸豐乙卯年五月二十日丑時葬在烏材林八

坵崙厝左坐癸丁子午

娶孺人郭氏諱腰娘號　生嘉慶甲戌年二月初十日酉

時卒咸豐乙卯年五月初九日寅時墓在烏材林烏衫垵頭

坐辰戌乙辛

子二　長禎祥　次禮問

大欣乳名買字國喜　元善公次子生嘉慶庚辰年五月十八

日午時

娶劉氏諱根娘生道光甲申年十月十七日丑時

子三　長疇　次新電　三禮堆出繼

清翰子國林號貽瑾公　元善公三子生道光癸未年四月廿三日酉時卒同治庚午年八月十七日亥時瓦棺葬在烏材林大嶺崙邊坐辰戌乙辛

娶孺人張氏諱丑娘生卒年月俱失木棺葬烏材林烏衫坡頭坐西向東

清標　元善公四子生道光戊子年五月初三日寅時

繼承子　禮堆

五彩字國績號仙景　元美公長子生嘉慶庚午年八月十七日亥時卒同治壬申年三月十八日未時享年六十有三葬

漸在烏材林宫后壠坐夘甲向酉庚
娶蔡氏諱梅娘生嘉慶丙子年六月廿四日酉時
子五　長絨彝嗣子　次瓜瓞　三瓜梨　四玉選出繼
五玉振

五岳字國山號貽海　元美公次子生嘉慶庚辰年九月十七日巳時卒咸豐乙夘年二月初十日亥時瓦棺葬烏材林土地殿員山仔坐癸丁子午　娶陳氏敃節
子一　芸騰

五敦字國厚　元美公三子生道光甲申年六月初二日戌時
娶李氏盡娘生道光甲午年九月二十日酉時
承繼子　玉選　生子經綸　三國練

撫義字國敏號亨進公　元星公長子生道光辛巳年二月十五日申時卒同治乙丑年四月十二日酉時葬烏材林宫后墘坐東向西

娶陳氏諱儉娘生嘉慶庚辰年正月廿八日亥時

子一　雙情

撫宜字國僴號亨赫公　元星公次子生道光壬辰年五月初十日亥時卒同治庚午年七月廿五日辰時瓦棺葬八坵崙厝左土地殿崙田中坐甲寅쬭酉

娶易氏諱蔭娘生道光壬辰年九月十一日丑時

子二　長如意　次禮溪

任傳字國賢號文現公　守義公子生道光戊子年六月二十

日未時卒光緒癸未年二月廿四日巳時木棺暫葬烏材林
宮后壠坐辛乙酉卯
娶龔氏諱鄧娘號慈孝生道光辛卯年六月廿一日丑時卒
咸豐乙卯年三月十四日未時瓦棺在烏材林土名員山仔
坐巽乾辰戌
子一　禮書
必超字詒北　元龍公嗣子生道光戊子年六月初七日酉時
娶龔氏諱尚娘生道光己丑年三月廿一日辰時
子三　長禮對出繼　次禮贊　三禮總
拱照字國星號爗燿公　元龍公子生道光庚寅年四月初十
日辰時卒咸豐丙辰年正月十三日亥時瓦棺在山坛頂蜈

蚣形崙頭大路下坐壬丙亥巳　娶氏改節
繼承子　禮對
十九世鎮撫裕昌公三從叔德善公派貽字行
貽梅公　不怕公長子生嘉慶丁卯年十二月初二日酉時卒
咸豐己未年五月初四日未時瓦棺甃石礶芹菜坡崙近祖
妣墓下大石空坐壬丙亥巳　出妻
子一　溪水
貽扶公　不怕公次子生嘉慶庚午年七月廿六日寅時卒咸
豐年間木棺在牛條頭坐西向東
貽圈公　人賓公長子生嘉慶庚辰年二月廿六日未時卒無
考瓦棺在粂牛條頭瓦窰內

貽棟公　入寶公次子生道光戊子年二月十九日午時卒光
緒丁丑年正月廿三日丑時木棺在牛條頭坐北向南
貽窑公　入寶公三子生道光乙酉年正月十五日酉時卒[illegible]
失俟查
貽快　入曉公子生外出
貽忠字國勤　入讀公子生道光丙申年二月十六日卯時
娶陳氏諱美娘生道光戊戌年九月十二日辰時卒光緒
年　月　日　時
子二　禮長喉　次禮接
貽醉公　國器公長子生嘉慶戊寅年三月廿四日申時卒在
臺深坑仔墓在處

貽地公　國器公次子生道光癸未年十一月廿六日亥時卒同治庚午年十二月廿四日戌時瓦棺葬叅山坐條頭坐西向東

貽珍公　國器公三子生道光乙酉年十月初六日未時往台卒深坑仔墓在處

貽王公　國器公四子生道光　年往臺溺水而卒

貽梅起至此堂胞兄弟十一人

補叙

德善公子成章公孫明敬公仝子人楮兄弟等搬家往臺淡水深坑仔居焉光緒戊寅年間　簾禮往臺探親邀進淼字貽譙回參謁祠見護水三落私祖宇墻垣圮瓦桷之壞慾水源木

本之攸重觸目傷心喜自出銀伍十大員倡首鳩集各房子
孫捐銀重新起蓋楨柱尾桷將成未得潤色而艮費盡遂回
臺至庚辰歲復歸來再出銀肆拾伍員訂各房入神主得艮
方得灰粘掇龕供奉歷代神主又出銀廿員助修起蓋鎮撫
祖尾落厝又自已修葺伊祖墳墓四處俱各豎碑以垂不朽
十九世鎮二弍如公長存厚公派長貽字行

貽繃公　光卿公長子生嘉慶戊寅年三月廿九日丑時卒咸
豐戊午年月日時木棺塟鎮撫山俟查　無傳

齊家公　光卿公次子生道光乙酉年九月十四日亥時外出
卒年月日時塟地俟查　無傳

貽靳公　光卿公三子生道光丁亥年　月　日　時外出卒

年月日時塟地俟查　無傳

十九世鎮二式如公長存厚公派二徙參安福堂貽字行

貽鈁字國鈸號金山公　心德公長子生嘉慶乙丑年九月廿九日辰時卒光緒戊寅年八月廿九日午時享年七十有四木棺塟社庭尾坐癸向丁兼子午

娶孺人蔡氏諱昭娘號順孝生嘉慶乙丑年四月初三日辰時卒道光癸巳年三月廿七日酉時瓦棺塟本山圭心崙坐巳巽向亥乾

繼娶孺人劉氏兑娘號順儉生嘉慶庚午年十二月廿一日申時卒同治己巳年八月十二日寅時享年六十瓦棺寄塟埔尾林坐乾向巽

子四　長鎮惡　次天香　三禮幸　四禮廟
貽窩字國峯號平山公　心德公次子生嘉慶丁卯年十一月
初十日巳時卒同治壬申年三月初二日巳時享年五十有
五木棺塟本鄉錫驄岩占美崙坐庚向甲兼酉卯
娶孺人王氏諱乖娘號倫愛生嘉慶戊辰年七月初五日丑
時卒光緒辛巳年九月廿七日申時享年七十有四瓦棺塟
高厝石頭頂坐坤向艮兼未丑
子四　長文覺　次兩儀　三三錫　四四奇
貽泳字國吟號泛舫公　心德公三子生嘉慶庚午年四月廿
四日寅時卒咸豐丁巳年二月廿三日午時木棺塟錫驄岩
大坵田美坐丁向癸兼未丑

娶孺人王氏傳娘號成慎生嘉慶辛未年十月十八日午時
卒同治壬戌年十一月十五日亥時享年五十有二瓦棺瘗
錫廳岩坐寅向申
子五　長開顏　次禮求　三禮獅　四禮蕉　五禮義

垂後字國前號統緒公　心德公四子生嘉慶壬申年七月十
日子時卒道光己酉年閏四月廿九日申時瓦棺瘗錫廳岩
鼓仔崙坐坤向艮兼未丑
娶孺人陳氏担娘生嘉慶壬申年十月初五日辰時
子四　長清和　次珍寶　三禮咱　四禮樹

五美字國尊號國全公心德公五子生嘉慶甲戌年八月廿三
日卯時卒同治丁卯年十月十四日酉時享年五十有四瓦

棺葬本山河光尾垵崙坐坤向艮兼申寅
娶孺人謝氏考娘號儉順生嘉慶丙子年又六月二十日午
時卒光緒甲申年正月十九日酉時享年六十有九木棺葬
河光空祖厝后田頂坐戌向辰兼乙辛
子五　長禮示　次禮辣　三禮薹　四乾坤
五添粧殤

六龍公字國德號雲車　心德公六子生道光乙酉年十月廿
一日寅時卒咸豐丁巳年六月廿七日酉時瓦棺葬福安厝
角坐寅向申兼艮坤
娶謝氏俗娘跂節
子三　長禮竹　次禮云　三禮陳

七星字國辰號平榮公　心德公七子生道光丁亥年九月初九日戌時卒同治甲子年十月十八日寅時瓦棺瘞本山馬厝破厝桶坐壬丙亥巳　娶陳氏琰娘殉節

子一　禮送殤

十九世鎮二房徙参郁齋公派繼善堂貽字行

大有公字國亨號克元　嘉謨公長子生嘉慶甲子年五月廿九日寅時卒咸豐癸丑年九月廿七日丑時享年五十葬石礦山坐坤向艮兼申寅

娶孺人傅氏迺娘號恬慎生嘉慶乙丑年九月廿六日寅時卒道光甲辰年正月十三日酉時瓦棺寄許田寮豎石脚坐

向　兼

繼娶廖氏鑠娘號恬愛生嘉慶丁夘年　月　日　時卒道
光已酉年五月廿五日申時尾棺與姑雅姿葉氏仝塟許田
累脚坐亥向巳兼乾共
子三　長超群　次含英　三揺梅出繼
愷悌公字國和號克君　嘉讃公次子生嘉慶丙子年十一月
初三日丑時
娶孺人謝氏銅娘生　年　月　日　時夫婦往台卒年月
日時俟査
子一　禮隆
謙益公號克讓　嘉讃公三子生嘉慶己夘年十月初六日寅
時卒不知四月三十日未時木棺塟馬厝山坐　向　無傳

捷魁號克湨公　嘉猷公嗣長子生道光壬午年十月十一日
卯時外出卒葬地年月日俟查
子一　揺梅承繼

荏苒號克柔公　嘉猷公嗣次子生道光戊子年七月十七日
午時卒同治戊辰年十月初三日巳時木棺暫塟許田寨脚
形加崙坐酉向卯兼辛乙
娶謝氏欵娘生道光巳丑年八月廿二日辰時
子二　長鶴頂　次禮賞

惟琨公號國耀　嘉猷公嗣三子生道光戊子年十二月十六
日辰時卒光緒巳卯年七月初一日辰時享年五十有二木
棺塟許田寨脚坐亥向巳兼乾巽

娶陳氏準娘號恬恭生道光甲午年九月　日　時卒咸豐
丁巳年閏五月十一日　時厝棺壟古田寨脚坐壬向丙兼
子午
繼娶葉氏桃娘生道光乙未年二月廿六日辰時
子五　長琨玕陳氏出　次禮倘　三丕顯　四永提殤
五禮豆殤葉氏出
絢綵公字國煥號國色　嘉善公長子生嘉慶丁丑年六月十
六日酉時卒同治戊辰年九月二十日戌時享年五十有二
厝棺壟石礶格脚葉林崙坐丙向壬兼午子
娶陳氏鑽娘生嘉慶丁丑年七月初一日亥時
子三　長纖縞　次雙蝶兩承　三雙輝殤

佾生金聲諱玲瓏公字國鳳號佳音　嘉善公次子其爲人也
止考止慈不厭不倦和鄉和族無黨無偏學富五車才充八
斗府縣付應試屢見拔茅冠軍院考逢孫師已將採芹擬藻
泮因額滿是以見遺欸孫師相相惜其文不忍撲沒於
是取録佾生　門人堂姪則幼頓首拜序
吾叔天姿性亶聰清高文藝勝群雄便便腹笥多邊孝濟濟
生徒過馬融考古躭深湛審象旁求未遇卜飛熊鐘期既逝
琴聲歇流水何人和得終　受業堂姪則言頓首拜誌
生嘉慶庚辰年九月初三日戌時卒光緒甲申年正月初二
日巳時享年六十有五木棺葬鎮撫大交壠坐子午兼癸丁
娶謝氏爽娘生道光辛巳年八月三十日寅時

子四　長禮瑕　次禮陽殤　三雙禧　四芹茆

馧馤公號克鏈　嘉善公三子生道光乙酉年九月初七日申時卒咸豐辛亥年正月十一日未時瘞棺𡋯梨坂宮口坐艮向坤兼丑未　娶謝氏齊娘旼節

子一　清錢

縹緲公號國清　嘉善公四子生道光辛夘年四月廿四日辰時往番邦卒　無傳

菡萏公號清香　嘉種公長子生道光甲申年五月廿四日午時卒光緒辛巳年二月初二日午時享年五十有八木棺暫瘞古田寨脚坐戌向辰兼乾巽

娶吳氏姜娘號恬順生道光癸未年三月十二日未時卒道

光丙午年六月廿六日申時
繼娶吳氏完娘號團謹生道光庚寅年十二月初四日午時
卒咸豐丙辰年六月廿六日亥時瓦棺葬與吳恬順合塋石
礦大垵頭坐戌向辰兼辛乙
子二　長純粹　次禮練殤
貽彝公號克明　嘉種公三子生道光壬辰年八月初七日巳
時往臺卒　無傳
貽螺公號克片　嘉種公四子生咸豐壬子年十月廿四日午
時卒同治丁酉年十月廿六日戌時瓦棺葬古田寨脚坐庚
向甲兼酉卯
嗣子一　足成

婆娑公號克昌　嘉平公長子生道光乙酉年七月十一日子
時往臺卒
娶謝氏尊娘號儉畀生道光丁亥年十一月初十日酉時卒
咸豐丙辰年四月初十日未時厝棺藝鎮撫坑後壠坐午向
子兼丁癸
子一　禮集承繼
惟嶽公號克泰　嘉平公次子生道光辛卯年正月十七日寅
時卒光緒辛巳年正月初二日戌時享年五十有一木棺暫
藝古田寨脚水井口田后坐亥向巳兼乾巽
養子　禮繼
程霄字國鵬號麟鳳　嘉平公三子爲入畝本睦族和弟友兄

協脩廟宇重建宮門倡脩譜牒集腋惟勤生道光丙申年九
月廿三日戌時
娶楊氏鉗娘號鐵儉生道光辛丑年七月二十日酉時
子五　長翡翠殤　次世傳　三世聯　四世裕出繼
五禮集出繼

彤管公號克舍　嘉平公四子生道光巳亥年十一月初八日
酉時卒同治癸亥年八月十二日午時木棺葬馬厝山坐
向　俟查
嗣子　世裕承繼

酴醿公號國香　嘉德公長子生道光戊子年正月初五日郊
時卒道光戊戌年四月廿六日辰時木棺與父嘉德公合塋

本鄉温厝墘坐辛向乙兼酉卯　　無傳

保紹公號國庇　嘉德公次子生道光辛丑年閏三月廿六日
亥時卒同治己巳年五月廿五日巳時厝棺與毋陳俊姿合
塟古田寨脚坐壬向丙兼亥巳
娶王氏吉娘改節
嗣子　雙蝶兩承

鳥梨坪厝二房派貽字行

充閭公字國榮號京盛　達欽公長子生嘉慶甲子年三月初
九日未時卒同治乙丑年十月初四日戌時享年六十有二
瓦棺塟仙宮嶺石筓隔内坐　向　兼
娶易氏栢娘號益姿生嘉慶癸亥年三月初九日丑時卒咸

豐乙夘年六月初五日未時享年五十有三木棺塟鵬雛鳳
尾宮頭坐辛向乙兼戌辰
子三　長存民　次禮喇　三禮緞
菁華公號克莪　達欽公次子生嘉慶巳夘年正月十三日夘
時卒咸豐乙夘年十一月十七日酉時
娶李氏額娘號全姿生道光巳丑年五月　日　時卒咸豐
丙辰年三月初六日巳時公妣瓦棺仝塟石礶格內坐丁向
癸兼未丑
子一　禮乾
庭芳字貽菲　達欽公三子生道光乙酉年五月初二日午時
娶李氏辯娘生道光丁亥年六月十九日酉時

子二　長新開　次公會

貽燃公號奕榮　達慎公長子生嘉慶戊辰年正月初八日寅
時卒咸豐癸丑年四月廿九日午時死棺瘞新路格外烏坑
壠仔頭坐庚向甲兼申寅
娶劉氏偕娘號金姿生道光　年　月　日　時卒咸豐
乙卯年十一月廿一日巳時木棺瘞鎮撫后壠格仔頭坐壬
向丙兼巳亥

子一　璠璵

養老公號克祿　達慎公次子生嘉慶辛未年四月十七日丑
時卒咸豐乙卯年十二月初三日戌時死棺瘞本山內寮壠
頭坐丁向癸兼午子　無傳

貽猛公號克省　達慎公三子生嘉慶丙子年十月初五日申
時卒道光戊申年八月十一日　時瓦棺葬鎮撫石草尾崙
坐壬向丙兼子午　無傳
五就字貽湯　達慎公四子生道光壬午年七月十八日寅時
娶葉氏郝娘生道光丙午年十一月初四日辰時
子二　長分糴擢養　次分賞
開基公字國創號克篤　達道公長子生嘉慶辛未年九月三
十日辰時卒咸豐丙辰年二月初六日未時瓦棺葬石礶山
瑶仔內坐坤向艮兼申寅
娶蔡氏雜娘生嘉慶甲戌年四月初四日辰時
子五　長協恭　次渠荷　三團圓　四江河　五日新

開榜公號克寓　達道公次子生嘉慶丙子年九月廿一日未
時卒同治己巳年十二月廿九日辰時享年五十有四木棺
葬馬厝山坐　向
娶陳氏偶娘號傳諸生道光巳丑年二月廿五日子時卒同
治乙丑年四月廿四日卯時木棺葬馬厝山坐　向
子二　長紫氣　次獨占殤
淑艾公號克師　達德公長子生嘉慶甲戌年十二月廿四日
辰時卒咸豐丙辰年正月十八日戌時木棺葬石礦山大門
格外坐乙向辛兼卯酉
娶吳氏治娘號傳鎮生嘉慶戊寅年正月初九日寅時卒同
治戊辰年三月三十日酉時享年五十有一木棺葬本山大

草坂坐辛向乙兼戌辰
子四　長平塗　次雙裁（出繼）　三奇雲　四存忠
六藝公號克禮　達德公次子生嘉慶戊寅年正月初四日戌
時卒咸豐癸丑年十月初四日巳時木棺塟奈洋大墩田中
坐庚向甲兼申寅
娶李氏得娘生嘉慶庚辰年九月廿五日亥時
子二　長雙裁（承繼）　次雙碻
時習公號克學　達能公嗣長子生道光甲申年九月初六日
卯時卒咸豐辛亥年正月十六日酉時瓦棺塟石礁山大門
格外坐　向　娶吳氏切娘守節
子一　廣修

貽洪公號克千　達能公三子生道光壬辰年十一月廿六日
寅時卒咸豐丙辰年二月廿一日卯時瓦棺壅石礫山大門
格外坐　向　娶謝氏攺節
承繼子　禮蝦
神助公號克多　達能公四子生道光丁酉年二月廿一日子
時卒同治戊辰年十月十九日寅時瓦棺壅石礫大門格外
坐　向　兼　娶謝氏楚娘攺節
子二　長禮呼　次禮蝦出繼
敨化公號克三　達材公長子生道光甲申年三月廿二日未
時外出不知所之卒　娶王氏蓮娘攺節
子一　樹林

敨典公號克帝　達材公次子生道光丙戌年四月初六日巳時卒咸豐丙辰年正月廿三日戌時木棺壅本山大埔内坐向　無傳

敦倫公號克篤　達材公三子生道光戊子年四月初三日午時卒咸豐丙辰年二月初九日午時木棺壅本山大埔内坐向　無傳

鎮二房烏梨坪厝三房派貽字行

業儒肯構一名復生字國棟　懷德公長子生嘉慶癸酉年七月二十日酉時

娶吳氏酒娘號寬慎生嘉慶癸酉年十二月二十日辰時卒咸豐丙辰年三月十四日寅時瓦棺壅石礫山坐酉卯辛乙

子二　長樹杞　次樹壇

銀鏤公字國球號佩絲　懷德公次子生嘉慶丙子年三月初六日戌時卒光緒乙亥年七月初六日酉時享年六十木棺葬本鄉大草坂坐丑向未兼丁癸

娶謝氏心娘號傳慎生嘉慶巳卯年二月二十日丑時卒光緒巳卯年十月廿二日巳時享年六十有一木棺葬本鄉土地頂田中坐壬向丙兼亥巳

子二　長禮良　次南琛

夌齡公號佩麟　觀賞公長子生嘉慶乙亥年二月廿七日戌時卒同治庚午年正月初五日酉時享年五十有六瓦棺葬本鄉水帽內田中坐辛向乙兼戌辰

娶吳氏品娘號慈順生嘉慶丁丑年五月廿四日寅時卒咸
豐己未年十月廿二日未時瓦棺塟大區尾冷水坑格內坐
丁向癸兼午子
繼娶許氏静娘號慈仁生道光甲申年八月初七日寅時卒
光緒壬午年七月初九日巳時享年五十有九木棺暫塟條
仔墘坐酉向卯兼庚甲
子五　長水環　次高山　三禮每　四傳首出繼 吳氏出
五竹裡許氏出
如齡公號佩禮　觀賞公次子生嘉慶戊寅年二月初五日卯
時卒道光乙巳年三月廿三日午時木棺寄塟石磜虎空按
外崙尾坐　向

璦林公號佩琚　觀賞公三子生道光癸未年四月初一日巳時卒道光己亥年九月初二日未時瓦棺與父觀賞公合葬石礱山下翁踏碓美坐庚向甲兼酉卯

子一　傳首承繼

貽卒公字國邑號佩予　觀理公子生嘉慶戊寅年十一月廿九日未時卒同治丁卯年十月初九日酉時享年五十瓦棺與男庭祥合葬馬厝山茶林灣坐酉向卯兼庚甲

娶蓬萊劉氏素娘號勤慎生嘉慶巳卯年九月初十日酉時卒道光戊申年三月廿三日寅時瓦棺葬本鄉馬厝茶林灣坐辛向乙兼戌辰

繼娶劉氏白娘號鳩慎生道光甲申年五月初七日卯時卒

咸豐丙辰年三月初五日寅時瓦棺葬石礦山蔡厝墓坐
向　兼
子一　應瑞
啟賢字貽獻　明德公長子生道光庚寅年正月十三日辰時
娶吳氏祖娘生道光辛卯年九月廿二日酉時
子一　遣東
漘哲字貽惠　明德公次子生道光甲午年四月廿一日巳時
娶李氏法娘號孝慎生道光丙戌年五月十二日　時卒同
治戊辰年九月初三日子時瓦棺葬坪殊烏坑厝後頂坐巽
向乾兼
繼娶陳氏宜娘生道光壬辰年九月廿二日亥時

養子　禮泉丙系

建勳字貽猷　明德公三子生道光丙午年十二月廿九日申時

娶梁氏早娘生咸豐辛酉年三月初二日酉時

子二　長修楂　次修孫

四音字貽知　德明公四子生咸豐癸丑年十二月初四日戌時

娶許氏瓊娘生同治巳巳年九月二十日酉時

俊彥號佩色公　碩德公長子生道光丙戌年十一月廿一日

未時往番卒

娶蘇氏發娘號定慎生道光巳丑年五月廿三日寅時卒咸

豐丙辰年四月初六日丑時瓦棺與姑樽儉謝氏合葬石礁

吾爐格脚坐辛向乙兼戌辰

子二　長利　次禮蒲兩承

國柱號佩砥公　碩德公次子生道光辛卯年十月初七日辰

時外出不知所之卒

惟憸字貽足　碩德公三子生道光甲午年九月初四日戌時

娶謝氏萬娘生道光庚寅年十二月十四日巳時

子二　長禮赫　次禮蒲出繼兩承

滄浪字貽清　碩德公四子生道光戊戌年正月十九日寅時

廷賓號佩湏公　碩德公五子生道光辛丑年八月初四日寅

時外出不知而去卒

十九世鎮二房秉直公派貽字行

貽檛公　居教公長子生乾隆丙午年十一月初四日戌時卒

乾隆己酉年九月初六日申時瓦棺壅湖頂上芸仔坐丙
向壬兼巳亥
貽樞號能德公　居敎公次子生乾隆戊戌年十一月初一日
巳時往番卒
貽樋公　居敎公三子生乾隆辛丑年五月廿二日戌時卒乾
隆戊申年九月三十日亥時中殤
貽栁號求貫公　居敎公四子生乾隆甲辰年三月初五日辰
時卒道光辛巳年二月十八日　時瓦棺㙜泮領水郊尾外
合閣坐巳向亥兼巽乾
娶陳氏扶娘號持儉生乾隆甲寅年十一月十七日丑時卒
咸豐丁巳年正月十二日辰時享年六十有四木棺壅本山

龜格坐東向西兼卯酉
子　仰望　養子文暨
貽桐號動心公　居敎公五子生乾隆丙午年八月十一日子
時卒道光辛巳年二月廿五日巳時本棺塟本山崎林崙田
頂坐丙向壬兼午子
娶吳氏麥娘號淑慎生乾隆己酉年七月初三日　時卒咸
豐庚申年四月初六日午時享年七十有二尾棺塟本山壠
江後坐酉向卯兼辛乙
子一　文題
貽楫號同德公　居敎公六子鄉評云公之爲人勤以處志儉
以立心成家白手貽謀實深興建肥豬坑厝坐庚向甲兼酉

郊生乾隆己酉年五月廿九日子時卒同治甲子年四月初
三日午時享年七十有六瓦棺葬本山壠江後坐坤向艮兼
未丑
娶鄗氏救娘號講慎生嘉慶丙寅年五月初九日寅時卒同
治癸亥年三月初四日巳時享年五十有八瓦棺葬本山肥
豬坑
子二　長齊鳴　次定意
貽烒號道治公　居教公七子生嘉慶丁巳年十月初八日午
時卒道光壬辰年十二月十四日午時瓦棺葬本山湖仔頭
脚坐丁向癸兼未丑
子一　文學抱養

貽茜字國才號茂昭公　文質公長子生乾隆癸夘年二月十四日巳時卒道光丁酉年六月廿三日辰時享年五十有五瓦棺瘞本山三堤田後坐乙向辛兼夘酉

娶陳氏甔娘號恭懿生乾隆癸丑年十一月初十日亥時卒嘉慶乙亥年六月廿一日夘時瓦棺瘞石垢尾林崙內坐戌向辰兼辛乙外兼乾巽

子二　長文波　次料得

貽鼓字國華號忠孝公　文質公次子生乾隆丙午年五月初十日戌時卒道光己亥年十月十二日申時享年五十有四木棺甃泮領新厝後坐丙向壬兼巳亥

娶陳氏謹娘號順信生嘉慶巳未年十二月廿一日寅時卒

光緒乙酉年七月十七日未時享年八十有七木棺暫寄大
嶺垵坐北向南
子一　文艃
貽碥字國否號履厚公　文質公三子生乾隆己酉年八月十
九日寅時卒道光辛丑年十月廿三日巳時享年五十有三
瓦棺暫壅尾垵仔坐癸向丁
娶易氏英娘號順德生嘉慶甲子年正月初三日丑時卒光
緒壬午年五月廿二日卯時享年七十有九木棺漸壅崎林
崙後坐卯向酉兼甲庚
子二　長禮在　次禮柿
貽藺字國繇號國緞公　文質公四子生乾隆甲寅年七月十

三日巳時卒同治壬戌年正月三十日子時享年六十有九
木棺葬□蓮齋甲坐邨向酉兼乙辛
娶吳氏淑娘號貞德生嘉慶戊辰年三月初七日辰時卒咸
豐戊午年八月廿七日子時享年五十有一瓦棺葬本山楓
腳內坐壬向丙兼亥巳
子五　長馬修　次壤地　三新壽殤　四清池
五朝聘

貽鈔字國金號安仁公　文質公五子生嘉慶壬戌年四月廿
七日巳時卒光緒丁丑年七月廿七日巳時享年七十有六
木棺葬本山北坑壠坐丁向癸兼未丑
娶陳氏執娘號慈儉生嘉慶巳巳年八月初七日辰時卒道

光巳亥年二月十六日未時卒柩葬大埕田中坐巽向乾兼
巳亥
繼娶陳氏端娘號正儉生嘉慶丁丑年正月初四日酉時卒
光緒庚辰年二月十八日辰時享年六十有四木棺葬本山
竿湖坐申向寅兼坤艮
子三　長守南　次文進偕嗣繼出　三禮蔡抱養
附庫字國義號正德公　文質公六子生嘉慶己巳年十一月
十四日未時卒同治辛未年五月三十日巳時享年六十有
三木棺葬本山坪殊口蘭垵崙頭坐丁向癸兼午子
娶陳氏隨娘號順慈生嘉慶甲戌年六月十七日巳時卒咸
豐庚申年十二月初七日巳時卒棺葬本山蜈蚣形坐丑向

未兼癸丁
子三　長禮綾　次金發　三峻極　女丁炁姑
貽椰字國梹號國受公　白貌公長子生乾隆甲寅年八月初
四日巳時卒同治丙寅年六月廿七日寅時享年七十有三
木棺壅本山湖頂上芸仔坐申向寅兼坤艮
妣孺人張氏倣娘號利勤生乾隆甲寅年七月十九日未時
卒咸豐癸丑年六月廿六日亥時享年六十木棺壅本山使
學田厝後坐邓向酉兼甲庚
子四　長靜觀　次顏艮　三文炳　四應舉
待贈顯考貽晛字國視號國正公　白貌公次子鄉評云公之
爲人勤儉成家買田蓋屋惟存直道不事機心因作七截一

則以誌云　吾祖勤家屋業成田園，毖少子孫耕機心不事
除臯念鄙語無文和𤪌評　　長孫則乞忠蓂拜題
生嘉慶丁巳年八月廿八日辰時終同治丙寅年十二月廿
七日未時享年七十，木棺葬本山大獅頂坐癸向丁兼子午
妣晉江𨻶袋吳氏孺人諱担娘號端勤，生嘉慶戊午年正月
初一日酉時卒同治丙寅年六月初六日午時享年六十有
九，木棺葬山東仔尾田中丙坐巽向乾外坐乙向辛兼辰戌
子四　長準玉　次榮顯　三建成　四自寶殤
貽曉字國時號字裕公　白貌公三子，生嘉慶庚申年正月廿
八日酉時卒咸豐辛亥年閏八月廿一日戌時享年五十有
二，木棺葬本山崎林崙坐巳向亥兼丙壬

娶林氏孺人不娘號德勤生嘉慶丙寅年五月廿二日未時
卒同治甲子年四月十三日丑時享年五十有九木棺暫塟
崎林伯壽崙坐東向西
子三　長禮嵓　次禮臣　三由興殤
待贈顯考貽齵字國有號國條公　白貌公四子鄉評云其為
人也與世無忤與物無爭分居泮嶺由困而亨買田蓋屋心
公氣平堂開四代福萃一生至今景仰月旦交評因作七律
一則以誌云　巍巍祖範慶綿延種德種書又種田勤儉
成家增兩屋端莊制事凜三從心和伯仲敦倫紀教督孫曾
學聖賢廻憶堂中昭示處義方疊訓着生鞭
孫湫長　經泰　思泰仝拜題

生嘉慶壬戌年十二月十八日酉時卒同治甲戌年正月初十日戌時享年七十有三木棺瘞本山龜山墩田中坐辰向戌兼巽乾

元配孺人王氏諱東娘號　素嫻內則之訓音流彤管之懿克儉克勤佐夫子以成家計課耕課讀勉兒孫以盡人爲生嘉慶乙亥年七月初一日未時

子四　長維新　次厚成　三耳聰　四禮佳

貽偕字　號國應公　白貌公五子生嘉慶乙丑年十月初八日戌時卒同治丙寅年六月十一日未時享年六十有二木棺瘞本山下泮領田中坐卯向酉兼甲庚

妣晉江安海王氏孺人諱串娘號美勤生嘉慶戊寅年十二

月初九日午時卒同治壬戌年七月初三日申時木棺葬本
山外坑仔楓脚頂坐壬向丙兼子午
繼娶謝氏初娘號　生嘉慶丁丑年三月初八日子時
子四　長萬章　次煥春　三秋興　四書案碭堡醒有志
道德號國尚公　白親公六子生嘉慶庚午年九月初七日寅
時卒咸豐戊午年八月十七日酉時享年五十有四瓦棺葬
本山崎林仔田中坐巳向亥兼丙壬
娶易氏愛娘號　生嘉慶己卯年十月廿二日寅時
子五　長禮箴　次還添　三禮春　四龍飛　五紫豔
五倍字國蔭號瑶琨公　同禮公嗣子生嘉慶乙丑年閏六月
初一日寅時卒同治丁卯年三月初八日酉時享年六十有

三水棺葬本山後尾者坐癸向丁兼子午
娶蔡氏看娘號淑德生嘉慶丙寅年六月初二日午時卒同
治丙寅年四月初二日巳時享年六十有一木棺葬本山墓
林頭坐辛向乙
子二　長潛齒　次添喜

貽富字國貴公　竣德公長子生乾隆乙巳年六月初八丑時
娶孺人王氏諱快娘號　生乾隆巳酉年十一月廿三日
申時　公媽移居臺灣
子二　長禮乾　次禮粽出繼僊台

貽䶨號衆物公　竣德公次子生乾隆丁未年十月十一日戌
時卒道光丁未年八月十九日　時往番卒

貽巷號達人　竣德公三子生嘉慶壬戌年二月初十日辰時
卒道光戊戌年三月十一日辰時瓦棺葬墓林後坐丑向
未兼艮坤
承繼子　禮棕
貽六號耳順　竣德公四子生嘉慶甲子年十月十二日戌時
卒道光丁酉年五月初八日酉時瓦棺塟本山美坡仔田頂
坐丑向未
貽爲字國書公　攘卿公長子生嘉慶丙辰年十一月廿一日
丑時
娶易氏諱亥娘生慶嘉丁巳年月日時夫婦移居臺灣
子三　長朝君　次金瓏出繼　三和倘俱台

貽稼公　攘卿公次子生嘉慶戊午年十月十四日巳時移居
臺灣　娶陳氏蒲娘敃節
子一　金瓏承繼

貽幫公　攘卿公三子生嘉慶庚申年閏四月十八日亥時卒
年月日時候查瓦棺葬本山龜邊尾坐卯向酉兼乙辛
娶鄒氏廉娘敃節

貽礼公　攘卿公四子生嘉慶壬戌年七月十七日卯時
娶王氏訪娘生嘉慶年月日時夫婦移居在臺
子二　長慕儀　次禮從俱在台

貽釿公　攘卿公五子生嘉慶壬申年四月初三日辰時卒道
光庚子年八月日時瓦棺葬湖頂猫葉石頂坐丙壬兼午子

標緻字　號雲桂公　迭和公子生嘉慶丙辰年十一月十二日巳時卒嘉慶巳夘年二月初二日寅時木棺葬本山軍壠橋坐辛向乙兼戌辰

娶孺人陳氏諱髻娘號全節鄉評云自廿四歲失夫甘心守節一生玉潔冰清且貽謀遠大起蓋榜虎厝全座後褒旌節孝准以入祠建坊因作七五言律二則以誌云　二十餘年失夫時冰清玉潔絕瑕疵堅心撫一螟蛉子矢志裁孤骨肉兒樸儉成家增厦屋端貞處世耀門楣堂開四代蘭花馥壽到九旬桂蘂姿形管丰𡼏堪想像栢舟詩範最難移

龍章疊贈生平德姓氏流芳節孝祠

堂姪孫則幼頓首拜題

又詩曰廿四文鶯失堅心不染塵終身消白日畢世淡青春
雨露沾庭桂冰霜凜幗巾心原同鐵石節可比松筠鶴髮番
番播　龍章處處新襃年綿碩德　旌表耀鄉隣
堂姪孫則通頓首拜撰
生嘉慶丙辰年七月初六日午時卒光緒乙酉年九月廿五
日未時享年九十木棺暫葬龜山嶺頂坐南向北
子二　長文章　次文丑襲

貽闖公　在上公嗣長子生乾隆甲寅年七月十九日亥時卒
嘉慶己巳年四月初十日　時丸棺葬本山湖頂外壠坐向

貽赤公號白艮　在上公嗣次子生嘉慶丙辰年十二月二十
日丑時卒同治丙寅年四月廿六日未時享年七十有一丸

棺葬虎榜厝頂崙邊坐巳向亥兼丙壬

娶易氏育娘號　生嘉慶巳未年六月廿一日寅時卒道

光癸未年五月十一日午時瓦棺葬本山仙洞占坐亥向巳

兼壬丙

子一　文表

貽雋號存心公　思側公子生嘉慶丁巳年三月初二日寅時

卒道光乙酉年二月十五日申時木棺葬本山龜格觀音墓

坐　向

貽餅號育朱公　尋究公子生乾隆甲寅年六月初一日亥時

卒咸豐丁巳年正月初六日卯時享年六十有四瓦棺葬中

運崙後坐庚向甲兼申寅

子一　得賴抱養

妾才號育寄公　其二公嗣子生嘉慶丙寅年七月十一日未

時卒咸豐年間外出無考

娶謝氏惜娘　生嘉慶庚辰年　月　日　時出

開香公　清姿公長子生嘉慶戊午年十一月十九日未時

娶林氏格娘夫婦移居在臺

貽吻公　清姿公次子生嘉慶戊辰年　月　日　時卒道光

年　月　日　時葬地候查

貽讀公　清姿公三子生　年　月　日　時卒　年

月　日　時葬臺灣

十九世鎮二房節瑞公派貽字行

貽齡字國胡謚胡龍　植杕公長子建宅一座在本里龜山林
頭崙坐未向丑兼丁癸生嘉慶壬戌年正月十四日寅時卒
同治戊辰年正月十八日辰時葬在本里山芸頂土名仙宮
嶺坐乾向巽兼亥巳
娶郎氏質娘生嘉慶己巳年七月十九日寅時卒光緒丙戌
年正月十四日午時享年七十有七棺葬在本鄉土名大墘
頭埔坐丑向未兼艮坤
子三　長禮然　次禮纄　三奇成
玉文公字國質號萬亦　有實公長子生乾隆甲辰年閏三月
初三日巳時卒嘉慶乙亥年二月初十日　時棺葬本山流
隊庵坐子向午兼癸丁

妣王氏葉娘號恭儉生乾隆庚戌年正月廿四日亥時卒嘉慶甲子年十一月十一日卯時葬在龜山坑後壠坐壬向丙兼亥巳

繼妣陳氏碍娘改節

養子一　昌熾

貽銑公號欲齋　有實公次子生嘉慶庚申年閏四月廿六日戌時卒道光巳酉年四月廿三日午時瓦棺葬本山鳳美宮外後壠寮對面坐西北向東南

妣鄧氏傳娘號儉信生嘉慶甲子年二月廿四日酉時卒道光戊戌年七月初一日午時瓦棺葬在本里湖頂上芸仔坐酉向卯兼庚甲

子一　文霓

榮歸公號燊梓　在茲公長子生乾隆辛亥年二月初八日酉
時卒嘉慶丙寅年十二月十二日　時往吧瀏船卒

榮智公字國勇號廷拔　在茲公次子生乾隆癸丑年月日時
無考卒道光庚寅年六月十四日午時葬在本里石礶山雙
乳山下坐乾向巽兼戌辰
妣張氏盡娘號　生嘉慶年月日時無考卒道光戊戌年
八月十三日午時葬在本里湖頂壠江後坐未向丑

子二　長文凶　文檝

貽笪號林宵　專養長子生嘉慶戊午年九月十九日申時卒道
光丁未年八月廿三日未時木棺塟本山山芸頂大交壠路

坐寅向申兼甲庚
娶孺人謝氏揺娘號順德生嘉慶甲子年八月十三日巳時
卒道光戊戌年六月初三日午時葬在本鄉後壠水堙頭坐
壬向丙兼子午
子三長禮碏　次文献　三祥鳳承繼
[illegible]綬字國馳謚佩芳　境上公長子生嘉慶戊午年六月初六
子時卒同治乙丑年十月十四日辰時葬山埔格仙洞尖邊
坐丑向未兼癸丁
妣陳氏信娘謚勤慈生嘉慶癸亥年七月初七日寅時卒咸
豐丁巳年四月廿二日卯時葬本里茶林埈頭路頂坐酉向
卯兼庚甲

子六　長振萃　次次涯　三禮策　四華嶽
五潤水出贅　六蘇泰
貽力字貽能　琢磨公長子生嘉慶辛未年九月廿一日寅時
娶謝氏宜娘生嘉慶丁丑年二月初四日卯時
子三　長禮箕　次美煥　三漸葵
貽高公號峻極　琢磨公次子生嘉慶丙子年二月初七日
時卒道光丁未年十月廿九日亥時葬在鼉尾路邊墘田中
坐未向丑兼丁癸
妣林氏格娘號致勤生道光乙酉年十月初二日卯時卒光
緒甲申年九月廿九日未時水棺塟在墓林尖後坐寅向申
兼艮坤

子四　長夏月　次禮眼出繼　三禮榜　四禮絜出繼

貽廳號玉杍公　琢磨公三子生道光甲申年二月初二日午時卒同治甲子年十二月十六日酉時葬在茂竹帙石碎崙頭坐庚向甲兼申寅

娶易氏鶴娘生道光辛卯年十月十九日子時

子四　長朝六　次禮涼　三禮返　四歡喜

貽鑾字貽爾　琢磨公四子生道光丁亥年二月十三日午時

娶蔡氏然娘生道光庚寅年八月十三日亥時

子三　長能德　次棠棣　三瀛洲

貽叱號棋勇公　琢磨公五子生道光己丑年八月初三日巳時卒同治丁卯年十月廿一日丑時葬在茶林坡路頂坐乾

向巽兼戌辰
娶陳氏先娘生道光丙申年十月十一日午時
子三　長騰起　次禮建　三夏蘭
國舅字貽甥　琢磨公六子生道光丙申年三月初十日亥時
承繼子二　長禮眼　次禮絮
貽唖號佩璟公　進來公長嗣子生嘉慶乙亥年五月初二日
辰時卒同治辛未年八月十四日亥時葬在苦菜壠格坐壬
向丙兼亥巳
妣謝氏披娘號敬慎生嘉慶己卯年二月十六日酉時卒咸
豐乙卯年十一月十五日酉時葬在本山獅形鵲坐未向丑
兼丁癸

繼妣劉氏諱娘號懷慎生嘉慶戊寅年十月初五日戌時卒
同治己巳年五月十一日卯時漸葬在墓林尖坐丙向壬兼
亥巳

貽慈字
子三　長輝耀　次輝部　三廣進（俱謝氏出）
進來公次子生道光辛巳年四月十一日巳時
娶易氏牛娘生道光丁亥年七月廿一日酉時
子一　清河

貽抄公　進來公三子生道光甲申年三月十八日未時（殤）

貽皦字　進來公四子生道光己丑年十月十八日巳時
娶楊氏滿娘生道光甲午年八月廿八日酉時
子　長從水　次顏超俱往臺

貽皮字貽籍號有冊　進來公五子生道光癸巳年三月十八日戌時卒光緒乙酉年二月十二日亥時木棺葬在棹山埔崙邊坐未向丑兼丁癸

娶李氏益娘生道光癸卯年二月十四日亥時卒光緒庚辰年五月初五日丑時棺葬在墓林尖頂坐辛乙兼酉卯

子一　祖甲

南山公字國泰號有林　積善公長子生道光癸未年十一月廿六日午時卒光緒甲申年四月廿四日午時木棺葬本山茂竹帙中心崙仔頭坐坤向艮兼申寅

娶鄧氏綠娘生道光庚寅年九月廿二日辰時

子三　長和鸞　次步蟾　三捷懋

貽仁公號有義　積善公養次子生道光丙戌年四月初六日
未時卒光緒戊寅年八月十五日　時　葬在墓
妣陳氏成娘號順儉生道光戊子年十月初一日子時卒光
緒己卯年八月初六日亥時葬在墓林尖後坐艮坤兼丑未
養子　朝蓼
處士貽晏字國聰號元德公　積善公三子生道光辛卯年五月
廿四日亥時卒同治壬申年十二月初二日卯時木棺葬在
茂竹帙獅形鵲脚坐壬向丙兼亥巳
娶王氏乖娘生道光丙申年五月初九日酉時
嗣子　文瑞
五典謚克從公　積善公四子生道光甲午年七月初九日酉

時卒同治丁夘年正月十四日酉時葬在本山茂竹帙中心
崙頂坐申向寅兼坤艮
妣陳氏雪娘號勤謹生道光壬寅年十一月廿二日寅時卒
同治丙寅年二月初三日未時木棺葬在茂竹帙獅形鵠頭
坐乙向辛兼酉夘
子一　鴻禧
騰蛟字貽凤號元鳳　積善公五子生道光丁酉年十一月初
四日巳時卒光緒甲申年十二月初二日午時木棺葬在茂
竹帙外格仔罩坐辛乙兼戊辰
娶林氏言娘生道光戊辰年十一月十六日巳時
子二　長恒春　次三多

貽胎公謚其物　茂林公長子生道光乙酉年正月十八日辰時卒道光丙午年十二月初七日午時棺塋在本山内寮墘尾窰坡坐庚向甲兼申寅

聚呂氏說娘號貞義從幼于歸未成衾枕吾兄忽故而彼甘心苦節一生玉潔冰清名達閭里因作七言律一則以誌云

我嫂爲人實可旌于歸未見枕衾成心和妯娌寬而忍孝事翁姑竭且誠畢世芳徽同玉潔終身節烈比冰清　龍章叠贈生平範千古流傳不朽名

夫胞弟貽桓拜題

妣生道光戊子年八月十一日酉時卒同治癸亥年三月十七日未時木棺塋在本里龜山嶺脚石路尾坐寅申兼艮坤

養子　雙洋

五武字貽文　茂林公次子生道光庚寅年七月初四日酉時
娶蔡氏恍娘號賜慎生道光癸巳年二月十八日午時卒咸
豐丁巳年十一月十八日巳時厝棺葬在本山大墘頭埔坐
庚向甲兼申寅
繼娶陳氏却娘生道光丁亥年九月廿二日寅時
子五　長應奎出蔡氏　次休麗　三禮壇出繼　四旅酬出繼
五賞來俱陳氏出

提塔字貽携號其耳　茂林公三子生道光丁酉年七月十八
日巳時卒光緒乙酉年十二月廿二日巳時木棺葬在墓林
尖坐南向北

娶陳氏碟娘　生道光乙未年九月初十日酉時
子二　長陶朱　次秦漢
業儒鎰銘字國器一字貽桓　茂林公四子生道光丙午年六
月二十日寅時
娶王氏添娘謚克加生道光己酉年正月廿三日午時卒光
緒乙酉年五月初九日戌時棺塟本山山埔格坐丙向壬兼
巳亥
子　長獨步　次獨醒　獨冠
十九世鎮二房大墩頭祖深厚公派貽字行
長興公　強恐公長子生乾隆丙午年七月十五日子時卒道
光甲辰年月日時塟地在臺淡水石南湖

承繼子在臺
貽頭公　強恐公次子生乾隆戊申年八月二十一日丑時卒
咸豐　往臺娶　氏
嗣子義方　承繼子萬星　俱在臺
貽於公　幽閑公承繼長子生乾隆甲寅年七月十六日寅時
外出不知所之
欒薦公　幽閑公承繼次子生嘉慶甲子年八月十九日卯時
往臺石南湖居焉娶　氏
子六　長禮娱俱在臺
貽錯公　明德公長子生乾隆壬子年十一月廿六日酉時往
漳州卒年月日時葬地俟查

貽樵公　明德次子生嘉慶丙辰年二月廿二日寅時往在臺

衍派

貽檥公　至營公長子生乾隆甲辰年十一月三十日辰時卒

嘉慶癸酉年八月初三日酉時棺塟后山后庵坂坐癸向丁

兼丑未

貽楝公　至營公次子生乾隆壬子年六月初六日　時卒咸

豐乙卯年十二月日時享年六十有四瓦棺塟鎮撫墓林尖

大路頂坐庚申向甲寅

子一　月戌

貽老公　惠愛公長子生卒年月日時往臺卒

貽天公　惠愛公次子生道光癸未年十月廿五日辰時卒道

光甲辰年九月初一日巳時瓦棺與父仝葬本鄉石坵田中
坐乾向巽兼戌辰
貽徵公字貽渡　惠愛公二子生年月日時俟查往臺卒光緒
乙酉年九月初四日　時葬在臺
十九世鎮二房徙參啟文公長直毅公派貽字行
復旦公字國華號向辰　克儉公長子生乾隆丁酉年七月廿
二日卯時卒道光丁酉年三月十一日巳時
娶鍾氏琢娘號　生乾隆乙亥年九月初八日卯時卒道
光丁酉年十月初八日卯時公妣瓦棺仝葬本鄉參林內大
灣崙路邊坐　向
子二　長文整殤　次禮平

光甲辰年九月初一日巳時瓦棺與父仝塟本鄉石坵田中
坐乾向巽兼戌辰
貽畬公字貽渡　惠愛公二子生年月日時俟查往臺卒光緒
乙酉年九月初四日　時塟在臺
十九世鎮二房徙叄啟文公長直毅公派貽字行
復旦公字國華號向辰　克儉公長子生乾隆丁酉年七月廿
二日卯時卒道光丁酉年三月十一日巳時
娶鍾氏琳娘號　生乾隆乙亥年九月初八日卯時卒道
光丁酉年十月初八日卯時公妣瓦棺仝塟本鄉叄林內大
灣崙路邊坐　向
子二　長文整瑒　次禮平

秋來公字貽香號三亭　克儉公次子生乾隆庚子年正月廿
七日子時卒道光戊戌年四月廿五日子時瓦棺暫葬本里
山仔頂坐　向　與弟清香公仝壙
娶陳氏乖娘　生嘉慶己未年九月廿一日卯時卒光緒
丁丑年二月十九日丑時棺塟山仔頂
子二　長文間殤　次吟咏
約味公字貽奇號清香　克儉公三子生乾隆丙午年二月廿
二日戌時卒咸豐戊午年四月廿三日　時墓楚侯查
娶杜氏玉娘生卒及塟地無考
子二　長禮蚋　次禮匣出繼
貽嘉公虎化草　克儉公四子生乾隆己酉年三月初八日吉

時卒道光戊戌年閏四月初五日吉時瓦棺與二兄三序公
仝塟本鄉山仔頂
娶謝氏滿娘號　生嘉慶庚申年十一月廿七日未時卒
光緒巳卯年九月廿二日未時棺塟山仔頂坐　向
子一　禮柳
貽藜號清紫公　克儉公五子生乾隆壬子年九月初十日吉
時往臺卒年月及塟地俟查
承繼子禮匣
衍萬字貽兆號億數公　福祉公長子生乾隆甲寅年九月初
六日子時卒道光戊戌年四月十九日酉時塟本里冷水坑
大垅尾田坐　向　兼

妣謝氏緣娘謚　生嘉慶辛酉年八月廿二日夘時卒年
月日時墓俟查
子三　長波浪　次漢江出繼　三鼎森
騰蛟字國龍號起鳳公　成美公長子生嘉慶丙辰年八月廿
二日寅時卒咸豐丙辰年三月十七日夘時尾棺葬本里內
腰格磜仔內坐　向　兼
妣王氏游娘號儉愛生嘉慶丙寅年十月廿九日酉時卒道
光己亥年三月廿八日申時尾棺葬在本鄉湖厝埔磚窰口
左畔與次舅婦仝壙坐　向　兼
繼妣謝氏眈娘號儉德生　年　月　時卒同
治甲子年正月廿一日夘時尾棺葬在本山鎮撫鵬殊寨後

埈崙頭坐丁向癸兼未丑

子一　啟胤出氏

課兒公字國有號義方　成美公次子生嘉慶戊午年九月初五日酉時卒同治乙丑年九月廿二日酉時瓦棺寄葬牛眠頭山仔頂瓦窰中

妣蔡氏汀娘號柔姿生嘉慶戊辰年正月十五日酉時卒道光丙申年十二月十六日酉時瓦棺與媳儉愛仝壙

子一　潤澤

兩好字國合號歡欣公　成業公子生嘉慶辛酉年正月廿八日申時

承繼子江漢父子仝往臺

有造字國端號靜德公　成厚公子生嘉慶庚午年十一月廿一日午時卒同治癸亥年八月十三日申時厝棺寄葬本里山仔頂厝窒內

妣陳氏善娘號淑慎生嘉慶壬申年八月廿四日亥時卒同治癸亥年四月十二日寅時棺葬

子一　禮亭

貽魁公字　人晤公長子生嘉慶戊午年十一月三十日亥時往臺

貽會公　人晤公次子生嘉慶辛酉年正月十四日卯時往臺

貽亥公　人晤公三子生嘉慶甲子年十月十七日戌時往臺

貽歡公　人晤公四子生嘉慶年月日時失往臺

貽縷號絲絮公　人琪公長子生嘉慶丙子年五月廿七日酉時卒道光丁酉年七月初十日寅時瓦棺寄塟山仔頂瓦窰頭坐北向南

貽衷字國裒　人琪公次子生道光甲申年十月十六日戌時娶謝氏福娘生道光丙申年十月十七日酉時

子三　長禮藝　次禮科　三禮賚

貽矛公字　克省公長子生嘉慶　年　月　時往臺娶王氏敲娘生嘉慶壬戌年十一月初三日寅時

子三　長勇刑　次禮彪　三禮歲

高朗公字國明　克盛公子生嘉慶己巳年七月初七日酉時卒同治年月日時棺寄塟本山

妣謝氏勉娘號　生嘉慶壬申年十月三十日酉時卒年
月日時棺葬本鄉
子二　長宇宙　次禮八
貽道公字國大　克韜公長子生嘉慶甲戌年二月二十日辰
時卒同治甲子年七月初四日辰時
妣葉氏粉娘號　生嘉慶丙子年五月十八日寅時卒咸
豐　年三月廿九日　時公媽仝葬山仔頂坐　向
子一　禮看
貽坦字國墻　克韜公次子生道光癸未年五月初九日未時
十九世鎮二房徙黍啟文公二古愚公派貽字行
貽約字國言號慶信公　莘職公長子生乾隆壬子年五月十

三日酉時卒咸豐庚申年十月廿七日酉時瓦棺寄甕黽頂
大石下
姚蘇氏月娘號成素生嘉慶乙丑年二月初八日寅時卒咸
豐辛亥年十二月廿九日未時瓦棺寄蓮山仔中大崙
子五　長禮少　次禮齊　三禮挑　四禮賞　五福年
貽生公號慶雲　率職公次子生嘉慶丁巳年七月初十日卯
時卒咸豐戊午年六月十三日戌時瓦棺塟崎仔坑頭
娶謝氏果娘號順慎生嘉慶庚午年八月廿八日丑時卒同
治丁卯年十一月廿三日午時
子五　長禮畀　次禮專　三禮我　四以暇出繼　五禮坪
貽爲公號瑩素　率德公嗣子生嘉慶己未年十一月廿二日

邜時卒咸豐乙邜年八月廿九日未時瓦棺塟山仔頂
妣蔡氏媛娘號懃慈生嘉慶丁丑年五月十三日寅時卒光
緒丙子年六月廿二日邜時
子二　長禮怗　次禮愀
國學生諱汝礪乳名繆士字國田謚業齋　震鄉公長子忠厚
純樸門庭義方和鄉睦族閭里尊崇克勤克儉廣置田庄孝
親慈子實的名揚延師課子酷嗜書香生嘉慶癸酉年十二
月初十日亥時卒同治乙丑年十二月廿九日戌時享年五
十有三
妣孺人王氏便娘號慈儉生嘉慶乙亥年十月十七日丑時
卒同治丙寅年九月十二日辰時享年五十有二瓦棺塟本

里鎮撫鵬雞口坐壬向丙兼子午
公塟石礫山司公垵苦墘崙穴坐夘向酉兼乙辛
子四　長禮潘　次禮橂　三禮塲殤　四纘緒嗣子
貽嘐字國大號守齋　震鄉公次子生道光壬午年十二月初
五日戍時
娶謝氏刑娘號　生道光甲申年閏七月二十日戍時
子七　長禮迓　次禮藉　三禮爆　四禮渭
五禮嫖殤　六禮讓　七禮麟
十九世鎮二房徙黍啟文公三温和公派貽字行
貽映字國紅號藏書公　適道公長子生嘉慶丙辰年七月初
六日午時卒同治乙丑年十一月十一日午時

妣蔡氏迫娘號柔德生嘉慶癸亥年四月十五日戌時卒同
治壬申年十二月初八日亥時厝棺仝寄塋牛脰頭厝窨內
子二　長禮着　次禮豈嗣孚
貽墻公號嚴齋　適道公次子生嘉慶乙丑年九月二十日亥
時卒同治癸亥年六月十九日辰時厝棺楚本里牛脰頭厝
磘中
子一　禮新嗣孚
貽燦號藏詩公　積善公承繼子生嘉慶戊辰年七月十七日
申時卒同治庚午年十月二十日申時厝棺寄塋
娶謝氏旺娘生道光辛巳年十二月初八日酉時
子二　長禮熱　次禮拈

貽報字國德　滋卿長子生嘉慶戊午年十一月三十日寅時
任臺卒年月及墓俟查
娶易氏照娘生嘉慶癸亥年十月廿六日酉時
子二　長禮刓　次禮趙　父母兄弟俱往臺
貽根　滋卿次子生嘉慶甲戌年六月十八日卯時往臺
貽肘　芳承公長子生道光丙戌年九月廿三日酉時往臺
娶楊氏富娘號及生卒年月墓俟查
子一　廣應殤
貽宅　芳承公次子生道光辛卯年四月初三日辰時往臺
貽好號承遠公　元利公長子生乾隆丁未年十二月廿三日
辰時卒咸豐丙辰年九月初五日巳時

娶吳氏黜娘號　生乾隆乙卯年十一月初一日寅時卒
道光癸卯年十月十六日戌時葬
子一　禮助
貽富號貴遠公　元利公次子生乾隆庚戌年四月十二日巳
時卒年月日時俟查
娶謝氏春娘號　生嘉慶乙丑年八月初四日寅時卒年
月日時俟查
子一　禮俟
貽最號長久公　于周公長子生乾隆壬子年七月廿八日巳
時卒咸豐壬子年十二月初三日未時瓦棺葬本里石礫山
胡泰墓中崙坐壬向丙兼亥巳

娶蔡氏定娘號守慈生嘉慶辛酉年二月十七日辰時卒咸豐辛酉年十六月初十日辰時瓦棺與公合塋

子一　禮湍

貽畏號文憑公　于周公次子生嘉慶癸亥年十二月初三日丑時卒道光乙巳年十二月廿五日寅時瓦棺塋本里山仔頂寄塋

娶王氏朗娘號惠和生嘉慶壬戌年八月十五日卯時卒道光乙巳年正月初三日戌時瓦棺塋本里山仔頂

子二　長禮選　次禮苟

貽昃號日昝公　于周公三子生嘉慶丁丑年十一月廿七日酉時卒同治甲子年八月廿七日辰時

娶謝氏初娘號儉節生道光癸未年三月十七日酉時卒同治丙寅年七月初一日卯時公媽瓦棺仝葬本里山仔頂瓦窰中

子一　禮雖

貽仟號億萬公　正淮公承繼子生嘉慶庚申年正月初十日巳時卒同治甲戌年十月十四日丑時棺葬本山石礁胡泰墓崙頭坐乾向巽兼亥巳

娶王氏精娘號惠慈生嘉慶庚午年七月十三日寅時卒光緒壬午年七月初六日丑時棺葬本山山仔頂

子三　長禮笑　次禮南　三禮鑒

貽標號德脩公　承與公長子生嘉慶己未年十一月廿一日

寅時卒道光庚戌年五月廿二日巳時棺壄

娶陳氏錦娘號　生嘉慶壬申年九月初六日未時卒同治庚午年十一月初八日午時

子二　長禮坑　次禮瀨

貽樑號永善公　承與公次子生嘉慶丙寅年十月十七日丑時卒同治丙寅年十月廿二日戌時棺壄本里無傳

貽看號觀望公　迅判公長子生嘉慶辛未年六月十六日寅時卒同治壬申年正月初八日午時棺壄山仔頂杉畬內

娶謝氏險娘號固儉生嘉慶丁丑年三月初二日午時卒同治丁卯年十一月廿五日申時棺壄山仔頂

子二　長禮雌出継　次禮恭

貽髻號髻鬚公　迅判公次子生嘉慶癸酉年七月十一日午時卒同治癸亥年八月初四日巳時尾棺寄埜本里山仔頂
娶林氏梅娘號順儉生嘉慶癸未年正月廿六日　時卒道光丁未年十一月初十日卯時棺葬山仔內
子一　禮擦

貽在號念茲公　迅判公三子生嘉慶庚辰年七月十一日巳時卒道光庚子年四月十三日未時瓦棺葬山仔頂石頭下
承繼子禮雌

貽育號成嶄公　務本公長子生嘉慶辛未年六月十六日寅時卒同治丁卯年七月十五日巳時葬
妣楊氏益娘歿節

子二　長禮㦒　次禮笏出繼

貽簡號仲弓公　務本公次子生嘉慶丙子年十二月初三日巳時卒同治癸亥年正月廿二日午時娶謝氏須娘改節

子一　禮腆

貽蘄號成守公　務本公三子生嘉慶庚辰年八月初三日丑時往叻邦卒光緒壬午年十二月廿六日辰時死棺塟石礁頂芹菜垵坐庚向甲

娶謝氏省娘號三儉生道光庚寅年四月初十日午時卒道光丙午年十一月十四日巳時死棺塟

承繼子一　禮笏

貽秝號萬億公　鳴廉公長子生嘉慶丁巳年十二月初一日

戌時卒同治辛未年十二月十二日寅時棺葬石礫頂觀音
寨邊坐甲向庚兼寅申
娶王氏奠娘號端儉生嘉慶壬戌年十一月十六日巳時卒
同治戊辰年十月初四日辰時棺葬本里衿洋冬邊墩厝後
坐寅向申兼艮坤
子三　長禮酧　次禮滔　三禮持
貽祿號萬成公　鳴廉公次子生嘉慶乙丑年八月初六日寅
時卒同治辛未年十二月廿九日酉時棺葬本鄉山仔頂坐
坐丑向未兼癸丁
妣謝氏雅娘號端節生嘉慶丁丑年七月初一日申時卒光
緒乙酉年十二月廿六日子時

子三　長禮準殤　次禮進嗣子　三禮差嗣子

貽兵號履亭公　鳴廉公三子生嘉慶辛未年十一月十五日亥時卒咸豐庚申年九月十六日未時瓦棺葬本里石礁頂虎空垵脚坐申向寅兼坤艮

娶謝氏欣娘號柔儉生嘉慶丙子年八月十四日亥時卒道光庚戌年七月廿四日辰時瓦棺葬本山石礁頂梧爐內坐丁向癸兼未丑

繼娶佘氏帖娘號和儉生嘉慶戊寅年二月十九日午時卒咸豐辛酉年八月初七日午時棺寄葬山仔頂坐　向

子三　長禮蟳　次禮蠶　三禮城

貽往號寒泉公　鳴廉公四子生嘉慶庚辰年正月廿六日酉

時卒同治壬申年六月廿五日夘時
娶謝氏逆娘生道光戊子年八月廿二日申時
子二　長禮超承繼　次禮鐵
貽汀公號　鳴岐公長子生嘉慶丙子年四月初三日巳時往
吧卒同治辛未年十一月廿三日午時無傳
貽燕公　鳴岐公次子生道光甲申年四月十一日午時往臺
卒　十月初一日吉時
貽杓號妙德公　鳴雲公長子生嘉慶乙丑年十二月廿六日
寅時卒道光己亥年五月十七日酉時棺瘞本鄉與父仝瘞
妣王氏芍娘謚柔倹生嘉慶庚午年四月初九日酉時卒同
治壬戌年七月初一日申時尾棺與長男仝瘞崎仔坑尾坐

坐庚向甲兼酉卯
子二　長禮享　次禮入學
貽建字　鳴雲公次子生嘉慶癸酉年正月初八日子時
娶陳氏買娘生道光戊子年七月初七日申時
子四　長禮瓏　次禮陋　三禮裕　四佳兼
貽秠號妙取公　鳴雲公三子生嘉慶戊寅年九月十三日申
時卒同治甲戌年二月十一日寅時瓦棺葬本鄉石礁頂深
龜壠石頭下坐北向南
妣林氏早娘號恬安生道光庚寅年八月廿四日午時卒咸
豐戊午年十一月廿三日午時瓦棺葬本里
繼娶梁氏引娘生道光庚寅年九月十二日寅時

子三　長禮爽林氏出　次禮后　三禮權翁出

貽譽字　嗚雲公四子生道光癸未年二月初七日巳時

娶殷氏聖娘生道光丙申年十二月廿三日酉時

子三　長禮坪　次保成　三禮圭

賢桂公字國龍號顯丹　字國公長子生乾隆丙午年閏七月廿三日未時卒咸豐壬子年五月初　日辰時花棺葬本里後林坐坤向艮兼申寅

妣葉氏月娘號儉信生乾隆丁未年二月初十日巳時卒道光丙戌年八月十四日巳時瓦棺葬本里冬崙頭坐辛向乙

子三　長禮呀　次禮吁　三禮惹

貽巧公號則力　字國公次子生乾隆庚戌年七月廿二日卯

時卒道光壬午年六月二十日未時厝棺塋本鄉後林私山
坐　向
妣氏改節
雙承孫則開

撰鶯公號奇珍　字國公三子生乾隆甲寅年七月十一日戌
時卒同治壬戌年十二月初三日午時棺塋本里山仔垵峻
溝頂坐酉向卯兼辛乙
娶陳氏滿娘號和慈生嘉慶乙丑年六月廿七日丑時卒咸
豐戊午年二月初七日戌時棺塋本里山仔頂坐北向南無傳

貽座公號述作　字國公四子生嘉慶己未年十月十四日戌
時卒道光壬寅年三月廿五日丑時往臺卒

雙承繼孫則開

貽從公號先政　仲纓公長子生嘉慶戊午年十二月初十日戌時卒咸豐巳未年二月十四日戌時瓦棺壅本里瓏頭坐庚向甲兼酉卯

娶林氏宜娘號表懿生嘉慶甲子年十月十二日午時卒道光　年六月廿二日　時瓦棺壅本山冬坑大崎頭坐壬向丙兼子午

繼妣蘇氏春娶號美姿生嘉慶巳未年五月初八日辰時卒道光壬寅年六月十五日戌時瓦棺

又娶謝氏硯娘號美質生嘉慶丙寅年二月十四日寅時卒咸豐巳未年八月初九日午時

子一　禮賽蘇氏出

貽鶴公號佩禮　仲纓公次子生嘉慶辛酉年十二月廿一日亥時卒道光己酉年二月初一日申時瓦棺

妣王氏佑娘號佐和生嘉慶甲子年正月十一日巳時卒咸豐乙卯年五月十一日酉時瓦棺

子二　長禮霓　次禮唱嗣

蜚聲公號好音　字侯公長子生嘉慶己未年十月十九日寅時卒道光丁酉年十一月廿一日寅時瓦棺葬本鄉山仔頂

娶王氏改節

貽蕫公號國正　字侯公次子生嘉慶癸酉年二月初五日未時卒同治丁卯年九月十四申時棺葬山仔垵

貽貢公號明德　翼頤公長子生嘉慶丁卯年四月廿四日寅時卒道光丁未年十月廿一日卯時尾棺與謝氏合葬本鄉大埔脚坐壬向丙兼子午

娶謝氏衔娘號倹和生嘉慶丙寅年正月十九日卯時卒道光巳亥年七月十八日辰時尾棺與公仝葬

繼妣王氏扱娘號倹順生嘉慶壬申年五月初六日午時卒咸豐丁巳年六月廿四日未時瓦棺葬本山後林坐坤向艮兼申寅

子二　長禮耀嗣子　次禮煥王氏出

貽賚公號艮弼　翼頤公次子生嘉慶辛未年七月初三巳時卒道光巳酉年十一月二十五日辰時棺寄葬山仔崙坐向

妣張氏綢娘號柔質生嘉慶庚辰年二月廿六日寅時

子一　禮仕

貽鉗公號康成　翼頭公三子生道光癸未年六月二十日午時卒同治庚午年十月廿八日寅時瓦棺埜本鄉山仔頂崙

娶劉氏法娘生道光壬午年閏三月廿八日午時

子三　長禮抱　次禮樾（嗣子）　三禮繼（嗣子）

貽清公號清英　信持公長子生乾隆乙卯年九月十五日巳時卒嘉慶戊辰年四月十四日未時瓦棺埜本山後林崙石頭下

承繼子一　禮然

貽沁公字國胂號詩胂　信持公次子生嘉慶乙丑年正月初

十日未時卒同治甲戌年五月廿一日戌時厝棺葬本鄉山
仔頂坐　向
娶梁氏正娘號莊懿生嘉慶已巳年十二月十五日酉時卒
光緒丙子年七月初十日卯時厝棺葬本鄉山仔頂
子四　長禮爵　次禮然出繼　三禮莉殤　四禮勛
貽厚公字國琛號效順　信持公三子生嘉慶庚午年十一月
十四日未時卒道光戊申年九月初九日申時厝棺與媽仝
葬本山山仔崙頂
娶殷氏諡娘號仁慈生嘉慶癸酉年十月　日　時卒同治
戊辰年八月三十日未時瓦棺葬山仔頂
嗣子一　禮覔

貽豈公字國居號作哲　性扁公長嗣子生嘉慶丁巳年三月初七日寅時卒嘉慶庚辰年十一月十八日未時瓦棺塟後林路頂

貽渚公字國州號挹溉　性扁公次承繼子生嘉慶壬戌年六月廿三日未時卒道光甲申年正月廿二日未時瓦棺塟本鄉後林圳下坐辛向乙兼戌辰

娶梁氏閔娘節勤儉勞端莊貞静其夫早逝而教子義方矢志冰操事舅姑必誠必順理閨閫亦慈亦嚴迨晚景兒孫衍盛四代一堂人咸稱其淑女貞静之德焉氏生嘉慶甲子年五月十三日申時

宗叔懋源拜題

子二　長承燄　次以暇 嗣學

公諱漸潤官字國淡別號濆圃　素直公長子生嘉慶丙子年十二月十一日午時卒道光乙巳年六月廿六日午時厝棺葬本里后山鄉虎尾寨腳趙家山穴坐寅向申兼甲庚牌後有誌銘

娶孺人林氏諱却娘賦性閑婉事舅姑必誠必敬理家計克儉克勤更難者深閨守寡則玉潔冰清教督孤兒則功成名遂可謂女中之丈夫也

忝姪孫則幼拜題

氏號貞慎生嘉慶乙亥年十月初十日寅時

子三　長涵泳　次詒謀　三繾綣

活灤字國添號仁圃公　素直公次子生嘉慶己卯年閏四月廿五日卯時卒同治丙寅年六月廿六日寅時厝棺塟本里巖嶺腳坐坤向艮兼申寅

娶孺人李氏諱桃娘號誠慎生嘉慶己卯年十一月十三日未時

子五　長簪花　次提携　三禮頭　四淶洽　五歡欣

濟汪字國明號善圃公　素直公三子生道光壬午年四月初九日午時卒同治癸酉年正月十八日戌時厝棺

娶陳氏緬娘號勤政生道光壬午年十二月十九日寅時卒同治丙寅年三月十八日卯時厝棺塟本里

子四　長禮須學　次福祿　三禮祉　四禎祥

近淪字國泒號美圃公　素直公四子生道光戊子年十一月十八日午時卒同治壬戌年二月廿六日申時厝棺寄葬後林冬崙石頭下

娶陳氏友娘生道光丁亥年十二月十四日寅時

子五　長篆練殤　次禮肴嗣子　三詿和　四禮睦　五沾濕

仰山號景行公　通理公長子生嘉慶丁卯年八月十六日寅時卒道光戊戌年四月初三日午時厝棺葬本里湖邊厝地內坐東向西

娶林氏蓮娘號儉順生嘉慶丁卯年十一月廿三日辰時卒道光丁酉年十月廿二日寅時厝棺與公合葬湖邊厝地內

繼娶林氏腰娘生嘉慶戊辰年　月　日　時卒　年七月廿三日尾棺寄葬本山後林瓦窰中

子三　長禮黍學　次禮尋僑出　三禮罕學

貽而公字國汝號景抑　通理公次子生嘉慶巳巳年十月初四日巳時卒咸豐壬子年七月廿九日巳時瓦棺葬本鄉冬崙坐癸向丁兼丑未

娶謝氏配娘號碗合生嘉慶戊辰年十月廿四日酉時卒咸豐乙夘年九月十一日午時瓦棺寄葬山仔頂坐壬向丙兼子午

子四　長珩珀　次球琳　三納誨　四冉添

處士乳名相如公字國趙號如珪　通理公三子公賦性溫柔

貿厥聲和鄉族睦衆皆欽置居創業遺孫子入孝出悌事父兄勤事儉家真足慕尊師信友可傳情稽古不售魏闕地報功待贈在前程公生嘉慶癸酉年十月廿八日丑時卒咸豐丙辰年九月廿九日寅時棺葬本里後山鄉造尖畚坐庚向甲兼卯酉

娶謝氏六娘號順和媽紡績辛勤意不分治家儉節課兒孫塵車推挽相夫子熊丸致和教後昆妯娌與睦鄉黨慕舅姑竭事宗族尊天命未知騎鶴去六男四女有功存氏生嘉慶癸酉年正月十五日辰時卒同治庚午年五月初二日申時瓦棺葬本里湖邊厝地坐卯向酉兼甲庚

公媽二詩係是五男曾鮑拜題

子六　長瑪瑙　次鎦鍾　三啟沃
四拔俊　五胥鮑　六鴻儒
貽抄字　克鍾公長子生嘉慶辛未年九月初九日未時
貽捧公號　克鍾公三子生道光辛卯年四月十三日午時卒
同治己巳年十月初九日巳時
妣王氏勉娘號勤順生道光甲午年八月廿五日寅時卒同
治癸酉年五月廿一日巳時公媽瓦棺合寄壟本里牛脰頭
瓦窰中
子二　長禮孔嗣孚　次禮傺
貽播公號瑞裘　克順公承繼子生道光辛巳年九月廿五日
寅時卒咸豐癸丑年十二月十六日未時尾棺寄壟牛脰頭

尾厝中
娶謝氏設娘跂節
子一　禮回
貽遠字　懋有公子生　年　月　日　時眘
有摘　清紫公承繼子生咸豐丁巳年二月初八日夘時
貽管　秉直公子生咸豐壬子年八月十八日酉時
寢熾公號俾昌　誠正公長子生嘉慶丙子年八月廿九日寅
時卒道光丁酉年六月廿四日午時往吧邦而卒
瑞茂公號如松　誠正公次子生嘉慶己夘年十月十九日午
時卒　年九月廿六日巳時棺葬本里內腰鳳湖坐甲向
庚兼寅申

妣蘇氏桂娘號守姿生道光壬午年十一月廿三日卯時卒
同治己巳年八月初九日　時
子二　長及舌　次朝縺出繼
蕃衍公號如熾　誠正公三子生道光甲申年五月廿三日巳
時卒咸豐己未年二月十六日巳時瓦棺寄瘞山仔頂
娶蔡氏順娘改節
子二　長禮粒殤　次朝縺承繼
瀲灩字　誠正公四子生道光辛卯年十月初二日午時
子一　禮楓嗣孚
貽銹公號如金　誠柔公嗣子生道光壬午年七月廿三日卯
時卒咸豐庚申年六月初十日午時瓦棺瘞本里山仔頂坐

酉向郊兼庚甲
娶謝氏珠娘生道光庚寅年八月初一日未時
子二　長禮褒　次禮堅

貽擔公　誠美公長嗣子生卒年月墓俟查告

貽撻字　誠美公子次生道光戊戌年十一月十九日郊時
雙承子　禮海

貽潄公號尚彬　成德公長子生道光戊子年十二月十五日
申時卒咸豐甲寅年九月十五日申時瓦棺寄葬山仔頂牛
脰頭坐寅向申兼艮坤
娶許氏約娘殤
娶謝氏妙娘改節

子一　圍爐

貽迭字國迎一字貽春　成德公次子生道光丁酉年五月十

七日夘時

娶謝氏牽娘生道光辛丑年正月十六日未時

子三　長緣靈　次清順　丕腆

貽鐳公　成德公三子生道光已亥年七月十六日巳時卒咸

豐癸丑年十月廿四日亥時殤

貽峙字　成德公四子生道光辛丑年十月廿六日申時

應酬公號尚守　成德公五子生道光丙午年九月廿六日酉

時卒光緒戊寅年正月初八日　時往叻邦卒

貽婿公號尚妯　碩德公長嗣子生道光巳丑年正月十三日

午時卒光緒乙亥年六月初九日巳時瓦棺瘞本里山仔頂
冬崙頭右畔坐丑向未兼癸丁
娶蔡氏象娘生道光甲午年十月十九日戌時
子二　長肯構　次禮甲

貽頖字　碩德公次嗣子生道光癸卯年二月廿四日卯時
娶謝氏卯娘生道光乙巳年十一月十三日亥時
子　長禮井　次禮海出繼兩房　三禮西

貽髯公字國媚號長義　有制公長嗣子生道光庚寅年二月
廿五日申時卒同治甲戌年八月十八日辰時
娶王氏叚娘旼節
嗣子二　長盛本　次盛泒

貽鑾公號　有制公次嗣子生道光　年　月　日　時卒
年月日及墓俟查
娶趙氏敘娘咬節
子三　長驅馳　次紛騰　三禮井

貽鬻公號長修　有制公三嗣子生道光己亥年十月廿四日
卯時卒同治丙寅年四月初十日戌時棺塟
娶趙氏徐娘生道光己亥年十二月初三日巳時
子一　禮銓

貽頴公字國看號啟衷　卓卿公長嗣子生道光庚寅年四月
初十日巳時卒咸豐乙卯年九月初八日酉時瓦棺塟本山
石礶頂

娶殷氏取娘生道光己丑年十一月十四日未時

子三 長軒昂 次琵琶 三琴瑟

處士貽雪公字國詩號文軒 卓卿公次子生道光己亥年十二月廿三日午時卒光緒庚辰年五月初五日未時棺葬本里虎尾內腰格崙頂坐寅向申兼艮坤

娶謝氏先娘號淑慎生道光己亥年七月十六子時卒光緒丙子年三月十九日酉時瓦棺葬後林岙頭下

子一 偉傑

邑武生諱國忠乳名貽亮字國鑑一字貽光 卓卿公三子爲人賦性慷慨武畧超群穿揚貫虱名蓋其妙是以府縣試拔萃者屢矣茲當[illegible]亦得遊乎黌宮異日題榜自冠於天下展

應揚之偉績奮鵬程於萬里正未可量也　生道光乙巳年六月十五日午時

娶石氏硯娘生道光丙午年十月二十日丑時

子　長啟泰(嗣子)　次啟奏(殤)　三啟泰(出繼)

貽鑿公號璧雍　卓卿公四子生道光丁未年四月初二日丑時卒同治庚午年七月廿二日巳時瓦棺寄葬本山石礦山下翁崙尾

娶龔氏默娘生道光戊申年九月初四日巳時

子一　瑞麟

貽菌公號百禾　卓卿公五子生道光庚戌年二月廿七日未時卒咸豐辛酉年十一月初九日未時瓦棺葬後林石頭下

承繼子一　啟秦殤

貽洗字國進　直義公子生道光丁酉年三月三十日午時

娶李氏有娘號勤慎　生道光丁酉年二月初九日酉時

卒光緒乙亥年六月二十日未時尾棺藝本里虎美鄉內腰

鳳湖坐辰向戌兼巽乾

繼娶胡氏豔娘生道光巳酉年六月初大日時辰

子　長禮續揔囊　次禮恩　三報春

貽晛公　湯使公長子生卒年月日時及墓俟查

貽獅公號　湯使公次子生道光癸巳年七月初九日辰時卒

同治丙寅年正月三十日酉時　娶謝氏英娘哎節

子一　和默

十九世鎮二房敬齋公從石礫恭派貽字行

貽濺字國蒸號　溫良公承繼子生道光乙未年五月廿五日寅時

娶陳氏諱絹娘生道光壬寅年六月初五日酉時卒光緒丙戌年四月初一日酉時葬在石礫山浮桐坡頭坐西向東

子三　長禮有　次禮斜　三禮源

貽凉字國亭號克暖公　恭堂公長子生道光癸未年八月初三日卯時卒道光己酉年四月初八日酉時木棺葬恭洋社庭尾坐癸向丁兼丑未

娶蘇氏諱寶娘生道光癸未年十一月廿二日寅時

子三　長明日　次協性學　三增輝

太學生諱金成乳名謓官字國瑺一字貽邦　恭堂公次子生
道光己丑年四月初一日申時
娶孺人賴氏慶娘號恬懿生道光己丑年十一月初一日申
時卒同治己巳年十一月十二日辰時木棺葬在參洋劉坂
土名大埔丙坐亥向巳兼乾巽
繼娶林氏蒄娘生道光乙巳年六月廿六日寅時
子
長廣居抱養　次廣大　三廣厚　四廣甘
五廣博　六廣芸俱前妣出　七廣智　八廣聽
九廣燿　十廣檀　十一廣衆
金嗣乳名同頻字國朋一字貽楚業儒　恭堂公三子生道光
辛卯年九月廿四日亥時

娶謝氏硯娘生道光丙申年十一月十三日酉時
子四　長溪水　次峨嵋　三北厥　四烈火
太學生諱太勳乳名佳作官字國仁號允祥公　恭堂公四子
生道光甲午年五月十八日亥時卒同治丁夘年七月廿三
日子時瓦棺寄葬在石礫山下翁墘崙坐戍向辰兼乾巽
妣孺人陳氏諱成娘號恬志生道光乙未年十二月初一日
未時卒光緒辛巳年九月十四日亥時木棺葬在石礫山土
名黃金石脚坐　向
子三　長正位　次正直　三正間嗣學
貽湍號允田公　恭堂公嗣子生道光丁亥年六月初五日吉
時卒同治戊辰年八月初五日午時瓦棺葬石礫山土名芹

萊垵崙坐庚向甲兼申寅

嗣子二 長三平 次武國

貽淵 恭堂公嗣子生道光辛巳年六月廿一日亥時

娶蔡氏慨娘生道光戊子年三月廿二日子時卒道光己酉

年四月初八日未時瓦棺塟石礁山吳圳頭頂坐 向

繼娶李氏却娘生嘉慶庚辰年十月初六日 時

嗣子一 排比

應椿公號允餘 恭堂公嗣子生道光甲辰年二月廿七日子

時卒同治戊辰年正月十六日寅時瓦棺塟蔡洋土名猫空

口山坐北向南 娶 氏歿節

子二 長建芝 次連語

太學生諱廉興乳名貽清字國和號充景公　諒宙公長子生
道光癸巳年六月二十日午時卒光緒己卯年正月三十日
酉時木棺葬石礦山土名畬內貢坐北向南
娶蔡氏罕娘號和諧生道光乙未年十月十三日辰時卒咸
豐庚申年十一月廿五日酉時墓葬在石礦山土名三角旗
坐東向西
繼娶柯氏諱蔭娘號德祐生道光丙申年十月初一日申時
卒同治辛未年八月廿六日酉時木棺葬在石礦山大擴後
坐北向南
抱養子一　能建
六秀字　諒宙公次子生道光壬寅年九月初五日酉時

娶陳氏名乖娘生道光丙午年閏五月十一日寅時
子　長抱送　次垂連　三金榜　四金文　五金塲
心煌字國知　諒甯公三子生咸豐壬子年九月三十日酉時
娶陳氏須娘生咸豐庚申年八月廿一日酉時
子　長禮使
貽忠字　錫明公嗣子生道光己亥年二月初二日寅時
娶謝氏麵娘生道光己酉年十月十九日辰時
子　長禮乞　次禮完
貽前公字號　錫明公嗣子生道光辛丑年八月初七日戌時
卒光緒甲申年七月廿九日未時
娶陳氏佳姻生咸豐辛亥年十月二十日申時

子四　長禮秋　次禮我　三禮其　四禮藍

從愿字　式雅公長子生咸豐辛亥年五月廿五日午時

娶謝氏越娘生咸豐丁巳年六月十七日午時

子　長觛戶

功幼字　式雅公次子生同治壬戌年二月廿四日巳時

貽賞字　式可公子生咸豐乙卯年十一月廿九日亥時

貽歸字　式好公長子生道光己酉年三月十八日酉時

娶蔡氏萿娘生咸豐戊午年十一月十二日申時

子　兩旺撥出雙承

五墩字　式好公次子生咸豐辛亥年閏八月初十日酉時

娶柯氏滿娘生咸豐壬子年三月十六日酉時卒光緒癸未

年十一月初三日申時木棺葬在石礦山
繼娶王氏諱吉娘生咸豐壬子年正月十五日卯時
子　禮
天扶字　式好公三子生咸豐丁巳年正月初十日卯時
娶謝氏　娘生年月日時
子　禮
長春字　式好公四子生同治癸亥年正月初十日亥時
雙承子　兩旺
貽廣公　人細公長子隨父往臺生卒無知墓在臺楓仔林街
後山坐南向北
貽盤字　人細公三子生道光年間隨父往臺時在楓仔林街

南面公　入盡公承繼子隨繼父往漳州生卒墓地俟查

貽山公　入河公長子生卒失墓在石礦鴨武斗山後坐南北

貽珍公　入河公次子同父往漳生卒不知在何處　俟查

貽江公　順仕公長子生道光戊戌年十一月廿八日亥時卒
同治壬申年五月初六日午時往沙縣卒無聞葬在縣沙
娶洪氏名夂娘生道光乙巳年十二月廿八日巳時卒同治
己巳年八月初二日卯時葬在石礦山下翁崙胡厝墓下坐
西向東

貽海字　順仕公三子生道光己酉年三月廿九日亥時
娶謝氏成娘生咸豐戊午年九月廿六日酉時
子水森　禮

貽詿字　順仕公四子生咸豐壬子年三月廿六日酉時

配謝氏好娘生同治辛未年十一月十七日酉時

貽論字　順仕公五子生咸豐戊午年四月十六日申時

配蔡氏迻娘生同治癸酉年十月廿八日亥時

子　禮

貽罯字　順仕公六子生咸豐庚申年二月初九日酉時

貽按字　諱仕公長子生道光甲辰年正月十一日亥時卒同治癸亥年八月初一日巳時葬本里葫爐墘田中坐北向南

海澤公　諱仕公次子生道光己酉年正月廿四日亥時卒同治乙丑年閏五月廿七日辰時墓葬石礁山土名朱厝崙田下坐西南向東北

貽疃公　金成公承繼子生道光壬寅年十月初三日未時卒光緒丁丑年十二月初二日寅時墓葬在石礲山土名朱厝崙田腳坐北向南
子　禮
貽讓字　金成公次子生咸豐甲寅年九月十五日辰時
儒林公號允茂　純美公長子生道光丁亥年九月廿二日午時卒道光戊申年十月十一日酉時瓦棺葬石礲山土名芹菜垵崙邊坐北向南
帝格字　純美公次子生道光壬辰年十一月初六日未時
娶氏　娘號生卒年月墓地候查
子　禮

唐棣公　純美公三子生道光己亥年三月廿四日寅時卒年
月日時墓塟候査

崴栢字　純美公四子生咸豐辛亥年六月十二日酉時

干縷字　純美公五子生咸豐辛丑年五月初五日午時兄弟
俱在沙縣

貽嚕字　統康公子生　年　月　日　時外出在

贊化字　克齋公子生道光戊戌年六月二十日午時

白雪字　寵揚公長子生道光戊子年二月廿五日申時
娶吳氏邑娘生道光丁亥年四月初四日辰時卒光緒甲申
年二月初六日巳時木棺塟本山土名

子二　長禮唬（二安附錄）　次冬玉

曒練字　龍揚公次子生道光辛卯年七月廿八日巳時
娶陳氏鍊娘生道光　年　月　日　時
雙承子　禮唬

貽賢字　統盃公嗣子生咸豐壬子年五月初五日亥時

貽王字　統忠公長子生道光丁酉年十月廿五日亥時

貽斷頂作緞　統忠公次子生道光巳酉年三月廿九日辰時

隨便公　統大公嗣子生卒年月外出不知

貽雍字　冰精公子生道光壬寅年八月十三日辰時

貽爵字　仁和公子生咸豐癸丑年正月初五日酉時

十九世鎮二房三對面山祖樂山公長成文公派貽字行

貽縷字貽條號　非禮公長子生嘉慶甲戌年十一月二十日

亥時
娶謝氏朱娘號孝得生道光壬午年五月十一日未時卒光
緒壬午年七月廿六日酉時棺葬在本山烏材林暗淡垵巖
坐酉向卯兼辛乙
子二　長永息抱養　次清流
貽鋧號一榮公　非禮公次嗣子生道光戊子年正月初六日
辰時卒光緒己卯年五月十六日寅時棺葬本鄉罕菜内無
尾崙外崙坐戌向辰
娶鄧氏陽娘改節
子一　禮會
金鑾字貽玉號一鈴公　三伯公長子生道光壬午年八月十

四日巳時卒光緒辛巳年四月初九日未時棺葬本山烏材
林黃山仔坐申向寅兼坤艮
娶郜氏城娘號考慈生道光壬辰年　月　日　時卒同
治癸亥年十一月十二日酉時瓦棺葬本鄉山坛頂大溝壠
頭坐乾向巽
繼娶葉氏配娘號考貞生道光乙酉年正月十一日卯時卒
光緒丙子年閏五月廿二日戌時木棺葬罕萊崙坐乙向辛
兼辰戌
子四　長春吉　次冬潛　三雙對殤鼎郎氏出　四遠英[illegible]
天錦字貽地號一中公　三伯公次子生道光乙酉年八月廿
一日午時卒光緒丁丑年六月二十日卯時棺葬在本山烏

材林罕萊垵頭坐壬向丙兼子午
娶易氏完娘號孝仁生道光乙未年十二月十七日申時卒
光緒乙酉年十二月廿一日子時棺塟
子一　禮佔
貽北字貽石　三伯公之三子生道光戊子年十一月初十日
丑時
娶李氏輕娘生道光庚子年九月二十日卯時
子　長禮佑　次垗娘
貽類字貽音　三伯公四子生道光辛卯年六月廿四日未時
娶吳氏任娘生道光壬寅年五月初九日酉時
子　長禮省　次馬成　三馬酬　四淵順

喬諒字貽直　三伯公之五子生道光庚子年十二月初六日
戌時
娶陳氏爲娘生道光戊申年八月十四日午時
子　長本田　次言記　三春土出繼
益梅公　諸德公嗣子生道光壬午年三月初八日辰時卒年
月日時　棺葬本山鳥材林深菜崙坐辰向戌
貽呷字貽情號一嗡公　於道公嗣子生道光戊子年十月初
二日巳時卒光緒丁丑年八月十三日戌時厝棺葬本山
娶易氏舊諱號孝佳生道光乙未年　月　日　時卒咸
豐丙辰年十月廿四日寅時厝棺葬本山鳥材林本宅後溝
内湖坐癸向丁兼丑未

繼娶蔡氏草娘生道光丙申年五月廿五日辰時

嗣子二　長禮吩　次禮有

貽黨公號　諧福公養子生卒年月候查　墓葬烏材林走

馬格坐寅向申兼甲庚

五晸字國倫號如綵公　鴻業公長子生嘉慶癸亥年十二月

初二日未時卒道光戊申年六月十二日丑時瓦棺葬本山

流磜口土名掃手穴坐子向午兼壬丙

娶王氏扱娘號如淑生嘉慶戊辰年五月十一日卯時卒同

治壬戌年十月十三日巳時瓦棺葬本山鵬雛厚壁後晢竹

垵坐乙向辛兼辰戌

嗣子二　長禮角　次禮仕

貽委字國端號如善公　鴻業公次子生嘉慶庚午年十二月
廿一日未時往呂宋卒咸豐丁巳年七月初一日戌時
娶林氏粉娘號恭發生嘉慶壬申年九月初九日辰時卒同
治甲戌年十二月初二日午時木棺葬本山條仔崙腳坐酉
向卯
子五　長禮摘孠　次禮省襲殤　三禮鍪
四毛姑　五伍娘
貽廈字國倉號如倉公　鴻業公三子生嘉慶戊寅年四月初
九日未時卒咸豐辛亥年九月十六日戌時
娶劉氏滿娘生道光壬午年三月初八日寅時卒及墓俟查
繼娶林氏箴娘號恭順生道光甲申年十二月廿五日戌時

卒咸豐甲寅年閏七月十六日戌時公與林氏瓦棺合塟本
山條仔崙酷坐酉向卯
子一　評致鵠（林氏出）
貽賁字國白號如易公　鴻業公四子生道光癸未年十二月
初二日寅時往呂宋卒同治壬戌年五月初五日亥時
娶李氏行娘生道光丁亥年五月二十一日寅時
嗣子一　禮敢
入賀字貽員號壽節公　鴻祥公長子生嘉慶甲戌年八月廿
五日子時往吧卒道光甲辰年六月二十日　時
娶陳氏草娘生嘉慶丙子年十一月初七日酉時
子三　長禮嗹（出嗣）　次禮咏　三禮釧

雙韔號伯錦公　鴻祥公次子生嘉慶己卯年五月十七日亥
時卒道光己亥年六月十八日巳時棺葬本山大垢尾外冷
水坑坐乾向巽兼亥巳
娶陳氏鏡娘攺節
承繼子一　禮嗹
貽湯號壽元公　鴻祥公三嗣子生嘉慶戊寅年五月初八日
戌時卒道光丙午年三月初六日戌時尾棺葬本山山[illegible]
仔坐寅向申兼甲庚
嗣子一　禮噴
十九世鎮二房對面山祖樂山公二房長樸巖公派[illegible]
貽熊公　欣善公子生嘉慶丁卯年十月十七日子時卒道光

丙申年十二月廿二日巳時棺葬本山宮崎寨後坡崙頭坐
坤向艮兼未丑

清秀公　入詞公子往吧生卒年月及墓失

貽信字國實號敬亭公　首玉公長子生乾隆辛亥年九月廿
七日丑時卒道光癸夘年閏七月十二日　時往藝卒
娶蔡氏孫娘號淑慈生乾隆辛酉年五月初七日酉時卒道
光己亥年十月廿四日亥時尾棺葬本山山腳倚仔坐　向
兼
子一　禮石

貽太號欣慶公　首玉公次子生嘉慶癸亥年九月十一日辰
時卒道光丁酉年六月廿四日午時往吕宋卒

貽柄字國金號持守　首絺公長子生嘉慶庚午年五月十四日辰時卒咸豐辛亥年三月初八日午時棺葬本山山猪湖大池角坐寅向申兼甲庚

娶陳氏完娘號明慈生嘉慶庚午年九月初九日未時卒咸豐庚申年正月十三日未時棺葬本山條仔箭酷下坐庚向甲兼酉卯

子三　長禮捋　次禮鰷　三禮則

貽情公　首絺公次子生道光壬午年九月廿八日申時卒道光戊戌年十一月二十日未時棺葬本山赤皮樹崙

貽啜字國卒號芹面公　首居公長子生乾隆甲寅年九月廿六日亥時卒同治乙丑年閏五月廿四日未時尾棺葬本山

雞鵰尾壠祖墓外坐癸向丁兼丑未

娶陳氏諸娘號位儉生嘉慶丙辰年十一月十六日巳時卒

同治　年七月廿四日未時丸棺與公仝葬

嗣子二　長禮霞　次禮承遊外不知如何

貽菊字國育號恭誠公　旨居公次子生嘉慶巳未年十二月

初十日辰時卒咸豐戊午年四月二十日戌時瓦棺葬本山

湖頂

娶吳氏煥娘號淑德生嘉慶乙丑年九月廿一日未時卒道

光癸巳年九月廿九戌時瓦棺葬本山山坛頂蛇仔崙頭內

崙坐癸向丁兼子午

繼妣林氏銀娘號安德生嘉慶丁夘年六月廿五日午時卒

咸豐戊午年十一月廿五日戌時瓦棺藝山猪湖后壠頭坐
艮向戌兼巽乾
子四　長禮蝌　次禮鈄（俱異氏出）　三禮長　四庇佑（俱從妣出）
公諱爽鍾字國樂號芹呂　瓜瓞公長子生乾隆甲寅年三月
十二日未時卒咸豐辛酉年八月廿五日未時享年六十有
八木棺藝本鄉鎮撫寮本小宗下坐　向
妣孺人蔡氏名瞻娘號節儉生嘉慶丁巳年五月初四日未
時卒光緒己卯年七月廿四日卯時享年八十有三木棺藝
本山十八間中斑池頭坐丁向癸
子三　長禮弤　次禮魋　三禮奄
待贈公諱貽輟字國脩號芹香　瓜瓞公次子生嘉慶丁巳年

二月十一日申時卒咸豐甲寅年八月廿四日未時享年五
十有六瓦棺葬本山條仔崙坐申向寅兼庚甲
妣孺人許氏名金娘號䗁慈生嘉慶甲子年二月初九日酉
時卒光緒甲申年十月初七日子時棺寄葬本山山腳倚仔
外崙坐東北向西南
子四　長禮碣殤　次禮怵國學　三禮粽殤　四元鋭
公諱貽蟶字國戎號芹正　瓜陕公三子生嘉慶辛酉年九月
二十日午時卒同治己巳年三月初七日寅時享年六十有
九瓦棺葬本山山豬湖灿角左畔坐艮向坤
妣孺人許氏名爲娘號成儉生嘉慶辛未年十二月廿九日
寅時卒同治己巳年七月初一日午時享年五十有九棺葬

本山山猪湖車碓湖頭坐壬向丙兼子午

子四　長禮兵　次禮叩　三汝漢　四禮賚殤

貽蚶號暢叙公　移堂公承繼子生嘉慶甲戌年六月廿三日子時往臺卒道光丁酉年五月廿五日午時

嗣子一　福安

貽訢公　承法公長子生嘉慶辛未年十月初五日戌時往飛鑾卒　年　月　日　時

嗣子一　新課

貽煦公　承法公三子生嘉慶丁丑年八月初十日巳時往飛鑾卒同治戊辰年六月十四日戌時

娶周氏頭[illegible]生道光壬辰年十一月初二日巳時

子一　水全

貽亭號樹德　承法公四子生嘉慶己卯年十月廿一日子時

往飛鑾卒咸豐癸丑年六月十六日未時

貽紡公　承法公五子生光道壬午年八月十六日酉時往飛

鑾卒　年　月　日　時

貽緑字貽針　承法公六子生道光戊子年四月十七日辰時

娶陳氏桂娘生道光壬寅年五月廿九日午時

子三　長老脿　次水弓　三深水

父子兄弟妻姪仝分居寧德二都飛鑾碗窰

貽威號厚重　進財公長子生乾隆甲午年九月廿八日申時

往漳州祠唐碗磘卒道光庚戌年七月初七日未時

承繼子　禮共

貽袂號學長公　進財公次子生嘉慶庚申年十一月初六日
巳時往飛鑾卒咸豐甲寅年閏七月廿四日未時葬在飛鑾
妣李氏謹娘號慎儉生嘉慶庚午年六月廿二日辰時卒光
緒壬午年十一月廿三日丑時葬本山車碓湖向甲坐庚兼
子三　長禮共出繼　次禮撇　三禮抱

貽穴公　進財公三子生嘉慶辛未年二月十八日巳時卒道
光甲申年七月初八亥時　墓俟查

貽甘號謙德公　壽于公長子生嘉慶辛酉年五月廿三日酉
時往漳州祠唐磘卒道光丁未年正月十八日午時
娶陳氏居娘號任慈生嘉慶丁丑年正月廿一日　時卒咸

豐　年八月初九日　時尾棺葬本山條仔崙後青畲內
坐辛向乙兼戌辰
子二　長禮蚵　次禮囷出繼
貽鎰號純德公　壽于公次子生嘉慶乙丑年八月廿七日申
時卒道光庚寅年九月廿七日子時尾棺葬本鄉山猪湖白
香石坐巽向乾兼巳亥
承繼子　禮囷殤
貽閣字貽樓　壽于公子三生嘉慶甲戌年九月十二日午時
娶陳氏氣娘道光生丙戌年四月十二日酉時
子二　長開場　次開田
貽稅公號　人栅公子生道光癸未年十月初六日亥時往臺

十九世鎮二房對面山祖樂山公二房三隨安公派貽字行

貽霞公號　旨咸公子生嘉慶庚辰年六月初十日申時卒同治甲子年五月廿九日巳時棺葬本山條仔崙腤坐戌向辰兼辛乙

娶陳氏娘官改節

子一　禮榜

貽胆字　入闞公子生道光丙申年五月初七日申時

嗣子二　長春蛙　次春兒

就水字貽山　入淡子生咸豐辛亥年閏八月廿一日午時

娶廖氏劣娘生同治己巳年　月　日　時

子　禮

便對公　人砌公長子生道光甲辰年正月初十日戌時往外
卒　年　月　日　時墓候查
取篇公　人砌公次子生道光己酉年十月十一日巳時往吧
卒年月日時墓不知
人砌公三子同智四子貽鎮殤
貽集字貽義號其洋公　玉樹公長子生道光庚子年十月初
十日辰時卒光緒己卯年三月初五日　時棺葬本山鵬雛
厚壁後坐辛向乙兼戌辰
娶王氏秦娘改節
承繼子　秋夏
貽庇公字貽德號　玉樹公次子生道光癸卯年閏九月初九

亥時往墓
娶陳氏饌娘生道光癸卯年十二月十三日夘時
子四　長秋桂　秋檀　三秋夏出繼　四秋書
貽法字貽祥號其祥公　玉樹公三嗣子生道光甲辰年三月
初一日辰時往山内卒同治丙寅年七月初三日亥時墓葬
山内地名闕
娶陳氏嶺娘改節
子一　相成
貽返字貽來號　瑞興公之長子生道光乙巳年二月十五日
酉時
娶吳氏眉娘生咸豐巳未年五月初九日丑時

子　文黍

貽源字貽頭　水鄉　嗣子生咸豐丙辰年十一月初七日夘時

娶許氏信娘生同治戊辰年八月廿二日酉時

四治　玉樹公之女子生咸豐辛亥年九月二十日酉時卒同治

癸亥年九月廿六日午時棺葬本山山坛頂蛇仔崙頭坐坤

向艮兼申寅

十九世對面山祖樂山公三房鳴高公長派貽字行

貽洘字　再居雙承人灣公次子生咸豐丙辰年十二月初四

日寅時分居臺灣

貽着字號理菉公　入濕公嗣子生道光庚寅年九月十八日

吉時卒光緒甲申年九月初六日巳時棺葬本鄉小三內坐

輿向甲兼申寅
承繼子　拔貢
貽坐字貽定號　八喬抱養子生咸豐甲寅年十一月廿七日
申時
娶胡氏回娘謚家慈生同治戊辰年三月廿九日申時卒光
緒甲申年三月十五日丑時
貽當號貽可公　忠河公長子生道光巳酉年閏四月初八日
午時卒同治癸酉年十一月廿二日巳時棺葬烏材林嶺頂
崙仔山坐丙向壬兼午子
貽見字貽目號　忠河公次子生於咸豐辛亥年七月初一日
巳時

娶權氏郄娘生咸豐辛酉年三月廿四日吉時

貽強字貽分號謀芳公　三陽公子生道光辛丑年十一月十五日丑時卒光緒戊寅年九月初二日卯時棺葬烏材林嶺小三內坐酉向卯兼庚甲

娶李氏殁節

貽畓字號篤信公　入灣公長子生道光庚子年十一月初三日卯時卒光緒癸未年四月初六日亥時葬在臺灣抹壁潭尾坐北向南

貽滂字　入灣公出雙承次子生咸豐丙辰年十二月初四日寅時分居在臺

武爵字　友宗公長子生道光乙酉年十月初二日卯時

子係武舉長子萬化雙承
武舉字貽成　友宗公次子生道光庚寅年正月初一日寅時
娶陳氏瑕娘謚慈德生道光己亥年八月十五日酉時卒同
治壬申年十月十五日酉時棺葬中連崙小三垵坐甲向庚
兼卯酉
子二　長萬化出繼與兄武壽雙承　次振貢出繼
貽營號　友宗公三子生卒年月闕殤
貽選號　人麒嗣子生咸豐甲寅年四月廿六日辰時
貽長字貽遠　人麟嗣子生咸豐丙辰年四月二十日巳時
娶陳氏緩娘生同治戊辰年十月廿一日巳時
子　禮伐

十九世居烏材林鳴高公二房派

貽暨號　秉軒公子生卒年月俱失殤

貽題號　盈禮公長子生卒年月俱失殤

條根公字貽枝號貽洪　盈禮公次子生嘉慶己卯年二月初

初六日寅時卒同治戊寅年五月廿五日寅時棺葬烏材林

嶺頂水井頭坐巽向乾兼巳亥

娶鄭氏綏娘生道光戊子年六月廿九日酉時

子二　長禮啟　次禮教

光取字貽物　榮智公長子生道光辛丑年六月廿二日申時

娶胡氏熾娘生咸豐癸丑年十一月二十日午時

子　長中季　兩承子．良法

奚寬字　榮智公次子生道光甲辰年五月初二日丑時

天方號　榮智公三子生道光戊申年七月十二日申時卒光

緒乙酉年九月十三日申時葬在臺

克終字　榮智公四子生咸豐壬子年七月初一日寅時

十九世鎮二房三樂山公三鳴高公三房派貽字行

貽銀號金相　萬卿之子生道光己亥年正月吉時不知何往

冬春字　拔成公長子生咸豐辛亥年二月初七日寅時

貽區號　拔成公次子與父仝卒合葬

貽朕字　拔成公三子生咸豐戊午年六月廿二日辰時

娶陳氏娥娘生同治　年　月　日　時

子四　禮　水木、良吉　三伯　四進

十九世鎮二房對面山祖樂山公三房五酌德公派貽字行

貽淋號承進公　繩武公長子生嘉慶庚午年四月廿五日未時往仙遊縣卒咸豐癸丑年　月　日　時墓候查

娶吳氏娥娘號純静生嘉慶乙亥年十一月廿九日亥時卒道光庚寅年　月初一日未時葬後尾者坐乙向辛辰戌無傳

貽吻號完進公　繩武公次子生嘉慶甲戌年十月初一日酉時卒道光戊戌年六月初一日酉時棺葬本鄉烏材林窖公後恩齋公墓下坐丑向未兼艮坤無傳

貽詫字貽讓號恬齋公　繩武公長子生嘉慶丙子年正月初十日寅時卒同治壬戌年正月十五日酉時棺塋本山鎮撫後壠獻尾宮後坐丑向未兼癸丁

娶蔡氏雙娘生嘉慶巳卯年六月廿五日午時不知如何而
卒侯俟
繼娶泉州城内林氏綿娘謚儉順生道光壬午年年月日時失
卒道光庚戌年五月廿二日未時塟本山湖頂大深格下坐
申向寅兼坤艮
繼娶許氏欽娘生道光乙酉年六月十二日　時
子三　長禮溪　次花銚俱林氏出　三源艮許氏出

貽琛字貽堦號青齋公　緦武公次子生道光壬午年年九月初
七日申時卒咸豐戊午年五月廿九日酉時往呂宋到海中
在船上而卒
娶泉州蔡氏愛娘謚慈靜生道光丁亥年八月十六日

卒道光癸卯年四月廿九日酉時兂棺與姆淑儉梁氏仝葬
本山烏材林大坪崙坐丙向壬兼午子
繼娶泉州李氏和娘生道光丙戌年十一月十六日　時
嗣子二　長禮菜　次禮慈
雙恭公字貽安號恩齋　細武公三子生道光乙酉年正月初
一日寅時卒同治庚午年六月廿五日午時棺葬本鄉杉仔
窖公後坐艮向坤兼丑未
娶泉州詹氏壙娘號純儉生道光庚寅年二月十六日午時
卒道光丙午年九月十五日亥時葬在泉州東嶽山
繼娶陳氏桃娘生道光巳丑年十一月初七日卯時
子五　長界盛抱養　次福慶　三禮聘　四金桔

五禮正 娶陳氏出

貽謳公　緦武公四子生道光戊子年正月三十日寅時在泉城五歲殤

光輸公　𥁕成公長子生道光巳丑年九月初三日午時卒道光丁未年五月初九日巳時棺葬本鄉宫後壠崙頭坐乾向巽兼戌辰

貽岸號貽禮公　𥁕成公次子生道光壬辰年九月廿八日戌時卒同治丙寅年八月初六日卯時棺葬本山烏材林大嶺崙坐卯向酉

娶陳氏蜂娘　改節

子一　光普殤

貽契公號清只　益成公三子生道光乙未年八月廿四日酉時卒　年五月廿八日　時棺塟本鄉本宅小宗庭下菉豆崙坐辰向戌兼乙辛

貽响字貽業　全成公之嗣子生咸豐壬子年十一月初三日申時

娶李氏鏞娘生同治癸亥年六月初七日寅時

子　長禮好

貽照字貽臨號福星公　進南公長子生道光辛巳年八月初八日巳時卒同治庚午年四月十八日戌時尾棺塟本鄉烏材林宮仔口坐巽向乾兼巳亥

娶陳氏池娘生道光乙酉年七月廿七日申時

子四　長嗣子禮來分居湖頭　次加陞
三禮策　四禮困
貽拱字貽垂號清幼公　進南公次嗣子頂作三生道光辛丑
八月初七日未時卒光緒甲申年閏五月廿二日酉時棺葬
本山烏材林嶺尾哭後坐癸向丁兼丑未
娶陳氏丁娘謚孝春生道光庚子年正月初十日申時卒光
緒甲申年四月十五日申時棺葬本山烏材林大坪崙坐辛
向乙兼酉卯
子三　長松茂　次松對　三松海
貽旋字貽玉號　振成公長子有建蔭堆一穴在本山石碣後
師巴髻外中格邊坐癸向丁兼丑未生道光甲申年十一月

貽契公號清只　益成公三子生道光乙未年八月廿四日酉
時卒　年五月廿八日　時棺葬本鄉本宅小宗庭下菜豆
崙坐辰向戌兼乙辛

貽响字貽業　全成公之嗣子生咸豐壬子年十一月初三日
申時
娶李氏鏞娘生同治癸亥年六月初七日寅時
子　長禮好

貽照字貽臨號福星公　進南公長子生道光辛巳年八月初
八日巳時卒同治庚午年四月十八日戌時死棺葬本鄉烏
材林宮仔口坐巽向乾兼巳亥
娶陳氏池娘生道光乙酉年七月廿七日申時

子四　長嗣子禮來分居湖頭　次加陞
三禮策　四禮國
貽拱字貽垂號清幼公　進南公次嗣子頂作三生道光辛丑
八月初七日未時卒光緒甲申年閏五月廿二日酉時棺葬
本山烏材林嶺尾哭後坐癸向丁兼丑未
娶陳氏丁娘謚考慈生道光庚子年正月初十日申時卒光
[illegible]月時棺葬本山烏材林大坪崙坐辛

初七日寅[illegible]
娶蘇氏孟娘生道光乙未年三月[illegible]光甲申[illegible]
天分公字貽利
午時卒　年五月初七日

初七日寅時

娶陳氏孟娘生道光乙未年三月十六日酉時

子四　長禮再提　次禮懷　三金雀　四禮鐳

雙林公　成振公次子生道光壬辰年五月廿五日巳時卒道

光丙午年三月十七日未時厝棺藝烏材林縫金石後坐東

向西

輝雲公　輾轉公長子生道光壬辰年九月十四日卯時

貽廣公號清文　輾轉公次子生道光戊戌年正月十六日未

時卒光緒甲申年十二月十九日午時藝烏材林苦竹後崙

坐巽向乾

貽綴字貽綢　輾轉公三子生道光丙午年正月十九日辰時

娶陳氏順娘生咸豐巳未年十一月廿六日未時

貽簡字　美金公長子生道光戊申年十二月初七日子時

貽乞字　美金公次子生咸豐乙卯年五月二十日巳時

貽習字　萬鄉公子生道光　年　月　日　時

娶　氏　娘生　年　月　日　時夫妻仝父母往臺

子

禮

貽艾公字貽文　吉成公子生道光乙未年四月初六日戌時

往吧卒年月不知

娶鄭氏伴娘　改節

天分公字貽利　美盼公長嗣子生道光己丑年十月廿八日

午時卒　年五月初七日　時棺瘞本鄉烏材林龜頂坐丑

向未兼艮坤
娶陳氏碟娘　歿節
承繼子　禮璽
貽撬公號清昔　美盼公次子生道光辛夘年三月初二日夘
時往臺卒　年八月十六日　時葬在臺
娶柯氏趁娘　歿節
子二　長禮赤　次禮靈出繼
貽縐字貽紗號　美盼公之三子生道光丁酉年二月廿二日
戌時
娶蔡氏救娘謚孝萬生道光戊申年五月二十日亥時卒光
緒戊寅年三月初八日寅時葬本山苦竹後坐酉向夘

貽悄字　美聆公四子生道光壬寅年十一月廿二日丑時

貽回字　美聆公五子生道光丁未年十一月十四日酉時

生意字貽音　策鄉長嗣子生道光癸卯年五月廿五日亥時

娶胡氏晏娘生道光辛丑年三月十二日寅時

子　長禮愛

貽賴字貽與　策鄉次子生道光丁未年九月廿七日亥時

娶林氏茶娘生咸豐甲寅年五月初三日卯時

子　長萬年　次萬同出繼

貽乾字貽源　策鄉三子生咸豐辛亥年九月初四日亥時

娶陳氏密娘生同治庚午年二月十九日巳時

子　禮

貽趨字貽走　訓淵公嗣子生道光己酉年七月十五日午時
娶陳氏水娘謚木慈生卒　年　月俟查棺葬本鄉烏材林
嶺尾酷坐癸向丁兼丑未
承繼子一　係貽賴次子萬同
貽鬆號清奏公　象水公承繼子生道光癸卯年六月廿三日
午時卒同治戊辰年十月十三日　時棺葬本鄉烏材林嶺
頂大壠頭坐甲向庚兼夘酉
十九世中鎮二徙材林嶺頂鳴高公七房量德公派貽字匀
貽應號感化公　勤績公長嗣子生嘉慶丙子年十月初九日
酉時卒道光丁酉年六月初一日丑時厝棺葬本山十八間
龍尾崙頭坐癸向丁兼丑未

貽仲字貽季號玉化公　勤績公次子生道光丙戌年七月廿七日子時卒光緒辛巳年正月十二日午時棺葬本鄉鎮撫石龜頂大埔崚崙坐西南向東北
娶吳氏音娘生道光丙戌年十月初一日子時
子三　長光扶　次光眼　三禮法
壹位字貽俟　勤績公三子生道光甲午年五月十九日午時
娶吳氏欣娘謚順節生道光戊戌年三月十五日酉時卒光緒戊寅年十二月廿一日酉時棺葬本鄉烏材林小三崙內坐庚向甲兼申寅
子四　長禮輕　二凌雲　三凌隱　四凌綿
凌雲與凌隱雙貽

貽旁字國抬號文英公　靜山公長子生嘉慶癸酉年四月廿
二日戌時卒　年五月十二日　時棺葬本山烏材林苦
竹後崙坐丁向癸兼未丑
娶陳氏固娘號茲伯生嘉慶乙亥年二月十九日辰時卒道
光己酉年六月十五日午時死棺寄塟本鄉
嗣子二　長武成　次武常兄弟不知往何處
薦京字國淵號深淵公　靜山公次子生嘉慶丙子年六月十
四日巳時卒道光丙午年五月初五日巳時死棺寄葬本
娶王氏添娘生嘉慶丁丑年正月十一日戌時
嗣子一　佳作
占梅字國號百花公　靜山公三子生嘉慶己卯年九月初二

日卯時往臺灣府卒咸豐巳未年七月廿九日申時厝棺塟
臺灣府地名俟查
娶翁氏月娘生道光甲申年八月初九日卯時
子一　宜忠
麗水公字　　靜山公四子生道光癸未年六月初二日寅時往
他處卒咸豐辛酉年六月廿四日　時墓俟查
娶李氏玉娘謚生道光乙酉年十月十八日寅時卒同治庚
午年六月廿五日巳時棺塟
子二　長禮辰　次禮頻出繼
雙喜字　　靜山公五子生道光丙戌年五月二十日卯時往在
臺灣府

娶　氏　娘生年月無考

子　禮

光推字貽　靜山公六子生道光巳丑年六月廿九日未時

娶劉氏吻娘出妻

子二　禮　殤

貽抄字貽文號路書公　靜前公長子生嘉慶庚辰年四月十

七日未時卒咸豐辛亥年四月廿九日辰時厝棺葬本鄉烏

材林仙境垵坐辰向戌兼乙辛

娶蔡氏磚娘謚慈廉生道光辛巳年五月十八日寅時卒咸

豐癸丑年四月十五日酉時厝棺葬本山

子二　長嘉端　次嘉溪乳名步井雙承

馬力號路遙公　靜前公次子生道光乙酉年七月十三日戌時卒道光癸卯年九月廿六日酉時瓦棺甃本鄉烏石壠苦竹後崙坐丙向壬
娶王氏寵娘生道光丁亥年九月十八日酉時
子係路書公次子爲溪乳名步井雙承

貽晉字貽規號路金公　靜前公三嗣子生道光丁亥年二月初六日亥時卒同治己巳年六月初五日丑時往吧而卒
雙承嗣子漢歎

三帝字貽及號路元　靜前公嗣四子生道光戊戌年正月十五日寅時卒同治甲子年十二月十九日丑時瓦棺甃本鄉芊湖坑口田中坐巽向乾兼辰戌

娶林氏讓娘生道光丁酉年六月初十日子時

子二　長溫柔　次嗣子漢欺雙承

春建字貽立號路業公　靜前公五子生道光辛丑年二月十

一日巳時卒同治己巳年七月初四日子時瓦棺葬本鄉中

連崙尾大壠頭坐東向西

娶王氏冬娘　　　　　　　攺節

子一　添訓

北海公　　靜德公長子生卒闕瓦棺葬靜德公墓左畔　殤

貽換字貽周號門閭公　　靜德公次嗣子生道光戊子年七月

初八日巳時卒咸豐丙辰年二月十一日巳時棺葬本山烏

材林竹林邊坐癸向丁兼丑未

娶劉氏敬娘生道光丁亥年十二月十五日寅時

子一　甘棠

貽辱字貽有號門鐀公　靜德公三嗣子生道光辛卯年二月十八日巳時往吧卒年月塟不知

娶吳氏茅娘　守節

扶持字貽抱號門祐公　靜德公四子生道光己亥年三月廿四日丑時往臺卒光緒乙亥年六月十二日午時塟在臺

娶劉氏勸娘生道光甲辰年十一月十八日寅時

子二　長禮趪　次玉免

貽森字貽脩　靜水公長子招鳩與兄弟姪仝建烏材林塔斗宮左畔窯廠事雖爲人聪明稟性謹慎敬重斯文有嘉賔戾

止輒慇懃款待遇鄉黨有事必盡力勸化况先君字遐鄉號靜水公嘗有志斯譜捐貲以助採輯而叔當本年又鳩集丁錢贊成譜事始終不怠真可謂善承父志而爲祖宗之肖子矣余忝姪孫頗知其畧援掇數言以垂不朽并詩一則七言

紫雲瑞氣偉八鍾謹慎持躬邁凡庸砥行無非方伯玉出言有德頌華封圜融閭里尊卑敬和合事情遠近從此日贊成鄉譜牒芳名不朽比青松

姪孫則明頓首拜贈

生道光巳丑年六月十八日辰時

娶陳氏郎娘生道光巳丑年十一月十一日申時

子四　長禮核　次禮楨　三禮杞　四禮檀

貽仁字貽義　靜水公次子嘗置承做烏材林宮仔口房屋右

畔半座三坋得壹生道光壬辰年四月初八日未時
娶劉氏金娘生道光庚子年五月初七日夘時
子二　長禮道　次禮䜭
吟
䁥
成開字貽軒　静水公三子嘗蠻承他烏材林宮仔口房屋右
畔半座三坋得二生道光戊戌年十一月初八日未時
娶李氏親娘生道光壬寅年四月廿六日巳時
子二　長東升　次西疇
五傳字貽受　静盛公長子生道光庚寅年九月十八日酉時
娶王氏寡娘謚慎德生道光壬辰年八月二十日未時卒咸
豐戊午年七月十五日辰時棺塟本鄉烏材林坂仔壠頭坐
甲向庚兼寅申

娶陳氏甘娘生道光庚子年十一月初三日子時
子九　長嗣子垂統　次垂恩　三垂場　四垂時
五垂茲　六垂育　七永鴻　八永通　九永笑

貽河公　靜盛公次嗣子生卒失不知何往

貽邊公　靜國公長嗣子生道光庚寅年四月廿六日巳時在
外卒失不知何往
子係是貽節三子瀓英字彩禮承繼雙承

貽沛公　靜國公次嗣子生卒失墓葬烏材林大壠頭補龍外
坐南向北
承貽節三子瀓英字昔禮與貽邊雙承繼

貽節字貽孝　靜國公三子生道光己亥年二月初六日丑時

娶沈氏申娘生道光癸卯年十一月初十日丑時
子　長禮候　次禮螺　三禮沆字彩禮昔禮纔出貽邊
與貽沛雙承　四再添殤

龍荷字　連傑公與李鄉雙承子生咸豐丁巳年六月初六日卯時

貽藿字　李鄉次子生咸豐庚申年七月初一日酉時

鳳藿字　李鄉三子生同治乙丑年三月廿七日辰時

貽芑字　李鄉四子生同治壬申年二月廿八日亥時

貽決字　李鄉五子生光緒丁丑年三月二十日辰時

貽饒號文裕公　八順公長子生嘉慶庚午年三月十四日戌時卒道光戊戌年四月二十日辰時奄棺葬本山石門坑崙

坐寅向申兼艮坤
娶陳氏愛娘謚　生嘉慶丙子年正月十三日午時殁節
嗣子　後成往臺
貽笑公　人順公次子生嘉慶壬申年十一月十四未時往臺
貽坤字貽乾號乾裕公　撫發公長子生嘉慶庚辰年正月十
五日申時卒光緒丙戌年正月十八日卯時葬本山中連坐
東向西
娶陳氏曡娘謚嘉温生道光壬午年四月初三日丑時卒同
治庚午年十一月十五日巳時棺塟本鄉烏材林後尾者
子一　添赫
貽頖字貽龍號龍裕公　撫發公次子生道光壬午年十一月

初三日午時卒咸豐甲寅年十月初一日子時棺塟本鄉
娶張氏絹娘改節
子一　瑞草
寶樹字貽林號　撫癸公三子生道光庚寅年閏四月十九日亥時
娶陳氏永娘生道光丁酉年八月廿八日戌時
子　長禮揣　次海甸　三三賢　四湛致　五五車
貽仙字　妙鄉長子生道光癸未年七月初一日戌時往臺
貽剌字　妙卿次子生道光丙戌年八月初五日戌時往臺
藍英字貽群號哲裕公　遺質長嗣子生道光癸未年十二月
初三日戌時卒光緒丙子年八月十一日酉時棺塟本鄉

娶謝氏倣娘謚嘉淑生道光甲申年正月三十日未時卒光緒乙酉年七月初一日午時漸甕烏材林嶺頂水井頭崙仔山坐巽向乾兼巳亥

子二　長文榮　次文約

藍田號古裕公　遺質公次嗣子生道光丙戌年九月十六日申時卒咸豐辛亥年六月十二日午時往臺卒

藍紫字貽朱號正裕公　遺質公三子生道光庚寅年九月初八日辰時卒光緒癸未年十月廿五日卯時棺甕本鄉八埕崙土地公殿坐艮向坤兼丑未

娶陳氏推娘生道光壬辰年八月初二日未時

子三　長北面　次禮周　三吟評

辛丱字　遺寶公之嗣子生道光辛丱年正月廿三日寅時出
家在永春德化縣程田寺僧名遠梛
業儒狥齊字貽德一字貽等又字國名　遺𦣛公長子生道光
癸丱年六月初六日戌時
娶林氏受娘謚嘉聽生道光戊申年十月十六日丱時卒同
治庚午年十二月十九日酉時棺塟本山松栢崙坐巳向亥
兼巽乾
繼娶劉氏究娘生道光巳酉年十二月十六日戌時
子　長復望
狥烈字貽盛號同嵇公　遺𦣛公次子生道光巳酉年三月廿
八日辰時卒同治庚午年六月初一日丱時往臺卒塟在臺

娶林氏月娘生道光庚戌年正月初八日酉時

子一　波浪

狥士號志裕公　遺笏公三子生咸豐甲寅年十二月廿九日丑時卒光緒庚辰年十月廿三日卯時棺葬本山坐乙向辛兼卯酉

養子二　長畢萬　次媏娥

貽含字貽志號應元公　興時公長子生嘉慶戊寅年正月十四日寅時卒同治甲子年九月十七日辰時棺葬泉州鳳山鳳尾崙坐壬向丙兼亥巳

娶王氏寅娘謚慈孝生　年九月初九日寅時卒　年十二月十四日卯時葬泉州南鄉土名石壁坐　向

繼娶蔡氏蘇娘謚順考生嘉慶己卯年六月廿六日寅時卒咸豐辛酉年十二月十二日巳時棺葬泉州鳳山五斗內坑邊向上水龜坐丙向壬兼巳亥

子二　長不顯　次禮頓承繼

鄉賓諱式金乳名貽帛字貽玉　興時公次子生嘉慶庚辰年九月廿七日丑時

娶洪氏固娘生道光癸未年七月初九日酉時

子二　長禮永　次禮亮浩抱養

貽伴號應行公　南時公長嗣子生嘉慶庚辰年　月　日時卒咸豐辛亥年七月十四日辰時瓦棺葬本鵰雕口大墩厝外坐　向

子係是貽家三子足例承繼

主意字貽賓號應泉公　南時公次子生道光丁酉年十月廿五日酉時卒光緒乙亥年十一月廿七日寅時棺葬本山后尾者坐丑向未兼癸丁

娶陳氏圭娘生道光己亥年九月初一日酉時

子三　長祥雲綿　次禮歲　三海棠

貽家字貽居　南時公三子生道光甲辰年七月廿二日酉時

娶劉氏朕娘生咸豐癸丑年十月初八日卯時

子　長禮纂　次禮劉　三禮露出繼　四足例承繼　五禮鴛

天球　南時公四子生道光庚戌年八月廿七日巳時

娶劉氏梅娘生咸豐辛亥年六月初二日寅時夫妻仝往基

貽培字貽對　星時公之嗣長子生道光丁酉年九月十七日寅時
娶陳氏垂娘生道光戊戌年二月十四日酉時
嗣子　禮承

追理號應禮　星時公次子生道光癸卯年五月十九日巳時卒同治壬申年三月十九日未時棺葬後尾者坐巽向乾兼巳亥
承繼子　係

有韜字　善時公子生道光甲午年八月初二日未時
娶柯氏報娘諡生道光丁酉年四月廿九日酉時卒同治丙寅年七月十五日未時棺葬本鄉後尾者坐乙向辛兼辰戌

嗣子　禮貌
貽者字貽爵號應香　撫時公長嗣子生道光丁亥年十二月二十日未時卒咸豐甲寅年七月初七日酉時往同安廈門而卒葬地失
娶林氏兜娘生道光戊子年十二月初五日寅時
子二　長禮肯　次禮札撥出半承祖姑偷姑之子爲雙承
嗣子
貽綬字　撫時公次嗣子生道光壬寅年九月三十日戌時
子係是太平次子禮謨雙承繼
馬歡字　東時公長子生道光甲午年四月廿三日丑時往臺
冬卜字　東時公次子生道光丁酉年九月十五日亥時

垂柳字貽針　宅時公長子生道光戊申年九月十一日巳時
娶陳氏嫌娘謚順廉生咸豐壬子年三月十九日酉時卒同
治己巳年九月初二日申時葬瓦棺塟本鄉
繼娶龔氏鉗娘生道光庚戌年八月十八日未時
子二　長夙夜　次順安出繼保繼
春吽字貽名　宅時公之次子生咸豐壬子年十二月三十日
辰時
娶陳氏哖娘生同治癸亥年十二月廿七日卯時
子　長文水
太平字貽定號應吉公　盛時公長子生道光癸巳年七月廿
三日午時卒同治丙寅年十一月十七日辰時瓦棺塟本鄉

湖頂上坛仔崙坐坤向艮兼申寅
娶陳氏招娘生道光癸巳年五月十九日夘時
子三　長煥章　次禮謨撥出雙承　三叔夏
浩然字貽大　盛時公之次子生道光壬寅年十二月十九日
夘時
娶吳氏久娘謚順忠生道光巳酉年五月十六日巳時卒光
緒丙子年二月十一日戌時棺葬本鄉烏材林後尾者中崙
坐巽向乾兼
子一　復倒
如林字　盛時公三子生道光巳酉年二月十八日夘時
貽青字貽辰　濟時公長嗣子生道光癸夘年十月初九寅時

娶陳氏囬娘生道光戊申年二月初一日酉時
子　長禮茂雙承　次禮伋雙承　三禮隆雙承
貽滄浪號應清公　濟時公次子生道光乙巳年十一月廿一
日巳時卒同治丙寅年五月廿七日卯時棺葬本山後尾者
坐辰向戌兼乙辛
子係是貽青長子禮茂雙承
貽淵公　濟時公三子生道光己酉年二月初八日巳時往臺
卒年月及墓俟查
子係胞兄貽青次子禮伋兩承
貽[illegible]　濟時公四子生咸豐辛亥年十一月十七卯時往臺
[illegible]係胞兄貽青三子禮隆兩承

貽朴號應川公　風時公嗣子生咸豐癸丑年九月十四日邠時卒同治癸酉年十一月廿九日寅時棺葬本鄉龜頂坐坤向艮兼申寅

卷之六中終

国家出版基金项目
NATIONAL PUBLICATION FOUNDATION

海上絲綢之路文獻集成

總主編　陳支平　陳春聲

民間譜牒編

39

主編　林　楓

海峽出版發行集團
THE STRAITS PUBLISHING & DISTRIBUTING GROUP
福建人民出版社

本册目次

〔福建安溪〕二房參鎮羅黄氏族譜八卷首一卷存七卷（卷六下至卷七下）

〔清〕佚名纂修

叅鎮二房派黃氏族譜卷之下

十九世鎮三見褎公二房因內派貽字行

貽樵字　人稱長子生咸豐庚申年九月廿三日戌時

配陳氏賜娘生光緒丙子年二月初三日申時

貽同字　人稱次子生同治甲子年十月初二日辰時

配陳氏郄娘生光緒乙亥年四月十五日酉時

三喜字　人稱三子生光緒丁丑年十一月十八日午時

四源字　人稱四子生光緒庚辰年七月初四日子時

貽朕字　人春長子生光緒丙子年正月初二日寅時

貽本字　人稅承繼子生光緒己丑年四月初五日巳時

十九世鎮三見褎公三　貽字行

貽勇公　人擯公無二　五月十五日未時往外

無囬卒年月不知墳墓無主

貽炎字　人頭公與他姓雙承長子生　年　月　日　時

娶詹氏諱浸娘生

貽服字　人頭公次子生道光戊申年十月初六日戌時

娶詹香娘生咸豐乙卯年八月初八卯時兄弟居甚楓仔林

貽詮公號金誠　人冰公長子生道光甲午年四月十七日戌

時卒光緒丙子年正月廿二日丑時墓葬在鎮撫大坪頭尖

仔邊坐西向東

娶曾氏諱延娘生道光庚子年八月廿七日卯時卒同治庚

午年十一月十八日未時墓漸塋在壠頭格後卒厝墳頂坐

西向東

子一　文記

貽捧字　八冰公次子生道光庚子年七月廿一日未時

娶趙氏鴦娘生道光庚戌年二月初二日午時

子　長禮垵三承　次砰榮雙承

貽塥字　八冰公三子生道光庚戌年三月初二日子時

半承繼子　砰榮

貽釧練字　八冰公四子生咸豐乙卯年正月廿六日辰時

承發公　八棕公長嗣子生道光　年　月　日　時卒

道　年　月　日　時卒葬在坪硃外土名尾墩近田

頂坐西向東　娶

景致字　八棕公次[illegible]月初一卯時

天色字　八恐公長子生道光元年四月初一日子時

貽別公　八恐公次子生道光庚戌年十一月廿二日寅時卒

同治巳巳年八月廿四日酉時墓葬在私山土名兆仔垵坐

北向南

貽善公字貽寶號順齋　八嫖公長子生道光壬辰年十月十

八日戌時卒同治戊辰年六月廿七日亥時墓葬本里私山

土名石岡頭外坐亥向巳兼壬丙　娶李氏拈娘改節

子一　明福

二金字　八嫖公次子撥出與胞弟春風公雙承宗支生道光

甲辰年三月初十日寅時　娶　氏出

延遲公　八勵公長子生道光甲辰年十二月廿二日辰時卒光緒辛巳年四月初五日巳時往沙縣無回墓塋在沙縣

招謨字　八勵公次子生咸豐辛亥年二月初四日未時

娶　氏　娘生　在臺

敏註字　八勵公三子生咸豐癸丑年正月廿六日未時兄弟分往　在臺

翰苑字　八勵公四子生咸豐戊午年七月初十日丑時

配岩前蘇氏再娘生同治辛未年　月　日　時

貽永字　馬愛公長子生道光巳酉年四月初六日巳時

娶　氏麵娘生

今時在臺楓仔林三五房此世三台承孫貽捧之子禮坡生

庚謳在外禮字世

十九世鎮三房七湖社派貽字行

貽恩公字貽恩　水長公嗣長子生道光甲申年七月　日

時卒咸豐癸丑年七月廿四日　時墓葬在本山烏材林土

名土空林埔頂坐坤向艮

娶王氏語娘號順慈生道光戊子年十一月十二日亥時卒

道光乙巳年四月廿九日未時瓦棺葬本山石碣頂登崙坐

甲向庚兼寅申

雲開字貽月　水長公次子生道光巳丑年三月初五日未時

娶王氏吸娘生道光庚寅年九月初二日卯時

子二　長禮雪　次禮賦

貽業字貽創　水長公三子生道光壬辰年三月初一日辰時
娶吳氏勉娘生道光甲午年九月廿九日未時
子　長再福嗣子　次再慶
宇宙字貽風　水長公四子生道光乙未年正月初八日寅時
娶陳氏快娘生道光癸卯年十二月初八日亥時
子　丁宣
山謂字貽林　水長公五子生道光乙巳年三月初八日午時
娶謝氏領娘生咸豐丙辰年八月十二日卯時
子　孫兒
公道公字貽正號發上　佳山公長子生道光辛巳年正月十
九日辰時卒咸豐癸丑年八月廿九日寅時墓葬在本山烏

材林主名大垵頭坐丁向癸

娶趙氏倫娘生道光丙戌年九月十三日午時

子三　長禮答　次邱山　三遊來

靈通字貽顯　佳山公次子生道光己丑年二月初二日巳時

娶劉氏出

子四　長禮乞　次禮旺　三禮匠出繼　四吉進

加抹字貽染　佳山公三子生道光甲午年十一月廿五戌時

娶王氏和娘號勤慈生道光丁酉年七月初九日申時卒同

治辛未年十月廿五日酉時葬本山　坐　向

繼娶沈氏推娘生道光甲午年十月初九日申時

子三　長禮謹　次禮遣　三新興[illegible]

加拔公號永川　南山公子生道光丙戌年四月初十日未時
卒光緒丁丑年二月十三日丑時墓葬在臺楓仔林坐　向
娶劉氏招娘生道光乙未年二月十四日辰時
子二　長爵悙　次自明
相仕公字貽待號木上　金山公嗣長子生道光甲申年七月
十二日酉時卒咸豐癸丑年十月初九辰時葬本山坐　向
娶陳氏彌娘殁節
子一　端花
捷猕字貽欣　金山公次子生道光丙戌年五月初九日未時
娶蔡氏轉娘生道光甲午年十月初九日亥時
子　長等元承繼　次順溜

天保公字貽懷號庇上　金山公三子生道光己丑年七月初初六日戌時卒同治丁卯年八月廿六日卯時瓦棺葬在本山土名碗窯外龍潭崙坐北向南

娶　氏敃節

子二　長桂英　次禮賢出繼

公買字　金山公四子生道光巳亥年十一月十六日子時

娶陳氏拈娘生道光乙巳年二月十四日辰時

子　長禮蕫　次禮令　三禮石

公智字　金山公五子生道光辛丑年二月廿五日丑時

馬智字　金山公六子生道光乙巳年三月初三日午時

承繼子　禮賢

貽磤字　明山公長子生道光戊子年七月初六日丑時
娶　氏出
子　文溪
辰飈字貽綿　明山公次子生道光戊戌年四月十四日丑時
娶許氏燕娘生道光癸卯年五月十一日寅時
承繼子　禮越
家齊字貽治　明山公三子生道光庚子年六月廿四日申時
娶謝氏妍娘生道光戊戌年八月初八日子時
順來字　明山公四子生道光巳酉年六月初九日寅時
娶陳氏寶娘生咸豐辛酉年十一月初七日丑時
子　金獺

貽膝公號茯上　地厚公子生道光乙未年十二月十三日辰
時卒咸豐辛酉年十一月十六日未時塟在本山土名員山
仔下坐南向北
承繼子　禮匠
馬鉗字　文及公長子生道光巳亥年八月廿二日寅時
娶方氏梛娘生咸豐壬子年八月十四日午時
子　長神助　次鳳島出繼
馬聚公號　文及公次子生道光壬寅年十月初八日子時卒
光緒辛巳年十一月十一日卯時塟漸埜大埔垵坐北向南
底鎲字　文及公三子生道光庚戌年三月初二日子時承繼鳳島
送來字　秋眷公嗣子生咸豐辛亥年十二月初九日未時

娶張氏占娘生咸豐乙夘年十月十一日酉時
子　長禮怙　次禮秭　三禮遡河

再來字　子恩公長子生咸豐壬子年七月廿一日丑時

登山字　子恩公次子生咸豐丙辰年十一月十三日子時

馬歡字　子恩公三子生咸豐辛酉年十一月初七日寅時

雙畝字　趙滔長子生咸豐庚申年正月初二日亥時

雙鉛字　趙滔次子生同治癸酉年六月廿五日夘時

清廉字　趙滔三子生光緒辛巳年三月初十日酉時

清糊字　趙滔四子生光緒甲申年正月十三日子時

金畫公號書立　麟趾公長子生咸豐壬子年三月廿四日辰
時卒光緒丁丑年五月十二日午時墓塟在走馬格外坐酉

向東

子一　禮度兩承

貽粒字　麟趾公次子生咸豐甲寅年八月初十日酉時

貽嗎字　麟趾公三子生咸豐巳未年十月初六日戌時

貽樵字　麟祥公子生咸豐乙卯年十一月廿一日酉時

娶陳氏受娘生咸豐戊午年八月十八日吉時

子　長禮度出兩承　次文質

金論字　麟保公長子生咸豐丁巳年八月初七日亥時

娶陳氏橫娘生同治癸酉年十一月十九日未時

貽蚶字　麟保公次子生同治乙丑年二月二十日午時

配林氏爾娘生光緒丁丑年十一月初三日子時

春承字　麟保公三子生同治辛未年十二月十四日寅時

貽魚字　五壹承繼子生同治戊辰年二月廿四日寅時

金詩字　八趕公承繼子生同治丁卯年正月十七日未時

泗海字　壬水公長子生同治乙丑年九月初七日未時

配林氏好娘生同治壬申年　月　日　時

尋閏字　壬水公次子生同治庚午年正月十四日子時

曲賦字　馬趙長子生光緒丁丑年五月十九日寅時

德條字　馬趙次子生光緒癸未年七月廿八日酉時

貽抱字　八　公嗣子生道光　年九月初八日申時外出

無回未知卒在何處

貽錯公　八樹公長子生道光辛卯年三月初五日酉時卒

年　月　日　時

貽朗公　人樹公次子生道光　年　月　日　時卒

道光　年　月　日　時

十九世中鎮四房長大厝兜派貽字行

功勳公號順芳　豫卿公子生道光辛巳年四月初六日未時

卒光緒丙子年八月初五日巳時棺葬本里後溝崙坐　向

娶蘇氏七娘生道光癸未年十月初三日亥時

子二　長禮慶　次禮車撥出一半承他姓

積穀字貽　山卿公長子生嘉慶戊寅年十一月初二日寅時

娶謝氏猜娘號順儉生道光壬辰年七月十八日酉時卒同

治甲戌年四月廿一日亥時棺葬本里馬厝山土名后溝崙

坐東向西

子二　長禮保嗣子　次禮來承繼

𤇾荼公號　山卿公次子生道光辛巳年六月初八日巳時卒光緒甲申年七月廿四日戌時葬在坊里縣后山坐　向娶林氏全娘生道光甲午年十月初九日巳時卒咸豐癸丑年五月十七日酉時葬本里參林碗窰山坐乾向巽兼戌辰繼娶張氏成娘生道光丙申年二月廿四日巳時

子一　禮隹張氏出

詹纓公號　山卿公三子頂作四生道光戊子年十一月廿六日未時卒道光丁未年十一月十七日巳時瓦棺與三叔合葬本里石礦山觀音寨坐寅向申兼

椒忖公字號頼悟　山卿公四子頂作五生道光庚寅年十二月廿四日巳時卒光緒庚辰年五月十九日未時棺葬本里參洋馬厝山後溝崙坐東向西

娶陳氏再娶生道光庚子年二月初八日戌時卒光緒乙酉年六月初四日未時棺葬后溝崙坐北向南

子一　南春

開葉字　八吟公嗣子生　年　月　日　時出外未知住在何方

十九世中鎮四房三頂路長房長科樹派貽字行

貽炟公　桐梓公承道生公長子爲嗣子生卒年月葬地俱失

貽間公號失　道生公長子頂作次生嘉慶乙丑年正月廿七

日亥時卒年月葬地俱失

貽美公號　道生公次子頂作三生嘉慶己巳年七月初九日
未時卒道光丙午年六月十二日巳時厝棺葬鎮撫山坛山
大加壠崙邊坐癸向丁兼子午

處士貽圈公號失　孚卿公子生嘉慶戊　年[illegible]月十三日子
時往臺卒葬在台

貽王公字貽東號門貞　大卿公子生道光壬辰年十一月廿
六日申時卒光緒乙酉年八月十二日未時棺葬本里烏材[illegible]
林后溝坪坐北向南
娶劉氏富娘生道光丁酉年十一月廿一日酉時
子二　長禮萬　次漸陵

天生字貽德　梃卿公長子生道光庚寅年五月廿三日辰時
娶陳氏女娘生道光丁酉年十一月初七日子時卒光緒壬
午年十一月廿七日辰時棺葬烏材林冬田仔崙邊坐辰向
戌兼巽乾
子三　長禮焘嗣子　次禮勝　三禮好

天舉字貽直　梃卿公　子生道光甲午年九月初七日未時
娶柯氏洽娘生道光癸卯年二月廿一日巳時
子　長來地　次樹刺

貽曾字貽興　梃卿公三子生道光丁未年三月初十日巳時
娶蔡氏却娘生咸豐壬子年正月初九日寅時
子　長鴻臚　次重寶　三禮勣殤

貽烏公字貽白號門艮　老卿公長子生道光丙戌年十一月二十日戌時卒光緒乙酉年五月初二日辰時棺塟本里烏材林大崙頭坐亥向巳兼壬丙

娶陳氏勉娘生道光庚寅年二月十六日午時

子　長光贊　次禮錦　三榮福

光明字貽誠　老卿公次子生道光乙未年四月十四日午時

娶蔡氏千娘生道光乙巳年十月初七日亥時

子　長晋祿　次奕壽　三禮映

開山公字貽閣　老卿公三子生道光戊戌年三月初五日未時卒光緒丁丑年八月廿四日辰時塟烏材林馬垵格下坐亥向巳兼壬丙

子　禮懷兩承

立夏字貽春　老卿公四子生道光丙午年三月廿八日未時

娶王氏添娘生咸豐辛亥年十二月廿三日未時

子　長禮懷兩承

多洛字　麗卿公長子生嘉慶丁丑年八月十一日卯時在吧

赤源字　麗卿公次子生道光乙酉年十一月初七郊時在吧

別龍字　入県公長子嘗經為業與胞弟貽痛建立科樹祖宇

下厝一座坐亥向巳兼乾巽生道光庚戌年四月廿九子時

貽痛字入県公次子生咸豐丁巳年九月初六日子時

天憐字　先秩公承入差公五子為嗣孫生道光辛巳年四月

十一日戌時卒同治丙寅年五月十四日亥時棺葬本鄉

格崙坐辛向乙兼戌辰

要字貽謹　金鄉公長子生道光乙酉年五月十三日卯時

娶胡氏喜娘生道光乙酉年六月十三日未時

子　長謳歌殤　次禮漢　三禮栂殤　四春讀

五清選　六易順殤　七書彔

瑶玉字貽美　金鄉公次子生道光庚子年三月廿一日巳時

娶林氏眼娘生道光辛丑年十一月二十日丑時

子　長和順

金磹公號尊成　金鄉公三子生道光丙午年八月初九日子

時卒同治巳巳年正月初四日酉時棺葬烏材林后溝窖頂

坐壬向丙兼子午

群英字貽俟　金鄉公四子生咸豐甲寅年閏七月十七日亥時卒同治庚午年四月初八亥時棺葬烏材林馬埈格坐甲向庚兼卯酉

貽笏公　題鄉公長子生卒年月葬失

文二字　題鄉公次子生道光庚寅年十二月十四日未時

鳳毛字　題鄉公三子生道光癸巳年十二月三十日未時

娶陳氏格娘生道光乙巳年十一月廿九日寅時

子　麟趾

貽鏗字　題鄉公四子頂作五生道光甲辰年八月廿九未時

貽斛字　銀指公承題鄉公四子為嗣子生道光壬寅年六月十七日亥時

貽頤公　爲善公長子生嘉慶甲子年八月初五未時卒
年　月　日　時葬　坐　向
娶楊氏跳娘生卒年月失葬俟查
子二　長武東　次碧洛殤
貽認公　爲善公次子生嘉慶丁卯年十二月十九日寅時卒
年　月　日
娶吳氏成娘生卒年月失　公嫣時葬俱候查
繼娶温氏孜節
子一　禮儺
貽食字　爲善公三子生嘉慶辛未年七月廿三日戌時
貽箱公　爲善公四子生嘉慶丁丑年八月十六日酉時卒咸

豐丙辰年二月廿九日午時棺葬烏材林員山仔垵坐　向

娶劉氏好娘生　年　月　日　時卒　年

月　日　時坐　向

子一　諒約

貽鬌號　人被公嗣子生卒年月葬地俱失

貽囉公號佳絲　有盛公長嗣子生道光丁未年十二月廿八

日辰時卒光緒壬午年三月廿六日未時棺葬鎮撫大坪頭

尖仔美坐辛向乙兼酉夘

半承子　冬玉

貽君字　有盛公次子生咸豐辛酉年十一月十七日卯時

貽撞公號月成　後旨公嗣子生道光戊子年八月十七日未

時卒同治戊辰年十二月初九日　時棺塟鎮撫龜格蔚塔
坐庚向甲兼酉卯
娶許氏妹娘敀節
子二　長禮區嗣子　次禮益
十九世中鎮四房三頂路長房二大垵長美趣鴻儀公派貽
字行
宜功諱有輝乳名貽綿官字國遠號修陞公　加卿公長嗣子
生嘉慶甲子年五月十六日申時卒光緒辛巳年三月初六
日　時享年七十有八齡木棺塟本鄉参洋草垵壠路下坐
艮向坤兼丑未
妣孺人謝氏諱伴娘謚守儉生嘉慶乙丑年六月廿三日卯

時卒道光巳亥年十月初六日寅時尾棺葬本鄉叅洋茶心
埔坐辛向乙兼戌辰
繼妣孺人陳氏諱玉娘謚璧儉生嘉慶戊辰年七月廿九日
未時卒同治辛未年正月初四日　時享年六十有四歲木
棺葬本鄉杉畬崙坐乾向巽兼亥巳
子六　長禮釭　次禮錦　三禮抜俱謝氏出　四捎欲
五推旺六禮祥俱陳氏出
貽制公　加卿公次子生嘉慶癸酉年八月初三日巳時卒年
月日時失
貽愄公字　號溫畏　加卿公三嗣子生嘉慶甲戌年九月十
三日未時卒同治壬申年八月初一日卯時享年五十有九

歲瓦棺瘞本鄉参洋葵心埔坐西向東
配張氏伏娘生嘉慶甲戌年七月廿四日午時
子二　長禮勸　次纖纘
國學生諱秀春乳名算官字國籌號修齡公　加卿公四子經
營成家建立新宅高堂坐壬向丙兼子午創業垂統酷嗜
書香生嘉慶丁丑年十二月十七日巳時卒同治癸酉年七
月初五日卯時享年五十有七歲木棺葬本里鎮撫鄉土名
后壠圭心崙坐辛向乙兼戌辰
配李氏悻娘生嘉慶庚辰年十一月十六日申時
子五　長禮芑　次禮鏗　三禮抱　四禮波　五夏蘭
貽足公字國富號温容　言卿公子儉積成家酷嗜書香延師

訓子教有義方欲構草美華堂以恢前光詎料未就而卒
延師訓子耀門閭門第欲高必讀書假使加年長可得肯堂
肯構事非虛　公生嘉慶丙寅年九月廿六日午時卒咸
豐辛亥年三月十九日申時棺與父　純義公合塟在本
鄉參洋美趣橋坐壬向丙兼亥巳

妣娶謝氏諱砂娘謚勤德生嘉慶巳巳年十二月十二日寅
時未婚而卒道光丁亥年四月廿二日寅時尾棺塟本里鎮
撫鵬雞口大墩厝下坐壬向丙兼亥巳

繼娶洪氏諱愛娘謚賢順生嘉慶巳巳年十一月十九日辰
時卒道光壬辰年八月十三日辰時瓦棺塟本鄉美趣后堀
大橡脚外坐坤向艮兼申寅

壯娶劉氏諱今嬛謚勤古斷機教子勵三餘孟母流徽音欲如節操冰霜留此日龍章寵錫耀門閭生嘉慶庚午年四月廿五日丑時卒光緒辛巳年五月十七日未時享年七十二棺瘞本鄉杉畬崙藔箕湖崙坐東北向西南

子三　長禮友洪氏出　次禮選刘氏出　三禮惟

貽願公字國聞號温厚　甚鄉公長子生嘉慶癸酉年四月廿六日辰時卒同治甲子年十月十六日巳時尾棺瘞本鄉杉畬崙坐東向西

妣孺人王氏諱喙娘謚儉德生嘉慶甲戌年九月初七日辰時卒同治丙寅年十一月廿一日未時尾棺瘞本鄉馬厝荼林壣坐西向東

子四　長禮棟　次禮榮　三禮養　四禮鋭

貽嘐公字失號自樂　甚卿公次子生嘉慶庚辰年七月廿三日戌時卒咸豐辛酉年四月二十日巳時瓦棺葬本鄉美趣後坪坐西向東

娶謝氏顯娘改節

子二　長禮徙　次禮艮

貽安公字國泰號濕和　純濡公長子生嘉慶乙亥年五月廿六日巳時卒同治甲子年六月十七日辰時瓦棺塟在本里石礦山睡狗崙坐坤向艮兼未丑

娶蔡栗娘生嘉慶戊寅年二月廿一日辰時卒光緒乙酉年十月十五日午時棺塟后溝崙坐南向北

子三　長禮專　次禮成承繼　三禮紅嗣學　梓鳩

貽䩫公字　號温陞　純濡公次子生道光丁亥年七月十七日辰時卒同治辛未年八月十二日戌時

娶陳氏諱乃娘謚慈心生道光戊子年七月十七日未時卒同治丁卯年八月廿四日子時厝仝塋本鄉美趣後坪坐西向東

子三　長禮典　次禮五　三禮旦

貽耽字　純濡公三子生道光癸巳年八月十九日卯時

配許氏雪娘生道光甲午年四月初六日辰時

子　長禮豆　次禮有　三禮卤　四禮洛　五五霸

貽粒字　純濡公四嗣子生道光辛丑年三月廿五日午時

娶林氏諱志娘號念慈生道光庚子年十月初九日酉時卒
咸豐庚申年六月十五日辰時厝棺瘞本里石礫山墓爐內
坐西向東
復娶謝氏赫娘生道光戊戌年十一月十七日寅時
子　長禮賴　次禮園
貽示字貽斯　植卿公承繼長子生嘉慶戊寅年三月十六日
亥時
妣孺人謝氏諱愛娘號慈汎生道光辛巳年八月廿一日辰
時卒光緒辛巳年七月初一日午時享年六十有一齡木棺
瘞在本里參洋鄉土名杉畬崙坐癸向丁兼丑未
子四　長禮泰　次禮許嗣子　三禮誇抱養　四禮浩

貽鮏字貽聡　植卿公次子生道光庚寅年七月十六日申時
配陳氏須娘生道光丁酉年正月初九日寅時
子　長禮炎　次禮梅　三禮江　四禮閏
歲進士例授修職郎候選儒學諱鵬鳳乳名膾官字國貞一字貽
坤號彩南公　純儒公長子其爲人也勵志讀書手不停披
口不絕吟先生之於文可謂勤矣宜登顯仕擁後塵胡乃始
則李使掾芹繼則黃使食餼間列一等終則賁使選舉經魁
雖學問可人亦不過偶伸其志耳然溯當年深沐訓誨不忘
於心故作俚語謹陳其事於左　慇懃誘掖在平居函丈
追隨不棄予警覺提撕敷五典叮嚀訓誨勵三餘　公生
嘉慶庚辰年七月廿五日未時終同治乙丑年八月廿四日

亥時棺葬在本里叅洋鄉土名温厝墘坑穴坐艮向坤兼丑未

受業堂姪擇禮　敬誌

㓜娶謝氏諱倫娘生道光壬午年十一月十二日卯時卒

年　月　日　自㓜而殤

壯娶姚例贈安人劉氏諱元娘謚守德爲人孝順翁姑克勤

克儉閫範閨儀俱覺可法執燭侍郎欲助夫君以成名又善

體翁姑之酷嗜晝昏以課督兒孫教有義方其存心實欲以

拖青紆紫勉勵兒孫繼繼繩繩於勿替焉　媽生道光辛巳

年十月初四日卯時卒光緒辛巳年二月廿九日戌時享年

六十有一齡棺漸葬在本鄉杉畲狗响湖畲頂坐壬丙子午

子三　長繼志　次往來殤　三繼業

貽發公字貽明號溫毅　純儒公次嗣子生道光丙戌年九月
初五日午時卒咸豐戊午年三月廿八日午時棺葬在本里
參洋鄉土名洋江內坐辛向乙兼戌辰
妣孺人謝氏諱正娘謚守貞生道光庚寅年八月初十日辰
時卒同治庚午年十一月廿五日子時厝棺漸葬在本里馬
厝鄉草埈壠坐艮向坤兼寅申
子四　長陛宜殤　次禮殤　三禮福承繼　四文曲嗣子
貽天量字貽斗　純儒公三嗣子生道光庚寅年八月廿一亥時
妣孺人林氏諱見娘號守慇生道光庚寅年九月十八日寅
時卒光緒庚辰年九月十一日巳時棺葬本鄉美趣後溝崙
邊坐東向西

子　長禮夏殤　次禮答殤　三繼祖　四繼宗

五禮韮

業儒貽天與字國賚一字貽賢　純儒公四子生道光丙申年

五月初六日亥時

配劉氏諱娘生道光己亥年三月十五日申時

子　長禮奏　次肯構殤　三禮爲　四禮意　五禮欉

承基公字號失　心鄉公長嗣子生嘉慶甲戌年五月初三日

巳時往臺卒年月失葬處在臺

貽石公字貽　號維巖　心鄉公承山鄉公三子爲次嗣子生

道光甲申年八月廿五日未時卒光緒癸未年三月十九日

巳時享年六十棺葬本鄉虎陷司光田後坐未向丑兼坤艮

娶謝氏兜娘生道光甲申年四月十三日巳時
子四　長禮爪殤　次禮勝學　三禮深　四禮洧
高星公派
冬夏公　入卿公長嗣子生嘉慶及卒年月日時失塋
貽九公字　號直如　入卿公次子生嘉慶戊寅年九月初五
日卯時卒道光庚戌年十一月初一日　時厝棺塋在本里
祖山鎮撫土名網後圳頂中崙穴坐辛向乙兼戌辰
娶陳氏添娘生嘉慶甲戌年　月　日　時
子四　長懷魯　次晉堯　三含笑　四宗漢
和來公字國　號修睦　入卿公三子生道光戊子年四月廿
七日酉時卒同治壬申年十一月初十日未時厝棺塋本鄉

土名古田寨邊坐向
娶高氏愛娘生道光戊子年八月初九日申時
子二　長禮炮　次禮束
貽傳公字　號失　中信公長嗣子生嘉慶庚午年十二月廿
九日戌時往臺卒年月失塟在臺
貽向字　中信公承入族公三子爲次嗣子生道光乙巳年五
月十五日申時
配殷氏徙娘生咸豐辛亥年二月廿二日申時
子　長禮圍　次禮殤出繼　三禮火
貽踏公字國　號直柳　入贍公長子生道光癸未年十月廿
五日辰時卒咸豐庚申年四月十三未時丸棺塟本里坪殊

木林后土名蟑蟌垵坐午向子兼丙壬
娶張氏諱容[illegible]敀節
貽扶公字　號直持　人贍公次子生道光丁亥年九月廿六
日巳時卒咸豐壬子年七月廿四日寅時尾棺與胞弟　貽
眼公仝葬本里冷水坑路頭坐庚向甲兼酉卯
貽眼公字　號直耳　人贍公三子生道光庚寅年八月十一
日　時卒　年六月廿三日午時瓦棺與胞兄　貽扶公
合葬本里冷水坑格頭坐庚向甲兼酉卯
貽鵠公字　號溫棲　人贍公四子生道光癸巳年六月初七
日辰時卒光緒壬午年十二月初十日巳時木棺葬本鄉參
洋美趣山後溝崙坐東向西

貽音公字　號直聲　人贈公五子生道光丙申年七月廿七日巳時卒同治乙丑年七月廿六日戌時瓦棺葬本里鵬雛軍人橋崙尾坐北向南

貽宜字　人贈公六子生道光壬寅年五月廿四日亥時

娶王氏叩娘生道光壬寅年三月十六日卯時

子

貽桷公字　號直學　人族公長子生道光乙未年十二月十一日寅時卒同治丙寅年二月初五日巳時瓦棺葬本鄉美趣山後溝崙坐東向西

貽貞字　人族公次子生道光辛丑年六月十一日巳時

承繼子　禮殤

恭亭公派

連因公字　號惟孝　順壽公長子生嘉慶丙子年六月廿五日寅時卒同治癸亥年正月十六日亥時棺葬本里馬厝坑頭坐　向

妣孺人王氏諱雙娘號儉長生嘉慶丁丑年三月十一日辰時卒道光戊申年十月十八日戌時瓦棺與　儉義媽趙氏仝葬本鄉馬厝茶林脚坐　向

繼妣孺人陳氏諱合娘號和氣生嘉慶庚午年十月十一日午時卒同治乙丑年十月廿四日丑時瓦棺葬本鄉馬厝後溝崙坐　向

子四　長慈幼　次禮坑　三順民堡　四禮取陳氏出

貽珠字國玉　順壽公次子勤儉成家少有家計建立華堂坐
艮向坤兼丑未生嘉慶己卯年四月十九日辰時
妣孺人趙氏諱香娘號儉義生嘉慶己卯年五月初五日寅
時卒道光乙巳年六月廿九日辰時瓦棺與二嫂　儉長媽
王氏仝葬本鄉馬厝茶林腳坐　向
繼娶劉氏菊娘生道光壬午年十月初八日申時
子四　長禮勤　次禮照（趙氏出）　三禮永　四禮溪（刘氏出）
貽劊公字國基號統業　順壽公三子生道光壬午年十二月
初四日午時卒咸豐丙辰年六月十四日未時瓦棺葬本鄉
鵰鴣埈尾坐北向南
娶蔡氏蛙娘生道光丁亥年二月廿二日巳時

子二　長禮印　次禮豁

貽素公字國　號成貴　順壽公四子生道光巳丑年五月初九日巳時卒光緒甲申年六月廿三日未時棺葬本鄉馬厝茶林灣坐庚向甲兼酉卯

娶賴氏純娘生道光庚寅年六月初九日巳時

子三　長禮般　次禮比　三禮藿

敬老公字國　號貽賢　順壽公五子生道光丁酉年正月十一日子時卒同治丙寅年四月二十日巳時瓦棺葬本鄉馬厝後溝畓坐北向南

娶謝氏網娘生道光庚子年十一月十七日寅時

子一　禮象

貽兵字　輕卿公長子生道光乙酉年六月十六日酉時

配謝氏平娘生道光癸未年五月十三日酉時

子三　長賞來殤　次禮此承繼　禮昧

貽訢字　輕卿公次嗣子生道光己丑年八月初二日亥時

娶孺人鄗氏諱爵娘號孝儉生道光庚寅年九月廿三日卯

時卒道光己酉年正月廿一日卯時厝棺趦本鄉馬厝蔡厝

後溝坐甲向寅兼庚甲

繼娶吳氏暎娘生道光庚寅年十二月初四日卯時

子　長禮賓　次禮瑞　三禮情　四禮義　五禮孝兩承

六禮蹐　俱吳氏生

處士貽謀公字國臧號存心　輕卿公三子生道光甲午年正

月初二日申時卒光緒丙子年正月廿三日子時棺葬本里
坪殊鳳尾宮崙坐辛向乙兼戌辰
娶洪氏蕊娘改節
子四　長禮得　次禮身殤　三禮孝兩承　四禮由兩承

舜期字　輕卿公四子生道光丙午年十一月二十日子時
配洪氏箴娘生道光戊申年四月初七日巳時
子　長禮川　次禮由兩承

貽炭公字　號成煉　德壽公長嗣子生嘉慶丁丑年九月廿
七日酉時卒同治癸酉年閏六月初四日巳時享年五十有
七歲厝棺葬本鄉馬厝後溝崙坐北向南
娶朱氏引娘生道光丙戌年九月廿五日申時

子四　長禮博　次禮泰　三禮好　四禮欺兩承

貽拈　字國　德壽公次嗣子生道光壬辰年四月十七日申

時往番　在家

娶孺人林氏縣娘號儉德生道光壬辰年九月初七日子時

卒咸豐乙卯年十一月初七日辰時瓦棺瘞本鄉馬厝後溝

崙坐　向　兼

子　長禮排嗣子　次禮欺出繼兩承

貽田公字　號成宅　德壽公三嗣子生道光甲午年十二月

廿五日巳時卒光緒壬午年十二月十九日午時棺瘞本鄉

馬厝後溝崙坐　向

娶謝氏姜娘生道光丙申年十月十三日卯時

子二　長禮相　次禮來出繼

先買公派

啟加字　人勇嗣子生咸豐丁巳年正月十六日寅時　在臺

貽修字　人猛嗣子生道光辛丑年正月初三日戌時

娶謝氏諱咩娘號懿成生道光己酉年十月十三日酉時卒

同治癸酉年五月初八日午時尾棺葬本鄉馬厝茶林灣坐

西向東

繼娶楊氏担娘生咸豐壬子年八月初八日卯時

子　長禮及　次禮夏　三禮駿

脩政公派

貽冬字　人夜公長子生道光庚寅年十二月初四卯時在臺

娶陳氏剛娘生道光庚子年三月初四日　時

子五　長水信學　次文開　三金蓮

四水來　肆欽　俱在臺

貽番字　八夜公次子生道光丙申年二月廿七日戌時在臺

娶周氏晏娘生咸豐辛亥年十二月初七日戌時

子二　長火星　次金樹　俱在臺

木信字　天從公長子生咸豐乙卯年七月廿七日戌時在臺

江漢字　天從公次子生同治癸亥年十一月初八日戌時在臺

貽　字　天憐公長子生　在台

貽　字　天憐公次子生　在台

德揚公派

貽鑠公字國火號矍翁　脩業公長子生嘉慶丙寅年十月廿九日亥時卒道光戊申年六月十九日申時瓦棺塟本鄉馬厝茶林灣坐西向東

娶王氏萬娘生嘉慶乙亥年十二月廿二日酉時

子一　禮治

貽軍公字國三號仁勇　修業公次子生嘉慶癸酉年五月廿二日寅時卒同治癸亥年九月初四日午時享年五十有一齡瓦棺塟本鄉烏厝後溝畓坐東向西

娶陳氏惜娘改節

子二　長禮協　次禮福出繼

貽義公　修業公三子生卒年月日時俱失塟

必來公字國迎　念卿公子生道光丁亥年二月廿一日酉時
往臺卒年月日時失塟　在臺
娶陳氏雪娘生　在臺
子一　長承　在臺
貽守字　脩才公承修置公三子爲嗣子生道光壬寅年八月
初六日寅時
娶趙氏朗娘生咸豐壬子年八月廿一日巳時
子
貽羨公號温花　修置公長子生道光癸巳年八月初四日巳
時卒同治甲子年八月初八日巳時瓦棺葬本鄉馬厝茶林
壙坐西向東　幼娶吳氏員娘殤

貽鑊字　修置公次子生道光己亥年四月初五日巳時

貽漏字　修置公三子頂作五生咸豐癸丑年二月廿一申時

貽芸公字　號温詩　修置公四子頂作六生咸豐丙辰年十月初九日巳時卒光緒乙亥年七月十一日未時棺塟本鄉馬厝後溝崙坐北向南

貽郁字　悅懽公承修置公四子爲嗣子生道光丙午年三月三十日酉時

十九世中鎮四房三頂路長房二大墘二至七派貽字行

新興字　致艮公嗣子生道光辛丑年二月初十日巳時

貽於字　天恩公承龍得公長子爲長嗣子生道光丙申年九月二十日未時

三天公號　天恩公承望鄉公次子爲次嗣子生道光巳亥年
十一月廿四日辰時卒同治庚午年十月初四日卯時棺葬
本里鎮撫觀音尖崙路下坐甲向庚兼卯酉
得山字　天恩公三子生　在吧
得蘭字　天恩公四子生　在吧
得月字　天恩公五子生　在吧
貽包字　人侵公嗣子生　在臺
貽情公號順意　先維公承人三公次子爲嗣孫生道光丙午
年六月廿四日戌時卒光緒戊寅年八月初六日巳時棺葬
本里鎮撫觀音尖崙路下坐卯向酉兼甲庚
貽俊公　望鄉公子生道光庚寅年三月廿一日辰時卒咸豐

戊午年六月初二日戌時棺葬鎮撫壠頭格崙坐夘向酉兼甲庚

貽擬公號　高添公嗣子生道光癸未年正月十八日巳時卒同治甲子年十一月十三日酉時棺葬鎮撫龜格邊坐寅向申兼甲庚

貽丙公號誰後　龍得公長子頂作次生道光壬寅年十一月廿八日未時卒光緒丁丑年十二月初一日寅時棺葬鎮撫石區垻崙坐壬向丙兼子午

貽純字　龍得公次子頂作三生道光戊申年十月十一寅時娶王氏殊娘生咸豐巳未年十月廿四日午時

子

貽石字　龍得公三子頂作四牛出與人抵公爲兩承子生道光庚戌年十二月十九日丑時

貽評字　八三公長子生道光辛丑年九月廿七日午時

娶陳氏底娘生道光乙巳年十二月十七日　時卒光緒巳卯年四月初八申時棺塟鎮撫蔚墻中格坐子向午兼癸丁

子　禮西

貽巧字　八三公次子頂作三生咸豐壬子年六月十九申時

貽尾字　八三公三子頂作四生同治癸亥年三月十三丑時

貽知字　八塞公子生道光戊申年三月初一日未時

貽銅公　八擔公長子生咸豐癸丑年八月十四日巳時卒同治甲子年八月廿七日申時塟　坐　向

貽判字　八擔公次子生咸豐庚申年四月廿八日卯時

貽田字　八擔公三子生同治丁卯年十二月廿九日未時

貽交字　八贏公嗣子生道光甲午年九月十一日寅時往臺

娶鄭氏晏娘生道光戊戌年五月初九日戌時隨夫往臺卒

年月日時失墓塟在臺

子二　長禮出　次禮入

貽鏡公號　永于公嗣子生卒年月日時俱失墓塟在鎮撫寨

頭垵格坐北向南

貽任字　明山公子生道光丁酉年四月十一日巳時

貽鍇字　天郡公子生咸豐癸丑年四月廿九日酉時　往外

貽石字　八抵公承龍得公四子爲半嗣子生道光庚戌年十

二月十九日丑時

貽篩字　八肥公長子生道光丙午年正月初二日丑時在臺

貽祖字　八肥公次子生道光庚戌年五月二十日辰時往臺

珠璧字　八肥公三子生　在臺

貽嚴字　新發公承三房于身公次子爲嗣子生道光己酉年

九月十七日寅時

貽教字　于身公長子生道光丙午年十二月廿三日酉時

娶易氏首娘號粹翁生道光庚戌年九月初五日酉時卒光

緒庚辰年二月廿四日卯時棺葬鎮撫中哖畚邊坐東向西

子一　禮趙英

貽有公號失　于身公次子頂作三生咸豐壬子年五月十五

未時卒光緒甲申年十二月十一日　時棺葬大嶺崙邊坐
東向西
貽尊字國賢　鯨鄉長子生咸豐癸丑年二月十七日辰時
配李氏婉娘生同治癸亥年七月十一日卯時
子　泮水殤
貽窗字　鯨鄉次子生同治癸亥年三月廿九日寅時
配許氏匹娘生同治辛未年三月初七日時
子
貽探字　八煦公子生　在臺
貽屯字　後成公長子生道光己丑年十一月十七日卯時卒
咸豐辛亥年八月廿八日子時瓦棺葬觀音山尖坐北向南

半承繼子　冬來

貽坎字　後成公次子生道光巳亥年九月廿六日酉時

配蘇氏蜂娘生道光辛丑年八月初二日辰時

子　冬來兩承　冬玉兩承

貽羅字　必多公長子生道光庚子年九月廿二日卯時往臺

辛年月失塟在臺

配　氏　娘生

子一　在台

貽紙字　必多公次子生　在臺

貽太字　入溜公嗣子生　在臺

配　氏蜂娘生　在臺

子一　在台
貽平字　登薦公長子生咸豐癸丑年四月初五日申時往外
　不知何方
貽黃字　登薦公次子生咸豐丁巳年九月初十日丑時往台
貽卜字　八劍長子生卒年月日時俱失塟
潤澤字　八劍承鯨卿三子爲次嗣子生同治丁卯年八月十
　八日巳時卒光緒甲申年九月十一日戌時棺塟山坛山紅
　土仁畬坐西向東
大裕公　田卿公長子生道光癸未年十月十三日丑時卒年
　月失塟
　嗣子一　禮養兒

夏土公號失　田卿公次子生咸豐癸丑年十二月十三日寅
時往飛鑾卒年月失塟在飛鑾
金帛公號失　詒烈公子生道光丙午年九月廿八日未時卒
年月失棺塟泰洋馬厝鄉後溝崙坐東向西
貽仰字　入臣公子生道光戊申年十一月十一日寅時往外
自觀字　雨淡公長嗣子生　往外
龍鑵字　雨淡公承胞弟入燕公次子爲次嗣子生咸豐甲寅
年閏七月十四日戌時
貽蘇字　入燕公子生道光庚戌年七月二十日戌時
雲來字　入盛長子生同治丙寅年十月廿四日亥時
貽霞字　入盛次子生同治癸酉年十二月十四日亥時

崑崙字　八玲公子生道光乙未年七月廿五日巳時　往外

輝美公　其祿公嗣子生道光乙未年　月　日　時往祠堂

瓊玖公號亦置　其彩公子生道光巳丑年正月初七日戌時

卒咸豐丙辰年十一月十七日巳時厝棺楚觀音尖山山脚

坐西向東

嗣子一　禮雙

十九世中鎮撫四房三頂路長房三舊窯頂厝派

貽蒲字國英　美卿公長子生道光丁亥年十一月十三未時

娶吳氏雙娘生道光庚子年三月十二日未時

子四　長尊賢　次水陳　三壬癸殤　四禮會

貽部公號　美卿公次子生道光辛卯年十二月十二日辰時

卒同治壬申年十月廿八日申時
娶廖氏赤娘改節
子一　禮彰

貽遮公號　美卿公三子生道光丙申年十一月十九日未時
卒同治庚午年正月十五日午時
娶陳氏歲娘生道光癸卯年六月廿二日未時
子二　長禮從　次禮昂兩承

貽榜公號　美卿公四子生道光癸卯年十一月初七日戌時
卒光緒乙亥年三月廿五日午時
子三　長禮昂兩承　次禮溜嗣子殤　三禮郁兩承

貽瑙字　美卿公五子生道光己酉年九月十八日寅時

配許氏湊娘生咸豐丙辰年三月十九日未時

子　長禮鏡　次禮安

貽冑公　年鄉公長子生卒年月塟失

貽紱公號　年鄉公次子生咸豐壬子年二月十四日辰時卒

同治己巳年十月初六日亥時

貽禨公號　年鄉公三子生咸豐乙卯年二月廿七日辰時卒

光緒乙酉年九月廿五日未時棺塟本里鎗竹林坐亥向巳

娶陳氏示娘生同治丙寅年十二月二十日亥時

子　禮檀殤　禮獅

貽勤字　年鄉公四子頂作五生同治甲子年十一月十九日

午時

貽庭公　人音長子生卒年月塟失

貽郡字　人音次子生同治丁卯年二月廿二日未時

貽浪字　人音三子生同治辛未年四月廿九日子時

貽絿字　人音四子生光緒甲申年三月初二日丑時卒光緒
乙酉五月廿七日　時

貽柔公　人岈長子生卒年月塟失

貽閱字　人岈次子生同治丁卯年四月廿七日戌時

貽綘字　人岈三子生同治庚午年三月廿六日亥時

貽育字　人岈四子生同治甲戌年六月十二日未時

貽獺字　人行承胞兄年鄉公四子爲嗣子生咸豐庚申年五
月初九日辰時

貽洛字　八楓公子生道光癸卯年閏九月初八日寅時
娶廖氏未娘生道光巳亥年　月　日　時
子　禮登
福清字　致卿長子生咸豐戊午年三月十二日寅時
幼娶陳氏蕊娘幼卒
壯娶陳氏于娘生同治壬戌年九月廿六日未時
子　長禮
貽造字　致卿次子頂作三生咸豐庚申年九月初五日丑時
娶陳氏貴娘生同治戊辰年九月二十日丑時
子　長禮
貽玩字　致卿三子頂作四生同治戊辰年六月初三日酉時

貽亮字　致卿四子頂作五生光緒庚辰年五月十八日子時

貽案公　和馭公承胞兄致卿次子爲長嗣子生卒年月塟失

貽泰字　和馭公承胞弟真盟次子爲次嗣子生光緒乙亥年二月二十日子時

貽艮字　真盟長子生同治癸酉年四月初六日申時

貽鑠字　真盟次子頂作三生光緒癸未年十一月十八日戌時卒光緒乙酉年五月廿八日　時

貽畨公　山儉子生咸豐壬子年八月廿一日戌時卒光緒丙子年正月十六日辰時

調元公　樂卿公長子生道光庚寅年二月十一日寅時卒同治丙寅年八月初九午時棺塟烏材林窖尾頭斋坐東向西

武荼字　樂卿公次子生道光丙申年十月初十日丑時往夘
㳄明公　樂卿公三子生道光壬寅年二月十二日午時卒同
治癸酉年四月初七日亥時葬烏材林暗淡坡𡺶坐北向南
貽邱字　金成公承胞兄樂卿公四子爲嗣子生道光乙巳年
正月廿六日　時　　　　　　　　　　　　　　往外
水成字　人魏公承胞弟計卿長子爲嗣子生同治辛未年八
月二十日巳時
水信字　計卿長子頂作次生光緒乙亥年五月廿五日酉時
貽慮字　計卿次子頂作三生光緒壬午年四月十四日寅時
貽思字　計卿三子頂作四生光緒乙酉年十月初八日亥時
貽及字　成卿嗣子生同治乙丑年二月廿三日午時

娶陳氏情娘生同治丙寅年四月二十日酉時
子　長
貽諸字　八琵長子生卒年月塟俱失
貽笑字　浪卿長子生光緒癸未年十二月三十日巳時
貽包字　諧卿長子生光緒甲申年十一月十六日巳時
貽烝字　義卿長子生咸豐戊午年八月初七日丑時
娶陳氏淡娘生同治乙丑年二月十八日酉時
子　長
貽拳字　義卿次子生同治甲子年十一月十七日戌時
娶陳氏好娘生同治戊辰年九月廿三日卯時
子　長

拔萃字　季隨長子生咸豐乙卯年十月初五日辰時
娶林氏縣娘生同治乙丑年五月初四日亥時
子　禮涉
貽乾字　季隨次子生同治壬戌年七月二十日辰時
娶陳氏晏娘生同治壬申年九月十六日辰時
子　長
啟瑞字　季隨三子生光緒辛巳年三月廿九日丑時
如在字　仲吳公子生同治戊辰年四月初四日戌時
十九世中鎮撫四房三頂路長房四美趣合齋公派貽字行
三光公號　人綬子生道光庚戌年四月廿九日丑時卒光緒
丙子年十一月初三巳時棺葬本鄉馬厝後溝崙坐東向西

十九世中鎮撫四房三頂路二房長舊窰下厝派貽字行

貽乙公號　益卿公長子生　　年正月十五日辰時卒

年十一月三十日　時

中取公號　益卿公次子生咸豐丙辰年八月初一日辰時卒

年三月初四日　時

貽貢公號　益卿公三子生　　年正月初一日　時卒

年二月廿九日　時

貽士公號　益卿公四子生　　年十二月十三日　時

卒咸豐己未年四月廿六日午時

以寧公號　益卿公五子生卒年月塟俱失

堂叔公號　益卿公六子生卒年月塟俱失

貽地公號　堅望長子生道光乙巳年十二月廿四日午時卒

年三月初四日　時

貽情字　堅望次子生道光戊申年八月　日亥時

貽棊字　堅望三子生咸豐庚申年七月十九日辰時

配　氏愛娘生同治乙丑年九月廿三日子時

子　長禮

貽節字　遊鄉公子生道光癸巳年五月十五日午時

貽南字　積善公子生咸豐辛亥年十一月十七日辰時

配林氏草娘生光緒乙亥年九月廿八日丑時

貽都字　積諸公長子生咸豐辛亥年三月廿一日戌時

通結字　積諸公次子生咸豐辛酉年九月十八日酉時

貽鋳字　八代承堂第八鎮公三子爲嗣子生道光乙巳年七月二十日申時　承繼子　文職

文翻字　藝卿公承胞第八鎮公長子爲嗣子生道光甲午年十月二十日申時

娶李氏麥娘生道光戊申年三月初六日午時

子　長禮成　次禮不出繼　三冬好

武畧字　賢定公長子頂作次生道光戊戌年八月十八丑時

子　長禮不承繼

光程公　飩卿公長子生道光甲午年九月十三日未時卒咸豐庚申年七月廿五日丑時塟　坐　向

光會公　飩卿公次子生道光己亥年五月十三日寅時卒同

治己巳年五月十九日午時　葬　坐　向
娶陳氏抵娘改節
子一　禮劉兩承
光宛字　鉍卿公三子生道光壬寅年九月十四日未時
光務公　載卿公子生道光癸巳年七月十六日辰時卒同治
甲戌年五月十一日　時
娶陳氏銅娘生道光癸巳年十月二十日　時卒
年　月　日　時葬在漳州
子一　開守
十九世中鎮撫四房三頂路二房二嶺尾鵠派貽字行
貽擡　人詩公子生卒年月失

貽蟬公號　有卿公長子生嘉慶丁卯年十月廿三日辰時卒
咸豐戊午年八月初一日寅時葬在漳州

貽彥公號孑俊　有卿公次子生嘉慶己卯年七月十五日酉
時卒咸豐辛亥年四月廿八日寅時棺葬烏材林山仔水埕
脚坐癸向丁兼丑未

光耻公號且格　八饒公承胞兄有卿公三子爲嗣子生道光
乙酉年四月十二日午時卒咸豐戊午年二月十六日戌時
棺葬烏材林窖公後簷坐卯向酉兼乙辛

貽駁公號　𩞀卿公長子生道光癸卯年二月十五日巳時卒
同治癸酉年八月廿七日戌時厝棺葬鎮撫北坑壠頭坐
向　兼

貽郤公　匏鄉公次子生道光丁未年五月廿六日丑時卒咸
豐乙卯年十一月　日　時
貽五字　匏鄉公三子生咸豐辛酉年正月廿一日寅時
貽切公　戈鄉公長子生道光甲申年四月初二日未時往漳
州卒同治壬戌年十月初十日巳時葬在漳州
貽齊字　戈鄉公次子生道光癸巳年十二月十五丑時往臺
貽汎字　績鄉公子生道光丁亥年五月十八日卯時
貽扭公　曲鄉公長子生道光己丑年十月初七日酉時卒咸
豐巳未年四月初四申時棺葬烏材林嶺尾崙脚坐南向北
貽囉字　曲鄉公次子頂作三生道光癸卯年六月十九日子
時往臺

貽拔公　過洋公承三兄曲鄉公次子爲嗣子生道光丁酉年
二月廿九日酉時卒年月失葬在內山
版成公　吉鄉公長子生嘉慶庚辰年十一月廿五日巳時卒
同治癸酉年八月二十日辰時葬在堂祠
遂悅公　吉鄉公次子生道光癸未年八月廿九日申時卒同
治甲戌年八月十四日未時葬在祠堂
娶傅氏　娘改節
子二　長禮宇　次連裡
公別公　吉鄉公三子頂作四生道光戊子年六月二十日巳
時卒同治癸亥年十月十五日戌時棺葬鳥材林窨公後申
心崙坐癸向丁兼子午

貽商公　吉鄉公四子頂作五生道光辛夘年三月初九日戌
時卒年月失塟在内山
貽貌字　吉鄉公五子頂作六生道光甲午年十一月初四日
巳時往祠堂
文來字　福鄉公長子生道光乙未年十二月三十日辰時
往來公　福鄉公次子生道光戊戌年八月初一日辰時卒同
治癸酉年四月十四日未時
貽每字　福鄉公三子生道光庚子年十二月初四日申時
娶林氏担娘生道光庚子年十月初九日夘時
子　長禮
貽怕字　福鄉公四子生道光甲辰年九月廿八日辰時

貽日字　福鄉公五子生咸豐辛亥年七月初十日辰時

娶劉氏勉娘生同治壬戌年十二月初四日辰時

子　全勝

茅廬公號草舍　爵薇公承胞兄吉卿公三子爲長嗣子生道光丙戌年正月廿四日戌時卒道光癸卯年正月初十日戌時棺壅本里烏材林嶺尾頭崙邊坐丁向癸兼未丑

貽毛公　尊齒公次嗣子生道光癸巳年四月廿六日亥時卒光緒甲申年四月廿五日申時棺壅烏材林中連崙坐乙向辛兼辰戌

貽鋧字　文鄉公長嗣子生道光癸巳年八月廿三日午時

娶陳氏炎娘生道光庚寅年二月廿二日辰時

子二　長月來嗣子　次禮扱兩承

貽市公　文卿公次子生道光丁酉年正月初八日寅時卒光
緒丁丑年四月廿七日子時棺葬鎮撫杉頭垵坐辛向乙兼
娶陳氏歿節

子二　長金言　次禮扱出繼

貽長公　文卿公三子生道光乙巳年四月廿八日巳時卒同
治癸酉年正月十七日亥時棺葬鎮撫尾橋伽倫宮崙坐申
向寅兼坤艮

子　禮扱兩承

貽秦公　川進公長子生道光丁酉年十一月　日　時往
祠堂卒年月失葬在祠堂

兩承子　禮劉

貽轉字　川進公次子生道光壬寅年二月初五日未時往漳

其位字　人行公嗣子生咸豐辛亥年七月廿三日亥時往臺

貽泉字　人錫公子生道光丙午年十二月廿七日未時往臺

貽領字　人洸子生年月日時無考　往臺

肇基公　萬卿長子生咸豐辛亥年五月廿二日辰時往臺卒

光緒辛巳年十二月十八日巳時葬在臺

貽甚字　萬卿次子生咸豐辛酉年十二月初三日辰時

春水字　人肯長子生光緒己卯年二月初七日午時

進添字　順卿公子生　年　月　日　時

貽晋字　敬宗公子生道光乙巳年八月廿八日亥時

雙承子　禮郁

十九世中鎮撫四房四鵬雛路派貽字行

貽順字　楚鄉長子生咸豐己未年十一月廿四日子時

貽魚字　楚鄉次子生同治甲子年十月十一日辰時

貽妙字　隨喜承胞兄楚鄉三子爲嗣子生同治戊辰年七月初二日巳時

十九世中三田墘長房派貽字行

貽井公字　號養泉　八壽公嗣子生嘉慶丁卯年九月十二日丑時卒道光癸卯年三月初四日申時

娶張氏諱得娘謚節心生嘉慶甲戌年十一月初二日酉時

公塟本鄉崗槓邊坐南向北

　邑

子二　長禮四　次禮拈

貽蟆公號貽規　人敬公長子生道光辛巳年九月初四日寅時卒同治甲子年九月十六日酉時

娶王氏諱却娘謚懿德生道光乙酉年五月廿八日午時

公葬本鄉名土　坐　向

子五　長禮摇　次禮瑞　三禮蠏

四禮贊　五禮進出繼

貽矩公號圜圓　人敬公次子生道光癸巳年二月十五日午時卒道光戊申年十月廿九日卯時與　人敬公合葬本里黍林內土名鳳墩頭坐巽向乾兼巳亥

子二　長禮向承繼　次禮進承繼

處士貽㦛公字貽紳號貽義　人敬公三子為人淳雅沉靜篤
志力學親賢樂道耽嗜詩書至於三十餘歲未由上進而歸
黃泉是誠令人所痛惜者矣　堂弟　國星拜序
公生道光己亥年正月十一日辰時卒同治甲戌年二月初
一日辰時厝棺後在本里巖嶺腳山東寺嶺土名芹西壠穴
號甲樹蛇坐申向寅兼坤艮
娶蘇氏諱炭娘謚淑德生道光丁酉年十一月十六日巳時
子二　長禮向出繼兩承　次江湖嗣子
貽院公號寺亭　授賢公長子生道光辛巳年六月十一日申
時卒道光辛丑年二十四日巳時葬坐　向
子二　長禮曾兩承　次禮堄承繼

貽文公諱貽經　授賢公次子生道光甲申年七月十二日酉
時卒光緒庚辰年四月初一日辰時
娶楊氏諱孑娘生道光巳丑年十一月十一日寅時卒同治
壬戌年九月初四日酉時　公媽仝塟本鄉土名崗槓邊
坐南向北
子　禮冒出繼兩承

貽玉公諱貽鉞　授賢公三子生道光丁亥年七月初五日辰
時卒光緒庚辰年正月廿六午時
娶陳氏諱綢娘生道光辛卯年九月廿四日酉時
公塟本鄉土名坐　向
子二　長書聲　次垗聲出繼

貽荼號貽福　美德公長子生嘉慶己卯年九月廿一日辰時
娶洪氏絹娘生道光辛巳年十月十三日亥時
子　長禮
貽器公諱貽寶　美德公次子生道光甲申年十月十七日丑時卒同治壬申年六月廿五日未時塟本鄉土名崗槓邊坐南向北　無傳
貽衙號貽門　美德公四子生道光辛卯年正月初三日酉時
嗣子　禮山
貽尚公號貽進　貴封公長子生嘉慶巳卯年五月初五日午時卒咸豐甲寅年十二月廿六日戌時
娶趙氏號惠愛生道光壬午年九月初三日辰時在外家卒

道光丁酉年九月初七日戌時
繼娶謝氏諱等娘生嘉慶庚辰年九月初二日午時公塋本
鄉土名朱厝崙坐南向北
子三　長禮吉嗣孚　次禮捧　三禮韻

貽添丁號貽甲　貴封公次子生道光癸巳年六月廿九午時
娶謝氏諱蓮娘生道光癸巳年三月初三日未時
子三　長禮爪　次禮次　三禮註

貽開基公號貽癸　貴守公長子生道光乙未年九月初十日
午時卒同治壬申年十一月初十日丑時塋本鄉仁旺山坐
西向東　娶陳氏眼娘改節
子二　長禮蔡　次禮老

開欽公號貽盛　貴守公次子生道光戊戌年正月廿九日辰
時卒光緒庚辰年八月廿三日子時
娶楊氏敏娘改節　無傳
貽美公號貽富　人安公嗣子生道光丁酉年九月廿一日酉
時卒光緒巳卯年四月廿四日卯時　無傳
貽韮字　人安公次子生道光癸卯年三月初四日申時
東河公　士寅公長子生卒年月日時往吧不知
華淡公　懋允公長子生嘉慶癸亥年七月初四日辰時
華奇公　懋允公次子生嘉慶丙寅年十一月初二日寅時
高陞公　懋允公三子生嘉慶辛未年二月廿六日卯時
玉波公　懋猷公子生嘉慶辛未年七月十三日戌時

此四位俱在臺卒不知如何

十九世中三田墘二房派貽字行

貽砧公號安上　八候公長子生道光丁酉年六月十七日午
時卒同治乙亥年四月十九日子時
娶陳氏須娘生道光庚子年十月十二日卯時
子二　長三多　次九如出繼

貽蓮公號貽夏　八候公次子生道光庚子年六月三十日酉
時卒同治丁卯年七月十五日丑時葬本鄉土名坐　向
娶陳氏嬌娘生道光甲辰年五月十八日辰時
子二　長禮侃　次禮性母子住同安居住

貽枆字　號　八候公三子生道光辛亥年正月初三日子時

娶林氏諱女娘生咸豐甲寅年六月三十日亥時

子三　長禮棖　次禮再　三禮那

貽静　入候公四子生咸豐癸丑年九月初三日丑時　殤

貽莪　字　號　入札公長子生道光戊申年正月初七戌時

娶洪氏諱軒娘謚昂德生年月日時失卒同治癸未年十月

廿四日丑時

子二　長禮事嗣子兩承　次禮如承繼

貽表　字　號　入札公次子生道光己酉年八月廿三戌時

貽悄公字　號安然　入札公三子生道光壬子年七月廿六

日申時卒光緒丙子年七月初四日巳時往上府埜在沙縣

雙承子　禮事

貽清　字貽正　人愀長子生咸豐癸丑年五月十一日午時
娶陳氏名香娘生同治甲子年十一月十五日子時
子　禮連
貽挺　字貽　人習公承繼子生同治戊辰年四月初九丑時
貽正　字貽　人泳長子生咸豐癸丑年十一月十九日丑時
貽崎　字貽　人揣長子生同治癸亥年四月初七日酉時
貽犬　字貽　人琛公子生光緒癸未年五月二十日　時
貽物　字貽　人傑承繼子生同治甲戌年閏六月二十子時
長成　字貽　人黨子生光緒辛巳年正月廿七日戌時
百合　字貽　人魴公與人榮公兩承子生同治甲戌年三月
初十日　時

貽殿公號善孟　八榜公長嗣子生咸豐辛亥年八月初十日
巳時卒光緒戊寅年二月十二日寅時
承繼子　禮格
貽飛字貽房　八榜公次子生咸豐辛亥年十月初七日戌時
娶吳氏錐娘生咸豐癸丑年　月　日　時
子　長禮格出繼　次禮吉
秋魚　八榜公三子生咸豐丁巳年六月廿一日巳時　殤
春梅　八泳次子生咸豐丁巳年四月初三日寅時　殤
古樹字　八吐公長子生道光壬寅年六月初四日酉時
水浪字　八吐公次子生道光戊申年二月十六日酉時
娶陳氏纓娘生咸豐庚申年　月　日　時

子　長禮職　次禮面
貽鬻字　入畜公養子生道光甲辰年四月三十日巳時
貽百字　入猜長子生道光丁未年十一月初二日寅時
娶陳氏富娘生咸豐己未年二月初四日巳時
子　長
貽圈字　入猜次子生咸豐乙卯年十二月初八日卯時
娶陳氏鵨娘生同治丁卯年七月廿七日酉時
子　長
貽別字　入猜三子生同治癸亥年三月初六日丑時
貽汜字　入猜四子生同治癸酉年閏六月初八日辰時
貽仰字　入樂公長子生咸豐庚申年二月二十日午時

貽草字　八樂公次子生同治丙寅年十月十二日午時
貽寢字　八樂公三子生同治戊辰年九月初一日辰時
貽學字　八樂公四子生光緒丁丑年十二月十四日寅時
貽回字　八溪長子生同治癸亥年十二月十一日申時
貽明字　八溪次子生同治丁卯年四月十九日戌時
貽夏字　八溪三子生同治壬申年四月十二日寅時
貽魏字　八溪四子生光緒戊寅年十一月廿七日戌時
業儒貽景字國星號永慶

積善公長子念吾父延師敎子誠意懇摯恒望其子學有淵源顯耀門閭得以伸其志願迄於今駒隙之如流豹斑之未見賤之不才如此是誠愧恥無地也竊恐負我父之本願矣今逢二房派族衆修譜亦就本房

從先人輯辦賤累齊爲眞付族等刻印脩齊一部以完譜牒此非賤之功其我本房脩輯萬一有失檢點亦非賤之咎也聊序數句俚語以表其情焉爾　生道光壬寅年八月初八日酉時

娶陳氏名汀娘謚順德生道光庚子年七月廿七日酉時

子　長禮辟　次禮貴出繼　三禮九

貽瑱公字國　號承儉　積善公次子爲人生理爲業克儉克勤兄友弟恭其制行亦有可取者　生道四年午年十月初二日子時卒同治甲戌年八月十七日巳時

娶謝氏諱讓娘生道光乙巳年九月初七日申時卒同治乙亥年五月廿三日巳時　公媽瓦棺合葬本鄉土名朱厝

崙坐南向北

子二　長琴書嗣子　次天寶

貽尼公字　號承樂　積善公三子生咸豐辛亥年二月十一日子時卒同治壬申年九月廿七日夘時尾棺與　承儉公合塟本鄉土名朱厝崙坐南向北

娶謝氏諱泉娘攺節

半承子　禮貴

祖述字國成　積善公四子生咸豐癸丑年十二月廿九酉時

娶陳氏名經娘生咸豐乙夘年三月廿九日午時

子　長禮添半出繼　次禮喻　三禮址

貽愈公字　號承勝　積善公五子生咸豐丙辰年十月十三

日巳時往吧卒光緒辛巳年九月十三日酉時葬在吧
娶王氏腰娘歿節
兩承子　禮添
貽瓏字國珍　積善公六子生咸豐戊午年十一月廿四未時
娶王氏絲娘生咸豐辛酉年九月十七日戌時
子　長禮
七雄字國長　積善公七子生同治壬戌年四月初六日酉時
娶　氏　娘生
子　長禮
貽返公字貽　號正恭　八奪公養長子生道光壬寅年九月
廿三日申時卒同治丙子年四月二十日辰時尾棺葬本鄉

土名岡樻邊坐南向北
娶陳氏名晟娘生道光丙午年九月十一日辰時
子二　長承蘖　次兩進兩承
貽納公號承福　人尊公次嗣子生道光壬寅年二月廿九日
時卒光緒癸未年二月初十日郊時葬本鄉土名崗樻邊
坐南向北
牛承子　兩進
南容字　人尊公與人朝公雙承子生咸豐壬子年九月廿六
日未時
娶陳氏名差娘生咸豐壬戌年閏七月十七日丑時
子　長禮

南宫字　人夺公與人朝公雙承子生咸豐巳未年三月二十日午時
娶張氏名麵娘生同治庚辰年正月廿八日辰時
子　長禮

南滔字　人朝公三子生咸豐丙寅年七月十四日巳時
娶謝氏名惜娘生同治壬戌年六月十三日未時
子　長禮

南岳字　人朝公四子生同治甲子年八月初十日寅時
娶謝氏名険娘生同治丙寅年十一月十三日　時
子　長禮

貽崑公　人以公長子生道光壬辰年九月十九日戌時卒光

緒乙夘年八月初七日夘時

貽程字　入以公次子生道光庚子年正月廿九日辰時

貽潭公　入以公三子生道光甲辰年十月廿三日未時卒道
光庚戌年十一月廿五日亥時　殤

貽攬字　銘卿公長子生道光壬寅年七月十六日午時移居
上府沙縣

貽腱公　銘鄉公次子生道光乙巳年十一月初六日辰時卒
光緒巳卯年三月初三日　時葬在番邦

貽灣字　入哆公長子生道光丙午年八月廿八日夘時移居
在沙縣

貽蕚字　入閩長子生　年　月　日　時　殤

貽杷字　八閩次子生咸豐庚申年九月初七日戌時
娶謝氏名錢娘生同治戊辰年三月初三日酉時
子　長禮
貽商字　八閩三子生同治癸亥年七月初三日午時
貽揆字　八糖長子生光緒庚辰年十月廿二日酉時生在大
田居住
十九世中三田墘四房派貽字行
貽灶公　八震公子生道光戊子年　月　日　時卒咸
豐癸丑年三月　日時
貽趨公號恩通　祿壽公子生道光戊申年六月十三日巳時
卒光緒丁丑年七月廿五日卯時

娶温氏徙娘生咸豐甲寅年四月十四日丑時卒光緒丁丑
年七月十七日申時
濬泉公號福源　則安公長子生道光巳亥年九月初十日午
時卒同治丙寅年二月廿四日亥時
娶竒氏甜娘生道光癸卯年二月初十日午時
子　長鷓鴣　次禮褱嗣子
厚根字春生號　則安公次子生道光甲辰年九月初二辰時
娶謝氏滿娘生道光戊申年十二月初十日子時
子　禮金綀
貽佝字　元位公長子生咸豐壬子年九月初十日申時
貽涍字　元位公次子生咸豐乙卯年十一月初三日子時

貽讓公　元祿公子生道光戊申年六月二十日午時卒同治
年　月　日　時
註定字　元名公長子生同治癸亥年十月初一日辰時
娶謝氏求娘生同治乙丑年十一月十九日戌時
子　長禮
貽貨字　元名公次子生同治壬申年六月初四日未時
貽立字　元壽公子生同治丙寅年九月初九日卯時
貽冰字　元廣公長子生道光丁未年四月十八日申時
娶殷氏季娘生咸豐庚申年正月初七日巳時卒光緒辛巳
年閏七月十一日酉時
承繼子　禮九土

貽劉字　元廣公次子生咸豐甲寅年正月十三日巳時

娶謝氏六娘生同治丙寅年十二月初七日寅時

子　禮九士出繼　次成龍

貽諶字　元廣公三子生咸豐己未年正月初十日卯時

貽看字　元廣公四子生咸豐辛酉年六月廿四日午時

貽㴋字　元廣公五子半出繼入送公爲嗣子生同治辛未年

二月廿七日酉時

廿九世中三田墘五房派貽字行

貽到字先禮　十成公長子生道光甲辰年九月初一日巳時

卒光緒乙酉年七月　日　時

貽由字貽艮　從得公長子生咸豐甲寅年正月初一辰時

貽築字貽城　從得公次子生同治丙寅年十二月廿八戌時

貽雌公號知恩　發祥公長子生咸豐戊子年正月廿六日丑

時卒同治甲戌年八月十二日戌時

娶謝氏　娘改節

嗣子　禮慶

貽體公號正恩　發祥公次子生咸豐戊午年正月十一日子

時卒光緒庚辰年三月三十日戌時

娶謝氏改節

貽寵字貽方　珥石公嗣子生同治辛未年十一月十二巳時

貽閱字　人郁長子生光緒壬午年三月廿九日巳時

貽雨字貽濕　興慎公長子慶量懷宏情理貫通生道光戊申

年六月廿二日亥時
娶謝氏瞞娘生咸豐丙辰年七月十四日子時
子　長禮標撥養兩承　次金河兩承
貽楚公號貽清　興慎公次子半出繼人作公爲嗣子生咸豐
庚申年閏三月初三日卯時卒光緒癸未年十月廿二日戌
時葬在梹榔嶼
配洪氏未過門
兩承子　禮標　次金河
貽鈎字貽鈞　興義公長子半出繼人劉公爲嗣子生咸豐戊
午年九月廿九日申時
娶蔡氏段娘生咸豐壬戌年十月二十日辰時卒光緒乙

酉年三月廿二日未時

貽蟶字貽洛　興義公次子撥出與人作公爲兩承子生咸豐

辛酉年六月廿一日巳時

娶洪氏寶娘生同治戊辰年十一月初八日　時

子　長

貽審字貽知　興義公三子生同治甲子年八月初五日申時

娶謝氏雙娘生同治戊辰年九月廿二日辰時

子　禮

貽掃字　興民與人岳公兩承子生光緒庚辰年三月十四日

辰時

椒春字　人見公與人算公兩承子生光緒乙亥年六月十七

日亥時
貽飲字貽供　有福公長子生道光戊戌年七月三十日子時
娶謝氏螺娘生道光丙午年五月十九日　時
子　長禮省　次禮寄　三禮凉　四禮廣　五禮雁　六禮卦
貽欉字貽林　有福公次子生道光癸卯年四月十六日子時
娶謝氏　娘生咸豐壬子年三月初六日卯時
子　禮樣
貽問字　有福公三子生道光庚戌年七月初三日戌時
貽餘字　有福公四子生咸豐丁巳年六月十八日酉時
娶陳氏力娘生咸豐巳未年十月廿五日戌時卒光緒丁丑
年二月十三日午時

貽𠫤字貽紋　有得公長子安分守己增廣田業生道光乙巳年八月二十日未時
娶王氏好娘生道光己酉年八月十七日午時
子　長禮筍　次禮茁
金聲字貽振　有得公次子生咸豐庚申年二月初十日寅時
娶許氏理娘生同治戊辰年四月初五日丑時
子　長
貽摘字貽樹　重恩公長子生咸豐辛亥年九月初一日酉時
娶謝氏笑娘生道光庚戌年五月初四日巳時
子　禮蝦
貽拈公字　號儉正　重恩公次子生咸豐丁巳年正月十

三日酉時卒光緒乙亥年四月初四日辰時
嗣子　習發殤
貽奠字貽永　重恩公三子生咸豐己未年十月初八日未時
娶洪氏脱娘生咸豐庚申年正月十六日酉時
貽鏗字貽潟號正息　志道養長子生咸豐甲寅年六月十三
日未時
貽元字貽首號正豐　志道次子生咸豐庚申年六月十九日
寅時
娶張氏忍娘生咸豐辛酉年正月十四日巳時
子　長文篆　次文藝出繼
貽脩公字貽玄號寬廣　志道三子生同治壬戌年十月初十

日卯時卒光緒壬午年十月廿二日未時
承繼子　文藝
秋蓉字貽萁號正茂　志道四子生同治乙丑年七月十四日
辰時
娶謝氏榜娘生同治乙丑年十二月十五日巳時
子　禮
以爆字貽一號正日　志道五子生同治戊辰年閏四月二十
日辰時
娶謝氏靜娘生同治辛未年十二月廿八日巳時
瑞沵字貽假號珠齋　澄清公長子生咸豐戊午年四月初
一日卯時

娶王氏愿娘生咸豐己未年九月十九日午時
子　長文旁　次登篤
崇順字貽祥號祉齋　澄清公次子生咸豐辛酉年九月十一
日申時
娶許氏簞娘生同治甲子年十二月廿九日戌時
子　泮篤
咊八字貽銀　澄清公三子生同治戊辰年十二月初八卯時
娶　氏　娘生
貽訪字貽正　治世養長子生咸豐丙辰年七月初初一辰時
娶王氏塔娘生咸豐丁巳年三月十三日巳時
半繼子　長橫流　次全盛

貽足公號足衣　治世次子生同治癸亥年五月初九日子時
卒同治辛未年九月十五日酉時葬在本鄉土名仁叚山坐
向乾兼辰戌
半承子　長橫流　次全盛
貽品字貽好　厚世長子生咸豐己未年九月廿五日巳時
娶謝氏定娘生咸豐癸亥年十一月初十日寅時
子　長喬木殤　次葛藟
貽進字　厚世次子生同治戊辰年九月廿一日亥時
娶謝氏　娘生
鴈塔字　厚世三子生同治癸酉年九月十七日寅時
火烈字　厚世四子生同治乙亥年十二月初十日子時

貽貢　字貽　號　人唱公長子生光緒庚辰年四月廿一日
申時
配　氏　娘生

貽漳　字貽　號　人唱公次子生光緒甲申年四月十五日
卯時
配　氏　娘生

雙禮　字貽　號　人探長子生於光緒癸未年十月十五日
酉時
配　氏　娘生

卷之六下終

參山二房派黃氏族譜

後房二十世乾房派禮字行

禮恩　貽力長子生同治壬申年五月廿五日巳時

禮漢　貽力次子生光緒戊寅年十一月廿三日寅時

禮池　貽力三子生光緒辛巳年九月十二日寅時

冬季公　忠就公子生道光壬辰年正月初二日　時卒光緒壬午年十月初一日　時往噴叻歿葬地在番

禮粒　貽金公長子生咸豐辛亥年十二月初八日子時

禮臣　貽金公次子生咸豐丁巳年五月廿二日戌時

冬萊　貽傳公子生咸豐巳未年十二月初一日亥時

娶曾氏富娘生同治癸亥年九月初六日巳時

禮花公　江漢公嗣子生道光辛丑年三月十四日　時卒同治乙丑年九月十一日辰時往沙縣殁葬地俟查

禮利公　貽習公子往厦門殁生卒年月葬俟查

禮貯公號式當　忠日公長子生道光巳卯年三月十四日酉時卒光緒辛巳年三月初一日午時寄葬巖嶺脚土欖後

妣龔氏諱好娘號儉惠生道光庚辰年五月十七日酉時卒道光己亥年十月廿五日卯時葬本里土名牛脰頭山東後格中心崙壙路

繼娶謝氏諱弍娘號順儉生道光丙戌年正月廿一日午時卒同治己巳年正月初三日辰時葬本里牛脰山東后大坵田后

子三　長跳　次巳　三蹀

禮着公號式急　中日公次子生道光辛巳年十一月初六日辰時卒道光己酉年六月初七日戌時

娶陳氏旼節

禮燕公號式紫　中日公三子生道光癸巳年八月十二日亥時卒光緒庚辰年四月初十日子時寄葬本里竹仔林坑

嗣子　則桂

禮簡字　中日公四子生道光　年　月　日　時

富歲字　天賜子生道光壬辰年七月初二日卯時

娶劉氏淑娘生道光庚子年正月初一日卯時

子二　長雨順　次源水

後房二十世乾房羅內派

禮望字　成吉公生道光辛卯年十一月初七日巳時

娶洪氏爵娘生道光壬辰年二月初一日巳時

子二　長福　次道

禮更字　金龍公子堂弟貽崇子撥出承繼生

禮聳字　貽崇長子生　年　月　日　時卒光緒辛

巳年正月初一　時

禮雄　奕善公長子生道光癸卯年十一月廿五日午時

禮琤　奕善公次子生道光丙午年五月初四日卯時

禮貢　奕善公三子生道光巳酉年正月三十日午時

禮心字　奕善公四子生咸豐癸酉年二月初四日丑時

禮鐸　奕善公五子生咸豐丙辰年三月廿七日未時

禮雌　奕善公六子生同治庚子年五月十七日亥時

禮選公　貽猷公長子往番生卒年月日時失

瑞麟公　貽猷公次子生卒年月日時塟俟查

禮稼　貽美公嗣子堂兄貽弼六子承繼生咸豐辛酉年三月十三日辰時

娶紀氏網娘生咸豐巳未年七月初四日辰時

嗣子　長則墻　次則涵

禮養　有汜公長子生道光己亥年二月初八日寅時

娶沈氏分娘生道光乙巳年八月十四日巳時

子　長則舖　次則店出繼

禮來　有汜公次子生道光辛卯年十二月　日　時

子　則店承繼

禮瑞　有渚公雙承子生咸豐辛亥年十一月廿九日卯時

娶蘇氏送娘生同治壬戌年十一月十四日　時

子　則滚

禮香字　貽輝子生道光乙巳年八月廿五日辰時

娶　氏　娘在番

子　則春炎

禮波字　世榮公嗣子生咸豐庚申年四月初八日卯時

娶杜氏尾娘生同治乙丑年八月十四日巳時

禮浦　永成公嗣子生同治辛未年三月十三日寅時

禮必　貽讀公子往番生

振固　貽鋧嗣子生光緒戊寅年六月二十日午時

禮盾　亦發公雙承子生同治辛未年十一月廿四日夘時

禮蟾　貽悻長子生同治巳卯年三月十五日亥時卒月日時

失塟俟查

禮造　貽悻次子生同治甲戌年五月廿五日申時

禮爽　貽恀承繼子生光緒丙子年十二月二十日酉時

禮潭　水晶公生卒年月失

禮卓　貽紫子生咸豐戊午年十一月十五日巳時

禮佃字　貽勤公長子生道光壬寅年九月初五日巳時

娶洪氏竹娘生道光巳酉年十二月初七日申時

子三　長則約　次則綿　三則眼

貽勁公次子生道光丙午年七月初二日未時

禮善公

娶洪氏香娘生道光戊申年七月初三日午時

子三　長則丑　次則量　三則買

禮仕　賓裕公長子生咸豐辛亥年五月初三日午時

禮祭　賓裕公次子生咸豐戊午年十一月十三日寅時

禮揚　貽瑱長子生同治辛酉年十二月初二日午時

禮寅　貽瑛次子生同治乙夘年九月廿三日丑時

禮拋　貽烈子生同治壬戌年十一月廿八日寅時

禮棟　貽發公長子生道光庚寅年九月十五日丑時

娶謝氏萬娘生道光乙未年八月三十日寅時

子三　長則璋　次則婆　三則欽

禮博字文禮　貽發公次子生道光癸巳年十二月廿九日巳時

娶吳氏廳娘生道光庚子年正月十七日卯時

子四　長則國　次則會　三則群　四則體

光武公　貽發公三子生卒年月葬俟查

禮貫公　貽發公四子生道光己酉年八月初一日　時卒同

治壬申年十月十五日寅時葬古仔山坐東向西

禮報　貽契承繼子生同治癸酉年正月廿三日辰時

禮毋　貽能承繼子生同治丁卯年十二月初二日酉時

禮素　貽怕長子生同治癸亥年五月初六日未時

娶陳氏榠娘生同治戊辰年四月廿一日寅時

禮翁　貽柏次子生光緒乙亥年九月三十日夘時

禮科　貽十雙承子生同治癸亥年正月初八日辰時

娶洪氏相娘生同治庚午年五月　日　時

禮池　貽閣長子生同治辛未年十二月初十日子時

禮哖　貽閣次子生同治甲戌年八月初二日未時

禮鈎　貽閣三子生光緒戊寅年七月初八日未時

禮日　貽賢公子生卒年月塟俟查

禮衫　貽節公子生卒年月塟俟查

禮有　貽忠公子生光緒戊寅年五月廿九日　時

禮英　貽囷長子生光緒戊寅年九月初十日未時

禮才　貽囷次子生光緒辛巳年正月十三日未時

禮獺　貽曾抱養子生光緒辛巳年二月初二日夘時
禮擿公　貽攝公長子生道光戊戌年　月　日　時卒年月
葬俟查
禮豆　貽簡公長子生咸豐癸丑年三月廿二日子時
娶洪氏號色蝶生咸豐庚申年八月十三日辰時卒光緒甲
申年二月十六日巳時
子一　則盛
禮換號文章　貽簡公次子生咸豐乙夘年十二月十四日巳
時卒光緒辛巳年十二月初四日辰時
娶洪氏敃節
子一　則漸

禮迎　貽趨公長子生咸豐癸丑年二月十七日丑時卒咸豐
辛酉年十二月廿一日酉時
承繼子　則蟶

禮答　貽趨公次子生道光甲寅年十月十九日子時
娶陳氏　娘生咸豐戊午年八月初五日巳時
子　長則狆　次則糴　三則蟶

禮風　貽趨公三子生同治庚午年十二月廿八日辰時

禮意　貽塔長子生道光乙卯年十二月十七日戌時
娶洪氏號順貞生同治甲子年十月十九日午時卒光緒壬
午年六月十三日未時

禮廉　貽塔次子生咸豐癸亥年十一月廿四日子時

禮高　貽塔三子生同治甲戌年八月初五日未時

真水　貽塔四子生光緒戊寅年十二月十三日寅時

禮驄　貽纓長子生咸豐甲子年十二月廿五日戌時

禮敲　貽纓次子生同治戊辰年五月廿二日申時

禮麡　貽纓三子生光緒乙亥年四月十七日申時

禮橋　貽欺長子生咸豐癸亥年六月廿二日申時

禮梯　貽悟公長子生咸豐戊辰年十二月廿五日酉時

禮牕　貽悟公次子生咸豐癸亥年八月廿二日戌時

禮照　貽蟳公長子生同治丙寅年十月廿九日亥時

禮澎　貽蟳公次子生同治壬申年十月初四日寅時

禮訣　貽鳩公子生光緒巳卯年四月廿八日午時

禮神　貽坂長子生光緒辛巳年二月十五日午時

禮科　貽振公雙承子生同治癸亥年正月初八日辰時

娶洪氏權娘生同治庚午年五月　日　時

成器　貽歎子生

水澤　貽新長子生光緒乙酉年九月十一日辰時

迎春　秀士公嗣子生光緒甲申年十一月廿一日巳時

禮祖　貽澀長子生光緒庚辰年十二月初十日亥時

禮璉　貽蔕長子生同治甲戌年四月廿三日午時

禮岳　貽劍長子生咸豐巳未年十月初二日酉時

禮係　貽啐子生光緒癸未年十月廿三日酉時

禮宰　貽楝子生光緒甲申年九月廿七日午時

禮汀　貽井長子生同治壬申年八月廿二日丑時

禮盤　貽井次子生同治甲戌年十二月初三日寅時

禮水　貽井三子生光緒己卯年六月十四日丑時

禮緞　貽禮公長子生光緒辛巳年五月十六日巳時

禮盾　貽權雙承子生同治辛未年十一月廿四日卯時

禮楚　貽月長子生咸豐己未年七月十六日未時卒光緒辛巳年七月廿六日未時

嗣子　則勤

禮迎　貽月次子生同治乙丑年九月廿四日丑時

禮坪　貽花兩承子生同治癸亥年四月十七日辰時

禮滴　貽長長子生同治庚午年十二月十九日酉時

管蘭　貽長次子生光緒丁丑年十一月廿八日未時

禮見　貽楊長子生光緒丙子年十二月廿五日丑時

禮緝　貽楊次子生光緒壬午年三月十八日巳時

禮寅　貽郡長子生光緒癸未年九月十六日寅時

禮袍　貽窮承繼子生光緒辛巳年閏七月初七日辰時

禮福　來吉長子生光緒癸未年六月初十日卯時

禮服公　自來公長子生咸豐癸丑年九月初三日午時卒光緒丁丑年八月十三日午時

禮到公　自來公次子生咸豐庚申年二月初四日戌時

禮達　貽鶚長子生光緒乙酉年正月初七日寅時

禮　貽簽長子生光緒乙酉年十月初五日午時

禮蓼　貽米長子生光緒癸未年四月廿五日寅時

禮隻　貽猴長子生光緒己卯年六月十九日巳時

添益　貽猴次子生光緒乙酉年正月十五日酉時

禮探　貽修公長子生咸豐甲寅年十二月十五日寅時

娶洪氏　娘生咸豐庚申年七月十五日午時

禮崙　貽修公次子生同治丁卯年四月十五日午時

禮寢　貽徽公長子生咸豐庚申年　月　日　時

禮貨　貽徽公次子生光緒　年　月　日　時

禮拾　貽殿長子生同治乙丑年四月十五日　時

禮稿　貽殿次子生同治庚午年十二月十五日午時

禮走　貽殿三子生同治甲戌年八月初四日午時

禮祿　貽殿四子生光緒壬午年七月初六日午時

禮琨　貽朋長子生同治辛未年八月廿八日午時

禮璇　貽朋次子生光緒乙亥年五月十三日辰時

禮玩　貽朋三子生光緒壬午年九月十七日巳時

禮糊　貽腋長子生同治癸酉年十月二十日夘時

禮瑛　貽腋次子生光緒戊寅年十二月初六日夘時

禮圍　貽腋三子生光緒癸未年正月廿六日丑時

禮琛　貽臘長子生光緒壬午年九月初六日丑時

禮乾公　貽侊公長子生咸豐丁巳年二月十八日辰時卒光緒癸未年六月初五日未時往番殁塟在番

娶蘇氏改節

禮區　貽侊公次子生　年　月　日　時

禮桃　貽直長子生光緒辛巳年八月十三日丑時

禮蚕　貽直次子生光緒甲申年十月十六日卯時

後房二十世乾房池頭派禮字行

傳世字祖禮　貽謗公承繼子生道光壬寅年十二月廿九日

未時

娶王氏云娘生咸豐甲寅年十二月十六日酉時

承繼子　則賽

禮兑　德祝公長子生道光己亥年四月廿七日卯時

娶謝氏滿娘出嫁

禮孔　德閣公長子生咸豐辛亥年十二月廿八日未時

禮爲　德閣公次子生咸豐戊午年十二月廿五日丑時
娶林氏椒娘生同治戊辰年八月十三日酉時
禮鳳字儀禮　貽哲長子生道光庚子年八月十二日丑時
娶趙氏甘娘生道光辛丑年八月十一日子時
子　長則梅出繼　次則高　三則喘　四則亮出繼
山字昆禮　貽哲次子生道光癸卯年十一月十三日酉時
娶陳氏尊娘生咸豐辛亥年十二月十七日酉時卒光緒己
卯年七月廿一日卯時寄葬後院
子二　長則集　次則賽出繼
禮果字然禮　貽格長子生道光己酉年九月十三日丑時
娶王氏抄娘生咸豐辛亥年十二月十七日酉時

抱養子　長則灣

禮濺字貴禮　貽格次子生咸豐癸丑年十月廿五日夘時

娶劉氏香娘生　年　月　日　時

禮睢　貽翁長子生咸豐戊午年十月廿九日亥時

禮雍　貽翁次子生同治癸亥年四月廿六日亥時

金蓮　貽翁三子生同治己巳年四月十四日未時

禮暹　貽翁四子生光緒乙亥年正月初二日巳時

山猪　貽翁五子生光緒戊寅年十一月初一日戌時卒光緒

癸未年四月初七日巳時

禮托字交禮　德寅公長子生咸豐癸丑年十月初七日午時

娶張氏罠娘生同治壬戌年五月十二日未時

子　則乾
禮艮字接禮　德寅公次子生咸豐丙辰年四月廿七日亥時
娶王氏賢娘生同治丁夘年十一月十九日申時
子　則聘
禮企　德寅公三子生咸豐己未年正月初七日子時
禮櫓　德寅公四子生同治戊辰年八月二十日未時
禮杞字鉅禮　貽勳長子生咸豐癸丑年十一月十三日酉時
娶陳氏篠娘生咸豐辛酉年六月十二日酉時
子　長則守
禮匾字舟禮　貽勳次子生咸豐辛酉年三月三十日酉時
娶謝氏纓娘生同治乙丑年九月十二日寅時

禮入　貽動三子生同治庚午年十二月廿四日申時

禮椒公　德深公長子生卒年月日時墊俟查

承繼子　則梅

禮答　貽謀長子生同治戊辰年七月十一日寅時

生外字聲禮　貽賒長子生咸豐辛酉年正月初三日寅時

娶謝氏惜娘生同治丁卯年四月廿五日酉時

禮安　貽賒次子生同治辛未年三月廿四日未時

禮亮　永溪公抱養子生同治壬申年正月初五日未時

禮譜　貽幷公承繼子生光緒乙亥年正月初二日巳時

禮炤　餘地子生卒年月往沙縣歿墊俟查

禮焘字玉禮　情登公子生咸豐己未年六月十二日戌時

娶謝氏勅娘生同治辛未年三月二十日酉時

禮粕　明遠子生同治己巳年四月廿四日巳時

娶謝氏水娘生光緒丙子年八月初一日申時

後房二十世乾房宮嶺派

禮煥　其協公長子生咸豐乙卯年三月十九日寅時

禮記　成習公子生光緒乙亥年十一月廿五日寅時

禮尚　貽儆長子生同治壬申年四月廿四日寅時

禮琳　貽敏次子生同治戊寅年六月初六日巳時

禮好　成物公長子生咸豐癸丑年十月十一日申時

娶洪氏禩娘生咸豐癸丑年正月初二日　時

子　則忠

禮怡　成物公次子生同治癸亥年十二月十六日巳時
禮繼　貽杞長子生同治甲子年十一月二十日酉時
禮樹　貽杞承繼子生光緒辛巳年七月三十日午時
禮桑　成類公子生咸豐庚申年三月廿三日酉時
娶詹氏續娘生同治丁卯年九月廿五日戌時
禮丕　成昌公長子生咸豐庚申年正月三十日亥時
娶孫氏乘娘生同治壬戌年四月十四日　時
禮城　成昌公次子生同治壬戌年六月十三日巳時
禮山　成昌公三子生同治丁卯年十二月初二日卯時
禮坑　貽札長子生光緒戊寅年二月廿五日亥時
禮釆　貽札次子生光緒甲申年三月十六日申時

禮佳　成香公長子生

禮景　貽信公雙承子生同治庚午年十月十四日丑時

禮自　興仁公承繼子生咸豐庚申年七月廿二日未時卒光
緒己卯年　月　日　時死棺瘞本鄉土名樓仔後

禮安　興仁公承繼子生同治庚午年九月初六日戌時

禮乞　興仁公承繼子生光緒丁丑年三月十六日戌時

規矩　成農公長子生咸豐辛酉年十月十五日　時
娶洪氏不裉生同治癸亥年五月十三日郊時卒光緒辛巳
年二月廿一日郊時

禮冬　成農公抱養次子生光緒丙子年閏五月初五日酉時

禮圭　成農公抱養三子生光緒壬午年十一月廿一日戌時

禮呼　貽葵次子出繼生同治乙丑年六月初十日未時
禮歐　貽葵三子生同治庚午年六月十六日未時
禮猫　貽葵四子生光緒己卯年九月初七日卯時
禮貨　貽往長子生同治壬申年十二月廿八日申時
禮炎　貽往次子生同治己卯年十一月十九日戌時
禮漢　貽盾長子生同治庚午年七月廿二日申時
禮洽　貽盾次子生光緒丙子年十月十八日申時
禮景　貽堯雙承子生同治庚午年十月十四日丑時

後房二十世坤房派

金銓　啟東長子生卒年月不知幼亡
金策　啟東次子生光緒壬午年四月廿三日未時

後房二十世福水派

禮娶字 貽欽長子生同治丁夘年正月廿八日未時

琨山字 貽欽次子生同治庚午年正月初八日酉時

禮燃字 貽欽三子生同治壬申年八月十一日酉時

淡潤字 貽欽四子生光緒庚辰年十一月十二日酉時

文彦字 貽舟長子生同治乙丑年九月廿九日夘時

文只字 貽舟次子生同治癸酉年六月十四日丑時

禮妹字 貽舟三子生光緒丙子年四月初一日子時

春圓字 貽和長子生光緒癸未年五月廿三日子時

安石字 貽望長子生光緒乙亥年正月十五日午時

禮音字 貽望次子生光緒丁丑年九月十八日亥時

森烈字　貽金長子生光緒乙酉年二月初十日　時
禮冷字　貽來長子生同治甲子年八月初八日午時
禮凉字　貽來次子生同治丁卯年七月廿八日酉時
禮示字　貽來三子生光緒戊寅年十月廿二日酉時
禮憐字　貽來四子生光緒壬午年四月廿九日申時
禮葉字　貽賢公長子生道光甲辰年四月初十日辰時
禮静字　貽直長子生同治辛未年八月廿六日巳時
禮興字　貽直次子生光緒戊寅年二月廿六日巳時
禮出字　貽惕長子生光緒乙酉年十一月初九日未時

二十世鎮撫長房長鳳撫公派禮字行

禮語字論禮　貽道子生道光辛巳年十一月十三日辰時

娶劉氏烈娘生道光癸未年四月初八日巳時

子三　長則耀　次則向殤　三則教抱養

禮攸字攸禮號綿成公　貽棹長子生道光丁亥年六月廿八日丑時卒同治辛未年正月初三日郊時

幼娶林氏氣娘殤

幼娶趙氏　娘殤

娶陳氏乖娘生道光辛卯年四月廿五日丑時

子一　則褚

禮善字　貽楨次子生道光壬辰年六月十八日未時

娶劉氏諱傳娘號習慈生道光丁亥年九月廿六日巳時卒
年月日時失

禮笠號伯成公　貽棹三子生道光庚子年五月十九日戌時
卒光緒庚辰年六月廿八日申時棺瘞本山
娶李氏雪娘生道光己亥年七月　日　時
子二　長則見　次則隨承繼

禮森號自木公　貽淵養長子生道光丁亥年九月十五日巳
時卒同治丁卯年正月十八日　時
娶李氏諱清娘號節儉生道光乙未年十一月十九日未時
卒同治戊辰年四月十五日午時
子一　則讀兩承

禮挑號自生公　貽淵養次子生道光庚寅年九月初一日辰
時卒同治丁夘年十月廿九日　時
子一　則讀兩承

團院字　貽湍長子生道光乙酉年五月初四日夘時
娶許氏初娘生道光丙戌年九月十五日戌時
子三　長則日　次則眼　三則讀出繼

禮仲號自弓公　貽湍次子生道光丁酉年四月初三日亥時
卒同治　年　二月　日　時
娶蔡氏箴孃歿節
子一　則本

禮實　貽湍三子生道光癸夘年五月廿六日酉時

禮源字泉禮　貽湍四子生道光乙巳年九月十三日午時
娶陳氏返娘生咸豐辛酉年七月廿六日酉時
子　承祖　拮仔修譜稱子五　出嫁兩子則毓大樹則朝二房

禮漸　貽藐長子生道光丁亥年七月初一日午時
幼娶葉氏德娘　幼殤
兩嗣子　則離

禮能公號自問　貽藐次子生道光巳丑年十月十四日午時
卒光緒甲申年二月初十日午時

禮庚公號自謹　貽藐三子生道光乙未年九月初三日卯時
卒同治丁卯年十一月初四日辰時
娶鄔氏贊娘攺節

兩嗣子　則雕

禮窩公號　貽湊長嗣子生道光辛亥年九月廿九日午時卒

同治　年五月廿八日巳時葬　坐　向

禮戲字　貽湊次子生道光癸巳年十月初七日亥時

娶易氏示娘生道光癸巳年二月初五日寅時

子　長則易　次則谷出繼

禮殊字　貽湊三子生道光丁酉年二月廿六日戌時

子一　則谷承繼

禮併字　貽湊四子生道光辛丑年五月初八日酉時往夷卒

光緒丁丑年正月十二日未時葬在夷邦

禮瑾字　貽芹長子生道光辛卯年正月廿七日未時

幼娶趙氏乘娘殤

幼娶李氏取娘殤　子炳紹　刻本

禮典　貽芹次子生道光甲午年七月十七日辰時

娶陳氏韡娘生道光甲午年八月初四日午時

子　長　則本

禮蛤　貽芹三子生道光庚子年十二月廿四日寅時　子剋本

禮銳公　貽翁長子頂作四生道光　年　月　日

時卒　年　月　日　時棺葬鎮撫長圳中墘

崙頭坐　向

郡生　貽翁次子頂作五生道光癸巳年正月初四日戌時

禮謙號全永公　貽繆養子生嘉慶庚辰年十一月初七日申

時往臺卒同治癸酉年十月初四日酉時

例金　貽砮長子生道光辛卯年三月初七日卯時

献彩公　貽砮次子生道光甲午年十一月初七日戌時往臺灣卒

禮倫　乃妍嗣子生道光甲申年十二月廿一日未時

金中　貽孔長子生道光戊戌年十一月初一日巳時往臺
娶陳氏隨娘生

禮牛　貽孔次子生道光甲辰年二月十二日未時往臺
娶陳氏早娘

禮套　貽孔三子生道光己酉年九月初三日子時往臺

安元字　貽意長子生道光乙酉年九月初七日未時

娶傅氏挑娘生道光丙戌年六月十九日酉時

子　長則順　次則芸　三則訓　四冬吉殤

自然號章守公　貽意公次子生道光庚寅年五月二十日巳

時卒道光戊申年十月初七日酉時塟本山軍壠橋墘頭坐

辛向乙兼戌辰

養子　承進　逃出

三壽字　貽意公三子生道光癸巳年五月廿二日辰時

娶高氏担娘生道光丁酉年十月初六日子時

子　長則老　次則念殤　三奚蘭　四鵬鳳

澤水字　貽意公四子生道光丙申年八月十九日午時

蛾眉字　貽意公五子出雙承國登生道光巳亥年九月十三

日戌　承繼子　鵬月　添壽

仙遊字　貽雍公長子生光道乙未年五月初六日酉時

娶謝氏抯嬛號儉德生道光丁酉年十一月廿四日酉時卒

同治戊辰年六月十七日辰時葬本山軍壠橋嶺脚坐庚向

甲兼申寅

繼娶鄗氏掬娘生道光丁酉年十月初六日子時

子二　程菲謝氏出　再彥謝氏出

江築字　貽雍公次子生光道戊戌年十一月廿九日戌時

娶王氏霍娘生道光庚子年二月初五日辰時

子　則齊殤　則再入抱養　則賦

好裔字

貽雍公三子生道光壬寅年正月初一日寅時

娶陳氏早娘生道光丁未年十二月初四日子時
子　長合鑾殤　次見泉　三其熊　四抵御
五畧偶　六有志　七玉梅

禮衆字　貽勳公抱養長子生道光庚子年四月廿六日午時
養子　長得興　次成義

禮麟號章趾公　貽勳公次子生道光癸卯年四月廿八日辰
時卒咸豐辛酉年九月初三日辰時厝梢壟本山杉坡格邊
坐　向
娶謝氏彼娘生道光壬寅年二月二十日子時
子　長頂契撥養　次逞樹殤　三得成撥養

禮情字　貽勳公抱養三子生咸豐壬子年三月廿一日戌時

娶林氏寬娘生同治甲子年七月廿一日寅時

子　長顯耀

禮用號章平公　國登養長子生道光丙午年正月十一日丑時卒同治己巳年四月十四日未時死棺瘞本山杉坡崙尾坐坤向艮兼未丑

娶王氏爲娘生道光己酉年三月初三日酉時

養子　長傳英　次鵬月出繼　三新得　四添壽出繼

五豪傑

峨眉字　國登雙承子生道光己亥年九月十三日戌時

承繼子　鵬月　添壽

含笑字花禮　國登三子生咸豐丙辰年正月廿一日午時

大洲長房

娶林氏時娘生同治癸亥年三月三十日未時

子　長文春殤　次荆瑞　三荆芭

業儒禮侅字才禮　國登四子頂作太生咸豐庚申年三月廿八日寅時

娶林氏贊娘生同治甲子年八月廿一日寅時

子　長養性　次養神

禮業字兢禮　貽煆公長子生道光丁酉年二月十一日辰時

幼娶郜氏担娘殤

幼娶龔氏月娘殤

娶許氏須娘生道光己亥年十月十四日辰時

子　長則莉　次則來　三則幼殤　四則粗

五則葊(出繼)　六則閫

禮閶號集方公　貽煆公次子生道光已亥年五月十九日子時卒光緒庚辰年十一月初九日申時棺塟本山後山頭崙尾杉坡格邊坐　向

娶許氏恍娘生道光癸卯年十月十四日卯時

子二　長則熙　次則葊(承繼殤)

禮面號永進公　貽煆公三子生道光戊申年十一月初三日亥時卒光緒辛巳年七月廿三日戌時棺塟本山大墘外格邊路下坐壬向丙

娶葉氏禮娘生咸豐乙卯年六月廿九日申時

子三　長則審　次則課　三則鴻

禮近字信禮　貽相養長子生道光丙申年四月廿八日巳時

娶趙氏硯娘號儉箪生道光壬寅年十月廿九日辰時卒光

緒壬午年正月初二日申時棺葬本山後山頭崙尾張厝後

溝坐西向東

子一　則有

禮文字武禮　貽相次子生道光己亥年八月廿六日子時

娶趙氏便娘生道光辛丑年八月初八日子時

子　長則瑙　次則康　三則撰殤　四則利

五則水殤　六則錫殤　七則錐出繼　八則猴殤

禮鐧　貽相三子生道光乙巳年六月廿六日酉時

娶陳氏免娘生咸豐丙辰年十一月初二日申時

子　長青雲　次新丁

貽相四子生道光己酉年十一月十五日申時

禮秋

子　則錐承繼

禮澧字行禮　貽殿長子生道光己亥年十月廿六日亥時

娶趙氏會娘生道光庚子年十一月十九日卯時

子　長則諸嗣子　次普南　三金榜　四名達

五汪洋出繼　六高祖

禮理字通禮號義全公　貽殿次子生道光癸卯年七月廿九

日卯時卒光緒癸未年十一月廿二日未時棺葬本厝大墩

水井垵頭中崙坐北向南

娶龔氏錢娘生道光戊申年十月十九日卯時

子三　長名標　次則八　三則企

禮領字指禮　貽殿三子生道光丁未年三月初四日申時

娶謝氏森娘生咸豐辛亥年十二月初五日卯時

子　長則愛　次汪洋承繼

禮臨號義進公　貽殿四子生咸豐壬子年六月廿一日亥時

卒同治壬申年八月廿一日未時瓦棺葬本山中坂蘭坡尾

坐　向

嗣子一　省數

琴韻字書禮　貽殿五子生咸豐丁巳年七月廿九日寅時

娶趙氏庄娘生同治壬戌年二月廿一日未時

子　長

禮津字濟禮　貽萬長子頂作三生咸豐癸丑年二月初一日
申時
娶陳氏蚶娘生咸豐壬子年五月十三日卯時
子　長丕振　次丕謨　三則嘉　四則園出繼
禮令　貽萬餐次子頂作四生同治丁卯年二月十六日卯時
承繼子　則園
禮趨號和祿公　貽扯長子生道光壬辰年八月初三日巳時
卒光緒乙亥年十一月廿九日午時櫓墊本山鵬雛口長圳
坑頂水埕脚坐　向
娶楊氏招娘生道光辛丑年三月廿一日申時
子六　長二蘭殤　次則獺殤　三則礙

四則連殤　五則從出繼　六馬宋俌子

弍禮公　貽旋養長子生道光庚寅年八月十四日寅時往臺

卒葬在臺

娶陳氏容娘號歸文生道光辛卯年　月　日　時卒

同治壬申年五月廿三日辰時樁葬本山鵬雛口古壠圳頂

中崙坐　向

子　則從承繼

禮瑤公　貽註長子生道光乙未年五月初八日未時卒同治

癸亥年十二月　日　時瓦棺葬本山流磔嶺坐　向

娶陳氏赤娘改節

子一　則郁

禮頓字　貽詿次子生道光己亥年八月初三日酉時

娶劉氏妹娘號歸成生道光辛丑年六月十九日酉時卒同

治己巳年三月十三日午時尾棺塟鎮撫寨火嘗壠尾埔後

壁坐　向

繼娶丁氏寶娘生道光戊戌年八月廿八日寅時

子　走陀丁氏出

禮獟公　貽詿三子生咸豐庚戌年十一月廿七日未時卒

年　月　日　時塟

禮苗公　貽詿四子生咸豐癸丑年二月初八日辰時卒　未詳

棺塟本山后山頭崙尾戲仔園鼓邊下坐　向　兼

禮桒　貽詿五子頂作六生咸豐丙辰年十月初七日戌時

禮重　元捷子生道光壬辰年閏九月廿八日午時往外

禮碟　抱養子　則蟳

元愷養子生咸豐戊午年正月初一日巳

娶林氏月娘生同治壬戌年八月十四日寅時

子　長

禮平　貽寵養子生咸豐癸丑年四月初七日巳時往臺

勝裕　崒爾長子生道光戊戌年十月廿三日巳時往外

光贊公　崒爾次子生道光辛丑年七月十一日卯時往外卒

沉香字　崒爾三子承貽烟爲嗣長子生道光戊申年七月十

四日午時卒光緒丙戌年八月初一丑時卒塟梹榔與

娶柯氏色娘生咸豐壬子年十月初七日午時

子　則什　春甲

貽烟次子生咸豐辛亥年正月廿三日丑時

貴吉

娶陳氏本娘生咸豐庚申年二月廿三日丑時

子　長

八仙

貽烟三子生咸豐乙卯年八月初八日巳時

娶陳氏甘娘生同治乙丑年十一月初七日申時

子　銀來

禮義號格成公

貽湍嗣子生　年　月　日　時卒

年七月初一日巳時葬鎮撫對面尖坐　向

子　蘭楊兩承

天賜公

貽綿三子承貽湍爲嗣次子生道光戊申年十二月

廿二日卯時卒光緒壬午年九月十七日　葬往臺　卒

子　蘭楊兩承

禮與公　貽祛養子生道光癸未年八月初十日巳時往臺卒

塋臺灣上淡水大山尾

再準　貽坂餐長子生道光癸巳年十月廿七日卯時往臺卒

承繼子　則螺

禮圭公　貽坂次子頂作三生道光戊申年三月二十日午時

往臺卒

娶林氏看娘號春見生道光丁未年四月初三日戌時卒光

緒丙子年四月初二日未時塟鎮撫內壠頭坐　向

子三　長則接　次則宛　三則螺出繼

禮我公　貽綿長子生道光戊戌年八月初四日申時往臺歿

承繼子一　訓飬

禮禘字　貽綿次子生道光辛丑年五月十九日辰時

娶傅氏朗娘生道光己酉年九月廿四日申時

子　長則博　次訓養出繼　三蘭楊出繼

四杉木　五棋荆　六棋中

禮拈　貽綿三子頂作四生咸豐壬子年九月初五日巳時

禮降　貽鑒子生同治癸酉年八月廿八日子時

棗杏　貽楓子生咸豐庚申年閏三月廿九日未時

禮奪　貽均長子生同治壬戌年十一月初二日戌時

禮悻　貽均次子生同治丙寅年四月廿九日亥時

二十世鎮撫長房長之二蘊齋公派往臺灣

二十世鎮撫長房長之三美齋公派禮字行

禮慶　學禮子生道光乙未年二月初二日寅時

禮世　禮廷子牛承貽軏生同治甲子年正月初六日寅時

禮曾字　貽格長子生道光甲辰年九月廿九日申時

娶陳氏二娘生道光丙午年五月十五日午時

子　則添生同治乙丑年五月十五戌時娶謝氏壽娘生同治癸酉年十一月十六日卯時詳載八卷上　則興生同治庚午年四月廿二日巳時

禮鑑　貽格次子生咸豐辛亥年閏八月二十日申時

禮魁　表裏子生咸豐庚申年十月十八日亥時

佳再　貽時長子頂作次生光緒乙酉年六月廿四日辰時

禮才　貽沭子生同治乙丑年八月十四日卯時

娶蔡氏螺娘生同治壬申年四月十八日巳時

二十世鎮撫長房二之長在明公派

天樹　貽艾養長子生咸豐　年　月　日　時

禮慶　貽艾養次子生咸豐庚申年　月　日　時

琹蓬　貽級餐長子生光緒乙亥年七月初二日申時

禮毓　貽長餐子生同治辛未年六月廿六日未時

娶趙氏配娘生光緒庚辰年七月　日　時

鎮撫長房二之二賢明公派

禮爆字竹禮　淳芳長子生咸豐戊午年五月十七日亥時

娶葉氏于娘生同治庚午年十二月十八日丑時

子　長則放

禮硱　淳芳次子生咸豐辛酉年十月初十日丑時
禮鮮字巧禮　貽瘦長子生同治乙丑年十一月廿五日寅時
娶王氏幼娘生同治甲戌年五月十六日辰時
禮輕　貽瘦次子生同治戊辰年七月初十日亥時
禮誠　貽瘦三子生光緒壬午年八月十九日寅時
禮偲　貽瘦四子生光緒乙酉年正月十九日午時
禮粃字　貽怕養子生咸豐丙辰年正月初四日巳時
娶許氏東娘生咸豐己未年十二月十六日申時
子　長步月　次則欲
禮盤字桓禮　來房長子生咸豐辛酉年四月初三日未時
娶趙氏儉娘生同治癸亥年十二月廿一日辰時

子　長則

伍式　貽哂五子承來房爲嗣次子生光緒乙亥年五月初十

日巳時

禮器　耳順長子生同治甲子年九月二十日寅時

娶陳氏兆娘生同治丁卯年十一月廿九日亥時

子　長則

禮庫　耳順次子生同治戊辰年四月廿九日亥時

禮烏　耳順三子生同治甲戌年五月十七日子時

禮白　耳順四子生光緒丁丑年七月廿二日未時

雨泉　耳順五子生光緒庚辰年十二月十二日寅時

秀春　貽絞長子生同治辛未年七月十二日辰時

幼娶楊氏綢娘生同治癸酉年二月　日　時

永安　貽綏次子生光緒乙亥年三月廿四日戌時

佛事　貽綏三子生光緒丁丑年十月廿五日丑時

禮錦字美禮　貽饍長子生咸豐癸丑年五月廿九日亥時

娶陳氏磁娘生咸豐甲寅年十二月十五日戌時

子　長守桂　次水龍　三則鳥　四則葉

禮掬號承接公　貽饍次子生咸豐乙卯年十月十二日寅時

卒同治庚午年十月十九日巳時尾棺瘞本山流磔口松栢

崙墩仔路邊坐艮丑向坤未

嗣子一　挺秀

禮麐號承香公　貽饍三子生同治壬戌年十月初六日丑時

卒光緒辛巳年八月廿四日巳時棺流磔口竹林尾外路頂

坐南向北

娶陳氏禘娘生同治壬戌年十一月十一日　時

子　長則

禮乾字坤禮　貽鐿四子生同治乙丑年六月十二日丑時

娶陳氏郄娘生同治戊辰年四月廿五日寅時

子　長則

禮平字治禮　貽哂長子生咸豐戊午年五月初二日申時

配鄞氏傳娘生同治己巳年正月十一日卯時

子　長則

禮濱　貽哂次子生同治癸亥年十一月廿四日丑時

禮抹　　貽哂三子生同治丙寅年六月初五日酉時

禮國　　貽哂四子生同治戊辰年九月十七日午時

禮望字令禮　　貽色長子生咸豐己未年四月十七日丑時

　　娶許氏弍娘生同治癸亥年十二月二十日辰時

　　男　則合

禮察字敵禮　　貽色次子生咸豐辛酉年四月十五日亥時

　　娶陳氏起娘生同治庚午年二月廿三日酉時

禮闖字出禮　　舊穀長子生同治癸亥年七月十八日巳時

　　娶趙氏專娘生同治丁卯年二月初五日戌時

禮蘭　　舊穀次子生同治丁卯年九月廿九日巳時

金聲　　舊穀三子生同治甲戌年九月十一日巳時

玉振　舊穀四子生光緒巳卯年五月十六日卯時
阿斗　四寶長子生同治丙寅年九月初八日未時
幼娶陳氏浪娘殤
聘易氏意娘生光緒丁丑年八月二十日丑時
金菊　四寶次子生光緒癸未年二月初五日亥時
千盤　貽呀長子生道光丙午年閏五月初五日寅時
娶陳氏鴛娘生咸豐癸丑年十月初四日辰時
男　三六
啟泰　貽呀次子生光道戊申年十一月廿二日午時
娶陳氏　娘生　年　月　日　時
皆諛　貽呀三子生道光庚戌年十一月初五日寅時

長富　貽呀四子生咸豐戊午年九月十九日戌時
高山　四九子生同治甲子年十二月廿九日午時
開恩　彩霞長子生咸豐戊午年十月十三日未時
　聘陳氏滿娘生同治壬申年九月十八日卯時
欽明　彩霞次子生同治壬戌年十二月廿一日丑時
　幼娶趙氏儉娘殤
鳳驕　彩霞三子頂作四生光緒丁丑年十月初八日巳時
　娶陳氏箴娘生光緒辛巳年五月十三日申時
銅緞　五音養長子生咸豐丙辰年九月初一日午時
　聘陳氏殨娘生
金鉉　五音次子生咸豐戊午年十一月初七日亥時

禮勝　五音三子生同治乙丑年四月初九日寅時
禮世　五倫養子生光緒丙子年十二月十五日丑時
娶陳氏雜娘生光緒乙亥年十二月十四日寅時
禮短　五恠長子生光緒癸未年六月十一日申時
漆保　隨愿養長子頂作次子生同治乙丑年二月廿三日
寅時
偏送　隨愿養次子頂作五子生同治甲戌年三月初四日
戌時
禮蝦　隨愿養三子頂作六子生光緒庚辰年六月初一日
午時
清河公　寬裕長子生同治癸亥年八月十七日寅時卒光

緒辛已年九月初九日酉時 葬流磔口后山頭崙尾大埔埈

頂坐西向東

畬斯　寬裕次子生同治戊辰年九月廿三日未時

餐述　寬裕養三子生光緒戊寅年十一月廿六日丑時

海恬　隨愿三子承擇吉爲嗣子生同治戊辰年五月初七日

辰時

松茂　貽箭養長子生同治甲子年五月二十日卯時

娶陳氏鎮娘生

來朗　貽箭次子生同治已巳年四月十九日辰時

禮飛　水澤嗣子生光緒癸未年正月初十日寅時

泰迓字迎禮　拱照長子生道光丙申年九月廿九日辰時

初娶葉氏纓娘殤

娶錢塘許氏名囊娘號讓儉生道光庚子年二月廿四日辰時卒光緒壬午年二月十五日酉時塟鎮撫内壠頭

男五　得解　則董　璞玉　冬來　靜春

悽愴字高禮　拱照次子頂作三生道光壬寅年五月十三日午時

娶謝氏蘐娘生咸豐丁巳年三月廿六日午時

男　玉華

甤賓字月禮　拱照三子頂作四生道光丙午年五月十五日辰時

娶陳氏次娘生咸豐庚申年六月廿七日丑時

男　則隱

四端公號中正　拱照四子頂作五生道光己酉年五月十八
日酉時卒同治壬戌年八月初八日辰時厝棺塟鎮撫后壠
尾林湖脚田中坐丙向壬兼巳亥

福星字壽禮　拱照五子頂作六生咸豐壬子年十一月十一
日午時
娶林氏姿娘生同治甲子年二月十八日酉時卒光緒癸未
年九月廿三日申時塟鎮撫山豬湖三脚椅仔崙

心誠字正禮　貽厚養長子頂作次生道光丙午年八月廿六
日巳時
娶謝氏寶娘生咸豐戊午年九月三十日酉時

男　則鑾

禮合　貽厚次子顧作三生咸豐甲寅年正月十九日申時

聘陳氏絨娘生同治戊辰年三月初三日子時

三閱　貽厚三子頂作四生咸豐己未年四月廿七日丑時

聘龔氏志娘生同治甲戌年四月初八日酉時

贊纓　貽厚四子頂作五生治同乙丑年三月初九日丑時

禮𡗗　貽舌子生同治甲戌年六月二十日未時

筆成　貽他長子生同治己巳年十二月初三日未時

水溢　貽他次子生同治壬申年十二月廿七日未時

水涯　貽他三子頂作四生光緒庚辰年十一月廿八日亥時

水渭　貽他四子頂作五生光緒甲申年四月廿九日丑時

禮百　夏梅嗣子生同治己巳年九月廿三日戌時

垂曲　晏子長子牛承貽繞全爲子生光緒癸未年十月廿八日未時

抱成　貽葉養長子生光緒甲申年二月初八日辰時

御梆　貽錯次子半承貽等爲嗣子生光緒丙子年十二月初七日辰時

海閏　貽錯長子雙承貽否生同治庚午年四月初二日巳時

御梆　貽錯次子雙承貽等爲嗣子

海閏　貽錯長子雙承貽否爲嗣子

禮分字開禮　寅熙養長子生同治癸亥十一月初三日巳時

聘易氏鴦娘生光緒

來立字志禮　貽懋養長子生咸豐十年庚申十一月初三日
邜時
娶易氏春娘生咸豐辛酉年七月十八日辰時
男　長金英　次金草
來總　貽懋次子頂作四生同治癸酉年二月初六日戌時
來時　貽懋三子頂作五生光緒丁丑年二月廿八日寅時
幼娶陳氏鸞娘生光緒辛巳年五月十一日酉時
來聡公　貽懋三子承五地爲嗣子生同治己巳年四月廿五
日丑時卒光緒巳邜年八月廿五日午時葬鎮撫陳山坐丁
向癸兼未丑
聯輝公　貽環嗣子生同治甲戌年三月廿四日邜時卒光緒

乙酉年十月　日　時

奉璋　貽壽長子生光緒壬午年七月十二日子時

玉盞　貽所長子生光緒戊寅年九月廿七日巳時

浙承　國然長子生光緒辛巳年六月廿四日申時

玉樹　國然次子生光緒癸未年十月廿九日子時

承陳　子智養子生光緒甲申年四月廿二日申時

瀨瀝　復到長子生光緒辛巳年九月初三日午時

深淵　復到次子生光緒甲申年五月初一日酉時

二十世鎮長房三糾桓公派禮字行

美視　鑽雙承子生咸豐己未年十二月十四日卯時

娶王氏綿娘生同治辛未年三月十九日時

閎餐　貽遍長子生光緒辛巳年六月十九日辰時
娶李氏腰娘生光緒乙酉年二月十四日午時
禮罕公　貽金公嗣子生道光庚戌年八月十三日寅時卒光
緒乙亥年五月廿四日酉時棺塟杉林垵坐　向
開天　貽鏡嗣長子生道光庚子年三月十八日寅時
娶許氏𡢃娘生咸豐庚申年五月十九日　時
禮羽　貽鏡嗣次子生咸豐丁巳年五月初七日巳時
秋冬　貽鏡生三子生同治己巳年正月十四日寅時
禮篤　虓盧嗣子生咸豐癸丑年九月十二日辰時
娶趙氏担娘生同治乙丑年十月初九日酉時
美視　虓盧公生子半承貽鑽爲雙承

二十世鎮二房科昌公派徙參頂東邊墘文比公派禮字行

挻智公字麐禮　國嵩公承繼子生道光戊子年　月　日

吉時卒同治癸亥年正月十三日未時墓葬在臺深仔坑

娶　氏改節 無傳

銀欄公字杆禮　情厚公子生道光辛巳年八月十九日辰時

卒光緒辛巳年七月十九日戌時木棺暫葬在崙山山仔頂

坐西北向東南

娶吳氏草娘生道光乙酉年十二月　日酉時

子一　剛潛

二十世鎮口長徙參造基公派禮字行

禮等公字級禮　章啟公子生道光丁酉年三月初五日吉時

卒同治辛未年十二月十三日　時厝棺遷葬在馬坑土名

崎仔坑坐　向（無傳）

諰長公字幼禮　伯篇公承繼子生嘉慶己卯年五月初五日

午時在臺

禮婆公字娑禮　詒盞公長子生嘉慶壬申年十二月初三日

酉時卒同治壬申年五月廿五日吉時木棺葬苦田寮脚坐

北向南（無傳）

禮貼公字誠章號樸植　義豐公長子生嘉慶乙丑年正月二

十日酉時卒同治乙丑年九月廿七日午時享年六十有一

木棺葬石礁厝地脚坐丁向癸

娶陳氏諱樞娘號直柔生嘉慶己巳年六月十三日辰時卒

同治辛未年八月十三日午時甩棺暫葬石礁崎坑仔坐南
向北
子三　長則鐙　次則煎　三則[illegible]
禮春公字秋禮號樸素　義豐公次子生嘉慶乙酉年四月十
五日巳時卒同治丙寅年五月廿六日酉時甩棺遷葬石礁
胡厝墓頂坐西北向東南
娶陳氏諱振娘生嘉慶乙亥年九月廿六日亥時
子四　長則黨　次則饒　三則嗹　四則顯
玉盤公字銘禮號任茂　義豐公四子生嘉慶丙子年十二月
初四日寅時卒同治丙寅年六月二十日酉時瓦棺遷葬厝
水東邊墘厝右畔坐艮向坤兼丑未

娶謝氏諱畛娘生道光丙戌年九月廿一日子時

子四　長則就嗣子　次夏傳嗣子　三夏蘭　四六有

禮兆公字歡章號佳處　義豐公五子生道光巳丑年四月十二日巳時卒咸豐丁巳年六月初十日酉時葬石礶鏡面崙坐北向南

娶謝氏諱富娘生道光辛卯年十月十六日辰時

嗣子　九齡

砵硯公字肇章號文徵　義漠公子生嘉慶丙子年九月初一日子時卒同治丁卯年四月初六日巳時葬棺壟鳳髻頂坐北向南

娶趙氏諱參娘號靜慈生道光辛巳年七月初四日酉時卒

光緒辛巳年八月初八日　時水棺葬苦田寮脚坐北向南

子一　則聾

禮鋮公字封章號樸金　義軒公長子生嘉慶丁丑年九月初
八日酉時卒同治丁卯年正月廿八日戌時尾棺葬鳳髻山
坐北向南

娶謝氏諱從娘生嘉慶己卯年十一月初四日未時

子一　力案

禮共公字通章號贊美　義軒公次子生道光壬午年八月初
七日辰時卒光緒戊寅年九月十四日　時葬鳳髻頂坐西
向東

娶陳氏諱本娘號善儉生道光庚寅年二月十七日未時卒

同治乙丑年三月十三日戌時瓦棺葬鳳髻擴坐西向東
子二　長則奕　次則順
禮鎗字洪章　義軒公三子生道光壬辰年七月初八日酉時
娶陳氏諱報娘生道光巳亥年十一月初二日未時
子二　長則溪　次則照
禮旋公字左章號禮轉　義赫公長子生道光壬午年年正月二
十日亥時卒同治乙丑年五月初二日戌時瓦棺葬在下翁
尾田中坐辛戌向乙辰
娶謝氏諱蜂娘號寮儉生道光甲申年六月初三日酉時卒
同治丁卯年七月廿三日辰時木棺葬在洋塘灣坐北向南
子二　則同嗣子　則因謝氏出

禮釀字寀章　義赫公次子生道光甲午年十一月二十四日酉時

娶盧氏諱吸娘號懿儉生道光辛丑年五月十七日丑時卒光緒癸未年三月廿一日卯時木棺葬鳳髻山坐北向南

子三　長則治　次則敬　三則守出繼

金英公字滿章號烈華　義門公承繼長子生嘉慶辛未年十月廿三日午時卒咸豐壬子年八月十八日午時

娶李氏諱眼娘號美姿生道光乙酉年八月初十日丑時卒道光戊申年十一月初十日吉時考妣尾棺合葬石礶鴨母斗山坐東向西

子一　則圖

禮級公字　章號箴明　義門公承繼次子生道光甲申年十一月廿六日酉時卒光緒辛巳年閏七月廿六日酉時葬在鳳髻頂坐北向南

承繼子　則外

禮律公字轂禮號　義門公承繼三子生道光乙未年八月廿八日子時卒同治癸亥年三月初五日卯時瓦棺葬真武踏龜山坐北向南

承繼子　則守

禮市公字伲禮號朝立　惟聡公長子生嘉慶壬申年十一月二十日酉時卒同治丙寅年四月初四日吉時瓦棺與長子則式合葬在苦田寨脚坐西向東

娶謝氏諱勉娘號慎姿生道光壬午年二月十一日酉時卒
咸豐甲寅年九月廿六日戌時瓦棺葬近公墓左畔相近坐
西向東　子二　則天　再天

禮箭公號朝敵　惟聰公次子生嘉慶甲戌年十二月初八日
酉時卒咸豐戊午年二月初六日辰時
娶趙氏諱佇娘號賢姿生道光甲申年九月廿七日酉時卒
咸豐甲寅年七月廿六日酉時與公俱瓦棺暫葬在苦田縣
脚坐西向東

禮當公號朝均　惟聰公三子生嘉慶丁丑年五月廿四日寅
時卒同治　年　月　日　時
娶趙氏諱戀娘號勤姿生道光戊子年十一月十七日辰時

卒道光己酉年六月十三日辰時尾棺葬在苦田寨脚坐東
北向西南
子一　知明
禮桔公字甘章號清期　惟精公長子生嘉慶壬申年六月廿
九日未時卒道光丁未年三月三十日丑時葬石礦崎仔坑
與母吳氏同壙
娶李氏名偕娘生嘉慶丙子年八月十二日丑時
子三　長則就出繼　次則芙　三則獺
禮挽公字推章號重敲　惟精公次子生嘉慶戊寅年十一月
廿四日巳時卒道光庚子年九月初十日申時往臺卒葬在
臺灣

娶洪氏諱刋娘生嘉慶戊寅年八月廿六日卯時卒道光甲
午年六月廿四日未時尾棺塟本山古井垻頂雙义路頂坐
丙向壬
承繼子　雙喜
禮棪公字弄章號淸金　惟精公三子生道光甲申年七月初
七日寅時卒同治戊辰年八月廿四日戌時尾棺暫塟在苦
田寮脚坐西向東
娶楊氏諱富娘生道光壬辰年正月初二日辰時卒道光庚
申年八月十二日午時尾棺遷塟本山眞武踏龜坐西南向
東北
繼娶陳氏諱朕娘生道光甲午年五月十六日未時

子一　則寅出嗣

禮旺公字日章號日興　惟精公四子生道光丁亥年三月初一日丑時卒光緒乙亥年六月初三日巳時木棺葬叅山苦田中坐西南向東北

娶龔氏名錦娘生道光己丑年六月初三日巳時

子三　長則流　次泮水　三雙喜出嗣

禮拈公字抽章號敲達　麗讀公長子生嘉慶丁丑年七月十四日酉時卒光緒乙亥年正月十二日丑時木棺葬在苦田寨脚坐西向東

娶謝氏名香娘生嘉慶己卯年六月十六日未時

子二　長則蓼　次則轉

禮笲公字茂章號竹進　麗晉公次子生嘉慶庚辰年三月十
五日巳時卒同治乙丑年十月十三日戌時厝棺暫葬在苦
田寮坐東南向西北係與三子同壙
娶蔡氏諱員娘號温良生道光　年三月十三日亥時卒
道光乙巳年五月廿九日午時瓦棺葬在石礦鏡面山坐北
向南
繼娶許氏名香娘生道光壬辰年九月廿五日辰時
子三　長則業　次則沌　三則淋
禮泚公字中章號心達　麗書公三子生道光辛卯年九月廿
八日未時卒光緒壬午年二月初四日午時木棺葬苦田寮
腳坐東南向西北

娶謝氏諱甜娘生道光乙未年九月初二日未時歿缺

子一　仲呂

禮拔字萃禮　麗書公四子生道光丙申年十月廿二日丑時

娶劉氏諱春娘號惠儉生道光辛丑年二月初五日丑時卒

光緒壬午年十二月十七日辰時木棺葬苦田寨脚

子二　長則監　次則皮

禮搜字羅章　麗金公長子生道光辛巳年五月廿一日午時

娶陳氏名秾娘生道光乙酉年三月廿四日巳時

子三　長則題　次則窘　三則直

禮所公字宜禮　麗金公次子生道光癸未年六月廿八日巳

時卒同治庚午年閏十月初七日夘時瓦棺與弟禮祭公同

葬在苦田寮坐北向南

娶謝氏諱慶娘生道光丁亥年十二月十二日夘時

子四　長則緝　次則俗　三則純　四得甯殤

禮賀字慶禮　麗金公三子生道光九年己丑十二月十四日

寅時

娶陳氏名配娘生道光壬辰年三月十五日酉時

子四　長則泰　次則鉚　三則靜　四則活

禮察公字文禮號大容　麗金公四子生道光丙申年正月初

十日午時卒同治癸酉年六月廿五日戌時尾棺與胞兄禮

所公同葬

娶李氏改節

子三　朝寧承繼　則丑　則

禮鰍字鱔禮　麗金公五子生道光庚子年五月十八日
巳時

娶謝氏名錦娘生道光庚子年四月十三日午時

子二　長則毛　次朝寧出繼

禮璊公字鬈禮笑喜　麗方公嗣子生道光戊子年九月十五
日子時卒光緒甲申年十月十三日未時木棺葬苦田寨脚
坐西向東

娶陳氏諱格娘生道光壬辰年正月初七日巳時

子三　長則扼　次則沛　三則肇

禮呼字吸禮　麗方公次子生道光乙未年七月廿五日亥時

娶蔡氏諱蓮娘號恭勤生道光乙未年九月廿三日申時卒
同治辛未年正月初四日午時尾棺葬石礦觀音案格坐艮
丑向坤未
繼娶王氏諱雪娘號姿儉生道光辛丑年六月初六日丑時
卒光緒壬午年九月初九日申時木棺葬在苦田寮脚坐西
向東
子六　長則雖　次則闊出繼　三則螺　四則倍　五則銜
六則贊王氏出
禮衢公字衢禮　麗方公三子生道光戊戌年正月十三日丑
時卒光緒乙酉年九月初二日未時
娶曾氏諱滿娘號儉良生道光癸卯年七月初三日申時卒

同治乙丑年六月初三日寅時瓦棺埜石礁大坋擴坐西北
向東南
繼娶謝氏名柽娘生道光乙巳年七月廿二日寅時
子二　長則倖　次則尚
禮喊字吡禮　麗方公四子生道光壬寅年六月初三日寅時
娶洪氏諱語娘生道光丙午年九月初六日寅時
子一　則北
禮亥字市禮　麗方公五子生道光丁未年正月廿一日　時
娶謝氏辣娘生道光己酉年六月廿一日寅時
子則袂則沐
鎮口二造善公派禮字行

禮妍公字鮮章號佺進　伯部公長子生乾隆己酉年閏五月廿三日申時卒道光辛丑年閏三月廿六日卯時木棺葬本山湖頂苦莱壠柄崙尾坐辰向戌兼乾巽

娶王氏諱配娘號敎敬生嘉慶庚申年正月廿三日亥時卒同治辛未年二月十四日卯時瓦棺遷葬本山湖頂酒研坵脚坐申向寅

子五　長則賓　次則搛　三則翁　四則謅　五則倪出繼

禮遭公字遇章號逢進　伯部公次子生乾隆甲寅年十二月初三日子時卒咸豐辛酉年八月初三日吉時木棺葬本山湖頂土磜崙坐丁向癸兼午子

娶易氏諱訪娘號淑利生嘉慶丙寅年八月初五日子時卒

道光辛丑年二月廿九日未時瓦棺葬南工後坐甲向庚兼
寅申
繼娶柯氏諱橼㛂號淑栢生嘉慶丙寅年五月廿六日酉時
卒咸豐丙辰年四月廿三日巳時瓦棺葬本山長崙坐酉辛
向卯乙
子三　長則民　次則那　三則謟偈前妣出
禮鈔公字錢章號取進　伯郎公三子生嘉慶壬戌年五月廿
三日寅時卒道光丙申年七月廿七日子時瓦棺葬湖頂苦
菜壠格崙美坐丙午向壬子
娶李氏諱樓㛂號速慎生嘉慶辛未年十一月十二日辰時
卒道光戊子年十二月廿七日吉時瓦棺葬湖頂深壠獅形

崙近田坐坤未向艮丑
繼娶陳氏諱欒娘號敬慎生嘉慶辛酉年五月廿六日吉時
卒道光己酉年六月初九日酉時厝棺塟湖頂草洋仔坐壬
子向丙午
子二　長則抱嗣子　次則菈出陳氏
禮蟳公字禮號餘進　伯鑨公長子生嘉慶戊午年十二月
十三日戌時卒道光丙午年九月初二日辰時木棺塟湖頂
尖坐辛向乙
娶吳氏諱焉娘號　生嘉慶丁巳年十二月初六日寅時
卒咸豐庚申年九月初十日申時厝棺塟酒坛垵坐申向寅
子一　煥章售

禮寢公字子禮號必進　伯鏞公次子生嘉慶丁卯年七月十三日丑時卒道光乙巳年正月十一日丑時尾棺葬湖頂土磜崙頭大垢田下坐庚向甲兼申寅

娶王氏素娘歿節無傳

禮旅公字退禮號泰進　伯鏞公生嘉慶乙亥年十二月十二日卯時卒同治癸亥年葬臺淡水縣石南湖

子一　振星台僊

禮䇯公字出禮號玉進　伯植公長子生慶嘉丙寅年十一月廿一日辰時卒道光庚子年十一月初一日子時瓦棺葬山坛峚園格坐乾向巽

娶　氏歿節

承繼子　昌盛

雙科公字登禮號綿進　伯植公次子生慶嘉丁丑年三月初八日亥時卒咸豐丁巳年六月初一日酉時木棺塟湖頂酒坛崙坐申向寅兼庚甲

娶陳氏訓娘改節

子一　中國

及第公字元禮號振榮　伯植公三子生嘉慶丁丑年三月初八日亥時卒光緒戊寅年十一月廿四日子時瓦棺塟觀音尖脚垵申崙仔

娶許氏諱覩娘號美勤生道光戊子年八月初十日亥時卒光緒甲戌年十一月十一日亥時瓦棺塟十八間漬蕨垵崙

格坐申庚向寅甲

子三　長覓月　次昌盛出繼　三米粽

加椗公字曲禮號荔進　伯梅公長子生嘉慶己巳年九月廿四日寅時卒咸豐癸丑年六月初七日巳時厝棺葬本山荒埔崙坐坤向艮兼申寅

娶陳氏諱能娘生嘉慶戊寅年十一月十一日亥時

子二　金英嗣子　則蘭

禮團公字月禮號圓進　伯梅公次子生道光壬午年三月十七日巳時卒同治壬戌年十一月　日　時木棺葬土磜崙坐庚向甲

承繼子　則猪隨生父往臺

禮薑公字通禮號芥進　伯梅公三子生道光丁亥年十月十
七日寅時卒同治戊辰年　月　日　時
娶陳氏諱巧娘生道光乙未年六月廿八日卯時
子二　龍溪　則豬出繼俱隨父往臺
禮蕥公字菲禮號茹進　伯峯公長子生嘉慶辛未年十月初
八日己時卒光緒甲申年十月廿三日巳時木棺葬上坛仔
坐西向東
娶劉氏諱甘娘號肅儉生慶嘉乙亥年九月初八日卯時
子四　長則崗　次則近　三則貢　四千總出繼
禮蓶公字　禮號間進　伯峯公次子生嘉慶巳卯年七月廿
九日辰時卒同治甲子年九月廿五日午時瓦棺葬湖頂尖

坐西向東
妣王氏諱厚娘號孝順生道光癸未年六月二十日午時卒
光緒甲申年五月廿六日酉時木棺葬上坛仔大路頂坐庚
向甲
子五　長則寔　次則雉（出継）　三則楚　四則然
五則成（出継）
禮捱公字　禮號爲進　伯峯公三子生道光壬午年閏三月
初七日午時卒同治壬戌年正月十九日吉時往飛鸞卒葬
亦在此
娶陳氏諱刋娘號孝德生道光乙酉年十二月廿九日戌時
卒光緒辛巳年三月初二日酉時木棺葬湖頂待牛畬坐丙

向壬

子二　長儒昶　次葭琯出繼

江浦公字清禮號葦進　伯峯公四子生道光戊子年三月廿三日寅時卒道光丙午年五月初八日午時木棺葬湖頂小湖仔大崙邊坐庚向甲兼申寅

承繼子　則雉

禮掬公字　禮號賚進　伯峯公五子生道光庚寅年六月初六日戌時卒同治丁卯年十月初十日酉時葬在臺淡水石佃仔

娶高氏諱日娘

子二　長則畨　次則溪俱出

六部公字按禮號書進　伯峯公六子生道光壬辰年十二月十七日亥時卒咸豐庚申年九月初八日丑時瓦棺葬山坛頂流磜湖邊郎氏墓內坐壬向丙

娶　氏改節

承繼子　千總

禮擢公字脩禮號中進　質樸公長子生嘉慶丙子年十月十二日巳時卒道光丁未年三月廿八日未時瓦棺葬十八間外清蕨垵崙坐庚向甲

娶彭氏諱陰娘號淑順生道光癸未年九月廿八日午時卒咸豐辛亥年四月十八日寅時瓦棺葬鵬雛猴壁厝頂格仔後坐東向西

子一　則僻

禮稜字　禮　質樸公次子生嘉慶庚辰年十二月二十一日巳時

娶蔡氏諱玉娘生道光壬寅年十一月廿九日吉時

子二　長詳細　次子孝

禮喊字聲禮　質樸公三子生道光己丑年二月十八日戌時

承繼子　葭瑄

簿田字正禮　國成公長子生道光二年壬午十二月初六日辰時

娶謝氏諱桃娘號明節生道光壬辰年八月廿三日未時卒

咸豐甲寅年十一月二十日戌時瓦棺葬湖頂大湖內坐申

寅兼庚甲

繼娶蔡氏諱笋娘號淑節生道光戊戌年七月廿九日亥時

卒同治己巳年十月廿四日酉時木棺葬鵬䴉寨坐丙向壬

兼午子

子二　長紘瑄　次國鎮鑲

禮奬字褒禮　國成公次子生道光丁亥年六月初二日亥時

娶陳氏諱琅娘生道光辛丑年八月初八日子時

子三　長則瑙　襟用　三雨順

禮槽公字禮號樹進　伯仕公長子生嘉慶辛未年四月廿

八日酉時卒咸豐丁巳年十一月初八日巳時瓦棺葬後壠

仔格外尖坐甲向庚

娶王氏妹娘改節

子二　長四五　次安賞

禮桐公號日進　伯仕公次子生嘉慶丙子年十二月廿一日未時卒咸豐辛酉年四月廿六日亥時木棺葬鎮撫尾宮侖坐艮向坤無傳

禮榻公號几進　伯仕公三子生嘉慶己卯年十月十二日丑時卒道光丙午年五月初七日吉日木棺葬鎮撫墓林尖中格邊坐壬向丙無傳

禮抔公號尋進　伯然公嗣子生道光壬辰年正月二十日巳時卒咸豐丙辰年正月二十日戌時木棺塑後壠獅形格後大路腳坐壬向丙兼子午無傳

友定字德禮　伯儕公嗣子生於道光辛丑年十一月十五日
丑時
娶鄭氏諱進娘號淑慎生道光丙午年五月廿四日辰時卒
同治丁卯年九月廿二日巳時木棺葬鎮撫慕林尖頂中格
仔坐壬向丙相近几進公墓四五丈
繼娶王氏諱泰娘生道光甲辰年十二月廿八日申時
鎮口三造成公派禮字行
禮着公字鞭禮號招進　伯在公嗣子生嘉慶辛酉年七月初
八日午時卒嘉慶己卯年三月十三日亥時尾棺葬石坵美
林篩坐未向丑近嫣王氏墓下無傳
禮柑公字桶禮號桔進　伯在公次子生嘉慶癸酉年六月初

六日寅時卒道光庚戌年三月廿五日卯時
娶葉氏諱絹娘號靜栖生道光丁亥年十一月初六日巳時
卒咸豐戊午年正月十一日亥時公瓦棺葬鵬雛鳳尾宮內
尖和吉公墓外坐庚向甲兼酉卯兆瓦棺葬坝後將軍出洞
閣頭坐辰向戌兼巽乾
子二　長則切　次萬物出継
禮板公字蕩禮號式進　伯栭公長子生嘉慶戊辰年五月初
六日寅時卒道光丙戌年三月初七日未時瓦棺遷葬坝後
古井埈格坐巳向亥兼丙壬無傳
禮痕公字跡禮　伯栭公次子生嘉慶丙子年　月　日吉
時往臺卒無傳

禮混公字沌禮　伯柄公三子生嘉慶乙酉年七月十五日酉時往臺光緒己卯年間家再往被風打回而卒葬苦浮鄉海沙岸

嗣子三　順興　新興　新圖　俱在淡水樹梅嶺居

生枝公　伯力公嗣子生死不知去向

承繼子　萬物

庭前公字後禮號瑞進　伯棬公長子生嘉慶丙寅年三月十三日亥時卒同治庚午年六月廿二日寅時瓦棺葬山坛大壁壠邊坐子壬向午丙

娶陳氏諱富娘號色敬生道光癸未年十二月初八日午時卒道光壬寅年八月廿六日巳時木棺葬坝後格崙邊坐丁

向棨兼午子

雙承子　則出

禮程公字鵬禮號業進　伯棬公次子生嘉慶丙子年五月廿九日辰時卒同治甲子年十一月二十日子時葬後壠大路頂黃釜石脚坐乾向巽兼亥巳

娶葉氏諱氣娘生道光壬辰年十月十三日申時

子三　長則鮑　次則出丙承　三則拋嗣孚

禮快字心禮　伯棬公三子生嘉慶己卯年十月初九日戌時

娶陳氏諱秋娘號順誠生道光己亥年八月十一日未時卒同治丁卯年三月廿八日卯時木棺葬埧後圳後壁坐壬丙

子一　則鄭

嘉種公字穀禮號琯進　伯芳公長子生嘉慶甲戌年八月廿
三日未時卒咸豐庚申年十月十七日亥時瓦棺葬填後將
軍出洞脚中崙坐申庚向寅甲
娶王氏諱發孃生道光甲申年正月十八日辰時
子二　長清澄　次春俊出承
禮遜公號稱進　伯芳公次子生嘉慶丁丑年九月廿五日戌
時卒咸豐辛酉年十二月初十日子時瓦棺葬湖仔脚大崙
邊坐丁向癸
先娶出　後娶改節
嗣子　則族
禮磜公號元進　伯芳公三子生道光壬午年九月廿八日寅

時卒同治丙寅年九月廿七日未時棺葬後壠仔坐亥壬向
巳丙
娶吳氏出
雙承子　春俊
禮捒公字選禮號擇進　伯芳公四子生道光丁亥年二月廿
九日亥時卒咸豐丙辰年九月十五日未時瓦棺葬坱後格
圳頂坐西北向東南
雙承子　春圖
禮纏字綿禮　伯芳公五子生道光丁酉年二月初八日寅時
娶陳氏諱好娘生道光巳酉年十二月二十日酉時
子五　有日　春圖兩承　長秋出繼　中流　水星

禮悟公字曉禮號賴進　伯椿公長子生嘉慶癸酉年六月初六日戌時卒光緒丁丑年十二月十一日申時享年六十有五木棺葬獅形格坐丙向壬

娶盧氏諱犧娘號協傳生道光壬辰年八月初一日午時卒咸豐戊午年十一月十四日午時瓦棺葬埧後圳後壁坐庚向甲

承繼子　則成

鳩綏字纓禮　伯挑公承繼子生於道光丁未年九月廿四日辰時

娶劉氏諱碟娘生咸豐癸丑年十月初一日卯時

子　則颯　則椿　典贍

積善字艮禮　伯暢公長子生道光乙未年三月十三日巳時
娶陳氏諱趣娘生道光庚戌年八月廿三日酉時
子　金川　則博
清頓字潔禮　伯暢公次子生道光巳亥年四月廿九日寅時
娶陳氏諱茅娘生咸豐癸丑年十月初三日酉時
子　純粹　紹本　家讓
寒鴉字鵲禮　伯暢公四子生於咸豐丁巳年十二月廿一日
亥時
娶王氏諱桃娘生同治甲子年十一月初四日子時
子　泮水
六瀫字琬禮號穗齋　伯節公長子生嘉慶辛未年七月十八

日未時
娶陳氏諱妍娘號在彼生嘉慶甲戌年二月廿一日丑時卒
咸豐庚申年六月廿一日亥時瓦棺塟田墘厝外崙田中坐
甲向庚
子四　則⿺走立　則趁　恐厲　允廸
禮瓏公字玲禮號爲厝　伯節公次子生嘉慶丙子年四月十
九日戌時卒道光癸夘正月初四日巳時瓦棺塟本山十八
間壠美崙墘坐辰向戌
娶郎氏銀娘改節
嗣子　闕平
禮牆公字面禮號正進　伯儀公長子生道光丙戌年六月初

二日辰時卒光緒乙酉年拾月十六日戌時享年六十齡木
棺塟在芉湖坐北向南
娶王氏諱教娘生道光丙申年十一月十四日辰時
子三　長天增殤　次攀固學　三苟完承
禮霓公字虹禮號霓進　伯儀公次子生道光巳丑年八月十
九日辰時卒道光丁未年八月初九日辰時瓦棺塟石碣內
崙田內坐甲向庚
兩承子　苟完
禮契公字結禮號合進　伯繪公長子為人至忠至信克儉克
勤廣置田業詒謀貿深生道光丁亥年四月初五日午時卒
同治癸酉年九月廿五日辰時木棺塟湖頂小湖仔中崙尾

坐未向丑兼丁癸
娶陳氏諱經娘謚金成生道光辛卯年閏四月廿四日丙時
卒道光庚戌年正月廿八日酉時瓦棺葬石碣內坡頂田后
壁坐東北向西南
繼娶林氏諱柔娘謚溫厚爲人敬以待人貞以處己寬容存
心視姪如子恐氣低聲和睦妯娌垂訓義方書香酷嗜生道
光戊戌年八月十三日辰時
子八　長講易　次天爵　三添儒
四東妹出繼　五五旬　六瑞鴻林氏出
賢哉黃母氏出自林有丈夫志守閨閾箴克勤克儉宜古宜
今書香酷嗜雅致遙深待人接物寬厚存心相夫訓子和樂

鼓琴衣裳濟濟蘭桂森森我懷古貌遠近咸欽宜膺天寵叠

報　鸞音

南邑女婿邑庠生呂祖培敬題

禮磅公字石禮號榜進　伯繪公次子生道光己丑年四月初

十日午時卒光緒庚辰年六月初九日酉時木棺葬石門坑

崙田后壁路上坐東向西

娶陳氏諱正娘謚孝直生道光丙申年十一月十四日辰時

子四　再益　春秋　三習　四圍

乙未公字甲禮號丙進　伯繪公三子生道光乙未年十月廿

二日吉時卒同治甲子年十二月初四日未時瓦棺葬在芊

湖崙內坐壬向丙

娶謝氏諱法娘旼節
承繼子一　東妹
禮辦字香禮　伯繪公嗣子生道光乙巳年　月　日　時
娶柯氏諱勉娘諡勵節生咸豐乙夘年六月十九日吉時卒
光緒己夘年二月十二日寅時木棺葬芊湖崙坐東向西
嗣子一　甘雨
開山字南禮　伯綱公長子生道光己丑年八月廿八日辰時
娶鄭氏諱腰娘爲人和睦妯娌孝順翁姑勤儉治家忠厚處
己生道光丁亥年十二月十二日酉時
子二　長則梽　次献論
禮說字仁禮　伯綱公次子生道光壬辰年八月十一日辰時

娶陳氏諱銀娘諡金石生道光壬寅年八月廿八日午時卒

同治甲戌年八月初四日巳時木棺𡐠鵬雛外格坵頂園中

坐艮寅向坤申

繼娶吳氏名草娘生咸豐甲寅年二月初十日申時

子 長則魚 出陳氏 次祚胤 承繼

田鄉字井禮 伯綱公三子生道光丙申年四月十四日亥時

娶陳氏名鉗娘生道光壬寅年正月十三日丑時

子 長則盡 次生地 三懋昭 四步蟾

如此字致禮 伯水公子生道光甲辰年七月廿四日戌時

娶蔡氏名每娘生咸豐壬子年十月十一日亥時

子 長景福 次景仰

禮夻乳名姣字都禮　伯香公子生道光壬辰年閏九月初十
日寅時
娶盧氏名柳娘生道光壬寅二月廿三日丑時
子　則火

禮瀲字昺禮　伯赫公長子生道光己丑年四月初三日亥時
嗣子　則榜

禮碖公　伯赫公次子自幼不知何去

禮舌字口禮　伯赫公三子生道光庚子年九月十三日未時
娶卓氏名廳娘生道光庚子年十月初七日吉時
子　六呂

禮吻公字　禮號田進　伯奉公嗣子生道光甲申年四月初

八日亥時卒同治己巳年三月初二日未時未棺葬在本山
坐北向南
嗣子　則富腴
禮躭字視禮　伯茂公長子生道光辛巳年十月三十日午時
娶劉氏名梨娘生道光庚寅年十月初十日寅時
子三　長建置　次雙純出繼　三佳妙
禮僭公字權禮號忠進　伯茂公次子生道光甲申年七月初
七日寅時往梹榔與卒咸豐辛酉年八月初五日申時葬在
吳地
娶陳氏改節
承繼子　則雙純

禮識公乳名可號取進　伯茂公三子生道光乙未年七月廿一日午時卒光緒辛巳年十月廿二日巳時木棺葬在塂後路下田中坐壬向丙

娶陳氏諱催娘謚敬姿生道光甲辰年五月十一日辰時卒同治甲戌年十一月初四日未時葬在下塂圳頂內畬坐東向西

子　則馬歡

高陞字任禮乳名丙　伯順公子生道光戊戌年四月廿七日巳時

娶吳氏名携娘生道光壬寅年七月十七日戌時

子　長懋禧　次扁食　三則親　四趙源　五扡高

禮鏘字銀禮　伯論公長承繼子生道光辛丑年十一月廿一日巳時

娶陳氏名緩娘生道光戊申年十一月廿二日亥時

子　長馬鍼　次馬欽　三馬鈎　四馬尚

四贊公字助禮號以進　伯論公次嗣子生道光戊申年三月廿四日未時卒光緒乙酉年十月廿二日申時木棺塟在墓林尖頂坐南向北

娶林氏名鴻娘生咸豐丙辰年正月初九日寅時

子　則申哖

鎮口阿造標公派禮字行

禮謝公號南式　伯迫公子生乾隆乙卯年九月初六日吉時

往華封卒道光　年　月　日　時墓葬俟查
娶陳氏諱醒娘謚惠姿生嘉慶壬戌年四月吉日吉時卒咸
豐辛亥年三月初八日巳時木棺葬在鵬雛外尾壠牛路溝
頂坐壬向丙兼亥巳
子二　長則苧　次則奈

禮罷公字欲禮號能進　伯興公子生嘉慶壬戌年十月初七
日戌時卒同治巳巳年九月十八日酉時木棺葬在虎空垵
寨嶺崙邊坐甲向庚
娶張氏諱醒娘謚莊姿生嘉慶丙寅年十一月廿八日未時
卒道光戊申年六月初十日卯時木棺葬在本山墓林尖后
坐東向西

子三　長則彦　次則類出繼　三則時出繼

禮跨公號　伯興公嗣子生嘉慶甲戌年六月十三日卯時卒
同治癸亥年十一月初二日吉時往飛鑾而卒墓葬在此
承繼子　則類

禮冉公字易禮號有進　伯孝公長子生嘉慶己巳年七月初
十日巳時卒道光癸卯年七月十八日戌時木棺葬在本山
鵬飛寨坐巳向亥兼丙壬

禮胛公字心禮號詩進　伯孝公次子生嘉慶壬申年六月十
三日午時卒光緒壬午年四月十二日巳時木棺葬在墓林
尖頂坐西向東
娶廖氏諱段娘謚淑懿生道光辛巳年十二月十三日吉時

卒光緒庚辰年十月十三日寅時木棺塟在鵬雛寨坡坐東向西

子一　細蘭

禮佃公字　號金進　伯考公三子生嘉慶丁丑年五月十八日酉時卒道光丙午年閏五月廿二日午時瓦棺葬冲天墓邊坐丑向未兼癸丁

禮飽字德禮　伯考公四子生嘉慶庚辰年十月初六日寅時

娶林氏名慶娘生道光庚寅年五月廿七日巳時

子　玉有

禮髓字玉禮　伯考公五子生道光甲申年七月初七日吉時

娶陳氏名叟娘生道光巳亥年二月廿二日巳時

子　則秋

禮謝公號曝　伯孝公六子生道光庚寅年四月初七日寅時卒同治庚午年十一月廿七日寅時瓦棺葬冲天墓外崙坐子壬向午

娶　氏改節

子　則川柔

禮偷字民禮號閑進　伯讓公嗣長子生嘉慶乙亥年二月初四日卯時

娶陳氏諱罔娘謚孝烈生道光乙酉年十月初五日午時卒咸豐乙卯年正月廿三日巳時瓦棺葬在本山

嗣子一　則仲春

禮舅公字引禮號國進　伯讓公次子生嘉慶庚辰年九月廿八日卯時卒同治庚午年六月二十日午時棺葬坐　向

娶蘇氏諱習娘謚時姿生道光壬午年八月廿四日寅時卒光緒癸未年十一月十三日寅時木棺葬墓林尖坐東向西

子一　則萬物

禮科公號孟進　伯讓公三子生道光己丑年正月十九日戌時卒道光庚戌年十月初三日申時木棺葬在寨嶺后坡邊坐[illegible]向甲

禮莩公號[illegible]進　伯材公長子生嘉慶戊寅年正月初九日辰時卒道光丁未年八月廿五日亥時木棺葬墓林尖後近尾窖格大崙邊坐癸向丁

承繼子　則時

禮豁字　禮號通進公　伯材公次子生道光辛巳年六月三十日午時卒同治巳巳年十月初二日寅時瓦棺葬在山坛土名覧簿坐西向東

娶陳氏改節

子三　長勸汶　次則賞　三則麟

禮履字　庶章號富進公　伯稷公長子生嘉慶戊午年十月二十日寅時卒道光丙午年八月初九日寅時瓦棺葬大墘頭灣厝外近廁池邊坐西北向東南

娶鄭氏罕娘改節

嗣子一　則斗[illegible]

禮錬公號　伯稷公次子生嘉慶甲子年三月十六日未時卒

光緒戊寅年八月　日　時墓埜在臺

娶龔氏盡娘生嘉慶丁丑年三月初五日子時

子三　長則担　及弟三人俱在臺

禮薄字厚禮　伯喜公長子生嘉慶乙丑年十二月十二午時

娶蘇氏名歲娘生嘉慶戊辰年十月廿五日辰時

子五　長差然　次則塲　三則郊　四則田出繼

五則綏　兄弟及父母俱在臺

禮旁字　禮　伯喜公次子生嘉慶甲戌年十月十一日酉時

娶王氏惕娘生嘉慶己卯年十月二十日丑時

子　則欣　則管　佳興出繼　五胥出繼　新美　則獺

父母父兄弟俱在臺烏堀仔

嗟蟲字　伯喜公三子生道光丁亥年五月吉日吉時　往臺

承繼子　五習

禮攬字　禮號養進公　伯益公承繼子生嘉慶庚申年十二
月十九日巳時卒嘉慶庚辰年五月十九日未時木棺葬軍
壠橋嶺頭近祖妣謝氏墓頭左畔坐乾向巽兼亥巳

嗣子一　八代

禮慮字　禮號安進公　伯山公長嗣子生嘉慶乙亥年八月
十四日巳時卒道光戊子年九月十三日酉時木棺葬大坵
尾外堅壠崙坐辛向乙兼戌辰

嗣子一　仙盤　往飛鑾卒

雙林字　禮號本進公　伯山公次嗣子生嘉慶丙子年四月
十七日丑時出外不知何處俟查
娶柯氏名俍娘生嘉慶巳夘年八月十三日酉時
子二　長則汝　次膽智　時居泉城
雙益字　禮號謙進公　伯山公三嗣子生道光丁亥年五月
初九日午時外出不知逃在何方俟查
娶陳氏念娘改節
禮鉗字玉章　伯敏公長子生嘉慶癸亥年八月初一日辰時
娶林氏諱姜娘謚懿壼生嘉慶甲子年二月十三日巳時卒
光緒庚辰年五月初八日酉時享年七十有七木棺葬在壽
間崙坐西向東

子五　長則韜　次則箴　三樂水　四則陽出繼　五則趣

禮鉅字典章號進公　伯敏公次子生嘉慶癸酉年二月初九日酉時卒同治丙寅年正月廿七日戌時瓦棺葬在鵰雛宮后大崙邊坐西向東

娶易氏諱慶娘生嘉慶丙子年十二月十二日辰時

子四　長天錫　次榮金　三懷玉　四虎榜　毋夂

兄弟俱往臺

禮斂字金章號釧進公　伯敏公三子生嘉慶己卯年二月十四日亥時往祠堂卒同治己巳年七月初二日吉時葬在此

娶易氏諱逆娘謚儉順生道光辛巳年八月初二日巳時卒光緒庚辰年十二月廿七日巳時木棺葬墓林尖坐西向東

嗣子一　天志

禮鈗字　章號脩進公　伯敏公四子生道光丁亥年閏五月二十日吉時卒道光辛丑年十一月廿七日辰時瓦棺瘞後山頭崙尾穴似獅形坐辰向戌

承繼子　則闊

禮糠字康章號精進公　伯懷公長子生嘉慶戊辰年十一月廿三日未時卒光緒乙亥年五月廿四日戌時木棺瘞在壽間崙坐西向東

娶林氏名論娘生嘉慶庚午年四月十五日巳時

子五　長則纖　次則符　三巡武　四少卿　五西曲

禮檻字彬章號斯進公　伯懷公次子生嘉慶甲戌年三月二

十日寅時卒咸豐己未年十一月廿四日辰時木棺葬在桼
洋梨坂後大墘崙田丙坐庚向甲兼申寅
娶鄗氏諱勸娘謚賢德生嘉慶丙子年六月二十日申時卒
咸豐乙夘年三月十六七日子亥時瓦棺葬鵬雞尾池口外
崙坐艮向坤
子四　長五勉　次五敎　三五畝　四五千
開築字作禮號城進公　伯度公長子生道光乙酉年正月初
四日丑時卒同治戊辰年十二月廿八日未時瓦棺葬在蓬
后中崙田后壁坐　向
娶林氏名領娘號　生道光丙戌年六月初八日午時
子五　長淩雲　次淩攀　三淩紫　四梆邊　五珠毛

禮頻字鵲禮號嘉進公　伯度公次子生道光丁亥年八月廿七日子時卒咸豐乙卯年十二月十三日酉時厝棺塋在後壠負鳳尾宮尖大石下坐癸向丁兼丑未

娶蔡氏諱次娘謚善端生道光丁亥年五月廿八日午時卒同治乙丑年二月初三日辰時厝棺塋丙寮坐丙向壬

子四　長美羅　次美諒　三美籃　四美景

禮潛字演禮號　伯度公三子生道光庚寅年五月初八日辰時

娶李氏名朗娘生道光辛卯年九月廿四日辰時

子　長甘石　次甘露　三甘固　四甘水　五甘桔

雙對字喜禮號永進公　伯度公四子生道光丙申年十月廿五日丑時卒光緒己卯年閏三月初六日卯時木棺塋尾宮

崙后大埔頂坐北向南

娶陳氏諱慰娘號孝端生道光丁酉年十月十四日亥時卒

同治癸酉年正月十二日卯時瓦棺葬在皮灶犁頭埕尾田

中坐酉向卯兼庚甲

子三　長纂房　次赤漢　三黄池

五艮字儉禮　伯慶公五子生咸豐壬子年正月廿七日子時

娶陳氏名圓娘生咸豐癸丑年十月廿二日午時

子　長閭餘　次則粒　三鏗鍧　四埋伏

五聘字禮號宣進公　伯慶公六子生咸豐癸丑年七月十

一日午時卒同治辛未年八月初五日戌時木棺葬在宫崎

田中坐丙向壬

文榮字祖禮一字顯章號功進公　伯推公嗣長子生道光丁
亥年六月十八日巳時卒光緒辛巳年十二月初四日未時
木棺葬坐　向
娶彭氏諱領娘謚懿德生道光己丑年七月初五日午時卒
同治庚午年八月十一日戌時瓦棺葬在鵬雛宮對面崙坐
向　兼
子三　長奕賢　次春田　三春日
文舉字成禮　伯推公次子爲人溫厚和平鄉黨中嘖嘖稱道
焉生道光乙未年正月初四日巳時
娶陳氏名志娘爲人和睦妯娌孝順翁姑生道光乙未年六
月三十日午時

子　長長茂　次長秋承繼

業儒文璣字珠禮　伯推公三子生道光己亥年十二月二十日午時

娶林氏諱於緞謚純謹生道光庚子年三月十三日酉時卒同治丙寅年十月十八日巳時瓦棺拵葬在本里山坛山土名塗埪仔崙坐乾向巽兼亥巳

繼娶易氏名尾娘生道光辛丑年二月十四日亥時

子　長謙泰林氏出　次冬茶　三涵泳

文華字英禮　伯推公四子生道光壬寅年三月初八日巳時

娶易氏名挨娘生道光壬寅年六月十二日戌時

子　長杏林　次春哲　三春往

文環字循禮號　伯推公五子生道光乙巳年十一月初三日
酉時
娶陳氏名担娘生道光丁未年十一月二十日酉時
子　長顯達　次紅茘　三顯名
文遂字近禮號　伯推公六子爲人尊師重道雅嗜書香生道
光丁未年十二月十五日未時
娶陳氏名雖娘生道光己酉年六月十九日寅時
子　長衍盛　次再盛　三新盛
禮瓢字飲章一字卦禮號篚進公　淵涵公長子爲人理明辭
舉智遠機深處鄉黨則有事化無遇貧窮則推心周急生嘉
慶壬申年四月十八日戌時卒同治癸酉年二月十七日酉

時木棺葬在中坪崙坐癸向丁
娶陳氏諱頭娘謚慈烈生嘉慶甲戌年九月十四日亥時卒
咸豐庚申年閏三月初十日未時木棺與女子仝葬在四角
尖頂穴號獅形坐乾向巽
附女銀姑生道光戊申年十月初二日戌時卒咸豐庚申年
三月初二日酉時
子二　長趙璧學　次南琛
禮坪字廣禮號懷進公　淵涵公次子生嘉慶丁丑年八月廿
五日巳時卒咸豐辛酉年二月十五日酉時葬　坐　向
娶陳氏諱禀娘謚淑姿生嘉慶戊寅年二月初七日辰時卒
道光丙申年五月初一日寅時瓦棺葬石圻北坑壠崙坐丑

向未兼癸丁

繼娶李氏諱草娘謚淑花生嘉慶戊寅年十二月十四日巳時卒同治戊辰年十一月初一日丑時葬　坐　向

子三　長庭階陳氏出　次應猷　三出繼嘉謨李氏出

禮喈字揖禮號恭進公　淵涵公三子生嘉慶庚辰年六月廿九日戌時卒道光乙巳年正月十九日巳時瓦棺葬在石埕鬱堵崙坐辛向乙兼戌辰

娶林氏諱星娘謚節

子二　長傳鑫殤　次嘉謨承繼

禮滌字美禮號治進公　淵涵公四子生道光癸未年二月初二日辰時卒同治己巳年四月初九日戌時木棺葬中哖崙

坐壬向丙
娶沈氏名鶴娘生道光乙酉年八月十六日辰時
子二　長俊艾　次文彬學
垂裕字教禮别號饒餘　蔚文公長子自儆曰余禀性愚魯逢
母早逝不能含其喪有父弗克祗服厥事大爲友愛於二弟
少行和睦乎九族空生於高厚之間徒負虛名而無成立誠
是庸拙之輩歟當更號爲拙夫生道光丙戌年六月二十日
未時
娶許氏諱品娘謚孝節生道光丙戌年五月廿九日巳時卒
咸豐甲寅年十一月十四日巳時木棺塟在十八間壠尾坐
戌辰兼辛乙

繼娶吳氏諱報娘號孝美生道光壬辰年二月十九日亥時
卒咸豐丁巳年二月廿五日夘時瓦棺葬在　坐　向
又娶謝氏諱曉娘生道光癸巳年十二月初四日夘時
子四　長潤澤嗣子　次垚增嗣子　三梧槓　四烘煁謝氏出

焜燿字海禮號煇煌公　蔚文公次子生道光庚寅年九月初
五日子時卒光緒丁丑年九月廿五日巳時木棺葬坐　向
娶白氏諱裾娘生道光辛夘年四月廿二日巳時
子四　長文最　次叅贊嗣子　三文琢　四朝衣

處士天樞字璿禮號斗杓公　蔚文公三子生道光辛丑年四
月廿二日丑時卒光緒丙子年三月廿二日子時木棺葬[illegible]
山頂坐乙向辛

娶陳氏諱寬娘謚孝裹生道光庚子年十月初六日辰時未
迎歸先卒咸豐戊午年五月十二日申時葬在陳家山
繼娶王氏諱甘娘謚慈和生道光癸卯年十月十九日未時
卒同治壬申年九月十一日未時兆棺葬在湖頂大深格邊
坐　向
嗣子一　岑樓

秉彝公　伯仁公承繼子生道光辛巳年　月　日　時卒
鎮口五造軒公派禮字行
年　月　日　時葬在墓

恭義公　秋毫公子生嘉慶乙亥年十一月初二日午時卒
年　月　日　時葬在墓

禮匹字　號諒進公　伯明公長子生道光癸未年八月初六日吉時卒道光辛丑年七月初二日戌時瓦棺與父及母謝氏仝葬在苦萊壠格茶林崙坐庚向甲

楊卿字　號盈進公　伯明公次子生道光丙戌年八月初八日申時卒咸豐丙辰年二月十三日寅時瓦棺與繼母陳氏仝葬在内寮厝對面坐亥向巳

子二　長則茅　次春喜

禮遮字簾禮號蔚真　伯東公長子生嘉慶戊寅年正月十六日辰時

爲人好善不倦事親無違爲衆人排難解紛似青天白日爲祖宗建廟立宇如霽月光風迨至晚年協同鄉人贊修族譜

始終不怠亦可謂有功於鄉矣
正直無私名姓芳建宗立祖功非常自然庭樹能鍾秀遂有
孫枝大發祥天上石麟殊骨相懷中玉燕是琳琅從兹贊譜
完週後積善之家福祿長
姪則明拜題
平生孝友睦宗媚多少豪情共仔肩譜牒增脩堪裕後廟堂
煥彩可光前從公辦事無私曲爲世躭憂化俗緣妙在勤勞
加晚歲治家理衆有功傳
從堂姪則通頓首拜撰
子二　長統緒嗣　次文雅承繼
顏肥字色禮號厚重公　伯東公次子生道光癸未年九月初

五日寅時卒同[illegible]辛未年六月初二日午時瓦棺塟在穴心
崙仔垵坐西南向東北
娶葉氏名煦娘號淑姿生道光戊戌年六月十五日酉時
子三　長箴規　次銀練兩承　三文雅出繼
曾昂號高進公　伯東公三子生道光丙戌年九月十三日寅
時卒道光乙巳年十月初十日酉時瓦棺塟在烏材林土名
山仔石頭芽中坐東向西
萬彜號秉倫公　伯蓋公子生道光癸未年七月廿五日申時
卒光緒癸未年六月十七日卯時木棺塟在本山湖頂大垵
坐申向寅兼庚甲
雙承子　銀練

禮恬字靜禮號筆進公　伯述公長子生嘉慶庚辰年六月十七日寅時卒道光丙午年九月初二日寅時木棺葬在本山內寮厝對面水溝頂坐壬向丙

娶陳氏改節

秋顏字　禮號冬進公　伯述公次子生道光戊子年五月三十日寅時卒咸豐戊午年正月十二日巳時木棺葬在內寮厝內四角坵水溝頂坐庚向甲

承繼子　月令

節義字孝禮號仁進公　伯秀公承繼子生道光癸未年十月初五日寅時卒光緒辛巳年十一月初一日酉時木棺葬內寮水溝頂坐壬向丙

娶蔡氏諱寬娘號肅儉生道光乙未年五月初三日未時

子四　長泗海　次月令出繼　三月候　四西客

金田字　號錫進公　伯秀公嗣子生道光庚寅年十月廿

一日巳時卒同治戊辰年十月十四日吉時卒於西坪壠墓

俟查

蓮菊字　號雙進公　伯如公嗣長子生道光辛卯年八月

十五日酉時卒咸豐丙辰年正月十九日寅時瓦棺同父合

葬大湖內坐甲向庚

仙恩字情禮號　伯如公次子生道光壬辰年十二月廿六日

寅時

娶王氏名埀娘生道光戊戌年七月十七日寅時

子三　長舞雩　次進達　三進通

仙與字求禮號　伯如公三子生道光丁未年十二月初三日
酉時往萬鴉
娶陳氏名　娘
子　加樓

仙倉字廩禮　伯如公四子生咸豐辛亥年七月十七日申時
承繼子一　進祝　在臺

後傳公　伯煖公長子生道光壬辰年九月十六日亥時自投
謝家爲子卒

文明字　伯媛公次子生道光丁酉年十二月十八日卯時自
投爲謝家子

二十世鎮撫裕昌公長之三美宮林直齋公派禮字行

禮鎦字吉禮號德進公　伯問公長子生嘉慶乙亥年八月十七日酉時卒咸豐甲寅年十月廿五日午時木棺葬中心崙埈頭坐庚向甲

娶葉氏諱亞娘謚來儉生道光己丑年六月初六日亥時卒道光己酉年閏六月初六日亥時棺葬中心崙仔坐丙向壬

繼娶陳氏諱素娘謚敬儉生道光丙戌年十一月廿四日辰時卒咸豐丙辰年五月廿四日辰時木棺葬在墓林尖后坐乙向辛

嗣子一

日寶　不知而去

禮妙字佳禮　伯問公次子生嘉慶庚辰年三月廿一日辰時

往臺今在淡水磨石坑向天湖居
禮椬號梃禮公　伯問公三子生道光丙戌年十一月初六日
吉時卒光緒戊寅年十二月廿六日辰時木棺葬在墓林尖
坐東向西
娶林氏諱　娘卒棺及木主蘇家請回奉祀
雙法公　堅成公嗣子生年月日時失出外不知去向
雙標字榜禮號峯進公　伯興公嗣子生道光壬午年五月吉
日吉時卒咸豐丙辰年四月十七日巳時瓦棺葬縣南宫大
崙垵坐庚向甲兼申寅
娶洪氏名受娘生道光乙酉年六月初七日吉時
子一　則梓

禮竿字竺禮　曾腹公嗣孫生道光癸未年十二月初六戌時
娶陳氏諱懇娘謚懷金生道光戊子年十月初四日辰時卒
咸豐丙辰年五月初十日巳時先棺與勤德陳氏同葬鵬雛
寮坐癸向丁兼子午生子如意娶吳氏同治丙寅同父往臺

善象字禮　伯祿公子生道光庚子年七月廿三日巳時
嗣子一　則喜

二十世鎮撫裕昌公二爲章公長進元厝興材公派禮字行

禮碉國字明禮號源盛公　流堯公子生道光壬辰年四月廿七
日未時卒同治癸酉年六月初八日巳時葬在本山湖頂石
筭外崙坐酉向夘兼庚甲
娶沈氏諱推娘改節

嗣子二　長捘文　次振盛　時叫圈

禮忠字　流我公子生道光戊申年九月十五日夘時

禮婷字　禮　貽琶嗣子生道光乙巳年　月吉日吉時

娶陳氏名領娘生道光丙辰年　月　日吉時卒同治

丙寅年四月初六日申時瓦棺𦵏在本山罕茱尾大石頂坐

甲向庚兼夘酉　及父母俱往臺至光緒丙戌年同父母

回家居住

立後字前禮號　流水公嗣子生嘉慶戊寅年十一月廿八日

酉時

娶易氏諱柹娘謚儉美生道光乙酉年二月廿六日辰時卒

於光緒乙酉年六月廿八日戌時木棺𦵏在進元厝尾土空

頭坐丑向未兼癸丁

子一　則泵

明潘字田禮　貽翎長子生道光丁未年十二月十五日未時

娶鄭氏名易娘生咸豐生辛亥年七月二十日辰時

子　長復川　次復夔

明田字　貽翎次子生咸豐丙辰年二月十五日卯時

娶陳氏名引娘生同治甲戌年六月十六日寅時

明固字　貽翎三子生同治丙寅年二月十七日戌時

明梓字　貽翎四子生同治庚午年十二月初八日子時

用月字　貽笛長子生同治甲戌年十月初六日子時

禮坎公號　潤屋長子生咸豐辛酉年九月廿二日申時卒光

緒丁丑年四月廿七日辰時葬在本山土名後溝窑崙坐癸
向丁兼子午
禮越字　稿仁長子生同治癸酉年十一月初十日辰時
娶鄭氏名朕娘生同治壬申年五月十五日辰時
侯縣字道禮號源府公　楊庭公長子生道光戊申年正月十
六日未時卒同治壬申年十一月初二日子時木棺葬在本
山馬垵路崙尾坐壬向丙兼子午
娶王氏陊節
承繼子　升梅
禮熊號源羆公　楊庭公次子生咸豐甲寅年三月初一日亥
時卒同治辛未年十一月十一日辰時棺葬本山垵内後溝

尾坐壬向丙兼子午

如容字碧禮號文理公　貽暹公長子生咸豐甲寅年三月初一日亥時卒光緒丙戌年四月十四日午時

娶何氏名担娘生咸豐己未年九月十六日卯時

子二　長鳳雀　次升樫出繼

冬容字愛禮　貽暹公次子生同治癸亥年十二月初十日午時

娶陳氏名雙娘生同治丁卯年七月初四日酉時

夏容字　貽暹公三子生同治戊辰年二月三十日巳時

是容字　貽暹公四子生同治庚午年二月廿七日酉時

冬旭字　貽暹公五子生光緒丁丑年七月十四日卯時

禮稀字依禮　大琛長子生咸豐乙卯年正月十二日巳時

娶陳氏名者娘生咸豐庚申年七月十七日巳時

子　緣竹

如智字　大瑑次嗣子生同治戊辰年七月廿一日酉時

乾瑞字祥禮號　國柔公長子生同治甲子年十二月初十日

寅時

娶陳氏名山娘謚冰玉生同治乙丑年　月吉日吉時卒

光緒甲申年十二月十三日酉時木棺葬在土名林圭舌尾

坐乙向辛兼辰戌

甲木字　國柔公次子生同治辛未年二月十六日寅時

奎得字　國柔公三嗣子生光緒丙子年十月廿一日寅時

對面山興起公派

禮𡁹字　貽反公嗣子生道光丙午年八月廿一日申時

嶺頂大門興玉公派

禮娛公字歡禮號　貽呈公承繼子生道光丙午年八月廿一日申時辛光緒乙酉冬在臺灣爲鼓手從兵出征來福州馬江與法蘭番交戰打仗陣亡墓在閩省官山

禮升字　國混公長子生道光癸卯年十一月三十日卯時娶劉氏名千娘生咸豐乙卯年五月廿三日申時

子　則惜

區水字　貽八公承繼子生咸豐庚申年正月　日申時

五常字　貽羽公長子生咸豐丙辰年十二月初八寅時在臺

成裕字　貽羽公次子生咸豐已未年三月十二日子時在臺

扶持字　貽羽公三子生同治壬戌年七月初一日寅時在臺

錫朋公派

巡按字　貽正公長子生咸豐丁巳年二月十一日卯時

娶易氏名香娘生同治丙辰年正月廿八日卯時

禮圖字　貽正公次子生同治庚午年九月廿三日卯時

八坵崙山節公派

禮詮字延禮　貽齋公子生道光丁酉年正月初十日辰時

娶王氏名與娘生道光巳亥年四月廿三日未時

子　長則讀　次則韡

暢茂字　貽明公子生道光丁未年六月三十日未時借

禎祥公　貽快公長子生道光癸巳年九月初一日戌時卒光

緒癸未年七月初九日寅時木棺葬在松栢崙坐未向丑兼
丁癸
禮閒字　貽快公次子生道光壬寅年六月初十日未時
娶李氏名靖娘生道光丙申年十一月十九日辰時
長疇號心田公　大昕長子生道光甲辰年八月初二日巳時
卒同治己巳年八月初三日吉時瓦棺葬山坛頂北坑壠頭
大路外坐甲向庚兼寅申
娶陳氏名仟娘生道光甲辰年七月初八日午時
嗣子　長鴻禧　次銀錠
新電字　大昕次子生道光丁未年二月初五日戌時
嗣子　長鴻河　次鴻島

禮堆字金禮　清標承繼子生咸豐癸丑年十月廿三日亥時

娶陳氏名趔娘生同治丙寅年九月十二日卯時

子　吹勳

絨彝字秉禮　仙景公嗣子生道光丁酉年正月廿九日子時

娶張氏名鄧娘生道光丙午年九月初七日巳時

瓜傚字綿禮　仙景公次子生道光戊戌年八月初五日酉時

瓜梨公號　仙景公三子生道光癸卯年十一月十五日戌時

卒光緒癸未年五月十四日巳時往葬墓埜在楓仔林

玉振乳名哂　仙景公四子生咸豐辛亥年五月十七日丑時

云騰字崚禮　貽海公子生道光戊申年三月廿三日辰時

娶陳氏名馳娘生道光戊申年正月初十日丑時

子　長權量　次權度　三灶誇

玉選字萬禮　國厚承繼子生咸豐甲寅年九月廿一日寅時

經綸字絲禮　國厚次子生咸豐庚申年二月十七日未時

娶柯氏名雙娘生同治辛未年十二月初八日卯時

團練字　國厚三子生同治甲子年七月初十日未時

雙情字性禮　享進公子生道光丙午年八月初二日巳時

娶林氏諱幼娘生　年　月　日　時卒光緒巳卯

年八月初一日巳時木棺葬在烏衫坡坐丑向未兼癸丁

繼娶楊氏名綴娘生咸豐丁未年九月初七日午時

子　太甲出繼

如意號三多公　享赫公長子生道光庚戌年七月廿一日巳

時卒光緒丁丑年正月廿五日未時往基尾棺墓在塚山頂
坐北向南

禮溪字清禮　享赫公次子生咸豐丁巳年五月廿七日酉時
娶劉氏名林娘生同治甲戌年　日　日　時

禮書字　文現公子生咸豐辛亥年十一月初七日辰時往臺

禮贊字嗣禮　貽北長子生咸豐癸丑年正月十二日丑時

禮總字　貽北次子生咸豐庚申年十二月廿七日酉時

禮對號雙策公　輝耀公承繼子生咸豐乙卯年六月初十日
寅時卒光緒戊寅年四月初六日巳時卒在厦柩無回

忝內明達公派

溪水公　暹梅公子生道光乙未年九月十三日卯時卒咸豐

壬子年十月廿六日寅時葬在本鄉土名牛脛頭坐　向

禮喉字貽忠長子生同治辛未年二月廿二日辰時

禮接字貽忠次子生同治甲戌年十二月十七日未時

卷之七上終

參山二房黃氏族譜

二十世鎮二房徙參福安厝存厚公派禮字行

鎮屋字真禮　金山公長子生道光甲申年五月初五日辰時

娶許氏名欽娘生道光丁亥年正月初四日辰時

子三　長則閭　次則廩　三則愈出繼

天香號石禮公　金山公次子生道光戊子年八月十八日未

時卒光緒辛巳年四月廿五日辰時享年五十有四木棺葬

在厦門山

承繼子　則愈

禮幸字喜禮　金山公三子生道光癸卯年六月廿四日辰時

娶張氏名玩娘生咸豐癸丑年六月十五日卯時

子　則洛鵬

禮廟字宗禮　金山公四子生道光巳酉年二月三十日戌時

文覺號有志公　平山公長子生道光巳丑年正月十三日辰

時卒咸豐巳未年十一月廿四日吉時往吧溺船亡

娶王氏諱蘋娘謚莊屏生道光甲午年五月初三日未時卒

同治戊辰年五月十二日未時尾棺葬在本山錫廳巖鳳髻

埔坐庚向甲兼酉卯

子一　能居

兩儀號有象公　平山公次子生道光壬辰年二月十二日巳

時卒咸豐辛酉年十月廿九日巳時尾棺葬在福安厝後溝

檺脚坐坤向艮兼未丑

娶鄧氏諱體娘改節

三錫字師禮　平山公三子生道光丙申年六月十一日申時

養子二　長明趣　次明陽

四奇字欣禮　平山公四子生道光甲辰年五月二十日辰時

娶張氏名判娘生道光己酉年七月廿九日辰時

子　實火

開顏字淵禮　泛舫公長子生於道光庚寅年閏四月十七日

申時

娶謝氏諱端娘謚莊勤生道光戊子年正月廿四日申時卒

同治丁卯年六月廿六日午時死棺葬在傘林大鵲腳坐壬

向丙兼亥巳

繼娶趙氏名慶娘生道光壬戌年十一月十二日未時
子四　長則畫　次則聽　三則達偕謝氏出　四冬壽趙氏出
禮求字應禮　泛舫公次子生道光辛卯年三月十一日戌時
娶林氏名額娘生道光戊申年十月十六日卯時
子　長則鬟　次則斗
禮獅字舞禮　泛舫公三子生於道光癸卯年閏七月初四日
未時
禮蕉字甘禮　泛舫公四子生道光己酉年八月十四日亥時
禮義字好禮　泛舫公五子生咸豐辛亥年七月三十日辰時
清和字貴禮　統緒公長子生道光癸巳年正月初二日辰時
娶謝氏諱味娘謚莊海生道光庚子年八月　日　時卒光

緒已夘年九月十七日亥時木棺塟參洋馬厝蔡坐南向北
子二　長則全殤　次春羅
珍寶號有善公　統緒公次子生道光辛丑年八月廿六日巳
時卒同治壬申年正月初三日寅時木棺塟在埔尾林坐東
向西
嗣子一　五騎
咱樣字觀禮　統緒公三子生道光乙巳年三月廿九日辰時
娶王氏名郄娘生咸豐甲寅年正月初二日申時
子　長則飾　次廣進出繼　三則回殤　四接生
敏樹字聲禮　統緒公四子生道光己酉年正月十六日午時
娶陳氏名姜娘生同治戊辰年二月十九日亥時

承繼子　廣進

禮示號重見公　國全公長子生道光壬辰年五月十六日辰時卒光緒巳卯年九月十八日巳時木棺葬在河光崙坐北向南

娶李氏諱松娘謚莊栢生道光庚寅年四月初八日子時卒同治己巳年四月廿六日戌時瓦棺葬在本山錫廳巖高厝蛇頭坐酉向卯

子一　水信

禮辣字酸禮　國全公次子生道光戊申年二月初六日酉時

禮蕫號重善公　國全公三子生咸豐辛亥年七月初十日巳時卒同治壬申年正月十六日巳時棺葬河光崙坐東向西

承繼子　則牛

乾坤字元禮　國全公四子生咸豐丁巳年十月廿九日亥時

娶陳氏名領娘生咸豐庚申年四月廿六日巳時

子　長則牛出繼　次則瞈　三

禮竹字苞禮　雲車公長子生咸豐辛亥年四月廿八日亥時

禮云字人禮　雲車公次子生咸豐甲寅年五月廿三日酉時

禮陳字喦禮　雲車公三子生咸豐丙辰年九月初九日申時

二十世徙參　樸厚公派禮字行

起群號華扳公　克元公長子生道光丙戌年十月十五日酉

時往臺卒年月日時塟地俱俟查

三承子　伯達

含英號華蕊公　克元公次子生道光癸巳年二月初一日巳
時卒光緒辛巳年正月十二日未時木棺塟在本山行寄畬
坐癸向丁兼子午
三承子　伯達
禮隆字　愷悌公長子生道光壬寅年　月　日　時往
任臺灣
搖梅字上禮　克鼎公嗣子生道光丁酉年二月廿二日戌時
娶趙氏名梅娘生道光辛丑年二月廿二日吉時
撥出三承子　伯達
鶴頂號新生公　克柔公長子生咸豐丙辰年六月十三日未
時卒光緒辛巳年七月廿三日吉時在西縣亡塟

禮賞字像禮　克柔公次子生同治壬戌年四月十二日辰時

琅玕號球琳公　國耀公長子生咸豐甲寅年三月廿二日午時卒光緒癸未年七月廿六日未時木棺葬在臺灣

禮尚字有禮　國耀公次子生於咸豐庚申年十二月廿二日辰時

丕顯字文禮　國耀公三子生於同治癸亥年十二月初二日酉時

纖縞字能禮　國色公長子生道光庚子年六月廿四日亥時

娶石氏名錦娘生道光乙巳年十一月十六日巳時

子　長鄒朝　次則霖　三川霧

禮琅字瑜禮　佳音公長子生道光乙巳年七月十三日巳時

幼娶謝氏　娘卒

雙禧字燕禮　佳音公次子生於咸豐乙卯年十一月廿五日
寅時

芹茆字采禮　佳音公三子生咸豐庚申年三月十四日申時

清錢字金禮　克鏈公子生道光丁未年十一月十一日丑時

純粹字一禮　清香公子生道光己酉年閏四月初九日未時

足成字　克庀公嗣子生同治甲戌年八月初八日巳時

禮集字　克昌公承繼子生光緒甲申年八月三十日寅時

禮計字詳禮　克泰公養子生咸豐甲寅年　月　日　時

世傳字賢禮　國鵬長子生同治辛未年八月初七日午時

世聯字　國鵬次子生同治癸酉年十一月廿五日卯時

世裕字　克舍公承繼子生光緒丙子年二月初七日巳時

雙蝶號禮輝公　國庇公承繼子生道光丁未年八月十五日午時卒光緒戊寅年七月初四日吉時在厦亡葬地在厦門

在民號順安公　克盛公長子生道光癸未年十月初四日寅時卒同治庚午年閏十月廿三日巳時兎棺葬本山新路格埔坐午向子兼丁癸

娶陳氏名信娘生道光壬辰年十月廿一日未時

子　長貽有　次禹蘭出繼丙承　理義胞子丙承

禮喇號順諍公　克盛公次子生道光甲午年三月初十日時卒同治癸亥年十月十六日未時兎棺與胞兄順信公仝葬在新路格坐酉向卯兼辛乙

雙承子　萬蘭
禮緞號順信公　克盛公三子生道光庚子年六月初六日午
時卒同治丙寅年六月廿三日酉時瓦棺與胞兄順諍公仝
塟在新路格坐酉向卯兼辛乙
雙承子　萬蘭
禮乾字坤禮　克戕公長子生道光巳酉年七月初四日午時
禮等字尊禮　貽菲長子生咸豐辛亥年八月十三日酉時
雙承養子　再座
光誨字諶禮　貽菲次子生咸豐庚申年九月初五日卯時
娶張氏名簪娘生同治壬申年三月初五日申時
璠璵號清寵公　克榮公子生道光壬寅年四月初八日午時

卒同治己巳年六月初十日吉時木棺葬在厦門

分耀字過禮　貽湯養長子生同治己巳年七月初三日未時

娶葉氏名呈娘生同治壬申年三月十三日巳時

分賞字　貽湯次子生同治癸酉年十一月初十日辰時

協恭號順龍公　克籌公長子生道光戊戌年正月廿六日酉

時卒同治庚午年十二月初八日戌時瓦棺葬在本山石礦

頂釣竹墘坑溝頭坐庚向甲兼申寅

娶趙氏諱善娘謚彰勤生於道光癸卯年六月十八日巳時

卒光緒丁丑年五月十一日未時木棺葬在本鄉馬厝山坐

向俟查

雙承養子　則逞

渠荷號花龍公　克籌公次子生道光巳亥年十一月初十日
申時卒光緒甲申年四月十八日申時水棺塟在本鄉馬厝
山坐申向寅兼庚甲
雙承養子　則湜
團圓號順室公　克籌公三子生道光癸卯年八月廿二日申
時卒同治壬申年三月十五日戌時尾棺塟在石礫山坐向
俟查
江河字海禮　克籌公四子生道光丙午年八月十四日亥時
日新號順行公　克籌公五子生道光巳酉年四月廿四日酉
時卒光緒乙亥年三月初六日酉時尾棺塟在本山石礫格
腳田后坐申向寅兼坤艮

紫氣字東禮　克寓公長子生道光丁未年十月十六日辰時

平塗字聽禮　克師公長子生道光己亥年九月廿五日子時

娶謝氏諱妹娘謚次儉生道光辛丑年九月初六日巳時卒

同治癸酉年三月廿三日戌時木棺葬在馬厝山坐向俟查

奇雲號順兄公　克師公次子生道光己酉年四月廿三日卯

時卒同治壬申年十二月十九日寅時木棺葬在馬厝山坐

向俟查

存忠字謀禮　克師公三子生於咸豐癸丑年十二月初一日

酉時

承繼子　則鄰

雙裁字賡禮　克禮公長嗣子生於道光癸卯年九月初三日

寅時

娶謝氏名榮娘生道光乙巳年十月初六日寅時

子　長攀桂　次為耳讀解　三則隣出繼

雙硈字硯禮　克禮公次子生道光丙午年五月廿三日申時

娶謝氏名雄娘生咸豐癸丑年七月初八日寅時

養子一　再座　撥出兩承

廣修號順致公　克學公長子生道光己酉年七月十九日未

時卒同治庚午年閏十月十八日卯時瓦棺葬在馬厝山坐

向俟查

娶陳氏勤娘改節

禮煆字米禮　克千公嗣子生同治己巳年　月　日　時

禮呼字喚禮　克多公長子生同治甲子年四月初四日未時

樹林字藝禮　克三公長子生咸豐丁巳年七月初二日巳時

樹杞號庭郲公　國棟長子生道光丙申年正月初九日辰時

卒同治己巳年正月初八日午時往臺亡葬地在臺

娶謝氏名妍娘改節

承繼子　珠池

樹壇字杏禮　國棟次子生道光丁未年七月廿一日亥時

娶吳氏名美娘生咸豐辛亥年十一月廿二日亥時

子　長漢池　次珠池出繼

禮艮字輔禮　佩絲公長子生道光癸卯年八月十六日亥時

娶吳氏名見娘生咸豐辛亥年十二月二十日申時

子　長則井殤　次苟妹出繼丙承

南琛號烈強公　佩絲公次子生道光庚戌年六月初九日亥
時卒光緒庚辰年六月廿三日辰時木棺葬在南安后劉鄉
溪州坐向倹查

雙承子　苟妹

水環號列尹公　佩麟公長子生道光甲辰年五月廿八日辰
時卒咸豐癸丑年八月十七日申時尾棺葬在本鄉朝仔埈
坐癸向丁兼子午

高山號烈仰公　佩麟公次子生道光戊申年三月十二日未
時卒光緒辛巳年正月廿九日申時水棺葬在本山崎仔尾
坐癸向丁兼子午

禮每號烈榮公　佩麟公三子生咸豐辛亥年二月廿八日辰
時卒光緒乙亥年六月初十日酉時瓦棺葬在古田寮腳行
崎崙坐癸向丁兼丑未
娶陳氏兔娘改節
子一　清結

竹禮字綠禮　佩麟公四子生同治壬戌年四月初一日丑時

傳首字翹禮　佩琚公承繼子生咸豐癸丑年六月十九未時

應瑞號庭祥公　佩予公子生道光己亥年七月廿六日巳時
卒同治癸亥年七月初六日酉時瓦棺與父　佩予公合
葬馬厝山茶林灣坐酉向卯兼庚甲

遣東字氣禮　佩寶公子生咸豐丁巳年五月十四日卯時

禮泉字井禮　貽惠雙承養子生於同治戊辰年四月廿一日巳時

修楂字　貽猷長子生光緒辛巳年三月廿九日巳時

修孫字　貽猷次子生光緒甲申年閏五月廿六日巳時

五品軍功賞戴藍頂花翎加三級諱得勝乳名長利官字攸禮號烈用公　佩色公長子生道光戊申年八月初六日辰時隨　宋大人臺灣上任後不知所之

禮滿字　佩色公兩承次子生於同治十年辛未二月初七日未時

禮赫字濯禮　貽足長子生咸豐辛酉年正月十七日子時

禮潸字　貽足兩承次子生同治辛未年二月初七日未時

二十世鎮二大墘頭祖長房升讓公派禮字行

仰望公號　求貫公長子生嘉慶乙亥年十二月十八日辰時

卒道光己丑年吉月吉日吉時木棺葬本山墓林尖近倒山

埔坐丁向癸

文暨號當慷公　求貫公承繼次子生道光壬午年五月初九

日寅時卒同治辛未年十月廿三日午時享年五十木棺葬

本山中蓮崙巷頭坐子向午

承繼子一　雙元

文題號數尺公　動心公長子生嘉慶丁丑年七月初八日午

時卒道光己亥年十月廿七日巳時瓦棺葬在本山百壽崙

內垵坐北向南

娶蔡氏昆娘敀節

承繼子　所傳

齊鳴字鳳禮　同德公長子生道光丙戌年五月十七日巳時

娶李氏謹娘謚儉信生道光辛卯年九月十四日午時卒咸

豐丙辰年十一月十六日午時尾棺瘞在湖頂加檜來田中

坐辛向乙兼酉卯

繼娶廖氏愛娘謚儉順生道光丁亥年十一月廿五日未時

卒光緒丙戌年八月十六日酉時享年六十水棺瘞在壠杠

後坐庚向甲

子二　長雙義（李氏出）　次繫生

定意字正禮號世如公　同德公次子生道光辛丑年八月十

八日丑時卒光緒丙戌年二月廿五日辰時木棺葬上坛仔崙頭坐庚向甲
娶陳氏名遮娘生道光甲辰年五月初四日寅時
子　長所傳出繼　次田來殤　三則分　四則賞殤
文學號書齋公　道治公嗣子生道光乙酉年正月廿三日申時卒咸豐庚申年九月二十日巳時棺葬在湖頂四角尖后大垵格坐東向西
娶陳氏名載娘生道光辛卯年十一月廿三日吉時
子　則覲
文波字恩禮號麗高公　茂昭公長子生嘉慶壬申年四月廿三日申時卒同治壬申年十月廿六日巳時享年六十有一

木棺葬在本山後面垵頂坐丁向癸兼午子
娶廖氏名瑚娘謚爲儉生嘉慶癸酉年八月初十日戌時卒
咸豐辛亥年九月十九日辰時瓦棺葬在本山坑后壠坐子
向午兼癸丁
子四　長雙美　次則炮　三綿遠出繼　四江海

處士料德字材禮號淑得公　茂昭公次子生嘉慶乙亥年四
月十二日未時卒同治辛未年四月初四日吉時瓦棺葬在
本山澗山腳水埕田後壁坐酉向卯兼辛乙
娶鄭氏諱秀娘謚榮姿生嘉慶己卯年十二月廿九日吉時
卒咸豐丁巳年正月廿四日卯時瓦棺葬在湖頂草洋仔田
角坐子向午兼壬丙

子二　長綿遠承繼　次則近

文觛字待禮號元旦公　忠孝公子生道光壬午年十月初二日巳時卒同治乙丑年十二月初三日丑時木棺葬在本山後面垵田中坐丁向癸兼午子

娶王氏治娘敀節

子四　長功名　次雙漂　三雙元出繼　四雙達殤

文在字如禮　履厚公長子生於道光壬午年十二月廿九日未時

娶易氏諱硯娘謚塁慎生道光丙戌年九月十六日申時卒咸豐甲寅年六月十六日子時木棺葬在崎林紅土仁崙坐卯向酉兼乙辛

子一　春梅

文柿字梨禮號金桔公　履厚公次子生道光庚寅年五月初八日丑時卒光緒丙子年二月十八日卯時木棺葬在中蓮崙後坐卯向酉

娶李氏名印娘生道光癸巳年四月廿八日酉時

子三　長桂子殤　次則耀　三則察

馬修字藏禮　國緞公長子生於道光己丑年十二月廿五日午時

娶王氏名寅娘生道光癸巳年十一月三十日寅時

子　長秋放　次有才　三則膽

壤地字滕禮　國緞公次子生道光甲辰年七月十九日酉時

娶陳氏諱吉娘謚清儉生道光丙午年六月初六日申時卒
光緒辛巳年十月十一日辰時木棺葬在尾坡仔坐丑向未
子二　長四歲　次則饌出繼

清池字入禮　國緞公三子生道光戊申年五月廿七日午時
承繼子　則饌

朝聘字時禮　國緞公四子生咸豐壬子年正月十九日寅時
娶陳氏諱攌娘謚方儉生同治壬戌年十月初十日子時卒
光緒癸未年十二月初十日未時木棺寄葬在尾坡仔坐亥
向巳

守南字道禮　安仁公長子生道光庚寅年十月廿七日巳時
娶陳氏名皆娘生道光甲午年二月十五日辰時

養子二　長前茂　次來春

文進字義禮　安仁公次子生道光丁酉年正月廿七日寅時

娶陳氏諱成娘謚金女生道光癸卯年叁月貳拾日酉時卒

同治癸亥年正月初二日未時尾棺墓在本山仙洞尖脚坐

壬向丙兼子午

繼娶蔡氏名縣娘生道光甲辰年七月廿一日巳時

子　長世川陳氏出　次鮑魚　三則順出繼　四遂火殤蔡氏出

禮蔡字居禮　安仁公三養子生道光戊戌年二月廿六寅時

承繼子一　則順

禮絃字直禮　正德公長子生道光乙未年正月廿九日酉時

娶陳氏名引娘生道光戊戌年十月廿六日午時

子二　長作萬　次則潤出繼

今發字節禮　正德公次子生於道光癸卯年十二月廿四日

亥時

娶劉氏諱婆娘謚婺姿生道光戊申年七月拾七日未時卒

光緒癸未年七月廿一日丑時木棺寄葬在烏材林馬鞍格

外鏡面坐北向南

峻極字明禮　正德公三子生於咸豐癸丑年十一月初九日

寅時

承繼子一　則潤

焉姑　正德公女生年月日時失幼殤瓦棺葬在鎮撫十八間

三灣厝角後坐　向

静觀號萬物公　國受公長子生嘉慶丙子年九月初三日戌
時卒道光庚子年八月廿九日未時木棺葬在湖頂草洋仔
田中坐庚向甲兼酉卯
養子　天與殤
顏龍號淵泉公　國受公次子生道光癸未年九月初七日寅
時卒咸豐丙辰年九月十六日酉時木棺葬本山三灣脚坐
卯向酉兼乙辛
娶謝氏諱初娘謚節儉生道光乙酉年吉月吉日吉時卒道
光癸卯年五月初六日申時木棺葬在中蓮崙石頭後坐巽
向乾兼巳亥
繼娶林氏諱旦娘謚克儉生嘉慶己卯年十月廿一日寅時

卒同治丙寅年九月十四日戌時棺瘞本山坵潤山腳坐壬
向丙
養子　長麟趾殤　次明理承繼殤
文炳號納音公　國受公三子生道光丁亥年八月十五日寅
時卒同治癸酉年十一月廿七日辰時木棺瘞在中蓮崙巷頭
楓腳坐午向午兼壬丙
娶易氏呈娘生道光癸巳年十月十五日卯時
養子一　鎰斯
應舉字知禮　國受公四子生道光辛卯年十月十九日寅時
娶胡氏名獺娘生道光丁酉年五月十四日寅時
子五　長衍慶　次明理出繼殤　三文珠

四文杏　五文月

鄉賢諱温其乳名準玉字員章號璞全公　國正公長子秉性剛方存心慈愛課督孫兒既嚴且正事親撫季惟孝與友鄉族角鬥勸諭輸財宜其未六旬而縣王　韓公已褒爲兼優齒德也而且乃老　國正公勤儉成家建有泮嶺培蘭室厝而　公又建立奇林新厝與買長俊美厝眞可謂厥父肯堂厥子肯構者矣至如生平書香酷嗜令郎孫曾相承咿唔雖未得采芹攀桂聊伸素抱猶可望褒封貤贈後會有期也時當記譜余忝半子愧無文以贈云爾

愚婿林向登　姚廷黎仝拜手謹識

公生道光丁亥年十月十二日酉時卒光緒丙戌年七月初

一日辰時享年六十木棺塟在中蓮崙巷頭坐辛向乙
娶蘇氏名慶娘生道光庚寅年十一月廿六日酉時
子四　長則乞　次連枝　三作霖　四作楫
鄉賓名丕讃乳名榮顯字丕禮　國正公次子生道光戊戌年
七月十一日丑時
娶王氏諱秋娘謚勤蓄生道光辛丑年二月廿四日巳時卒
同治丙寅年六月初六日亥時木棺塟本山後尾者坐卯向
酉兼甲庚
繼娶陳氏名勸娘生咸豐辛亥年九月十四日辰時
子　長清溪王氏出　次清霽　三三叚俱出家王氏　四四侯
五五風　六六經俱陳氏出

建成字文禮　國正公三子生道光戊申年七月廿二日　時

娶陳氏名日娘生道光丁未年十月初五日酉時

子　長銀鯽抱養　次銀對抱養　三銀河　四銀金

禮嵩字民禮　宇裕公長子生道光辛卯年二月初九日巳時

娶葉氏諱棗娘謚孝節生道光戊戌年十月三十日午時卒

同治甲戌年八月初二日申時木棺寄甕在外坑仔崙頭坐

北向南

子三　長萬選　次則鍼　三岑賜出繼

禮臣號明理公　宇裕公次子生道光戊戌年十一月十四日

吉時卒咸豐丙辰年八月十四日吉時木棺甕在大嶺坡崙

坐北向南

承繼子　岑賜

鄉賓名造邦乳名維新字周禮　國條公長子爲人孝事天親友愛天顯枝求不存偏黨是勉化理俗緣盡情婉轉宜其未登苑日而邑侯　韓公已先申詳咨部賜匾曰年高德邵也至若善守父風肯堂肯構課督兒輩學聖學賢頻年延師千金不惜其費爲覓負笈百里不辭其勞雖未即釆芹扳桂然令郎書香酷嗜他日雲路聯登　誥封疊贈其佳音詎有涯哉余忝爲西賓歷經三載翁之素行實所深知適逢族姓修譜不恐以不文辭爰是畧陳其事以誌厥端

通家舅郎捷科頓首拜撰

生道光甲午年七月廿二日午時

娶王氏名蜂娘生道光甲午年十一月初三日午時
子六　長傳素　次挾長　三經泰　四猶[illegible]殤
五五敦　六脊令
厚成字儀禮　國條公之次子生道光丁酉年十二月初八日
午時
娶陳氏名雲娘生道光己亥年九月初十日丑時
子　長純粹　次進益抱養殤　三兩意
耳聰字思禮　國條公之三子生道光甲辰年十一月十一日
午時
娶易氏名盲娘生道光戊戌年十一月十二日未時
又娶謝氏名樹娘生咸豐癸丑年三月初八日卯時

子　長欽汶（拔叢殤）　次順便　三順適
四贌敎（供易氏出）　五啟沃（謝氏出）

佳生字瑞禮　國條公四子生道光庚戌年正月初七日未時
娶王氏名然娘生咸豐辛亥年六月初七日戌時
子　長文繡（殤）　次金雀（抱養殤）　三金鐘　四秋用（殤）
五秋令　六秋水（殤）　七金菊

萬章號振文公　國庶公長子生道光戊戌年正月初七日申
時卒光緒辛巳年十一月十一日亥時木棺寄葬外坑仔楓
脚坐壬向丙
娶柯氏諱哉娘謚馬順生道光戊戌年吉月吉日吉時卒咸
豐戊午年八月初四日巳時木棺葬湖頂土礐坐庚向甲兼

申寅

繼娶陳氏名鷄娘生道光辛丑年正月十四日丑時

子四　長建忠柯氏出　次建鳳　三建業　四建功俱陳氏出

煥春字彩禮　國庥公養次子生道光庚戌年十二月初八日

寅時

娶林氏名苧娘生咸豐壬子年二月十六日戌時

子　長天送　次天祿　三天福殤　四天梯

秋興字會禮　國庥公三子生咸豐丙辰年十二月廿日酉時

娶王氏名蝭娘生同治癸亥年四月初九日亥時

子　和睦

禮箴字管禮　國當公養長子生於道光庚寅年五月初一日

申時
娶易氏名賢娘生道光丁酉年三月十五日酉時
子二　長則統　次安士
還添字財禮　國當公次子生道光庚子年十月初一日寅時
娶胡氏名圭娘生道光庚子年二月初十日巳時
子二　長秋蘭　次聯貴
禮春號服成公　國當公三子生道光乙巳年十一月初六日
寅時卒同治乙丑年三月初四日戌時木棺塟本山大坵尾
外坐辛向乙兼酉卯
娶易氏改節
子　長則淵殤　次秋丁殤

龍飛號在田公　國當公四子生咸豐辛亥年正月十二日卯時卒同治丁卯年十一月十七日丑時木棺寄埜湖頂西帽石脚坐辛向乙

養子一　秋儒

紫豔字華禮　國當公五子生咸豐乙卯年三月廿三日子時娶廖氏名閒娘生咸豐丙辰年十一月十六日巳時

子　長秋雨　次乾巽　三元雋

潾齒字熚禮　瑶琨公長子生道光丙戌年八月十三日寅時娶林氏名免娘生道光丙戌年九月十二日寅時

子一　文翺

添喜字豊禮號允實公　瑶琨公次子生道光癸巳年十一月

初三日酉時卒光緒乙酉年七月初四日午時享年五十有
六木棺寄塟大嶺崙頭坐北向南
娶王氏名花娘生道光乙未年二月廿六日寅時
子二　長才氣　次龍潛
二十世鎮撫二房湧泉公派禮字行
文墘字　國賁公子生道光甲申年四月初四日寅時在臺
文粽字　達人公嗣子生道光庚寅年四月吉日吉時在臺
朝君字　國書公長子生道光乙酉年十月十四日戌時在臺
和尚字　國書公次子現在臺
金瓏字　貽稼公嗣子生道光戊子年七月初八日未時在臺
慕儀字　貽烈公長子在臺

禮從字　貽冠公次子在臺

文章字德禮　雲桂公長子生嘉慶丁丑年八月十一日丑時
娶易氏諱圭娘謚金姿生嘉慶庚辰年九月廿四日寅時卒
道光癸卯年五月廿一日卯時木棺葬虎榜厝頂坐巽向乾
兼巳亥
繼娶何氏諱金娘謚玉理生道光丁亥年十一月十八日巳
時卒咸豐丁巳年六月十八日卯時瓦棺葬龜山田中坐乙
向辛兼辰戌
又娶王氏諱葱娘謚敬慎生道光癸未年二月初六日酉時
卒同治丙寅年三月十八日子時木棺葬崎林坐乙向辛兼
辰戌

又娶陳氏名郡娘生道光壬午年九月初九日巳時
子五 長剋寬楊氏出 次國老 三四時出継俱何氏出
四春綢 五兒宜醒
文丑字律禮 雲桂公養次子生道光甲申年十一月十五日
巳時
娶陳氏諱纒娘諡淑德生道光庚寅年三月十一日寅時卒
同治庚午年二月初三日卯時木棺葬本山三蟲石頂坐丁
向癸兼未丑
子 長四時承継 次春秋殤 三院落 四詩書
五理義抱養两承
文表公號 白艮公子生嘉慶己卯年十月廿五日辰時卒道

光丙午年十月初二日午時木棺塟本山大埈心頭坐坤向
　艮兼申寅
按此派分居臺灣水遠山遥支葉未及詢舉止就舊譜所載
目録採而輯之以便付印餘繩繩繼繼尚其俟諸後日再修
者然後補載可也
二十世鎮二房大墘頭長元魁公派禮字行
得賚字善禮　育朱公子生道光丁亥年八月十五日午時
　賚子　董永
　二十世鎮二房大墘頭二瑞節公派禮字行
禮然號心性公　胡龍公長嗣子生道光年月日時無考卒同
治庚午年十一月十七日未時塟地失

娶趙氏諱片娘謚折獄生道光己丑年二月初六日寅時卒
道光甲辰年九月廿八日未時葬在垻後坐艮向坤兼寅申
承繼子一　懷安
禮續字達禮　胡龍公次子生道光丁酉年七月十四日巳時
娶王氏諱嫵娘謚順懿生道光己亥年十一月廿九日寅時
卒光緒丙子年四月初一日亥時木棺葬在龜頂坐東向西
繼娶劉氏名串娘生道光壬辰年十一月十二日未時
子五　長朝音　次梛絜　三懷安出繼　四懷書　五守真
奇成字敬禮　胡龍公三子生道光丙午年二月廿八日辰時
娶蔡氏諱長娘謚純節生道光戊申年三月廿三日亥時卒
同治壬申年十月初五日未時木棺葬在大深格坐西向東

子一　朝鴻

昌熾字倬禮　萬亦公長嗣子建宅於脚桶豐坐坤向艮兼未

丑生嘉慶庚午年正月十二日午時

娶傅氏名悅娘幼殤

再娶易氏諱憐娘生嘉慶乙亥年三月廿九日寅時卒道光

戊戌年六月初六日酉時葬在本里土名後壠寨坐酉向夘

兼庚甲

繼娶陳氏名註娘生嘉慶癸酉年十二月廿六日酉時

子四　長則㥲易氏出　次其春　三錦繡　四新市俱陳氏出

文霓字　欲齋公長子生年月日時無可考又不知所之

文凶字　國勇公長子生嘉慶己夘年七月廿三日夘時卒道

光戊戌年七月廿六日吉時木棺整在本山尾高嶺田後壁
坐北向南
嗣子一　新綏往臺
文檝字　國勇公次子生道光丙戌年五月廿三日寅時卒在
吧城年月日時無可考
娶蘇氏名完娘謚成順生道光庚寅年二月初五日辰時生
同治甲子年七月廿三日丑時木棺整在墓林尖坐西向東
在吧又娶一妻姓名年月日時無考
子三　長佳興騂字往台　次佳隆　三佳算俱在吧
文碪字　林宵公之長子生道光甲申年閏七月二十日巳時
在吧卒年月日時無考

娶陳氏諱成娘謚克儉生道光癸巳年五月吉日吉時卒咸
豐癸丑年七月廿三日卯時木棺葬在墓林尖坐西向東
文獻字足禮　林宵公次子生道光乙未年十月初一日酉時
娶王氏諱陳娘生卒年月日時無考
繼娶劉氏名惱娘生道光壬寅年六月十三日卯時
子一　金聲出劉氏
鳳祥字　林宵公承繼三子生同治丁卯年十月廿八日酉時
振棻字　禮號其勤公　佩芳公長子生道光丙戌年二月十
六日子時卒同治癸酉年六月初二日戌時木棺葬在百壽
崙坐癸向丁
娶鄭氏諱响娘謚金淑生道光丁酉年七月十五日午時卒

同治壬申年八月廿六日亥時木棺塟在本鄉墓林尖后坐
甲向庚兼寅申
子三　長鴻猷　次多福出繼兩承　三賑繩出繼
次涯字水禮　佩芳公之次子生道光己丑年十一月初二日
丑時
雙承子一　多福
禮策字書禮　佩芳公三子生道光癸巳年十月初五日丑時
雙承子一　多福
華嶽號義海公　佩芳公四子生道光壬寅年二月初一日未
時卒同治癸亥年十月十六日夘時塟在本鄉茂竹帙鬼仔
空尖邊坐巳向亥兼巽乾

潤水字温禮　佩芳公五子生道光甲辰年十二月廿七日戌
時徃在本邑丙襲家入贅
禮泰字晋禮　佩芳公六子生道光己酉年六月初十日寅時
徃厦後未知所之
禮笋號竹茹公　貽力長子生道光乙未年三月初五日子時
卒咸豐甲寅年六月十七日寅時葬在本里湖頂鄉酒運垵
寮地坐辛向乙兼酉卯
美煥字文禮　貽力次子生道光己酉年十一月十七日辰時
潛葵字花禮　貽力三子生咸豐丙辰年正月初四日丑時
月夏字春禮　峻極公嗣長子生於咸豐壬子年二月初三日
申時

禮榜字　峻極公次嗣子生同治甲子年十二月十三日卯時

朝陞字　玉杼公長子生咸豐丁巳年七月廿七日辰時卒光緒乙酉年十二月廿七日酉時木棺寄葬在山埔格頂坐南向北

禮涼字　玉杼公次子生咸豐己未年八月十九日卯時

娶鄗氏名水娘生同治癸酉年六月初十日午時

禮返字　玉杼公三子生同治壬戌年二月十九日卯時

歡喜字　玉杼公四子生同治甲子年二月初二日卯時

龍德字　貽鏗長子生咸豐己未年七月初六日午時

娶林氏接娘幼亡

棠棣字　貽鏗次子生同治庚午年五月十一日卯時

瀛洲字　貽鏗三子生同治癸酉年八月廿四日寅時

騰起字　棋勇公長子生咸豐乙卯年二月初八日子時

康建字　棋勇公次子生咸豐庚申年正月二十日子時

夏蘭字　棋勇公三子生同治丙寅年四月初五日子時

禮眼字　國舅長嗣子生同治壬戌年八月十一日卯時

禮絮字　國舅次嗣子生同治丁卯年十一月廿八日酉時

輝耀號習學公　佩環公長子生道光戊戌年九月初九日辰時卒同治壬申年九月初十日巳時木棺葬在本鄉百壽崙坐甲向庚兼卯酉

娶王氏諱麥娘謚穀慈生道光癸卯年六月十五月辰時卒光緒辛巳年九月廿四日巳時木棺葬在本鄉百壽崙坡坐

壬向丙兼子午

子一　則井

輝部號習禮公　佩環公次子生道光壬寅年八月初十日辰時卒同治庚午年三月初四日未時木棺葬在本鄉百壽崙黃金石脚坐乙向辛兼卯酉

娶陳氏臨娘守節

子一　東禧

廣進號習義公　佩環公三子生道光己酉年六月初三日寅時卒光緒庚辰年十一月初十日申時木棺葬在本鄉墓林尖后坐甲向庚兼寅申

清河字昭禮　貽慈長子生道光丁未年四月廿六日亥時

娶陳氏名巧娘生道光庚戌年八月廿四日午時

子　長賑繩承繼　次水源　三水晶　四水媚

從水字　貽曒長子生咸豐丁巳年五月十二日辰時

顏趙字　貽曒次子生咸豐辛酉年十一月初五日辰時

祖甲字太禮　有丹公長子生同治丙寅年正月初四日未時

娶陳氏名罕娘生同治癸酉年十一月初十日寅時

和鸞字鈴禮　有林公之長子生道光庚戌年十二月廿二日

郊時

娶王氏名拋娘生同治壬戌年十一月十七日戌時

步蟾字　有林公次子生咸豐戊午年七月初八日午時

聘陳氏名洋娘生光緒丁丑年八月十八日酉時

捷懋字　有林公三子生同治丁卯年二月廿五日未時
朝萼字廷禮　有義公之長嗣子生咸豐辛亥年九月初五日
未時
娶李氏名寶娘生同治甲子年十一月十八日寅時
子　催巍
文瑞字鳳禮　元德公長嗣子生咸豐丙辰年十一月初一日
申時
娶陳氏名吉娘生同治癸亥年二月初二日午時
鴻禧字　克從公長子生咸豐辛酉年五月廿二日巳時
恒春字　元鳳公長子生同治庚午年二月十六日亥時
娶林氏名約娘生光緒丁丑年七月十一日巳時

三多字　元鳳公次子生光緒丙子年二月廿七日卯時

雙洋字肥禮　其物公之長嗣子生道光戊戌年三月初七日申時

娶林氏名嗹娘生道光辛丑年十月廿二日辰時

子　長琴棋　次諸君（兩承）

應奎字執禮　五武長子生咸豐壬子年十月初六日午時

休麗字　五武次子生咸豐己未年六月二十日丑時

雙承子　諸君

賞來字　五武三子生光緒甲戌年五月初七日午時

陶珠字　提塔長子生同治甲子年正月十九日丑時

秦漢字　提塔次子生同治丁卯年三月初八日巳時

獨步字　國噐長子生同治辛未年九月初二日亥時
獨醒字　國噐次子生光緒乙亥年六月初二日戌時
獨冠字　國噐三子生光緒戊寅年十月十二日戌時
　二十世鎮二房大墩頭三深厚公派禮字行
義方字　貽頭公嗣子在臺
萬星字　貽頭公繼嗣子在臺
禮娛字　舉薦公長子現在臺
月戎字兵禮　貽棟公子生道光甲申年十一月十五日午時
　分居臺灣
　娶吳氏　娘謚　生卒年月日時無稽厝棺瘞大墩頭土
　硃格路下坐壬亥向丙巳

子三　長曰柳殤　次伯達殤　三伯适　現居臺灣
按此深厚公派下俱分居臺灣水遠山遙未及詢採止就舊譜所載支葉再爲增輯但所知則載之不知則闕畧查此派尚有墳墓三穴　一穴在蜈蚣形玉庵公墓頂後合閣坐艮向坤兼丑未　一穴在冷水坑坐乾向巽兼戌辰　一穴在山芸大交壠尾銅鐘崙坐坤向艮兼未丑未知所葬何人未敢錯實記載今止就此派名下總而輯之以俟此派子孫旋梓然後詢詳補記可也

堂姪則幻謹誌

二十世鎮二房徙叅啟文公長直毅公派禮字行

禮平公字號　向晨公長子頂作次生道光　年　月　日

時卒光緒丁丑年六月十五日巳時墓寄葬在本里山仔

頂坐　向

抱養子一　則省

吟咏字詩禮　三房公[illegible]子頂作次生道光巳丑年五月初一

日辰時

抱養子一　淮漢

禮蚋字　清香公長子生道光甲申年七月十三日辰時

娶陳氏逃煺生　年　月　日　時　夫妻及子相率

出外不知何往

禮梛字　水草公子生道光壬辰年十一月廿一日辰時

禮匣字　清紫公承繼子生道光丁亥年　月初七日辰時卒

年月日時失甕在本山土名

波浪字　億數公長子生道光辛巳年十月初八日卯時徙臺

娶吳氏丹娘謚生卒年月日時甕地俱俟查

晶淼字　億數公之次子頂作三生道光壬辰年七月廿九日

未時

娶石氏求娘生道光乙未年二月十九日寅時

子一　光成　與父母俱分居臺灣

禮胤字篆禮號玉章公　起鳳公癸子爲人貨財生殖剛方正

直鄉隣有事排解必尚質直協同族衆纂修譜牒不偏不倚

鄉黨咸稱曰爲人之秉乎生理也本直

公生道光己丑年九月初九日巳時卒光緒乙酉年十一月

廿二日丑時木棺寄壟在本里土名牛脰頭坐北向南
娶趙氏名晃娘生道光癸巳年二月十九日午時
子五　長半月　次先覺　三則台出繼丙承
四則降抱養　五五霸
潤澤公字禮　義方公子生道光丙戌年八月十一日丑時
往外不知如何
雙承子　則台
江漢字　歡欣公承繼子生道光甲申年五月十七日辰時分
居臺灣
禮壇公號　靜德公子生道光巳亥年三月十二日巳時卒同
治庚午年二月十四日巳時瓦棺葬在本里山仔尾窑中

禮藝字薄禮　國裡長子生咸豐丙辰年七月廿六日卯時

禮科公號　國裡次子生同治甲子年十月初五日午時卒光緒癸未年七月廿五日卯時

禮寮字　國裡三子生同治甲戌年七月十六日卯時

勇刑字　貽矛公長子生道光庚寅年七月初七日申時

禮彪字　貽矛公次子生道光　年　月　日　時往臺

禮歲字　貽矛公三子生　年　月　日　時往臺

宇宿公號　國明公長子生道光癸丑年正月十二日卯時卒年月日時葬地俱俟後查詳

穴宁字　國明公次子生道光庚戌年　月　日　時卒年月日時葬地俱俟後查詳

禮看字　貽大公子生　年　月　日　時

二十世鎮二房徙參獻支公二古愚公派禮字行

禮少公號苑合　貽約公長子生道光壬午年八月廿五日午時卒道光乙巳年八月十一日巳時尾棺與母蘇氏寄葬在本里山仔中大崙坐　向

娶趙氏密娘改節

雙承子　來路

禮齊字家禮　貽約公次子生道光丙戌年正月十七日巳時

娶陳氏名對娘謚順慈生道光辛巳年十一月十七日午時卒同治甲戌年十月廿七日子時葬

子二　長來路丙承　次來逞丙承

禮挑公號明亭　貽約公三子生道光庚寅年十月十二日寅
時卒光緒乙亥年五月廿七日未時葬
雙承子　來逞

禮賞公號月亭　貽約公四子生道光癸巳年十月十三日辰
時卒光緒戊寅年七月十二日辰時往番卒葬在泗水末

福年公號祿亭　貽約公五子生道光庚子年九月十八日戌
時卒光緒庚辰年正月十二日酉時

禮畢字　慶雲公長子生道光庚寅年二月十四日未時
娶謝氏名富娘生道光乙未年十一月十五日午時
子二　長則駕　次則鶩出繼兩承

禮專公號務力　慶雲公次子生道光壬辰年十一月廿五日

未時卒同治乙丑年九月十二日亥時葬
承繼子　則鶱
禮我字　慶雲公三子生道光　年　月　日　時外出不知
禮坪字　慶雲公四子生道光癸卯年七月廿七日申時
禮怙字　貽爲公長子生道光丁酉年二月初三日寅時
禮愀字　貽爲公次子生道光丁未年六月十一日酉時
業儒禮潘字安章一字爻禮　國田公長子生道光乙未年三
月廿四日巳時
娶李氏諱筍娘謚勤慧生道光丙申年九月廿三日丑時卒
同治癸亥年八月十二日午時葬在本里鎮撫鄉湖頂尖脚
坐酉向卯兼辛乙

繼娶謝氏名因娘生道光癸卯年三月廿八日吉時

子六　長則昌撫養　次則多出繼李氏出　三則愷　四則如

五則是　六則經俱謝氏出

處士禮榛字　章號髻儒公　國田公次子生道光丙午年九月十七日子時卒同治庚午年七月十二日卯時葬在

娶林氏攀娘咬飾

子一　竹松

禮塲字錖章一字圃禮號超淨公　國田公三子生咸豐辛亥年四月十六日戌時卒咸豐丁巳年閏五月廿二日午時葬

承繼子　則多

禮纘字文章一字季禮　國田公養四子生咸豐己未年十月

十七日申時

娶謝氏名寶娘生咸豐庚申年十二月初四日　時

子　心池

處士禮迓公字迎章一字　禮號温儒　國大長子生道光甲辰年八月十一日申時卒同治己巳年五月十三日巳時葬

娶謝氏諱佑娘謚　生道光乙巳年十二月十二日寅時卒光緒己卯年四月廿八日申時葬在

嗣子一　瑞珍

禮藉字華章一字映禮　國大次子生道光丙午年十二月初十日戌時

娶孫氏名掭娘生道光丁未年四月廿二日子時

子　長則淑　次則茅出繼

處士禮爆公字秋章一字　禮號庠儒　國大三子聰明穎異智慧絕綸方祈白髮長垂名達天墀胡天生不辰遽爾魂升生道光己酉年四月初八日戌時卒同治庚午年閏十月十五日丑時葬在永安里郈溪鄉港仔尾山穴坐巳巽向亥乾

娶　氏　娘昄節

承繼子一　則茅

禮渭字　國大四子生咸豐乙卯年五月十六日巳時

娶謝氏名乘娘生咸豐癸丑年七月十三日卯時

子　長則訓　次則儀出繼

禮嫖字　國大五子生咸豐己未年十月廿七日申時卒同治

戊辰年十一月廿五日酉時夭殤
承繼子一　則儀
業儒禮讓字克章一字謙禮　國六六子生同治甲子年九月
十七日申時
娶吳氏名足娘生同治戊辰年十月廿九日丑時
子　長
禮麟字鳳章　國六七子生同治丁卯年十一月初六日申時
配　氏
二十世鎮二房徙參啟文公三溫和公派禮字行
待贈禮着公字　禮號力章　藏書公長子生嘉慶庚辰年十
一月廿四日辰時卒同治乙丑年八月十四日亥時木棺葬

在本里湖邊蔡厝山坐巳向亥兼丙壬

娶蔡氏名皆娘生道光丁亥年十二月初七日戌時

子四　長則廉　次則纖　三則鎮抱養　四則高

禮豈字　藏書公次嗣子生道光壬辰年十二月十七日申時

娶陳氏名罔娘生道光乙巳年十二月廿五日寅時

子四　長則兩　次則鈎　三則嶶　四則節

禮新字　嚴齋公嗣子生道光癸卯年十月廿二日酉時往臺

禮熱字　藏詩公長子生道光戊戌年十一月初九日未時

雙承子　則德

禮昭字　藏詩公次子生道光戊申年八月初六日亥時

娶謝氏名千娘生咸豐丙辰年正月初六日巳時

子　長則德出繼兩承　次神義殤

禮刓字　貽報長子生道光丙戌年九月十九日巳時

娶趙氏名益娘生道光庚寅年二月廿八日卯時

子五　長則讓　次則櫕　三則柯　四則檬

五則格　父毋兄弟俱在臺

禮趙字　貽報次子生道光壬辰年十一月十三日巳時往臺

禮助字扶禮　永遠公子生道光辛卯年四月十八日寅時

娶趙氏諱欽娘謚敬慎生道光甲午年五月十四日戌時卒

咸豐丁巳年二月廿九日酉時塟

繼娶洪氏名店娘生道光丁亥年三月十三日酉時

子一　沈知

禮俟字諸禮　貴遠公子生道光甲申年九月初一未時往臺
娶謝氏諱晏娘謚和柔生道光壬辰年正月廿七日　時卒
同治甲戌年十二月三十日酉時葬
子三　長紫薇　次水遠　三三地　父子兄弟俱往臺

禮湍公字楊禮號潔洄　長久公子生道光乙酉年七月初五
日辰時卒光緒乙酉年八月初十日寅時葬在本里山仔頂
坐癸向丁兼
娶謝氏名愛娘生道光癸巳年七月廿五日戌時
子二　長則重　次則喪

禮選字　文憑公長子生不知何往

禮苟字　文憑公次子生道光庚子年九月廿六日辰時

養子一　則達

禮雖字　日晷公長子生道光癸卯年七月廿四日午時不知何往

禮笑公字　禮號美盼　億萬公長子生道光丁亥年十二月廿七日卯時卒光緒丁丑年七月十二日丑時棺塟在本里山仔坐　向

娶李氏名乖娘生道光丁酉年十月廿三日辰時

子　巷企

禮男字　禮　億萬公次子生道光辛卯年八月二十日亥時

娶李氏諱錠娘謚淑姿生道光甲辰年八月初七日辰時卒光緒乙酉年七月初九日辰時棺寄塟在山仔頂坐　向

子二　長則渫　次則侒

禮鑒字　億萬公三子生道光己酉年四月廿一日子時

禮坑公　德脩公長子生道光癸卯年二月十八日辰時卒同

治壬申年四月初九日午時棺寄藝在山仔頂坐　向

禮瀨公　德脩公次子生道光丁未年三月初六日巳時往沙

縣卒光緒壬午年九月十九日申時藝在沙縣坐　向

禮恭字　觀望公子生道光戊申年二月十五日午時

禮撩公　鬐鬃公子生道光乙巳年六月十五日未時卒光緒

辛巳年八月廿一日巳時棺藝本里山仔頂坐　向

禮雌字　念兹公承繼子生道光庚子年四月十九日巳時

雙承子　則齕

禮憼字　成翽公長子生道光壬寅年九月廿五日午時現時
住在實叻
禮腆字　仲弓公子生咸豐癸丑年六月初一日巳時
養子一　山砂
禮笏字　成守公承繼子生道光戊申年十月初九日夘時
娶陳氏諱兜娘謚順儉生道光庚戌年正月廿二日巳時卒
光緒丙戌年五月廿六日戌時木棺寄葬在本里山仔頂
子　涉水
禮酧字　萬意公長子生道光戊子年二月廿一日巳時
娶陳氏諱點娘謚　生道光壬辰年閏九月初八日吉時
卒同治癸酉年三月初十日亥時棺葬本里山仔頂田中坐

壬向丙兼亥巳

子三　長則乳　次則鐃　三則潤

禮滔字　萬意公次子生道光辛卯年八月初五日巳時

娶王氏諱四娘謚春安生道光戊戌年十二月十八日酉時

卒同治壬申年五月初四日未時瓦棺葬在尾園崙坐巽向

乾兼戌辰

子一　胡筬

禮持字　萬意公三子生道光乙未年三月廿六日子時

娶李氏名于娘生道光癸卯年七月初四日未時

子三　長則義　次則齡（出繼兩承）　三光財（出繼）

禮準公　萬成公長子生卒年月日時失葬地俟後查詳

禮進字　萬成公次嗣子生道光乙巳年九月廿八日辰時
娶陳氏名絨娘生道光戊申年十一月十四日未時
子　長光財承繼　次則登
禮差字　萬成公三嗣子生咸豐壬子年十月初八日巳時
禮蟳字　履厚公長子生道光丙午年九月廿五日亥時
禮蠶公　履厚公次子生咸豐辛亥年十月十一日吉時卒光
緒甲申年閏五月廿六日巳時葬本里參林內報温路后壁
坐東向西
禮城字　履厚公三子生咸豐甲寅年十二月初六日申時
禮超字　貽往公承繼長子生咸豐壬子年四月十七日亥時
娶謝氏名送娘生咸豐丙辰年九月廿三日寅時

子　則清

禮鐵字　貽任公次子生咸豐戊午年七月初一日丑時

禮亨公　妙德公長子生道光丙申年八月初四日巳時卒同

治甲子年正月廿四日卯時瓦棺塟在本鄉土名

禮入公　妙德公次嗣子生道光丁酉年十月十八日未時卒

同治甲子年八月初七日午時棺塟本里山仔頂路後壁坐

辛向乙兼酉卯

娶張氏名伍娘生道光丙午年九月廿七日丑時

抱養子一　則秤

禮瓏字　貽建長子生道光己酉年五月初十日　時

娶王氏名儉娘生咸豐己未年九月廿五日申時

子　長則福抱養

禮陋字　貽建次子生咸豐辛亥年八月廿二日辰時

娶謝氏名錢娘生咸豐辛酉年七月初八日亥時

子　長運水

禮裕字撓禮　貽建三子生咸豐乙卯年四月廿五日辰時

娶謝氏名栩娘生咸豐庚申年五月初八日未時

子　長則北

穎家字管禮　貽建四子生同治戊辰年十一月廿二日卯時

娶謝氏為愛娘生同治辛未年二月廿九日丑時

禮爽公號　貽秵公長子生咸豐甲寅年三月十四日巳時卒

光緒乙酉年二月初七日酉時木棺寄葬本山山仔圳后壁

坐北向南

禮后字　貽栖公次子生咸豐辛酉年六月初六日辰時

禮權字　貽栖公三子生同治甲子年七月十三日巳時

禮坪字　禮　貽譽長子生咸豐己未年正月廿三日酉時

娶陳氏名密娘生咸豐己未年四月初一日寅時

子　長海粉　次喬海

保成字　貽譽次子生同治丙寅年二月十九日亥時

禮圭字　貽譽三子生同治辛未年三月十七日丑時

禮呀字齒禮　顯丹公長子生嘉慶辛未年十月廿五日寅時

娶謝氏諱隻娘謚專儉生道光甲申年九月廿四日卯時卒

咸豐辛亥年五月廿七日丑時死棺葬在本山東坑中崙坐

酉向卯兼辛乙

繼娶洪氏名丑娘生道光甲申年八月初二日酉時

子三　長則刑　次則教（俱謝氏出）　三則逼（洪氏出）

禮吁字　顯丹公次子生嘉慶丁丑年九月廿二日午時

娶謝氏名東娘生道光丁酉年三月十四日酉時

子　長則開（出嗣）　次則添　三則悶

禮惹字得禮　顯丹公三子生道光癸未年九月初六日午時

娶謝氏諱蕊謚　生道光己丑年　月　日　時卒道

光戊申年六月初八日戌時棺塟在本山山仔頂坐　向

繼娶謝氏諱軋娘謚順儉生道光甲午年九月廿二日卯時

卒光緒乙酉年十二月三十日卯時

子一　則詮（出繼）

禮賽公號誠敬　先政公子生道光癸巳年八月十六日寅時
卒同治丙寅年六月十三日丑時瓦棺葬本里東坑田中坐
坤向艮兼未丑
娶陳氏富娘生道光甲午年二月十九日巳時
抱養子三　長則迎　次則州　三則與

禮霓公號永長　佩禮公長子生道光庚寅年吉月吉日吉時
卒道光甲辰年二月初八日酉時瓦棺葬本鄉土名
雙承嗣子　則東

禮唱公號永裕　佩禮公次嗣子生道光辛丑年十一月廿六
日申時卒同治丁卯年正月十六日辰時棺葬

雙承嗣子　則東

禮耀字　明德公長嗣子生年月日時無考不知何往

禮煥字彩禮　明德公次子生道光甲辰年十月廿四日午時

娶林氏攀娘生道光丙午年五月廿八日寅時

子　長則賢　次則艮　三則樹

禮仕公號志道　艮獮公子生道光丁酉年十二月初五日申

時卒光緒戊寅年十一月十九日卯時木棺寄葬本鄉土名

后林坐酉向卯兼辛乙

娶謝氏諱錠娘謚淑慈生道光辛丑年七月十九日戌時卒

同治癸酉年七月廿二日巳時瓦棺葬在劉坂林

繼娶盧氏諱玉娘謚淑美生道光癸卯年九月初一日寅時

卒光緒戊寅年四月初八日未時棺塟

子五　長則濕　次則奪　三則鑿　四則魴俱謝氏出

五則伍盧氏出

禮抱字世禮　康成公長子生道光己酉年三月初二日巳時

娶謝氏名不娘生道光庚戌年十二月廿一日辰時

禮械字　康成公次嗣子生咸豐丙辰年十一月初二日未時

往不知何處

承繼字　康成公三嗣子生咸豐己未年四月十五日未時

禮然公號眉壽　清英公承繼子生道光壬辰年二月初九日

寅時卒咸豐乙卯年四月廿二日巳時丸棺塟在本山冬嶺

頭坐乾向巽兼亥巳

抱養子　則場

禮蔚公號文起　詩脾公長子生道光己丑年六月三十日辰時卒光緒丙子年二月初一日酉時葬棺塟在本里後林崙石頭下坐　向

娶謝氏名好娘生道光癸巳年三月　三十日辰時

子六　長則魁　次則閲　三則科　四則鳩　五則麗　六則瑶

禮勵字勇禮　詩脾公三子生咸豐癸丑年八月二十日亥時

娶洪氏名乖娘生咸豐壬子年七月廿四日未時

子　長則院　次留也　三則葛

禮覓字　效順公抱養子生道光戊戌年三月十五日午時

娶謝氏名連娘生道光丁酉年二月廿九日酉時

子　長則見殤　次則螺兩承

成燧字綿禮　挹溉公長子生道光甲申年三月二十日辰時

娶李氏名芹娘生道光甲申年十月十一日子時

養子三　長則長　次則霧　三則老

以夏字秋禮　挹溉公次嗣子生於道光庚子年九月廿二日

丑時

娶洪氏名幼娘生道光庚子年正月廿五日辰時

子　長則遠　次則集　三則魚　四則樓

五則墩　六則螺出繼兩承

禮涵字泳禮一字英禮　濆圃公長子爲人好義樂輸數年來

建廟宇修佛堂凡諸公事不吝工力參與其中因作七截一
首以贈云
其人好義樂輸將廟宇增修與此中妙在勤勞工不憚爲公
辦事即從公
房姪則言頓首拜題

號吐華　生道光乙未年十一月初十日申時
娶謝氏名籛娘生道光丁酉年三月廿二日申時
子　長則澮殤　次桓冗　三絨衣

禮詒字謀禮　濱圃公次子生道光戊戌年九月初五日寅時
元配陳氏名好娘生道光乙巳年十月初十日未時
又娶謝氏蟳娘生道光壬寅年十一月初五日亥時

子　長榛棖陳氏出　次棖探　三瑯琊出繼　四則架俱謝氏出

五則徘陳氏出

禮繬字綣禮　濆圃公三子生道光丙午年正月初一日酉時

元配謝氏名粕娘生咸豐癸丑年十月十七日卯時

在泗水汞又娶林氏碼娘生同治壬申年八月初一日　時

子　長海岱

禮簪公號亦善　仁圃公長子生道光己亥年九月廿五日辰

時卒同治丙寅年七月十二日戌時瓦棺寄葬在本里山仔

頂與次弟　益善公仝塋穴坐　向

幼娶蔡氏忍娘殤

娶謝氏名罔娘生道光甲辰年八月十九日午時

子一　承基 出繼西冢

禮提公號益善　仁圃公次子生道光丙午年六月廿八日酉
時卒同治乙丑年十一月初一日戌時瓦棺與長兄　亦
善公全寄葬在本里口仔頂穴坐北向南

禮頭公號上善　仁圃公三子生道光己酉年二月十三日戌
時卒同治甲子年五月十一日戌時瓦棺寄葬在山仔頂坐
北向南

雙承子　承基

禮浹字洽禮　仁圃公四子生咸豐丙辰年三月廿一日未時
娶許氏諱銜娘謚恬和生咸豐庚申年三月十九日子時卒
光緒己卯年四月廿二日巳時瓦棺葬

繼娶陳氏名伍娘生同治戊辰年七月初一日子時

子

禮欣字　仁圃公五子生咸豐己未年四月廿一日巳時

禮須字　善圃公長嗣子生道光戊戌年五月十五日寅時

娶施氏名把娘生同治丁卯年九月十三日申時

子

禮祚字永禮　善圃公次子生道光丁未年七月廿九日亥時

娶陳氏名容娘生道光乙巳年五月辰日吉時

子　長潤田出繼　次顯明

契祉公號　善圃公三子生道光庚戌年十月初六日卯時卒

同治癸亥年八月廿七日卯時死棺塟

禎祥公號積善　善圃公四子生咸豐丁巳年七月初二日子時卒光緒戊寅年七月十二日巳時尾棺寄埜

承繼子　潤田

禮奢字儉禮　美圃公長嗣子生於道光乙巳年二月廿四日酉時

娶陳氏名要娘生道光丁未年六月二十日寅時

子　長則歷　次則少

禮誑字爵禮　美圃公次子生咸豐辛亥年正月十三日亥時

娶陳氏名鷂娘生咸豐庚申年八月廿二日巳時

子　長朝固　次朝溪

禮睦字山禮　美圃公三子生咸豐癸丑年十二月十六子時

禮沾字濕禮　美圃公四子生咸豐丁巳年四月十五日午時
娶龔氏名永娘生同治壬戌年十月二十日卯時
子　長則葵
禮泰公號　景行公長子生道光　年　月　日　時卒
同治丙寅年六月　日　時棺寄葬在本里山仔頂坐　向
娶蔡氏諱欽娘生道光癸巳年三月十一日丑時卒同治乙
丑年八月廿八日子時葬棺在山仔頂坐　向
子一　則慮
禮尋公號　景行公次子生道光丙申年正月廿七日亥時卒
光緒癸未年十二月十三日寅時往臺卒葬在臺
娶林氏女娘謚　生道光己亥年　月　日　時卒

年七月初五日吉時葬在山仔頂坐　向

子　長則諒殤　次則結承繼

禮罕公號　景行公三子生道光辛丑年五月廿五日卯時卒

光緒　年正月初八日吉時往吧邦卒葬在吧

娶蘇氏諱受娘謚　生道光甲辰年正月初五日寅時卒

光緒乙酉年九月　日　時葬在廈門

子一　長則結出繼兩承

珩珀字真禮　景抑公長子生於道光丁亥年十一月廿五日

亥時

娶陳氏諱慶娘謚儉節生道光戊子年五月十一日酉時卒

光緒庚辰年七月廿九日未時棺寄葬在山仔頂坐　向

子四　長則深　次則乃　三則伋出繼　四則鳳出繼兩承

球琳公號克琱　景抑公次子生道光辛卯年八月二十日子時卒同治庚午年五月初二日巳時棺葬在山仔頂坐　向

兩承子　則鳳

納誨公號克台　景抑公三子生道光己亥年七月初二日亥時卒光緒甲申年四月十四日寅時棺葬在本山

承繼子　則伋

再添公號克順　景抑公四子生道光甲辰年五月廿九日丑時卒同治癸酉年二月十九日卯時棺葬在本鄉山仔頂

兩承子　則鳳

瑪瑙公字玉章一字環禮號聆珠　如珪公長子生道光辛卯

年十一月廿二日亥時卒光緒乙酉年五月廿七日未時棺
葬在東崙坐庚向甲兼酉卯
娶謝氏名金娘生道光壬辰年十月二十日酉時
子三　長新宗　次則壽　三利壽殤
禮垂字華章　如珪公次子生道光乙未年十月初七日丑時
娶劉氏諱雙娘謚儉端生道光乙未年十一月十六日辰時
卒光緒壬午年十一月十八日酉時棺寄葬在本鄉山仔頂
坐辛向乙兼酉卯
抱養子二　長則成　次虫花殤
啟沃公字爾章號施澤　如珪公三子生道光丁酉年十一月
初五日辰時卒同治壬戌年十二月初三日未時死棺寄葬

在山仔尾窖中坐　向

娶林氏諱院娘謚儉慈生道光庚子年五月二十日子時

卒同治戊辰年閏四月初九日戌時殁棺塟在山仔尾窖中

坐　向　兼

抱養子一　英雄

拔俊字清章　如珪公四子生道光甲辰年五月十一日酉時

娶梁氏名美娘生道光甲辰年八月初十日寅時

子　長則鹽　次則同　三夏春

業儒管鮑字逸章一字參禮　如珪公五子生道光丙午年九

月初三日戌時

娶王氏名偕娘生道光己酉年十月十五日寅時

抱養子　文廣
鴻儒字林章　如珪公六子生咸豐乙卯年四月廿三日午時
娶謝氏名錬娘生咸豐辛酉年十月十八日辰時
子　長文壹　次文乞
禮孔字　和鈴公長嗣子生咸豐己未年　月　日　時
禮係字　和鈴公次子生同治戊辰年　月　日　時
禮面字　瑞衷公子生道光甲辰年五月廿九日巳時
娶謝氏　娘生
子　長則逖　仝父母分居崇善里坛尾鄉鄭家
及舌字第禮　如松公長子生道光乙巳年十二月廿九日
寅時

娶吳氏名盡娘生咸豐辛亥年十二月二十日夘時

子　長則鷄出繼丙承

朝璭公號　如熾公承繼子生道光己酉年正月十九日寅時

卒光緒乙亥年七月初八日寅時木棺塟在本里內腰鳳湖

坐艮向坤兼丑未

雙承繼子　則鷄

禮楓字　潡灧嗣子生同治甲子年三月十四日辰時

禮褒字　如金公長子生咸豐癸丑年十二月廿四日子時

禮堅字　如金公次子生咸豐丙辰年九月廿六日未時

禮海字　貽撻兩承子生光緒乙亥年九月十四日丑時

圍爐字恩禮　侚彬公子生咸豐癸丑年二月十四日午時

緣璽字恩禮　國迎之長子生咸豐戊午年十二月初一日寅時

娶陳六名妍娘生同治壬戌年二月廿九日酉時

子　則

清順字明禮　國迎之次子生於同治壬申年十一月初七日

辰時

丕腆文字禮　國迎之三子生光緒丁丑年正月廿三日卯時

娶石氏名輕娘生光緒己卯年八月初一日酉時

子　則

禮肯字　佝妯公長子生咸豐壬子年十二月初九日卯時

紫甲公號壬癸　佝妯公次子生咸豐丙辰年十一月初七日

寅時往叻邦卒光緒壬午年二月廿九日戌時葬在叻

娶謝氏名登娘生咸豐己未年十二月初七日寅時

子　長沮

禮井字　貽頫長子生同治辛未年六月初九日寅時

海雁字　貽頫次子撥與貽撻爲兩承子生光緒乙亥年九月十四日丑時

禮西字　貽頫三子生光緒乙酉年十一月初二日巳時

盛本公號　長義公長嗣子生於咸豐壬子年十二月廿八日亥時往外卒年月日時失塟在

盛泒字　長義公次嗣子生咸豐乙卯年四月十四日未時

驅馳字　貽鬘公長子生同治癸亥年六月初二日巳時分居居在崇善里谷口

粉騰字　貽鬢公次子生咸豐己未年十二月初二日卯時

禮井字　貽鬢公三子生同治丙寅年五月廿八日寅時

與長次二胞兄同分居在豐善里谷口

禮銓字　貽鬢公子生同治癸亥年十二月初十日酉時

禮昂公字書禮號成于　啟裘公長子生道光戊申年九月

廿九日申時卒同治乙丑年四月初一日寅時死棺塟

娶謝氏名綢娘吺節

抱養子一　揣磨

琵琶公字樹禮號成順　啟裘公次子生咸豐辛亥年九月初

七日戌時卒光緒己卯年正月十六日辰時死棺寄塟在本

山山仔頂坐甲向庚兼寅申

娶趙氏名櫂娘改節

子　則厚

琴慈公字和禮號成敬　啟裏公三子生咸豐癸丑年十二月

初九日亥時卒光緒辛巳年十二月初九日酉時木棺葬

娶李氏名越娘生咸豐丁巳年八月初一日酉時

子二　長溉潤　次潤澤襲

偉傑字　文軒公長子生咸豐己未年十月廿一日未時

禮茶公　文軒公次子生卒年月日時幼殤

啟泰字長禮　國鑑養長子生同治乙丑年八月三十日巳時

娶李氏名服娘生同治丁卯年十一月廿五日未時

瑞麟字鳳禮　貽鑾公子生同治戊辰年四月十一日辰時

娶陳氏名唖娘生同治壬申年五月十三日戌時

子　則

禮續字祖禮　國進長子生同治甲子年四月十六日酉時

娶謝氏名鰍娘生同治乙丑年正月十一日戌時

子　則

禮恩字情禮　國進次子生光緒戊寅年十一月十六日午時

報春字　禮　國進三子生光緒丙戌年七月十四日未時

和煦公字合禮號　貽獅公子生咸豐丙辰年正月廿九日丑

時卒光緒癸未年正月十九日丑時木棺葬在內腰鳳湖崙

坐癸向丁

娶王氏治娘卧節

子　則旁

二十世鎮二徙石礫叅内敬齋公派禮字行

禮有字　國蕤長子生同治丁卯年正月廿五日戌時

娶陳氏甜娘生同治辛未年十二月初四日寅時

禮斜字　國蕤次子生同治己巳年十一月初四日亥時

寶元字　國蕤三子生同治甲戌年五月三十日寅時

明日公　允暖公長子生道光辛丑年正月廿二日丑時卒咸

豐辛亥年十月十一日寅時厝棺墊在石礫山土名頂大崙

坐　向

養子　泰山

協性公號　允暖公次嗣子生道光丙午年八月廿八日酉時

卒同治甲戌年五月廿三日酉時厝棺葬[illegible]坂林坐北向南

娶陳氏諱𢈼娘生道光丙辰年八月廿九日丑時卒光緒丙

子年正月廿二日申時厝棺葬石礫山土名坂仔崙坐　向

子　員斗

增煇字　充暖公三子生道光己酉年四月十四日寅時

娶陳氏諱勸娘諡溫恭生咸豐甲寅年四月二十日未時卒

同治己巳年十月廿一日酉時

繼娶陳氏名對娘生咸豐壬子年八月廿二日申時

子　長養利　次養樹　三養鹽　四養松

三平字　充囯公長嗣子生咸豐甲寅年二月初八日未時

娶林氏名寬娘生咸豐甲寅年六月十五日午時

子　長添才　次添禰

武國字興章　充田公次嗣子生於咸豐巳未年十月廿六日

卯時

娶蘇氏名奢娘生同治巳巳年二月廿四日寅時

子　則

廣居字仁章　國瑞長子生咸豐壬子年十二月初八日辰時

娶梁氏揀娘生咸豐辛亥年九月十三日丑時

子　長丁興　次丁鷴

廣大字德章　國瑞次子生咸豐癸丑年九月初九日辰時

娶陳氏根娘生咸豐辛亥年十二月十九日申時

子　長雲漢　次雲梯

廣厚字愼章　國瑺三子生咸豐丙辰年五月十三日未時
娶林氏寶娘生咸豐辛酉年十一月廿三日寅時
子　長則田　次則謹

廣甘字霖章　國瑺四子生咸豐庚申年三月廿七日戌時
娶王氏珍娘生同治庚午年九月初八日午時
子　則

廣愽字學章　國瑺五子生同治壬戌年九月初四日辰時

廣芸字詩章　國瑺六子生同治乙丑年正月初八日亥時

廣智字樂章　國瑺七子生同治壬申年三月初九日申時

廣聽字聡章　國瑺八子生同治甲戌年十二月廿六日卯時

廣燿字焜章　國瑺九子生光緒丁丑年正月十七日午時

廣檀字樹章　國瑞十子生光緒庚辰年五月廿六日戌時

廣典字成章　國瑞十一子生光緒壬午年八月十八日亥時

溪水字　章　國朋長子生咸豐甲寅年六月初七日寅時

娶石氏名錬娘生咸豐戊午年四月初五日午時

子　灿湖

峨嵋字　章　國朋次子生咸豐丁巳年十月初五日寅時

娶孫氏名富娘生咸豐辛酉年五月十四日巳時

子　長垚土

北厥字　國朋三子生同治丁卯年正月廿一日戌時

禮火字　國朋四子生同治壬申年十二月初九日寅時

正位字　丸祥公長子生咸豐癸丑年正月十九日戌時

娶謝氏諱𥫗娘謚順德生咸豐壬子年十月十二日亥時卒
同治辛未年六月初二日丑時墓在本里尖山
繼娶楊氏晩娘生咸豐辛亥年十月十九日丑時
子　則
正直字尋章　允祥公次子生咸豐乙卯年九月二十日戌時
娶許氏名認娘生咸豐丁巳年二月初一日午時
子　長銅錯　次占鵝　三繞繞
正問公　允祥公三養子生同治壬戌年十月十五日寅時卒
光緒戊寅年十月廿四日吉時木棺葬在尖山黃金石脚坐
北向南
徘比字　貽淵養子生咸豐丙辰年七月十三日辰時

娶陳氏名銀娘生同治戊辰年二月十三日巳時

子　則桂賜　生光緒乙酉年八月廿一日酉時

連語字寅章　貽憑公子生同治辛未年十一月廿四日寅時

能建字　允景公養子生同治戊辰年五月廿八日辰時

抱送字思章　六秀長子生同治甲子年三月初六日巳時

瑞蓮字　六秀次子生同治丁卯年十二月二十日午時

金榜字　六秀三子生同治辛未年三月初五日巳時

金文字　六秀四子生光緒乙亥年三月十八日巳時

金塲字　六秀五子生光緒戊寅年正月廿五日亥時

禮使字　心煌長子生光緒甲申年二月初十日亥時

峻乞字　貽忠長子生同治巳巳年四月廿二日未時

元配王氏名不娘生同治壬申年十一月二十日午時

軟員字　貽忠次子生光緒辛巳年六月廿三日夘時

溪潭字　貽忠三子生光緒丙戌年六月十七日未時

禮秋字　貽前公長子生同治庚午年七月廿六日夘時

我師字　貽前公次子生同治壬申年九月十六日酉時

廸期字　貽前公三子生光緒乙亥年四月十五日未時

和尙字　貽前公四子生光緒巳夘年十月初十日夘時

[舟旦]戶字　從愿長子生光緒癸未年三月廿六日亥時

禮崁字　從愿次子生光緒乙酉年十二月十九日寅時

兩旺字　貽蟳子撥與四胞舅長春爲兩承子生光緒癸未年十月初八日酉時

孫沽字　貽海長子生光緒丙戌年五月初六日申時
梨脚厝六房智勇公派禮字行
禮嚾字　貽雪長子撥與胞弟繳練爲雙承子生同治壬戌年
二月初一日辰時
冬玉字　貽雪次子生同治乙丑年九月廿四日巳時

卷之七中終

參山二房黃氏族譜

二十世鎮二房三對面山祖樂山公長房成文公派禮字行

禮息字　貽條長子生道光辛丑年閏三月初二日巳時

清流字　貽條次子生咸豐辛亥年六月廿二日辰時卒同治

庚午年七月十三日申時棺葬本鄉烏材林暗淡垵崙暫葬

坐庚甲

禮誨字　一榮公子生同治壬戌年十二月初三日午時

春吉字　貽玉長子生咸豐乙夘年三月初六日申時往臺

冬潛字　貽玉次子生咸豐丁巳年九月十六日寅時

娶陳氏桂娘生同治辛未年十二月初五日丑時

禮瞻字　一中公子生同治丁夘年十一月十五日辰時

娶陳氏逆娘生同治庚午年九月廿九日酉時

禮右字左禮　貽石長子生同治乙丑年十二月廿六日酉時

娶陳氏送娘生同治庚午年五月初十日卯時

禮垙字　貽石次子生光緒甲申年六月廿四日子時

九省字　貽音長子生同治辛酉年八月廿七日卯時卒光緒

癸未年十一月初六日酉時葬罕萊內坐壬丙

馬成字　貽音次子生同治乙丑年五月初五日丑時

馬酬字　貽音三子生同治庚午年十二月十五日巳時

淵順字　貽音四子生光緒丁丑年七月初七日寅時

本田字　貽直長子生同治癸酉年二月初五日丑時

娶張氏圈娘生光緒己卯年十一月廿二日未時

言記字　貽直次子生光緒丙子年二月二十日寅時
禮吩字　一噏公長嗣子生咸豐丁巳年正月十八日申時
娶蔡氏八娘生咸豐戊午年
子　丕緣殤
禮有字　一噏公次嗣子生同治辛未年五月廿七日巳時
禮角字　如緣公長嗣子生卒年月及墓闕　無傳
禮仕字開禮號宦亭　如緣公次嗣子生道光辛夘年三月初
二日酉時往呂宋卒同治庚午年二月廿九日夘時
娶傅氏桃娘號孝節生道光壬辰年八月初九日辰時卒光
緒乙亥年九月廿九日亥時棺塟山猪湖猫頭頂坐辛乙
子二　長再𥝢　次則斜嗣子

禮摘字花禮　如善公長嗣子生道光壬辰年十二月廿五日
午時
娶傅氏氣娘
禮鎣字容禮號成朱　如善公次子生道光庚子年八月十七
日酉時卒同治辛未年七月十七日辰時棺葬本山湖頂寮
竹垵坐丙向壬兼巳亥　幼娶陳[illegible]娘殤
娶蔡氏諒娘改節
嗣子　伏興
毛姑字麟禮　如善公三子生道光甲辰年正月初五日辰時
娶張氏靜娘生咸豐巳未年九月廿五日　時
禮伍字玉禮　如善公四子生道光戊申年六月初三日寅時

娶謝氏晃娘生咸豐癸丑年四月廿二日寅時

禮啟　如易公嗣子生咸豐癸丑年十一月初五日寅時在臺

禮唻字理禮號成美　壽節公長子頂作次生道光丁酉年五月三十日酉時卒光緒丙子年六月初五日子時木棺葬本山龜格頂崙后坐甲庚寅申

娶葉氏隔娘生咸豐甲寅年十一月廿六日辰時

子　庭堅

禮創字　壽節公次子頂作三生於道光庚子年正月初二日巳時

嗣子　係麥

禮嗹公號攀連　伯錦公承繼子生道光甲午年七月十六日

巳時卒咸豐丁巳年八月初二日亥時厝棺塟本山山脚倚
仔坐艮向坤
養子　則包
禮喰字　壽元公嗣子生道光辛丑年二月初四日　時
二十世鎭二房對面祖樂山二房長樸巖公派禮字行
禮石號當善公　國寶公長子生嘉慶戊寅年十月廿四日辰
時卒光緒乙酉年五月十五日　時棺塟本山山猪湖白香
石坐巽乾
娶蔡氏庚娘生道光巳丑年十二月初七日辰時卒年月日
時及塟地闕
禮捋公　國金公長子生道光戊子年六月初一日酉時卒年

月日時及墓闕
禮鰈公　國金公次子生道光壬辰年閏九月初七日酉時卒
年月日時木棺葬本山朝仔崙頂坐北向南
禮則公　國金公三子生道光乙未年六月廿九日申時卒在
山內年月日時葬地失
禮霞字　國宰公嗣子生道光壬辰年三月十五日寅時分居
臺灣
禮蝌字稻禮　恭誠公長子生道光乙酉年四月初九日亥時
娶陳氏志娘生道光癸巳年六月初八日辰時
子四　長六味　次六任　三六乾出繼　四六寅
禮斜公號啟運　恭誠公次子生道光巳丑年二月初五日丑

時卒道光庚戌年七月廿一日辰時瓦棺葬本山山猪湖后
壠頭坐申寅坤艮與三舅事運仝塋
雙承子　六乾
禮長公號事運　恭誠公三子生道光辛丑年八月十四日午
時卒同治甲子年十一月初八日丑時瓦棺與次兄啟運公
合葬
雙承子　六乾
庇佑字助禮　恭誠公四子生道光己酉年九月初八日寅時
娶林氏月娘生同治癸亥年七月十一日卯時
禮張公字枉禮號承亦　芹呂公長子生道光壬午年年五月初
七日卯時卒道光丙午年年七月十一日卯時瓦棺葬本山山

猪湖大池外崙頭坐壬向丙兼子午
娶趙氏巧娘改節
子一　則彬
禮魋號桓善公　芹呂公次子生道光甲申年九月初五日午
時卒道光乙巳年五月初三日未時瓦棺葬本鄉山脚倚仔
內垵崙坐北向南
承繼子　用美
禮奄字有禮號承德公　芹呂公三子生道光丁亥年十二月
初四日酉時卒光緒辛巳年三月十二日未時棺葬本鄉山
脚倚仔崙坐庚申
娶龔氏看娘生道光戊子年二月初十日酉時

子五　長廸吉抱養　次用美出繼　三聰名
四則帕　五則曾
太學生諱敦厚乳名禮忛字惕禮號陞高公　芹香公長子頂
作次生道光戊子年九月初一日申時卒同治壬戌年十二
月初七日未時瓦棺葬本山石坵土地崙頭坐戌辰兼乾巽
娶陳氏隨娘號務儉生道光已丑年五月初四日巳時卒道
光庚戌年三月十一日辰時木棺葬本山十八間壠尾外大
崙頂坐癸向丁兼子午
繼娶陳氏鳳娘生道光癸巳年五月十六日未時
子三　長雲榮抱養　次泮水　三滿從俱繼娶出
元鋭字亨禮　芹香公八子頂作四生道光壬寅年二月十

日申時
娶蔡氏親娘生道光壬寅年八月初六日午時
子　長云化抱養　次云宣　三云裒　四云北
五云剖　六云請
禮兵字尚禮　芹正公長子生道光壬辰年四月廿三日寅時
娶許氏足娘生道光壬辰年十二月十三日辰時
子三　長佛督　次清妙　三清和
禮叩字明禮　芹正公次子生於道光甲午年十二月初二日
酉時
娶蔡氏於娘生道光丁酉年七月廿四日戌時
子五　長南山殤　次成枹　三成倘

四成邑　五成宜

汝漢字懷禮號和善公　芹正公三子生道光辛丑年二月廿
四日寅時卒同治丙寅年八月廿三日酉時瓦棺葬本鄉蜈
蚣形格丙坐亥巳壬丙

妣王氏錦娘號德儉生道光癸卯年十一月初九日酉時卒
同治丙寅年三月廿七日午時棺葬本山山猪湖下池角大
畔坐壬向丙

子一　絕摳

福安字　賜叙公嗣子生道光戊戌年閏四月十一日巳時分
居飛鑾卒年月日時失

合共字　重厚公長子生道光戊戌年十月初九日辰時

禮撇號萬成公　厚長公次子生道光壬寅年十月　日時卒同治丙寅年十一月初一日卯時厝棺莾本山十八間

背廠垵頭坐坤向艮兼申寅

禮抱字　厚長公三子生道光丙午年四月十二日　時

禮蚵字　謙德公長子生道光庚子年　月　日　時往外

不知何處

禮菌字　絁德公承繼子生道光乙巳年月日時俱失卒咸豐

庚申年月日時莾本山赤皮樹崙十八間巷邊

開塲字　貽閣長子生咸豐乙卯年十二月廿一日巳時

娶林氏　娘生

開田字　貽閣次子生同治巳巳年四月初五日巳時

二十世鎮二房對面山祖樂山公二房三隨安公派禮字行

禮榜字　貽雹長子生咸豐乙夘年九月十七日戌時

春蛙字　貽胆長嗣子生

春兒字　貽胆次嗣子生　父子兄弟三人全分居魁斗

秋夏字　其洋公承繼子生同治八年己巳四月廿八日未時

秋桂字　貽德公長子生同治癸亥年八月廿二日巳時

秋檀字　貽德公次子生同治乙丑年十一月廿四日丑時

秋書字　貽德公三子頂作四生同治十一年壬申八月廿三日戌時

相成字　其祥公子生同治乙丑年十一月二十日申時

文黍字　貽來子生光緒戊寅年十二月初六日子時

二十世對面山祖樂山公三房鳴高公派長房禮字行
拔貢字　理榮公嗣子生同治戊辰年五月三十日未時
萬化字　武壽武舉雙承子生同治癸亥年八月初八日未時
禮伐字　貽遠長子生光緒甲申年八月十五日亥時
二十世對面山祖樂山公三房鳴高公派二房禮字行
禮啟字　貽洪公長子生道光戊申年十一月初八日酉時卒
同治壬戌年十一月廿二日巳時棺葬本山嶺頂大壠頭坐
酉甲庚
禮教字　貽洪公次子生咸豐丙辰年六月初六日巳時
中季字　貽物長子生光緒甲申年三月十八日未時
二十世對面山祖樂山公三房鳴高公派五房禮字行

　

禮溪字芳禮　恬齋公長子生道光己亥年九月十三日申時

往吧邦卒不知

娶倪氏添娘歿節

子一　榜出嗣

芘鯱字燭禮　恬齋公次子生道光乙巳年四月廿七日辰時

娶林氏緬娘生道光丁未年十月廿七日巳時

文艮字　恬齋公三子生同治壬戌年六月十八日午時

禮莱公　青齋公長嗣子生咸豐辛亥年十二月　日　時

往臺卒及塟地失

承繼子一　金汶

禮慈字幼禮　青齋公次嗣子生咸豐戊午年十二月十四日

子時
娶李氏鳳娘生咸豐戊午年九月初九日申時
子　長金汝出繼　次仙整
界盛字經禮　恩齋公長嗣子生於咸豐壬子年四月初九日
寅時
娶劉氏葉娘生咸豐癸丑年五月十七日申時
子　長再沛　次則耀
福慶字　恩齋公次子生咸豐庚申年九月二十日戌時在臺
三聘字　恩齋公三子生同治壬戌年四月初八日丑時
金桔字　恩齋公四子生同治丙寅年八月十五日辰時
文止字　恩齋公五子生同治庚午年七月十五日巳時

禮好字　貽業長子生光緒庚辰年八月初一日辰時
佳陞公　貽隅公次子生道光丁未年五月初九日寅時卒光
緒癸未年十二月十三日申時葬棺本鄉烏材林苦竹后崙
娶陳氏朕娘生道光庚戌年八月十二日亥時
子一　遂來
禮策字　貽臨公三子生道光戊申年正月廿四日申時
長菌字　貽臨公四子生同治甲子年十一月初九日巳時
長茂字　清幼公長子生同治己巳年二月廿五日卯時外出
松對字　清幼公次子生光緒乙亥年五月廿七日巳時外出
松海字　清幼公三子生光緒己卯年十月初八日巳時外出
再提字　貽玉長子生咸豐丙辰年三月初四日亥時

禮懷字　貽玉次子生同治己巳年正月廿六日丑時
金雀字　貽玉三子生同治壬申年正月十二日丑時
禮鐳字　貽玉四子生光緒丙子年二月廿九日子時
禮靈字　天分公承繼子生於同治丁夘年二月十八日巳時
在臺
禮赤字　貽撬長子生咸豐己未年十一月十一日子時在臺
禮愛字　貽音長子生同治丙寅年八月十三日酉時
娶陳氏寶娘生光緒戊寅年十月初八日　時
萬年字　貽興長子生光緒丁丑年二月廿七日未時
娶鄔氏玲娘生光緒己夘年七月廿一日夘時
萬同字　貽走承繼子生光緒壬午年正月廿九日亥時

對面山祖樂山公三房鳴高公七房量德公派禮字行

光扶字濟禮　玉化公長子生道光庚戌年六月初十日辰時

娶劉氏同娘生同治丙寅年十二月廿六日未時　子新登

光眼字　玉化公次子生咸豐丙辰年十月十八日辰時

三法字　玉化公三子生咸豐己未年九月初四日辰時

禮輕公號重祿　貽正長子生咸豐庚申年九月初四日未時

卒光緒甲申年七月初九日酉時棺葬本山石門坑路下坐

甲庚

淩雲字　貽正次子生同治癸亥年九月初七日子時在臺

淩隱字　貽正三子與淩雲雙胎在叻

淩綿字　貽正四子生同治戊辰年六月初四日巳時

武成字　文英公長嗣子生道光壬辰年正月十六日寅時分
居未知何處
武常字　文英公次嗣子生道光年月日時失分居不知
佳作號振榮公　深淵公嗣子生咸豐辛亥年正月廿八日巳
時卒光緒丙子年十二月初十日寅時棺塟本山大平崙坐
辛乙酉郊
宜忠字　百花公長子生道光戊申年十月三十日丑時
禮悳號振肱公　麗水公子生道光乙巳年正月初一日寅時
卒光緒丙戌年五月廿二日酉時
嘉端字友禮　路書公長子生道光甲辰年六月廿二日寅時
娶許氏涼娘生咸豐丁巳年十一月十三日辰時

嘉溪乳名坐井字清禮　路書與路遙公雙承繼子生道光己酉年九月初十日巳時

娶謝氏馬娘號全圓生咸豐丁巳年二月十二日卯時卒光緒乙亥年五月初三日午時木棺葬本鄉烏材林后尾者崙坐午子兼丙壬

繼娶劉氏鷹娘生同治丙寅年十二月三十日卯時

漢欺字　路金公雙承嗣子生同治丁卯年四月廿四日辰時

温柔字詩禮　路元公長子生同治壬戌年十月廿八日丑時

娶陳氏雲娘生同治庚午年十一月廿六日寅時

漢欺字　路元雙承抱養嗣子

添訓字　路業公子生同治丁卯年七月初十日卯時

娶謝氏志娘生光緒丙子年五月廿九日亥時

甘棠字　門閭公子生咸豐甲寅年六月十七日申時

禮蔵字　門祐公長子生同治癸亥年八月廿一日卯時

娶陳氏對娘生光緒乙亥年十二月初三日申時

玉兎字　門祐公次子生同治戊辰年三月二十日亥時

禮核字寳禮　貽修長子生道光庚戌年三月十八日卯時

娶傅氏好娘生同治丙寅年十月初三日酉時

子　種枝

禮楨字　貽修次子生咸豐癸丑年四月廿五日巳時卒年月

日時失葬烏材林峻溝坂

禮杞字　貽修三子生咸豐己未年三月十二日寅時

禮檀字　貽修四子生同治壬戌年十一月廿五日亥時卒年
月失塟烏材林酒硎埏脚正美公墓右畔內崙

禮道字　貽義長子生同治壬戌年十一月初一日巳時
娶陳氏縣娘生同治庚午年正月十四日午時

禮藍字　貽義次子生同治甲戌年四月十四日巳時
娶易氏唖娘生光緒庚辰年二月初四日巳時

東升字　貽軒長子生同治戊辰年九月初九日午時
娶陳氏送娘生同治癸酉年十月初八日午時

西禱字　貽軒次子生同治壬申年四月十二日酉時

垂統字剏禮號繼承公　貽受長嗣子生道光庚戌年二月廿
一日子時卒光緒巳卯年十月十九日子時棺塟本山窯光

后坐癸丁子午

娶王氏務娘改節

垂恩字證禮　貽受次子生咸豐庚申年二月初四日子時

娶陳氏烈娘生同治甲子年十一月十八日酉時

子　孫安殤

垂場字進禮　貽受三子生同治癸亥年十一月廿八日子時

娶林氏圓娘號考完生同治丁卯年十月十五日未時卒光

緒癸未年十月十八日丑時棺葬本鄉烏材林窯光後坐壬

丙兼亥巳

垂時字　貽受四子生同治丙寅年正月初八日午時

垂益字　貽受五子生同治戊辰年七月初七日丑時

垂佩字　貽受六子生同治庚午年九月十一日酉時

永鴻字　貽受七子生同治癸酉年五月廿六日巳時

永通字　貽受八子生光緒乙亥年七月初七日巳時

永笑字　貽受九子生光緒戊寅年三月十三日子時

禮瀫字彩禮　貽邊兩承子生光緒丁丑年二月十九日未時

禮瀫字昔禮　貽沛兩承子

禮侯字　貽孝長子生同治己巳年九月十五日亥時

禮螺字　貽孝次子生光緒乙亥年七月十五日辰時

添赫字　貽乾子生道光庚戌年八月廿四日巳時

娶劉氏金娘生咸豐甲寅年八月初三日辰時

瑞草號瑞嵩公　龍褓公子生道光己酉年五月廿九日亥時

卒光緒丙戌年八月十四日酉時寄塟

禮揣字　貽林長子生咸豐丙辰年三月十六日未時

娶許氏銀娘生同治庚午年二月初五日未時

子　則城

海甸字　貽林次子生咸豐戊午年十月初二日寅時

娶陳氏卯娘生同治辛未年六月廿二日卯時

三賢字　貽林三子生同治乙丑年六月初六日寅時

娶陳氏淆娘生同治甲戌年七月十九日巳時

湛致字　貽林四子生同治甲戌年十一月十七日卯時

五車字　貽林五子生光緒丁丑年七月初三日酉時

文榮公　哲裕公長子生道光庚戌年十月初六日子時卒同

治癸亥年八月十四日午時葬本山松栢崙邊小三内坐丁

向癸兼未丑

嗣子一　再興

文約字信禮　哲裕公次子生咸豐癸丑年二月初三日辰時

娶陳氏便娘生咸豐戊午年二月十四日丑時

子　再運

北面字向禮　正裕公長子生咸豐丁巳年二月初　日巳時

娶謝氏詿娘生同治壬戌年四月十五日丑時

子　玉珍

禮周字　正裕公次子生同治己巳年九月廿二日酉時

娶陳氏棗娘生光緒丙子年十一月初三日申時

吟評字　正裕公三子生同治甲戌年正月初四日申時
復望字　貽等長嗣子生光緒丙子年二月初二日亥時
　娶鄔氏配娘生光緒丙癸年七月十六日辰時
波浪字　同裕公子生同治戊辰年十二月十一日寅時
畢萬字　志裕公長嗣子生同治甲戌年三月二十日戌時
嫦娥字　志裕公次嗣子生光緒己卯年正月廿三日戌時
丕顯字榮禮　應元公長子生道光壬寅年八月廿八日午時
　娶蔡氏盤娘生道光癸卯年七月初二日卯時
　子　長馬扶　次潤澤
禮䪼字首禮　應元公次承繼子生咸豐丁巳年六月十四日
　卯時

禮承字　貽玉長子生道光乙巳年十月初十日辰時
娶　氏娘　生
禮浩字程禮　貽玉次嗣子生咸豐丙辰年五月十五日酉時
娶盧氏秀娘號儉德生咸豐癸亥年十二月初六日卯時卒
光緒壬午年八月廿五日申時棺塟泉州鳳山土名金厝圍
頂坐　向　兼
繼娶林氏河娘生同治癸亥年九月十八日卯時
子　則灶殤　盧氏出
禮爵字　應行公承繼子生光緒壬午年三月初四日巳時
祥錦字　應泉公長子生同治甲子年正月廿一日酉時
禮歲字　應泉公次子生同治戊辰年二月二十日寅時

海棠字　應泉公三子生同治壬申年正月二十日酉時
禮纂字　貽居長子生同治庚午年三月廿六日申時
禮劉字　貽居次子生同治甲戌年十一月初一日未時
禮鴛字　貽居三子生光緒丙戌年二月十五日寅時
禮承公　貽對嗣子生道光庚戌年九月十七日辰時卒咸豐
辛酉年三月廿二日　時殤
抱養子　再根
禮猊字　有韜嗣子生光緒辛巳年三月初二日辰時
禮肯字萬禮　應香公長子生道光己酉年九月十六日寅時
娶陳氏兩娘號敎順生咸豐庚申年九月十三日酉時卒光
緒丁丑年十二月十二日酉時葬本山烏材林鳳使崙尾坐

丑亦兼艮坤

繼娶胡氏禁娘生咸豐己亥年六月廿九日申時

嗣子　則義

禮札字長禮　應香公與陳家雙承子生咸豐辛亥年十月廿二日丑時

娶林氏稟娘生同治壬戌年十月十五日辰時

子　長珠細　出承陳家　次玉盤

禮謨字　貽綴兩承子生咸豐戊午年正月初七日酉時

夙夜字　貽針長子生同治壬申年八月初二日未時

文水字　貽名長子生光緒辛巳年八月二十日巳時

煥章字　應吉公長子生咸豐甲寅年閏七月廿二日戌時

娶易氏角娘生同治庚午年七月十四寅時

禮讃字　應吉公與貽緄兩承子生咸豐戊午年正月初七日

酉時

叔夏字　應吉公三子生同治癸亥年三月十九日子時

復倒字　貽大長子生同治壬申年十二月十六日酉時

禮茂字　貽辰雙承長子生同治丁卯年二月初五日未時

禮伋字　貽辰雙承次子生同治甲戌年十月廿六日亥時

禮降字　貽辰雙承三子生光緒丙戌年四月十七日巳時

禮茂字　應清公雙承子

禮伋字　貽淵公兩承子

禮降字　貽佛雙承子

二十世鎮三房見褒公派禮字行

文記字　金誠公子生同治戊辰年九月十七日丑時

禮垵字　貽捧長子有撥出三承一承三房五仙梛一承本房仙送三承宗支生同治庚午年九月十四日午時

砰營字　貽捧次子有撥一半與胞弟貽墧兩承生光緒丁丑年四月十五日酉時

鎮徙衾梨坂土樓三房三

業儒明福字受禮　貽善公子生於咸豐辛酉年五月初八日未時

鎮三房七壠頭格派

禮雪字白禮　雲開長子生同治癸亥年十月廿三日子時

娶陳氏掟娘生同治丁卯年五月廿四日丑時
禮賦字詩禮　雲開次子生同治丁卯年正月十五日丑時
娶陳氏帯娘生光緒乙亥年二月初三日申時
再福字　貽業長子生同治甲子年三月廿五日寅時卒光緒
丙戌年三月廿八日卯時葬在本山坐　向
再慶字大禮　貽業次子生同治丙寅年九月初七日寅時
娶張氏先娘生同治癸酉年二月初一日辰時
登宣字　宇宙長子生同治戊辰年三月廿四日巳時
孫兒字　山謂長子生同治壬申年十二月十二日巳時
禮答字　發上公長子生道光戊申年四月初三日卯時
娶王氏長娘生咸豐乙卯年二月廿二日寅時

子　長盤鳳　次則頭

禮邱字　發上公次子生咸豐辛亥年七月廿九日巳時

娶陳氏桂娘生咸豐丁巳年五月十二日午時

子　則西

遊萊字　發上公三子生咸豐癸丑年九月初四日戌時

娶陳氏成娘生　年　月　日　時

子　長則銅　次諸樓　三接生出繼

禮乞公號　貽顯長子生咸豐壬子年二月十七日辰時往沙

縣無回卒同治戊辰年七月初二日戌時墓在此

禮旺字　貽顯次子生咸豐乙卯年三月初四日未時

娶陳氏枝娘生同治戊辰年三月初九日申時

吉進字　貽顯四子生同治丙寅年十月十九日巳時
禮謹字　貽染長子生咸豐丁巳年正月十九日巳時
　娶王氏春娘生咸豐庚申年二月初二日酉時
禮遣字　貽染次子生咸豐庚申年三月廿五日巳時
　娶陳氏翁娘生同治戊辰年四月十六日寅時
新興字　貽染三子生同治己巳年九月十一日卯時
尊栫公　永川公長子生咸豐丙辰年六月廿三日辰時卒同治壬申年七月十二日酉時葬在本山土名外墘底龍船石頂
自明字　永川公次子生同治丁卯年二月廿四日卯時
端花公　木上公子生道光戊申年正月廿六日戌時

往厦卒光緒丁丑年五月廿六日寅時葬在厦

等原字　貽欣長子生咸豐戊午年七月十四日辰時

順溜字　貽欣次子生咸豐庚申年十月初七日丑時

桂英字　庇上公長子生咸豐乙卯年八月初八日丑時

禮董字　光買長子生同治乙丑年五月初十日子時

崇令字　光買次子生同治己巳年十二月初五日寅時

禮石字　光買三子生光緒丁丑年四月十一日子時

進賢字　馬智承繼子生同治癸亥年八月十四日未時

文溪字　貽崙長子生咸豐壬子年十二月初三日丑時

娶傅氏益娘生同治甲戌年五月初五日未時

禮越字　瓜瓞承繼子生同治壬申年八月十二日巳時

清淮字　成燧生子生光緒丙戌年五月二十日申時
金獺字　順來長子生光緒癸未年九月初四日寅時
禮匠字　茯上公承繼子生咸豐丁巳年八月十五日辰時
承繼子　接生
神助字　馬鉗長子生光緒乙亥年九月初七日寅時
鳳島字　馬鉗次子生光緒庚辰年正月廿六日戌時
禮怙字　送來長子生同治癸酉年正月廿三日辰時
娶劉氏鶯娘生同治甲戌年十月廿七日卯時
禮秞字　送來次子生光緒乙亥年九月初七日寅時
盤河字　送來三子生光緒戊寅年正月初六日午時
禮度　貽礁長子半承書立公生光緒辛巳年正月初一丑時

二十世中鎮四房長大厝兜派禮字行

禮慶字　順芳公長子生道光戊申年七月廿六日申時往臺

禮車字　順芳公次子撥出半承他姓生咸豐丙辰年四月十
一日巳時往臺灣

禮保公　積穀長嗣子生道光甲辰年　月　日　時卒同治
甲戌年四月二十日　時往山內卒
娶謝氏硯娘歿節

禮來字　積穀承成宅公次子爲次嗣子生光緒乙亥年正月
廿四日辰時

禮佳字　榮茶公子生同治丙寅年八月初九日午時

南春字　顯悟公子生同治癸亥年四月廿三日酉時

二十世中鎮四房三頂路長房長科樹派禮字行

禮萬字　貽惠公長子生光緒乙亥年九月三十日丑時

漸度字　貽惠公次子生光緒庚辰年三月廿四日子時

禮焘字　貽德長嗣子生咸豐己未年九月初十日巳時

禮勝字　貽德次子生同治丙寅年十月十八日亥時

　娶林氏緣娘生同治戊辰年十一月初七日辰時

好順字　貽德三子生同治庚午年八月廿六日酉時

來地字　貽直長子生同治庚午年五月初八日亥時

　娶郿氏佳娘生同治甲戌年四月廿五日寅時

樹刺字　貽直次子生同治辛未年七月廿四日酉時

　娶陳氏蒜娘生光緒辛巳年六月十一日寅時

鴻臚字　貽興長子生同治辛未年七月初四日亥時

重寶字　貽興次子生同治甲戌年五月廿六日丑時

禮勉字　貽興三子生卒年月失 殤

禮贊字　貽白公長子生咸豐乙卯年七月十六日戌時

禮錦字　貽白公次子生咸豐己未年十月廿六日丑時

娶許氏隨娘生咸豐庚申年九月初九日辰時

子　前對

榮福字　貽白公三子生同治壬戌年十月廿九日酉時

晉祿字　貽誠長子生同治戊辰年十二月初二日午時

幼娶郜氏求娘 殤

奕壽字　貽誠次子生同治癸酉年五月十八日亥時

禮映字　貽誠三子生光緒庚辰年七月十四日丑時

禮懷字　貽閣公承胞舅貽春長子爲雙承子生光緒壬午年
九月十五日亥時

謳歌公　貽謹長子生道光已酉年九月十四日亥時卒咸豐
辛酉年七月初八日亥時棺葬烏材林瓦窰頭崙內坐壬丙
兼亥巳

禮漢字　貽謹次子生咸豐辛亥年九月初九日子時
娶陳氏斗娘生同治壬戌年十月十三日酉時
子　科甲

禮栅字　貽謹三子生卒年月失殤

春讀字　貽謹四子生咸豐乙卯年十月十三日辰時

清選字　貽謹五子生咸豐戊午年三月十四日午時
易順字　貽謹六子生卒年月失幼卒
書來字　貽謹七子生同治乙丑年九月十三日未時
　娶陳氏引娘生光緒乙亥年十一月初八日酉時
和順字　貽美長子生光緒丁丑年九月十八日戌時
　娶楊氏蕉娘生光緒乙亥年三月初六日戌時
麟趾字　鳳毛長子生光緒乙酉年四月十三日未時
武東公　貽頭公長子生道光庚子年五月十八日辰時卒葬
　西坪
碧洛字　貽頭公次子生卒年月失殤
禮儺字　貽認公子生道光丁未年四月十四日亥時往外

諒約字　貽箱公子生咸豐戊午年二月初六日午時往外

春賢公號薦玉　和風公長子頂作次生道光己酉年正月初二日辰時卒光緒己卯年八月初二日酉時棺葬在臺

娶周氏昧娘改節

子　則濕殤

軍功六品名東海乳名港河官字香禮　和風公次子頂作三生咸豐癸丑年十一月廿七日巳時在臺

娶周氏僅娘生同治癸亥年十二月廿九日巳時在臺

子　則

媽力字　和風公三子生頂作六生同治乙丑年正月初五日寅時　在臺

冬玉字　佳緣公承堂兄貽欣次子爲半嗣子生光緒庚辰年
五月初九日丑時
禮區字　貽擭公長嗣子生咸豐壬子年十二月十九日未時
往外
禮畣字　貽擭公次子生同治丙寅年六月十七日酉時往外
二十世鎮四房三頂路長房二徙柰美趣鴻儀公派禮字行
禮釭字　修碇公長子生道光戊子年七月十七日辰時
娶王氏領娘謚順意生道光壬辰年六月廿八日辰時卒咸
豐甲寅年閏七月廿三日丑時瓦棺藝本里三畬崙坐辛乙
兼戌辰
繼娶王氏專娘生道光丁亥年二月十九日辰時

子二　長則科　次則水俱繼娶出

禮錦字　修隧公次子生道光丙申年三月初六日戌時

娶陳氏梓娘生道光辛丑年八月十八日巳時

禮扳字　修隧公三子生道光戊戌年五月十九日巳時

娶蔡氏庄娘謚柔制生道光壬寅年十二月廿三日申時卒

光緒癸未年七月廿九日辰時棺葬本里美趣茶心埔尾坐

南向北

子　則坐殤

拙欲字　修隧公四子生道光甲辰年四月廿六日酉時

推旺字　修隧公五子生道光丁未年二月十四日辰時

呈祥字　修隧公六子生咸豐辛亥年四月初五日丑時

禮勸字戒禮　温畏公長子生道光丙申年九月廿六日未時
娶林氏梅娘號柔德生道光己亥年五月十七日申時卒同
治癸亥年五月初十日午時瓦棺葬本里美趣山大橡脚坐
西向東
繼娶陳氏藴娘生咸豐壬子年八月十四日夘時
子四　長則看出繼　次則刊　三則聽出繼
四則獺殤俱陳氏出

禮纘號立仁公　温畏公次子生道光戊申年正月廿九日夘
時卒同治壬戌年九月廿九日子時瓦棺葬本里美趣茶心
埔坐西向東
承繼子二　長則看　次則聽

禮芒字光禮　修齡公長子生於道光丁酉年十一月初四日
丑時
娶王氏絨娘生道光己亥年十二月廿二日辰時
子　長則乾　次則培　三高標禧殤 坤殤 壬殤
禮鏗字爾禮　修齡公次子生道光庚子年十月廿七日丑時
娶蘇氏餘娘謚謹儉生道光辛丑年五月廿三日辰時卒同
治辛未年十月十二日巳時瓦棺葬
繼娶陳氏捷娘號謹慎生道光壬寅年六月初一日卯時卒
同治甲戌年正月初六日未時瓦棺葬
又繼娶梁氏絹娘生咸豐辛亥年七月十六日午時
子　長則陶出鬻　次如篪　三啟昌殤　四調固招梁氏出

禮抱字朴禮　修齡公三子生道光己酉年四月初五日寅時
娶李氏博娘號謹厚生道光戊申年七月十五日申時卒光
緒乙酉年八月十六日申時木棺葬后溝崙
子四　長廷猷　次廷楷　三丕顯　四書聲
業儒禮波字清禮　脩齡公四子生咸豐辛亥年九月初三日
午時
娶吳氏叅娘生咸豐乙卯年九月廿一日丑時
子　長雁塔　次題名
夏蘭字　脩齡公五子生同治戊辰年閏四月十三日午時
禮友字仁禮　温容公長子生於道光辛卯年十二月二十日
午時

娶張氏素娘生道光癸巳年五月廿三日辰時

子　長則興　次則禘聾　三根樹　四南吕

業儒禮選字擇禮又字銓章　温容公次子生道光戊戌年八月廿一日酉時

娶謝氏室娘生道光丁酉年七月初四日酉時

子　長丕烈　次丕渥半出繼　運殤　來殤

禮惟字寳禮　温容公三嗣子生於道光壬寅年四月十三日丑時

半承繼子　丕渥

禮楝字梁禮號立屋公　温厚公長子生道光壬辰年閏九月初六日戌時卒同治庚午年十一月廿一日子時厝棺埜本

里美趣山后彭坐西向東
娶謝氏晏娘生道光乙未年四月廿七日巳時
子三　長則枝　次則蕖　三則心出繼
禮榮字華禮號玉愧公　温厚公次子生道光乙未年八月廿
一日寅時卒光緒乙亥年六月廿六日申時瓦棺塟本里美
趣山后彭坐西向東
娶謝氏起娘咬節
子　則訓
禮養字供禮號撫育公　温厚公三子生道光辛丑年九月二
十日寅時卒光緒乙酉年十二月廿五日申時棺塟後溝巒
坐南向北

娶陳氏益娘號順勤生道光己酉年十一月廿二日寅時卒
同治癸酉年四月廿五日午時棺葬本里美趣崙坐北向南

養子　則堅

禮銳字　溫厚公四子生道光己酉年正月十四日巳時

幼娶謝氏月娘殤

承繼子　則心

禮徙字　自樂公長子生道光辛丑年正月初七日戌時

娶陳氏　娘殤

禮銜公　自樂公次子生辛年月失殤

禮良號貴美公　自樂公三子生咸豐乙卯年四月初一日午
時卒光緒壬午年十二月廿二日時丑棺葬本里美趣崙坐

西向東

禮專號立心公　温和公長子生道光戊戌年四月初七日丑

時卒同治壬申年正月初二日　時棺塟本里美趣後溝崙

坐東向西

娶鄭氏勸娘晐節

禮成字　温和公次嗣子生道光壬寅年十一月初六日酉時

娶許氏珍娘生道光癸夘年十二月廿七日午時　成往與

多年許氏出嫁

禮皇字　温和公三嗣子生咸豐壬子年七月初三日巳時

禮典字　温陞公長子生道光丁未年七月初九日丑時

娶殷氏不娘生同治癸亥年七月十一日寅時

子　長月春

克明公　温陞公次子生卒年月失殤

禮俊公　温陞公三子生卒年月失殤

禮弄公　温陞公四子生卒年月失殤

禮五字　温陞公五子生咸豐丁巳年十月廿八日未時

禮旦字　温陞公六子生同治乙丑年十二月十五日辰時

禮豆字　貽耽長子生咸豐乙卯年十一月十一日卯時

娶謝氏險娘生同治壬戌年二月廿一日午時

子　長開蒞　次執梛

禮趣公　貽耽次子生卒年月失殤

禮有字　貽耽三子生咸豐己未年四月初九日申時

娶謝氏于娘生同治甲子年七月三十日午時
禮茵字　貽耽四子生同治庚午年七月初二日戌時
禮牙公　貽耽五子生卒年月失殤
禮洛字　貽耽六子生光緒乙亥年十一月初八日未時
五霸字　貽耽七子生光緒巳卯年五月十三日午時
禮賴字　貽粒長子生同治乙丑年十月十三日寅時
娶謝氏禮娘生同治庚午年二月十一日寅時
禮園字　貽粒次子生同治癸酉年正月初十日亥時
禮要公　貽粒三子生卒年月失殤
禮秦字蘇禮　貽斯長子生道光壬寅年正月初九日辰時
娶蔡氏喌娘號柔職生道光辛丑年正月十六日丑時卒光

緒辛巳年七月廿七日戌時棺塟在本里參內干池崙坐北
向南
子二　長則忝（出繼兩承）　次則蛤（殤）
貽斯次嗣子生道光壬寅年八月廿五日戌
時卒光緒已卯年四月初三日午時棺塟本里山仔邊湯匙
崙坐東向西
禮許號立言公
娶林氏廉娘號念節生道光癸卯年正月初十日　時卒同
治辛未年二月十三日申時塟棺本里山仔邊湯匙崙坐北
向南後瓦棺塟鷓鴣按蛇仔崙坐北向南
子二　長則候（殤）　次則劉（殤）
處士禮許號立誠公　貽斯三嗣子生道光乙巳年八月十一

日酉時卒咸豐辛酉年十月初五日酉時楫塟本里下沺崙

坐　向

承繼子二　長則杰兩承　次則令

禮浩字然禮　貽斯四子生咸豐辛亥年三月十五日巳時

娶陳氏寬娘生咸豐辛酉年七月廿四日辰時

子　長則令出繼　次則貨

禮油公　貽聰長子生卒年月失殤

禮炎字崑禮　貽聰次嗣子生咸豐辛亥年九月初十日戌時

娶謝氏味娘生咸豐巳未年二月十一日辰時

子　長則薄　次則兼殤　三則垚出繼兩承

禮摛公　貽聰三子生卒年月失殤

梅香字竹禮　貽聰四子生咸豐丁巳年七月十六日辰時
娶殷氏京娘生同治乙丑年八月十九日寅時
子　鐵城出繼成承
清江字中禮　貽聰五子生咸豐庚申年正月十五日戌時
幼娶謝氏寶娘殤
娶陳氏鎊娘生同治庚午年九月初四日寅時
禮閱號立全公　貽聰六子生同治戊辰年閏四月十九日寅
時卒光緒乙酉年四月二十日午時棺葬本里三畲內圭心
崙頭坐北向南
幼娶蔡氏千娘殤
牛承子二　長鐵城　次則垚

禮揀公　貽聡七子生卒年月失殤

脩儒繼志字士禮一字述章　彩南公長子爲人秉正不阿善讀孟子興之三自反持已雖矜不挾其争心處衆雖群不涉於黨類爲親創建塋域於始事屢屢樂義輸將協族贊修譜牒乎將湮每每勞心不厭事親敬祖服有四始終不怠其精誠愛甬教皃警以三趄居特嚴於督責鄉隣遇難難解兔勸化存以勿二勿三之心親朋有過將議時戒懲感以多福多壽之念能剛能柔以忠以信無貪無欲不知不愠深可爲世望者亦何愧乎八之以誠實稱哉生道光乙巳年十月廿四日丑時

娶陳氏壹娘生道光丙午年正月初三日子時

子　長岡陵　次崑崙殤　三仰北
往來公　彩南公次子生道光己酉年　月　時幼卒
業儒繼業字垂禮　彩南公三子生咸豐丁巳年閏五月初三
日戌時
陜高公　温毅公長子生年月日時幼卒
禮蓮公　温毅公次子生年月日時失殤
禮福字燿禮　温毅公承仁勇公次子爲三養子生道光庚戌
年正月廿四日寅時
娶謝氏看娘生咸豐甲寅年十月二十日未時
子　長六荔　次漣漪
文曲字直禮　温毅公養四子生於咸豐戊午年八月初一日

辰時
娶謝氏硯娘生咸豐巳未年九月廿四日寅時
江夏公　　貽斗長子生年月日時殤
禮答公　　貽斗次子生年月日時殤
禮祖字爵禮　　貽斗三養子生咸豐丁巳年四月初六日巳時
禮宗字敬禮　　貽斗四子生咸豐庚申年十二月廿五日亥時
禮韭字英禮　　貽斗五子生同治乙丑年六月廿四日辰時
業儒禮奏字通禮一字廷章　　國賓長子生咸豐乙卯年十二
月廿七日午時
娶陳氏字娘號柔寡生咸豐丙辰年正月十五日巳時卒光
緒巳卯年二月初五日巳時棺葬本里美趣山後溝崙坐北

向南
繼娶廖氏井娘生同治壬戌年十二月初一日酉時
子　應冀慶出
肯構公　國賚次子生咸豐辛酉年月日時失殤
禮爲字知禮　國賚三子生同治乙丑年閏五月十五日辰時
禮意字誠禮　國賚四子生同治己巳年八月廿一日辰時
幼娶謝氏鐳娘殤
禮欉字　國賚五子生光緒丙子年四月十三日辰日
禮反公　貽巖公長嗣子生卒年月日時失塟坐　向
禮勝字　貽巖公次嗣子生年月日時失往番
禮深字　貽巖公三子生道光丙午年七月廿七日亥時

幼娶林氏浮娘殤
娶陳氏担娘號言慈生道光戊申年正月初五日丑時卒同
治丙寅年十月初六日辰時厝棺塋本里茶林灣坐西向東
繼娶許氏朕娘號命慈生咸豐甲寅年六月十四日寅時卒
同治甲戌年八月初三日戌時厝棺塋在本里後溝崙坐東
向西
禮井公　貽巖公四子生卒年月失殤
禮靖號貴陽公　貽巖公五子生道光己酉年六月初三日午
時往臺卒光緒癸未年正月十五日未時
娶謝氏碟娘生咸豐甲寅年正月廿一日子時
子二　長弱令殤　次則淵

高星公派

懷魯字保禮　直如公長子生道光戊戌年七月二十日辰時
娶周氏針娘生道光辛丑年十二月初五日巳時
子　則自

曾甩號隨庚公　直如公次子生道光辛丑年九月十四日午
時卒光緒丁丑年四月十二日午時棺葬本鄉土名社庭尾
垵司光田脚坐北向南

含笑號隨梛公　直如公三子生道光丙午年正月十八日巳
時卒同治癸酉年十月廿三日巳時甩棺葬在崇善里吳厝
壠鄉土名胡坪垵中崙坐癸向丁兼丑未

宗漢字　直如公四子生道光庚戌年三月十三日辰時

娶陳氏網娘生

五炮號隨聯公　脩睦公長子生咸豐辛亥年正月廿二日亥
時卒光緒辛巳年十一月十六日丑時棺塟在本山土名馬
厝後溝崙坐西向東

禮東字　脩睦公次子生同治壬戌年九月初九日卯時

禮淡公　貽貞承繼翁貽向次子爲嗣子生卒年月日時幼殤

光團字　貽向長子生同治壬申年七月初六日辰時

禮火字　貽向次子頂作三生於光緒壬午年十二月初七日
戌時

恭亭公派

禮幼公　惟孝公長子生道光丁酉年十二月十一日午時卒

同治辛未年六月廿四日申時往漳卒葬在漳
娶趙氏香娘生道光丙申年九月十九日午時卒同治壬戌
年六月廿六日戌時瓦棺葬本里美趣後溝崙坐東向西

禮坑字　惟孝公次子生道光辛丑年十月初五日午時
養子　長則達　次則知

順民字　惟孝公三子生道光甲辰年五月廿一日戌時
娶吳氏送娘生咸豐甲寅年九月十一日酉時
子　則抽

禮取公　惟孝公四子生咸豐辛亥年四月十五日酉時往沙
縣卒光緒　年八月初六日　時葬沙縣

禮勤字　國玉長子生道光辛丑年五月十五日卯時

娶吳氏甜娘號慧舌生道光癸卯年三月初三日卯時卒光
緒癸未年六月十九日亥時棺葬本里美趣后溝崙
繼娶郜氏省娘生道光辛丑年六月初七日辰時
子　長克明　次則歎　三則具（出贅）　四則斗（吳氏出）

禮照字　國玉次子生道光癸卯年九月十八日戌時
娶李氏担娘生咸豐辛亥年八月十八日卯時
子　則梓

禮承字　國玉三子生道光庚戌年十一月初八日巳時
娶蔡氏銀娘生咸豐丁巳年二月初四日卯時
子　長迎趾（殤）　次則貢

文韜公　國玉四子生卒年月失（殤）

禮蟳公　國玉五子生卒年月失殤

禮溪字　國玉六子項作四生咸豐庚申十二月廿五日巳時

娶陳氏鎮娘生同治壬戌年六月十六日丑時

禮驕公　統業公長子生卒年月失殤

禮印公　統業公次子生道光丙午年十一月初一日寅時卒

光緒乙亥年十一月初一日寅時往番卒葬在番

禮醔公　統業公三子生咸豐丙辰年七月廿四日辰時卒光

緒丙戌年九月初一日未時葬在臺

禮殷字　成貴公長子生道光庚戌年二月初九日巳時

幼娶謝氏善娘殤

娶廖氏蟳娘生同治壬戌年八月廿七日午時

子　則睦

禮比字　成貴公次子生咸豐壬子年三月十七日卯時

娶林氏省娘生同治甲子年九月廿七日辰時

禮藿字　成貴公三子生咸豐丁己年閏五月廿五日辰時

禮象字　敬老公子生咸豐己未年十二月初五日午時

賞來公　貽兵長子生卒年月日時失葬

禮此公　貽兵次嗣子生卒年月日時失葬

禮眯字　貽兵三子生咸豐丁巳年六月十八日酉時

娶謝氏仰娘生咸豐辛酉年二月初八日寅時

子　則學

禮賚字　貽釿長子生咸豐辛亥年二月廿六日亥時

娶吳氏翕娘生同治戊辰年四月廿二日辰時

禮瑞字　貽釿次子生咸豐甲寅年閏七月十四日戌時

禮情號榮國公　貽釿三子生咸豐庚申年十二月廿二日酉時卒光緒戊寅年十月廿六日寅時瓦棺葬本里美趣山后溝崙坐　向

禮義字　貽釿四子生同治癸亥年十一月十七日申時

禮孝字　貽釿五子半出與三房存心公爲嗣承子生同治丁卯年正月初二日丑時

禮聆字　貽釿六子生同治庚午年閏十月廿五日丑時

禮得公　存心公長子生咸豐乙卯年七月廿二日申時卒同治壬申年九月初八日午時瓦棺葬本里參林內龍潭頂走

上崎下坐癸向丁兼丑未

禮身公　存心公次子生卒年月日時失殤

禮孝字　存心公半承次胞兄貽釿五子爲嗣子

禮由字　存心公半承四弟舜期次子爲嗣子生光緒丙子年正月十七日丑時

禮川字　舜期長子生同治丁夘年正月初三日未時

禮由字　舜期次子半出與胞兄存心公爲兩承子生光緒丙子年正月十七日丑時

禮講公　舜期三子生卒年月失殤

禮思公　舜期四子生卒年月失殤

禮愽號廣立公　成煉公長子生道光甲辰年五月初一日寅時

辛同治己巳年五月初三日未時瓦棺葬本里美趣山后溝

崙坐　向

禮泰字　成煉公次子生道光庚戌年七月廿五日寅時

禮好字　成煉公三子生咸豐癸丑年二月十一日寅時

禮欺字　成煉公四子半出與次胞兄貽拈爲雙承子

禮排字　貽拈長嗣子生咸豐壬子年十一月初八辰時往番

禮欺字　貽拈半承長兄成煉公四子爲嗣子生咸豐丙辰年

十一月初八日申時

禮接公　成宅公長子生卒年月失殤

禮相字　成宅公次子生咸豐庚申年十二月十一日午時

禮　公　成宅公三子生生卒年月失殤

先買公派

趙英公　貽脩長子生卒年月失殤

禮及字　貽脩次子生光緒己夘年八月初九日丑時

禮夏字　貽脩三子生光緒壬午年六月初二日戌時

禮駿字　貽脩四子生光緒甲申年十二月十一日辰時

修政公派

九曾公　貽成公長子生咸豐壬子年八月廿八日夘時卒同

治庚午年十一月初九日未時棺葬淡水三角湧犁舌尾打

鐵坑坐西南向東北

火炎字　貽成公次子生咸豐乙夘年七月廿七日戌時

娶蘇氏葱娘生　年　月　日　時

江漢字　貽成公三子生咸豐丁巳年七月初八日亥時
娶秦氏紅棗娘生同治壬戌年十二月　日　時
子　則富
文爲字　貽成公四子項作五生於同治甲子年九月廿七日
寅時
文開字　貽冬長子生同治癸亥年八月初八日未時
娶鄧氏店娘生同治甲子年九月　日　時
金蓮字　貽冬次子生同治乙丑年九月初一日寅時
水來字　貽冬三子生同治丁卯年五月初三日辰時
深江字　貽冬四子生同治己巳年十月初六日辰時
娶王氏女娘生光緒丙子年二月廿二日未時

肆[illegible]子　貽冬五子生同治癸酉年四月十四日丑時

木信字　貽壽公承胞兄貽成公四子爲嗣子生同治壬戌年
正月十九日戌時
娶曾氏玉娘生同治庚午年十月初十日申時

火星公　貽蕃承胞兄貽成公六子爲長子生同治巳巳年五
月初二日酉時卒光緒辛巳年十一月初一日亥時棺葬犁
舌尾坐　向

金樹字　貽番次子生同治癸酉年六月十六日午時

禮柳字　貽番三子生光緒丙子年十一月十二日酉時

禮丙字　貽番四子生光緒巳卯年八月十二日午時

水能字　貽番五子生光緒丙戌年三月廿九日辰時

禮殿字　八粉公嗣孫生同治　年　月　日　時接修
政公一派俱在臺灣頂淡水三角湧居住
德揚公派
禮治字　矍翁公子生道光己亥年十一月十九日丑時
幼娶李氏硯娘生殤
禮協公　仁勇公子生道光甲辰年十二月十二日卯時往外
卒年月塟地俟查
長承字　必來公子生在臺
二十世鎮四頂路大坡派
禮西字　貽評長子生光緒戊寅年十月廿六日亥時
禮出公　貽交長子生同治壬戌年八月初二日亥時卒光緒

己卯年三月十六日未時葬在臺

入水字　貽交次子生同治癸酉年四月初八日申時在臺

趙英字　貽教子生光緒乙亥年五月十六日卯時

泮水公　貽尊長子生光緒乙酉年九月十一日卯時殤

冬來字　貽屯公半承胞弟貽坎長子爲雙承子生光緒丙子年十月廿六日巳時

冬玉字　貽坎次子半出與堂弟佳絲公爲雙承子生光緒庚辰年五月初九日丑時

木金字　貽羅長子生光緒戊寅年三月初七日未時在臺

禮固字　貽羅次子生光緒辛巳年二月廿九日辰時在臺

禮星字景禮　貽太子生同治乙丑年八月廿九日戌時在台

娶歐氏泉娘生同治己巳年十二月廿六日卯時在臺

養塓字　大裕公嗣子生道光丁亥年十一月十七午時在臺

琵琶公號失　爲生公嗣孫生道光壬午年五月二十日未時

娶王氏銀娘生道光辛巳年五月初十日酉時夫婦俱往臺

卒年月葬地俟查

子三　長則邀　次則堯　三連枝

禮雙字　亦置公嗣子生道光戊申年十一月十七日巳時

嗣子二　長則浩　次桃花

二十世鎮四舊審頂厝派

尊賢字　國英長子生咸豐己未年十月初五日丑時

水陳字　國英次子生同治丙寅年正月初七日午時

壬癸公　國英三子生同治年月日時失殤

禮會字　國英四子生同治辛未年六月廿七日寅時

禮軫字　貽部公子生同治丁卯年十一月廿七日酉時

禮從字　貽遮公長子生同治乙丑年閏五月初八日丑時

禮昂字　貽遮公次子半出與四胞翁貽榜公爲長嗣子生同治戊辰年九月十六日未時

禮郁字　貽榜公與貽胥爲雙承子生光緒癸未年六月初一日未時

禮就字　貽瑙長子生光緒庚辰年二月廿六日未時

禮安字　貽瑙次子生光緒甲申年十一月廿九日丑時

禮檀公　貽禮公長子生光緒甲申年四月十七日辰時殤

禮獅字　貽禮公次子生光緒乙酉年十二月廿四日戌時
禮登字　貽洛長子生光緒庚辰年六月三十日申時
禮涉字　拔萃長子生光緒癸未年六月廿一日巳時

二十世鎮四舊窰下厝派

文職字　貽鏄承繼子生光緒乙酉年十月初六日戌時
禮成字　文韜長子生同治丙寅年十一月初一日亥時
冬好字　文韜次子頂作三生光緒巳卯年九月廿三日戌時
禮不字　武畧承胞兄文韜次子爲長嗣子生光緒丙子年十二月廿六日戌時
禮劉字　光會公與貽泰公雙承子生光緒乙亥年七月十五日午時

開守字　光務公子生同治乙丑年十二月十四日酉時

二十世鎮四嶺尾鵠派

得奈字　貽齊長子生光緒辛巳年九月廿六日戌時在臺

禮宇字　違悅公長子生同治壬戌年三月初四日酉時往臺

連裡字　違悅公次子生光緒乙亥年三月廿八日巳時

全勝字　貽弓長子生光緒癸未年十月初九日巳時

月來公　貽鋧長嗣子生咸豐辛酉年二月十四日寅時卒光
緒甲申年二月初七日戌時往臺薨在臺

禮扱字　貽鋧與貽長公雙承子生光緒丙子年十一月初五
日未時

金言字　貽市公子生同治甲戌年二月初十日巳時

禮劉字　貽泰公與光曾公雙承子生光緒乙亥年七月十五
日午時

禮領字　八洗公嗣孫生咸豐庚申年四月十五日巳時在臺

禮郁字　貽管與貽榜公雙承子生光緒癸未年六月初一日
未時

二十世田墘長房派禮字行

禮匹字　養泉公長子生道光丁酉年三月十五日午時
娶謝氏完娘生道光丙午年十月十二日亥時
子二　長天文抱養　次天助出繼

禮招號永財公　養泉公次子生道光庚子年九月十五日卯
時卒同治甲戌年二月十四日　特在吧卒

娶許氏研娘改節

承繼子　天助

禮搖字　貽規公長子生道光甲辰年三月初四日寅時

娶蔡氏益娘生道光己酉年二月初二日子時

在番娶側室曾氏　娘

子　長則角出鬻　次騰海　三見山出賣

禮瑞字　貽規公次子生道光丁未年十月十三日寅時

禮蛢字　貽規公三子生道光庚戌年七月廿七日子時

禮贊字　貽規公四子生咸豐己未年十月十一日卯時

進財號永恒公　貽規公五子貽矩公承繼子生同治癸亥年

五月十六日辰時卒光緒庚辰年二月十七日巳時

禮向字　貽矩公承繼子貽義公長子生咸豐己未年十月初十日亥時

娶許氏赤娘生同治庚午年正月十五日未時

江湖字　貽義公次子生同治戊辰年七月初六日丑時

娶謝氏串娘生同治庚午年六月二十日亥時

禮曹號永龍公　貽文公長子亭寺公承繼子生道光己酉年九月初三日亥時卒光緒年月日時失徙吧

書聲號永詩公　貽玉公長子生同治丙寅年八月十五日寅時卒光緒戊寅年四月初一日寅時殤

兆聲字　寺亭公承繼子貽玉公次子生同治己巳年十一月初三日酉時

娶趙氏晷娘生同治癸酉年七月初九日未時
禮山字　貽衙養子生同治丙寅年十一月初六日辰時
禮吉號永慶公　貽進公養長子生道光巳丑年七月十三日
申時卒同治癸丑年十月十五日亥時
娶張氏草娘旼節
雙承子　則猊
禮捧號永春公　貽進公次子生道光戊申年四月廿二日午
時卒光緒乙酉年七月　日　時
娶洪氏梅娘旼節
子　則猊出繼兩承
禮韻號永琴公　貽進公三子生道光乙卯年七月十四日午

時卒光緒辛巳年又七月初五日寅時

娶劉氏有娠改節

禮爪字　貽甲公長子生咸豐壬子年九月十七日夘時

娶陳氏位娘生同治巳巳年三月廿二日未時

子　則梯

禮次字　貽甲公次子生咸豐甲寅年十二月十八日酉時

禮註字　貽甲公三子生同治壬戌年二月廿二日戌時

禮葵號永日公　貽發公長子生咸豐戊午年十一月廿三日

戌時卒光緒甲申年五月廿六日酉時

禮老字　貽發公次子生同治丁夘年十月廿三日寅時

二十世田乾二房派

禮參字　貽簞公長子生同治甲子年七月初四日午時

禮如字　貽戣承繼子貽簞公次子生同治己巳年七月十九日未時

連才字　貽清子生光緒辛巳年十月十二日午時

禮侃字　貽蓮公長子生　年　月　日　時

禮性字　貽蓮公次子生　年　月　日　時

母子及媽四人往同安住居

禮棖字　貽枉長子生同治　年十月十二日戌時

禮再字　貽枉次子生同治甲戌年十一月二十日午時

禮那字　貽枉三子生光緒己卯年八月廿九日午時

禮事字　貽戣長子貽悄承繼子生　年　月　日　時

禮格字　貽殿承繼子貽飛長子生光緒　年　月

日　時

禮吉字　貽飛次子生光緒乙酉年正月十四日辰時

波蜡字　貽泿長子生光緒辛巳年十月初六日子時

波面字　貽泿次子生光緒癸未年十二月初十日戌時

辟雍字曰禮　貽景長子生同治壬戌年九月初五日子時

娶陳氏𨚗娘生同治甲子年三月十六日　時

子　文筆

年季字節禮　貽景次子貽尼雙承子生同治庚午年二月初

二日子時

禮九字　貽景三子生光緒丁丑年四月初八日丑時

琴書字瑟禮　貽瑛公餐長子生於同治庚午年十月十五日

艮時

天寶字　貽瓔公次子生同治甲戌年十月初三日丑時

再添字　貽祖長子貽愈兩承繼子生光緒戊寅年十月初九

日未時

再諭字　貽祖次子生光緒壬午年十一月十七日子時

再址字　貽祖三子生光緒乙酉年六月十三日未時

承業字　貽返公長子生同治丁卯年正月十六日申時

娶許氏瞈孃生同治庚午年十月初十日　時

兩進字　貽返公貽納公兩承子生光緒壬午年九月廿三日

午時

二十世田墘四房派

鷓鴣字　福源公長子生同治丙寅年八月十八日未時

禮褒字　福源公抱養次子生光緒庚辰年七月廿一日子時

金鍊字　貽根長子生同治癸酉年正月廿一日亥時

久土字　貽冰承繼子貽劉長子生光緒癸未年八月十五日丑時

二十世田墘五房派

禮慶字淡禮　知恩公養子生光緒丙子年十月三十日戌時

禮標字　貽雨養長子與胞弟貽清公雙承子生光緒癸未年十一月初九日寅時

金河字　貽雨次子半出繼胞弟貽清公爲次子生光緒丙戌

年六月初九日巳時

禮省字三禮　貽欽長子生同治戊辰年十二月廿四日未時

禮寄字得禮　貽欽次子生同治辛未年十一月廿六日申時

禮涼字　貽欽三子生光緒乙亥年六月二十日戌時

禮廣字　貽欽四子生光緒巳卯年九月十九日丑時

禮鴈字　貽欽五子生光緒壬午年十二月廿六日寅時

禮扑字　貽欽六子生光緒丙戌年正月十六日寅時

禮櫲字　貽欃長子生光緒戊寅年十月十三日寅時

禮筍字我禮　貽㐫長子生同治癸酉年二月十八日巳時

禮萬字　貽㐫次子生光緒乙酉年八月　日　時

禮蝦字紅禮　貽摘長子生同治壬申年十二月廿四日寅時

習發字　儉正公嗣子生光緒甲申年八月三十日午時殤
恒沠字　貽訪長子撥與足衣公承繼子生光緒丙子年十一
　月十三日戌時
全盛字　貽訪次子撥與足衣公承繼子生光緒辛巳年十月
　廿七日戌時
秋冬字　貽訪三子生光緒丙戌年正月初七日卯時
文篆字古禮　貽首長子生光緒辛巳年五月初十日午時
六駁字皇禮　貽元次子撥與貽玄承繼子生光緒乙酉年六
　月初二日寅時
文旁字沛禮　貽球長子生光緒戊寅年六月十八日亥時
登篤字敬禮　貽珠次子生光緒癸未年十月廿九日戌時

泮鴛字御禮　　貽粹長子生光緒乙酉年三月十九日未時

喬木字參禮　　貽好長子生光緒辛巳年正月十四日戌時殤

葛藟字　　貽好次子生光緒乙酉年三月十五日辰時

卷之七下終

圖書在版編目（CIP）數據

海上絲綢之路文獻集成．民間譜牒編．第五輯 / 林楓主編．-- 福州：福建人民出版社，2024.7.
ISBN978-7-211-09484-4

Ⅰ. K203

中國國家版本館CIP數據核字第2024B0X218號

海上絲綢之路文獻集成・民間譜牒編（第五輯）

主　　編　林　楓
責任編輯　張輝蘭
美術編輯　白　玫
出版發行　福建人民出版社
電　　話　0591-87533169（發行部）
電子郵箱　fjpph7221@126.com
地　　址　福建省福州市東水路 76 號
經　　銷　福建新華發行（集團）有限責任公司
印刷裝訂　上海中華印刷有限公司
地　　址　上海市青浦區匯金路 889 號
電　　話　021-69213456
開　　本　787 毫米 ×1092 毫米　1/16
印　　張　246
版　　次　2024 年 7 月第 1 版第 1 次印刷
書　　號　ISBN 978-7-211-09484-4
定　　價　2800.00 元（共 7 冊）